Robert Seidel

# Beiträge zur Kolonialpolitik und Kolonialwirtschaft

Robert Seidel

**Beiträge zur Kolonialpolitik und Kolonialwirtschaft**

ISBN/EAN: 9783741172311

Hergestellt in Europa, USA, Kanada, Australien, Japan

Cover: Foto ©Suzi / pixelio.de

Manufactured and distributed by brebook publishing software
(www.brebook.com)

Robert Seidel

# Beiträge zur Kolonialpolitik und Kolonialwirtschaft

# Beiträge

zur

# Kolonialpolitik und Kolonialwirtschaft.

Herausgegeben

von der

## Deutschen Kolonialgesellschaft.


Schriftleiter:

**A. Seidel,**

Sekretär der Gesellschaft und Schriftleiter der Deutschen Kolonialzeitung.


---

**Erster Jahrgang.**

---


**Wilhelm Süsserott,**

Verlagsbuchhandlung.

Berlin.

1899—1900.

# Inhaltsverzeichnis.

Seite.

Seite

# Sachregister.

# Geographisches Register.

# Autorenregister.

# Abbildungen und Karten.

(Bei den Karten beziehen sich die Zahlen auf die Seiten der zugehörigen Aufsätze.)

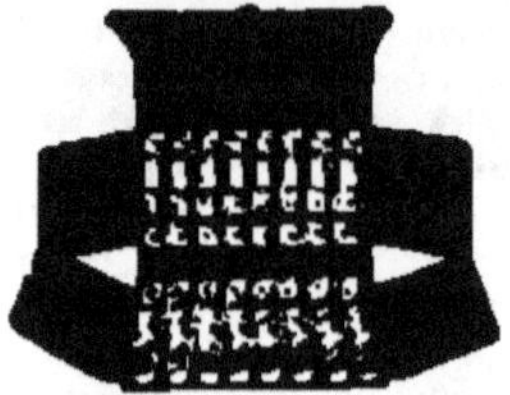

"Gnom"
Gustav Kleemann
Hamburg

Das beste Präparat
zur sichern
Verhütung
der Oxydation
an Metallen
ist das
Rostschutzmittel
EXCELSIOR
GUSTAV KLEEMANN
HAMBURG.

Kleemann's
Rostschutz-Anstrich
(eisengrau – rothbraun)
für
Maschinen und Eisenconstructionen.
GUSTAV KLEEMANN, HAMBURG I.

# Streich-, Blas-, Schlag-Instrumente

Saiten und Requisiten aller Art

Nur guter Qualität. Billigste Preise.

## Schul-Violinen

| mit Kasten, Bogen und Zubehör | No. | 1 | 2 | 3 | 4 | 5 | 6 |
|---|---|---|---|---|---|---|---|
| | Mk. | 12,50 | 15,— | 17,50 | 20,— | 22,50 | 25,— |

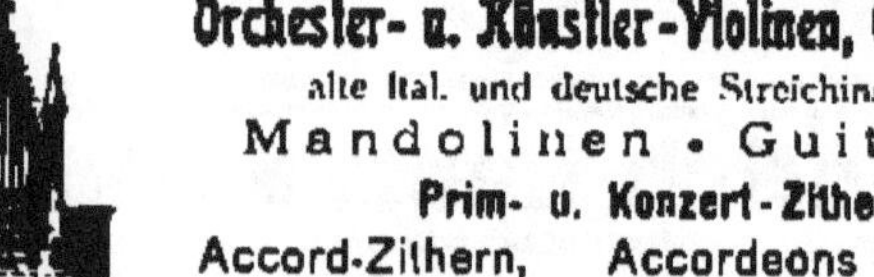

**Orchester- u. Künstler-Violinen, Cellis, Bässe,**

alte ital. und deutsche Streichinstrumente.

Mandolinen • Guitarren,

**Prim- u. Konzert-Zithern,**

Accord-Zithern, 7,50 bis 75,— Mk. Accordeons (Harmonikas) 2,— bis 90,— Mk.

**Musik-Werke, Musik-Automaten,**

Irmler Pianos und Flügel, Hansborg-Orgel-Harmoniums.

**Illustrierte Kataloge gratis.**

**Louis Oertel, Hannover.**

# Die deutsche Kolonialpolitik in Theorie und Praxis

von

**TEUTONICUS.**

Preis Mk. 0.60.

Die Broschüre beschäftigt sich mit dem **Flottenplan der Regierung,** welcher mit den bereits am 10. August 1899 im „Deutschen Wochenblatt“ No. 33 von unserem Autor gemachten Vorschlägen identisch ist. Als Endziel verfolgt sie die Inauguration einer wirklichen deutschen Kolonialpolitik. Sie sei deshalb allen Lesern dieser „Beiträge“ auf das Beste empfohlen.

Hochachtungsvoll

**Gose & Tetzlaff,** Verlagsbuchhandlung.

Berlin SW. 46, Kleinbeerenstr. 27.

Wilhelm Süsserott, Verlag, Berlin W. 35
Soeben erschien:
Deutsch-Suaheli-
Taschenwörterbuch
von
Otto Graf von Baudissin.
Preis geb. Mk. 3,—; postfrei Mk. 3,10.

# Aktiengesellschaft für Feld- und Kleinbahnen-Bedarf

vormals Orenstein & Koppel

Central-Bureau **Berlin SW.** Tempelhofer Ufer 24.

**Feldbahn- u. Waggon-Fabriken. * Lokomotiv-Fabrik.**

Tel.-Adr.:
Railways, Berlin.

Telegraph Codes:
Orenstein & Koppel's Special-Code.
Staudt & Hundius.
A. B. C. Code 4th Edition.
A. I. Code.

Ansicht einer von uns für eine Zuckerrohr-Plantage nach Java gelieferten Feldbahn

SPECIALITÄT:

## Ausführung von Schmalspurbahnen

für Zuckerrohr-, Caffee-, Baumwoll-Plantagen, Bergwerke, Minen, Ziegeleien, Fabriken etc.

Ansicht einer von uns gebauten Kleinbahn — Die Entladung von Erzen in die Waggons der Staatsbahn.

Bau und Finanzierung von

## Kleinbahnen und Trambahnen.

Fabrikation von

**transportablen Gleisen, Weichen, Drehscheiben, Transportwagen jeder gewünschten Art, Güter- und Personen-Wagen.**

**Lokomotiven.**

Illustrierte Cataloge in allen Hauptsprachen kostenfrei.

# Die deutsch-ostafrikanische Zentralbahn.*)

### Vortrag, gehalten in der Hauptversammlung der Deutschen Kolonialgesellschaft, Berlin, den 27. Mai 1899, von Dr. Wilhelm Oechelhäuser.

Meine Herren! Mit Freuden entspreche ich der Aufforderung des Hohen Präsidiums, einen Vortrag über eine unserer wichtigsten und größten kolonialpolitischen Aufgaben, die deutsch-ostafrikanische Zentralbahn, zu halten. Fürchten Sie indes nicht, meine Herren, daß ich Ihre Zeit über das Maß hinaus in Anspruch nehme, welches der einzelnen Nummer eines so reichhaltigen Verhandlungsprogramms zugemessen ist. Ueberhaupt bin ich der Ansicht, daß die öffentlichen Vorträge sich auf die Hervorhebung der Hauptmomente und wesentlichsten Gesichtspunkte beschränken sollten; das Eindringen in die Details muß privatem Studium vorbehalten bleiben, wozu ich, was die vorliegende Frage betrifft, durch Veröffentlichung der Arbeiten des Zentralbahn-Komitees reichliches Material geliefert zu haben glaube.

Als den Beginn der agitatorischen Thätigkeit für die Zentralbahn betrachte ich die Versammlung der bedeutendsten Afrikaforscher, welche am 5. März 1891 stattfand. Der Erste, welcher in dieser Versammlung das Wort ergriff und klar und bestimmt die zwingende Notwendigkeit der Erbauung einer von Dar es Salâm und Bagamoyo ausgehenden und den Viktoria-Nyanza- und Tanganyika-See mit der Küste verbindenden Zentralbahn hinstellte, war der im Dienste der Kolonialsache leider zu früh dahingeschiedene Freiherr von Gravenreuth. Die Idee gewann nur langsam an Boden, bis sie von dem früheren Ministerialdirektor Dr. Kayser mit großer Wärme und Lebhaftigkeit aufgenommen wurde, nachdem es mir gelungen war, die Deutsche Bank zur finanziellen Teilnahme zu bestimmen. Es ist Ihnen bekannt, wie danach auf Grund der Vereinbarung vom 11. März 1895 die näheren Erforschungen der Zentralbahn-Trace an Ort und Stelle, unter Führung des Geheimrats Bormann und Oberleutnants Schlobach und kräftiger Unterstützung seitens des damaligen Gouverneurs, Majors von Wissmann, in den Jahren 1895 und 1896 ins Werk gesetzt wurden. Es ist Ihnen aber auch leider bekannt, welche Unterbrechung das weitere Fortschreiten und der glückliche Abschluß dieser Angelegenheit durch den Rücktritt des Geheimrats Dr. Kayser erlitt. Indem man den von ihm eingeschlagenen Weg verließ und die Sanierung der Usambarabahn, die nach der Vereinbarung vom 11. März 1895 gleichzeitig mit der Genehmigung der Zentralbahn erfolgen sollte, in den Vordergrund drängte, sind für die Zentralbahn mehrere kostbare Jahre verloren gegangen, während die Usambarabahn selbst durch den Verkauf ans Reich etwa drei Viertel ihres Kapitals eingebüßt hat.

Indem nun jetzt, nach so langer Ruhe und eingeleitet durch das kräftige öffentliche Auftreten des Gouverneurs General Liebert bei Gelegenheit seiner letzten Anwesenheit, die Zentralbahn wieder in den Vordergrund der Bestrebungen gerückt

---

*) Ausführlicheres über die hier besprochene Frage nebst orientierenden Karten findet sich in dem unlängst erschienenen Werke des Verfassers: Die ostafrikanische Zentralbahn (Julius Springer, Berlin, 1899).

ist, soll keineswegs verkannt werden, wie heute die Aussichten für das Gelingen günstiger liegen als vor mehreren Jahren, wo immer noch in einzelnen Ressorts der Reichsregierung ein Widerstand obwaltete, der nach den heutigen bestimmten Erklärungen des Reichskanzlers Fürsten zu Hohenlohe zu Gunsten der Zentralbahn als gebrochen anzusehen ist, und wo die Ansichten über die Notwendigkeit dieser Anlage, im Reichstage wie im Publikum, noch nicht so geklärt waren, wie dies heute der Fall ist.

Zu dieser günstigeren Strömung mußte unstreitig die Wahrnehmung beitragen, daß die Entwickelung des Verkehrs von Deutsch-Ostafrika **vollständig zum Stillstand** gekommen war; ja es sind sogar die in den Jahren 1890 und 1891 erreichten Wertmengen der Ein- und Ausfuhr des deutsch-ostafrikanischen Zollgebietes noch nicht einmal wieder erreicht worden. Auch der Anteil des Umsatzes im freien direkten Verkehr zwischen Deutschland und Ostafrika ist nur bei der Einfuhr aus Deutschland ganz unbedeutend gewachsen und betrug im Jahre 1897 2½ Millionen Mark oder etwa ½ Mark auf den Kopf der Bevölkerung dieses Schutzgebietes. Selbst bei der am geringsten entwickelten afrikanischen Kolonie Madagaskar stellt sich diese Verhältniszahl ungefähr sechsmal höher. Nichts kann schlagender als jene minimalen Zahlen beweisen, welch ungeheures Entwickelungsfeld für deutsches Kapital und deutsche Arbeit wir noch im Verkehr mit unserer ostafrikanischen Kolonie vor uns haben, die 4 bis 5 Millionen Einwohner zählt und alle subjektiven und objektiven Vorbedingungen gedeihlicher wirtschaftlicher Entwickelung in sich trägt! Auch die **Zolleinnahmen** sind in den letzten Jahren so gut wie stabil geblieben und nur durch bessere Maßregeln gegen den Schmuggel etwas gesteigert worden.

Wie der Gesamtverkehr, so ist auch die Entwickelung von **Dar-es-Salâm**, aus dem man einst in kurzer Frist ein zweites Sansibar zu schaffen hoffte, zurückgeblieben. Wir besitzen dort eine schöne, elegante Residenz und einen schönen Hafen, aber noch kaum den Anfang einer Entwickelung zu einem internationalen Stapelplatz für das ungeheure Gebiet von Deutsch-Ostafrika. Auch die vom Reich subventionierte Dampferlinie hat die Entwickelung von Dar-es-Salâm nur wenig fördern können.

Unstreitig ist auch in steigendem Maße die öffentliche Meinung zu Gunsten einer raschen Inangriffnahme der Zentralbahn durch die Wahrnehmung beeinflußt worden, daß die Engländer durch ihre Eisenbahn von Mombassa nach dem Viktoria-Nyanza und der Kongostaat durch die Vollendung der Kongo-Eisenbahn und die rapide Entwickelung der Schiffahrt auf dem oberen Kongo den Verkehr von unseren deutsch-ostafrikanischen Häfen immer mehr ablenken müßten, wie dies auch schon hinsichtlich der steigenden Ausfuhr von Elfenbein nach dem Kongostaat zum großen Nachteil unserer Zollkasse zu Tage tritt. In letzter Zeit tauchte dann noch das Projekt der Fortführung der Rhodes'schen Transvaalbahn b[illegible] zur Südspitze des Tanganyika auf. Der Erkenntnis dieser Gefahren trat wohl [illegible] ein gewisses Gefühl der Beschämung hinzu, daß wir allen D[illegible] und ins[illegible]dere den unglaublichen Anstrengungen des kleinen Belgien gegenüber ruhig die Hände im Schoß liegen ließen.

Wenn somit bei Regierung, Reichstag und in der öffentlichen Meinung unbedingt eine günstigere Stimmung für die deutsch-ostafrikanische Zentralbahn zu Tage getreten ist, so kommt uns jetzt auch der wichtige Umstand zu Hülfe, daß die frühere Abschwächung durch die Bestrebungen verschiedener **Konkurrenzlinien** beseitigt erscheint. Die Usambarabahn ist in die Hände des Reiches übergegangen und wird ihre wichtige Aufgabe zur Aufschließung des insbesondere für die Kaffeekultur hochwichtigen Usambaragebietes erfüllen, später wohl auch in der Richtung nach dem Kilima-Ndscharo weitergeführt werden. Das zweite Konkurrenzprojekt des Herrn von Scheele, von Dar-es-Salâm nach dem Nordende des Nyassa-Sees, hat keinen Anklang gefunden, und dürfte es sich sicherlich — wenn einmal die Frage der Ablenkung des Nyassaverkehrs nach unseren Häfen an die Reihe kommt — weit mehr empfehlen, diese Verbindung vom Ostufer des Nyassa nach einem unserer südlichen Häfen, etwa Lindi oder Mikindani, zu suchen, — ein Weg, der ganz bedeutend kürzer ist, der Durchführung weit geringere Schwierigkeiten bietet und vielleicht nur halb so viel kosten würde als eine direkte Verbindung mit Dar-es-Salâm.

Man darf also wohl behaupten, daß heute die Linie von Dar-es-Salâm nach dem Seengebiet unbestritten dasteht. Für dieselbe sprechen aber auch Momente, die ihr, nach ihrer inneren Bedeutung, unbedingt zum Siege verhelfen müßten. Dies ist zuerst der Umstand, daß diese Linie die ungefähre geographische Mitte des Schutzgebietes durchschneidet, also am geeignetsten erscheint, nach allen Richtungen hin das Rückgrat eines künftigen Eisenbahn- und Verkehrssystems zu bilden. Dem tritt der wichtige Umstand hinzu, daß sich gerade am Anfangspunkt dieser diametralen Linie einer unserer schönsten Häfen, Dar-es-Salâm, befindet, der sich hierdurch sowie durch seine geographische Lage von selbst als der internationale Stapelplatz darbietet, welcher uns mit der Zeit den Zwischenhandel Sansibars mehr und mehr entbehrlich machen soll. Ein dritter Umstand, und zugleich ein Beweis für die richtige Wahl der Linie, liegt in dem großartigen Karawanenverkehr, der sich seit langer Zeit in dieser Richtung entwickelt hat, den aber nur eine Eisenbahn über die Beschränkung auf den Transport einzelner hochwertvoller Güter hinaus fernerhin zu steigern und zur Grundlage einer großartigen wirtschaftlichen Entwickelung nach modernem Maßstab zu stempeln vermag. Ebenso günstig gestaltet sich diese Linie vom Standpunkte des Landesschutzes aus, sowie auch die Arbeit der Missionen und die ganze zivilisatorische Entwickelung des Schutzgebietes in ihr die besten Stützpunkte finden.

Es wird nun vorgeschlagen, den ersten Bauabschnitt der Zentralbahn von Dar-es-Salâm bis in die fruchtbare Landschaft Ukami zu führen. Diese Beschränkung motivirt sich einmal dadurch, daß man diesen Bauabschnitt, ganz abgesehen von seiner Fortführung, als ein selbständiges und die höchste Aussicht auf baldige Rentabilität bietendes Unternehmen betrachten darf. Sodann tritt der wichtige Umstand hinzu, daß diese Linie nach Ukami und Usagara den Entschließungen nicht präjudizirt, welche später über die Fortführung der Zentralbahn nach dem Tanganyika und Viktoria-Nyanza gefaßt werden möchten. Wir glauben zwar, daß die Fortführung der Linie in der Richtung der alten Karawanenstraße über Tabora zum Tanganyika wahrscheinlich den Vorrang behaupten wird. Allein es ist doch auch denkbar, daß Rücksichten auf eine inzwischen fortgeschrittene Erkenntnis von der wirtschaftlichen Wichtigkeit einzelner Gebietsstrecken genommen werden müssen, ebenso wie auch auf etwaige Entdeckungen mineralischer Schätze, namentlich Gold und Kohlen, in letzter Instanz vielleicht auch auf weitergehende Bahnprojekte, über die ich zum Schluß noch ein paar Worte sagen werde. Die Trace des ersten Bauabschnitts steht hierbei außer Frage, und kann deshalb nicht dringend genug empfohlen werden, sofort mit demselben vorzugehen.

Bei dieser Gelegenheit möchte ich aber nicht verfehlen, auf die Wichtigkeit, ja Notwendigkeit einer kleinen Zweigbahn von dem Ausgangspunkt der Zentralbahn,

Dar-es-Salâm, nach *Bagamoyo* hinzuweisen, nachdem eine früher verfolgte Idee einer Gabelung, wodurch die Zentralbahn sowohl in Dar-es-Salâm als in Bagamoyo auslaufen sollte, als definitiv aufgegeben zu betrachten ist. Es spricht hierfür in erster Linie die Rücksicht auf die größte und bedeutendste Handelsstadt unseres ganzen Schutzgebietes, Bagamoyo, welche bis jetzt den Endpunkt des großartigen Karawanenverkehrs bildet und ruiniert sein würde, wenn derselbe plötzlich durch die direkte Bahn nach Dar-es-Salâm vollständig abgelenkt würde, ohne Bagamoyo durch die Verbindungsbahn einen kleinen Ersatz zu gewähren. Die Zweigbahn dürfte zugleich als der Anfang einer *Küstenbahn* aufzufassen sein, welche mit der Zeit auch die übrigen, nördlich und südlich gelegenen Häfen unseres Schutzgebietes direkt mit Dar-es-Salâm in Verbindung setzen und dessen Entwickelung zu einem großartigen Stapelplatz mächtig fördern würde.

Die Zweigbahn von Dar-es-Salâm nach Bagamoyo gewinnt aber noch an Wichtigkeit durch die Rücksicht auf unseren Verkehr mit *Zansibar*, wofür Bagamoyo sehr günstig liegt. Bagamoyo besitzt zwar keinen Hafen und kann daher als Stapelplatz für den internationalen Handel nie in Betracht kommen. Dagegen hat der Dhauverkehr zwischen den Rheden von Bagamoyo und Zansibar eine nicht gering zu schätzende Bedeutung, wenn dieselbe sich auch bedeutend abschwächen wird, nachdem Dar-es-Salâm der Endpunkt der Zentralbahn geworden ist. Selbst wenn Zansibar dauernd in Englands Händen bleiben sollte, so darf uns dies doch nicht blind dagegen machen, welchen Wert immerhin die Verbindung mit einem so alten, hoch bedeutenden internationalen Handelsplatz für uns behält, ganz abgesehen davon, daß bedeutende deutsche Firmen dort ihren Sitz haben. Nicht in der Erschwerung der Verbindung mit Zansibar — selbst wenn die internationalen Verträge uns solches gestatten —, sondern in der *Verstärkung der Anziehungskraft von Dar-es-Salâm*, deren Grundlage die Zentralbahn bieten wird, müssen wir den Wettkampf mit Zansibar aufnehmen.

Wenn ich endlich auf die *Rentabilitätsfrage* komme, so muß sie scharf ins Auge gefaßt werden, kann aber keineswegs *allein* maßgebend sein für die *Entwickelungsperiode* bis zur Ausgestaltung dieses neuen mächtigen Verkehrssystems, das auf ganz anderen Grundlagen beruhen wird, als der bisherige Karawanenverkehr. Elfenbein, Kautschuk und die wenigen anderen Artikel, welche die enormen Kosten des Karawanenverkehrs zu tragen vermochten, werden im Eisenbahnverkehr in ihrer Bedeutung immer mehr gegen den Verkehr in Tausenden von anderen Produkten und Erzeugnissen und den Personenverkehr zurücktreten; ebenso wird sich der *innere* Verkehr im Austausch der Erzeugnisse und Arbeitsleistungen in immer steigendem Maße über den durch die Eisenbahn zu vermittelnden *internationalen* Ein- und Ausfuhrverkehr steigern. Diese Entwickelung muß abgewartet werden und läßt sich ihre Dauer im voraus unmöglich bestimmen, während jedoch die höchste Wahrscheinlichkeit besteht, daß gerade in dem *ersten* Bauabschnitt der Zentralbahn die eine Rentabilität bedingende wirtschaftliche Entwickelung sich am raschesten vollziehen wird. Einen gewissen Anhaltspunkt für die Ertragsfähigkeit des künftigen Eisenbahnverkehrs dürfte auch der Umstand gewähren, daß sich bisher schon auf der Zentralbahnlinie weit über 100000 Menschen jährlich bewegen, die künftig für produktive Arbeit frei werden. Jährlich verwendet man mehr als 6 Millionen Mark auf die Ausrüstung der Karawanen, die künftig dem Güteraustausch des Eisenbahnverkehrs als Betriebskapital zufließen würden. Der erste Bauabschnitt ist auf etwa

12 Millionen Mark Baukapital, einschließlich Bauzinsen, geschätzt. Nimmt man eine dreiprozentige Zinsgarantie an, so beträgt dieselbe 360 000 Mark im Jahr, — eine Ausgabe, die sich aber sofort schon durch die Ersparnisse der Regierung beim Transport der Menschen und Güter ins Innere und zum andern durch die unbedingt steigenden Einnahmen an Ein- und Ausfuhrzöllen vermindern wird. Es bleibt also ein Betrag, den in der That das Reich keine Bedenken tragen darf, auf eine wahrscheinlich nur kurze Zeit zu übernehmen. Und hierzu treten die unberechenbaren Vorteile der Zeitersparnis und der rascheren, kräftigeren und zugleich billigeren Handhabung des Landesschutzes und der Verwaltung. Die Hoffnung überdies, daß überhaupt die dortige wirtschaftliche Entwickelung künftig ein rascheres Tempo anschlagen werde, bestärkt auch der Umstand, daß seitens des Gouvernements, insbesondere des thatkräftigen Gouverneurs General Liebert und der Missionen, in letzter Zeit sehr viel geschehen ist, um überall geordnete friedliche Zustände einzuführen, die Eingeborenen an Sitte und Arbeit zu gewöhnen, auch mit Wegebauten und sonstigen Kulturarbeiten vorzugehen. Von größter Bedeutung werden sich auch die strengen Verordnungen erweisen, welche gegen den Kindermord erlassen worden sind, den die Eingeborenen, um ihre Kinder nicht dem Sklavenraub auszusetzen, gewohnheitsgemäß zu verüben pflegten. Voraussichtlich wird hiernach die Bevölkerungszunahme künftig in weit stärkerem Prozentsatz wachsen als bisher; die Anzeichen hierfür treten bereits hervor.

Und schließlich darf bei der Erörterung der Rentabilitätsfrage auch die Aussicht auf den zweifellos vorhandenen Mineralreichtum unseres Schutzgebiets hervorgehoben werden. Daß insbesondere abbauwürdige Goldlager vorhanden sein müssen, bestätigen nicht bloß die geognostische Analogie, sondern auch die in letzter Zeit gemeldeten Entdeckungen. Auch Steinkohlen sind unzweifelhaft vorhanden.

Die Versammlung wird es zu würdigen wissen, wenn ich meine bisherigen Ausführungen lediglich auf die innere Wichtigkeit und Notwendigkeit der Zentralbahn für unser Schutzgebiet aufgebaut habe. Diese Frage ist nun in letzter Zeit stark beeinflußt worden durch die von dem unternehmenden und weitblickenden Cecil Rhodes ausgegangenen Anregungen. Demselben kann allerdings ein entscheidender Einfluß auf unsere lediglich im deutschen Interesse zu fassenden Entschließungen nicht eingeräumt werden, und ich bin der Meinung, daß sich nichts mehr von Seiten der Reichsregierung empfehlen würde, als sofort, und noch vor etwaigen Abmachungen mit Rhodes, mit dem Antrag einer Zinsgarantie für die erste Baustrecke vorzugehen. Es würde dies künftige Vereinbarungen nicht stören, sondern nur fördern. Unstreitig sind die Rhodes'schen Pläne für uns von großer Wichtigkeit. Es ist zunächst keine Frage, daß eine Ableitung der Rhodes'schen Kapstadt—Kairobahn durch das Gebiet des Kongostaates den Nachteil für uns bringen würde, auch den Tanganyikaverkehr nach dem Norden abzuleiten, wie dies die bereits im Bau begriffene englische Ugandabahn bezüglich des Verkehrs des Viktoria-Nyanza-Gebietes im Auge hat. Eine durch unser deutsches Gebiet geführte Kapstadt-Kairobahn würde dagegen den Verkehr schwerlich von unseren Häfen an der Ostküste ablenken, wohl aber die Aufgabe unserer Zentralbahn, die innere wirtschaftliche Entwickelung unseres Schutzgebietes zu fördern, mächtig ergänzen. Auf alle Fälle drängt aber nichts dazu, in dieser Richtung voreilige Entscheidungen zu treffen oder gar unsere eigenen Entschließungen bezüglich Inangriffnahme unserer Zentralbahn hinauszuschieben. Tritt seinerzeit die Frage der Verbindung der Rhodes'schen Transversalbahn mit unserer

Zentralbahn an uns heran, so werden wir dieselbe schon unseren Interessen gemäß zu lösen wissen. Unberechtigt scheint mir hierbei das hier und da auftauchende Mißtrauen: als könnten in einer solchen Vereinbarung deutsche Interessen den englischen preisgegeben werden. Die feste, zielbewußte deutsche Politik unseres allverehrten Kaisers, unterstützt vom Reichskanzler Fürsten zu Hohenlohe, bietet hierfür die sicherste Gewähr; auch der Minister des Auswärtigen, Herr von Bülow, sieht so wenig danach aus, daß er deutsche englischen Interessen opfern würde, wie sein unvergeßlicher Vorgänger, der Begründer der deutschen Kolonialpolitik, Fürst Bismarck. Ein gleiches Zutrauen dürfen wir zu dem Direktor der Kolonialabteilung, Herrn von Buchka, hegen. Die Frage der speziellen Bedingungen, unter welchen wir unsere Zentralbahn mit den Rhodes'schen Vorschlägen in organische Verbindung bringen werden, beschäftigt uns also heute noch nicht; wir hegen aber das Vertrauen zu der Reichsregierung und den gesetzgebenden Faktoren, daß sie Deutschlands Rechten und Interessen nichts vergeben werden. Auch wir werden darüber wachen.

Indem ich meine Betrachtungen schließe, hoffe ich, daß es in dieser großen Frage keines ferneren Appells an die Regierung, den Reichstag und die Oeffentlichkeit mehr bedürfen, die deutsch-ostafrikanische Zentralbahn vielmehr baldigst gesetzgeberisch und mit dem Spaten in der Hand, in Angriff genommen werde. Und an einem solchen Erfolg jahrelanger Bemühungen darf dann auch die Deutsche Kolonialgesellschaft unter der kräftigen Leitung Sr. Hoheit des Herzogs Johann Albrecht ihr wohl gemessenes Teil in Anspruch nehmen. Wie oft ist die sogenannte Kolonialschwärmerei mit wohlfeilem Spott übergossen worden, und doch hat gerade sie dem thatsächlichen Fortschreiten unserer Kolonialpolitik den allermächtigsten Bundesgenossen zugeführt: die öffentliche Meinung. Siegerin in letzter Instanz bleibt stets die Idee. Ruhig können wir das Bewußtsein von hier heimtragen, alle mitgearbeitet zu haben an einer großen Sache zu Ehr' und Nutzen des teueren deutschen Vaterlands

## Resolution.

Die Hauptversammlung der Deutschen Kolonialgesellschaft begrüßt mit lebhafter Genugthuung den ihrem Präsidium zugegangenen Bescheid Sr. Durchlaucht des Fürsten Reichskanzlers bezüglich des Baues einer deutsch-ostafrikanischen Zentralbahn von der Küste nach dem Seengebiet, sowie einer deutschen Anschlußbahn an die geplante englische Bahn Kapstadt-Kairo. Sie findet sich zugleich bewogen, im vollen Vertrauen, daß die Reichsregierung in dieser Frage nach wie vor die kolonialen wie die allgemeinen deutschen Interessen wahren und fördern werde, ihre hierauf gerichteten Wünsche in folgendem nochmals zusammenzufassen:

1. Die Deutsche Kolonialgesellschaft erachtet es aus politischen, zivilisatorischen und wirtschaftlichen Gründen für eine unbedingte Notwendigkeit, die Ostküste unseres deutsch-ostafrikanischen Schutzgebietes durch eine Central-Eisenbahn mit dem westlichen Seengebiet in Verbindung zu setzen.
2. Sie empfiehlt aufs Dringendste, sofort mit Ausführung der ersten Baustrecke von Dar-es-Salâm nach Mrogoro vorzugehen und beim Reichstag die Gewährung einer Zinsgarantie für eine zu bildende Zentral-Eisenbahngesellschaft zu beantragen.
3. Sie anerkennt die hohe Wichtigkeit einer das deutsche Interesse wahrenden Verbindung der Zentralbahn mit der von Cecil Rhodes geplanten großen afrikanischen Transversalbahn.

# Zur Samoa-Frage.

Von H. v. Kusserow.

Aus den Mitteilungen, welche der Herr Staatssekretär des Auswärtigen Amts, jetzige Graf Bülow, in der Sitzung des Reichstags vom 19. d. Mts. über die Samoa-Frage auf Grund telegraphischer Meldungen gemacht hat, und aus den seitdem bis heute, den 28. Juni, eingelaufenen Telegrammen zumeist amerikanischen und englischen Ursprungs ergeben sich folgende Thatsachen und vorläufige Schlußfolgerungen:

Die am 13. Mai in Apia eingetroffene Hohe Kommission empfing die beiden Häuptlinge Mataafa und Malietoa-Tanu als gleichberechtigte Parteihäupter, verhandelte mit ihnen wegen Auflösung der Streitkräfte, und erreichte alsbald die Zusage der beiden Parteien, alle Waffen auszuliefern und in ihre Ortschaften zurückzukehren. Mataafa hatte schon am 31. Mai den Anfang mit der Ablieferung von über 1800 Gewehren gemacht. Malietoa-Tanu lieferte seinerseits angeblich 3200 Gewehre in die Hände der Kommission ab. Insofern diese ungefähr 5000 Gewehre, wie wahrscheinlich, nicht den ganzen in den Händen der Kriegsparteien befindlichen Waffenvorrat ausmachten, kommt in Betracht, daß nach einer Meldung alle Eingeborenen, bei denen nach dem 20. Juni noch Gewehre gefunden würden, schwer bestraft werden sollten.

Der amerikanische Admiral Kautz hat nach Empfang der Befehle seiner Regierung am 21. Mai mit der „Philadelphia“ die Rückreise nach San Franzisko angetreten und ist daselbst schon vor einigen Tagen eingetroffen. Statt dieses Kriegsschiffs wurde der amerikanische Kreuzer „Newark“ in Apia erwartet. Das englische Kriegsschiff „Porpoise“ mit Kapitän Sturdee trat am 8. Juni die Abreise von Apia nach Fidji an. Da von dem anderen englischen Kriegsschiff „Tauranga“ in den Telegrammen nicht die Rede ist, kann angenommen werden, daß dasselbe in den samoanischen Gewässern zurückgeblieben ist. Feststeht, daß S. M. Kreuzer „Falke“ vorerst in Apia bleibt und daß die korrekte Haltung des Kommandanten, Korvettenkapitän Schönfelder, durch eine allerhöchste Ordensauszeichnung anerkannt worden ist. Die Nachricht von der Ankunft S. M. Kreuzers „Cormoran“ in Apia darf täglich erwartet werden.

Die während der Feindseligkeiten von den englischen Landungstruppen verhafteten und auf Verlangen des Kaiserlichen Kommandanten demselben ausgelieferten und an Bord des „Falke“ internierten Deutschen Hufnagel und Marquardt sind, nachdem die Kommission, wie der Kaiserliche Herr Staatssekretär im Reichstage erklärte, sich von ihrer völligen Unschuld überzeugt hatte, in Freiheit gesetzt worden.

Der englische Konsul Maxse hat am 16. Juni die Abreise nach Europa angetreten und ist zufolge eines in der Pariser Ausgabe des „New-York Herald“ abgedruckten Reuter-Telegramms aus Wellington vom 23. d. Mts. Major Mair, Richter eines neuseeländischen Gerichtshofes, zum englischen Konsulats-Verweser für Samoa ernannt worden. Nach einem im Londoner „Globe“ abgedruckten Telegramm aus New-York vom 23. d. Mts. soll Mr. Lloyd Osborne als amerikanischer Konsul einstweilen noch in Apia verbleiben. Derselbe ist bei den Gewaltmaßregeln der amerikanischen und englischen Kriegsschiffe etwas weniger hervorgetreten, da Admiral Kautz sich zum selbständigen Handeln für ermächtigt hielt und in diesen Beziehungen sich anscheinend von dem englischen Konsul Maxse beeinflussen ließ. Doch wird das letzte Wort auch hierüber noch nicht geschrieben sein. Der deutsche Generalkonsul Rose sollte den von ihm schon Ende vorigen Jahres beantragten Urlaub nunmehr erhalten. Mit seiner Vertretung ist der Kaiserliche Vize-Konsul Grunow in Apia betraut.

Dr. Solf, der schon im vorigen Jahre von den drei Schutzmächten, an Stelle des auf seinen eigenen Antrag zurücktretenden Herrn Raffel, zum Präsidenten des Munizipalrats von Apia ernannt worden war, traf daselbst am 3. Juni ein, hat aber erst nach Ankunft der Oberkommission sein Amt angetreten.

Schon am 19. Juni erklärte Graf Bülow im Reichstage, es sei nicht ausgeschlossen, daß dem Streit der Parteien in Samoa durch Abschaffung des Königtums ein Ende gemacht werden würde. Dies beweist, daß die Instruktionen der Kommissare dieses Auskunftsmittel bereits vorgesehen hatten, und wir haben Grund zu glauben, daß dasselbe auf deutscher Initiative beruht. Nach den seitdem eingegangenen Telegrammen hat in der That die Kommission sich bereits geeinigt, den drei Regierungen die Abschaffung des Königtums vorzuschlagen und inzwischen ohne dasselbe eine provisorische Regierung einzurichten. Mataafa hatte sich von vornherein bereit erklärt, auch in der Königsfrage sich der Entscheidung der Kommission zu unterwerfen. Infolge der jüngsten Reuter-Telegramme hat die Kommission den von dem Oberrichter Chambers als König eingesetzten Häuptling Malietoa-Tanu in der Weise beseitigt, daß sie, ohne formell die Entscheidung des Oberrichters zu seinen Gunsten anzufechten, sich seines Verzichtes auf die Königswürde ebenfalls zu versichern verstand. Infolge dessen ist mit Zustimmung beider Parteien die Regierung des Landes einstweilen auf die Hohe Kommission übergegangen.

Der Oberrichter Chambers ist, wie gemeldet wird, vorerst im Amt geblieben, und dies entspricht der Samoa-Akte Artikel III Abschnitt 3, welcher lautet:

„Im Falle, daß eine der vier Regierungen (die eine ist diejenige von Samoa) zu irgend einer Zeit Grund zu Beschwerden gegen den Oberrichter wegen einer Vernachlässigung seiner Amtspflicht haben sollte, soll solche Beschwerde derjenigen Autorität unterbreitet werden, welche ihn ernannte; wenn nach deren Urteil hinreichender Grund für seine Entfernung vorhanden ist, so soll er abgesetzt werden. Wenn die Mehrheit der drei Vertragsmächte es verlangt, so soll er abgesetzt werden. Sowohl im Falle der Absetzung, wie im Falle, daß das Amt aus einem anderen Grunde unbesetzt ist, soll sein Nachfolger in der vorbezeichneten Weise (Abschnitt 2) eingesetzt werden."

Die Frage, ob Anlaß zur Entfernung des Mr. Chambers vorhanden ist, wird voraussichtlich erst dann entschieden werden, wenn die drei Regierungen auf Grund der schriftlichen Berichte der Kommission im Stande sein werden, zu beurteilen, in wie weit er eine Mitschuld an den Gewaltmaßregeln der englischen und amerikanischen Kriegsschiffe trägt, deren Rechtswidrigkeit nach Abschnitt 7 desselben Artikels der Samoa-Akte nicht zweifelhaft sein kann. Derselbe lautet:

„Im Falle, daß zwischen einer der Vertragsmächte und Samoa eine Meinungsverschiedenheit sich ergeben sollte, welche sich nicht durch gegenseitiges Übereinkommen erledigen läßt, so soll eine solche Meinungsverschiedenheit nicht als Anlaß zum Kriege gelten, sondern soll dem Oberrichter von Samoa zur Erledigung nach den Grundsätzen der Gerechtigkeit und Billigkeit unterbreitet werden; derselbe soll seine Entscheidung darüber schriftlich abgeben."

Hiernach würde es dem Oberrichter obgelegen haben, mit seiner ganzen Autorität dagegen aufzutreten, daß von seiten der Vertreter und Schiffskommandanten irgend einer der drei Mächte die Anwendung von Gewalt versucht würde. Von einer solchen friedensstiftenden Thätigkeit des Herrn Chambers ist bisher nichts bekannt geworden, und es ist kaum zu erwarten, daß die schriftlichen Berichte der Kommissare in dieser Hinsicht ein Novum enthalten werden. Zur Beurteilung der gegen den Protest des deutschen Vertreters ergriffenen Gewaltmaßregeln muß man jedoch auch auf die Genesis der Samoa-Akte zurückgehen. Dieselbe wurde eigens herbeigeführt, weil die Großbritannische und die Regierung der Vereinigten Staaten von Amerika sich in ihren Rechten und Interessen durch den Kriegszustand verletzt fühlten, welchen im Dezember 1888 die aufständischen Samoaner (damals die Mataafa-Partei) gegenüber Deutschland durch den Ueberfall eines zwar in friedlicher Absicht, nämlich zum Zweck der Entwaffnung der Eingeborenen, unvorsichtiger Weise gelandeten deutschen Marine-Detachements herbeigeführt hatten. Der die Einladung zur Konferenz betreffende Erlaß des Fürsten Bismarck an den Kaiserlichen Botschafter in London vom 12. Januar 1889 enthielt folgenden Satz:

„Euer Excellenz ersuche ich ergebenst, Lord Salisbury zu sagen, daß ich es im Interesse der drei beteiligten Nationen für dringlich halten möchte, sich über die Zukunft Samoas untereinander zu verständigen. Das wiederholte Eingreifen der Konsuln und Kriegsschiffe der Vertragsmächte in die dortigen Kämpfe ist stets mit der Gefahr von Verstimmungen und Friktionen verbunden, deren Tragweite mit der Bedeutung des ganzen Objekts in keinem Verhältnis steht. Ich betrachte es daher als eine Pflicht der beteiligten Regierungen, den Frieden der Samoaner untereinander herzustellen."

Unter dem 17. Januar 1889 schrieb Fürst Bismarck an den Kaiserlichen Gesandten in Washington:

„Die gegenwärtige Lage auf Samoa läßt es im Interesse der drei Vertragsmächte dringlich erscheinen, den Versuch einer Verständigung über die Zukunft dieses Inselreichs zu erneuern. Die Stellung der drei Mächte in der civilisierten Welt legt ihnen die Pflicht nahe, blutigen und von barbarischen Gewohnheiten begleiteten Kämpfen der wenig zahlreichen Stämme ein Ziel zu setzen, für deren Wohl die Verantwortlichkeit den Schutzmächten im Urteil der zivilisierten Welt anheimfällt."

„Ich betrachte es daher als eine Pflicht der beteiligten Regierungen, die Wirren, welche in Samoa entstanden sind, durch Übereinkommen der Vertragsmächte zu beseitigen und durch Wiederherstellung des Friedens der Samoaner unter einander weiterem Blutvergießen und den Greueln des zwischen den dortigen Parteien mit barbarischer Grausamkeit geführten Bürgerkrieges ein Ende zu machen."

Die Antwortnote des amerikanischen Staatsdepartements vom 5. Februar 1889, worin die Einladung nach Berlin angenommen wurde, enthielt die Bemerkung, daß es von wesentlicher Bedeutung sei, die Konferenz möglichst bald zusammentreten zu lassen und inzwischen einen Waffenstillstand in Samoa zu erklären; es würde sich daher empfehlen, daß die Vertreter der drei Vertragsmächte in Samoa telegraphisch angewiesen würden, alle kriegerischen Aktionen einzustellen und die Bestimmungen der Konferenz abzuwarten. Wir heben aus der Note des Staatssekretärs Bayard die beiden folgenden Sätze hervor:

„Ein Waffenkampf der kleinen Schar der Samoaner gegen die gewaltigen Machtmittel Deutschlands kann selbstverständlich nur ein Ergebnis haben und würde offenbar nur nutzlos sein. Kein Gedanke an Gleichheit kann in solchem Streite bestehen. Die Fortsetzung eines Zerstörungskrieges und die Erneuerung von Repressalien selbst bei unzweifelhaften Provokationen würde gewiß nicht mit den Absichten im Einklang stehen, welche von jeder der drei Mächte verfolgt werden. Es wird daher gehofft, daß Weisungen der angegebenen Art ohne Verzug nach Samoa übermittelt werden."

Bedenkt man nun, daß bei der letzten Königswahl keinerlei Provokationen von Seiten der Eingeborenen gegen die Vertreter oder Angehörige einer der drei Vertragsmächte vorgekommen sind, so dürfte es um so schwerer fallen, irgend eine Rechtfertigung zu finden für die Herbeiführung eines neuen und blutigen Bürgerkrieges zwischen den beiden samoanischen Parteien durch die vertragswidrige Wiederbewaffnung der bereits unterlegenen und entwaffneten Malietoa-Partei seitens der englischen und amerikanischen Vertreter und Schiffskommandanten und für die Zerstörung nicht nur samoanischen, sondern auch deutschen Eigentums. Bei der Beurteilung dieses Vorgehens ist endlich nicht zu übersehen, daß seitens der Vertragsmächte auch nach der Unterzeichnung der Samoa-Akte, im Lauf der früher vergeblich von uns angestrengten Bemühungen, der Grundsatz zur Geltung kam, daß selbst zur Unterstützung des von den drei Mächten feierlich anerkannten Königs Malietoa Laupepa, des vierten Paciscenten der Samoa-Akte, und sogar auf Antrag des Oberrichters das Einschreiten von Kriegsschiffen nur im Falle erzielten Einvernehmens der drei Konsuln eintreten und nicht zu irgend welchen kriegsähnlichen Maßnahmen führen dürfe. Die hierauf bezüglichen Verhandlungen sind in dem Aufsatz des Verfassers „Zur Samoa-Frage" vom Februar dieses Jahres („Deutsche Kolonialzeitung" Nr. 6 und 7) auf Grund der veröffentlichten Weißbücher in Erinnerung gebracht worden. Uebrigens darf trotz gegenteiliger Behauptungen in der amerikanischen und englischen Presse wohl angenommen werden, daß die Rechtswidrigkeit jener Gewaltmaßregeln von den Regierungen der Vereinigten Staaten und von Großbritannien durch Abberufung ihrer maritimen Befehlshaber bezw. des die Hauptschuld tragenden englischen Konsuls Maxse thatsächlich anerkannt worden ist. So lange aber die Zurückberufung des Oberrichters Chambers nicht erfolgt ist, muß derselbe selbstverständlich in seinem Amt weiter fungieren. Ob das letztere selbst bei einer Neuordnung der Regierung beseitigt oder erweitert wird, scheint Gegenstand der Vorschläge der Kommission zu bilden. Es liegt aber kein erkennbarer Anlaß vor, in dem Verbleiben des Mr. Chambers in Apia schon jetzt eine Rechtfertigung seines Verfahrens oder gar eine Verurteilung der Haltung der deutschen Beamten zu finden, wie dies anscheinend auch im Hinblick auf die deutschen Entschädigungsforderungen von anderer Seite versucht wird. Es ist übrigens auch noch nicht entschieden, ob er sich nicht unberechtigte Eingriffe in die deutsche Konsulargerichtsbarkeit hat zu Schulden kommen lassen. Die formelle Bestätigung seiner Entscheidung der Königsfrage zu Gunsten Malietoa's durch die Oberkommission trägt, wie schon angedeutet, nicht sowohl den Charakter einer schiedsrichterlichen Entscheidung, als vielmehr den eines diplomatischen Ausweges, zu dessen Beschreitung die

Kommissare durch ihre generelle Anweisung und Vollmacht, sofort Frieden und Ordnung im Lande herzustellen, sich für ermächtigt halten durften.

Ueber die provisorische Verwaltung des Landes, welche die Kommission eingerichtet hat, verlautet einstweilen, daß dieselbe aus den drei Konsuln gebildet werde, welche überall, wo nicht die Berliner General-Akte Einstimmigkeit fordert, mit Majorität entscheiden können.

Die Nachricht, daß die Kommission ihre Arbeit bereits für erledigt ansehe und beabsichtige, noch vor Ablauf dieses Monats wieder abzureisen, erscheint unglaubhaft. Wenigstens äußerte Graf Bülow sich am 19. d. Mts. dahin, daß die Kommission nach Ordnung der allgemeinen politischen Verhältnisse zu der Entschädigungsfrage Stellung nehmen werde. Es dürfte unthunlich sein, den drei Konsuln die Prüfung dieser Frage zu überlassen, welche mindestens soviel Schwierigkeiten bietet wie die Landfrage, zu deren Erledigung s. Z. eine besondere Kommission nach Samoa entsandt worden ist. Unter lebhaftem Beifall des Reichstags erklärte der Staatssekretär, daß unsere Staatsangehörigen auf Samoa entschädigt werden sollen für die Verluste, die sie durch Zerstörung von deutschem Eigentum, oder widerrechtliche Beschränkung der persönlichen Freiheit erlitten haben. Diese Frage aber sei noch nicht reif für ein diplomatisches Eingreifen. Ein solches werde erst nach wirklicher Wiederherstellung der Ordnung auf Samoa möglich sein. Es sei zu hoffen, daß in dieser, wie in jeder anderen Beziehung die Kommission zu einem Ergebniß gelangen werde, welches den Grundsätzen wahrer Billigkeit entspreche. Hiernach halten wir einstweilen die baldige Rückkehr der Kommission von Apia für ausgeschlossen. Auch dürfte in Betracht kommen, daß die schriftlichen Berichte der Kommissare zunächst wohl noch zu einem Schriftwechsel der drei Regierungen untereinander und voraussichtlich zu weiteren Rückanfragen führen werden, deren gleichmäßige oder harmonische Beantwortung durch die Kommissare sachgemäß nur in Samoa selbst möglich ist.

Bis nicht die telegraphisch angedeuteten Vorschläge der Kommissare zur Einsetzung eines Gouverneurs mit einem gesetzgebenden Rat zur Seite u. s. w. näher bekannt gegeben werden können, verlohnt es sich nicht, an denselben Kritik zu üben, noch ist es nützlich, ihnen ohne Weiteres zuzustimmen und hierdurch vielleicht zu einer hinterher bedauerten Neuregelung beizutragen. Vor der Hand können wir Deutsche es nur mit ungeteilter Freude begrüßen, daß es der Kaiserlichen Regierung diesmal gelungen ist, die früher vergeblich beantragte Entwaffnung der Eingeborenen herbeizuführen, welche seit 20 Jahren von allen deutschen Beamten und Marine-Offizieren in der Südsee in Uebereinstimmung mit den deutschen Kaufleuten als die unerläßlichste Vorbedingung für Friede und Ordnung bezeichnet worden ist. Auf die Notwendigkeit, hier ohne weitere Zeitversäumnis erneut und kräftig den Hebel anzusetzen, hat der Verfasser dieses in seinem vorerwähnten Aufsatz „Zur Samoafrage" hingewiesen. Nachdem jetzt die Entwaffnung erfolgt ist, kommt es aber darauf an, daß auch auf die Dauer die Wiederbewaffnung der Eingeborenen, welche von gewinnsüchtigen Händlern bisher geschäftsmäßig betrieben wurde, durch geeignete Maßnahmen verhütet wird, gleichviel über welche neue Form der Landesregierung sich die drei Schutzmächte demnächst einigen werden. Im Hinblick hierauf ist kein Anlaß vorhanden, die Abschaffung des Königtums als eine die samoanische Tradition umstoßende Neuerung zu bezeichnen. Vielmehr war die Einsetzung eines Königs über ganz Samoa eine Neuerung, ein seit den siebziger Jahren gemachter Versuch, im Wege der Herstellung einer unabhängigen Landesregierung Friede und Ordnung auf der Inselgruppe sicher zu stellen. Zuerst war es der Amerikaner Steinberger, welcher einen Häuptling Malietoa zum König und sich selbst zu dessen Minister machte, ohne daß es ihm gelungen wäre, dessen Anerkennung von den anderen Häuptlingen zu erreichen. Im Jahre 1879 gelang dies dem Kaiserlichen General-Konsul Zembsch und dem Kommandanten S. M. S. „Bismarck", Kapitän zur See Deinhard, unter Zustimmung der englischen und amerikanischen Vertreter. Die Einrichtung verfehlte aber ihren Zweck, weil die Einmütigkeit der drei Regierungen über eine wirksame Unterstützung des Königs nicht zu erreichen war. — Sollten die drei Kommissare, wie es heißt, wirklich die Ersetzung des Königs durch einen Gouverneur in Vorschlag gebracht haben, so würde auch dieser seiner schwierigen Aufgabe nur in dem Falle gewachsen sein können, wenn die drei Vertragsmächte ihm dieselben Befugnisse einräumten, wie solche die Gouverneure irgend einer gut organisierten Kolonie besitzen. — Daß das einheitliche Königtum an sich den Samoanern selbst nicht behagte, beweisen die fortgesetzten Kriege unter den großen Häuptlingen. Treffend äußerte sich der Kommandant S. M. Aviso „Möwe", Korvettenkapitän von Radbusch (als Kontreadmiral z. D. 1896 verstorben), in einem Bericht vom August 1881 über diese Frage. Er sagte u. a.: „Zu den großen Häuptlingen gehören etwa 60 bis 80, die ihre Abstammung von der Zeit her datieren, als das Reich in 8 verschiedene Provinzen geteilt war, denen je ein großer Häuptling als König vorstand. So sind z. B. König Malietoa und ebenso der s. Z. zum Vize-König gewählte, jetzt als Rebell zu bezeichnende Gegenkönig Tamasese eigentlich nur große Häuptlinge." Mit Recht ist daher auch in diesen Tagen von einem Kenner der Zustände auf Samoa im „Berliner Lokal-Anzeiger" geschrieben worden, daß bei einer Neuordnung der Dinge es am meisten den traditionellen Verhältnissen entsprechen würde, auf der vornehmlich in Betracht kommenden Insel Upolu nicht nur Mataafa und Malietoa-Tanu, sondern auch den Häuptling Tamasese als den Vertreter der ältesten und angesehensten Familien Samoas, zum Vorsteher eines Distrikts zu ernennen.

Jedenfalls können die Kommissare nur Vorschläge machen, und es muß nach der Samoa-Akte den drei Regierungen vorbehalten bleiben, sich über eine Neuordnung zu verständigen, welche geeignet ist, nicht nur den Frieden unter den Eingeborenen Samoas aufrecht zu erhalten, sondern auch Differenzen unter den drei Schutzmächten, bezw. ihren Beamten und Offizieren unter einander zu verhüten und ihren Angehörigen die für ihre Handels- und Plantagenunternehmungen unerläßliche Rechtsordnung und Ruhe zu sichern. Ob dies bei Fortbestand des Tridominiums auch nach einer Revision der Samoa-Akte von 1889 auf die Dauer möglich sein wird, kann nach den bisherigen Erfahrungen bezweifelt werden, und wir brauchen deswegen die Hoffnung auf eine definitive Regelung der Samoa-Frage im deutsch-nationalen Sinn nach wie vor nicht aufzugeben, zumal nach den durch unsere ebenso geschickte, wie ehrliche Diplomatie neuerdings wieder erreichten Erfolgen.

———

# Der Reichstag und Deutschlands Südseepolitik.

Von Erich Prager.

In den letzten vier Sitzungen vor Anbruch seiner Ferien hat der Deutsche Reichstag nicht weniger als dreimal unsere Südseepolitik in den Kreis seiner Erörterungen gezogen.

Am Montag streifte gelegentlich der dritten Berathung des Gesetzentwurfs betr. die Handelsbeziehungen zum britischen Reich der Abgeordnete Liebermann von Sonnenberg (deutsch-soz. Ref.-Partei) die Samoafrage. Er bezeichnete die Rolle, welche wir in Samoa England gegenüber gespielt, als wenig beneidenswert, und gab der Hoffnung Ausdruck, die entsandte Kommission würde dazu gelangen, uns volle Entschädigung für die geschädigten deutschen Staatsbürger, volle Genugthuung für die Rechtskränkung, die wir dort erlitten hätten, und endlich starke Garantien zu verschaffen, daß solche Vorkommnisse sich nicht wiederholen könnten.

Der Staatssekretär des Auswärtigen Amts, Herr Staatsminister von Bülow, erwiderte darauf:

Ich hatte nicht erwartet, meine Herren, daß die Samoafrage im Laufe der heutigen Diskussion angeschnitten werden würde. Nachdem dies aber geschehen ist, nehme ich keinen Anstand, unseren Standpunkt in dieser Angelegenheit zu präzisiren.

Unsere Haltung in der Samoafrage habe ich vor einiger Zeit dahin zusammengefaßt, daß wir den Rechtsboden der Samoaakte weder selbst verlassen, noch uns durch andere von demselben verdrängen lassen würden. Daraus folgt, daß, wenn wir die Rechte anerkennen, die andere aus der Samoaakte für sich herleiten können, wir andererseits unsere eigenen deutschen Rechte unbedingt aufrecht erhalten. Aus dieser unserer Auffassung geht ferner hervor, daß alle Aenderungen, Entscheidungen und Maßnahmen auf Samoa abhängig sind von unserer Zustimmung, und ohne unsere Zustimmung nicht endgiltig durchgeführt werden können.

Auf Grund dieses Prinzips der Einstimmigkeit, das — wenn ich mich so ausdrücken darf — das Brett war, auf das wir uns stellen mußten, um durch die zeitweise einigermaßen erregten Gewässer der Samoafrage durchzukommen, die Basis, welche wir nach dem Geiste der Samoaakte wie nach der Lage der thatsächlichen Verhältnisse **behaupten** mußten und die wir behauptet haben, — auf Grund dieses Prinzips der Einstimmigkeit ist die Samoakommission gebildet worden, die seitdem in Samoa eingetroffen ist. Die Samoakommission stellt bis auf weiteres die Regierung von Samoa dar, sie hat die provisorische Regierungsgewalt über Samoa übernommen. Die dortigen maritimen und konsularischen Vertreter der drei Mächte sind von den drei Regierungen angewiesen worden, sich der Samoakommission unterzuordnen, welche die höchste Gewalt auf Samoa repräsentirt.

Von unserem Delegirten in der Samoakommission liegen bisher nur telegraphische Meldungen vor, die ich in einem unseren Missionen im Auslande mitgetheilten Auszug, den ich vor mir liegen habe, mit Erlaubniß des Präsidenten hier verlesen möchte, obwohl der wesentliche Inhalt bereits bekannt ist.

„Die Oberkommission ist am 13. Mai in Apia eingetroffen und hat alsbald mit beiden Parteien wegen Auflösung der Streitkräfte verhandelt. Die Befürchtung, daß die Ruhe nur durch Wiederaufnahme der Feindseligkeiten gegen Mataafa wiederherzustellen sei, hat sich als grundlos erwiesen. Malietoa Tanu und Mataafa haben beide der Kommission Besuche gemacht, den Entschluß ihrer Parteien, der Kommission zu gehorchen, übermittelt und die Niederlegung und Auslieferung aller Waffen versprochen. Mataafa hat am 31. Mai den Anfang mit Ablieferung von über 1800 Gewehren gemacht. Beide Häuptlinge sind von der Kommission als gleichberechtigte Parteihäupter empfangen worden, und es ist nicht ausgeschlossen, daß dem Streit beider Theile durch Abschaffung des Königtums ein Ende gemacht werden wird. Admiral Kautz hat mit dem amerikanischen

Kriegsschiff „Philadelphia“ die Rückreise nach San Francisco angetreten. Statt der „Philadelphia“ wird demnächst der Kreuzer „Newark“ eintreffen. Der englische Konsul Maxse wird sich am 16. Juni nach Europa zurückbegeben. Alsdann wird auch Generalkonsul Rose den von ihm Ende vorigen Jahres beantragten Urlaub erhalten. Die verhafteten Deutschen Hufnagel und Marquardt sind, nachdem die Kommission sich von ihrer völligen Unschuld überzeugt hat, ungesäumt in Freiheit gesetzt worden. Die Bevölkerung von Samoa setzt großes Vertrauen in die Kommission. Nach Ordnung der allgemeinen politischen Verhältnisse wird die Kommission zu der Entschädigungsfrage Stellung nehmen.“

Meine Herren, die Samoakommission hat vor allem die Aufgabe, gemäß der Samoaakte auf Samoa den Frieden und die Rechtsordnung wiederherzustellen, welche dort in einer Weise gestört worden sind, die das deutsche Rechtsgefühl tief verletzt hat.

(Sehr wahr! sehr richtig!)

Es würde nach unserer Auffassung dem Artikel I der Samoaakte entsprechen, wenn hinsichtlich der Schaffung einer künftigen Eingeborenenregierung die Wünsche der Bevölkerung thunlichst in Berücksichtigung gezogen würden. Es könnte das vielleicht in der Weise geschehen, daß eine Mehrheit unter den maßgebenden Häuptlingen oder eine Mehrheit unter den breiteren Schichten der Bevölkerung konstatiert würde. Hierbei aber halten wir daran fest — und das möchte ich ausdrücklich wiederholen —, daß wir gegenüber den Streitigkeiten der eingeborenen Häuptlinge wie gegenüber den verschiedenen Thronkandidaten nicht Partei ergreifen. Wenn wir die Parteinahme der Agenten anderer Mächte für Tanu nicht gebilligt haben, so identifizieren wir uns auch nicht mit dessen Gegner. Die Streitigkeiten der samoanischen Häuptlinge und die dortigen Thronrivalitäten sind zu lokaler Natur, als daß wir für diesen oder jenen derselben Partei ergreifen sollten.

Wir haben noch eine andere Aufgabe, auf die der Herr Abgeordnete Liebermann von Sonnenberg soeben hingewiesen hat, deren wir uns vollkommen bewußt sind, und die wir nicht einen Augenblick aus dem Auge gelassen haben: nämlich dahin zu wirken, daß unsere Staatsangehörigen auf Samoa entschädigt werden für die Verluste, die sie erlitten haben durch Zerstörung von deutschem Eigentum oder durch widerrechtliche Beschränkung ihrer persönlichen Freiheit.

(Lebhaftes Bravo und Zustimmung.)

Wir werden nichts unterlassen, damit unseren Landsleuten auf Samoa, die gelitten haben unter Vorgängen, die wir für unbillig und ungerecht halten, ihr gutes Recht werde.

(Lebhaftes Bravo.)

Diese Frage, meine Herren, ist aber noch nicht reif für ein diplomatisches Eingreifen. Ein solches wird erst möglich sein, wenn auf Samoa die Ordnung wirklich wiederhergestellt sein wird. Wir geben uns der Hoffnung hin, daß in dieser wie in jeder anderen Beziehung die Kommission zu einem Ergebnis gelangen wird, das den Grundsätzen wahrer Billigkeit entspricht. Wir werden nicht um eines Handes Breite von unserem guten Recht abweichen.

(Lebhafter Beifall.)

Auf der anderen Seite werden wir aber auch nicht vergessen, daß in[illegible]ale Differenzen bei denen sich nicht nur mancherlei politische und wirtschaftliche Interessen durchkreuzen, sondern wo auch das nationale Empfinden mitgesprochen hat, mit ruhiger Überlegung und mit kaltem Blute behandelt werden müssen.

(Lebhaftes Bravo.)

Das gab Herrn Dr. Lieber (Zentrum) Anlaß zu folgender Erklärung:

Meine Herren, wir haben gewiß alle mit großer Befriedigung die Darlegungen des Herrn Staatssekretärs des Auswärtigen Amts über Samoa vernommen, und ich für meinen Teil benutze gern den Anlaß, um namens meiner politischen Freunde auch jetzt wieder das vollste Vertrauen in der Führung der Auswärtigen Geschäfte des Reiches auch in Beziehung auf die samoanischen Angelegenheiten, dem verehrten Herrn auszusprechen.

Darnach wandte sich die Diskussion anderen Gegenständen zu.

Hatten diese Erörterungen die Regierung wie das große Publikum gewissermaßen überrascht, so war dagegen der Mittwoch von vornherein kolonialen Fragen geweiht. Befanden sich doch die durch das Uebereinkommen des Reiches mit Spanien veranlaßten Gesetzentwürfe auf der Tagesordnung des hohen Hauses, nämlich:

1. der Entwurf eines Gesetzes betr. die Feststellung eines zweiten Nachtrags zum Reichshaushaltsetat für 1899,
2. der Entwurf eines Gesetzes betr. die Feststellung eines zweiten Nachtrags zum Haushaltsetat für die Schutzgebiete für 1899,
3. der Entwurf eines Gesetzes betr. die Aufnahme einer Anleihe und
4. die Vereinbarung, wonach Deutschland und Spanien einander für die Einfuhr die Meistbegünstigung einräumen.

Die erste Lesung wurde vom Herrn Staatssekretär von Bülow mit folgender Rede eingeleitet:

Ich habe die Ehre, meine Herren, der Beschlußfassung dieses hohen Hauses das Abkommen zu unterbreiten, das wir mit Spanien über die Abtretung der Karolinen-, Marianen- und Palauinseln abgeschlossen haben. Durch diese Erwerbung wird zunächst unser Besitz in der Südsee vervollständigt. Wie ein Blick auf die Karte zeigt, bildeten unsere Schutzgebiete im Großen Ozean bisher einen flachen Halbkreis, eine langgestreckte und unzusammenhängende Linie. Durch die Karolinen und Marianen wird der Kreis geschlossen. Die Marianen im Norden, die Palau-, die Karolinen und die Marschall-Inseln in der Mitte, Kaiser Wilhelms-Land und der Bismarck-Archipel im Süden bilden nunmehr ein zusammenhängendes Ganzes.

Wenn diese Inseln aus spanischem Besitz in den Besitz einer anderen Macht als Deutschland übergegangen wären, so würde dadurch unser Schutzgebiet in der Südsee zerrissen und auseinandergesprengt, in seiner Entwicklung gehemmt und minderwertig geworden sein. Gerade im Hinblick auf die Nachbarschaft der Karolinen einerseits zu den Marschallinseln, andererseits zu Neu-Guinea war deren Erwerbung, wie Sie wissen, seit lange in Aussicht genommen. Vom Standpunkte unserer allgemeinen politischen Interessen in der Südsee ist die jetzt erreichte Erweiterung unserer dortigen Machtsphäre nützlich und notwendig, die Lage der neu erworbenen Inseln eine besonders günstige. Wir können uns der Hoffnung hingeben, daß durch unseren neuen Besitz auch unser alter Besitz gefördert, entwicklungsfähiger und ergiebiger werden wird. Dazu kommt, daß sich auf den Karolinen seit lange deutsche Handelsniederlassungen befinden. Deutsche Handelsleute hatten seit Jahren Handelsbeziehungen angeknüpft zu den Eingeborenen der Inseln und dort Faktoreien gegründet. Es waren die deutschen Häuser auf den Karolinen, die unter Hinweis auf die dortigen deutschen Handelsinteressen im Jahre 1885 die erste Besitzergreifung herbeiführten. Handel und Verkehr auf diesen Inseln liegt noch heute in den Händen der deutschen Jaluit-Gesellschaft, die Stationen auf allen Inseln besitzt. Der deutsche Kaufmann steht dort nach wie vor in allererster Reihe. Wenn diese Inseln bei ihrer Loslösung vom spanischen Reiche an eine andere Macht als Deutschland gefallen wären, so würde dadurch nicht nur die politische Zukunft unseres Südseebesitzes gefährdet worden sein, sondern es wären auch in wirtschaftlicher Beziehung Keime vernichtet worden, die der Entwicklung fähig sind.

Ich sage: Keime, die der Entwicklung fähig sind. Es ist nicht meine Art, meine Herren, in politischen und wirtschaftlichen Fragen zu appellieren an die Phantasie, die kühne Seglerin Phantasie. Ich werde es nicht machen wie das Milchmädchen in der Fabel von La Fontaine.

(Heiterkeit.)

Ich werde keine Luftschlösser vor Ihnen aufführen und gar keine Schönfärberei treiben. Ich werde das heute so wenig thun wie vor anderthalb Jahren, als ich diesem hohen Hause die Annahme des mit China über Kiautschou und Schantung abgeschlossenen Vertrages empfahl. Beide Verträge, der Vertrag mit China wie der Vertrag mit Spanien, sind Marksteine auf demselben Wege und Glieder einer Kette. In beiden Fällen sind wir ruhig, nüchtern und besonnen vorgegangen. Auf Grund ruhiger und sachlicher Prüfung der Verhältnisse sind wir zu der Annahme berechtigt, daß unser neuer Besitz auch in wirtschaftlicher Beziehung ein wertvoller ist.

(Na! na! links.)

— Meine Herren, daß die Spanier aus diesen Inseln nichts gemacht haben, ist noch kein Beweis für ihre wirtschaftliche Wertlosigkeit.

(Sehr richtig! rechts.)

Ich möchte der spanischen Verwaltung ex post nicht zu nahe treten; ich glaube aber doch sagen zu können, daß die Schuld für die jetzige Wertlosigkeit der Inseln wohl weniger an den Inseln liegt als an der bisherigen Administration. Insbesondere konnte die Jaluit-Gesellschaft unter spanischer Verwaltung nicht zum Plantagenbau übergehen aus Gründen, die mit der Eigenart der spanischen Administration zusammenhängen. Sie konnte ihre Geschäfte kaum behaupten, geschweige denn erweitern. Unter deutscher Herrschaft wird die Jaluit-Gesellschaft sofort mit dem Plantagenbau beginnen. Durch eine verständige und sachgemäße Entwicklung der beträchtlichen Hilfskräfte dieser Inseln wird sich ihre wirtschaftliche Bedeutung heben lassen, und dieselben werden zu einem wirtschaftlich ergiebigeren Besitz werden können. Deutscher Fleiß und deutscher Unternehmungsgeist werden von jetzt ab dort unter ganz anderen und weit günstigeren Bedingungen vorgehen können als bisher und die zweifellos vorhandenen kaufmännischen und kommerziellen Chancen besser ausnützen können als heute. Man kann so vorsichtig sein, wie ich es zu sein glaube, und doch der Ansicht zuneigen, daß ein Besitz nicht immer nach seinem momentanen Wert, sondern auch nach den Konjunkturen zu taxieren ist, die er in der Zukunft bringen kann.

(Sehr richtig!)

Es hat schon Mancher ein ganz gutes Geschäft gemacht, der ein Terrain gekauft hat, das im Augenblick nicht besonders ergiebig war und vielleicht auch eine Zeit lang unergiebig blieb, das aber, sobald sich der Verkehr ihm zuwandte, seinen Ertrag vervielfachte. Unser neuer Besitz liegt an einer Straße, welcher Handel und Verkehr sich mehr und mehr zuwenden werden.

Indem ich mich im übrigen beziehen darf auf meine Denkschrift, die ich dem hohen Hause unterbreitet habe, möchte ich nur darauf hinweisen, daß alle Inseln sich in vorzüglichem Maße für den Plantagenbau eignen, schon wegen ihres großen Wasserreichtums. Die größeren Inseln sind mit vortrefflichen Holzbeständen bedeckt. Auf allen Inseln gedeiht die Kokospalme, die das Kopra liefert, den hauptsächlichsten Handelsartikel dieser Zonen. Das Klima der Inseln ist verhältnismäßig gesund. Auf den Palau- und Marianeninseln liegen die Verhältnisse ähnlich wie auf den Karolinen, auch sie versprechen eine ergiebige wirtschaftliche Ausbeute.

Von besonderer Wichtigkeit ist, daß unsere neuerworbenen Inseln vorzügliche Häfen und Ankerplätze enthalten. Es ist das für uns von um so größerer Bedeutung, als es an solchen Häfen auf den Marschallinseln vollständig fehlt. Die Marschallinseln besitzen keinen einzigen Hafen, der sich für eine sichere Marinestation eignen würde. Zwischen Neu-Guinea und dem Bismarck-Archipel einerseits, China und Japan andererseits besitzen wir jetzt keinen einzigen guten Hafen. Dagegen finden sich auf den größeren Karolinen, auf Ponape und Kusaie, mehrere vortreffliche Häfen. Auch auf den Marianen und Palauinseln fehlt es nicht an solchen. Die Marianen können sich mit der Zeit zu Stützpunkten für den Schiffsverkehr zwischen Südostasien und Zentralamerika entwickeln, wie wir überhaupt durch unsere neuen Erwerbungen wichtige maritime und wirtschaftliche Stationen gewinnen auf dem Wege von Kaiser-Wilhelms-Land nach Kiautschou.

Die Bevölkerung unserer neuen Inseln wird uns als gutartig, anstellig und geschickt beschrieben. Jedenfalls sind unsere Handelsleute immer gut mit diesen Eingeborenen ausgekommen. Wir werden in humaner Weise mit diesem bildsamen Menschenmaterial umgehen. Wir werden bei voller Aufrechterhaltung unserer Autorität doch nicht vergessen, daß wir es mit Menschen zu thun haben, und eingedenk bleiben der Pflichten, die uns unsere höhere Kultur und der christliche Glaube auferlegen. Wir werden versuchen, die Fehler zu vermeiden, die dort früher zu Aufständen geführt haben.

Hinsichtlich der künftigen Organisation der Inseln darf ich mich auf meine zweite Denkschrift beziehen. Dieselben waren unter spanischer Herrschaft in drei von einander unabhängige Verwaltungsbezirke eingeteilt, die dem Generalkapitanat der Philippinen in Manila unterstellt waren. Nach dem Uebergange der Inselgruppen in deutschen Besitz erscheint es uns ratsam, an dieser Einteilung der drei Verwaltungsbezirke, die eine natürliche und durch die geographische Lage gebotene ist, mit der einen Aenderung festzuhalten, daß in dem dritten Verwaltungsbezirk, der die Marianen umfaßt, an Stelle der Insel Guam die Insel Saipan mit dem Hafen Tanapag zum Sitz der deutschen Regierung bestimmt wird. Ferner sollen im Interesse der Vereinfachung des Verwaltungsapparats diese drei Verwaltungsbezirke bis auf weiteres dem Kaiserlichen Gouvernement für das Schutzgebiet Neuguinea unterstellt werden.

Die deutsche Verwaltung der Inseln will von vornherein auf den kostspieligen militärischen Apparat der spanischen Regierung verzichten. Wir glauben, daß es erfahrenen Beamten mit einer Anzahl eingeborener Polizeisoldaten gelingen wird, die Eingeborenen, die bisher namentlich in Ponapé mit den Spaniern in unausgesetzter Fehde gelebt haben, bald wieder zu beruhigen. Alle Beamten ohne Ausnahme sollen zunächst nur kommissarische sein. Die Auswahl der betreffenden Persönlichkeiten soll in erster Linie von dem Gesichtspunkt aus erfolgen, daß sie Männer von praktischer und womöglich bereits in der Südsee gewonnener Erfahrung sind.

In konfessioneller Beziehung werden wir uns selbstverständlich leiten lassen von den Grundsätzen strengster Parität und die Interessen aller christlichen Missionsanstalten gleichmäßig fördern.

Ich komme jetzt zu einem Punkte, wo ja leicht die Gemüthlichkeit aufzuhören pflegt, nämlich zu dem Kostenpunkt.

(Heiterkeit links.)

Meine Herren, umsonst waren die Inseln wirklich nicht zu haben!

(Heiterkeit):

das kommt selbst unter den besten Freunden nicht vor, daß man sich gegenseitig ohne weiteres Inseln und Inselgruppen schenkt.

(Heiterkeit.)

Auch giebt es bisher für die Südseeinseln noch keinen Preiscourant. Es wird auch schwerlich je einen geben: denn da spielen Imponderabilien mit. Als gewissenhafter Mann glaube ich Sie aber versichern zu können, daß der für die Inseln bemessene Preis ein angemessener ist, auch vom Standpunkt der Gerechtigkeit, die bei solchen Transaktionen nicht ganz außer Acht gelassen werden darf.

Gegenüber den Behauptungen, daß wir die Inseln zu teuer bezahlt haben, möchte ich doch daran erinnern, daß während des vergangenen Winters die amerikanische Presse den Preis allein der Karolinen auf 10 Millionen Dollars, also 44 Millionen Mark schätzte, während die amerikanischen Delegierten im Laufe der spanisch-amerikanischen Friedensunterhandlungen in Paris für eine einzige der Karolinen 5 Millionen Pesetas, beinahe 4 Millionen Mark boten. Wir hatten in erster Linie die Pflicht, dafür zu sorgen, daß durch unsere neuen Erwerbungen unsere Beziehungen zu anderen Mächten nicht gestört werden. Durch ein rechtzeitiges und vorsichtiges Vorgehen haben wir dies erreicht, ohne — und das bemerke ich ganz ausdrücklich — uns unsererseits irgendwo irgendwelche Gegenleistungen auferlegen zu lassen.

(Bravo! und hört! hört!)

Wir hoffen, meine Herren, daß durch unsere Festsetzung auf den Karolinen und Marianen unsere Beziehungen zu unseren demnächstigen nächsten dortigen Nachbarn, den

Amerikanern und Japanern, nur noch vertrauensvoller sich gestalten werden. Wir denken gar nicht daran, uns in der Südsee in Gegensatz stellen zu wollen zu den Amerikanern. Wir beabsichtigen ebenso wenig die Amerikaner in der Südsee zu beeinträchtigen, wie wir annehmen können, daß dieselben ohne jeden Grund und Anlaß uns zu schmälern geneigt sein sollten. Dem rührigen und begabten japanischen Volke bringen wir aufrichtige Sympathie entgegen, und es ist uns niemals eingefallen, die aufsteigende politische Lebenslinie desselben feindlich durchkreuzen zu wollen. An der großen Straße der Südsee ist Platz für mehr als ein Volk. Es ist gar kein Grund vorhanden, warum nicht auf der Basis gegenseitiger Billigkeit und gegenseitiger Achtung alle dort interessierten Mächte in friedlicher Kulturarbeit neben einander wirken sollten.

Wir geben uns, meine Herren, endlich auch der Hoffnung hin, daß durch den zwischen uns und Spanien abgeschlossenen Vertrag, der in politischer wie in wirtschaftlicher Hinsicht frühere Divergenzen zu einem harmonischen Abschluß bringt, die Beziehungen zwischen dem deutschen und dem spanischen Volke sich so freundschaftlich gestalten werden, wie es der Abwesenheit aller Interessengegensätze zwischen diesen beiden Völkern und ihrem wohlverstandenen Vorteile entspricht. Das Geschäft, welches wir mit Spanien abgeschlossen haben, ist ein ehrliches Geschäft, bei dem es keine Uebervorteilung giebt, und mit dem beide Teile gleich zufrieden sein können. Für Spanien waren die Inseln nur noch Bruchstücke eines eingestürzten Gebäudes; für uns sind sie Pfeiler und Strebebogen für einen neuen, und so Gott will, zukunftsvollen Bau.

(Bravo!)

Indem ich dieses hohe Haus bitte, dem mit Spanien abgeschlossenen Vertrag seine Zustimmung nicht zu verweigern, spreche ich gleichzeitig die Hoffnung und Erwartung aus, daß nach Maßgabe der natürlichen Vorzüge dieser Inseln, im Hinblick auf ihre Fruchtbarkeit, ihre Konfiguration, ihre geographische und maritime Lage, diese Inseln nach und nach erwachsen mögen zu einer Kolonie, die für unser Volk, für seinen Handel und für seine Machtstellung segensvoll sein wird, und daß ihre Erwerbung eine weitere und bedeutsame Etappe bezeichnen möge auf dem Wege der deutschen Kolonialpolitik. Die fernen Inseln, meine Herren, kehren zurück unter den Schutz der deutschen Flagge, die dort vor 15 Jahren zuerst gehißt wurde von dem braven Schiffe, dem „Iltis", dessen wackere Mannschaft später ihren Namen und den Namen ihres Fahrzeugs eintragen sollte für immer in die Heldengeschichte unseres Volkes an den Gestaden desselben größten Weltmeeres, dessen Wellen unser Südseereich bespülen. Die verbündeten Regierungen vereinigen sich in dem Wunsche, daß der endgiltige Übergang dieser Inseln in den Besitzstand des deutschen Volkes von Ihnen, meine Herren, gutgeheißen werden möge.

(Bravo!)

Darauf ergriff Herr Dr. Lieber (Zentrum) das Wort. Er erklärte die Bereitschaft der überwiegenden Mehrheit seiner politischen Freunde, den Nachtragsetat zum Zwecke der Erwerbung der Karolinen, Palau und Marianen und der Errichtung deutscher Verwaltung daselbst zu bewilligen. Was der Herr Staatssekretär hinsichtlich der Fruchtbarkeit der Karolinen und der übrigen Inseln hinsichtlich ihres guten Klimas und insbesondere der Gutartigkeit ihrer Bevölkerung geäußert hätte, decke sich mit den eigenen Ermittelungen des Redners. Er erkannte an, daß durch diese Erwerbung der deutsche Besitz in der Südsee in erwünschter Weise abgerundet würde. Insbesondere würdigte er diese Erwerbung im Hinblicke darauf, daß einmal die neu zu erwerbenden Inselgruppen, wenn nicht die alleinigen, so doch zweifellos die besten Häfen des gegenwärtigen und künftigen deutschen Besitzes in der Südsee hätten, und daß sie eine wertvolle Verbindung auf der einen Seite zwischen unseren älteren Besitzungen in der Südsee und Kiautschou und auf der anderen Seite auf der großen künftigen Weltstraße zwischen der ostasiatischen und südasiatischen Küste und dem früher oder später zu erwartenden mittelamerikanischen Kanal und damit zwischen der europäischen West- und der asiatischen Ost- und Südküste hätten. Von diesem Standpunkte der Betrachtung aus erschien es dem Redner in hohem Grade dankenswert, daß rechtzeitig der Finger auf diese wichtige Weltstation gelegt worden wäre. Er könne mit der Anerkennung nicht zurückhalten, daß es sich bei diesem Erwerbe um einen neuen großen diplomatischen Erfolg Deutschlands handelte. Mit dem bewilligten Kaufpreis schien ihm nach den Erklärungen des Herrn Staatssekretärs das richtige Maß getroffen. Man hätte die Erwerbung nicht zu teuer bezahlt und zu gleicher Zeit bei dem spanischen Volke die Empfindung vermieden, als wollte das mächtige und wirtschaftlich blühende Deutsche Reich die politisch, wirtschaftlich und finanziell bedrückte Lage Spaniens ausbeuten, um zu diesem für uns immerhin wertvollen Besitze zu kommen.

(Sehr wahr!)

Den politischen Freunden des Redners hätte sich bei Prüfung des Abkommens die Möglichkeit des Zweifels ergeben, ob nicht infolge dessen etwa die unter das sogenannte Jesuitengesetz fallenden katholischen deutschen Ordensgesellschaften von der Thätigkeit in den neuen Schutzgebieten ausgeschlossen werden könnten. Doch habe ihm der Herr Staatssekretär des Auswärtigen Amts in dieser Beziehung bereits ausreichende Gewähr gegeben.

(Lebhaftes Bravo.)

Darauf sprach das Vorstandsmitglied der Deutschen Kolonialgesellschaft, Herr Professor Dr. Hasse (nationalliberal): Meine Herren, es ist ein konventioneller Irrtum, der aber für den Unternehmungsgeist unseres deutschen Volkes oft verhängnisvoll gewesen ist, daß die Welt verteilt sei. Die Welt ist niemals endgiltig verteilt, sondern die überseeischen Gebiete wechseln ihre Herren: sie gehen aus der Hand des schwachen oder des schwach gewordenen Volkes allmählich über in die Hände der erstarkten Völker Europas.

Wir sehen in diesem Augenblick diesen Prozeß in Afrika und Asien sich vollziehen; wir sehen, wie ein altes, großes, stolzes Kolonialvolk, das spanische, das Feld räumen muß, und wir können ein Gefühl der Teilnahme mit diesem Volke nicht unterdrücken, das früher zu den mächtigsten und vornehmsten der Welt gehörte. Meine Herren, die Aufteilung der Welt unter die jeweiligen neuen Kolonialvölker hat sich früher unter sehr heftigen Erschütterungen vollzogen, die zu großen kolonialen Kriegen führten, die viel Blut und viel Geld gekostet haben. Wir können uns aufrichtig dazu beglückwünschen, daß unsere deutsche Kolonialgeschichte seit dem Jahre 1884 bis auf den heutigen Tag doch einige Erfolge gezeitigt hat, ohne daß es dabei zu irgend welchen Kriegen gekommen ist; und wir können uns insbesondere dazu beglückwünschen, daß die gegenwärtige Liquidation des spanischen Kolonialreiches, die sich, soweit Amerika in Betracht kommt, in blutiger Weise vollzogen hat, für uns in unblutiger Weise sich vollzieht; wir können uns dazu Glück wünschen, daß wir, wenn auch in bescheidenem Umfange, jetzt an dem spanischen Erbe teilnehmen, und daß wir dies thun dürfen in den Formen eines Handelsgeschäfts und nicht thun müssen in den Formen eines Krieges. Daß dies möglich ist, das danken wir der Geschicklichkeit unseres auswärtigen Dienstes: und auch meine politischen Freunde schließen sich dem Glückwunsch an, der seitens des Herrn Vorredners dem Leiter unseres Auswärtigen Amtes ausgesprochen worden ist.

Meine Herren, in den Inselgruppen, die wir durch den heute zu vollziehenden Vertrag erwerben, machen wir allerdings weder quantitativ noch qualitativ hervorragende Erwerbungen; es handelt sich zwar um recht viele, aber sehr kleine Inseln, um eine Bevölkerung von etwa 40 000. Wir wollen die Bedeutung dieser Erwerbung nicht übertreiben, aber wir pflichten der Bewertung dieser Inselgruppen bei, die vorhin der Herr Staatssekretär des Auswärtigen vollzogen hat. Wir erkennen in der That an, daß diese Erwerbungen für uns vorteilhaft sind durch ihre gesamte geographische Lage, durch ihre Welthandelslage, durch ihre Fruchtbarkeit; wir erkennen aber namentlich an, daß es für uns von außerordentlichem Nachteil gewesen wäre, wenn diese Inseln nicht in deutschen, sondern in fremden Besitz geraten wären.

(Sehr richtig! bei den Nationalliberalen.)

Ob nun die Aufwendung, die wir für diesen Zweck machen müssen, dem Kaufobjekt entspricht, darüber läßt sich in der That sehr schwer etwas Endgiltiges sagen. Wir nehmen an, daß diese Summe, die ja, äußerlich betrachtet, recht hoch ist, zu Stande gekommen ist durch Angebot und Abhandeln, daß sie nicht irgend einen bestimmten Maßstab findet. Der Herr

Staatssekretär hat ja mit Recht gesagt, daß es einen solchen Maßstab, einen Börsenkurs für Inseln, zur Zeit noch nicht gibt. Aber ich möchte doch aussprechen, daß diese Aufwendung, verglichen mit den Aufwendungen anderer Völker für ähnliche Zwecke, verhältnismäßig gering erscheint.

Wir sind also bereit, die geforderte Summe für diesen Zweck zu bewilligen, und wir erkennen in dem vorliegenden Vertrage einen diplomatischen Erfolg an, der um so wohlthuender ist, als er andere Mißerfolge der jüngsten Zeit, wenn auch nicht vergessen, doch ein wenig in den Hintergrund treten läßt. Der Herr Staatssekretär hat zu meiner besonderen Freude ausgesprochen, daß diese Erwerbung nicht durch Konzessionen aufgewogen wird, die wir anderen Völkern oder dem spanischen Volke auf anderen Gebieten der Welt gemacht haben. Ich widerstehe daher der Versuchung, diese Frage mit einer anderen in Verbindung zu bringen, einer an sich ja geographisch und auch sonst sehr naheliegenden kolonialpolitischen Frage; ich verzichte auch darauf, einige Einwendungen zu machen, die sich aus dem Umstand ergeben, daß in den verschiedenen Gebieten des alten spanischen Kolonialreichs deutsche Interessenten gefährdet worden sind und auf die Befriedigung ihrer Schadensansprüche hoffen und rechnen. Ich vermeide, diese Frage mit dem gegenwärtigen Vertrage in innige Berührung zu bringen, um auch meinerseits dazu beizutragen, daß diese Sache rasch und glatt erledigt wird, und daß damit der gute Eindruck gesteigert wird, der offenbar durch die ganze Art der Verhandlung auch jenseits erwünscht ist, nämlich bei dem spanischen Volk, das doch hier Konzessionen macht, die wir in ihrer Bedeutung nicht verkennen wollen.

(Lebhaftes Bravo bei den Nationalliberalen.)

Herr Graf von Kanitz (deutschkonservativ) führte aus, er hätte sich zu wenig mit Kolonialpolitik beschäftigt, um beurteilen zu können, ob die Erwerbung der Inselgruppen der Karolinen, Marianen u. s. w. eine in finanzieller und wirtschaftlicher Hinsicht vorteilhafte für uns sein würde. Er schlösse sich aber gern dem von dem Herrn Staatssekretär von Bülow ausgesprochenen und von dem Herrn Vorredner geteilten Wunsche an, daß die Hoffnungen, welche wir einstweilen auf eine gedeihliche Entwickelung dieser Erwerbung richteten, sich verwirklichen möchten.

Herr Dr. Wiemer (freisinnige Volkspartei) schien die Erwerbung der Südseeinseln ein Muster zu sein für eine Kolonialpolitik, wie sie nicht sein sollte. Er sah keinen Anlaß, das Kaufgeschäft, um das es sich dabei handelte, mit überschwänglicher Begeisterung zu preisen. Der Kaufpreis von 17 Millionen erscheine ihm viel zu hoch. Auf den dortigen Südseeinseln lebten nur 24 Deutsche, das machten nicht, wie Herr Richter ausgerechnet hätte, 170 000, sondern 700 000 Mark pro Kopf, die das Reich da zu schützen hätte. Im übrigen würde jeder einzelne Einwohner rund 500 Mark kosten. Redner bemängelt dann den wirtschaftlichen Wert der Inseln und konnte sich auch von ihrer politischen und maritimen Bedeutung nicht überzeugen. Die Höhe der Verwaltungskosten erfüllte ihn mit Besorgnis; am Horizonte erblickte er die Gespenster einer neuen Dampfersubvention und neuer Flottenausgaben.

Ihm erwiderte Herr Staatssekretär von Bülow: Ich werde mich bemühen, mich in meiner Erwiderung auf die Ausführungen des Herrn Vorredners möglichst kurz zu fassen, und ich glaube, daß mir das um so eher möglich sein wird, als die meisten Argumente, mit denen der Herr Vorredner die Erwerbung der Karolinen und Marianen bekämpft hat, sich im Grunde gegen jede koloniale Erwerbung und gegen jede Kolonialpolitik geltend machen lassen. Ich glaube aber, daß die Mehrheit in diesem Hohen Hause und daß die Mehrheit im deutschen Volke der Ansicht ist, daß nicht jede Kolonialpolitik an und für sich und schlechtweg verwerflich ist — von so absoluten Ideen ist man mehr und mehr zurückgekommen —, sondern nur eine ungeschickt geleitete und eine forcierte Kolonialpolitik. Daß die Erwerbung der Karolinen und Marianen nicht in einer ausgesprochen ungeschickten Weise in Szene gesetzt worden ist, wurde soeben aus der Mitte dieses Hohen Hauses in einer Weise anerkannt, für die ich nur im hohen Grade dankbar sein kann. Andererseits wird gerade der Herr Vorredner, der auf die Kleinheit der neu erworbenen Inseln hingewiesen hat, nicht behaupten, daß ihr Ankauf der Ausdruck eines übertriebenen Länderhungers wäre.

Im übrigen hat der Herr Vorredner von den Inseln eine Beschreibung entworfen, bei der mir die Haare zu Berge stehen würden

(Heiterkeit),

wenn ich mir nicht als Trost sagte, daß er die Inseln aus eigener Anschauung ebensowenig kennt wie ich.

(Heiterkeit.)

Nun glaube ich aber, meine Herren, daß, wo es sich um ferne Inseln handelt, ein Quentchen eigener Anschauung mehr wert ist als ein Zentner von Vorstellungen. Und deshalb lege ich doch noch mehr Gewicht als auf das Urteil des Herrn Vorredners auf die Berichte, die uns vorgelegt worden sind von solchen Leuten, welche die Inseln selbst besucht haben, und namentlich auf die Berichte unserer ausgezeichneten Seeoffiziere. Ich habe hier vor mir liegen einen Bericht, den einer unserer hervorragendsten Seeoffiziere, der Admiral von Knorr, im Jahre 1876, als er Seiner Majestät Schiff Hertha führte, über die Marianen abgestattet hat. Da schreibt der damalige Kapitän Knorr:

> Die Insel Saipan hat ausgezeichnetes Weideland, Kokosnußpflanzungen und dichte Waldungen, sie würde jeden Anbau reichlich lohnen.

Über die Insel Tinian schreibt er:

> Fast das ganze Land ist Weideland, seit Jahren dient es zur Viehzucht.

Über Rota:

> Klein, aber gut bebaut.

Zusammenfassend äußert Admiral Knorr über die Marianen:

> Die größeren Inseln sind fruchtbar und schön, ein üppiger, aber noch ungepflegter Garten.

Über die Palauinseln heißt in diesem Bericht:

> Die größeren Inseln sind bedeckt mit gutem Ackerboden, Waldungen und Wiesen.

Über Yap, die hauptsächlichste der Westkarolinen, heißt es:

> Der Boden würde jeden Anbau zulassen.

In einem Bericht, der 14 Jahre später, im vergangenen Dezember, von dem Vizeadmiral Diederichs erstattet worden ist, heißt es:

> Vom militärmaritimen und politischen Gesichtspunkt aus möchte ich den Erwerb aller oder eines Teils der Inselgruppen bei günstiger Gelegenheit lebhaft befürworten als Ergänzung unseres jetzigen Besitzes in der Südsee, der dadurch nur in erheblichem Grade gefördert und ergiebiger gemacht werden kann.

In einem Bericht des Kommandanten Seiner Majestät Schiff „Arcona" lese ich:

> Ein Wechsel der Herrschaft über die Inseln würde für die dort lebenden Deutschen einfach eine Aufgabe ihrer Geschäfte nötig machen.

Bei dieser Gelegenheit möchte ich einschalten, daß die Jaluitgesellschaft sich nicht nur nicht gegen den Erwerb der Karolinen und Marianen ausgesprochen, sondern denselben auf das allerdringendste befürwortet hat.

Der Herr Vorredner hat auch einen Vergleich gezogen zwischen unserem Vorgehen in Kiautschou und dem Erwerb der Karolinen. Er billigt unser Vorgehen in Kiautschou und mißbilligt unsere Politik in Polynesien. Darauf muß ich erwidern, daß in der auswärtigen Politik nicht alles über einen Leisten geschlagen werden kann.

(Sehr richtig! rechts.)

Man kann die auswärtige Politik nicht nach einem von vornherein in allen Einzelheiten für immer, in omnes casus et omnes eventus festgelegten Plan führen, sondern man muß sich richten nach den gegebenen Verhältnissen und mit den gegebenen Faktoren rechnen. Man muß es einmal so machen und einmal so. Zwischen dem Erwerb der Karolinen und unserem Vorgehen in China besteht aber doch der innere Zusammenhang, daß wir in beiden Fällen vorsichtig und besonnen vorgegangen sind, und daß wir hier wie da unser Ziel ohne Schwertstreich erreicht haben. Der Herr Vorredner hat auch darauf hingewiesen, daß die Zahl der

Einwohner der Inseln und die Zahl der dortigen deutschen Ansiedler nicht im Verhältnis stünden zu dem für sie bezahlten Preise. Meine Herren, in der großen Politik sprechen doch noch andere Erwägungen und andere Rücksichten mit als nur Erwägungen kalkulatorischer Natur.

(Sehr richtig! rechts.)

Man kann den Wert unserer neuen Erwerbung nicht blos schätzen nach der Zahl ihrer Quadratkilometer und nach der Zahl ihrer Einwohner.

(Sehr richtig!)

Die große Politik, und die auswärtige Politik, kann unmöglich geführt werden allein aus dem Gesichtswinkel und von dem Standpunkt von Adam Riese

(Heiterkeit);

damit läßt sich auswärtige Politik erfolgreich nicht treiben.

Wenn der Herr Vorredner darauf hingewiesen hat, daß sich auf den Marianen, die auch Ladronen oder Diebesinseln hießen, von früher her zahlreiche Deportierte befänden, so möchte ich doch daran erinnern, daß die jetzt sehr blühenden und sehr zukunftsreichen australischen Kolonien ursprünglich auch hervorgegangen sind aus Niederlassungen von Deputierten — von Deportierten

(Große Heiterkeit),

— verzeihen Sie den lapsus linguae, ich habe keine Deputierte gemeint.

(Wiederholte Heiterkeit.)

Ich möchte noch bemerken, daß ich nicht glaube von einer Arrondierung unseres Besitzes gesprochen zu haben. Ich habe das schon deshalb nicht gethan, weil ich schon vor längerer Zeit wie manche andere Argumente des Herrn Vorredners so auch diese seine Ausführung in der „Freisinnigen Zeitung" gelesen hatte.

(Heiterkeit rechts.)

Ich habe also vorsichtigerweise nicht gesagt, daß wir unseren Besitz arrondieren, sondern nur, daß wir denselben vervollständigen wollen. Daß durch die Karolinen und Marianen unser früherer Besitz in vortrefflicher Weise komplettiert wird, kann doch kaum von irgend einer Seite bestritten werden. Der Herr Vorredner hegt die Befürchtung, daß es auf den Karolinen und Marianen zu Aufständen kommen werde. Ich hege diese Befürchtung vorläufig nicht. Ich habe das Vertrauen zu den Beamten, die wir dorthin schicken werden, daß sie in der richtigen Weise mit den dortigen Eingeborenen umgehen werden. Ich habe auch das Vertrauen zu unserer Verwaltung, daß sie die Inseln im richtigen Sinne leiten wird, ohne Enge und ohne Kleinlichkeit. Wenn ich sage: ohne Kleinlichkeit, so will ich damit nicht etwa einer verschwenderischen Finanzwirtschaft das Wort reden. Ich will nur sagen, daß wir in der Südsee wie in allen unseren Kolonien administrieren wollen ohne Schematismus und ohne Doktrinarismus, ohne Zopf und ohne Enge, mit leichter Hand und in breiter Auffassung der Dinge.

Der Herr Vorredner ist auch noch auf die bekannte Aeußerung des Fürsten Bismarck zurückgekommen, daß die Karolinen nur eine Lumperei wären. Meine Herren, der verewigte Fürst Bismarck hat nur gesagt, daß im Vergleich mit den Kosten und den Gefahren und dem Risiko eines großen Krieges die Karolinen eine Lumperei wären.

(Sehr richtig! rechts.)

Aber im Vergleich mit einem großen Krieg sind nicht nur die Karolinen, sondern noch manches andere einfach eine Lumperei. An und für sich sind aber die Karolinen und Marianen gar keine Lumperei, sondern etwas sehr Gutes!

(Heiterkeit. Sehr richtig! rechts.)

Als Beleg für die Auffassung des Fürsten Bismarck möchte ich doch mit der Erlaubnis des Herrn Präsidenten verlesen, was derselbe in einem Immediatbericht aus dem Jahre 1885 über die Gründe gesagt hat, aus denen er die Karolinen damals nicht hätte erwerben wollen. In einem Immediatbericht vom 24. September 1885 heißt es:

> Auch der siegreichste Krieg würde in jeder Woche sehr viel mehr Geld kosten, als die Karolinen für den deutschen Handel wert sind. Der Krieg mit Spanien hat für Deutschland keinen Kampfpreis, nur Unkosten.

Daraus geht auf das klarste hervor, daß Fürst Bismarck nur deshalb auf den Erwerb der Karolinen verzichtet hat, weil er die Dinge nicht bis zum Kriege treiben wollte. Und ich kann bei dieser Gelegenheit sagen — denn es trägt nur dazu bei, das Andenken des großen Staatsmannes zu ehren —, daß noch ein anderer Gesichtspunkt für den Fürsten Bismarck maßgebend war, nämlich der, die Monarchie in Spanien nicht zu erschüttern.

(Bravo! rechts.)

Es heißt in dem Immediatbericht vom 7. September 1885:

> Auch wenn die Karolinen ein wertvolleres Objekt wären, als sie in der That sind

(hört, hört! links),

— Sie sehen, meine Herren, daß ich Ihnen alles vorlese —

> würden Seine Majestät der Kaiser den Erwerb derselben niemals durch Verletzung fremder Rechte oder unter Mißachtung von Ansprüchen, welche befreundete Regierungen zu haben glauben, erstrebt haben.

Zu wiederholten Malen bemerkte der Fürst Bismarck ausdrücklich, daß er für das Aufgeben der Karolinen nur eingetreten sei, um die spanische Monarchie zu retten, daß demgegenüber ihm die Karolinen nicht wertvoll genug erschienen wären. Es heißt auch in dem Immediatbericht vom 21. September 1885:

> Ich bin von der Notwendigkeit überzeugt, die Angelegenheit der Karolinen friedlich beizulegen, um die Monarchie in Spanien zu halten.

Meine Herren, der Herr Vorredner und die Herren, die seine Ansicht teilen, haben sich ja, wie ich gern zugeben will, ein gewisses Verdienst erworben um das Zustandekommen des Südsee-Abkommens. Denn ich will Ihnen offen sagen, daß ich die Kritik, welche an dem Südsee-Abkommen ausgeübt wurde, als ich die Ehre hatte, dasselbe zur Kenntnis dieses hohen Hauses zu bringen, daß ich diese Kritik und einige gleichzeitig in der Presse erschienene Artikel telegraphisch nach Madrid übermittelt habe

(Heiterkeit),

wo sie als argumenta e contrario sehr wirkungsvoll gewesen sind

(stürmische Heiterkeit)

und sehr wesentlich beigetragen haben zu der von dem verehrten Herrn Abgeordneten Lieber besonders hervorgehobenen schnellen und glatten Annahme der Vorlage durch die Cortes. Nachdem Sie sich aber um das Zustandekommen der Erwerbung der Karolinen ein von mir dankbar anerkanntes Verdienst erworben haben

(Heiterkeit),

bitte ich Sie, uns nicht in zwölfter Stunde solche Schwierigkeiten zu bereiten und dem jungen Mädchen, die um Einlaß bitten in das deutsche Haus, nicht die Thüre vor der Nase zuzuschlagen.

Meine Herren, ich weiß sehr wohl -- und die Kolonialgeschichte aller Zeiten zeigt es —, daß die Götter vor große Erfolge nicht bloß den Schweiß setzten, sondern auch die Zeit und die Geduld und, wie ich durchaus zugebe, auch das Geld. Ich bin aber überzeugt, daß, wenn wir es nur einigermaßen praktisch und richtig anfangen, wir mit der Zeit etwas aus den Karolinen und Marianen machen werden

(Bravo!),

und daß, wenn wir alle längst unter dem grünen Rasen schlafen, des vielen Haders müde, unsere Kinder und Kindeskinder an unserem schönen Südseebesitz, an den Karolinen und Marianen, ihre Freude haben werden.

(Lebhafter Beifall rechts, in der Mitte und bei den Nationalliberalen. Unruhe und Zurufe links.)

Sodann ergriff der stellvertretende Präsident der deutschen Kolonial-Ges., Herr Graf von Arnim-Muskau (D. Reichsp.) das Wort: Meine Herren, bei den letzten Worten des Herrn Staatssekretärs, welcher darauf hinwies, daß die scharfe Kritik des Vertrages in der „Freisinnigen Zeitung“ in Madrid zur Annahme des Vertrages beigetragen habe und somit sehr nützlich gewesen sei, kommt mir das Wort aus dem Faust in Erinnerung: Die Herren von der Linken sind ein Teil jener Kraft, die stets das Böse will und hier doch das Gute schafft. Nun will ich nicht so weit gehen, zu behaupten, daß die Herren stets das Böse wollen; aber in Betreff der Kolonialpolitik versuchen sie stets, mit Skepsis und Kritik unserer kolonialpolitischen Entwickelung ein Bleigewicht anzuhängen und damit dieselbe zurückzuhalten. Und sie haben ja bis zu einem gewissen Grade leider Erfolg gehabt; denn sie haben viel zu lange zum Schaden des Reichs die Kapitalisten und wohlhabenden Kreise von kolonialen Unternehmungen fernzuhalten gewußt.

Der Herr Abgeordnete Wiemer hat sich dahin geäußert, daß die Karolinen und Marianen schon deshalb nichts wert seien, weil sie wenig bevölkert seien, und jeder Bewohner koste bei dem Kaufpreis 300 Mark. Ich nehme an, daß Herr Wiemer diesen Gedanken aus einer alten fortschrittlichen Zeitung entnommen hat; denn schon bei der Annexion von Lauenburg 1865 machte die fortschrittliche Presse denselben schlechten Witz und erklärte, was könnte Lauenburg für eine Bedeutung haben, jeder lauenburgische Einwohner koste so und soviel. Meine Herren, kommt es denn auf die Zahl der Einwohner an, und nicht vielmehr auf die Lage und Bodenbeschaffenheit, und was aus dem Lande zu machen ist? Die Ausführungen des Herrn Staatssekretärs sind in dieser Beziehung so überzeugend, daß ich nur noch wenige Worte hinzuzufügen brauche, um selbst die Hinterleute der Herren vom Freisinn zu veranlassen, sich doch noch einmal zu überlegen, ob sie recht thun, in dieser Weise den Herren Gefolgschaft zu leisten. Meine Herren, der Herr Abgeordnete Wiemer machte eine Rechnung auf, wie wenn es sich um die Bilanz bei Gründung einer Aktiengesellschaft handelte und ein Prospekt erlassen werden sollte

(sehr gut! rechts),

in welchem so und soviel Dividende ausgerechnet und zur Aktienzeichnung eingeladen werden soll. Auf das Gewinnkonto vergißt er aber ganz und gar die Zunahme unserer Machtstellung in nationaler, politischer und kommerzieller Beziehung zu schreiben, die darin liegt, daß wir diesen Länderbesitz erlangen.

(Sehr wahr! rechts.)

Für diesen politischen Idealismus haben die Herren, die blos nach dem Grundsatz von Prospekten und Aktiengesellschaften bei der Kolonialpolitik arbeiten, absolut keinen Sinn, und wird das Verständnis wahrscheinlich auch durch alle unsere Reden nicht angeregt werden.

Meine Herren, was die Höhe des Kaufpreises anlangt, so handelt es sich auch hier doch ganz einfach um das Prinzip von Nachfrage und Angebot; und solange die Herren uns nicht beweisen, daß andere Staaten nicht geneigt waren, denselben Preis zu bezahlen, so lange haben wir Recht gehabt, diesen Preis zu acceptieren — und Sie können aus den Äußerungen des Herrn Staatssekretärs schließen, daß unter anderem Amerika für eine einzige Insel einen sehr hohen Kaufpreis, vier bis fünf Millionen, zu zahlen die Absicht gehabt hat. Wir können also, wenn auch nicht mit überschwänglichem Enthusiasmus und Hoffnungen, so doch mit der Überzeugung diesen Preis bezahlen, daß aus den Inseln mit den Jahren etwas zu machen ist und Erträge zu erzielen sein werden.

Meine Herren, die Gegner sagen, von Arrondierung könne nicht die Rede sein. Ja, sehen Sie sich doch die Karte an! In der „Freisinnigen Zeitung“ wurde die Behauptung aufgestellt, daß eine Arrondierung nur auf dem Lande möglich sei. Ich bin der Ansicht, daß gerade das Wasser im Stande ist, Inselgruppen zu vereinigen und zu verbinden, und daß sehr wohl eine Inselgruppe eine Arrondierung in dem Sinne schaffen kann, daß sie eine Verbindung schafft, im vorliegenden Falle zwischen Neu-Guinea und China. Daß Stützpunkte allerdings oft teuer sind, daß weiß man vom Brückenbau. Sie wissen, daß Fundamentierungsarbeiten nicht umsonst herzustellen sind. Daß diese Stützpunkte in dem Maße, in dem der Verkehr und die Aussicht auf die Ausführung des Panamakanals wächst, von großer Bedeutung sein werden, unterliegt gar keinem Zweifel, zumal die Inseln ausgezeichnete Häfen haben.

Meine Herren, der Herr Staatssekretär hat mit Recht darauf hingewiesen, daß die „Lumperei", das Wort des Herrn Fürsten Bismarck, damals eine ganz andere Bedeutung gehabt hat, daß nicht die Erkenntnis von der Wertlosigkeit, sondern daß hochpolitische Interessen und Fragen dafür ausschlaggebend waren, daß er es damals nicht für angezeigt hielt, einen Weltkrieg zu entfesseln. Aber noch ein anderer entscheidender Punkt kommt in Frage: seit jenen Jahren ist der Wert der Inseln ganz erheblich gestiegen; denn damals war noch nicht Ostasien in den Mittelpunkt unserer kommerziellen Interessen gestellt, Ostasiens Schätze schlummerten noch, Japan hatte noch nicht die Entwickelung genommen, und an Kiautschou und China dachte hier noch niemand. Jetzt, wo auf dem Stillen Ozean die laute Sprache des Weltverkehrs erklingt, ist es meiner Ansicht nach gerade eine Lebensfrage für uns, daß wir eine Verbindung zwischen Kiautschou und Amerika einerseits und andererseits eine Verbindung zwischen Kiautschou und Neu-Guinea und den anderen Inseln haben. Es ist charakteristisch, daß dieselben Argumente, die der Vertreter der freisinnigen Volkspartei heute hier vorgebracht hat, dieselben Argumente der Abgeordnete Bamberger im Jahre 1880 fast wörtlich angeführt hat.

(Sehr richtig! rechts.)

Die Herren haben in dieser Beziehung keine Fortschritte gemacht, obgleich diese Argumente leider thatsächlich Lügen gestraft worden sind; denn es stellt sich heraus, daß Samoa ein wertvoller, von unseren Großmächten angestrebter Besitz ist. Der Abgeordnete Bamberger hat somit damals, im Jahre 1880, einen schweren Fehler begangen und hat damals leider durch seine Dialektik es zu Stande gebracht, daß die 300 000 Mark, die der Reichstag bewilligen sollte, um die deutsche Handelsgesellschaft zu unterstützen, abgelehnt wurden. Ich bin der Ansicht, daß — um in der Sprache jener Herren zu reden — das Gewinnkonto, welches wir auf den Inseln aufmachen können, erheblich das Verlustkonto übersteigen wird.

Wenn der Herr Abgeordnete Wiemer sagt, der Rückgang des Imports sei doch ein Beweis dafür, daß da nichts zu holen sei, ja, so frage ich: haben denn die Herren die Gründe nicht erkannt, die die Spanier zum Verlust ihrer Kolonieen geführt haben? Spanien hat nicht gewußt, in den Kolonieen wirtschaftliches Leben zu schaffen; es hat nicht verstanden, zu kolonisieren und völlige Stagnation ist eingetreten. Kolonieen sind etwas „Werdendes" und nichts Gewordenes. Das ist der große Irrtum der Herren von der Linken, daß sie von den Kolonieen immer verlangen, daß sie sofort fertig sind und goldene Früchte bringen. Der Mißwirtschaft ist es zuzuschreiben, daß die Einwohner, die unter dem Druck schlechter Verwaltung revoltierten, dezimiert wurden; und daher rührt die Entvölkerung. Meine Herren, ein deutscher Landeshauptmann dagegen hat auf den Marschallinseln Jahre lang regiert und mit zwei Polizeisoldaten in der friedlichsten Weise mit der dortigen Bevölkerung zu leben verstanden, und außerdem hat er sogar den Häuptling Mataafa und 12 andere kräftige Samoaner als Gefangene bewacht. Es ist daraus zu ersehen, daß bei richtigem, taktvollem und verständnisvollem Verhalten sehr wohl Unruhen der Bevölkerung zu vermeiden sind; und die Ausführungen des Herrn Unterstaatssekretärs stellen in Aussicht, daß dieselben Prinzipien, welche auf den Marschallinseln für die Verwaltung maßgebend gewesen sind, auch auf den neuen Erwerbungen, den neuen Kolonieen, befolgt werden. Die Besorgnisse, daß große Unruhen im Kriege zu erwarten sind, und daß wir eine starke Schutztruppe dort würden halten müssen, sind angesichts des Charakters der Eingeborenen absolut übertrieben.

Meine Herren, ich komme zum Schluß und spreche meine freudige Genugthuung aus, daß es gelungen ist, diese Erwerbungen nicht durch Blut und Eisen, sondern durch ein friedliches Kaufgeschäft in dieser Weise zu machen; und ich bin überzeugt, daß die Zukunftsmusik, von der der Herr Vorredner gesprochen hat, allerdings einen guten Klang hervorrufen wird, daß unsere junge, unternehmungsfreudige Nation und die deutsche Thatkraft unseres Handelsstandes solide Früchte dort pflücken wird, welche die Spanier dort zu pflücken nicht verstanden. Allerdings werden wir auch dort ein gut Teil Arbeit und Pflichten übernehmen; ich habe aber im Gegensatz zu den Herren von der Linken die Ueberzeugung, daß wir diese Arbeit und Pflichten zum Segen des Vaterlandes freudig und mit Erfolg erfüllen werden. Diese Erwerbung ist ein weiterer Schritt auf der Bahn einer verständnisvollen nationalen Kolonialpolitik, und diesen Schritt begrüße ich mit aufrichtiger Freude.

(Bravo rechts.)

Sodann sprach sich Herr Liebknecht (Sozialdemokrat) in weit ausholenden Betrachtungen lediglich allgemein historisch-politischer Natur gegen die Vorlage aus.

Herr Schrader (freisinnige Vereinigung) führte aus, er hätte mit seinen Freunden nie ein Hehl daraus gemacht, daß sie für eine Kolonialpolitik mit richtigen Zielen und in richtiger Weise betrieben einzutreten bereit sein würden. Die Erwerbung der Karolinen und der anderen Inseln im Wege des Kaufgeschäfts wäre seiner Ansicht nach auf Grund eines Titels erfolgt, dessen wir uns in keiner Weise zu schämen brauchten. Den Wert der Inseln in Geld abzuschätzen, hielte er für schwierig, da dabei das Interesse mitspräche, das wir daran hätten, daß diese Inseln von keiner Nation als von uns besessen würden. Wertlos wären sie aber keinenfalls, sie wären kulturfähig und zum großen Teil auch schon in einer gewissen Kultur. Entscheidend war für den Redner der Umstand, daß eine große politische Aktion des Deutschen Reiches sich an diese Erwerbung knüpfte. Die Kaiserliche Regierung hätte, wie von allen Seiten anerkannt würde, mit großer Geschicklichkeit mit Spanien verhandelt, und in friedlichem Einverständnisse wären diese Inseln an uns abgetreten. Es handelte sich da um eine Aktion, die von Deutschland vor ganz Europa vollzogen wäre, der Kritik von ganz Europa unterlegen hätte und allgemein gebilligt wäre. Auch die politischen Folgen dieses Vertrages wären nicht gering zu schätzen; wir wären nicht, wie mancher Kolonialgegner zu glauben schiene, allein auf der Welt. Deutschland wäre ein Teil Europas, man dürfte wohl sagen, ein wichtiger Teil der ganzen Welt geworden. Unsere Politik könnte sich nicht allein darauf beschränken, unsere Verhältnisse im Hause zu ordnen. Aus diesen Erwägungen heraus gelangte Redner zu dem Wunsche, daß die Vorlage Annahme fände.

(Bravo links.)

Darauf nahm das Haus in zweiter Lesung die vier Vorlagen der verbündeten Regierungen ohne weitere Diskussion an.

In der dritten Lesung am Donnerstag ergriff Seine Durchlaucht, der Fürst von Bismarck, das Wort, um gegen den Versuch des Herrn Dr. Wiemer Verwahrung einzulegen, aus dem seinerzeit von dem Altreichskanzler inbezug auf die Karolinen gebrauchten Ausdruck „Lumperei" gegen das jetzige Abkommen Kapital zu schlagen. Heute seien die Karolinen, wie ein Blick auf die Karte des Stillen Ozeans lehre, für uns weitaus wertvoller geworden. Redner könne sich daher den Ausführungen der Herren Dr. Lieber und Graf von Kanitz voll und ganz anschließen. Einmal hätten die drei Inselgruppen gute Häfen; weiter werde in absehbarer Zeit der Nicaraguakanal gebaut werden und drittens seien unsere überseeischen Handelsinteressen lebhaft in China engagiert. So würden die guten Häfen dieser Inselgruppen von erheblichem Nutzen für unsere Schiffahrt und unseren Handel werden. Seine Durchlaucht warf dann anschließend an die Ausführungen des Herrn Grafen von Arnim vom Tage vorher einen Rückblick auf die geschichtliche Entwickelung der Samoafrage und stellte im Einverständnis mit diesem fest, daß der Reichstag im Jahre 1880 durch seine von dem Abgeordneten Bamberger beeinflußte ablehnende Haltung die günstigste Gelegenheit, mit verhältnismäßig geringen Opfern auf Samoa festen Fuß zu fassen, so wie sie nie wiederkehren würde, verscherzt hätte. Er schilderte dann die Wirksamkeit der Samoaakte von 1889 und knüpfte daran den Wunsch, daß die glückliche Hand des Herrn Staatssekretärs von Bülow sich auch in der samoanischen Sache bewähren möge, und daß er dem Reichstage im nächsten Herbst noch befriedigendere Erklärungen als jetzt geben könne.

(Bravo! rechts.)

Nach diesen Ausführungen wurden sämtliche vier Gesetzentwürfe mit sehr großer Mehrheit endgiltig angenommen.

Mögen sich alle an den neuen Besitz bezüglich Deutschlands Machtstellung, Handel und Industrie geknüpften Hoffnungen in reichem Maße verwirklichen!

# Unsere schwarzbraunen Landsleute in Neu-Guinea.

Artikel über sie und ihr Leben von Dr. med. Schnee.

I.

Es war einst eine Zeit, vor vielen, vielen Jahrtausenden, vor Jahresmillionen vielmehr, da flutete über Deutschland ein weites Meer, überreich an Tier- und Pflanzenleben. In seinen Fluten tummelten sich bunte Fische, und dort, wo die Wogen über Untiefen sich leicht kräuselten, wimmelten unzählige Geschöpfe durcheinander. Farbenprächtige Krebse, Seesterne und Würmer belebten das flache Wasser, während nicht minder schön gefärbte Muscheln dort ein ruhiges Stillleben führten. Üppig sproßten überall Korallen; hier hatten sie einen Felsen, dort ein Atoll oder gar schon eine fertige Insel geschaffen, auf der Sagopalmen, Araucarien und andere Gewächse sproßten, in deren dumpfigem Schatten träge Schildkröten, mächtige Krokodile und sagenhafte Ungeheuer träge dahin krochen, deren versteinerte Überreste uns der Schoß der Erde getreulich aufbewahrt hat. Träumerisch rauschten die Wellen . . . Und die Zeit verstrich. Jahrtausende kamen und gingen wieder. — Eine neue Aera brach an. Die ganze bunte Welt des Jurameeres ging zu Grunde, als die Eiszeit nahte, welche die wärmebedürftigen Kinder der Tropenwelt in ihren kalten, weißen Mantel hüllte, der ihnen allen zum Leichentuche wurde! — Nach wieder tausend und abertausend Jahren war die Herrschaft des Frostes zu Ende, seiner alt gewordenen Hand entfiel das Szepter, welches er bisher mit Macht über die Erde geschwungen, und die Sonne löste die Welt aus den Banden von Eis und Kälte, in die sie der grämliche Herrscher geschlagen hatte. In dieser Zeit trat der Mensch auf, der anfänglich ohne Wohnung und Obdach, dann in Klüften und Höhlen sich bergend, ein tierisches Dasein führte, im beständigen Kampfe gegen die wilden Bestien und die Unwirtlichkeit eines rauhen Klimas. Doch allmählich arbeitete der Erdgeborene sich empor. Aus Holz, Stein und Knochen schuf er Waffen, baute sich später Hütten, aus denen schließlich Dörfer und Gemeinwesen wurden. Doch er verschwand von der Erde, als seine Zeit vorbei war, und mit ihm seine eigentümliche Kultur, von der nur primitive Beile und Messer, sowie andere unverwesliche und unzerstörbare Trümmer auf unsere Tage gekommen sind. Die Steinzeit ist gewesen, der Mensch jener Periode dahin — aber doch nicht so ganz, wie es vielleicht scheint: denn in einem entlegenen Erdenwinkel hat uns die Natur noch einen Rest jener aufbewahrt. Auf Neu-Guinea, welche Insel merkwürdigerweise eine See umspült, die große Ähnlichkeit mit dem erwähnten Jurameere zeigt, lebt er noch heute und fristet mit seinen primitiven Hilfsmitteln sein Dasein, wie unsere Vorläufer vor Jahresmillionen das ihrige. Es wäre verfehlt, wenn wir die gewaltigen klimatischen und anderen Unterschiede zwischen beiden Völkern verkennen wollten. Das aber dürfen wir mit Sicherheit behaupten, sie werden auch in ihrem Denken und Fühlen, ihrem Leben und Sterben vielfache Ähnlichkeit mit einander aufweisen. Deshalb bietet jener, sein Thun und Treiben ein für das Verständnis der menschlichen Entwickelungsgeschichte ungemein wichtiges und lehrreiches Material. Leider nicht mehr lange; denn auch dort nähert sich die Steinzeit unter dem Einfluß der alles nivellierenden europäischen Kultur ihrem Ende, und damit sinkt langsam, aber unaufhaltsam einer der originellsten Typen der Jetztzeit ins Grab! — Man hat den Papua und seine eigenartigen Schöpfungen lange Zeit verkannt, ihn roh und schmutzig, jene dürftig und armselig genannt. Erst als man ihn näher kennen lernte, sah man diesen Irrtum ein. Beide sind eben nach europäischen Begriffen schwer zu beurteilen und noch schwerer zu verstehen, indem seine und unsere Gedankenwelt fast nichts Gemeinsames besitzen.

Ehe ich es versuche, ein Bild dieses eigenartigen Menschenschlages zu entwerfen, möchte ich den geneigten Leser bitten, diese Leute nicht als verständige Erwachsene, sondern als Kinder, die sie sind und immer bleiben, beurteilen zu wollen. Das liefert den Schlüssel für viele Züge ihres Lebens und erklärt manches sonst Unverständliche in ihrem Thun und Treiben!

Meine erste Bekanntschaft mit diesem Volke datiert aus Friedrich-Wilhelmshafen, einer an der Küste des Kaiser-Wilhelmslandes idyllisch gelegenen Station der Neu-Guinea-Kompagnie. Eines schönen Tages während unseres dortigen Aufenthaltes saßen wir mit einigen deutschen Beamten in einer luftigen Kabine des Schiffes bei einem Glase Münchener Bieres und plauderten von der fernen Heimat, als ein Missionar der nahegelegenen Station Siar mit einem halben Dutzend von Kanakern erschien, denen er die Maschine des Schiffes zu zeigen wünschte, welche sich die Eingeboren als eine Art großer Schildkröte vorzustellen pflegen, die, im Schiffe verborgen, dasselbe fortbewegt. Da sich in unserem augenblicklich als Kneipzimmer dienenden Raume ein großer Spiegel, eingelassen in eine Schranktür, befand, wie man das auf Schiffen, wo der Platz naturgemäß etwas beschränkt ist, gewöhnlich findet, so rief jemand unsere schwarzbraunen Landsleute herein, damit sie sich einmal in Lebensgröße bewundern könnten. Der Effekt war ein ganz eigenartiger; mit weit aufgerissenen Augen betrachteten sie ihr wertes Ebenbild, bliesen vor Staunen die Backen auf, als sollten sie Modell zu einem Posaunenengel stehen, worauf ein lauter Schnalzlaut von aller Lippen erscholl, welcher wohl als ein anerkennendes „Aha“ ihrer klassischen Profile zu deuten war. Es hielt schwer, diese Naturkinder, die mit seligem Lächeln ihr freundlich grinsendes Spiegelbild immer wieder betrachteten, zu entfernen, worauf die Gesellschaft unter Vorantritt des Obermaschinisten, welcher die Besichtigung der Maschine natürlich gern gestattete, und des Missionars in die Tiefe des Maschinenraumes hinabzusteigen begann. Doch schon beim Betreten der schmalen eisernen Treppen wurde es unseren Leutchen so unheimlich zu Mute, daß die Furcht sie übermannte und zu schleuniger Flucht aus dem öldustenden, ihnen so schaudervoll erscheinenden Raume trieb. Die Lust zur Besichtigung der großen Schildkröte war ihnen ganz und gar vergangen.

Dieses kleine Begebnis zeigt schon, wie unendlich scheu der Eingeborene ist, und wie sich sein Ideenkreis völlig in dem Rahmen des Kindlichen hält. Freilich sind die Zeiten, wo es üblich war, Kanaker an Bord zu locken, um die Entführten später als Sklaven zu verkaufen, noch in frischester Erinnerung; auch kommen solche Fälle möglicherweise noch heute vor. Dieser, euphemistisch Labourtrade genannte, Menschenraub wurde früher namentlich von englischen Kapitänen höchst schwungvoll betrieben. Heutzutage ist es fremden Nationen gesetzlich verboten, auf deutschem Gebiete Arbeiter anzuwerben; auch ist dieses ganze Geschäft besser geregelt. Mit welchen Schwierigkeiten das Herbeischaffen einheimischer Arbeitskräfte oft verbunden ist, kann nur ein mit den dortigen Verhältnissen Vertrauter sich vorstellen! — Von den Angeworbenen bringt das Schiff naturgemäß niemals alle zurück, da ein Teil derselben in den drei Kontraktjahren, für so lange werden sie angeworben, verstorben ist. Seitens der Neu-Guinea-Kompagnie wird nun zwar streng darauf gesehen, daß in solchem Falle den Hinterbliebenen resp. der betreffenden Dorfschaft der rückständige Lohn ausgezahlt wird, doch kommt es vor, daß die gelieferten Tauschwaren den Eingeborenen nicht gefallen, sei es weil sich ihr Geschmack mittlerweile geändert hat, sei es aus anderen Gründen. Sie nähmen z. B. jetzt anstatt der weißen Thonpfeifen lieber rote oder statt der gelieferten Lava lavre (Hüfttücher aus europäischem Kattun) lieber Tabak oder umgekehrt, welche Wünsche der die Löhnung abliefernde Kapitän nur selten zu berücksichtigen vermag, da er die gewünschten Gegenstände vielleicht garnicht besitzt oder nicht die nötige Zeit hat, sie auszusuchen. Hierdurch entsteht leicht Streit mit den Dorfbewohnern, die sich womöglich für betrogen halten, und mit den weiteren Anwerbungen ist es vorbei. Ebenso unangenehm ist es, wenn viele aus derselben Dorfschaft Stammende inzwischen verstorben sind; auch dann ist nichts zu wollen. Selbst die Nachricht der Zurückgekehrten, daß sie bei den Weißen plenty key-key (viel zu essen) gehabt hätten, fruchtet alsdann nicht mehr. Zum Glück reden die Häuptlinge, welche allerdings auf dem Festlande keinerlei obrigkeitliche Rechte haben, den jungen Leuten weidlich zu, sich anwerben zu lassen, da sie auf die bei solchen Gelegenheiten für sie abfallende Geschenkäxte sehr lüstern sind; ja es scheint, als ob sie dieselben bisweilen gegen ihren Willen dazu drängten, Handgeld zu nehmen. Andererseits kommt es aber auch vor, daß Leute, durch den ihnen gebotenen Tand verlockt, ihre Angehörigen heimlich verlassen, um sich gegen deren Willen zu verdingen. So kenne ich einen Fall, wo drei Frauen, deren Männer mit solchem Vorhaben nicht einverstanden waren, nachts heimlich zu einem Werbeschiffe hinüberschwammen. Als die von ihren besseren Hälften schnöde im Stiche Gelassenen hiervon Kenntnis erhielten, kamen sie am anderen Morgen an Bord, wo sich eine heftige eheliche Auseinandersetzung entwickelte, die aber die holden Gattinnen wenig zu rühren schien. Nachdem man längere Zeit lamentiert hatte, suchte der Kapitän die Erregten zu trennen, und forderte die Männer auf, das Schiff zu verlassen. Das Ende vom Liede war schließlich, daß zwei derselben sich auch noch anwerben ließen, um nicht drei Jahre lang als Strohwittwer in der Welt herumlaufen zu müssen, während der Dritte die Treulose ihrem Geschicke überließ; hoffen wir, daß er sich bald getröstet hat! —

Ein Ausflug in eines der Eingeborenen-Dörfer in der Astrolabe-Bai, welchen ich meiner Schilderung zu Grunde legen möchte, bietet höchst interessante Bilder und giebt Gelegenheit, das Leben und Treiben dieses urwüchsigen Volkes näher kennen zu lernen. Leicht knirscht der Kiel des Bootes auf dem flimmernden Sande, dessen Leuchten leider nicht von Gold, sondern von Eisenglimmerkörnchen herrührt; wir springen aus korallenbedeckte Ufer und schreiten dem niemals weit vom Strande entfernten Dorfe zu. Dasselbe liegt stets vom Urwalde umgeben, aber auf einem freigemachten Platze. Es besteht aus durchschnittlich 20—30 Häusern, welche gruppenweise zusammenstehen, und zu denen schmale Wege hinführen. Da jede dieser Unter-Abteilungen der Ansiedlung einen besonderen Namen führt, kann man sich lebhaft vorstellen, wie schwierig es ist, sich über die Zahl der Dorfschaften eines ferner liegenden Landstriches, den man besuchen will, zu orientieren. Die Häuser pflegen von Kokospalmen und von baumartigen Zierpflanzen, welche die Kanaker aus dem Urwald herbeiholen, auch von einigen Bananenbäumen umgeben zu sein. Es ist auffallend, daß letztere, welche in Hinterindien das Hauptnahrungsmittel bilden, hier für die Volksernährung absolut keine Rolle spielen. Die Häuser selber, welche nicht selten von mehreren Familien bewohnt werden, sind auf Pfählen erbaut, die Dächer sehr groß, die Wände klein. Die Bauart ist so eingerichtet, daß vor der Thüre eine mehr oder weniger breite Veranda freibleibt, welche von dem schräg vorspringenden Giebel mitbedeckt wird. Zu diesem Vorplatze klimmt man mittelst eines mit Einschnitten versehenen Baumstammes empor, wozu indessen die Gewandtheit eines Papua gehört, während sich der Europäer mit dieser halsbrecherischen Art von Stiege niemals zu befreunden vermag. Dächer wie Wände bestehen aus Palmenblättern, doch werden letztere bisweilen auch aus Bambuslatten angefertigt. Da die Häuser nur zum Schlafen und zum Aufenthalte bei schlechtem Wetter dienen, wo sich die Bewohner auf der geschilderten Plattform aufhalten, so besitzt das Innere, welches übrigens nur durch eine Vorder- und eine Hinterthür Licht empfängt, keinerlei Ausschmückung, obgleich man hier und dort schön geschnitzte und bemalte Bretter darin sieht. Da der Fußboden nur aus Bambusstäben besteht, die, durch Lianen notdürftig zusammengehalten, wenig dicht und regelmäßig liegen, so thun wir wohl, beim Betreten dieses papuanischen Parquets der Sitte der Eingeborenen zu folgen und uns kriechend fortzubewegen, falls wir nicht durchbrechen oder gar durch Löcher, welche eine Matte vielleicht trügerisch verbirgt, gleich einem in der Versenkung verschwindenden Theatergotte von unserem Schauplatze abtreten wollen. Da es unter den Hütten nicht gerade sauber aussieht, haben dergleichen Zwischenfälle recht wenig Reiz! Die „Betten", wenn dieser Ausdruck hier überhaupt Anwendung finden kann, bestehen aus Brettern oder gespaltenem Bambusrohre, auf welchen gleichfalls Matten liegen. Gerätschaften, wie Waffen oder Handtrommeln, auf die wir später noch einmal zu sprechen kommen werden, hängen an Schnüren von der Decke herab, während andere, wie Schüsseln und Töpfe, auf einer geflochtenen Hürde sich befinden, welche die Querwände der Hütten einnimmt. Der festliche Federschmuck der Insassen, sowie alle anderen kostbaren Gegenstände werden sehr sorgfältig, in Blätter verpackt, aufgehoben, da sie der Rauch, welcher sich nach Belieben einen Ausweg durch die eine oder die andere Thür sucht, andernfalls in kurzer Zeit verderben würde. Lebensmittel schützt man gegen die nicht seltenen Ratten durch große, etwas über der Hürde befestigte Holzscheiben. — Eine Stelle des Bodens ist mit Lehm bedeckt und dient als Herd, auf dem ein schwälendes Feuer brennt, stets unterhalten, da die Kanaker, wie es scheint, die Kunst, Feuer zu entzünden, nicht verstehen und sich im Falle des Erlöschens aus den nahe gelegenen Bergdörfern neues holen sollen. Es bleibt ein halbes Wunder, daß bei so primitiven Herden unter dem höchst feuergefährlichen Blätterdache Dorfbrände nicht zu den täglichen Erscheinungen gehören; indessen sind „gekochte" Hütten, wie der Kanaker sagt, etwas Seltenes. Man ist nicht wenig froh, wenn man, aus der Dunkelheit heraus und dem Qualme dieses häuslichen Herdes glücklich entronnen, nach der Stickluft dort drinnen einige tiefe Atemzüge im Freien thun kann. Ein vor dem Wohnhause auf vier Pfählen errichtetes Gerüst, das einem großen Tische gleicht, fällt uns zunächst auf (Barla genannt). Es dient als Eßplatz für die Männer, auf dem sie zugleich ihr Mittagsschläfchen halten, da sie dort über etwaige Störungen seitens der Dorfschweine erhaben sind, welche überall nach etwas Freßbarem herumstöbern, bei welch lobenswerter Beschäftigung ihnen selbst die Ruhe eines Schlafenden nicht heilig sein würde! Dort sieht man die Herren der Schöpfung, falls wir es günstig treffen, mehr oder weniger malerisch hingegossen, wobei es ihnen gar nicht darauf ankommt, daß die Tropensonne auf ihr unbedecktes Haupt herniederbrennt. — Wie Menschen so etwas auszuhalten vermögen, ist mir eines der vielen Rätsel dieses Wunderlandes! Man darf nun nicht glauben, daß es dem Kanaker so leicht gemacht wird, in Schlaf zu verfallen, wie anderen Leuten, die sich nur ein Kissen unter den Kopf zu schieben brauchen, um sanft darauf zu schlummern. Die ungeheuere Haartour, welche handbreit seinen Kopf umgibt, ist sein größter Stolz und darf beim Schlafe nicht zerdrückt werden. Wie ist es aber möglich, diesem Wunsche zu entsprechen und das Schöne mit dem Angenehmen zu vereinigen? Ich glaube, wir alle würden dieser Aufgabe ratlos gegenüberstehen, aber der erfinderische Geist des Papua hat dieselbe bereits in ebenso einfacher wie genialer Weise gelöst: er schiebt sich einfach eines der handhohen, meist schön geschnitzten Holzgestelle unter den Nacken, welche die Europäer meist als „Kopfkissen“ bezeichnen, und erhält so seinen Kopf während des Schlummers schwebend, wodurch die kostbare Frisur in jeder Weise gesichert ist. Die Herstellung derselben ist nicht leicht und kostet den Papuastutzern ebenso viel Zeit, wie einer europäischen Modedame die ihrige. Mit Hilfe eines sogen. Kammes, eines senkrecht halbierten Stückes Bambusrohr, in dem ein halbes Dutzend Zähne ausgeschnitten sind, lockert er sein krauses Haar und zaust es dann sorgfältig aus, sodaß eine leichte, weit abstehende Haarwolle entsteht, welche mit Fett, Erde, auch wohl mit eingestreuter Farbe versehen und dann mit Federn, Holzstäben, Blumen u. dergl. phantasievoll verziert wird. An irgend einer Stelle des Kopfes wird das benutzte Verschönerungsinstrument schließlich eingesteckt, von dem bisweilen noch ein Dutzend Muschelschnüre, die am Ende wieder Federn tragen, malerisch herabwallen. Doch der Besitzer ist nicht zufrieden, den Kamm für ästhetische Zwecke zu verwenden; er versteht es auch, ihm rein praktische Verwertung abzugewinnen. Er bedient sich desselben zum Beispiele, um damit in anmutiger Weise an seinem Körper herumzukratzen, und verwendet ihn gegebenen Falls mit derselben Gemütsruhe als Gabel! Wer wollte deshalb den ersten Stein auf ihn werfen? Weniger schön werden wir es allerdings finden, daß er einem geehrten Gaste mit Hilfe dieses vielseitigen Instrumentes einen Leckerbissen darreicht.

Die Bewohner des Bismarckarchipels unterwerfen ihr Haar aus mir nahe liegenden Gründen einer Behandlung mit Kalkwasser, wodurch dieses je nach der Konzentration der Flüssigkeit eine fuchsrote bis weißgelbe, ja ziemlich rein weiße Färbung annimmt. Der eigentümliche Eindruck, den es macht, einen vielleicht tief dunkel gefärbten Eingeborenen mit dem nordischen Flachskopf umherlaufen zu sehen, ist nicht zu beschreiben und im ersten Augenblicke aufs äußerste überraschend. Ich bin mir nicht darüber klar geworden, ob die eigentümlich fuchsige Haarfarbe der Festland-Papuas Natur ist oder ob sie vielleicht durch irgend eine künstliche Prozedur, analog der eben erwähnten, hervorgerufen wird. Ich glaube die Nuance am besten mit blaurot bezeichnen zu können; jedenfalls habe ich bei keinem Volke solche oder ähnliche Töne beobachten können. Jedoch ist seine Färbung ebenso verschieden wie die der Haut und die Gesichtsbildung, was wohl auf Beimischung von malayischem (besonders im Westen der Insel), polynesischem (Osten), auch wohl australischem Blute herrühren dürfte.

An schönen Feiertagen, wie es im Faust heißt, zeigt sich auch der Papua im höchsten Glanze und entwickelt in Bezug auf seine Haartracht ein ganz besonderes Erfindungs-Talent, wobei der individuellen Neigung der weiteste Spielraum gelassen wird. So sieht man Leute, welche hinter jedem Ohre je einen schön geschnitzten Kamm festgesteckt haben, denen Paradiesvogel oder Kasuarfedern, auch frisches Farnkraut und wohlriechende Pflanzen Halt gewähren, welche nach der Seite malerisch hervorquellen; andere wieder stecken sich einen sehr zierlich mit verschieden gefärbtem Grase umwundenen Stab in das Haar, sodaß er schräg über Stirn und Nase herabhängt und die Erinnerung an das Einhorn der Sage wachruft. Es würde zu weit führen, wenn ich die hier beobachteten Kombinationen des Näheren schildern wollte; es genüge zu erwähnen, daß man oft die unglaublichsten Haartrachten zu sehen bekommt. Für besonders elegant gilt es, die Nackenhaare, welche mit einer pechähnlichen Masse lockenartig zusammengeklebt werden, unten mit Muscheln zu verzieren, die bei jeder Bewegung gar lieblich zusammenschlagen, was dem Papua-Ohr ebenso schön wie melodisch dünkt! Ältere Männer tragen das Haar meist kurz und färben es nicht selten schwarz, was ja bei uns auch hin und wieder vorkommen soll! Auf der Murray-Insel ist man mit der Kultur noch weiter vorgeschritten. Zeigen sich hier die ersten grauen Haare, so werden solche, o Eitelkeit, erbarmungslos ausgerissen. Nimmt ihre Menge aber so zu, daß dieses Mittel nicht mehr anwendbar erscheint, so nimmt man seine Zuflucht zu — einer aus Pflanzenfasern bestehenden Perrücke. In den Ohren, deren Läppchen und Ränder durch Einschnitte und künstliche Ausdehnung bisweilen bis zu den Schultern herabhängen, was das non plus ultra von Eleganz repräsentiert, tragen sie schön gearbeitete Ohrringe aus Schildpatt, welche die unseren an Größe bei Weitem übertreffen und Faustgröße erreichen können. Durch die Nasenscheidewand steckt man einen federhalterstarken Holzstift oder einen kurzen, dicken Pflock, der aus einem Schloßteile einer großen Tridacnamuschel gefertigt ist. Auch trägt man statt dessen Eberhauer, welche bald melancholisch abwärtsragend einen weltschmerzlichen Zug auf das dunkle Antlitz zaubern, bald flott wie der sorgfältig gepflegte Schnurrbart eines Lebemannes gen Himmel streben und der Physiognomie einen unverkennbar fidelen Anstrich geben. Mit Ausnahme von Schmucknarben an Arm und Rücken, die man durch glühende Kohlen erzeugt, kennt man Tätowierungen nicht. Doch liebt es der Papua sehr, seine werten Züge durch streifenweise, auch à l'arabesque aufgetragene bunte Erde in geistvollen Modifikationen zu verzieren. Er verwendet hierzu mit Vorliebe Rot, welches für die einem vollendeten gentleman am meisten geziemende Farbe gilt. Falls er einen genügenden Vorrat davon besitzt, malt er nicht nur sein ganzes Gesicht damit an, sondern verschönt auch dadurch seine Armbänder und Ohrringe oder läßt sich sogar den Rücken damit anstreichen, was ihm in den Augen seiner Landsleute ein ungemein distinguiertes Äußeres verleiht, wie jeder bewundernd anerkennt. Als auf einem unserer Kriegsschiffe ein Kanaker auf seinen Wunsch von Kopf bis zu Fuß rot angestrichen wurde, rief dies den lebhaftesten Neid seiner weniger begünstigten Stammesgenossen hervor, welche mittelst der Finger möglichst viel der köstlichen Farbe auf ihren Körper zu übertragen versuchten.

# Über die Handelsunternehmungen in unseren Südsee-Kolonieen.

Von Dr. M. Krieger.

Wenn schon die Entwickelung der deutschen Handels-Unternehmungen in der Südsee von Anbeginn mit mannigfachen Hindernissen aller Art zu kämpfen gehabt hat, so ist doch ein von Jahr zu Jahr stetiger Fortschritt unverkennbar. Es kann daher der Zuversicht Ausdruck gegeben werden, daß, soweit nicht bereits endgiltige Errungenschaften auf dem Gebiete unseres Handels in den Südsee Kolonieen aufzuweisen sind, was zum mindesten in der Baumwollen- und Tabakkultur, sowie in dem Kopra-handel und der Trepanggewinnung eingetreten ist, der Erfolg der wirtschaftlichen Unternehmungen dort in absehbarer Zeit gesichert erscheint, falls nicht unberechenbare Ereignisse störend dazwischen treten sollten.

Die Hindernisse, welche sich dem Betriebe von Handelsunternehmungen in der Südsee in der Hauptsache entgegenstellen, sind nicht überall gleicher Art. Bald entspringen sie mehr der Natur, bald mehr den Menschen. Nur zu oft gilt es, die Übel, welche jedes neu zu erschließende reiche Tropenland aufzuweisen pflegt, zu überwinden, einen übermäßigen, ursprünglichen Pflanzenwuchs niederzuschlagen, den massenhaften Regengüssen und sonstigen klimatischen Einflüssen durch sorgfältig anzulegende und zu unterhaltende Wohnungen, Wirtschaftsgebäude und Wegestrecken zu begegnen, eine Reihe bösartiger Krankheiten, wie Malaria, Dysenterie, Elephantiasis zu überstehen oder für durch sie verursachte Verluste Ersatz zu beschaffen.

Dahingegen gewähren andere Inseln der Südsee wohl ein leichteres Vordringen, wie einen verhältnismäßig gesunden Aufenthalt, aber arge Fehden und Ausschreitungen der Eingeborenen-Bevölkerung hemmen das Kulturwerk. So haben z. B. im Bismarck-Archipel gegen Ende der achtziger und anfangs der neunziger Jahre besonders die Eingeborenen-Aufstände im Hinterlande der Blanchebai den Bestand einiger dort vorhandenen deutschen Siedelungen ganz empfindlich gestört.

Auf Neu-Guinea — um mit der größten Südsee-Insel anzufangen — hat seit ca. 15 Jahren die Neuguinea-Kompagnie in Kaiser-Wilhelmsland festen Fuß gefaßt und bekanntlich auch bis zum 1. April d. J. mit kurzer Unterbrechung die Hoheitsrechte über das Schutzgebiet ausgeübt. Sie ist seitdem eine regelrechte Handels- und Plantagen-Gesellschaft geworden und hat — abgesehen von einigen ihr im Vertrage mit dem Auswärtigen Amt vom 7. Oktober 1897 belassenen Privilegien, wie Erleichterung bei der Arbeiter-Anwerbung und mineralische Ausbeutung des Ramugebietes, — dieselben Rechte und Pflichten wie alle im § 8 des Reichsgesetzes vom 15. März 1888 vorgesehenen Kolonialgesellschaften.

Die ersten der Unternehmungen der Gesellschaft bezüglich der Kolonisation des Landes und der Begründung von Handelsniederlassungen greifen in das Jahr 1884 zurück. Mit einem in Sydney erworbenen Dampfer „Samoa“ hatte die Neuguinea-Kompagnie in diesem Jahre den damals bereits bekannten Forscher Dr. Otto Finsch an die unbekannte Küste von Kaiser-Wilhelmsland gesandt, um diese wie auch die Küste von Neu-Pommern und Neu Mecklenburg zu untersuchen, auch Land von den Eingeborenen zu erwerben. Nachdem später die näher erforschten Gebiete von Kaiser-Wilhelmsland und der Bismarck-Archipel unter deutschen Schutz gestellt waren, und das Unternehmen der Kompagnie seine Sanktion durch den ihr unter dem 17. Mai 1885 ausgestellten Schutzbrief erhalten hatte, begann sie unverzüglich mit der nähern Erforschung des Landes und der Anlegung von Stationen vorzugehen. Am 29. Juli 1885 hatte die erste von der Neuguinea-Kompagnie ausgerüstete Expedition die Heimat verlassen und nach einem Abstecher auf Java am 5. November desselben Jahres in Finschhafen nördlich der Langemak-Bucht Anker geworfen. Der an die Spitze der Verwaltung des Schutzgebietes gestellte Landeshauptmann war bis zum April d. Js. gleichzeitig der oberste überseeische Vertreter der Gesellschaft in wirtschaftlicher Beziehung. Da Kaiser-Wilhelmsland bei der Ankunft des ersten Landeshauptmanns von Neu-Guinea, des Kaiserlichen Vizeadmirals a. D. Georg Freiherrn von Schleinitz, so gut wie terra incognita war, richteten sich dessen ersten Bestrebungen auf die Feststellung der Küste und die nähere Erforschung der unmittelbaren Umgebung der aufgefundenen Häfen. Weitere Expeditionen in das Gebiet von Gorima, in die Umgebung von Butaueng und das Land zwischen Kap Juno und Kap Croisilles wurden vom Freiherrn von Schleinitz unternommen, und vor allem der mächtigste Strom von Kaiser-Wilhelmsland, der Kaiserin-Augustafluß 380 Seemeilen weit stromaufwärts befahren. Unter von Schleinitz' Nachfolgern wurde die Erforschung des Landes erfolgreich fortgesetzt, ferner die Nebenstationen Hatzfeldthafen, Konstantinhafen, Butaueng und Kelana errichtet, bis im Jahre 1891 eine bis heut noch nicht ganz aufgeklärte Epidemie zu Finschhafen die bis dahin rasche Entwickelung des Schutzgebietes zu kurzem Stillstande brachte. Nachdem zu Beginn des Jahres 1891 innerhalb fünf bis sechs Wochen elf Beamte am Fieber dahingerafft waren, entschloß sich die Verwaltung im Schutzgebiet zur Aufgabe der Hauptstation und zur Errichtung einer neuen in einem viel weiter nördlich gelegenen Gebiet. In nähere Erwägung gezogen wurden für die Anlage der neuen Hauptstation die Gegend des Alexishafens und des Friedrich-Wilhelmshafens, letzterer an der Astrolabe-Bai, ersterer etwa zehn Seemeilen weiter nördlich gelegen. Obwohl damals die gesundheitlichen Verhältnisse nicht günstig lagen, gab für die Wahl von Friedrich-Wilhelmshafen zunächst die Vortrefflichkeit des Hafens, dann auch der Umstand den Ausschlag, daß der Platz für die in der Astrolabe-Ebene angelegten Tabakpflanzungen der Astrolabe-Kompagnie den Angel- und Schlußpunkt bezüglich des Schiffsverkehrs mit Niederländisch-Indien und Europa bildet. Die neben der Neuguinea-Kompagnie im November 1890 begründete Kaiser-Wilhelms-Plantagen-Gesellschaft und die ein Jahr später, am 27. Oktober 1891, ins Leben getretene Astrolabe-Kompagnie — beide als Kolonialgesellschaften im Sinne des § 8 des Gesetzes vom 15. März 1888 errichtet — haben keinen langen Bestand gehabt. Die erstere Gesellschaft war in Hamburg auf solider Basis mit der Absicht begründet worden, den Anbau von Kaffee und Kakao in Gorima in Kaiser-Wilhelmsland zu versuchen, und zwar hatte sich die Neuguinea-Kompagnie an dem Unternehmen durch Überlassung von Grund und Boden gegen Aktien beteiligt. Die ersten Anfänge brachten ausschließlich Mißerfolge. Die in Ceylon erworbenen Saatbohnen hatten die Fahrt nur zum geringen Teil überstanden; außerdem führten das Ungeschick des Leiters der Pflanzung Gorima in der Behandlung der Eingeborenen wie der Umstand, daß die Kultur des Tabaks und der Baumwolle an der Astrolabe-Bai viel größere Chancen bot, die Auflösung der Kaiser-Wilhelms-Plantagen-Gesellschaft bereits im nächsten Jahre herbei. Die bei Gorima angelegte Station ging auf die Astrolabe-Kompagnie über, wogegen die Anteilseigner der Gesellschaft eine Beteiligung bei dieser erhielten. Letztere war, wie erwähnt, im Jahre 1891 mit dem Zweck ins Leben getreten, den Tabakbau an der Astrolabebai in großem Umfange zu betreiben. Nach Zeichnung des Grundkapitals von 2400000 Mark war die Gesellschaft unter den günstigsten Auspicien begründet worden. Auf Sumatra hatte gerade der Tabakbau eine Einschränkung erfahren, durch welche zahlreiche geübte Arbeiter und erfahrene Pflanzer außer Stellung kamen und wodurch das Engagement von Pflanzungsleitern und Kulis erheblich erleichtert wurde. Ferner eröffnete die Vortrefflichkeit des Bodens in der Astrolabe-Ebene die Aussicht, daß ein edler Tabak, der besonders als Deckblatt Verwendung finden konnte, bei verringertem Angebot von anderwärts einen lohnenden Preis auf dem Markte finden würde. Die Neuguinea-Kompagnie beteiligte sich an dem Unternehmen der Astrolabe-Kompagnie dadurch, daß sie derselben das zu den Tabakpflanzungen erforderliche Land überließ und dafür Anteile unter Anrechnung des Preises

Neu erbautes Baumwollhaus in Dunatall.

auf die zu machende Einzahlungen übernahm. Überdies trat die Neuguinea-Kompagnie an die Astrolabe-Kompagnie ihre bereits bestehenden Tabakpflanzungen in Stephansort und Erima und die in der Begründung begriffene in Maraga ab. Bald stellte sich auch heraus, daß das Hinterland von Friedrich-Wilhelmshafen, die sogenannte Jomba-Ebene, auf eine Brauchbarkeit für Tabakplantagen untersucht, ein ca 3500 ha umfassendes, für die Anlage von Tabak sehr geeignetes Land aufwies. Während so die Astrolabe-Kompagnie außer Stephansort und Erima bald auch Maraga und Jomba zu ihren Stationen zählte, blieben der Neuguinea-Kompagnie, nachdem inzwischen teils wegen der ungesunden Lage, teils wegen der feindlichen Haltung der Eingeborenen außer Finschhafen noch Butaueng, Kelana und Hatzfeldthafen aufgegeben waren, nur noch Friedrich-Wilhelmshafen und Konstantinhafen. Die Leitung dieser letzten Station hatte mehrere Jahre der leider vor mehreren Jahren verstorbene, durch seine ethnographischen

Forschungen auf den Karolinen- und Palau-Inseln bekannt gewordene Pionier der deutschen Kolonisation in der Südsee J. S. Kubary, und unter seiner Verwaltung gedieh die Station von Jahr zu Jahr. Mit seinem Fortgang kam sie bald in Verfall. Sie sank schließlich zu einer ganz unbedeutenden Nebenstation herab, die von Stephansort aus mitverwaltet wurde! Heute dient sie als Kokosnußpflanzung und Versuchsstation, auf der nur Rekonvaleszenten und Schwächlinge als Arbeiter beschäftigt werden. Aus den Erträgnissen der 7000 dort stehenden Kokosnußpalmen wird das Hospital von Stephansort mit frischen Nüssen versorgt und zum Teil der Bedarf an Saatnüssen für die dortige Pflanzung gedeckt.

Friedrich-Wilhelmshafen konnte von Anbeginn an für die Kultur tropischer Pflanzen in großem Maßstabe nicht in Betracht kommen, da das der Stationsanlage unmittelbar benachbarte Terrain wegen seines vorwiegend korallischen Bodens dafür ganz ungeeignet ist. Die produktive Thätigkeit hat sich daher hier von Anfang an nur auf die Sammlung verwertbarer Naturprodukte, insbesondere die Bearbeitung von Nutzholz, auf die Einführung fremder Nutzpflanzungen durch Anbauversuche und auf die Viehzucht gerichtet. Dank der Nachbarschaft von Jomba und der Pflanzungsstationen an der Astrolabebai einerseits sowie der Vortrefflichkeit seines Hafens andererseits wird es aber stets seine Bedeutung als Hauptstation von Kaiser-Wilhelmsland behalten. Nachdem die Astrolabe-Kompagnie neben der Neuguinea-Kompagnie, die seit der Begründung jener in der Hauptsache nur die Verwaltung über das Schutzgebiet geführt hatte, fünf Jahre bestanden und floriert hatte, wurde ihre Verwaltung aus Zentralisationsrücksichten im Jahre 1896 mit der der Neuguinea-Kompagnie vereinigt. Die Direktionen der beiden Gesellschaften hatten sich dahin geeinigt, daß die gesamte überseeische Verwaltung der Astrolabe-Kompagnie für Rechnung der Neuguinea-Kompagnie übernommen werden, und daß der oberste Leiter der letzteren im Schutzgebiet auch die Hauptadministration der ersteren führen sollte. Die obere wirtschaftliche Leitung der vereinigten Verwaltungen sollte einem Oberbeamten als „Generaldirektor" der Neuguinea-Kompagnie übertragen werden. Nach einer weiteren Übereinkunft sollten das gesamte Vermögen der Astrolabe-Kompagnie und deren Schulden mit Wirkung vom 1. Oktober 1895 ab auf die Neuguinea-Kompagnie übergehen, wogegen diese den bisherigen Anteilseignern jener Kompagnie je einen Frei-Anteil ihrer Gesellschaft mit den in einem Nachtrag zu dem Statut derselben angegebenen Rechten gewährte.

Inzwischen hatte eine mehr als zehnjährige Erfahrung zu der Erkenntnis geführt, daß die Ausübung der Landeshoheit über das Schutzgebiet durch die Neuguinea-Kompagnie mit den beschränkten Mitteln derselben nicht mehr durchführbar sei, und die zwischen der Gesellschaft und dem Auswärtigen Amt gepflogenen Verhandlungen führten zu dem bereits erwähnten, bekannten Vertrage vom 7. Oktober 1898, nach welchem das Reich wieder die Verwaltung des Schutzgebiets gegen eine Geldabfindung von 4 Millionen Mark mit der Berechtigung übernommen hat, diesen Betrag in zehn Jahresraten à 400000 Mark ohne Zinsen zu zahlen. Es ist ferner bekannt, daß die Neuguinea-Kompagnie sich in diesem Vertrage verpflichtet hat, jede dieser Kapitalsraten binnen vier Jahren nach der Zahlung auf wirtschaftliche Unternehmungen im Interesse des Schutzgebietes zu verwenden, daß der Kompagnie die Erleichterung der Anwerbung von Eingeborenen als Arbeiter für ihre Unternehmungen zugesichert wurde, endlich, daß sie eine Landabfindung von 50000 ha in Kaiser-Wilhelmsland und die Ausbeutung des von ihr erforschten Ramu-Gebietes als einziges Privileg von den vielen ihr bisher zustehenden behielt. Nachdem dieser Vertrag die Genehmigung des

Bundesrats und des Reichstags erhalten hatte, sind die Unternehmungen der Neuguinea-Kompagnie in der Südsee in eine neue Entwicklungsphase getreten. Schon einmal, im Jahre 1889, war von dem Reich die Landeshoheit über das Schutzgebiet der Neuguinea-Kompagnie auf die Dauer von zwei Jahren mit der Maßgabe zurückgenommen worden, daß die Gesellschaft die vom Reich gestellten Verwaltungsbeamten bezahlte und die Landeshoheit von Rechtswegen zwar ausgeübt wurde, aber ohne erhebliche Kosten, ein Zustand, der auf die Dauer unhaltbar wurde und mit beiderseitiger Zustimmung zur baldigen Auflösung des November-Vertrages von 1889 führte. Nur eine energische mit allem Nachdruck geführte Reichsverwaltung kann dem Schutzgebiet eine gleichmäßig fortschreitende Entwicklung bringen, nur unter dem Segen einer kräftigen zielbewußten Regierung kann Handel- und Plantagenbau gedeihen und zur

Fermentierscheune in Stephansort.

Blüte gelangen, unbehelligt durch die Fehden und Gewalttätigkeiten der Eingeborenen und die Übergriffe der unter fremder Flagge segelnden Piraten. So ist es denn auch der Neuguinea-Kompagnie in letzter Zeit, nachdem ihr die so schwere und drückende Last der Verwaltung von den Schultern genommen ist, möglich geworden, ihren Plantagenbau und Handelsbetrieb mehr denn je auszudehnen. Daher steht in Aussicht, daß sie nach den vielen Opfern endlich dazu gelangen wird, die Früchte ihrer Mühen und Arbeit zu pflücken.

In Kaiser-Wilhelmsland hat sie zur Zeit drei Administrationen, d. h. größere Stationen unter einem selbständigen Administrator, die nur unter dem Generaldirektor stehen: Stephansort, Friedrich-Wilhelmshafen und Seleo. Die Anlage einer vierten Station am Fuße des Bismarck-Gebirges ist in die Wege geleitet.

Stephansort, die nach dem verstorbenen Staatssekretär des Reichs-Postamtes,

Dr. von Stephan, benannte Station, liegt etwa 10 Minuten von dem an der Astrolabe-Bai belegenen großen Dorfe Bogadji. Sie wurde im August 1888 von dem damaligen Stationsvorsteher Hermes begründet. Ihre gedeihliche Entwicklung verdankt sie in erster Reihe der unermüdlichen Thätigkeit des vormaligen Generaldirektors der Neuguinea-Kompagnie und kommissarischen Landeshauptmanns, Kurt von Hagen, dessen tragisches Ende durch eine heimtückische Kugel Mangas, des Mörders von Otto Ehlers, unseren Lesern wohl bekannt ist. Leider herrscht an der Küste von Stephansort wie an dem ganzen westlichen Ufer der Astrolabe-Bai meist eine starke Brandung; doch ist in der Nähe der Dorfschaft Bogadji eine Bucht, die durch ein vielleicht 100 m in die See vorspringendes Korallenriff gebildet wird, welche für Boote, falls nicht gerade der Wind stark aus Südost weht, einen erträglichen Landungsplatz bietet. Die 7—8 km bis an die hügeligen Ausläufer des Oertzen-Gebirges sich ausdehnenden, vormals mit hohem Urwald bestandenen Stationsländereien sind jetzt durchweg geklärt und mit Tabak, Baumwolle, Kaffee, Mais, Reis und anderen Produkten bepflanzt und mit Kokosnußbäumen und Kapock bestanden. Mit letzteren Bäumen sind alle Wege der Station in Entfernung von 5 zu 5 m bepflanzt. Etwa 3000 Bäumchen stehen 1—2 m hoch. Weitere 53000 Pflänzlinge sind in den letzten Jahren ausgesetzt. Die Klärung des Terrains bot insofern große Schwierigkeit, als die hohen Urwald-Riesen meistens derart durch Lianen miteinander verwachsen waren, daß häufig beim Urbarmachen 5—6 Bäume gefällt wurden, ohne daß sie zu Boden stürzten, und daß erst bei weiterer Arbeit mit einem gewaltigen Krach dann auf einmal eine ganze Baumgruppe zu Falle kam. Das größere Holz wird zerschlagen und verbrannt, die Stubben gerodet. Ist dann die Stationsfläche geklärt, so wird sie vermessen; breite Haupt- und schmalere Seitenwege, Beete und Felder werden angelegt; schließlich werden Gebäude und Scheunen errichtet, die Station ist fertig.

Der Boden in und um Stephansort ist stark mit Humus gemischter Lehm, in der unteren Schicht sandhaltiger roter Lehm oder Konglomerat. Heute macht diese Station mit ihren weiß angestrichenen, auf Pfählen errichteten Wohnhäusern, mit ihren wohlgepflegten Wegen und mit dem Großbetrieb einer im steten Wachsen begriffenen Pflanzungsstation auf jeden Fremden den besten Eindruck. Ihren verhältnismäßig günstigen Gesundheitszustand verdankt sie außer der peinlichen Sauberkeit, die überall herrscht, den großartigen Hospitalanlagen, die in kurzer Entfernung vom Strande an der linken Seite des nach der Hauptadministration führenden Hauptweges errichtet sind. Sie umfassen zunächst das Krankenhaus für Europäer mit einem Saal, vier Zimmern und Veranda, der Apotheke nebst Frauenkrankensaal und Nebenräumen, sodann je ein Haus für einen Krankenpfleger, für ansteckende Kranke, für Diarrhoekranke, Rekonvaleszenten und zur Beobachtung im Hospital befindliche neuangekommene Arbeiter. Ebenfalls an dem erwähnten Hauptwege liegt das in Eisenkonstruktion neu errichtete Haupthaus der Rheinischen Mission, das Haus des Arztes und auf einem großen wohlgepflegten Rondel einige Minuten von der Arztwohnung entfernt das imposante Hauptgebäude von Stephansort, die Wohnung des Generaldirektors der Neuguinea-Kompagnie, in deren Erdgeschoß sich gleichzeitig die Bureaus befinden. An weiteren Wohngebäuden für Europäer sind vorhanden ein Administratorenhaus, neun Häuser für Assistenten, ein Aufseherhaus, zwanzig Arbeiterhäuser für Javanen, Chinesen und Melanesen und vier Chinesen-Kongsies für je vierzig Mann, von denen jedes zwei Arbeiterhäuser von je zwanzig Mann, ein Aufseherhäuschen und eine Küche erhält. Außer den Gebäuden für den Tabak (drei

Fermentier- und zwölf Trockenscheunen) sind mehrere Stallungen, Schuppen und Wagenhallen für die Feldbahn vorhanden, die Stephansort mit dem benachbarten Erima verbindet. Zwischen beiden Stationen liegt der Jori-Fluß, der mitunter nach heftigen Regenfällen zu einem reißenden Strome wird. Die Fahrstraße führt von Erima dann weiter mitten durch den Wald über welliges Gelände nach Erimahafen, das mit Stephansort durch eine allen Anforderungen entsprechende Feldbahn verbunden ist. Erimahafen war als Rhede von Stephansort begründet worden, wird aber, nachdem die Hauptstation wieder nach Friedrich-Wilhelmshafen verlegt sein wird, an Bedeutung verlieren. Es soll bereits mit dem Abbruch der Gebäude daselbst begonnen worden sein. Der Arbeiterbestand beträgt zur Zeit auf Stephansort 926 Männer und Frauen, worunter sich 495 aus Kaiser-Wilhelmsland, dem Bismarck-Archipel und den Salomons-Inseln angeworbene Eingeborene, 264 Javanen und 167 Chinesen befinden. Von den abgelohnten Chinesen und Javanen, deren Kontraktszeit sich in der Regel auf drei Jahre beläuft und die monatlich 15—25 Mark erhalten, haben sich mit Zustimmung der Verwaltung eine Reihe als Handwerker, Gärtner, Waschleute oder Diener auf der Station niedergelassen. Ihre Europäer-Bevölkerung besteht vorläufig lediglich aus dem Beamtenpersonal der Neuguinea-Kompagnie und den dort angesessenen Missionaren der Rheinischen Mission und erreicht zur Zeit insgesamt wohl kaum die Zahl 30; im Ganzen wohnen in Kaiser-Wilhelmsland 70 bis 80 Europäer. Zur Administration Stephansort gehört endlich das bereits oben erwähnte Konstantinshafen, das etwa 15 km davon entfernt liegt. In dem dortigen Versuchsgarten werden Mais, Sesam, Maniok und Agaven wie auch Kautschuk liefernde Pflanzen gezogen.

Friedrich-Wilhelmshafen wurde im Jahre 1891 begründet. Nachdem aus Zentralisationsrücksichten im Jahre 1896 der Hauptbetrieb der Neuguinea-Kompagnie und die Verwaltung nach Stephansort verlegt worden waren, war Friedrich-Wilhelmshafen zu einer Nebenstation herabgesunken; der Arbeiterbestand war bis auf 23 Köpfe reduziert worden. Erst, als vor zwei Jahren wieder der Plan gefaßt wurde, den Betrieb des Hafens in Verbindung mit der Wiederaufmachung der Pflanzung Jomba aufzunehmen und weiter auszudehnen, wurde Friedrich-Wilhelmshafen von neuem zur selbständigen wirtschaftlichen Station erhoben und einem Administrator unterstellt. Dieser begann seine Thätigkeit damit, die noch vorhandenen Baulichkeiten zu reparieren und zu erweitern, sodaß die jetzt hergestellten Gebäude wenigstens sechs Beamten gute Wohn- und Arbeitsräume gewähren. Ferner ist neuerdings die in Verfall geratene Landungsstelle von neuem hergerichtet; sie ist 60 m lang und aus solidem Material erbaut. Des weiteren ist zur Aufholung von Schiffen bis zu 600 Tons und für die erforderlichen Erdwinden nebst Zubehör ein Helgenbau und zum Brennen von Kalk aus Korallen eine Anlage geschaffen, der zu Ausfüllungsarbeiten und zu der Fundamentierung an Helgen- und bei anderen Bauten mit Nutzen verwendet wird. Auf der, wie gesagt, an sich wenig produktiven Station ist neuerdings der Versuch gemacht, Kakao-, Muskat- und Nelkenpflänzlinge auszusetzen, welche sich vorher auf Pflanzenbeeten gut entwickelt hatten. In erster Reihe war auf der Station Friedrich-Wilhelmshafen von Anbeginn die Gewinnung von Kalophyllum-Holz betrieben worden, das auf dem auf der Halbinsel Kalibobo mit einem Horizontalgatter und einer Kreissäge versehenen Sägewerk verarbeitet wurde. Die Wetterseiten der kleinen Inseln in Friedrich-Wilhelms- und Prinz-Heinrichshafen haben bisher eine große Menge wertvoller Stämme dieses Edelholzes geliefert. In neuerer Zeit sind sie zum Helgenbau verwandt worden; ein großer Teil von Kalophyllen-Stämmen ist auch zum Export, und zwar zur Verwendung in der Möbelindustrie, nach Europa gelangt. Aber auch andere Neuguinea-Hölzer, wie Cordia subhordata, Afzelia bijuga etc., eignen sich vermöge ihrer Schönheit, ihrer Farbe und ihrer Festigkeit für Tischlerarbeiten. Sie waren auf dem Markt unlängst so begehrt, daß die im Schutzgebiet zur Verschiffung gelangten Stämme noch vor ihrer Entlöschung in Bremen verkauft waren.

Die ca 6 km von Friedrich-Wilhelmshafen entfernte Pflanzung Jomba ist durch einen guten Land- und Wasserweg mit dem Haupthafen verbunden; eine direkt von der Landungsstelle bis nach der Pflanzung gelegte Feldbahn erleichtert den Lade- und Löschverkehr. Das Geleise war bisher nur 1 km weit von Friedrich-Wilhelmshafen nach Jomba zu gelegt und ist erst im letzten Jahr bis nach letzterem Orte verlängert worden. Die Tabakspflanzung in Jomba war im Jahre 1893 von der Astrolabe-Kompagnie aufgegeben worden, hauptsächlich wegen Schwierigkeiten, welche sich der Einführung chinesischer Kulis entgegenstellten, und weil der damalige Hauptadministrator eine Zentralisation des ganzen Betriebes um Stephansort anstrebte. In neuerer Zeit ist nun von Hongkong ein größerer Transport Chinesen eingetroffen und bei dem nach dem Muster von Herbertshöh in Kaiser-Wilhelmsland eingerichteten Administratoren-Betrieb können Arzt, Hospital, Lager und kaufmännische Verwaltung für Jomba mit Friedrich-Wilhelmshafen gemeinsam sein. Der Boden von Jomba ist tiefgründig und von fettem Humus; auf dem dem Tabaksbau erwiesenermaßen günstigen Terrain ist früher der höchste Durchschnittspreis für Tabak erzielt worden. Eine anhaltende Trockenzeit, wie sie auf Stephansort in den letzten Jahren die Regel war, ist in Friedrich-Wilhelmshafen und Jomba bisher noch nie eingetreten; endlich ist das Hinterland von letzterem so groß, daß auf demselben noch auf Jahrzehnte hinaus mit einem Etat von 300 Tabaksfeldern gewirtschaftet werden kann. Alle diese Erwägungen führten die Kompagnie dazu, die Pflanzung von neuem zu eröffnen. Möchten sich die auf ihre gedeihliche Entwickelung gesetzten Hoffnungen verwirklichen! Die vorzügliche Tabaksernte, die Stephansort mehrere Male hintereinander aufzuweisen hatte, ist in den beiden letzten Jahren durch die oben erwähnten klimatischen Einwirkungen stark beeinträchtigt worden. Die 1894er Ernte war noch im Betrage von 135 000 Pfund auf den Markt gekommen, 1895 sind nur 124 000 Pfund geerntet worden, die unter dem natürlichen Verlust durch Eintrocknen ꝛc. nur mit 105 000 Pfund auf den Markt kamen; die 1896er Ernte ergab 606 Ballen mit 93 629 Pfund, die zu guten Preisen abgegeben werden konnten; die 1897er Ernte ist nur noch mit 79 300 Pfund versandt worden und in Bremen mit 70 100 Pfund zum Verkauf gelangt. Endlich ist im letzten Jahre infolge verminderter Arbeitskräfte und frühzeitig eingetretener Trockenzeit quantitativ die Tabaksernte weit hinter der 1897er zurückgeblieben. Ihr Ertrag war auf 61 000 Pfund eingeschätzt worden. Für die 1899er Ernte ist die Anlegung von nur 200 Feldern erfolgt; dagegen sollen 100 Felder auf Jomba angelegt werden. Im letztverflossenen Jahre hatte Stephansort auch die erste Baumwollernte zu verzeichnen. Von den bepflanzten 230 ha sind als erste Ernte 20 100 kg Rohbaumwolle in 30 Ballen verschifft. Im nächsten Jahre ist ebenfalls aus der mit etwa 30 000 Liberia-Bäumchen bestandenen Kaffeeplantage eine erste kleine Ernte zu erwarten. An Kokospalmen besaß die Station Stephansort Ende 1897 einen Bestand von 13 000 einjährigen Bäumen, 15 500 zweijährigen, 1000 dreijährigen, 900 vierjährigen, 550 fünfjährigen und 50 älteren, zusammen 31 000 Stück.

In Konstantinhafen beträgt der Bestand 7000, in Erimahafen 2400, in Friedrich Wilhelmshafen 9750, in Jomba 2000. Ueberdies ist in neuester Zeit die große Alang-Alangfläche zwischen Friedrich-Wilhelmshafen und Jomba mit 40000 Palmen bestellt worden. Die Kapockwolle, die von den in Friedrich-Wilhelmshafen und Stephansort an den Wegen stehenden Kapock-Bäumen gewonnen wird, findet als Polstermaterial Verwendung und wird zu 60 bis 75 Pfennig das Pfund auf den Markt gebracht. Im Jahre 1897 sind wieder 9400 Bäumchen ausgepflanzt worden. Die Versuche mit Nutzpflanzen haben gezeigt, daß besonders Tomaten, Radieschen, Endivien, Gurken, Kürbisse, Melonen und Rettige gut fortkommen. In der Versuchspflanzung auf Stephansort haben sich die dort ausgesetzten Bäume Isonandra gutta,

Kopra-Haus; an der Feldbahn von Herbertshöh neu erbaut.

Hevea brasiliensis, Castelloa elastica und Ficus elastica gut entwickelt. Der aus dem Safte der letzteren beiden Bäume gewonnene Kautschuk ist von Sachverständigen als eine gute Qualität begutachtet worden, und es soll daher die Kautschukproduktion der Neuguinea-Kompagnie in Kaiser-Wilhelmsland weitere Entfaltung finden.

Die dritte Administration der Kompagnie auf Neu-Guinea bildet Seleo im Berlinhafen. In dieser Station, welche sehr günstig unter 143° 30′ ö. L. und 3° 10′ s. B. gelegen ist, hatte sich im Jahre 1894 der frühere Beamte der Neuguinea-Kompagnie, Ludwig Kärnbach, als Händler angesiedelt, um von dort aus die an Kokosnußpalmen und anscheinend auch an Trepang reiche Gegend der Küste sowie der vorliegenden Inseln bis östlich hinter Tallmannhafen auf ihre Produkte auszubeuten. Kärnbach, der seit ungefähr zehn Jahren fast ununterbrochen im Schutzgebiet geweilt und in mancher Beziehung zur Erschließung und besseren Kenntnis derselben beigetragen hatte, ist — seine Gesundheit war bereits seit Jahren erschüttert — am 1. Februar 1897 auf der Fahrt von Berlinhafen nach Stephansort an Bord seines Kutters „Dora“ an einem Leber- und Milzleiden verstorben. Seine Niederlassung wurde nach einem Abkommen mit seinen Erben von der Neuguinea-Kompagnie übernommen, die Station weiter ausgebaut und dem Verkehr durch Errichtung einer Agentur des Norddeutschen Lloyd und einer Postagentur eröffnet; Seleo wird durch den Dampfer der Neuguinea-Linie des Norddeutschen Lloyd als erste Station in Kaiser-Wilhelmsland angelaufen. Eine 105 m lange Landungsbrücke ist 1897 fertiggestellt, an welcher ein Hebelkrahn mit einer Tragkraft von 500 kg errichtet worden ist. Die Station Seleo besitzt zur Zeit einen Bestand von ca. 6000 Kokospalmen, die Kopra-Ausfuhr betrug 1897 ca. 82 Tons, außerdem gelangen zum Export Schildpatt, Perlschalen, Trepang und Grünschneckenschalen (1897 3027 Stück im Gewicht von 5477 kg). Ein Kutter soll den Betrieb zwischen Seleo und den bereits angelegten Traderstationen vermitteln. Solche bestanden Ende 1897 auf der Bertrand-Insel, in Wolau und Lalliep, in Tuwain, Arrop, Malise, Forr, Dallmannhafen, Tamwai und Ebaim. Außerdem befindet sich auf der Insel Angel eine Fischereistation.

Zur Administration Friedrich-Wilhelmshafen gehören ferner die Handelsstation Segu auf der gleichnamigen Insel im Großfürst Alexishafen, die Ramu-Station an der Mündung des Ottilienflusses und eine in der Errichtung begriffene am Potsdamhafen. Von Stephansort aus ist auf der früheren Station Maraga eine Trader-Station errichtet worden, die für den Bootsverkehr zwischen Friedrich-Wilhelmshafen und Stephansort sehr günstig gelegen ist.

Den Verkehr zwischen den Ansiedlungen und Stationen der Neuguinea-Kompagnie auf Kaiser-Wilhelmsland und denen im Bismarck-Archipel soll, nachdem der erst im November 1897 im Schutzgebiet eingetroffene Dampfer „Johann Albrecht“ bereits am 4. Februar 1898 an dem nordwestlichen Außenriff der Hermit-Inseln gescheitert ist, in Zukunft ein sogenannter Segeldampfer vermitteln, d. h. ein Fahrzeug, welches sowohl als Dampfer als auch als Segelschiff verwendbar ist. Seine Erbauung ist der Schiffswerft von Schömer und Jensen in Tönning übergeben. Inzwischen ist, um die Plantagen und Handelsstationen der Kompagnie nicht ohne die Hilfe eines Schiffes zu belassen, in Sydney der 164 Registertons große Dampfer „Kapitän Cook“ auf sechs Monate gechartert worden. Die Verbindung zwischen den Hauptstationen der Kompagnie im Bismarck-Archipel, Herbertshöh, und ihren Traderstationen auf Neu-Pommern, Neu-Mecklenburg und den diesen vorgelagerten Inseln soll der jüngst von der Kompagnie angekaufte, 95 Registertons große Topsegelschooner „Alexandra“ vermitteln. Für die Anwerbung neuer und die Rückbeförderung ausgedienter Arbeiter dient nach wie vor im Bismarck-Archipel der Segelschooner „Senta“.

Das wertvollste Besitztum der Eingeborenen im Bismarck-Archipel, die Kokosnußpalme, ist vorzugsweise an den Korallenküsten zu finden, während sie weiter im Inlande spärlicher und weniger ertragsreich wird. Gute Kopra-Gebiete im Bismarck-Archipel sind die Ostküste von Neu-Pommern, die Ost- und Westküste von Neu-Mecklenburg, die Gegend von Kuras-Bucht und Neujahrwasser, die Südküste von Neu-Hannover und von den Salomons-Inseln die Ostküste von Buka und die Fauro-Gruppe; auf den zahlreichen niedrigen Korallen-Inseln gedeiht die Kokospalme dagegen in dichten Wäldern. Im Laufe der Zeit sind die Eingeborenen von den Europäern dazu gebracht worden, die gewonnene Kokosnüsse für die Kopra-

Produktion zu verwerten, was sich in verschiedenen Gegenden verschiedenartig vollzieht. Auf Neu-Pommern werden die Nüsse selbst eingetauscht, wonach der Weiße den Kern von angeworbenen oder bezahlten Arbeitern herausschneiden und marktfähig trocknen läßt. In Neu-Mecklenburg und Neu-Hannover liefert der Eingeborene die Kopra zwar „grün“ (nicht getrocknet), aber bereits geschnitten in Körben oder Säcken nach Gewicht ab, sodaß dem Unternehmer der Prozeß des Trocknens verbleibt; auf den Salomons-Inseln und einigen sonstigen Außengruppen bricht der Eingeborene den kugelförmigen Kern jeder Nuß in zwei Hälften, reiht diese in einer gewissen Anzahl auf Schnüre und trocknet oder räuchert sie in dieser Gestalt, bis er sie an den Händler abzusetzen vermag.

Welchen Umfang dieser ursprüngliche Tauschhandel, bei welchem Stangentabak die Hauptrolle spielt, aber auch Thonpfeifen, Lendentücher, Spaten, Hacken, Äxte, Beile, Messer, Angelhaken in Betracht kommen, genommen hat, mag daraus ersehen werden, daß noch bei weitem der größte Teil der zur Ausfuhr gelangten Kopra auf diese Weise produziert wird.

Auf den Salomons-Inseln werden jährlich einige Tonnen Steinnüsse (ivory nuts), welche in der Knopffabrikation Verwendung finden, gesammelt und ausgeführt.

Wild wachsen in zahlreichen Beständen auch die Pandanus- und Sago-Palme, welch' letztere für Neu-Mecklenburg und gewisse Teile der Salomons-Inseln einen Hauptnahrungsartikel liefert; weniger von Bedeutung sind die Banane, Papaya, Mango und Brotfrucht, während die Areka-Palme sorgfältig von den Eingeborenen angebaut wird, da die von ihr stammende Betelnuß bekanntlich das nationale Genuß- und Reizmittel liefert.

An Bedeutung steht der Kopra im Handel der Trepang am nächsten, welcher bekanntlich aus den auf Korallenriffen lebenden Seegurken (Holothurien) durch Einkochen und Trocknen gewonnen wird. Fast sämtlicher Trepang, welcher aus dem Bismarck-Archipel in den Handel gelangt, stammt aus dem Norden von Neu-Mecklenburg und Neu-Hannover, sowie aus den dazwischen gelagerten kleinen Inseln und Riffen. Hier sind die Eingeborenen zum Teil auch der Bereitung soweit kundig, daß sie das Fischen und Einkochen selbständig besorgen; indeß fällt es allgemein schwer, sie dazu zu bringen, die erforderliche Sorgfalt dabei zu beobachten. Eine nachhaltige und rationelle Trepanggewinnung kann deshalb nur in der Weise betrieben werden, daß ein Europäer oder ein höher stehender Farbiger das Einkochen, Dörren und Sortieren mittelst angeworbener Arbeiter besorgt, und sich der unabhängigen Eingeborenen nur beim Tauchen bedient. Der Betrieb des Trepang ist licenzpflichtig, und zwar beträgt die Gebühr 50 Mark für die Tonne, deren Preis zwischen 5 Lstr. für schwarze, wallnußgroße Tiere und 20 Lstr. und darüber für den edlen grauen Fisch schwankt.

Von den Meeresprodukten sind außer Fischen und Trepang, Perlen und Perlmutterschalen hervorzuheben, von welchen letzteren nach Dr. **Hahl** die besten Bänke im Süden der westlichen Küste Neu-Pommerns, in der Admiralitätsgruppe und in der Manning-Straße zu suchen sind.

Mit der Administration der Neuguinea-Kompagnie im Bismarck-Archipel, **Herbertshöh**, wo sich auch bekanntlich der Sitz des kaiserlichen Gouverneurs für Neu-Guinea seit kurzem befindet, ist eine Baumwoll- und Kokosnußpalmenpflanzung verbunden, welche nach samoanischem Vorbilde angelegt ist und geführt wird. Ende Juli 1898 waren ca. 630 ha bepflanzt, davon waren dem Vernehmen nach Baumwollenland 96 ha, auf die Baumwollenpflanzung kamen 382 ha, auf die Kokosnußpflanzung ohne Baumwolle 85 ha. Endlich waren mit Liberia-Kaffee 12 ha und mit Kapok 51½ ha bepflanzt. Der Bestand von Kokospalmen betrug Ende 1897 ca. 60 000, und zur Aussetzung lagen 11 000 angekeimte Nüsse bereit. Die ersten zehn Tonnen Kopra von der eigenen Kokospalmenpflanzung der Kompagnie sind im September 1898 verschifft worden. Aller Voraussicht nach wird das Erträgnis jetzt rascher zunehmen, da im nächsten Jahre schon eine Anzahl Palmen voll tragen wird.

Die erste 1898er Baumwollenernte von Herbertshöh ergab bereits ein Erträgnis von 17 000 Pfund Lintbaumwolle; die Gesamternte des Jahres 1897 betrug rund 29 300 Pfund. Die Kaffeeplantage soll in Herbertshöh nicht weiter ausgedehnt werden, dafür aber eine Kaffee- und Kakaoplantage auf der neu zu errichtenden Station am Massavahafen angelegt werden.

Der Arbeiterbestand der Kompagnie beträgt in Herbertshöh 706 Melanesen und je einen Chinesen und Javanen, wovon jedoch nur 505 Melanesen in den Plantagen thätig sein konnten, da die übrigen als Matrosen, Zimmerleute, Diener und zur Hilfeleistung bei sonstigen Arbeiten abkommandiert waren. Von den 11 Handelsniederlassungen der Kompagnie im Bismarck-Archipel sind die meisten erst in jüngster Zeit errichtet worden; der erste kleine Ertrag von ihnen ist im August 1897 in Singapore mit 536 Pfund Kopra verkauft worden. Dagegen waren bereits pro August und September 1897 wieder 96½ Tons verschifft worden; der Preis pro Tonne ergab in Singapore 193 bis 244,85 Mark.

Von den übrigen im Bismarck-Archipel thätigen Firmen sind zu nennen: die Deutsche Handels- und Plantagengesellschaft der Südsee, die Firma Hernsheim & Co. zu Matupi (Jaluit-Gesellschaft), auf welche wir noch weiter unten zurückkommen werden, auf der Gazelle-Halbinsel die Firmen E. E. Forsayth und C. Mouton & Co. in Ralum bezw. in Kininigunan, und auf der Fauro-Gruppe die Firmen Mac Donald und Tindal. Die letzterwähnte Gruppe bildet einen Bestandteil der deutschen Salomons-Inseln, zu denen außer den genannten und den vier großen Inseln Buka, Bougainville, Choiseul und Isabel noch die Shortland-Inseln und einige kleinere, weniger bedeutende Eilande gehören. Eine weitere Ausdehnung der Handels-Unternehmungen auf den Salomons-Inseln ist zur Zeit nicht angebracht infolge der Konkurrenz der unter fremder Flagge segelnden Piraten und der natürlichen Wildheit der Eingeborenen.

Die Firma Forsayth in Ralum besitzt eine Kokospalmen- und Baumwollenpflanzung in der Größe von 600—700 ha, Mouton eine Kokospalmen-Pflanzung von ca. 400 ha. Die Firma Forsayth besitzt außerdem auf den von ihr gegründeten Handelsstationen auf der Fead-Insel, den Sir Charles-Hardy-Inseln, auf Kabakaul und Kabanga Baumwoll-Pflanzungen. Zur Ausfuhr gelangte insgesamt von den Firmen im Bismarck-Archipel im Jahre 1897 an:

| | | | |
|---|---|---|---|
| Kopra . . . . . . . | 2367 Tons | Schildpatt . . . . . . | 653 Pfd. |
| Trepang . . . . . . . | 194 „ | Steinnüsse . . . . . . . | 30 Tons |
| Perlschalen . . . . . . | 2172 „ | Grünschnecken Schalen . . | 9900 Stück |

Außer ihren beiden Stationen auf der Gazelle-Halbinsel, Ralum und Kabanga, hat die Firma E. E. Forsayth auf Neu-Pommern sechs Nebenstationen; ferner besitzt sie auf Neu-Mecklenburg zwei Händlerstationen und je eine solche auf den Comby-, Französischen-, Fead-, Mortlock-, Lord-, Howe- und Bula-Inseln.

Die Firma Hernsheim & Co. in Hamburg, welche ebenfalls hauptsächlich Kopra, Perlschalen und Muscheln, Steinnüsse, Schildpatt und Trepang exportiert,

Reede vom Erimahafen und Feldbahn nach Stephansort.

hat ihre Hauptfaktorei auf der Insel Matupi in der Blanche Bai (Neu Pommern) mit einer Handelsniederlassung einerseits und einem Gasthaus, Zimmerei und Bootsbetrieb andererseits. Matupi war nicht die erste Niederlassung dieser Firma im Bismarck-Archipel. Bereits im Jahre 1875 wurde die erste Faktorei von Hernsheim & Co. auf Neu-Lauenburg errichtet. Nebenfaktoreien hat die Firma in Merawia, Kuralaul und Ralunei auf Neu-Pommern, in Nusa auf Neu-Mecklenburg. Händlerstationen sind von ihr in Eurap, Kapin und Komeron auf Neu-Mecklenburg errichtet, ferner je eine auf der kleinen zu Neu-Hannover gehörigen Insel Kung, auf den Admiralitäts-, Hermit-, Exchequer- und Anachoreten-Inseln, auf den Buka-, Bougainville-, Shortland-, Sir Charles Hardy-, Gerrit-, Denis und Gardener-Inseln.

Die deutsche Handels- und Plantagengesellschaft der Südsee zu Hamburg hat ihre Hauptniederlassung auf Mioko und eine Händlerstation Kaboteron auf Neu-Mecklenburg. Die Ursache der geringen Anzahl der auf der großen Insel Neu-Mecklenburg errichteten Handelsniederlassungen ist die, daß es bisher der Verwaltung im Schutzgebiet bei den beschränkten Mitteln nicht recht möglich war, des Öfteren auf Neu-Mecklenburg eine bewaffnete Macht zu zeigen, und daß somit der großen Menge der dortigen Eingeborenen der Begriff der deutschen Schutzherrschaft auf dieser Insel ein unbekannter ist. Die blutigen Fehden der Ureingesessenen, die auch nach den neuesten aus dem Schutzgebiete eingetroffenen Berichten noch immer eingefleischte Anthropophagen sind, hindern ein ersprießliches Vorwärtskommen des Handels und Verkehrs mit ihnen.

Die Firma Mouton mit ihrem Hauptsitz in Kininigunan hat auf der St. Johns-Insel (Neu-Mecklenburg) eine Händlerstation; endlich haben der Händler Tindal je eine Station auf Faisi und Fauro, die Firma Mac Donald eine Station auf Munia und der Händler Atkinson auf Kusanaha. Die meisten dieser Stationen sind mit einem bis zwei Weißen, sonst mit Chinesen besetzt, die vorwiegend Angestellte der Firmen mit gegenseitig freiem Kündigungsrecht sind. Der Absatz europäischer Waren leidet auf der Gazelle-Halbinsel dadurch bedeutenden Schaden, daß die Eingeborenen in den meisten Fällen lieber Muschelgeld als Waren oder gemünztes Geld als Zahlungsmittel nehmen, sodaß die Händler sich dieses erst durch Tausch im Süden Neu-Pommerns verschaffen müssen. Der Import der verschiedenen Firmen im Bismarck-Archipel belief sich 1896—97 auf ca. 700 000 Mark.

Auf den nordöstlich von den Salomons-Inseln belegenen Marschall-Inseln sind seit den sechziger Jahren dieses Jahrhunderts deutsche Niederlassungen vorhanden. Bekanntlich gehören die meisten der zu dieser Gruppe zu rechnenden Inseln zu der Form der Atolle: sie sind niedrig, und nur sieben von ihnen ragen mehr als einen Meter über die Meeresoberfläche hervor. Die beiden Hauptabteilungen der Gruppe sind die Ratak- und Ralik-Inseln; zu ersteren zählen 10, zu letzteren 18 größere oder kleinere Inseln. Zu der Ralik-Gruppe gehört als wichtigstes Atoll Jaluit, das im Jahre 1809 von Paterson entdeckt worden ist. Seine Korallenbank beschreibt einen Kreis von ungefähr 18 km und trägt ungefähr fünfzig kleine Inselchen. Die Fläche der Inseln beträgt 90 qkm, und ihre Einwohnerzahl ungefähr 1500. Das bewohnte und angebaute Land der ganzen Ralik-Gruppe umfaßt ca 400 qkm bei einer Einwohnerzahl von ungefähr 10 000.

Der erste Deutsche, der auf den sandreichen Boden der Marschall-Inseln die Kokosnußpalme pflanzte und sich dort als Kaufmann niederließ, war nach Hager der Braunschweiger Adolf Capelle. Aber das Verdienst, die erstere größere deutsche Niederlassung auf den Marschall-Inseln begründet zu haben, gebührt dem Hamburger Haus J. C. Godeffroy & Sohn, das von seiner Hauptniederlassung auf den Samoa-Inseln im Jahre 1868 Nebenfaktoreien auf den Ellice-, Marschall-, Gilbert-

und Karolinen-Gruppen errichtete. Nachdem im Jahre 1876 zwischen dem Deutschen Reich einerseits und der Tonga-Insel andererseits Freundschaftsverträge geschlossen waren, kamen solche in den folgenden Jahren auf mit Samoa und den Häuptlingen der Marshall-Inseln zustande. Hier war es der Kommandant S. M. S. Ariadne, der eine Übereinkunft von 11 Artikeln mit dem Oberhäuptling von Jaluit schloß, wonach den deutschen Reichsangehörigen auf der Gruppe Betrieb von Handel und ungestörter Besitz des von den Eingeborenen erworbenen Landes zugesichert wurde.

Nach Hissung der deutschen Flagge im Bismarck-Archipel und auf den Marshall-Inseln wurden die in den Karolinen-, Marshall- und Gilbert-Inseln belegenen Faktoreien des Hauses J. C. Godeffroy & Sohn, nachdem sie im Jahre 1879 auf die Deutsche Handels- und Plantagengesellschaft der Südsee-Inseln

Inneres des Maschinenhauses (Gin-Raum) in Vunatali.

übergegangen waren, mit denjenigen der Firma Hernsheim & Co., welche damals seit bereits 10 Jahren Handelsniederlassungen in der Südsee hatte, zusammengelegt und daraus die Jaluit-Gesellschaft gebildet.

Die Faktoreien der Firma Hernsheim & Co. im Bismarck-Archipel und auf den umliegenden Inseln verblieben indessen dieser Firma. Bis vor kurzem beschränkte sie sich nur auf Handel, erst in jüngster Zeit hat sie sich der Anpflanzung von Kokosnußpalmen zugewendet. Neben ihren Seglern hat die Firma eine Dampfpinasse und neuerdings einen Motorschoner; sie exportiert neben Kopra auch Schildpatt, Muscheln und Trepang. In Matupi wird ebenso wie in Jaluit seit langen Jahren ein Kohlendepot für die Kaiserliche Marine gehalten.

Nachdem 1885 die Karolinen an Spanien und die Gilberts-Inseln an England gefallen waren, konnte sich die Jaluit-Gesellschaft nicht dazu entschließen, ihre Unternehmungen auf diese Inselgruppen weiter auszubreiten, sondern begnügte sich damit, sie auf der damals bestehenden Höhe zu belassen. Dagegen wurde eine um so größere Handelsthätigkeit auf den deutsch gewordenen Marschall-Inseln entfaltet. Die Verwaltung der Marschall-Gruppe wird bekanntlich seit 1886 von Reichsbeamten geführt; für die Kosten kommt jedoch die Jaluit-Gesellschaft auf, welcher als Entgelt gewisse Privilegien erteilt worden sind. Gleich bei Beginn der Protektoratserklärung wurde, wie dies auch in den übrigen Schutzgebieten stets geschehen ist, das Verbot erlassen, Spirituosen, Waffen und Munition den Eingeborenen zu überlassen. Nachdem die Jaluit-Gesellschaft die auf der Marschall-Gruppe bestehenden amerikanischen Faktoreien in sich mit aufgenommen hatte, wandte sie sich noch mehr der Anlage von Kokosnußpflanzungen zu, stärkte, so weit es in ihren Kräften stand, die Macht und den Einfluß der Häuptlinge und veranlaßte auch diese, Kokosnußplantagen in ihren Bezirken anzulegen. Für das Gebiet von Jaluit ist das Hauptausfuhrerzeugnis Kopra. Die Produktion beträgt hierin jährlich ca. 1500 Tonnen. Die Ausfuhr anderer Produkte wie Perlen, Perlschalen, Schildpatt, Trepang rc. kommt auf den Marschall-Inseln fast garnicht in Betracht. Die Einfuhr umfaßt außer den üblichen Tauschwaaren, Lava-Lava (rotes Zeug), kleinen Spiegeln, Messern rc., insbesondere Lebensmittel für die Europäer, Vieh, Maschinen für Bearbeitung der Kopra, Werkzeuge, Eisenwaren, Bauholz, Waffen, Munition, Kohlen, Kurz- und Galanteriewaren, Chemikalien und Schiffsausrüstungsgegenstände. Der Import dieser Gegenstände erfolgt meist von Australien, aber auch von Europa und Amerika; in neuester Zeit kommt der größte Teil der Waren direkt aus Deutschland. Die Jaluit-Gesellschaft hatte bisher nur Segler zur Vermittelung des Verkehrs in ihrem Geschäftsbetriebe; vor einem Jahr machte sie jedoch den Versuch, die Segler mit Hilfsmaschinen auszurüsten, und hatte damit guten Erfolg. Der Postverkehr war bis zu Beginn des amerikanisch-englischen Krieges ein geregelter über Manila gewesen; er ist seitdem unterbrochen und findet zur Zeit höchst unregelmäßig über Sydney statt. Außer ihrer Hauptstation besitzt die Jaluit-Gesellschaft auf den Marschall-Inseln Kokosnußplantagen auf Milli, Mjelang und Likiep; ferner hat sie Handelsstationen auf Ailinglablab, Ebon, Kili, Milli, Namurik, Arno, Majuro, Maloelap, Bikar, Ujelang, Mejit. Außer den deutschen Firmen hat noch das neuseeländische Haus Henderson and Mac Farlane in Auckland auf Majuro eine Station und außerdem sechs Unterstationen; auch diese Firma betreibt hauptsächlich den Koprahandel; die hawaiische Pacific-Navigation-Company mit einer Station auf Jaluit kommt kaum in Betracht.

Auf dem neu erworbenen Archipel der Karolinen, der nach ungefährer Schätzung einen Flächeninhalt von 1450 qkm und eine Einwohnerzahl von 40000 Eingeborenen hat, ist ebenfalls der Haupthandel in den Händen der Jaluit-Gesellschaft. Sie hat es verstanden auch nach dem Jahre 1885 unter der spanischen Regierung, den ersten Platz unter den Handelsunternehmungen des Inselgebiets zu behaupten, da sie beinahe 2/3 der gesamten Kopra zur Verschiffung erhält. Wenn der dortige Kopra-Ertrag der Gesellschaft trotz alledem jährlich bisher nicht mehr betragen hat als derjenige der nur ein Drittel des Flächenraumes umfassenden Marschall-Inseln, so ist dies den unsicheren Zuständen zuzuschreiben, die auf den Karolinen während der letzten fünfzehn Jahre ununterbrochen geherrscht haben. Auf dem fruchtbaren, reich bewässerten Lavaboden wird die wirtschaftliche Erschließung unter deutscher geordneter Verwaltung bei dem gesunden gleichmäßigen, rein tropischen, regenreichen

Klima in Bälde gute Fortschritte machen, und die Gesellschaft hat auch die ausgesprochene Absicht für die nächste Zukunft insbesondere die Karolinen weiter aufzuschließen, auf allen deren wichtigeren Inseln sie schon jetzt Handelsniederlassungen besitzt.

Eingeborenen-Schutztruppe. — Herbertshöh.

Die **Marianen** sind von ihr bisher gänzlich vernachlässigt worden. Wenn sich auch gegen das Klima und die Fruchtbarkeit dieser Inseln nichts sagen läßt, so ist doch genugsam bekannt, daß sie von Zeit zu Zeit durch heftige Stürme verheert werden; außerdem sind die Inseln mehr wie die Karolinen in den letzten Jahren unter spanischen Einfluß gekommen, insbesondere da auf sie die günstigen Bestimmungen des 1885 mit

Spanien abgeschlossenen Karolinen-Protokolls nicht Anwendung fanden. Der Handel liegt heutzutage auf den Marianen hauptsächlich in japanischen Händen. Die Erwartung ist aber begründet, daß unter deutscher Herrschaft und mit dem Wachsen unseres Einflusses auch das dem deutschen Handel verloren gegangene Gebiet über kurz oder lang wiedergewonnen werden wird.

Auf den Karolinen ist die Hauptstation der Jaluit-Gesellschaft Pónape. Die Insel ist 340 qkm groß, bei einer Einwohnerzahl von 3000, und ist heutzutage der Hauptsitz der katholischen Kapuziner-Mission. Auf Pónape und den Nebeninseln hat die Gesellschaft drei weitere Nebenstationen. Kusaie, auf der die Gesellschaft ebenfalls eine kleinere Niederlassung hat, ist gleichzeitig der Hauptsitz der evangelischen mikronesischer Mission. Die Insel ist 110 qkm groß und zählt ca. 500 Einwohner. Dazu kommen 8 Handelsstationen der Jaluit-Gesellschaft auf Yap, 6 weitere auf dem Ruk-Atoll, je 2 auf der Mortlock-Gruppe, Lamotrek, Woleo, und den Palau-Inseln und je eine noch auf Pingelop, Mukil, Ngatik, Nukuoro, Namoluk, Lósap, Namonuito-, Enderby-Inseln, Sat, Satawal, Faroulep, Ifalik und Sorol.

Die Rohererzeugung beschränkt sich vorläufig auf den Karolinen hauptsächlich nur auf Kopra; daneben würde auch die systematische Anpflanzung der Sagopalme sowie der Baumwollenpflanzungsbetrieb und bei der vorzüglichen Bodenbeschaffenheit auch der Anbau von Tabak, Kaffee und Kakao gute Fortschritte machen. Kleine Mengen von Elfenbein oder Steinnüssen, Perlschalen, Trepang und Schildpatt werden außer Kopra heute schon ausgeführt. Von den Marianen wird Alkohol aus Kokosnüssen nach den südlicheren Inseln, Kampfer nach Hongkong und Japan verschifft. Nach Manila wird Parfum, das aus den auf den größeren Inseln der Karolinen angepflanzten Ylang-Ylang-Bäumen gewonnen wird, ausgeführt. Die Arbeiterfrage dürfte sich günstig gestalten, da die Jaluit-Gesellschaft heute bereits ihr Arbeiter-Material für die Marschall-Inseln zum größten Teile von der Karolinen-Insel Pingelap bezieht. Wird erst durch eine Zweiglinie des Norddeutschen Lloyd die Gruppe in den Weltverkehr einbezogen sein, so wird dies für die schnelle wirtschaftliche Erschließung derselben eine weitere Förderung sein.

Nach dem für 1898 ausgegebenen Jahresbericht der Jaluit-Gesellschaft beträgt der sich ergebende Reingewinn für das letzte Jahr 232 280,21 Mk. Den Aktionären ist eine Dividende von 10 % gezahlt worden. 89 632,89 Mk. konnten dem Extra-Reservefonds zugeführt werden, so daß die Gesamtreserven der Gesellschaft sich jetzt auf 225 310,35 Mk. stellen. Sie gedenkt in Zukunft kleinere Kolonialgesellschaften mit mäßigem Kapital für Plantagenbau auf den größeren Inseln ins Leben zu rufen, denen sie die Pfade ebnen und ihre Mithilfe und Betheiligung gewähren will. Dadurch will sie einzelnen deutschen Ansiedlern Gelegenheit zur Niederlassung und zum Plantagenbetrieb geben. Die Gesellschaft geht hierbei von der Ansicht aus, daß auch der Betrieb von Pflanzungen auf den Karolinen große Aussicht hat, besonders weil die Boden- und klimatischen Verhältnisse recht günstige sind; Fieber kommen fast gar nicht und perniziöse Malaria überhaupt nicht auf den Inseln vor.

Von außerdeutschen Firmen hat sich auf Yap eine spanische Factoria Española seit mehr denn zehn Jahren niedergelassen; eine amerikanische hat auf den Palau-Inseln festen Fuß gefaßt und dort einen ausgedehnten Arbeitskreis; eine weitere amerikanische, die von Kusaie aus die östlichen Karolinen bearbeitet und eine japanische auf Pónape haben bisher keine nennenswerten Erfolge aufzuweisen. Der deutsche Handel beherrscht den Handel auf den Karolinen und in der Südsee und wird ihn auch in Zukunft — das ist sicher vorauszusehen — beherrschen.

# Die Zukunft unserer Kolonie Kamerun.

Von Dr. S. Passarge.

Wie in einer früheren Nummer der Kolonialzeitung ausgeführt, steht unsere Kolonie Kamerun vor dem Beginn einer neuen Epoche. Die Regierung hat sich entschlossen, das Hinterland definitiv zu besetzen und damit endlich das Gebiet, das ihr durch die Verträge mit England und Frankreich gesichert ist, wirtschaftlich zu erschließen. Das energische Vorgehen der Regierung kann man nur mit Freuden begrüßen; denn die Besitzergreifung des Landes ist eine Notwendigkeit, und ohne sie eine Erschließung und Nutzbarmachung des ganzen weiten Hinterlandes unmöglich. Die Regierung muß sich aber auch darüber klar sein, was für Verpflichtungen sie damit eingeht; denn da das Land erst erobert und mit zahlreichen Stationen besetzt werden muß, wenn es dauernd beherrscht werden soll, so werden die Kosten der Verwaltung beträchtlich wachsen. Der bisherige kleine Etat Kameruns wird sehr bald auf den drei- und vierfachen Betrag gesteigert werden müssen, ohne daß die Einnahmen fürs erste mit den Ausgaben gleichen Schritt halten können.

Angesichts der notwendigen Steigerung der Verwaltungskosten der Kolonie wird ein kühler Kolonialpolitiker naturgemäß die Frage aufwerfen: ist die Eroberung des Kameruner Hinterlandes, vom nationalökonomischen Standpunkt aus betrachtet, zu rechtfertigen, und werden die großen Ausgaben jemals wieder eingebracht werden? Die Zeit der kritiklosen Kolonialschwärmerei ist glücklich vorüber, die kühle Realpolitik beherrscht jetzt die Mehrzahl der Kolonialfreunde, und man hat gelernt, nicht nur Heldenthaten, sondern vor allem auch die stille Thätigkeit derjenigen anzuerkennen, die weniger geräuschvoll für die kommerzielle und wirtschaftliche Erschließung des Landes arbeiten.

Demgemäß ist man berechtigt, das kostspielige Unternehmen der Regierung nur dann gut zu heißen, wenn es praktische Vorteile bringt und nicht etwa ehrgeizigen Wünschen zu Liebe unternommen wird.

Um diese Frage beantworten zu können, wird man sich zunächst über die wirtschaftliche Bedeutung des Landes orientieren müssen.

Kamerun ist ein Plateau, das auf der Hochfläche teils eben, teils von Bergketten durchzogen ist und nach dem Meere hin mit Terrassen abfällt. Ein dichter Urwald bedeckt das Küstengebiet, Wälder, Parklandschaft und Grasebenen die Hochflächen. Das Klima ist feucht, und dementsprechend sind die Produkte echt tropisch. Kautschuk, Palmöl und -Kerne sind die vortrefflichsten Erzeugnisse der Küstenzone und dürften auch auf der Hochfläche — namentlich bei Kultivierung der betreffenden Gewächse — reichlich gewonnen werden können. Die gewöhnlichen Feldprodukte der Afrikaner, wie Hirse, Mais, Maniok, Erdnüsse, Sesam, Indigo und andere, gedeihen überall vorzüglich. Wo Grasflächen den Wald verdrängen, sind Rindvieh- und Pferdezucht möglich, und werden von den mohammedanischen Stämmen auch mit großem Erfolge betrieben.

Elfenbein ist heutzutage zwar noch reichlich vorhanden, allein, weil ein lucrum cessans, für die Zukunft von geringerer Bedeutung. Ob das Land Mineralschätze birgt, ist heutzutage noch ungewiß.

Wie läßt sich nun das Land für den Europäer nutzbar machen?

Die vulkanischen Gebiete der Küste sind für Plantagenbau ganz hervorragend geeignet, und die erfreuliche Entwickelung der Plantagen, die im Laufe der letzten Jahre angelegt worden sind, spricht genügend für die Güte des Klimas und des Bodens. Ebenso ist die Zukunft des Handels durch die reichliche Produktion von Kautschuk, Palmöl und -Kernen gesichert. Die Ausfuhr dieser Produkte wird voraussichtlich noch ganz erheblich steigen, wenn die Anlage von Kautschuk- und Ölpalmen-Plantagen erst in Gang gekommen sein wird. Allein für Plantagen sind an der Küste noch große Gebiete vorhanden, und die Produktion von Kautschuk und Öl dürfte im allgemeinen mit der Entfernung von der Küste abnehmen. Demgemäß würde, wenn man die Ausbeutung jener Produkte allein im Auge hätte, die Besitzergreifung des Küstengebietes vollständig genügen, und eine kostspielige Eroberung des Hinterlandes vom nationalökonomischen Standpunkt aus müßig, mindestens verfrüht erscheinen.

Allein es giebt doch noch andere Gesichtspunkte, von denen aus betrachtet die Besitzergreifung des Landes gerechtfertigt erscheinen muß.

Wie bekannt, grenzen im Hinterlande von Kamerun die Sudanneger an die Bantu. Erstere, von den mohamedanischen Fulbe selbst gedrängt, stoßen nach Süden hin vor, die schwächeren Bantu unterjochend und vor sich hertreibend.

Kriegszüge und Sklavenjagden verwüsten das Land, die Bevölkerung wird durch den Krieg verringert, und jährlich werden große Mengen von Sklaven nach den Fulbestaaten hin verkauft. Die Sklavenjagden der Wute, des südlichsten Sudanstammes, waren es denn auch, die zunächst zu dem Kriege mit dem Ngilla führten, und weiterhin die Eroberung Tibatis zur Folge hatten, die vor einiger Zeit gemeldet wurde. Der Krieg wurde also zunächst begonnen, weil die Schutztruppe des Jaundegebietes selbst bedroht wurde, und naturgemäß wird die einmal begonnene Eroberung des mohamedanischen Adamaua ihren Fortgang nehmen und erst an den Grenzen der Kolonie enden; denn nach jeder neuen Eroberung trifft man auf einen neuen Feind, und erst wenn man die Grenzen der mohamedanischen Welt erreicht hat, wird man die natürliche Grenze der Kolonie erreicht haben.

Als Rußland an die Eroberung Westturkestans ging, konnte es nicht eher auf Frieden rechnen, als bis sein Heer an der persischen und afghanischen Grenze stand. Ganz ähnlich liegen die Verhältnisse in Adamaua. Nachdem Deutschland den Krieg gegen die mohamedanische Welt mit der Eroberung Tibatis begonnen hat, wird es erst am Tschadsee Ruhe finden. Ein Gebiet nach dem andern wird besetzt, Stationen werden errichtet, die Schutztruppe vermehrt, Wege werden gebaut, kurz die Verwaltungskosten steigen, ohne daß die Einnahmen zunächst wachsen. Kamerun geht dem Stadium entgegen, das Ostafrika, nach langen Kriegszeiten, heutzutage im wesentlichen erreicht hat.

Der erste Erfolg der Eroberung des Landes ist der Friede, der den Eingeborenen gegeben wird, und den sie vorher nicht kannten. Es ist eine allbekannte Thatsache, daß in Afrika, wie in den tropischen Teilen Asiens, z. B. Indien, unter den Eingeborenen Kriege die Regel, Friedenszeiten die Ausnahme bildeten, bevor die Länder unter europäische Verwaltung kamen. Die Bevölkerung, die bis dahin durch Fehden beständig verringert wurde, vermehrte sich rapide, sobald Europäer für Ruhe und Ordnung sorgten. Indien unter englischer Herrschaft ist das schlagendste Beispiel für diese Behauptung. Indien ist jetzt übervölkert. Man nehme aber die englische Verwaltung fort, und in wenigen Jahren würde sich infolge der ausbrechenden Kriege die Bevölkerung auf die Hälfte vermindern.

So geht's auch in Kamerun, das nicht nur an beständigen inneren Fehden, sondern auch unter den verheerenden Sklavenjagden leidet. Nach der Besetzung des Landes wächst naturgemäß die einheimische Bevölkerung, und zwar sehr schnell; damit nimmt aber die Bebauung des Landes in gleichem Schritt zu, desgleichen die Viehzucht. Die Produktion steigt und mit der Vermehrung der Bevölkerung steigert sich naturgemäß auch die Aufnahmefähigkeit für europäische Waren. Das kommt wiederum den Zolleinnahmen zu Gute, während das Anwachsen der Bevölkerung nach Einführung der in Afrika wohl geeignetsten Steuer, nämlich der Hüttensteuer, auch naturgemäß eine Zunahme der Abgaben zur Folge haben muß.

Mit einem Wort, die Kolonie muß von selbst, ohne jedes Zuthun, dieselbe Entwickelung nehmen, die Indien genommen hat. Sie wird Deutschland dieselben Vorteile bringen, wie sie Indien heutzutage England bringt. Zahlreiche Engländer finden als Beamte, Kaufleute, Militärs ꝛc. Unterhalt und Stellung in Indien, die englische Industrie hat an Indien ein festes und sicheres Absatzgebiet, wie andererseits die Zufuhr von Rohprodukten aus Indien nach England geregelt ist. Keine fremde Macht kann mit Zollchikanen den Handelsverkehr stören, das Geld bleibt trotz des lebhaften Austausches doch im Lande, oder wenigstens in der Hand englischer Unterthanen. Welche bedeutenden Ueberschüsse die Steuern trotz der kostspieligen Verwaltung erzielen, ist bekannt; bekannt ist auch, wie die englische Regierung kein Opfer gescheut hat, um die wirtschaftliche Leistungsfähigkeit des Landes zu steigern. Ich erinnere nur an die großartige Anlage von Berieselungskanälen im Pendjab. Indien ist das Land, auf das wir blicken müssen, wenn wir uns die Zukunft unserer Kolonieen im tropischen Afrika vorstellen wollen.

Mancher wird vielleicht lächeln bei dem Gedanken, das armselige Afrika könnte jemals einen Vergleich mit dem reichen, alten Kulturland Indien aushalten. Gewiß kann sich das heutige Afrika nicht mit dem heutigen Indien messen; vielleicht wird es wegen der geringeren Begabung der einheimischen Bevölkerung nie die gleiche Bedeutung wie Indien erlangen. Was aber die Fruchtbarkeit betrifft, so dürften große Gebiete Westafrikas — und dazu gehört der größte Teil Kameruns — sich in jeder Hinsicht mit den besten Teilen Indiens messen können. Damit wäre aber auch die Grundlage für eine gedeihliche Entwickelung und Nutzbarmachung unserer Kolonie gegeben.

Von solchem Gesichtspunkte aus betrachtet, gewinnen unsere tropischen Kolonieen einen ungeheueren Wert, und die Aufgaben der Regierung liegen klar und einfach vor Augen. Sie hat thatsächlich nichts anders vorläufig zu thun, als die einheimische Bevölkerung vor inneren und äußeren Kriegen zu schützen. Die allbekannte Fruchtbarkeit der schwarzen Rasse wird dann das Ihrige thun. In wenigen Jahrzehnten wird die Bevölkerung enorm wachsen, und damit die Bebauung des Landes.

Es bedarf auch kaum einer weiteren Ausführung, von welcher Bedeutung für die Regierung der Umstand sein muß, daß das Anwachsen der Bevölkerung bereits unter deutscher Herrschaft stattfindet; denn es ist naturgemäß ein gewaltiger Unterschied, ob einem großen Volk fremde Anschauungen, ein fremdes Verwaltungssystem mit Steuern ꝛc. aufgedrungen werden — wie z. B. heutzutage in China — oder ob das Volk unter der Vormundschaft des herrschenden Volkes aufwächst und von Kind auf mit der fremden Verwaltung vertraut wird.

Ferner würde es auch eine dankbare Aufgabe sein, wenn die Regierung und die im Lande wohnenden Weißen die schwarze Bevölkerung dazu anleiten würden, nicht nur die gewöhnlichen Feldprodukte zu gewinnen, sondern vor allem auch durch Anpflanzung von Kautschuk, Ölpalmen, Erdnüssen, Sesam, Indigo, Baumwolle ꝛc. im Kleinbetrieb die im Handel wichtigen Produkte zu erzeugen. Gerade die Kautschukproduktion dürfte ja einer großen Zukunft entgegengehen, wenn man erst die künstliche Anpflanzung der Kautschukbäume in größerem Umfange betreiben wird.

Ich glaube also, wie auch andere gute Kenner der Tropen, daß die Zukunft unserer tropischen Kolonieen auf einem intensiven Kleinbetrieb der schwarzen Bevölkerung beruht. Ein solcher Kleinbetrieb liefert die Produkte am billigsten, schafft außerdem eine zahlreiche Bevölkerung, die ihrerseits einen wichtigen Konsumenten für europäische Erzeugnisse darstellt und nicht zum wenigsten eine reiche Quelle für Einnahmen aus Steuern sein muß.

Dies Zukunftsbild, das ich von unseren afrikanischen Kolonieen entwerfe — denn es bezieht sich naturgemäß nicht bloß auf Kamerun, sondern auch auf Togo und Ostafrika — ist allerdings wenig geeignet, die von so vielen Seiten geplante Besiedelung mit deutschen Bauern als ratsam erscheinen zu lassen. Angenommen, die immer noch sehr problematische Besiedelungsfähigkeit der tropischen Hochplateaus sei erwiesen, so ist die Aussicht, daß der verwöhnte Weiße mit dem bedürfnislosen, dem Klima jedenfalls sehr viel besser angepaßten Schwarzen auf die Dauer konkurrieren können, doch sehr gering, selbst auf den Hochflächen, während die Malariagegenden, die ja ganz besonders fruchtbar und wertvoll sind, eine unangefochtene Domäne der Schwarzen sein werden. Ob andererseits der Großbetrieb des Plantagenbaues mit dem Kleinbetrieb wird konkurrieren können, kann uns vorläufig gleichgültig sein. Die Zukunft wird diese Frage beantworten. Doch genug mit dieser kleinen Abschweifung!

Um auf das Hauptthema zurückzukehren, so sind die Ziele und Wege, die die Verwaltung der Kolonie Kamerun heutzutage zu nehmen hat, klar vorgezeichnet, und wir dürfen hoffen, daß unsere Regierung fortfahren wird, in der energischen Weise, wie sie begonnen, das ganze Land unter deutsche Herrschaft zu bringen und einer gedeihlichen Entwickelung entgegenzuführen. Um aber diese große und schöne Aufgabe mit Erfolg durchführen zu können, werden beträchtlich mehr Mittel für Kamerun bewilligt werden müssen, als es bisher der Fall gewesen ist. Es dürfte aber kaum große Schwierigkeiten machen, diese Mittel bewilligt zu erhalten. Einmal folgt unsere Regierung bei der Eroberung des Hinterlandes von Kamerun nur den Vorschriften der Humanität, da sie den verheerenden Sklavenjagden ein Ende machen will. Diejenigen Kreise aber, welche sich für die Missionen interessieren, werden ohne Zweifel die politische Niederwerfung der mohammedanischen Staaten mit Freuden begrüßen, die ja die gefährlichsten Feinde für die Ausbreitung des Christentums sind, und energisch für die notwendig werdende Erhöhung des Etats für Kamerun eintreten.

Zum Schluß sei nur noch eine Bemerkung gestattet! Wie bekannt, wollen die Engländer die große Bahn vom Kap zum Nil bauen. Es ist vieles über dieselbe geschrieben und oft genug die Zweckmäßigkeit einer solchen Bahn bestritten worden, da sie nicht den Handelswegen folge. Die Bahn hat aber in erster Linie den Zweck, die völlige Besetzung des englischen Gebietes im tropischen Afrika zu ermöglichen und damit plangemäß das Land der großen Zukunft entgegenzuführen, die in diesem Aufsatz für Kamerun und unseren anderen tropischen Kolonieen vorausgesagt worden ist. England fühlt sich in Indien bei der Nähe Rußlands und den revolutionären Gelüsten der Inder selbst nicht mehr ganz sicher. Man will nun in Afrika ein zweites Indien schaffen, um im Falle einer Katastrophe dort einigermaßen einen Ersatz hier zu finden und nicht ganz entblößt dazustehen. Zugleich zeigt der großartige Plan der Engländer aber auch, für wie notwendig sie die Erbauung von Eisenbahnen halten, behufs Durchführung ihres Programms der Beherrschung und Verwaltung des weiten Landes. Wir brauchen für unsere Kolonieen naturgemäß ebenfalls ein System von Bahnen, welche die Hauptstationen mit einander verbinden und erst eine dauernde und gründliche Pacifizierung des Landes ermöglichen. Wir sind hiermit also wieder bei dem alten Liede angelangt: Baut in unseren Kolonieen Bahnen!

# Kautschuk-Expedition nach Westafrika.

Von Herrn R. Schlechter, der bekanntlich vom Kolonial-Wirtschaftlichen Komitee zu Berlin zum Studium und zur Überführung der westafrikanischen Kautschukpflanzen im Februar dieses Jahres ausgesandt wurde, liegen längere Berichte aus Kamerun vor, die beweisen, daß der erste Teil der Expedition guten Erfolg gehabt hat. Herr Schlechter hat von Lagos aus eine Tour ins Innere gemacht und schreibt darüber folgendes:

Ungefähr eine Woche nach meiner Ankunft in Lagos war ich fertig zum Aufbruch ins Innere. Mit der Barkasse der Firma Gaiser fuhr ich mit 18 Leuten über die Lagos-Lagune nach Ikorodu, von wo aus die eigentliche Reise beginnen sollte.

Zunächst gelangten wir zur Stadt Ikorodu, welche etwa 1½ Stunden vom Strande der Lagune entfernt liegt. Dieselbe ist eine der Hauptstädte im Djebu-Lande und wird gegen 20000 Einwohner haben. Noch am selben Tage verließen wir Ikorodu und schlugen um 6 Uhr im Urwalde unser Lager auf. Das ganze Djebu-Land ist sehr dicht bewaldet und soll früher viel Kickxia-Gummi geliefert haben. Infolge des Raubbaus der Fantis scheint jetzt die Kickxia jedoch nur selten zu sein. Am nächsten Morgen brachen wir auf und zogen direkt nach Norden, wieder über hügeliges, dicht bewaldetes Terrain. Gegen Abend erreichten wir die Stadt Shagamo, welche kleiner als Ikorodu ist.

Hier hatte ich die Freude, eine Ficusart zu entdecken, welche wirklich Gummi gibt. Natürlich ließ ich die Stämme sofort anzapfen und sah zu meiner Genugthuung, daß der dicke Saft ungeheuer reichlich floß. Ich konnte nach einem einzigen kurzen Schnitt mit dem Messer eine kleine Gummikugel machen, welche die Größe einer mäßigen Bohne hatte. Der Gummi war allerdings von geringer Qualität, d. h. schlechter als der Landolphia-Gummi, aber sehr fest und schien verwendbar zu sein. Als ich späterhin von einem Kaufmann denselben taxieren ließ, wurde mir gesagt, daß er in Europa 3 Mark für das Kilo bringen würde; wieweit das richtig ist, kann ich hier natürlich nicht beurteilen. Ich schicke Proben mit dieser Post. Bei 3 Mark für das Kilo würde sich meiner Meinung nach der Baum im Plantagenanbau sehr lohnen. Er war den Eingeborenen als Gummibaum noch nicht bekannt. Ich glaube auch nicht, daß wir es hier mit Ficus Vogelii Miq. zu thun haben; denn mit der Beschreibung derselben in Benthams Niger-Flora stimmt er nicht überein.

Wir verließen Shagamo am nächsten Tage und traten nun in das Yoruba-Land ein. Unser Weg führte immer noch nach Norden. Am zweiten Tage sahen wir Spuren der Kickxia, doch meist nur kleine Stämmchen, die durch Überanzapfen zu Grunde gegangen waren. Ich zählte nun während des dritten Tages 248 Stämme, von denen 238 tot, der Rest lebend war. Hier gelang es mir auch, die ersten Kickxia-Früchte zu erlangen. Nach einigen Tagen erreichten wir die bedeutendste Stadt im Yoruba-Lande. Diese ist außerdem noch dadurch interessant, daß sie vielleicht die bevölkertste Stadt des afrikanischen Festlandes ist. Ihr Name ist Ibadan. Sie besitzt ungefähr 300 000 Einwohner. Ich gebrauchte gegen 1½ Stunden, um durch die Stadt hindurchzuziehen. Außerhalb derselben schlug ich in der Nähe der Wohnung des englischen Regierungsvertreters daselbst mein Lager auf. Von hier aus machte ich nun einige Streifzüge, schickte auch meine Leute in den Urwald zum Sammeln von Kickxia-Früchten und -Milch. Von ersteren brachte ich wirklich etwa 200 Stück zusammen. Von der Milch jedoch konnte ich nur wenig bekommen, da die wenigen lebenden Kickxia-Stämme alle zu stark angezapft waren. Zudem hatte ich vorsichtig zu Werke zu gehen, da die Engländer jetzt für das Yoruba-Land ein Gesetz ausgegeben haben, daß für die nächsten vier Jahre die Kickxia nicht berührt werden darf. Das ist natürlich nicht durchführbar, da im ganzen Yoruba-Lande kaum 20 Europäer sind und eine Kontrolle daher einfach ausgeschlossen ist.

Von Ibadan zogen wir dann in westlicher und südwestlicher Richtung durch einen Graslandgürtel, der von Ausläufern der Urwaldregion durchzogen war. Von Kickxia war in diesen Wäldern kaum noch eine Spur zu sehen, obgleich sie früher auch hier sehr häufig gewesen sein soll. Es unterliegt überhaupt wohl keinem Zweifel, daß die Tage der Kickxia in Lagos gezählt sind, wenn nicht bei Zeiten von der Regierung für frischen Nachwuchs, regelrecht forstlich angepflanzt, gesorgt wird. Nach viertägigem Marsche erreichten wir Abeokuta, die Hauptstadt des Egba-Landes, das noch unabhängig ist. Die Stadt ist etwas kleiner als Ibadan. Sie ist auf und zwischen Granithügeln gebaut, die zum Teil aus mächtigen Blöcken bestehen. Wir hatten auch hier etwa 1½ Stunden zu marschieren, bevor wir an den Abeokuta-Fluß kamen. Nach weiteren acht Meilen (englische) erreichten wir unser Quartier für diese Nacht, das Lager des Ingenieurs der Eisenbahn, welche jetzt von den Engländern nach dem Niger von Lagos aus durchgeführt werden soll. Ich bekam hier die Erlaubnis, die bis zwölf englische Meilen vor Abeokuta gelegte Bahn zu benutzen. Am nächsten Tage gelang es mir mit meiner Kolonne, nach verschiedenen Kreuzfahrten auch wirklich eine Lokomotive und einen Güterwagen zu erhaschen, welche uns glücklich bis Ebute-meta hinüber beförderte. In der Nacht noch mietete ich Kanoes, fuhr mit diesen über die Lagune und erreichte sofort Lagos.

Am nächsten Tage traf der Dampfer „Aline Woermann" ein, mit welchem ich am 8. April Bibundi erreichte. Hier stattete ich gleich der Bibundi-Plantage einen kurzen Besuch ab. Am nächsten Tage erreichten wir Victoria, wo ich mich in das Hotel begab.

Zunächst war es hier natürlich meine Aufgabe, die mitgebrachten Samen der Kickxia und die Fikus-Stecklinge unterzubringen. Da die Behörden mir in der liebenswürdigsten Weise entgegenkamen, war auch dies bald erledigt.

Die Fikus-Stecklinge wurden dem botanischen Garten übergeben, die Kickxia-Samen wurden in folgender Weise untergebracht: Es sind wohl zwischen 30 000 bis 40 000 Samen gewesen, von denen fast alle, vielleicht 99 pCt., aufgegangen sind. Von ihnen sind ungefähr 15 000 an die drei in Frage kommenden Pflanzungen abgegangen, den Rest habe ich dem botanischen Garten zur Kultur übergeben.

Über die Anbaufähigkeit der Kickxia glaube ich folgende Ansichten aussprechen zu dürfen.

Vor allen Dingen haben die Kickxia-Arten vor den meisten anderen zum Plantagenbau geeigneten Pflanzen den Vorzug voraus, daß die Anlage der Plantage mit geringen Kosten verbunden ist, da das Abholzen der Urwälder in diesem Falle nicht nötig ist. Ich habe Kickxia im Yoruba-Lande nur in dichten Urwäldern gesehen, unter dem Schatten bedeutend höherer Bäume. Ob sie sich also als Schattenbaum für Kakao eignen würde, ist noch festzustellen. Ich würde vorschlagen, in den Urwäldern nur soviel Unterholz zu schlagen, als sich mit Cutlas und zwei bis drei Axtschlägen beseitigen läßt, so daß man einen freien Boden erhält. Dann könnten die einzelnen Pflanzen in etwa 5 m Abstand gepflanzt werden. Natürlich muß für Reinlichkeit in der Pflanzung gesorgt werden, bis die Pflänzchen stark genug sind, sich selbst den Weg zu bahnen. Da der Schatten des Urwaldes bleibt, würde Unkraut sich wohl nur in geringer Menge einstellen.

Es ist mir bisher nicht möglich gewesen, festzustellen, wie lange die Kickxia einem rationellen Anzapfen widerstehen würde. Nehmen wir an, daß dies nur fünf Jahre lang der Fall ist, dann müßte ihr eine mehrjährige Ruhezeit gelassen werden, oder man sollte sie überhaupt nur in jedem zweiten Jahre anzapfen, was meiner Meinung nach das rationellste wäre. Die Gummisammler versicherten im Yoruba-Lande, daß sie ½ bis ¾ kg Gummi im Jahre von der Kickxia bekämen. Da meines Wissens das Kilo in Europa etwa 6 bis 7 Mark bringt, so wäre das allerdings ein sehr lohnender Anbau. Es wäre wohl am einfachsten, eina derartige Gummi-Pflanzung in verschiedene Parzellen zu teilen, welche dann abwechselnd angezapft werden könnten.

Was die Boden- und Lokalitätsverhältnisse anbetrifft, so scheint die Kickxia nicht wählerisch zu sein; ich habe sie in sehr fettem wie sehr sterilem Boden in den verschiedensten Höhenlagen gefunden, z. B. wächst sie auch in Höhen, wo Kakao kaum noch gebaut wird, d. h. über 750 m Höhe. Außerdem wäre es ja nicht einmal nötig, so weit hinaufzugehen, da die Plantagen ja in den niederen Höhen mehr Land besitzen, als sie in absehbarer Zeit bepflanzen können.

Während meines Aufenthaltes in Buea fand ich noch eine andere Filusart, welche ein ganz ähnliches Material liefert, wie die Lagos-Filus. Proben werde ich auch hiervon demnächst einschicken.

Auch die Landolphia-Anpflanzungen des Herrn Günther in Soppo habe ich bei der Gelegenheit besucht. Dieselben stehen durchaus nicht schlecht, doch bezweifle ich, daß sie in sieben Jahren schon angezapft werden können, wenn es uns nicht etwa gelingen sollte, auch die Blätter und krautigen Teile (wie es jetzt beim Guttapercha der Fall ist) zur Kautschukgewinnung zu verwenden. Ich habe große Hoffnung, daß mein Aufenthalt am Kongo uns der Lösung dieses Problems einige Schritte näher bringen wird.

Den drei in hiesiger Gegend in Frage kommenden Plantagen habe ich einen Besuch von je einigen Tagen gemacht, gedenke aber später, nach meiner Rückkehr vom Kongo, dieselben genauer zu untersuchen, da mir dann noch die im Kongostaate gesammelten Erfahrungen zur Seite stehen werden.

Die Moliwe-Pflanzung besuchte ich zuerst. Hier war natürlich gar nichts zu machen, da der Leiter, Herr Stammler, erst den Urwald zu schlagen anfing, um sein Wohnhaus zu bauen. Bei Anpflanzungen kann hier noch keine Rede sein. Er sprach den Wunsch aus, auch sobald als möglich Gummi anpflanzen zu können. Mit Genehmigung des Bezirksamtes in Viktoria übergab ich daher dem botanischen Garten eine Anzahl Kickxiasamen, welche dort ausgesäet wurden, aber innerhalb der nächsten sechs Monate von Herrn Stammler wieder abgeholt werden sollen. Herr Stammler glaubte, schon in drei Monaten die jungen Pflänzchen zu sich nehmen zu können. Der Boden ist vorzüglich für die Kultur der Kickxia geeignet, besonders die steileren, steinigen Hügel, welche nicht mit Kakao bepflanzt werden. Auf jenen Hügeln ist die Vegetation fast dieselbe wie in den Lagos-Wäldern, wo meine Kickxia-Samen herstammen. Besonders sind die Urwaldbäume fast ohne Ausnahme identisch.

Von Bibundi möchte ich genau dasselbe sagen wie von Moliwe. Auch hier liegen die Verhältnisse günstig. Herr Radow, der Leiter daselbst, sprach sich anfangs gegen die Kickxia-Kultur aus; er ist aber nun wenigstens soweit belehrt, daß er die Absicht hat, in dem im Gebirge liegenden Vorwerk Bomana Gummi anzupflanzen. Ich habe ihm zu diesem Zweck 3000 bis 4000 Samen zurückgelassen. Mit Herrn Hauptmann von Besser, welcher gerade die eine Bibundi—Songigrenze festlegte, habe ich Gelegenheit gehabt, den Charakter der Bibundi-Urwälder kennen zu lernen. Ich bin fest davon überzeugt, daß Kickxia sich hier sehr gut bewähren würde.

Hier in Kriegsschiffhafen auf der Plantage der „Kamerun-Land- und Plantagen-gesellschaft“ wird von Herrn Friederici dem Gummianbau ein äußerst reges Interesse entgegengebracht, obgleich dieser Herr früher durchaus gegen denselben war. Ich habe hierher etwa 6000 Samen abgegeben und selbst die Aussaat derselben mit überwacht. Ich verspreche mir von diesem Ort für die Zukunft sehr günstige Resultate. Die für den Gummibau in Aussicht genommenen Lokalitäten des Gebietes sind für den Zweck vorzüglich geeignet; zudem sind die Anpflanzungen hier in trefflichen Händen, wie Herr Friederici schon bei seinen Kakaokulturen bewiesen.

Mit dieser Post habe ich an Sie ein Kästchen mit Proben von Gummi der Lagos-Fikus, sowie Milch derselben und der Lagos-Kickxia eingesandt. Die Gummiproben sind verschieden zubereitet. Sie werden sehen, daß der Gummi von sehr inferiorer Qualität ist, z. B. sehr wenig Elastizität besitzt; doch unzweifelhaft ist es wirklich Gummi, wie das Stück beweist, welches 14 Stunden in Aceton gelegen hat und so gut wie gar kein Gewicht verloren hat. Sie sind wohl so freundlich, die Stücke zur Begutachtung und Abschätzung des Preises (für das Pfund) einer Gummifabrik zu übergeben. Die Bäume liefern sehr reichlich Milch: man könnte vielleicht 5 kg Gummi jährlich pro Stamm erhalten. Selbst bei ziemlich geringem Preise wäre es daher vielleicht nicht unmöglich, daß sich die Kultur des Baumes, der übrigens selbst auf sterilem Boden sehr gut gedeiht, durchaus bezahlbar machen dürfte.

**Gutachten des chemischen Laboratoriums für Handel und Industrie (Dr. Rob. Henriques), Berlin, über die von Lagos eingesandten Kautschukproben:**

Die von Herrn Schlechter am 1. März übersandten Proben, bestehend aus:

1. Milch einer Fikus-Art von Lagos,
2. daraus gewonnenem Kautschuk, kalt koaguliert,
3. „ „ „ kochend koaguliert,
4. kleiner Probe Kickxia-Milch von Lagos,

habe ich mit folgendem Ergebnis untersucht:

Zu 1. Die Fikus-Milch stellt eine dünne, leicht bewegliche Flüssigkeit von spezifischem Gewicht 0,98 dar. Eingesandt waren 75 ccm.

Die Milch koaguliert beim Ansäuern mit Essig- oder Mineralsäure nicht in der Kälte, wohl aber rasch in der Wärme, wobei sich der Kautschuk in Form eines Klumpens im bräunlich gefärbten Serum ausscheidet und aus diesem herausgenommen und gewaschen werden kann. Es wurden so gewonnen aus 50 ccm: 13,5 g feuchtes = 0,3 g trockenes Rohprodukt.

Gehalt des trockenen Rohprodukts an Asche: 0,18 pCt.,
„ „ „ „ „ Kautschukharzen: 22,6 pCt.

Der entharzte Fikus-Kautschuk war zwar kein erstklassiges Produkt, immerhin aber ein echter, mäßige Elastizität zeigender Kautschuk. Die sogenannten Kautschukharze bildeten eine weiße, anscheinend kristallisierte, in heißem Aceton lösliche feste Masse.

Die Proben zu 2 und 3 ergaben:

| | | | |
|---|---|---|---|
| Zu 2. | Wasser | 8,21 | pCt. |
| | Asche | 1,70 | „ |
| | Kautschukharz | 31,02 | „ |
| Zu 3. | Wasser | 4,84 | „ |
| | Asche | 1,04 | „ |
| | Kautschukharz | 23,09 | „ |

Die Probe 3 (kochend koaguliert) stimmte mithin mit dem von mir aus der Milch erhaltenen Produkt im Wesentlichen überein. Die Fikus-Milch durch Verdunstenlassen an der Luft zu koagulieren (wie Nr. 2) empfiehlt sich mithin nicht. Der aus 2 und 3 gewonnene entharzte Kautschuk stimmte unter sich und mit dem aus der Milch gewonnenen überein.

In Anbetracht dessen, daß das Entharzen eines solchen Fikus-Kautschuks sich technisch sehr wohl ausführen läßt, und daß das dann gewonnene Produkt ein weit brauchbarerer Kautschuk ist, als der aus guten Flakes und derartigen Waren herzustellende, möchte ich den eventuellen Wert einer Rohware wie Nr. 3 auf etwa 4.50 Mark pro Kilo normieren. Kautschukhändler und Fabrikanten werden ihn aber wahrscheinlich etwas niedriger taxieren. Was die Taxen von dieser Seite betrifft, so möchte ich noch darauf hinweisen, daß größere Mengen von den Eingeborenen kaum so trocken hergestellt werden können, wie diese kleinen, von Herrn Schlechter koagulierten Mengen. Nasse Rohware von einem so großen Harzgehalt wie der vorliegende, repräsentiert sich aber sehr schlecht und wird vorerst recht niedrig bewertet werden.

Sollte sich diese Lagos-Fikus auch in unseren Kolonien finden, so wären die Eingeborenen zu einem fleißigen Sammeln und Verarbeiten des Saftes anzuhalten, der immer ein billiges, für Sekundawaren wohl verwendbares Produkt liefern würde. Einen derartigen Baum aber plantagenmäßig anzupflanzen, dazu könnte ich nicht raten, selbst wenn die Fikus, worüber wohl nichts bekannt ist, besonders rasch anzapfungsfähig wäre. Für Anbau und Kultur sollten vorerst meines Erachtens nur solche Pflanzen in Frage kommen, die ein gutes, elastisches, auch ohne weitere Reinigung wenig Harz enthaltendes Produkt geben.

Zu 4. Die mit eingeschickte kleine Probe Kickxia-Milch reichte eben hin, um daraus etwas Kautschuk zu koagulieren und mit dem der Preuß'schen Kickxia-Milch von Kamerun zu vergleichen. Die Lagos- und Kamerun-Milch verhielten sich betreffend die Art des Koagulierens völlig gleich, und auch die daraus gefertigten Kautschukproben waren von gleicher Vorzüglichkeit.

# Unsere schwarzbraunen Landsleute in Neu-Guinea.

Allerlei über sie und ihr Leben von Dr. med. Schnee.

II.

Am Halse hängt eine Schnur mit oder ohne Muscheln, auf der Brust ein sauber geflochtenes Täschchen, welches höchst zierlich mit Troddeln, auch wohl eingewebten Nautis, Samenkernen, besonders von Coix, und bunt gefärbten Fäden verziert ist und zur Aufbewahrung der zum Betelkauen nötigen Utensilien dient. Die Arme schmücken aus bunt gefärbtem Grase geflochtene oder aus gespaltenem Bambus hergestellte Ringe, die bisweilen mit Muscheln reich besetzt, auch ganz aus Schildpatt hergestellt sind. Zu solchen Zwecken wird besonders die erste große Rippenplatte des Schildes benutzt, die bei der Karette besonders groß und annähernd rechteckig ist. Sie werden mit Hilfe von Steinsplittern und anderen Hilfsmitteln sauber graviert und zeigen ein erhabenes, geschickt erfundenes Muster, welches sich zierlich von dem weißen Untergrunde abhebt, den man durch Einreiben des Armbandes mit pulverisiertem, aus gebrannten Korallen bereitetem Kalk erzeugt, welcher sich in den vertieften Stellen festsetzt und sie mehr oder weniger ausfüllt. — Um Hand- und Fußgelenke klappern Ringe aus der Schale der Perlmuttermuschel, oft in größerer Anzahl, die gewöhnlich überraschend sauber gearbeitet, auch öfters hübsch verziert sind. Am Oberarm getragene Reife dienen in Ermangelung von Taschen zur Aufbewahrung der unentbehrlichen Thonpfeife, sowie einer Quantität des sogen. Trade-Tabaks. Derselbe bildet siegellackähnliche schwarze Stangen, aus zusammengeflochtenen und gepreßten Tabaksblättern bestehend, welche mit einer theerähnlichen Masse durchtränkt sind. Er vertritt unsere Scheidemünze draußen und bildet, da er stets gern genommen wird, ein Hauptzahlungsmittel im Verkehr mit den Eingeborenen. -- Im Gegensatze zu diesen mannigfachen Schmucksachen, ist das landesübliche Kostüm ein sehr einfaches. Dasjenige der Männer besteht aus einem weichgeklopften, bisweilen bemalten Streifen von Baumrinde, Mal genannt. In der Nähe europäischer Ansiedelungen sieht man meistens eingeführte Kattunstoffe statt dessen, wobei die rotgefärbten wieder für besonders schön gelten. Am Augustaflusse besteht die ganze Bekleidung nur aus einem Stückchen Bambusrohr, in Hatzfeldhafen aus einem kleinen Kürbis. Der Leser wird sich vielleicht schon gefragt haben, warum ich mich so lange mit der Schilderung des Männerschmuckes aufhalte. Leicht erklärlich; die Damen sind eben bei weitem einfacher, darf ich sagen, gekleidet, da das stärkere Geschlecht ungalanterweise die meisten und besten Schmuckgegenstände für sich mit Beschlag belegt. Eberzähne zum Beispiel, welche unseren Diamanten und Perlen zu entsprechen scheinen, kommen ausschließlich den Kriegern zu. Ein besonderes Abzeichen derselben ist der eigentümliche Brustkampfschmuck, welcher sich an der ganzen Ostküste von Deutsch-Neu-Guinea findet. Er besteht aus zwei großen weißen Ovulamuscheln, welche durch eine Querstange verbunden sind, an die sich gewöhnlich eine drei- oder fünfeckige, aus buntem Grase geflochtene und mit Muscheln reich besetzte Platte anschließt. Dieselbe pflegt oben nur an den beiden Ecken mit dieser Stange verbunden zu sein, welche die Streiter bei Beginn des Kampfes mit dem Munde erfassen, um den Feind so herauszufordern und sich zugleich ein erschreckenderes Aussehen zu geben. Das Kostüm der Frauen besteht meist aus einem bunten Grasrock, welcher allerdings nicht selten so kurz ist, daß er mehr als eine Verzierung, denn als Kleidungsstück erscheint; in manchen

Eingeborene aus der Astrolabe-Bai.

Gegenden schrumpft er gar auf einen handbreiten, vorn und hinten herabhängenden Streifen zusammen. Doch begnügen sich die Mädchen in einigen Gegenden selbst noch im heiratsfähigen Alter mit dem bescheidenen Kostüme Evas vor dem Falle. Bei der Ankunft von Europäern pflegen sie allerdings sittsam in Grasröckchen zu schlüpfen, während sie für gewöhnliche Tage die Anmut, die sie umgürtet, für eine genügende Bekleidung zu halten pflegen. Es würde ganz falsch sein, wenn man aus dieser geringen Körperbedeckung auf ein wenig entwickeltes Anstandsgefühl schließen wollte, wie das häufig geschieht. Finsch berichtet, daß die in seinem Lager befindlichen Frauen und Mädchen ihr Gesicht laut schreiend in den Händen verborgen, als einer seiner Leute sich unbekleidet zeigte. Ich selber kann aus meiner ärztlichen Thätigkeit nur sagen, daß es ziemlich schwer hält, einen Kanaker zu bewegen, sich untersuchen zu lassen; jedenfalls duldet er niemals die Anwesenheit von Landsleuten dabei.

So oft man ein Dorf in einer von Europäern wenig betretenen Gegend besucht, pflegt die gesamte weibliche Bevölkerung zu entfliehen, nur einige der ältesten Damen halten gewöhnlich stand. Diese sind allerdings keine Schönheiten mehr, ja in nicht ganz seltenen Fällen erscheint der Ausdruck Scheusal noch ein sehr milder. Hat man sie erst durch Geschenke zutraulich gemacht, so holen sie bald die jüngeren Jahrgänge der Dorfschönen herbei, welche sich mit einer naturwüchsigen Koketterie, die ihnen nicht schlecht steht, etwas zaghaft nähern. Junge Mädchen, d. h. 12, 13, 14 auch 15 Jahr alt, sind gewöhnlich klein und zierlich, besitzen eine glänzende Haut und erfreuen durch angenehme Körperformen und tadellosen Bau, sowie sanfte, sehr melodische Stimme. Das Gesichtsbild auch zu beurteilen, ist bei fremden Rassen recht schwer, jedoch glaube ich mit gutem Gewissen behaupten zu können, daß Papuamädchen nach europäischen Begriffen häßlich sind.

Mit der Polynesierin, insbesondere der reizenden Samoanerin, welche allerdings die Krone des ewig Weiblichen in der Südsee bildet, ist sie ebenso wenig zu vergleichen wie mit der zierlichen Malayin. Diese beiden sind ganz weibliche Wesen, während die Melanesin jenen eigentümlichen männlichen Typus zeigt, den man auch bei der Negerin findet, welchem Stamme die Papua überhaupt sehr nahe stehen. Es dürfte vielleicht interessieren, daß diese Ähnlichkeit mit dem anderen Geschlechte sogar im Skelett sich wiederfindet, weshalb es beispielsweise bedeutend schwieriger ist, den Schädel eines männlichen Negers von dem eines weiblichen zu unterscheiden, als den eines Europäers von einer Europäerin. Diese Erscheinung erklärt sich leicht, wenn man bedenkt, daß die Frau bei uns im Hause lebt und im Großen und Ganzen von schwerer Arbeit verschont bleibt. Sie ist deshalb nicht in der Lage, ihr Muskelsystem sehr zu entwickeln, dessen Ansätze an die Knochen wenig in Anspruch genommen werden. Letztere bleiben infolgedessen rund und glatt, während sich diese Stellen beim Mann zu Ecken, Kanten, selbst zu scharfen Vorsprüngen ausbilden. Da nun das stärkere Geschlecht seit Jahrtausenden aus der Zahl der weiblichen Individuen diejenigen ausgesucht hat, die seinen Idealen am meisten entsprachen, d. h. das weiblichste Äußere besaßen, so befestigen sich solche Eigenthümlichkeiten fort und fort, und der abweichende Bau prägte sich mehr und mehr aus. Es geht dieses so weit, daß wir bei uns zu Lande häufig in der Lage sind, bisweilen schon aus einem Knochen mit voller Sicherheit das Geschlecht seines ehemaligen Besitzers zu erkennen. Alles dieses fällt bei Naturmenschen weg: hier bewegen sich Mann und Frau gleichviel im Freien, letztere arbeitet ebenfalls schwer, vielleicht sogar schwerer als jener: jedenfalls befinden sich beide unter durchaus gleichen Lebensbedingungen. Hieraus erklärt es sich auch, warum solche Weiber bisweilen rein männliche Eigenschaften, wie Tapferkeit und Mut, erlangen, wovon die sogenannten Amazonen von Dahome, eine ins Weibliche übersetzte Leibgarde, ein bekanntes Beispiel bilden.

Die Melanesin mit ihrem groben, schwarzbraunen Gesichte, dem großen Munde, läßt die feine Ausarbeitung der Züge, welche bei der Malayin oft entzückt, ganz vermissen. Besonders unangenehm erscheint die stark entwickelte Nase, die ihr etwas ausgesprochen jüdisches verleiht. Jüngere Mädchen pflegen eine Art Tituskopf mit dicht verfilzten, zotteligen Locken zu tragen, welche um den Kopf herumhängen und bis über die Augen fallen. Kämme lieben sie nicht: diese sind ausschließlich ein

Schmuck der Männer. Ältere Frauen tragen das Haar ganz kurz abgeschnitten, was sie doppelt abscheulich erscheinen läßt, da der Begriff des Weiblichen mit dem des langen Haares für uns eng verbunden ist. Ja, in einigen Gegenden rasieren sie sich sogar den Kopf mit Hülfe einer scharfen Muschel, die in neuerer Zeit nicht selten durch einen Glasscherben vertreten wird. Trotzdem bewachen die Kanaker ihre weiblichen Anverwandten auf das schärfste und sind die eifersüchtigsten Ehemänner, Väter und Brüder, die man sich denken kann. Hiervon nur ein Beispiel: Als man daran dachte, die Station Herbertshöhe auf Neu-Pommern anzulegen, handelte es sich zunächst darum, das nötige Land zu erwerben. Da man wußte, daß die Einwohner das

Eingeborener vom unteren Lauf des Ramu.

erforderliche große Stück Grund und Boden nicht freiwillig abtreten würden, so kaufte man auf den Rat der Missionäre und anderer Kenner der Gegend zunächst einige kleinere Parzellen, auf denen man sich anbaute. Wie man ganz richtig vorausgesehen hatte, wurde den Kanakern der Umstand, ihre Frauen in unmittelbarer Nähe der Weißen den Acker bestellen zu lassen, was hier Sache des weiblichen Geschlechts ist, bald so unangenehm, daß sie nicht nur das naheliegende Gelände ihnen schleunigst zum Kaufe anboten, sondern sich auch ganz aus der Gegend zurückzogen. Ein anderer tragischer Fall spielte sich in der Nähe von Stephansort ab: hier wurde eine Frau, welche im Verdacht stand mit einem Europäer Beziehungen zu unterhalten, von ihren eigenen Landsleuten gelyncht und schwer verwundet. Halbtot aufgefunden und in das Hospital gebracht, verstarb sie dort, fast geheilt, nach dem Besuche eines Landsmannes eines so plötzlichen Todes, daß der Verdacht einer Vergiftung sehr nahe lag.

# Deutschlands Weltpolitik und Welthandel in den letzten 30 Jahren.

Von Konsul Monaghan.*)

Die Geschichte des wirtschaftlichen Aufschwungs des Deutschen Reiches seit den Jahren 1870 und 1871 liest sich wie ein Roman. Keine ähnliche Erscheinung hat die Kulturgeschichte aufzuweisen. In der That handelt es sich um eine im höchsten Grade merkwürdige Entwicklung. Nicht minder an sich als bezüglich groß, übertrifft sie prozentuell nicht nur diejenige der eigentlichen Nebenbuhler Deutschlands auf wirtschaftlichem Gebiete, sondern selbst die der von der Natur am meisten ausgestatteten Länder der Erde. Bei der Feststellung der Ergebnisse auf dem industriellen und Handelsgebiete darf man England, Rußland und die Vereinigten Staaten von Amerika nicht unter dem gleichen Gesichtspunkt betrachten. Man muß ihren reichen Vorrat an Rohstoffen berücksichtigen, während Deutschland sich alljährlich gezwungen sieht, Tausende von Tonnen Getreide und Millionen von Pfunden Baumwolle, Wolle, Eisen, Kupfer und Rohstoffe für Chemikalien im Auslande zu kaufen. Und doch hat die Kulturgeschichte jener Länder nichts aufzuweisen, was dem industriellen Aufschwunge, der sich augenblicklich in Deutschland vollzieht, auch nur entfernt vergleichbar wäre. Seine Hansestädte waren in ihrer Blütezeit dem heutigen Hamburg, Bremen, Lübeck, Kiel und Stettin gegenüber bloße Zwerge. Aber auch Sachsen, Baden, Württemberg und Bayern haben nicht minder überseeische Interessen als die Hafenstädte. Sachsen allein sendet Waren im Werte von Hunderten von Millionen Mark nach Amerika, Australien, Afrika und den verschiedenen Teilen Asiens. Die eine Stadt Chemnitz führt alljährlich für 50 bis 100 Millionen Mark Güter nach überseeischen Gebieten aus. Die Millionen von Auswanderern nach allen Enden der bewohnten Erde gehen der alten Heimat keineswegs verloren. Sie wirken, wohin sie immer gelangen, als Agenten

*) Es ist uns durch Vermittelung unserer Abteilung Chemnitz gelungen, in dem Vereinigten Staaten-Konsul in Chemnitz einen Mitarbeiter zu gewinnen, der mit hervorragendem Scharfblick und liebenswürdigem Wohlwollen unsere industriellen und handelspolitischen Verhältnisse beobachtet hat und seine Eindrücke in lichtvoller und schwunghafter Darstellung wiederzugeben versteht. Es ist dem Übersetzer schwer geworden, die meisterhafte, oft geradezu poëtische Verwendung der englischen Sprachformen in der deutschen Übertragung auch nur annähernd wiederzugeben. Der liebenswürdige Verfasser hat mit besonderer Freude die Gelegenheit ergriffen, „ein gutes Wort über Deutschland sagen zu können“. Er anerkennt, daß Fleiß, Ausdauer, Intelligenz, geschickte und gut geschulte Technik unserem Vaterlande einen „schönen Platz unter den Nationen“ bereitet haben. Seinen Landsleuten sagt er stets: „Kein Neid, nur Emulation, ehrliche Nachahmung!“ Wir glauben, den Gefühlen der Gesamtheit unserer Leser zu entsprechen, wenn wir an dieser Stelle der Hoffnung Ausdruck verleihen, daß es uns recht bald wieder vergönnt sein möge, in diesen Blättern „einem guten Worte“ des Herrn Konsuls Monaghan eine Stätte zu bereiten.

Die Schriftleitung.

des alten Vaterlandes. Um das zu erreichen, braucht man Auswanderer nicht gerade als Reichskolonisten zu bezeichnen. Der griechische und römische Siedler hing nicht so sehr an seinen heimischen Penaten, wie der deutsche Auswanderer in Treue und Ergebenheit sich seinem Vaterlande widmet. Wo immer er auftritt, läßt er sich, materiell oder moralisch, die Unterstützung der heimischen Industrie angelegen sein. Mag er in Senegambien nach Gold oder Eisen schürfen, auf Java Kaffee oder Gewürze, auf Sumatra oder auf Kuba und Westindien Tabak pflanzen, im Kaukasusgebiet oder auf den Karolinen Baumwolle züchten, in Rußland oder Japan Öle raffinieren, von Wladiwostock oder Singapore die Agenten aussenden, denen er die Einziehung von Auskünften, welche für die Industrie des Vaterlandes nutzbringend sind, anvertraut: von überall aus schaut er mit einem Auge nach dem Rheine, der Memel, der Havel, Elbe oder Saale. Überall ist er ein Pionier seines Volkes.*)

Auf diese Eigenschaft seiner Söhne gründet sich der kolonisatorische Beruf des deutschen Volkes, sie gibt der Kolonialpolitik des Reiches den erforderlichen Stützpunkt. Große politische Erfolge lassen sich nicht ihrem Geldwerte nach einschätzen. Inseln dienen bisweilen großen Kontinenten als Rückgrat. Die jüngsten überseeischen Erwerbungen des Reiches, die Karolinen und Marianen vor allem, haben Deutschland im Stillen Ozean eine achtunggebietende Stellung verschafft. Keine Geldsumme, welche es in den letzten 50 Jahren verausgabt hat, ist so nutzbringend ausgegeben worden, wie die Millionen, welche es zum Besitzer der Marianen und Karolinen gemacht haben. Die Erwerbung dieser Eilande bildet das interessanteste Ereignis in der diplomatischen Geschichte vieler Jahrzehnte. Weil wir (Amerikaner) Deutschland gegenüber jedes Neides bar sind, können wir nicht umhin, ein System zu bewundern, welches, ohne viel Aufhebens mit Worten zu machen, solche Erfolge zeitigt. Die auswärtige Politik des Deutschen Reiches, verwickelt, wie alle derartigen Dinge stets gewesen sind und voraussichtlich immer bleiben werden, arbeitet genau so erfolgreich wie jeder Zweig seines inneren Organismus. Während Laien um Budgetposten, Kriegsschiffsbauten u. dergl. knickern und knausern, kaufen Staatsmänner Landgebiete, welche für die geschichtliche Entwickelung eines Volkes so viel Millionen an Wert darstellen, wie sie Tausende kosten. — — Hätten die Hansestädte seinerzeit sich auf ein geeintes, Kolonieen anlegendes und Kolonieen erwerbendes Deutschland stützen können, dann wäre die Kulturgeschichte der letztverflossenen beiden Jahrhunderte in Berlin in eben so hohem Grade wie in London und Liverpool und in höherem Maße als in Paris und von Napoleon geschrieben worden. Mag sie nun zum Vorteile oder zum Nachteile ausschlagen — meines Erachtens geschieht es zum Vorteile —, augenblicklich vollzieht sich mit Geschwindschritten eine Umwandlung des Reiches vom Ackerbau- zum Industrie- und Handelsstaat.**) Während vor 30 Jahren 70 pZt. der

*) Der Verfasser hat hier mit dem Auge des Freundes geschaut. Mögen sich alle Vertreter des Deutschtums im Auslande befleißigen, seine Worte zur Wahrheit zu machen!

Die Schriftleitung.

**) Unsere ostelbischen Leser mögen beherzigen, daß der Verfasser im Industriegebiete seinen Wirkungskreis hat. Hätte er Gelegenheit gehabt, die ackerbauenden Gegenden unseres Vaterlandes aus eigener Anschauung kennen zu lernen, so wäre seiner scharfen Beobachtungsgabe schwerlich entgangen, daß die Angehörigen der Landwirtschaft immerhin noch einen erheblichen Bruchteil unserer Bevölkerung ausmachen und zum Heile unserer kulturellen und politischen Entwickelung hoffentlich für alle Folgezeit ausmachen werden.

Die Schriftleitung.

Bevölkerung der Landwirtschaft angehörten, beschäftigen sich jetzt 65 bis 70 pZt. mit Industrie und Handel. Und doch glauben die maßgebenden, die Reichspolitik leitenden Staatsmänner, daß Landwirtschaft, Handel und Industrie die gleiche Unterstützung, dasselbe freundliche Wohlwollen vom Staate zu beanspruchen haben. Was dem einen recht ist, ist dem andern billig. In keinem Lande der Welt wird mehr, wird so viel *für alle drei* gethan, als gerade in Deutschland. Das Deutsche Reich ruht auf einem mächtigen Bogen: seine *Ecksteine* sind *Handel und Industrie*, der *Schlußstein die Landwirtschaft!*

Ein solcher Staat, der sich so schnell auf einen der höchsten Plätze in der Reihe der großen Industriestaaten der Welt emporgeschwungen hat, bedarf des Kolonialbesitzes, um seinen Ausfuhrgütern die erforderlichen Absatzgebiete, seiner Flotte die nötigen Stützpunkte gewähren zu können.

Wie auf allen anderen Gebieten, die mit der auswärtigen Politik zusammenhängen, die Entwickelung Deutschlands in den letzten drei Jahrzehnten Fortschritte aufweist, wie sie in der eigenen Geschichte und wohl auch in die der Menschheit ohne Vorgang sein dürfte, so auch auf dem der *Marine*. Welcher Ausländer, der vor 25 Jahren Bremen, Hamburg oder Stettin einen Besuch abgestattet, hätte voraussehen können, daß gegen das Ende des Jahrhunderts die Werften dieser Städte Schiffe verlassen würden, jedem ebenbürtig, das am Clyde (Glasgow), Lough Foyle (Belfast) oder an der Themse vom Stapel läuft? Deutschlands Torpedoboote sind die besten, welche man jemals gebaut hat. Seine „Ozean-Windhunde“ halten den Rekord zwischen Europa und New York. Typisch für die Schiffsbaukunst sind seine Kreuzer geworden. Noch in den Stunden höchster Gefahr stehen deutsche Kapitäne unverzagt auf den Kommandobrücken, während die Matrosen die Boote bemannen, um Weiber und Kinder zu retten. Bar jeden Gedankens an die eigene Sicherheit, stimmen sie ihre Nationalhymne an, wenn ihre Schiffe dem Untergange geweiht sind. Eine solche Marine muß von gewaltiger Bedeutung in der Aera der Entwickelung sein, in welche Deutschland jetzt eingetreten ist, in einer Aera, wo es durch Erwerbung von Kolonialbesitz sich über das Meer hin auszudehnen sucht, wo seine Zukunft auf dem Wasser liegt.

Dieser weltpolitischen Entwickelung Deutschlands entspricht auch die Höhe des *deutscherseits im Auslande angelegten Kapitals*. Für seine Schätzung sind die Kolonieen und die deutschen überseeischen Niederlassungen die Hauptfaktoren. Unter den Nationen, welche durch deutsches Kapital und deutsche Wirtschaftlichkeit (thrift) am meisten Unterstützung gefunden haben, stehen die Vereinigten Staaten mit 476 000 000 Dollars in erster Reihe. Mittel- und Südamerika haben diesem Reiche ebenfalls den Zufluß bedeutender Mittel für die leichtere Erschließung ihrer gewaltigen Hilfsquellen zu verdanken. Das Zentrum des amerikanischen Festlandes hat über 158 500 000 Dollars an deutschem Gelde erhalten, während Südamerika der gleiche Betrag wie den Vereinigten Staaten, 476 000 000 Dollars, zugeströmt ist. Das gesamte in Asien angelegte Kapital beziffert sich nach meines Erachtens sehr vorsichtiger Schätzung auf rund 100 000 000 Dollars. Für Indien beläuft sich der Betrag, abgesehen von den Anlagen in Staatsanleihen, auf 22 000 000 bis 25 000 000 Dollars. Sieht man von den eigenen Kolonieen des Reiches in Afrika ab, so ist dort das deutsche Kapital immer noch mit einem Anlagewerte von 238 000 000 Dollars vertreten. Dabei sind hier wie in Asien die deutschen Kapitalsinteressen in türkischen Gebieten außer Anschlag gelassen. In den Goldminenwerken Transvaals allein sind 110 000 000 bis 130 000 000 Dollars angelegt. Als letztes, aber keineswegs geringfügigstes (last but by no means least) Anlagegebiet folgt Australien mit nahezu 110 000 000 Dollars, wovon auf Viktoria und Neusüdwales zusammen ungefähr 70 000 000 bis 80 000 000 Dollars entfallen. Eine oberflächliche Schätzung des abgesehen von Staatsanleihen u. dergl. außerhalb Europas angelegten deutschen Kapitals ergibt die Summe von ca 1 7[illegible] 000 000 Dollars. Diese Zahlen erzählen in beredter Sprache von deutschem Scharfsinn (judgment) und deutschem Unternehmungsgeist.

Er zeigt sich noch machtvoller in dem Aufschwunge des überseeischen Handels. Von Stunde zu Stunde wächst das Interesse des Reiches daran. Des Kaisers Worten, die er sorgfältig gewählt hatte, um die Nation zu Anstrengungen zur Hebung der weltpolitischen Bedeutung des Reiches anzufeuern, ist eine schier fieberhafte Thätigkeit zur Durchführung seiner Pläne gefolgt. „Deutschlands Zukunft liegt auf dem Wasser“ — das war das Wort, dessen Deutschland benötigte, um zu einem neuen Leben zu erwachen, in eine neue Aera, diejenige Wilhelms II., einzutreten. Die gesamten 54 000 000 Einwohner, die vielfachen Millionen, welche aus dem Vaterlande ausgewandert sind, müssen zur Begründung der Weltmachtstellung des Reiches herangezogen werden. Auf welchem Wege? Der heimische Markt ist für die vaterländische Industrie verhältnismäßig gesichert. Eingeführt werden im wesentlichen Rohstoffe. Der Binnenhandel erfreut sich einer guten Entwickelung. Aber für die Entfaltung großer Kräfte ist die heimische Walstatt zu eng. Dafür bieten überseeische Felder Gelegenheit und Veranlassung. Was Großbritannien in der Vergangenheit erreicht hat, das dürfte den Männern nicht schwer fallen, welche im Zeitraum von dreißig Jahren aus den zerrissenen und widerspenstigen Elementen auf einander eifersüchtiger Kleinstaaten, die der gemeinsamen Organisation ermangelten und in vielen Beziehungen trotz gleicher Abstammung und Religion sich feindselig gegenüberstanden, einen Industriestaat geschaffen haben, der, an wirtschaftlicher Bedeutung einzig noch von England übertragt, in der Reihe der Kulturnationen unbestritten die zweite Stelle einnimmt. Baden und Bayern, Württemberg und Weimar, Sachsen und Hessen, Preußen und die 2[illegible] kleinen Fürstentümer arbeiten Hand in Hand an der planvollen und energischen Durchführung einer auswärtigen Politik, welche das Ziel verfolgt, den überseeischen Handel dieses Reiches demjenigen Englands ebenbürtig zu machen. Kanäle sind von Meer zu Meer und von Strom zu Strom geführt. Widerstreit der Interessen mag die Ausführung der jüngst geplanten großen Kanalbauten verzögern; er ist unvermögend, sie zu verhindern. Den Anforderungen des Handels und der Industrie willfährig, wird schließlich ein Landtag nicht nur den Mittelland-Kanal, sondern auch andere Linien bewilligen. Für Deutschland ist die Zeit angebrochen, in welcher man erkennt, daß das, was der Industrie förderlich ist, auch dem Handel und der Landwirtschaft frommt, daß das, was dem Handel nützt, auch die beiden anderen fördert, und daß wieder das, was der Landwirtschaft zu gute kommt, auch für die anderen zwei einen weiteren Aufschwung bedeutet. Das alte Sprichwort: „Hat der Bauer Geld, so hat es die ganze Welt“ ist durch die neuzeitliche Entwickelung in seiner Geltung dahin erweitert worden, daß man sagen kann: „Hat der Arbeiter Geld, so hat es die ganze Welt.“ Denn wir alle sind Arbeiter. Niemand im Reiche arbeitet so viele Stunden, so fleißig, so zielbewußt wie der Kaiser und seine Minister.

Das Zeitalter verlangt eine Befriedigung seiner notwendigen Bedürfnisse, und kein Volk, welches sich einer weisen Regierung erfreut — und das thun die Deutschen —, wird lange, sicherlich nicht zu lange zögern, das zu thun, was seine bedeutendsten Staatsmänner, welche es von Erfolg zu Erfolg geführt haben, für unvermeidlich erachten. Der geeignete Weg dafür aber ist, einem industriell und kommerziell veranlagten Volke eine reich und gut ausgestattete Handelsflotte zur Verfügung zu stellen. Dem gesamten überseeischen Welthandel dienen zur Zeit Schiffe von insgesamt 65 000 000 Tonnen Gehalt. Davon entfällt auf England mit 36 000 000 Tonnen über die Hälfte. Deutschland, welches 1870 den vierten Platz einnahm, steht jetzt an zweiter Stelle. Vor dreißig Jahren war der Tonnengehalt der englischen Flotte neunmal, der Vereinigten Staatenflotte nahezu dreimal so groß als derjenige der deutschen. Heute beläuft sich der erstere nur noch auf das Sechsfache des Tonnengehalts der Handelsflotte des deutschen Reichs, während derjenige der amerikanischen Handelsflotte um drei Zehnteile kleiner ist. Frankreich, welches Deutschland früher in dieser Beziehung übertraf, steht jetzt weit hinter diesem zurück, indem der Tonnengehalt seiner Handelsflotte um vier Zehnteile geringer ist.

Folgende Gesichtspunkte müssen die englischen und amerikanischen Schriftsteller in den Kreis ihrer Erwägungen aufnehmen, falls sie zu einer Würdigung der Thatsachen gelangen wollen: In demselben Zeitraum, wo Deutschland seine Handelsflotte vervierfachte, haben England und Frankreich die ihrige nur verdreifacht bezw. verdoppelt. — Die Welthandelsflotte wird auf 5 Milliarden Mark an Wert eingeschätzt. Davon müssen 2 000 000 000 Mark England, 400 000 000 dem Deutschen Reiche und 340 000 000 den Vereinigten Staaten zugeschrieben werden. Der Wert der über See ausgeführten Waren beläuft sich nach ungefährer Schätzung auf 30 Milliarden Mark. Die deutsche Handelsflotte hat einen Gehalt von 6 000 000 Tonnen (den 36 000 000 Englands gegenüber); aber seine Schiffe sind den besten der Welt ebenbürtig. Seine Werften zählen zu den erfolgreichsten und am trefflichsten ausgestatteten. Viele erhalten jetzt von auswärtigen Firmen und fremden Regierungen Aufträge. Innerhalb zweier Jahrzehnte sind zwei bedeutende Mitbewerber auf diesem Gebiete, die Vereinigten Staaten und Frankreich, völlig geschlagen. Jetzt kommt es darauf an, diesen Platz zu behaupten. Dazu ist erforderlich, daß eine weise Gesetzgebung eine noch bestehende Gegnerschaft, der gegenüber jede Spanne Bodens, sozusagen, erst erkämpft werden muß, unmöglich macht. Eine sichere Gewähr bietet einzig das Vorhandensein einer starken Kriegsflotte. Deutschlands Seehandel stellte im Jahre 1898 einen Wert von 5 000 000 000 Mark dar, derjenige Rußlands einen solchen von 2 000 000 000, Frankreichs von 4 800 000 000, Italiens von 1 400 000 000 und Englands von 12 800 000 000. Und doch gab das Deutsche Reich für seine Kriegsflotte, deren Trefflichkeit wir bereits eingangs dieses Artikels gewürdigt haben, nur 122 000 000 Mark aus, während Rußland dafür 150 000 000, Frankreich 224 000 000, Italien 86 000 000 und England 448 000 000 Mark aufwandte. So steht das Land, welches als Handelsstaat in der Welt den zweiten Platz einnimmt, in den Aufwendungen für die Flotte, welche berufen ist, im gegebenen Augenblicke seine überseeischen Interessen zu verteidigen, hinter allen anderen Welthandelsstaaten, mit einziger Ausnahme von Italien, zurück! Die Ausgaben des Reiches für die Kriegsmarine haben nicht mit der Entwickelung seiner Handelsflotte Schritt gehalten. Beziffert man die Aufwendungen auf den Kopf der Bevölkerung, so ergiebt sich für Deutschland ein im Vergleich zu anderen Ländern überaus geringfügiger Betrag. Es hat danach (auf den Kopf des Einwohners) 1,80, Rußland 1,60, Frankreich 5,15, Italien 2,68 und England 8,85 Mark verausgabt. *Steht das Deutsche Reich mithin in Bezug auf die Bedeutung seines Handels an zweithöchster Stelle, so nimmt es bezüglich der Aufwendungen für seine Kriegsflotte den zweitletzten Platz ein.* Es würde auch noch hinter Rußland zurückstehen, wenn dieses nicht die ungeheure Bevölkerung von 120000000 Seelen besäße. Daher hegt man überall im Reiche die Hoffnung, daß die Regierung alles daran setzen wird, die diesbezüglichen Anregungen des Kaisers zu verwirklichen. Rings im Lande, weit binnen, in Hügelgebieten, deren Bewohner niemals ein größeres Wasser als einen kleinen Bergsee erblickt haben, bilden sich Vereine, um für den Gedanken des Flottenbaues zu werben und diesen selbst zu fördern. Jedermann setzt in die Politik des Monarchen Vertrauen. Man sieht ein, was dem überseeischen Handel not thut. Die Deutsche Kolonialgesellschaft und ihre Abteilungen fördern diese Bewegung mit aller Macht. Diese Vereinigung, welche für die Ausbreitung des kolonialen Gedankens wirbt und zugleich die Entwickelung und Erschließung der Kolonien fördert, gehört zu den geschicktesten (most intelligent) und am besten geleiteten Organisationen im Reiche. Ihre bisherigen Erfolge lassen die Hoffnung nicht eitel erscheinen, daß ihre Stimme machtvoll durch Anregung oder Unterstützung eine Gesetzgebung herbeiführen wird, welche darauf abzielt, die bisher wie ein Stiefkind im eigenen Vaterhause behandelte Kolonialpolitik zur Lieblingstochter zu machen. Seite an Seite mit ihr entsenden Verbände der Industriellen und Handelskammern Abordnungen, um die Verhältnisse im Auslande zu studieren, während die Konsularbeamten des Reiches wieder ihrerseits diese behufs Erlangung und Einziehung von Erkundigungen unterstützen. Schwerlich giebt es eine interessantere Arbeit als diejenige der Deutschen Kolonialgesellschaft und der eben bezeichneten Verbände, eine patriotischere sicher nicht. Wie viel sie zur Entfaltung der Weltmachtstellung des Reiches beigetragen, das wird sich urkundlich kaum jemals nachweisen lassen. So viel aber steht fest, daß ihnen ein sehr großer Anteil daran gebührt.

# Über geographische Ortsnamen in Afrika.

Von Dr. S. Passarge.

In dem bei Dietrich Reimer erschienenen Routen-Aufnahme-Buch hat der verstorbene Missionar Dr. C. G. Büttner, einer der besten Kenner des Herero-volkes, eine Anweisung geschrieben, betreffs Richtigstellung der geographischen Namen in den Kolonien. Diese Anweisung ist ein Muster an Klarheit, Knappheit und Gründlichkeit, und sollte von jedem Forschungsreisenden genau studirt werden. Denn ohne ein richtiges Verständnis für afrikanische Namengebung wird ein Reisender in den seltensten Fällen brauchbare Ortsnamen aufzeichnen, und läßt sich eine Beurteilung über den Wert und die Bedeutung des aufgezeichneten Namens nicht anstellen.

Dr. Büttner führt aus, daß die eigentlichen geographischen Ortsnamen in den allermeisten Fällen nicht an die jeweiligen menschlichen Niederlassungen, sondern an Gemarkungen, gleichviel ob bewohnt oder unbewohnt, gebunden sind.

Statt des etwas ungeläufigen Wortes Gemarkung möchte ich aus Bequemlichkeitsgründen das kürzere Wort Gau einführen, obwohl die afrikanischen „Gaue“ nicht die Größe der ehemaligen deutschen Gaue besitzen, sondern im Allgemeinen etwa den Umfang mittlerer Rittergüter haben.

Neben solchen Gemarkungen, fährt Büttner fort, werden einzelne leicht erkenntliche Malstätten, Gräber, große alte Bäume ꝛc. besonders benannt; gewöhnlich nimmt aber die betreffende Gemarkung ihren Namen nach einer solchen Malstätte an.

Diese Gaunamen sind die eigentlichen, bleibenden geographischen Namen, und auf ihre Erkundigung ist das größte Gewicht zu legen; denn sie bleiben bestehen, während andere im Gebrauch befindliche Namen nur eine vorübergehende Bedeutung haben.

Solche zufälligen Namen knüpfen sich an momentan bewohnte Orte, die nach dem Häuptling oder dessen Vater oder Großvater oder dort stattgefundenen Ereignissen benannt werden. Diese Namen werden dem Fremden gegenüber mit Vorliebe gebraucht, nicht aber die Gaunamen. Erstere sind aber, weil bald vergessen, von geringer Bedeutung, und ein Reisender, der einige Jahre nach dem Berichterstatter ins Land kommt, wird die von diesem erkundeten Namen oft nicht wiederfinden, oder gar falsch lokalisieren, weil inzwischen der Häuptling seine Residenz gewechselt hat.

Wo verschiedene Völker zusammen leben, hat gewöhnlich jedes einen besonderen Namen für die Hauptplätze und Gaue. Es ist also wichtig zu notieren, welcher Sprache der Name angehört.

Flüsse, Bäche, Seen haben meist keine eigentlichen Namen, sondern es werden gewöhnlich ganz allgemeine Namen, wie Bach, Wasser, Wellen, naß, tief, kalt dem fragenden Reisenden geantwortet, während in Wirklichkeit der Bach ꝛc. nach den

Gauen benannt wird, durch die er fließt. Aehnlich ist es mit Bergen. Auch sie haben meist keinen Namen, sondern werden nach dem Gau benannt, in dem sie liegen.

Soweit Dr. Büttner.

Während meines nahezu dreijährigen Aufenthaltes im Ngamilande habe ich die völlige Richtigkeit obiger Angaben feststellen können.

Das ganze Land wird thatsächlich in Gaue eingeteilt, die im Allgemeinen keinen großen Umfang haben.

Im Gebiet des Taughe (oder unteren Okavango) schließen sich die Gaunamen zum Teil an den Verlauf einzelner Arme an, die sich von dem Hauptstrom abzweigen — so z. B. Kai*), Kubukubu, Gonaua, alles Nebenarme des Hauptstroms — zum Teil sind die Ufer des Hauptstroms selbst in Bezirke eingeteilt. So heißt z. B. der Gau, in dem die jetzige Batauanastadt liegt, Gau, d. h. Büffel.

In der Kalahari schließt sich die Gaueinteilung im Allgemeinen an Wasserstellen an, und in der Mehrzahl der Fälle dürften die heute gebräuchlichen Bezeichnungen der Brunnen auch wirkliche Gaunamen sein. Die eminente Bedeutung der Brunnen in dieser wasserarmen Steppe bringt es ohne weiteres mit sich, daß sie eigene Namen haben. Und doch bricht auch hier zuweilen die eigentliche Bedeutung des Namens, der einen Bezirk, nicht aber einen einzelnen Platz bedeutet, durch. Wenn nämlich mehrere Brunnen oder Vleys nicht weit von einander liegen, so haben sie oft alle denselben Namen. Der Gau Nugha in Ghansefeld umfaßt nicht weniger als drei Kalkpfannen, die innerhalb einer ½ deutschen Meile liegen. Östlich der Kwebeberge zieht sich eine thalähnliche Senkung 1½ Meilen hin, in der vier Vleys liegen, die alle Kosi heißen, d. h. sie liegen im Distrikt Kosi; die einzelne Pfanne hat aber keinen Namen.

Berge und Flüsse haben ebenfalls im Allgemeinen keine Namen. Es ist vielmehr eine Ausnahme, wenn ein solcher existirt, wie z. B. Taughe (= unterer Okavango), Kwito (Nebenfluß des Okavango), Kuando (= Tschobe), Kavanko (= oberer Okavango). Für andere existirte kein Name ursprünglich, so z. B. für den Botletle. Dieser Name ist der Stammname eines Buschmannvolkes, der Batletle, das an diesem Fluß wohnt. Nola ea Batletle (Fluß der Batletle) antwortete man auf die Frage nach dem Namen des Flusses. So kam der Name in die Litteratur. Suga soll der Ngamifluß heißen; der Name Suga ist aber der eines Makobahäuptlings, der an diesem Flußarme wohnte. Tamalakan (oder Tamunakle Livingstone's) ist der Gau an der Einmündung des jetzt sogenannten Flusses in den Botletle, und wurde fälschlich auf den Strom selbst bezogen.

Während die „Kudji" eine Gruppe von einem halben Dutzend Hügel vorstellen, von denen keiner einen besonderen Namen hat, obwohl sie auf einen Raum von über eine Quadratmeile verteilt sind, zerfallen die Berggruppen der Kwebe, Mosetlau, Mabele a pudi, Tschorilo und Kaikai in einzelne Bezirke, die sich zum Teil an einzelne Bergketten, Thäler oder Quellen anschließen. Ein Gesamtname existirt für sie aber ursprünglich nicht. Sie sind erst später teils durch die Europäer, teils durch die Betschuanen geschaffen worden; denn wie man wohl leicht verstehen wird, sind solche Gaunamen wenig geeignet für Fremde, die als Händler z. B. das Land

*) Die Zahlen 1, 2, 3 bedeuten verschiedene Schnalzlaute.

besuchen, oder gar für den geographischen Forscher. Er braucht einen bestimmten Namen für einzelne Plätze, wie einen Berg, Fluß, Thal, Wasserstelle, während die Gaunamen ihm zunächst gleichgültig sind.

Daher haben denn besonders in den Buschmanngebieten Griquahändler und durchreisende Weiße einzelne Plätze, die ihnen von besonderer Wichtigkeit waren, mit besonderen Namen benannt, die schließlich auch von den Buschmännern selbst angewandt wurden, mindestens Fremden gegenüber. So soll Ghanse ein Griquawort sein: Kubi, eine große Pfanne des Ghansefeldes, ist nach einem Buschmannhäuptling benannt worden, während die Flußnamen Bolletle, Zuga, Tamalakane, wie bereits erwähnt, europäische Kunstprodukte sind, die aber von den Eingeborenen jetzt auch bereits verstanden werden.

Dr. Büttner hat, wie erwähnt, darauf hingewiesen, daß dort, wo mehrere Völker zusammen wohnen, jedes Volk die wichtigsten Plätze mit einem Wort ihrer eigenen Sprache zu bezeichnen pflegt. Das stimmt auch gänzlich für unser Gebiet. In der Kalahari haben viele Wasserplätze neben den ursprünglichen Buschmannnamen bereits Kaffernnamen, besonders dort, wo Kaffernkolonien sich dauernd befinden. So haben mehrere Pfannen im Ghansefeld doppelte Namen, ja die Kaffernnamen pflegen, weil sie bequemer auszusprechen sind, die Buschmannnamen zu verdrängen, wie z. B. in der östlichen Kalahari auf der viel begangenen Straße vom Bamangwatoland zum Lotletle, wo viele Balalahari (Betschuanen) dauernd sitzen.

Trotzdem darf man mit Büttner behaupten, daß die Gaunamen das Bleibende sind. Selbst nach Einwanderung fremder Völker bleiben manche der alten Gaunamen erhalten. So sind die meisten Ortsbezeichnungen im Gebiete der Makoba, also am Taughe, noch die ursprünglichen Buschmannnamen. Die Makoba sind anscheinend ganz friedlich in das Land eingewandert, haben sich mit den Tannekwe vermischt und vieles von deren Sitten und Gebräuchen angenommen. Daher wohl bestehen heutzutage noch fast vollständig die alten Gaunamen der Buschmannsprache.

In der Kalahari nun kann man ferner feststellen, daß die Gaunamen nicht mehr mit den heutigen Grenzen der Buschmannstämme übereinstimmen. Westlich vom Ngami stoßen nämlich die beiden Buschmannstämme der Kaukau und Ngamibuschmänner zusammen. Die Gaunamen im Gebiet der Kaukau nun gehören fast durchweg der Sprache der Ngamibuschmänner an, die heutzutage südöstlich von jenen wohnen. Koamkub (Elephantenkopf), Koa nagha (Elephantenzahn), Gautscha (Büffelwasser), Gam (Dorn), Ngautsa (oft im Ghansefeld vorkommender Name mit unbekannter Bedeutung), gehören der Sprache der Ngamibuschmänner an, liegen alle im Kaukauland. Es müssen also in früherer Zeit Wanderungen stattgefunden haben, die übereinstimmend mit den Vorgängen in anderen Teilen der Kalahari von der Peripherie nach dem Zentrum dieser unwirtlichen Steppe hin stattgefunden haben.

Das Studium der Gaunamen giebt uns also in unserem Gebiet Aufschluß über Wanderungen, welche in früheren, von den jetzt lebenden Bewohnern längst vergessenen Zeiten stattgefunden haben müssen.

Es liegt auf der Hand, daß das Vorhandensein von Gaunamen, die mit Sicherheit auf ein bestimmtes Volk zurückgeführt werden können, den Beweis liefert, daß dieses Volk, oder Teile desselben einstmals in jenem Gebiet längere Zeit hindurch gelebt haben.

Wenn wir in Deutschland nichts von der Geschichte des Altertums und Mittelalters wüßten, wohl aber die keltische und wendische Sprache könnten, so würde man aus einzelnen Ortsnamen mit Sicherheit nachweisen können, daß einst am Rhein Kelten, im Osten Deutschlands aber Wenden gesessen haben.

Damit kommen wir also zu dem Resultat, daß das Studium der Gaunamen in unseren Kolonieen von allergrößtem Interesse ist, da es möglicherweise ein Licht auf die in früheren Zeiten stattgefundenen Wanderungen der Völker zu werfen imstande ist.

In Ostafrika könnte eine genaue Erforschung der Gaunamen unter Umständen eine größere Verbreitung der Zwergvölker nachweisen. In Kamerun, wo die Sudan- und Bantuneger zusammenstoßen, dürfte das Studium der Gaunamen von ganz hervorragendem Interesse sein und am sichersten die in letzter Zeit erfolgten Wanderungen der Sudanneger zu beweisen imstande sein.

Man wird mir zugeben, daß die Erforschung der Gaunamen von diesem Gesichtspunkte aus vorgenommen, ein großes wissenschaftliches Interesse hat. Natürlich kann ein Einzelner auf diesem Gebiet nur wenig thun; dagegen wäre es eine dankenswerte Aufgabe für die, welche an einem Platze längere Zeit sich aufhalten, ihrer Beschäftigung entsprechend viel mit den Eingeborenen verkehren und ihre Sprache verstehen. Dazu gehören in erster Linie die deutschen Beamten der Stationen, Missionare und Kaufleute. Natürlich müßte man mit größter Vorsicht und Gewissenhaftigkeit bei der Sammlung des Materials vorgehen und nur wirklich mit Sicherheit erfragte Gaunamen aufzeichnen. Die Aufzeichnung vieler Namen ist zwar wünschenswert, allein lieber nur wenige und richtige, als viele und falsche.

Bei der Art, wie man nach einem Gaunamen zu fragen hat, ist das Entscheidende, daß man das einheimische Wort für „Gau“ kennt. Die Betschuanen nennen ihn „lehatse“, die Masubia „ewü“, die Ngamibuschmänner „ghum“, die Kaukau „gõore“. Ich habe nie gefunden, daß man mir auf die bestimmte Frage: wie heißt der Gau hier im Umkreis?, jemals einen Verlegenheitsnamen genannt hätte; denn der Begriff der Gaueinteilung jedes Landes ist dem Afrikaner ganz verständlich, und, wenn er den Namen kennt, wird er ihn sagen. Wenn er ihn nicht kennt, wird er seine Unwissenheit eingestehen und wohl gar damit entschuldigen, daß er nicht hier zu Hause sei. Da passierte es mir z. B. in dem Kraal des Batauana Palétscha, daß niemand den Gaunamen des Platzes kannte, weil alle erst vor Kurzem in diese Gegend gekommen waren. Fragt man dagegen nach dem Namen des Kraals, des Berges oder Flusses, so steht der Afrikaner ratlos da, weil Ortsnamen in unserem Sinne ihm fremde Begriffe sind. In seiner Verlegenheit nennt er dann den Namen des Dorfschulzen oder seines Vaters, oder seines Großvaters, Onkels &c., die in dem betreffenden Platz wohnen, oder er giebt den Namen von zufällig am Orte befindlichen Dingen an, z. B. Baum, Stein, Wasser, Dorf, Haus, hoch, tief &c. Je weniger dann der Reisende von der Landessprache versteht, um so kritikloser schreibt er den Namen nieder.

Also, ich wiederhole, die erste Grundbedingung für die Aufzeichnung richtiger Gaunamen ist die Kenntnis des in jeder Sprache verschiedenen Wortes für „Gau“.

Wendet man dann dieses Wort bei der Fragestellung an, so wird man auch wirkliche Gaunamen als Antwort erhalten, nicht aber beliebige Worte.

Daß die Aufzeichnung richtiger Gaunamen auch von großer praktischer Bedeutung ist, braucht nicht auseinander gesetzt zu werden; denn nur die Kenntnis dieser ermöglicht es, Plätze, an denen Reisende früher gewesen, mit Sicherheit wieder aufzufinden und kartographisch aufzunehmen. Auch der Regierung muß es aus manchen Gründen daran liegen, richtige Ortsnamen auf ihren Karten zu haben.

Gewiß wird man meiner Behauptung beipflichten, daß eine genaue Gaukunde in mancher Hinsicht die Grundlage einer afrikanischen Volkskunde sein wird, und ein richtiges Verständnis dieser ohne jene nicht möglich ist*). Andererseits sind geographische Ortsnamen in unserem Sinne für uns eine Notwendigkeit. Keine geographische Beschreibung kann dieselben entbehren, ja diese werden für uns stets mehr Bedeutung haben, als die alten, auf kleine Distrikte beschränkten Gaunamen. Je mehr nun aber in unseren Kolonien europäische Kultur an der Hand deutscher Schulen, je mehr europäische Verwaltung und damit ein ganzes Heer neuer Begriffe Eingang finden, um so schneller dürften die alten Begriffe, auf denen sich das ursprüngliche afrikanische Volkstum aufbaute, schwinden; und zu diesen Begriffen gehört auch derjenige der alten Gaue, die heutzutage noch die geographische Namengebung in Afrika beherrschen. Um so verdienstvoller wird es also sein, ein möglichst reichhaltiges Material an ursprünglichen Gaunamen zu sammeln und dauernd der Nachwelt zu überliefern.

---

*) Anmerkung. Wie ich an anderer Stelle später einmal ausführen werde, dürfte die Einteilung des Landes in Gaue bedingt worden sein durch das unstäte Leben, das selbst ein verhältnismäßig so seßhaftes Volk, wie die Makoba z. B., das nur Ackerbau treibt, immer noch führt, und durch die Einteilung des Landes in „Familiendistrikte" behufs Ausübung von Jagd- und Sammelzwecken, wie sie heutzutage noch bei den Buschmännern des Ngamilandes üblich ist. Daraus geht dann auch ohne weiteres hervor, daß viele Rechtsbegriffe, z. B. der vom Eigentum, mit der Gaueinteilung eng verknüpft sind.

# Witterungsverhältnisse in Kiautschou.
## Oktober 1898 bis März 1899.

Von N. N.

Der verflossene Winter war durchweg milde, nur wenige Tage in jedem Monat mit steifen nördlichen Winden waren unangenehm rauh. Im Allgemeinen stimmten die Witterungsverhältnisse dieses Winters mit denen des vorgehenden überein, doch war der Winter 1898/99 noch etwas milder.

Da die Witterungsverhältnisse in den einzelnen Monaten sehr verschieden sind, so soll zunächst die Wetterlage für jeden Monat besonders beschrieben werden. Wenn auch der Oktober nicht zum Winter gerechnet werden kann, so sollen die Witterungsverhältnisse während dieses Monats doch hier aufgeführt werden, um ein fortlaufendes Bild über die meteorologischen Verhältnisse im Kiautschou-Gebiet zu geben.

Oktober 1898. Im Allgemeinen herrschte im Oktober schönes, klares und mildes Wetter, nur an einem Abend wehte ein Sandsturm aus W.N.W., der aber nur wenige Stunden anhielt. An 2 Tagen regnete es etwas, jedoch betrug die gesammte Regenmenge nur 4,3 mm. Das Temperaturmaximum betrug 25,5°, das Minimum 7,5°; jedoch blieb die Temperatur ohne größere tägliche Schwankungen im Allgemeinen zwischen 18° und 21°; dabei wehte meist leichte Brise aus verschiedenen Richtungen. Der Feuchtigkeitsgehalt der Luft betrug im Mittel 64 pCt. Dieses Monatsmittel ist das niedrigste beobachtete während des ganzen Jahres. Der mittlere Barometerstand betrug 764,8 mm, die barometrischen Schwankungen waren gering. Was die Witterung anbetrifft, kann wohl der Monat Oktober als der günstigste Monat des Jahres bezeichnet werden.

November 1898. Auch dieser Monat zeichnete sich durch schönes klares Wetter aus, erst gegen Ende desselben kamen mehrfach heftige Nordwinde durch, die eine wesentliche Abkühlung der Luft mit sich brachten. Am 20. und 21. sowie am 26. und 27. wehten steife nördliche Winde bis zu Stärke 6. Nur einmal, am 27., erreichte der aus Nordwest wehende Wind die Stärke 7. Bis zum 20. November war die Temperatur im Durchschnitt + 15°, das Maximum betrug + 17,8°, das Minimum 10,4°. Im letzten Drittel des Monats sank die Temperatur einmal auf − 0,3° und kam im Maximum nicht mehr über 12,3°. Die relative Feuchtigkeit war im Monatsmittel 68 pCt. Regen fiel an 2 Tagen, ebenso Schnee an 2 Tagen im letzten Drittel des Monats; die gesamte Niederschlagsmenge betrug 7,4 mm, der mittlere Barometerstand 767,2. Nach Vorstehendem war der Monat November 1898 günstiger als im Jahre vorher.

Dezember 1898. Im Dezember herrschten N.- und N.W.-Winde vor. Wenn auch nur zwei mal, und zwar vom 12.—15. und vom 28.—29. wirklich stürmisches

Wetter war, so machten sich doch die rauhen nördlichen Winde in diesem Monat recht unangenehm bemerkbar. Die höchste Temperatur betrug + 13,9°, die niedrigste — 5,5°. An 16 Tagen war das Thermometer unter Null. Die relative Feuchtigkeit betrug im Mittel 72 pCt. Es regnete an 1 Tage, an 3 Tagen traten Schneewehen auf. Thau fiel an 3 Tagen, Reif an 11 Tagen: Dunst wurde an 12 Tagen und Nebel an 3 Tagen, darunter 2 Tage mit Bodennebel, beobachtet. Die Niederschlagsmenge betrug im Ganzen 9,5 mm. Der Himmel war meist klar. Der mittlere Barometerstand während des Monats Dezember war 768,0 mm, der höchste 777,7 mm am 22. bei N.N.O.-Wind Stärke 1, der niedrigste 759,8 mm am 13. bei N.W.-Wind Stärke 9. Die Witterungsverhältnisse im Dezember 1898 waren etwas ungünstiger wie die im Dezember des vorhergehenden Jahres.

Januar 1899. Dieser Monat war der kälteste des verflossenen Winters; an 23 Tagen war das Thermometer unter Null. Es erreichte seinen höchsten Stand mit + 9,6° am 4., seinen niedrigsten mit — 7,5° am 14. Januar; das Monatsmittel war + 1,1°. Auch im Januar wehten vorherrschend nördliche Winde, jedoch kamen bereits an 12 Tagen S.-Winde vor, die aber Stärke 3 nicht überschritten; wirklich stürmisches Wetter war nur an einem Tage (13. Januar), wo es 24 Stunden lang aus W.N.W. bis N.N.W. mit Stärke 6 und 7 wehte. Die relative Feuchtigkeit betrug im Mittel 71 pCt; es regnete an 3 Tagen, leichtere Schneeböen kamen an 2 Tagen, Schneefall an 1 Tage vor mit einer Niederschlagsmenge von 4,2 mm im Ganzen. Der Himmel war meistens bewölkt. Nebel jedoch kam nicht vor. Das Barometer hatte seinen höchsten Stand am 21. mit 777,3 mm bei N.N.O.-Wind Stärke 4, seinen niedrigsten Stand mit 750,6 mm am 28. bei S.S.W.-Wind Stärke 2; der mittlere Barometerstand war 760,7 mm.

Februar 1899. Die Witterungsverhältnisse im Februar waren weniger günstig, als im vorhergehenden Monat. An 6 Tagen kamen stürmische Winde vor, die im Allgemeinen aus N.W. über N. bis N.O. wehten; eine Ausnahme machte nur am 24. Abends ein aus S. mit Stärke 7 wehender Wind. Die Temperatur betrug im Mittel + 3,2, die höchste + 12,4, die niedrigste — 6,1°. An 12 Tagen kam die Temperatur unter Null, an 4 Tagen regnete es, an 1 Tage kam leichterer Schneefall vor, die Niederschlagsmenge betrug 8,7 mm. Die relative Feuchtigkeit war 78 pCt., der mittlere Barometerstand 767,2 mm, den höchsten Stand erreichte das Barometer am 4. mit 773,5 mm bei N.-Wind Stärke 5, den niedrigsten mit 750,5 mm am 24. bei S.-Wind Stärke 7.

März 1899. Die Witterung in diesem Monat war günstiger als die im März 1898. Auch in diesem Jahre wehten vorherrschend südliche Winde, die jedoch im Allgemeinen die Stärke 3 nicht überschritten, nur einmal am 8. erreichte O.S.O.-Wind die Stärke 6. Nördliche Winde wehten an 12 Tagen, die noch an 7 Tagen Windstärke 5 überschritten und an 4 Tagen sogar Stärke 7 erreichten, allerdings nur für einige Stunden. 2 mal stellten sich diese Winde als Sandstürme dar, und zwar am 15. und 25. März. Das Thermometer kam noch an 5 Tagen unter 0°. Die niedrigste Temperatur mit — 1,4° wurde am 2. bei N.N.O.-Wind Stärke 5, die höchste + 19,9°, bei N.W.-Wind Stärke 1 abgelesen; das Mittel betrug + 7,0°. Regen fiel an 3 Tagen, Schnee an 1 Tage, Nebel wurde an 4 Tagen und Dunst an 3 Tagen beobachtet. Die relative Feuchtigkeit betrug im Mittel 68 pCt. Während des Sandsturmes am 25. wurde die auffallend geringe relative Feuchtigkeit von nur

## Vergleich der Witterungsverhältnisse des Winters 1898/99 mit denen des Winters 1897/98 im Kiautschou-Gebiet.

| Uebersicht über | | die Monate | | | | | | | | | | | | das Winterhalbjahr | |
|---|---|---|---|---|---|---|---|---|---|---|---|---|---|---|---|
| Monat: | | Oktober | | November | | Dezember | | Januar | | Februar | | März | | Novbr. bis März incl. | |
| Jahr: | | 1897/98 | 1898/99 | 1897/98 | 1898/99 | 1897/98 | 1898/99 | 1897/98 | 1898/99 | 1897/98 | 1898/99 | 1897/98 | 1898/99 | 1897/98 | 1898/99 |
| Barometer: | max. | | 772,1 mm<br>am 31. | 777,1 mm<br>am 30. | 773,6 mm<br>am 28. | 784,1 mm<br>am 22. | 777,7 mm<br>am 22. | 770,6 mm<br>am 4. | 777,3 mm<br>am 21. | 770,5 mm<br>am 2. | 773,5 mm<br>am 4. | 770,4 mm<br>am 11. | 773,2 mm<br>am 11. | 784,1 mm<br>am 22./12. | 777,7 mm<br>am 22./12. |
| | min. | | 753,2 mm<br>am 15. | 765,1 mm<br>am 27. | 761,1 mm<br>am 17. | 764,8 mm<br>am 8. | 750,8 mm<br>am 13. | 768,5 mm<br>am 1. | 759,0 mm<br>am 28. | 762,0 mm<br>am 16. | 760,5 mm<br>am 24. | 755,2 mm<br>am 31. | 748,0 mm<br>am 27. | 755,2 mm<br>am 31./3. | 748,9 mm<br>am 27./3. |
| | Mittel | | 764,8 mm | 771,8 mm | 767,2 mm | 775,1 mm | 768,0 mm | 774,5 mm | 769,7 mm | 769,0 mm | 767,2 mm | 760,6 mm | 761,1 mm | | |
| Thermometer: | max. | | + 25,2°<br>am 15. | + 19,8°<br>am 14. | + 17,8°<br>am 11. | + 11,9°<br>am 8. | + 13,9°<br>am 5. | + 14,0°<br>am 13. | + 9,6°<br>am 4. | + 9,8°<br>am 7. | + 12,4°<br>am 26. | + 14,2°<br>am 28. | + 10,9°<br>am 28. | + 10,8°<br>am 14./11. | + 10,9°<br>am 28./3. |
| | min. | | + 7,5°<br>am 26. | + 1,8°<br>am 28. | − 0,3°<br>am 27. | − 5,9°<br>am 16. | − 5,6°<br>am 13. | − 4,0°<br>am 28. | − 7,5°<br>am 14. | − 5,4°<br>am 25. | − 0,1°<br>am 0. | − 6,3°<br>am 4. | − 1,4°<br>am 2. | − 8,3°<br>am 4./3. | − 7,5°<br>am 14./1. |
| | Mittel | | + 18,3 | + 7,5° | + 10,7° | + 1,8° | + 3,2 | + 2,3° | + 1,1° | + 3,1° | + 3,2° | + 2,4° | + 7,0° | | |
| Heitere Tage | | | 15 | 4 | 12 | 6 | 17 | 8 | 14 | 1 | 10 | 3 | 8 | 22 | 50 |
| Trübe Tage | | | 1 | 2 | 7 | 2 | 2 | 9 | 3 | 8 | 7 | 11 | 5 | 26 | 24 |
| Sturmtage*) | | | 1 | 9 davon 4<br>unt. St. 8 | 1 aber<br>unt. St. 8 | 15 davon 8<br>unt. St. 8 | 5 davon 3<br>unt. St. 8 | 9 davon 8<br>unt. St. 8 | 2 aber<br>unt. St. 8 | 8 davon 7<br>unt. St. 8 | 6 aber<br>unt. St. 6 | 10 davon 7<br>unt. St. 8 | 7 aber<br>unt. St. 6 | 51 davon 34<br>unt. St. 8 | 21 davon 19<br>unt. St. 8 |
| Eistage | | | 0 | 0 | 0 | 8 | 0 | 0 | 3 | 0 | 0 | 3 | 0 | 11 | 3 |
| Frosttage | | | 0 | 0 | 1 | 19 | 16 | 20 | 23 | 10 | 12 | 17 | 5 | 66 | 57 |
| Regentage | | | 2 | 1 | 2 | 2 | 1 | 3 | 3 | 7 | 4 | 3 | 3 | 19 | 13 |
| Schneetage | | | 0 | 1 | 2 | 1 | 3 | 2 | 3 | 2 | 1 | 3 | 1 | 9 | 10 |

*) Als Sturmtage rechnen eigentlich nur solche Tage, an denen der Wind nach der Beaufort'schen Skala die Stärke 8 und darüber erreicht; hier sind als solche schon die mit Stärke 6 gerechnet, da sich hierbei die Kälte schon schneidend fühlbar macht.

Die Halbjahres-Übersicht konnte nur für die Monate November bis einschließlich März für den Vergleich zusammengestellt werden, da Beobachtungen für Oktober 1897/98 noch nicht vorlagen, weil die Schiffe erst im November im Kiautschou-Gebiet eintrafen.

27 pCt. feſtgeſtellt. Der mittlere Barometerſtand betrug 764.1 mm, der höchſte 770,2 mm bei N.N.W.-Wind Stärke 5 am 11., der niedrigſte 748,9 mm am 27. bei S.S.W.-Wind Stärke 5.

Aus der vorſtehenden Beſchreibung der Wetterlage während der einzelnen Monate ſowie aus den genauen monatlichen meteorologiſchen Berichten ergiebt ſich folgende Ueberſicht über das Wetter des Winters 1898/99*):

74 heitere Tage, das ſind ſolche, bei denen die mittlere Bewölkung unter 2,0 lag.

25 trübe Tage, bei denen die Bewölkung über 8,0 lag.

22 Sturmtage, an denen der Wind Stärke 6 und mehr erreicht hat. (Es ſind hier abſichtlich, anſtatt wie ſonſt üblich, nur Tage mit Windſtärke 8 und mehr als Sturmtage zu rechnen, ſchon ſolche mit Windſtärke 6 als Sturmtage bezeichnet, da ſich während des Winters die ſteifen N.-Winde durch ihre ſchneidende Kälte als Stürme empfinden laſſen.) Nur an 10 Tagen überſchritt der Wind Stärke 6 und erreichte nur an 2 Tagen die Stärke 9.

3 Eistage, an denen ſelbſt das Maximum der Temperatur negatives Vorzeichen hatte.

61 Froſttage, an welchen das Minimum der Temperatur unter 0° blieb.

15 Regentage, an denen Regen fiel, mit im Ganzen nur 38,7 mm.

10 Schneetage, an denen es ſchneite (einſchließlich leichtes Schneetreiben). Die Schneedecke war nicht meßbar.

Höchſter Barometerſtand während des Halbjahres = 777,7 mm am 22. Januar 1899,
niedrigſter Barometerſtand = 748,9 mm am 27. März 1899,
höchſte Temperatur = 25,5° am 15. Oktober 1898,
niedrigſte Temperatur = 7,5° am 14. Januar 1899.

Zu dieſer Charakteriſtik des Wetters iſt noch zu bemerken, daß z. B. ein Tag, an dem es ſtürmt und regnet, ſowohl als Sturm- und als Regentag oder ein heiterer Tag, an dem es ſtürmt, als heiterer und als Sturmtag aufgeführt iſt, ebenſo ſind die Eistage nur ein ſpezieller Fall der Froſttage, alſo bei den Froſttagen mit aufgeführt u. ſ. w.

Zum Vergleich mit den Witterungsverhältniſſen in dieſem Jahre, mit denen des Winters 1897/98, iſt in der Anlage eine beſondere Tabelle beigefügt.

*) Bei dieſer Zuſammenſtellung iſt auch der Monat Oktober berückſichtigt worden, während in der nebenſtehenden vergleichenden Zuſammenſtellung dieſer Monat fortgelaſſen werden mußte.

# Südamerikanische Einwanderung.

Von Dr. G. B.

## I.

„Wo wir uns der Sonne freuen,
Sind wir jede Sorge los;
Daß wir uns in ihr zerstreuen,
Darum ist die Welt so groß!"

Mit diesen Goethe'schen Worten als Motto wage ich ein warmes Wort zu Gunsten deutscher Einwanderung nach Südamerika zu reden. Mich treibt dazu vor allen Dingen der Wunsch, meinen Landsleuten in der deutschen Heimat einen Dienst zu erweisen, indem ich ihnen die dortigen Verhältnisse von dem Standpunkte eines vorurtheilsfreien — und vor allen Dingen unbetheiligten Beobachters schildere.

Außer einem warmen, vielleicht angeerbten Interesse für das schöne Land stehe ich selbst der Sache unparteiisch gegenüber. Ich bin weder Landbesitzer noch Geschäftsmann und habe daher keinerlei Vortheile von der Einwanderung zu erhoffen -- und wenn ich das allgemeine Interesse jetzt für diesen Zweck auf einige, in Deutschland noch wenig bekannte südamerikanische Provinzen zu lenken versuche, so treibt mich dazu nur die feste Ueberzeugung, daß Südamerika dem Einwanderer weitaus größere Vortheile zu bieten vermag als das bisher mit Vorliebe aufgesuchte Nordamerika.

Beide Länder sind mir bekannt, da ich schon seit Jahren als Schiffsarzt nach Nord- und Südamerika reise und Gelegenheit gesucht und gefunden habe — sowohl das bunte Leben an den Küstenplätzen zu beobachten als auch Land und Leute im entfernteren Innern kennen zu lernen und die mir am Herzen liegende Frage mit Ansässigen zu besprechen.

Warum wendet sich der große Strom deutscher Einwanderung noch immer beharrlich den nordamerikanischen Gegenden zu, obgleich die dortigen Verhältnisse für den deutschen Einwanderer ebenso schlecht — ja für den der Sprache Unkundigen vielleicht noch schlechter sind, als in Europa: warum macht er verhältnißmäßig so selten andere Gebiete -- vor allen Dingen Südamerika zum Ziel seines Laufes?

Ganz abgesehen von der Frage, ob die Deutschen auswandern müssen, oder nach dem alten bewährten Grundsatz: „Bleibe im Lande und nähre dich redlich" daheim bleiben können, möchte ich kurz in Erwägung ziehen, was sie treibt Nordamerika aufzusuchen und welche Chancen sie dort erwarten. Ich bitte daher meine lieben Leser, mich in Gedanken einmal in das Zwischendeck eines Newyork- oder Baltimore-Dampfers zu begleiten und sich die bunt durcheinander gewürfelte Menge hoffnungsfreudiger (oder hoffnungsloser) Auswanderer anzusehen.

Wenn man sich etwas eingehender mit ihnen beschäftigt, wird man erfahren, daß die meisten ganz unbemittelt sind, — daß sie in Europa nichts mehr zu hoffen hatten -- und darum ihr Heil in der „Neuen Welt" versuchen wollen. Gewöhnlich haben sie in Amerika irgend einen hinübergegangenen Verwandten von ihnen, dem es „glückte", wie sie sich ausdrücken, — der ihnen sogar das Passagegeld geschickt hat — und damit wird die Brücke zu einer neuen ungewissen Zukunft vertrauensvoll überschritten; sie hoffen auf die Güte und Hülfe dieses bewunderten Bekannten oder Verwandten, wissen kaum, wohin die Reise geht, und werden auf Grund des gesandten Wechsels dirigiert.

Ein großer Theil dieser Auswanderer bringt gewiß viel guten Willen mit und hofft durch Fleiß und Beharrlichkeit alle unbekannten Schwierigkeiten in der „Neuen Welt“ besiegen zu können, bedenkt aber nicht, daß der Amerikaner in seiner praktischen Thätigkeit und geschäftlichen Veranlagung, besonders auch in der Kenntnis aller kleinen Landeseigentümlichkeiten dem Deutschen bei weitem überlegen ist und ihn in jeder Beziehung auszunutzen versteht, so daß der mit dem Namen „Greenhorn“ von vornherein verdächtige Fremdling mit dem guten Willen allein wenig ausrichten kann.

Der andere Theil der Auswanderer bringt weder Geld noch guten Willen zur Arbeit mit, sondern hofft geradezu, ohne große Mühe in Amerika reich zu werden oder sich wenigstens gut erhalten zu können, — ein noch größeres Wagestück als das frühere Prinzip, sich in Europa auf die Fürsorge und Mildthätigkeit der guten Mitmenschen zu stützen! — Er wird bald finden, daß es ihm im „gelobten Lande“ noch schlechter ergeht als daheim; denn der Amerikaner haßt alles, was nach seiner Meinung nicht „smart“ ist, und verschwendet niemals sein Mitleid in unpraktischer Weise. So wandert denn ein großer Zug der neuen Einwanderung wieder zurück — und glücklich der, welcher noch zurückwandern kann! Die größte Mehrzahl besitzt nicht das Geld zur Heimreise und — geht unter!

Außer diesen arbeitslustigen oder arbeitsmüden Amerikareisenden giebt es noch eine andere Art von Auswanderern in unserem Zwischendeckraum, nämlich die, welche auf Grund eines in Deutschland unterschriebenen Kontraktes reisen — eine vielleicht noch unglücklichere Sorte von Menschen, da die amerikanischen Einwanderungsinspektoren, deren Gönneraugen jeder Fremdling beim Eintritt in das Land Revue passiren muß, diese Kontraktarbeiter unerbittlich wieder zurücksenden und sie dadurch in die hülfloseste Lage bringen. Einzelnen gelingt es vielleicht, ihrem scharfen Blick zu entgehen und sich mit großer List das Recht zu erringen, die gesegneten Fluren zu betreten —, ein Recht, welches nur darin besteht, sich einen dürftigen Unterhalt zu suchen.

Jener glückliche Typus von Einwanderern, welcher noch vor etwa dreißig Jahren dominierte, nämlich Bauern, die im Besitz genügender Geldmittel sind, um sich drüben eine Farm kaufen zu können, ist fast nicht mehr anzutreffen. Damals — also etwa vor zwanzig bis dreißig Jahren waren die Verhältnisse in der Union — und ganz besonders in den Weststaaten — noch günstig. Es war leicht, eine Farm zu kaufen, sich in einfacher Weise einzurichten und lohnende Resultate zu erzielen — bei einiger Intelligenz sogar eine gesicherte Stellung zu erringen. Zum Beweis, daß der Deutsche wohl versteht, sich dem Amerikaner gegenüber zu behaupten, erinnere ich nur an jene zehn Millionen Deutsch-Amerikaner in der Union, denen es großentheils durch Fleiß und Betriebsamkeit gelang, das ihnen vom Yankee entgegengebrachte Vorurtheil und Mißtrauen in das direkte Gegentheil zu verwandeln.

Diese vor etwa zwanzig bis dreißig Jahren hinüber gegangenen Deutschen errangen durch ihre Zähigkeit, sich den Verhältnissen anzupassen, sogar nach und nach eine große Bedeutung auf wirthschaftlichem Gebiet; sie verstanden die guten Zeiten wahrzunehmen.

Aber — diese Zeiten sind jetzt vorüber, teils durch die Getreidekonkurrenz anderer Länder (mit Nordamerika), teils durch die hohe Fracht der Eisenbahnen bis zur Ostküste an die Häfen — und es ist und bleibt eine Thatsache, daß es jetzt unglaublich schwer ist, sich in Nordamerika eine Existenz zu gründen.

Zudem ist das einen Anbau lohnende Land in der Union in festen Händen, und der neue Ankömmling bedarf zum Erwerb solcher Ländereien großer — sogar ungewöhnlich großer Geldmittel, um sich selbständig zu machen.

Allerdings steht noch billiges Land in Menge zur Verfügung, aber soweit es nicht in Kanada liegt, wo sich die Verhältnisse noch am günstigsten gestalten, ist es unfruchtbar oder im heißen Süden belegen.

Doch trotz alledem bleibt der gute Deutsche dabei, nur Nordamerika als Ziel seiner Einwanderung zu betrachten und nach wie vor ist ihm „Newyork“ das Eingangsthor zu dem Lande, das seine Hoffnungen verkörpert.

Warum, frage ich nun, faßt auch der unabhängige Auswanderer, dem daheim nur ein freies Feld fehlt, auf dem sich seine Fähigkeiten entfalten können, so selten die Möglichkeit ins Auge, sich andern Gebieten — und hier speziell Südamerika, „welches Raum für Viele hat“, zuzuwenden? Regelt sich doch die Bevölkerungsverschiebung auf der ganzen Welt nur nach dem Grundsatz, daß der Ueberschuß, welcher an der überfüllten Stelle allzu schlechte Existenzbedingungen findet, sich einer andern zuwenden muß, wo bessere gegeben sind.

Warum wendet sich der Auswanderer noch immer mit Beharrlichkeit nur den nordamerikanischen Provinzen zu, um den Kampf mit kümmerlichen Verhältnissen aufzunehmen, während doch Südamerika mit seinen üppigen Provinzen Sta. Catharina, Rio Grande do Sul und vor allen Dingen mit Argentinien der Einwanderung ungleich höhere Vortheile zu bieten hat — wo nach dem Urtheil aller Landeskundigen hier in der That alle Vorbedingungen gegeben sind, um fleißigen Ansiedlern — wenn nicht gleich Reichthum — so doch ein gutes Einkommen in Aussicht zu stellen?

Der Grund dieser Thatsache mag nicht zum wenigsten in dem Widerstand der deutschen Regierung zu suchen sein, welcher durch einige bedauernswerthe Vorfälle hervorgerufen wurde.

Es war etwa in der zweiten Hälfte unseres Jahrhunderts, als die großen Kaffeepflanzer in Brasilien mit außerordentlichen Schwierigkeiten zu kämpfen hatten, um für ihre Plantagen[1]) genügende und gleichzeitig billige Arbeitskräfte zu finden. Sie versuchten deshalb schon unter dem Kaiserreich, gewisse Maßregeln durchzusetzen, um europäische Einwanderer anzulocken und fanden in Europa bald passende Agenten, welche ihnen behülflich waren. Da für jeden Arbeiter bedeutende Provision gezahlt wurde, versuchten die Vermittler das Geschäft immer mehr auszudehnen und sandten, was aufzutreiben war. Natürlich waren dies nicht gerade die besten Elemente[2]), und zwischen Pflanzern und Arbeitern kam es bald zu Mißhelligkeiten, bei denen die Schuld auf beiden Seiten lag und die später zu Rohheiten ausarteten, denen die Neuangekommenen — Schuldige wie Unschuldige — zum Opfer fielen. Die meisten gingen demzufolge an Entbehrungen und Krankheiten[3]) zu Grunde und nur ein kleiner Teil behielt die Kraft, sich zu behaupten und der Not zu trotzen — speziell aber nur der nach den Südprovinzen ausgewanderte Teil der Ansiedler.

1) Nach der 1830 gesetzlich untersagten Sklavenzufuhr aus Afrika. D. Sch.

2) Es befanden sich darunter sogar viele bisherige Insassen von Arbeitshäusern und Gefängnissen. D. Sch.

3) Oder Verschuldung; — denn ihre Unterhaltsbedürfnisse bezogen sie allein von dem Brotherrn, der ihnen mit doppelter Kreide anschrieb. D. Sch.

Nach und nach erreichten die Klagen dieser Schutzlosen, im subtropischen Brasilien mißhandelten Auswanderer das Ohr der europäischen Regierungen und veranlaßten eine genaue Untersuchung, welche die traurigsten Vermutungen bestätigte und ein allgemeines Verbot gegen europäische Auswanderung nach Brasilien zur Folge hatte[1]).

Daß diese traurigen Ereignisse einesteils auf die nichtswürdige Sorte von Arbeitern — größtenteils aber auf die schlechte Handhabung der Einwanderungsgesetze durch die vollständig unfähigen und korrumpierten brasilianischen Beamten zurückzuführen, und daß schließlich dergleichen nur im tropischen und subtropischen Brasilien vorgekommen war, blieb vorläufig unberücksichtigt. Das Verbot erstreckte sich auf ganz Brasilien und wirkte auf ganz Südamerika zurück.

Trotzdem hatten die nach den Südprovinzen ausgewanderten Deutschen über sehr vorteilhafte Erfolge zu berichten und bereuten ihre Auswanderung niemals. Hier entwickelte sich die deutsche Einwanderung, trotz der Abneigung der heimatlichen Regierung und trotz der großen Schwächen des brasilianischen Beamtentums sicher und gut. Jene ersten Deutschen haben es in kurzer Zeit zu einem gewissen Wohlstand gebracht, sind fast Alle Besitzer von mehr oder minder großen Ländereien geworden, haben ihre eigenen Viehherden und leben unter den besten Bedingungen auf dem Lande oder in den Städten.

Die vom Staate eingerichteten — meist von deutschen Direktoren angelegten Kolonieen vergrößern sich gleichmäßig und sicher — und zum Zeichen, wie zufrieden und glücklich sich diese ehemals arm eingewanderten Deutschen in ihrer neuen Heimat fühlen, mag hier erwähnt werden, daß sie ihre Ersparnisse vertrauensvoll in neuen Landlosen anlegen, anstatt sie auf Zinsen zu geben oder in den Nachbarländern unterzubringen.

Noch ungleich besser würden die Aussichten für die deutschen Kolonisten sein, wenn die europäischen Regierungen ihre Landeskinder in dem fernen Weltteil schützen und mehr Nachdruck auf die genaue Erfüllung der Einwanderungsgesetze legen wollten; zumal letztere für die Fremden nur günstig, vielleicht günstiger als die eines andern Staates sind. Es würde sich bei einiger Strenge der deutschen Regierung gewiß ein befriedigender modus vivendi in der Handhabung ergeben, besonders jetzt nach dem militärischen Aufstande[2]), wo Deutschland Brasilien gegenüber eine weit bessere und wohlgelittenere Stellung einnimmt als früher und sich einige Forderungen erlauben darf[3]).

Einen zweiten Abschreckungspunkt in Bezug auf die Einwanderung nach Brasilien sieht der Deutsche ganz entschieden in den dortigen politischen Verhältnissen, die auch in der That nicht dazu angethan scheinen, ein an ordnungsgemäße Sicherheit gewöhntes Volk zu ermutigen, wenn es nicht einseitig und stark genug ist, mit den Eigentümlichkeiten der südamerikanischen Verhältnisse zu rechnen.

---

[1]) Nicht wenig trug zu dem Verbot, dem v. d. Heydt'schen Zirkularerlaß, auch der Avé-Lallemant'sche Bericht über das mißglückte Kolonisationsunternehmen am Mucury bei. D. Sch.

[2]) Es ist die revolutionäre Erhebung vom Jahre 1892/93 gemeint. D. Sch.

[3]) Von einer „wohlgelitteneren Stellung" Deutschlands gegenüber Brasilien ist leider nicht allzuviel zu verspüren, seitdem die brasilianischen Nativisten mehr und mehr dem grundlosen Verdachte Raum geben, daß es Deutschland auf eine Annexion südbrasilianischer Landesteile abgesehen habe. D. Sch.

Seit der unglückliche Kaiser Dom Pedro, welcher im Volksmund als sogenannter verlorener Märchenprinz weiter lebt, sein schönes Reich verlassen mußte, sind diese Länder regelrechte südamerikanische Republiken, und jeder Brasilianer ist zum gleichberechtigten und unabhängigen Bürger erklärt worden. Er glaubt, damit eine gewichtige Stellung im Staate errungen zu haben — in Wirklichkeit beschränkt sich diese aber, leider! nur auf die Ehre, dem Lande hohe Steuern zu bezahlen und bei ähnlichen angenehmen Pflichten allzeit zum Dienste bereit zu sein. Es ist nicht zu leugnen, daß der Bürger in Südamerika noch weniger politische Rechte hat als in irgend einer anderen Republik. Die einträglichen Stellen sind im Besitz einer kleinen Clique von „wohlgesinnten Männern", welche unter dem Deckmantel, für des Landes Wohlfahrt zu sorgen und die weitgehendsten Interessen der Provinzen zu fördern, nur ihren eigenen Vorteil im Auge behalten und das unmündige Land nach besten Können ausschlachten. Dies dauert so lange, bis eine Gegen-Clique, welche auch ihr Teil haben möchte, stark genug geworden ist, um die Rivalin wegzujagen, und sich, so lange sie nicht einer noch sachverständigeren Gegnerin weichen muß, mit Hülfe einer kleinen Revolution selbst an die vorteilhafte Stelle zu setzen.

Aber solch eine schnell improvisierte Revolution gehört in Südamerika ganz zum alltäglichen Leben, um den aufgeregten Gefühlen Luft zu machen, und bedeutet nicht viel mehr als ein etwas gefährliches Feuerwerk, das dem Südländer (selbst am hellen Tage!) zur Illumination seiner Stimmung nötig ist. Die Devise des Landes heißt darum doch „Ordem e Progresso" d. i. „Ordnung und Fortschritt".

Der größte Teil des eigentlichen Volkes hat sich an diese einfache Regierungsmethode gewöhnt und steht den sich wiederholenden Revolutionen ziemlich uninteressiert gegenüber: es ist ihm gleichgültig, ob João oder Pedro mit Familie oder Compadres die Staatseinkünfte verbraucht oder stiehlt und bei dieser vorteilhaften Thätigkeit das Land in Schulden stürzt — es läßt sich eben nicht ändern! Daß diese fortwährenden Revolutionen und Unsicherheiten bei alledem der friedlichen Einwanderung schaden, ist gewiß nicht zu leugnen, aber die Sache ist nicht so bedeutungsvoll, wie man in Europa glaubt; denn bei allen südamerikanischen Revolutionen geht Handel und Wandel doch im Ganzen seinen ruhigen Gang. Vielleicht werden die Spekulationen etwas unsicherer und gefährlicher — der Gütertransport etwas unregelmäßiger und unbequemer, aber mit Ausnahme der kleinen Zahl von Unruhestiftern und hitzigen Spekulanten von Profession — welche bei dem allgemeinen Wirrwarr etwas zu verlieren fürchten oder zu gewinnen hoffen — geht die große Mehrzahl ruhig den Weg der eigenen Interessen und kümmert sich wenig um die Unruhe. Die Ansiedler im entlegenen Innern erfahren überhaupt erst von einer Revolution, wenn sie längst vorüber ist[1].

Wie teilnahmlos und gleichgültig die Bevölkerung sogar den bedeutenderen politischen Unruhen gegenüber steht, hat der letzte brasilianische Krieg zur Genüge durch seine lange Dauer bewiesen. Wie schnell würden diese endlosen, stürmischen Unruhen ihre Erledigung gefunden haben, wenn das Land sich für den Gegenstand der Streitigkeiten interessiert und eine oder die andere der Parteien durch zuverlässige Sympathie und zugleich mit Bereitwilligkeit, auch eigene Opfer zu bringen, unterstützt hätte.

[1] So ganz einerlei sind die Unruhen und unsicheren Verhältnisse für die Handel- und Ackerbautreibenden denn doch nicht, da die damit hervorgerufenen Kursschwankungen ungemein auf die Preise drücken. D. Sch.

Die europäischen Einwanderer brauchen sich also wegen dieser südamerikanischen Revolutionen wenig zu beunruhigen. Im schlimmsten Falle können sie das Beispiel jener deutschen Kolonisten in Rio Grande nachahmen, welche sich bei dem großen Aufstande völlig unparteiisch hielten und weder den „Regierungstruppen" noch den „Aufständischen" den Eintritt in ihre Kolonien gestatteten; sie fühlten sich stark genug, sich selbst zu vertheidigen*). — und was bei solcher Selbstwehr eine Handvoll mutiger, entschlossener Menschen vermag, hat in der letzten argentinischen Revolution die Schweizerisch-Deutsche Kolonie Esperanza musterhaft bewiesen — hat in den 70er Jahren der sogenannte „Muckerkrieg" in Rio Grande, in welchem vierzig deutsche Pietistenfamilien ganze Brasilianische Bataillone schlugen, zur Genüge gezeigt. Außerdem sind die brasilianischen Auswanderungsgesetze insofern besonders vorteilhaft, als der Staat sich verpflichtet, den Einwanderer bis zur ersten Ernte auf seinen Staatskolonieen kostenfrei zu erhalten*). Hierdurch gewinnt der Fremdling Zeit, sich mit den ungewohnten Verhältnissen zu befreunden und vor allem die von der europäischen verschiedene Bebauungsart des Landes kennen zu lernen.

Das Land zur Ansiedelung — und zwar ein entsprechendes großes Stück Land — wird dem Einwanderer vom Staate bereitwilligst angewiesen gegen die geringe Verpflichtung, einen kleinen Teil des Landes urbar zu machen und eine Wohnstätte darauf zu gründen.

Dies sogenannte Urbarmachen und Anbauen bedeutet aber in Südamerika nicht viel; denn schon mit der kleinen Mühe, einen *halben* Morgen Land mit Mais zu bepflanzen und eine Schilfhütte aufzuschlagen, ist der Wortlaut dieser Verpflichtung erfüllt und der Ansiedler als unkündbarer Pächter in seinen Kontrakt getreten. Wenn er später — vielleicht erst nach zehn Jahren — imstande ist, den Kaufpreis zu entrichten, so tritt er damit in die Rechte des gesetzmäßigen Besitzers. Dieser Kaufpreis ist außerordentlich gering und beträgt gewöhnlich nur 500 Milreis, d. i. nach deutschem Gelde und heutigem Kurs 350 Mark, für das Kolonielos, so daß ein Besitztum von 100 Morgen, welches schon ein ganz niedliches Gut vorstellt, bei einigermaßen günstigen Verhältnissen mit der Ernte eines halben Jahres bezahlt werden kann.

Ein mir bekannter Kolonist hatte eine kleine Kolonie in Rio Grande in Pacht und verdiente zur Zeit des brasilianischen Aufstandes den Kaufpreis für das ganze Land allein mit einem Boot voll Bohnen, welches er unter günstigen Bedingungen in Rio Grande verkaufte. Damit diese Erzählung nun nicht gar zu sehr an das Gericht Linsen erinnert, wofür einst einer unserer Großahnen sein Erstgeburtsrecht verkaufen konnte, so will ich zugestehen, daß der Kolonist seine Bohnen durch die mit dem Kriege verbundenen Verhältnisse unter ungewöhnlich günstigen Bedingungen

---

*) Hier geht der Verfasser zu weit. Die deutschen Ansiedler benahmen sich eben — mit wenigen Ausnahmen — nur zu *apathisch* und ließen sich geduldig alles gefallen. Federalisten wie Regierungstruppen sündigten darauf in gleicher Weise und brachten manchen deutschen Ansiedler ungestraft um seine Habe, nachdem dieser sich durch seine Naturalisation des Schutzes der deutschen Konsularbehörde begeben hatte. T. Sch.

*) Das ist heutigen Tages übrigens nicht mehr durchweg der Fall. Das Einzige, was die Einzelstaaten gewähren, ist ein mehrjähriger Kredit beim Ankauf von Ländereien. T. Sch.

verkaufte, da er für den Sack Bohnen, welcher gewöhnlich nur 6—10 Milreis kostet, den hohen Preis von 20 Milreis erhielt.

Trotz dieser günstigen Bedingungen sieht man aus der erwähnten Angabe, daß der Preis des Landes jedenfalls gering ist im Verhältnis zu seinen reichen Erträgen, und daß man daher in Brasilien mit etwas Glück leicht zum Grundbesitzer werden kann, ohne zu den „notleidenden Landwirten“ gerechnet werden zu müssen.

Doch zur näheren Orientierung über die Zahlen, in welchen sich die Erträge der brasilianischen Landwirtschaft ausdrücken lassen, verweise ich auf die bezüglichen, vom Einwanderungskommissariat herausgegebenen Büchlein, die für jede landwirtschaftliche Frage die richtige Antwort bringen[*].

Jedenfalls dürften die Deutschen, welche es gewagt haben, sich in Brasilien niederzulassen, mit ihrer Wahl zufrieden sein. Ich sehe in diesem Urteil ganz ab von den Handel treibenden Deutschen in den Städten, deren Glieder noch zum größten Teil aus deutschen Unterthanen bestehen, sondern spreche speziell von den Brasilianern deutscher Abkunft, deren Eltern oder Großeltern eingewandert sind, ohne einen Reis zu besitzen, und die jetzt als brasilianische Anbauer zu einem soliden Wohlstand gekommen sind.

Es giebt in Südamerika und ebenso in Brasilien kaum einen deutschen Kolonisten welcher nicht sein etwa hundert Morgen großes Stück Land sein Eigentum nennt — die meisten besitzen sogar weit mehr und, haben außerdem schon für jedes ihrer Kinder in den weiter heimwärts liegenden Kolonieen ein sogenanntes Landlos gekauft, um diese dort anzusiedeln und damit an die neue Heimat zu fesseln. Wären diese Leute in Deutschland geblieben, so hätten sie es niemals zu eigenem Grundbesitz — wie zu der heutigen Wohlhabenheit bringen können, sondern hätten als armselige Tagelöhner oder Fabrikarbeiter in dürftigen Verhältnissen weiter vegetieren müssen.

Ich selbst habe Gelegenheit gehabt, einige dieser einfachen europäischen Kolonisten kennen zu lernen und sie auf ihrem freundlichen, aber wild einsamen Besitztum zu besuchen, und darf versichern, daß es sich als Kolonist herrlich in diesen von der Natur so reich ausgestatteten Ländern leben läßt. Hunger oder Nahrungssorgen kennt man hier nicht; denn das Land vergilt die einfachste Pflege durch reiche Ernten. Die meisten bei uns heimischen Gewächse — Getreide, Obst und Gemüse — und außerdem viele uns unbekannte Sorten gedeihen in dem günstigen Boden und Klima des Landes so üppig, daß es oft bei den billigen Preisen nicht lohnt, den Ueberfluß des zu reichlich gewachsenen Kornes und der Früchte zum Verschiffungsplatz zu schaffen. Ebenso günstig steht es mit der Viehzucht, die auf jeder Kolonie mit geringer Mühe und ohne bedeutende Kosten betrieben werden kann, weil das Vieh bei dem ewigen Sommer Jahr aus Jahr ein meist im Freien bleibt und sein Futter auf den fast immer grünen Wiesen findet, ohne dem Menschen Sorge für den kommenden Tag zu bereiten. Fleischnahrung braucht daher niemand zu entbehren, und es sind sogar mächtige Braten von auserlesener Güte, welche auf einen solchen Kolonistentisch kommen.

Kurzum, die fleißige Arbeit deckt unter den günstigen Verhältnissen leicht den Tisch, und man darf sogar einige Ansprüche an materielle Genüsse machen, ohne für einen Verschwender zu gelten. Rechnet man nun noch hinzu, daß die landschaftliche Schönheit dieser wunderbaren Tropenwelt — von den stillen, einsamen, zwischen dicht

[*] Welches „Einwanderungskommissariat“ hier gemeint ist, ist selber nicht genauer präzisiert. Uns sind derartige Büchlein aus neuerer Zeit nicht bekannt. D. R.

bewaldeten Höhen liegenden Thälern bis zur endlosen Urwildnis — so großartig ist, daß jede Schilderung hinter ihr zurückbleibt, dann muß man gestehen, daß Brasilien ein Land ist, welches man den auswanderungsmutigen Deutschen zum Anbau wohl empfehlen kann, und dessen Vorzüge ebenbürtig mit den Verhältnissen anderer Ansiedelungspunkte in die Schranken treten dürfen.

Der Weg zu einem bescheidenen Wohlstand ist also für einen Ansiedler, welcher tapfer genug ist, auf den allereinfachsten Luxus europäischer Zivilisation in seinem Hinterwalde zu verzichten und sich mit dem Los eines einsamen, auf sich und seine Arbeit angewiesenen Landmannes zu begnügen, leicht gefunden. Schwerer ist es dahingegen, sich hier schnell Reichtümer zu erwerben und damit die Pforte zum Luxus und zum Wohlleben zu erschließen; denn so unverhältnismäßig billig die Lebensmittel hier zu Lande sind, so teuer stellt sich der Preis für jede Art von Luxus — und der Weg zum Reichtum ist hier ebenso abhängig von günstigen Zufälligkeiten, wie in Europa.

Was nun den finanziellen Wert einer Kolonie anbetrifft, so gründet sich dieser vor allen Dingen auf ihre Lage zu den Hauptstädten und die Beschaffenheit der Verkehrswege, welche die Verbindung der Ansiedelung mit den Seehäfen vermittelt. Aber gerade hierin — in den unvollkommenen und teuern Verkehrswegen liegt der große Mangel und die Armut der brasilianischen Verhältnisse — beruht das Haupthindernis zu einer größeren Prosperität — zu einer vollkommenen Erschließung des Landes. Die Verkehrswege zu Wasser und zu Lande sind für eine Kolonie die Grundbedingung zum Wohlstand und zum Gedeihen, und wo diese nicht vorhanden, fehlt jede Gelegenheit, die reichen Erträge des Landes an den Markt bringen zu können, und damit jede Aussicht auf größeren Gewinn.

# Unsere schwarzbraunen Landsleute in Neu-Guinea.

Allerlei über sie und ihr Leben von Dr. med. Schnee.

III.

Um die Feldfrüchte nach Hause zu tragen, bedient man sich eines aus Rotang geflochtenen Korbes, dessen breiter, bandartiger Henkel über den Vorderkopf läuft; doch weiß die Trägerin ihm weitere Verwendung abzugewinnen, indem sie ihn als Schrank für kleine Gegenstände benutzt, welche sie immer unter Augen zu haben wünscht. Im Bismarckarchipel hatte ich einmal Gelegenheit, den Inhalt eines solchen genauer zu untersuchen. Er enthielt Wurzelstücke, Betelnüsse, kleine Bachkiesel, einen alten roten Lawa-lawa, eine Anzahl undefinierbarer Gegenstände, die in abgerissene Zeugfetzen eingewickelt waren; ganz zu unterst befand sich eine etwa handgroße, gleichfalls geflochtene Tasche, welche etwas Muschelgeld und einige weitere Kleinigkeiten enthielt. In einem gewebten Beutel pflegen die Frauen den etwa vorhandenen Säugling bei sich zu führen, dem es in seinem, uns etwas unbequem vorkommenden Aufenthaltsorte ganz gut zu gefallen scheint; wenigstens beträgt er sich bei weitem artiger als europäische Kinder seines Alters. Ebenso transportiert die Melanesin kleine Schweinchen, die Lieblinge der dortigen Damenwelt. Die Zuneigung zu diesen herzigen Tieren dürfte mit der zu dem pikkenini (Kind) gleich sein; sie geht sogar so weit, daß die glückliche Besitzerin beide nicht nur mit derselben Hingebung pflegt und hätschelt, sondern ihnen auch mit gleicher Zärtlichkeit die Brust reicht. Solch reizendes Ferkelchen wird natürlich außerordentlich zahm und läuft seiner Pflegerin auf Schritt und Tritt nach, falls diese nicht vorzieht, die süße Last im Arme oder auf dem Rücken mit sich herumzuschleppen, wobei sich das bei uns so widerspenstige Geschöpf außerordentlich manierlich benimmt. Doch es wächst heran, und immer mehr erkaltet die Liebe seiner Pflegemutter, welcher Ausdruck bei dem innigen Verhältnisse zwischen beiden gewiß gerechtfertigt erscheint, und wenn es erst größer geworden ist, treibt es sich nach seinem Belieben im Dorfe umher, um sich Futter zu suchen. So gut wie den Schweinen des göttlichen Sauhirten Eumäus, von denen Homer so schön zu singen weiß, ergeht es ihm kaum jemals. Wenn es von diesen heißt:

Allda mästen sie sich mit lieblichen Eicheln und trinken
Schattiges Wasser, wovon das Fett den Schweinen entblühet,

so ist davon bei den dortigen Borstentieren wenig zu bemerken; diese nähren sich recht und schlecht von allerlei Küchenabfällen und allem, was ihnen noch sonst vor die Schnauze kommt, weshalb das ihnen entblühte Fett denn oft recht mäßig ausfällt. — Einst aber kommt der Tag eines jener Feste, bei denen benachbarte Dörfer oft recht anhaltend zusammen schmausen. Dann hat seine Stunde geschlagen; alle Rücksichtnahme für das liebe Tierchen ist dahin; beim Kaikai (Essen) hört eben selbst für den Kanaker die Gemütlichkeit auf: man ergreift es, bindet es ohne weiteres vermittelst einiger Lianen an eine Stange und schleppt es so auf den Schultern zweier kräftiger Männer zum

Festplatze, wo sich sein Geschick bald erfülle. Mitleidslos kocht die meist so zärtliche Pflegerin seiner Jugend das schnöde Gemordete, um es nach Kanibalenmanier dann zu verzehren. Was ist mir Hekuba, denkt sie, während die sterblichen Reste im Topfe leise brodeln, ohne allerdings in der Lage zu sein, ihren Gefühlen in der gewählten Sprache Shakespeares Ausdruck geben zu können. — Die beschriebene Transportweise ist in der Südsee sehr verbreitet, wenn auch kaum unseren polizeilichen Vorschriften entsprechend; sah doch unser Landsmann Schalle auf Neu-Mecklenburg die Eingeborenen in gleicher Weise und zum gleichen Zwecke Kriegsgefangene herbeischleppen. Die Anthropophagie ist eine leider noch weit verbreitete Sitte; vielleicht gewährt Optimisten die Mitteilung, daß man auf einigen Inseln nicht mehr von einem Menschen, den man gefressen hat, sondern zarter Weise von einem langen Schweine, das man verzehrte, spricht, einigen Trost und zugleich die Genugthuung, hierin ein Zeichen fortschreitender Kultur erblicken zu dürfen. Trotzdem es unsere Eigenliebe im hohen Grade kränken muß, glaube ich nicht verhehlen zu dürfen, daß wir Europäer draußen wenig geschätzt werden. Wir sollen nämlich, verzeihen Sie das harte Wort, nach Tabak und Whisky schmecken. — Einen nach Papuabegriffen ganz vorzüglichen Braten geben dagegen die kleinen, fahlgelben Neu-Guineahunde ab, bei deren Anblick ihnen schon das Wasser im Munde zusammen läuft. Diese häßlichen Köter mit ihren aufrechtstehenden, halblangen Ohren und dem weißen Bauche erinnern sehr an den australischen Dingo oder Windhund. Sonstigen Nutzen bringen sie ihrem Herrn nicht: sie begleiten ihn weder auf die Jagd, noch bewachen sie das Dorf. Bei der Ankunft Fremder pflegen sie lautlos bei Seite zu schleichen; ihre einzige Beschäftigung scheint in den nächtlichen Heulkonzerten, welche sie mit Kraft und Ausdauer ausführen, ihr einziger Zweck darin zu bestehen, eines Tages in den Schmortopf zu wandern. Leider sind Europäer zarter besaitet als Kanaker, welche diese endlosen Klagegesänge absolut nicht rühren, weshalb die Weißen der Gegend mit einer gewissen Sehnsucht den Moment erwarten, wo wieder ein paar der Ruhestörer auf der Tafel der Dorfbewohner prangen. Außer durch ihr Heulen machen sich die Hunde dadurch lästig, daß sie gelegentlich Hühner oder ähnliche Haustiere abwürgen, besonders aber durch ihre unglaublich frechen Diebstähle von Eßwaren. „Sie stehlen wie die Raben" paßt für Neu-Guinea nicht und müßte für die dortigen Verhältnisse in „sie stehlen wie die Hunde" umgewandelt werden. Die daselbst vorkommende Rasse bellt merkwürdigerweise nicht, lernt aber diese Kunst ihren europäischen Vettern ziemlich leicht ab, wie ich mit aller Bestimmtheit versichern kann. Für gewöhnlich ernährt sich der Hund von Vegetabilien, namentlich soll er Kokosnüsse gern fressen; doch verschmäht er wohl nichts Genießbares, was es auch sein mag! Seine Eckzähne gelten für hervorragende Schmuckgegenstände und finden als Verzierungen an Halsbändern, Brustschmuck und dergleichen eine ausgedehnte Verwendung; noch wertvoller sind aber Eberhauer, welche den Putz der Krieger bilden. Sind dieselben gar so gebogen, daß sie fast einen Kreis darstellen, so gelten sie für das Kostbarste, was ein Kanaker überhaupt besitzen kann. Diese abnorm gebogenen Zähne sind natürlich selten, sodaß nur Häuptlinge sich solchen Schmuck leisten können. Doch wie es bei uns Leute genug giebt, denen Goldsachen zu teuer sind, die sich aber mit Tombak schmücken, um wenigstens den Schein der Wohlhabenheit hervorzurufen, also geht es auch dort! Man ahmt dergleichen nicht nur durch zwei gewöhnliche, mit einander verbundenen Eberhauer nach, bei denen die Zusammenhaftungsstelle durch herumgewundene Schnüre verdeckt wird, sondern man verfertigt solche Zähne auch künstlich durch Herausschleifen entsprechend geformter Stücke aus großen Muscheln. Man sieht, die Kunst den lieben Mitmenschen Sand in die Augen zu streuen, um dadurch seinen Kredit zu heben, ist eine Erfindung, die wir Kulturmenschen nicht für uns allein in Anspruch nehmen können!

Außer den erwähnten beiden Tieren hat der Papua noch ein drittes Haustier, das Huhn. Merkwürdigerweise wird dasselbe aber weder des Fleisches noch der Eier wegen gehalten, sondern nur, um die als Haarschmuck sehr beliebten, weißen Hahnenfedern zu gewinnen. Um die Hennen, welche in der Nähe des Dorfes im Busch leben, sich dort Nester bauen und brüten, pflegt sich ihr Besitzer gar nicht zu kümmern; die Eier, Kiau genannt, werden wenig geschätzt. Der Name für das Huhn lautet im Dialekt der Astrolabe-Bai Kalahú, wodurch offenbar das Gackern desselben nachgeahmt werden soll. Als Delikatesse gelten dagegen die großen, braunen Eier der Großfußhühner oder Megapodien, welche eifrig gesammelt und für Feste aufbewahrt werden. Sollten sie bis dahin faul geworden sein, so schadet das nichts, indem etwas haut-goût gerade als besonders fein gilt, und deshalb den Genuß erhöht. Frisch schmecken dieselben allerdings ausgezeichnet, sodaß ich sie den Hühnereiern, welche in den Tropen bekanntlich nur halb so groß als in Europa sind, bei weitem vorziehen möchte. Die Megapodien brüten, wie bekannt, nicht selbst, sondern scharren einen großen Haufen von Blättern zusammen, in welchen sie ihre Eier legen, welche dann durch die im Innern derselben entstehende Fäulnißwärme von selbst ausgebrütet werden. Das Huhn beteiligt sich an diesem Prozesse nur insofern, als es durch Entfernen resp. Anhäufen von Laub die Temperatur dieses natürlichen Brutofens reguliert. Manche dieser Tiere legen ihre Eier auch in den vulkanischen Sand der Feuerspeier, wo sie durch die Wärme des Bodens gezeitigt werden, welchen Umstand ich bei meiner Besteigung des Ghaie-Vulkans auf Neu-Pommern (Bismarck-Archipel) zu bestätigen Gelegenheit gehabt habe.

Wir haben schon über den Tabak geredet; es ist vielleicht an der Zeit, hier eines anderen Genußmittels zu gedenken, welches in Neu-Guinea sehr beliebt ist: Ich meine den Betel, die Frucht der Arecapalme, deren Heimat Vorderindien zu sein scheint. In vereinzelten Exemplaren findet man den Baum auch in den Dörfern der Kanaker angepflanzt und stets mit einem Zaun gegen die Angriffe von Seiten der Schweine sorgfältig geschützt. Der Stamm desselben wird bei einer Dicke von etwa 30 cm 15 bis 20 m hoch. Diese außerordentliche Schlankheit und die eiförmigen rot und gelben Früchte, welche als große, lockere Trauben zu beiden Seiten unterhalb einer graziösen Krone zart gefiederter Blätter herabhängen, machen die Pflanze schon von Weitem kenntlich. Kräftige Bäume bringen bis zu 800 Samen jährlich hervor; letztere sind von einer festen Hülle umschlossen, in der ein weißer, von roten Adern durchzogener Kern liegt, der an Muskatnuß erinnert. Man teilt denselben in vier Teile, umwickelt ein Stück davon mit dem Blatte einer Pfefferpflanze, um beide zusammen zu zerkauen, worauf man vermittelst des sogenannten Löffels, eines zahnstocherartig zugespitzten Holzes, Kalk, aus gebrannten Korallen bereitet, hinzufügt. Betel schmeckt säuerlich zusammenziehend, scheint aber von keiner Einwirkung auf den Körper zu sein; sicher festgestellt ist, daß er keinerlei dem Alkohol oder dem Nikotin nahestehenden Stoffe enthält. Eine sehr unangenehme Eigenschaft desselben ist es, daß er Lippen und Zahnfleisch feuerrot, die Zähne dagegen dunkelbraun färbt und sie außerdem brüchig macht. Möglicherweise hängt hiermit die in Neu-Guinea und in allen Ländern, wo man diesem Genußmittel huldigt, weit verbreitete Sitte, sich die Zähne schwarz zu färben, zusammen. Zum Glück pflegen Mädchen und jüngere

Frauen für gewöhnlich weder in der Lage zu sein, Betel zu kauen, noch ihr Gebiß, dessen Färbung eine ziemlich kostspielige Prozedur darstellt, in der erwähnten Weise verunstalten zu lassen — sicher sehr zu ihrem Leidwesen! Trotz ihrer entgegengesetzten

Mann aus Garimeh bei Bogadjim, Kaiser-Wilhelmsland.

Ansicht — denn wo giebt es eine Evatochter, die nicht glaubt, modisch geschmückt, am meisten zu gefallen? — hinterlassen sie einen bei Weitem angenehmeren Eindruck bei uns, als ihre wohlhabenderen Landsleute. Uebrigens pflegt der Papua auch bei dieser Prozedur mit einer gewissen Koketterie vorzugehen, indem er durch einen halbschwarzen, halbweißen, oder durch einen einzelnen ungefärbten Zahn einen gewissen phantastischen Zug in die Sache zu bringen weiß. Im Großen und Ganzen verfließt der Tag dem Kanaker gar nicht so sehr anders wie einem deutschen Bauer, nur daß er sich nicht im entferntesten in gleicher Weise anstrengt wie dieser. Wie dort erscheint auch hier die Frau zuerst, setzt das Feuer vor der Hütte wieder in Gang, stellt den hohen Kochtopf von Thon darüber, um etwaige Reste des gestrigen Schmauses nach sparsamer Hausfrauen Art aufzuwärmen; dann holt sie Wasser in einer Kokosnuß herbei und beginnt mit dem Ausfegen. Alles wie bei uns! Mittlerweile kommt der Herr Gemahl, der etwas länger geschlafen hat, aus der Hütte hervor, läßt sich erst eine Zeit lang die liebe Sonne auf den Pelz scheinen, die seine Lebensgeister sichtlich erweckt und ist dann zum Kei-Kei fertig. Nach demselben ziehen die Frauen unter Mitnahme von Kind und Kegel, pardon, der Sprößlinge, Schoßhunde und Lieblingsschweinchen in die Plantagen ab. Hier werden die Feldfrüchte geerntet, auch wohl die Erde mit spitzen Stäben gelockert, und gegen 4 Uhr etwa kehren sie von dort aus zurück, mit Yams, Tarro, auch Brennholz reichlich versehen. Dieses zerschlägt man sehr primitiv auf irgend einem Steine, schürt das Feuer aufs neue und stellt den Kochtopf darüber. Letzteren wischte die erfahrene Köchin vorher mit Blättern aus, bis er nach ihren Begriffen sehr sauber ist; wir als verzärtelte Europäer haben vielleicht von Reinlichkeit einen etwas anderen Begriff, aber da wir ja nicht mitessen wollen, geht das uns schließlich ja nichts an und so können wir dem Kommenden ruhig entgegen sehen. Giebt es vielleicht heute die berühmten Sagoklöße, die, faustgroß und an Mehlkleister erinnernd, ganz hinuntergeschluckt werden müssen? Doch nein, schon schneidet die Hausfrau mit Hilfe einer scharfen Muschel geschälte Brotfrucht in Würfel und wirft sie kesselwärts, wie die Macbeth'schen Hexen, ins heiße Wasser, während die kleinen Schweinchen, welche die Schälende stark bedrängt und sich ihren Teil gesichert haben, ein allgemeines bedauerliches Gegrunze erheben, daß es nun nichts mehr giebt. Schon beginnt die Suppe zu brodeln, als sie zerquetschte Kokosnuß, deren ölreiche breiähnliche Masse unsere Butter ersetzt, hinzuthut. Mit mehr oder weniger Grazie wird das delikate Gericht schließlich in Ermangelung von Tellern auf Bananenblättern regelrecht serviert. — Beliebte weitere Speisen sind rohe und gekochte Muscheln und Schnecken, welch letztere man, da Fischgabeln noch nicht vorhanden sind, ebenso einfach wie leicht mit Hilfe des für gewöhnlich das Haupt schmückenden Kammes aus ihren Häusern hervorholt. Ferner hat man kleine, auf Schnüre gezogene Fische, welche geräuchert werden und unseren Sprotten ähnlich sehen, auch kleine Kuchen aus eßbarer Erde, welche praktischerweise in der Mitte gleich ein Loch zum Durchziehen einer Schnur besitzen, um sie so besser transportieren und aufheben zu können, eine gewiß auch für unsere Verhältnisse recht praktische Einrichtung! Fische kommen selten auf den Tisch, da der Papua von der Überzeugung, daß Wasser keine Balken hat, tief durchdrungen, sich auf die See nicht hinauswagt, weshalb der Reichtum derselben an wohlschmeckenden Flossenträgern für ihn fast nutzlos bleibt. Wohl fischt er in seichten Buchten mit Netz und mit Angel, um seinen Tisch zu verbessern. Sein eigentliches Gebiet ist aber der Fluß; hier legt er kunstvolle Wehre und Reusen an oder dämmt kleinere Bäche ab, um sich der leckeren Fische zu bemächtigen, die er auch in bewunderungswürdiger Weise mit Pfeilen zu schießen versteht. Bei einer Fahrt auf dem Gauda-flusse, einem in die Astrolabe Bai sich ergießenden Gewässer, traf ich einmal, mir ebenso unerwartet wie erfreulich, mit einem dieser Fischjäger zusammen. Während unser Boot, von den taktmäßigen Ruderschlägen der Schwarzen wacker gefördert, dahin schoß, bemerkte ich plötzlich seitlich im Schatten eines großen Baumes, welcher seine Zweige weit über den Fluß herabhängen ließ, einen in seinem Boote stehenden Papua, dessen gespannter Bogen gar drohend zu uns herüberschaute. In der Mitte

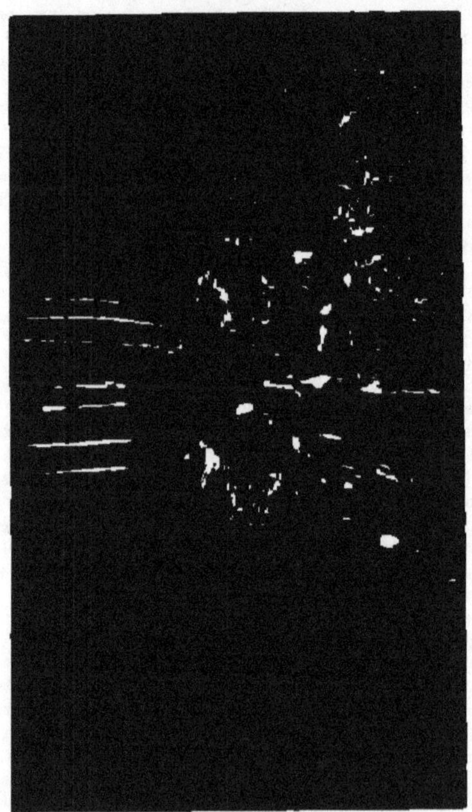

Frau aus Garimeh bei Bogadjim, Kaiser-Wilhelmsland.

des Kanoe hockte die Frau, das Ruder zum Einsetzen fertig in der Hand, um das Fahrzeug, sobald ein Fisch getroffen war, sogleich vorwärts treiben zu können. — Mit der Zubereitung von erlegten Vögeln macht man wenig Umstände; man wirft dieselben einfach in das Feuer, wodurch sie zugleich gesengt und gebraten werden. Die starken Federschäfte der Flügel, welche noch in der Haut stecken, pflegen hierbei wenig oder garnicht zu stören. Diese Thatsache ist mir von den verschiedensten Seiten erzählt worden, weshalb ich keinen Anstand nehme, dieselbe hier anzuführen, obgleich ich dieses persönlich nie beobachtet habe, da der Papua für gewöhnlich Vegetarier ist, weshalb die Gelegenheit, ihn bei solchen Extra-Schlemmereien zu beobachten, ziemlich selten ist. Es wird niemand Wunder nehmen, wenn ein solches Naturvolk mancherlei ißt, was uns Europäern widerlich erscheint, z. B. die großen Schlangen und Eidechsen des Landes, die sie sehr geschickt mit Kopf und Schwanz an einen Bambusstab anzubinden und so lebend zu transportieren wissen; ja, ich habe sie im Verdacht, daß sie, wie die Australier des Festlandes, kaum etwas Eßbares verschmähen! Ratten, Schildkröten, Frösche und Käfer, fliegende Hunde und Austern werden ebenso wie wildes Zuckerrohr, Kürbis, Wurzeln, Stengel, Blüten und Samen von allerlei Pflanzen verzehrt; ja mit sichtlichem Genuß verschlucken sie sogar lebende Maden und Holzwürmer!

Da es größere jagdbare Tiere mit Ausnahme der häufigen verwilderten Schweine sowie der straußenähnlichen Kasuare nicht giebt, so ist der Papua zum allergrößten Teile auf die Erzeugnisse des Landbaues angewiesen, auf dem seine ganze Existenz beruht. Derselbe zeigt ebenso primitive wie eigentümliche Verhältnisse. Es wird nur das für den Lebensunterhalt unbedingt Nötige gebaut; zum Verkaufe, wie im nahe gelegenen Bismarck-Archipel, Feldfrüchte zu ziehen, ist eine völlig unbekannte Sache. Trotz dieser noch in den Kinderschuhen steckenden Landwirtschaft kennt man Hungersnot nicht, die sich in anderen Tropenländern mit bedauerlicher Regelmäßigkeit einstellt, was gewiß für die Güte des Bodens, der mit beinahe mathematischer Sicherheit alljährlich eine gute Ernte bringt, mehr spricht als bogenlange Auseinandersetzungen über seine chemischen Bestandteile. Die sogen. Plantagen der Eingeborenen, wie man die Äcker derselben meistens nennt, liegen nicht selten weit vom Dorfe entfernt, häufig sogar auf steilen Bergabhängen, wo sie schon von weitem durch einen matteren Ton auffallen, welcher sich von dem sie umgebenden Urwald scharf abhebt. Die Männer, welche den Platz zur Anlage ausgesucht haben, ziehen eines Tages hinaus, schlagen die großen Stämme mit ihren Steinäxten in etwa Meterhöhe ab, zerhacken alsdann die größeren Zweige möglichst, entfernen kleineres Buschwerk so gut es geht, und stecken schließlich alles in Brand, um freies Feld zu schaffen. Solche Plantagen brennen natürlich tagelang, und da man fast jedes Jahr eine neue Stelle in Angriff nimmt, so sind diese aus dem Urwalde aufsteigenden Rauchmassen ein nicht ganz seltener Anblick. Das Fällen der Bäume scheint die einzige schwere Arbeit zu sein, welche dem Kanaker wirklich zusagt; mit großem Eifer und staunenswerter Geschicklichkeit versteht er es, die Steinaxt zu handhaben. Groß ist die Freude, wenn wieder ein Urwaldsriese krachend zusammenbricht und im Falle die benachbarten kleineren Stämme mitreißt und unter sich begräbt. Nachdem Axt und Feuer ihr Werk vollendet haben, beginnt man mit der Herstellung eines Zaunes, der den verwilderten Schweinen den Zugang zu der neuentstehenden Pflanzung versperren soll. Diese Arbeit ist schon viel weniger nach dem Geschmacke des Kanakers, der die Abwechselung sehr liebt. Hier muß er einen Stamm des wilden Zuckerrohres neben den andern stellen und sie sorgfältig mit einander verbinden; das will ihm wenig gefallen! Die dazu benutzten Pflanzen schlagen zum größten Teile wieder aus und tragen durch ihr reichliches Wachsthum nicht wenig zur Festigung der Umzäunung bei. Thüren pflegt eine solche nicht zu besitzen, da dieselben den Schweinen leicht Eintritt gewähren könnten; man bringt vielmehr hier und da Vorrichtungen an, welche erlauben, bequem über den Zaun wegzusteigen. Größere Tiere, die es, wie schon gesagt, in Neu-Guinea nicht giebt, vermag ein solcher natürlich nicht abzuhalten; Rindern z. B. würde er in keiner Weise Halt gebieten. Wenn solche in eine Gegend eingeführt werden, verwüsten sie die Pflanzungen schonungslos, was die Einwohner des Dorfes Bongu, denen der russische Reisende Maclay eine kleine Herde von vier Stück geschenkt hatte, bitter haben erfahren müssen. Da das Geschichtchen zugleich zeigt, wie vorsichtig man mit Geschenken der Zivilisation an Wilde sein muß, und wie selbst die beste Absicht des Gebers oft nicht hinreicht, den Beschenkten vor Schaden zu bewahren, so will ich es hier erzählen.

Besagter Reisender hatte monatelang in Bongu gelebt und glaubte die Papua durch sein Geschenk mit einem für sie höchst wertvollem Haustiere und zugleich der Milchgewinnung bekannt machen zu können. Aber es kam anders, als er sich gedacht hatte. Die kleine Herde trieb sich in der Nähe der Dorfschaft herum, durchbrach die Zäune, wodurch die wilden Schweine Eingang in die Plantagen fanden, wo sie nicht gerade sanft hausten, und wurde so zu einer förmlichen Landplage. Da die Kanaker die Kälber abschossen und verzehrten, wollten sie die Herde, welche so wertvolle Beigaben für ihren Tisch lieferte, natürlich nicht töten. Die Benutzung der Milch lag völlig außerhalb ihres Ideenkreises, was bei der Furcht vor so entsetzlich großen, vorher nie gesehenen Geschöpfen, am Ende ganz erklärlich erscheint.

Reizend ist ein Geschichtchen, welches Finsch, der als erster Rinder und Schafe in Neu-Guinea landete, in seinem Buche, Samoafahrt, erzählt. Doch lassen wir ihm selbst das Wort: „Solche Ungeheuer hatten die guten Leute noch nie gesehen, und namentlich flößte ihnen der Widder mit seinen gewaltigen Hörnern Angst und Schrecken ein. Und von was mochten sich diese Monstra nähren? Vielleicht spießten sie Menschen auf, um sie später gemächlich zu verschlingen?“ [Solche und ähnliche Gedanken gingen durch den Kopf Tobbes, so hieß nämlich der Häuptling, bei dessen Dorfe die Tiere ausgeschifft wurden. Finsch sagt dann weiter: „Ich hielt ihm so gut ich konnte, einen Vortrag über Rindvieh und Schafe, den mein brauner Freund vollständig zu begreifen schien. Sorgsam raffte er ein Grasbündel zusammen, dessen Zweck ich anfänglich nicht begriff. Aber im Dorfe, vor dem versammelten Volke, da demonstrierte er mit dem Grase in der Hand die fremden Tiere, die nun unter Jubel gelandet wurden. Hei! wie das auseinanderstob, wenn der Widder einen Seitensprung machte, und gar erst, als eine Kuh nach ihrem Kalbe brüllte; da war es mit der Kourage wieder vorbei. Aber die Leute wußten nun, daß die Tiere Gras fressen und bezeugten ihre Genugthuung darüber durch einstimmiges Gewadewa! (sehr gut).“ Doch kehren wir zum Ackerbau zurück!

Nachdem die Männer den Zaun vollendet und den Erdboden gerodet haben, ist ihre Arbeit gethan; das Weitere ist Sache der Frauen. Diese lockern mit spitzen Stäben die Erde, bis sie fein wie leichter Sand ist und säen dann die einheimischen Gemüse hinein. Gewöhnlich legen mehrere Familien gemeinsam eine solche Plantage an. Trotzdem man eine genauere Abgrenzung der einzelnen Ackerstücke nicht vornimmt, soll es niemals vorkommen, daß Streitigkeiten entstehen; jede Frau weiß genau, wo sie gesäet hat und folglich auch ernten darf. Da der Acker nicht gedüngt wird — was hier ein unbekannter Begriff ist, so würde die Ernte immer geringer werden; man nimmt deshalb jedes Jahr oder wenigstens alle 2—3 Jahre ein neues Stück Urwald in Bearbeitung. Man sieht schon, daß der Kanaker zu seinem bischen Ackerbau sehr viel Platz braucht, was nur in einem so spärlich bevölkerten Lande wie Neu-Guinea möglich ist. Die Hauptfrüchte sind Yams, Tarro und Zuckerrohr. Tabak wird nur in einzelnen Stauden in den Plantagen gebaut. In neuerer Zeit soll man, wie ich hörte, auch vielfach Mais pflanzen, der aber erst durch die Deutschen eingeführt zu sein scheint. Yams ist eine an unsere Winden erinnernde Schlingpflanze, mit herzförmigen Blättern und unscheinbaren, in Trauben stehenden Blüten. Die großen mehligen Knollen, welche bis zu 20 Kilogramm schwer werden, enthalten sehr viel Stärkemehl und sind infolgedessen sehr nahrhaft. Taro heißt in der Südsee die eßbare Kolocasia. Man benutzt hiervon nur die Wurzeln, welche Kindeskopfgröße erreichen, eine schwarze Rinde und rötliches Fleisch besitzen und fast an eine große schwarze Rübe erinnern. In andern Ländern werden auch die Blätter als Gemüse verwandt, was in Neu-Guinea aber nicht üblich zu sein scheint. An allen Bächen des Landes findet man das wilde Zuckerrohr, dessen schilfartige Gräser mit großen, dichten, seidenglänzenden Blütenrispen bedeckt sind. Die Kanaker haben es verstanden, diese Pflanze zu veredeln, und ziehen sie mit großer Sorgfalt in ihren Plantagen. Der Melonenbaum, hier gewöhnlich Papaja genannt, ist ein Gewächs mit bitterem Milchsafte und dicht gedrängt stehenden handförmig gestalteten Blättern, welche einen langen Stiel besitzen und oben eine große Krone bilden; der Stamm selbst ist astlos. Die Früchte, denen ich niemals rechten Geschmack abgewinnen konnte, obgleich viele Europäer sie gern mit Zucker, auch mit Essig gewürzt, essen, sind melonenähnlich und werden bis 7 Kilogramm schwer; sie haben ein gelbliches Fleisch und viele rundliche, schwarze Samen von Kirschengröße. Seine reißend schnelle Verbreitung in Neu-Guinea ist nur dadurch erklärlich, daß der Baum ungemein rasch wächst. Sechs Monate, nachdem der Same in die Erde gelegt ist, ist der Schößling schon manneshoch und trägt bereits Früchte, im dritten Jahre ist der Stamm fußdick und ca. sechs Meter hoch, im vierten fängt der Gipfel an zu faulen und stirbt dann ab. Diese Pflanze vermehrt sich in Neu-Guinea wie Unkraut und wird in kurzer Zeit das Hauptnahrungsmittel für die farbigen Arbeiter unserer Kolonie bilden.

# Zur wirtschaftlichen Vorbildung höherer deutscher Kolonialbeamter.*)

Von Professor Dr. Richard Ehrenberg.

Die Verwaltung von Kolonieen, zumal von jungen Kolonieen, erfordert Beamte mit besonderem wirtschaftlichen Verständnis, bei deutschen in noch höherem Maße als vielleicht bei englischen Kolonieen, weil unsere privaten Kolonial-Unternehmer noch bei Weitem nicht den gleichen Unternehmungsgeist haben, wie die Engländer, weshalb sie in höherem Grade staatlicher Ermutigung und Förderung bedürfen.

Statt dessen werden unsere Kaufleute, wie geklagt wird, von der Verwaltung unserer Kolonieen vielfach bei ihren Unternehmungen behindert, natürlich nicht absichtlich, sondern aus Mangel an Verständnis für das Wesen solcher Unternehmungen.

Unsere höheren Kolonialbeamten sind nicht selbst privatwirtschaftlich thätig, aber ihre volkswirtschaftliche Thätigkeit kann mit Erfolg nur ausgeübt werden, wenn sie geleitet wird von einem scharfen Blicke, nicht nur für die wirtschaftlichen Bedürfnisse der ganzen Nation, sondern auch für die Existenzbedingungen von Privatunternehmungen. Dazu gehört namentlich Verständnis für alles, was Ertrag verspricht, für das praktisch Wesentliche, für fremde Erfahrungen auf diesem Gebiete, Beweglichkeit und Anpassungsfähigkeit, sparsame, zweckmäßige Anwendung der gegebenen Mittel, wenn nötig aber auch Einsetzung der ganzen Kraft für das als erstrebenswert und ausführbar Erkannte, ohne Besorgniß vor persönlicher Verantwortlichkeit.

Diese Eigenschaften sind nicht die Zielpunkte der jetzigen Vorbildung unserer Kolonialbeamten. Ihre juristisch-bureaukratische Vorbildung ist vielmehr dem Wesen ihrer wirtschaftlichen Aufgaben direkt entgegengesetzt. Sie führt zum Formalismus und Schematismus, zur übertriebenen Wertschätzung von Nebendingen, zu der Auffassung, daß die Kaufleute zuviel verdienen könnten, daß das öffentliche Interesse hierunter leiden könnte und dergleichen, während doch unsere Kaufleute der Gesamtheit am meisten nützen, wenn sie in unseren Kolonieen Unternehmungen begründen, welche dauernd möglichst hohe Erträge abwerfen; denn das beweist, daß sie die rechten Mittel anwenden, um unsere Kolonieen nutzbar zu machen. Leider ist aber bisher davon noch wenig zu bemerken.

Nur einzelne ungewöhnlich begabte Beamte können sich dem Einflusse jener falschen Vorbildung allmählich entziehen, doch auch sie müssen zunächst jedenfalls ihre ganze Denkweise ändern, um gute Kolonialbeamte zu werden.

Freilich werden die Kolonialbeamten auch juristische Kenntnisse sich erwerben müssen; aber weit wichtiger noch ist es, daß sie das wirtschaftliche Leben an der Quelle studieren.

*) Ich unterlasse es einstweilen, diese Anregung tiefer zu begründen, was aber geschehen könnte, wenn — wie zu wünschen wäre — sich daran ein öffentlicher Meinungsaustausch knüpfen sollte.

Zu dem Zwecke empfehle ich zunächst nach Beendigung des Universitätsstudiums oder sonst möglichst früh: mindestens einjährige Arbeit in einem großen Hamburger oder Bremer Handelshause oder Rhedereibetriebe. Und zwar müßten die Herren sich dort durchaus als junge Kaufleute ansehen, also nicht etwa kavaliermäßig, sondern ernsthaft und gründlich die Technik des Handels kennen lernen und sich in dessen Anschauungsweise einleben. Unsere Kaufleute müssen und werden Gelegenheit hierzu bieten, wenn sie sicher sein können, daß die jungen Herren mit ihren Geschäftsgeheimnissen diskret umgehen.

Alsdann sollte zweitens, ebenfalls mindestens einjähriges volkswirtschaftliches Studium auf einer Universität bezw. Handelshochschule folgen, an der Hand von Vorlesungen und Übungen, welche die praktischen Bedürfnisse des wirtschaftlichen Lebens unausgesetzt im Auge haben müßten. Es ist richtig, dieses Studium erst dann eintreten zu lassen, weil das reifere Alter und die vorhergegangene kaufmännische Praxis das Verständnis für die Probleme des wirtschaftlichen Lebens eröffnen werden.

Drittens empfehle ich als Vorbedingung für den Eintritt in den höheren Kolonialdienst zu fordern eine mindestens einjährige Dienstzeit als Assistent beim Sekretariat einer größeren Handelskammer. Dieser Wirkungskreis steht in der Mitte zwischen Privat- und Volkswirtschaft und ist sehr geeignet, die Fähigkeit zur Anwendung des in den ersten zwei Jahren Gelernten zu entwickeln.

Endlich müßte eine zweckentsprechende Prüfung den Nachweis liefern, daß das Ziel der Vorbildung erreicht ist. Denjenigen, welche die Prüfung mit Auszeichnung bestehen, sollten die Mittel gewährt werden, ein Jahr lang in einer englischen oder holländischen Kolonie praktische Kolonialwirtschaft zu studieren, was ohne die bezeichnete Vorbildung nur ausnahmsweise gute Erfolge haben kann.

Ich empfehle also, als Bedingungen für den Eintritt in den höheren Kolonialdienst an Stelle der Referendariatszeit und des Assessor-Examens zu fordern:

1. mindestens einjährige Arbeit in einem größeren kaufmännischen Geschäfte von internationaler Bedeutung,
2. mindestens einjähriges Studium auf einer Universität bezw. Handelshochschule,
3. mindestens einjährige Thätigkeit bei einer größeren Handelskammer,
4. die Ableistung einer besonderen Prüfung für den höheren Kolonialdienst, deren Bestehen mit Auszeichnung Anwartschaft geben würde auf ein Reisestipendium zum Studium ausländischer Kolonieen.

# „New-Germany".

Von H. C. Nebel.

Wie unter den Einzelwesen bald diese, bald jene Fähigkeit stärker entwickelt ist, wie bestimmte Talente und Neigungen hier mehr hervortreten als dort, so ist dies auch unter den einzelnen Völkern der Fall.

Eine ganz besondere Veranlagung ist die kolonisatorische. Wenn auch die Auswanderung selbst meistenteils ein Ergebnis bestimmter Verhältnisse in der Heimat ist, so ist diese Veranlagung doch darüber entscheidend, wie sich die Siedler in der neuen Heimat bewähren.

Wer selbst in den Kolonieen gelebt und beobachtet hat, der wird diese Bemerkung bald durch eine andere ergänzen können, nämlich, daß es unter den Völkern wieder besonders einzelne Stämme, einzelne Provinzen sind, die ein außergewöhnlich starkes Aufgebot tüchtiger Kräfte zur Gründung neuer, lebensfähiger Ansiedelungen im fernen Süden, Osten und Westen stellen.

Als ein solcher Stamm fallen unter den Deutschen, in Südafrika besonders, die Hannoveraner auf, die an mehreren Orten deutsche Tüchtigkeit und deutschen Fleiß in eigenen, arbeitsamen Siedelungen zu Ehren gebracht haben.

Die Engländer, die dort die Herrscher des Landes sind, haben diesen Pionieren, die als Landwirte in harter Arbeit dem allerdings sehr ergiebigen Grund und Boden die erste Bebauung angedeihen ließen, mannigfache Zeichen ihrer Anerkennung gegeben, bei der Treue aber, die diese Siedler trotz der langjährigen Trennung deutscher Sprache und deutscher Sitte gewahrt haben, dürfen sie auch in der alten Heimat nicht vergessen werden.

Die Erzählung eines Besuches, den ich ihnen an einem ihrer lebensfähigsten und ältesten Plätze in Südafrika abgestattet, möge ein klein wenig dazu beitragen, bei ihren Landsleuten in dem geliebten hannöverschen Lande die Erinnerung an sie aufzufrischen.

Eine Fußreise von gegen zehn englischen Meilen landeinwärts bringt den Wanderer von Durban, das als Haupt- und Hafenstadt der englischen Kolonie Natal zugleich eine der schönsten Perlen im Kranze europäischer Siedelungen an den Gestaden des indischen Ozeans ist, nach New-Germany.

Als eine Fortsetzung der breiten belebten Weststreet, die sich als Hauptverkehrsader Durbans, vom Meeresstrand bis zu den bewaldeten, landhäuserbekränzten Hügeln zieht, führt die Berearoad weit hinein in die stille Gebirgslandschaft, die Ausläufer der Zuluberge, gen Pinetown, Inchanga und weiterhin nach dem freundlichen Pietermaritzburg.

Unter den landschaftlichen Schönheiten Südafrikas nimmt die Berea eine allererste Stelle ein, und am idyllischsten ist sie auf der ersten Strecke hinter Durban, wo die prachtvoll gepflegte Straße, vorbei an reizenden gartenumsäumten Landhäusern und den kleinen malerischen Läden der Kulis, in mählicher Steigung die Höhe gewinnt, bis sie vom Kamme den ersten Blick gewährt auf den Leuchtturm von Port Natal, auf das weite waldige Land.

Da erzeugt der eintönige Gesang der Kaffern auf den kleinen Fruchtfarmen, das leise Aneinanderschlagen der Palmenblätter und das dumpfe Getöne der fernen Brandung wundersame, unvergeßliche Akkorde.

Aber nur ein Teil unseres Weges geht der Berea entlang, dann führt ein Pfad rechtsab durch ein romantisch zerklüftetes Thal, über einen kleinen lebhaften Bergbach und schließlich in scharfer Steigung zwischen Maisfeldern und Bananenpflanzungen, zu dem ersten Farmerhause von New-Germany.

Eine junge blondhaarige Frau steht vor der Thür, ein kleines Kind auf dem Arme; sie singt ihm mit leise fremdländischer Betonung ein deutsches Wiegenlied. Froh erwidert sie den deutschen Gruß, durch köstliche Bananen erfreut sie den Wegmüden und giebt freundliche Auskunft. Sie ist in Afrika geboren und hat Deutschland nie gesehen, aber ihr Mann war vor ein paar Jahren erst drüben gewesen, noch vor ihrer Verheiratung; was der alles erzählen konnte, die Alten haben's kaum glauben wollen, und sie waren doch dort geboren und haben die Erinnerung an Hannover noch neu im Herzen. Ein bärtiger, sonngebräunter Mann trat an uns heran, und als die Frau ihm berichtet hatte, hieß er mich und meinen Freund in wohlbekanntem Dialekt willkommen.

Aber es war beste Arbeitszeit, wir durften die Leutchen nicht aufhalten; auf dem Hof stand ein großer vierrädiger Karren: „Böhmer-New-Germany“ war daraufgemalt. Wir erfuhren, daß er dem nächsten Nachbar gehöre, der zugleich das älteste Mitglied der Kolonie und einer der wohlhabendsten Ansiedler war. Wir mußten ihn unbedingt besuchen. Unser netter Freund zeigte uns den Weg, der nicht zu verfehlen war, und nahm uns das Versprechen ab, auf dem Rückweg noch einmal bei ihm einzukehren.

Mit innerer Freude sahen wir die wohldrainierten, gutstehenden Felder; das ist „deutscher Fleiß“, erklärte mein Freund, „so etwas kennen die Engländer doch nicht“.

In einer halben Stunde haben wir Herrn Böhmer's Farm erreicht. Ein alter, weißbärtiger Herr in der landesüblichen Farmertracht, tausend Runzeln in dem guten, freundlichen Gesicht, stand am Wege; wir fragen nach dem Besitzer, er war es selbst. In heller Freude geleitete er uns ins Haus und stellte uns seiner Gattin vor, einer noch jugendlich rüstigen Frau im besten Alter. Der Mittagstisch war gerüstet, und wir mußten uns dazu setzen.

Mit dem Wohlbehagen der Feinschmecker genossen wir die Speisen, die trotz der Einfachheit in dieser Vollendung doch nur eine deutsche Hausfrau zu bereiten versteht, und die wir nach der öden englischen Kost in Durban doppelt zu schätzen wußten.

Und dann ging's ans Fragen. Wir mußten erzählen, zunächst von Hannover, wobei wir trotz unserer Kenntnis durch die Gründlichkeit der Leutchen fast in die Enge getrieben wurden. An der Wand hing des alten Königs Bild in der Uniform seiner Garde, aber gleich daneben ein anderes, das unseres Kaisers, und die Böhmers waren stolz darauf, daß sie ihn gesehen hatten, als sie vor ein paar Jahren zum erstenmale nach langer Zeit in Deutschland waren. Einer der Söhne trat ins Zimmer, schon ein älterer Mann, die Frau konnte unmöglich seine Mutter sein. Da erzählte Herr Böhmer denn auch, daß sie seine zweite Gattin wäre, und wie sie seinen verwaisten

Kindern eine so gute, fürsorgliche Mutter gewesen, daß er ihrem Herzenswunsche folgend, vor ein paar Jahren von dem sauer ersparten Gelde die teure Reise in die Heimat mit ihr gemacht. Sie war keine Hannoveranerin, sie stammte aus Kassel, und dort haben die beiden denn auch den jungen Kaiser an der Spitze seiner Truppen gesehen. Mit leuchtenden Augen berichtete der alte Herr davon.

Er war selbst in der Heimat nie Soldat gewesen. Mit 15 Jahren war er mit seinem Vater ausgezogen ins ferne Land, aber das Soldatische lag ihm im Blute. Der Vater, der vor wenigen Jahren als Neunzigjähriger gestorben war, hatte seiner Zeit aus den Farmersöhnen der Umgegend ein Volontärkorps gebildet, das, zur Verfügung des Gouverneurs, ein starker Stützpunkt für die Kolonialregierung war, in einem Lande, wo das schwarze Element, im Verhältnis zu dem weißen Ansiedler, so

Wegebauten in Tsintau.*)
(Weg zur Clarabucht, Schlucht.)

bedeutend überwog. Hier hatte der Sohn den ersten militärischen Schliff empfangen, um später als Kapitän an des Vaters Stelle zu treten, die er heute noch inne hat. Ein englischer Orden ziert seine Brust, er hat die Anerkennung gefunden, die er um Organisation und Fortbildung der Truppe verdient hat.

Die frischen, blühenden Töchter trugen nach deutscher Art die Gerichte selbst auf, was gegen die landesübliche Bedienung durch Kaffern angenehm abstach; währenddem unterrichtete uns der Vater über die kleine Kolonie.

Es waren fleißige deutsche Bauern, die hier ihr Brot vielfach ebenso sauer verdienen mußten wie in der Heimat, und die sich redlich plagten und mühten. Reich war die Kolonie nicht, daran mochte in vieler Beziehung die für den Verkehr wenig günstige Lage schuld sein. Der Boden war ja wohl heute an und für sich

*) Text siehe Seite 128!

mehr wert als der Ankaufspreis; aber diese Leute sind keine Terrainspekulanten, dazu liegt ihre Ansiedelung auch zu sehr abseits vom Wege. Während auf den Goldfeldern des Transvaals Millionen-Vermögen erworben wurden, machte man hier die Erfahrung, daß Ehrlich doch am längsten währt. Dazu kommt, daß die Landwirtschaft in Südafrika mehr ungünstigen Zufällen ausgesetzt ist als in der Heimat. Zerstörender Frost und dörrende Hitze ohne Übergang, die Heuschreckenplage und mancherlei Seuchen unter den zur Feldbebauung nötigen Haustieren bringen Sorgen und Verarmung mit sich: die Natur greift hier allzuoft störend in das Werk der Menschenhand ein.

Aber zu einer deutschen Kirche hatte sich doch das nötige Geld gefunden; hinter den Hügeln konnten wir die Turmspitze sehen, dort lag auch das eigentliche Dorf.

Herr Böhmer gab uns ein Stück weit das Geleit. Seine Felder, die Früchte seiner Arbeit, waren es, durch die unser Weg zunächst führte. Man merkte ihm den Stolz an, wenn er auf diese oder jene Kultur aufmerksam machte.

Von der Spitze des nächsten Hügels konnten wir die Siedelung liegen sehen; aber noch hatten wir eine ziemlich tiefe Schlucht zu durchstreifen, ehe wir ankamen.

Das erste was wir erblickten, war hinter einer niedrigen Steinmauer ein kleiner Friedhof. Um das Grab ihres verehrten Pastors lagen die verstorbenen Mitglieder der Gemeinde. Die sorgfältig gepflegten Hügel waren mit Kreuzen oder Steinen geschmückt, wo neben dem Namen das Geburts- und Todesjahr das biblische Alter zeigten, das viele erreicht haben. Geboren in Hannover, gestorben in Natal.

Ein deutscher Friedhof in der blühenden, duftenden, reichen Welt des Südens! Wie mochte der letzte Gedanke derer, die da lagen, ein sehnsüchtiger Gruß gewesen sein an die Heimat, während das innere Auge über Meere und Weltteile hinweg den Weg gesucht zum „Garten unter Baumeskronen", zu den deutschen Eichenwäldern, unter denen das Herz seinen ersten Traum geträumt hatte.

Wie wehmütig stimmen solch stille Gräber im fernen Lande!

Mehrstimmiger Gesang weckte uns aus unseren Betrachtungen.

Vom Friedhof wandten wir uns zur nahe gelegenen Schule, von dem vergangenen zu dem aufblühenden Geschlecht.

Sauber und ordentlich und bedeutend geweckter als der Durchschnitt deutscher Schuljugend sahen die kleinen Mädchen und die frischen Jungen aus.

Im Verkehr mit den deutschen Eltern, den englischen Nachbarn und den schwarzen Dienstboten, wachsen sie mit der Beherrschung dreier Sprachen heran.

Den Kaffern gegenüber lernen sie früh auf sich achten, liegt doch auf ihren jungen Schultern schon eine gewisse Verantwortlichkeit. Der Unterricht ist zweisprachig, englisch und deutsch nebeneinander. Die Nachmittagsstunde wurde eben durch ein deutsches Lied beendigt.

Der Lehrer, ein äußerst sympathischer, liebenswürdiger junger Mann, zeigte uns den Schulraum, der mit den Landkarten, den Tierbildern und der großen Tafel uns an die eigene Kindheit gemahnte. Die Kinder erfreuten uns noch durch eine kleine Sondervorstellung. Ihre Deklamationen und die guten geographischen Kenntnisse belohnten wir durch Erzählungen aus Deutschland, denen sie mit atemloser Spannung lauschten, durch kluge Zwischenfragen das volle Verständnis verratend.

Dann mußten wir noch des Lehrers hübsche Wohnung bewundern und wurden seiner Frau vorgestellt, einer Tochter des Herrn Böhmer. In ihrem kleinen Sprößling begrüßten wir die vierte deutsche Generation in New-Germany.

Der Lehrer war uns dann auch weiter freundlicher Führer. Hier und da mußten wir in ein Bauernhaus eintreten und immer wieder erzählen.

Ein Wirtshaus giebt's hier nicht; mein Freund meinte, daraus könne man sofort sehen, daß man denn doch nicht in Deutschland sei.

Im Vorübergehen traten wir dann auch in die kleine Kaffernkirche, in der den Schwarzen das Evangelium gepredigt wird.

Die protestantische Kirche liegt auf einer Anhöhe, dicht dabei das Haus des Vikars und gegenüber das des Pastors.

Als der freundliche Herr, der uns schon aus der Ferne gesehen, uns in seinem kleinen, wohlgepflegten Vorgärtchen empfing, konnte man sich völlig nach Deutschland versetzt glauben. Das hübsche grünumrankte Häuschen ist ganz in europäischem Stil eingerichtet. Darinnen rasselte die Nähmaschine unter der Hand des fleißigen Töchterchens, die von ein paar Freundinnen in ihrer Arbeit unterstützt wurde.

Eine prächtige Pastorenfrau ist dem Gemahl die beste Hilfe in seiner Missionsarbeit und seiner Fürsorge für die Pfarrkinder.

Das Ganze macht einen behäbigen, freundlichen Eindruck. Der würdige Pfarrherr mit dem grauen, kurz geschnittenen Vollbart, der goldenen Brille und dem feinen Gelehrtengesicht zwischen seinen Rosenbeeten unter dem blauen Himmel des Südens ist manchem Deutschen in Durban ein liebes, unvergeßliches Bild.

Das angebotene Nachtquartier konnten wir zwar nicht annehmen: aber es war spät genug, als wir uns nach ein paar frohen Stunden trennten, die wir der Erinnerung an die Lieben in der Heimat geweiht.

In den kleinen Farmerhäusern war es schon dunkel; wir konnten nicht mehr Abschied nehmen, wie wir es vorgehabt hatten.

Diamantfunkelnd stand das Kreuz des Südens über dem lichten Friedhof, und der Mond zeigte mit hellem Licht den Weg. Auf die Beeten warfen die hohen Bäume unheimliche Schatten.

Wir beide überlegten uns, wie wir als Dank unseren Landsleuten in New-Germany eine Freude machen könnten.

Meine baldige Abberufung aus Durban verhinderte einen weiteren Besuch; so mögen diese Zeilen der Beweis dafür sein, daß die Freunde im Süden nicht vergessen sind!

# Über Handel und Verkehr auf Neu-Guinea.

Von Dr. M. Krieger.

Wenn wir den Papua auf Neu-Guinea in seiner Anspruchslosigkeit und Bedürfnislosigkeit betrachten, so kann es uns nicht Wunder nehmen, daß zwischen den Eingeborenen und den auf der Insel angesiedelten oder sie besuchenden Europäern noch kein sehr ausgeprägter Handelsverkehr besteht. Es kann aber ebenso wenig von einem geregelten Handelsverkehr zwischen den Eingeborenen Neu-Guineas selbst vorläufig die Rede sein, wenn sich auch hie und da, besonders in Kaiser-Wilhelmsland und Britisch-Neuguinea die Anfänge eines solchen zeigen. Im holländischen Schutzgebiet sind in einigen Gegenden, wie z. B. im Südwesten, nicht einmal die Anfänge eines Tauschhandels zwischen der eingeborenen Bevölkerung zu verzeichnen. Besser steht es diesbezüglich mit dem Papua im Osten der holländischen Machtsphäre, wo die an den Flußmündungen und Meeresbuchten angesessenen Eingeborenen mit ihren näheren und nächsten Nachbarn im Tauschverkehr stehen.

So handeln die Tobadi-Leute an der Humboldt-Bai mit den Eingeborenen der im Osten derselben belegenen Dörfern Jali und Kaurbi, die Bewohner der Walckenaer-Bucht mit den Jamna-Insulanern, die Eingeborenen am unteren Amberno, dem Hauptstrom im Osten von Holländisch-Neuguinea, stehen in Handelsbeziehungen zu ihren Landsleuten an der Geelvink-Bai, die Bewohner von Doreh treiben wieder Tauschhandel mit den Eingeborenen an der Nordostküste der Geelvink-Bai und zwar erhalten sie Töpferwaren, Schnitzereien und Sago gegen verschiedene ihnen von Europäern zugekommene Waren. Bereits entwickelter ist in Holländisch-Neuguinea der Handel der Eingeborenen an den Küstenplätzen mit der Außenwelt. Besonders sind es im Osten die Firmen Bruyn und Duivenboden und Koldenhoff in Ternate, die bei den Eingeborenen europäisches Allerlei, wie Kattun, Messer, Perlen ꝛc. einführen, während es im Westen die Ceramesen und Makassaren sind, die hauptsächlich den Eingeborenen im nordwestlichen Neu-Guinea passende Tauschobjekte zubringen. Diese geben vornehmlich dafür Massoi-Rinde, Muskatnüsse und auch Paradiesvogel-Bälge, die eines der hauptsächlichsten Tauschobjekte der Eingeborenen im nordwestlichen und nordöstlichen Neu-Guinea bilden. Die Massoi-Rinde, welche große Ähnlichkeit mit dem Zimmet hat, kommt von einem zu den Laurinaceen gehörenden Baume und wird im malayischen Archipel als Medizin sehr geschätzt; wie Warburg berichtet, sind schon in den siebziger Jahren dieses Jahrhunderts etwa für 70000 Mark aus Neu-Guinea nach Niederländisch-Indien ausgeführt worden. Die Muskatnuß ist der Samenkern der Myristica aromatica mit gelblichen Blättern und fast birnengroßen Beeren. Der in diesen Beeren befindliche Samenkern ist von einem rötlichen Samenmantel umschlossen, der als Muskatblüte in den Handel kommt, während der Kern als Muskatnuß vertrieben wird. Von den Eingeborenen der Dörfer Patipi, Salikiti und Tang am Papua-Golf werden Muskatnüsse in großen

Quantitäten gesammelt, in besonders dazu errichteten Häusern getrocknet und demnächst zur Ausfuhr an den Strand hinabgebracht. Außer den bereits erwähnten Produkten werden von Holländisch-Neuguinea noch ausgeführt: Trepang, Sago, Pfeilwurz, Ebenholz, Kopra, Schildpatt, Perlmutter und Perlen, auch Sklaven. Der Trepang wird aus den meist auf Korallenriffen lebenden Seegurken (Holothurien) gewonnen. Die Tiere werden mit Schleppnetzen oder durch Taucher gefangen, aufgeschnitten, getrocknet und dann geräuchert und bilden einen großen Leckerbissen der chinesischen Bevölkerung. Auf den zu Holländisch-Neuguinea gehörenden Kei- und Arru-Inseln sind vor allen Toeal, Dobbo und Gumu wichtige Handelsplätze. In dem Hafen von Toeal auf Klein-Kei verkehren zu allen Jahreszeiten die Bugis von Celebes, chinesische Handelsleute von Singapore und Malayen von Makassar, die in ihren Handelsprauwen Schildpatt, Perlmutter und Trepang ausführen und dafür Eisenwaren, Kattun, Messer und trotz des Verbots der Regierung leider auch oft genug Spirituosen und Waffen einführen. Dobbo, auf der kleinen Insel Wamma belegen, erstreckt sich auf einer nur 150 m breiten Sandbank in mehreren Reihen von Häusern ungefähr 400 m weit ins Meer. Die Häuser sind leicht gebaut und mit Palmenblättern gedeckt. Dobbo ist auch Station des alle drei Monate an den Küsten von Holländisch-Neuguinea verkehrenden Postdampfers. Das Postschiff kommt von Makassar und berührt Ceramlaut, ferner legt es auf dem Festlande selbst in Katipuar, Sekro und Sekar an, geht dann nach den Kei- und Arru-Inseln und von dort zurück nach dem Osten, der Humboldt-Bai und den östlichen Inseln. Auf der Rückfahrt legt es in Doreh an der Geelvink-Bai an und fährt von dort nach seinem Ausgangspunkt zurück. Außer dieser regelmäßigen Verbindung unterhalten die oben genannten großen Handelshäuser ziemlich unregelmäßige Schiffsverbindungen mit Holländisch-Neuguinea. Schließlich vermitteln amboinesische ceramesische und andere Handelsprauwen und kleinere Segelschiffe den Verkehr zwischen Singapore, Ternate, Makassar, Ceramlaut einer- und Neu-Guinea andererseits. In letzterer Zeit sind auch mehrfach Chinesen mit kleinen Segel-Fahrzeugen sogar bis nach der Humboldt-Bai im Osten gekommen und haben sich besonders auf den dort sehr ergiebigen Paradiesvogel-Handel gelegt. Als sie versuchten, ihr Raubsystem auch auf Kaiser-Wilhelmsland auszudehnen, wurde ihnen dieses Treiben nachdrücklich von unserer Regierung gelegt. Im Ganzen beläuft sich der Handel auf Holländisch-Neuguinea alles in allem bisher auf kaum mehr als 200000 fl. im Jahre, und die Zahl der Handelsplätze an den Küsten beträgt wohl nicht mehr als zwanzig.

Im Gegensatz zu ihren Brüdern in Holländisch-Neuguinea unternehmen die Papua von Kaiser-Wilhelmsland, wie z. B. die Siar, Dampier, Bili-Bili und Tami-Leute zu Handelszwecken größere Segelfahrten. So brechen die Bili-Bili-Leute in jedem Jahre mit Eintreten des Nordwestmonsuns zu ihren Handelsfahrten nach Rook-Insel und Finsch-Hafen auf und kehren mit dem eintretenden Südost-Monsun von dort nach Hause zurück. Im Norden von Kaiser-Wilhelmsland sind die Suruman-Matuka und Bunu-Leute ein aufstrebendes Handelsvölkchen, während weiter südlich die Guap-Insulaner den Handel an der gut bevölkerten Dallmann Straße und ihrer Umgegend beherrschen. Endlich müssen auch die Eingeborenen der Inseln im Berlin- und Dallmann-Hafen als rege Handelsleute Erwähnung finden, die Töpferwaren, Schnitzereien und vor allem hübsche Masken auf den Handelsmarkt bringen. Hauptsächlich liegt in Kaiser-Wilhelmsland der Handel in den Händen der Inselbewohner, die mit den Küstenbewohnern in ihrer näheren und weiteren Umgebung einen beträchtlichen Tauschhandel treiben. Diese letzteren wieder vermitteln den Handel zwischen den Insel- und Bergbewohnern; nur die strebsamen, tüchtigen Bili-Bili-Insulaner haben dieses Handelsprivileg der Küstenbewohner durchbrochen, da sie in direkten Handelsbeziehungen zu Bergstämmen im Innern des Hansemann- und Oertzen-Gebirges stehen.

Von einem eigentlichen Handelsverkehr zwischen Eingeborenen und Weißen kann in Kaiser-Wilhelmsland noch nicht die Rede sein. Der Grund dafür ist außer in der Schwerfälligkeit und Bedürfnislosigkeit der Eingeborenen in der großen Sprachenzersplitterung und außerdem darin zu suchen, daß gerade in der unmittelbaren Nähe der heutigen Europäer-Ansiedelungen, wie z. B. von Friedrich-Wilhelmshafen und Stephansort, die Eingeborenen-Bevölkerung nur spärlich vertreten ist. Ein allgemeines

Wegebauten in Tsintau.*)
(Brücken am Jamenplatz.)

Tauschmittel, wie im Bismarck-Archipel das Muschelgeld, giebt es bisher in Kaiser-Wilhelmsland nicht; im Tauschverkehr mit den Weißen spielen Lava-Lava (rotes Zeug), Perlen, Messer, kleine Spiegel und in letzter Zeit besonders Eisen die Hauptrolle. Selbstverständlich giebt es aber auch an der Küste noch viele Plätze, wo Eisen den Eingesessenen unbekannt ist. Bisher hält sich auch unter den Eingeborenen von Kaiser-Wilhelmsland selbst, im Innern, wie an der Küste, der Handel in sehr bescheidenen Grenzen; der Grund hierfür liegt mit in dem feigen Charakterzug des Volkes, der sie nicht über die Grenzen ihres Stammesgebietes hinausgehen läßt.

Wie bisher die Neuguinea-Compagnie in Kaiser-Wilhelmsland von Europäern die einzige Produzentin ist, so beschränkt sich auch der Warenverkehr der Europäer bisher in der Hauptsache auf diese Gesellschaft und die in Kaiser-Wilhelmsland

*) Text siehe S. 128.

thätigen Missionen. Der Wert der Einfuhr, die sich auf Lebensmittel, Getränke, die üblichen Tauschwaren für die Eingeborenen, Vieh, Maschinen für Bearbeitung der Kopra, Werkzeuge, Eisenwaren, Bauholz, Waffen, Munition, Kohlen, Kurz- und Galanteriewaren, Chemikalien und Schiffsausrüstungs-Gegenstände erstreckt, hat im letzten Jahre (einschließlich der nach dem Bismarck-Archipel eingeführten Güter) bereits die Höhe einer Million Mark überschritten. Die Ausfuhr umfaßt vornehmlich Kopra und Tabak, dann Baumwolle, Trepang, Grünschneckenschalen, Perlschalen und Schildpatt. Verschifft wurden im letzten Jahre von Stephansort 61 000 Pfund Tabak. Von Nutzholz gelangten besonders Calophyllum-Inophyllum, Afzelia bijuga und Cordia subcordata zur Ausfuhr. Von der ersten auf Stephansort gewonnenen Baumwolle sind im letzten Jahre 20 100 kg Rohbaumwolle in 33 Ballen verschifft worden. Was den Schiffsverkehr betrifft, so vermittelt zunächst alle 7 bis 8 Wochen der Reichspostdampfer „Stettin" vom Norddeutschen Lloyd in Bremen den Verkehr zwischen Singapore und Kaiser-Wilhelmsland im Anschluß an die ostasiatische Linie. Der Dampfer läuft auf der Fahrt nach dem Schutzgebiet Batavia und Makassar an, in Kaiser-Wilhelmsland selbst Berlinhafen, Friedrich-Wilhelmshafen und Stephansort bezw. Erima; von dort geht das Schiff über Simbang nach dem Bismarck-Archipel und kehrt nach 10 Tagen wieder nach Friedrich-Wilhelmshafen zurück. Auf der Rückreise berührt der Dampfer außer den auf der Ausreise angelaufenen Stationen im Bedarfsfalle noch Amboina und Ternate. Den Verkehr zwischen den Ansiedelungen und Stationen in Kaiser-Wilhelmsland und denen im Bismarck-Archipel vermittelt ein sogenannter Segel-Dampfer.

Der Handel und Verkehr der Eingeborenen-Bevölkerung in Britisch-Neuguinea geht bei einzelnen Stämmen nicht über den Ein- und Austausch von Lebensmitteln, wie Sago, Kokosnüsse, Taro, Yams und Fischen hinaus; andere vertreiben Thon- und Schildpattwaren, Flechtarbeiten, Schnitzereien, Federschmuck ꝛc. Wie Bili-Bili der Kerameikos des Archipels der zufriedenen Menschen in Kaiser-Wilhelmsland ist, so ist es für den Südosten von Neu-Guinea die kleine Teste-Insel, die durch ihre Topfindustrie der Mittel- und Treffpunkt für alle Insulaner in ihrem näheren und weiteren Umkreise geworden ist; aber auch nach der Hauptinsel Neu-Guinea werden die Töpferei-Arbeiten der Teste-Insulaner verhandelt, so nach der Chads-Bai, nach Suau, nach der Orangerie-Bai und noch weiter nach Norden. Die Eingeborenen an der Redscar-Bai verfertigen ebenfalls gute Thonwaren und vertreiben sie bis oben nach dem Aird-Fluß; im Aroma-Bezirk ist das Dorf Maiwa wegen seiner Topfindustrie berühmt, im Motu-Stamm Kerepunu, und an der Hood-Bai Hula. Die d'Entrecasteaux-Insulaner sind bekannt wegen ihrer vorzüglich gearbeiteten Muschel-Armspangen, die im Handelswege über die Dahuni, Mailukolo-Aroma-, Motu-Motu- und Elema-Eingeborenen bis in die Fly-Gegend kommen. Auch im Südosten Neu-Guineas werden vortreffliche, dort Toia genannte Armspangen von den dortigen Eingeborenen verfertigt; ein gutes Toia-Armband gilt dort soviel wie ein großer Topf Sago; außerdem ist die Toia dort ein unumgänglich notwendiger Bestandteil des Kaufpreises für eine Frau. Als geschickte Verfertiger von Flechtarbeiten sind die Elema-Leute bekannt, die ihre zierlich geflochtenen und mit roter Farbe bemalten Stirnbänder, bis nach Keppel Point verhandeln. Einen kleinen Brustschild aus Perlmutterschalen, Mairi genannt, bringen die Hula-Leute auf den Markt und andere Eingeborene an der Nord-Bai Schnüre aus aufgereihten Känguruh-Zähnen. Ein sehr reges Handelsvolk sind die Motu-Leute, die wieder mit den Motu-Motu-Leuten am William-Fluß regelmäßig Handel treiben. In großen Kanu-Flotillen brechen sie im Herbst jedes Jahres von Port Moresby nach dem Papua-Golf auf, um gegen Thonwaren, Ärte, Armbänder, Perlen, Messer, Tabak und rotes Zeug hauptsächlich Sago, aber auch andere Lebensmittel und Kanus einzutauschen. Solche Handelsfahrten bedürfen großer Vorbereitungen und dehnen sich meist über die Dauer eines halben Jahres aus. Die Frauen beschäftigen sich schon mehrere Monate lang vor der Reise mit nichts anderem als dem Verfertigen von Töpfen, und die Männer bessern die schadhaften Kanus aus oder zimmern neue segeltüchtige für die bevorstehende Fahrt. Frachten von 20000 Thontöpfen sind nichts seltenes; dafür bringen die Männer dann 150—200 Tonnen Sago vom Westen zurück. Zu Beginn des Südostpassats wird die Reise in der Regel angetreten, und fast immer kehren die Leute noch mit weit mehr Kanus zurück, als sie vorher hatten; die fehlenden werden bei den Gastfreunden im Nordwesten gezimmert, um die schweren Sago-Lasten in die Heimat zu befördern. Ähnlich weite Handelsfahrten unternehmen im Südosten des britischen Schutzgebiets die Woodlark-Eingeborenen nach Teste-Insel, um Kanus gegen Töpferwaren einzutauschen.

Der Tauschverkehr zwischen Eingeborenen und Europäern ist auch in Britisch-Neuguinea bisher nur geringfügig. Er beschränkt sich auf das, was die Eingeborenen in der Nähe der Stationen auf diese zum Markt bringen, und was Trader und Schiffsbesatzungen von ihnen eintauschen.

Die Ausfuhr der Europäer betrifft in Britisch-Neuguinea hauptsächlich Gold, Perlschalen, Kopra, Sandelholz, Gummi, Trepang, Perlen und Schildpatt, und die Einfuhr ungefähr dieselben Waren, wie die bereits oben bei Kaiser-Wilhelmsland erwähnten. An Gold wurden 1896/97 7184 Unzen ausgeführt, der Wert der Perlenausfuhr betrug in demselben Jahre an 10000 Pfund Sterling, der der Schildpattausfuhr ungefähr die Hälfte davon. An Kopra wurden ca 500 Tonnen exportiert, an Sandelholz 300, an Perlschalen 150, an Gummi 16 und an Trepang 13. Der Briefverkehr, der seit 1892 wie in Kaiser-Wilhelmsland Anschluß an den Weltpostverein gefunden hat, hat sich in den letzten Jahren ganz erheblich gesteigert. Es wurden 1896/97 11650 Briefe, 1635 Zeitungen und 475 Packete abgesandt, während 11148 Briefe, 7441 Zeitungen und 181 Packete ankamen. Der Schiffsverkehr belief sich 1897 auf 150 Schiffe mit einem Gesamtgehalt von ca 30000 Tonnen, abgesehen von den Schiffen der Verwaltung. Die Verbindung mit der Außenwelt vermittelt der von der Regierung subventionierte Postdampfer, der von der Firma Burns, Philp & Co. gestellt wird und zwischen Cooktown und Port Moresby über Samarai läuft. Den Verkehr zwischen den einzelnen Stationen des britischen Schutzgebiets bewirkt bereits seit 10 Jahren der Regierungsdampfer „Merry England“.

# Neufundland.

Von Dr. Ernst Lucksiel, Stralsund.

Anfang d. J. ging durch die französische Presse die Mitteilung, England habe im Sinne, den Franzosen wieder einmal Schwierigkeiten auf Neufundland zu machen. 1713 hat Frankreich bekanntlich im Frieden zu Utrecht diese Insel an England abtreten müssen, aber das Recht behalten, allein an der Westküste, die nach dem Lorenzbusen gerichtet ist, Fischfang treiben zu dürfen. Diese „côte française“ hat den Engländern nie gepaßt und nach „Faschoda“ natürlich erst recht nicht. Die Gründe liegen auf der Hand: Erstens gehen jährlich mehr als 20000 französische Seeleute nach Neufundland und finden dort, wenn auch unter tausend Gefahren und in mühevoller, gefährlicher Arbeit, die Mittel zu ihrem Lebensunterhalte; zweitens ist jedem Nichtfranzosen eine Niederlassung an dieser „côte française“ untersagt. Dazu kommt, daß an den übrigen Teilen der Küste und Bänke den Franzosen und Nordamerikanern neben den Engländern das Fischen erlaubt ist. Unter diesen Umständen dürfte es angebracht sein, die Verhältnisse dort einmal etwas näher zu beleuchten.

Zunächst das Klima: Neufundland ist die Heimat des Windes. Der alte Äolus hatte sicherlich ehemals dort ein Schloß. Er bläst immer von irgend einer Seite und erzeugt ganz erstaunliche Schneeanhäufungen. Gefährlich geradezu wird es, wenn der Wind in dichten Wirbeln den feinen, krystallisierten Schnee aufjagt, der beim Mondenschein als Diamantstaub erscheint. Im Nu ist man geblendet und von Kopf bis zu Fuß gepudert; zufrieden kann man sein, wenn man nicht zugleich noch mit dem Sturme ringen muß, um nur stehen zu bleiben. Der Schnee fällt hier wie in den arktischen Gegenden niemals in dicken Flocken. Von Zeit zu Zeit wird der Nordwind zum milderen Westwind. Die Wolken lassen die Sonne hindurch, und der Himmel — es ist ein Frühlingstrugbild — erglänzt in schönem Hellblau: der Ozean ist silbern vom Eis, und die hohen Gestade schlafen unter ihrem weißen Pelzmantel. Aber plötzlich bricht der Wind grob los, streicht vorüber, und macht alles unter den kalten Liebkosungen des Schnees erschauern. Man bemerkt dann, daß der Wärmemesser 20° (Fahrenheit) unter Null zeigt, und daß der Hafen und das Meer zugefroren sind. Sodann hört man einen Kanonenschuß: er meldet den Dampfer, der die europäische Post bringt, an. Wie wird dieser es anfangen, durch diese Eisrinde von ein und einhalb Fuß Dicke zum Kai zu gelangen? Es lohnt die Mühe, das mit anzusehen. Es muß Bresche gelegt werden. Wie ein Mauernbrecher einen Turm bekämpft, so stürzt sich das Schiff mit vollem Dampf auf dies Hindernis. Es durchbricht das Eis ungefähr in seiner ganzen Länge: dann aber wird der Widerstand zu stark; das Schiff weicht zurück, um aber gleich wieder mit aller Kraft und Schnelligkeit vorwärts zu eilen. Dieser Angriffskampf dauert mehr oder weniger lange, je nach der Entfernung vom Kai, wo das Dampfschiff anlegen soll. Eine Stunde etwa ist nötig, um eine Strecke von ½ englischen Meile zurückzulegen. Es sind dazu natürlich Dampfer von besonderer

Bauart und erprobter Haltbarkeit nötig. Die Wände des Vorderteils sind wahre Mauern. Wenn ein Dampfer in die Rhede einläuft, so fehlt auch die heitere Seite nicht. Eine Menge Neugieriger umgiebt ihn oder weicht vor ihm zurück, je nachdem er durch das Eis vordringt.

In Neufundland muß man rechnen, 7 Monate unter Schnee zu liegen, vom Oktober bis zum Mai. Und was für Schnee ist das! An einigen Orten häuft er sich bis zu 2 m Höhe an, so daß die Wege selbst für Schlitten nicht passierbar sind. Und da das Wetter während der kalten Jahreszeit oft klar ist, so ereignet es sich häufig, daß im Laufe des Tages die Sonne den Schnee an der Oberfläche zum Schmelzen bringt. Sobald sie aber zu sinken beginnt, bildet sich eine Eisfläche; und da alle Straßen der Städte (Bonne-Baie) mehr oder weniger abschüssig sind, ist es unmöglich, sich auf dem

Wegebauten in Tsintau.*)
(Weg zur Clarabucht, Felshindernis.)

glatten Wege aufrecht zu halten, wenn man nicht gut mit Eisen beschlagen ist. Der April bringt Tauwetter, das bis Ende Mai anhält. Mehrere Male sinkt in dieser Zeit der Wärmemesser während der Nacht ganz plötzlich, wodurch das Auftauen sehr verzögert wird, da am Morgen alles wieder mit einer Eisdecke versehen ist. So bringt man denn zwei herrliche Monate damit hin, in kalten, schmutzigen Schlamme umherzuwaten: den April und Mai. Keine Spur ist vom Wachstum der Pflanzen ersichtlich, bis ganz plötzlich und endgültig der Sommer da ist.

Ist das Klima auf der Insel nicht lockend, so ist es die Arbeit der Seeleute noch viel weniger. Es handelt sich hauptsächlich um den Fang des Kabliaus, nebenbei auch der Robbe. Die Insel Neufundland ist fast rings herum von Sandbänken umgeben. Diese bilden unter der Wasseroberfläche eine Ebene von gewaltiger

*) Text siehe S. 128!

Ausdehnung und liegen an den höchsten Stellen nur 7 m unter dem Wasserspiegel. Die sogenannte „Große Bank“ faßt mehr als die Hälfte davon. Der Golfstrom staut nun hier die Fischmassen der von Neufundland kommenden kalten Labradorströmung auf. Der große Wärmekontrast dieser Ströme erzeugt die dichten Nebel, durch welche die Neufundlandbänke bekannt und berüchtigt sind. Die in dem verhältnismäßig seichten Wasser zusammengedrängten Fischmassen ermöglichen einen schnellen und reichen Fang. Es ist nicht selten, daß ein Schiff mehr als 4000 Kabliaus an einem Tage fängt. Die Fische werden ausgenommen, geköpft, gereinigt, von den Blutflecken befreit, gewaschen und endlich dem Einsalzer zugeworfen, der sie im Schiffsraum aufschichtet (ébrouailler, étêter, parer, énocter, laver sind die technischen Ausdrücke im Fischfang). Die meisten Fische gehen nach Bordeaux, das der größte Markt für unsortierte Kabliaus ist. Eine gute Fischkampagne auf der „Großen Bank“ kann 6—7000 Frcs. für den Mann einbringen. Wenn aber die gezahlten Vorschüsse und das Geld für die neue Ausrüstung abgezogen werden, bleibt manchen nur wenig übrig.

Das mutige und verwegene Leben dieser Fischer ist unserer Teilnahme wert. Meist sind es Dreimaster, auf denen man von einem der Kanalhäfen Dieppe, Fécamp, Saint-Valéry, Granville und Saint-Malo ausfährt, um zum April in Neufundland einzutreffen. Man fischt hier, indem das Schiff auf der Bank vor Anker liegt. Es hat 12 bis 14 kleine Kähne, dorys; in jedem dieser zerbrechlichen, ganz flachen Kähne befinden sich zwei Mann, welche die Netze auslegen und dann an jedem Nachmittag die Netzreihe entlang fahren, die gefangenen Fische einnehmen und neuen Köder anlegen.

Auf diesem bleigrauen Meere, von einem matten Himmel umzogen, in beständig feuchter Luft führen diese Männer ein hartes Leben und ihre Arbeit ist finster und widerlich. Welchen Mut müssen diese Unglücklichen haben! Den ganzen Tag über müssen sie die Kleider auf dem Leibe behalten, die vom Regen und Nebel durchnäßt sind. Sie arbeiten ohne Unterlaß, schlafen kaum, da sie verpflichtet sind, sich zu teilen und in der Führung des Kahns, dem Aufpassen auf die Gefahren des Meeres und dem Fischfang abzulösen. Keine Küste wird von dem Seefahrer mehr gefürchtet als diese: Ungeheure Eisblöcke, die mit den Strömungen herantreiben, der Nebel, das Umspringen des Nordwindes, die Postdampfer, so viel Gefahren, die sich verschworen haben gegen sein Leben und dafür sorgen, daß er einer Gefahr nur entwischt, um von der anderen verschlungen zu werden! Wenn der Nebel fällt, dickbelleramend, undurchdringlich selbst dem stärksten Lichte, so ist das ein Unglück für die zerstreuten Kähne. Wenn dann der Wind nach Norden umspringt, ist es vielleicht am schlimmsten. Das Schiff oberhalb der Sandbank jagt über die Anker weg, reißt sich los und verschwindet. Was wird dann aus den zwei Männern in dem kleinen, ganz flachen Kahn, in dem sie sich nur mit Mühe festhalten können? Und das ist noch nicht alles! Das Schiff liegt vor Anker, die Kähne nehmen wegen des Nebels den Rückweg, die Schiffsglocke läutet rasend. Plötzlich legt sich eine lange Rauchwolke aufs Verdeck. Man hört nichts, sieht nichts. Wer kommt da? Ein transatlantischer Dampfer, der mit vollem Dampf vorwärts eilt und sich nicht die Mühe macht, die Sirene erschallen zu lassen, wenn er Küstengegenden durchbraust, die von Fahrzeugen wimmeln. Und ehe man Zeit gehabt hat, sich zu erkennen, ist der Dreimaster in zwei Teile geschnitten, die Menschen im Wasser; das überrennende Schiff ist weit davon.

So rauh, so gefährlich dieses Leben ist und so sehr es aufs Spiel gesetzt wird, schreckt es doch die Seeleute nicht ab. Ja, im Gegenteil scheint es sie von Jahr zu Jahr mehr anzulocken. Das Elend des menschlichen Daseins, der Kampf ums tägliche Brot ist die Ursache. Sie finden keine Stätte, bei den kleineren heimischen Fischereien das tägliche Brot zu gewinnen, und ziehen deshalb das Auswandern dem Verhungern vor. Nun leben sie sechs Monate des Jahres in Kälte, Wind und Nässe, haben als Matratze nur ein schräges Schiffsbrett (Stroh und Wolle würden verfaulen), auf das sie ganz bekleidet sich legen, trinken das faulige Wasser und essen entsetzliches Salzfleisch. Kann man sich da wundern, wenn sie durch Branntwein die natürliche Unempfindlichkeit suchen, deren sie bedürfen, wenn sie nicht schwach werden wollen bei ihrer täglichen Arbeit? Der Rheder bestreitet die Kosten für dies Getränk. Aber die jedem Manne zugeteilte Portion, so reichlich sie auch bemessen ist, reicht nicht lange und — dann tritt der amerikanische Händler in Szene. Gemeine Wucherer haben ausgesonnen, wie aus den rohen Begierden dieser elenden Fischer Vorteil zu ziehen sei. Sie mieten flache Fahrzeuge und richten im Schiffsraum Schenke und Kramladen ein. Dann fahren sie hinaus und liefern gegen klingendes Geld die schlechtesten Sorten Schnaps. Fehlt das Geld, so bezahlt man mit Tauwerk, Segeln und dergleichen. Der ganze Verdienst geht in die Hände des Händlers. Nun muß der Fischer wieder Vorschuß nehmen und ist damit für die nächste Kampagne gebunden. So kommt mancher überhaupt nicht wieder in seine Heimat.

Der Kabliaufang beziffert sich auf einen jährlichen Wert von 80 Millionen Mark, von denen mehr als ein Drittel den Franzosen zufällt. Rechnet man dazu, daß Neufundland, welches den Lorenzbusen und damit den Eingang zu Kanada absperrt, nicht ausschließlich in den Händen der Engländer ist, daß die Franzosen auf der Westküste das alleinige Fischrecht und südlich die beiden Inseln St. Pierre und Miquelon haben, von deren ersterer ein Kabel nach Brest geht, so darf es nicht Wunder nehmen, wenn John Bull das nur 3000 km von Irland entfernte und damit Europa am nächsten gelegene Neufundland ganz für sich haben will.[1])

---

[1]) Benutzt ist ein Artikel „La question de Terre-Neuve“ in „les Annales“ Nr. 162, und zwar die Abschnitte II. Le climat de Terre-Neuve von Henry de la Chaume, und III. La vie du pêcheur à Terre-Neuve von Charles Le Goffic.

## Südamerikanische Einwanderung.

Von Dr. G. P.

II.

Deshalb legt die Regierung bei der Pachtung des Landes jedem neuen Ankömmling als besondere Verpflichtung die kontraktliche Bedingung auf, sich persönlich beim Wegebau zu beteiligen. Diese Verpflichtung ist allerdings nicht so unbedeutend; denn mit welcher Mühe, mit welch unendlichen Kosten hier der einfachste Weg durch die Wildnis — über Felsen und Klüfte, bergau, bergab — gebaut werden muß, kann nur der verstehen, welcher einmal den Bau einer brasilianischen Landstraße beobachten konnte. Schon die Anlage eines einfachen Waldweges ist mit enormen Schwierigkeiten verbunden: denn die üppige Vegetation des Urwaldes trotzt jeder Zerstörungskraft, und wenn der Mensch dieser Urwildnis mit Hilfe aller erprobten Mittel endlich einen passierbaren Weg abgerungen hat, so ist damit noch wenig vollbracht, wenn der Weg nicht ununterbrochen unter Aufsicht bleibt und zum Verkehr benutzt wird. Die ungezähmte Üppigkeit der Natur bricht sofort wieder durch und fordert ihr Eigentum zurück: denn sowie sie sich unbeachtet weiß, wachsen und wuchern schon aus jeder Spalte des Erdreichs die mannigfaltigsten Farnkräuter, Flechten und Mose hervor. Da drängen sich dicht geschlossen auf langen, zehn bis zwölf Fuß hohen Schäften an den sumpfigeren Stellen die großen gewaltigen Blätter der Heliconien dazwischen — da ranken sich armesdicke Schlinggewächse über den Weg, um sich an die Stämme der gegenüberliegenden Bäume zu heften und bis an ihre Spitzen hinaufzuklettern, und verflechten sich mit den dornigen Gewächsen, dem Gestrüpp des jungen Holzes und hohen Gebüsches und den quer über den Weg gefallenen riesenhaften Baumstämmen zu einem unentwirrbaren Netz — um in kurzer Zeit jede Spur der menschlichen Kultur zu verwischen. — Und eine Kolonie, welche bereits durch diesen Waldweg mit der Außenwelt in Verbindung stand, sinkt mit der Verwilderung des Weges wieder zurück in ihre tief einsame Verlassenheit, die nur durch den seltenen Besuch eines Reiters oder eines den Wald mit Axt und Waldmesser durchstreifenden Abenteuerers unterbrochen wird.

Es liegt auf der Hand, daß solche vereinsamte Kolonien für den Handel bedeutungslos sind und daß die reichsten Erträge des Bodens hier nur den Wert haben, den Bedarf des eigenen engen Haushaltkreises zu decken.

Unter viel vorteilhafteren Bedingungen wirtschaften dahingegen von vornherein die Kolonien, welche an einem Flusse liegen, da hier der Verkehrsweg durch den Strom naturgemäß und günstig gegeben ist.

Diese Ländereien sind aber ungleich teurer als der Boden im Innern oder auf den Campos und machen daher einem mittellosen Einwanderer leicht den Ankauf unmöglich.

Dieselbe Unzulänglichkeit der Verkehrswege ist es auch, die mich bestimmt, vorläufig von der Ansiedelung in einer der schönsten Republiken Südamerikas — Paraguay*) — abzuraten.

*) Vgl. hierzu: Förster, Dr. Bernhard. Deutsche Kolonien in dem oberen La-Plata-Gebiete mit besonderer Berücksichtigung von Paraguay. Naumburg, 1886.

Die Schriftleitung.

Bis jetzt ist hier der einzige Verkehrsweg nur der Fluß — der Paraná mit dem Paraguay — und alle Landflächen, welche fern von diesem Flußgebiet liegen, sind vom Verkehr ausgeschlossen. Zudem stellen sich durch diese einseitige konkurrenzlose Verkehrsvermittelung die Frachtsätze in Paraguay so ungeheuer hoch (die Fracht von Asuncion bis Montevideo oder Buenos Ayres kostet gerade doppelt so viel als die Fracht von Hamburg nach Montevideo), daß es vorläufig für Paraguay unmöglich ist, auf dem Weltmarkt mit Argentinien und Brasilien zu konkurrieren.

Wie Paraguay wegen der schlechten Verkehrswege, so ist das tropische Südamerika wegen seines Klimas auszuschließen.

Mit besonderem Nachdruck verweise ich jedoch auf Argentinien. So oft man in diesem Lande mit einem Ansässigen die dortigen Verhältnisse bespricht, tritt die Sentenz zu Tage: Ja, wenn wir Arbeitskräfte hätten, um die Schätze des Landes auszubeuten und den ergiebigen Boden zu bewirtschaften, dann würden wir großartige Erfolge auf wirtschaftlichem Gebiet erzielen können!

Arbeiter, und zwar arbeitswillige und brauchbare Arbeiter, die in Gemeinschaft mit den früher eingewanderten Kolonisten schaffen und sorgen am gemeinschaftlichen Werke und an ihrem eigenen Vorteil — das ist hier die Parole des Tages — das ist der Notschrei des ganzen Landes!

Dieses große Bedürfnis nach Arbeitern giebt den europäischen Einwanderern von vornherein eine bevorzugte, vorteilhafte Stellung im Gegensatz zu der in der Heimat eingenommenen; denn während der mittellose Arbeiter in den übervölkerten Ländern trotz großer Mühe und Anstrengung oft nicht das tägliche Brod für seine Familie zu schaffen vermag und er jedes seiner Kinder nur zu oft als ein Glied in der Kette der Not betrachten muß, kann er hier in Argentinien mit einiger Rührigkeit bald so viel verdienen, als er für sich und seine Familie gebraucht. Hunger kennt man nicht, wenn man Lust zur Arbeit hat — und jedes kaum erwachsene Kind wird, anstatt eine Last zu sein, zum Kapital — wird ein neues Glied in der Kette zum Wohlstand!

Die Einwanderung in Argentinien wird gewünscht und darum kommt man den Einwanderern freundlich entgegen und ebnet ihnen die Wege — sie wird gewünscht. Damit ist auch der bedeutendste Vorzug für die Einwanderung nach Südamerika gegenüber der Einwanderung nach Nordamerika ausgesprochen! Die Ansässigen sowie der Staat stehen der Sache sympathisch gegenüber, während der Nordamerikaner sein Land mit Einwanderern längst überschüttet glaubt und sich daher schroff und ablehnend gegen die Neuangekommenen verhält — ja, am liebsten die ganze Einwanderung „stoppen" möchte.

Nicht genug der Arbeits-Vermittelungsbureaus beschäftigt sich in Argentinien die staatliche Einwanderungskommission selbst mit der Anstellung der Neuankommenden und vermittelt bereitwilligst die Kontrakte, welche den Fähigkeiten und Wünschen des Einzelnen passen.

Zur Erläuterung dieser Bemerkung lasse ich hier einige besonders wichtige Stellen aus dem „Neuen Argentinischen Einwanderungsgesetzbuch" folgen, welche praktischen Wert für die Einwanderer haben.

Da heißt es unter anderem in Bezug auf die Unterstützung der Behörden in Artikel 9:

„Das Verwaltungsbureau in Buenos Ayres sowie die Kommissionen in ihren betreffenden Ortschaften werden, so oft es die Notwendigkeit erfordert, unter ihrer unmittelbaren Leitung ein Arbeits- und Anstellungsbureau haben, welches durch eine Anzahl von Beamten geführt wird, welche das Staatshaushaltsgesetz bestimmt."

Artikel 10:

„Diese Bureaus sind beauftragt und verpflichtet:

1. die Gesuche um Lehrer, Handwerker, Tagelöhner oder Ackerbauer, welche an sie gestellt werden, zu erfüllen;
2. vorteilhafte Bedingungen für die Einwanderer zu suchen, und Sorge zu tragen, daß sie bei ehrenhaften Personen angestellt werden;
3. auf Ersuchen der Einwanderer bei Verdingungskontrakten, falls sie solche eingehen sollten, zu vermitteln und deren strikte Beobachtung seitens der Arbeitgeber zu überwachen."

Artikel 12 Kapitel V:

„Nach diesem Gesetze wird jeder Fremde als Einwanderer angesehen, welcher unter 60 Jahre alt ist, seine Moralität und Fähigkeiten beglaubigen kann und in der Republik mittels Dampf- oder Segelschiffes ankommt, um sich hier niederzulassen."

Artikel 14:

„Jeder Einwanderer, welcher genügend seine gute Aufführung und seine Fähigkeiten für ein nützliches Gewerbe, Kunst oder Handwerk nachweisen kann, hat das Recht, folgende besondere Vorteile bei seiner Ankunft auf dem Territorium zu genießen:

1. auf Kosten des Staates während der in Artikel 45, 46, 47 bestimmten Zeit fünf Tage frei beköstigt und beherbergt zu werden;
2. in dem im Lande existierenden Arbeits- oder Industriezweige beschäftigt zu werden, dem er sich zu widmen wünscht;
4. die täglichen Gebrauchsgegenstände: Kleider, Hausmöbel, Ackerbaugerätschaften, Handwerkszeug und eine Jagdwaffe können abgabenfrei eingeführt werden."

Artikel 46:

„Im Fall schwerer Krankheit, die sie in die Unmöglichkeit versetzt, die Wohnung zu wechseln, laufen während der Dauer derselben, auch nach Verlauf der fünf Tage auf Rechnung des Staates, die Kosten für Wohnung und Unterhalt fort.

Diesen Fall ausgenommen, geht der Aufenthalt der Einwanderer in dem Etablissement für nochmals fünf Tage auf deren eigene Rechnung; und hat derselbe pro Tag einen halben National-Piaster für jede Person über acht Jahre und fünfundzwanzig Centavos für jedes Kind unter acht Jahren zu zahlen.

Geht der Einwanderer in die Provinzen, so wird er ferner nebst Gepäck kostenfrei dahin befördert und von der Einwanderungskommission zehn Tage kostenfrei verpflegt. Die vom Staate für seine Staatskolonieen angeworbenen Einwanderer werden überhaupt bis zu ihrer Ankunft daselbst frei befördert und verpflegt."

Dies sind etwa die für die Einwanderer wichtigsten, knapp zusammengestellten Bedingungen des argentinischen Einwanderungsgesetzes. Genauere und eingehendere Auskunft erteilt auf Verlangen gern das „General-Einwanderungs-Kommissariat in Buenos Ayres". Diese Behörde giebt in deutscher Sprache eine ganze Serie kleiner gedruckter Büchlein heraus, welche auf Grund authentischer Quellen von dem Kommissariat zusammengestellt sind und speziell für jede Provinz alles Wissenswerte enthalten. So bringt z. B. eines dieser Büchlein sehr geeignete Nachrichten über die große Ackerbauprovinz Entre-Rios, und zwar nähere Berichte über die Lage, Bodenbeschaffenheit und Verwaltung dieser Provinz; ferner eine Beschreibung über das Klima und die Wasserverhältnisse, Pflanzen, Tierreich, Bevölkerung, Industrie, Herden, Salzfleischindustrie, Wert der Tiere, Statistik des Ackerbaus, Erträgnisse, Geflügelzucht, Holz, Ackerbaukolonieen — jede einzelne mit den entsprechenden statistischen Daten über Wachstum, über Produktion und Landpreise aufgezählt; ferner Berichte über die Steuerfreiheit der Ackerbauer — über die Verkehrswege, öffentlichen Unterricht, Preise der Lebensmittel, Bekleidung, Wohnung — dann die Preise der gezahlten Löhne in etwa 120 Berufszweigen und zuletzt einige Artikel der National-Verfassung.

Sämtliche kleine Artikel sind so übersichtlich und ausführlich geordnet, daß jeder Einwanderer sein Programm darin findet. Sie enthalten genug, um eine Vorstellung von der betreffenden Provinz zu ermöglichen, so daß bereits in Deutschland das Ziel der Reise ausgewählt werden kann. So kommen denn für die deutsche Auswanderung Argentinien und Brasilien vor allem in Betracht. Ersteres mit seinen herrlichen Provinzen Buenos Ayres, Cordoba, Entre Rios, Salta Jujuy, Pampa Central und seinen westlichen Territorien — Brasilien mit den südlichen Provinzen Paraná, einem Teil von São Paulo, Sta. Catharina, Rio Grande do Sul sowie einer deutschen Enklave von verschiedenen Dörfern und Städtchen bei Victoriá und Rio de Janeiro wie „Nova, Friburgo, Cabo Frio, Carneira de Santa Leopoldinea.“ Endlich verdienen auch noch die beiden chilenischen Südprovinzen Llanquihue mit Valdivia und Chiloe Berücksichtigung.

In diesen Gegenden sind überall Deutsche zu finden, bald mehr — bald weniger dicht zwischen Brasilianer, Italiener und andere Nationen eingestreut; sie bilden ein richtiges Netz von rein oder teilweis deutschen Kolonien und können den Ausgangs- und Stützpunkt für eine vermehrte deutsche Einwanderung abgeben.

Alle diese Provinzen tragen den Charakter großer Schönheit und Fruchtbarkeit, und ich bin fest überzeugt, daß jeder Auswanderer — er sei reich oder arm — welcher im lieben deutschen Vaterlande mit irgend einem elenden oder ungünstigen Geschick — mit irgend einem Weh zu kämpfen hat — und deshalb in die weite Welt hinauswandert, um rechtschaffene Arbeit zu suchen, in diesen Ländern nach einigen Jahren schon eine sichere und befriedigende Existenz finden wird.

Es heißt nur aufpassen, daß uns die Italiener, unsere rührigsten Wettbewerber dort unten, nicht den Vorsprung abgewinnen.

Darum — wer auswandern will und fleißig arbeiten will und mag, der versuche die frisch-jugendlichen Verhältnisse Süd-Amerikas auszunutzen und wandere getrost hinaus in das Land, „wo die Natur so gütig ist!“

# Unsere schwarzbraunen Landsleute in Neu-Guinea.

Allerlei über sie und ihr Leben von Dr. med. Schnee.

IV.

Große Furcht haben die Eingeborenen vor Pferden und europäischen Hunden, die Weiße dort halten. An beide haben sie sich immer noch nicht gewöhnt und trauen ihnen jede Schlechtigkeit zu. Es ist kaum möglich einen Kanaker etwa als Pferdeknecht zu verwenden; er wird die Furcht, daß dieses Ungetüm ihn etwa plötzlich verschlingen könnte, nie recht loswerden. Wenn man gelegentlich einmal einem Arbeiter das Pferd zu halten giebt, so stellt dieser sich möglichst entfernt davon, betrachtet es mit mißtrauischen Augen und scheint sich auf alles gefaßt zu machen, jedenfalls fällt ihm eine Zentnerlast vom Herzen, wenn er das gefährliche Geschöpf erst wieder abgeben kann. In Neu-Guinea hat man sich in diese Eigenart des Papua bereits gefunden und verwendet nur Malayen als Sais, wie der landesübliche Ausdruck für Kutscher lautet. Niemals bringt ein Kanaker etwa ein fortgelaufenes Pferd wieder, da dieses Tier ihm einen heillosen Schrecken einflößt; ja es ist sogar wiederholt vorgekommen, daß ein solcher Ausreißer die gesamte Kriegerschaft eines Dorfes in die Flucht schlug. Welch wunderbare Ideen diese Leute manchmal haben, geht daraus hervor, daß sie glauben, das Pferd verstehe nicht nur alles was der Reiter zu ihm sagt, sondern antworte ihm auch durch sein Wiehern. So erkundigte sich ein Papua bei einem der Kompagniebeamten, welcher einem unruhigen Pferd zuredete, ob er denn auch die Antwort des Tieres verstanden hätte? Der Schrecken aller Schrecken sind für den Kanaker aber größere Hunde, wie sie die dortigen Europäer zu unterhalten pflegen. Man braucht hierbei garnicht an unsere Doggen und ähnliche kräftige Rassen zu denken; schon mittelgroße Arten erscheinen dem Papua als fürchterliche Bestien. Gewöhnlich besitzt der einsam wohnende Weiße solch ein Geschöpf, das sich am Tage in der Nähe des Hauses herumtreibt, wenn der Herr nicht da ist und dasselbe bewacht. Merkwürdiger Weise unterscheiden diese Tiere vollständig zwischen einem Weißen und einem Eingeborenen. Dem auf das Haus zukommenden Europäer laufen sie vergnügt entgegen, begleiten ihn, und lassen ihn ruhig in die Wohnung eintreten, gleich als wüßten sie, daß es ein Freund ihres Gebieters sei. Ja sie sehen sogar gleichmütig zu, wenn man irgend etwas aus dem Hause wegträgt, was ich scherzeshalber oft probiert habe. Dem Kanaker gegenüber, der ihnen von vornherein verdächtig vorzukommen scheint, kehren sie ihre unangenehmsten Seiten heraus. Geht ein solcher sehr bescheiden seines Weges in der Nähe des Hauses dahin, so betrachtet der Hund ihn schon höchst argwöhnisch und erhebt, wenn er sich etwa demselben nähert, ein mißbilligendes Knurren oder unwilliges Bellen, was den Papua, dem vor Entsetzen bereits die Haare zu Berge stehen, veranlaßt, seine Schritte energisch zu beschleunigen, bis er tief aufatmend konstatiert, daß er glücklich dem Bereiche des greulichen Cerberus entgangen ist! —

Frühere Beobachter haben die Melanesen für ein besonders rohes Volk halten wollen und sich nicht gescheut, ihnen alle möglichen schlechten Eigenschaften anzudichten; sie sollten schmutzig, grausam, heimtückisch sein, Frauen und Kinder mißhandeln, ihre eigenen Verwandten verzehren und was dergleichen mehr war! Daß die Reinlichkeit eines solchen Volkes nicht auf der Stufe steht, wie bei den gebildeten und begüterten Klassen der Kulturvölker, liegt auf der Hand, aber ich glaube kaum, daß sie in dieser Beziehung hinter unseren niedrigen Ständen zurückstehen. Zwar wäscht sich der Papua niemals. Der Gedanke, mit Hilfe von Wasser seinen Körper zu reinigen, ist ihm vollständig fremd. Wie Steinhäuser mitteilt, verlangten Papua im Anfang, wenn man sie vor Beginn einer Arbeit veranlaßte, zuerst ihre Hände zu waschen, hierfür eine besondere Bezahlung. Da aber der Kanaker fast unbekleidet, wie er ist, jedes auf seinem Wege befindliche Gewässer ohne weiteres zu durchwaten pflegt (dieselben sind ungemein häufig), so ist die Sache nicht so schlimm, wie sie aussieht, und er säubert sich relativ oft. Die von den Missionaren angestrebte Mehrbekleidung der Eingeborenen hat deshalb etwas sehr Bedenkliches; sie führt unbedingt zur Abnahme der körperlichen Sauberkeit, womit eine Zunahme der in den Tropen so häufigen Hautkrankheiten verbunden ist. Die Möglichkeit, jeden Augenblick ohne Umstände ein Bad zu nehmen, ist dann eben vorbei. Man schmeichle sich ja nicht, daß er dann etwa seine Kleider waschen würde; das liegt ganz außerhalb seines Gedankenkreises!

Der Vorwurf der Hinterlist erscheint bei der relativen Häufigkeit, mit welcher Niedermetzelungen von Seeleuten in den Zeitungen berichtet werden, im ersten Augenblicke gerechtfertigt. Aber er scheint es auch nur! Vergegenwärtigen wir uns die Zustände. An einer bisher von Europäern kaum besuchten Küste erscheint ein Schiff, die Eingeborenen eilen in ihren Kanoes herbei. Ein lebhafter Tauschhandel entsteht, sie werden zutraulicher, endlich kommt eine Anzahl an Bord, wo sie plötzlich überwältigt, die sich zur Wehr setzenden getötet und die anderen als Sklaven davongeführt werden. Kann man sich wundern, wenn die nächsten Europäer, die jene Küste besuchen, aus Rache erschlagen werden und so für die Schuld ihrer Vorgänger büßen müssen? In den Zeitungen aber erhebt sich dann ein fürchterliches Geschrei über die Treulosigkeit der Eingeborenen, wobei der sensationelle Passus, daß diese Teufel in Menschengestalt die Erschlagenen hinterher aufgefressen hätten, niemals zu fehlen pflegt.

Die Behandlung der Frauen läßt kaum zu wünschen übrig, auch ist ihre Stellung, obgleich der Mann sie kauft, eine bei weitem bessere, als man denken sollte, ja, nicht wenige Männer stehen, ganz wie bei uns, gehörig unter dem Pantoffel ihrer Frauen oder einer derselben, welche dieses in Neu-Guinea sonst unbekannte Instrument oft in energischer Weise zu schwingen versteht. Hiervon nur ein Beispiel. Es ist mehrfach beobachtet worden, daß Männer, die sich nach langer Überredung dazu verstanden hatten, einen besonders schönen Schmuckgegenstand an Europäer zu verkaufen, darin durch die herbeieilende Frau gehindert wurden. Letztere riß dem Leichtsinnigen den betreffenden Gegenstand einfach aus den Fingern und verschwand damit unter vorwurfsvollen Gebärden im Innern des Hauses, wo bald ein lautes Zanken erschallte, welches über die auf das Haupt des Schuldigen sich ergießende Standrede keinen Zweifel zuließ.

Ich erwähnte schon vorher, daß den Frauen die Bebauung und Aberntung der Äcker zufällt, man glaube aber ja nicht, daß sich dieselben dabei etwa tot arbeiten

Ihre Leistungen sind in keiner Weise mit denen zu vergleichen, die von dem weiblichen Teile unserer ländlichen Bevölkerung verlangt werden, die den schweren Spaten oder die wuchtige Hacke von morgens bis abends auf dem Felde handhaben müssen. Ja, die Frauen Neu-Guineas sind auch besser daran als die große Zahl derjenigen weiblichen Wesen bei uns, die sich den Lebensunterhalt durch ihrer Hände Arbeit erringen müssen. Überstunden und Nachtarbeit, dazu einen zum Lebensunterhalte kaum hinreichen Lohn, die licht- und luftlosen Quartiere unserer Großstädte, in denen ihre europäischen Schwestern vegetieren, alle diese Errungenschaften der Zivilisation sind jenen Glücklichen unbekannt! Ihre Stellung hat am meisten Ähnlichkeit mit der einer Tagelöhnerfrau auf dem Lande, welche ihren Garten und ein kleines Feld selber versieht, recht und schlecht ihre Kinder versorgt und so gut erzieht, als sie es versteht! Dennoch möchte ich die Melanesin glücklicher nennen als jene, da sie alle die Eventualitäten nicht kennt, vor denen die Europäerin zittern muß, als da sind: Arbeitslosigkeit des Mannes mit ihrem Gefolge von Hunger und Not, Pfändung und Armenhaus. Weichherzige Gemüter haben auch darüber gejammert, daß die eingeborenen Weiber Holz und Feldfrüchte herbeischleppen müßten. Es ist mir unklar, wie Leute sich anstellen können, als ob lasttragende Frauen in Europa etwas Unerhörtes wären! Sollten diese Herren niemals etwas von Botenfrauen gehört haben, die tagtäglich schwer bepackt ihren Gang machen, oder bedacht haben, welche Anstrengungen der Transport von Holz und Lebensmitteln im Gebirge kostet, deren Herbeischaffung, soweit es sich um Quantitäten handelt, die getragen werden können, ausschließlich Sache der Frauen zu sein pflegt!

In Europa wird häufig schon die Thatsache, daß bei einem Volke der Mann mehrere Frauen hat oder wenigstens haben kann, als Grund angesehen, letztere für höchst unglückliche Geschöpfe zu halten, welche sich durch diese Sitte tief herabgedrückt und in ihren heiligsten Gefühlen gekränkt fühlten. Solche Ideen finden sich in den exotischen Dutzend-Romanen des deutschen Büchermarktes allerdings nicht selten: ich brauche nicht hinzuzufügen, daß sie ohne jede Kenntnis der einschlägigen Verhältnisse geschrieben sind. Der Besitz mehrerer Weiber, den sich schließlich nur Häuptlinge und wohlhabende Leute leisten können, ist bei Naturvölkern eine sehr zweckmäßige und dem Interesse der Frauen höchst nützliche Einrichtung, die schließlich auf eine Arbeitsteilung und Entlastung der Einzelnen herauskommt. Außerdem wird hierdurch das Institut der alten Jungfern unmöglich gemacht! Jedes Mädchen findet eben Versorgung und Gelegenheit, sich in ihrem natürlichen Wirkungskreise als Mutter ihrer Kinder zu bethätigen! Man glaube ja nicht, daß bei Naturvölkern die Frau sich freuen würde, wenn sie die alleinige bliebe, ja bei einigen Bergstämmen im Kaukasus, wenn ich nicht irre, gilt es geradezu als Beleidigung der zuerst Geheirateten, wenn der Mann bis zur Geburt eines Kindes nicht eine zweite heimgeführt hat, welche alsdann die Dienerin der Hauptfrau wird, wodurch sich ein ähnliches Verhältnis wie zwischen Herrin und Dienstmädchen herausbildet. Da die Form der Eheschließung natürlich bei primitiven Völkern überall der Kauf ist, so nennen wir thörichte Europäer diesen Zustand dort Sklaverei, und sind vielleicht gar so einfältig, diesen Leuten unsere Art und Form der Heirat aufdrängen zu wollen, die zwar für uns und unsere Verhältnisse paßt, aber für jene durchaus zweckwidrig und unsinnig ist.

Eine Verlobung und Heirat geht in Neu-Guinea folgendermaßen vor sich. Mit 14—16 Jahren ist der junge Mann heiratsfähig, worauf ihn seine Eltern mit ihren schönsten Schmucksachen ausstaffieren und in ein befreundetes Dorf auf die

Brautschau senden. Endlich hat er sich mit der Erwählten seines Herzens verständigt und beide verschwinden eines schönen Tages aus dem Dorfe! Die Angehörigen der so Entführten sind hierüber scheinbar sehr entrüstet und drohen, den Sünder erbarmungslos zu morden; man sendet zugleich eine Deputation zu den Eltern des Bräutigams und seinen Verwandten, um diesen den begangenen Frevel, den man auf das Fürchterlichste rächen werde, mitzuteilen. Der Bräutigam hat sich mittlerweile in einem Verstecke eine primitive Hütte erbaut und lebt hier mit „ihr“ in der Verborgenheit, während seine Freunde ihm die nötigen Lebensmittel zukommen lassen. Nach einiger Zeit legen sich letztere ins Mittel: der Kaufpreis für das Mädchen wird festgesetzt und bezahlt. Unter Jubel holen die Angehörigen derselben das festlich geschmückte Paar aus ihrem Verstecke ab und führen es ins Dorf, wo der neugebackene Ehemann zunächst ein Hochzeitsmahl, bestehend in einem Schweine- und Hundeessen mit nachfolgendem Tanzvergnügen, zum besten gibt. Auch eine Hochzeitsreise wird gemacht, hat aber nur den prosaischen Zweck, von Freunden und Bekannten Geschenke einzusammeln. Wenn die Neuvermählten davon zurückkehren, ist ihnen von den aufmerksamen Dorfbewohnern mittlerweile eine Hütte gebaut, für welche Liebenswürdigkeit sich der neue Hausbesitzer durch einen zweiten Hundeschmaus zu revanchieren hat.

Das Familienleben der Kanaker muß trotz einiger Seltsamkeiten, z. B. essen die Männer allein, als ein inniges bezeichnet werden. Die Kinder werden gut gepflegt und behandelt, scheinen auch von den Eltern sehr geliebt zu werden; auch der Säugling bleibt länger an der Mutterbrust als bei uns üblich. Da man Bekleidung nicht nötig hat, spielen die Kinder von Jugend auf im adamitischen Kostüme herum und werden, da man eine so weitgehende Beaufsichtigung, wie sie in Europa für nützlich gehalten wird, nicht kennt, viel früher verständig als unsere Sprößlinge.

Ich sah einstmals zwei kleine Knaben im Alter von etwa einundeinhalb und fünf Jahren im Sande spielen; der jüngere, welcher noch etwas unsicher auf den Beinen war, setzte sich plötzlich nicht gerade sanft hin, und ich erwartete natürlich, daß er jetzt ein fürchterliches Geschrei erheben werde. Doch nichts von dem; sehr verständig raffte das Bürschchen sich auf, wobei ihm sein kleiner Gefährte mit der Geschicklichkeit einer ausgelernten Wärterin Beistand leistete, und beide spielten so ruhig weiter, als ob nichts geschehen wäre! An Spielzeug haben sie keinen Mangel, da ihnen der zärtliche Vater höchst zierliche kleine Kanoes, Vögel, Fische und dergleichen aus Holz schnitzt und hübsch bemalt, welche in ihrer Art kleine Kunstwerke sind und eine Arbeit von Wochen erfordert haben müssen. Da der Papua auch erwachsen stets ein Kind bleibt, so vergißt er sich selbst nicht bei der Anfertigung von dergleichen; er erfreut sich insbesondere an größeren und kleineren Nachbildungen seiner Auslegerböte, die man in den Hütten nicht selten findet. Auch die schön geschnitzten, bunt bemalten Thürpfosten, Ahnenbilder und ähnliche Gegenstände dürften dazu zu rechnen sein. Möglicherweise haben wir hier den Ursprung der bildenden Kunst vor uns, welche mit der Anfertigung kindlicher Spielereien begann und ihren Höhepunkt in den Schöpfungen eines Phidias und Praxiteles einer-, eines Rafael und Correggio andererseits fand. Auch sind die Leistungen der Kanaker auf künstlerischem Gebiete nicht so unbedeutende, wie man vielleicht glauben könnte. Ja, mit Rücksicht auf die ihnen zu Gebote stehenden Werkzeuge kann man sie ohne Übertreibung als großartige bezeichnen, kennen sie doch von Werkzeugen nur Steinbeile, scharfe Muscheln und Raspeln aus der körnigen Haut des Rochens. Ihre geschnitzten Thürpfosten mit plastisch ausgeführten Krokodil-, Vogel- und Schlangengestalten sind nicht nur gut erfunden, sondern auch tüchtig ausgeschnitzt und bemalt. Sie überraschen durch die ungemein exakte Wiedergabe der Naturformen, sodaß selbst ein Kind auf der Stelle den dargestellten Gegenstand erkennen wird. Ihre Tanzmasken und andere Arbeiten nehmen unter den Leistungen der Naturvölker einen der allerersten Plätze ein und sind nicht selten, namentlich die Schildpattsachen, von solcher Feinheit, daß man nicht begreift, wie derartiges ohne Lupe hergestellt werden kann. Diese meistens an der Stirn getragenen thalergroßen, durchbrochenen Scheiben sind vielfach staunenswerte Kunstwerke, welche wir trotz aller unserer technischen Hülfsmittel kaum besser liefern könnten. Ihre Bogen und Pfeile, besonders aber die Speere, sind außerordentlich sauber gearbeitet und mit geschmackvollen Mustern versehen. Die letzterwähnten gehören zum großen Teile in die Kategorie der Schmuckwaffen, ja sie sind nicht selten reine Dekorationsgegenstände, welche der Papua in der Hand trägt, wie unsere Stutzer etwa einen kostbaren Spazierstock. Hierher gehören beispielsweise die sehr schönen Lanzen von den Admiralitätsinseln mit Obsidianspitze. Dieses Material ist so spröde, daß solche Waffen beim Transporte mit der äußersten Vorsicht behandelt werden müssen, wenn sie nicht brechen sollen. Ein praktischer Gebrauch ist selbstverständlich völlig ausgeschlossen.

Es erscheint bemerkenswert, daß der Speer eine ähnliche Rolle spielt wie bei — den homerischen Helden. Auch dort tritt z. B. Telemach, der den befreundeten Menelaos besucht, mit solcher Waffe in der Rechten vor ihn hin, ganz ähnlich wie der visitenschneidende Papua heutzutage. Die wirklichen Kampfeswaffen sind übrigens Pfeil und Bogen: denn den Nahkampf liebt der Papua nicht. Die Anfertigung von Waffen scheint sich übrigens auf den Inseln Neu-Guineas zu einer Art Industrie entwickeln zu wollen; wenigstens wird bereits heute ein schwungvoller Handel mit denselben getrieben. Bei dieser Gelegenheit möchte ich auch auf die handwerksmäßige Fabrikation von Töpfen auf den Tamiinseln und Billi-billi erinnern. Dieselben werden dort von den Frauen aus freier Hand geformt, dann gebrannt und schließlich von den Männern vermittelst sehr primitiver Kanoes verschifft, selbst bis zum Festlande, wo sie gegen Tauschwaren abgesetzt werden. Das sind die ersten Spuren eines beginnenden Handels.

Ein Todesfall wird durch das Blasen der großen Muschelhörner bekannt gemacht deren langgezogene, dumpfe Laute nicht selten schauerlich durch die stille Nachtluft tönen und eine von der unsrigen so stark abweichenden Art, um stilles Beileid zu bitten, darstellen, daß ich fast fürchte, der oder jener wird sie vielleicht für wenig schön halten. Da bei der einmal landesüblichen, mangelhaften Bekleidung der Leidtragenden Trauergewänder von vornherein ausgeschlossen erscheinen, so färbt man sich wenigstens das Gesicht schwarz, um seinem Schmerze einen auch äußerlich sichtbaren Ausdruck zu geben. Jedermann kennt den sanften Glanz eines frisch geschwärzten Ofens: da der Kanaker dasselbe Metall, nämlich Manganerz, für seine Zwecke benutzt so kann man sich nicht wundern, wenn die ganze Schaar der Leidtragenden jenen uns allen wohlbekannten Schimmer unseres winterlichen Wärmespenders zeigt. Das Begräbnis selbst verläuft garnicht so viel anders als bei uns. Die Männer der befreundeten Nachbardörfer sind dazu herbeigekommen: man senkt den Toten in das mit Brettern ausgelegte Grab und füllt dasselbe dann mit Erde. Während dieser ganzen Zeit erheben die zu beiden Seiten des Grabes aufgestellten Frauen andauernd ein lautes Klagegeschrei, welches erst verstummt, sobald die letzte Scholle auf das Grab geworfen ist. In manchen Gegenden setzen sich nun Freunde und Verwandte auf dasselbe, weinen und klagen und beschmieren sich auch wohl mit Asche, um ihrem Gefühle der Verzweiflung einen genügenden Ausdruck zu geben. Hier und dort errichtet man auch einen Pfahl neben der Grabstätte, an welchem die vorher zerbrochenen und unbrauchbar gemachten Pfeile und Bogen des Verstorbenen resp. bei einer Frau Kochgeschirr und Grasrock aufgehängt werden. Hiermit ist man jedoch noch nicht zufrieden: die Sitte will es, daß der Sohn eine Bildsäule seines verstorbenen Vaters anfertigt, die er in der Hütte aufstellt; stirbt er selbst, so hat der Enkel die Pflicht, den Dahingegangenen bildhauerisch zu verewigen. Merkwürdigerweise gilt alsdann die Statue des Großvaters für „schlecht und unnütz“, sodaß er sie mit leichtem Herzen verkauft, während er jene seines Erzeugers niemals hergiebt. Für Häuptlinge fertigt man aus einem lebenden Baumstamme, den man entsprechend zustutzt, größere, im Freien stehende Bildsäulen an, genau so, wie wir wohlverdienten Mitbürgern ein öffentliches Denkmal setzen. Es ist früher behauptet worden, daß der Papua diese „sogenannten Götzen“ anbetet, was neuerdings aber allgemein geleugnet wird. Ich glaube nichts ist einfältiger, als aus dem bloßen Vorhandensein dieser Statuen auf dergleichen schließen zu wollen. Wir besitzen gleichfalls solche und werden lachen, wenn jemand infolgedessen auf eine so thörichte Idee käme: ich glaube bei den Kanaker liegt die Sache nicht viel anders. Namentlich bei den Küstenvölkern ist es üblich, dem Grabe die Gestalt eines Hauses en miniature zu geben, um das man in genauer Nachbildung der Wirklichkeit einen Zaun zieht, Ziersträucher pflanzt u. s. w. Ich glaube nicht, daß man hieraus ohne weiteres folgern darf, dem allgemeinen Glauben nach wohne die Seele der Verstorbenen in demselben, zumal da sich andere Völker, z. B. die schon mehrfach zitierten Jabim bei Finschhafen vorstellen, die Abgeschiedenen lebten als Gespenster im Busche. Hier und dort bewahrt man die Toten erst eine längere Zeit auf und begräbt sie dann in ihrer Hütte, welche Sitte wegen der Möglichkeit, daß ansteckende Krankheiten dadurch verbreitet werden, sehr bedenklich erscheint. Gänzlich sanitätswidrig ist aber die in der Astrolabe-Bai und bei der Bergbevölkerung übliche Manier, die Leichen jener Prozedur zu unterwerfen, welche wir bei Schinken und Würsten anzuwenden pflegen. Zu diesem Zwecke wird der Verstorbene in hockender Stellung auf einem niedrigen Gerüste befestigt und dann dem Rauche eines kleinen Dauerfeuerchens ausgesetzt. Der entstehende Geruch ist anfangs häufig kein ganz angenehmer, gegen die Nachbarschaft eines gut durchgeräucherten Papuas ist jedoch kaum noch etwas einzuwenden. Die trocken gewordenen hängt man endlich an Balken auf, von wo sie still und melancholisch, gewöhnlich in mehreren Exemplaren, herabzubaumeln pflegen. Hunger wird mit Recht als eine unangenehme Empfindung angesehen, kann man es den zärtlichen Hinterbliebenen verdenken, daß sie Vorkehrungen treffen, welche den Entschlafenen erlauben, einen etwa entstehenden Appetit sogleich zu befriedigen? Man befestigt zu dem Zwecke neben und zwischen den Leichen Yams, Tarro und andere Leckerbissen der kanakischen Küche. Vertrocknen diese, so haben die Entschlafenen sie verzehrt; halten sie sich, so ist das ein sicheres Zeichen, daß sie den Toten nicht zusagen. Praktischer Weise nehmen die Leidtragenden diese verschmähten Früchte nach einigen Wochen herab und verzehren sie selbst mit einem trotz des Kummers kaum geschwächtem Appetit.

In der Loulsiade, dem östlichen Teile von Neu-Guinea, neuerdings auch aus anderen deutschen Gegenden bekannt, findet man eine sehr eigentümliche Sitte, die gleichfalls mit diesem Totenkultus zusammen zu hängen scheint. — Wir pflegen einem teuren Entschlafenen eine Locke abzuschneiden und sie als Andenken aufzubewahren; dort trägt der zärtliche Papua den Unterkiefer seiner dahingegangenen Gattin oder der teuren Schwiegermutter als · Armband. So abstoßend diese Sitte auch für unser ästhetisches Gefühl sein mag, so stellt sie trotzdem bei unbefangener Betrachtung einen uns allerdings sonderbar erscheinenden, in seiner Art aber entschieden pietätvollen Brauch dar. Diese ominösen Schmucksachen haben die Bewohner des Archipels in den denkbar schlechtesten Ruf gebracht, da man irrtümlicherweise annahm, solche Knochen rührten von Schlachtopfern der Kannibalen her. Diese Annahme liegt allerdings sehr nahe, da die Papua allgemein den Unterkiefer von Schweinen, wohl zur Erinnerung an den gehaltenen Schmaus aufzubewahren pflegen. Es thut mir sehr leid, daß ich hier die in den meisten Büchern ausgesprochene und in Neu-Guinea überall geglaubte Ansicht, die Festlandsbewohner seien keine Menschenfresser, widerlegen muß. Ich habe gegen derartige Versicherungen von Anfang an einiges Mißtrauen gehegt, da es mir unwahrscheinlich

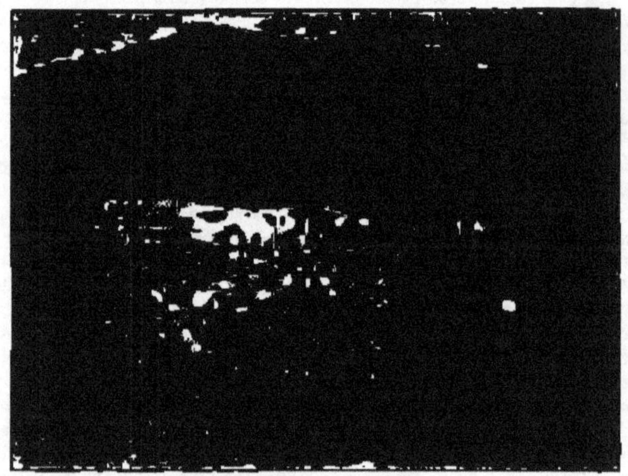

Wegebauten in Samoa.*)
(Weg zur Clarabucht, Wasserdurchlaß.)

dünkte, daß nur die Inselbewohner diesem Laster fröhnen sollten. Es ist eine bekannte Thatsache, daß die Neu-Mecklenburger, Neu-Pommern, insbesondere aber die Salomo-Insulaner, ausgemachte Kannibalen sind. Merkwürdigerweise sind diese Menschenfresser par excellence nicht nur eine körperlich und geistig besser entwickelter Rasse als die Festlandsbewohner, sondern sie geben auch bei Weitem zuverlässigere Diener und bessere Arbeiter ab, als ihre faulen Stammesbrüder auf Neu-Guinea selbst. Sicher festgestellt ist die Anthropophagie für die Landschaft Bonu, nordwestlich von Finschhafen, wo die Besatzung eines dort gelandeten Schoners die Eingeborenen mit dem Braten eines menschlichen Beines beschäftigt fand. Dieses Faktum genügt, um den Unterschied, den man bisher zwischen den menschenfresserischen Inselbewohnern und den angeblich gesitteteren Küstenstämmen machte, hinfällig erscheinen zu lassen.

*) Text siehe Seite 129!

Ich glaube annehmen zu dürfen, daß trotz des Leugnens, der in der Nähe von Ansiedelungen ansässigen Eingeborenen, der Kannibalismus bei allen Papuastämmen gleichmäßig zu finden ist. Man begnügt sich bei ihnen eben nicht damit den gehaßten Feind getödtet zu haben, sondern sucht auch noch seinen Körper gänzlich zu zerstören, was ja bei Naturvölkern nichts seltenes ist. Zugleich spricht wohl auch die Idee mit, daß die Kraft des Toten, die ja doch nicht ohne Weiteres verschwunden sein kann, auf diese Weise auf den Sieger übergeht und dessen Stärke erhöht.

Phantasiebegabte Reisende früherer Zeiten haben uns viel von den „Tempeln“ und „Götzenbildern“ der Papua zu erzählen gewußt. Ueber letztere habe ich schon oben gesprochen und kann deshalb hier darauf verweisen. Erstere sind höchst profane Gebäude, sogenannte Beratungshäuser, zugleich Wohnungen für die Junggesellen und Klublokale für die Männerwelt überhaupt, welche hier ihre Schmausereien abzuhalten pflegen, wovon eine Anzahl von Schweineunterkiefern, welche, vom Rauche mehr oder weniger schwarz, das Balkenwerk schmücken, genügend zeugen. Da diese Häuser gewöhnlich schön gearbeitete Pfosten und Stützen, mit Krokodil- und Fischgestalten besitzen, lag es wohl nahe, dieselben als Tempel anzusprechen. Die bereits oben gekennzeichneten Reisenden haben denn auch der staunenden Mitwelt allerlei Schönes von im Heiligtume aufbewahrten Flöten und Trommeln, von den im Tempel schlafenden Jünglingen &c. erzählt.

Diese Beratungshäuser sind für Frauen tambu; in der Südsee lautet dieser Ausdruck tabu, d. h. dieselben dürfen sie nicht betreten. Wir brauchen über solche Institutionen gar nicht zu lächeln, finden wir doch ganz ähnliche Einrichtungen bei uns. Wir haben Herrengesellschaften, Vereine, Klublokale, welche dem weiblichen Geschlechte nicht zugänglich und genau so tambu sind, wie das in Neu-Guinea der Fall ist! Die großen, aus einem Baumstamme hergestellten Trommeln, sind wie es scheint, gemeinsames Eigentum der Dorfbewohner. Sie dienen dazu, durch ihre dumpfschallenden, weitdringenden Töne wichtige Nachrichten von Dorf zu Dorf zu verbreiten. Die Kenntnis dieser Signale scheint eine Art Geheimwissenschaft der Häuptlinge zu sein. Die Frauen dürfen diese Instrumente nicht berühren, in einzelnen Gegenden noch nicht einmal sehen, so streng tambu sind sie! Die hier zu Grunde liegende, sehr richtige Idee ist offenbar die, daß Weiber mit Gegenständen, die dem Allgemeininteresse, der Vertheidigung, dem Kampfe gewidmet sind, nichts zu thun haben sollen, ein Gegenstück zu den Forderungen unserer heutigen Frauenrechtler! Die Trommeln gelten für sehr kostbar; in der That muß ihre Herstellung eine außerordentlich mühevolle sein, da man den gewählten Stamm von innen her durch einen handbreiten Längsschnitt soweit aushöhlen muß, bis er nur noch einen dünnwandigen Cylinder bildet. Mit einem billardqueueartigen Stock bearbeitet, giebt er ähnlich wie ein leeres Faß, an das man schlägt, dumpfe Laute von sich, die an der ganz aus einem Stücke gearbeiteten Trommel einen guten Resonanzboden finden, wodurch der Schall natürlich bedeutend verstärkt wird. Dient dieses Instrument so ernsten Zwecken, so sind die Flöten ganz der Lustbarkeit gewidmet. Man begleitet mit ihnen den Tanz, der hier ohne die holde Weiblichkeit geübt wird, die dabei nur eine ganz passive Zuschauerrolle spielt. Das Hauptrequisit des Tänzers ist eine sogenannte Tanzmaske, eine höchst eigenartige Erfindung des Papuageistes. Sie besteht aus einem leichten, mit Kokosnußmatte überzogenen, helmartigen Bambusgestelle, welches den ganzen Kopf umhüllt und bis auf die Schultern reicht. Nach vorn trägt dasselbe einen aus Holz gearbeiteten und bemalten Gesichtsteil, welcher entweder ein menschliches Antlitz, irgend eine groteske Physiognomie oder eine freie Schöpfung der Phantasie darstellt. Das einzige Gemeinsame solcher Masken ist es, daß die aus dem Deckel einer Schneckenart (Turbo) hergestellten rotgrünen Augen niemals zu fehlen pflegen. Beiläufig bemerkt, kann der Tänzer trotzdem sehen, da er durch Spalten in der Gegend der Lidränder hindurchblickt. Eine meiner aus Neu-Mecklenburg stammenden Masken zeigt beispielsweise eine lange, brettartige, schön geschnitzte und durchbrochene Nase, durch deren Spalten sich eine bunte Natter windet; eine andere besitzt statt des Gesichtsteiles eine mittelst Charniers befestigtes Konglomerat von verknäuelten Schlangen. Statt der Zunge hängt aus dem Munde eine Eidechse weit heraus, welche ihrerseits das aus Stoff hergestellte und sorgfältig bemalte Geschmacksorgan hervorstreckt. Die Haupthaare pflegen aus schwarzen, feinen Wurzeln, angeblich Kokos, oder aus einem weißen Pflanzenmarke, wie es unser Hollunderstrauch auch besitzt, hergestellt zu sein. Den mächtigen Bart, welcher die Ansatzstelle an den Körper zu verdecken hat, bilden bunte Pflanzenfasern, Grasbüschel, Baumwollenfäden rc. Nach oben ragen hörnerähnliche, geschnitzte Zierrate in Form von Fischen oder Phantasiegestalten manchmal über Armeslänge empor, während sich seitlich der Mundwinkel kolossalen Eberhauern ähnliche Gebilde erheben können. Letztere können sich noch verästeln und allerlei Ansätze erhalten, wodurch das Bild in einzelnen Fällen höchst kompliziert wird. Jede dieser Masken ist ganz verschieden; einer sucht den anderen in der Erfindung neuer und eigenartiger Motive zu übertreffen. Mit einem der eben beschriebenen Kunstwerke geschmückt, ist der Papua ballfähig und tritt, ich weiß nicht, ob mit klopfendem Herzen, in den Kreis der Tänzer ein, während er in den bewundernden Blicken seiner Genossen den schönsten Lohn für seine vielleicht monatelange Arbeit einheimst. Laut erschallt der monotone Gesang der Versammelten, zu dem die bald dumpf, bald hell tönenden Schläge auf den sanduhrförmigen, mit Eidechsenhaut überspannten Handtrommeln den Takt markieren. Bei diesem Sing-sing genannten Vergnügen kann der Kanaker, so träge er für gewöhnlich ist, etwas leisten. Er spektakelt und tanzt nicht selten die ganze Nacht hindurch. Aber nur, wenn der Vollmond sein magisches Licht über die Scene ergießt, was auch auf Papuagemüter besonders anregend wirkt, ist er thätig; in dunklen Nächten bleibt er hübsch zu Hause, wie sich das geziemt! Man sagt, er fürchte sich in der Dunkelheit vor bösen Geistern; wahrscheinlicher erscheint mir aber die für Neu-Guinea noch nicht gelöste Beleuchtungsfrage für Volksfeste der Grund davon zu sein, da die bei anderen Völkern für solche Zwecke beliebten großen Feuer in diesem Klima ihrer Wärme wegen nicht gut anwendbar sein dürften.

Es erübrigt noch einen Blick auf die außerordentlichen interessanten Sprachverhältnisse Neu-Guineas zu werfen, die, wie es scheint, einzig in ihrer Art sind. Bisher wurden vierzig und einige Sprachen, wohlverstanden nicht etwa Dialekte, festgestellt. Diese linguistische Zersplitterung geht selbst auf dem Festlande so weit, daß schon zwei bis drei Meilen von einander wohnende Dorfschaften sich nicht mehr verständigen können. Man hat diese auffallende Erscheinung dadurch zu erklären versucht, daß man sagte, es erstrecken sich Sprachkeile der im Inneren wohnenden, ein anderes Idiom sprechenden Kanaker zwischen die Küstenbevölkerung hinein. Eine Idee, die an und für sich ja recht hübsch, vielleicht sogar bestechend erscheint, jedenfalls aber völlig unbewiesen ist: wir kennen eben das Innere dieser größten Insel bisher sehr wenig. Die Entstehung dieses eigenartigen Zustandes könnte man sich etwa folgendermaßen vorstellen: Der Papua ist von Natur sehr mißtrauisch, entfernt sich niemals weit von seinem Heimatorte und bleibt stets im Gebiete der diesem naheliegenden, befreundeten und dasselbe Idiom sprechenden Ortschaften. Nur dort weiß er sich seines Lebens sicher, während er weiterhin sehr leicht in die Nähe zweier augenblicklich im Kampfe liegenden Ortschaften gelangen kann, wobei es sehr häufig geschieht, daß harmlose Fremde überfallen und getötet werden. Ihr Haupt zählt als eine ebenso ruhmreiche Trophäe wie das eines erschlagenen Feindes. Jeder Mord eines aus dem Hinterhalte überfallenen Wanderers, selbst wehrloser Frauen und Kinder gilt in solchen Zeiten als eine höchst rühmliche That, die geeignet erscheint, die Tapferkeit des Kriegers bei seinen Landsleuten ins rechte Licht zu setzen. Es ist nicht unwahrscheinlich, daß diese durch Vorsicht gebotene Isolierung der einzelnen Gaue, um sozusagen, allmälig zur Entstehung ganz abweichender Sprachen führte, genau wie wir das bei den Bewohnern abgelegener, kaum mit anderen Völkern in Kommunikation stehenden Inseln finden.

Die einzelnen Idiome scheinen, soweit sie erforscht sind, gut ausgebildet und bisweilen überaus wortreich. Wie alle primitiven Sprachen haben sie das Gemeinsame, daß ihnen die ganze Reihe jener Worte, die man als Abstrakta bezeichnet, fehlen. Sie besitzen vielleicht besondere Ausdrücke für reife und unreife, große und kleine Bananen und für alle möglichen Abarten derselben, aber das Sammelwort Frucht fehlt. Während unsere Sprache für den Begriff Pferd nur drei Worte „Hengst, Stute und Füllen“ hat, können Naturvölker ein Dutzend solcher besitzen, der Ausdruck Tier ist aber gewöhnlich nicht vorhanden. Beim Papua scheint nicht nur das Wort, sondern sogar der Sammelbegriff zu fehlen. Zeigt man beispielsweise einem solchen einen Käfer oder Schmetterling, und fordert ihn auf, mehr davon zu bringen, so schleppt er immer und immer wieder dieselbe Art herbei. Er klebt völlig am konkreten Begriffe und versteht es offenbar nicht, das Gemeinsame vom Speziellen zu trennen.

Es ist höchst bezeichnend, daß der Papua noch nicht einmal soweit gekommen ist, einen Namen für sein Dorf zu haben. Jeder Häuserkomplex desselben führt vielmehr, wie schon oben erwähnt, eine andere Bezeichnung. Ebenso wenig versteht er es, eine Gegend zu bezeichnen. Diese kann nur nach den dortliegenden Ortschaften benannt werden: ja es giebt noch nicht einmal einen Ausdruck für die einzelnen Inseln und keine einheimische Bezeichnung für Neu-Guinea selbst! Daß solche Leute für Begriffe und Vorstellungen keine Worte haben können, liegt auf der Hand. Leib, Seele, Geist, Körper und ähnliche gehen weit, weit über ihren Horizont! Es ist mir stets unklar geblieben, wie man solchen Kindern unsere, von den kompliziertesten Begriffen wimmelnde Glaubenslehre beibringen will. Eine allgemein verstandene Sprache, wie es das Küstenmalayische für das Inselmeer Hinterindiens darstellt, giebt es in Neu-Guinea leider nicht. Jedoch beginnt sich unter dem Einflusse der Europäer etwas derartiges auszubilden, leider ist es aber kein deutsches, sondern ein fremdes Idiom, ein stark korrumpiertes und mit Worten verschiedener Südseedialekte durchsetztes Sprachgemisch, das sogenannte Pidgeon-Englisch. Besagte Sprache arbeitet mit den primitivsten Mitteln, scheint aber völlig genügend den einfachen Gedankenkreis des Kanakers auszudrücken. Einige Beispiele derselben sind vielleicht ganz interessant. Als ich einst einen Papua fragte, ob das Wetter wohl gut bleiben würde, entgegnete er mir: Suppose big fellow saltwater cry plenty too much, rain he no come, wörtlich: „falls das Salzwasser laut schreit, kommt kein Regen“, d. h. wenn die Brandung heftig bleibt, bleibt auch die Witterung gut! Trotz der Armut dieser neuentstandenen Sprache an Worten wissen sie gewöhnlich, in überraschend scharfer Weise alles zu bezeichnen. So hieß ich im Gegensatze zu dem Arzte der Neuguinea-Compagnie in Friedrich-Wilhelmshafen, der sich eines üppigen Haarwuchses erfreute, was ich von mir leider nicht mehr sagen kann, einfach der master Doctor Koko nut, belong him grasses he no more stop, wörtlich: „Der Herr Doktor, auf dessen Kokosnuß kein Gras mehr wächst!“ Ich kann mir nicht versagen, zum Schlusse noch die sehr originelle Übersetzung für „Klavier“ anzuführen, sie lautet folgendermaßen: big fellow box, suppose master fight him, cry plenty to much, „ein großer Kasten, der, wenn der Herr ihn schlägt, ganz laut schreit.“

Ich habe im Vorstehenden versucht, den Menschenschlag Neu-Guineas zu schildern, so gut ich es vermag. Es erübrigt jetzt noch, die uns praktisch so nahe berührende Frage zu beantworten, ob es wohl gelingen wird, diese Leute zu brauchbaren Arbeitern zu erziehen? Die Antwort hierauf dürfte in einem sicheren Ja bestehen. Schon jetzt haben die im Dienste der Europäer stehenden Kanaker eine oft überraschende Anpassungsfähigkeit bekundet; sie sind brauchbare Diener, einzelne sogar vorzügliche Köche geworden, und an gutem Willen lassen es die wenigsten fehlen. Freilich gehört auch eine nachhaltige und andauernde Einwirkung der Europäer dazu, um sie zu geschickten und zuverlässigen Arbeitern zu machen, was sie bisher nur stellenweise sind; es scheint aber sicher, daß die Papua mit der Zeit ein gutes Arbeitsmaterial abgeben werden, das bei seiner Billigkeit eine Ursache mehr zum Aufblühen unserer fernsten Kolonie werden dürfte.

## Die Wegebauten in Tsintau.

Von Hans Gerstenberg.

(Mit 3 Abbildungen und 1 Karte.)*)

Die notwendigsten Arbeiten, die nach der Besitzergreifung Kiautschou's vorgenommen werden mußten, sind die Weganlagen. Straßen in unserem Sinne gab es bisher nicht in Deutsch-China. Der Chinese befördert seine Güter auf einrädrigen Schiebekarren und braucht hierfür nur Fußwege, die bergauf und bergab durch alle Schluchten führen, wie sie die Niederschläge mit der Zeit in dem zerrissenen Gestein geschaffen haben.

Da die Höhenzüge nicht bewaldet sind, werden auch die Gewässer nicht zurückgehalten, sondern wälzen sich in der Regenzeit in unzähligen Rinnsalen zu

Wegebauten in Tsintau.
(Weg zur Clarabucht, Anstieg.)

Thal. Ein solch zerklüftetes Gelände ist natürlich für einen größeren Verkehr nicht gangbar. Da aber dieser bis zur Fertigstellung der Eisenbahn nach dem Innern auf dem Landwege nicht entbehrt werden kann, mußte es die erste Sorge sein, ordentliche Weganlagen in Tsintau selbst wie nach den benachbarten größeren Orten herzustellen. Auch militärische Rücksichten kamen dabei in Frage: denn für die Sicherheit der Kolonie und der von ihr ausgehenden Unternehmungen ist, wie noch jüngst durch die Thatsachen bewiesen, eine leichte Beweglichkeit der Besatzungstruppen eine Hauptbedingung.

Es galt also die Wege zu richten, Durchlässe zu schaffen, Brücken zu bauen, Sprengungen vorzunehmen u. s. w. Unsere Karte giebt ein, durch unsere Abbildungen des weiteren erläutertes, anschauliches Bild der im Bau begriffenen und projektierten Wege bei Tsintau und läßt gleichzeitig die Zerrissenheit des Geländes und seine bisherige Unwegsamkeit deutlich erkennen.

*) Vergl. die Abbildungen S. 101, 106, 110, und 123!

# Der Konflikt Großbritanniens und der Südafrikanischen Republik.

Von Herman Frobenius.

(Mit einer Karte von Transvaal und den angrenzenden Ländern.)

Der Zwist zwischen dem mächtigen britischen Weltreich und dem kleinen Burenstaat der Südafrikanischen Republik, welcher in letzter Zeit auf das Bedenklichste sich zugespitzt hat, bildet nur ein Glied in der Kette von Kämpfen, mittelst deren seit einem vollen Jahrhundert England seinen Besitz an der Südspitze Afrikas zu erobern, zu festigen und zu erweitern bestrebt ist. Es ist ein fortgesetztes Ringen des britischen mit dem holländischen Element, welch' letzteres beinahe zwei Jahrhunderte früher von der wichtigen Etappe auf dem Wege nach Indien Besitz ergriffen hatte, welches, mit Waffengewalt der Herrschaft am Kap beraubt und nach dem Innern gedrängt, den Engländern als willkommene Vorhut dienen mußte auf dem Eroberungsmarsch über ganz Süd-Afrika. Wohin die Buren auch sich wenden mochten, die Briten legten die Hand auf die Gebiete, welche jene den Eingeborenen entrungen und der Kultur erschlossen hatten. Und immer waren es dieselben Mittel, mit denen sie damals wie heute ihre Ziele verfolgten: Aufreizung der Eingeborenen gegen die Buren, wobei ihrem einseitig übertriebenen Humanitätsprinzip die allzu ablehnende Haltung der Buren zu Hilfe kam, Nichtachtung oder sophistische Auslegung abgeschlossener Verträge und überraschende Anwendung der Waffengewalt. So wurden die Holländer 1842 in Natal überwältigt, so wurde 1848 der Oranje-Freistaat der britischen Souveränität unterworfen, und erst dem geschickten und energischen Auftreten des Andries Pretorius gelang es, am 7. Januar 1852 für die dritte der noch einander gegründeten Kolonieen, für Transvaal, einen Vertrag zu erwirken, welcher den Buren in diesem die volle Unabhängigkeit gewährleistete.

Der überaus schwierigen Aufgabe, inmitten ungebändigter feindlicher Völkerschaften ein starkes und gesundes Staatswesen zu bilden, waren die Buren und ihre Führer, die Präsidenten der neuen Republik, nicht gewachsen. Es währte nicht lange, so steckte diese in schwerer finanzieller Not, so genügten die mangelhaften militärischen Einrichtungen nicht mehr zum Schutz gegen die drohenden Empörungen und Einfälle der Eingeborenenstämme; England erhielt die willkommene Veranlassung, einzuschreiten, da es nicht mit Unrecht auf die Gefahren hinweisen konnte, welche das zerrüttete Staatswesen auch über die angrenzenden Kolonieen heraufbeschwören konnte. Augenscheinlich verzweifelnd an ihrer Lage, ließen die Buren sich die Einmischung stillschweigend gefallen und kamen sogar durch die Abweisung aller Reformvorschläge ihres Präsidenten der Absicht des britischen Bevollmächtigten, Sir Shepstone, entgegen. Am 12. April 1877 ward Transvaal von den Engländern annektiert.

Die bei dieser Gelegenheit gemachten Versprechungen wurden nicht gehalten. Anfangs betrafen diese den Bau der Delagoa-Bai-Eisenbahn, später wurden an ihrer Stelle Schulen, Telegraphen, Wege und andere Bahnlinien in Aussicht gestellt, Zollermäßigung und Vollberechtigung der holländischen Sprache versprochen; auch hütete man sich wohl, der Erwartung zu widersprechen, daß den Buren die gesetzgebende Gewalt gewahrt werden würde. Als man der Volksraad nicht berufen, im Gegenteil Transvaal als englische Kolonie erklärt und eine Verwaltung durch den englischen Administrator eingerichtet wurde, welche den Buren nicht einmal den Schein einer

Selbstverwaltung beließ, da erwachte der alte Freiheitsdrang in ihnen: sie verlangten die Aufhebung der Annexion, und als sie die Antwort erhielten, daß Transvaal für jetzt und alle Zukunft ein integrierender Bestandteil der Besitzungen Ihrer Majestät in Süd-Afrika sein solle, da gingen sie von Demonstrationen zu Thaten über. Es kam zum Aufstand, zum Kriege, welcher mit der völligen Niederlage der englischen Waffen am Majuba-Berge am 27. Februar 1881 seinen Abschluß fand.

Die Konvention von Pretoria (3. August 1881) gewährte Transvaal Unabhängigkeit in Bezug auf das innere Staatswesen, machte es aber bezüglich der äußeren Angelegenheiten abhängig von Großbritannien, dessen Beamte den ganzen diplomatischen Verkehr zu vermitteln hatten, und dessen in Pretoria einzusetzenden Residenten im besonderen die Aufgabe zufiel, über die Interessen der Eingeborenen zu wachen. Auch ward die bisher ängstlich beobachtete Abschließung des Burenstaates gegen Einwanderung durch die den Ausländern eingeräumten Rechte durchbrochen. Falls sie den Gesetzen des Staates Folge leisteten, sollte allen Ausländern die Niederlassung mit ihren Familien, der Erwerb von Eigentum und der Handel ohne Belastung durch besondere Abgaben gestattet werden. Schwierigkeiten zwischen dem britischen Residenten und der Regierung der (seit 1881 sogenannten) Südafrikanischen Republik veranlaßten 1883 die Anknüpfung direkter Verhandlungen mit dem britischen Kolonialminister, Lord Derby, und diese ließen einen neuen Vertrag zustande kommen, welcher die Konvention von Pretoria aufhob. Der hauptsächliche Erfolg der Buren bestand darin, daß in diesem Vertrag vom 27. Februar 1884 das Suzeränitätsverhältnis thatsächlich beseitigt wurde. Der einzige Paragraph, welcher eine Einschränkung der Unabhängigkeit der Südafrikanischen Republik enthält, ist Paragraph 4 und dieser lautet:

„Die Südafrikanische Republik wird keinen Vertrag oder Abkommen mit einem anderen Staat oder Volk abschließen als mit dem Oranje-Freistaat, auch nicht mit irgend einem Eingeborenenstamme im Osten oder Westen der Republik, bevor ein solcher Vertrag oder ein solches Abkommen von Ihrer Majestät der Königin gebilligt worden ist. Diese Zustimmung soll als erteilt angesehen werden, wenn die Regierung Ihrer Majestät nicht innerhalb sechs Monaten nach Empfang einer Abschrift eines solchen Vertrages (die sogleich nach seinem Zustandekommen eingesandt werden muß) zu erkennen gegeben hat, daß der Abschluß eines solchen Vertrages den Interessen Großbritanniens oder seiner Besitzungen in Süd-Afrika zuwiderlaufen würde." Das bedeutet also lediglich das Recht des Vetos bezüglich aller Verträge mit anderen Staaten.

Nächst diesem Paragraphen sollte später der 14. eine große Wichtigkeit gewinnen, welcher, aus der Konvention von 1881 übernommen, die Rechte der Ausländer behandelt. Er lautet:

„Mit Ausnahme der Eingeborenen sollen alle Personen, welche die Gesetze der Südafrikanischen Republik beobachten, a) mit ihren Familien hinsichtlich der Einwanderung, des Reisens und der Niederlassung in irgend einem Teile der Südafrikanischen Republik völlig frei sein; b) sie sollen das Recht haben, Häuser, Fabriken, Warenhäuser, Läden, Grundstücke zu mieten und zu erwerben; c) sie können ihren Handel in Person oder durch ihnen geeignet scheinende Agenten betreiben; d) und sie sollen in Bezug auf ihre Person und ihr Eigentum oder hinsichtlich ihres Handels oder Gewerbes keinen anderen allgemeinen oder lokalen Abgaben unterworfen sein, als denen, die von den Bürgern genannter Republik erhoben werden oder erhoben werden könnten."

Dieser Vertrag bildet die alleinige Basis, auf welcher das Verhältnis Großbritanniens zur Südafrikanischen Republik sich zu gestalten hatte, und von welcher aus ihr beiderseitiges Verhalten beurteilt werden darf. Er ist nicht als ein Anhang zur Konvention von 1881 zu betrachten; denn er brauchte dann nicht alle wichtigen Abmachungen der letzteren vollständig zu wiederholen. Aus der Weglassung der das Suzeränitätsverhältnis regelnden Bestimmungen ergiebt sich vielmehr die Absicht der Vertragschließenden, dieses Verhältnis bis auf das Vetorecht bei Verträgen zu beseitigen.

Diese Ansicht hat auch der jetzige Kolonialminister Chamberlain, wie das englische Parlamentsmitglied Mr. Edmund Robertson, ein hervorragender Rechtskundiger, in einer Untersuchung der Streitigkeiten mit der Republik noch kürzlich hervorhebt, früher vollständig geteilt. Denn am 4. Februar 1896, also nach dem Jameson'schen Einfalle, schrieb er in einer Depesche an den Kap-Gouverneur: „Mit der Konvention von 1884 erkennt die Regierung Ihrer Majestät die Südafrikanische Republik in allen ihren inneren Angelegenheiten, die von jener Konvention nicht berührt werden, als eine freie und unabhängige Regierung an“, und ebenso stimmt es nicht mit der neuerdings aufgestellten Behauptung eines Vasallenverhältnisses überein, wenn der Kolonialminister die Chartered Company damals ersuchte, „davon Notiz zu nehmen, daß die Südafrikanische Republik ein fremder Staat ist, mit dem Ihre Majestät im Frieden und in Vertragsverhältnissen lebt.“

Es ist nicht zu verkennen, daß in erklärlicher Weise die britischen Staatsmänner den Burenstaat im Auge behielten, und seine weitere Entwickelung beobachteten. Eine solche bedurfte vor allem einer möglichst ungehinderten und bequemen Verbindung mit der Meeresküste, umsomehr, als die Entdeckung der Goldfelder die Lebensbedingungen des Staates vollständig umzugestalten begann, und Ein- und Ausfuhr in ungeahnter Weise steigerte. Schon 1867 durch Mauch nachgewiesen, hatten sich die Goldfunde in den siebziger Jahren immer gemehrt; aber gerade das Jahr 1883 brachte die Entdeckung der Goldfelder größerer Ausdehnung zwischen dem Krokodil- und dem Komati-Fluß (Kaapgold-Felder), und das Jahr 1884 eröffnete das gewinnreichste Gebiet des Witwatersrand, in welchem binnen weniger Jahre die große Minenstadt Johannesburg erstehen sollte. Hiermit begann die großartige Umwälzung aller Verhältnisse in Transvaal, welche in der Folge neue Zwistigkeiten mit England heraufbeschwor.

Schon Burger, der Präsident vor 1877, hatte eine Küstenverbindung mittelst der Delagoa-Bai-Bahn ins Auge gefaßt, wozu ja damals alle Geldmittel fehlten. Seit 1881 waren Vorarbeiten gemacht, 1884 die Konzession erteilt worden; aber langsam schritt das Werk nur vorwärts. Man drängte, direkt die Verbindung mit der Küste zu gewinnen, die Landstriche in die Hand zu bekommen, welche von ihr trennten. Auf Swazi-Land hatte man längst das Auge geworfen, durch Einwanderung, Verträge, Kämpfe es allmälig in Besitz zu nehmen gestrebt. In der Konvention von 1881 mußte aber die Unabhängigkeit der Swazi anerkannt werden, da die Engländer hier freie Hand für die spätere Annektierung haben wollten. Die Zähigkeit der Buren sollte allerdings hier — um dieses vorweg zu nehmen — den Sieg davontragen. Da sie eine bei weitem einflußreichere Stellung bei den Swazi sich zu erwerben verstanden, errichteten sie 1890 einen Vertrag mit England, welcher beiden Staaten eine gemeinsame Herrschaft sicherte, und nach langen Verhandlungen ward ihnen in einem Abkommen vom 10. Dezember 1894 sogar die alleinige Verwaltung zuerkannt. Um aber ähnlichen friedlichen Eroberungen vorzubeugen, ließen sich die

Engländer gegen den Verzicht auf Swazi-Land die Zusicherung geben, jede organisierte Auswanderung von Buren in das Gebiet der Royal Chartered Companny zu verhindern. Im übrigen schnitten sie auch hier die Republik vom Meere ab, indem sie den Küstenstrich — Tonga — zuerst an Zulu-Land angliederten und dann das Ganze annektierten. Nach dem Zulu-Land hatte sich bereits 1894 eine Anzahl Buren gewendet und eine „Neue Republik“ gegründet. Auch diese erkannte England im Jahre 1886 an, aber auch hier schob sie einem weiteren Vordringen zur Küste einen Riegel vor.

Aus diesem planmäßigen Verhalten Englands gegenüber den Bestrebungen der Buren, sich der Küste direkt zu nähern, wie es jedem erfolgreichen Schritt mit der Besitzergreifung des betreffenden Küstenstriches antwortet, ist deutlich das Prinzip zu erkennen, die Buren zu isolieren und vor allem von der Küste völlig abzuschneiden.

Es blieb nur ein einziger Weg zur Küste frei, dort, wo ihr Besitz in anderen als britischen Händen war, nämlich nach der Delagoa-Bai. Krüger sah die Notwendigkeit ein, sein Land aus der wirtschaftlichen Abhängigkeit von Natal und der Kap-Kolonie zu befreien. Der immer eifriger betriebenen Ausbeutung der Goldfelder konnte er sich nicht widersetzen, schon um der großen Vorteile willen nicht, welche daraus dem Lande erwachsen. Mußte er also dem Unternehmungsgeiste der Ausländer in den kleinen Minen-Bezirken — und unter diesen nahmen die Engländer die erste Stelle ein — freie Bahn lassen, so erschien es dringend geboten, in allen anderen Beziehungen sich vom englischen Einfluß möglichst frei zu machen. Er förderte daher den Bau der Delagoa-Bahn nach Kräften. Wie sich die Geldmittel für alle Eisenbahn-Unternehmungen für Transvaal zu jener Zeit im reichsten Maße darboten, gelang es auch bald, die nötigen Kapitalien für die Delagoa-Bahn flüssig zu machen. Sie konnte 1895 eröffnet werden. Nicht so glatt, wie auf der Teilstrecke der Südafrikanischen Republik verlief der Bau der Teilstrecke auf portugiesischem Gebiet. Dem Unternehmer mußte im Jahre 1889 die Konzession entzogen werden, da er die Eisenbahn nicht fertig stellte. Nach den Vertragsbestimmungen hätte innerhalb 6 Monaten eine Versteigerung der unfertigen Bahn vorgenommen und dem Unternehmer der hierbei erzielte Preis als Vergütung ausgezahlt werden müssen. Durch diplomatische Aktion Englands und Amerikas wurde diese Versteigerung verhindert; sie intervenierten an Stelle des Unternehmers, welcher einen Gesamtbetrag von 1 000 000 Pfund Sterling verlangte, während Portugal sich nunmehr nur zur Zahlung der wirklich gemachten und notwendigen Ausgaben — nach Sachverständigen-Gutachten 260 000 Pfund — verstehen wollte. Da eine Einigung nicht zu erzielen war, wurde die Sache endlich einem Züricher Schiedsgericht überwiesen, welches nach jahrelangen Untersuchungen bis 1899 noch nicht zu einer Entscheidung kommen konnte.

Diese Angelegenheit ist insofern für die Südafrikanische Republik von großer Wichtigkeit, als sie England die Gelegenheit gibt, auf Portugal einen Druck auszuüben. Wenn es sich bewahrheiten sollte, daß der Schiedsspruch eine hohe Summe als Entschädigung feststellt, so würde Portugal bei seinen zerrütteten Finanzen kaum in der Lage sein, diese ohne Englands Hilfe zu zahlen. Daß dieses zur Hilfeleistung gern bereit sein würde, ist aus seinem ganzen bisherigen Verhalten zu schließen; daß es aber hierzu nur gegen hohe Entschädigungen sich verstehen wird, ist selbstverständlich, und diese würden sich voraussichtlich auf die Eisenbahnlinie selbst beziehen. Damit wäre Transvaal seine Verbindung mit der Küste entrissen.

England hat aber Grund genug, um nicht nur den Besitz dieser Eisenbahn, sondern zum mindesten den des südlichen Teiles der portugiesischen Besitzungen in Ost-Afrika, einschließlich Beira und der Delagoa-Bai, zu erstreben. Letztere und die Hafenstadt Lourenço Marquez hat durch die Ausbeutung der Goldfelder in Transvaal und durch die Delagoa-Bai-Bahn eine ganz hervorragende Bedeutung gewonnen. Die hiermit verbundene Schädigung der britischen Häfen in Süd-Afrika würde allein schon den Wunsch rechtfertigen, die Delagoa-Bai in englischen Besitz zu bringen. Zu diesen wirtschaftlichen Gründen gesellen sich mächtige politische. Der Hafen ist der einzige in Süd-Ostafrika, welcher noch allen Nationen als Kohlenstation nutzbar ist, und die in der Südafrikanischen Republik entdeckten Kohlenlager steigern seinen Wert in dieser Beziehung. Neben dieser Bedeutung, welche weiter zu erörtern hier nicht am Platze ist, tritt aber die Wichtigkeit für die Südafrikanische Republik so stark in den Vordergrund, daß sie England wohl veranlassen könnte, Besitz von dem Hafen zu ergreifen, falls es die Absicht hat, jene völlig von der Außenwelt abzuschneiden und wirtschaftlich ganz von sich abhängig zu machen. In dem Augenblick aber, wo es sich rüstet, selbst mit Waffengewalt gegen den Burenstaat seinen Willen unbedingt durchzusetzen, wo es also diesen als Staatsfeind betrachtet, wird man die Wahrscheinlichkeit einer solchen Handlung nicht in Abrede stellen können.

England hat aber bei Zeiten dafür Sorge getragen, der Besitzergreifung der Delagoa-Bai einen Rechtstitel zu verschaffen, um auf alle Fälle, sei es auf friedlichem oder kriegerischem Wege, diese Frucht in seine Hände zu bekommen, welche ihm als ein kräftiges Zwangsmittel gegen den widerspenstigen Burenstaat zu dienen wohl geeignet scheint. Eine Streitigkeit zwischen Britannien und Portugal wegen der an sich unbedeutenden portugiesischen Besitzungen südlich der Delagoa-Bucht ward durch den Marschall Mac Mahon zu Gunsten Portugals entschieden. Die Engländer beeilten sich aber, in einem Vertrage vom 28. Mai 1891 sich das Vorkaufsrecht für diese strittig gewesenen Gebiete zu sichern, in der Voraussicht, daß Portugal über kurz oder lang doch einmal in der Lage sein werde, aus finanziellen Gründen sich seiner ostafrikanischen Besitzungen zu begeben. Mit der Delagoa-Bai hatte dieser Vertrag nichts zu thun. Man spricht aber von einem zweiten, welcher, am 11. Juni 1891 nach der Flottendemonstration vor Lissabon abgeschlossen und am 3. Juli ratifiziert, England das Vorkaufsrecht des ganzen Gebietes südlich des Sambesi zusichern soll. Beide Abkommen scheinen allerdings nicht — entsprechend den Bedingungen des Artikel 34 der Berliner Generalakte vom 26. 2. 1885 — den Signatarmächten vorgelegt worden zu sein; dieses würde aber für Großbritannien kein Hindernis abgeben, um sie thatsächlich zur Ausführung zu bringen und nötigenfalls auch Portugal — mit Benutzung seiner Finanznöte — dazu zu zwingen, sich die ostafrikanische Kolonie abkaufen zu lassen.

Es hat den Anschein, als wenn England wenigstens mit einem der europäischen Großstaaten sich auch über die Ausführung dieses Vertrages geeinigt hätte. Wenngleich über den zwischen Deutschland und Großbritannien neuerdings abgeschlossenen geheimen Vertrag keine authentischen Nachrichten vorliegen, ist doch aus verschiedenen Vorkommnissen zu schließen, daß die Kolonie Mozambique dabei eine wichtige Rolle spielt —, — und daß England seine Vertragsrechte geltend gemacht haben wird. Auf die geschichtlichen Vorgänge, welche auf Englands Absicht, sich der Delagoa-Bai auf diese oder jene Weise zu bemächtigen, hindeuten, werden wir noch zurückkommen.

Nachdem ich die Bestrebungen der Republik, den Anschluß an die Küste zu gewonnen, und die Gegenmaßregeln Großbritanniens skizziert habe, werde ich nur die Entwickelung der inneren Verhältnisse des Burenstaates zu betrachten haben.

Wie bereits angedeutet, war durch die Entdeckung der Goldfelder und durch deren immer zunehmende Ausbeutung eine vollständige Umwälzung in diesem herbeigeführt worden. Solange in Transvaal nichts „zu holen“ war, hatte sich der Staatsorganismus in außerordentlich einfachen, aber für die Buren genügenden Formen entwickelt. Sie sind Großgrundbesitzer, treiben vorzüglich Viehzucht und Jagd und sind in ihren Bedürfnissen über die Maßen bescheiden und anspruchslos. An die Erzeugung von Feldfrüchten in größerem als für den eigenen Bedarf nötigen Umfange hat noch kein Bur gedacht und steht diesem Gedanken noch heute fern, wo ihm doch die Wichtigkeit des Ackerbaues für die großartig entwickelte Industrie kaum entgehen kann und enorme Summen für eingeführte Lebensmittel erspart werden könnten.

Die Verfassung vom 13. Februar 1858 (mit ihren Veränderungen vom 12. Februar 1889) betont in erster Linie den Willen der Republik, „von der gebildeten Welt als unabhängig und frei anerkannt und gewürdigt“ zu werden, ferner — im Gegensatz zu den Intentionen der Engländer — die Nichtgleichberechtigung der Eingeborenen, wenngleich sie Sklaverei und Sklavenhandel verbietet. Die Spitze der Verwaltung bildet der „ausübende Rat“, bestehend aus fünf vom Volksraad gewählten Personen, dem Präsidenten, dem Vizepräsidenten, dem Generalkommandanten, dem Staatssekretär und einem fünften Mitgliede; unter ihnen fungieren die Ressortchefs für die einzelnen Abteilungen der Verwaltung. Im übrigen besteht die Lokalverwaltung in dem Landdrosten und dessen Sekretär, welche von den Stimmberechtigten des Bezirks gewählt werden. Die Rechtspflege liegt in den Händen von zwei höheren Gerichtshöfen; die Militärverfassung stellt für jeden Bezirk einen Kommandanten und einen Veldkornet auf. Im Kriege geht aber alle Gewalt auf den Generalkommandanten über, der über alle wehrfähigen Männer vom 16. bis zum 60. Lebensjahre verfügt. Das Milizsystem ist völlig durchgeführt, im Frieden besteht nur eine allgemeine Landespolizei und ein Artilleriekorps. Die Eingeborenen sind nach Bedarf zum Kriegsdienste heranzuziehen. Die Volksvertretung bestand (bis 1890) aus einem Volksraad, dessen Mitglieder mindestens 30 Jahre alt, in der Republik geboren oder 15 Jahre hintereinander stimmberechtigte Bürger und protestantischer Konfession sein mußten. Stimmberechtigt war jeder, der in der Republik geboren war und das 21. Jahr erreicht hatte oder naturalisiert worden war.

Die verschiedenen Veränderungen bezüglich des Wahl- und Stimmrechtes der in der Republik geborenen Bürger haben kein Interesse. Von Wichtigkeit wurden dagegen die Bestimmungen über die Naturalisation Eingewanderter und über ihre bürgerliche Gerechtsame. Gehen wir zum Jahre 1882 zurück, so konnte eine Naturalisationsurkunde erteilt werden an Personen, welche mindestens 5 Jahre in der Republik wohnten, beim Veldkornet eingeschrieben waren (also event. Kriegsdienst geleistet hatten) und sich gut geführt hatten. Sie mußten einen vorgeschriebenen Eid leisten und waren dann stimmberechtigte, nach 15 weiteren Jahren auch wahlberechtigte Bürger.

Schätzte Jeppe in den sechziger Jahren die Anzahl der Weißen in Transvaal auf 25 bis 30 000 gegenüber 250 000 Eingeborenen, so ist deutlich der Einfluß der Goldfelder auf den Zuzug Fremder bei der Volkszählung am 1. April 1890 zu bemerken, da die Zahl der Weißen sich auf rund 120 000 gesteigert hatte. Diese starke Einwanderung hatte ihre zwei Seiten. Einerseits strömten zugleich mit den Arbeitskräften große Kapitalien ins Land; der Staat zog Gewinn aus der Veräußerung der mineralreichen Gebiete und aus den Abgaben von den gehobenen Schätzen. Wo früher immer Geldnot geherrscht hatte, da kehrte jetzt der Reichtum ein, und mit der im allgemeinen sich steigernden Ausbeute der Minen gingen auch die Staatseinnahmen in die Höhe, konnten die Ausgaben erhöht werden. Durchschnittlich repräsentierten die Einnahmen aus den Goldfeldern 40 bis 50 pCt. der gesamten Staatseinnahmen. Es kamen aber auch kritische Zeiten. Wüste Spekulationen machten sich geltend; die Gier nach schnellem Gewinn verleitete zu einem die Minen schädigenden Raubbau; die Aktiengesellschaften wuchsen zu Dutzenden aus der Erde und erschwindelten vielfach Kapitalien, ohne abbaufähige Ländereien überhaupt zu besitzen oder in Angriff zu nehmen. Der harmlose Bur stand diesem Treiben ohne Verständnis und ohne die geringste Fähigkeit, organisierend, den wuchernden Schwindel und das irrationelle Ausbeuten hindernd, einzugreifen. So ward das Staatswesen in eine gewisse Abhängigkeit von der Minenindustrie gedrängt, da diese einerseits staatliche Aufwendungen für alle dem Handel und Verkehr dienenden Anlagen nötig machte und hiermit die Staatsausgaben vermehrte, andererseits aber, wenn ein finanzieller Rückschlag, ein Rückgang in der Produktion eintrat, dem Staate plötzlich einen großen Teil seiner Einnahmen entzog und finanzielle Kalamitäten herbeiführte. Ein solcher Rückschlag erfolgte infolge wüster Spekulationen im Jahre 1890, ein Defizit im Staatshaushalte war die Folge und ließ die Regierung ihre Abhängigkeit von der Minenindustrie fühlen.

Andererseits konnte nicht ausbleiben, daß die eingewanderte Bevölkerung der Minenplätze, welche durch ihre Thätigkeit den Staat bereicherte und sich nicht ohne Recht einen erheblichen Anteil an dem Wachsen des nationalen Wohlstandes zuschrieb, auch mit der Forderung hervortrat, an der Regierung des Landes in entsprechender Weise beteiligt zu werden. Es war nicht zu verwundern, daß sie bald alle Mängel als drückend empfand, welche sich in einem Lande fühlbar machen mußten, das, bisher ohne alle Industrie, keine Einrichtungen besaß, um deren immer wachsenden Bedürfnissen gerecht zu werden. Wie bereits erwähnt, produziert der Bur nur für den eigenen Bedarf; es fehlte also an den notwendigsten Lebensbedürfnissen, und diese mußten mit hohen Kosten von auswärts bezogen werden. Die Eisenbahnen suchten davon ebenso wie der Staat zu profitieren —, — und die Eingangszölle sowie die Landfrachten verteuerten noch mehr alle Bedürfnisse. Je teurer also das Leben in den Industriearten sich gestaltete, desto wichtiger war eine starke Entwickelung der Industrie, wie sie aber nur auf reeller Grundlage stattfinden konnte. Der Staat besaß aber keine Mittel, um den Schwindelunternehmungen vorzubeugen, jede Stockung im Betriebe und jeder Rückgang in der Produktion mußte in den Minenplätzen Not erzeugen; hiermit kam die Unzufriedenheit und die Klagen — nicht gegen die Spekulanten, nicht gegen die unreellen Geschäfte, sondern gegen die Regierung, welche nun schleunigst Abhilfe schaffen sollte.

Es ist hierbei nicht zu übersehen, daß es nicht die besten Elemente waren und sind, aus denen sich die zuwandernde Bevölkerung zum großen Teil zusammensetzt. Abenteurer und gescheiterte Existenzen strömten aus allen Erdteilen hier zusammen, wo man in kurzer Zeit bedeutenden Gewinn erhoffen konnte. Solche Elemente waren, wenn sie vorübergehend sich aufhielten, in ihrer Vereinzelung nicht sehr gefährlich, aber sie konnten es werden, wenn sie durch vermögende zielbewußte Persönlichkeiten feilgehalten, gesammelt und organisiert wurden. Sie traten damit in das Verhältnis abhängiger Klienten und wurden eine dem einheitlichen Willen gehorchende und den Interessen des mächtigen Beschützers dienstbare starke Macht. Es sind aber die großen Minenbesitzer, die Millionäre, welche immer neue Reichtümer aus dem Lande zogen, und welche mit ihrer wachsenden Macht nur geldgieriger und herrschsüchtiger wurden, naturgemäß zu solchen Herren und Leitern der großen Massen von ihnen Abhängiger geworden. Was sie wünschten und begehrten, das machten sie zum Begehr ihrer Klienten, wo sie eine Unbequemlichkeit fühlten, da lehrten sie die Massen, über Unterdrückung und Ungerechtigkeit schreien.

Hierdurch mußten dem Staatswesen die großen Gefahren erwachsen, mit welchen es neuerdings zu kämpfen hat. Die leitenden Männer, an ihrer Spitze der Präsident Krüger und der Staatssekretär Leyds, suchten diesen Gefahren zu begegnen, und glaubten es dadurch zu ermöglichen, daß sie den Einwanderern Schwierigkeiten bezüglich der Gleichberechtigung mit den Bürgern bereiteten. Sie kamen zwar den Wünschen der Minenindustrie im Jahre 1890 darin entgegen, daß sie die Johannesburger Minenkammer gründeten, welche die Interessen der Industrie gegenüber der Regierung wahrzunehmen haben sollte und das Recht erhielt, bergmännische Verordnungen allgemeiner Art zu erlassen, aber eine Vertretung der Minenindustriellen im Volksraad, wie sie immer dringender von diesen verlangt wurde, gestanden sie nicht zu.

Als ein Akt der Abwehr ist die Verfassungsänderung vom 23. Juni 1890 zu betrachten. Bei der am 1. April d. J. stattgefundenen Volkszählung war mit Schrecken bemerkt worden, daß die sogenannten „Uitlanders“, d. h. die im Auslande geborenen, zugewanderten Einwohner des Staates, den Bürgern an Zahl bereits beinahe gleichkamen. Nach den bisherigen Gesetzen war ihnen nach Verlauf einiger Jahre das volle Bürgerrecht, d. h. das Wahlrecht zum Volksraad, gar nicht vorzuenthalten. Man verfiel auf den Ausweg, neben dem ersten einen zweiten Volksraad zu schaffen, dem ersteren die vollen Machtbefugnisse allein zu reservieren und die Wählbarkeit zu ihm wesentlich zu erschweren. Wie früher erwähnt, wurden die Ausländer nach dem Gesetz durch Naturalisation stimmberechtigt; hierzu gehörte ein fünfjähriger Wohnsitz; weitere 15 Jahre ließen das Recht der Wählbarkeit in den Volksraad erwerben. Nach dem Gesetz von 1890 (und den gleichzeitigen neuen Wahlrechtsbestimmungen) ward allerdings den Uitlanders nachgegeben, daß sie nach nur zweijährigem Wohnsitz naturalisiert werden konnten, aber in den zu leistenden Eid wurde eine ausdrückliche Absage gegenüber dem Staat, dem sie früher angehört hatten, aufgenommen, und die Befugnis, zum ersten Volksraad zu wählen, ward davon abhängig gemacht, daß der Betreffende 10 Jahre lang zum Mitglied des zweiten Volksraades wählbar gewesen sei. Um das volle Bürgerrecht, also Wahlrecht und Wählbarkeit in den ersten Volksraad zu erlangen, bedurfte es also eines Aufenthaltes von 2 Jahren vor der Naturalisation, einer Ausübung des Stimmrechts von 2 (anstatt 15) Jahren und einer Wählbarkeit zum zweiten Volksraad von 10, zusammen 14 Jahren. Dahingegen bekamen die im Lande geborenen Buren und in Genuß des Bürgerrechtes vor Erlaß des Gesetzes von 1890 Getretenen das Wahlrecht für beide Volksraade vom 16. Lebensjahre und die Wählbarkeit zu beiden mit dem 30. Lebensjahre. Der Ausländer, welcher mit 16 Lebensjahren in Transvaal sich niederließ, stand mithin betreffs der Wählbarkeit den Buren gleich, nicht aber bezüglich des Wahlrechtes, namentlich zum ersten Volksraad.

In diesem Gesetz ward mithin den Einwanderern, das volle Bürgerrecht zu erlangen, immerhin ermöglicht. Im Jahre 1893 wurden aber weitere Abwehrmaßregeln für nötig erachtet in der Befürchtung, daß die Uitlanders in der Zukunft, wenn sie in Masse die volle Wahlberechtigung erhielten, die Oberhand über die Buren in der Gesetzgebung erlangen könnten. Man schnitt ihnen das Stimmrecht in entscheidenden Angelegenheiten ganz ab. Das volle Bürgerrecht ward nur denen zuerkannt, welche

1. in der Republik vor dem 29. Mai 1876 sich niederließen,
2. in der Republik geboren sind,
3. volles Bürgerrecht in den seither inkorporierten Gebieten besaßen und mit denselben auf Transvaal übergegangen sind,
4. welche nach den früheren Gesetzen naturalisiert sind,
5. welche in dem Unabhängigkeitskriege von 1881 den Buren Beistand geleistet haben.

In Artikel 4 des Gesetzes wurde aber klar ausgesprochen, daß zur Wahl in allgemeinen Staatsangelegenheiten (wie z. B. der Präsidentenwahl) nur diejenigen stimmberechtigt sein sollen, welche vor dem Gesetz von 1890 als Bürger aufgenommen sind. Den gemäß dieses Gesetzes naturalisierten Bürgern ist aber nur das Stimmrecht gegeben

1. für den Feldkornet des Bezirks,
2. für Mitglieder des zweiten Raades für ihren Bezirk,
3. für alle anderen Angelegenheiten des betreffenden Bezirks.

Das war um so härter, als zwei Jahre vorher ihnen noch das Stimmrecht für jede Wahl in allgemeinen Angelegenheiten des Staates (im Art. 13 von 1891) zugesprochen worden war.

Das den Uitlanders verbleibende Wahlrecht zur zweiten Kammer ist nicht von hohem Werte, da alle Angelegenheiten größerer und allgemeinerer Wichtigkeit nur durch den ersten Volksraad entschieden werden. In diesen zu gelangen, ist ja nicht ganz abgeschnitten, aber denen, welche 10 Jahre für den zweiten Volksraad wahlfähig waren, nur mit Beistimmung des ersten Raades ermöglicht.

Es ist wohl nicht zu leugnen, daß die Gesetzgebung der Republik formell berechtigt war, den Naturalisierten ein ihnen zuerkanntes Recht wieder zu entziehen, jedenfalls war es aber wenig politisch, in dieser schroffen Form dem Drängen nach politischen Rechten zu begegnen. Die Gefahren, welchen man vorzubeugen bestrebt war, wurden gerade hierdurch vermehrt und beschleunigt. Man soll aber nicht übersehen, daß dieses nicht das Werk des Präsidenten Krüger war, daß dieser durchaus nicht der allmächtige Mann war, als welchen man vielfach ihn für alle Vorkommnisse verantwortlich machen möchte, daß er damals auch noch bei weitem nicht den Einfluß auf seine Mitbürger besaß, welchen seine weise Mäßigung und seine politische Klugheit ihm in den letztvergangenen Jahren errungen haben. Man muß die Eigenart der Buren nicht vergessen, welche sie den Einwanderern — und wenn auch der Staat aus ihrer Arbeit großen Nutzen zog — mit Mißtrauen und schlecht verhehlter Abneigung begegnen ließ. Sie verlangten ja nach keinem Reichtum, sie waren zufrieden gewesen in ihrer einfachen bedürfnislosen Lebensführung, da sie sich als freie Männer auf eigenem Boden, als freie Bürger eines primitiven, aber ihren Ansprüchen vollauf genügenden Staatswesens betrachten konnten. Alle die Neuerungen, welche Präsident Krüger im Interesse der neuen Industrie notwendigerweise zum mindesten anregen mußte, hatten sie selbst niemals gebraucht, sie hielten sie für unnötig, für schädlich, weil sie den ungerufen gekommenen lästigen Fremdlingen den Aufenthalt und ihr Gewerbe erleichterten, sie sperrten sich dagegen, die Geldmittel zu bewilligen.

So sah sich Krüger zwischen zwei Gewalten, die sich gegenseitig zu bekämpfen trachteten, und wie geteilt die Stimmung der Buren im Jahre 1893 war, zeigte die Präsidentenwahl, aus welcher er mit einer verschwindend kleinen Mehrheit (7851 gegen 7008 Stimmen) hervorging. Zur Seite blieb ihm Leyds, der Ultra-Bur, welcher seines reichen juridischen Wissens wegen unentbehrlich, seinen starken Einfluß gegen alle den Uitlanders vorteilhaften Neuerungen in die Wagschale warf.

Zu dieser Zeit sollten es die Gutachten zweier bedeutender Bergingenieure sein, welche die indirekte Veranlassung zu einer Krisis abgaben. Sowohl der Amerikaner Hamilton Smith als der preußische Bergrath Schmeißer sprachen sich im Jahr 1892 bezw. 1893 außerordentlich günstig über den Goldvorrat des Witwatersrand-Goldfeldes aus. Hierdurch ward das Interesse des europäischen Kapitals in sehr erhöhtem Maße erregt, alles suchte Beteiligung an dem reichen Gewinn, welchen die Minen versprachen. Man begann von 1894 an von Paris aus mit Hilfe praktischer Fachleute die Verhältnisse eingehend zu studieren und durch Anwendung neuer Gewinnungsmethoden die Ausbeute zu steigern. Hieran knüpfte sich eine immer steigende Kauflust für Witwatersrand-Aktien; in ganz Europa wurden sie begehrt, und in Johannesburg verstand man sehr wohl, das Spekulationsfieber auszunutzen. Die bestehenden Gesellschaften erhöhten ihr Aktienkapital, neue Unternehmungen verschiedenster Art wuchsen wie Pilze aus der Erde und zogen ungeheure Summen Geldes nach Johannesburg. „Es war“, wie sich A. Seidel in seinem Buche über Transvaal bezeichnend ausdrückt, „bald nicht mehr von einem Aufblühen der Industrie und von der Verbreitung allgemeinen Wohlstandes dort die Rede, nein, die „Minen-Kröfuse“ schossen üppig bei dieser Treibhaushitze in die Höhe. Die Johannesburger Börse hatte sich in eine Spielbank verwandelt —, — und die angesehensten afrikanischen Häuser waren Bankhalter, während die Zahl der eingewanderten „Pointeurs“ von Tag zu Tag wuchs“.

Unter solchen demoralisierenden Verhältnissen schwoll den Uitlanders der Kamm. Sie glaubten eine Macht zu repräsentieren, welcher die Buren unter allen Umständen nachgeben müßten. Um ihren Forderungen mehr Nachdruck zu geben, gründeten sie die National-Union mit 40 000 Mitgliedern und wählten einen geschäftsführenden Ausschuß, welcher ihr Verlangen bei der Regierung mit aller Energie zur Geltung bringen sollte.

Jedoch währte der Taumel nicht lange; das über alles Maß aufgetürmte Spekulationsgebäude mußte in sich zusammenbrechen. Im Oktober 1895 stürzten die Aktien beinahe auf die Hälfte ihres bisherigen Wertes herab. Nun sah man, daß die wahnsinnigen Projekte, welche zur Zeit des Spekulationsfiebers entworfen waren, ganz unausführbar waren, daß es schon eine Unmöglichkeit war, die Arbeitskräfte um Johannesburg zu vereinigen, welche nötig waren, um die Kapitalien in Arbeit umzusetzen, um die entsprechenden Goldförderungen in entsprechendem Maße zu bewältigen. Namentlich hatten sich die von Cecil Rhodes geleiteten großen Unternehmungen, die Royal Chartered-Company und die Goldfields of South Africa, derart in Projekte verrannt, daß ein völliger Zusammenbruch zu fürchten war, wenn nicht bald Abhilfe geschafft würde. Dieses brachte Cecil Rhodes auf den kühnen Gedanken, mittelst eines frechen Handstreichs sich zum Herrn der ganzen Situation zu machen und dadurch seinen Unternehmungen neues Leben einzuhauchen.

Als Cecil Rhodes den Plan faßte, sich zum Herrn in Johannesburg und Transvaal zu machen, rechnete er einerseits auf die Hilfe der National-Union, andererseits auf die Sympathien, welche seine Idee von der Bildung eines großen südafrikanischen Staatenbundes in der Kapkolonie nicht nur bei Engländern, sondern auch bei den Einwohnern holländischer Abstammung gefunden hatte. In kluger Weise verstand er, diesen Gedanken den Buren in einer solchen Form mitzuteilen, daß sie von der Idee eines freien selbständigen Staates aller „Afrikander" ganz erfüllt waren und sich zu gemeinsamer Aktion in dieser Richtung verbündet hatten. Auch Transvaal war diesem Bund der Afrikander nicht abgeneigt gewesen. Die Buren erblickten in diesem Zukunftsstaat das Ideal eines wirtschaftlich und betreffs der inneren Verwaltung ganz selbständigen Staatsgebildes, für welches der englische Schutz zwar noch nicht entbehrlich erachtet, aber doch mit sehr harmlosen platonischen Augen betrachtet wurde.

Der britischen Regierung konnten Rhodes' Pläne und die energische, offenbar erfolgreiche Werbung der Südafrikaner für diese nur willkommen sein; denn sie war sich wohl bewußt, daß sie die Mittel in Händen hatte, um sich den Zügel nicht entwinden zu lassen, dem neuen Staatengebilde den Stempel der britischen Souveränität aufzuprägen und hiermit ihn wirtschaftlich in Abhängigkeit zu bringen. Dabei scheint aber Cecil Rhodes nichts weniger im Sinne gehabt zu haben, als sich selbst zum Herrn und Gebieter des südafrikanischen Reiches zu machen und alle die reichen Schätze, welche da noch zu heben waren, selbst ausbeuten zu können. Er glaubte die Afrikander, die Johannesburger und die britische Regierung als Stützen benutzen und sich ihrer entledigen zu können, wenn er sein Ziel erreicht hätte.

Sein Vorgehen wurde durch die Unzufriedenheit, welche sich in Johannesburg nach dem Krach 1895 geltend machte, vorgeschrieben. Es handelte sich nur darum, dieses Mißvergnügen, welches alle Schuld an dem Zusammenbruch der schlechten Verwaltung des Staates, dem geringen Entgegenkommen und den von ihr der Industrie auferlegten Lasten zuzuschieben nicht zögerte, bis zum offenen Aufstande zu steigern. Wenn die unglücklichen Ausländer, welche zum großen Teil britische Unterthanen waren, durch die Mißherrschaft der widerhaarigen Regierung der Republik zur Verzweiflung getrieben wurden, dann war es ja unverkennbar die Pflicht ihrer Stammesgenossen, ihnen zu Hilfe zu eilen und diese Regierung dazu zu zwingen, Abhilfe zu schaffen. Rhodes ließ den Befehlshaber der Truppen der britisch-südostafrikanischen Gesellschaft Dr. Jameson mit 800 Mann in unauffälliger Weise an der Westgrenze der Republik Aufstellung nehmen, um jeden Augenblick zum Einschreiten bereit zu sein.

Die Johannesburger Reformpartei war eine würdige Bundesgenossin des Kap-Ministers. Sie ergriff seine dargebotene Hand mit Begierde; denn um die Buren-Regierung zu stürzen, war ihr seine Hilfe recht. Aber sie war nicht Willens, ihm oder England das Land auszuliefern, sie wollte es mit seinen reichen Goldfeldern für sich behalten, sie wollte eine unabhängige Republik gründen. Zu spät ward es den Herren klar, daß die Hilfe Rhodes' ihnen eine Kriegsschaar aufhalsen würde, welche sie nicht so leicht abschütteln könnten, und daß sie dann wenig Aussicht hätten, den britischen Annexionsgelüsten gegenüber ihre Pläne zur Geltung zu bringen. Da war doch mit den Buren noch eher auszukommen. So kam es, daß die Johannesburger verzagten, daß sie Jameson schmählich im Stiche ließen, als dieser am 29. Dezember 1895 die Grenze der Republik überschritt. Die Buren aber hatten rechtzeitig Wind bekommen, mit überraschender Schnelligkeit hatten sie eine Kriegsmacht zur Stelle, welche völlig genügend war, Jameson's Streitmacht am 1. Januar 1896 bei Krügersdorp vollständig zu schlagen und ihn mit dem Rest seiner Spießgesellen am 2. Januar gefangen zu nehmen.

Die weitere Behandlung dieses unwürdigen Überfalls eines befreundeten Staates seitens der britischen und der Buren-Regierung ist für beide Teile außerordentlich charakteristisch.

Krüger's Regierung lieferte die Einbrecher, Jameson und seine Genossen, an England aus; sie verzichtete auf ihr Recht, sie zu bestrafen. Damit begegnete sie in kluger Weise den sich bereits erhitzenden Gemütern in England, welche mit Spannung darauf harrten, daß die Republik die britischen Friedensbrecher nach Gebühr bestrafen würde, um den Spieß umzudrehen und sie des unrechtmäßigen Vorgehens gegen die geheiligten Personen britischer Staatsbürger anzuklagen. Überhaupt ward in England ein übermäßiges Geschrei angestimmt, um den Ärger über den mißlungenen Anschlag und das Schamgefühl wegen der selbstverschuldeten Blamage zu verbergen, um durch eine drohende Haltung die Buren einzuschüchtern und den Eindruck abzuschwächen, welchen die Sympathie-Kundgebungen Europas, in erster Linie des deutschen Kaisers, hervorgerufen hatten.

Nach Jameson's Auslieferung erwartete man, bei der Verurteilung der Verräter von Johannesburg eine Gelegenheit zu finden, um dem ganzen Groll gegen den Burenstaat Luft zu machen. Wieder eine Enttäuschung: die vier Vorsitzenden des Reformkomitees, unter ihnen ein Bruder Cecil Rhodes', wurden zwar zum Tode, eine größere Anzahl der Mitglieder zu Gefängnisstrafen verurteilt, aber siehe da, kurze Zeit nachher wurden sie sämtlich begnadigt. So verstand es Krüger, dem stolzen Albion eine Waffe nach der anderen aus der Hand zu schlagen und ihm jeden Vorwand zu entziehen, um feindlich vorzugehen, wenn es nicht durch ganz ungerechtfertigte Gewaltmaßregeln zu dem Verdacht der wenigstens mittelbaren Teilnahme hochstehender Regierungsbeamter an Jameson's Flibustierzug noch den Verlust seines ganzen moralischen Ansehens hinzufügen wollte. Es ist aber verständlich, daß die hiermit verbundene Demütigung den Groll gegen die Buren nur sich steigern und im Stillen die Begierde sich einfressen ließ, mit diesem Staat ein Ende zu machen, der in seiner erbärmlichen staatlichen Unvollkommenheit es wagte, die Gefühle der stolzen Briten durch seine Haltung so scharf zu verletzen.

Mit Spannung erwartete man die Ergebnisse der Untersuchung, welche in London gegen Jameson und Genossen eröffnet wurde. Hierbei entrollte sich das Bild von Verhandlungen, welche mit kluger Vorsicht alles zu verhüllen bemüht waren, was auf die Beteiligung hochgestellter Personen ein Licht werfen konnte, welche aber andererseits lediglich unter dem Gesichtspunkt angestellt zu sein schienen, um den Beweis zu erbringen, daß die Regierung von Transvaal durch ihre Stellungnahme gegen die Uitlanders ganz allein die Schuld trage, wenn diese zur Empörung getrieben wären und Hilfe bei den benachbarten Kolonien gesucht hätten. Chamberlain benutzte diese durch ihn herbeigeführte Gelegenheit, um Krüger seine Ansichten über vorzunehmende Reformen aufzudrängen, und sogar ihn zu einer Besprechung nach London einzuladen. Er begründete dieses sein Vorgehen mit der Behauptung der Suzeränität Großbritanniens, und hielt Krüger für verpflichtet, seinen Ratschlägen unbedingt Folge zu leisten.

So milde dieser sich bei der Bestrafung der politischen Verbrecher erwiesen hatte, so energisch trat er vom ersten Augenblick dem britischen Kolonialminister entgegen. Die Einmischung in die inneren Angelegenheiten der Republik wies er mit Entschiedenheit zurück, die Einladung nach London zu kommen, lehnte er ab und betonte mit Festigkeit, daß das Suzeränitätsverhältnis, welches durch den Vertrag von 1881 festgestellt gewesen sei, nicht mehr bestehe, sondern durch das Abkommen von 1884 aufgehoben, daß die Republik ein freier und unabhängiger Staat sei. Es wurde bereits oben darauf hingewiesen, daß auch Chamberlain noch Anfangs 1896 diese Ansicht teilte; während der Untersuchung des Falles Jameson stellte er erst diese Ansicht von der Suzeränität auf und hat sie seitdem trotz aller juridischen Widerlegungen und Proteste des Burenstaates mit Hartnäckigkeit wiederholt und festgehalten. Diese falsche Auffassung mußte ihm in Ermangelung eines besseren Fundamentes als Basis für seine gegen Transvaal gerichteten Angriffe dienen, und durch die hartnäckige Wiederholung desselben Glaubenssatzes hat er sich in England mehr und mehr Terrain erobert.

Die Untersuchung gegen Jameson endigte 1897 mit seiner Verurteilung zu 15 Monat Gefängnis, aber ohne Zwangsarbeit, und wie ein Märtyrer ging er aus diesem hervor, um sich — wieder nach Afrika, nach dem Schauplatz seiner Thaten zu begeben. Die Offiziere, welche sich an seinem Zuge beteiligt hatten, wurden des Dienstes entlassen, aber binnen kurzem sämtlich begnadigt und wieder in die Armee eingestellt. Cecil Rhodes war genötigt, von seinem Posten als Ministerpräsident der Kapkolonie zurückzutreten; ein Komitee, welches sich mit der Frage zu beschäftigen hatte, ob und inwieweit die Kapkolonie in die Vorbereitungen zum Einfall Jameson's verwickelt gewesen sei, hatte das Erkenntnis gefällt, daß „der Anteil, den Cecil Rhodes an den Vorbereitungen, die zum Einfall führten, gehabt, sich nicht in Einklang bringen lasse mit seinen Pflichten als Premierminister der Kapkolonie." Seine Mitschuld war demnach erwiesen. An seine Stelle trat Sir Gordon Sprigg, der in seinem Geiste die Regierung weiterführte.

Erklärlicher Weise war nicht nur die Südafrikanische Republik, sondern ganz Südafrika durch den völkerrechtswidrigen Einfall Jameson's in die größte Aufregung versetzt worden. Den Afrikandern begannen sich die Augen zu öffnen über die Pläne ihres bisherigen Vertrauensmannes, des Cecil Rhodes, es begann allgemach ein Umschwung der Meinung bei dem holländischen Element in ganz Südafrika sich geltend zu machen. Es konnte dieser nur gefördert werden durch Chamberlain's Behandlung der Transvaal-Angelegenheit. Damit begann ein großer Teil der Bevölkerung von Südafrika der englischen Führung zu entgleiten, und je mehr er sich dessen bewußt wurde, desto energischer mußte Chamberlain darauf dringen, mit der widerspenstigen Republik ein Ende zu machen, bevor sie mehr und mehr Bundesgenossen gewönne. Wir sehen ihn deshalb in der folgenden Zeit alle Vorbereitungen treffen zur Erwürgung des Burenstaates, eventuell zu seiner Vernichtung mit Waffengewalt, und während unausgesetzt Fäden angeknüpft werden, um das Netz enger und enger zusammenzuziehen, während Truppen auf Truppen nach Südafrika abgehen, späht der Kolonialminister aufmerksam nach einem plausiblen Vorwand, um seine Pläne ins Werk zu setzen.

Krüger sah wohl, wie er durch sein Verhalten den Löwen gereizt hatte, er konnte sich nicht verhehlen, daß er sich von jetzt auf das Schwerste gefaßt machen mußte und fühlte die schwere Verantwortung, welche auf ihm lag. Die Verteidigungseinrichtungen der Republik genügten nicht, das hatte der Einfall Jameson's bewiesen, welcher hätte gelingen können, wenn die Johannesburger ihren Bundesgenossen nicht im Stich gelassen hätten. Es mußte dafür gesorgt werden, daß die Armee einen starken Stützpunkt fände. Hierzu eignete sich Pretoria, und es ward sofort begonnen, durch die Erbauung von Forts die Hauptstadt hierzu umzugestalten. Die Johannesburger mußten nötigenfalls durch Gewalt im Zaum gehalten werden; deshalb ward eine Befestigung angelegt, welche die Stadt beherrscht. Die Armee mußte reorganisiert, besser bewaffnet, die Artillerie erneut und vermehrt, schließlich auch die Grenzen durch vorbereitete Stellungen gesichert werden. Das alles wurde ohne Zögern, und ohne Geld zu sparen, durchgeführt. Vor allem aber kam es darauf an, die Streitkräfte zu vermehren, sich zuverlässige Bundesgenossen zu werben.

Schon gelegentlich des Baues der Delagoa-Bai-Bahn, welche auch für den Oranje-Freistaat von Bedeutung war, wurden Verhandlungen mit diesem angeknüpft. Jetzt — im März 1896 — fand eine Zusammenkunft der beiden Präsidenten statt, bei welcher ein Schutzbündnis angebahnt wurde. Unausgesetzt hielt Krüger dieses Ziel fest im Auge und war bestrebt, die Bande immer fester zu knüpfen, welche beiden Staaten in Zeiten der Gefahr eine wesentliche Kräftigung zu bringen imstande sind. Und nach zwei Jahren gegenseitiger ernster Bemühungen gelang es, diese so fest um beide Staaten zu schlingen, daß England bei einem Angriff auf Transvaal nicht umhin kann, die militärische Kraft des Oranje-Freistaates mit in Erwägung zu ziehen. Um so ernster der Gedanke an solch' einen Krieg, um so aussichtsvoller für Transvaal, ihn durchzukämpfen, und um so größer die Anstrengungen, welche Großbritannien wird machen müssen, um keinen derartigen Mißerfolg zu erleiden, wie 1881 am Majuba-Berge.

Eine eigentümliche Rolle spielen die Uitlanders Johannesburgs in den — zunächst diplomatischen — Kämpfen der folgenden Jahre. Sie bilden für Chamberlain den stetig festgehaltenen festen Punkt, an dem er den Hebel ansetzt, um Krüger aus dem Sattel zu heben. Er sucht hier die Meinung zu erwecken, als wenn es sich um eine Stadt handle, welche lediglich durch Engländer gegründet und von Unterthanen Ihrer britischen Majestät bevölkert, keine andere europäische Macht etwas anginge als die englische; er sieht dort nur britische Arbeit unterdrückt, nur britisches Kapital gefährdet. Die Sache liegt aber etwas anders.

Am 15. Juli 1896 wurde durch vertrauenswürdige Volkszähler von jeder damals in Johannesburg anwesenden Person Rasse, Nationalität, Konfession, Geschlecht, Alter und Beruf aufgenommen. Das Ergebnis war, daß von den etwa 100 000 Einwohnern die Hälfte Weiße waren. Von letzteren 50 000 war ein Drittel rein englischen Ursprunges, ein zweites Drittel stammte zwar aus englischen Kolonieen, bestand aber hauptsächlich aus holländisch sprechenden Afrikandern; das letzte Drittel setzte sich zusammen aus Transvaalern, Oranjestaatlern, Russen, Deutschen, Holländern ꝛc. Das britische Element ward also auf nur ein Drittel der Bevölkerung festgestellt. Daß nicht nur englisches, sondern große Kapitalien aller europäischen Länder in den Minen angelegt, daß nicht nur britische, sondern sehr viele große Geschäftshäuser anderer Nationalität in Johannesburg beteiligt sind und arbeiten, ist jedermann hinreichend bekannt. Sie werden alle nicht weniger unter der Burenverwaltung zu leiden haben, wenn die Engländer darunter leiden, sie werden aber auch alle in gleicher Weise in ihrer Existenz und in ihrer gesunden Entwickelung beeinträchtigt durch den Zustand der Beunruhigung, welcher seit Beginn des Jahres 1896 in Johannesburg herrscht.

Es ist gar keine Frage, daß sich das Verhältnis zwischen den Uitlanders und der Regierung um vieles schneller und naturgemäßer entwickelt hätte, daß den berechtigten Klagen um vieles eher Abhilfe geschaffen worden wäre, wenn die Engländer seit dem 1. Januar ihre Hände aus dem Spiel gelassen hätten. Es liegen nämlich zahlreiche Zuschriften durchaus zuverlässiger, zum Teil offizieller Persönlichkeiten vor, welche klar darthun, daß sich die Uitlanders im allgemeinen durchaus wohl befinden unter der Buren-Regierung. Die Schwierigkeiten ihrer Lage liegen sämtlich auf wirtschaftlichem Gebiet, und sind aus den früher geschilderten Verhältnissen leicht erklärlich. In dieser Beziehung ist anzuerkennen, daß Krüger unentwegt bemüht ist, Erleichterungen und Verbesserungen zu schaffen. Er hat die durch eine zur Prüfung der Mißstände eingesetzte Kommission gemachten Vorschläge ernstlich geprüft und einen nach dem andern zur Ausführung zu bringen begonnen. Es liegt auf der Hand, daß eine plötzliche Herabsetzung der Eingangszölle, der Eisenbahntarife, der Dynamitpreise rc. nicht durchführbar ist, ohne die finanzielle Lage des Staates zu gefährden. Wie in jedem andern Etat wird man nach Ersatz der ausfallenden Einnahmen suchen müssen und nur langsam, eine nach der anderen, die Erleichterungen einführen können. Es ist von keinem Staate zu verlangen, daß er zu Gunsten eines Teiles seiner Einwohner sich selbst in Gefahr eines Bankerotts, selbst eines starken Defizits bringe.

Von einem großen Teil der Johannesburger wird auch bereitwillig anerkannt, daß die Regierung nach Mitteln und Wegen sucht, um ihnen wirtschaftlich Erleichterung zu verschaffen. Auf solche beziehen sich aber die Beschwerden gar nicht, welche der andere Teil der Johannesburger immer wieder vorbringt. Sie sind lediglich politischer Natur; sie begehren das volle Bürgerrecht, und zwar nicht nach einem bestimmten Zeitraum, sondern in möglichst großem Umfang sofort. Es ist dieses allerdings das geeignete Mittel, um im Volksraad die Überhand zu gewinnen und den Buren Gesetze zu diktieren. Freilich bedenken die Minenbesitzer, welche an der Spitze der solches Begehrenden stehen, nicht, daß die Erreichung ihres Zieles ihnen selbst schwere Gefahren bringen würde; denn nicht die Besitzer, sondern ihre Arbeiter würden bald im Volksraad die Überhand gewinnen, und dann wäre es mit der Blüte der Industrie vorbei. Hohe Löhne, kurze Arbeitszeit würden die Folge sein, der Minenbau nicht mehr rentieren und die ganze Industrie zu Grunde gehen mitsamt dem vergewaltigten Burenstaate.

Daran denken die Minenbarone offenbar nicht, und das berücksichtigt Chamberlain nicht, in dessen Hand sie gefügige Werkzeuge sind, welche die Unzufriedenheit unter einem großen Teil der Johannesburger zu erhalten und den Haß gegen die Buren zu schüren verstehen. Die Beschwerden sind ihm ja die willkommenen Angriffspunkte, wo er immer und immer wieder den Hebel ansetzen kann.

Präsident Krüger zeigte in der mit dem 1. Januar 1896 beginnenden Periode der inneren Unruhen und Kämpfe sowie der Abwehr gegen die britischen Angriffe eine eiserne Ruhe und eine bewundernswerte Stetigkeit seiner Politik. Durch die Einsetzung der „Industriellen Kommission“, die ihre Sitzungen am 21. April 1897 begann, leitete er eine gründliche Untersuchung der Beschwerden der Uitlanders in die Wege. Die von ihr gemachten Verbesserungsvorschläge suchte er, soweit es angängig und gegenüber der von Leyds geleiteten Partei, welche jede Willfährigkeit als ein Zeichen der Schwäche bekämpfte, zu ermöglichen war, vorsichtig und allmälig durchzuführen. Er konnte zwar nicht umhin, dem Drängen dieser Partei bisweilen nachzugeben, wie z. B. mit dem Ausländergesetz, das am 1. Januar 1897 in Kraft trat und das Mittel gewähren sollte, alle arbeitslosen und nicht über genügende Subsistenzmittel verfügenden Ausländer abzuwehren bezw. auszuweisen, wußte aber seinen wachsenden Einfluß zu benutzen, um derartige Härten zu mildern, bezw. wieder zu beseitigen. Neben den wirtschaftlichen Erleichterungen, welche er zu schaffen suchte, faßte er aber auch eine schärfere Kontrolle der Industrie ins Auge, um sie gegen die eingerissenen und auch durch die Kommission wieder festgestellten Mißbräuche und schwindelhaften Unternehmungen besser zu sichern. Es ist klar ersichtlich und öfters unzweideutig hervorgetreten, daß er mit diesem Verhalten gegen die Johannesburger nicht nur deren berechtigten Klagen abhelfen, sondern vor allem jeden Umstand beizeiten beseitigen wollte, welcher Chamberlain Veranlassung geben könnte, einen die Selbständigkeit des Staates gefährdenden Schritt zu unternehmen und sich in dessen innere Angelegenheiten einzumischen.

Die Unabhängigkeit der Republik zu erhalten, ist das Endziel seines ganzen Handelns; um sie zu sichern, stellte er nach dem Jameson-Einfall die Forderung, den Artikel 4, welcher noch einen Rest von Abhängigkeit enthält, zu beseitigen, selbstredend ohne Erfolg, da Chamberlain ja bemüht ist, das Suzeränitätsrecht immer wieder —, — zu betonen und der Republik den Kampf um ihre Selbständigkeit aufgezwungen hat. Er hat sich zu manchem Opfer entschlossen und die Regierung zum Nachgeben gegenüber Chamberlains immer gesteigerten Forderungen zu bewegen gewußt, nur an dem einen Gesichtspunkt festhaltend, England nicht die geringste Gelegenheit zu geben, um durch seine Maßnahmen die Unabhängigkeit des Staates zu gefährden. Er beweist hierdurch ebensoviel verständnisvolle Fürsorge für die Republik als Friedensliebe; denn man darf nicht vergessen, daß Transvaal sehr gut gerüstet ist und den Krieg nicht zu scheuen braucht.

---

Es werden nun in geschichtlicher Reihenfolge die Bemühungen Chamberlains zu betrachten sein, einen Angriffspunkt zu finden, um den Widerstand der Republik zu brechen.

Den Forderungen, welche Präsident Krüger nach dem Jameson-Einfall aufstellte — Entschädigung für die dadurch veranlaßten Verluste, Aufhebung des Artikels 4 der Konvention von 1884 und Zurückziehung der der Chartered-Company erteilten Konzessionen — ward natürlich nicht nachgegeben, sondern der Vorwurf erhoben, daß die Regierung die Empörung der Johannesburger selbst veranlaßt habe, der Rat erteilt, nach britischen Vorschlägen die Forderungen der Uitlanders zu befriedigen, und der Vorschlag gemacht, daß Krüger nach London kommen solle, um diese Angelegenheit des weiteren zu erörtern. Gleichzeitig wurde die englische Presse nicht müde, die durch Schuld der Regierung veranlaßten Zustände in Johannesburg in den schwärzesten Farben zu malen.

Krüger wies die Behauptung des Suzeränitätsverhältnisses entschieden zurück und kam nicht nach London, da die von ihm gewünschte Verhandlung über Artikel 4 bei den Konferenzen ausgeschlossen werden sollte. Trotz des gespannten Verhältnisses erbot sich die Transvaal-Regierung, als die Matabele sich empörten, den Engländern Hilfstruppen zu stellen. Die Folgen dieses Matabele-Krieges sollten für ganz Südafrika von der schlimmsten Bedeutung sein. Die siegreichen Engländer hatten den Eingeborenen fast alles Vieh genommen und dichtgedrängt in einzelne Kraale zusammengepfercht. Hier kam, wahrscheinlich infolge mangelhafter sanitärer Verhältnisse, die Rinderpest zum Ausbruch. Anstatt die erkrankten Tiere zu töten, die gesunden weiter zu beobachten und alles zur Einschränkung der schrecklichen Krankheit zu thun, ließ man nun die entwerteten Herden frei und verbreitete so die Pest über ganz Matabele-Land, von wo sie ihren verderblichen Weg durch Transvaal über ganz Südafrika nahm.

Indessen sammelte Chamberlain weitere Anklagepunkte. Er fand solche, wie das Blaubuch von 1897 darthut, in dem Auslieferungsvertrag, welchen der Burenstaat mit Portugal und den Niederlanden abgeschlossen hatte, und in dem Beitritt zur Genfer Konvention. In welcher Weise durch diese Verträge die Interessen Englands geschädigt werden könnten, und wie ein Veto motiviert werden könnte, ist nicht verständlich. Und eine solche Begründung wird durch Artikel 4 von 1884 verlangt. Ferner bestritt der Kolonialminister das Recht, Ausländer auszuweisen, und beschwerte sich darüber, daß alle Marktabschlüsse und Frachtbriefe holländisch geschrieben werden müssen. Wenngleich Krüger in keinem dieser Punkte nachgab, wurden sie doch als Anklagepunkte festgehalten und eine Verletzung des Artikels 14, eine Freiheits- und Handelsbeschränkung der britischen Einwohner darin nachzuweisen gesucht.

Gleichzeitig trat die Absicht, die Delagoa-Bai auf diese oder jene Weise in englischen Besitz zu bringen, deutlicher hervor. Schon Ende 1895 war mit dem damaligen Lissaboner Kabinet eine Art Vereinbarung über die „kommerzielle" Abtretung des Küstengebietes von Lourenço Marquez an ein englisch-portugiesisches Syndikat (unter Vorsitz des Herzogs von Oporto) dem Abschlusse nahe. Wahrscheinlich hat der Einfall Jameson's und der dadurch erregte Unwille den Abschluß dieser Abmachung verhindert. Die Versuche, mittelst Angebots größerer Summen von Portugal Zugeständnisse zu erlangen, wurden später fortgesetzt, und im Januar 1807 war noch ein Finanzmann der Rhodes'schen Gruppe in Lissabon. Es scheint, daß man diesen Bemühungen um einen stärkeren Nachdruck geben und den Beweis führen wollte, daß man ja nötigenfalls auch mit Gewalt sehr schnell zum Ziele kommen könne. Am 23. April erschien ein starkes britisches Geschwader unter Admiral Rawson in der Delagoa-Bai und ging bei der Insel Jnyack und gegenüber der Stadt Lourenço Marquez vor Anker. Englische Zeitungen entblödeten sich nicht, dieses als eine Demonstration gegen einen etwaigen Handstreich der südafrikanischen Republik oder Deutschlands gegen diese Stadt hinzustellen. Admiral Rawson aber erbot sich, Truppen zu landen, um die Portugiesen im Kampfe mit aufständigen Eingeborenen zu unterstützen. Als der Gouverneur dieses dankend ablehnte, bat er, auf der (die Einfahrt beherrschenden) Insel Jnyack „behufs Schießübungen" Geschütze landen zu dürfen, ein glücklicherweise vereitelter Versuch, auf der Insel festen Fuß zu fassen.

Nach drei Wochen verließ der Admiral plötzlich wieder die Bai; die Presse stimmte mildere Töne gegen Transvaal an; es trat ein Waffenstillstand ein zu Ehren des Diamant-Jubiläum der Königin. Die Buren bewiesen ihre loyale Gesinnung durch festliche Begehung des Ehrentages, betonten aber, in diesem Höflichkeitsakt eine Anerkennung irgend welcher Souveränitätsrechte Großbritanniens durchaus nicht andeuten zu wollen, und sandten auch keinen offiziellen Vertreter nach London. In dieser Zeit — im Juni 1897 — hegte man einige Hoffnung, eine friedliche Verständigung mit England zu erzielen. Der Staatssekretär Leyds war auf Grund des Todes des diplomatischen Vertreters in Europa dorthin gereist und verhandelte bei dieser Gelegenheit auch mit Chamberlain. Es war das erste Mal, daß eine schiedsrichterliche Entscheidung der schwebenden Fragen durch den Abgesandten der Republik in Vorschlag gebracht wurde. Der Kolonialminister zog die Verhandlungen in die Länge, um Zeit zu gewinnen, gab dann überhaupt keine irgendwie verbindliche Zusage und erklärte schließlich im Parlament am 4. August 1897 unumwunden, daß die Einsetzung eines Schiedsgerichts nicht in Frage kommen könne, da Transvaal unter der Suzeränität Englands stehe. So wurde der schroffe Gegensatz zu der Anschauung und dem Verlangen der Buren aufs neue markirt, was einen abermaligen entschiedenen Protest des Präsidenten und des Volksraades der Republik zur Folge hatte. Diesmal gab auch der Oranje-Freistaat hierzu seine Zustimmung, während englischerseits erklärlicherweise gar keine Erwiderung erfolgte. Die Angelegenheit war wieder auf demselben Punkte angekommen, wo sie 1896 begonnen hatte.

In dieser Zeit — Herbst 1897 — legte die Minenindustrie-Kommission ihren Bericht vor und gab dadurch die Veranlassung zu den inneren Kämpfen zwischen der Partei, welche sich gegen alle Verbesserungsvorschläge hartnäckig sträubte und zwischen der äußersten, für die Industrie eintretenden Partei, welche gar nicht genug erreichen zu können meinte. Dazwischen stand Krüger mit der auf ihm lastenden Verantwortung, und mit der schwierigen Aufgabe, durch die zu treffenden Maßnahmen ebensowohl für die gefährdete finanzielle Lage des Staates, als für die Förderung der so wichtigen Industrie Sorge zu tragen, den berechtigten Wünschen aller Parteien gerecht zu werden und dem britischen Minister keinen Vorwand zu bieten, einzugreifen. Es war für Krüger umso schwieriger, als die Neuwahl des Präsidenten für Anfang 1898 bevorstand. Zugute kam ihm aber der Nachweis einer immer gesteigerten Goldproduktion; der erzielte Gewinn sprach laut gegen die von den Minenbesitzern immer wieder betonte Not der Industrie.

Mit äußerster Anstrengung hatte Cecil Rhodes an der Vollendung der Eisenbahn Kap—Bulawayo gearbeitet; am 5. November wurde sie eröffnet —, — und in übermütigen Festreden spielten sich seine Freunde als Herren von ganz Süd-Afrika auf. Transvaal, im Westen, und bald auch im Norden durch Eisenbahnlinien eingeschlossen, mußte bald eine leichte Beute werden. Krüger antwortete mit Veröffentlichung des mit dem Oranje-Freistaat abgeschlossenen Schutz- und Trutz-Bündnisses, welches auch einen gemeinsamen Verkehrs- und Betriebsdienst auf den beiderseitigen Eisenbahnen einschloß. Seine Stellung zu den Vorschlägen der Industrie-Kommission stellte er aber in mehreren öffentlichen Ansprachen fest. Er räumte die Notwendigkeit ein, dem Bergbau Hilfe zu leisten, jedoch nicht im Umfange der aufgestellten Forderungen; verlange man dieses, so werde er sein Amt niederlegen. Dagegen, wenn die kleine Clique, welche Zwietracht zu säen suchte, die Minen schließen sollte, würde er selber deren weitere Ausbeutung zum Nutzen der Aktionäre übernehmen; und wenn die Banken unbilligerweise Anleihen aufnehmen würden, werde er ihnen die Lizenzen entziehen. Klar und deutlich hatte mithin Krüger ausgesprochen, was man von ihm zu erwarten habe, und im Februar 1898 ward er mit 12764 (gegen 5659) Stimmen wieder gewählt. Bei dieser Gelegenheit zeigte sich, in welcher Umwandlung die Stimmung in der Kapkolonie begriffen war. Der Kongreß des Afrikanderbundes beglückwünschte Krüger einstimmig und erteilte gleichzeitig dem Premier-Minister, Sir Gordon Sprigg, ein Tadelsvotum, weil er der britischen Admiralität ein Panzerschiff als Geschenk angeboten hatte.

Ein ungefähr gleichzeitig veröffentlichtes englisches Blaubuch verbreitete über Chamberlain's Stellungnahme zu Transvaal ein helles Licht. Er beanspruchte darin für die Königin von England die Stellung eines Souveräns, welcher dem Volke der Republik Selbstregierung nur unter gewissen Bedingungen gewährt habe, machte also den Burenstaat ganz von der Gnade der britischen Regierung abhängig. Den Einfall Jameson's wollte er jetzt gar nicht mehr als eine Vertragsverletzung betrachtet wissen, wohl aber erblickte er eine solche in dem Anschluß Transvaals an die Genfer Konvention und wies die Schadenersatzansprüche hoheitsvoll zurück.

Krüger antwortete mit dem Entwurf eines Unionsvertrages mit dem Oranje-Freistaat, mit der Absetzung des unter englischem Einfluß stehenden Oberrichters Kotze und einer Ermäßigung des Eisenbahntarifes für überseeische Güter. Eine scharfe protestierende Antwort aber sandte er in Übereinstimmung mit der Landesvertretung und dem Oranje-Freistaat nach London, und um gewissermaßen das Recht des selbständigen Staates scharf zu betonen, ward dem Volksraad die Vorlage unterbreitet, neben dem nach Europa als Haupt der diplomatischen Vertretung zu sendenden Dr. Leyds die Geldmittel zu bewilligen, für diplomatische Vertreter in Berlin, London, Paris und Lissabon, „welche ein völlig unabhängiger, unter der Oberherrschaft von keiner fremden Macht stehender Staat im Auslande haben muß". Am 26. Mai verließ Leyds nach Bewilligung dieser Vorschläge Afrika.

Nicht zu übersehen sind die Ergebnisse, welche zu dieser Zeit die Untersuchungen der Verhältnisse der Minenindustrie zu Tage förderten. Es wurden etwa 400 Minen-Gesellschaften mit einem Kapital von 50 bis 60 Millionen Pfund Sterling überführt, daß sie überhaupt niemals eine Bergwerksarbeit in Angriff genommen und lediglich dem Publikum das Geld aus der Tasche gezogen hatten. Das Ferneren aber wurde gegenüber der grundlosen Behauptung, nur die hohen Dynamit- und Eisenbahn-Transportkosten verschuldeten die mangelnde Rentabilität vieler Minen, durch den Sachverständigen festgestellt, daß selbst durch eine Herabminderung des Dynamitpreises auf 20 Schilling und gänzliche Beseitigung der Eisenbahn-Transportkosten für Kohlen die Betriebskosten für eine Tonne goldhaltigen Quarzes nur um 2 Schilling 2 Pence vermindert werden würden; die minderwertigen Minen würden auch dann keinen wesentlichen Gewinn erzielen können.

Während Krüger in solcher Weise bemüht war, die wahre Sachlage der Verhältnisse in Johannesburg ernstlich zu prüfen und Abhilfe zu treffen, wo es nötig und mit dem Staatswohl vereinbar war, während er durch sein offenes und ehrliches Vorgehen immer mehr auch in Johannesburg an Ansehen und Zustimmung gewann, dabei aber nichts außer Augen ließ, was neben der Herstellung des Friedens im Innern, der Sicherung gegen äußere Angriffe dienen konnte, während er die Forts von Pretoria eins nach dem andern vollendete und armierte und in der Union mit dem Oranje-Freistaat eine starke Hilfe sich verpflichtete, vollzogen sich auch in der Kapkolonie wichtige Veränderungen.

Das Parlament hatte sich bereits im Jahre 1897 in nicht mißzuverstehender Weise gegen Chamberlain's und Rhodes' Politik ausgesprochen, indem es die von Dutoit für den Afrikander-Bond eingebrachte Resolution mit 41 gegen 39 Stimmen annahm: „Das Haus wünscht mit Rücksicht auf die ernste Lage in Südafrika seiner Meinung Ausdruck zu geben, daß das überwiegende Interesse der Völker in diesem Lande darin besteht, den Frieden zwischen den europäischen Rassen aufrecht zu erhalten. Das Haus vertraut darauf, daß seitens der verschiedenen Regierungen alle Anstrengungen zu diesem Zweck gemacht werden." Bei den Neuwahlen im Jahre 1898 kam der Umschwung zum deutlichen Ausdruck, welcher sich in der Meinung der Bevölkerung vollzogen hatte. Trotz der eifrigsten, selbst vor dem Mittel der Bestechung nicht zurückscheuenden Agitation der Rhodes'schen Fortschrittspartei, trotz seines eigenen gegen den „Krügerismus" entfalteten Banners fielen die Neuwahlen zu Gunsten des Afrikander-Bonds aus, nachdem Gordon Sprigg infolge eines ihm erteilten Tadelsvotums das Haus aufgelöst hatte. Ein neues Ministerium ward unter Schreiner als Premier-Minister gebildet, und am 17. Oktober sprach sich dieses für Anerkennung der Autonomie und Unabhängigkeit der Republiken aus.

Hierin ist ein deutliches Zeichen zu erblicken für das Sinken des britischen Ansehens in Südafrika. Es war nicht klug von Rhodes, den Krügerismus, also die Entscheidung zwischen England und Transvaal, zum entscheidenden Punkt bei den Wahlen zu machen. Die Stellung der Republik ist dadurch wesentlich gestärkt worden, und da es sich für England darum handelt, ganz Südafrika zu beherrschen, da nur zu diesem Ziele die Feindseligkeiten gegen Transvaal eröffnet wurden, ist es von höchster Bedeutung, daß ihm gerade hierdurch die günstige Stimmung in den eigenen südafrikanischen Kolonien verloren geht, und daß es in Gefahr steht, ganz Südafrika einzubüßen, anstatt seinen Besitz zu vergrößern. Der Gedanke der „Vereinigten Staaten" von Südafrika, mit dem Rhodes so lange die holländische Bevölkerung, auch der Burenstaaten zu hypnotisieren vermochte, ist in seiner Unausführbarkeit erkannt. Ganz richtig sagte der Präsident des Oranje-Freistaates, Steijn, im September 1898 bei seinem Besuche in Pretoria, daß dieses Projekt gar keine Aussicht mehr habe; denn die Republiken könnten ihm nur zustimmen, wenn es sich auf republikanischer Grundlage aufbaue, die Kolonieen in Südafrika aber nur, wenn es innerhalb des Rahmens des britischen Reiches bliebe. Es bleibt allerdings noch die Möglichkeit, daß auch diese die englische Herrschaft abzuschütteln unternehmen, eine Möglichkeit, von der natürlich Steijn nicht sprechen konnte. Aber der britischen Regierung möchte sie nicht entgangen sein; denn mit der Erkenntnis, daß der Verlust von ganz Südafrika in Frage kommen könnte, kam in London auch der Entschluß, rascher und energischer vorzugehen, um den Widerstand der Republik zu brechen, ehe es zu spät sei.

Im Anfang des Jahres 1899 hatten sich die Verhältnisse in der Republik wesentlich gebessert und befestigt. Die stetigen Bemühungen des Präsidenten, die Verhältnisse der Minenindustrie zu regeln und zu verbessern, erwarben ihm in Johannesburg immer mehr Beifall; die Einwohner begannen, sich von den Fesseln der immer unzufriedenen, immer hetzenden Partei frei zu machen und ihrem dringenden Wunsche nach Ruhe und Frieden durch energischen Widerspruch Ausdruck zu geben. Es kam in Johannesburg zu Zusammenstößen; andererseits mehrten sich aber die Proteste namentlich deutscher Johannesburger gegen die übertriebenen und falschen Darstellungen der dortigen Verhältnisse, wie sie vornehmlich durch die englische Presse verbreitet wurden. „Wir begreifen nicht", schrieb man, „warum man in der heimischen deutschen Presse mit einem Male so erbarmungslos über die Regierung unserer Republik herfällt .... Insbesondere wir Deutsche fühlen uns unter der Regierung ganz wohl." Vor allem ward mehr und mehr — auch von autoritativer Seite — anerkannt, daß trotz der beständigen Anfeindungen seitens einer systematischen Opposition die Regierung in den letzten Monaten sehr viel für die Minenindustrie gethan habe. Und daß das Goldgesetz der südafrikanischen Republik bei weitem das liberalste der ganzen Welt sei, wurde nicht nur in Johannesburg, sondern auch in Rhodesia anerkannt, wo man seine Einführung erbat.

Chamberlain warf als Zankapfel die Frage des Dynamit-Monopols dazwischen. Er ließ am 6. Februar eine vom 13. Januar datierte, sehr ausführliche Note überreichen, in welcher er behauptete, daß durch das Monopol die britischen Dynamit-Fabrikanten Schaden erlitten, da sie dadurch behindert seien, Dynamit einzuführen. Das verstoße gegen Artikel 14 der Konvention. Ein solches Monopol würde nur berechtigt sein, wenn lediglich der Staat daraus Gewinn zöge, nicht der Konzessionär. Deshalb protestiere er gegen die geplante Verlängerung des Monopols und werde deren Gesetzlichkeit nicht anerkennen.

Wenngleich die Regierung bereits in Unterhandlungen stand und ernstlich in Erwägung zog, ob eine Aufhebung des Monopols juridisch zu rechtfertigen sei, konnte sie nicht anders, als einem solchen Eingriff energisch entgegentreten. Der Staatssekretär Reitz antwortete am 5. März mit dem Hinweis auf die unrichtige Anschauung, daß der Nutzen eines Monopols für das Land nur nach dem pekuniären Vorteil zu beurteilen sei, und illustrierte dieses durch den Hinweis auf das englische Opium-Monopol. Übrigens würde die verlangte Änderung des bestehenden Kontraktes ein Bruch bestehender und garantierter Rechte sein, und die britische Regierung sei zu solch einem Proteste bezüglich eines nach Maßgabe des eigenen Urteils für das Staatswohl zu treffenden Beschlusses nicht berechtigt.

Am 26. April erneuerte Chamberlain sein Verlangen mit dem Bemerken, England behalte sich die Wahrung seiner Rechte vor, worauf Reitz nur erwiderte, daß die Regierung bei ihrer Ansicht beharre.

Chamberlain ließ diesen Punkt zunächst fallen. Es hatte sich inzwischen eine andere, bessere Handhabe gefunden. Bereits im Dezember des vorigen Jahres hatte eine Anzahl Johannesburger — auf Grund eines nicht hinreichend geklärten, unbedeutenden Zwischenfalles durch Londoner Zeitungen dazu angeregt — eine Petition an die Königin aufgesetzt, in welcher sie um militärische Intervention bat, um „dem unerträglichen Burendruck eine Ende zu machen". Damals erschien eine solche Beschwerde wohl dem britischen Minister nicht genehm, ihre Überreichung an ihre Adresse wurde von dem Agenten in Pretoria verweigert. Da ereignete sich ein neuer Zwischenfall: der Polizist Jones, beauftragt mit der Verhaftung eines Engländers Namens Edgar, hatte das Unglück, im Gedränge, wahrscheinlich einem Volksauflauf zu Gunsten des Edgar, diesen zu erschießen. Er ward vor das Schwurgericht gestellt und freigesprochen. Die Hetzpartei in Johannesburg benutzte aber diese Gelegenheit, um abermals eine Petition an die Königin aufzusetzen und diese um Schutz ihres bedrohten Lebens und Eigentums anzugehen. Diese am 27. März überreichte Petition ward dieses Mal angenommen und nach London gesandt. Sie trug nicht weniger als 21000 Unterschriften.

Sofort begab sich diese Ordnungspartei in Johannesburg ans Werk, um einen lebhaften Protest gegen diese Petition zu erheben. 25000 Johannesburger Einwohner beteuerten in dieser an die Regierung der Republik gerichteten Eingabe, daß sie sämtlich Ausländer und Angehörige der verschiedensten Staaten seien, daß sie den Behauptungen der an die Königin gerichteten Petition nachdrücklichst widersprächen, daß ferner diese Petition von Kapitalisten ausgegangen sei und nicht vom Volk, und schließlich, daß die Unterzeichner mit der Verwaltung des Staates durchaus einverstanden seien. Auch dieses Vertrauensvotum ward in Abschrift, wie allen Großstaaten Europas, in London erreicht.

Chamberlain würdigte letzteres gar nicht, sondern fußte mit seinem weiteren Vorgehen lediglich auf der Petition der 21 000, ohne zu untersuchen, ob diese, wie auf glaubwürdigste Weise versichert wird, wirklich nur das Erzeugnis der Agitation englischer Börsen- und Minen-Spekulanten sei. Er nimmt lediglich Milner zum Zeugen, welcher die Beschwerde für gerechtfertigt erklärte. Es darf aber hierbei nicht vergessen werden, daß Chamberlain dessen Entsendung nach Afrika mit der Erwartung begleitete, daß es ihm schon gelingen werde, das Ziel bei Krüger zu erreichen.

Inzwischen lief auch eine Depesche Milner's in London ein, welche erklärte, daß die Lage immer kritischer werde, daß die politischen Unruhen nicht eher endigen würden, als bis die Uitlanders dauernd zur Teilnahme an der Regierung zugelassen würden. Es untergrabe den Einfluß und das Ansehen Englands, wenn die Uitlanders sich vergeblich an England um Hilfe wendeten und mache auch die Holländer in den Kolonien widerspenstig. Die Regierung müsse den bindenden Beweis bringen, daß sie entschlossen sei, sich nicht aus ihrer Stellung in Süd-Afrika verdrängen zu lassen.

Nun hatte Chamberlain die Handhabe, um in der Beantwortung der Petition mit ernsteren Maßregeln zu drohen. Er erkannte die Berechtigung der Beschwerden ohne weiteres voll an und hob jene, welche sich auf die persönlichen Rechte der Uitlanders beziehen, besonders hervor, da die Republik gegen den Geist, wenn nicht gegen den Buchstaben der Konvention verstoße. Wenngleich England noch seine reservierte Haltung wahren werde, könne es auf die Dauer nicht die exzeptionelle, willkürliche Behandlung der Uitlanders unbeachtet lassen sowie die Gleichgültigkeit der Südafrikanischen Republik gegenüber freundschaftlichen Vorstellungen, deren eifrigstes Bemühen darauf gerichtet sei, eine Intervention in ihre inneren Angelegenheiten zu verhindern.

Nach dieser merkwürdigen Motivierung der thatsächlich seit mehr als zwei Jahren fortgesetzten Einmischungen bringt der britische Kolonialminister eine Zusammenkunft zwischen Milner und Krüger in Vorschlag.

Krüger ging auf den Vorschlag ein —, — und am 31. Mai begann die Konferenz in Bloemfontein, sie währte in täglichen Besprechungen bis zum 6. Juni. Den Mittelpunkt bildete das Stimmrecht, und Milner verlangte: 1. das Stimmrecht kann nach fünfjährigem Aufenthalt erworben werden; diese Bestimmung hat rückwirkende Kraft; 2. der Naturalisationseid wird abgeändert; 3. der fremden Bevölkerung wird eine entsprechende Vertretung zugestanden; 4. die Naturalisation giebt sofort volles Stimmrecht.

Hiergegen brachte Krüger in Vorschlag: 1. zur Erlangung der Naturalisation ist ein zweijähriger Aufenthalt, zur Erlangung des vollen Stimmrechtes weitere fünf Jahre notwendig; 2. jede Person, die vor 1890 eingewandert ist, soll das Stimmrecht nach zwei Jahren erhalten; 3. die Grubenbevölkerung soll auf breiterer Grundlage vertreten werden; 4. für die Naturalisation sind bestimmte Vermögen bezw. Einkünfte nachzuweisen; 5. der Betreffende muß in seiner Heimat die Bürgerrechte besessen haben; 6. der Naturalisationseid soll dem des Oranje-Freistaates angepaßt werden; 7. alle Vorschläge werden von dem Zugeständnis des Schiedsgerichtes in Streitigkeiten zwischen Transvaal und England abhängig gemacht.

Milner fand die Zugeständnisse bezüglich des Stimmrechts unzureichend, den Grundsatz des Schiedsgerichts konnte er nicht annehmen, da Chamberlain die Oberhoheit beanspruchte: die Konferenz endigte ohne Resultat. Krüger bezw. die Buren glaubten zwar eine Basis für weitere Verhandlungen gewonnen zu haben; aber in London gab Chamberlain das Zeichen zu einem Sturm der Entrüstung.

Ein eigentümlicher Zwischenfall darf nicht unerwähnt bleiben. Gleichzeitig mit der Nachricht, daß die Konferenz zustande kommen werde, kam am 14. Mai die andere, daß ein Sonderzug mit Artilleristen in voller Ausrüstung mit Geschützen und Scheinwerfern am 13. Mai nach Johannesburg gefahren sei. Die Vermutung, daß hierzu eine ernste Veranlassung vorliegen müsse, bestätigte sich bald. Es war in Johannesburg eine Verschwörung entdeckt worden; sieben Personen wurden am 15. verhaftet und des Hochverrats angeklagt, da sie nach dem Zeugnis dreier Engländer 2000 Mann waffenfähige Mannschaften angeworben hätten zum Zweck, sich des Forts bei Johannesburg im gegebenen Augenblick zu bemächtigen und dieses so lange zu halten, bis englische Hilfe käme. Das vorgefundene Beweismaterial soll erdrückend sein. Die außerordentliche Eile, mit welcher das Fort mit Artillerie besetzt wurde, ist erklärlich.

Wie wir sahen, brach Krüger deshalb nicht die Verhandlungen wegen der Konferenz ab, so wenig er sich durch das Geschrei in London, welches dieser folgte, abhalten ließ, die Milner vorgeschlagenen Änderungen des Stimmrechtes unverzüglich der Regierung und Volksvertretung vorzulegen.

In Johannesburg trat sofort die Spaltung in zwei Parteien wieder hervor; eine Versammlung von 5000 Uitlanders erklärte am 10. Juni Krügers Vorschläge für ungenügend, während eine andere ebenso starke Versammlung am 15. Juni ihr Einverständnis damit aussprach. Überall im Lande fanden Versammlungen statt, welche ebenso, wie ein Beschluß des Volksraad des Oranje-Freistaates ihr Einverständnis dokumentierten. Ebenso nahm in der Kapkolonie die Stimmung der Afrikander unverhohlen für Krüger Partei —, — und die Deutschen in Bloemfontein gaben ihrer Sympathie für die Buren Ausdruck.

Alle diese Erklärungen konnten in London nur den Groll mehren und die um sich greifende kriegerische Stimmung anfachen. Zwar sagte noch am 11. Juni „Daily Graphic": „Der Zusammenbruch der Bloemfonteiner Konferenz kann für uns unmöglich einen casus belli abgeben, da dort ausschließlich eine Frage verhandelt wurde, in welcher England dem Transvaal unmittelbar gar nichts zu sagen hat", aber schon war die „Morning Post" am 9. Juni damit herausgeplatzt: „werde Krüger jetzt nicht zum Nachgeben gezwungen, so gebe es keine britische Zukunft Süd-Afrikas und die südafrikanische Föderation sei nicht mehr aufzuhalten" —, — und hiermit war der wunde Punkt berührt: Die Macht in Süd-Afrika stand ernstlich in Frage; jetzt galt es alles, um gegen den Widerstand Transvaals die souveräne Stellung Großbritanniens zur Geltung zu bringen, Krüger zu einer unbedingten Unterwerfung zu zwingen. Man hörte nicht mehr auf die Nachricht, daß Krüger zu weiteren Zugeständnissen bereit sich finden lasse; blind und toll schrie man nach Unterwerfung oder — Krieg.

Chamberlain selbst gab am 26. Juni in einer Brandrede dieser Idee Ausdruck indem er sagte: „Durch die Haltung Transvaals im Allgemeinen seien der britische Name und die Macht Großbritanniens, seine Unterthanen zu schützen, aufs Spiel gesetzt worden. Abgesehen von der wiederholten Verletzung des Textes der Konventionsakte sei auch der Geist der Konvention schwer verletzt worden (dies sein mit Vorliebe immer wiederholtes Wort). Die Mißverwaltung Transvaals bilde ein eiterndes Geschwür, welches die ganze Atmosphäre Südafrikas vergifte. Wenn die berechtigten Ansprüche Englands immer und immer wieder abgelehnt würden, so werde die Regierung geeignete Mittel zur Erzwingung eines Resultates zu finden wissen, von dem das Glück und der Friede von ganz Südafrika abhänge."

Diese Schmähung und wilde Drohung, welcher Milner in Kapstadt sekundierte, hatte, wie sich bald herausstellte, nur den Zweck, in Pretoria Furcht und Schrecken hervorzurufen, damit sich Krüger einem neuen Unterhändler willfähriger zeige. Denn im Grunde genommen war den Engländern gar so kriegerisch nicht zu Mute; die City hat zu großes Kapital in Transvaal und bangt für ihre Verluste; auch herrschte bei dem Ministerium noch keine Einigkeit; Chamberlain fand noch keine hinreichende Unterstützung für sein energisches Vorgehen.

Man hatte Fischer vom Oranje-Freistaat willfährig gefunden, die Stelle eines Unterhändlers zu übernehmen. Waren doch alle Führer der Afrikander und Buren einig in den Bemühungen, einen Ausweg zu finden und Krüger zu einem Vergleich zu bestimmen, der auch England befriedigen könnte; umsomehr Fischer, der immer noch einige Neigung für England hegen soll. Er konferierte in Kapstadt mit Milner, dann in Pretoria mit Krüger; aber das Ergebnis war — zunächst wenigstens — wohl kein befriedigendes trotz oder vielleicht gerade wegen Chamberlain's gleichzeitiger schwer beleidigender Brandrede.

Aber nun warfen sich die Führer der Afrikander ins Mittel; eine neue Konferenz in Bloemfontein, an welcher außer ihnen die Vertreter der beiden Buren-Republiken teilnahmen, veranlaßte Krüger zu weiteren Konzessionen bezw. Erleichterungen bezüglich der Erwerbung des Stimmrechtes, auch räumte er den Ausländern $\frac{1}{4}$ der Sitze in beiden Volksraaden ein. Und Schreiner trug nun kein Bedenken, in offizieller Form dieses Zugeständnis für völlig hinreichend und billig zu erklären.

Hiermit war ein Schiedsrichter wider alle Absicht erstanden in der wichtigsten Macht, welche in Südafrika mitzureden hat, in der Afrikander-Partei. Sie hatte ihre Friedensliebe in jeder Weise bewiesen, sie hatte keine Mühe gescheut, um einen alle Teile befriedigenden Ausgleich zustande zu bringen; aber mit ihrer Erklärung, daß nun England zufrieden sein könne, da den Ausländern ein vollauf billiges Recht zugestanden sei, ward sie zum Schiedsrichter in dem Streit, zugleich aber zum wohl zu berücksichtigenden Kampfgenossen der Republiken, falls ihre Entscheidung nicht angenommen werden sollte.

Es schien im ersten Augenblick, als sei die Krisis hiermit beendet, als gewinne die vernünftige Überlegung in England die Oberhand. Aber nur eine kurze Zeit. Zu tief mußten im Grunde des stolzen Herzens die Briten verletzt sein durch diese Anmaßung des ungefragten Schiedsrichters, als daß nicht gerade das Gegenteil der beabsichtigten Wirkung erzielt worden wäre. In der denkwürdigen Sitzung des Ober- und Unterhauses vom 28. Juli trat eine beinahe einmütige Stimmung hervor. Während Chamberlain im Unterhause entwickelte, daß Krüger bei den Unterhandlungen im Jahre 1884 den Ausländern volle Gleichberechtigung mit den Buren versprochen, und daß er dieses Versprechen nicht gehalten habe, während er die Konvention von 1884 nicht mehr als einen zwischen gleichstehenden Parteien abgeschlossenen Kontrakt, sondern als einen Gnadenakt der souveränen Königin gegenüber ihrem Vasallen erläuterte, um die Behauptung des Suzeränitätsrechtes zu motivieren, schloß Lord Salisbury im Oberhause seine Rede mit dem Wort des Lord Selborne: „Wir haben die Hand an den Pflug gelegt —,— und wir haben nicht die Absicht, sie zurückzuziehen.“

Das beinahe gleichzeitige Zugeständnis der in die Wege geleiteten Truppen-Entsendung aus Indien und aus England zur Verstärkung der Streitkräfte unterstützte den Eindruck, welchen diese Reden beim Schluß der Parlamentssitzungen hervorrufen mußten. England war ernstlich bereit loszuschlagen. Die Ferien der Volksvertretung gaben Chamberlain freiere Hand und hielten ihm die vielfach lästigen Anfragen fern. Er begann ein neues Spiel, indem er Krüger am 1. August den Vorschlag machte, durch eine aus Mitgliedern Englands und der Republik zusammengesetzte Kommission das neue dem Volksraad vorgelegte Wahlrechts-Gesetz prüfen und feststellen zu lassen.

Hiermit ist die Einmischung Englands in die inneren Angelegenheiten, in die Fragen der Gesetzgebung der Republik ganz eklatant ausgesprochen; es wurde mit der Annahme dieses Vorschlages ein Präzedenzfall geschaffen, welcher ihr in Zukunft völlig die Hände band. Krüger zögerte ziemlich lange mit seiner Entscheidung; auf der einen Seite drohte in unmittelbarer Nähe der Krieg, den er nicht fürchtete, vor dem er aber sein Land bewahren möchte — denn er muß unabsehbaren Schaden über das Land bringen — auf der anderen Seite die Gefahr, in völlige Abhängigkeit von England zu geraten. Endlich entschloß er sich, in den Antworten vom 19. und 21. August seine Bereitwilligkeit zu erklären, der Volksvertretung noch ein weiteres Entgegenkommen gegen die von Milner ausgesprochenen Wünsche abzuraten; es sollte dieses in der Gewährung des vollen Bürgerrechtes und Wahlrechtes bei der Präsidentenwahl ꝛc. schon nach fünfjährigem Aufenthalt und in einer weiterreichenden Vertretung im Volksraad bestehen, also alle Forderungen Milner's erfüllen; jedoch glaubte Krüger, ein solches Opfer den Bürgern nur zumuten und von ihnen verlangen zu können, wenn durch den Verzicht auf das beanspruchte Souveränitätsverhältnis späteren Einmischungen vorgebeugt würde.

Milner beeilte sich, den günstigen Eindruck, welchen diese Antwort machen konnte, durch eine Depesche vom 23. August herabzudrücken, indem er sich dagegen verwahrte, daß das Anerbieten Transvaals als eine liberale Erfüllung der auf der Konferenz in Bloemfontain gestellten Forderungen angenommen werde. Er deutete sein Mißtrauen gegen den guten Willen der Buren-Regierung und die ehrliche Erfüllung ihrer Versprechen an, rückte die anderen, noch zu erledigenden Fragen in den Vordergrund und erklärte sie zum Teil als für eine schiedsgerichtliche Entscheidung ungeeignet. Hiermit verriet er das Manöver der Schraube ohne Ende, welches man gegen Transvaal anzuwenden beschlossen hatte, und von dem die Konferenz in Bloemfontain mit ihren auf einen Punkt beschränkten Forderungen nur den wohlüberlegten Anfang bildete.

Krüger's wieder aufgestelltes Verlangen, die beanspruchten Suzeränitätsrechte fallen zu lassen, stand diesem Vorhaben diametral entgegen; die Antwort Chamberlain's war also vorauszusehen. Er erwiderte am 28. August, die englische Regierung könne sich nicht selbst die ihr gemäß den Konventionen zustehenden Rechte entziehen, noch sich von der Verpflichtung einer zivilisierten Macht, die eigenen Staatsangehörigen im Auslande gegen Ungerechtigkeit zu schützen, losmachen. Dann aber begann er die Schraube anzusetzen, ganz in Milner's Sinne, indem er daran erinnerte, daß noch andere strittige Punkte bestehen, die nicht durch die Bewilligung der politischen Vertretung für die Uitlanders beigelegt, und die nicht geeignet sind, einem Schiedsgericht unterworfen zu werden.

Krüger hatte mit seinem Entgegenkommen nichts anderes erreicht, als einen Einblick in die Pläne der englischen Politik; er sah, daß nach dem ersten gelungenen Einbruch in die Rechte der Republik Forderung auf Forderung, Stoß auf Stoß folgen werde, um sie ganz zu zertrümmern. Er zog seine Zusage vom 21. August zurück; zum Frieden konnte sie nicht helfen; er handelt von nun an mit Mäßigung, aber mit dem Bewußtsein, daß der Kampf mit den Waffen unvermeidlich sei. In seiner Antwort vom 2. September bedauert er um so mehr die Zurückweisung seiner Vorschläge, als seine Regierung aus den vorhergehenden mündlichen Besprechungen mit dem britischen Agenten in Pretoria (Conyngham Green) habe schließen können, daß ihr Vorschlag von der englischen Regierung werde angenommen werden. Nach Zurückziehung seiner Zugeständnisse vom 21. August erklärt er sich sodann bereit, die früher vorgeschlagene Kommission anzunehmen, aber nur unter dem Vorbehalt, daß sie sich lediglich mit technischen Fragen des Wahlgesetzes befasse, daß sie sich in innere Angelegenheiten nicht einmische, und nicht zur Schaffung eines Präzedenzfalles benutzt werde. Er erwarte weitere Vorschläge über Ort und Zusammensetzung der Kommission.

Man kann nicht sagen, daß die englische Regierung sich beeilt habe, ihren nächsten Schritt in Erwägung zu ziehen und durch eine schnelle Förderung der Verhandlungen die Zeit der Beunruhigung abzukürzen, unter welcher Transvaal und vor allem die Industrie schwer leiden müssen. (Am 8. September fand Ministerrat statt, am 12. ward die Note in Pretoria überreicht.) Sie war sich sicher bewußt, daß von ihrem nächsten Entschluß voraussichtlich die Entscheidung über Krieg und Frieden abhängen würde, und darin mag man wohl nicht mit Unrecht den Grund des langen Zögerns suchen; denn so gierig Chamberlain nach der Unterwerfung der Buren ausschaut, und so dringlich er sie betreiben muß im Interesse der britischen Oberherrschaft in Südafrika, so groß ist andrerseits die Scheu, zum äußersten Mittel zu greifen, weil es unter allen Umständen enorme Summen (in England berechnete man 96 Millionen Lstrl.) verschlingen, die ganze Industrie in Transvaal auf viele Jahre hinaus lahm legen und hierdurch mächtige Kapitalverluste herbeiführen muß, und weil man trotz alles Großthuns gegenüber den absichtlich viel zu niedrig geschätzten Streitkräften der Buren mit vollstem Rechte vor diesem Kriege sich fürchtet. Man hofft deshalb bis zuletzt immer noch mit Drohungen und Lärmschlagen die Widerspenstigen einzuschüchtern und zum Nachgeben zu zwingen. Nebenbei wußte man geschickt Gerüchte zu verbreiten daß die portugiesischen Besitzungen in kürzester Frist in englische Hand übergehen würden, daß die Eingeborenen-Stämme zur Empörung gegen die Buren aufgewiegelt und mit Waffen versehen seien. Thatsächlich machte man sogar den Versuch, bereits vor der Kriegserklärung die beiden Republiken vom Meere abzuschneiden. In Lorenço Marquez ward ein nach Transvaal bestimmter Transport von Kriegsmaterial in direktem Widerspruch zu dem bestehenden Vertrage angehalten und erst auf Intervention einer europäischen Macht (Deutschland?) freigegeben: in der Kapkolonie machte man den Versuch, Schreiner zu einer gleichen Maßregel zu vermögen, und die englischen Zeitungen schrieen über Landesverrat, als er sich weigerte, bei Friedenszeiten einem befreundeten Staate (Oranje-Freistaat) die Waffenzufuhr zu sperren.

Dabei schoben die Engländer selbst ihre Truppen (Anfang des Monats etwa 10000 Mann) immer mehr an die Grenzen Transvaals heran, so daß im Volksraad diese bedrohlich erscheinende Maßnahme in Erinnerung an Jameson's Einfall zu Erörterungen Veranlassung gab, und auch an Sir A. Milner eine Anfrage dieserhalb durch Vermittelungen des britischen Agenten gerichtet wurde. Dieser antwortete unbefangen genug, jedermann wisse doch, daß die englischen Truppen da seien, um die englischen Interessen zu schützen und gegenüber Eventualitäten bereit zu sein.

Die am 12. September überreichte Note schiebt die Ansprache Transvaals auf den Status eines souveränen internationalen Staates einfach beiseite, hält den Vorschlag einer Kommission — sei es gemeinsam, sei es einseitig, d. h. britisch — zur Prüfung des Wahlgesetzes aufrecht, will aber nun nicht mehr das bereits vom Volksraad genehmigte Gesetz Nr. 3 von 1899, das sie nunmehr ohne Prüfung plötzlich für ungenügend erklärt, sondern die — seitens Krüger's zurückgezogenen — Vorschläge vom 21. August einer Prüfung unterziehen lassen und macht die gänzlich neue Forderung der Gleichberechtigung der englischen mit der holländischen Sprache im Volksraad. Dieses würde „aller Wahrscheinlichkeit nach eine weitere Intervention von Ihrer Majestät Regierung unnötig machen" (eine Wahrscheinlichkeit, die den Buren wohl nicht glaubhaft sein mag nach bisherigen Erfahrungen), wenn aber die Antwort der Republik auch weichend oder negativ ausfallen sollte, so behält die britische Regierung sich das Recht vor, die Lage von einem neuen Standpunkte aus zu betrachten und eigene Vorschläge zu machen, um die endgiltige Erledigung herbeizuführen.

Chamberlain verlangte zunächst eine sofortige Antwort, besann sich aber bald eines besseren und gab längere Bedenkzeit. Hoffte er damit eine Nachgiebigkeit eher zu erreichen? Die Buren machten hiervon keinen Gebrauch. Sie antworteten so schnell, als es die Einholung des Einverständnisses des Oranje-Freistaates gestattete, und ihre Antwort war durchaus folgerichtig: Sie läßt die Frage der Suzeränität von der Hand, um die Situation nicht zu verschärfen, fallen, hält die Zustimmung zu der vorgeschlagenen gemeinsamen Kommission, ebenso aber das Gesetz Nr. 3 von 1899 (Wahlrechtsertellung nach sieben Jahren) aufrecht, da nicht einzusehen sei, warum dies früher einer Prüfung unterzogen, jetzt aber ohne solche als ungenügend erachtet werden solle. Den Gebrauch beider Sprachen lehnt sie als unnötig und nicht wünschenswert ab, erklärt Konferenzen mit den britischen Vertretern für „erschwert" durch die Forderung von Verbindungen, welche nicht dem Volksraad unterbreitet werden könnten und giebt wieder dem starken Wunsche nach schiedsgerichtlicher Entscheidung Ausdruck.

Es ist nicht zu verkennen, daß diese Antwort negativ ausgefallen ist. Auch macht man sich in den beiden Burenstaaten durchaus keine Hoffnung auf einen friedlichen Ausgang. Im Gegenteil rüstet man sich jetzt ohne Scheu, und der Oranje-Freistaat steht seinen Bundesgenossen treu zur Seite, indem er die außerordentlich wichtigen Pässe der Drakens-Berge, welche einen Offensivstoß gegen das britische Heerlager von Ladysmith außerordentlich begünstigen, bereits besetzt hat.

Es bleibt abzuwarten, welchen „neuen Standpunkt" England einzunehmen gedenkt. Bestehen die „eigenen Vorschläge", wie es heißt, aus einer dem Burenstaat aufzunötigenden neuen Konvention, welche die Schleifung der Festungswerke, Entwaffnung, Abschaffung der diplomatischen Vertretung und dergleichen verlangt, so würde darin ein Ultimatum zu erblicken sein, welches direkt zum Kriege führt. Diesen sofort zu beginnen, sind die Engländer aber nicht bereit, wollen auch allem Anschein nach die Republik nicht durch eine Kriegserklärung als selbständigen Staat ehren, sondern als „Vasallenstaat" züchtigen; und damit können sie sich Zeit lassen, bis sie — etwa Ende Oktober — sich militärisch stark genug fühlen. Sollen aber die Buren diesen Moment geduldig abwarten? Es drängt sie Alles zu einer raschen Entscheidung und — in der Offensive liegt auch die Kraft der Verteidigung.

———

## Der Wert des Oranjeflusses für Deutsch-Südwestafrika.

Von Professor Th. Rehbock, Karlsruhe.

Die Nachricht, daß der Volksrat des Oranje-Freistaates den Beschluß gefaßt habe, mit der Regierung der Kapkolonie ein Abkommen wegen Aufstauung des Oranjeflusses zu treffen, hat zu der Frage Anlaß gegeben, ob es erforderlich sei, daß Deutschland, dessen südwestafrikanischer Besitz im Süden an den Oranjefluß grenzt, Schritte ergreift, um sein Schutzgebiet vor Schädigungen durch eine übermäßige Wasserentnahme aus dem Oranjeflusse zu bewahren.

So lange nicht genauere Angaben über die Art der geplanten Anlagen vorliegen, ist es schwer, eine bestimmte Antwort auf diese Frage zu geben. Zweifellos ist es indessen wünschenswert, daß die Vorgänge am Oberlauf des Oranjeflusses deutscherseits mit Aufmerksamkeit verfolgt werden, um gegebenenfalls rechtzeitig für die berechtigten Ansprüche des Schutzgebietes an die Wasserführung des Flusses eintreten zu können. Es wird dabei vor allem nötig sein, sich darüber Klarheit zu verschaffen, welchen Wert das Wasser des Oranjeflusses für das Schutzgebiet besitzt, und welchen Nutzen es diesem in Zukunft wird bieten können. Dabei ist zu unterscheiden nach den verschiedenen Zwecken, denen das Wasser dienen kann, nämlich bei seiner Verwendung für den Hausgebrauch und zum Viehtränken, zur Berieselung von Ländereien, als Verkehrsstraße und als Kraftquelle.

Bevor auf den Wert des Wassers des Oranjeflusses für das Schutzgebiet näher eingegangen werden soll, möge eine kurze Schilderung des Stromes selbst vorausgeschickt werden.

Der Oranjefluß gehört mit einer Lauflänge von rund 2000 km und mit einem Stromgebiete von über 1 200 000 qkm zu den gewaltigsten Flußsystemen Afrikas. Er besitzt zwei nahezu gleichgroße Quellflüsse, von denen der südliche als der eigentliche Quellfluß betrachtet wird und den Namen des Hauptflusses führt, während der nördliche den Namen Vaalfluß trägt und sich unfern Douglas mit dem ersteren vereinigt.

Die beiden Quellflüsse umschließen den Oranjefreistaat fast vollständig, indem der Oberlauf des Oranjeflusses die Grenze zwischen dem Oranjefreistaat und der Kapkolonie bildet, während der Vaalfluß den Oranjefreistaat von Transvaal trennt. Der Mittellauf des Oranjeflusses liegt lediglich auf englischem Gebiete; der Unterlauf von den Aughrabiesfällen bis zur Mündung bildet auf eine Länge von etwa 550 km die Grenze zwischen der Kapkolonie und Deutsch-Südwestafrikas.

Im Verhältnis zu der Größe seines Stromgebietes, welches dasjenige der Donau beträchtlich an Ausdehnung übertrifft, ist die Wasserführung des Oranjeflusses nicht sehr bedeutend.

Es erklärt sich das aus der geringen Höhe der Niederschläge, welche im größten Teile Südafrikas beobachtet werden und aus der großen Trockenheit der Luft, welche eine starke Verdunstung des gefallenen Wassers bewirkt.

Beträgt doch die jährliche Regenhöhe im weitaus größten Teile des Stromgebietes des Oranjeflusses weniger als 60 cm, und geht dieses Maß am Unterlauf des Flusses sogar stellenweise bis auf 5 cm herab.

Reichliche Niederschläge fallen nur in den Quellgebieten des Flusses, namentlich im Basutolande und im Kathlambagebirge, sodaß der Oranjefluß seinen Hauptwasserreichtum bereits im Oberlaufe empfängt, während die Zubringer im Mittel- und Unterlaufe nur in den Sommermonaten — Dezember bis April — nennenswerte Wassermengen zuführen. Es ist sogar fraglich, ob in den Wintermonaten das durch Verdunstung verloren gehende Wasser durch die seitliche Speisung des Flusses völlig wieder ersetzt wird, ob demnach nicht eine natürliche Abnahme des Flußwassers nach der Mündung hin stattfindet.

Um darüber Klarheit zu gewinnen, wären Wassermessungen an verschiedenen Stellen des Flußlaufes erforderlich, die zur Zeit noch nicht vorliegen.

Die Wasserführung des Oranjeflusses ist wie diejenige aller Flüsse in subtropischer Gebieten mit ausgeprägten Regenzeiten in den einzelnen Monaten des Jahres eine sehr ungleichmäßige. Im Unterlaufe dürfte die größte in den Sommermonaten abgeführte Hochwassermenge die geringste Niedrigwassermenge in trockenen Wintern um mehr als das Hundertfache übertreffen. Nach den erhaltenen sehr unzuverlässigen Angaben und auf Grund eigener Beobachtungen wurde die Wasserführung im Unterlaufe bei kleinsten Wasserständen auf 20 cbm, bei höchsten Wasserständen auf 3000 bis 6000 cbm per Sekunde geschätzt.

Von den Anghrabiesfällen bis zur Mündung in den Atlantischen Ozean, demnach auf die gesamte Länge der Südgrenze Deutsch-Südwestafrikas, fließt der Oranjefluß in einem tief eingeschnittenen Felsthale, das von der 10 bis 30 km entfernten, einige hundert Meter höher gelegenen Hochebene des südlichen Namalandes durch ein stark zerklüftetes Gebirgsland getrennt ist. Dieses Gebirgsland gehört zum größten Teil der Gneisformation, zum Teile auch der Granitformation an und ist durch Erosion aus den jedenfalls früher verbundenen Hochebenen zu beiden Seiten des Flußthales entstanden. Die Ufergebirge des Oranjeflusses zeigen nur eine äußerst dürftige Vegetation, auch ist anbaufähiges Land nur in sehr bescheidenem Umfange vorhanden.

Das Thal des Oranjeflusses wird in den Sommermonaten fast vollständig durch das Flußwasser ausgefüllt, das meist nur den Raum für schmale Uferwaldstreifen frei läßt, die sich dort am Fuße der Uferberge auf dem dort abgelagerten fruchtbaren Alluvialboden entwickeln.

Diese Alluvialstreifen verbreitern sich an einzelnen Stellen, namentlich an der Einmündung von Seitenthälern, so weit, daß sie für den Landbau nutzbar gemacht werden können. Bei weitem der größte Teil des Flußthales aber bietet für den Anbau von Kulturpflanzen keinen genügenden Raum.

Was nun die Nutzung des Wassers des Oranjeflusses anbetrifft, so kommt zunächst der Verbrauch für Haushaltungs- und Tränkzwecke in Betracht. Da das ganze Flußthal unterhalb der Anghrabiesfälle zur Zeit höchstens einige Hundert Bewohner zählt, ist der Wasserverbrauch für diese Zwecke augenblicklich natürlich ein ganz unbedeutender.

Auch in der Zukunft ist auf ein starkes Wasserbedürfnis für Haushaltungs- und Tränkzwecke am Unterlauf des Oranjeflusses kaum zu rechnen, da der geschilderte Charakter des Flußthales der Besiedelung durch eine Landbau treibende Bevölkerung ziemlich enge Grenzen setzt und eine starke Viehhaltung ausschließt.

Aber selbst bei etwaiger stärkerer Besiedelung des Flußthales, wie sie bei dem keineswegs unwahrscheinlichen späteren Auffinden wertvoller Minerale in dem bis zu großer Tiefe freigelegten Gneisgestein eintreten könnte, werden die Anforderungen an die Wasserführung des Flusses für Haushaltungs- und Tränkzwecke nicht sehr wesentlich ins Gewicht fallen, da der Fluß augenblicklich auch bei kleinstem Wasserstande noch wenigstens 20 cbm in der Sekunde oder $1\frac{3}{4}$ Millionen Kubikmeter am Tage führen dürfte, während bereits 1 cbm in der Sekunde für eine Bevölkerung von 500 000 Seelen und für 1 000 000 Stück Großvieh reichlich bemessen ist.

Auf eine so starke Besiedelung des Unterlaufes des Oranjeflusses dürfte aber auch in ferner Zukunft unter keinen Umständen zu rechnen sein.

Auch der in zweiter Linie in Betracht kommenden Art der Wassernutzung, derjenigen zur künstlichen Bewässerung des Bodens für Garten- und Landbau, sind ziemlich enge Grenzen gezogen.

Schließt doch der steinige und steile Charakter der Berghänge die Ausübung jeglichen Landbaues bei künstlicher Bewässerung auf ihnen aus, so daß nur auf den Alluvialstreifen im Flußthale selbst eine gewinnbringende Ausübung der Bodenkultur möglich erscheint.

Welchen Umfang die für Berieselungsanlagen verwendbaren Gelände auf dem deutschen Ufer des Oranjeflusses haben, läßt sich ohne genauere Vermessung schlecht angeben. Auf Grund der von Schuitdrift bis Veloordrift und von Houmdrift nach Ramansdrift ausgeführten Bereisung des Flusses und der über die nicht bereisten Flußstrecken eingezogenen Erkundigungen glaube ich die für die Ausübung des Landbaues geeigneten Alluvialflächen auf dem deutschen Ufer auf nicht mehr als einige Hundert Hektar schätzen zu sollen. Jedenfalls dürfte es sehr reichlich gerechnet sein, wenn das berieselungsfähige Gelände unterhalb der Aughrabiesfälle auf jeder Seite des Flusses zu 2000 ha angenommen wird. Selbst bei dieser hohen Schätzung würde für die Bewässerung der anbaufähigen Flächen auf dem deutschen und auf dem englischen Ufer des Flusses zusammen nur eine sekundliche Wasserentnahme von 1 cbm oder etwa des zwanzigsten Teiles des bei kleinstem Flußstande geführten Wassers erforderlich sein, um eine Wasserzufuhr von 8000 cbm für den Hektar, die in diesen fast völlig regenlosen Landstrichen erforderlich ist, bewirken zu können.

Es fragt sich freilich noch, ob es nicht möglich ist, das Wasser des Oranjeflusses für die Bewässerung der Hochebenen des südlichen Namalandes nutzbar zu machen, die zum Teile recht fruchtbaren Boden besitzen. So wünschenswert es jedenfalls wäre, das zur Zeit ungenutzt dem Meere zufließende Wasser für die Hebung des Landbaues im Namalande heranzuziehen, so wird meines Erachtens doch die Ausführung an der Höhe der Kosten scheitern.

Für die Zuleitung des Wassers aus dem Flusse auf die wenigstens 250 m höher liegende Hochebene stehen zwei verschiedene Mittel zur Verfügung. Es ist entweder das Wasser an einer soweit oberhalb gelegenen Stelle des Flusses zu entnehmen, daß dasselbe in einem schwach geneigten Kanale mit natürlichem Gefälle auf die zu bewässernden Gelände geleitet werden kann, oder es muß eine künstliche Hebung des Wassers mit Maschinenkraft erfolgen.

Die Zuleitung des Wassers zu der Verwendungsstelle durch einen Kanal würde nur bei der Anlage sehr ausgedehnter Ackerbaukolonien in Betracht kommen können, da bei dem mittleren Gefälle des Oranjeflusses von 1 : 1000 unter Zugrundelegung eines Sohlengefälles des Kanals von 1 : 5000 die Entnahme des Wassers aus dem Flusse rund 300 km oder, falls es möglich sein sollte, die etwa 50 m hohen Aughrabiesfälle auszunutzen, noch immer 250 km oberhalb der Verwendungsstelle erfolgen müßte. Ein Kanal von so bedeutender Länge kann aber nur bei beträchtlichen Abmessungen in Frage kommen, da in dem für einen Kanalbau sehr wenig geeigneten Gelände die Leitung des Wassers fast durchweg in Stollen erforderlich wird, die in begehbaren Querschnitten aus dem Gneisfelsen ausgesprengt werden müßten.

Nach oberflächlicher Schätzung würde die Herstellung eines solchen Kanales einen Kostenaufwand von etwa 60 Millionen Mark erfordern, so daß bei einer Wasserführung von 2,5 cbm in der Sekunde oder von etwa 80 Millionen Kubikmeter im Jahre, die für die Berieselung von rund 10 000 ha Ackerland ausreicht auf 1 ha Ackerland allein für den Zuleitungskanal ein Anlagekapital von 6000 Mark entfallen würde.

Bei einer Verzinsung und Amortisation des Anlagekapitals mit zusammen 8 pCt. ergiebt sich dabei, abgesehen von den Kosten der Unterhaltung des Kanales und der Wasserverteilung, ein Preis des Wassers von 6 Pfennig per Kubikmeter.

Da dieser schon sehr beträchtliche Preis nur bei der gleichzeitigen Bestellung von wenigstens 10 000 ha Ackerland erreicht werden könnte, bei geringerem Umfange des Unternehmens aber noch wesentlich ansteigen würde, glaube ich nicht, daß an die Bewässerung der Hochebenen des südlichen Namalandes durch einen Kanal aus dem Oranjefluß jemals gedacht werden kann.

Die zweite Möglichkeit der Zuführung von Wasser aus dem Oranjefluß auf die Hochebenen im südlichen Teile des Schutzgebietes durch künstliche Hebung des Wassers erscheint ebenfalls nicht sehr aussichtsreich.

Da es an geeignetem Feuerungsmaterial zum Betrieb von Dampfmaschinen fehlt, auf die Verwendung von Windmotoren in dem tief eingeschnittenen Flußthale verzichtet werden muß, und tierische Kraft bei den großen erforderlichen Arbeitsleistungen nicht in Frage kommt, verbleibt nur die Ausnutzung der bedeutenden Wasserkraft des Flusses selbst, die durch Turbinenanlagen nutzbar gemacht werden kann.

Bei einer Hubhöhe von 250 m und einer Entfernung der zu bewässernden Ländereien vom Flusse von 20 km sind für die Berieselung von 1 ha Ackerland etwa 1,5 Pferdekräfte erforderlich. Bei der Errichtung großer Kraftanlagen und bei geschickter Auswahl des Aufstellungsortes dürfte sich der Preis für die Pferdekraft auf etwa 1000 Mark stellen, so daß die Anlagekosten der Kraftstation etwa 1500 Mark für den Hektar bewässerten Gebietes betragen würden. Zu diesen Anlagekosten kämen noch die Ausgaben für die Druckrohr- und Kanalleitung hinzu, welche sehr wesentlich von dem Umfange der geplanten Anlage abhängen, aber schwerlich weniger als 1000 Mark für den Hektar Ackerland betragen dürften, sodaß sich die Anlagekosten zusammen auf wenigstens 2500 Mark für den Hektar berechnen. Bei angemessener Verzinsung und Amortisation des Anlagekapitals und bei Berücksichtigung der Unterhaltungs- und Betriebskosten der Anlage würde der Preis des Wassers etwa 3 Pf. für das Kubikmeter betragen. Es ist das immer noch ein hoher Preis, der nur gezahlt werden kann wenn die sonstigen Produktions- und Absatzverhältnisse sehr günstig liegen.

Der Vorteil, der bei künstlicher Hebung des Flußwassers gegenüber der Zuleitung mit natürlichem Gefälle erzielt wird, beruht außer in dem billigeren Preise des Wassers namentlich darin, daß die künstliche Hebung des Wassers auch die Bestellung kleinerer Landkomplexe gestattet, und daß die gesamte Anlage leichter überwacht werden kann als ein mehrere Hundert Kilometer langer Kanal, der wahrscheinlich sogar zum Teile auf außerdeutschem Gebiete liegen würde.

Nach dem Gesagten erscheint es mir aber überhaupt unwahrscheinlich, daß das Wasser des Oranjeflusses in großem Umfange für Bewässerungsanlagen im deutschen Schutzgebiete wird nutzbar gemacht werden können.

Auch als Verkehrsstraße ist die Bedeutung des Oranjeflusses nur gering. An der Mündung fehlt ein für Seeschiffe brauchbarer Hafen, der Unterlauf ist stark gewunden, das Hinterland hat eine geringe Bevölkerung, vor allem aber führt der Fluß in einem großen Teile des Jahres doch keine genügende Wassermenge, um bei dem vorhandenen starken Gefälle eine durchgehende Schiffahrt zu gestatten.

Wenn es auch möglich sein würde, den Oranjefluß in seinem ganzen Unterlaufe durch Kanalisierung für Fahrzeuge mittlerer Größe schiffbar zu machen, so würden die Kosten der erforderlichen Staustufen doch so bedeutend sein, daß daran auch in Zukunft wohl kaum ernstlich wird gedacht werden können.

Einzelne kurze Strecken des Flusses sind freilich für Boote bereits zur Zeit fahrbar, und es ließe sich ihre Länge durch kleine Regulierungsbauten — namentlich durch die Beseitigung einzelner Felsen — noch wesentlich vergrößern, sodaß der Fluß, freilich nur bei mehrfachem Umladen, etwa für den Transport von Erzen immerhin benutzt werden könnte. In diesem Falle würde jede Verminderung der Wasserführung natürlich sehr schmerzlich empfunden werden.

Ist der Wert des Oranjeflusses demnach als Schiffahrtsweg nur gering, so kann derselbe dagegen meines Erachtens einstens als Kraftquelle von großer Bedeutung für das deutsche Schutzgebiet werden.

Wird auch nur die geringste Wassermenge von 20 cbm per Sekunde in Betracht gezogen, so berechnet sich die auf der deutschen Flußstrecke von dem Flußwasser zu leistende Arbeit auf weit über 100 000 theoretische Pferdekräfte, von denen wenigstens 50 000 nutzbar gemacht werden könnten, sodaß auf jeden der Uferstaaten 25 000 Nutzpferdekräfte entfallen würden, denen jährlich 220 Millionen Stundenpferdekräfte entsprechen. Zu dem für die dortigen Verhältnisse äußerst billigen Satze von 2 Pf. per Stundenpferdekraft angesetzt, ergiebt das einen jährlichen Wert von über 4,4 Millionen Mark oder zu 5 pCt. kapitalisiert von 88 Millionen Mark.

Daß die Ausnutzung dieser ungeheuren Kraft auch thatsächlich dereinst stattfinden wird, daran kann in einem Lande, in dem es an Brennmaterial fast vollständig fehlt, nachdem die Uebertragung von Kraft auf elektrischem Wege auf sehr bedeutende Entfernungen mit verhältnismäßig geringen Kosten ermöglicht ist, kaum gezweifelt werden. Namentlich für die Ausübung des Bergbaues im südlichen Namalande können die Wasserkräfte des Oranjeflusses eine Lebensfrage werden, da sie die elektrolytische Aufbereitung und Ausbeutung der Erze am Fundorte selbst gestatten und dadurch den Bergbau von den ungünstigen Transportverhältnissen des Landes fast unabhängig machen würden.

Was nun die Gefahr anbetrifft, daß dem Oranjeflusse an seinem Ober- und Mittellaufe in solchem Umfange Wasser entzogen werden könnte, daß eine wesentliche

Schädigung deutscher Interessen eintreten würde, so ist dazu zunächst zu bemerken, daß der Strom eine so bedeutende Wassermenge ableitet, daß nur Anlagen von ungewöhnlicher Größe eine nennenswerte Verminderung derselben veranlassen könnten. Führt doch der Fluß bei der geschätzten Niedrigstwassermenge von 20 cbm per Sekunde noch immer 1¾ Millionen Kubikmeter Wasser täglich oder 52 Millionen Kubikmeter im Monat ab, ein Quantum, das für die Berieselung von 80000 ha Ackerland ausreichen würde.

Die jährliche Wasserführung des Flusses aber dürfte mit 2000 Millionen Kubikmeter sehr niedrig geschätzt sein, welche bei richtiger Verteilung für die Bewässerung von mehr als einer Million Hektar Ackerland ausreichen würden.

Wenn somit auch eine dringende Gefahr für die Schädigung deutscher Interessen zunächst nicht vorzuliegen scheint, so dürfen doch jedenfalls, wie schon anfangs erwähnt, die Verhältnisse am oberen Oranjeflusse nicht aus dem Auge verloren werden. Zunächst ist strenge darüber zu wachen, daß eine Wasserentnahme aus dem Flusse nur in dem für wirtschaftliche Zwecke thatsächlich notwendigen Umfang stattfindet, und daß für Kraftanlagen entnommenes Wasser möglichst bald in den Fluß zurückgeleitet wird, um unnötiges Versickern und Verdunsten zu vermeiden. Es wird dann aber auch erforderlich sein, möglichst bald dasjenige Material zu sammeln, welches für die Einleitung von Verhandlungen mit den übrigen Uferstaaten und für den einstigen Abschluß von Verträgen eine unerläßliche Voraussetzung ist, nämlich zuverlässige Angaben über die Wasserführung des Flusses.

Um dieselben zu erhalten, sind an geeigneten Stellen Querprofile aufzunehmen und Geschwindigkeitsmessungen auszuführen. Vor allem aber sind an wenigstens zwei Stellen des Flußbettes auf das Solideste hergestellte Pegel zu errichten, deren Höhenlage gegen unveränderliche Festpunkte zu bestimmen ist, und deren Ablesung wenigstens einmal täglich durch zuverlässige Personen zu erfolgen hat.

Sind auf diese Weise die wichtigsten Grundlagen zur Beurteilung der Frage gewonnen, so wird es wünschenswert sein, möglichst bald eine Einigung der Uferstaaten über die zulässige Wasserentnahme an den einzelnen Teilen des Flusses zu erzielen und vertragsmäßig festzulegen. Je früher dies geschieht, je weniger daher die Ausnutzung des Wassers des Flusses fortgeschritten sein wird, um so leichter wird sich eine alle Beteiligten befriedigende Lösung der schwierigen Aufgabe erzielen lassen.

Bei den erforderlichen Verhandlungen wird es Deutschland jedenfalls sehr zu statten kommen, daß der wichtigste der Uferstaaten, die Kapkolonie, am Unterlaufe des Oranjeflusses die nämlichen Interessen hat, wie Deutsch-Südwestafrika, da die beiden Ufer des Flusses einen sehr ähnlichen Charakter zeigen und jedenfalls die gleichen Rechte an der Wasserführung des Oranjeflusses beanspruchen können.

Wenn auch heute die Ausnutzung des Wassers des Oranjeflusses noch eine geringe ist, so sind doch alle Anzeichen dafür vorhanden, daß diese mächtigste Wasserquelle des südlichen Afrika, welche gerade die regenärmsten Gebiete des Landes durchzieht, in schnell steigendem Maße wirtschaftlich nutzbar gemacht werden wird. Schon sind einige größere Bewässerungsanlagen an den Ufern des Flusses vollendet und für weitere sind die Entwürfe ausgearbeitet.

Ist auch die Behauptung von der schnellen Austrocknung Südafrikas wohl lediglich auf das Auftreten einer Reihe regenarmer Jahre zurückzuführen, denen bereits wieder ergiebigere gefolgt sind, so werden die Ansprüche an den natürlichen Wasservorrat des Landes bei zunehmender Besiedelung doch allmälig dermaßen anwachsen, daß vielerorts eine übermäßige Wasserentnahme aus dem Grundwasser stattfinden wird, welche örtliche Senkungen des Grundwasserspiegels bewirken und das Bedürfnis nach weiterer Ausnutzung der oberirdischen Wasservorräte stetig steigern muß.

Es wird daher einstens zweifellos ein heißer Kampf um die Ausnutzung des Wasservorrates des Oranjeflusses entbrennen, und nur gestützt auf rechtzeitig abgeschlossene Verträge wird Deutsch-Südwestafrika bei seiner Lage am Unterlauf des Flusses sich seinen Anteil an der Wasserführung auf die Dauer zu sichern vermögen.

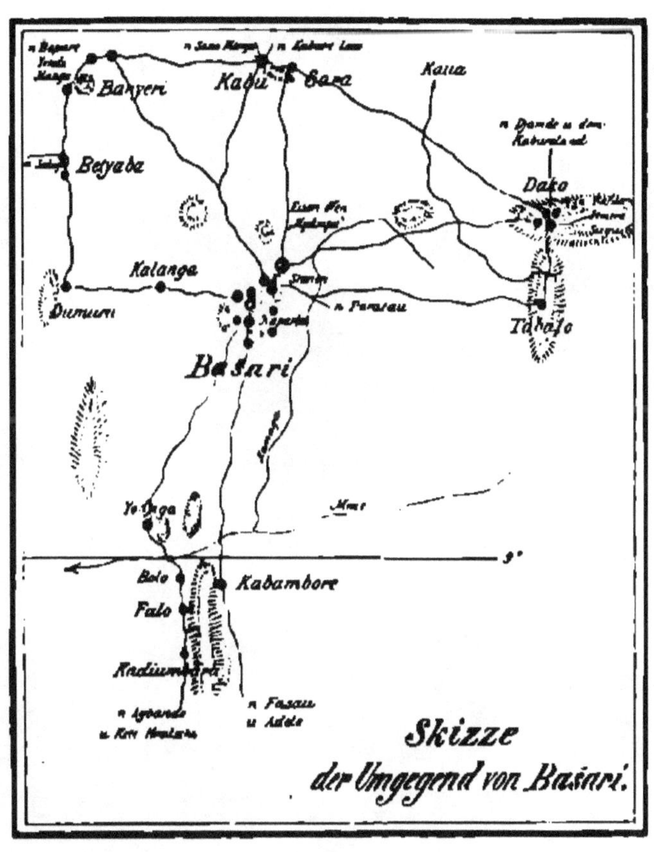

Banyeri
Kabu
Sara
Kaua
Betyaba
Dako
Kalanga
n. Parasau
Basari
Tabafo
Bolo
Kabambore
Falo
n. Fasau
Skizze
der Umgegend von Basari.

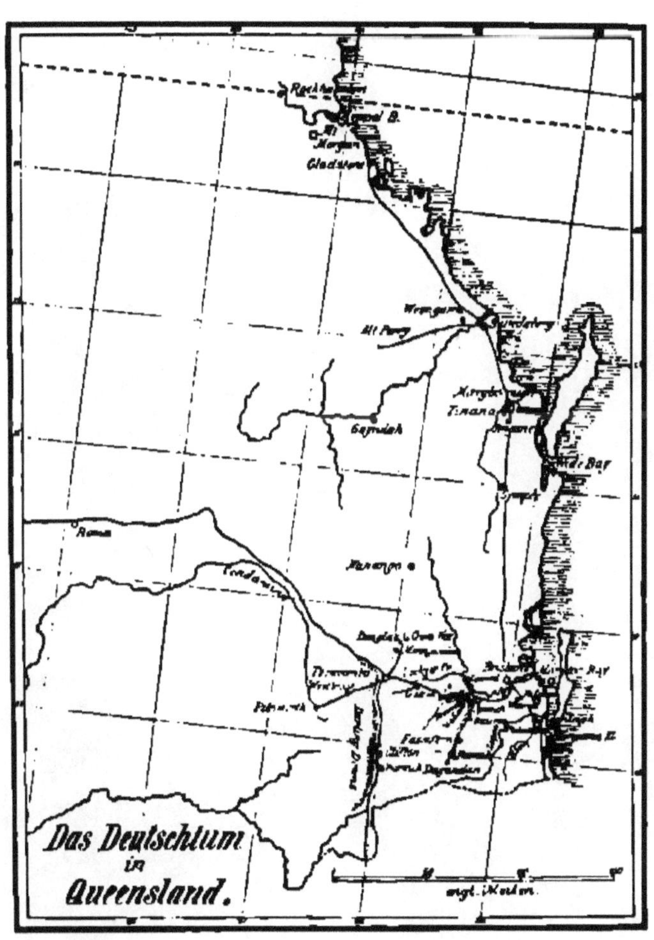

Gladstone
Mt Perry
Tinana
Roma
Das Deutschtum in Queensland.

# Land und Leute in Bāsari.

Von Fr. Hupfeld, Bergassessor.

(Mit einer Karte.)

Die nachfolgenden Notizen über das Bāsariland (sprich: Bäßari) sind in der zweiten Hälfte des Jahres 1897 während eines mehrmonatlichen Aufenthaltes daselbst gesammelt. Der Verfasser war damals mit afrikanischen Verhältnissen noch sehr wenig vertraut, konnte zudem nur durch zwei Dolmetscher sich mit den Eingeborenen verständigen, diese selbst standen dem Weißen teils feindlich, durchweg aber sehr mißtrauisch gegenüber. So ist es begreiflich, daß in mancher Beziehung die Angaben unsicher, vielleicht auch direkt falsch und jedenfalls lückenhaft sind, immerhin werden sie aber über jene noch wenig bekannten Gebiete wohl manches Neue bringen.

Das Bāsariland im weiteren Sinne, d. h. dasjenige Gebiet, in dem die Bāsarisprache gesprochen wird, ist politisch keine Einheit. Es liegt etwa unter dem 9. Breitengrade im westlichen, an das neutrale Gebiet angrenzenden Teile unserer Togokolonie. Der große Gebirgszug, der sich an das breite zentrale Togogebirgsland nördlich von Bismarckburg ansetzt und in mehreren parallelen Höhenrücken süd-nördlich sich hinzieht, wird nach Norden zu schmäler und niedriger und hört etwa unter dem 9. Grade auf. Der Fluß Mō, ein Nebenfluß des Oti, fließt hier nach Westen; sein Bett ist 40 m breit, in der hohen Regenzeit ist das Wasser so tief und reißend, daß ein Überschreiten nur mit Lebensgefahr möglich ist. Nördlich des Mō tritt an die Stelle des Kettengebirges ein regelloses Kuppenland, im Westen von niedrigen Höhenzügen begleitet. Im Osten tritt in dem kurzen Tabalogebirge noch einmal die Süd-Nordrichtung auf, stößt aber am 700 m hohen Dako-Sudu-Plateau ab, das im Nordosten des Bāsarilandes beginnend, sich west-östlich zieht. Nach Norden senkt sich das Terrain zum bedeutenden Flusse Karā, der, östlich im französischen Gebiete entspringend, zunächst genau westlich fließt, dabei sowohl aus dem Dako-Sudu-Plateau im Süden wie den Gebirgen des Kāburelandes im Norden bedeutende Zuflüsse erhaltend, dann aber nördlich von Kaba einen großen Bogen nach Norden macht, um endlich ebenfalls dem Oti zuzufließen.

Die kleineren Wasserläufe im Bāsarilande ergießen sich nun entweder in den Mō oder in den Kara; die Wasserscheide zwischen beiden Flüssen ist sehr verschlungen und tritt im Terrain nicht stark hervor.

Die einzelnen Bergkuppen des Bāsarilandes erheben sich auf etwa 300 m (rel.), sie fallen meist sehr steil nach allen Seiten ab und bilden dadurch natürliche Burgen, an deren Fuß die Dörfer der Eingeborenen liegen. Die bedeutendste Kuppe ist der Bāsariberg.

Er bildet eine nord-südlich gestreckte Ellipse von am Fuße etwa 4 km Länge und bis 1½ km Breite. Die verschiedenen Gipfel erreichen eine Höhe von etwa 600 m über dem Meere. Den größeren Teil des Jahres findet man auf der Höhe fließendes Wasser, das im Nordwesten einen hübschen Wasserfall bildet. Rings um diesen Berg, und zwar hauptsächlich auf der Westseite, liegen nun die verschiedenen Dörfer des eigentlichen Bāsari, teils dicht am Fuße des Berges, teils im Westen bis zu 2 km entfernt.

Das Gebiet der Bāsarisprache reicht im Süden bis über den Mō und umfaßt hier noch die Ortschaften Bōlo, Jalo und Kadiūmbam am Wege nach Agbandé, Kabámbore an dem Wege nach Fasa-ū. Im Westen zählen Dumeru, Kálanga und einige erst neuerdings festgelegte Dörfer noch zu Bāsari; nördlich von diesen herrscht in den Ortschaften Betjäba, Natyambá, Wanjeri und (zum Teil) Wápure und anderen ein von der Básarisprache nicht unwesentlich abweichender Dialekt. Weiter westlich beginnt dann (im neutralen Gebiet) die Tagomba-, weiter nördlich die Konkombaisprache. Basare sprechen ferner das nördlich von Básari gelege Kábu und Sará. Nordöstlich, jenseits des Kara wohnen die Kábure-Losholeute. Im ganzen Osten des Básarigebietes wird ebenso wie im Süden Tim (Temu) gesprochen.

Über die Geschichte des Básarivolkes hat sich nicht viel feststellen lassen; vielleicht wird die vergleichende Sprachforschung Anhaltspunkte ergeben. Die Leute selbst bezeichnen sich als autochthon. Das wichtigste ältere Ereignis war ein Krieg mit einem aus dem Westen kommenden Volke, wohl den Tagombas; er hatte eine Massenauswanderung der Básarileute nach Osten und die Gründung des größten Dorfkomplexes in Nordtogo, Tschambá, nebst einigen hart an der französischen Grenze gelegenen Ortschaften zur Folge. Wenn sich das Básarielement dort auch nicht ungetrübt erhalten hat, so wird doch noch Básarisprache gesprochen; überhaupt besteht noch ein Bewußtsein des einstigen Zusammenhangs. Die Gründung von Tschamba ist mindestens zwei Menschenalter (70 Jahre) zurückzudatieren.

Trotz dieses riesigen Aderlasses scheint sich Básari doch bald wieder erholt und auch von der Fremdherrschaft frei gemacht zu haben. Die Macht des Básarikönigs scheint eine Zeit lang sogar ziemlich bedeutend gewesen zu sein. Da erfolgte vor 30 bis 35 Jahren der Angriff der Mangoleute, verursacht durch die Beraubung einer nach Kete gehenden Mangokarawane: Básari wurde zwar nicht dauernd besetzt seine anfängliche Unterwerfung war auch nur von kurzer Dauer, immerhin aber zerfiel damit die Macht des Básarikönigs, und die nördlicheren Orte wie Bapure, Banyeri und Kabu blieben dauernd den Mangoleuten tributpflichtig.

Wenige Jahre darauf, „zur Zeit des Krieges der Engländer mit den Aschantis“, erfolgte ein neuerlicher Einbruch der Tagombas, der das Básarireich ganz zu Boden warf; Bapure, Banyeri, Natyamba, Betjaba, Tumeru, Kabu wurden tributpflichtig gemacht, Básari selbst zerstört. Die Einwohner, die sich nicht unterwerfen wollten, flohen nach allen Himmelsrichtungen, besonders in das benachbarte Timgebiet. Seitdem ist denn auch das Tim geradezu zweite Landessprache und wird fast allgemein verstanden.

Nach längerer Zeit, nachdem das ganze Land vollständig ausgeplündert war, zogen die Tagombas wieder ab; ihr König Badu Abudulai starb bald nachher, ihm folgte der jetzige Jendikönig.

Der Hauptteil der Básarileute kehrte nunmehr zurück und baute die Dörfer wieder auf. Ein kleinerer Theil aber blieb in den nach der Flucht gegründeten Niederlassungen. So entstanden Jodjigá, Kabámbore, Bólo, Falo, Kadiúmbaro, die sich dem Agbandekönig unterwarfen. Sara bei Kabu erkennt noch heute die Oberhoheit des Básarikönigs an, ebenso Kalanga. Die anderen, ehemals Básari unterstehenden Orte aber hatten sich zu Tributzahlungen an den Jendikönig verpflichtet und entzogen sich der Macht des Básarikönigs. Nur Kabu, das jetzt also an Mango und Jendi Tribut zahlt, erkennt auch noch eine problematische Oberhoheit von Básari an. Nebenbei bemerkt, bestehen die Tributzahlungen an Mangu und Jendi aus Rindvieh, Kaurimuscheln und geschmiedeten Feldhacken.

Seit dem Tagombakriege hat Básari keinen größeren Krieg mehr erlebt; nur mit den umwohnenden Völkerschaften, besonders mit dem abgefallenen Banyeri, besteht dauernde Feindschaft, die sich in kleinen Überfällen auf einzelne Leute zu äußern pflegt.

Ein neuer Faktor, der die bestehenden Verhältnisse völlig ändert, kam erst mit dem Einrücken der Deutschen. Nachdem Kling bereits im Jahre 1891 Bássari passiert hatte, erschien 1894 von Doering und schloß den Schutzvertrag mit dem Bássarikönig ab, der vor allem auch zur Folge hatte, daß die Franzosen uns den Ort niemals streitig gemacht haben. 1897 gründete Graf von Zech die Station. Dr. Gruner war bald darauf genötigt, auf seinem Marsche nach Mangu den Bássarileuten mit den Waffen gegenüberzutreten. Seit Mitte 1897 ist Bássari nun dauernd mit Europäern und schwarzen Soldaten besetzt und wird, falls die Besatzung nicht zu klein ist, nun wohl Ruhe haben, aber auch dauernd vor den Plünderungszügen umwohnender Völkerschaften geschützt sein.

Der letzte große Dagombaeinfall hat in Bássari viel geändert; die aus dem Exil wiederkehrenden Bássarileute hatten viel von den Sitten ihrer Gastfreunde, der schon stark von den Mohammedanern beeinflußten Tunbevölkerung angenommen, so daß in manchen Punkten große Unsicherheit herrscht.

Im übrigen aber ist der Bássarimann kein Freund des Fremden; die Gegend ist vielmehr verrufen wegen des räuberischen Sinnes ihrer Bewohner, die — heftigen Gemüts — stets bereit sind, zum Messer oder vergifteten Pfeile zu greifen und trotz der ausgezeichneten Handelslage des Ortes einen Durchgangsverkehr bis in die jüngste Zeit nahezu unmöglich gemacht haben.

Die politische Gliederung des Bássarivolkes beruht auf der Familie. Diese wird vertreten durch ihren Ältesten; in der Regel ist das der an Jahren Älteste. Die Familienältesten (Kubómu) eines Dorfes bilden die erste Instanz in allen das Dorf allein betreffenden Fragen; der älteste von ihnen hat als Häuptling das Dorf zu vertreten und besitzt gewisse Ehrenrechte, z. B. gebührt ihm ein Teil von jeder Jagdbeute. Bei allen wichtigeren Sachen aber muß er die anderen Ältesten zuziehen. Zweite Instanz ist der König, vor ihn gehören auch alle Streitigkeiten zwischen verschiedenen Dörfern. Der König entscheidet nach Anhörung der Ältestenversammlung selbständig. Thatsächlich ist die Macht des Königs aber nur gering, die Streitigkeiten unter den verschiedenen Dörfern sehr häufig.

Über die Thronfolge war nichts Sicheres festzustellen, jedenfalls ist keine regelrechte Erbfolge vorhanden.

Der Begriff der Familienzusammengehörigkeit spielt in Bássari wie bei allen Naturvölkern eine sehr bedeutende Rolle. Schon in der Bauart der einzelnen Gehöfte drückt sich das aus: die kreisrunden Hütten werden in Gruppen zusammengebaut, nach außen durch Verbindungsmauern abgeschlossen; ein Gehöft, oft aus 20 bis 30 Hütten bestehend, entspricht einer Familie, an deren Spitze der Familienälteste steht. Ihm hat jedes Familienmitglied zu gehorchen; freilich sind die üblichen Klagen über die Zuchtlosigkeit der jungen Leute auch in Bássari an der Tagesordnung. Innerhalb des Gehöftes hat jeder verheiratete Mann eine oder mehrere Hütten für sich; Kinder und Unverheiratete bleiben bei ihren Eltern oder kommen bei anderen Verheirateten unter. Doch ist es allgemein üblich, sich zu verheiraten.

Witwen kehren meist zur eigenen Familie zurück.

Der Bássarimann, der ein Bássarimädchen heiraten will, hat sich mit dessen Eltern in Verbindung zu setzen und muß ihnen, wie wohl bei den meisten Naturvölkern, eine gewisse Summe bezahlen, die als Ersatz für die der betreffenden Familie entzogene Arbeitskraft anzusehen ist. Der Betrag ist niedriger, wenn die Verlobung schon zu einer Zeit erfolgt, wo das Mädchen noch Kind ist; dann bleibt dieses aber auch noch im Hause seiner Eltern, und der Bräutigam muß auf deren Feldern arbeiten, bis das Mädchen erwachsen ist. Ist das Mädchen aber bereits heiratsfähig, so dauert die Verpflichtung zu dieser Feldarbeit nur kurz, der an die Eltern zu zahlende Geldbetrag ist aber höher; es wurden z. B. 60 000 Kauris genannt, wovon die Eltern des Mädchens jedoch einen Teil für die „Ausstattung" (einige Tücher u. dgl.) und das Hochzeitsmahl aufzuwenden haben. Eben so hoch ist der Betrag, der an einen Bräutigam, der schon für die Eltern des Mädchens gearbeitet hat, seitens eines Dritten als Entschädigung zu zahlen ist, falls das Mädchen diesen Dritten vorzieht. Man sieht, daß auch das Mädchen gefragt wird, von einem „Verkaufen" also nicht die Rede sein kann.

Daß betreffs *Moral* und Unmoral die Anschauungen der Neger, bei denen Kinder unter allen Umständen willkommen sind — die Knaben als Arbeitskräfte, die Mädchen, weil sie bei der Verheiratung verhältnismäßig sehr viel Geld einbringen —, von denen der Europäer, für die Kinder stets Ausgaben bedeuten, grundverschieden sind, ist schon aus diesem rein materiellen Grunde selbstverständlich. Es ist also nicht zu verwundern, wenn die jungen Mädchen nach europäischer Auffassung recht unmoralisch sind. Dagegen scheint die eheliche Treue in Básari ziemlich hochgehalten zu werden. Gewerbsmäßige Unzucht wird hauptsächlich nur von Wittwen betrieben, besonders von solchen, die keine Angehörigen mehr haben.

*Vielweiberei* ist durchweg in Togo und so auch in Básari üblich und hängt wohl auch mit der Auffassung zusammen, daß der Verkehr mit einem Weibe, das ein Kind zu stillen hat — was meist bis zu drei Jahren dauert — als durchaus unmoralisch gilt. Es sei hierbei gleich hinzugefügt, daß der einheimische Togoneger (im Gegensatz zu den nomadisierenden Fullanis) das Melken von Rindvieh, Schafen oder Ziegen und damit also den Ersatz der Muttermilch nicht kennt. Es wäre also ein gefährliches Experiment, die Leute veranlassen zu wollen, ohne weiteres jene drei Jahre abzukürzen.

Die Geburt von *Zwillingen* gilt als ein Unglück. In früherer Zeit scheint man daher in Básari beide Kinder getötet zu haben; jetzt wird eins umgebracht, indem man es (angeblich) in einen Termitenhaufen einscharrt. Die Mutter gilt aber nicht als entehrt.

*Totgeburten* werden ohne Weiteres im Busch begraben. Kinder, deren Mutter im *Kindbett* gestorben ist, werden nicht getötet, sondern irgend einer anderen anderen Frau in der Familie übergeben.

Beim *Begräbnis* giebt es verschiedene Arten: im Busch ohne Sang und Klang werden begraben gewöhnliche Sklaven, Weiber, Kinder und alle, die eines plötzlichen Todes gestorben sind; ältere Weiber jedoch werden mit Gesang bestattet. Freie Männer und solche Sklaven, die sich besonders gut geführt haben, begräbt man in ihren Hütten. Schuldner, für die niemand eintreten will, werden garnicht begraben; hierüber weiter unten Näheres.

Die *Sklaverei* war, wenigstens früher, noch allgemein üblich; die meisten Sklaven stammen aus dem außerordentlich dicht bevölkerten Kaburelande, und zwar verkauften die Kabureleute, wie mir verschiedene Básarileute mit Abscheu versicherten, ihre eigenen Angehörigen, angeblich, weil das Land seine Bevölkerung nicht mehr ernähren kann, was für große Teile des Kaburelandes wohl zutreffen könnte. Ein reeller Markt für Sklaven bestand nie; der Umschlagsplatz war aber in erster Linie für den Verkehr nach Südwesten Kabu und Sara. Für ein junges Mädchen oder einen kräftigen jungen Mann wurden dort bis zu 100 000 Kauris bezahlt; alte Leute kosteten nur mehr 10 000 Kauris, Kinder dagegen 40 000 Kauris. Das Los der Sklaven ist durchweg sehr milde; sie wohnen in dem Gehöfte ihres Herrn oder „Vaters“ — die beiden Wörter sind gleich — und teilen, solange sie unverheiratet sind, dessen Tisch. Sobald als möglich aber gibt man ihnen Frauen bezw. Männer, worauf sie ihre eigene Hütte, eigenes Feld und, wenn sie sich einigermaßen gut führen, ziemlich große Selbständigkeit bekommen und nur die Verpflichtung haben, jeden zweiten Tag für ihren Herrn zu arbeiten. Sie können auch selbst wieder Sklaven halten.

Eine eigentliche Freierklärung kennt man nicht, wohl aber wird verdienten Sklaven keine Arbeit mehr aufgetragen; vor allem aber gilt: *beim Tode des Herrn wird der Sklave frei*, sofern er erwachsen ist; Kinder, für die ja sonst niemand sorgen würde, bleiben zwar Sklaven, aber nur bis auch sie erwachsen sind. Der freigewordene Sklave hat nur mehr die moralische Pflicht, den Kindern seines einstigen Herren in der Noth zu helfen; im übrigen ist er vollständig gleichberechtigtes Familienmitglied. Dies wenigstens scheint mir das allerdings seit dem letzten Tagombakriege nicht mehr ganz rein erhaltene ursprüngliche Recht der Básarileute gewesen sein, und der dadurch so ungemein erleichterten Aufsaugung fremder Elemente ist wohl in erster Linie die erstaunliche Volkskraft zuzuschreiben, die Básari, soweit sich seine Geschichte zurückverfolgen läßt, stets entwickelt hat.

Seit der wirklichen Besetzung Básaris nach Abschluß des deutsch-französischen Grenzvertrages und seit der Erschließung des bis Anfang 1898 noch ganz unbekannten Kabrelandes hat natürlich der bisherige Sklavenhandel im wesentlichen aufgehört, und wenn man auch noch die Schuldsklaverei gänzlich beseitigt, wird in Básari die Sklaverei, die diesen Namen dort eigentlich garnicht ganz verdient, in einer kurzen Spanne Zeit ganz von selbst aufhören.

Gerade in der *Schuldsklaverei* besteht nun in ganz Nordtogo eine höchst frappierende Rechtsauffassung: Wenn A. in Fasau dem B. in Básari etwas schuldet und nicht bezahlen will, so fängt letzterer einem ganz unbeteiligten, beliebigen Dritten, sagen wir dem C. in Dalo, ein Familienmitglied oder einen Sklaven weg. C. mag dann sehen, wie er sich schadlos hält: er kann dem A. jemanden wegfangen und diesen bei B. eintauschen, sich gerade so gut aber auch an einen Vierten, D., halten, und so fort. Das ist so eingewurzelt, daß es in Básari geradezu als ungehörig gilt, wenn B. sich direkt an A. halten wollte. Diese auf den ersten Blick unglaublich erscheinende Einrichtung wird unseren Begriffen etwas verständlicher, wenn wir von unserem jetzt gültigen Recht den Weg zurücknehmen zur römischen Auffassung des „ubi rem meam invenio, ibi vindico“ und dann noch einen Schritt weiter gehen zu der in Nordtogo herrschenden Auffassung: „Wenn mir etwas wegkommt, so nehme ich mir irgendwo irgend etwas Gleichwertiges“.

Selbstverständlich schädigt ein solches Vorgehen aber Handel und Wandel aufs Schwerste und bietet ewigen Anlaß zu kleinen Fehden. Das sehen die Leute auch eigentlich wohl ein und haben sich gar nicht gewehrt, als die Regierung dagegen einschritt; nur ist diese nunmehr verpflichtet, dafür zu sorgen, daß ein Gläubiger auf einem anderen, speziell dem bei uns üblichen Wege, zu seinem Gelde kommen kann.

Etwas anders liegt die Frage, wenn zwischen zwei Básarileuten ein Schuldverhältnis besteht, aber vom Schuldner abgeleugnet wird. In diesem Falle lädt ihn der Gläubiger zunächst vor zwei bis drei Älteste und, falls dann noch keine Einigung erzielt wird, auf den Fetischplatz zum *Gottesgericht*. Hier muß der Gläubiger und eventuell nach ihm der Schuldner aus einem mit kochendem Palmöl gefüllten Topfe einen Ring herausholen, — wer denkt da nicht an das abendländische Mittelalter?!

Auch in anderen Fällen wird ein Gottesgericht angerufen: dies gilt besonders dann, wenn jemand beschuldigt wird, einen anderen durch Gift oder Zauberei getötet zu haben. Nicht immer wird der plötzliche Tod eines Menschen einem Dritten zu Last gelegt: denn es „kann auch Gott es so bestimmt haben“. Wenn daher jemand eines plötzlichen Todes gestorben ist, wendet sich seine Familie an einen Fetischpriester; dieser legt zwei Steinchen vor sich und tippt mit einem Stöckchen abwechselnd nach dem einen und nach dem andern hin: welches Steinchen er zuerst berührt, danach ergiebt sich die Entscheidung im einen oder anderen Sinne. Gegebenen Falls wird dann in ähnlicher Weise weiter verfahren, bis man einen bestimmten Menschen gefunden hat. Die Familie des Verstorbenen erhebt aber erst dann Klage, wenn mehrere Fetischpriester unabhängig von einander zu demselben Ergebnis gekommen sind. Ist dies der Fall, so hat sich der Angeklagte auf offenem Markte vor einem von der Versammlung der Ältesten gewählten „big man“ dem Gottesurteil zu unterziehen; weigert er sich, so darf die klagende Familie ihn fangen und als Sklaven verkaufen. Das Gottesurteil selbst besteht im Trinken eines Giftbechers. Das Gift, zweifellos Pflanzengift, wird von einem eigens herbeigerufenen Kabureманne — die Kabureleute gelten als besonders geschickt im Herstellen von Giften — zubereitet und hat eine zweifache Wirkung, entweder als Gift oder als Brechmittel. Welche Wirkung der Trank auf einen Menschen ausüben wird, läßt sich nicht vorher sagen. Wir haben hier also die ursprüngliche logische Grundlage jedes Gottesurteils, daß man bei einer Entscheidung, die der Mensch nicht vorausbestimmen kann, annimmt, das göttliche Wesen würde sich dabei für den Unschuldigen bezw. gegen den Schuldigen erklären. Behält der Angeklagte den Trank bei sich, so stirbt er daran und gilt als schuldig; seine Familie hat dann die Gerichtskosten bestehend in 2000 Kauris für den Kaburemann, zu zahlen. Bricht der Angeklagte den Trank aber wieder aus, so gilt seine Unschuld als erwiesen, und die klägerische Familie hat nicht nur die 2000 Kauris Gerichtskosten, sondern auch noch 40 000 Kauris Schadenersatz an den Angeklagten zu zahlen.

Schon oben wurde angedeutet, daß beim Tode von Schuldnern ein besonderes Verfahren besteht. Wie jeder Togoneger legt auch der aus Basari großen Wert auf ein anständiges Leichenbegängnis; daher haben die natürlichen Erben eines jeden Verstorbenen in gewissem Grade die Pflicht, den Leichnam zu beerdigen, und die Ausführung dieser Pflicht gilt, scheint es, so zu sagen gleichzeitig als offizieller Antritt der Erbschaft des Verstorbenen. Dementsprechend übernimmt denn auch der, der einen Toten beerdigt, dessen Schulden. Man ist aber nicht verpflichtet, dies zu thun und kann sich allen Ansprüchen der Gläubiger entziehen, wenn man den Toten unbeerdigt läßt. In diesem Falle wird der Leichnam auf eine Matte gebunden und im Busch irgendwo an einen Baum gelehnt. Die Gläubiger können sich dann nicht einmal an das Eigentum des Toten halten. Die Erben können aber auch folgendes Verfahren einschlagen: sie verkaufen sämtliche Mobilien des Verstorbenen — Immobilien sind überhaupt nicht im Besitze von einzelnen, sondern gehören entweder der Familie, nämlich Hütten, oder der Dorfgemeinde, nämlich Grund und Boden, — und schütten nach vorheriger Bekanntmachung durch den zuständigen Häuptling den Erlös an einem öffentlichen Platze für die Gläubiger hin, die damit endgültig befriedigt sind; nachher kann der Tote ruhig begraben werden, ohne daß man weitere Ansprüche zu befürchten hätte. Entspricht das nicht ganz unserem Konkursverfahren mit der „Ausschüttung der Masse?“

Noch einige Worte über das *Strafrecht*!

Der Schutz des Privateigentums ist sehr weitgehend; denn der auf frischer That ertappte *Dieb* darf getötet werden. Wird er jedoch erst später gefaßt und leugnet, so geht's zum Gottesgericht: weigert er sich dann den Ring aus dem siedenden Oel herauszuholen, so kann ihn der Kläger verkaufen, oder auch der Dieb wird Landes verwiesen.

Ebenso steht dem Ehemanne ein sehr weitgehendes, geradezu barbarisches Recht gegen den auf frischer That ertappten Verführer seiner Frau zu.

Auf *fahrlässiger Tötung* steht weder Strafe noch Schadenersatz; bei *Körperverletzung mit tödlichem Ausgange* dagegen wird der Thäter Landes verwiesen. Auf *Totschlag und Mord* endlich steht Todesstrafe. Diese wird vollzogen, sobald der Getötete beerdigt ist, und zwar indem ein big man den Thäter mit dem Bogen oder mit dem Gewehr erschießt; seine Leiche wird dann in den Busch geworfen, wo sie begraben kann, wer mag. Die bewegliche Habe des Thäters fällt an die Familie des Erschlagenen.

*Kriegsgefangene* werden nicht getötet, sondern — eventuell nach sorgfältiger Heilung ihrer Wunden als Sklaven verkauft. Der Erlös wird vertrunken. Gefallenen Feinden schneidet man den Kopf ab, fleischt ihn ab und verwendet ihn zu Fetischzwecken; ferner wird ihnen das Herz herausgeschnitten, geröstet, zerrieben und daraus „Medizin" gemacht. Im Uebrigen aber ist Menschenfresserei unbekannt.

Wir kommen damit bereits zum *religiösen* Gebiet. Hier ist es natürlich ungemein schwierig, Auskunft zu bekommen, zumal sich die Leute, ob zwar selbst noch durchweg Heiden, doch in der Regel auf den Hinweis auf den Islam zurückziehen. Götzenbilder, wie man sie in Mittel- und Südtogo massenhaft sieht, giebt es nicht; die Gottesverehrung geschieht in Hainen und auf Bergen. Die sehr zahlreichen *Fetischpriester* spielen dabei eine große Rolle. Geopfert werden in erster Linie Hühner, besonders weiße Hähne, ferner Ziegen, Schafe u. a., auch Bier, Palmwein, Kaurimuscheln.

Eine besondere Stelle neben den Fetischpriestern nehmen die *Regenmacher* ein, deren bedeutendster im Dorfe Begpasiba wohnt; er wird nur einmal jährlich zu Beginn der Regenzeit in Anspruch genommen. Die Aerzte zählen nicht zu den Fetischpriestern; letztere können überhaupt schon deshalb nicht gut Aerzte werden, weil sie in Básari bleiben müssen, während man von einem Arzte verlangt, daß er weit herumgekommen ist. Die Medizinen haben sicher manche nützlichen Bestandteile; da der Neger diese aber nicht zu extrahieren versteht, müssen um überhaupt die gewünschte Wirkung zu erzielen, ganz unglaubliche Mengen eingenommen werden. Z. B. giebt es Mittel gegen das Fieber, gegen Pocken u. a.; das Schröpfen ist sehr beliebt. Ein Hauptmittel aber führt jeder Básarimann stets bei sich: das *gegen Schlangenbiß* und gleichzeitig *gegen das Pfeilgift*. Falls ich richtig unterrichtet bin, nimmt man die Wurzeln dreier Pflanzen eines Strauches mit lanzettförmigen Blättern und stark riechenden Blüten, Namens kurung-kong (Tim: Kebáraso, Dagomba: lalumpiu, Evhe: avutili), eines anderen Strauches mit großen länglichen Blättern Namens inabesang (Tim: tyutyude, Dagomba: bolumböge, Evhe: anigleti) und einer Mimosenart Namens elyúlang-yága (Tim: dulû, Dag: keringkyáu, Evhe: bontá). Die Wurzeln aller dreier Arten werden zusammengethan, zerschnitten, auf einer Pfanne geröstet und zermahlen. Das Pulver wird, ehe man die Biß- bezw. Schußwunde aussaugt, in den Mund genommen und nachher auch in die Wunde eingerieben. Eine ähnliche, aber geringere Wirkung soll ein Absud von den Blättern derselben drei Pflanzen haben.

Das **Pfeilgift** selbst ist eine Kombination von Schlangen-, Leichen- und Pflanzengift. Man schlägt Giftschlangen die Köpfe ab, wirft diese in einen Topf und vergräbt ihn einige Zeit. Unterdessen sammelt man von einem kleinen Baum mit sitzenden Blättern genannt Kenakólanga (Tim: tenyagá, Dag.: dakungá, Evhe: atigyé), ferner von einem großen Baum mit fünffingerigen Blättern namens ngyalendé (Tim: tyimáro, Dag.: náranga, Evhe: fofti) und endlich von einer Akazienart deppilindé (Tim: kodologá, Dag.: helegá, in Evhe angeblich unbekannt) die Wurzeln und vielleicht auch andere Teile, macht daraus einen Absud und kocht ihn endlich zusammen mit den halbvermoderten Giftschlangenköpfen zu einer klebrigen Masse ein, in die die Eisenspitzen der Pfeile getaucht werden.

Ob mir die Zubereitung des Pfeilgiftes und des Gegenmittels allerdings ganz richtig angegeben ist, muß dahingestellt bleiben. — —

In der **Zeitrechnung** äußert sich in Bássari schon sehr der mohammedanische Einfluß, besonders für die Berechnung größerer Zeiträume, z. B. eines Jahres. Abweichend aber ist die Woche, sie besteht nur aus sechs Tagen, — es ist daher leicht verständlich, daß es einem der ersten Stationsleiter ganz unmöglich war den Leuten klar zu machen, daß jeden Montag und Donnerstag Gerichtstag sein sollte! Die sechs Tage heißen: Bampá, Kuntiá, Labé, Kankunbé, Tyoré und Putagbá. Für den Begriff „Woche“ scheint man auch das Wort Bampá zu verwenden. Einen bestimmten Ruhetag giebt es nicht, doch gelten Labé und Putagbá als besonders geeignet zum Festlichmachen. Bampá ist der Tag, an dem stets der große, besonders besuchte Markt in der Nähe der Station abgehalten wird.

Die sechstägige Woche ist übrigens auch im benachbarten Konkomba und im Timgebiet üblich; sogar in dem ganz überwiegend mohammedanischen Dadaure (Sogodé) findet der große Markt alle sechs Tage statt.

Wie weit der Einfluß der Mohammedaner in Beziehung auf die **astronomischen** Anschauungen reicht, lassen vielleicht die nachstehenden Bemerkungen erkennen. Die Erde, die Sonne und den Mond denkt man sich eben und scheibenförmig, die Sterne dagegen als kleine Kugeln. Sonne und Mond gehen im Osten auf, im Westen unter und kehren dann, nach Bássari-Auffassung, in eine Wolke gehüllt, wieder nach Osten zurück. An Sternen bezw. Sternbildern wurden mir vier mit Namen genannt:

1. Drei in einer Linie stehende Sterne (α Aquilae?)

heißen Kubáge-n-unéle-ne-Kuvúng, d. h. Hund — Mann — Hase.

2. Die Plejaden heißen „Henne mit Küchlein“, nämlich Okóngpále-nebíum.

3. und 4. Zwei Sterne, die mir nicht genau gezeigt werden konnten (vielleicht Morgen- und Abendstern), heißen ungbáilebidyá und ungbáile dyibarabá, was beides etwa „Diener des Mondes“ bezeichnet.

Bei **Sternschnuppen** haben auch die Bássarileute die Idee, daß sie mit dem Tode eines big man zusammenhängen.

Offenbar kennen die Leute aber auch den **Meteorfall**: denn es heißt, daß der Donner, der natürlich als die Hauptsache gilt, jemanden, der die Absicht hatte, etwas Böses zu thun oder es schon gethan hatte, im Blitz durch einen herniederfallenden Stein tötet. Für den Blitz wurde dabei der poetische Ausdruck „Streitaxt des Donners“ gebraucht. Es scheint mir sogar, als ob in Bássari irgendwo ein Meteorstein sich befindet, was aber natürlich nicht verraten wird. — —

Auf die Sprache der Basarileute kann hier nicht näher eingegangen werden; Graf von Zech hat in den „wissenschaftlichen Beiheften zum Kolonialblatt" darüber einiges veröffentlicht; meine eigenen Sprachaufnahmen werden an anderer Stelle ausführlicher bearbeitet werden. Nur die Art des Zählens sei hier kurz erwähnt. Es ist ein gemischtes Dezimal- und Vigesimalsystem, das auffallender Weise noch bestimmte Ausdrücke für 15, 35, 55 u. s. w. hat, die sich allerdings an 40, 60 u. s. w. anlehnen, und bei diesen wohl entstanden sind aus 40 — 5, 60 — 5 u. s. w. Die Zwischenzahlen erhält man zum Teil durch Addieren, zum Teil aber auch durch Subtrahieren, man zählt also 1, 2, 3 u. s. w., 10, 10 + 1, 10 + 2, 10 + 3, 10 + 4, 15, 15 + 1, 15 + 2, 15 + 3, 20 — 1 (vgl. das lateinische undeviginti), 20, 20 + 1 u. s. w., 20 + 10, 20 + 10 + 1 u. s. w., 35 (= 40 — 5), 35 + 1 u. s. w., 40 — 1, 40 (entstanden aus 20 × 2). Die nächste selbständige Worteinheit ist dann wieder 100, dann 200; 300 ist eine Zusammensetzung mit 200, 400 ist 200 × 2, 600 ist eine der 300 entsprechende Zusammensetzung mit 400 u. s. w. Die nächste höhere Zahleinheit, bei der das Zählen wohl auch so ziemlich aufhören dürfte, ist 2000. — Für alle höheren Zahlen giebt es natürlich nur bei denjenigen Ziffern Begriffe, die im praktischen Leben vorkommen; dagegen wird der Basarimann z. B. die Zahl 1732 nicht so leicht übersetzen können, weil es eben nichts giebt, was 1732 Kauris kostete.

Als Hülfsmittel zu schwierigen Berechnungen werden Steinchen oder Kauris genommen, in deren Abzählung die Leute eine außerordentliche Übung haben. — —

Wie für die politischen Verhältnisse der Begriff der gesamten Familie die Grundlage bildet, so äussert sich das auch in der Gruppierung der menschlichen Behausungen: die Grundlage ist das von einer gesamten Familie bewohnte Gehöft. Ein solches besteht aus einer grösseren oder kleineren Anzahl von Hütten, die in sich wieder Einzelgruppen bilden für die Einzelfamilien. Das ganze Gehöft aber bildet nach aussen ein Ganzes und ist durch Verbindungsmauern von knapp 2 m Höhe, die zwischen die aussen stehenden Hütten eingeschaltet sind, gegen unbefugtes Eindringen geschützt. Von den am Aussenrande stehenden Hütten haben nur wenige Thüröffnungen, die ins Freie führen.

Die Hütten sind kreisrund von sehr verschiedener Grösse; beim Bau wird zunächst eine etwa 1½ m hohe Lehmmauer aufgeführt; auf diese kommt dann das kegelförmige Dach aus einem Gerüst von Bambusstangen, gedeckt mit trockenem Gras, das auf der Spitze durch einen Topf, dem der Boden herausgeschlagen ist, gekrönt und wohl auch etwas zusammengehalten wird. Fensteröffnungen giebt es nicht; die Thüröffnungen sind elliptisch und recht klein, so daß man nur in gebückter Haltung in ein Haus hineinkommen kann. Der Boden ist meist gestampft und enthält sogar ab und zu eine Art Abzugskanal. Die erwähnten Verbindungsmauern wiederholen sich in ähnlicher Weise innerhalb der Gehöfte, so daß ein grösseres Gehöft geradezu ein Labyrinth ist. In die Verbindungsmauern werden die kleinen Hühnerställe aus Lehm eingeschaltet. Dagegen stehen die Kornschober, die Rindviehhürden und die Schweineställe nicht innerhalb der Gehöfte, sondern davor.

Erstere bestehen aus zwei mit der Basis aufeinandergestellten Kegeln aus Bambusgerüst, innen mit trockenem Gras ausgelegt. Die Viehhürden sind aus starken Dornen und Baumästen hergestellt. Die Schweineställe sind kleine Rundhütten, unten zum Schutz gegen das Wühlen der Tiere auf grössere Steine gestellt, — der einzige Fall, in dem ich jetzt lebende Togoneger des Innern habe grössere Steine zu Bauzwecken verwenden sehen (wohl aber kommen Ruinen von Steinbauten an verschiedenen Stellen in Togo vor).

Die Wände der Hütten werden außen öfters mit schwarzen, ornamentenartigen Malereien verziert, jedoch nur auf der nach der Innenseite der Gehöfte hin gerichteten Wand. Der untere Teil der Thüröffnung wird oft mit bunten Scherben europäischer Porzellan- und Steingutwaren ausgelegt. Als Beispiele für die Maße einer mittleren Hütte seien angegeben:

| | |
|---|---|
| Durchmesser (einschl. der Mauer) | 4½ m |
| Mauerstärke | 10—12 cm |
| Höhe der Hausmauer | 1½ m |
| Höhe bis zur Spitze des Daches | 3½ „ |
| Höhe der Thüröffnung | 70—75 cm |
| Breite der Thüröffnung | 55—60 „ |

Häuser mit Oberstock giebt es nicht, wohl aber werden manche Häuser etwas abweichend gebaut: so werden die Eingangshütten oft besonders groß gebaut; bei manchen Hütten läßt man das Dach entweder vor der Thüröffnung oder auch ringsherum etwas vorstehen und stützt es dann auf Holzpfähle, erhält also eine Art Veranda.

Häuser und Gehöfte werden ziemlich rein gehalten, der Kehricht vor die Dörfer gebracht. Aborte giebt es aber in ganz Nordtogo nicht, während dies in Südtogo durchweg der Fall ist (dort werden sie als Gemeindeanlagen außerhalb der Dörfer und getrennt „für Männer" und „für Frauen" eingerichtet).

Die Feuerstellen von ziemlich primitiver Einrichtung sind teils in den Hütten, teils in den kleinen oft nur wenige Quadratmeter großen Höfen im Innern der Gehöfte. Mitunter finden sich in den Hütten auch die für mehrere große Töpfe berechneten Feuerstellen für die Bierbrauerei. Mit einigen Töpfen und Haken zum Aufhängen von Kleidungsstücken und dgl. (aus Holz wie unsere Quirle, an der Decke befestigt) und einer Matte zum Schließen der Thüröffnung ist die innere Einrichtung einer Bassarihütte erledigt.

Die Nahrung der Leute besteht überwiegend aus Pflanzenkost, vor allem Yam, Mais und Guineakorn, ferner Bohnen, Erdnüssen, zwei Arten von Okro. Daneben wird an Fleischnahrung alles gegessen, was man nur bekommt; nur ganz vereinzelt besteht gegen das Essen von Pferden, Eseln und Schweinen ein gewisser, offenbar auf die Mohammedaner zurückzuführender Widerwille. Fische sind sehr beliebt.

Eier von Haushühnern zu essen, verbietet der Fetisch; nur ganz alte Leute, die sich sonst nicht mehr gut ernähren können, und kleine Kinder, diese, „weil sie noch nichts vom Fetisch verstehen", dürfen Eier der Haushühner essen. Eier von Perlhühnern dagegen sind frei für jeden. Leider ist diese Auskunft nicht ganz zuverlässig; sollte sie sich aber bestätigen, so würde sie ein scharfes Licht auf den wahren Grund des Abscheus werfen, den die Neger auch in anderen Gegenden vor dem Genuß der Hühnereier haben: je weniger Eier gegessen werden, desto mehr werden ausgebrütet, desto mehr Hühner giebt es also, desto mehr bekommen natürlich die Fetischpriester geopfert. An den Eiern der Perlhühner dagegen hat der Fetischpriester kein Interesse, da es nicht üblich ist, dem Fetisch Perlhühner zu opfern.

Als Gewürz dient der Pfeffer, der auf den Farmen gezogen wird, das Salz, das von Kete Kratschi kommt, endlich das auch zu Beleuchtung verwendete Palmöl und noch öfter Sheabutter. Wilder Honig wird auch gerne genossen; sein Geschmack ist freilich für Europäer widerlich.

Feuer macht man mit selbst gewonnenem Stahl und importiertem Stein (Feuerstein für die Vorderlader), dessen Funken durch Baumwolle aufgefangen werden.

Um Bier zu erzeugen, läßt man Guineakorn mehrere Tage in Wasser stehen, bis es keimt; dann zerstampft man es und kocht es in Absätzen, zwischen denen man die Flüssigkeit ruhig stehen läßt, nachdem man sie in frische Gefäße umgeschüttet hat. Man kann das Guineakorn zum Teil durch eine andere Hirseart ersetzen.

Die Kleidung ist, wie bei den meisten heidnischen Negern Nordtogos, ziemlich spärlich. Kinder gehen meist ganz nackt; höchstens tragen sie eine einfache Perlenschnur um die Hüfte. Beim Beginne der Pubertät erhalten die Knaben ein Stück Tuch, aus dem sie sich eine Art Badehose oder auch nur ein Suspensorium machen; vielfach wird aber auch nur ein Fell umgehängt, das vorne irgendwie herunterbaumelt. Es scheint, als ob letzteres die ältere, ursprünglichere Bekleidungsart ist. Das wird auch dadurch wahrscheinlich, daß die benachbarten Kabureleute überhaupt, Alt und Jung, Männlein und Weiblein, ganz nackt gehen. — Junge Mädchen tragen in Basari einen kleinen aus geflochtenen Troddeln hergestellten Schurz von Handbreite. Sobald sie sich aber verheiraten, fällt dieser fort, und an seine Stelle tritt ein rotbraunes, gewebtes, anderthalbmal um die Hüfte geschlungenes Tuch. Bei Witwen ist dies Tuch blau gefärbt. Zum Tragen der Kinder, d. h. um sie auf dem Rücken festzubinden, dient ein zweites gleiches Tuch.

Eine Fußbekleidung ist nicht üblich. Hüte dürfen nur alte Leute tragen; es sind Strohhüte von etwa , m Durchmesser. Allgemein gestattet, aber nicht durchweg getragen, sind einfache phrygische Mützen.

Als Schmuckgegenstände dienen oft massenhafte Armringe, die um Ober- oder Unterarm getragen werden, hergestellt aus Holz, Eisen, Messing, auch aus der Hornhaut von Elefantenfüßen. Auch Ohrringe finden sich vereinzelt.

Zum Mitnehmen von Kauris, der unentbehrlichen Schnupftabaksdose und der ebenso allgemein üblichen Dose für das Pfeilgegengift, trägt jeder Basarimann einen Sack mit sich, der sich als umgestülpter Ziegenbalg darstellt.

Ebenso geht kein Basarimann auch nur bis auf die Farm ohne seine Waffen. Diese sind Bogen mit vergifteten Pfeilen, oft ein Speer und stets das krumme, zweischneidige, oben mit einem O förmigen Griff versehene Messer. Geht er dagegen auf Jagd, so tritt an die Stelle von Bogen und Pfeil meist schon die Steinschloßflinte, die in zwei verschiedenen Größen importiert wird.

Fast mit zur Kleidung gehört die Tätowierung. Die erste Tätowierung wird bei den Kindern schon im dritten Jahre vorgenommen; sie geschieht durch Einschneiden mit einem kleinen scharfen Messer und darauffolgendem Einreiben von Holzkohle in die Haut.

Man unterscheidet zwei Haupttätowierungen: 1. die häufigste ist ein breiter Schnitt von der Nasenwurzel schräg hinunter auf jeder Seite; 2. die andere besteht in drei Schnitten auf jeder Backe, parallel neben einander von oben herunter. Welche von beiden Tätowierungen angewendet wird, bestimmt bei Knaben der Vater, bei Mädchen die Mutter. Ferner werden junge Mädchen im Backfischalter auf dem Leib tätowiert durch je drei parallele Schnitte, die vom Nabel seitwärts verlaufen. Endlich steht es jedem frei, an sich noch sonstige Tätowierungen vornehmen zu lassen, wie und wann er will, ohne daß hierfür bestimmte Regeln bestehen.

Die ganze Prozedur wird von Leuten vorgenommen, die das gewerbsmäßig betreiben. Die Haupttätowierung, die sechs Tage in Anspruch nimmt, kostet 10, die Leibtätowierung der jungen Mädchen 200 Kauris. —

Die Basarileute sind, wie alle in Togo einheimischen Negerstämme, ein vorwiegend ackerbautreibendes Volk. Die Feldarbeit wird meistens von Männern besorgt;

nur bei der Aussaat und der Ernte helfen die Weiber. Als Werkzeuge dienen zwei Arten von Hacken: die eine mit schmaler geschärfter Schneide, die andere aus einer runden, etwa 15 cm im Durchmesser fassenden Scheibe aus selbsterzeugtem Eisen. Am meisten werden Yam und zwei Arten von Hirse sowie auch Mais gebaut; man kennt eine bestimmte Fruchtfolge: zunächst Yam, dann Kolbenhirse, worauf einige Monate Brachzeit, endlich Guineakorn. Nach dieser dreifachen Bebauungsperiode bleibt das Feld mindestens drei Jahre brach liegen.

Der Yam wird bald nach dem Brennen des Grases, das etwa im Dezember stattfindet, gepflanzt. Im August wird dann zwischen den noch nicht reifen Yam Kolbenhirse gepflanzt; dann wird ungefähr im Oktober der Yam, im November die Kolbenhirse geerntet. Im Februar wird dann das Guineakorn gepflanzt, das dann im nächsten November reif wird. Die ganze Bebauungsperiode ist also zwei Jahre.

Erdnüsse pflanzt man gleichzeitig mit Guineakorn zwischen dieses und erntet sie etwas nach ihm. Von Okro kennt man zwei Arten: die eine (Bas. yimuan) wird rings um die etwa ½ m hohen zum Pflanzen des Yam fertiggestellten Erdhügel gepflanzt und reift nach drei, die andere (Bas. gudyúruku) dient zum Einfassen der Felder und reift nach etwa neun Monaten.

Baumwolle wird gleichzeitig und zwischen Kolbenhirse gepflanzt und reift im Januar.

Endlich spielt der Tabakbau eine recht bedeutende Rolle. Man zieht zunächst innerhalb der Gehöfte oder auf der Farm Stecklinge und setzt diese, wenn sie etwa 10 cm hoch sind, zu je 5—6 in Erdhügel, die etwa ½ m hoch und je 1 m von einander entfernt sind. Die Tabakstecklinge werden im September gepflanzt; die Ernte ist im Januar bis Februar. Für die Tabakkultur verwendet man das Land dicht um die Dörfer herum, das durch die zahllosen Abfälle reichlich gedüngt wird. Nach der Tabakernte bis zum nächsten September bleibt das Land brach liegen. Der Tabak wird zum Rauchen und noch mehr zum Schnupfen benutzt: jeder Basarimann führt eine aus einem ausgehöhlten Kürbis hergestellte kleine Schnupftabakdose mit sich und bietet häufig seinem Bekannten eine Prise an.

Die Verarbeitung von Yam geschieht in der in ganz Togo üblichen Weise durch Kochen mit eventuell nachfolgendem Stampfen oder durch Rösten. Die Körnerfrüchte werden mit Stein auf Stein gemahlen. Maiskolben werden meist einfach geröstet. All diese Arbeiten sind in der Regel Sache des weiblichen Geschlechts.

Neben dem Ackerbau wird auch die Viehzucht recht eifrig betrieben.

Pferde werden allerdings nur wenig gezogen und von Basarileuten fast nie geritten, sondern meist verkauft. Recht groß aber ist schon die Menge des Rindviehs: dieses wird entweder von den Basarileuten selbst gezogen oder den Fullani übergeben. Dieses hellfarbige, vom Südrande der Sahara stammende Volk hat überhaupt in Nordtogo eine recht große wirtschaftliche Bedeutung durch die Pflege der Rindviehzucht. Die Leute siedeln sich außerhalb des jeden größeren Ort umgebenden Farmenrayons an, bleiben aber nie an einem Orte dauernd, sondern ziehen hierhin und dorthin. Ihre niedrigen, nur aus Holzgerüst und trockenem Gras bestehenden Hütten sind rasch aufgebaut. Sie stehen unter ihrem besonderen Häuptling und übernehmen die Wartung des Viehs einer bestimmten Landschaft unter der Bestimmung, daß die geborenen Kälber abwechselnd dem Eigentümer der betreffenden Kuh und ihnen zufallen. Hierdurch sind sie den Eingeborenen unentbehrlich, und nur so erklärt es sich, daß sie überhaupt zwischen solch räuberischem Gesindel ihr friedliches Dasein führen können. Die Fullani kennen das Melken und die Käsebereitung.

Das Kleinvieh ziehen die Bássarileute jedoch selbst: Schafe, Ziegen und vor allem Schweine giebt es massenhaft, auch Hunde, die ebenfalls gegessen werden. Ferner giebt es große Mengen von Geflügel, besonders Haushühner und auch Perlhühner, auch einige Haustauben. Enten dagegen nur sehr wenig; sie sind zweifellos von Haussas eingeführt.

Überhaupt ist Bássari ein an Lebensmitteln ungemein reiches Land: stieß doch im Jahre 1897 die monatelange Verpflegung von drei Europäerexpeditionen, darunter die von Massow'sche mit 300 Leuten, auf keinerlei Schwierigkeiten. Welch' Unterschied gegen andere Teile von Afrika!

Eine willkommene Bereicherung der Nahrungsmittel liefern Jagd und Fischerei.

Die Jagd wird eifrig betrieben, ohne daß es jedoch einen bestimmten Jägerstand giebt. Besonders gute Beute liefert die Trockenzeit, wenn das Gras gebrannt wird, und damit große Jagden unter Aufbietung vieler Leute verknüpft werden. In den anderen Jahreszeiten geht der Jäger einzeln. Geschossen wird alles, was vor die Kugel bezw. den Pfeil kommt; doch wagt man sich an Löwen, die übrigens nur selten vorkommen, Panther, Flußpferde und Alligatoren nur ausnahmsweise heran, besonders dann, wenn sie einen Menschen angefallen haben; in diesem Falle wird eine große Treibjagd gehalten. Die gewöhnlichste Beute des Jägers sind Antilopen, ferner Affen und Hyänen. Vögel werden überhaupt nicht gejagt. Das edelste, aber nur seltene Wild ist der Elephant. Während ihn die Kabureleute zu etwa 200 Mann mit Bogen und Pfeilen jagen, suchten ihn die Bássarileute früher durch vergiftete Speere, die sie von Bäumen herunter schleuderten, zu erlegen. Jetzt bedient man sich zu diesem Zwecke in Bássari nur der großkalibrigen Vorderladergewehre.

Das Fischen geschieht nur bei Niederwasser, also in der Trockenzeit, und zwar durch Betäuben der Fische. Zu dem Zwecke werden die Blätter eines eigens auf den Farmen gezogenen Strauches namens iberebé in großer Menge gestampft und in das Wasser der meist mehr oder weniger ausgetrockneten Flüsse geworfen: man erreicht dadurch, daß die gefürchteten Alligatoren sich flüchten und die Fische betäubt werden, schießt diese dann mit Pfeil und Bogen, fängt sie wohl auch so. Natürlich wird dazu eine große Menge Leute aufgeboten.

Wir kommen nun zu Industrie und Handwerk. Auf diesem Gebiete sind die Bássarileute weit und breit bekannt durch ihre Eisenindustrie. Da eine genauere Beschreibung der Eisenindustrie in Togo demnächst an anderer Stelle erscheinen wird, sei hier nur das Wichtigste kurz angeführt.

Die Bássarileute gewinnen selbst Eisen. Als Erze dienen Roteisensteine, als Brennmaterial Holzkohle; Zuschläge werden nicht gegeben. Der Schmelzprozeß geht in $3^1/_4$ m hohen, unsern Hochöfen ähnlichen, runden Öfen ohne Gebläse vor sich und erzielt bei einer einmaligen Beschickung in fünf bis sechs Tagen eine in schweißbarem Zustande befindliche Luppe von 25—30 kg Gewicht. Diese Luppe ist noch stark mit Schlacke und Holzkohle verunreinigt, wandert aber in diesem Zustande in die Hände des Schmiedes.

Der Schmied, der außer Bássariluppen auch noch stets solche aus dem benachbarten, in der Eisengewinnung weit bedeutenderen Banjeri verarbeitet, klopft zunächst das reine Eisen heraus, schmilzt es dann im Schmiedefeuer unter Gebläse zu einer Kugel zusammen und schmiedet diese dann mit Stein auf Stein sofort aus. Die Hauptproduktion sind Ackerbaugeräte, namentlich Hacken verschiedener Form, darunter z. B. die runden Eisenscheiben von etwa 15 cm Durchmesser, die bis auf den Markt von Kete bekannt sind, ferner die bekannten gebogenen Bássarimesser, Pfeilspitzen, Speerspitzen u. dgl. Diese feinere Arbeit wird aber nur von einzelnen Schmieden gemacht.

Die Schmiedeerzeugnisse von Bássari gehen weit ins Land, besonders nach Süden, wo Kete und Atakpame die äußersten Punkte sein dürften; dort beginnt dann bereits der Einfluß des importierten europäischen Eisens.

Gold-, Silber-, Kupfer- und Messingarbeiten macht der Bássarischmied nicht; wohl aber giebt es im benachbarten Tschantschogebiet wandernde Schmiede aus den Haussastaaten, die darin erfahren sind.

Wie die Schmiedekunst in der Hauptsache auf einzelne Ortschaften beschränkt ist —, von dem eigentlichen Bássari ist es das Dorf Kapárba —, so wird auch die *Töpferei* nur in bestimmten Dörfern betrieben, unter denen vor allem die kleinen südlichen Dörfer Kusiné, Langóade, Mvandé und Djimbíre zu nennen sind; die Erklärung dafür liegt jedenfalls in der örtlichen Beschränktheit des Vorkommens an Töpferlehm.

Die Töpfe werden von der Hand geformt, wie denn die Drehscheibe in ganz Togo unbekannt ist. Das Brennen geschieht auf Holzmeilern unter einer Bedeckung mit Gras. Die ganze Töpferei ist ausschließlich weibliche Beschäftigung, während alle Eisenarbeiten nur von Männern gemacht werden.

In *Holzbearbeitung* leisten die Bássarileute nicht viel, und was sie an Schnitzarbeiten zur Herstellung von Häuptlingsstöcken, von Kalebassen u. dgl. können, verdanken sie eingestandenermaßen den Beziehungen mit der Timbevölkerung.

Dasselbe gilt von *Flechtarbeiten*, bei denen auch die Fullanis Lehrmeister sind, ohne sich jedoch besonders gelehriger Schüler erfreuen zu können.

Eine ganze Reihe anderer Handwerke ist entweder völlig unbekannt oder wird fast ausschließlich von Fremden betrieben. Dahin gehört das Seilerhandwerk, die Ledererzeugung und -verarbeitung — abgesehen von der Herstellung der ledernen Schurze und Säcke. — Seife wird ebenfalls nicht produziert, sondern aus dem Timgebiet — besonders von l'E-na — eingeführt.

Ethnographisch interessant ist aber vor allem die Thatsache, daß auch die *Weberei* den eigentlichen Bássarileuten unbekannt ist, und selbst das *Spinnen* fast ausschließlich von solchen Frauen ausgeübt wird, die aus dem Timgebiet stammen oder längere Zeit dort waren. Das führt uns zu der Frage der Entstehung der Weberei in Togo überhaupt.

Vergleicht man nämlich die Verhältnisse im Timgebiet: dort ist das Spinnen der vielfach gebauten Baumwolle allgemein bekannt und geübt; *weben aber können nur die Mohammedaner*, und zwar weben sie auf den bekannten schmalen Webstühlen, wie sie in Süd-Togo in ganz gleicher Weise in Verwendung stehen, ihre schmalen Tuchstreifen, die dann erst zusammengenäht werden. Daneben aber kennt man auch die stehenden breiten Webstühle, auf denen man Tücher von 1 m Breite sofort in einem Stück herstellt, allerdings eine äußerst mühsame und zeitraubende Arbeit, die daher auch den (billigeren) weiblichen Arbeitskräften zufällt. Diese großen Webstühle sind in Süd-Togo unbekannt. Aber auch die kleinen Webstühle sind verhältnismäßig so komplizierte Maschinen, daß man ihre Erfindung dem heidnischen Togoneger kaum zutrauen kann. Man bedenke, daß diesem die andern Völkern seit vielen Jahrtausenden bekannten Begriffe von Konstruktion eines Kreises (trotzdem die Leute vielfach kreisrunde Hütten bauen), von Konstruktion und Verwendung eines Rades gänzlich unbekannt sind; die Leute kennen keinen Wagen, keine Winde, keinen Pflug. Auch einem schweren Baumstamm oder Stein stehen sie ratlos gegenüber; denn der Begriff des Hebels ist ihnen unbekannt. Man wende nicht ein, daß die soeben beschriebene, offenbar doch autochthone Eisenindustrie ein hohes Maß technischen

Könnens zeige. Hier handelt es sich um einen chemisch-physikalischen Prozeß, nicht um mathematisch-mechanische Begriffe. In diesen hat der Togoneger von der Küste bis ins Innere ein vollständiges Manko, und schon allein aus diesem Grunde wird er der Anleitung in dieser Hinsicht besser begabter Völker wohl noch in Jahrhunderten nicht entraten können.

Um so auffallender muß es sein, hier den Webstuhl zu finden. Aber die Thatsache, daß die wildesten Völker, die sich am ursprünglichsten erhalten haben, wie die Kabureleute ihn noch gar nicht, die Básarileute so gut wie gar nicht kennen, und auch die weit zivilisiertere Timbevölkerung ihn ausschließlich den Mohammedanern überläßt, weist gebieterisch darauf hin, daß die ganze Webekunst dem Islam zu verdanken ist.

Auch für Süd-Togo, wo die Weberei allerdings ganz eingebürgert ist, möchte ich das wohl glauben. Allerdings liegt dort nicht gerade unmittelbarer mohammedanischer Einfluß vor; wenn man aber verfolgen könnte, wo in Süd-Togo die Weberei herstammt, so würde man auf Umwegen, z. B. über Dahomey und vielleicht auch das Hinterland von Lagos, zuletzt doch wohl wieder auf den Ausstrahlungspunkt mohammedanischer Kultur im Westen Afrikas, die Haussastaaten, kommen.

Nun zurück nach Básari! Der einfache Prozeß des Rot- oder Blaufärbens ist bekannt, worauf nur kurz hingewiesen sei. — —

Nachdem wir die verschiedenen Produktionszweige des Landes haben an uns vorüberziehen lassen, erübrigt noch zu besprechen, wie diese verschiedenartigen Lebensbedürfnisse ausgetauscht, und wie die im Lande nicht erzeugten Waren herringebracht und umgesetzt werden. Der **Handel** teilt sich, wenn auch nicht scharf, in Kleinhandel und in Großhandel.

Der **Kleinhandel** spielt sich auf den Märkten ab, die täglich nachmittags von 4 bis 6 Uhr abgehalten werden, wobei jedoch alle sechs Tage ein großer Markt stattfindet; letzteres geschieht für den Markt in der Nähe der Station am Tage Banwá. Ein anderer Marktplatz befindet sich in Kabarba.

An einem solchen großen Markttage ist ein gar buntes Getriebe. Da verkaufen Básarifrauen Lebensmittel: Guineakorn, Hirse, beides wohl auch schon gemahlen, ferner Bohnen, Erdnüsse, Pfeffer, auch Kalebassen, Rotholz, Baumwolle, Eisenwaren und endlich viel Bier. Die Fullani kommen von ihren Niederlassungen und halten neben Erzeugnissen der Landwirtschaft vor allem Käse feil. Leute aus dem Timgebiet bringen Seife. Und endlich finden sich seit Errichtung der Station und Pacifizierung des Landes auch immer mehr wandernde Haussahändler mit Salz vom Ketemarkt und den vielgeschätzten europäischen Waren ein: Gewehre, d. h. Vorderlader, Pulver, Feuersteine dazu, Stoffe, Blau- und Rotgarn, Glasperlen, Pomaden, Gewürznelken, Streichhölzer, Nähnadeln, Knöpfe, Spiegel u. s. w., leider auch schon etwas Schnaps. Aus dem Innern des Landes, d. h. aus den Haussastaaten, bringen sie Bleiglanz, der pulverisiert zum Schminken der Augenlider dient, und Nigersalz für das Vieh, speziell für die Pferde.

Der **Großhandel** war wegen des räuberischen Sinnes der Básarileute früher außerordentlich erschwert, der Durchgangshandel, bestehend in Vieh nach Kete zu, Salz und Kola von dort, nahezu unmöglich. Das alles hat sich nun jetzt gründlich geändert; und es ist nicht zu bezweifeln, daß Básari auf Grund seiner natürlichen Lage, seiner reichen Lebensmittelproduktion, seiner noch für geraume Zeit hinaus vor der europäischen Konkurrenz gesicherten Eisenindustrie, seiner zahlreichen Bevölkerung und vor allem auf Grund der dauernden Besetzung mit deutschen Stationsleitern binnen Kurzem einer der wichtigsten, vielleicht neben Kete und Dadaure der wichtigste

Handelsmittelpunkt unseres weiteren Hinterlandes werden wird. Die Hauptausfuhrartikel werden neben den Eisenwaren und Tabak, Pferde, Rindvieh und auch Kleinvieh sein.

Einer solchen Entwickelung ungemein förderlich ist das sich immer mehr ansiedelnde Haussaelement, daneben aber auch das geradezu frappierende kaufmännische Verständnis des Togonegers und insbesondere auch der Bássarileute.

Als unsere Expedition im Juli 1897 nach Bássari kam, war gemünztes Geld dort so gut wie unbekannt. Nur Kaurimuscheln wurden genommen; im Übrigen mußte mit Tauschwaren bezahlt werden. Binnen drei Monaten waren die Leute so weit, daß sie deutsches und englisches Silbergeld und die deutschen 5 Pfennig-Stücke kannten und nahmen, so daß die Löhnung der Leute der Europäer anstandslos in Bargeld erfolgen konnte. Der Wechselkurs stellte sich nach einigem Schwanken bald dauernd auf 1000 Kauris = 1 Mark. An der Küste bekommt man allerdings für eine Mark 4000 bis 5000 Kauris, muß dann aber für die Lebensmittel auch mehr zahlen.

Gewichte und Wagen kennt man in Bássari nicht, wohl aber Hohlmaße, und zwar Kalebassen. Für die wichtigsten Lebensmittel, wie Guineakorn, Bohnen, Bier giebt es verschiedene Maße, und zwar bleibt je nach Angebot und Nachfrage, besonders nach Ernteausfall, nicht das Maß, sondern der Preis konstant. So hatte man seiner Zeit für Bier eine Einheit von 10 Kauris: das Maß dafür betrug damals etwa ⅔ l. Für Guineakorn entsprechend 100 Kauris, damals etwa 1½ l.

Für Bohnen waren zwei Maße, eins zu 20, das andere zu 100 Kauris, üblich. Um einen Begriff von den dortigen Lebensverhältnissen zu geben, seien noch einige damals übliche Preise genannt. Es kosteten:

1 Hand voll Erdnüsse . . . . . . . . . . . . . . . . . . 5 Kauris
1 l Guineakornmehl . . . . . . . . . . . . . . . . . . 100 „
1 Hand voll Pfefferschoten . . . . . . . . . . . . . . . . 10 „
1 geschmiedete Eisenscheibe von 15 cm Durchmesser und 5 mm Dicke 750 „
1 gehäufte Hand voll Salz . . . . . . . . . . . . . . . . 200 „
1 Schächtelchen Streichhölzer . . . . . . . . . . . . . . 200 „
1 Prise Gewürznelken . . . . . . . . . . . . . . . . . . 200 „
1 Vorderlader („Danegun“) . . . . . . . . . . . . . . . 24 000 „
1 Ankerfaß Sprit von ca. 13 kg im Ganzen verkauft . . . . . . 50—70 000 „
(wird aber meist stark verdünnt, im Kleinen verkauft, und bringt dann mehr als das Doppelte ein).

In gemünztem Gelde bezahlte man für Mittelware für

1 Rind . . . . . . . . . . . . . . . . . . 25 Mk.
1 Ziege . . . . . . . . . . . . . . . . . 2,50 „
1 Schaf . . . . . . . . . . . . . . . . 2,50—4 „
1 Huhn . . . . . . . . . . . . . . . . . 0,50 „

Zum Schluß sei nochmals auf die ungemein günstige Handelslage von Bássari hingewiesen: es gehen von hier Straßen nach Yendi, Sansane-Mangu, durch das Kabureland, nach Dalu — Büfilo, Sëmere u. s. w., nach Dadaure — Paratau, nach Fasaú und darüber hinaus, endlich nach Agbandé — Kete und Salaga. In der Entwickelung des Handels und außerdem in der Erziehung und Heranziehung der zahlreichen Bevölkerung zu brauchbaren, vielleicht auch an anderen Punkten verwendbaren Arbeitern liegt der Wert und die Bedeutung, die das Bássariland und das Bássarivolk schon jetzt und noch mehr künftighin für die wirtschaftliche Entwickelung der Togokolonie hat.

• • •

# Das Deutschtum in Queensland.

Von Dr. Schneider, Gumbinnen.

(Mit einer Karte.)

Im Jahre 1898 ist in Brisbane von dem Leiter der „Nord-Australischen Zeitung“, E. Mühling, ein deutsch geschriebener Führer durch Queensland erschienen. Der Zweck des Buches ist: die Deutschen in der Heimat wie auch in den anderen australischen Kolonieen auf das junge, emporblühende Land mit seinen großen Reichtümern aufmerksam zu machen, deutsches Geld für Queensländer Unternehmungen zu gewinnen, die dortige Industrie zum Nutzen des deutschen Handels und deutscher Schiffahrt auszubeuten und die Auswanderung aus Deutschland und den deutschen Nachbarländern hierher zu lenken.

Zu diesem Zwecke gibt der Verfasser eine kurze Geschichte des Landes und schildert Klima und Bodenerzeugnisse Queenslands. Dann teilt er nach amtlichen Quellen die Ein- und Ausfuhr mit, spricht kurz über die Verfassung und Regierung und verbreitet sich des Genaueren über Weide- und Landwirtschaft, Berg- und Forstwesen, Fischerei, Handel, Gewerbe, Industrie und Schiffahrt.

Vor allem aber gibt er uns genaue Auskunft über das Deutschtum in Queensland. Wie wenig darüber bekannt ist, mag aus der Thatsache hervorgehen, daß Professor Sievers in seinem Werke „Australien und Ozeanien“*) wohl vom Deutschtum in Südaustralien, Victoria und Neuseeland, aber nichts über das Deutschtum in Queensland berichtet. Dr. Jung**) thut es mit noch nicht einer Seite ab. Und doch tritt das deutsche Element in Australien am meisten in Queensland hervor. Unter den 510000 Einwohnern sind 38000 Deutsche; also fast der zehnte Mann in der Kolonie ist ein Deutscher. Ähnlich wie in Südaustralien wohnen sie in geschlossenen Ansiedelungen neben einander und in festem Zusammenhalt. Das Herz muß einem aufgehen, wenn man liest, wie unsere Landsleute sich fast alle von unten heraufgearbeitet und durch Fleiß und Strebsamkeit sich in der ganzen Kolonie hohe Achtung erworben haben.

Die ersten deutschen Ansiedler in der Kolonie waren Goßner'sche Missionare, die den Schwarzen das Evangelium predigen wollten. Da es sich aber bald zeigte, daß diese Wilden nicht an feste Wohnsitze zu gewöhnen waren, mußten die Missionare sich selbst den Unterhalt durch Landbau gewinnen. Von den sieben Geistlichen, die im Jahre 1837 in der Moreton-Bai landeten, leben jetzt noch zwei in Queensland als hochbetagte Greise; es sind dies der 88jährige Pastor Haußmann in Beenleigh, der älteste Deutsche in der Kolonie, und Rode in Nundah bei Brisbane.

Als 1850 die Mission aufgegeben wurde und sich um diese Zeit immer mehr Deutsche in der Kolonie einfanden, übten diese Pioniere ihren geistlichen Beruf mit segensreichem Erfolge unter ihren Landsleuten aus. Der eigentliche Strom deutscher Auswanderung ergoß sich aber erst über diese Kolonie, als der Brisbaner Kaufmann Heußler, der spätere Konsul des Deutschen Reichs, im Anfang der sechziger Jahre als Einwanderungsagent der Queensländer Regierung in der alten Heimat thätig war. Damals stand die Weidewirtschaft in vollster Blüte, die Weiden waren noch nicht ausgezogen, die Wolle war teuer, die westlichen Weideflächen lagen noch unbenutzt da, die Banken waren bereit, Geld auf neuentdecktes Weideland vorzuschießen, es

*) Leipzig und Wien 1895.

**) Der Weltteil Australien. Leipzig 1882. G. Freytag. I. S. 180.

fehlte nur an einem — an Arbeitskraft. Heußler hat die ihm gewordene Aufgabe in vorzüglicher Weise gelöst. Durch ihn und die Hamburger Reederei Godeffroy wanderten 11 000 Personen ein, die zum größten Teile aus der Uckermark, Westpreußen, Pommern, Schlesien und Württemberg stammen. Zu jener Zeit konnte jeder arbeitsame Mann auf den Schafstationen genug Geld verdienen, sodaß er sich bald selbst Land zu kaufen und seinen eigenen Herd zu gründen vermochte.

Die Regierung unterstützte aber auch die neuen Ankömmlinge auf jede Weise. Besonders geschah dies durch die sogen. Landorders. Jeder Einwanderer, Frauen und Kinder eingeschlossen, erhielt Anweisungen auf Land. Beim Vorzeigen einer solchen Anweisung durfte sich der Eingewanderte auf gewissen dazu bestimmten Stellen so viel Ackerland auswählen, als er Landorders erhalten hatte. Die auf solche Weise unentgeltlich erhaltene Landfläche belief sich in manchen Fällen auf nahe an 100 Acker.*) Diese Landorders waren auch verkäuflich, und, wenn auch unwissenden Einwanderern oft nicht einmal die Hälfte des Wertes dafür gegeben wurde, so hatte doch der neue Ankömmling sofort bei seiner Ankunft durch den Verkauf der Landorders eine Geldsumme in Händen, die ihm sehr willkommen war.

Diese Masseneinwanderung dauerte mit mehr oder weniger Unterbrechung von 1862—1872; in den letzteren Jahren war es besonders die Firma Kanniger, Behrends u. Co. zu Brisbane, die als Agent der Sloman-Linie die Einwanderung leitete.

Die deutschen Ansiedelungen liegen in dem südlichen, Ackerbau treibenden Teile Queenslands, und zwar befinden sie sich in näherer oder weiterer Entfernung von Brisbane. Die ersten Einwanderer ließen sich vorwiegend südlich von Brisbane im Loganbezirke nieder; ein großer Teil von ihnen fand auch anfänglich beim Bahnbau Ipswich—Toowoomba Beschäftigung. Von diesen wurde später die fruchtbare Hochebene der Darling Downs besiedelt. Geschlossen sitzen die Deutschen in dem Logan- und Rosewoodbezirke; weniger dicht wohnen sie südlich und nordwestlich davon, in dem Fassifern- und Lockyergebiete. Die Ansiedler der genannten Gegenden sind Landbauer. Weiter nördlich an der Küste finden sich noch deutsche Niederlassungen in und um Maryborough, Bundaberg und Mackay. Die Hauptbeschäftigung der dortigen Ansiedler ist Zuckerrohrbau. Von den mit Zuckerrohr bestellten Ländereien, die sich auf 110 000 Acker belaufen, ist ein Neuntel von Deutschen bebaut. Der gesamte Grundbesitz der Deutschen in Queensland wird auf 330 000 Acker geschätzt, mit einem Werte von 280 000 Lstr. in den Städten und von 710 000 Lstr. auf dem Lande.

Neben dem deutschen Landmann findet sich auch der deutsche Kaufmann, Handwerker und Arbeiter stark vertreten. Der Kaufmannsstand ist aber bis jetzt nicht imstande gewesen, die ihm gebührende Stellung einzunehmen, wie es in den Handelsstädten des südlichen Australien, in Sydney, Melbourne und Adelaide der Fall ist. Zwar gibt es auch hier eine Reihe sehr achtbarer, arbeitsamer deutscher Kaufleute; aber sie alle haben, mit Ausnahme einer Firma (Hertzberg u. Co.), nur Agenturgeschäfte mit geringem Lager, während die englischen Geschäftshäuser gerade das Gegenteil darbieten. Dagegen hat der Deutsche regen Anteil an der sich entwickelnden Industrie und an der Grubenausbeute genommen. Das in gewerblichen Betrieben angelegte Kapital von Deutschen wird auf 160 000 Lstr. veranschlagt, während in Gold- und anderen Minen 15 000 Lstr. von in Deutschland und 450 000 Lstr. von in

*) 2½ englische Acker sind gleich einem Hektar.

der Kolonie ansässigen Deutschen angelegt sind. Gasthäuser, die von Deutschen geleitet werden oder im Besitze von Deutschen sind, gibt es 85; dazu gehören die beliebtesten und besten in der Kolonie. Zählt man das in allen Unternehmungen angelegte Kapital zusammen, so ergibt sich ein Gesamtbesitz von 2 800 000 Lstr.

Auch deutsche Ärzte wirken in der Kolonie, und zwar fünf an der Zahl. Es sind dies die Doktoren Hirschfeld und Lauterer in Brisbane, von Loßberg in Ipswich, Koch in Cairns und Kortüm in Cooktown, die meist als Schiffsärzte ihren Weg nach Queensland fanden.

Der größte Teil der eingewanderten Deutschen gehört der lutherischen Kirche an. 24 Geistliche wirken an über 50 deutschen Gemeinden. Ihnen vor allem sowie den 15 deutschen Lehrern gebührt neben der deutschen Presse das Hauptverdienst der Aufrechterhaltung des Deutschtums. Der einzige Geistliche, der bisher in seiner Kirche auch englisch predigt, ist E. Becker, der an der Gemeinde zu Süd-Brisbane wirkt. Die andern lutherischen Geistlichen, und nicht minder die Prediger der deutschen Baptisten- und apostolischen Gemeinden, halten streng darauf, daß in ihren Gemeinden ausschließlich deutsch gepredigt wird.

Eine Gemeinde, die zu Charters Towers, an der jetzt ein junger Rheinländer, de Haas, als Seelsorger wirkt, hat sich der preußischen Landeskirche angeschlossen. Die andern lutherischen Gemeinden haben sich zu zwei Synoden zusammengethan.

Bei der letzten Zählung vom Jahre 1891 gab es in Queensland 23 883 Lutheraner, und Lutheraner deckt sich mit Deutschen. Das Vermögen der lutherischen Kirchen betrug 47 000 Lstr.

Deutsche Baptistengemeinden giebt es vier, von denen zwei im Fassifern- und die anderen im Lockyerbezirke liegen. Im Lockyergebiete finden sich auch zwei ziemlich bedeutende apostolische Gemeinden (zu Plainland und Laidley); kleinere Gemeinden bestehen noch im Loganbezirke und in Bundaberg und Mackay.

Die Zahl der deutschen Katholiken ist eine geringe. Sie haben es zu keiner Gemeindebildung gebracht, sondern verschmelzen sich mit den in der Kolonie stark vertretenen Iren und gehen so unserm Volk verloren.

Auch in Deutschland geborene Israeliten sind vorhanden. Sie haben mit ihren englischen Glaubensbrüdern ihren Einigungspunkt in der einzigen Synagoge der Kolonie zu Brisbane.

Diese religiösen Minderheiten ergaben in der 1891er Zählung zusammen 14 000 Personen, die in Deutschland geboren waren.

Die Interessen der Deutschen in Queensland vertritt in wirtschaftlicher und nationaler Beziehung die in Brisbane nun schon im 23. Jahrgange erscheinende „Nordaustralische Zeitung". Neben ihr findet man bei unsern Landsleuten auch häufig noch die „Australische Zeitung", die in Adelaide erscheint, und der ein Beiblatt beigegeben wird, das Queensländer Nachrichten enthält.

Außerdem wird deutsche Sprache und Sitte in einer Menge von Vereinen gepflegt, die rein deutschen Charakter tragen.

Nachdem wir so das Deutschtum im allgemeinen betrachtet haben, wollen wir nun unsere Landsleute in ihren Wohnsitzen selbst aufsuchen.

Es ist wohl klar, daß in der Hauptstadt des Landes, die jetzt 102 000 Einwohner zählt, und wohin der Seeverkehr und alle Eisenbahnlinien aus dem Innern zusammenlaufen, auch eine größere Anzahl von Deutschen lebt. In Brisbane und in der nächsten Umgegend finden sich gegen 600 deutsche Familien, also ungefähr 3000 Deutsche.

Schon bevor sich der Staat Queensland von Neu-Süd-Wales trennte (1859), hatte sich eine Anzahl von deutschen Handwerkern und Gewerbetreibenden hier zusammengefunden und sich um eine deutsche Kirche und Schule geschart. Jetzt hat Brisbane zwei deutsch-lutherische Kirchen; die eine steht in Nordbrisbane in dem vornehmsten Viertel an der Wickham Terrace; die zweite Kirche liegt in Südbrisbane. Beiden Kirchen zur Seite steht ein Schulhaus; denn in ganz Queensland erteilen die Geistlichen neben dem Konfirmations- auch den deutschen Unterricht. Drei andere Kirchen finden sich in Brisbanes nächster Umgegend zu Nundah, German Station und Zillmere.

Wir treffen den Deutschen hier in allen möglichen Stellungen, bei der Regierung, als Kaufmann und Gewerbetreibenden, aber häufiger noch als Handwerker und Arbeiter.

Am meisten unter ihnen ragt durch angesehene Stellung hervor der oben erwähnte Konsul Heußler, der schon 1854 als Kaufmann nach Brisbane kam. 1866 wurde er in das Oberhaus berufen und gehörte ihm bis 1897 an. Welch' ehrenvolle Stellung er sich hier zu erwerben verstanden hat, mag daraus hervorgehen, daß er auch schon stellvertretender Vorsitzender in dieser Körperschaft war. Seit 1863 ist er niederländischer Konsul und seit 1880 auch solcher des deutschen Reiches. Als er am 1. Juli 1897 von der Regierung abermals nach Deutschland geschickt wurde, ernannte man als stellvertretenden deutschen Konsul einen Süddeutschen, einen Herrn von Plönnies, den Sohn des bekannten Militärschriftstellers von Plönnies. Dieser ist schon 20 Jahre in Australien ansässig und hat als Landwirt und Miner die verschiedensten Teile Queenslands kennen gelernt. Dann erfreuen sich noch großen Ansehens die Kaufleute Armand Ranniger, ein Altenburger von Geburt, der bis 1878 deutscher Konsul war, und Theodor Unmack, ein Hamburger, der bis 1893 Mitglied des Unterhauses war und bald darnach zum Minister für Post-, Telegraphen- und Eisenbahnwesen ernannt wurde. Als vielgesuchter Rechtsanwalt ist Herr Rüthning zu erwähnen, der 1863 mit seinen Eltern nach Brisbane kam. Er ist in Wort und Schrift thätig gewesen, dem deutschen Genossenschaftswesen und besonders dem landschaftlichen Bodenkredit Eingang zu verschaffen. Dann ist Herr Rüthning auch Gründer des dortigen deutschen Turnvereins, der nun etwa 17 Jahre lang kräftig blüht und gedeiht. Der Verein hat sich nicht nur eine prächtige Turnhalle gebaut, deren Räume bei den Festen der Deutschen benutzt werden, sondern er hat auch eine reichhaltige Bibliothek geschaffen, die gegen ein geringes Entgelt allen Deutschen in der Kolonie zur Verfügung steht. Dann wird im Vereine auch, in einer besonderen Sängerriege, Gesang und Musik gepflegt. Mit ihren sangesfrohen Vereinen haben die Deutschen in das nüchterne Kulturleben der Engländer einen veredelnden Zug hineingebracht. So finden seit 1891 in dieser Turnhalle allsonntäglich Konzerte statt. Es war dies ein mit Rücksicht auf die streng puritanische Sonntagsheiligung unerhörtes Unternehmen. Jetzt werden die Konzerte aber stets auch von Nichtdeutschen besucht. Außer diesem Vereine ist auch noch der deutsche Krankenverein zu erwähnen, der schon 1857 gegründet wurde und seitdem außerordentlich segensreich gewirkt hat.

Unter den Deutschen im Queensländer Staatsdienste tritt besonders ein Herr Sellheim hervor, der Unterstaatssekretär für das Minenwesen ist. Seiner Thatkraft verdanken viele der wichtigsten Goldfelder der Kolonie (um Gympie) ihre Entwickelung; darum sind auch nach ihm Flüsse und Ortschaften in jener Gegend benannt worden.

Von größeren gewerblichen Unternehmungen, die von Deutschen geleitet werden, müssen wir vor allem der Tabakfabrik von **Groß & Comp.** Erwähnung thun, die das größte Zigarrengeschäft in der Kolonie macht; dann der Gerbereianlagen von **Schönheimer**, der Schuh- und Stiefelfabrik von **A. Müller**, die über 100 Leute beschäftigt und mit den neuesten Maschinen — größtenteils deutscher Herkunft — arbeitet. Außerdem verdienen noch erwähnt zu werden: die Schuh- und Stiefelfabrik von **C. J. Reinecke**; die Pickles-Fabrik der Gebrüder **Rößler**; die Ofenfabriken von **J. Rüthning** und **Sachs & Co.**; die Buchdruckerei und Buchbinderei von **Wendt & Co.** Wir treffen Deutsche als Sattler, Pianobauer, Apotheker, Gastwirte, Architekten, Buchhändler, Korbmacher, Goldarbeiter, Uhrmacher, Bäcker, Schneider, Fleischer, Tischler, Möbelhändler, Schmiede, Maler, Wagenbauer, und alle befinden sich durchweg wohl.

Lassen wir nun die Hauptstadt und wenden uns zwanzig Meilen nach Süden zum Loganbezirke.

Die Ländereien am Logan- und Albertflusse stellte die Regierung unseren Landsleuten sofort zur Verfügung, als 1863 die deutsche Einwanderung begann, noch bevor sie vermessen waren. Das Verdienst, diesen Bezirk für die deutsche Ansiedelung erschlossen zu haben, gebührt dem greisen Pastor **Johann Haußmann**. Er zog hierher, um dort eine Missionsanstalt für die Schwarzen zu gründen und beredete dazu auch eine Anzahl Deutscher, ihm dabei behülflich zu sein. Er nannte den ersten Ort Bethanien. Dieser Versuch der Bekehrung der Schwarzen mißlang zwar, aber das Unternehmen erreichte wenigstens dies, daß hier eine große Zahl Deutscher angesiedelt wurde. Daß die neuen Ansiedler mit Strapazen und Unannehmlichkeiten mancher Art zu kämpfen hatten, ist wohl selbstverständlich; aber deutsche Ausdauer und Beharrlichkeit haben auch hier, wie überall, den Sieg davon getragen. Zwei Jahre später legte Pastor Haußmann an der Mündung des Albertflusses in den Logan eine neue deutsche Kolonie an, vier Meilen von Bethanien entfernt, und nannte sie Bethesda. Jetzt heißt der Ort Beenleigh und ist die Hauptstadt des 40 Meilen langen und 20 Meilen breiten Loganbezirkes geworden. Hier reiht sich an den fruchtbaren Flußufern Farm an Farm. Die Deutschen dieses Bezirkes erfreuen sich alle eines gewissen Wohlstandes; mehrere Familien haben es auch zu ansehnlichem Vermögen gebracht. Man schätzt sie auf 5000. In geschlossenen Gemeinden wohnen hier die Deutschen zusammen. Die Zahl der evangelischen Kirchen beträgt sieben: zwei stehen zu Beenleigh und zwei auf Pimpama-Island, je eine zu Waterford, Alberton und Philadelphia. Den Mittelpunkt bildet das kleine Städtchen Beenleigh; und dort hat auch der greise Patriarch **Haußmann** noch seine Wirkungsstätte. Hier besteht auch ein landwirtschaftlicher Verein, der alljährlich Ausstellungen abhält. Auf der letzten Schau lagen auch 30 Schönschreibehefte in deutscher Sprache aus, von denen acht Preise erhielten. Außerdem besteht seit einigen Jahren ein deutscher Krankenverein, der einen Arzt aus Deutschland berufen hat. Das Deutschtum wird durch die Kirche und Schule in diesem Bezirke wacker aufrecht erhalten; die Kinder der Einwanderer sprechen alle noch deutsch. Besonderes Verdienst hierfür gebührt dem Pastor **Köhnke**, der selbst vier Schulen leitet.

Im Loganbezirke wird von den Deutschen sehr emsig auch der Zuckerrohrbau getrieben. Die sechs Zuckerfabriken, die sich in dieser Gegend befinden, sind sämtlich im Besitz von Deutschen oder werden von ihnen geleitet. Der Deutsche hat den Beweis erbracht, daß auch ganz mittellose Leute durch den Zuckerrohrbau zum Wohlstand gelangen können. Hier nur ein Beispiel für viele! Einer unserer Landsleute besaß etwa fünf Acker bei Nazala. Er entfernte sich von seiner Familie, um Arbeit zu suchen. Seiner Frau sandte er den ersparten Lohn regelmäßig zu. Diese kaufte von ihren Ersparnissen verschiedene Grundstücke und bestellte sie mit Zuckerrohr. Als er nach einiger Zeit seine Familie wieder besuchte, fand er zu seinem freudigen Erstaunen diese im Besitz von 50 Acker, die alle mit Zuckerrohr bestanden waren. Nun brauchte er seine Familie nicht mehr zu verlassen, um Arbeit zu suchen. Er konnte nun selbst Leute beschäftigen, kaufte sich Liegenschaften in der Stadt, wurde hier ein angesehener Mann, erhielt das Ehrenamt eines Friedensrichters und besitzt jetzt neben anderen Gütern das beste Gasthaus in Beenleigh.

Pimpama-Island, das an der südlichen Küste der Moretonbucht liegt und auf dem jetzt zwei deutsche Kirchen stehen, wäre ohne deutsche Thätigkeit ein unpassierbares Sumpfloch; jetzt ist es ein lachender Garten. Das Verdienst, die alten ehrwürdigen Baumriesen niedergelegt und die sumpfigen Strecken in fruchtbares Land verwandelt zu haben, gebührt vor allem drei Familien, Namens Mewing, Groß und Kleinschmidt. Jetzt ist das ganze Eiland fast nur von Deutschen bewohnt, und selten nur dringen englische Laute an das Ohr des Reisenden. Der Hauptort auf Pimpama führt den Namen Steglitz, den sie ihrer alten Heimat entlehnten. Namentlich die Familie Kleinschmidt zeigte, was deutscher Fleiß und deutsche Ausdauer zu leisten vermöge. Nur mit geringem Zehrpfennig siedelte sich Kleinschmidt in Bethanien an. Als er 1871 nach Pimpama zog, konnte er sich schon 235 Acker kaufen. Die Söhne standen ihm treu zur Seite, und so umfaßt jetzt sein Besitztum 355 Acker. Außerdem ist er noch Eigentümer von einer großen Zuckermühle. Das Gebiet von Alberton und Pimpama-Island, das sich daran schließt, ist so durchweg von Deutschen besiedelt, daß die Engländer es „Germany“ nennen.

An einigen Stellen des Loganbezirkes, bei Mount Cotton, haben auch Deutsche Fruchtgärten angelegt; sie ziehen darin besonders Bananen und anderes Obst; auch treiben sie Weinbau. In der Umgegend von Pimpama kultiviert man auch ziemlich viel Arrowroot und erzielt damit eine sehr sichere und lohnende Einnahme.

Ebenso geschlossene Ansiedelungen, wie am Logan, finden wir im Rosewoodbezirke.

Die Eingangspforte hierzu bildet die Stadt Ipswich. Sie liegt 21 Meilen westlich von Brisbane an der Bahn und ist die zweite Stadt der Kolonie. Den meisten deutschen Ansiedlern ist die Stadt sehr gut bekannt, da Ipswich der Ausgangspunkt der Bahn nach Toowoomba war, an der so mancher die erste Arbeit fand. Hier besteht schon seit 1864 eine deutsche Kirche. Sie umfaßt 90 Familien; unter ihnen sind eine Menge von alteingesessenen Kolonisten. Dazu gehört der Dr. von Loßberg, ein Hessen-Kasseler, der seit 1863 in Queensland ist. Er wurde 1881 zum Friedensrichter und 1887 zum Kreisphysikus des Ipswicher Bezirkes ernannt. Die Deutschen der Stadt Ipswich sind Kaufleute und Handwerker. In der letzten Zeit ist leider der Wohlstand der dortigen Deutschen etwas zurückgegangen, da sich viele an einer Baumwollenspinnerei- und Weberei durch Aktien beteiligt hatten, die seit einiger Zeit stillsteht. Dieser Umstand ist um so bedauerlicher, als die Ländereien der angrenzenden Gegend sich sehr gut zur Baumwollenkultur eignen, und auch mancher deutsche Farmer Baumwolle pflanzte. In der nächsten Umgegend von Ipswich finden sich drei deutsche Gemeinden zu Stonequarry, zu Fairney-View und Reserve, zu denen ungefähr 220 Familien gehören.

Der Rosewoodbezirk selbst, der weiter westlich von Ipswich liegt, wurde 1864 von den Deutschen in Angriff genommen. Dieser Landstrich, der der Rosewood-Strub genannt wurde, gehörte früher einer Gesellschaft von wohlhabenden Weidewirten und war ein nutzloser, undurchdringlicher Urwald. Als nun hundert kräftige deutsche Fäuste hier die Axt anlegten, um die Waldungen zu lichten, wurden die fleißigen Deutschen von den Engländern für wahnwitzig gehalten, und verächtlich sah man auf die deutschen Narren herab. Ihrer zähen Ausdauer gelang es aber, hier Tausende von Ackern prächtigen Bodens zu gewinnen; denn der Rosewoodbezirk ist jetzt der Glanzpunkt der Kolonie, und gerade das Umwandeln des Urwaldes in lachende Gefilde hat den englischen Mitkolonisten Achtung vor deutscher Arbeitskraft eingeflößt. Sir Thomas Mc. Ilwraith, der langjährige Premierminister der Kolonie, äußerte sich vor Jahren im Unterhause über die deutschen Einwanderer folgendermaßen: Vom Einwanderungschiff landen die Deutschen in ihren heimischen Trachten; ein oder zwei Tage bleiben sie im Einwandererhause, dann verschwinden sie plötzlich im Busch. Man hört und sieht nichts wieder von den Leuten, bis sie nach 1½ bis 2 Jahren eines Tages wieder auf der Bildfläche erscheinen. Und wie? Auf einem Wagen, von gut gehaltenen Pferden bespannt, kommt der Mann mit Frau und Kindern nach der Stadt gefahren, alle sind sie gut gekleidet und auf den Gesichtern spiegelt sich eine gewisse Befriedigung wieder.

Den ersten Ansiedlern folgte im Jahre 1867 eine größere Anzahl von Deutschen, nachdem das Landgesetz in Kraft getreten war, wonach Strubländereien bis zu 80 Acker, den Acker jährlich zu sechs Pence, auf fünf Jahre von der Regierung gepachtet werden konnten.

Der Bezirk wird von der Ipswich-Toowoombaer-Bahn durchschnitten; an ihr liegen auch die beiden Ortschaften Walloon und Rosewood. 800 Familien zu 4000 Köpfen wohnen in dieser Gegend. Sie kamen meist aus Württemberg und Hessen. Mit welcher Liebe sie ihrer alten Heimat gedenken, können wir aus den Namen ihrer Ortschaften erkennen. Sie heißen Kirchheim, Marburg und Minden. Sie treiben meist Landbau, und zwar baut man Mais und Kartoffeln, aber auch Zuckerrohr. In der Nähe von Marburg, dem Mittelpunkte der Gegend, findet sich daher auch eine Zuckerfabrik. In den letzten Jahren haben sich die Kolonisten auch auf Meierei in Verbindung mit Schweinezucht gelegt. So bestehen jetzt 18 Rahmfabriken, die auf genossenschaftlicher Grundlage errichtet sind. Den Rahm versenden sie nach Brisbane zur Butterbereitung. Eine Butterfabrik befindet sich auch im Bezirke selbst. Besonders bekannt und beliebt ist ein Farmer in der Nähe von Minden, der allgemein als Husaren-Müller bekannt ist, weil er bei den 1. Leibhusaren in Danzig seiner Militärpflicht genügte.

Zu dem Rosewoodbezirk gehört auch noch das Städtchen Lowood, das am Brisbaneflusse gelegen ist. Hier haben die deutschen Farmer eine Räucherei errichtet, die sehr gute Geschäfte macht. Im Bezirke befinden sich sechs lutherische Kirchen, die von zwei Geistlichen bedient werden, und zwei ziemlich große Baptistengemeinden zu Marburg und Minden. Wie angesehen das Deutschtum im Rosewoodbezirke ist, mag die Thatsache bestätigen, daß dieser Bezirk vom Jahre 1882—92 durch einen Deutschen im Parlamente vertreten war.

Südlich von Ipswich liegt der Fassifernbezirk, wo 400 bis 500 Familien ansässig sind. Den Bezirk durchzieht seit 1886 eine Eisenbahn bis Dugandan. Diese Bahn wäre nie gebaut worden, hätten nicht 1877 die Deutschen begonnen, den Strub in fruchtbare Felder zu verwandeln. Prächtiger schwarzer Boden liefert heute sehr ergiebige Ernten an Mais und Kartoffeln. Die hiesigen Ansiedler kamen vorwiegend vom Rosewoodbezirk, wo sie früher sogen. „Forestland“ inne hatten; aber auch vom Logan zogen mehrere Familien zu. Besonders zahlreich sind hier Uckermärker vertreten. Wie im Rosewoodbezirke, so hat man sich auch hier in neuester Zeit auf die Meierei gelegt. Rahmfabriken sind wie Pilze aus der Erde geschossen; denn für Butter gewährt die Kolonie selbst noch ein unbegrenztes Absatzgebiet. Die Schweinezucht, die man mit dem Meiereiwesen verbunden hat, macht so gute Fortschritte, daß man sich der Hoffnung hingibt, dereinst mit den Schweineschlächtereien zu Chicago in Wettbewerb zu treten. Den Mittelpunkt des Bezirkes bildet das Städtchen Boonah. Jetzt bestehen im Fassifernbezirke fünf lutherische (zwei zu Dugandan, zu Coulson, Fassifern und Teviotville) und zwei Baptisten-Kirchen (zu Boonah und Engelsburg), in denen ausschließlich Deutsch gepredigt und der Religionsunterricht in deutscher Sprache erteilt wird, sodaß für das Deutschtum auch hier, wo unsere Landsleute nicht so geschlossen wohnen, vorläufig nichts zu befürchten ist. Daß deutsche Arbeitskraft auch den Kindern dieser Ansiedler innewohnt, mag daraus erkannt werden, daß sehr viele derselben in den entlegenen Ranangebezirk gezogen sind, um diesen der Kultur zu erschließen.

Hinter dem Rosewoodbezirke nach Westen zieht sich an den Gebirgsketten entlang bis Toowoomba der Lockyerbezirk; auch er wird von der Bahn durchschnitten. Auch hier wohnen die Deutschen nicht so geschlossen zusammen, da sie aus anderen Gegenden herübergezogen sind und sich durch Zuwanderung verstärkten. Der bedeutendste Ort ist Laidley, wo stets ein reges Treiben herrscht, da von hier aus die Erzeugnisse der Farmer mit der Bahn verladen werden. Der Reisende wird bald erkennen, daß Deutsche hier in der Nähe angesiedelt sind: denn der deutsche Lastwagen wird ihm sofort als alter Bekannter entgegentreten. Dichter wohnen die Deutschen nordöstlich von Laidley um Plainland und Hessenland. Gegen 350 Familien haben in diesem Bezirke Platz gefunden. Auch hier ist Landbau die Hauptbeschäftigung. Es wird hauptsächlich Mais, Kartoffeln, Luzerne und Haferheu gezogen, auf der Westseite am Abhange des Höhenzuges auch Weizen. Das Meiereiwesen hat sich im Lockyerbezirke noch nicht so weit entwickelt, wenn auch schon einige Rahmfabriken anzutreffen sind.

In Gatton, am Lockyer Creek, befindet sich auch die staatliche landwirtschaftliche Lehranstalt. An dieser Schule wirken zwei Deutsche: der eine, J. Brünnich, ist als Lehrer der Chemie hier thätig, der andere, ein Berliner Namens Hermann Schmidt, ist Lehrer der Naturwissenschaften und der Tierheilkunde. Schmidt ist Autorität in Wolle und Schafzucht. Seine großen Kenntnisse hat er sich in seiner praktischen Thätigkeit auf den Stationen an den Downs erworben.

Wir kommen nun zu den Ansiedelungen der Deutschen an den Darling Downs. Unter ihnen haben wir eine ausgedehnte Hochebene zu verstehen, die vorzüglichen Boden hat, der eine Menge Deutsche zur Ansiedelung anlockte: besonders waren es diejenigen, die Anfang der sechziger Jahre beim Bahnbau Arbeit fanden. Die ältesten Ansiedler in hiesiger Gegend waren jedoch die Deutschen, die der Konsul Kirchner in Sydney 1854 angeworben hatte, und die als Schäfer zwei Jahre lang bei den Herdenbesitzern laut in Deutschland abgeschlossenen Vertrages gearbeitet hatten. Toowoomba ist der Hauptort dieses Bezirkes. Diese Stadt hat ganz deutsches Gepräge und ist voll von deutschen Läden und Geschäften. Es leben in und um Toowoomba gegen 700 deutsche Familien, die, wie in Brisbane, sich allen möglichen

Beschäftigungen hingeben. An der Industrie, die in der Stadt ziemlich entwickelt ist, sind auch die Deutschen stark beteiligt. Die erste Sägemühle wurde durch zwei Deutsche, Haege und Degen, errichtet, und gerade dieser Industriezweig der Säge- und Mahlmühlen blüht hier. In der reichen Umgegend der Stadt, in der die schmucken deutschen Farmen liegen, gedeiht nicht nur der prächtigste Weizen, sondern auch Wein und alle Obstsorten, wie Äpfel, Birnen, Aprikosen, Pfirsiche, Maulbeeren, Citronen, Apfelsinen, Feigen, Pflaumen aller Art und Wallnüsse wachsen hier bei dem herrlichen Klima in wunderbarer Pracht. Die Erzeugnisse der Fruchtgärten finden in Toowoomba willige Abnehmer. Teils werden sie verschickt, teils werden sie auch an Ort und Stelle verarbeitet; denn die Gebrüder Rößler haben hier eine Fabrik für Pickles, Fruchtmuß, eingemachte Früchte und Ähnliches. Der Weinbau blüht besonders in der Umgegend. Das größte Weingut hat ein alter Ansiedler Heinrich Herzer aus Gotha. Der Wein der Deutschen soll zwar dem verwöhnten Gaumen nicht ganz behagen, doch wird er von den Queensländern gern getrunken. Allsonntäglich füllen sich die Gärten der weinbauenden Deutschen mit Gästen, da in der Stadt selbst der strengen Sonntagsruhe wegen die Wirtshäuser geschlossen sind.

Das gesamte Deutschtum an den Downs rechnet man über 1500 Familien, also gegen 8000 Mann. Es bestehen in Toowoomba selbst drei deutsche Kirchen und ein deutscher Verein „Teutonia“. Vor elf Jahren wurde hier auch eine deutsche Zeitung gegründet, die, weniger wegen ungenügenden Absatzes als vielmehr wegen ungeschickter Leitung, nach kurzem Bestande einging. Man nennt Toowoomba die Hochburg des Deutschtums von Queensland, und solange solche Geistliche wie Pastor Langbecker hier wirken, braucht es uns auch um die deutsche Sache nicht bange zu sein. Außer den drei Kirchen finden wir in der Nähe von Toowoomba noch deutsche Gemeinden zu Highfields, Goombungee und Glencoe und dann weiter, an der Bahn nach Crows Nest zu, noch zu Meringandan und Douglas.

An der Bahnlinie, die von Toowoomba nach Südwesten führt, liegt Westbrook, das allgemein in der Kolonie wegen seines herrlichen Bodens bekannt ist. Hier haben sich die Farmer durch Weizenbau zu schönem Wohlstand emporgearbeitet. Am Ende dieser Bahn, bei Pittsworth, haben sich auch viele deutsche Farmer niedergelassen. Die deutsche Kirche steht allerdings zu Springside, wo Pastor Doblies seines Amtes waltet. Dieser Mann ist schon vielen Deutschen beim Aufsuchen passender Ländereien von unschätzbarem Nutzen gewesen, da er die Gegend auf viele Meilen im Umkreise genau kennt. Kommt ein Deutscher zu ihm und begehrt seinen Rat, so sattelt er sofort sein Pferd und zieht mit hinaus in den Busch, aber nicht ohne eine Axt, damit der Mann sich sofort von der Beschaffenheit des Bodens überzeugen kann. Eine Reihe von Farmern, die vor 8 bis 10 Jahren mittellos in diese Gegend einwanderten, konnten im vergangenen Jahre über 30 Acker Weizen beiden, einer sogar über 50 Acker.

Fahren wir von Toowoomba nach Süden hinunter, so liegt an dieser Hauptlinie, die nach Sydney und Melbourne führt, ein kleiner Marktflecken, Clifton. Auch hier ist prächtiger Boden. Farmer, die schon 25 Jahre hier wirtschaften, erzielen noch heute jährlich zwei vorzügliche Ernten, ohne daß sie das Land zu düngen brauchen. Der schöne schwarze Humusboden eignet sich besonders zur Weizenkultur; aber auch Mais, Luzerne und Wein gedeihen hier vortrefflich. Neuerdings haben sich auch deutsche Farmer aus Südaustralien und Victoria in dieser Gegend angekauft. Haben diese Ansiedelungen Erfolg, so steht von dort eine große Einwanderung zu erwarten. Die Queensländer Regierung hat hier ein ähnliches Verfahren eingeschlagen wie die preußische in den polnischen Provinzen. Sie hat die wegen ihres vorzüglichen Weizenbodens bekannte „Headington Hill Estate" angekauft, um diese 16000 Acker umfassende Besitzung durch Kleinbauern zu besiedeln.

Nicht weit von Clifton liegen auch die sogen. „Back Plains", wo deutsche Squatter seit dem Jahre 1872 angesiedelt sind. Diese Ländereien waren nicht mit Scrub bestanden, sondern bildeten eine Hochebene ohne Waldung. Die Farmen haben hier einen großen Umfang, einige bis zu 2000 Acker, und werden mit Hilfe der neuesten landwirtschaftlichen Maschinen und Gerätschaften bearbeitet. Ackerbau und Viehzucht haben die hiesigen Deutschen verbunden, da nach ihrer Ansicht eines allein schwerlich lohnen möchte. Es sind zehn Deutsche, denen fast die ganzen Back Plains gehören. Sie haben damals das Land unter der Bedingung gepachtet, daß das Areal für Heimstätten bis auf 320 Acker ausgedehnt wurde. Sie gaben für Ackerland 15 Schilling und für Weideland 7 Schilling 6 Pence für den Acker in jährlichen Abgaben bis zu 10 Jahren.

Die größten Besitzer sind Johann Bange, der große Weinberge und Obstpflanzungen sein Eigen nennt, M. Hinz und W. Ernst. Ein Deutscher, Namens Heinrich Pauli, hat sich selbst eine Dreschmaschine gebaut, die durchschnittlich 250 Sack Mais täglich drischt. Die ganze Umgegend schickt zu ihm und läßt ihren Mais dort auskörnen.

An die eben geschilderten Farmen schließt sich Mount Kent an, wo auch viele Deutsche wohnen. Einen Teil dieses Gebietes kauften drei Deutsche von Engländern, da es diesen nicht groß genug schien, um das Leben darauf zu fristen. Unsere deutschen Brüder kommen auch hier sehr gut fort. So erntete der eine, Namens J. Keßler, auf einem Acker durchschnittlich 30 Bushel Weizen.

Südlich von Clifton, in der an Naturreizen äußerst reichen Umgegend von Warwick, nahe der Grenze von Neu-Süd-Wales, liegt ein Ort Aßmannshausen. Es ist die Weinbergsbesitzung eines Deutschen Jakob Kircher. Auf einer sanftansteigenden Anhöhe zeigt sich ein geschmackvolles, niedliches Wohnhaus mit Blumengarten; auf der anderen Seite erstreckt sich die zehn Acker umfassende Weinpflanzung. Schon seit mehreren Jahrzehnten baut dieser Mann sowohl köstliche Tafeltrauben wie auch feine und ergiebige Trauben zu Most. In den geräumigen Kellereien werden die gekelterten Weine aufs beste gepflegt, sodaß die Kircher'schen Weine in der Kolonie vorzüglichen Ruf haben. Im Jahre 1897 hatte er 5000 Gallonen Wein ausgekeltert.

Überhaupt ist der Weinbau in Queensland, sowohl zu Toowoomba, Highfields, Gatton, wie auch in dem weiter im Innern liegenden Roma ganz in deutschen Händen.

Dies wären die Hauptniederlassungen der Deutschen im Süden Queenslands. 180 Meilen nördlich von Brisbane liegt die lebhafte und aufblühende Stadt Maryborough. In dieser Stadt und dem daran angrenzenden Bezirke Wide-Bay haben sich gegen 150 deutsche Familien niedergelassen. In der Stadt gehen die Deutschen verschiedenen Gewerben nach. In deutschen Händen ist eine Brauerei, mehrere Gasthäuser, ein Uhren- und Goldarbeitergeschäft, mehrere Klempnereien, Tischlereien, Bäckereien, Schuhmachereien und Ähnliches mehr. Die Farmer haben sich hauptsächlich an den Ufern des Maryflusses angesiedelt. Sie bauen Zuckerrohr, aber auch alle anderen Farmerzeugnisse. In letzter Zeit haben viele von ihnen durch die häufig und plötzlich auftretenden Überschwemmungen des Maryflusses große Verluste erlitten.

sodaß mancher die Früchte der Arbeit vieler Jahre in wenigen Stunden verlor. Der Leiter der Zuckerfabrik zu Maryborough ist ein Deutscher, Fritz Kinne, dem mit zwei Engländern zusammen die ganze Anlage gehört.

In der Umgegend treffen wir noch deutsche Farmer zu Newtown, Tinana, Bidwell und Yengarie. In neuester Zeit haben sich auch viele Deutsche im Hinterlande von Maryborough, in dem jüngst erschlossenen Gayndahbezirk, und zwar besonders im Coolabunnia Scrub niedergelassen, in dessen vorzüglichem Boden Weizen und alle subtropischen Obstarten gedeihen. Professor Semon aus Jena, der vor zwei Jahren eine Forschungsreise in Queensland unternahm, spricht sich in seinem Buche: „Der australische Busch und an der Küste des Korallenmeeres“ über die Dahlke'sche Farm in Gayndah und die der andern Deutschen sehr günstig aus.

Für das kirchliche Bedürfnis der evangelischen Deutschen dieser Gegend sorgen zwei Kirchen zu Maryborough; die eine besteht schon seit 32 Jahren. Auch zu Yengarie ist eine kleine Gemeinde.

Zwei Stunden Bahnfahrt, die durch reiche Kohlengegenden und Zuckerrohrpflanzungen an der Küste entlang geht, bringt uns nach dem Mittelpunkte des Zuckerbezirks, nach Bundaberg, das am Burnettflusse gelegen ist. Ungefähr 200 Familien, die meist aus Pommern stammen, haben sich hier in der Umgegend, im Woongarra-Scrub, zu Bingera, South Kolan und im Isis-Scrub niedergelassen. Die deutsche Kirche, die schönste im ganzen Bezirke, die schon seit 15 Jahren besteht, liegt etwas entfernt von der Stadt am Wege nach Woongarra, das auch „German Valley“ genannt wird. Die hier ansässigen Deutschen haben eine Zuckerfabrik auf genossenschaftlicher Grundlage errichtet. In Bundaberg giebt es auch eine deutsche Privatschule, die von einem Dr. von Schulze geleitet wird. Zwei Bierbrauereien in der Stadt sind in deutschen Händen; auch deutsche Handwerker treffen wir mehrfach in ihr an.

Nördlich von Bundaberg, wo der Wendekreis des Steinbocks das Festland schneidet, liegt Rockhampton. Die Deutschen dieses Ortes und der benachbarten Reede Keppel Bay bildeten früher auch eine Gemeinde; aber infolge Weiterwanderns ist sie verfallen. Es ist dies zu bedauern, da gerade für diese Gegend wie für die Deutschen des benachbarten Goldfeldes Mount Morgan ein engerer Zusammenhalt geboten wäre.

Eine größere Ansiedelung Deutscher findet sich noch weiter nördlich, im Mackaybezirke. Es sind gegen 100 Familien, die durch Zuckerrohrbau sich zu ziemlichem Wohlstande emporgearbeitet haben. Eine kleine lutherische Gemeinde findet sich hier; viel größer aber ist die apostolische Gemeinde.

Auch in den Minenbezirken des nördlichen Queensland treffen wir mannigfach Deutsche. Die größte Gemeinde findet sich zu Charters Towers, dem bedeutendsten Goldfelde der Kolonie. Diese Gemeinde, die 200 Mitglieder zählt, hat sich, wie schon erwähnt, der preußischen Landeskirche angeschlossen. Ihre Kirche ist ein schöner, steinerner Rohbau. Neben ihr, in einem besonderen Glockenturme, sind die beiden aus Deutschland bezogenen Glocken aufgestellt, die ihr prachtvolles Geläute allsonntäglich über das weitausgedehnte Goldfeld erklingen lassen. Der Platz um die Kirche ist mit Palmen, Fichten, Feigenbäumen und Mangos prächtig bepflanzt. Mehrere der dortigen Deutschen, wie Friedrich Pfeiffer und Heinrich Paradies, sind sehr reich und haben ihr Glück in der Day-Dawn-Grube gemacht. Der beliebteste Deutsche, der den Landsleuten stets mit Rat und That beisteht, ist Alexander Sarltzer, der auch in der Day-Dawn-Mine angestellt ist. Die meisten Deutschen sind in den Minen und Mühlen beschäftigt; es sind meist kleine Leute, die Pommern, Branden burg, Schlesien und Württemberg zur Heimat haben. Im März 1897 wurde hier ein deutscher Verein gegründet, um Geselligkeit, Unterhaltung, deutsche Sprache und Sitte zu pflegen. Auch will man ein eigenes Vereinsgebäude errichten, zu dem opferwillige Deutsche schon einen schönen Grundstück gestiftet haben. Es ist dieser Zusammenschluß gerade in den Minenbezirken recht nötig; denn in den andern Goldfeldern zu Mount Morgan, südlich von Rockhampton und zu Gympie, südlich von Maryborough, wo auch Deutsche in größerer Anzahl leben, verschmelzen dieselben leider immer mehr mit den Engländern.

Weiter nach Norden finden wir deutsche Ansiedler im Bezirke von Cairns. Hier wirkt auch ein deutscher Arzt, Namens Koch. Dieser Bezirk hat sogar einen Deutschen als Abgeordneten in das Unterhaus gewählt. Es ist ein Herr Lißner, ein Posener von Geburt, der im letzten Ministerium Minister für das Minenwesen war. Als solcher ist sein Name eng verknüpft mit der Geschichte von Charters Towers. Lißner ist augenblicklich der einzige Deutsche im Unterhause, während 1883 vier Deutsche darin saßen.

Im Hinterlande von Cairns liegt Georgetown. Bei den Grubenunternehmungen dieses Ortes ist auch ein Deutscher, Carl Carius, stark beteiligt. Dasselbe gilt auch vom Dr. Kortüm, einem Mecklenburger, der deutscher Vizekonsul und Hospitalarzt in Cooktown ist. Er hat an den Palmergoldfeldern und an denen zu Hodgkinson im Hinterlande von Cooktown Anteil. Die Deutschen in Nordqueensland sind hauptsächlich beim Bergbau beteiligt: entweder haben sie ihr Geld darin angelegt, oder sie sind selbst in ihm beschäftigt. Andere haben sich auch auf Viehzucht gelegt. So wurden in diesem Frühjahr von einem großen ostpreußischen Viehzüchter drei Zuchtstiere nach Cooktown verkauft, um dort Verwendung zu finden.

Der Deutsche in Queensland fühlt sich mit Stolz als Deutscher. Mit Liebe blickt er auf die alte Heimat zurück und hängt an deutscher Sitte und Art mit fester Treue. Um die schöne deutsche Sitte des Weihnachtsbaumes aufrecht zu erhalten, wird an jedem heiligen Abend eine Tanne geschmückt und in der mit Blumen gezierten Kirche aufgestellt. Es giebt wohl keine Gemeinde, in der nicht deutscher Unterricht erteilt würde, entweder von Lehrern oder, falls solche fehlen, von den Geistlichen oder von Gemeindemitgliedern.

Als Beweis für die vaterländische Gesinnung unserer Landsleute möge auch ihr Verhalten gegenüber den deutschen Kolonialbestrebungen gelten. Während die Australier Neu-Guinea, den Bismarck-Archipel und die Südseeinseln als natürliches Zubehör zum australischen Festlande beanspruchten und neidisch auf die Besetzung dieser Gebietsteile durch Deutschland waren, traten die Deutschen Queenslands offen und freudig für diese Besitzergreifung ein. Auch fehlten sie nicht, als zu einem Denkmal unsers Altreichskanzlers gesammelt wurde, sondern sandten durch ihren Konsul ihren Beitrag. Unter den Glückwünschen, die dem Fürsten Bismarck auf seinen letzten Geburtstagstisch gelegt wurden, befand sich auch der der Schule zu Charters-Towers. Ebenso übersandten unsere Stammesgenossen 1897 für die Überschwemmten in Schlesien und Sachsen den ansehnlichen Betrag von 3765 Mark.

Die Deutschen erfreuen sich unter ihren Mitkolonisten eines großen Ansehens. Der Name des Märtyrers Dr. Leichhardt, des berühmtesten aller australischen Reisenden, hat gerade in Queensland einen guten Klang. Eine Straße in Brisbane, ein Fluß und ein Berg im Nordwesten Queenslands und eine Landschaft verewigen seinen Namen: denn von der Moretonbucht aus unternahm er 1844 seine erste große Forschungsreise.

Dann stellen auch die Deutschen unter allen Nationalitäten den geringsten Teil zum Verbrechertum; nur 2,10 pCt. der Gesetzesübertreter sind Deutsche.

Professor Semon hat mehrfach die Gelegenheit wahrgenommen und verschiedene urteilsfähige Ansiedler und Squatter britischer Herkunft über die Wertschätzung ihrer deutschen Mitkolonisten ausgefragt. Alle versicherten ihm, daß die strebsamen, fleißigen und genügsamen Deutschen als Pionieransiedler und Farmer von keinem anderen europäischen Stamme übertroffen, ja wohl von keinem erreicht würden. Vielleicht fehle ihnen etwas der Unternehmungsgeist im großen Stile. Das rührt wohl hauptsächlich daher, daß fast nur Deutsche aus den niederen Ständen und aus kleinen Verhältnissen im australischen Busche als Farmer und Kolonisten wirken. Auf die deutschen Kaufleute und Gewerbetreibenden, die sich in den Küstenstädten finden, dehnten sie das uneingeschränkte Lob, das sie den deutschen Farmern zollten, nicht in gleichem Maße aus, obgleich sie die Tüchtigkeit und Strebsamkeit auch für die Mehrzahl von ihnen anerkannten. Sie meinten, Deutschland liefere ein unvergleichliches Material an Kolonisten; aber dieses Material bringe seine guten Eigenschaften erst dann zur vollen Entfaltung, wenn die Kolonie von nichtdeutscher, natürlich meinten sie von englischer, Seite geleitet würde.

Infolge dieses Ansehens der deutschen Kolonisten kann es uns nicht wunder nehmen, daß die Queensländer Regierung, wie schon im Anfang der sechziger Jahre, auch 1897 wieder den Konsul Heußler dazu ausersehen hat, in Deutschland das Interesse für die Kolonie zu wecken und Handels- und Verkehrsbeziehungen anzuknüpfen. Das übervölkerte Deutschland sollte ein guter Abnehmer von Queensländer Getreide und Schlachtvieh werden, deutsches Kapital aber sollte durch ihn für die reichen Minengegenden interessiert werden. Gelänge dies, dann würde sich auch ein regerer und direkter Schiffsverkehr zwischen beiden Ländern einstellen, der auch einen Zuwachs von tüchtigen Kolonisten zur Erhaltung des schon so ansehnlichen Deutschtums bringen würde.

Daß die Deutschen in Queensland über die Pläne ihrer Regierung hocherfreut sind, braucht wohl nicht erst hervorgehoben zu werden!

Die Ereignisse der neuesten Zeit haben es nun zuwege gebracht, daß diese Wünsche unserer deutschen Brüder, mit der alten Heimat engere Fühlung zu gewinnen, sich schon zu verwirklichen beginnen. Einmal hat der Norddeutsche Lloyd infolge unserer Besitznahme der ehemals spanischen Südseeinseln regelmäßige Fahrten nach Neuguinea und den Karolinen und Marianen geplant, dann ist auch ein Postpacketverkehr mit Queensland vom 1. Oktober an eröffnet worden. Schließlich möchte sich auch ein Absatz für ihre landwirtschaftlichen Erzeugnisse in Lieferungen für die Besatzung Kiautschous finden lassen; denn durch drei Dampferlinien, die China Navigation Co., die Nippon Yusen Kaisha und die Eastern and Australian Steamship Co., haben sie schon alle 11 Tage mit den chinesischen und japanischen Häfen Verbindung. Außerdem hoffen wir auch, daß die Queensländer Deutschen bei einer zu erwartenden intensiveren Bewirtschaftung Neuguineas und der anderen australischen Besitzungen uns geeignete und erfahrene Leute für die Pflanzung tropischer Gewächse wie auch für Ausbeutung der reichen Mineralschätze stellen werden, falls ihnen die deutsche Regierung gleiche Schürfrechte und ähnlich günstige Ansiedelungsbedingungen oder noch günstigere gewährt als die Queensländer bei Inangriffnahme neuen Buschlandes. Wir möchten gerade in den Beziehungen zu dem deutschen Besitz in der Südsee und in Schantung die Zukunft des Queensländer Deutschtums erblühen sehen!

# Zur wirtschaftlichen Lage Dahomeys.

Von Erich Prager.

Das Juli-Heft der „Revue Coloniale“ enthält eine Reihe amtlicher Berichte über die wirtschaftliche Lage der Kolonien Dahomey, Indo-China, Franz. Guyana, Réunion und St. Pierre et Miquelon. Die wichtigsten Ergebnisse des Berichts über Dahomey seien hier kurz mitgeteilt und gewürdigt.

Was zunächst die wirtschaftliche Lage des Schutzgebietes am 1. Januar des laufenden Jahres anlangt, so sind die Einnahmen aus den Zöllen, welche sich für das Jahr 1897 auf 1 328 626,69 Francs beliefen, im Berichtsjahre auf 1 567 811,04 Francs gestiegen, sodaß sich für 1898 ein Überschuß von 239 214,34 Francs ergibt. Den Löwenanteil davon hat Cotonou mit 889 896,86 Francs aufzuweisen. Die geringste Einnahme ist in Agoué mit 13 305,12 Francs erzielt.

Der Wert der in das Schutzgebiet eingeführten Waren belief sich im Jahre 1898 auf insgesamt 10 094 052,21 Francs gegen 8 242 957,04 Francs in 1897, sodaß sich zu Gunsten des ersteren Jahres ein Unterschied von 1 851 095,20 Francs ergibt. Außer Pulver und Tabak bewegen sich die Einfuhrmengen sämtlicher Waren in aufsteigender Richtung. Am meisten zugenommen hat die Einfuhr von Erzeugnissen der Textilindustrie; sie ist von 1 241 079,890 kg im Jahre 1897 auf 2 056 957,780 kg im Berichtsjahre, also um 815 877,900 kg gestiegen. In ähnlichem Verhältnis hat sich die Einfuhr von Contanten von 256 202,30 Francs auf 618 276,20 Francs gesteigert. Die Menge anlangend, ist Alkohol der Haupteinfuhrartikel. Es wurden 1898 4 719 625 l gegen 4 169 261 l in 1897 in Dahomey verzollt, sodaß sich hier eine Steigerung um 550 364 l ergibt. Es folgt dann Salz mit 2 210 780 kg gegen 2 012 571 kg im Vorjahre (+ 198 209 kg). Das Nachlassen der Tabakeinfuhr findet darin seine Erklärung, daß die Händler in Voraussicht der damals zu erwartenden Hausse in amerikanischen Tabaken im Jahre 1897 sich größere Vorräte angeschafft hatten, welche im Jahre 1898 noch nicht völlig verbraucht waren. In ähnlicher Weise erklärt sich die Abnahme des Verbrauchs von Pulver dadurch, daß im Jahre 1897 die Kolonie Lagos zur Ausrüstung zweier militärischer Expeditionen in ihr „Hinterland“*) größerer Mengen dieses Artikels benötigte.

Die Ausfuhr aus dem Schutzgebiete bezifferte sich im Jahre 1898 auf 7 555 207,78 Francs, während sie 1897 nur 5 778 858,17 Francs betrug. Daraus ergibt sich für 1898 ein Überschuß von 1 776 349,61 Francs. Die Ausfuhr von Palmkernen hat sich um beinahe 50 pCt. gesteigert; sie belief sich auf 18 091 312 kg gegen 12 875 442 kg im Vorjahre (also + 5 215 870 kg). In ähnlichem Verhältnis ist die Ausfuhr von Palmöl von 4 077 022 kg auf 6 052 137 kg, also um 1 975 115 kg gestiegen. Die Ausfuhr von Kautschuk hat sich sogar versechsfacht; sie betrug 1897 erst 2322 kg, während sie sich 1898 bereits auf 13 719 kg beziffern ließ.

Darnach ergibt der Gesamtwert der Ein- und Ausfuhr für 1898 die Summe von 17 649 257,02 Francs, während er 1897 nur 14 021 815,21 Francs betrug. Er hat sich mithin im Berichtsjahre um 3 627 441,81 Francs, also um ungefähr 25 pCt. gesteigert. Inbezug auf die Einfuhr nimmt Cotonou mit 1 736 972,54 Francs, inbezug auf die Ausfuhr Porto-Novo mit 3 999 890,03 Francs die erste Stelle ein. Am meisten in aufsteigender Bewegung befindet sich der Handelsverkehr von Ouidah. Die Einfuhr über diesen Hafen ist von 762 208,16 Francs im Jahre 1897 auf 1 259 884 Francs im Jahre 1898, die Ausfuhr von 626 498,65 Francs im Jahre 1897 auf 1 109 477 Francs im Jahre 1898 gestiegen.

*) Es dürfte interessant sein, zu bemerken, daß die Franzosen dieses deutsche Wort in ihren Sprachschatz aufgenommen haben.

An letzter Stelle steht Agoué, welches sich zugleich in absteigender Linie bewegt. Die Einfuhr ist von 211 636,77 Francs in 1897 auf 110 093,33 Francs in 1898, die Ausfuhr von 113 385 auf 28 030,97 Francs zurückgegangen. Über Grand Popo, welches an Bedeutung im Schutzgebiet die dritte Stelle einnimmt, sind für 1 521 137 Francs Waren im Berichtsjahre eingeführt (1897 1 142 790,10 Francs.) Die Ausfuhr über diesen Hafen hat sich im laufenden Jahre von 727 335,18 Francs auf 1 367 278 Francs gehoben. Den Rückgang des Verkehrs in Agoué erklärt der amtliche französische Bericht dahin, daß dieser Bezirk durch den französisch-deutschen Vertrag vom 7. Juli 1897 eine beträchtliche Verringerung erfahren habe und heute eigentlich nur einen kleinen Teil des Gebiets vom Mono bilde. In letzterem aber hätten die Zolleinnahmen dieses Jahres diejenigen des Vorjahres um 90 000 Francs überstiegen. Außerdem hätten die Einwohner des an Deutschland abgetretenen Gebiets größtenteils ihre Wohnungen auf französischen Grund und Boden verlegt(??). Zu ihrer Unterstützung habe die französische Regierung das Dorf Porandgi im Bezirke Grand-Popo angelegt, eine große Zahl städtischer und ländlicher Konzessionen in Saidah bewilligt und endlich sich zur Anlage einer Handelsstraße am Mono entlang entschlossen.

Was die Herkunft der Einfuhrartikel anlangt, so sind sie nur zum kleinsten Teile — Pulver allein macht hier eine Ausnahme — französischen Ursprungs. Das gilt insbesondere von den Textilerzeugnissen, von denen nur 39 691,850 kg aus Frankreich stammen, während 2 467 631,730 kg aus anderen Ländern eingeführt werden. Auch bezüglich des Alkohols stehen 1 145 055 l französischen 3 575 029 Litern ausländischen Ursprungs gegenüber, und von der Tabakeinfuhr ist nur 1/10, von der Contanteneinfuhr 1/4 französischer Herkunft. Nur an der Einfuhr von Salz sind die Franzosen mit der Hälfte beteiligt. Der amtliche Bericht bedauert lebhaft dieses Übergewicht fremder Erzeugnisse über die französischen und schreibt die Hauptursache dem Umstande zu, daß die französische Industrie im Einfuhrgeschäft nach Afrika nicht in der Lage sei, mit der deutschen zu konkurrieren. Erstere liefere wertvollere Fabrikate, müsse aber teurer verkaufen; letztere opfere die Qualität dem billigen Preise und befinde sich dabei im Einklange mit den Eingeborenen. Eine Besserung erwartet der Berichterstatter von der Einführung von Differentialzöllen; letztere ließen sich aber nicht vor der Erledigung der zur Zeit zwischen Frankreich und England schwebenden Grenzfragen einführen.

Der Schiffsverkehr, welcher von 448 Schiffen im Jahre 1896 auf 463 in 1897 gestiegen war, sank 1898 auf 435. Davon führten nur 111 die französische Flagge. Jedoch gestaltet sich das Ergebnis dieser Statistik für die französischen Reedereien günstiger, wenn man berücksichtigt, daß die fremdländischen Schiffe in der Regel nur einmal im Jahre einen der Häfen des Schutzgebietes anlaufen, während die französischen wiederholt im Jahre darin verkehren.

Die landwirtschaftlichen Haupterzeugnisse der Kolonie sind Palmkerne, Palmöl, Kokosnüsse, Kolanüsse und Kautschuk. Die Ausfuhr von Palmkernen schwankte in den Jahren 1891 bis 1898 zwischen 12 875 142 kg und 25 251 650 kg. Den niedrigsten Standpunkt nahm sie im Jahre 1897, den höchsten 1896 ein. 1898 belief sie sich auf 18 091 312 kg, von denen 3 480 922 kg, also etwas über 1/6 nach Frankreich und den französischen Kolonieen gingen. Die Ausfuhr an Palmöl erreichte ihren Höchstbetrag im Jahre 1895 mit 12 438 975 kg, denen nur 4 077 022 kg in 1897 gegenüberstehen. Sie betrug 1898 6 052 137 kg, von denen gegen die Hälfte, nämlich 2 990 591 kg, nach Frankreich und den französischen Schutzgebieten ausgeführt wurden. Der Ertrag an Kokosnüssen war am höchsten im Jahre 1893 mit 750 997 Nüssen, am niedrigsten 1892 mit 29 259 Nüssen. Im Jahre 1898 bezifferte er sich auf 247 632 Nüsse, von denen nur ungefähr 1/9 mit 28 056 Nüssen nach Frankreich und den französischen Kolonieen gelangte. Die Produktion von Kolanüssen stieg von 70 kg im Jahre 1891 auf 102 985 kg im Jahre 1894. Im Berichtsjahre hat sie nach mehrfachen Schwankungen inzwischen die Höhe von 29 695 kg, von denen 703 zur Ausfuhr nach Frankreich und den französischen Kolonieen gelangten, erreicht. Ständig gesteigert hat sich die Kautschukindustrie, deren Ertrag von 122 kg im Jahre 1892 auf 13 719 kg im Jahre 1898 gestiegen ist. Davon ist 1/10 mit 1379 kg nach Frankreich gelangt.

Die Hauptstadt und zugleich die wichtigste Handelsstadt der Kolonie ist Porto-Novo. Die Bevölkerung der Stadt und des Bezirkes ist sehr dicht, aber, wie überall in Afrika, sehr träge. Das Gebiet bringt außer Palmen zahlreiche einheimische Pflanzen hervor. Maniok, Mais, Bataten, Bohnen, Beißbeeren (Capsicum) und andere mehr. Der Boden ist sehr fruchtbar, und der Ertrag so ergiebig, daß der Überschuß der Ernte nach Lagos, zu dessen Vorratskammer sich Porto-Novo in jeder Beziehung entwickelt, ausgeführt wird. Mehrere gut gedeihende Versuchspflanzungen von Kaffee, Kakao und Kautschuk sind in der Bannmeile von Porto-Novo von einer Anzahl von brasilischen oder portugiesischen Kreolen, die seit Langem im Lande ansässig sind, angelegt. Sie bezwecken, den Ausfall auszugleichen, den der sinkende Wert des Ertrages der Palmpflanzungen im Laufe der Zeit notwendig herbeiführen wird.

Eine zweite Frage, welche für die Entwickelung Dahomeys in erster Reihe wichtig ist, ist die der Viehzucht. Man hat in der Nähe Porto-Novos eine „ferme du service local“ auf einem Gebiete angelegt, welche alle wünschenswerten Bedingungen vereinigt. Der Gouverneur hat hierzu eine Beihülfe von 5000 Francs gewährt. Die Farm enthält 240 Rinder, welche aus Savalou oder dem Hochlande herstammen. Ein Teil davon ist bereits unter günstigen Bedingungen verkauft und der Absatz des Restes durch Verbrauch an Ort und Stelle und durch Ausfuhr nach Lagos bezw. durch Verkauf an die Schiffsreedereien gesichert. Ein Stamm wird zurückbehalten, um die im Tieflande heimische Rasse zu verbessern. Die Sanitätspolizei, der man die ersten nach Goumma eingeführten Milchkühe überwiesen hat, hat die frische Milch — eine bisher in Porto-Novo noch unbekannte Sache — in die Nahrung der Kranken eingeführt.

Die Bevölkerung von Cotonou ist weniger dicht; der Landbau beschränkt sich ausschließlich auf die Gewinnung von Palmöl. — In Abomey-Calavi hat man im Berichtsjahre verschiedene Versuche mit Kautschukanpflanzungen gemacht. Für Kaffee scheint dieses Gebiet wegen des Wassermangels nicht geeignet zu sein. Mit Palmen sind annähernd 15000 ha bestanden; der Ertrag beläuft sich auf ungefähr 3000000 kg Öl, 2½ Millionen Kilogramm Kerne und 300000 kg Kopra. Öl und Kopra werden nach Frankreich, Kerne zu $^2/_3$, ebendorthin, zu $^1/_3$, nach Hamburg ausgeführt.

Whydah erzeugt hauptsächlich — eigentlich ausschließlich — Palmen, welche eine Oberfläche von ungefähr 5—6000 ha bedecken, wovon etwa $^1/_4$, ausgebeutet wird. Nur wenig davon wird an Ort und Stelle verbraucht; das meiste wird über Whydah ausgeführt. Man hat Versuche mit Kaffeekulturen gemacht. Die Pflanzen stammen größtenteils aus Liberia, zum geringen Teil aus Santhomé. Die ersten, jetzt dreijährigen Pflanzungen beschränken sich auf einen Raum von 3000 Quadratfuß; im Jahre 1898 hat man sie auf 20000 Quadratfuß erweitert. Es ist begründete Hoffnung vorhanden, daß die Plantagen in Whydah in naher Zukunft mit denen von Klein-Popo in Wettstreit treten können, welches seit 1891 ungefähr 25000 Quadratfuß Kaffeeplantagen besaß und mit denen von d'Agilété, einem Bezirke von Lagos, welche im Jahre 1893 angelegt, jetzt nahezu 100000 Quadratfuß bedecken.

Soweit der amtliche französische Bericht. Er wirft ein helles Streiflicht auf die große Zukunft, welche in wirtschaftlicher Hinsicht die Gebiete im tropischen Westafrika zu vertreten haben. Somit bildet er nicht nur einen weiteren Beweisgrund dafür, wie berechtigt die Ausführungen des Herrn Dr. Passarge in Heft 2 dieser Zeitschrift und in Nr. 32 der „Deutschen Kolonialzeitung“ über die „Zukunft unserer Kolonie Kamerun“ sind, sondern fordert auch bezüglich Togos zu ähnlichen Schlußfolgerungen heraus.

# Der Bau der deutsch-ostafrikanischen Zentralbahn.

Schwabe, Geheimer Regierungsrat a. D.

Wenn die bisherigen Bestrebungen — das Projekt der Deutsch-Ostafrikanischen Zentralbahn möglichst bald zu verwirklichen — Erfolg haben sollen, so dürfen dieselben sich nicht auf den allgemeinen Hinweis der Notwendigkeit und Dringlichkeit der Bahn für die wirtschaftliche Entwickelung des Schutzgebietes beschränken, sondern es muß vor allem Klarheit inbetreff der Führung der Bahn, der Wahl der Spurweite, der Höhe der Baukosten und der Länge der Bauzeit geschaffen werden.

Nach dem vom Geh. Kommerzienrat Dr. Wilhelm Oechelhäuser („die Deutsch-Ostafrikanische Zentralbahn" Julius Springer, Berlin 1899) mitgeteilten Erläuterungsbericht des Geheimrats Bormann zum Zentralbahnprojekt haben die einzelnen Bauabschnitte folgende Längen, wobei zu bemerken ist, daß nur für den ersten Abschnitt die Bahnlänge genau ermittelt wurde, während für die folgenden Abschnitte die Luftlinien — mit einem entsprechenden Zuschlag für die Krümmungen — zu Grunde gelegt sind:

1. Von der Dar-es-Salâm, einschließlich Abzweigung nach Bagamoyo bis Mrogoro (Ukami) . . . . . . . . . . . . . . . . 291 km
2. Von Mrogoro bis Tabora . . . . . . . . . . . . . 777 „
3. Von Tabora bis zum Tanganyika . . . . . . . . . 425 „
4. Von Tabora bis zum Viktoria-Nyanza . . . . . . . . . 280 „

zusammen 1773 km

Bei Annahme der Meter-Spurweite können die Baukosten nach den bei der Usambara- und Uganda-Eisenbahn gemachten Erfahrungen mit ziemlicher Sicherheit geschätzt werden. Bei der ersteren schwanken die Angaben über die kilometrischen Baukosten zwischen 56 000 und 58 000 Mark, während bei der Uganda-Bahn die kilometrischen Baukosten für die ersten 362 km 57 343 Mark betragen, als Mittelwert der Zentralbahn, bei den günstigeren Verhältnissen derselben daher der Betrag von 57 000 Mark für 1 km angenommen werden kann.

Soll daher die Zentralbahn mit derselben Spurweite von 1 m wie die Ussambara- und Uganda-Bahn ausgeführt werden, wie dies in neuerer Zeit von der Presse übereinstimmend verlangt worden ist, so würde dazu ein Anlagekapital von 101 001 000 Mark erforderlich sein.

Es wird wohl keiner näheren Begründung bedürfen, daß seitens des Reiches weder auf eine Bewilligung dieses Betrages, noch auf die Gewährung einer entsprechenden Zinsgarantie gerechnet werden kann, und daß daher auf eine erhebliche Verringerung der Baukosten Bedacht genommen werden muß. Dieser Zweck läßt sich einesteils durch Einschränkung der Baulänge zunächst auf die Strecke Dar-es-Salâm—Viktoria-See (die Länge dieser Linie entspricht ungefähr der Entfernung von Köln bis Eydtkuhnen), anderenteils durch Annahme einer geringeren Spurweite erreichen.

Da schon in der von dem Komitee für die deutsch-ostafrikanische Zentralbahn veröffentlichte Denkschrift vom 19. Juni 1896 erwähnt wird, daß in den damals stattgefundenen Konferenzen Einspruch gegen die Anlage der Zweigbahn nach Bagamoyo erhoben worden ist und diese am Meere entlang führende Bahn der Küstenschiffahrt wegen entbehrlich zu sein scheint, so dürfte auf die Ausführung derselben zu verzichten und der direkten Linie von Dar-es-Salâm nach dem Kingani der Vorzug zu geben sein. Ebenso wird von den beiden Verbindungen Tabora—

Viktoria-See und Tabora—Tanganyika-See die erstere, als die wirtschaftlich bei weitem wichtigere, zunächst auszuführen sein. In dieser Voraussetzung verringert sich die Gesamtlänge auf rund 1300 km und für Meter-Spurweite die Bausumme auf 74 100 000 Mark. Was ferner die Spurweite betrifft, so können eventuell drei Spurweiten in Betracht kommen:

1. die Meter-Spurweite der Uganda-Eisenbahn;
2. die sogen. Kap'sche Spurweite von 1,06 m der von Cecil Rhodes projektierten Bahnen, und
3. die Spurweite der Kongo-Bahn von 0,75 m.

Da jedoch die Verbindung zwischen der Zentralbahn und der Uganda-Bahn durch die Schiffahrt auf dem Viktoria-See und die Verbindung zwischen der Zentralbahn und der von Cecil Rhodes projektierten Bahn durch die Schiffahrt auf dem Tanganyika-See vermittelt wird, so ist auf die Spurweite dieser beiden Bahnen von 1 m und 1,06 m keine Rücksicht zu nehmen, und es könnte daher nur noch die Spurweite der Kongo-Bahn in Betracht kommen.

Wenn nun auch der Anschluß an diese Bahn und die Herstellung einer Bahn von gleicher Spurweite vom Indischen Ozean durch ganz Zentralafrika hindurch bis zum Beginn der Seeschiffahrt am Kongo nur ideellen Wert hat, es im übrigen auch zweifelhaft ist, ob nicht die Verbindung zwischen Kongo-Bahn und Zentralbahn ebenfalls durch die Schiffahrt auf dem Tanganyika vermittelt werden wird, so soll doch zunächst diese Spurweite von 0,75 m angenommen werden, für welche die Baukosten von dem Komitee nach dem für die Strecke Dar-es-Salâm—Mrogoro aufgestellten Kostenanschlage zu rund 41 000 Mark berechnet sind, sodaß hiernach die Gesamtkosten für die Zentralbahn von Dar-es-Salâm bis zum Nyanza 53 300 000 Mark betragen würden.

Aber auch dieser Betrag erscheint in einem ganz anderen Lichte, wenn man erwägt, daß derselbe sich auf eine Reihe von Jahren verteilt. Es wird daher zunächst darauf ankommen, die Bauzeit der Zentralbahn zu ermitteln.

Da der jährliche Baufortschritt bei der deutsch-südwestafrikanischen Bahn zu 65 km angenommen werden kann, bei der Kongo-Bahn in den ersten 4 Jahren nur 42 km betrug und erst in den letzten Jahren sich auf 90, 100 und 120 km erhob und nur bei der Uganda-Bahn infolge der forcierten Bauweise in den ersten 3 Jahren auf 132 km gesteigert werden konnte, so wird ungeachtet der sehr viel geringeren Bauschwierigkeiten der Zentralbahn doch höchstens ein jährlicher Baufortschritt von 100 km angenommen werden können und somit eine Bauzeit von rund 13 Jahren mit einer jährlichen Baurate von rund 4 100 000 Mark erforderlich sein.

Dieser Jahresbetrag erscheint so mäßig und so wenig belastend für die Reichsfinanzen, daß die Bewilligung der Mittel für die Ausführung der Zentralbahn erwartet werden darf.

Sollte übrigens eine größere Beschleunigung des Baues gewünscht werden, so sind auch in dieser Beziehung die Verhältnisse sehr viel günstiger als bei der Uganda-Bahn. Während bei dieser nur von einem Punkte aus, von dem Hafen Kilindini auf der Insel Mombassa, die Bahn in der Richtung nach dem Viktoria-See gebaut werden konnte, bietet der Kinganifluß, welcher die Zentralbahn in km 130 an der Mafisi-Fähre durchschneidet und für Dampfpinassen stets, sowie auch einen ansehnlichen Teil des Jahres hindurch für die schwersten Gütertransporte schiffbar ist, die Gelegenheit, sowohl von dem Endpunkt Dar-es-Salâm als auch gleichzeitig von den beiden Ufern des Kinganiflusses aus, einerseits rückwärts nach der Küste, andererseits vorwärts nach dem Viktoria-See mit dem Bahnbau zu beginnen und auf diese Weise die Bauzeit um ein Jahr abzukürzen. Eine weitere erhebliche Beschleunigung des Bahnbaues ist dadurch zu erreichen, daß nach der frühestens im Jahre 1903 zu erwartenden Fertigstellung der Uganda-Bahn dieselbe für die Bautransporte der Zentralbahn in der Weise benutzt wird, daß diese Transporte mit der Uganda-Bahn bis zur Ugowe-Bay und von dort zu Schiff nach Nyantelesia, dem Endpunkte der Zentralbahn am Viktoria-See, befördert werden, um dann von Nyantelessa aus nach Tabora und weiter nach der Küste mit dem Bahnbau vorzugehen. In dieser Voraussetzung und bei Erhöhung der jährlichen Bauraten auf das Doppelte würde zu erreichen sein, daß 8 Jahre nach dem Beginn des Bahnbaues von Dar-es-Salâm aus die beiden Baustrecken in der Nähe von Kilimatinde zusammentreffen und somit im Jahre 1908, 6 Jahre nach Fertigstellung der Uganda-Bahn, ein durchgehender Personen- und Güterverkehr von der Küste bis zum Viktoria-See eröffnet werden kann.

So mäßig gegenüber der Ausdehnung des Unternehmens und der Wichtigkeit des Zweckes die vorangegebenen Kosten erscheinen, so ist doch vorauszusehen, daß auch die Frage aufgeworfen werden wird, ob nicht durch Annahme einer noch geringeren Spurweite von 0,60 m eine weitere erhebliche Ermäßigung der Baukosten erreicht werden kann. Nun ist allerdings zuzugeben, daß auch diese Spurweite, die von mir für die deutsch-südwestafrikanische Eisenbahn Swakopmund—Windhuk angenommen und bei der Ausführung durch das Reich beibehalten worden ist, für den Verkehr der Zentralbahn genügen würde, da die Spurweite von 0.60 m eine Ladefähigkeit der Wagen von 5 t gestattet und der Personenverkehr bei beiden Bahnen weniger in Betracht kommt. Welche Ermäßigung der Kosten durch die Annahme der Spurweite von 0,60 m zu erreichen sein wird, kann jedoch erst durch einen eingehenden Kostenvergleich festgestellt werden. In jedem Falle aber erscheint die Annahme vollständig ausgeschlossen, daß mit der Verminderung der Spurweite um 15 v. H. von 0,75 auf 0,60 m auch eine Verminderung der Baukosten im gleichen Verhältnis eintreten würde.

Was endlich die Verkehrsverhältnisse der Zentralbahn und die zu erwartende Rentabilität derselben betrifft, so liegen bisher nur vereinzelte, unvollständige Angaben über den gegenwärtigen Karawanenverkehr vor, sodaß es an einer sicheren Grundlage über den gegenwärtigen Umfang des Verkehrs und die voraussichtliche Steigerung desselben fehlt. Immerhin ist es schon als ein günstiges Zeichen für die Verkehrsentwickelung in Zentralafrika zu betrachten, daß der auf dem Nyassa-See verkehrende Dampfer „Wißmann" mit seinen Fahrten schon seit längerer Zeit einen erheblichen Überschuß erzielt, daß ferner die Kongo-Bahn bereits in den ersten Jahren, in welchen nur etwa zwei Drittel der Bahn eröffnet waren, eine Dividende von 3,88 pCt. brachte, und in diesem Jahre die Monatseinnahmen von 493 760 Francs im Februar auf 1 334 685 Francs im Juni gestiegen sind und im Durchschnitt der 7 Monate Februar—August eine Einnahme von 884 600 Franks ergeben haben.

Endlich haben nach dem letzten Jahresbericht der Uganda-Bahn im ersten Halbjahr 1898 auf 221 km Betriebslänge die Brutto-Einnahmen bereits die Betriebs- und Verwaltungskosten mit einem ganz kleinen Überschuß gedeckt, während im zweiten Halbjahr 1898 bei 330 km Betriebslänge die Brutto-Einnahmen derartig gestiegen waren, daß eine Reineinnahme von 8,5 pCt. verblieb. Inwieweit die zahlreichen Truppentransporte zu diesem überraschend günstigen Ergebnis beigetragen haben, ist aus dem Jahresbericht leider nicht zu ersehen.

Nach diesen Ergebnissen der beiden zentralafrikanischen Bahnen wird auch die Verkehrsentwickelung und Rentabilität der projektierten Zentralbahn in einem wesentlich vorteilhafteren Lichte als bisher betrachtet werden dürfen. Dies wird um so mehr der Fall sein, wenn der äußerst günstige Bericht, welchen die mit der Feststellung des Wertes der in der Landschaft Ussandja gefundenen goldhaltigen Quarze beschäftigte Goldexpedition über die Abbauwürdigkeit des sogen. Bismarck-Riffes in den Nyerugura-Bergen erstattet hat, sich auch bei näherer Prüfung bestätigt, sodaß das Unternehmen nach dem dem Reichstage zugegangenen Berichte ungeachtet der Entfernung von der Küste und sonstiger Schwierigkeiten als gesichert angesehen werden kann, und wenn die bei der Station Mpapua gefundene, als härteste Kandel-Kohle (soll wohl heißen Kannel-Kohle) bestimmte Kohle von geeigneter Beschaffenheit und in abbaufähigen Flötzen vorkommt. Sollte dies durch die, dem Anschein nach allerdings noch nicht ausgeführten Schürfungen und Heizversuche bestätigt werden, so würde dieser Kohlenfund allein schon hinreichen, die Rentabilität der Bahn zu begründen, da dann Dar-es-Salâm in ähnlicher Weise wie Kiautschou nicht nur eine Kohlenstation für unsere Marine und Handelsflotte, sondern auch ein Hauptkohlenausfuhrhafen für die ostafrikanische Küste werden und unter solchen Umständen auch das Privatkapital zum Bau der Zentralbahn bereit sein würde.

Sollten daher Untersuchungen über die Beschaffenheit der bei Mpapua gefundenen Kohle und über die Mächtigkeit und Ausdehnung der Kohlenflötze noch nicht angestellt sein, so würden diese Ermittelungen allem anderen vorangehen müssen und ohne Verzug auszuführen sein, um so schnell als möglich die Frage, ob Privat- oder Reichsbahn, zur Entscheidung zu bringen und im letzteren Falle die Vorbereitungen zur Einbringung einer Gesetzvorlage für Bewilligung der ersten Rate zum Bau der Zentralbahn zu treffen. Von nicht minderer Wichtigkeit würde es sein, die Zwischenzeit zu benutzen, um durch einen erfahrenen Eisenbahn-Sachverständigen zuerst die in der Ausführung begriffene Uganda-Bahn und demnächst die zur Ausführung bestimmte Strecke Dar-es-Salâm—Nyanza bereisen zu lassen, ersteres, um die Bauweise der Engländer aus eigener Anschauung kennen zu lernen und ihre Erfahrungen zu benutzen, letzteres, um auf Grund der bisherigen Vorarbeiten die Wahl der Linie und die Höhe des Kostenanschlages näher zu prüfen sowie alle sonst erforderlichen Ermittelungen und Vorbereitungen für die Bauausführung zu treffen.

Ich hoffe, daß die vorstehenden Ausführungen dazu beitragen werden, die bisher vermißte Klarheit über die Verhältnisse der Zentralbahn zu gewähren und dadurch die Eingabe zu unterstützen, welche neuerdings an den Herrn Reichskanzler gerichtet worden ist, um den Plan der deutsch-ostafrikanischen Zentralbahn aus der Phase der vorbereitenden Erwägungen endlich der Verwirklichung entgegenzuführen.

Welcher Wert auf die wirtschaftliche Erschließung von Zentralafrika in neuester Zeit gelegt wird, zeigt nicht nur die mit allen Mitteln beschleunigte Ausführung der Uganda-Bahn, sondern auch die erst jetzt bekannt gewordene Thatsache, daß eine Anzahl Ingenieure nach dem Kongostaat abgegangen ist, um die Vorarbeiten für die Verlängerung der Kongo-Bahn nach dem Seengebiet zu machen. Wenn auch die Angaben jedenfalls weit übertrieben sind, daß es sich hierbei um ein Unternehmen von 200 Millionen Francs handelt, so scheint doch die ernstliche Absicht vorzuliegen, den Wunsch König Leopolds zu verwirklichen — einen großen Handelsweg zu schaffen, der Kongo und Nil verbindet und die reichen Schätze des Kongostaates dem atlantischen Ozean und Mittelmeer zuzuführen gestattet.

---

# Bedarf Deutschland in Zukunft einer Kolonialtruppe.

Von Gallus,
Major und Abteilungs-Kommandeur im 2. Westfälischen Feld-Artillerie-Regiment Nr. 22.

Die kurze Geschichte unserer Schutzgebiete zeigt, daß kriegerische Ereignisse dort plötzlicher und unvermittelter als in Europa einzutreten pflegen. Es sei hier nur des Araber-Aufstandes, der Kämpfe in Südwest-Afrika, des Dahomeer- und Bali-Aufstandes in Kamerun, der Wahehe-Kriege und der Kämpfe am Kilimandscharo gedacht. Zweifellos wird die weitere Ausdehnung des deutschen Einflusses in Togo und Kamerun ebenso wie in den anderen Schutzgebieten nur unter Anwendung militärischer Machtmittel durchführbar sein. In Kamerun ist das ganze Hinterland beherrscht von mächtigen Negerfürsten und Sultanen, in Südwest-Afrika das Ovambo-Land noch nicht unter die deutsche Verwaltung und ihren Einfluß gestellt. In Ostafrika sind weite Gebiete im Innern und an den Seen durch schwache Stationen nur dem Scheine nach der deutschen Oberherrschaft unterworfen, und unsere Südseebesitzungen ermangeln überhaupt noch eines militärischen Schutzes. Selbst in Kiautschou, wo die stärkste Machtentfaltung erfolgt ist, wird mit der fortschreitenden Entwickelung ein Mehrbedarf an Kräften eintreten.

Die Aufnötigung neuer Verpflichtungen im Interesse der Landeskultur und der Verwaltung, die Einführung von Steuern, die Durchführung gegebener Gesetze oder polizeilicher Vorschriften, die Überwachung der Verkehrswege, der Schutz der Eisenbahn- und Wegebauten wird nicht ohne dauernde militärische Machtentfaltung durchzuführen sein. Die Rücksicht auf die erheblichen Kosten für die Unterhaltung der Truppen schließt eine sehr starke und über die dringendste Notwendigkeit hinausgehende Vermehrung derselben in den überseeischen Gebieten aus, immerhin aber bedarf Deutschland bei seinem nicht unbeträchtlichen, sehr entfernt vom Mutterlande liegenden und zersplitterten Besitz eines kleinen, aber um so mehr schlagfertigen Kolonialheeres.

Das bisherige Verfahren, ein solches im Bedarfsfalle zu improvisieren, hat doch manche Unzuträglichkeiten in die Erscheinung treten lassen. Es ist kein Zweifel, daß ein schnelles Niederwerfen eines Aufstandes Geld und Kräfte spart und auch abschreckender wirkt, als ein wochen- und monatelang später unternommener Kriegszug. In dieser Beziehung kann uns der von England in den Jahren 1895/96 durchgeführte Feldzug gegen die Aschanti vorbildlich sein, da derselbe einschließlich der Hin- und Rückfahrt der Truppen innerhalb dreier Monate mit sehr geringen Verlusten siegreich beendet war. Hier zeigte sich am überzeugendsten, was eine sorgsame Vorbereitung und Organisation leisten kann.

Einer sehr starken Vermehrung in den Kolonieen selbst bedürfen wir auch nicht; dort muß sich die Zahl der Truppen auf das zur Erfüllung der notwendigen Aufgaben erforderliche Mindestmaß beschränken, da die Unterhaltung der Kolonialtruppen außerordentlich viel Geld und der lange Aufenthalt zahlreicher Europäer unverhältnismäßig viel Kräfte kostet. Es ist daher durchaus nötig, an Ort und Stelle möglichst zu sparen, dagegen aber für eine rasche Verstärkung und rechtzeitige Ablösung durch für ihren Dienst ausgewählte, wohlvorbereitete und ausgesuchte Offiziere und Mannschaften zu sorgen. Während man also in den Schutzgebieten selbst die den Verhältnissen und den eigenen Absichten entsprechend richtig bemessene Zahl unterhält, muß in Deutschland eine Verstärkungs- sowie eine Ablösungs- oder Ersatztruppe vorhanden sein. Erstere soll plötzliche Anforderungen, letztere die regelmäßigen Ersatzbedürfnisse befriedigen; von beiden muß dementsprechend die eine ein sofort verwendungsbereites Truppenkorps sein, während die andere für die Ausbildung des Ersatzes zu sorgen hat.

Der Bedarf an europäischen Mannschaften steigt durch diese Organisation erheblich, da, anstatt die notwendigen Offiziere, Unteroffiziere und Mannschaften kurz vor ihrer Entsendung in Truppenkörper zu formieren, diese für den kolonialen Dienst bestimmten Elemente dauernd in Verbände zusammengefaßt werden müssen. Da sowohl der Etat des Heeres wie der Marine auf Jahre hinaus festgesetzt ist, so würde bis zur Bewilligung der nötigen Mittel die Zahl der Offiziere und Mannschaften auf die festgesetzte Stärke anzurechnen sein. Es würden also nur noch die Aufwendungen zu bestreiten sein, welche für Unterbringung, Ausrüstung, besondere Ausbildung und für die nötigen Mobilmachungsmaßregeln hinzutreten. Die Truppe selbst würde wie in Frankreich das „Marine-Korps“ im Bedarfsfalle auch in einem europäischen Kriege zu verwenden sein. Weder zu bedeutende Kosten, noch die Bedenken einer Schwächung unserer Wehrkraft können somit ein Hindernis für diese Neuschöpfung sein, deren dringendes Bedürfnis im Folgendem weiter begründet werden soll.

Die Anforderungen an eine in überseeischen Gebieten zu verwendende Truppe und deren Führung sind sehr große und vielseitige. Da Deutschland aber auch bestrebt sein muß, die ihm zugefallenen Schutzgebiete wirtschaftlich schnell zu entwickeln, so müssen alle dort wirkenden Kräfte zu diesem Zwecke zusammengefaßt und verwendet werden. Die Schutztruppe soll also neben den militärischen Diensten auch die wirtschaftliche Entwickelung wirksam fördern. Entscheidend für das Maß dieser Unterstützung ist die Auswahl und die Vorbildung des gesamten Personals, insbesondere der Offiziere. Das bisherige Verfahren, dasselbe ohne jede intensive Vorbereitung und ohne sichere Kenntnis ihrer Eignung für den überseeischen Dienst im allgemeinen und für bestimmte Aufgaben auszusuchen, kann auf die Dauer zahlreiche Mißgriffe nicht ausschließen, und dies erscheint bei dem so wenig zahlreichen Personal doch von zu schwerwiegender Bedeutung, um nicht mit Dringlichkeit auf eine Änderung des ganzen Systems hinzuweisen. Ohne Kenntnis der zukünftigen Aufgaben, häufig genug nur aus Abenteuerlust oder anderen Gründen, ohne Ahnung von den sie erwartenden Schwierigkeiten, gehen Offiziere und Mannschaften in die weite, ihnen völlig unbekannte Ferne und bald schwindet bei dem nicht seltenen Mangel idealer Auffassung ihres neuen Berufes in dem eintönigen Dienst auf den Stationen die Freude am Schaffen und macht einer tiefgehenden Verbitterung Platz. Diese aber wirkt nicht selten abschreckend auf andere geeignete Persönlichkeiten, hält diese ab, nach den Schutzgebieten zu gehen und hemmt somit eine gedeihliche Entwickelung derselben. Deshalb erscheint es nötig, daß Offiziere, Unteroffiziere und Mannschaften vor ihrer Verwendung in der neu zu bildenden Truppe Belehrung über ihre zukünftige Thätigkeit erhalten, und zwar durch Persönlichkeiten, welche selbst in den überseeischen Gebieten Erfahrungen gemacht haben, und zu diesen gehören in erster Linie die aus dem Schutzgebiete zurückkehrenden Offiziere und Unteroffiziere. Für die neu eintretenden Offiziere aber ist ein vorbereitender Dienst in der Kolonialtruppe deshalb nötig, damit sie das Personal kennen lernen, mit welchem sie es dereinst unter den schwierigsten Verhältnissen zu thun haben werden. Im Heere legt man einen besonders hohen Wert darauf, daß sich Führer und Truppe kennen und schätzen lernen; um wieviel mehr gewinnt aber eine solche Bekanntschaft bei den neuen, vollständig fremden dienstlichen Aufgaben an Bedeutung. Den höheren, bereits im Kolonialdienst erfahrenen Offizieren giebt der Dienst in der Truppe Gelegenheit, die Fähigkeiten des ihnen zugewiesenen Personals, ihre Eignung zum Dienst in den Tropen im allgemeinen und für besondere Aufgaben und Dienste kennen zu lernen.

Der bisherige überaus große Abgang an Offizieren und Mannschaften ist vielleicht mit dadurch hervorgerufen, daß ein gewisser Prozentsatz derselben den vielseitigen und schwierigen Verhältnissen nicht gewachsen war. Der Dienst in der Truppe und eine längere ärztliche Beobachtung des Personals nach besonderen Anstrengungen würden vielfach Gelegenheit geben, diese oder jene für den überseeischen Dienst untaugliche oder minder brauchbare Persönlichkeit abzustoßen. Dieser erfordert hohe persönliche und Charaktereigenschaften. Kräftige Gesundheit, körperliche Gewandtheit, Enthaltsamkeit, Selbstbeherrschung, scharfes Auge, Begeisterung für die Sache sind Voraussetzungen, ohne welche auf die Dauer Bedeutendes nicht zu leisten ist. Jeder Mann der Schutztruppe, insbesondere der Offizier, muß es verstehen, mit Leuten verschiedenster Lebensstellung und Auffassung zu verkehren und muß Verständnis für das Gefühlsleben, die Sitten und die Anschauungen der fremden farbigen Schutzbefohlenen haben. Eine mangelhafte Auswahl des Personals kann unendlich schaden und bei der Bedeutung, welche jedes weiße Individuum in den Kolonieen hat, zu Unzuträglichkeiten und ernsten Schwierigkeiten führen. Heiteres Gemüt, eine gewisse Bedürfnislosigkeit und Sorglosigkeit, ohne Leichtsinn, verbunden mit Beobachtungsgabe, Menschenkenntnis und gewandter Menschenbehandlung, sind neben Lust und Liebe zur Sache in den Tropen unschätzbar.

In praktisch-militärischer Beziehung werden Offiziere und Mannschaften vielfacher Unterweisung bedürfen. Auf sich selbst angewiesen, muß jeder lernen, sich mit den einfachsten Mitteln zu helfen. Segeln, Bootfahren, Ausschiffungen an der Meeresküste und an Flußufern ohne besondere Landungsgelegenheit, Ausladen und Beladen von Fahrzeugen aller Art, Flußübergänge mit oder ohne vorbereitetem oder mitgeführtem Material, Herstellung von Brücken, Unterkunftsräumen aller Art, Wege- und Brückenbau, Zurichtung rohen Baumaterials, Regelung der Wasserverhältnisse, Brunnenbau und Abwässerung u. v. a. muß praktisch erlernt werden. Übungen im Gebirgskrieg, Anleitung zur Orientierung in unbewohntem Gelände, Unterweisung in der Fechtweise gegen die Eingeborenen, Kundschafter- und Patrouillendienst unter besonderen Verhältnissen, Lagerdienst, Benutzung des Proviantes sowie fremder Nahrungsmittel zur Herstellung eines gesunden Essens müssen gelehrt werden. Für die Offiziere dürften praktische Gelände-Aufnahme, Ortsbestimmung, Anleitung zur Sammlung wissenschaftlicher Beobachtungen auf dem Gebiete der Meteorologie, Klimatologie, der Botanik, Zoologie und Geologie von großem Werte für die wissenschaftliche und somit auch für die wirtschaftliche Erschließung unserer Schutzgebiete sein. Daß weiterhin von allen Offizieren eine gründliche Kenntnis der gesamten, sehr mannigfaltigen in den Kolonieen verwendeten Bekleidung, Ausrüstung und Bewaffnung, deren Fortschaffung auf Schiffen oder beim Transport mittelst der verschiedenen landesüblichen Mittel zu erlernen sein dürfte, erscheint fast überflüssig zu erwähnen; und doch ist im Hinblick auf die Gefahren, welche diese Bedürfnisse ausgesetzt sind, dieser Hinweis nicht unnötig. Bei dem Mangel an geeigneten Arbeitern ist eine gewisse Fertigkeit bei Ausbesserung von Material der verschiedensten Art anzustreben.

Verwaltungsdienst, Gesundheitspflege und praktische Anweisung für die erste Behandlung bei Unglücksfällen von Mensch und Tier und bei den häufigsten tropischen Erkrankungen, Gebrauch der kleinen Stations-Apotheken, Behandlung, Aufbewahrung, Beschaffung von Lebens- und Genußmitteln, Erhaltung der Bekleidungs-, Waffen-, Munitions- und Ausrüstungsvorräte sind in den Rahmen der Unterweisung für die Offiziere einzubeziehen. Die Erfahrung älterer, lange Jahre im Kolonialdienst verwendeter Offiziere wird diese Vorschläge zweckmäßig zu bereichern oder auf das richtige Maß zurückzuführen verstehen.

Auf die Dauer dürfte es nicht genügen, die Offiziere nur mit dem allernötigsten praktischen und wissenschaftlichen Rüstzeug in die überseeischen Gebiete zu schicken. Die Anforderungen, welche die Zukunft an unser Kolonial-Offizierkorps stellen kann, lassen sich zur Zeit nur annähernd schätzen. Mit der zu erhoffenden weiteren Ausdehnung unserer überseeischen und kolonialen Beziehungen aber müssen sich die Forderungen an die Leistungsfähigkeit dieses Personals erheblich erweitern. Dadurch aber wird es nötig, den zurückgekehrten Offizieren während ihres Heimatsurlaubes oder während ihrer Angehörigkeit zu dem europäischen Bestandteile der Truppe, wie ich ihn vorläufig nennen will, Gelegenheit zu geben, ihre allgemein wissenschaftlichen, sprachlichen und die für ihren Dienst sonst noch erforderlichen Kenntnisse zu vermehren.

Es bedarf wohl keiner Erläuterung, daß es im höchsten Grade zweckmäßig sein würde, wenn die Offiziere außer der bei überseeischer Verwendung unbedingt notwendigen Kenntnis der englischen Sprache auch die der Eingeborenen beherrschen würden; ferner bedürfen dieselben ethnologischer Kenntnisse und solcher über die Rechtsanschauungen der Bewohner der Schutzgebiete. Nicht unwichtig wäre es, diesen Offizieren Vorlesungen über die Entwickelung der fremden Kolonialgebiete, über deren Verwaltungsordnung, über ihre militärischen Einrichtungen und über den Verlauf der wichtigeren Kriege in überseeischen Ländern hören zu lassen. Auch handelspolitischer und kaufmännischer Kenntnisse und solcher über die Organisation und Ziele der bedeutenderen Missionsgesellschaften, durch den Besuch großer Kaufhäuser und Missionsanstalten auf einige Zeit unterstützt, bedürfen die Kolonial-Offiziere, um den in den Schutzgebieten arbeitenden Kaufleuten und Missionaren verständnisvoll und fördernd zur Seite stehen können. Eine Erweiterung der bereits gewonnenen praktischen und theoretischen, botanischen, zoologischen, geologischen, physikalischen, geographischen und technischen Kenntnisse dürfte im höchsten Grade erwünscht sein; denn die während ihres auswärtigen Dienstes so häufig auf sich allein angewiesenen Persönlichkeiten bedürfen einer vielseitigen, wissenschaftlichen und praktischen Bildung, um ihren mannigfachen Aufgaben gerecht werden zu können, auch ist eine gründliche Bildung in diesen Zweigen ein gutes Gegengewicht gegen das einsame, der Anregung des Geistes entbehrende und abspannende Leben auf den kleinen Stationen. Die Freude an der Mitarbeit bei Lösung wissenschaftlicher oder wirtschaftlicher Aufgaben aber wird erhebend und anregend wirken und der Thätigkeit manches jungen Offiziers erst ihren ganzen, vollen und belebenden Inhalt geben.

Es würde nicht richtig sein, die Offiziere nun mit dem ganzen Apparate der hier aufgeführten, wissenschaftlichen und praktischen Kenntnisse zu belasten und sie so zu Kolonialgelehrten zu machen, es gilt vielmehr die wichtigsten in Betracht kommenden Gebiete herauszuziehen und besonders das Augenmerk auf die praktische Verwertung des Gelernten hinzulenken. So umfangreich die wissenschaftlichen Anforderungen auch erscheinen mögen, sie sinken unter diesem Gesichtspunkte auf ein in etwa einem Jahre zu bewältigendes Arbeitsgebiet, welches je nach dem Alter und der beabsichtigten Verwendung der betreffenden Persönlichkeit verschiedenartig gestaltet werden könnte.

Die Ausbildung der Offiziere und der Truppe weisen nach dieser Darlegung auf die Verlegung nach einem größeren Kriegshafen, welcher Gelegenheit zu vielseitiger, geistiger Anregung giebt, wo die Gelegenheit geboten ist, Lehrkräfte für die verschiedensten wissenschaftlichen und praktischen Unterrichtszweige ohne erhebliche Kosten zu erhalten, und somit nach Kiel.

Hiermit kommen wir auf die Frage der weiteren Organisation und zunächst der der Unterstellung unter die Generalinspektion der Marine. In der ersten Zeit überwiegen meines Erachtens die Gründe, welche für eine Unterstellung der Kolonialtruppe unter die Marine sprechen, erheblich die einer anderen Möglichkeit. Die neue Truppe kann aus den reichen überseeischen Erfahrungen der Marine so unendlich viel lernen, bis sie es vermag, auf eigenen Füßen zu stehen. Die einfachste Lösung der Frage wäre die Umbildung der Seebataillone in eine Kolonialtruppe unter gleichzeitiger Verschmelzung derselben mit den bestehenden Schutztruppen. Den Seebataillonen würden, ohne ihren jetzigen Aufgaben ganz entfremdet zu werden, neue und dankbare Aufgaben erwachsen, und diese so eine unbestrittene Lebens- und Entwickelungsfähigkeit erhalten.

Die neue Kolonialtruppe muß der Eigentümlichkeit der Schutzgebiete entsprechend — insbesondere des Südwestafrikanischen, welches eine Reitertruppe erfordert — aus allen Waffen, Pionieren und Verkehrstruppen, letztere in recht reichlichem Maße, bestehen.

Um eine Grundlage für die weitere Betrachtung zu erhalten, ist es nötig, sich die augenblicklich vorhandenen Schutztruppen und Seebataillone in ihrer Stärke vor Augen zu führen. Erstere bestehen zur Zeit aus

160 Offizieren, 2338 Europäern und 3048 Farbigen, letztere aus<br>
40 „ , 2000 „ — , also zusammen

200 Offiziere, 4338 Europäer und 3048 Farbige.

Die eigentliche Kolonialtruppe enthält neben einem sehr zahlreichen Offizierkorps auch sehr viele Unteroffiziere; diesem Umstand würde bei der Festsetzung des Etats besonders Rechnung zu tragen sein, ebenso wie der Dotierung mit Ärzten und Sanitätspersonal. Der europäische Bestandteil der Kolonialtruppe müßte bestehen 1. aus Kommando- und Verwaltungsbehörden, 2. aus der stets bereiten Verstärkungstruppe, 3. aus der Ersatztruppe.

Dem Kommando der Kolonialtruppe würden mannigfache Aufgaben erwachsen, von denen wir nur die hervorheben wollen, daß es ihm obliegen würde, alle für die Kriegführung in überseeischen Ländern gewonnenen Erfahrungen zu sammeln und zu verwerten sowie für die angemessene Ausstattung mit Kriegsmaterial für alle Landexpeditionen zu sorgen.

Die Verstärkungstruppe, welche zu jeder Zeit vollständig kriegsbereit und zur Abfahrt bereit sein müßte, sollte aus einem Bataillon zu 750 Mann, einer Eskadron zu 150 Mann und 150 Pferden, einer Batterie von 90 Mann mit 75 Pferden, einem Detachement Fußartillerie von 60 Mann und 400 Mann Pionieren und Verkehrstruppen sowie Train, zusammen also aus 40 Offizieren und 1450 Mann bestehen.

Wie schon erwähnt, müßte diese Truppe in der Lage sein, in kürzester Frist mit ebenfalls für solche Zwecke bereit gestellten Schiffen die Fahrt nach ihrem Bestimmungsort antreten zu können. Die große Entfernung unserer Schutzgebiete und der Mangel an Zwischenstationen, wie sie England besitzt, erfordert die größte Schlagfertigkeit unserer Kolonialtruppe. Die Vorbereitungen für ihre Mobilmachung dürfte in Anlehnung an die bewährten und erprobten gleichen Maßregeln für die beschleunigte Mobilmachung des Landheeres unter Berücksichtigung der besonderen Verhältnisse, ihr Transport in Vereinbarung mit unseren großen Reedereien erfolgen. Die Verstärkungstruppe würde sich aus den bei der Ersatztruppe ausgebildeten und verwendungsfähigen Mannschaften ergänzen, die Offiziere würden alljährlich neu bestimmt.

Die Ergänzung der Ersatztruppe würde, wie es bisher bei den Schutztruppen und dem Seebataillon geschah, durch freiwilligen Eintritt und durch freiwillige Meldung aus dem Landheer erfolgen. Mit der Zeit wird es sich wohl herausstellen, welche Art des Ersatzes die bessere sei; alle Anzeichen sprechen für die Ergänzung aus dem Landheer, weil hierbei die Wünsche bezüglich der Gestellung von Handwerkern und Arbeitern jeglicher Art am besten berücksichtigt werden können, die Leute älter sind und auch schon eine gewisse Probe- und Ausbildungszeit durchgemacht haben. Um das bestmögliche Material heranzuziehen, müßte Löhnung, Aussicht auf Beförderung und Versorgung schon in der Heimat eine bessere sein als in dem Landheer und im Überseedienste erheblich wachsen; denn ohne die besten Aussichten werden sich für diesen anstrengenden und gefährlichen Beruf auf die Dauer kaum genügend Freiwillige finden. Vor allem aber dürfte es nötig sein, sich durch gute Bezahlung und Zulage diejenigen Elemente zu sichern, welche das tropische Klima gut ertragen, sich im Dienste daselbst bewähren oder, wie es in Südwestafrika von allergrößter Wichtigkeit ist, sich dort nach Ablauf ihrer Dienstverpflichtung niederlassen wollen.

Die Stärke der Ersatztruppe zu bestimmen, ist nicht gut möglich, sie würde die schwankende Zahl der Freiwilligen, deren Ausbildungspersonal, die aus den Schutzgebieten zurückgekehrten Kranken oder auf Heimatsurlaub befindlichen umfassen, ihr würden Stäbe, Verwaltung und Kommandierte zuzuteilen sein. Immerhin dürfte sich ihre Stärke auf etwa 80 Offiziere und 1400 Mann, in Verbänden ähnlich denen der Verstärkungstruppe gegliedert, belaufen.

Auf diese Weise würde dem Bedürfnis einer sofort kriegsbereiten Truppe mit gesichertem Ersatz Rechnung getragen sein. Die erwachsenden Mehrkosten aber werden durch die erhöhte Schlagfertigkeit und Verwendbarkeit wohl mehr als aufgewogen sein. Ob wir schon jetzt es nötig haben, für die Schaffung einer Reserve der Kolonial-Armee zu sorgen, in welche die entlassenen, brauchbaren Elemente derselben einzureihen wäre, etwa nach dem Muster der englischen Armee- und Milizreserve, dies ist zur Zeit schwer zu entscheiden. Immerhin ist es nicht ausgeschlossen, sondern nach Lage der Dinge mehr als wahrscheinlich, daß Deutschland früher oder später zu einer größeren überseeischen Machtentfaltung auch gegen europäische Staaten veranlaßt werden kann; dann aber kann es wünschenswert werden, die erprobten Offiziere und Kolonialsoldaten in größerer Menge heimischen Verbänden zuzuteilen, welche durch ihre Erfahrung und Bekanntschaft mit Klima, Land und Leuten erhebliche Dienste leisten könnten. Auch die in den Schutzgebieten befindlichen Reservisten und Wehrleute würden, wie bei den Engländern jetzt die Kapschützen und andere Korps Einheimischer, von großem Nutzen sein.

Zur Zeit gehört die Mitwirkung der Schutztruppen an der Lösung wissenschaftlicher oder wirtschaftlicher Aufgaben nicht zu den eigentlichen Obliegenheiten derselben. — Die bisherigen Darlegungen aber haben erkennen lassen, welchen erheblichen Nutzen die so erweiterten Aufgaben der Kolonialtruppe für die Erschließung und Nutzbarmachung unserer Kolonieen leisten könnten, falls deren Ausbildung eine intensive Betätigung in dieser Richtung gestattete.

Den in die Kolonieen gesandten Offizieren, Beamten und Mannschaften muß als heiligste Pflicht der Gedanke vorschweben, daß sie neben der Erhaltung der Ruhe und Ordnung ganz besonders dazu berufen sind, das Wohl dieser Länder und ihrer Bewohner zu fördern, und daß dies nur durch intensive Arbeit und gegenseitige Unterstützung aller an diesem Werke arbeitenden Faktoren möglich ist.

Diesen Geist zu wecken und bei seinen Gliedern zu pflegen, ist neben der technischen Vorbildung eine der wesentlichsten Aufgaben eines Kolonialheeres. Ein solcher Geist kann nur erwachsen in den Reihen wohl organisierter und richtig vorgebildeter Verbände. Nicht allein nach der Zahl und Bedeutung der Gefechte und Feldzüge beurteile man die Leistungen der Kolonialtruppe, sondern auch darnach, was sie zur wirtschaftlichen Erschließung und dem wirklichen Gedeihen der Schutzgebiete geleistet hat. Zu solchen Aufgaben fehlt es, wie wir schon andeuteten, neben dem militärischen Dienste nicht, ebenso nicht an der für deren Lösung nötigen Zeit, und wenn schon ohne die vorgeschlagene intensive Vorbereitung und Auswahl des Personales von Einzelnen so Erfreuliches geleistet worden, so verspricht eine in unserem Sinne organisierte und ausgebildete Truppe in noch höherem Maße ein hochwillkommener, kulturfördernder Faktor in der Entwickelung unserer überseeischen Gebiete zu werden. In allen Kolonieen, besonders aber in Südwestafrika, wo noch die körperliche Arbeit im Freien für Europäer möglich ist, dürfte durch Belohnungen für besondere Arbeitsleistungen im Interesse der Schutzgebiete ein geeignetes Ansiedler- und Beamtenpersonal aus den Reihen der Unteroffiziere und Mannschaften zu gewinnen sein.

Werden die Leistungen der Truppe von einer verständnisvollen, ebenso für ihren Beruf vorgebildeten, kolonialen Beamtenschaft*) richtig ausgenutzt, arbeiten sich die bürgerliche und Militärverwaltung, beide ihren hohen Aufgaben gewachsen, in die

*) Auch für die Ausbildung der in den überseeischen Gebieten thätigen Verwaltungs- und technischen Beamtenschaft ist eine bestimmt vorzuzeichnende, mehr den praktischen Bedürfnissen angepaßte Vorbereitung ins Auge zu fassen. Nicht das Maß juristischer oder technischer Fachkenntnisse, sondern eine den besonderen Verhältnissen entsprechende Vorbildung, ein erweiterter Gesichtskreis, welcher sich über die Gewohnheiten der Heimat erhebt und verständnisvoll den eigenartigen Verhältnissen der Schutzgebiete und ihrer europäischen und einheimischen Bewohner Rechnung trägt, ist nötig. Nicht unzweckmäßig würde es sein, wenn die höheren Militär- und Verwaltungsbeamten, die Techniker, Pflanzer, Kaufleute und Missionare auf einer Kolonial-Hochschule sich kennen und miteinander arbeiten lernten, wie dies ja im bescheidenen Umfange jetzt durch die Zuteilung zum Auswärtigen Amt und den Besuch des orientalischen Seminars erstrebt wird. (Vgl. die Ausführungen Professor Ehrenbergs im Heft 4 dieser Zeitschrift. Die Schriftleitung.)

Hand, so ist die Hoffnung wohlberechtigt, daß der deutsche Kaufmann und Pflanzer den Vorsprung, den ihm andere Völker durch Jahrhunderte lange Arbeit gewonnen, noch zeitig genug einholt und unser Vaterland in absehbarer Zeit auch wahrhaften und reellen Vorteil aus seinen überseeischen Gebieten zieht.

Wie einst der römische Feldherr und Soldat romanischer Kultur die Wege bahnte, nicht nur durch blutige Siege, sondern durch ernste und schwere Arbeit, so soll der deutsche Kolonialsoldat deutschen Geist, deutsche Gesittung, deutsche Zucht und Ordnung in die Schutzgebiete tragen.

Es kann nicht die Aufgabe dieser flüchtigen Skizze sein, den mit der Organisation unserer Schutztruppe betrauten Organen vorzugreifen, dieselben werden die berührten Verhältnisse zweifellos besser übersehen, vorhandene Bedürfnisse klarer erkannt haben und deren Beseitigung im Rahmen ihrer Mittel anstreben. Der Zweck dieser Betrachtung soll sein, in der Öffentlichkeit den Boden vorzubereiten für die Erkenntnis, daß in Zukunft eine erweiterte und zweckmäßigere aber auch Geldmittel erfordernde Neuordnung unserer Kolonialtruppen nötig werden wird, deren Durchführung auf grund praktischer Erfahrungen dann der berufenen Stelle obliegt. Hoffen wir, daß, wenn dann die Bewilligung der unvermeidlichen Geldforderungen an die Vertretung des deutschen Volkes herantritt, die Erkenntnis von dem Nutzen und der Bedeutung einer wohl ausgebildeten und gut organisierten Truppe für die überseeischen Aufgaben unseres Vaterlandes so tief begründet ist, daß nicht nur das unbedingt Nötige, sondern in klarer Voraussicht der zukünftigen Aufgaben alles das bewilligt wird, was die Kolonial-Verwaltung und ihre militärischen Autoritäten für erforderlich erachten.

# Die Vermessungen in den Kolonien.

Von P. Gast, Regierungs-Landmesser.

Die für zahlreiche Zweige des Kulturlebens unentbehrlichen Karten (Land-, Terrain-, Flurkarten) sind das Produkt örtlicher Vermessungen. Nur für die wissenschaftliche Geographie sind Karten Selbstzweck; in anderen Fällen dienen sie als Unterlagen für militärische, technische und grundrechtliche Feststellungen. Im besonderen werden sie notwendig gebraucht für die Geländekunde des Offiziers, für die Vorhererhebungen und Berechnungen des Bauingenieurs oder des Bergmannes, für die Veranlagung von Grundsteuern, für die Handhabung der Baupolizei in Städten und für die Feststellung und Erhaltung des staatlichen oder privaten Eigentumsrechtes an Grund und Boden. Ihren Aufgaben entsprechend galt die Vermessungskunde im Anfange ihrer Entwickelung nur als eine Art Handlangerin derjenigen Disziplinen, welche ihrer Dienste bedurften: wir sehen deshalb den Soldaten, den Bauingenieur, den Bergmann, den Katasterbeamten selbst als Vermessungstechniker thätig, um sich die geometrischen Unterlagen für ihre besonderen Fachzwecke zu beschaffen. Es leuchtet ein, daß dadurch eine große Zahl von Doppelarbeiten entstehen mußte, indem ein und dasselbe Gebiet für jeden der genannten Zwecke für sich geometrisch aufgenommen werden mußte, da die Arbeiten des einen Technikers für die Aufgaben des anderen nicht verwendbar waren. Im Mutterlande sind daher schon seit langer Zeit die Regierungen bemüht, das Vermessungswesen einheitlich zu regeln, ein Bestreben, dessen Durchführung jedoch nur allmählich und zum Teil möglich ist, weil sonst die gänzliche Umgestaltung einzelner Verwaltungsressorts und mehrerer seit langer Zeit bestehenden Gesetze notwendig würde. Da durch diese heimatlichen Verhältnisse notorisch nicht nur bedeutende Ersparnisse unmöglich gemacht sind, sondern auch der positive Wert des Vermessungswesens für die beteiligten Kulturzweige wesentlich beeinträchtigt wird, so ist es unseres Erachtens notwendig, diese Erfahrungen bei der Bildung neuer Staatswesen gebührend zu verwerten. Unsere Kolonien sind neue Staatswesen in dem hier gegebenen Sinne, und es ist Sache derjenigen, welche der Kulturarbeit in ihnen die Grundlage zu geben berufen sind, rechtzeitig auch dem Vermessungswesen den geeigneten Platz vorzubehalten, auf dem ihm eine dem jeweiligen Bedürfnisse entsprechende rationelle Entwickelung möglich ist. Dieser Gedanke scheint der Kolonialverwaltung zur Zeit noch fern zu liegen, und es ist deshalb angebracht, auf seine Berechtigung und Durchführbarkeit ausdrücklich hinzuweisen.

Je nach dem Maßstabe, in welchem die aus den örtlichen Arbeiten resultierenden Karten gezeichnet werden sollen, lassen sich die geodätischen Aufnahmen in kartographische, topographische und Flurvermessungen einteilen. Erstere haben den Zweck, den Charakter eines Landes in großen Zügen zu erfassen. Für sie kommen nur die rohesten Orientierungsmethoden in Betracht, und sie werden überflüssig, sobald für die betreffenden Gebiete eine topographische Spezialvermessung vorliegt. Diese und die noch eingehendere Flurvermessung dagegen erfolgen nach strengen mathematischen Methoden innerhalb eines einheitlichen Systems. Es ist daher auch unumgänglich notwendig, daß die Leitung und Ausführung sämtlicher hierhergehöriger Messungen einer Behörde unterstellt wird.

Bisher ist in den Kolonieen naturgemäß fast nur kartographisch gearbeitet worden. Von Spezialvermessungen sind zu erwähnen: in Ostafrika die Küstentriangulation, die Usambaratriangulation, die Aufnahme des Rufiji-Deltas, diejenige von Teilen der Landesgrenze, sowie die Katasterflurmessung in Dar-es-Salâm. Das ist noch nicht viel; um so leichter ist es aber jetzt noch, eine einheitliche Organisation des Vermessungsdienstes herbeizuführen. Schon rein mathematisch betrachtet, ist dieselbe notwendig. Inbezug auf diese Seite der Angelegenheit beschränke ich mich darauf, eine der hervorragendsten geodätischen Autoritäten, den jüngst verstorbenen Professor Jordan, zu zitieren. Derselbe äußert, nachdem er die Unmöglichkeit betont hat, die preußischen Systeme und Methoden einfach nach Afrika zu übertragen, den Wunsch, „die mathematisch geodätischen Fragen der Kolonialvermessungen möchten in nicht zu ferner Zeit einer systematischen Behandlung unterzogen und nicht lediglich von Fall zu Fall der Entscheidung überlassen werden, wobei der Überblick über die Gesamtheit der dabei zu beachtenden Momente fehlt".

Nun ist allerdings in letzter Zeit im Kolonialamt eine Abteilung für Landesaufnahmen gegründet worden: dieselbe entspricht jedoch meines Wissens ihrer Thätigkeit nach etwa der preußischen Landesaufnahme, d. h. sie führt die Haupttriangulationen sowie die militärische Topographie aus: die eigentlichen, für das wirtschaftliche Leben bestimmten Kleinvermessungen unterstehen ihr aber nicht. Da nun letztere den Kernpunkt des staatlichen Vermessungswesens bilden, kann die Bildung der genannten Amtsstelle als ein Schritt zur Lösung der vorliegenden Frage nicht angesehen werden, vielmehr scheint sie die Absicht der Regierung darzuthun, das unzureichende preußische System einfach nach den Kolonien zu übertragen.

Unseres Erachtens wird die wünschenswerte, zur vollen wirtschaftlichen Ausnutzung des Vermessungswesens notwendige Einheit nur durch Errichtung einer besonderen Messungsbehörde von etwa folgender Organisation ermöglicht:

Als obere Behörde für jede Kolonie fungiert ein Landesvermessungsamt, welches die Haupttriangulationen, die Präzisionsnivellements, sowie die Topographie und Kartographie unmittelbar ausführt, die Arbeiten und die Geschäftsführung der ihm unterstellten Bezirksvermessungsämter beaufsichtigt und regelt. Letztere sind nach Bedürfnis in denjenigen Bezirken zu errichten, in welchen gesteigerte Kultur, Plantagen oder industrielle Niederlassungen, Eisenbahnen oder ähnliche Anlagen die Ausführung von Spezialvermessungen des Grundes und Bodens notwendig machen. Auch die von dem Vermessungswesen schwer zu trennende Katasterverwaltung, d. h. die Sicherung des privaten Eigentumsrechtes durch genauen karten- und buchmäßigen Nachweis jedes einzelnen Grundstücks sowie die Sorge für eine dauerhafte und deutliche Vermarkung sämtlicher Eigentumsgrenzen ist Aufgabe der Bezirksämter.

Zur Erhaltung des ressortmäßigen Zusammenhanges der einzelnen Kolonien zwecks Erlasses allgemeiner Dienstgrundsätze sowie zur Führung der Personalien wird in der Kolonialabteilung des Auswärtigen Amtes ein eigenes Dezernat für das Vermessungswesen errichtet. Zweckmäßig wird dasselbe der Anfang der ganzen Neubildung sein müssen, um die weitere Organisation im einzelnen selbst auszuarbeiten und vorzubereiten.

Diese Vorschläge können niemandem als zu weitgehend erscheinen, der bedenkt, daß die lokale Verwaltung sowohl der Zahl der Ämter als auch ihrem Umfange nach nur allmählich, dem jeweiligen Bedürfnisse entsprechend, eingerichtet zu werden braucht. Es ist eben eine Eigentümlichkeit der modernen Geodäsie, daß die Arbeiten der Landesaufnahme allmählich und stückweise geschehen können und dennoch wie aus einem Gusse gefertigt sind, wenn nur die Grundlage und der Plan, nach welchem gearbeitet wird, einheitlich gefügt sind.

Auch würde die Durchführung unserer Vorschläge keineswegs übermäßige finanzielle Mittel erforderlich machen, da die Verwaltungskosten im wesentlichen gedeckt würden:

1. durch Aufsuchen und Zusammenfassen der schon jetzt im Etat der Schutzgebiete enthaltenen, vielfach verborgen auftretenden Posten für Messungszwecke, wobei zu beachten ist, daß in einer einheitlichen Organisation für dasselbe Geld weit mehr geleistet werden kann, als durch Einzelarbeit;

2. durch die Kostenerstattungen derjenigen Grundbesitzer und Unternehmer, in deren Interesse die betr. Vermessungen oder Vermessungsanteile ausgeführt werden. Dabei ist vorausgesetzt, daß für sämtliche einschlägige Unternehmungen u. s. w. der Zwang staatlicher Vermessung verordnet wird, die Vermessungen also, soweit ihnen öffentlicher Glauben zuerkannt werden soll, sozusagen Regierungsmonopol werden;

3. durch die aus den Veröffentlichungen der Kartenwerke ꝛc. fließenden Einnahmen.

Möge niemand diesen Vorschlägen darum seine Zustimmung versagen, weil bei dem gegenwärtig noch relativ geringen Bedürfnis nach Spezialvermessungen eine solche Organisation hauptsächlich erst einer späteren Zukunft zu gute käme! Erstens berührt ein solcher Einwand nicht die Zweckmäßigkeit der Organisation, und zweitens möge man bedenken, daß es überhaupt Früchte für die Zukunft sind, welche in unseren Kolonien reifen, aber Früchte, wie ich hinzufügen möchte, deren dereinstige Wertschätzung ungeheuer sein wird.

# Praktische Winke für südbrasilische Siedelungs-Gesellschaften.

Von Robert Gernhard.

Es kann nur mit Freude begrüßt werden, daß die Auswanderung nach Südbrasilien nicht mehr dem von der Heydtschen Reskript unterliegt, und daß infolgedessen die einzelnen dortselbst arbeitenden Siedelungsgesellschaften in ihrer Thätigkeit insofern unbehindert sind, als eine auf solider Grundlage beruhende Agitation für die Auswanderung nach Südbrasilien nicht mehr unter Strafe gestellt ist. Wie es keinem Zweifel unterliegt, daß es auf der ganzen Erde nicht viele Gegenden giebt, welche im selben Grade so überaus günstige Bedingungen für deutsche Siedelungsgesellschaften darbieten, wie das in Südbrasilien, also in den Staaten Rio grande do Sul, Santa Catharina, Paraná und Sao Paulo der Fall ist, so muß doch andererseits daran festgehalten werden, daß auch dort der Erfolg der einzelnen Siedelungen in erster Linie abhängen wird von der Art und Weise, mit der diese Gesellschaften in ihrem Betriebe thätig sind. Hierüber auf Grund vieljähriger praktischer Erfahrungen einige Winke zu geben, soll in den nachstehenden Zeilen versucht werden, wobei ausdrücklich bemerkt sei, daß es sich stets nur um südbrasilische Verhältnisse handelt.

In den bereits genannten südbrasilischen Staaten findet man die denkbar verschiedensten klimatischen Verhältnisse, sodaß Raum für die verschiedenartigsten Siedelungsbedürfnisse in Hülle und Fülle vorhanden ist. Wer im subtropischen Klima sich mit dem Anbau von Kaffee, Zuckerrohr und sonstigen tropischen Kulturpflanzen befassen will; wer unter Orangenbäumen wohnen oder im dichten Urwald den jungfräulichen Boden der Hand des Menschen dienstbar zu machen gedenkt wer da sehen will, wie auch auf den urbar gemachten unendlichen Campos der Hochebenen so ziemlich alle deutschen landwirtschaftlichen Kulturgewächse mit einer in Deutschland nie erreichten Fruchtbarkeit gedeihen; und wer das herrlichste deutsche Obst züchten oder die in Deutschland beliebten Zier- und Gartengewächse, Gemüse u. s. w. in wunderbar vollkommener Ausbildung sich entwickeln sehen will: der findet alle diese Möglichkeiten in Südbrasilien. An der Küste z. B. des Staates Santa Catharina ein zwar subtropisches, aber doch recht gut erträgliches und für Kaffee, Zuckerrohr und Reis überaus fruchtbares Klima, und auf den Hochebenen von Santa Catharina und Paraná wieder ein Klima, welches die Kultur aller landwirtschaftlichen Nutzpflanzen Deutschlands gestattet, ohne daß im Winter Eis oder Schnee sich bemerkbar macht. Aber Bedingung für das Gedeihen einer jeden Ansiedlung, mag sie errichtet werden, wo es auch sei, bleibt stets, daß in jedem einzelnen Siedelungszentrum die eigentliche Kolonisation in sachgemäßer, praktischer Weise durchgeführt wird. Im allgemeinen ist das bisher leider in nicht immer vollkommener Weise geschehen, wenngleich betont werden muß, daß diese Thatsache ihre Entstehung weniger in dem Mangel an gutem Willen, als vielmehr in dem Mangel an praktischem Blick und hinreichend vorhandener Erfahrung findet.

Man pflegt für gewöhnlich eine Siedelung damit zu beginnen, daß man in der in Aussicht genommenen Gegend die nötigen Ausmessungen für Festlegung eines Stadtplatzes mit Bauplätzen für Munizipal-, Gerichts-, Schul-, Kirchen und Wirtschaftsgebäude u. s. w. sowie für die einzelnen Koloniestraßen vornimmt und nun mit der Ansiedelung der Einwanderer beginnt. Um diesen von vornherein Verdienst an barem Gelde und damit die Möglichkeit zum Einkauf der unentbehrlichsten Lebensmittel zu gewähren, überträgt man jedem Kolonisten, nachdem derselbe sich ein seinem Vermögen an Geld und Arbeitskräften — je mehr ein Kolonist Kinder besitzt, um so größer kann sein Grundstück sein — entsprechendes Stück Land auf Kredit oder gegen bare Zahlung erworben hat, eine Strecke der zu bauenden Straßen zur Ausführung derart, daß diese Arbeiten vorgenommen werden, wenn irgend welche notwendigen Arbeiten im landwirtschaftlichen Betriebe nicht zu erledigen sind. Überall und unter allen Umständen sind hierfür Monate vorhanden, sodaß also von vornherein jedem Auswanderer Gelegenheit gegeben ist, so viel an Arbeitslohn zu verdienen, um in der ersten Zeit leben zu können, ohne daß das von ihm in Angriff genommene Land ihm irgend welche Erträge liefert, und um später mit Hilfe dieser Arbeitslöhne das auf Kredit entnommene Grundstück bezahlen zu können. Wird hier sorgsam verfahren, liegt die Leitung dieses Teiles der Siedelungsarbeiten in den richtigen Händen, dann wird es dem Kolonisten möglich sein, bei ehrlichem Fleiße vorwärts zu kommen, auch wenn er arm wie eine Kirchenmaus in der Kolonie eingetroffen ist. In ärmlichen Verhältnissen befinden sich aber die meisten Auswanderer, ja es ist das sogar der Teil des Auswandererstromes, der sich am besten zur Ansiedelung zu eignen scheint.

Natürlich muß die Siedelungsgesellschaft schon daheim in Deutschland nach Möglichkeit dafür sorgen, daß die von ihr beförderten Auswanderer hinreichend über ihr Reiseziel und die für dasselbe in Betracht kommenden Verhältnisse unterrichtet sind. Der Kolonist muß schon in Deutschland genau wissen, was er in der neuen Heimat braucht und was für ihn wertlos ist. Ist es doch geradezu ein Jammer, wenn man bei Ankunft eines Auswanderer-Dampfers sehen muß, wie die Kolonisten viele Hunderte in wertvollen Gewehren angelegt haben, ohne daß sie dieselben jemals werden zweckentsprechend verwenden können. Vielfach haben diese Leute das letzte Goldstück zum Ankauf eines Schießprügels ausgegeben, während eine jener kleinen einfachen Brasilianer Flinten, wie man sie in jedem Kolonieladen zu billigem Preise haben kann, vollauf für die Jagdbedürfnisse und vor allem für die Jagdgelegenheit genügt, welche sich dem Ansiedler in Südbrasilien bietet. So verkauft zu billigstem Preise manch einer in Deutschland seinen gesamten Hausrat, ohne zu wissen, wie sehr er diesen in Brasilien vermissen, und wie vieles Geld er auszugeben haben wird, um sich auch nur einigermaßen Ersatz dafür anschaffen zu können. Dem Auswanderungslustigen muß darum ein Ratgeber in die Hand gedrückt werden, in welchem ihm ohne jede Schönfärberei in klarer verständlicher Sprache das geschildert wird, was seiner drüben harrt. Er muß daraus ersehen können, wie drüben sich eine Siedelung entwickelt, wie Hand in Hand mit der Ansiedelung der einzelnen Kolonistenfamilien der Straßenbau zu gehen hat, wie es gar mühselig ist, den Urwaldboden dem Menschen dienstbar zu machen und wie auch die Kolonisation auf den Campos gar hohe Anforderungen an die Arbeitskraft und an den unermüdlichen Fleiß eines jeden Kolonisten stellt, und wie in der ersten Zeit der Niederlassung so vielerlei entbehrt werden muß, was sonst wohl als unerläßliches Bedürfnis betrachtet wurde. Der

Auswanderer muß auch genau wissen, was er braucht an Haushalts-, Acker- und Handwerksgeräten, an Kleidungsstücken u. s. w. Solch ein Büchlein muß ein Leitfaden sein für seine Thätigkeit während der ersten Jahre. Ihn immer wieder zu lesen und seinen Inhalt aufzunehmen, gestattet die langweilige Seereise zur Genüge. Ein zweites Büchlein muß kurze und gemeinverständliche Angaben über die Arbeiten im Urwald und auf den Campos, über den Bau und die Einrichtung der ersten Wohnstätten sowie über die Behandlung aller derjenigen Kulturpflanzen enthalten, welche der Ansiedler je nach den klimatischen Verhältnissen seiner Siedelung anzubauen hat. Winke muß das Büchlein enthalten auch für die Kolonistenfrau, welche aus ihm ersehen muß, was ihr drüben für die Küche zur Verfügung steht, wie die Zubereitung der einzelnen Gerichte zu erfolgen hat u. s. w. Endlich muß das Büchlein in knapper Darstellung auch dem Handwerker die Möglichkeit geben, sich über die Aussichten sowie über die Art des Betriebes, wie sie die Siedelungsverhältnisse bedingen, ein klares Bild zu machen.

Hiermit ausgerüstet, wird der Kolonist sich um so leichter in seinen neuen Lebensverhältnissen zurechtfinden, wenn die Leitung der Siedelung zunächst nur Grundstücke in solcher Gegend abgiebt, in welcher der Straßenbau mit der Ansiedelung gleichen Schritt hält und wenn sie stets für pünktliche Bezahlung der geleisteten Straßenarbeit sorgt, wobei sie ruhig einen Teil des Lohnes zurückhalten und zur Abschreibung in den Fällen benutzen kann, in denen das Grundstück auf Kredit entnommen ist. Niemals aber sollte den Wünschen jener Ansiedelungslustigen entsprochen werden, welche darauf bestehen, sich in den Piladen genannten, vorläufig noch nicht in Angriff genommenen Straßenlinien anzusiedeln, obwohl nach Lage der Verhältnisse und auf Grund des festgelegten Besiedelungsplanes dortselbst für den Straßenbau in den nächsten Jahren nichts gethan werden kann. Es ist das ein Punkt, in dem viel gefehlt wird; denn häufig sind es gerade die tüchtigeren Elemente unter den Ansiedlern, welche sich mit Vorliebe in einer Pilade niederzulassen geneigt sind, weil sie an derselben ein besonders vorteilhaft beschaffenes und brillant gelegenes Grundstück entdeckt haben und diesem Umstand zuliebe jene großen Schwierigkeiten zu gering anschlagen, welche ihnen durch den Mangel eines Verbindungsweges später derart entstehen, daß sie nach zuweilen jahrelangen Kämpfen doch schließlich der Ungunst der Verhältnisse unterliegen und unter Preisgabe all ihrer unsäglichen Opfer an Arbeit und auch an Geld an anderer Stelle wieder von vorn anfangen müssen.

Weiterhin muß alles aufgeboten werden, um in kürzester Frist die aufgeschlossenen, besiedelten Piladen durch stetige Förderung des Wegebaues dem Verkehr mit dem Siedelungszentrum zugänglich zu machen; die hierfür angelegten Wege sind in möglichst gutem Zustande zu erhalten, und wenn die ersten Ansiedelungsjahre vorüber sind, dann muß mit Strenge darauf gehalten werden, daß, sofern nicht etwa zwingende Gründe solches nicht ermöglichen, der Kolonist sein Grundstück auch bezahlt; denn ihm wird — das ist eine alte Erfahrung — dasselbe erst dann wirklich lieb und wert, wenn es durch volle Bezahlung sein unbeschränktes Eigentum geworden ist.

Sichert man, wie das üblich ist, den Ansiedlern für die ersten Jahre freie ärztliche Behandlung zu, so muß solche auch im vollen Umfange durchgeführt werden. Dasselbe gilt von den Arzneimitteln und nicht in letzter Linie von der Errichtung von Schulen sowie von der Gewährung geistlichen Beistandes. Es brauchen das keine Musterschulen mit Primalehrkräften und ebenso wenig studierte Geistliche zu sein; es genügt für die ersten Jahre, wenn irgend eine geeignete Person unter den

Ansiedlern das Lehreramt mit Unterstützung von Seiten der Siedelungsdirektion sowie gegen Bezahlung eines mäßigen Schulgeldes seitens der Ansiedler ausübt, und wenn von Zeit zu Zeit ein praktisch ausgebildeter und sittlich nicht anfechtbarer Missionar die Ansiedler besucht, um Taufen oder Konfirmationen nachträglich vorzunehmen und den gemäß der in Brasilien geltenden gesetzlichen Bestimmungen zivilrechtlich zu schließenden Ehen auch den kirchlichen Segen zu geben. Sonst sorgt bei Leichenbegängnissen u. s. w. der Schulmeister für den notwendigen kirchlichen Akt, und wer nur ein einziges Mal solch einer Feier im brasilischen Urwald beigewohnt und den schlichten Worten solch eines Kolonistenschulmeisters gelauscht hat, sei es, daß derselbe etwas aus der heiligen Schrift vorlas, sei es, daß derselbe in freier Rede des Entschlafenen gedachte, der wird nicht genug betonen können, wie sehr es zu den Pflichten einer jeden Siedelungsgesellschaft gehört, in ihren Siedelungen zunächst den Schulen und dann auch dem kirchlichen Bedürfnis alle nur irgend mögliche Unterstützung angedeihen zu lassen. Bezüglich des Schulunterrichtes habe ich evangelische und katholische Ansiedler gleichermaßen im Auge, während ich in kirchlicher Hinsicht nur die evangelischen meine. Für die katholischen sorgt die eigene Kirche durch ihre wandernden Ordensgeistlichen, und im übrigen wird man stets beobachten können, daß auch im Urwald die Katholiken das begreifliche Bestreben haben, sich an einander anzuschließen, und so häufig ganze Koloniestraßen entstehen, welche fast ausschließlich von Katholiken besiedelt sind. Mit großer Sorgfalt sollte man auch die Qualität der evangelischen Missionare prüfen. Es sind da zuweilen Elemente darunter, deren moralische Qualifikation eine nicht immer einwandsfreie ist, oder auch es sind Leute, welche nicht daran denken, daß sie in einem überwiegend katholischen Lande leben, und dann in ihrem Eifer zu direkten Angriffen gegen die katholische Kirche übergehen. Nichts aber ist gefährlicher für das Blühen und Gedeihen einer jungen Siedelung, als wenn die in ihr so notwendige Eintracht unter den Ansiedlern durch religiösen Streit gestört wird. Hat im Laufe der Jahre die Siedelung sich gehoben an Kopfzahl sowohl wie auch in anderer Beziehung, dann werden sich unter den Einwanderern auch seminaristisch gebildete Lehrkräfte für die Koloniescshulen und schließlich auch geeignete Geistliche finden; für die ersten Jahre genügen zweifellos die Kräfte, auf welche ich weiter oben hingewiesen habe.

Da es niemals zu vermeiden sein wird, daß unter den Einwanderern sich auch Elemente befinden, welche sich zur Kolonisation weder im Urwald noch auf den Campos eignen, eine junge Siedelung aber für derartige Leute andere Beschäftigung nur selten hat, so ist die Errichtung eines Arbeits-Nachweisungsbüros eine Notwendigkeit. Nicht allein in dem Staate, in welchem die Siedelung liegt, zuweilen am Siedelungsplatze selbst und häufig auch in den Nachbarstaaten werden Arbeitskräfte der erwähnten Art mit Hilfe eines derartigen Büros untergebracht werden können, während ohne ein solches die Leute in der Siedelung herumlungern, die Ansiedler aufhetzen und ihnen schließlich zur Last fallen.

Sodann aber muß für die Hebung des Ackerbaues, der Viehzucht und der Kultur gärtnerischer Nutzpflanzen von vornherein eine bestimmte, nicht zu klein bemessene Summe einer jeden Siedelungsdirektion zur Verfügung stehen. Von unendlich weittragender Bedeutung für jede junge Siedelung ist es, daß von vornherein darauf hingearbeitet wird, einen oder mehrere landwirtschaftliche Exportartikel in möglichst großen Massen zu erzielen. Hierzu ist ein landwirtschaftliches Versuchsfeld, auf dem alle möglichen Kulturpflanzen auf ihre Ertragsfähigkeit und Anbauwürdigkeit hin geprüft werden, und von dem aus stets der Ansiedler seinen Bedarf an solchen Nutzpflanzen beziehen kann, deren Anbau ihm nach Lage der in seinem Grundstück vorhandenen Bodenbeschaffenheit und sonstigen Terrainverhältnisse als vorteilhaft empfohlen werden kann. Ferner müßte ein Versuchsgarten für alle jene Kulturgewächse vorhanden sein, welche eine Behandlung nach gärtnerischen Grundsätzen erfordern. Gerade hier ist ein großes Feld häufig für solche Siedelungen gegeben, welche günstige Verbindungen mit größeren Städten haben. Derartige Einrichtungen würden nur anfänglich Geld kosten; später würden sie sich selbst erhalten können, sodaß alsdann das bisher hierfür benutzte Kapital zur Hebung der Viehzucht verwandt werden könnte; denn auch in den brasilischen Siedelungen ist keine rationelle Landwirtschaft ohne eine gute, sorgsam gepflegte Viehzucht denkbar. Sie wird mit der zunehmenden Entwickelung der Siedelung zur grundlegenden Bedingung für das Gedeihen derselben werden, und um vieles erfolgreicher wird der Ansiedler seinem mühseligen landwirtschaftlichen Berufe obliegen, wenn es ihm möglich ist, sich nach und nach landwirtschaftliche Nutztiere von bester Qualität selbst züchten zu können. Das gilt namentlich vom Rindvieh, von den Schweinen und nicht in letzter Linie von den Pferden, welche im landwirtschaftlichen Betriebe eine so große Rolle spielen und die, wenn gutes Zuchtmaterial eingeführt wird, sehr bald für die Ansiedler zu einer lohnenden Einnahmequelle insofern werden können, als für gute Pferde auch stets gute Preise gezahlt werden. Auch die Pflege des Milchviehes würde dort, wo klimatische und Terrainverhältnisse Viehzucht zu diesem Zwecke gestatten, mit Eifer und Verständnis durchgeführt werden; denn der Bedarf an Butter ist im gesamten Brasilien ein sehr großer, und gewaltige Summen werden auch heute noch für meist aus Dänemark kommende importierte Butter alljährlich aus dem Lande gezogen. Dort, wo rationelle Rindviehzucht überhaupt mit Erfolg möglich ist, verursacht dieselbe ungleich weniger Aufwand an Arbeit und Mühe sowie an Kapital, als in Deutschland, und liefert doch sehr hohe Erträge; unerläßliche Vorbedingung bleibt dabei nur, daß die Verkehrsverbindungen mit den großen Städten nicht gar zu umständlich sind. Auf das Vorhandensein solcher oder doch wenigstens auf die nicht allzu schwierige Möglichkeit einer späteren Schaffung und Einrichtung derselben sollte überhaupt von vornherein mehr Wert gelegt werden, als das seither geschehen ist; denn thatsächlich krankt manche deutsche Siedelung in Südbrasilien daran, daß ihre miserablen Verkehrsverbindungen nach den größeren Städten hin ihr den Absatz ihrer landwirtschaftlichen Produkte unmöglich machen.

Sind einige Jahre in der wirtschaftlichen Entwickelung einer Siedelung vorüber, dann muß gesellschaftsseitig zur Gründung einer Kreditbank geschritten werden, welche der Landwirtschaft und dem Gewerbestande gleichermaßen offen steht. Jene genossenschaftlichen Unternehmungen dieser Art, wie sie in Deutschland so segensreich sich erweisen, bieten hierfür die besten Vorbilder; sie würden den Aufschwung einer jeden Siedelung gar gewaltig fördern, und direkt sowohl als auch indirekt würden sie dabei der Siedelungsgesellschaft pekuniäre Erfolge nicht geringer Art einbringen können. Wer deutsche Kolonien in Brasilien kennt, weiß, wie wenig hier die Möglichkeit nicht allein eines soliden Kreditnehmens an barem Gelde, sondern auch die Gelegenheit zum Sparen und zur sicheren Unterbringung zinstragender Kapitalien vorhanden ist, während im Geheimen der Wucher in seinen schönsten Erscheinungsformen blüht.

Was an Handwerkern in der Ansiedelung nötig ist, wird sich von selbst mit dem Einwandererstrome einfinden. Häufig aber kommt es vor, daß da draußen in den Pikaden es an jenen Handwerkern mangelt, welche dem Landwirt am unentbehrlichsten sind, an Schmieden und später an Stellmachern. Hierfür muß eine umsichtige Siedelungsdirektion stets sorgen, wie es ihre Aufgabe späterhin auch noch sein wird, darauf hinzuarbeiten, daß in der Siedelung selbst einer der vorhandenen Schmiede oder besser noch deren mehrere in die Lage kommen, den Bau aller jener landwirtschaftlichen Geräte, wie sie der Kolonist braucht, selbst betreiben zu können; denn nur so wird es möglich sein, diesen Geräten nach und nach jene praktische Form geben zu können, wie sie die besonderen Boden- und Terrainverhältnisse der Siedelung im Interesse einer leichteren und sachgemäßeren Bodenbearbeitung und Ernte erheischen.

Auch wird die Siedelungsdirektion dazu übergehen müssen, für den Absatz der landwirtschaftlichen Exportprodukte sowie für den gemeinsamen Bezug frischer Sämereien, wie sie der Kolonist braucht, zu sorgen. Ein gemeinschaftlicher Absatz seiner landwirtschaftlichen Erzeugnisse verbürgt auch dem wirtschaftlich Schwachen die Erzielung der höchstmöglichen Preise, und die Lehre von der Notwendigkeit eines regelmäßigen Samenwechsels im landwirtschaftlichen Betriebe macht sich nirgends so eindringlich geltend wie in Südbrasilien.

Das sind in großen allgemeinen Zügen die Grundsätze, nach denen man in Südbrasilien kolonisieren sollte. Die ganze Beschaffenheit des Gegenstandes gestattete seine Behandlung an dieser Stelle nur in lockgehaltenen Umrissen; trotzdem aber dürften darin mancherlei Anregungen enthalten sein: denn in dem vorstehend Gesagten sind neben den eigenen Beobachtungen des Verfassers auch die Gedanken, Wünsche und Erfahrungen eines praktischen Landwirtes niedergelegt, welcher nahezu vier Jahrzehnte hindurch in einer deutschen Ansiedelung Südbrasiliens als ackerbautreibender Kolonist gelebt hat.

# Die englische Weltherrschaft.

Von L. Frobenius.

Professor Marschall hat jüngst in London einen Vortrag über die Entwickelung der römischen Weltmacht gehalten, der in England ein um so regeres Interesse gefunden hatte, als der Gelehrte die Wesenszüge der Geschichte Roms auf die Gesetze hin geprüft hat, die eine werdende Weltmacht oder eine Nation, die die Weltherrschaft zu erobern bestrebt ist, zu berücksichtigen habe. Marschall erkennt der „Zeit“ zufolge in der Niederwerfung der karthagischen Seemacht den Beginn der Größe Roms, gerade wie der Untergang der spanischen Armada den Grundstein zu dem stolzen englischen Reiche gelegt hat. Wie nun Rom infolge dieses Sieges allmählich die erste Macht der Welt geworden ist, und schließlich fast den ganzen damals bekannten Erdkreis beherrschte, so ist es England, nach Marschalls Ansicht, beschieden gewesen, in neuer Zeit eine vorherrschende Stellung unter den Mächten einzunehmen. England soll daher stets die Lehren beherzigen, die die Geschichte Roms bildet, fordert Professor Marschall und knüpft daran die Mahnung, die Weltherrschaft, wie sie das alte Rom besessen hat, für Großbritannien in Anspruch zu nehmen, zu erkämpfen, zu erhalten.

Trotzdem diese Darlegung den nach einem dem der alten Römer gleichen oder ähnlichen Ziele emsig nachstrebenden Engländern ungemein schmeichelhaft und zusagend sein müßte, haben englische Zeitschriften selbst den Vergleich als irrtümlich hingestellt und einen anderen herangezogen. Nicht Rom, sondern dem handeltreibenden Karthago müsse man England zur Seite stellen. Beides seien Staaten und Mächte der Handels- und der Kriegsflotte. Demnach solle man mehr aus Karthagos denn aus Roms Geschichte die Lehre für sich selbst ziehen und danach trachten, die erste Seemacht der Welt zu bleiben, damit man auch die erste Handelsmacht bleibe und noch mehr als heute werden könne. Thatsächlich mundet denn den Engländern anscheinend der zweite Trank noch besser wie der erste, geht doch auch aus der Schlußfolgerung zu diesem Vergleich hervor, daß England schon lange die Gesetze seines Bestehens und Werdens erkannt habe, indem dafür gesorgt wird, daß die englische Flotte stets an Stärke der Summe der Flotten zweier anderer Großmächte gleichkommt.

Was Professor Marschall und seine Disputanten dargelegt haben, wollen wir nicht auf den Wert in den Einzelheiten hin prüfen, sondern wollen nur die Frage aufwerfen, wie weit ein solches Vergleichen denn überhaupt seinen Wert haben kann. Unbedingt nämlich drängt sich die Frage auf, ob es denn nicht möglich sei, aus der Geschichte anderer Länder und Völker einen Schluß zu ziehen auf die eigene Zukunft. Insofern ist das von dem englischen Professor aufgeworfene Problem in der That ein solches, und zwar ein durchaus ernstes. Andererseits erinnert die gemütliche Methode eines solchen Vergleiches — in dem das eigene Land und Geschick mit einem solchen verglichen wird, das das, was man selbst erstrebt, erreicht hat — an behagliche Kannegießerei und ist deshalb eines wissenschaftlichen Wertes völlig bar. Marschall sowohl als seine englischen Kollegen und die deutschen Zeitungen haben völlig übersehen, daß hier nicht ein kriegsgeschichtliches, wie sie meinen, sondern ein kulturgeschichtliches Problem vorliegt. In kulturgeschichtlicher Hinsicht sind aber vor allem die drei folgenden Punkte zu erwägen: 1. die Richtung der Entwickelung der

Gesamtkultur resp. die Verschiebungsrichtung der Ausstrahlungszentren der Kultur, 2. die geographische Lage der einzelnen Länder, 3. die Verhältnisse einer Kulturausstrahlung zum Wachsen oder Fallen, überhaupt zur Masse der sie tragenden Menschenmenge. In aller Kürze will ich diese drei Punkte erörtern, da ich nicht über den Raum zu einer weiteren Darstellung hier verfüge.

1. Wir sehen die europäische Kultur aus Asien kommen, und zwar sich zunächst in Griechenland zu weiterer Ausbildung niederlassen. Die Balkanhalbinsel im Verein mit den vorgelagerten Inseln stellt denn auch das erste europäische Kulturausstrahlungszentrum dar, dem sich der Reihe nach angliedern: Italien, Spanien, England. Das ist eine deutliche Verschiebung von Osten nach Westen. Der wesentliche Punkt in dieser Entwickelung aber ist der: Kleinasien, Griechenland, Rom (und die kleineren Faktoren Phönizien, Karthago und Ägypten) stellen die Mittelmeerkultur dar. Die erste beschränkt sich auf Kleinasien und die gegenüberliegenden Inseln, die zweite (Griechenland) besiedelt zumal den westlichen Teil, die dritte Kultur aber überzieht die Küsten und Gelände des gesamten Mittelmeeres. Als nun der Mittelpunkt der Kulturausstrahlung auf die dritte Halbinsel verschoben ward, nach Spanien—Portugal, da verließ die Kultur die Gestade des Mittelmeeres als ihres Interessenkreises und — Amerika, das gegenüberliegende Gestade, ward entdeckt; überhaupt beginnt die Erforschung der „das freie Meer" begrenzenden Länder, d. h. der gesamten Erde. Von da wandert die Zentralstelle nach England. — Kleinere und sekundäre Ausstrahlungsmittelpunkte stellen Frankreich, Niederland und Dänemark dar.

2. Aus der historischen Thatsache der Verschiebung des kulturellen Ausstrahlungsmittelpunktes ist die Wichtigkeit der geographischen Lage zu erkennen, der *Halbinselkulturen*. Kleinasien, Griechenland, Italien, Spanien. Ich habe in meinen größeren Werken nachgewiesen, wie die Hinterindische Kultur, bekannt als die malayische, sich nach Afrika auf der einen Seite hin ausgedehnt hat, wahrscheinlich auch bis nach Amerika. Hier liegt der Grund näher zur Lage. Die Halbinsel Malakka ist mit von großen nahen, dann kleineren ferneren Inseln umgeben. Darin beruht die Erziehung zur Schiffahrt, die nicht nur eine technische Ausbildung des mechanischen Bewegungsorganes, sondern auch der geistigen Eigenschaften bedeutet; der geistige Horizont wird erweitert. Hinterindien ist der günstigste Boden für die Ausbreitung gewesen in geographischer Hinsicht. Die kleinen Inseln leiten nämlich über zu den entfernten Küsten. Daher nannte ich die von Amerika bis Afrika reichende — also den Großen und den Indischen Ozean überspannende — Kultur die *Mitteloʒeanische*, weil sie im Wesen der Mittelländischen entspricht. — Haben wir in der Erziehung zur Schiffahrt das eine wesentliche Moment der Halbinselkultur erkannt, so liegt das andere eben so bedeutungsvolle in der Ausbildung als Landmacht, und zwar abermals in technischer wie in psychischer Hinsicht. Eine Inselkultur erzieht nur zur Schiffahrt, also zum Handel, zur Schiffahrt selbst und zur Küstenbesiedelung deshalb. Eine Halbinselkultur aber erzieht auch zum Landbau, zur Inlandbesiedelung. Daher sind die Küsten- und Inselvölker gute Marinemächte, aber schlechte Landsoldaten (Karthago und England), die Halbinselvölker jedoch, die auch nach rückwärts sehen müssen, auch ausgezeichnete Soldaten des Landkrieges.

3. Das Verhältnis der Menschenmasse zur Kulturausdehnung wird ebenfalls durch die geographische Lage bestimmt. Auf den Inseln ist ein regerer Zuwachs von Menschen durch Herbeiströmen von anderen Küsten. Aber das Zuströmen und Fortströmen ist zu leicht. Die Beweglichkeit auf dem Wasser ist eine so große, daß sie

schädlich genannt werden kann. Die psychische Zusammengehörigkeit des Stammvolkes einer Insel einerseits und die zugelaufenen Menschen andererseits ist aber wegen der Leichtigkeit und Schnelligkeit des Hinzukommens und Fortkommens eine sehr oberflächliche (Abfall der Kolonien!), wogegen etwas Schwerfälliges in dem Zusammenkommen der Menschen zu Lande liegt. Aber weil es schwerer und langsamer geht, hält es auch besser. Dazu strömen homogene Massen aus gleichen Quellen von dem Inlande in die Halbinseln, das ist gutes Material. Und auf den Inseln und an den Küsten strömt alles mögliche heterogene zusammen. Wenn also die Inseln ihre Kulturen aussenden, so sind die tragenden Elemente, wenn auch gleichsprachig, doch zusammengewürfelt, und die Massen der Halbinselvölker sind einheitlich, fest zusammengefügt und sozusagen „zäh".

Das sind die wichtigsten Punkte, die bei einer eventuellen Vorausbestimmung der Zukunft für Kulturmächte in Betracht kommen. Sie machen schon klar, wie schwer ein Vergleichen ist. Noch schwerer wird aber durch eine 4. Thatsache eine entsprechende Arbeit. Die Kulturen sind nämlich im Sinne der Verschiebung des Ausstrahlungszentrums nicht nur an Ausdehnungsfähigkeit, sondern auch im inneren Wesen gewachsen. Dadurch würden sie konstanter. Wenn im Altertume ein Land dem Nachfolger sein Kulturzentrum übergeben hatte, dann sank es ziemlich schnell zu einem Nichts zusammen. Mit einem Kriege, wie dem Roms gegen die Karthagen, endete die Macht eines Volkes. Das hat vor allem seinen Grund darin, daß die höhere Kultur auch fester haftet wie die niederen der Altertümer. Aber das hat auch seinen guten Grund in der geographischen Lage des Ausstrahlungszentrums unserer Zeit. Damit aber, daß ich dessen Lage zu bestimmen suche, nähere ich mich einer Aufgabe, der ähnlich, die sich *Marschall* gestellt hat; denn wo liegt unser Ausstrahlungszentrum im Ausgange des 19. Jahrhunderts?

Ein Blick auf eine politische Karte von Afrika genügt zur Beantwortung. Das Ausstrahlungszentrum liegt in *Europa**). Europa stellt nämlich nichts anderes als eine Halbinsel dar, eine Halbinsel Asiens. Nun aber der Unterschied der Kultur dieser Halbinsel und der anderen. Die *eine* Kultur wird nicht nur von verschiedenen Staaten, sondern auch von verschiedenen Rassen getragen. Diese eine weltumspannende Kultur richtet sich nicht mehr nach der staatlichen und sprachlichen Zusammengehörigkeit, sondern nach dem Wesen der sie alle verbindenden Kultur. Und so liegt die Weltmacht denn thatsächlich nicht mehr in den Händen einer *Nation*, sondern in denen einer *Kultur*.

Diese ganz einfache Betrachtung lehrt uns, in welcher Richtung wir nach den Gesetzen für zukünftige Entwickelung Ausschau zu halten haben, und welchen Wert eine so oberflächliche Betrachtung wie die *Marschalls* und Genossen besitzen. Es mag jeder stolz sein auf die großen Eigenschaften und die Leistungen des Volkes, dessen Bürger zu sein er sich glücklich schätzt. Aber jeder, und vor allem der Engländer, soll und muß sich sorgsam hüten, Staatsgröße und Kulturmacht zu verwechseln.

---

*) Ich erwähne Amerika nur in Anmerkung. Amerika ist seiner Beschaffenheit nach nicht zu einem Kolonialgebiet geeignet. Amerika wird stets, wie es das immer war, ein Kulturgebiet für sich bilden. Näheres a. a. O.

# Die Entwickelung des Kamerun-Schutzgebietes unter der deutschen Schutzherrschaft.

Von R. von Uslar, Landrat.

## I.

Als eine der letzten unter den europäischen Großmächten ist das Deutsche Reich unter die Reihe der Kolonialmächte getreten. Seine ersten kolonialen Erwerbungen waren die Kolonieen an der Westküste Zentralafrikas, Togo und Kamerun. Seitdem hat sich ein lebhafter Streit der Meinungen über die Frage entsponnen, ob Deutschland praktische Kolonialpolitik treiben solle oder nicht. Es würde zu weit führen, wollte ich hier den Nachweis zu bringen versuchen, daß für die Entwickelung einer Nation die Schaffung großer nationaler Interessen und Bestrebungen, wie die Kolonialpolitik sie bietet, eine Notwendigkeit ist, welche sich seit den Tagen der Gracchen und Cäsars bis auf den heutigen Tag immer wieder geltend gemacht hat. Mir kommt es hier nur darauf an, in den nachfolgenden Blättern ein Bild von den Verhältnissen einer unserer Kolonieen zu zeichnen.

Was weiß man heute im allgemeinen von Kamerun? Man erinnert sich einiger Namen wie des King Bell, hier und da taucht die Erinnerung an die Zeit der ersten Kämpfe auf; welche Entwickelung die Dinge seitdem genommen haben, ist wenig oder gar nicht bekannt. Man spricht im ganzen wenig von Kamerun, es wird also auch wenig dort zu „machen und zu holen" sein! Diesem mir oft geäußerten Urteile entgegenzutreten, unser Kamerun-Schutzgebiet als einen unter der Leitung einer einsichtsvollen, planmäßigen Verwaltung einer bedeutenden Zukunft entgegengehenden Kolonialbesitz nachzuweisen, habe ich das, was ich bei meiner Anwesenheit im Schutzgebiete selbst gesehen, und was ich zu meiner Vorbereitung während der Seereise über dasselbe gelesen habe, nebst einigen Ergänzungen seinen Hauptsachen nach zu der nachstehenden Skizze zusammengestellt. Möchte dieselbe die Vorurteile zerstreuen, welche noch immer über Kamerun und seine Verwaltung im Umlaufe sind!

### Zur Geschichte und Geographie der Kolonie.

Als das Kamerungebiet 1884 unter deutsche Schutzherrschaft gestellt wurde, blickte es auf langjährige Beziehungen zu Europa zurück. Von den Portugiesen einst entdeckt und wohl als Ausfuhrgebiet seines schwunghaften Sklavenhandels ausgebeutet, war es später von englischen Handelshäusern zu Farm- und Handelszwecken in Angriff genommen worden. 1843 hatte die englische Baptistenmission ihre Arbeit im Kamerungebiet eröffnet, und seit 1862 finden wir auch Hamburger Firmen an der Kamerunküste thätig. Vornehmlich ist es die Firma C. Woermann, welche in Batanga und Kamerun Faktoreien anlegt, ihr folgen später die Firma Jantzen & Thormählen und andere Hamburger Häuser. Deutsche Forscher besuchen das Gebiet, das alsbald seine Opfer auch aus ihrer Mitte fordert. Dr. Lüder erliegt dem Fieber, und sein Begleiter Dr. Buchholz nimmt den Todeskeim in sich auf, der ihn bald nach seiner Rückkehr zur Heimat ins Grab sinken läßt.

Noch sind die Verhältnisse unsicher und gefährlich. Der Kaufmann wohnt auf Hulks, abgetakelten, auf dem Strome verankerten Schiffen. Eine Art von Gerichtshof besteht freilich in dem unter englischer Führung 1856 geschaffenen Cameroons court of equity, der, aus Mitgliedern aller Nationalitäten zusammengesetzt, entstehende Streitigkeiten entscheiden soll. Von Zeit zu Zeit kommt von Old Calabar der englische Konsul für die Buchten von Benin und Biafra nach Kamerun herüber und sieht zum Rechten. Aber geordnete Verhältnisse fehlen, der Wunsch nach einem Protektorate entsteht bei Deutschen wie Engländern. Beide wenden sich an ihre Regierungen, einstweilen vergeblich. Weder wird ein deutscher Konsul ernannt, noch ein englisches Protektorat errichtet. Inzwischen dehnt sich der deutsche Handel aus, und die neu gegründete Woermann-Dampferlinie kettet Kamerun enger an Deutschland. Aber die Geschäfte leiden unter den ungesunden Verhältnissen im Gebiet. Es gelingt den deutschen Kaufleuten, die angesehensten Dualla-Häuptlinge zur Bitte um die deutsche Schutzherrschaft zu bewegen, und trotz aller Drohungen und Ränke der Engländer wird am 14. Juli 1884 Kamerun der deutschen Oberheit durch Dr. Nachtigal unterstellt. Auch das Küstengebiet bleibt trotz aller Versuche der Engländer, bei Bimbia und Viktoria Fuß zu fassen, deutsch.

Es ist bekannt, wie unter den Einflüsterungen englischer Missionare und Kaufleute und infolge des Grolls auf King Bell die Joss- und Hickory-Leute sich schon im Dezember desselben Jahres empören und durch Admiral Knorr und die Besatzungen der „Bismarck“ und „Olga“ eine empfindliche Züchtigung erhalten. Damit treten auch ruhigere Zeiten ein. Nachdem anfangs Dr. Buchner als interimistischer Vertreter des Reiches die konsularische und richterliche Thätigkeit ausgeübt hat, erhält 1885 Kamerun in der Person des Freiherrn von Soden seinen ersten Gouverneur. Nach fünfjähriger, für die Entwickelung der Kolonie ungemein ersprießlicher Thätigkeit verläßt er das Schutzgebiet; ihm folgt im Amte Herr von Zimmerer und schließlich Herr von Puttkamer, der jetzige Gouverneur der Kolonie.

Noch einmal bedrohen innere Wirren die ruhige Entwickelung der Kolonie. Infolge falscher Behandlung durch nicht glücklich ausgewählte Gouvernementsbeamte erheben sich 1893 die Dahomey-Leute der Polizeitruppe. Als Opfer des vornehmlich gegen die Person des Kanzlers Leist gerichteten Aufstandes fällt der Assessor Riebow. Seitdem haben die Verhältnisse im Schutzgebiete sich, wenn auch langsam, so doch in stetig aufsteigender Linie allmählich weiter entwickelt. Einzelne Unruhen der Eingeborenen, die in erfolgreichen Expeditionen der Schutztruppe unterdrückt wurden, vermochten, wenn sie auch manches Opfer, wie den Hauptmann von Gravenreuth, die Leutnants von Spangenberg und von Volkhammer u. a., forderten, nicht, sie ernstlich zu gefährden.

Als das Kamerun-Gebiet deutsch wurde, war es, wie die treffliche Arbeit Buchners zeigt, seiner Hauptsache nach unbekannt. Nirgends, sagt er, tritt das unbekannte Innere, der große weiße Fleck Innerafrikas so nahe an die Küste wie hier. Mit einem kleinen Dampfer den Mungo-Fluß, der hinter dem Kamerun-Vulkan hervorkommt, zwei Tage lang aufwärts bis zu dessen Wasserfall, dann noch 10 km zu Fuß nach Nordost bin ich bereits bei Menschen gewesen, die noch nie einen Weißen gesehen hatten, bei denen meine Ankunft eine Begeisterung erregte, wie ich sie bei meiner ersten Afrikareise mehr als 1500 km im innersten Innern niemals erlebt habe. So nahe ist man dort noch vollkommen jungfräulichen Länderstrecken. — Auch heute noch, nach 15 Jahren, ist das Kamerun-Gebiet die unbekannteste aller unserer afrikanischen Kolonieen. Ungünstige Umstände, schwierige orographische und klimatische Verhältnisse und zahlreiche andere Momente haben hier die Arbeit des Reisenden und des Forschers sehr erschwert und ein nur allmähliches Vordringen ermöglicht. Immerhin sind heute schon bedeutende Gebiete besucht und durchforscht, zum Teil auch schon dem Europäer erschlossen. Die östliche Umgebung des Kamerun-Beckens, das Kamerun-Gebirge und sein Hinterland, ferner im Nordwest das Gebiet vom Rio del Rey-Ästuar bis zum Sultanate Yola am Benue-Flusse und darüber hinaus bis etwa zum 14° ö. L. können in ihren Hauptzügen als bekannt gelten; ebenso der südliche Teil des Gebietes von der Küste bis zum Yaúnde-Lande etwa unter dem 12° ö. L. und zwischen Yaúnde und dem Flußsystem des Benue längs des Mbam-Flusses die Landschaften Wute, Tikar und Tibati. Auch über den Südosten des Schutzgebietes ist seit dem vorigen Jahre durch den Zug des Leutnants von Carnap von Yaúnde nach den französischen und belgischen Niederlassungen am Sangaflusse etwas Licht gefallen.

Nachdem über die natürlichen Reichtümer des Hinterlandes schon durch ältere Reisende glänzende Schilderungen in Deutschland bekannt geworden waren, ging bald nach der Besitzergreifung der Kolonie das Bestreben darauf hin, dieses Hinterland politisch und wirtschaftlich für Deutschland zu gewinnen. Mit dem sicheren Blick des erfahrenen Forschungsreisenden gedachte Flegel über den Niger und Benue nach Adamaua vorzustoßen und von dort aus nach Kamerun zur Küste zu gelangen. Der Tod ließ ihn sein Vorhaben nicht vollenden. Gleichzeitig (1885) drangen von der Kamerun-Küste Dr. Schwarz und der Schwede Knutson nach Nordost vor, um sich mit Flegel zu vereinigen. Sie gelangten nur durch das Hinterland des Kamerun-Gebirges in das Gebiet der Bafarami. Erfolgreicher waren die Züge des verdienten Forschers Dr. Zintgraff, welcher von der auf der Nordseite des Kamerun-Gebirges neu angelegten Barombi-Station wiederholt nordöstlich in das Land der Batom, Banyang und Bali vordrang, den Benue erreichte und auf der von Flegel erforschten Karawanenstraße in den Südteil von Adamaua bis nach Gashaka kam. Hier jedoch mußte er infolge des Widerstandes des Emirs von Yola umkehren.

Glücklicher als er war Leutnant Morgen, der von der südlich des Kamerun-Ästuars gelegenen Batanga-Küste aus östlich und darnach nordöstlich marschierte. Nachdem schon Hauptmann Kund und Leutnant Tappenbeck von der Batanga-Küste am linken Ufer des Sannaga landeinwärts marschiert, die Eingeborenen unterworfen und 1888 die Yaúnde-Station errichtet hatten, überschritt Tappenbeck den Sannaga und gelangte bis nach Ngila im Wute-Lande. Sein durch den Tod unterbrochenes Werk setzte Morgen fort, der von Yaúnde, über den Sannaga setzend, nördlich Ngilla erreichte, dann westwärts sich wendend den Mbam-Fluß entdeckte und ins Land der Bati vorstieß. Erreichte seine erste Expedition hier vorläufig ihr Ende, so führte ihn die zweite bis nach Adamaua und zum Benue. Nachdem er nämlich in Ngila die Kaiser Wilhelmburg-Station errichtet hatte, durchreiste er, nordwärts gewandt, die Landschaft Tikar, besuchte Yoko und Sanserai, beides Städte des Sultanats Tibati, und erreichte dann, abermals über den Mbam in seinem Oberlauf setzend, in Banyo den Anschluß an die von Flegel erforschte Straße und kehrte dann über den Benue und Niger zur Küste zurück.

Fast dieselbe Straße zog drei Jahre später Leutnant von Stetten, nachdem die denselben Zweck verfolgenden, den Tschad-See als Ziel erstrebenden Expeditionen des Hauptmanns von Gravenreuth und Ramsays nicht zustande gekommen waren. Von Gravenreuth fiel in einem Gefecht gegen die aufständischen Buea-Leute, und

Ramsay mußte wegen der mangelhaften Ausrüstung seiner Expedition umkehren, nicht ohne durch Leutnant von Volkhammer am mittleren Sannaga die Station Edea (1891) und darnach Balinga (1892) angelegt zu haben. Auch Stetten gelang es nicht, vom Benue zum Tschad-See weiter zu gehen, da seine geschwächte Gesundheit ihm die Rückkehr gebot.

Waren Morgen, Stetten und Zintgraff von Kamerun aus über Land in das Gebiet des oberen Benue gedrungen, so wählte die Expedition von Uechtritz und Passarge den Wasserweg über den Niger und Benue. Ihnen gelang es, in Garua und Laddo östlich von Yola vorteilhafte Verträge abzuschließen und auch Ngaumdere, das reichste und größte Sultanat Adamauas, dem Reiche zu gewinnen. Hatten sie sich den oberen Benue durch Verträge gesichert, so mußte der zweite Teil ihres Planes, Bagirmi am Südufer des Tschad-Sees zu erwerben, aufgegeben werden, da dasselbe inzwischen durch Araber erobert war.

Längere Zeit blieb das südöstliche Hinterland unerforscht, und auch jetzt noch ist von demselben wenig bekannt. Am Schluß des Jahres 1897 marschierte Leutnant von Carnap von Jaunde den oberen Sannaga hinauf und gelangte nach Carnot am Mambere, in das östlich der Kolonie gelegene französische Gebiet. Von hier aus besuchte er über den Sanga-Fluß die Südostecke des Kamerun-Gebietes am Einfluß des Ngoko in den ersteren. Seine Berichte waren die Ursache, daß man dem schon von Dr. Zintgraff angeregten Plane, das südöstliche Hinterland vom Kongo aus zu erschließen, wieder näher getreten ist. Eine starke Expedition unter Führung des Gouverneurs von Puttkamer und darnach des Assessors Dr. Plehn[1]) ist im Herbst 1898 abgegangen, um die dortigen Verhältnisse zu prüfen und zu regeln.

Auch der Nordosten wird kräftig in Angriff genommen, indem eine starke Expedition zum oberen Benue abgehen soll, um durch Gründung einer Handelsstation, voraussichtlich in Garua, den dortigen Handel in deutsche Bahnen zu lenken und, wenn möglich, von dort aus freundliche Beziehungen mit den Arabern in Bornu anzuknüpfen. Gleichzeitig ist durch den Feldzug der Schutztruppe unter Hauptmann von Kamptz in Adamaua, als deren erste Erfolge die Unterwerfung des Wute-Häuptlings Ngila und die Eroberung von Tibati gemeldet sind[2]), die Herstellung einer sicheren Etappen- und Handelsstraße von Adamaua zum Küstengebiet in Angriff genommen worden.

Diese kurz skizzierten Expeditionen sind zum Teil von Einfluß gewesen auf die Abgrenzung des Kamerungebietes gegen die englischen und französischen Besitzungen des Nigercoast-Protectorate und des Congo français. Nachdem zwischen Deutschland und England schon mehrere vorläufige Vereinbarungen getroffen waren, wurde der Lauf der Grenze durch Vertrag vom 15. November 1893 folgendermaßen festgelegt: Vom Rio del Rey läuft sie zum Old Calabar-Fluß, den sie ungefähr unter 9° 8' ö. L. bei den Rapids trifft, von hier aus geht sie in gerader Linie auf Yola zu, umgeht dasselbe in großem, südlich ausweichenden Bogen, überschreitet den Benue unweit der Mündung des Faro, läuft dann nördlich bis zum 10° n. Br. und erreicht schließlich

---

[1]) Vgl. den Aufsatz über die Gründung der Station Sanga Ngoko durch Dr. Plehn in Nr. 30 der „Deutschen Kolonialzeitung“, Jhrg. 1899. Die Schriftleitung.

[2]) Vgl. den Aufsatz Dr. Passarges über die Eroberung Tibatis in Nr. 32 der „Deutschen Kolonialzeitung“, Jhrg. 1899. Die Schriftleitung.

unter dem 14° ö. L. das südliche Ufer des Tschad-Sees, das sie bis zur Mündung des Schari in den See begleitet.

Die Abgrenzung gegen die französischen Nachbargebiete legten die Verträge vom 24. Dezember 1885 und 15. März 1894 fest.

Darnach folgt die Südgrenze dem Campo-Fluß bis zum 10° ö. L., läuft dann in gerader Linie bis zum 15° ö. L., begleitet dann diesen Längengrad bis zum Ngoko-Flusse, längs dessen sie bis zum 2° n. Br. geht, um dann ostwärts gerichtet den Sanga zu berühren. Diesen begleitet sie 30 km nordwärts und bildet dann eine mehrfach nach Westen gebrochene Linie, welche die Orte Kunde, Lame, Bifara den Franzosen läßt. Bei ihrem Schnittpunkt mit dem 10° n. Br. wendet sie sich wieder ostwärts bis zum Schari, längs dessen Ufer sie den Tschad-See erreicht.

Ein Blick auf die Karte genügt, um die Künstlichkeit und Unnatürlichkeit dieser Grenzregulierung erkennen zu lassen. Jedenfalls sind bei ihr die Interessen Deutschlands nicht gerade zum besten gefahren, indem ihm eine Reihe von Ortschaften und ganze Gebiete vorenthalten blieben, welche ihren natürlichen und politischen Verhältnissen nach zu den im deutschen Gebiete liegenden Länderstrecken gehören. Yola im Westen einerseits, Kunde, Gaza, Banio andererseits sind wichtige Handelsplätze an den großen, von den Händlern beschrittenen, unser Hinterland durchschneidenden Karawanenstraßen. Der Emir von Yola insbesondere gilt als der Oberherr der Einzelstaaten von Adamaua. Es liegt auf der Hand, von welcher Bedeutung dieser Umstand sein könnte, wenn Yola der deutschen Interessensphäre angehörte, um so mehr, da sowohl von Uechtritz und Passarge, wie vornehmlich von Stetten bei dem Emir die freundlichste Aufnahme gefunden hatten.

Die so festgelegten Grenzen umschließen ein Gebiet, das auf einen Flächeninhalt von etwa 495000 qkm abgeschätzt, sich mit einer ungefähr 320 km langen Küste hinter der Biafra-Bai, dem östlichsten Teil des Golfes von Guinea, ausbreitet. Ungefähr in der Mitte dieses Küstenstrichs, gegenüber der Insel Fernando Póo, öffnet sich das sehr anschaulich mit einem Ahornblatte verglichene Kamerun-Ästuar. Fünf Flüsse, der Kwakwa, ein Arm des Sannaga, der Dibamba, der Wuri, Abo und Mungo, ergießen ihre Wasser in dasselbe, indem sie an ihrer Mündung unzählige Wasserarme bilden, zwischen denen sich sumpfige Schlamminseln abgelagert haben, welche mit dichten, auf hohen Luftwurzeln stehenden Mangrovenwäldern überzogen sind. Zur Flutzeit sind sie von dem eindringenden Meerwasser überströmt, sodaß dann der Mangrovenwald zu schwimmen scheint. Vereinigen sich die vier erstgenannten Flüsse zu einem Haff, das in breiter Öffnung zwischen der Suellaba-Spitze und dem Kap Kamerun mit dem Meere in Verbindung steht, so hat sich der Mungo als Bimbia-Fluß einen eigenen Zugang zum Guinea-Golf gebahnt. Auf seinem rechten Ufer steigt ziemlich jäh bis zu einer Höhe von 3960 m der Gebirgsstock des Kamerun-Gebirges auf. Vulkanischen Ursprungs erheben sich seine Basalt- und Lavamassen, mehrere Kaps, wie das Kap Bimbia und Kap Debundja, vorschiebend unmittelbar aus dem Meere heraus, bis 2200 m hinauf mit dichtem Urwald bestanden, darnach mit hohem Gras bekleidet; die höchsten Erhebungen sind kahl, fast ohne irgend eine Vegetation. Die höchsten Gipfel dieses Gebirges sind der Mongo ma loba, der Götterberg, (3690 m) und der Mongo ma etinde, der sogen. kleine Kamerunberg (1774 m). Landeinwärts setzen sich diese vulkanischen Gebirgsmassen in den Balossi-Bergen fort und ziehen sich in dem Tschebtschi- und Mandara-Gebirge bis nach Adamaua hin. Nordwestlich des Kamerun-Gebirges wird die Küste wieder flach. Das Rio del Rey-Ästuar, das in den Flußarmen Meme, Dongola, Mela, Rio del Rey mündet, charakterisieren dieselben Mangrovensümpfe wie das Kamerun-Ästuar. Dagegen sind sie in dem südlich des letzteren gelegenen Küstengebiet seltener. Hier zeigt die Batangaküste in der Hauptsache eine schmale Graszone, untermischt mit einzelnen Baum- und Strauchgruppen.

Hinter diesem, im Süden schmäleren, im Norden breiteren Küstengürtel, dessen Mangrovenwald vornehmlich an den Flüssen bis zu vier bis fünf Meilen vordringt, erhebt sich ein fruchtbarer Landstrich, dessen Boden, aus fettem Lehmboden gebildet den prächtigsten tropischen Urwald trägt, der namentlich an den Flußläufen eine Formenfülle, eine Üppigkeit und Mächtigkeit der Vegetation zeigt, die von keinem Tropengebiet der Erde übertroffen wird. Ostwärts findet diese Region ihren Abschluß durch das plötzlich in sanfter Erhebung aufsteigende Randgebirge der ersten innerafrikanischen Terrasse, über deren Abfall die Flüsse in schäumenden Wasserstürzen hinwegfließen. Reicher Urwald bedeckt den größeren Teil auch dieses Gebietes, das zu einem schroff und jäh ansteigenden zweiten Randgebirge führt, welches mit Gipfeln von 1100 bis 1400 m sich erhebt. Allmählich geht dieses wilde, waldige Bergland, das zahlreiche Flußläufe nach Westen mit tosenden Katarakten entsendet, in Hügellandschaft über, um dann in die innerafrikanische Hochebene sich zu verlieren. Im Süden mit dichten, wasserreichen Wäldern bedeckt, zeigt es östlich den Charakter der Parklandschaft, welche schließlich in große Savannen mit mannshohem Gras übergeht. Von einzelnen Palmengruppen oder der Anona senegalensis selten unterbrochen, ziehen sich diese Savannen bis nach Adamaua hinein.

Dieses Hochland ist das Quellgebiet zahlreicher Flüsse und Flüßchen. Hier entspringt, wohl unter dem 15° ö. L., der Sannaga, Kameruns Hauptstrom, unter dessen weitverzweigten Nebenflüssen der Mbam, von Norden aus dem Hochland von Tibati kommend, der bekannteste ist. Von gewaltiger Wasserfülle und hinreichender Tiefe ist der Sannaga für die Schiffahrt doch nur von bedingtem Werte, da er in der Nähe von Edea mehrere Wasserfälle bildet. Er mündet bei Malimba mit zwei breiten Armen ins Meer, nachdem er zuvor den Kwakwa zum Kamerun-Haff entsandt hat. Auch der Mbam ist leider in seiner Brauchbarkeit als Verkehrsstraße durch Stromschnellen beeinträchtigt. Südlich des Sannaga fällt der ebenfalls aus dem Hochlande kommende Ryong, bei Kl. Batanga, etwa 35 km weit befahrbar, ferner der tiefe Lokundje, sowie der seichte Kribi- und Kampo-Fluß in das Meer. Der Flüsse des Rio del Rey- und des Kamerun-Ästuars ist bereits Erwähnung gethan. Die ersteren sind nur mit Kanus auf geringe Strecken zu befahren, von den letzteren tragen zur Regenzeit der Wuri, Abo und Mungo kleine Dampfer bis zu den ersten Schnellen.

Von den Flüssen des Hinterlandes ist der wichtigste der in seinem Oberlaufe deutsche Benue, der Nebenfluß des Niger, welcher samt seinen Nebenflüssen — darunter der Farro — vom Nordrande des innerafrikanischen Hochlandes herabfließt. Zum Tschad-See geht der Schari, und im Südost bildet der Sanga mit dem Ngoko die wichtige Verbindung mit dem Kongo.

Außer diesen Flüssen durchströmen zahlreiche kleinere Flußläufe und Bäche das Land, wie denn Kamerun überhaupt eines der wasserreichsten Gebiete des Kontinents ist.

So vielgestaltig das Landschaftsbild Kameruns ist, so bunt ist auch das Bild, das seine Einwohnerschaft bietet. Es dürfte nicht viele Länder geben, in denen sich eine derartig zusammengewürfelte Bevölkerung findet wie hier in Kamerun: nicht zum

Vorteil des Verkehrs und der Kolonisation. Ein Volk unterscheidet sich von dem andern durch Sprachgewohnheiten und Sitten. Politische und merkantile Gegensätze, Fehden und Kriegszüge sind häufig.

Zu zwei Hauptgruppen gliedert sich die Bevölkerung, für welche im Allgemeinen der obere Sannaga die Scheide bildet. In Adamaua und auf dem Hochlande wohnen Sudan-Neger, den Rest des Landes haben Bantu-Neger, die Urbevölkerung des Gebietes, inne. Sind diese heidnisch und in lauter Einzelstaaten ohne größere nationale Verbände gespalten, so sind jene mohammedanisch und zu größeren Staaten zusammengeschlossen. Die Hauptstadt des großen Fulbe-Staates Adamaua ist Yola, dessen Emir die Sultanate von Banyo, Tibati, Mandiongola, Ngaundére u. a. als Vasallen unterstehen. Die Bevölkerung dieser größeren Reiche, deren Herrscher sich immerhin eine gewisse Selbständigkeit dem Emir von Yola gegenüber zu wahren gewußt haben, treiben hauptsächlich Handel, daneben sind sie aber auch, wie ihre Korn- und Durrah-Felder und die Ölpalmen um ihre Dörfer herum zeigen, dem Landbau zugethan.

Unter den Bantu sind als die eigentlichen „Kameruner" die in zahlreichen Dörfern am Kamerun-Flusse angesiedelten Dualla die bekanntesten. Ein von der Natur reich begabtes Volk — bekannt durch seine kunstvolle Trommelsprache — zeigen sie leider eine Menge schlimmer Fehler, unter denen Faulheit, Verlogenheit und Spitzbüberei hervorstechen. Für den Ackerbau gar nicht passioniert, beschäftigen sie sich fast ausschließlich mit dem Handel zwischen der Küste und dem Hinterlande. Ebenso die weiter landeinwärts wohnenden Abo-, Wuri- und Mungo-Leute. Nicht minder gerissene Händler sind am Sannaga die Malimba-, Edea-, Bakoko-Leute, welche ebenfalls vornehmlich vom Zwischenhandel leben. An der Batanga-Küste handeln die Batanga-, Bapuku-, Banoko- und Campo-Leute mit den hinter ihnen sitzenden Ngumba, die wiederum mit den Ngumba, Buli, Yaúnde und anderen Völkerschaften im Innern im Handelsverkehr stehen. Unter diesen halten die Yaúnde-Leute auch den Ackerbau hoch.

Ackerbau und Viehzucht werden hier nämlich im Gegensatz zu den anderen Stämmen, welche die Feldarbeit im Allgemeinen der Frau überlassen, auch von dem Manne ausgeübt. Hinwiederum zeigen ihre Nachbarn, die zwischen dem Sannaga und Mbam wohnenden Wute, wohl infolge ihrer vielfachen Berührungen mit dem nordöstlich gelegenen Tibati, mehr Vorliebe für den Handel; daneben sind sie als geschickte Waffenschmiede bekannt.

Von den Bewohnern des Kamerun-Gebirges wohnen als geschickte Küstenschiffer und Fischer die Isubu- oder Bimbia-Leute längs des Meeres. An den Ost- und Südost-Hängen des Gebirges sitzen die Bakwiri, deren Hauptneigung neben dem Krieg und der Jagd die Viehzucht ist, welche sie in den Besitz schöner Rinder-, Schaf- und Ziegen-Herden setzt. Gleichfalls Viehzucht und Ackerbau treiben die im nördlichen Hinterlande des Gebirges ansässigen Basaranl, die Bakundu, Batom und Banyang. Die ihnen benachbarten Bali treiben einen ausgedehnten Handel. An der westlichen Seite des Gebirges endlich leiten die Stämme der Balundu und Bambolo über zu den Barundu, welche an der Rio del Rey-Küste den Handel in den Händen haben.

Die Aufzählung dieser in neuerer Zeit öfter genannten Stämme mag genügen, erschöpft ist ihre Zahl damit nicht annähernd. Übrigens hat man in den Wäldern des südlichen Hochlandes neuerdings auch in den Bakelli ein Zwergvolk gefunden, von dem man schon früher durch Nachrichten Kunde hatte.

Was endlich die klimatischen und meteorologischen Verhältnisse des Schutzgebietes anlangt, so liegen darüber noch keine annähernd ausreichenden Angaben vor, abgesehen von dem Küstengebiet, über dessen Verhältnisse zusammenhängendere Beobachtungen angestellt werden konnten.

Die ganze Kolonie zeigt, ihrer Lage in der Nähe des Äquators entsprechend, ein ausgesprochen tropisches, heißes Klima, das an der Küste reichliche Regenmassen und geringe Temperaturschwankungen aufweist. Klimatisch sind zwei Gebiete zu unterscheiden, welche durch den anscheinend etwas unterhalb des 4° nördl. Br. zwischen Malimba und Kl.-Batanga die Küste treffenden meteorologischen Äquator geschieden sind. In dem nördlichen dieser Gebiete unterscheiden sich am Kamerunbecken und seiner Umgebung vier Jahreszeiten, nämlich erstens die Regenzeit, Juni-August, in welcher Gewitter und Tornados fast gänzlich fehlen. Daran schließt sich zweitens die erste Übergangszeit, September-Oktober, reich an Gewittern mit starkem Regenfall. Sie leitet über zu, drittens, der Trockenzeit, November-Februar, in welcher die geringsten Regenmengen fallen und Tornados seltener sind, welche dann, viertens, in der zweiten Übergangszeit, Februar-Mai, wieder an Zahl zunehmen und Mitte Mai den Höhepunkt in der Häufigkeit des Erscheinens überschritten haben. Wie zahlreich diese Gewitter auftreten können, zeigt unter andern das Jahr 1890, wo im März 21 Gewitter sich entluden. Durchschnittlich gehen sie in längstens zwei bis drei Stunden vorüber, doch fehlt es auch nicht an solchen, die in unaufhörlichen Entladungen fünf bis sechs Stunden lang wüten. Enorm sind die Regenmengen, welche hier im Jahre fallen. Während (nach Wohltmann) z. B. Halle (Saale) 484 mm, Göttingen 542, Königsberg (Preußen) 610 mm im Jahresmittel zeigen, ergaben die Messungen für Kamerun (Gouvernement) eine Menge von

1895 = 3741 mm, 1897 = 3602 mm,
1896 = 3646 „ , 1898 = 3920 „ .

Geringer sind die Regenmengen an den südlichen Abhängen des Kamerun-Gebirges. Viktoria hat im Jahre durchschnittlich einen Regenfall von 2260,7 mm, Buea maß im Jahre 1897: 2040,5 mm.

Riesig sind dagegen die Regenmengen am Kamerun-Gebirge nördlich vom Kap Debundja. Debundja maß nämlich

im Jahre 1895 = 8968,3 mm,
1896 = 9779,9 „ ,
1897 = 9469 „

und Bibundi im Jahre 1897 gar 10485,5. Noch größere Regenmengen meint man künftig weiter nördlich anzutreffen.

Nur ausnahmsweise regnet es Tage lang ununterbrochen fort, in der Regel fällt der Regen in anhaltenden Einzelgüssen. Ganz ohne Niederschläge ist kein einziger Monat. Mit welcher Stärke diese Regengüsse auftreten können, zeigt Debundja, das innerhalb 24 Std. im Jahre 1895 Regenmengen von 188,6 mm, 1896 sogar von 248,1 maß.

# Die Entwickelung des Kamerun-Schutzgebietes unter der deutschen Schutzherrschaft.

Von R. von Uslar, Landrat.

## II.

Auf der Nordseite des Gebirges (Johann Albrechtshöhe) wird sich der Jahresdurchschnitt auf ungefähr 2500 mm belaufen.

Geringer als die Schwankungen hinsichtlich der Regenverteilung sind die Temperaturunterschiede in diesem Bezirk. Am heißesten sind die Monate Februar und März der Uebergangszeit, in welcher das Thermometer auf eine Höhe von + 33° C. (absolut) steigern kann; die kühlste Zeit fällt in die Regenperiode Juli-August, welche im Mittel 20—21° C. zeigt.

(Z. B. Kamerun (Gouv.) Februar 1896 im Mittel 27,10° C.
Juli 1896 „ „ 21,82° C.)

Die absoluten Temperaturen schwanken zwischen 20° und 30° C.; natürlich kommen vereinzelt auch unter außerordentlichen Bedingungen größere Unterschiede zustande, doch bilden sie Ausnahmen.

(Z. B. Kamerun (Gouv.) Mai 1898 = 19,0 und 19,9 C. gemessen).

Kühler ist es in den höheren Lagen des Gebirges; in Buca z. B. (920 m) sind in den letzten Jahren als höchste Temperatur 28° C., als niedrigste 11° C. beobachtet worden, die mittlere tägliche Schwankung beträgt hier etwa 8° C., die absolute jährliche Schwankung etwa 17° C. Den Jahreszeiten entsprechend wechselt auch die Bewölkung. Im allgemeinen gilt für das Kamerunbecken und seine Umgebung eine gleichförmige, graue Bewölkung, eine trübe, diesige Atmosphäre als die Regel.

Etwas anders stellen sich die Dinge südlich des 4° N. an der Batangaküste. In Kribi z. B. ist im Juli-August die trockene Zeit, die hier zugleich die kühlste ist. In dieser Beziehung scheint Kribi das gleiche Klima wie St. Thomé und Gabun zu haben.

Für das Hochland des Innern gilt allgemein, daß hier niedrigere Temperaturen herrschen, als an der Küste. So beträgt das Mittel für Baliburg anscheinend 18° C., für Yaúnde-Station aber 22,4° C. Für Yaúnde liegen auch eingehendere meteorologische Notizen vor. Danach unterscheiden sich hier eine Trockenzeit von Dezember bis Mitte Februar, worauf bis zum Mai in allmählicher Steigerung die Zeit der

Regenfälle folgt, von der eine zweite Trockenzeit bis September zur zweiten Regenzeit im Oktober und November, überleitet. Die Höhe der jährlichen Niederschläge beträgt etwa 1400 mm.

Für die übrigen Teile des Hinterlandes fehlt es noch ganz an zusammenhängenden Beobachtungen. Immerhin ist aus den Berichten der Expeditionen bekannt, daß die dortigen Temperaturen denen der Küste bedeutend nachstehen und viel größere Unterschiede zeigen. Morgen fand 1895 in Banyo (Adamaua) „die schönste Buttermilch und die frischeste Butter, wie man sie in Europa nicht besser haben kann", was erheblich frischere Temperaturen anzeigt, und von Carnaps Expedition (1897) litt derart unter der niedrigen Temperatur, daß nachts und bis morgens 9 Uhr Feuer in den Hütten unterhalten werden mußte. Zintgraff verlor einen Teil seiner Leute dadurch, daß sie während eines eisigen Regensturmes erfroren.

Daß dies tropische Klima im Verein mit dem großen Wasserreichtum und der Fruchtbarkeit der Böden eine erstaunlich üppige Vegetation, zumal in der Küstenebene, gezeitigt hat, wurde schon oben angedeutet. Unter den Baumriesen des durch Unterholz, Farne und dicht verschlungene Lianennetze oft undurchdringlichen Urwaldes fallen die gewaltigen Baumwollbäume auf. Palmen sind zahlreich vertreten. Im Bereich des Seewindes gedeiht die Kokospalme, an der Küste und im Innern die Ölpalme, an sumpfigen Stellen auch die Weinpalme (Raphia). Nicht so reich ist, wenigstens im Küstengebiet, die Kolonie an größeren Vierfüßerarten. Raubtiere fehlen hier so gut wie ganz; im Hinterlande sind der Leopard, die Tiger- und Zibethkatze und der Schakal oft zu finden, im Norden sind auch der Löwe und die Hyäne beobachtet worden. Affen aller Art, vom Gorilla und Schimpanse bis zu den kleinsten Äffchen, sind sehr zahlreich vorhanden. Ebenso Elefanten — Kamerun ist das Land der Elefanten, Flußpferde und Krokodile. In den Grassavannen lebt der Büffel und in zahlreichen Rudeln die Antilope, die sumpfigen Ufer der Flüsse bewohnt das Pinselohrschwein. In der sehr reichen Vogelwelt fallen besonders die Graupapageien auf, die hier das Zentrum ihres Verbreitungsbezirks haben. Mannigfaltige Sumpf-, Lauf- und Waldvögel beleben die einzelnen Gegenden der Kolonie, von den Raubvögeln erblickt man an der Küste oft den scharfblickenden Geierseeadler. Unter den vorhandenen Giftschlangen sind die Rhinoceros-Viper und eine kleine, grasgrüne Viperart gefürchtet. Im Innern soll es auch Riesenschlangen geben. Eine Plage sind wie in den Tropen überhaupt so vornehmlich in Kamerun die lästigen Moskitos, die verheerend auftretenden Ameisen und die an der ganzen Westküste Afrikas verbreiteten Sandflöhe, welche namentlich den Eingeborenen verhängnisvoll werden, indem sie sich unter den Zehennägeln derselben einnisten und durch die entstehenden Eiterungen oft den Verlust der Zehen bewirken.

## Die staatliche Verwaltung der Kolonie.

Die Bitten der deutschen Firmen Kameruns um Proklamierung der deutschen Schutzherrschaft über das Gebiet entsprangen dem Wunsche, eine starke Macht hinter sich zu haben, welche ihre Interessen sowohl den Angehörigen anderer Nationen gegenüber nachdrücklich und erfolgreich vertreten könnte, als auch ihre persönliche Sicherheit und die ruhige Entwicklung ihrer wirtschaftlichen Unternehmungen gegen die Willkür und die Gewalttätigkeit der Eingeborenen zu schirmen die Kräfte hätte.

Insbesondere war es ihnen darum zu thun, den immer unerträglicher werdenden Zwischenhandel der verschiedenen zwischen der Küste sitzenden Stämme, die Hemmnisse und Bedrohungen, welche dieselben den Handelsunternehmungen oft in den Weg stellten, durch den Respekt vor einer starken, durch das Reich ausgeübten Schutzgewalt gemindert und beseitigt zu sehen. Demgemäß ergab sich für das Reich bei der Errichtung der staatlichen Verwaltung eine doppelte Aufgabe: einmal diejenige, durch Schaffung einer Anzahl staatlicher Verordnungen und Einrichtungen die Beziehungen der Europäer unter einander, zum Reiche und zu den Eingeborenen zu regeln; sodann aber auch die letzteren, sei es auf friedliche Weise durch Anbahnung freundschaftlicher Beziehungen und Verbreitung europäischer Kultur und Sitte, sei es durch Anwendung von Zwang und durch kriegerische Unternehmungen zu Achtung und Gehorsam dem deutschen Reiche und seinen Angehörigen gegenüber zu erziehen. Mithin umfaßt der Wirkungskreis der Kolonialbeamten zwei Hauptaufgaben, deren eine das ganze Gebiet der Verwaltung im weitesten Sinne und der Rechtspflege umfaßt, während die zweite militärischer Natur ist.

Die oberste Schutzgewalt im Gebiete übt nach § 1 des Gesetzes, betreffend die Rechtsverhältnisse der deutschen Schutzgebiete, im Namen des Reiches Se. Majestät der Kaiser aus. Ihm stehen, natürlich mit den durch die Verfassung bedingten Beschränkungen, das Recht der Gesetzgebung und der vollziehenden Gewalt im Schutzgebiet zu. Dabei gilt als Schutzgebiet, auf das sich diese Bestimmungen beziehen, i. a. zunächst nur der Teil, in dem die Macht thatsächlich ausgeübt wird; im Verhältnis, wie sich die Grenzen dieses Machtbereichs ausdehnen, dehnt sich auch die Sphäre des Verwaltungseinflusses aus. Immerhin giebt es auch heute schon gewisse Verordnungen, die für das ganze Gebiet innerhalb der Grenzen der Interessensphäre de jure, wenn auch nicht immer de facto gelten.

An der Spitze der Kolonie steht der Gouverneur, zur Zeit Herr von Puttkamer. Der Kolonialabteilung des Auswärtigen Amts in Berlin verantwortlich vereinigt der Gouverneur als Chef der gesamten Verwaltung alle Zweige der zivilen und militärischen Gewalt in seiner Hand. Insbesondere sind ihm konsularische Befugnisse, das Recht zum Erlaß polizeilicher und sonstiger, die Verwaltung betreffenden Strafvorschriften, sowie zum Erlaß von Verordnungen auf dem Gebiet der allgemeinen Verwaltung, des Zoll- und Steuerwesens zuerteilt. Zugleich auch Generalkonsul für die unter fremder Hoheit stehenden Küstengebiete am Golf von Guinea und das Gebiet des Kongostaates hat er das Schutzgebiet im Verkehr mit dem Ausland zu vertreten. Im Innern unterstehen ihm sämtliche Zivilbehörden, insbesondere die einzelnen Bezirksämter, die Binnenstationen, die Finanzen und Zölle, die Justiz und Polizei, das Gesundheits-, Schul- und Bau-Wesen, schließlich die zur Hebung der Landeskultur erforderlichen Einrichtungen wie Versuchsstationen, Landesvermessung, Forstwesen u. s. w. Ebenso hat er das Oberkommando über die Schutztruppe und die Militärstationen.

Ihm zur Seite steht als stellvertretender Gouverneur der Kanzler (zur Zeit Regierungsrat Dr. Seitz) und der kaiserliche Richter (zur Zeit Assessor Horn) nebst einigen subalternen Verwaltungsbeamten.

Unter dieser Zentralverwaltung, wie man sie nennen könnte, arbeiten die Lokalverwaltungen der einzelnen Bezirke und die Vorsteher einzelner Regierungsstationen im Hinterlande. Als solche Bezirke bestehen zur Zeit drei, nämlich das Bezirksamt

Kamerun, dessen Geschäftsbezirk das Kamerunbecken und seine Zuflüsse umfaßt, das Bezirksamt Viktoria, welches das Kamerungebirge und das Rio del Rey-Ästuar umschließt, und das Bezirksamt Kribi, dem das Gebiet südlich vom Sannaga bis zum Campo; sowie die Jaunde-Station untersteht. Für das Gebiet des Sannaga, das jetzt von der dem Gouvernement direkt unterstellten Regierungsstation Edea verwaltet wird, wird ein viertes Bezirksamt seit langem geplant; seine Gründung wird sich kaum länger aufschieben lassen. Als besondere Regierungsstationen bestehen im Bezirk Kamerun: Johann Albrechtshöhe in der Nähe der Zintgraffschen Barombi-Station, während Baliburg, Tinto-, Balom-Station, Mundame am oberen Mungo und Mpim am oberen Sannaga zur Zeit unbesetzt sind. Im Bezirk Viktoria bestehen Buea und Rio del Rey, während Ndobe am Meme-Fluß wieder eingezogen ist. Zum Bezirk Kribi endlich gehören Lolodorf auf dem Wege zwischen Kribi und Jaunde, sowie Jaunde-Station. Kaiser Wilhelmsburg (Ngilla) ist nach Morgens Weitermarsch nicht wieder besetzt, Balinga nach Vollhammers Tod von Stetten aufgelöst worden. Doch plant man im Hinterlande neue Stationen: einmal am Sanga-Ngoko[1]), andrerseits in Joko (Tibati)[2]), wahrscheinlich auch in Garua (Benue-Gebiet) einzurichten.

An der Spitze der Bezirksämter stehen Bezirksamtmänner, für Kamerun ist der Kanzler zugleich Bezirksamtmann. Ihre Thätigkeit ist derjenigen unserer Amtsvorsteher ähnlich, umfaßt also das lokale Kassenwesen, die Ausführung der vom Gouvernement erlassenen Verordnungen, den Wegebau im Bezirk u. s. w. Insbesondere üben die Bezirksamtmänner die Polizei, zu welchem Zweck ihnen ein Polizeimeister (Amtsdiener) und eine Polizeitruppe von Schwarzen beigegeben ist. Die Stärke derselben beträgt (1896)

Kamerun = 20, Viktoria-Buea = 30, Kribi = 10,
Campo = 5, Rio del Rey = 5 Mann.

Die Innenstationen werden teils von Offizieren, teils, namentlich soweit sie Versuchsstationen sind, von Zivil-Personen geleitet, so z. B. Buea von dem Techniker Leuschner, Johann Albrechts-Höhe von dem Landwirt Conradt.

Selbständig, d. h. nicht dem Gouverneur unterstellt, arbeitet die Post.

Kamerun ist der Sitz eines Postamtes, dem die Postagenturen in Kribi, Viktoria und Rio del Rey unterstellt sind. In Kamerun arbeitet ein Postbeamter mit je zwei schwarzen Hülfspostbeamten und Telegraphisten, die Agenturen werden meist von den Bezirksamtmännern im Nebenetat verwaltet.

Das Postamt Kamerun ist durch ein Kabel mit Bonny (Niger Coast Protectorate) und dadurch mit dem allgemeinen Kabelnetz verbunden.

Die Postverbindung mit Europa vermitteln die monatlich je einmal ausfahrend und heimfahrend das Schutzgebiet berührenden Schiffe der Hamburger Woermann-Linie, sowie die alle vier Wochen verkehrenden Dampfer der vereinigten African Steamship Cy und British and African Steam Navigation Cy Ltd. Auch ein spanischer Dampfer läuft neuerdings Kamerun regelmäßig an und ermöglicht eine Beförderung über Fernando Poo oder St. Thomé. Soweit der Verkehr zwischen den einzelnen Küstenplätzen des Gebietes (Kamerun, Rio del Rey, Viktoria, Malimba,

---

[1]) Vgl. „Deutsche Kolonialzeitung" 1899, No. 30, S. 271 Prager, Erich, Die neue Station am Sanga Ngoko.

[2]) Vgl. ebda. No. 32, S. 285 Passarge, Dr. S., Die Erstürmung Tibatis.

Kl. Batanga, Kribi, Gr. Batanga) nicht durch diese Schiffe vermittelt wird, erfolgt er unter Benutzung gegebener Gelegenheiten (Kriegs-, Handels-, Regierungs-Schiffe u. s. w.). Die Beförderung der Postsachen ins Innere besorgt das Gouvernement.

Der Postverkehr umfaßte im Jahre 1897/98 insgesamt an

| | | | | | |
|---|---|---|---|---|---|
| Briefen | = 88249 | Stück, | Packeten | = 2333 | Stück |
| Wertbriefen | = 63 | „ | Postanweisungen | = 2147 | „ |
| Zeitungen | = 69 | „ | Exemplare | (= 3031 | Nummern) |
| Telegrammen | = 727 | Stück. | | | |

Um von den einzelnen Arbeitsgebieten der durch das Gouvernement dargestellten allgemeinen Verwaltung des Schutzgebietes ein Bild zu geben, seien die wichtigeren, und zwar zunächst das Zoll- und Kassenwesen genannt.

Als Währung des Schutzgebietes gilt die Markrechnung. Der Wert aller Gegenstände eines Rechtsgeschäftes muß in dieser Währung ausgedrückt werden. Alle Zahlungen an die öffentlichen Kassen bestimmen sich hiernach. Auch einige fremde Goldmünzen sind zugelassen, deren Wertverhältnis zur Reichsmark so festgesetzt ist, daß innerhalb des Gebietes 1 Lstrl. (englisch) = 20 Mk., und 20 Frcs. (französisch) = 16 Mk. gelten.

Die Einnahmen des Schutzgebietes fließen aus Zöllen, Licenzgebühren, Hafenabgaben, Gerichts-, Disziplinar-, Zoll-Strafen, Gerichts- und Kanzlei-Gebühren, aus dem Erlös des Hospitals, der Apotheke, der Maschinenwerkstätte, des Slipbetriebes u. s. w. Sie betragen im Jahre:

| | 1889/90 | 1890/91 | 1891/92 | 1892/93 | 1893/94 | |
|---|---|---|---|---|---|---|
| Eingangszölle | 200525.91 | 251470.79 | 375455.90 | 387014.30 | 451184.71 | Mk. |
| Sonstige Einnahmen | — | 36488.00 | 24002.03 | 113470.70 | 114206.30 | „ |
| Summa: | 200525.91 | 287067.70 | 400118.53 | 500485.15 | 565391.01 | Mk. |

| | 1894/95 | 1895/96 | 1896/97 | 1897/98 | |
|---|---|---|---|---|---|
| Eingangszölle | 479213.32 | 469118.75 | 461439.03 | 577075.98 | Mk. |
| Sonstige Einnahmen | 102350.14 | 96213.98 | 127697.60 | 119514.47 | „ |
| Summa: | 581563.46 | 565332.73 | 589137.53 | 697490.45 | Mk. |

Wie diese Tabelle zeigt, sind unter den Einnahmen die erheblichsten die Zolleinnahmen. Nachdem ursprünglich ein Ausfuhrzoll auf Palmöl und Palmkerne bestanden hatte, werden seit 1887 an Stelle dessen Einfuhrzölle erhoben. Zollpflichtig sind nach dem vervollständigten Tarif von 1891 alle Spirituosen, ausgenommen Wein und Bier, ferner alle Feuerwaffen, Pulver, Tabak, Reis und alle zu Bekleidungszwecken verwendbaren Gewebe. Außerdem haben alle im Kamerun-Gebiet bestehenden Geschäftshäuser, welche mit Spirituosen handeln, hierfür eine jährliche Abgabe von 2000 Mark zu bezahlen. Ferner entrichten alle Seeschiffe, welche löschen oder laden, Hafengebühren, von 50 Mark aufsteigend. Den im Schutzgebiet ansässigen christlichen Missionsgesellschaften wird eine Zollermäßigung für die von ihnen unmittelbar eingeführten zollpflichtigen Waren insofern gewährt, als jeder Missionsgesellschaft (seit 1896) die von ihr gezahlten Zölle bis zur Höhe von 1000 Mark jährlich zurückvergütet werden.

Neben dem Zollamt in Kamerun bestehen Nebenzollämter in Rio del Rey, Viktoria, Kribi und Campo, welche zum Teil wieder einige Zollposten vorgeschoben halten. Ein Zollverwalter, vier Zoll-Assistenten und eine Anzahl eingeborener Zollgehülfen versehen den Dienst auf denselben.

Besondere Sorgfalt ist dem Gebiete der Rechtspflege zugewandt. Die Rechtspflege in der Kolonie wird geregelt durch das Gesetz über die Konsulargerichtsbarkeit vom 10. Juli 1870. Der Gerichtsbarkeit unterstehen außer den Deutschen auch die im Gebiete sich aufhaltenden Angehörigen anderer Nationen. Inwieweit auch die Eingeborenen des Gebietes derselben zu unterstellen sind, bestimmt der Gouverneur. Kamerun hat ein Gericht erster und zweiter Instanz. Zur Ausübung der Gerichtsbarkeit erster Instanz ist ermächtigt der Kanzler, beziehungsweise der Kaiserliche Richter. Gegen die Entscheidungen dieses Gerichts steht die Beschwerde und Berufung frei. Als solches Berufungsgericht fungiert das Kaiserliche Gericht zweiter Instanz, gebildet von dem Gouverneur und vier europäischen Beisitzern. Zuständig ist im allgemeinen das Gericht erster Instanz für alle im Reich den Amtsrichter, resp. den Schöffengerichten zustehenden Sachen, während das Obergericht sich mit den Sachen befaßt, welche in der Heimat den Landgerichten in erster Instanz zugewiesen sind, beziehungsweise zur Zuständigkeit der Strafkammern und Schwurgerichte gehören.

Bezüglich des zur Anwendung kommenden Rechts gilt, daß sich das bürgerliche Recht, Strafrecht und gerichtliche Verfahren nach den Vorschriften des genannten Gesetzes über die Konsulargerichtsbarkeit grundsätzlich bestimmen. Abweichend sind zum Teil die für Kamerun geltenden Bestimmungen betreffs des Immobilienrechtes, namentlich betreffs der Rechtsverhältnisse an Grund und Boden. Um Übervorteilungen der Eingeborenen beim Landerwerb durch Kolonisten zu verhindern, um letzteren ihren erworbenen Besitz zu garantieren und um jeglicher ungesunden, die Entwickelung der wirtschaftlichen Verhältnisse etwa erschwerenden Landspekulation vorzubeugen, bestand seit 1888 eine Verordnung des Gouverneurs, wonach Verträge, durch welche das Eigentum an Grundstücken erworben werden sollte, welche bisher im Besitz von Eingeborenen sich befanden, zu ihrer Rechtswirksamkeit der Genehmigung des Gouverneurs bedurften. Nachdem diese Verordnung 1894 dahin erweitert worden war, daß alle derartigen Verträge von einem hierzu ermächtigten Beamten verlautbart werden mußten, wurden die Verhältnisse 1896 folgendermaßen geregelt: Vorbehaltlich der Eigentumsansprüche oder sonstigen dinglichen Ansprüche, welche Private oder juristische Personen, Häuptlinge oder unter den Eingeborenen bestehende Gemeinschaften nachweisen können, sowie vorbehaltlich der durch Verträge mit der Kaiserlichen Regierung begründeten Okkupationsrechte Dritter ist alles Land innerhalb des Schutzgebietes von Kamerun als herrenlos Kronland. Das Eigentum daran steht dem Reiche zu. Die Überlassung von Kronland als Eigentum oder Pachtung erfolgt durch den Gouverneur. Grundstücke, welche im Besitz Nichteingeborener sind, können ohne weiteres erworben werden; dagegen bedarf die Überlassung größerer städtischen und aller ländlichen Grundstücke von Eingeborenen an Nichteingeborene der Genehmigung und Aufsicht des Gouverneurs. Über die Besitzverhältnisse wird ein Grundbuch geführt.

Eine umfassende Gerichtsordnung, welche die Gerichtsbarkeit der Eingeborenen allgemein regelt, ist in Vorbereitung, aber noch nicht zur Einführung gelangt, da namentlich auf dem Gebiete des Zivilrechts eine Reihe von Fragen, wie die Schuldknechtschaft, sowie die der Klagbarkeit von Vorschüssen (Trustlagen) bei den im Schutzgebiete bestehenden Verhältnissen besondere Schwierigkeiten boten. Die Ausübung der Strafgerichtsbarkeit und der Disziplinargewalt gegenüber den Eingeborenen ist vorläufig durch eine Verfügung des Reichskanzlers geregelt, welche dem Gouverneur, den Bezirksamtmännern, den Stationsleitern und Expeditionschefs die Befugnis gibt, Prügel und Rutenstrafe, Geldstrafe, Gefängnis mit Zwangsarbeit, Kettenhaft und Todesstrafe, letztere jedoch ausschließlich dem Gouverneur vorbehalten, zu verhängen. Zu den Verhandlungen sind thunlichst die Dorfhäuptlinge, unter Umständen auch vornehme Eingeborene hinzuzuziehen. Außer Verbrechern können auch Eingeborene, welche in einem Dienst- oder Arbeitsverhältnis stehen, auf Antrag des Arbeitgebers wegen fortgesetzter Pflichtverletzung und Trägheit, wegen Widersetzlichkeit oder unbegründeten Verlassens ihrer Dienst- und Arbeitsstellen u. s. w. mit Prügelstrafe und Kettenhaft bis zu 14 Tagen bestraft werden. Die Strafen können ev. statt in Geld in Lebensmitteln entrichtet werden. Von längeren Freiheitsstrafen sieht man in der Regel ab, da sie einmal der natürlichen Faulheit des Negers entgegenkommen und da derselbe bei seinem gänzlichen Mangel an Verständnis für Zeit und seinem kurzen Gedächtnis bald den Grund seiner Bestrafung vergessen hat und seine längere Festhaltung als Unrecht ansieht. Dagegen wohnt den Verurteilungen zu Zwangsarbeit und den Geldstrafen ein erzieherischer Wert insofern inne, als sie den Neger zur Arbeit unmittelbar oder mittelbar zwingen.

Für die Streitigkeiten der Eingeborenen untereinander bestehen in einer Reihe von Landschaften Schiedsgerichte, welche die entstandenen Differenzen zunächst zu regeln suchen. Durch diese Gerichte, gegen deren Urteile Berufung an den Kaiserlichen Richter zulässig ist, befindet sich der letztere in der Lage, auf die einheimischen Rechtsanschauungen Einfluß zu üben und an ihre Stelle allmählich europäische Rechtsbegriffe treten zu lassen. Der Einfluß einer konstanten Praxis des Kaiserlichen Richters ist bereits in vielen Fällen der Rechtsprechung, z. B. des Dualla-Schiedsgerichts, zum Ausdruck gekommen. Die Gerichte dienen übrigens nicht lediglich den Zwecken der Rechtspflege, sondern haben auch die Polizei zu überwachen und werden neben den Häuptlingen für Ruhe und Ordnung in ihren Bezirken verantwortlich gemacht. Die Mitglieder der Schiedsgerichte werden vom Gouverneur ernannt. Während in Streitsachen, in denen der Streitgegenstand 120 Mark nicht überschreitet, und in Strafsachen, bei denen das Strafmaß 300 Mark (= 6 Monaten Gefängnis) nicht übersteigt, der Häuptling des Beklagten entscheidet, erledigt das Schiedsgericht einmal die außerhalb der Kompetenz des Häuptlings fallenden Sachen und bildet andererseits die Berufungsinstanz gegen seine Entscheidungen. Solche Schiedsgerichte sind errichtet für den Duallastamm, für den Viktoriabezirk, für den Wangambastamm in Kamerun, für die Dörfer am mittleren Wuri, für die Landschaft Bodiman, für die Anwohner des Sannaga, für die Landschaft Tibombari, Abolama-Dibamba, für die Balolo-Niederlassungen am unteren Abo, für das linke Abo-Ufer, für die Landschaft Lungasi. Streitsachen zwischen Eingeborenen werden dort, wo Schiedsgerichte nicht in Wirksamkeit treten können, vom Kaiserlichen Richter im summarischen Verfahren erledigt, ebenso bürgerliche Streitigkeiten zwischen Weißen und Eingeborenen, wobei in der Praxis eine möglichst peinliche Untersuchung der vorgebrachten Ansprüche und strenge Urteilsfällung und Stravollzug grundsätzlich durchgeführt wird. In diesem Gerichtsverfahren über Eingeborene dürfen zur Herbeiführung von Geständnissen und Aussagen andere als die in der deutschen Prozeßordnung zugelassenen Maßnahmen nicht zur Anwendung kommen. Der Vorliebe der Eingeborenen für das Prozessieren wird dadurch ein Zaum angelegt, daß die seit 1897 bedeutend erhöhten Gerichtskosten pränumerando zu entrichten sind.

Wie auf dem Gebiete der Rechtspflege ist es auch auf dem des Unterrichts der Eingeborenen nicht über Anfänge hinausgekommen; ja nach vielversprechenden Anfängen, welche hauptsächlich den leider verstorbenen Lehrern Christaller und Betz zu verdanken waren, ist auf diesem Gebiete ein Rückschritt zu verzeichnen. Nachdem bis 1896 zwei Regierungsschulen in Kamerun, nämlich je eine in Belldorf und Deidodorf bestanden hatten, wozu als dritte die bis 1897 von dem schwarzen Baptisten-Pastor Wilson geleitete Schule in Viktoria von der Regierung übernommen wurde, wurde 1898 die von einem der den deutschen Lehrern assistirenden schwarzen Lehrgehülfen geleitete Regierungsschule zu Deidodorf aufgelöst, offenbar aus Mangel an Lehrkräften.

Der Unterricht umfaßt den Lehrstoff der Elementarschule; im Mittelpunkt des gesamten Unterrichts steht die deutsche Sprache. Eine Fortbildungsschule in Belldorf, welche zweimal wöchentlich abends abgehalten wird, repetiert mit ehemaligen Schülern das Gelernte und fördert die Kenntnis der deutschen Sprache.

Sorgen die Schulen in erster Linie für das geistige Wohl der schwarzen Jugend, so steht der Kaiserliche Regierungsarzt (z. Zt. Dr. Plehn) mit seiner Arbeit und den ihm unterstellten Instituten im Dienste der gesamten leidenden Einwohnerschaft, der weißen wie der schwarzen. Kamerun ist vielleicht die ungesundeste aller deutschen Kolonieen. Das feuchtheiße Tropenklima, Malaria und Schwarzwasserfieber, Dysenterie und die anderen in den Tropen häufigen Krankheiten werden hier dem Europäer nur zu verderblich und fordern alljährlich ihre Opfer aus der Mitte derselben.

Der Kaiserliche Regierungsarzt mit seinem weißen und schwarzen Lazarett-, Wärter- und Pflegepersonal, darunter mehrere Schwestern des „Deutschen Frauenvereins für Krankenpflege in den Kolonien“, ist am Gouvernementssitz stationiert. Ihm untersteht das neue Krankenhaus für Weiße mit 10 Betten, Operationszimmer und Apotheke, das Hospital für Farbige, die Leichenhalle, die zugleich zu Obduktionszwecken dient, und schließlich das Observatorium für meteorologische Beobachtungen. Auch das Bergsanatorium in Buea und das im Bau begriffene Seesanatorium in Suellaba unterstehen seiner Oberleitung.

Von besonderem Interesse ist das durch den Baumeister Drees erbaute, 1897 vollendete neue Krankenhaus für Weiße. Es ist in seinem Erdgeschoß massiv erbaut, im Obergeschoß aus Fachwerk mit äußerer Wellblechbekleidung und innerer Bretterverschalung.

Überhaupt hat das Gouvernement in den letzten Jahren eine außerordentlich rege Bauthätigkeit entfaltet und eine ganze Reihe von Bauten in Kamerun, Viktoria, Buea, Kribi, Edea, Jaunde, Joh.-Albrechtshöhe u. s. w. aufgeführt. Alle einzeln anzuführen, würde zu weit führen. Die Bauten werden teils nach dem Moniersystem, teils in massiver Bauart ausgeführt. Sie ruhen auf einem hohen Zementsockel, oft auf hohen Pfeilern, um die Bewohner den schädlichen Einflüssen des Erdbodens zu entziehen. Fast alle sind mit einer ringsherumlaufenden Veranda versehen, über welche oft das Dach vorspringt und so auch bei Regen den Aufenthalt auf derselben ermöglicht. Küche, Wirtschaftsräume und Dienstbotengelaß sind in einem besonderen Nebengebäude untergebracht, das gern durch einen gedeckten Gang mit dem Hauptgebäude verbunden wird. Das massive Haus, als das bewährtere, scheint das Monierhaus allmählich zu verdrängen. Besondere Erwähnung verdient die unter dem Gouverneur von Soden am Ufer des Kamerunflusses ausgeführte große Hafenanlage. Durch Versenken mit Cement ausgegossener eiserner Kästen und ausgedehnte Erdanschüttungen ist ein breiter Hafenquai geschaffen, von dem eine 45 m lange, 8 m breite eiserne Landungsbrücke mit geräumigem Brückenkopf in den Fluß vorspringt. Schienengleise auf ihr erleichtern den Transport der Güter. Auch ein Dampfkrahn mit einer Tragfähigkeit von 2 t ist vorhanden. Etwa notwendig werdenden Reparaturen an den Schiffen dient die Maschinenwerkstätte am Ufer und ein Slipp, das Schiffe bis zu 400 t aufschleppen kann. Ein Sägewerk liefert die zu Brücken, Häusern und ähnlichen Bauten nötigen Balken und Bretter. Hervorragend verdient um diese Maschinenanlagen hat sich der leider gleichfalls schon verstorbene Ingenieur Schittenhelm gemacht.

Als letzter Zweig der vom Gouvernement ausgeübten Verwaltungsthätigkeit sind endlich die den Verkehr im Schutzgebiet erleichternden Unternehmungen zu nennen, wie die Brückenbauten, z. B. in Viktoria, das eine 87 m lange Landungsbrücke bekommen hat, die im einzelnen von den Bezirksämtern ausgeführten Wegebauten, die Beschaffung und Instandhaltung von Küstendampfern und Flußmotorbooten u. s. w.

Auch die Versuchsstationen, von denen sich Buea, Joh. Albrechtshöhe und Edea vornehmlich mit Viehzucht beschäftigen, während der Regierungsgarten in Viktoria großartige Versuchskulturen mit Plantagenpflanzen anstellt, die Jaunde und andere Stationen im kleineren Umfange wiederholen, kommen hier in Betracht.

Ebenso die Landvermessungsarbeiten, namentlich im Plantagengebiet des Viktoria-Bezirks, die kartographischen Aufnahmen, die Veranstaltungen zum Schutze der Forsten, der Jagd und des Bergbaues, schließlich auch die wissenschaftlichen Unternehmungen, unter welchen die Arbeiten des Regierungsgeologen über die Bodenverhältnisse bezüglich ihrer Brauchbarkeit für Plantagenzwecke, die denselben Zwecken dienenden botanischen Studien des Direktors des botanischen Gartens sowie die meteorologischen und tropenhygienischen Beobachtungen des Regierungsarztes besonders wichtig sind.

Erhebliche Schwierigkeiten bietet der Wegebau. Der dichte Wald, die üppige Vegetation, die auf den ausgehauenen Wegestrecken schnell wieder Gestrüpp wuchern läßt, die zahlreichen Fluß- und Wasserläufe, die vielen Schluchten im unebenen Gelände, alles dies schafft eine Menge Hindernisse, die nur allmählich zu überwinden sind. Die Beschaffenheit der Straßen ist eine verschiedene; teils sind sie schmale, lediglich durch Aushauen hergestellte Wege, teils sind sie breite chaussierte Straßen, welche die Wasserläufe auf festen Brücken überschreiten. Letztere sind entweder provisorisch aus Holz mit aufgebrachter Erdschicht oder endgiltig aus Steinen und Cement massiv ausgeführt. Die wichtigsten dieser Straßen sind der Regierungsweg in Kamerun, welcher die einzelnen Dorfschaften dieses Ortes, Josplatte, Belldorf, Joßdorf, Akwadorf, John Akwadorf, Deidodorf, verbindet, der Weg von Viktoria bis Buea und der Küstenweg, der von Viktoria nach den Plantagen bei Bimbia führt. In Kribi ist ein Fußweg mit Fähren zwischen den Küstenansiedelungen angelegt, gute Wege sind nach Wasserfall, Gr. Batanga und Bipindi am Lokundje gebaut. Wege von Kribi nach Jaunde, von Kamerun nach Edea und von Mundame nach Joh. Albrechtshöhe sind in der Ausführung begriffen. Die Unterhaltung dieser von der Regierung angelegten Wege ist den Eingeborenen auferlegt.

Dienen diese Wege zunächst dem Handelsverkehr, so sind sie nicht minder wertvoll für die militärischen Unternehmungen der Schutztruppe, welche ebenfalls dem Gouverneur unterstellt ist.

Wiewohl die Notwendigkeit, eine genügend starke vollziehende Gewalt an der Hand zu haben, sich für die Regierung schon bei den Aufständen der ersten Jahre deutlich gezeigt hatte, kam es doch erst 1890 zur Bildung einer Polizeitruppe. Da weißes Mannschaftspersonal, vornehmlich wegen der klimatischen Verhältnisse, nicht in Betracht kam, so wurde dieselbe aus Haussa, Kru und Kamerunern zusammengestellt. Wie alle Neueinrichtungen litt sie zunächst an allerlei Unvollkommenheiten, bis der Aufstand der als Ersatzmannschaften eingestellten Dahome-Leute zu einer durchgreifenden Reorganisation der Truppe durch Leutnant Morgen führte. Diese aus ägyptischen Sudanesen und Vey-Leuten der Liberiaküste zusammengesetzte Truppe wurde 1894 in eine Kaiserliche Schutztruppe umgewandelt. Gut einexerziert von zwölf weißen Unteroffizieren, hat sich diese 300 Mann starke, jetzt vornehmlich aus Kru- und Vey-Leuten bestehende kleine Streitmacht seitdem trefflich in einer Reihe friedlicher und kriegerischer Expeditionen bewährt. Ein Hauptmann und zwei Leutnants, zu denen noch einige zur Verfügung des Gouverneurs stehende Offiziere und zwei Ärzte hinzutreten, kommandieren die über die einzelnen Stationen verteilte Truppe, welche im Etat von 1898/99 um 100 Mann verstärkt worden ist, und für welche der Etat für 1900 endlich die Erhöhung auf einen Stand fordert, der sie in die Lage versetzt, ihren zahlreichen Aufgaben wenigstens notdürftig zu genügen. Wenn heute im Schutzgebiete im allgemeinen gesicherte und geordnete Verhältnisse herrschen, so ist das zum erheblichen Teile auf die Erfolge zurückzuführen, welche die Truppe in dem letzten Lustrum errungen hat.

Die Offiziere der Schutztruppe ebenso wie alle Beamte und Angestellte der Verwaltung werden in der Regel für eine dreijährige Dienstzeit verpflichtet, da eine längere Dienstperiode sich meist aus gesundheitlichen Rücksichten verbietet. Nach 2½jähriger Dienstzeit pflegt gewöhnlich ein halbjähriger Erholungsurlaub gewährt zu werden, sofern der betreffende Beamte in die Kolonie zurückzukehren gewillt ist. Als Gehalt bezieht der Gouverneur 30000 Mark, der Kanzler 12000 Mark, die Bezirksamtmänner 9500 Mark, der Richter 9600 Mark und der Arzt 4800 Mark, der Leiter des Botanischen Gartens, der Geologe, der Sekretär des Gouvernements, der Zollverwalter, der Kassenverwalter, der Baumeister, der Hafenmeister, der Maschineningenieur, der erste Lehrer je 7500 Mark, der zweite Lehrer, der Zollassistent, der leitende Maschinist, Polizeimeister und der Materialienverwalter je 5000 Mark, die Stationsvorsteher 2700 bis 4500 (im Durchschnitt 3600) Mark.

Pensionsberechtigend ist nur ein Teil dieser Gehalte. Denjenigen Kaiserlichen Beamten, welche eine längere als einjährige Verwendung im Schutzgebiete gefunden haben, wird die daselbst zugebrachte Dienstzeit doppelt angerechnet. Angehörige des Heeres und der Marine genießen diese Vergünstigung schon nach halbjährigem Aufenthalte in der Kolonie. Unteroffiziere von mindestens sechsjähriger Dienstzeit, welche in den Polizei- oder Zollaufsichtsdienst des Gebietes getreten sind, haben Anspruch auf den Zivilversorgungsschein.

Andererseits sind den Kaiserlichen Beamten und Offizieren eine Reihe besonderer Verpflichtungen auferlegt, unter denen diejenigen, wonach die Veröffentlichung über Angelegenheiten des Schutzgebietes in der Presse sowie der Erwerb von Grundeigentum in der Kolonie von der zuvor einzuholenden Genehmigung des Reichskanzlers abhängig gemacht werden, besonders hervorgehoben seien. Ebenso ist ihnen die Veräußerung ethnographischer und naturwissenschaftlicher Sammlungen untersagt.

Daß ein Beamten- und Militärapparat wie der geschilderte erhebliche Kosten verursachen muß, liegt auf der Hand, ebenso daß bei dem kurzen Bestehen der deutschen Schutzherrschaft die Einnahmen der Kolonie die Ausgaben vorläufig noch nicht decken. Nachdem es anfangs dem Gouverneur von Soden gelungen war, Einnahmen und Ausgaben im Gleichgewicht zu halten, wurde seit dem Jahre 1895/96 ein jährlicher Zuschuß durch das Reich nötig. Derselbe betrug für das genannte Jahr 620 000 Mark (= 51 pCt. der Ausgaben) und stieg bis zum Jahre 1898/99 auf 814 100 Mark (= 59 pCt. der Ausgaben). Für 1899/1900 betrug der Reichszuschuß 983 000 Mark (= 57 pCt. der Ausgaben), für 1900 wird ein solcher in Höhe von 1 197 700 Mark (= 63 pCt. der Ausgaben) gefordert. Der Etat des Schutzgebietes wird vom Reichstag, dem ebenso wie dem Bundesrat über die Verwendung der Einnahmen und Ausgaben jährlich eine Übersicht vorzulegen ist, festgesetzt. Er wurde in Einnahme und Ausgabe wie folgt genehmigt:

| 1895/96 | 1896/97 | 1897/98 | 1898/99 | 1899/1900 |
|---|---|---|---|---|
| 1 230 000 Mark | 1 318 000 Mark | 1 270 000 Mark | 1 384 100 Mark | 1 713 000 Mark |
| darunter Reichszuschuß: | | | | |
| 620 000 Mark | 678 000 Mark | 830 000 Mark | 814 100 Mark | 983 000 Mark |

Für 1900/1901 werden Einnahme und Ausgabe mit 2 243 000 Mark, darunter 1 107 700 Mark Reichszuschuß gefordert.

Diese Zahlen legen die Frage nahe, ob der wirtschaftliche Wert der Kolonie derartig ist, daß sie den von dem Reiche gemachten Aufwand durch ihre Eigenschaften als Handels-Import- und Exportgebiet rechtfertigt und lohnt oder doch wenigstens zu lohnen verspricht. Die Erörterung dieser Frage erscheint um so gebotener, als nicht nur die Gegner aller kolonialen Unternehmungen, sondern auch ein nicht kleiner Kreis von Kolonialfreunden bezüglich der wirtschaftlichen Entwickelung und Zukunft gerade des Kamerungebietes noch vor kurzem sehr skeptisch gesonnen war und ihm ein mehr oder weniger ungünstiges Prognostikon stellte.

## Der wirtschaftliche Wert der Kolonie.

Es hat lange gedauert, bevor man sich in Deutschland entschlossen hat, den Wert einer Kolonie nach anderen Maßstäben zu messen als ausschließlich nach dem einen, inwieweit sich dieselbe zur Ansiedlung durch deutsche Ackerbauer eigne. Ausschließlich unter diesem Gesichtspunkt betrachtet, mußte allerdings der wirtschaftliche Wert des Kamerun-Gebietes, in welchem die Zahl der weißen Bevölkerung nur langsam, nämlich (von 105 im Jahre 1890) auf 321 im Jahre 1898 gestiegen ist, außerordentlich gering erscheinen, und es mag vielleicht hier einer der Hauptgründe zu suchen sein, weshalb Kamerun im Gegensatz zu der Anfangszeit unserer Kolonialunternehmungen in den Hintergrund des allgemeinen Interesses gerückt ist, das sich vorwiegend dem südwestafrikanischen Schutzgebiet und vor allem Ostafrika zugewandt hat.

Eine Ackerbaukolonie, geeignet zu einer Besiedelung durch Europäer in größeren Mengen, ist Kamerun nicht und wird es in absehbarer Zeit nicht, vielleicht sogar niemals werden. Wenn auch das Klima des inneren Nordkamerun nach den Beobachtungen, wie sie z. B. Zintgraff im Bali-Lande angestellt hat, den Europäern selbst bei längerem Aufenthalte zuträglich ist, so sind doch jene Landschaften so entlegen und auf längere Zeiten hinaus so schwer erreichbar, daß dort etwa wohnende Ansiedler die Produkte ihres Landbaues nur unter Schwierigkeiten, vielleicht überhaupt nicht absetzen und verwerten können. Für die der Küste näher gelegenen Landstriche und für die Küste selbst macht das mörderische Klima infolge der durch dasselbe bewirkten schlechten gesundheitlichen Verhältnisse jeden derartigen Versuch anerkanntermaßen von vorherein aussichtslos. Das feuchtheiße Klima der Küste wirkt derartig schlecht auf den Körper des Europäers, daß sich alsbald eine Menge Krankheiten und Störungen einstellen, die ihn zwingen, nach einundhalb bis zwei Jahren eine mehrmonatliche Erholungsreise nach Europa zu machen, will er nicht eine dauernde Schädigung seiner Gesundheit für das ganze Leben davonzutragen Gefahr laufen. Vor allem ist es die Malaria, hier oft als Schwarzwasserfieber auftretend, welche nur zu schnell und sicher ihre Opfer erfaßt und fällt. Es läßt sich behaupten, daß fast jeder, der auch nur einige Wochen im Lande weilt, einen Fieberanfall zu gewärtigen hat. Wenigstens fiel es allgemein auf, daß ich bei meiner Anwesenheit in Kamerun völlig fieberfrei blieb. Diese Fieberanfälle wiederholen sich oft; als Schwarzwasserfieber führen sie sehr häufig den Tod herbei, immer aber untergraben sie das Wohlbefinden des Körpers, der an chronischer hochgradiger Blutarmut, Herzkrankheiten und ausgesprochener Nervosität leidend in seiner Widerstandskraft und Leistungsfähigkeit außerordentlich geschwächt wird. Dazu treten Magenerkrankungen verschiedener Art bis zur schweren Dysenterie, wenngleich diese hier weniger heftig und häufig als anderswo auftritt. Hervorgerufen durch Verdauungsstörungen infolge vielen Chinins, mangelhafter Verpflegung, ungenügender Trinkwasserverhältnisse und ähnlicher Ursachen macht sie den Körper wiederum empfänglicher für die Aufnahme des Fiebergifts. Ein schlimmer Feind ist wie in den Tropen überhaupt so auch hier der Rheumatismus mit seinen, namentlich dem Herzen verderblichen Folgeerscheinungen. Dazu treten Krankheiten wie der sogen. „Rote Hund“, ein juckender, durch die beständige Thätigkeit der Schweißporen hervorgerufener Hautausschlag, den man erst lange nach der Rückkehr in die Heimat wieder los wird, Ringwurm, Furunkulose und andere Leiden, welche nicht gerade gefährlich, aber doch geeignet sind, die ohnehin geminderte Aktivität der geistigen und körperlichen Energie noch weiter zu verringern. Durchblättert man die Geschichte der Mission im Kamerungebiet, durchläuft man die Reihe der Forscher und Beamten, welche hier gearbeitet haben, wie groß ist die Zahl derer, die das Klima dahingerafft hat! Nachtigal, Zintgraff, Kund, Tappenbeck, Zeuner, Schittenhelm, Christaller, Letz und viele andere bekannte Persönlichkeiten, alle haben sich hier den Todeskeim geholt. Im Verwaltungsjahr 1995/96 erlagen allein sieben Angestellte des Gouvernements dem Schwarzwasserfieber, und vierzehn andere mußten vorzeitig beurlaubt werden, da sie durch Fieber und Blutarmut in ihrem Leben ernstlich bedroht erschienen. Allerdings zeigen nicht alle Jahre so hohe Sterblichkeitsziffern wie das genannte, und in den einzelnen Ortschaften sind die Gesundheitsverhältnisse verschieden. Die Küstendörfer und die Plantagen am Kamerun-Gebirge sind zum Teil gesünder als diejenigen am Kamerun-Flusse, wenngleich auch hier, namentlich in den Übergangszeiten, viel zu wünschen übrig bleibt. Auch ist es im Verhältnis zu früher schon überall viel besser geworden. Die besseren Wohnungsverhältnisse, die Regelung der Trinkwasserfrage durch Anlage ausreichender Regenwasser-Cisternen an solchen Orten, welche keine Quellbäche haben, die ärztliche Pflege im Hospital, die Erforschung der Pathologie der Malaria, um welche sich die Gouvernementsärzte Dr. A. und F. Plehn hervorragend verdient gemacht haben, die Versorgung der Kolonie mit frischem Fleisch und Gemüse, die sich das Gouvernement besonders angelegen sein läßt, sind nicht ohne Einfluß auf die Verbesserung der sanitären Verhältnisse gewesen. Das Gouvernement ist auf diesem Gebiete rastlos thätig. Nachdem schon die katholische Mission in Engelberg, die Baseler in Buëa an den Hängen des Kamerun-Berges Erholungshäuser errichtet hatten, ist auch durch das Gouvernement in Buëa eine Gesundheits- und Erholungsstation angelegt worden. Das frische, gesunde, fieberfreie Klima, das kühle, klare Gebirgswasser, die durch das vortreffliche Gedeihen der Viehherden und der Gemüsepflanzungen ermöglichte rationelle Ernährung vereinigen sich hier, um die gesunkenen und erschlafften Körperkräfte neu zu beleben und dieselben vor gänzlichem Zusammenbruch zu bewahren oder gegen die Angriffe des Klimas widerstandsfähiger zu machen. Auch die Errichtung einer Gesundheitsstation an der See, auf der Suellaba-Spitze, ist in Angriff genommen und wird ohne Zweifel von wesentlichem Einflusse auf die Kameruner Gesundheitsverhältnisse sein, umsomehr, da Suellaba bequem zu erreichen ist. Übrigens haben die Engländer in Indien und Ceylon mit derartigen Bergsanatorien gute Erfolge gehabt. Auch die Missionen in Kamerun haben gleich günstige Resultate damit erzielt. Für Rekonvaleszenten, welche die Strapazen der beschwerlichen Seereise schlecht vertragen und gerade auf See meist neue, hartnäckige Krankheitsanfälle erleben, sind besonders die Seesanatorien überaus wertvoll.

Von wesentlicher Wirkung werden schließlich auch die Forschungen, welche von Fachleuten im Auftrage des Reiches und auf Anregung und mit Förderung seitens der Deutschen Kolonialgesellschaft über Tropenhygiene im allgemeinen und die Malaria insbesondere angestellt werden, sein. Schon jetzt wird von dem Gouvernementsarzte gegen die Malaria eine Chininprophylaxe, welche in der Einnahme von 0,5 g Chinin an jedem fünften Tage besteht, angewandt. Die Erfolge scheinen vielversprechend zu sein; denn während in den sechs Monaten Januar bis Juni 1895 unter den Angestellten des Gouvernements 121 Malariaerkrankungen mit 7 Schwarzwasserfiebern vorkamen, ist seit Einführung einer systematischen Chininprophylaxe diese Zahl beständig, nämlich bis auf 37 Malariafälle mit 2 Schwarzwasserfiebern in dem gleichen Zeitraum des Jahres 1898 gesunken, sodaß seitens des Gouvernementsarztes die obligatorische Durchführung dieser Chininprophylaxe gewünscht wird. Übrigens kamen unter den Nichtbeamten, die derselben u. a. abgeneigt sind, im gleichen Zeitraum 1898 allein 20 Schwarzwasserfieber, soweit bekannt geworden, vor.

Daß die fortschreitende Kultur, die Sanierung des Terrains, insbesondere die Regulierung der Grundwasserverhältnisse, ebenfalls bessernd wirken werden, ist selbstverständlich. Und ist es anderswo, wie z. B. in Batavia und Rio de Janeiro, gelungen, aus berüchtigten Fiebernestern verhältnismäßig gesunde Tropenorte zu schaffen, so wird das auch in Kamerun möglich sein. Immerhin werden es Tropenorte bleiben, und damit ist einer Ansiedelung im großen das Urteil gesprochen. Der Ausgang würde ein gleich trauriger sein, wie derjenige der Ansiedelungsversuche der Portugiesen in Angola es seiner Zeit gewesen ist.

Übrigens leiden auch die Schwarzen unter den wiederkehrenden Fieberanfällen und der Dysenterie, vornehmlich die importierten fremden Arbeiter.

Besser sind, wie gesagt, die Verhältnisse in den höheren Lagen des Kamerun-Gebirges, und es wäre wohl denkbar, daß hier eine Anzahl Kolonisten angesiedelt werden könnten, die ihre Viehzucht- und Ackerbau-Produkte in den tiefer gelegenen Plantagen absetzen könnten. Immerhin würde ihre Zahl nur eine geringe sein, und, ob sie dauernd dort oben leben könnten, wäre noch erst festzustellen. Die Wahrscheinlichkeit der Malariainfektion beim Herabkommen zur Küste wäre eine nicht geringe; andererseits würde der starke Feuchtigkeitsgehalt des an Nebeln reichen Bergklimas durch Rheumatismus und ähnliche Krankheiten sicher vielen schwere gesundheitliche Schädigungen bringen. Somit bleibt es vorläufig dabei: Kamerun ist keine Ackerbau-Kolonie.

Unter denjenigen Mitteln, welche den klimatischen Schädigungen wirksam begegnen, war oben eine rationelle Ernährung der Europäer genannt. Gerade auf diesem Gebiete ist durch die Bemühungen des Gouvernements schon sehr viel erreicht. Ursprünglich mußte sich die europäische Bevölkerung des Gebietes fast gänzlich auf die Ernährung durch Konserven beschränken, da die Viehzucht der Eingeborenen sehr im Argen lag und Gemüse im Lande überhaupt gänzlich fehlten. Nur ab und zu konnten dieselben von Fernando Poo aus bezogen werden. Die ersten Anbauversuche mißlangen fast gänzlich. Erst mit fortschreitender Kultur gelang es, die Schädlinge der Kulturen zu überwinden und den Gemüsebau im Gouvernementsgarten zu Kamerun erfolgreich einzuführen. Seit 1894 war mit Bestimmtheit festgestellt, daß Kohl, Radieschen, Rettich, Salat, Bohnen und Gurken hier gut gedeihen. Seitdem machte der Anbau derselben im Gebiete rasche Fortschritte; einzelne Plantagen, wie Kriegschiffhafen am Bimbia-Flusse und Soppo bei Buea, bauten bald größere Mengen. Inzwischen setzte das Gouvernement seine Versuche, vornehmlich im botanischen Garten zu Viktoria, fort. Es glückte, auch eine Reihe anderer Gemüsearten als anbaufähig nachzuweisen; sogar vortreffliche Spargel konnten 1897 geerntet und Erdbeeren in hervorragender Qualität gewonnen werden. Wertvoller war, daß die in Buea angepflanzten Kartoffeln sich günstig entwickelten, und daß die Maisfelder daselbst gute Ernten brachten. Auch Jaunde-Station verzeichnet gute Kartoffelernten.

Hand in Hand mit diesen Versuchen ging das Streben des Gouvernements nach einer genügenden Versorgung der Kolonie mit frischem Fleisch und Molkereiprodukten. Die Dualla in Kamerun besaßen zur Zeit der Besitzergreifung keine Rinderherden; landeinwärts am Dibombe-Flusse und im Bakwiri-Gebiete des Gebirges waren solche zwar vorhanden, jedoch nicht zu erhalten. Das Kleinvieh aber, Ziegen und Schafe, und das Geflügel war schlecht und teuer, sodaß auch hier die Konserven den Hauptbestandteil der Ernährung bilden mußten. Mit der Zeit gelang es aber, dieselben mehr und mehr auf die zweite Stelle zu drängen. Durch die Unterwerfung der Bakwiri und die ihnen auferlegten Vieh-Tribute, durch Errichtung eines Lebensmittel-Wochenmarktes in Kamerun im Jahre 1895, der sich bald des lebhaften Zuspruchs nicht nur der Dualla-, sondern auch der Mungo-, Abo-, Wuri-Leute erfreute, und durch die Einfuhr von auswärtigem Schlachtvieh wurde der Bedarf an frischem Fleisch gedeckt. Da aber das ausländische Vieh teuer war und unter dem Klima litt, so mußte das Hauptaugenmerk des Gouvernements dahin gehen, im Schutzgebiet selbst die nötigen, in Quantität und Qualität befriedigenden Vorräte zu beschaffen. Seit 1896 ist dies Ziel erreicht. Das Schutzgebiet deckt seinen Bedarf jetzt selbst.

Es kommt nun vor allem darauf an, ein besseres Viehmaterial als das der Eingeborenen durch rationelle Züchtung zu schaffen. An dieser Aufgabe arbeiten die landwirtschaftlichen Stationen in Edea, Buea und Joh.-Albrechtshöhe, vorübergehend auch Mundame, seit Jahren. Die Versuche mit der Zucht von Kleinvieh und Geflügel haben schon erfreuliche Erfolge ergeben, sodaß nun auch Missionen und Faktoreien z. B. in Edea sich mit denselben befassen. Auch die Rindviehzucht ist seit zwei Jahren ernstlich in Angriff genommen. Mit den vorhandenen Rassen, z. B. dem Bakwiri-Rinde, werden umfassende Zuchtversuche gemacht, die vorläufig noch manche

Schwierigkeiten zu überwinden haben werden, bis festgestellt sein wird, welche Arten sich in den einzelnen Gegenden zur Zucht besonders eignen. In Edea ist es im letzten Jahre gelungen, von einheimischem Rindvieh eine lebensfähige, kräftige Nachzucht zu erzielen, sodaß von dort bereits Schlachtvieh an das Gouvernement abgegeben konnte. In Buëa ist ein im September 1898 von Hamburg abgegangener Transport Allgäuer Gebirgsrinder, zwei Bullen und acht Kühe, unter Leitung eines Schweizers stehend, der die nötigen Sämereien und Kraftfuttermittel zur Sicherung des Bestandes mit hinübergenommen hat, eingetroffen. Besonders wichtig erscheint hierbei die Anstellung eines sachkundigen Personals, an dem es bisher zuweilen fehlte. So fand sich z. B. eine im Privatbesitz befindliche Herde, die an ausgesprochener Blutarmut litt, ohne daß dieser Umstand von jemand erkannt worden war.

Noch mehr bleibt auf dem Gebiete des Molkereiwesens zu thun übrig. Die Eingeborenen des Küstengebiets kennen die Milchgewinnung nicht. Erst nach langen Versuchen ist es 1897 gelungen, in vereinzelten Fällen von Ziegen frische Milch zu bekommen; bei einheimischen Rindern ist dies noch nicht geglückt, und es wird noch längerer Versuche bedürfen, bis man so weit sein wird. Besonders aussichtsvoll ist auch hier Buëa, wo die Natur selbst durch eine an einem eiskalten Wasserfall belegene Felsgrotte die Mittel gegeben hat, einen herrlichen Milch- und Butterkeller mit Leichtigkeit herzustellen.

Günstigere und bequemere Verhältnisse wird man in dieser Hinsicht in einem großen Teile des Hinterlandes antreffen. Auf Jaúnde-Station z. B. gedeihen die vorhandenen Herden sehr gut, und in Adamaua, dessen Bewohner bei ihrem Eindringen in das Land das Pferd und das Buckelrind mitgebracht haben, sind Viehzucht, Milchgewinnung und Butterbereitung, wie schon oben bemerkt, bekannte Dinge.

So wenig wie als Ackerbaukolonie ist das Kamerun-Gebiet nach dem Stande unserer Kenntnis als Bergwerkskolonie von Wert. Allerdings hat sich 1893 an den Abhängen des Mangamba-Hügels im Abolande Gold und Silber gefunden, bei Dibongo und Edea am Sanaga sind Thoneisensteinlager mit einem Gehalt an metallischem Eisen von 37,08 pCt. entdeckt, im Jaúnde- und Bule-Lande findet sich Raseneisenstein reichlich und stark, allein nirgends genügen die vorhandenen Mengen für einen lohnenden, bergmännischen Abbau. Sehr richtig ist darauf hingewiesen worden, daß das Fehlen von Schmucksachen aus Edelmetallen bei den Eingeborenen sicher gegen das Vorhandensein dieser spricht. Man wird daher annehmen können, daß die geologischen Untersuchungen, welche der Regierungs-Geologe von der Station Buëa aus anstellt, um den geologischen Aufbau des Landes und die Beschaffenheit der Böden festzustellen, diese Vermutung bestätigen werden. Ob die Erwartungen, die man diesbezüglich für das Gebiet des oberen Benuë hegt, sich erfüllen werden, muß die Zukunft lehren. Übrigens besteht seit 1892 eine Kaiserliche Verordnung für das Schürfen im Schutzgebiet, welche das Aufsuchen von Edelsteinen, Edelmetallen, Metallen, welche wegen ihres Gehaltes an Schwefel oder zur Darstellung von Alaun, Vitriol oder Salpeter verwendbar sind, von Steinkohle, Braunkohle und Graphit und von Bitumen in festem und flüssigem Zustande an Bestimmungen seitens des Gouvernements knüpft, welche dem Schürfer zwar die Rechte des Finders wahren, die nähere Bestimmung über den Inhalt dieser Rechte aber vorbehalten.

Verneinen das Klima und die geologische Beschaffenheit des Schutzgebietes die Möglichkeit einer Besiedelung und die Wahrscheinlichkeit eines umfangreicheren Bergbaus, so sind sie andererseits die beiden Faktoren, welche den eigentlichen Wert der Kolonie bilden. Die Bedeutung und die Zukunft derselben ruht in der außerordentlichen natürlichen Produktionskraft des Landes. Das treibhausartige, feuchtwarme Klima mit seinen starken Niederschlägen einerseits, die außerordentliche Fruchtbarkeit des Landes, welche von keinem Landstrich ganz Afrikas übertroffen wird, im Gegenteil vielleicht ihres Gleichen auf dem Kontinente nicht wiederfindet, haben eine üppige Flora geschaffen, deren Vertreter zum Teil eine Menge für den europäischen Bedarf äußerst wertvoller vegetabilischer Rohstoffe und damit die Möglichkeit eines lebhaften Ausfuhrhandels liefern, welcher in der Form des Tauschhandels betrieben, wiederum einen entsprechenden Einfuhrhandel zur Folge hat. Dieselben Umstände aber bieten — und das scheint noch wichtiger und bedeutsamer — die Gewähr für das günstige Wachstum und das Gedeihen vieler tropischen Plantagengewächse, so daß neben dem eigentlichen Handelsgeschäft im engeren Sinne eine großartige Plantagenwirtschaft mit außerordentlichen Aussichten auf eine gewinnbringende Zukunft sich hier anbahnen kann.

Auf beiden Gebieten, auf dem des Plantagenbaues nicht minder als auf dem des eigentlichen Handels, ist bereits Ansehnliches geleistet, so daß in den bisher erzielten Resultaten ein genügender Maßstab und Anhalt für die Beurteilung der weiteren Entwickelung der Dinge gegeben zu sein scheint. Noch in den siebenziger Jahren überwog dabei englische Arbeit und englisches Kapital das deutsche. Zur Zeit der Besitzergreifung durch das Reich standen den sieben englischen Firmen nur zwei deutsche, C. Woermann und Jantzen u. Thormählen gegenüber, deren Geschäftsumsatz freilich demjenigen der gesamten sieben englischen Firmen fast gleich kam. Seitdem hat sich der deutsche Handel beständig ausgebreitet. 1896 waren von beiden Nationen je sieben Firmen im Lande thätig, neben denen als fünfzehnte die schwedische Handlung Knutson, Waldau und Heilborn im Rio del Rey-Bezirk arbeitete. Ihre Faktoreien gingen durch Kauf in deutsche Hände über, so daß sich 1897 der Handel auf folgende Handelshäuser verteilte:

A. deutsche:

| | | |
|---|---|---|
| 1. | Woermann und Co. | Kamerun |
| 2. | Jantzen u. Thormählen | Kamerun |
| 3. | Karl Maaß | Kribi |
| 4. | Randad u. Stein | Longji |
| 5. | Lübcke | Plantation |
| 6. | Küderling u. Co. | Campo |
| 7. | J. H. Westphal | Kamerun |
| 8. | Deutsch-Westafrikanische Handelsgesellschaft | Kamerun |

B. englische:

| | | |
|---|---|---|
| 9. | Ambas Bay Development Association Ltd. | Viktoria |
| 10. | Rider Son & Andrew | Kamerun |
| 11. | John Holt | Kamerun |
| 12. | A. Herschell | Kamerun |
| 13. | T. Jones & Co | Kamerun |
| 14. | R. & W. King | Kamerun |
| 15. | Hatton & Cookson | Batanga. |

Die deutschen Firmen sind sämtlich Hamburger Häuser, von den englischen sind Rider Son & Andrew und R. & W. King in Bristol, die übrigen in Liverpool domiziliert.

Zu diesen Firmen sind seitdem neu hinzugetreten die 1897 gegründete 16. Kamerun-Hinterlandgesellschaft in Bungo (Malimba), welche Berlin als Sitz hat, und die 1898 gegründete 17. deutsch-belgische Gesellschaft „Süd-Kamerun“ mit dem Gesellschaftssitz in Hamburg, deren deutsche Teilnehmer (meist Hamburger) ihre Thätigkeit in Jimu und Golo im Gebiet des Sanga und Ngolo eröffnen werden, sowie die 1899 gegründete 18. Gesellschaft „Nordwest-Kamerun“, über die Näheres in No. 48 des laufenden Jahrganges der „Deutschen Kolonialzeitung“ auf S. 474 mitgeteilt ist.

Von den in der vorstehenden Übersicht genannten Handelsplätzen sind fast alle, mit Ausnahme natürlich der unter Nr. 16 aufgeführten, Stationen der Woermann-Dampferlinie, welche sie in direkte Verbindung mit Hamburg setzt. Einen eigentlichen Hafen besitzt unter denselben nur Kamerun. Hier liefen

1896/97: 65 Handelsschiffe von 81 148 Reg. T.
1897/98: 80 „ „ 97 511 „ „

darunter deutsche

1896/97: 25 Handelsschiffe von 32 796 Reg. T.
1897/98: 29 „ „ 37 803 „ „

ein.

Außer den Hauptfaktoreien an den oben genannten Orten haben alle diese Geschäfte noch Zweigfaktoreien an der Küste und auch im Innern errichtet, welche teils mit weißen, teils mit schwarzen Angestellten besetzt, meist an den wichtigen Handelswegen, welche zu Lande und auf den Flüssen zur Küste führen, liegen.

# Die deutschen Kapitalinteressen in der ostasiatischen Inselwelt und die gegenwärtige politische Lage.

Von Professor Dr. Ernst von Halle.

Gelegentlich des spanisch-amerikanischen Krieges ist häufig von den erheblichen Interessen die Rede gewesen, die Deutschland in den Kolonien, um welche sich der Kampf drehte, besaß. Diese beliefen sich z. B. Ende 1897 nach einer damaligen amtlichen Erhebung allein in Kuba auf weit über 100 Millionen; davon entfielen auf die Handelshäuser gegen 30, auf Land- und Plantagenbesitz 15 bis 16, auf industrielle Unternehmungen 8 bis 10 Millionen Mark. Der Jahresumsatz der deutschen Bankhäuser in der Havanna schwankte zwischen 90 und 110 Millionen. Erheblich war die Beteiligung an der Schiffahrt, an der Kreditgewährung für jede Art von Unternehmungen, an kleinen Betrieben durch ansässige Deutsche. In Puertorico waren die ansässigen deutschen Interessen im Verhältnis zu dem gesamten Handel des Landes noch bedeutender; und auch in den Philippinen spielte der deutsche Handel eine führende Rolle, wenngleich hier angesichts der Erschwerung, welche das spanische Regiment der gesamten Entwickelung der Wirtschaft und des Verkehrs auferlegte, nach keiner Richtung eine der Leistungsfähigkeit des Landes entsprechende Ausdehnung stattgefunden hatte. Auf 7 Millionen wurde das Geschäftskapital, auf 1½ Millionen der Kredit, auf 1500000 Mark der Plantagen- und auf 225000 Mark der sonstige Grundbesitz der Deutschen, im ganzen auf ca. 12 Millionen in den Philippinen und Karolinen geschätzt. 14 Importfirmen und 6 Platzgeschäfte waren dort ansässig, die ihr Kapital im Jahre etwa dreimal umsetzten. Ihren regen Import von Kurzwaren, Papier, Baumwollwaren, Glas, Bier, Farben und Maschinen bezogen sie zur Hälfte aus Deutschland, ¼ aus Spanien und ¼ aus anderen Ländern. Der Export von Landesprodukten, mit Ausnahme des Tabaks lag allerdings wesentlich in englischen Händen. Die Deutschen hatten Tabak-, Zucker-, Reisplantagen zu eigen, Tabakplantagen allein im Umfange von 2326 ha, deren Produktion 200000 kg war. Sie waren beteiligt an der Eisenbahn zwischen Manila und Dagupan, hatten Goldminen in der Provinz Camarines; Deutsche besaßen drei Apotheken, zwei lithographische Anstalten, drei Zigarrenfabriken, zwei Destillationsanstalten für Ylang-Ylang-Parfum mit einem Gesamtkapital von rund 900000 Mark. Vier deutsche Reedereien und drei Seeversicherungsgesellschaften waren ständig vertreten, drei Feuerversicherungsgesellschaften hatten einen Jahresumsatz von 2½ Millionen Mark, deutsche Fabriken, wie Siemens und Halske, die Feldbahnfabrik Berlin und andere, erhielten Materiallager.

Die deutsche Einfuhr aus Kuba und Puertorico hatte 1895 und 1896 13½ Millionen betragen, die Ausfuhr nach dorthin 3½ bis 4½ Millionen. Der Verkehr mit den Philippinen wies eine Ausfuhr von über 3 Millionen Mark auf.

Die Einfuhr in Hamburg von Kuba und Puertorico zeigte noch erheblich höhere Zahlen. Sie belief sich noch 1896 auf 26½ Millionen Mark, die Ausfuhr auf 5 bis 6 Millionen Mark. Die Einfuhr von den Philippinen hielt sich zwar unter einer Million, die Ausfuhr dorthin aber betrug über 3 Millionen.

Ist nun auch nicht zu bezweifeln, daß unter dem amerikanischen Regimente die deutschen Kapitalien im Lande ebenso gut und besser geschützt werden, wie unter dem spanischen, so haben sich doch für die Entwickelung des Handels und der Schiffahrt die Aussichten geändert. Die Vereinigten Staaten sperrten Puertorico von vornherein für den fremden Schiffahrtsverkehr. In Zukunft werden sie voraussichtlich ihre Küstenschiffahrts-Gesetzgebung auch auf Kuba und die Philippinen ausdehnen und dadurch die fremden Flaggen aus einem namentlich für Deutschland im Laufe der letzten Generation mitzbringenden Zweige der fremden Küstenschiffahrt verdrängen. Mit der fortschreitenden Eroberung Kubas und der Philippinen werden sie ferner zweifellos die Zolltarife derartig gestalten, daß ihrem Handel für alle Zukunft der Löwenanteil gesichert bleibt.

So wird man sich darauf gefaßt machen müssen, Positionen, die man mühsam errungen hat, wenn nicht aufzugeben, so doch nicht entsprechend der bisherigen Entwickelung erweitern zu können; und die seit der Eröffnung Manilas für den Fremdenaufenthalt 1829, seit der Herstellung einer regelmäßigen Schiffahrtsverbindung mit Hongkong 1856 und vor allem seit der Aufhebung der Differentialzölle, jener stärksten Barrière für die freie Entwickelung des internationalen Handels, 1871, angeknüpften Beziehungen werden möglicherweise durch Wiedereinführung der letzteren eine Rückbildung erfahren.

Die Lehren dieser Ereignisse für die deutsche Wirtschaftspolitik sind den engeren kolonialen Kreisen zwar ohne weiteres klar; doch muß auch die weitere Öffentlichkeit ihnen bewußt ins Auge zu sehen lernen. In älterer Zeit konnte man sich in Deutschland und speziell in den Hansestädten der Thatsache freuen, daß durch die Aufhebung des alten Kolonialsystems mit seiner Ausschließung anderer oder Begünstigung des Mutterlandes in den überseeischen Erdteile Deutschland gleichsam Kolonien erhalten habe. Der Abfall der Vereinigten Staaten, der Abfall der spanischen Kolonien, die Unabhängigkeit Brasiliens, die allmähliche Beseitigung der differentialen Begünstigung des Handels und der Schiffahrt der Mutterländer häuften sich Schritt auf Schritt, und selbst **Friedrich List** sah es vorübergehend als einen Vorteil an, daß man in Deutschland bei der Festlegung seiner Handelspolitik nicht durch Rücksichtnahme auf Kolonien gebunden sei, nachdem nunmehr der Verkehr mit anderen überseeischen Ländern dauernd gewährleistet sei. Die neuere französische Kolonialpolitik mit ihrer Wiedereinführung von Differentialsystemen, die Bestrebungen nach dem Größerbritischen Zollverein mit dem ersten Erfolg der Einführung von Differentialvergünstigungen für Großbritannien in Kanada, die Tendenz der neuen amerikanischen Kolonialpolitik in Westindien, Hawai und den Philippinen sind alle Zeichen des neuen Geistes „der Politik der wieder zuklappenden Thüren“.

Nun kommt auf der anderen Seite das politische Moment der verschiedenen neueren Erscheinungen hinzu. Die Ereignisse der letzten Jahre in China, Hawai Spanien und Transvaal entbehren für die Kleinen und Schwachen dieser Erde nicht des großen Bedenkens. Es bedurfte nicht der offenkundigen Warnung Lord **Salisbury's**, daß die Großen in Zukunft größer, die Kleinen kleiner werden würden, um sie darüber zu belehren, nunmehr sei der Zeitpunkt erreicht, wo die Worte **Friedrich List's**, geschrieben 1846 in einem seiner gewaltigsten Aufsätze, in Erfüllung gehen würden („Die politisch-ökonomische Nationaleinheit der Deutschen.“ Werke, Band II S. 398):

> Jetzt, nachdem wir die Wirkung der Maschinen kennen gelernt haben und ihre weiteren Folgen zu ahnen vermögen, muß jeder unbefangene Sachkundige einsehen, daß sie gleichbedeutend ist mit Auflösung aller in ihrer politischen und ökonomischen Entwickelung zurückgebliebenen Nationalitäten zum Besten der meist vorgerückten.

Wer heute diesen merkwürdigen Aufsatz liest, den gemahnt es an die Stimme der alten Propheten, und es nimmt ihn Wunder, nach fast zwei Menschenaltern buchstäblich erfüllt zu sehen, was einst den Zeitgenossen als Träumerei erschien.

Die letzten Monate haben auf dem Gebiet der wirtschaftspolitischen Erörterungen in verschiedenen Richtungen gezeigt, daß sich die kleineren Staaten der Tendenzen der Entwickelung bewußt zu werden beginnen und ihnen gegenüber selbständig Stellung zu nehmen suchen. Dahin gehört ebensowohl das Bestreben der Republiken an der südamerikanischen Westküste: Chile, Peru, Ecuador, Kolumbien, sich eine eigene Bundesstelle zu schaffen, als die in der Schweiz, Belgien und Holland aufgetauchten Bestrebungen nach einem engeren wirtschaftspolitischen Anschluß an das deutsche Nachbarreich. Überall herrscht das Gefühl, daß in den wirtschaftlichen und politischen Kämpfen der Zukunft — und das sind ja zwei untrennbare Seiten ein und desselben Problems — die kleineren Staaten auf eine Selbstbestimmung oder Mitbestimmung ihres Schicksals nur dann rechnen können, wenn sie sich, sei es zusammenthun, sei es, an ihren natürlichen Rückhalt anlehnen. Man ist in Deutschland diesen Bestrebungen mit Recht zwar nicht direkt ablehnend, aber doch nur kühl und abwartend gegenübergetreten, da ein Zollverband oder eine Zollvereinigung das größere Gebiet unter allen Umständen bei weitem mehr in die Rolle des Gebers als des Nehmers bringen muß. Am ehesten würde man immerhin Holland gegenüber zu einem Entgegenkommen sich verstehen können, einerseits, weil es sich hier thatsächlich um zwei Wirtschaftsgebiete handelt, die bis zu einem gewissen Grade einander noch ergänzen können, sodann mit Rücksicht auf die in beiden Ländern vorhandenen nationalen und kolonialen Interessen. In der ersten Hinsicht hat sich allerdings in den letzten Jahren bereits andauernd das Verhältnis zu Gunsten Hollands verschoben, indem im Jahre 1883 die Einfuhr Hollands aus Deutschland noch 30 pCt. der ganzen Einfuhr, 1886 aber nur noch 18 pCt. ausmachte, während in derselben Zeit die Ausfuhr Hollands nach Deutschland von 18½ pCt. sich umgekehrt auf 52½ pCt. der gesamten holländischen Ausfuhr hob. Mehr und mehr sind die holländischen Häfen, vor allem Rotterdam, zu großen deutschen Aus- und Einfuhrhäfen geworden, und würden nahezu zu Grunde gehen, wenn ihnen einmal eine entschiedene Tarif- und Handelspolitik die Zufuhr zu Gunsten der deutschen Häfen und Antwerpens entzöge. Die holländische Binnenschiffahrt hat einen wachsenden Vorteil aus den Gegenseitigkeitsverträgen erfahren, wie denn überhaupt in einer Kündigung der altbestehenden Handels- und Verkehrsverträge Holland einen vernichtenden Schlag erfahren würde. Von besonderer Bedeutung wird die Frage andererseits für die holländischen Kolonien insofern, als, wenn Frankreich, die Vereinigten Staaten und nunmehr auch in naher Zukunft vielleicht England ihre Kolonien wieder bevorzugen werden, Holland noch wesentlicher auf den Absatz in Deutschland angewiesen werden würde wie jetzt, wo Deutschland bereits der bei weitem größte Abnehmer ist. Und darüber dürfte man sich klar sein, daß auf die Dauer jener Zustand dem heutigen Deutschland gegenüber unmöglich ist, welchen List beklagte (Das nationale System der politischen Ökonomie 1842 S. 576), daß

> Holland uns unermeßliche Quantitäten von seinen Kolonialprodukten liefert, dagegen aber nur unverhältnismäßig geringe Quantitäten unserer Manufakturprodukte entgegennimmt.

Allerdings hat Deutschland heute für die Holland erwachsenden Vorteile eine kleine, wenn auch keineswegs adäquate, Entschädigung durch eine zunehmende Beteiligung an dem

Erwerbsleben Niederländisch-Ostindiens selbst gefunden, welches seit 1850 aus seiner fast vollkommenen Absperrung gegen den fremden Verkehr herausgelöst und den Fremden in Handel und Schiffahrt mit Ausnahme der ostindischen Küstenschiffahrt unter gleichen Bedingungen wie den geborenen Holländern zugänglich gemacht worden ist. Es besteht an Beschränkungen neben derjenigen der Küstenschiffahrt nur noch eine solche für den Grunderwerb in den meisten Teilen der Kolonien mit Ausnahme der Ostküste von Sumatra. An letzterer dürfen auch im Auslande ansässige Ausländer Grundbesitz haben; im übrigen dürfen nur Niederländer und Bewohner der Niederlande oder Niederländisch-Indiens bezw. da ansässige Gesellschaften Grundbesitz zu eigen haben.

Es ist ein ganz natürliches Ergebnis der engen Wirtschaftsbeziehungen zwischen dem Mutterlande Holland und dem Deutschen Reich, daß auch in den holländischen Kolonien unter den fremden Interessen die deutschen eine weit überwiegende Rolle spielen, ferner aber, daß sie hier nicht nur neben den eigentlich holländischen bestehen, sondern auch, was einen wesentlichen Unterschied zur Stellung der Deutschen in den früher spanischen Kolonien bildet, vielfach eng mit denselben verwachsen sind und Hand in Hand gehen, sodaß es im einzelnen häufig schwer zu sagen ist, inwieweit an einem Unternehmen Holländer oder Deutsche als aktive Teilnehmer oder Hintermänner beteiligt sind. In ganz Niederländisch-Ostindien sind zahlreiche deutsche Handelshäuser zu finden; in den Konsulatsbezirken Batavia, Soerabaya, Samarang, Padang, Medan, Makassar und Menado giebt es deren 20 bis 30 rein deutsche neben zahlreichen von Deutschen und Holländern gemeinsam betriebenen. Sie sind mit großen Kapitalien von 10 bis 20 Millionen ausgerüstet und beschäftigen sich mit der Einfuhr aller Bedarfsartikel und der Ausfuhr aller möglichen Arten von Landesprodukten, Zucker, Kaffee, Thee, Chinarinde, Indigo, Tabak, Gewürze &c. In den Händen dreier deutscher Häuser liegt die Verschiffung der ganzen Tabakernte von Ostsumatra — ca. 200 000 Ballen à 80 kg pro Jahr.

Der Handel der Deutschen ist nicht nur auf den Verkehr Niederländisch-Indiens mit Holland und Deutschland beschränkt, sondern erstreckt sich in zweiter Linie auf England, Frankreich und die Vereinigten Staaten. Im Plantagenbau spielen Deutsche eine erhebliche Rolle, namentlich in Sumatra. Dort gehören ihnen 9 deutsche Tabakplantagen mit einem Umfang von 23 000 Baunos = 16 330 ha, neuerdings sind auch 6 Kaffeeplantagen angelegt mit einer Fläche von 12 000 Baunos = 8520 ha, alle in Erbpacht auf 90 Jahre erworben. Der Wert der Tabakplantagen bemißt sich daraus, daß für solche in der Größe von 3000 Baunos mehrfach 3 bis 4 Millionen Gulden = 5 bis 7 Millionen Mark geboten sind, ohne daß sie zum Verkauf gelangten. Der Ertrag einer solchen Plantage kann in guten Jahren 1 Million und mehr einbringen. Eine weitere Kaffeeplantage von 14 170 Baunos = 10 055 ha liegt in Palembang, in dem Lampongschen Distrikt entstehen deutsche Pfefferplantagen, in Banda liegt eine deutsche Muskatnußpflanzung; und außerordentlich häufig ist in der Mehrzahl der Bezirke die gemeinsame Arbeit deutscher und holländischer Unternehmer im Plantagenbau und die indirekte Beteiligung durch Kredite. In den Kleinbahnen Javas ist deutsches Kapital, und von den 17 Millionen der 7 javanischen Goldminengesellschaften soll etwa 1/3 in deutschen Händen sein. Schließlich sei neben der zahlreichen Beschäftigung von Deutschen in holländischen Geschäftshäusern und als Plantagenverwalter auch noch ihrer von jeher ausgeübten Thätigkeit als Kolonialbeamte sowie als Ärzte und Offiziere in der Kolonialarmee gedacht. Seit einer Reihe von Jahren verkehren

Schiffe des Norddeutschen Lloyd und der Australlinie regelmäßig mit den Inseln. Von besonderer Bedeutung ist neuerdings die Erwerbung der englischen Heckische Dampferlinie durch ein deutsches Singaporehaus für deutsche Interessen geworden, die nunmehr mehr als ein Dutzend Schiffe unter die deutsche Flagge stellt und dem Verkehr einen erheblichen Impuls geben wird.

Von der außerordentlich großen Bedeutung des Handelsverkehrs mit Niederländisch-Ostindien legt die Statistik nur ein sehr unvollkommenes Zeugnis ab. Im Jahre 1897 wurden in Deutschland von Niederländisch-Indien direkt eingeführt Waren im Werte von 67,3 Millionen Mark, nach dorthin ausgeführt für 15,3 Millionen Mark. Wie sehr diese Zahlen aber hinter den Thatsachen zurückbleiben, ergiebt der Umstand, daß gleichzeitig aus den Niederlanden z. B. für 1,2 Millionen Mark Indigo, für 29,4 Millionen Mark Tabakblätter, für 23,7 Millionen Mark roher Kaffee eingeführt wurden, alles Waren, die zum überwiegenden Teil den niederländischen Kolonien entstammen; und ebenso geht ein großer, statistisch nicht entfernt nachzuweisender Teil der deutschen Ausfuhr nach den Niederlanden und von dort weiter nach Niederländisch-Indien.

Ist angesichts der Sachlage der vielfachen Vermischung der Interessen eine zahlenmäßige Bewertung des deutschen Anteils nicht möglich, so ist es doch die übereinstimmende Ansicht aller Sachkenner, daß Deutschland in der Gesamtheit seiner in den großen holländischen Kolonien vertretenen Interessen kaum von irgend einem anderen Staate übertroffen, in der Vielseitigkeit seiner Interessen aber von keinem erreicht wird, und es wird konstatiert, daß unser Handel in sichtlicher Zunahme begriffen ist und diese Zunahme mit der Ausdehnung der deutschen Schiffahrtsinteressen im ostindischen Archipel mehr und mehr in die Erscheinung treten wird, sodaß auch im speziellen in Schiffahrt und Handel England in seiner hier bisher führenden Stelle mit wachsendem Erfolge Konkurrenz gemacht wird.

Diese Sachlage nun ist es, welche für Deutschland den Erwerb der Karolinen und benachbarten Inseln nicht ohne Wert erscheinen läßt, weil hierdurch eine allseitige Umklammerung der niederländischen Kolonien durch die beiden großen angelsächsischen Mächte teilweise verhindert wird. Man ist sich in Holland der Gefahren bewußt, die eines Tages auf der Linie der Philippinen und Suluinseln [illegible] könnten, und denen gegenüber man allein völlig machtlos sein würde. Deutschlands Interesse ist nun unzweifelhaft, daß es seinen aufblühenden Verkehr mit diesen Gebieten vor einer ähnlichen Gefährdung der Unterbindung, wie sie in den Philippinen nunmehr eintreten wird, rechtzeitig schützt. Eine selbständige Verantwortung nach dieser Richtung hin Holland gegenüber zu übernehmen, sollte es sich indessen wohl hüten. Weder ist seine maritime Stellung heutigen Tages derart, um so etwas thun zu können, noch könnte dem holländischen Volk damit gedient sein, solange es nicht selbständig einen Anteil hieran zu nehmen vermag, d. h. seinerseits sich maritime Streitkräfte schafft, mit denen zu Gunsten einer wirtschaftlichen Interessengemeinschaft auch militärische Operationsgemeinschaften gegebenenfalls eintreten können; nur wenn ein solcher Modus gefunden werden könnte, dürfte man angesichts der kolonialpolitischen Seite der Frage sich in Deutschland dazu verstehen können, auf wirtschaftspolitischem Gebiet Holland das für seine Zukunft nötige Entgegenkommen zu erweisen, sofern es darauf Wert legt.

# Die japanische Kudzu.*)

## (Pueraria Thunbergiana, Benth.)

Von Alfred Unger, Yokohama.

Unter den zahlreichen nützlichen Pflanzen Japans ist für dieses Land von hoher Bedeutung Pueraria Thunbergiana, Benth., die man hin und wieder in Europa als Zierpflanze kultiviert, aber, gewiß aus Mangel eingehender Veröffentlichungen, bisher weder zu technischen Versuchen herangezogen noch als Futterpflanze zu würdigen lernte.

Die Pueraria Thunbergiana, Benth., deren Synonyme Pachyrrhizus Thunbergiana, S. Z., und Dolichos hirsutus, Thunb. sind, japanisch „Kudzu" heißt, ist eine rhizomenbildende Pflanze, die in halbschattigen und sonnigen Wäldern, auf sonnigen, steilen Berghängen und in Feldern wächst, gleichviel wie arm der Boden auch sei, auf Bäumen kletternd oder wie Wicken auf dem Boden kriechend. Sie hat ziemlich breite, gefiederte Blätter. Im Juli und August erscheinen purpurrote Blumen, denen Früchte folgen, die im Oktober reifen. Am westlichen Abhange des Berges Era in der Provinz Buzen, in Kiushiu, gedeiht auch eine weißblühende Art der Pueraria Thunbergiana.

Der Wurzelstock ist ungefähr 1 bis 3 Fuß lang und 1 bis 4 Zoll, zuweilen sogar bis 1 Fuß im Durchmesser. Die Rhizomen sind von der Basis auslaufend, dem Ende zu sich verdickend und der Klette Arctium Lappa, L. (japanisch Gobo) ähnlich. Die aus den Hauptrhizomen alljährlich entspringenden Nebenrhizomen entwickeln sich in einem Jahre bis zu 1 oder 1½ Zoll im Durchmesser.

Die Rhizomen werden zur Stärkegewinnung in vielen Provinzen Japans verwendet, z. B. in der Provinz Suruga, in Yoshino in der Provinz Yamato, in Obama in der Provinz Wakasa, in der Nähe von Tanabe in der Provinz Kii, in Kuwabara in der Provinz Iwashiro, in der ganzen Provinz Awa, wo man Pueraria Thunbergiana in großen Mengen an abhängigen Stellen baut, und wo dieselbe ein unentbehrliches Nahrungsmittel für die Landleute bildet.

Es giebt stärkereiche und stärkearme Rhizomen, die sich auf einfachem Wege unterscheiden lassen: man schneidet mit dem Messer an frischen Rhizomen ein plattes Stückchen ab und legt es in die Sonne zum Trocknen. Wird die Schnittfläche ganz weiß, so ist die Rhizome stärkereich, andernfalls stärkearm. Am stärkereichsten sind die Rhizomen, wenn ungefähr 4 Zoll im Durchmesser; dickere nehmen an Stärkegehalt ab, und ganz dicke enthalten fast gar keine Stärke. Den größten Stärkegehalt haben die Rhizomen übrigens, wenn sie wasserfrei sind, also in ruhendem Zustande. Die Japaner benutzen sie daher zur Stärkegewinnung entweder im November, wenn die Blätter abgedorrt sind, oder im März und April, bevor neue Blätter sich zu entwickeln beginnen.

Das Verfahren, welches die Japaner zur Gewinnung der Stärke anwenden, ist folgendes: Die ausgegrabenen Rhizome werden von der Erde befreit und sehr rein gewaschen. Hierauf werden sie mit Holzklötzen zerschlagen und zerstampft und

*) Herr Professor Dr. J. Rein in Bonn, dem wir diesen Aufsatz vor dem Abdrucke übersandt hatten, schreibt uns in Bezug auf dessen Inhalt unter Verweisung auf das von ihm in seinem zweiten Bande über Japan, S. 75, 193, 210, Erwähnte folgendes:

„Der Regenreichtum und das milde Klima des ehemaligen Kolchis (heute Gouv. Kutais), durch welches dieses Gebiet an Japan erinnert, hat bekanntlich russische Grundbesitzer in der Nähe von Batum veranlaßt, Anbauversuche mit dem Theestrauch und anderen Gewächsen des östlichen Monsungebietes zu machen. Nach dem internationalen Geologenkongreß 1897 wurde ich veranlaßt, diesen Versuchsfeldern einen Besuch abzustatten und dem kaiserlich diese Masse in einen mit Wasser gefüllten, etwa 2 Fuß hohen Eimer gebracht, abermals verstampft und ein bis zwei Stunden darin belassen. Die Masse wird sodann mit den Händen durchgearbeitet, verrieben und gerollt, und die schmutzige, unbrauchbare Masse entfernt. Nachdem dann Masse und Wasser tüchtig vermengt worden, wird das milchweiße Wasser durch ein reines weißes Tuch (oder Sack) filtriert und in einen kleineren Eimer gegossen, in welchem es belassen wird, bis sich die Stärke vom Wasser ausscheidet und einen Niederschlag am Boden ansetzt, während das Wasser selbst wieder rein und klar wird.

Der Stärkeniederschlag besteht aus zwei Schichten. Die untere ist weiß, die obere bräunlich-schwarz. Nur arme Leute verwenden die obere Schicht, welche sie, mit Buchweizenmehl vermengt, zu Mehlklößen (japanisch Dongo) verarbeiten. Der Geschmack ist scharf. Die weiße Schicht wird getrocknet und ergiebt ein reines, angenehm schmeckendes Stärkemehl (japanisch Kudzu), das zu allerlei Kuchen und Nudeln (Maccaroni) verarbeitet und zur Beimischung zu Reiskuchen verwendet wird. In Zeiten von Hungersnot spielen diese Rhizomen der Pueraria Thunbergiana eine überaus wichtige Rolle, und verwenden die Leute dann auch die in vielen Provinzen wildwachsenden Rhizomen. — Aus dem Stärkemehl wird übrigens auch Kleister bereitet, ebenso eine weiße Schminke.

Von hervorragender Bedeutung sind endlich auch die Blätter und Stengel. In der Provinz Iwashiro sind die Blätter und jungen Triebe als Pferdefutter ganz besonders geschätzt und werden im September geschnitten, um ein halbes Jahr hindurch zu Trockenfutter verwendet zu werden. Thatsache ist, daß die Pferde die Blätter begierig fressen und selbst in Krankheitsfällen diese Blätter noch annehmen, während sie irgend ein anderes Futter verschmähen.

Die Stengel finden zu allerlei technischen Verarbeitungen Anwendung. Man webt aus den Fasern der in Wasser getauchten und von der Rinde entblößten Stengel ein Material für Koffer, oder siedet die Stengel und schneidet oder spaltet sie wie Boehmeria nivea oder Canabis sativa der Länge nach und webt aus den Fasern Tücher oder Kleidungsstoffe (japanisch Kudzu-no-hakama), die von den Bauern allgemein getragen werden, oder man verfertigt daraus Regenmäntel und dergleichen mehr. — In der alten chinesischen Pharmakopie werden die Rhizomen der Pueraria Thunbergiana als ein ernüchterndes Mittel empfohlen.

Die Firma L. Böhmer & Co., Yokohama, liefert sowohl Rhizomen wie Samen von Pueraria Thunbergiana, Benth. zu billigen Preisen.

In Japan wird Stärkemehl, das jenem des aus den Rhizomen der Pueraria gewonnenen ähnlich schmeckt, auch aus den Wurzelknollen der Trichosanthes cucumeroides, Ser. (T. quadricirrha Miq.) bereitet. Von Trichosanthes sind noch weitere drei Spezies in Japan einheimisch: T. Shikokiana, Makino., T. japonica, Regel. (Gymnopetalum japonicum, Miq.) und T. multiloba, Miq.

russischen Appanagen-Amt über diejenigen des Kaiserlichen Gutes Tschakwa bei Batum einen Bericht einzusenden. Ich fand dort etwa 50 Kulturpflanzen Japans und Chinas, meist in bestem Gedeihen, darunter auch die Pueraria Thunbergiana, Benth. Von dieser bemerkte ich in meinem Bericht, sie möge sich als Futterpflanze an Waldrändern (selbstverständlich nur in jenem warmen, regenreichen Küstengebiet von Kolchis) empfehlen, habe aber in anderer Beziehung nicht die Bedeutung, erprobte Knollengewächse und Faserpflanzen verdrängen oder auch nur mit solchen konkurrieren zu können. Dementsprechend riet ich bei ihr wie bei den meisten anderen Versuchspflanzen, ab, ihnen weiter die Aufmerksamkeit und größere Areale zu widmen, die ich vorfand."

# Winke für die Besiedelung Deutsch-Südwestafrikas.

Von Dr. R. Endlich.

Unter den Viehzuchtprodukten überseeischer Länder kommt bekanntlich den Erzeugnissen der Schafzucht die größte Bedeutung für den Weltmarkt zu. Dementsprechend hat auch in den meisten europäischen Ländern, wo die Haltung von Schafen vielfach nur noch zur Ergänzung der Rindviehhaltung dient, kein landwirtschaftlicher Betriebszweig einen ähnlichen Rückgang erfahren wie die Schafzucht.

Die Rentabilität der Zucht von Merinoschafen war zwar trotz der geringen Produktionskosten infolge niedriger Wollpreise selbst in jenen begünstigten Gegenden in früheren Jahren bisweilen in Frage gestellt. Für die nächste Zeit jedoch muß auf Grund der gegen Ende vergangenen Jahres eingetretenen Preissteigerung die Gewinnung feiner Wollen als besonders aussichtsreich bezeichnet werden.

Die unvermutete und andauernde Hausse auf dem Wollmarkte wurde zunächst auf künstliche Machinationen zurückzuführen gesucht. Dies ist jedoch nicht zutreffend; die Preissteigerung läßt sich vielmehr, wie sich dies bei näherer Betrachtung ergiebt, lediglich aus natürlichen Ursachen erklären.

Teils durch den Preisrückgang feiner Wollen, namentlich im Laufe der 90er Jahre, noch mehr aber durch die Steigerung der die Fleischschafzucht besonders rentabel machenden Ausfuhr von Masttieren[1]) hat sich in einem großen Teile der Herdenbestände der Hauptproduktionsländer ein Wechsel in der ursprünglichen Zuchtrichtung vollzogen, indem die vorhandenen Merinoherden in ausgiebigster Weise mit englischen Böcken (vorwiegend Lincoln) gekreuzt wurden.

Hierdurch ist es gekommen, daß in Argentinien die nahezu ausschließliche Produktion von Merinowolle früherer Jahre jetzt auf 25 pCt.[2]) des Gesamtquantums gesunken ist. Wenn auch nicht in gleichem Umfange, so haben auch in Australien[3]) diese zwecks Produktionsänderung vorgenommenen Kreuzungen in großem Maßstabe stattgefunden.

Obwohl nun zu erwarten steht, daß man in obigen Ländern der Zucht von Wollschafen auf die kolossale Preissteigerung hin wieder mehr Beachtung schenken wird als während des letzten Jahrzehnts, so kann man doch mit ziemlicher Sicherheit annehmen, daß die intensiven, für Weidemast eingerichteten Wirtschaften auch fernerhin die Zucht von Fleischschafen beibehalten werden. Außerdem sind infolge des Rückganges des australischen Schafbestandes um 25 pCt.[3]) sowie wegen des stetig wachsenden Wollkonsums auch die groben Wollen gegenwärtig im Preise gestiegen, sodaß die Fleischschafzüchter durchaus keine Veranlassung haben, in ihren einträglichen Betrieben irgend welche Änderungen vorzunehmen. Weiter wird in Argentinien die größere Widerstandsfähigkeit englischer Schafrassen gegen ungünstige Witterungseinflüsse, wie naßkalte Stürme ꝛc. zu Gunsten der Fleischschafe gegenüber den Merinos entscheiden.

[1]) Zum Beispiel betrug die argentinische Ausfuhr von Schafen im Jahre 1882 40000 Stück und 1898 schon 512000 Stück im Werte von 1536000 Pesos Gold. (Südamerika unter besonderer Berücksichtigung Argentiniens. Von Dr. P. Martens. S. 110.)

[2]) Nach dem Artikel der Leipziger Neuesten Nachrichten vom 23. März 1899: „Zur Aufklärung über die Preissteigerung feiner Wollen" (Sächsische Wollgarn-Spinnerei Tittel & Krüger-Leipzig).

[3]) Leipziger N. N. a. a. O. Seit 1891.

Aber nicht allein für die nächsten Jahre, sondern auch für die fernere Zukunft bietet die Schafzucht in den billig produzierenden Ländern sehr günstige Aussichten; denn während dem Rindviehzüchter für seine Erzeugnisse auf dem Weltmarkte im Laufe der Zeit auch in den Tropen Konkurrenten erwachsen werden, ist das Verbreitungsgebiet der Schafrassen mit eigentlichen Wollen¹), für deren gedeihliche Entwickelung den bisherigen Erfahrungen nach sich das Tropenklima ungünstig erwiesen hat, verhältnismäßig eng begrenzt, wogegen der Wollkonsum von Jahr zu Jahr in Zunahme begriffen ist.

Die von der Natur für Schafzucht begünstigten Länder, die in erster Linie auf Grund ihrer klimatischen Verhältnisse die Haltung der Herden im Freien gestatten, sind bekanntlich Australien, das untere La Plata-Gebiet und Südafrika. In diesen Ländern läßt ein Schafzuchtbetrieb auch fernerhin eine höhere Rente erwarten als in Gegenden, wo sich kostspielige Stallungen und Stallfütterung erforderlich machen.

Hiernach ist in jenen Gebieten bei entsprechend niederen Bodenpreisen der Erfolg der Schafzucht dauernd gesichert, wenn auch für die Zukunft zeitweilige Wollkrisen (hervorgerufen durch gute Produktionsjahre, Moderichtung ꝛc.) nicht ausbleiben werden.

Dazu kommt noch, daß bei der extensiven Betriebsweise die Schafzucht wegen der schnelleren Vermehrung und jährlichen Wollnutzung weit besser als die Rinderzucht, die auch auf jenen Ländereien mit Vorteil betrieben werden könnte, rentiert.

* *

Wie man in unterrichteten Kreisen allgemein anerkannt hat, sind in einem großen Teile Deutsch-Südwestafrikas die für rentable Wollschafzucht unerläßlichen natürlichen Bedingungen erfüllt. Die von guten Kennern südafrikanischer Verhältnisse hinsichtlich der Einrichtung von Viehwirtschaften erteilten Ratschläge erstrecken sich in der Hauptsache auf Ansiedler, die über Kapitalien in der Höhe von 15—30000 Mark verfügen, lassen aber Angaben darüber vermissen, auf welche Weise dem unbemittelten Einwanderer die Möglichkeit gegeben werden kann, im Betriebe der Tierzucht sein Vorwärtskommen zu finden.

Wenn wir auf Ansiedler warten wollen, die sich im Besitze von Kapitalien in angegebener Höhe befinden, so wird es noch lange dauern, ehe das Land in der Lage sein wird, einen Staatszuschuß zu entbehren.

Es läßt sich allerdings nicht leugnen, daß unter jetzigen Verhältnissen in einigen Gegenden Ackerwirtschaften, die vereinzelten Ansiedlern ein gutes Auskommen ermöglichen, mit geringeren Mitteln betrieben werden können als entsprechende Viehwirtschaften. Auch hat man sich in dankenswerter Weise bereits eingehend mit der Lösung von Bewässerungsfragen beschäftigt.

Da Deutsch-Südwestafrika jedoch niemals als Getreide exportierendes Land in Betracht kommen kann, wie dies von sachverständiger Seite hinreichend erörtert und begründet worden ist, so wird dort der Ackerbau gegenüber der Viehzucht stets nur eine untergeordnete Rolle spielen. Der inländische Bedarf an Ackerbauprodukten für einige Tausend Konsumenten, worauf es doch zunächst nur ankommt, wird sehr bald gedeckt sein; ebenso wird der bisherige hohe Preis von Erzeugnissen des Garten- und

¹) Die Bezeichnung „Schafrassen mit eigentlichen Wollen“ wird zur Unterscheidung von solchen mit Mischwolle und von den auch in den Tropen einheimischen Schafen mit kurzem Stichelhaar gebraucht.

Ackerbaues in den von der Eisenbahn berührten Gegenden bald den gebührenden Rückgang erfahren. Selbst die Gewinnung von Südfrüchten, Pflanzenfasern, Gerberrinden und ähnlichen Produkten für den Export hat keine Aussicht, eine annähernde Bedeutung wie die Viehzucht zu erlangen.

Auch die Ausbeute mineralischer Schätze, sofern dieselben nicht Edelmetalle oder Edelsteine betreffen, wird erst dann lohnen, nachdem bessere Transportverhältnisse geschaffen worden sind. Hierzu giebt auch die tierische Produktion nicht selten den wesentlichsten Anlaß (wie z. B. in verschiedenen Gegenden Argentiniens).

Es wird sich daher empfehlen, in Deutsch-Südwestafrika das Hauptinteresse zunächst der Viehzucht und insbesondere der Schafzucht zuzuwenden und dabei den Weg einzuschlagen, der anderwärts ohne obige Vorbedingungen zu großen Erfolgen geführt hat.

In Argentinien ist es zahlreichen unbemittelten Einwanderern gelungen, durch die Schafzucht zu großem Vermögen zu gelangen. Der dort eingeschlagene Weg dürfte sich daher infolge der günstigen natürlichen Verhältnisse auch für unsere südwestafrikanische Kolonie eignen.

Über die in Argentinien bei diesem landwirtschaftlichen Produktionszweige übliche Betriebsweise läßt sich folgendes anführen: Die Schafzucht wird ebenso wie in den meisten anderen Ländern in Argentinien vorwiegend auf größeren Wirtschaften, die teils im Besitze von Land- und Viehzuchtgesellschaften, zum großen Teile aber in Händen einzelner Besitzer sich befinden, betrieben.

Die Pflege der Herden wird entweder Schäfern mit festem Monatsgehalte oder solchen mit Anteilslöhnung übertragen. Letzteres Lohnsystem hat dort, da es sich namentlich in den mehr oder weniger extensiven Züchtereien am besten bewährt hat, die weiteste Verbreitung gefunden. Naturgemäß verwendet ein am Ertrage einer Herde interessierter Schäfer, der außerdem die Verantwortung für selbst verschuldete Verluste zu tragen hat, mehr Sorgfalt auf die Wartung und Pflege der ihm anvertrauten Tiere, als ein im Monatslohne stehender freier Arbeiter, der außer durch Nachlässigkeit den Herdenbesitzer noch dadurch schädigen kann, daß er seinen Dienst gerade zu der Zeit verläßt, in der er am wenigsten zu entbehren ist.

Da erfahrungsgemäß mit der aufmerksameren Pflege einer Schafherde deren stärkere Vermehrung und die Gewinnung qualitativ besserer Wollen (durch Unterdrückung der Räude ꝛc.) verbunden ist, so erwachsen aus der Anteilslöhnung beiden Parteien, dem Viehzüchter wie dem beteiligten Viehhirten, unleugbare Vorteile.

Bezüglich der am Ertrage der Herden interessierten Schäfer unterscheidet man solche mit und ohne Kapital.

Die Verträge zwischen dem Herdenbesitzer und dem Schäfer ohne Kapital waren ursprünglich derart, daß dem letzteren an Stelle eines festen Gehaltes die Hälfte des ganzen Ertrages der ihm übergebenen Herde, sowohl des Zuwachses als auch der Wolle, des Talges und der Felle, zufiel.

Mit der Zunahme der Einwanderung und dem Übergange zum intensiveren Betriebe haben sich die Verhältnisse der Ertragsbeteiligung zu Ungunsten der Schäfer verschoben, sodaß deren Anteil in entlegeneren Gegenden auf $1/3$ und teilweise auf $1/4$ und noch weniger in den dem Verkehrszentrum Buenos Aires näher gelegenen intensiveren Wirtschaften herabgedrückt worden ist.

Ist der Schäfer im Besitze eines kleinen Kapitals, so ist ihm Gelegenheit gegeben, Teilhaber einer Herde zu werden, und zwar ist es z. B. im Westen der

Provinz Buenos Aires üblich, daß der Schäfer, der die Hälfte der Herde stellt (medianero) mit einem größeren Grundbesitzer, dem die andere Hälfte gehört, einen Kontrakt eingeht, wonach beide Interessenten sich in den Ertrag und die Ausgaben gleichmäßig teilen. Als Entgelt für die Weide, die der Landeigentümer zur Verfügung stellt, liefert der Schäfer die Arbeit, worunter aber nur die Beaufsichtigung und Pflege der Tiere zu verstehen ist. Schurkosten und Ausgaben für Räudebehandlung werden von beiden Beteiligten zu gleichen Teilen getragen.

Ist der Schäfer nur Eigentümer des dritten Teiles einer Herde (tercianero), so fällt ihm auch nur 1/3 des Ertrages und der Ausgaben zu.

Ebenso wie für den Anteilslöhner ohne Kapital haben sich für den Teilhaber einer Herde die Bedingungen in den intensiveren Wirtschaften im Laufe der Jahre wesentlich verschlechtert.

Die Vorteile der Anteilslöhnung bei der Schafzucht Argentiniens bestehen nicht allein darin, daß dem mittellosen Einwanderer die Möglichkeit gegeben ist, in Besitz einer Herde zu gelangen, sondern namentlich auch in der Gewinnung der für dessen späteren Beruf als selbständiger Schafzüchter außerordentlich wichtigen Erfahrungen (Heußer)[1].

Im allgemeinen rechnet man, daß die Verdoppelung einer sorgfältig gehüteten Schafherde bei leidlichen Weideverhältnissen binnen 2—3 Jahren erfolgt.

Unter dieser Voraussetzung wird eine Herde von 1200 Stück[1], die der unbemittelte Schäfer für den dritten Teil des Ertrages übernommen hat, nach Verlauf von 2—3 Jahren 2400 Stück zählen.

Bei der Lösung des Kontraktes würde jetzt der Anteilslöhner 1200/3 = 400 Schafe erhalten.

Nach Heußer[1]) kann der sparsame Schäfer die für seinen Lebensunterhalt notwendigen Ausgaben schon aus seinem Ertragsanteile an Wolle, Fellen und Talg decken, wenn auch im Anfange sich in dieser Beziehung nicht selten Schwierigkeiten einstellen.

Für seinen Bedarf an Fleisch bekommt er entweder eine bestimmte Zahl von Schlachttieren (Hammel oder Mutterschafe) frei geliefert, oder er hat hierfür einen verhältnismäßig geringen Betrag zu entrichten. Das erforderliche Gemüse entnimmt er seinem Garten, zu dessen Bearbeitung ihm während der freien Tagesstunden genügend Zeit bleibt. Außerdem steht es ihm frei, einige Hühner und günstigenfalls einige Milchkühe zu halten.

Hat also der Schäfer sparsam gewirtschaftet, so ist er nach 2—3 Jahren Besitzer von 400 Schafen. Mit diesen kann er als Teilhaber einer Herde (d. h. in entlegeneren Gegenden) entweder zur Hälfte bei 800 Stück (als medianero) oder zum Drittel bei 1200 (als terciánero) einen neuen Kontrakt eingehen. Nach weiterem Verlaufe von 2—3 Jahren wird unter günstigen Verhältnissen sein Herdenbestand auf 800 Stück[2]) angewachsen sein.

Jetzt ist für den Schäfer der Zeitpunkt gekommen, Schafzucht auf eigene Rechnung zu betreiben, und zwar zunächst auf gepachtetem Weidelande. Schon

[1]) Aus „Drei Aufsätze, betreffend die europäische Auswanderung nach den argentinischen Provinzen Buenos Aires, Santa Fé und Entrerios. Von Dr. J. Chr. Heußer. Zürich 1883“ entnommen (S. 92—94).

[2]) Aus dem Erlöse für die inzwischen verkauften Hammel könnte die Herde wieder vollzählig gemacht werden.

4—6 Jahre später wird sich die Herde, abgesehen von unverschuldetem Unglück, dermaßen vergrößert haben, daß der zum Schafzüchter gewordene frühere Anteilslöhner die Beaufsichtigung eines Teiles der Tiere einem anderen Schäfer übertragen muß, bis ihn schließlich das aus dem Verkaufe von Wolle, fetten Hammeln rc. angesammelte Kapital in den Stand setzt, Grundbesitz zu erwerben.

Auf diese Weise sind zahlreiche mittellose Einwanderer, insbesondere Basken und Irländer, ferner Südfranzosen und Italiener, seltener Schottländer und auch vereinzelte Deutsche, im Besitz eines großen Vermögens gelangt.

Nach Heußer (a. a. O. S. 97 u. 98) giebt es im Süden der Provinz Buenos Aires Bezirke, in denen ⅔ des Grundbesitzes eingewanderten Europäern gehört; und von diesen haben wenigstens 90 pCt. ihr Besitztum mit Mitteln erstanden, die sie erst im Lande selbst erworben haben.

Eine Verkennung der Vorteile der Anteilslöhnung ist hiernach ausgeschlossen.

Ebenso wie in Argentinien wird sich dieses System in Deutsch-Südwestafrika, wo ähnliche natürliche Verhältnisse wie in einem großen Teile der argentinischen Schafzuchtdistrikte (Mangel an offenem Wasser, zeitweilige größere Dürren u. s. w.) herrschen, bewähren, wenn die für diese Art des Schäfereibetriebes geeigneten Arbeitskräfte herangezogen werden.

Es bedarf wohl kaum einer besonderen Erwähnung, daß hierzu nur sehr sparsame, besonnene, anspruchslose und zähe Naturen tauglich sind.

Leider hat C. F. E. Schultze[1] nicht ganz Unrecht, wenn er behauptet, daß in den Deutschen, die in Argentinien an diesem lohnenden Erwerbszweige nur in ganz geringem Maße beteiligt sind, der unglückselige Hang liegt, an Orten Ackerbau treiben zu wollen, wo dieser keine Aussicht auf Gewinn hat.

„Da er (der Deutsche)", sagt Schultze, „nun nach seinen strengen theoretischen Grundsätzen den Ackerbau für eine höhere Kulturstufe hält als die Viehzucht, so überläßt er die rentable Viehzucht im unteren La Plata-Gebiete, wo der Grund und Boden relativ noch billig ist, den Angehörigen anderer europäischer Nationen und vergeudet seine Zeit, seine Arbeitskraft und sein Geld mit dem Ausroden von Urwaldriesen, mit der Urbarmachung von wertlosen Wildnissen, wo der Grund und Boden absolut ungemein billig, relativ aber enorm teuer ist, weil die Produkte, die er dort möglicherweise über seinen eigenen Bedarf hinaus erzielt, z. B. Mais, Bohnen, Mandioka, Kartoffeln rc., wegen Mangels eines Absatzes gar nicht zu verwerten und zu Gelde zu machen sind."

Namentlich in Südamerika ließe sich eine ganze Reihe von Beispielen anführen, die diese unpraktische Neigung deutscher Ansiedler in vollstem Maße kennzeichnen.

Ganz verfehlt erscheint es mir daher auch, wenn man gegen die Buren-einwanderung einzuwenden versucht, daß der Bur beim Übergange von der reinen Viehwirtschaft zum Ackerbau einen Hemmschuh für die Entwickelung des Landes bedeuten würde.[2])

Falls kein anderes Bedenken als die Abneigung gegen den Ackerbau der Heranziehung der Buren entgegenstehen sollte, würde es sich nur empfehlen, deren Einwanderung möglichst zu fördern; denn die Vorliebe für die Viehzucht dürfte bei

[1]) Der rationelle Estanzienbetrieb im unteren La Plata-Gebiete rc. Von C. F. E. Schultze. Hamburg. 1885. S. 105.

[2]) Südwestafrikanisches. Von W. Warncke: Deutsche Kolonialzeitung vom 31. März 1898.

ihnen nicht allein auf eine vieljährige Gewohnheit, sondern auch zum Teil auf lange praktische Erfahrungen zurückzuführen sein.

Wenn schon in Argentinien die Erträge des Ackerbaues trotz leicht zu bearbeitenden fruchtbaren Bodens, der Ersparung der Düngung und Bewässerung, der vorzüglichen Verkehrs- und Absatzverhältnisse (billige Schiffsfrachten und dergl.) namentlich wegen der Heuschreckenplage als unsicher gelten, um wie viel weniger wird man in Südwestafrika, wo bekanntlich dieselben Schädlinge vorkommen, dagegen obige Vorteile zum großen Teile fehlen, sichere Erfolge vom Ackerbau erwarten können!

Ob sich die Buren als Anteilslöhner bei Schafzuchtunternehmen werden verwenden lassen, ist allerdings fraglich; möglicherweise verhalten sie sich vorläufig ablehnend gegen die ihnen unbekannten Neuerungen. Immerhin würde es ratsam sein, einige Versuche anzustellen.

Von den Deutschen, auf deren Einwanderung es ja für unsere Kolonie hauptsächlich ankommt, dürften sich hierfür vielleicht die eignen, die schon in andern Ländern schlechte Erfahrungen mit dem Ackerbau gemacht haben, wie z. B. die in trostloser Lage befindlichen deutschen Ansiedler in East London.[1])

Auch ein Teil der ehemaligen Angehörigen der Schutztruppe, denen die Kenntnis von Land und Leuten zu Gute kommt, wird sich bei der Schafzucht mit Ertragsbeteiligung verwenden lassen.

Schließlich kann jeder thatkräftige, an Entbehrungen gewöhnte und mit großer Geduld ausgestattete deutsche Einwanderer, der sich für Schafzucht interessiert und den Genüssen des Kulturlebens entsagen will und kann, als Anteilslöhner vorwärtskommen.

Ein Vorteil unserer südwestafrikanischen Kolonie gegenüber den argentinischen Schafzuchtdistrikten besteht darin, daß die durch Nässe und Kälte rc. hervorgerufenen Verluste nicht zu befürchten sind; dagegen wird das Weideland für die einzelnen Herden[2]) zur Verhütung von fühlbaren Schädigungen durch Futtermangel weit größer als in Argentinien zu bemessen sein.

Ebenso wie bei den Plantagenunternehmungen in den tropischen Kolonien werden auch hier Gesellschaften bezw. Großkapitalisten berufen sein, den Weg zu bahnen, also mit extensiver Schafzucht zu beginnen.

Wenn die südwestafrikanischen Landgesellschaften sich zu dieser Art der Besiedelung entschließen würden, so könnte das von vielen Seiten verurteilte System der Konzessionserteilung an Syndikate und Gesellschaften dem Lande noch großen Nutzen bringen.

Liegt es aber nicht selbst im Interesse der Land besitzenden Gesellschaften, derartige Schaffarmen mit interessierten Schäfern einzurichten? Außer dem Gewinne, den die Schafzucht abwirft, erwächst der Gesellschaft durch die späteren Einnahmen aus den Verpachtungen und Verkäufen von Ländereien an die früheren Schäfer und besonders aus der schnelleren Steigerung des Bodenwertes, die meist schon mit der Zunahme der Produktion eintritt, ein beträchtlicher Nutzen.

Wie in allen primitiven Ländern wird man hier das Augenmerk zunächst auf Massenerzeugung zu richten haben: denn so lange mangelhafte Verkehrsverhältnisse herrschen und die Herden durch Raubtiere und Eingeborene gefährdet sind, lassen nur billig produzierende, extensive Betriebe einen entsprechenden Gewinn erwarten.

[1]) Deutsche Kolonialzeitung, 5. Dezember 1896. Ansiedler für Südwestafrika.

[2]) Deutsche Kolonialzeitung vom 2. März 1899: Zur Theorie und Praxis der Preisbildung der Farmen. Von Ferdinand Geisler.

Schon durch Verluste einiger wertvoller Rassetiere kann dem Unternehmer bei kleinem Betriebe ein Schaden erwachsen, der den Wert der ganzen Herde gewöhnlicher Wollschafe aufwiegen würde.

Abgesehen von der geringen Aussicht auf Rentabilität, würde der große Aufwand an Betriebsmitteln unter gegenwärtigen Verhältnissen gegen die Einrichtungen von intensiven (Muster-) und Mastfarmen und Stammschäfereien sprechen.

Derartige intensive Wirtschaften, die außerdem einen ausgedehnten Futterbau voraussetzen, entwickeln sich erfahrungsgemäß erst im Laufe der Zeit mit steigender Kultur aus den extensiven Betrieben heraus.

Auch der deutsch-afrikanischen Landwirtschaftsgesellschaft würde anzuraten sein, an Stelle der in Deutsch-Südwestafrika geplanten Muster- und Versuchswirtschaft, sich vorläufig mit einem entsprechend größeren extensiven Schafzuchtbetriebe zu begnügen. Erst nach Schaffung von Verkehrserleichterungen, wozu bekanntermaßen die Massenproduktion die wesentlichste Anregung giebt, wird sich auf Grund der im Lande gewonnenen Erfahrungen und mit dem aus der extensiven Wirtschaft erzielten Gewinne der allmähliche Übergang zur intensiven Bewirtschaftung der Farm ohne besonderes Risiko bewerkstelligen lassen.

Während einerseits Einzäunungen und Futterbau bei der intensiven Schaffarm das System der Anteilslöhnung entbehrlich machen, wird andererseits für die Züchtung von Rassetieren und zur Erzielung besserer Wollqualität geschultes Personal am Platze sein.

Versuchswirtschaften sollte man, ebenso wie in anderen Ländern, dem Staate überlassen. Wenn sich unsere ostafrikanische Kolonie bereits einer staatlichen Versuchsstation erfreut, so wird die Einrichtung einer solchen in dem für europäische Einwanderung zugleich wichtigeren südwestafrikanischen Schutzgebiete hoffentlich nicht mehr lange auf sich warten lassen.

Daß zeitweilige, durch Krankheiten und ungünstige Witterungsverhältnisse hervorgerufene Verluste die Wichtigkeit der Tierzucht nicht in Frage stellen können, ist schon von verschiedenen Seiten gebührend erörtert worden.

Obwohl beispielsweise durch die große Trockenheit im Jahre 1859 ¼ des argentinischen Viehstandes verloren ging und durch die kalten Stürme im Jahre 1883 in der Provinz Buenos Aires 800 000 Schafe[1]) verendeten, wird doch niemand die Bedeutung der dortigen Viehzucht[2]), in deren Betriebe unzählige Einwanderer zu Wohlstand und großem Vermögen gelangt sind, leugnen wollen.

Der Erfolg eines Schafzuchtunternehmens wird um so mehr gesichert sein, je mehr sich die Ausgaben für Gebäude, totes Inventar u. s. w. zu Gunsten des Nutzviehkapitals einschränken lassen.

Man wird daher gut thun, fürs erste mit möglichst einfachen und billigen Wohnungen, nicht allein für die Schäfer, sondern auch für die Verwaltung fürlieb zu nehmen.

Außer dem an einer Wasserstelle gelegenen Häuschen braucht der Schäfer einen Raum zur Aufbewahrung der Felle u. s. w. und einen Pferch (Kraal), der einerseits

[1]) Die natürlichen Bedingungen der argentinischen Viehzucht. Vom landwirtschaftlichen Sachverständigen in Buenos Aires, Dr. Kärger. Aus den Mitteilungen der Deutschen Landwirtschaftsgesellschaft vom 26. Februar 1898.

[2]) Ähnliche Verluste hat auch Australien zeitweise zu verzeichnen gehabt.

zur Verrichtung der wichtigsten Arbeiten, wie Zeichnen, Kastrieren rc., und andererseits zum Aufenthalte der Schafe während der Nacht dient, um diese gegen Diebstähle oder Angriffe der Raubtiere zu schützen.

Wollschuppen und Bassin für Krätzebehandlung würden in der Nähe der Administrationsgebäude anzulegen sein. Zuchtmaterial an Schafen¹) läßt sich, wie erwiesen, unschwer aus dem Kaplande beschaffen.

Mit dem argentinischen Systeme der Anteilslöhnung, das von Heußer (a. a. O. S. 71–100) ausführlich beschrieben worden ist, würden eventuell einige Änderungen vorzunehmen sein. Besonders wird der verhältnismäßig hohe Preis der Reittiere in Afrika dem mittellosen Schäfer bei deren Erwerbung Schwierigkeiten bereiten. Diese lassen sich vielleicht in der Weise umgehen, daß die Gesellschaft dem Anteilslöhner einige Pferde stellt, wofür ihm als Entgelt die Verpflichtung zu einer besonderen Dienstleistung wie die jährliche Anpflanzung einer bestimmten Anzahl von Bäumen²) u. a. erwachsen würde. Auch zur Bestreitung seines Lebensunterhaltes während der ersten Zeit wird für den unbemittelten Schäfer die Gewährung eines Vorschusses, sowie die Lieferung von Sämereien für den Garten notwendig sein.

Ungleich leichter ist natürlicher Weise das Vorwärtskommen für den Besitzer eines kleinen Kapitals, der dadurch in der Lage ist, entweder als Teilhaber einer Herde zu beginnen oder wenigstens die notwendigen Ausgaben während der ersten Zeit selbst zu bestreiten.

Wenn auch der deutsche Anteilslöhner, von dem wir nicht die große Genügsamkeit der Basken, Italiener, Irländer rc. erwarten können, voraussichtlich etwas längere Zeit als jene bis zum Termine der Selbständigmachung brauchen wird, so kann dies immerhin nichts an der Bedeutung des Anteilswesens ändern.

* * *

Hoffen wir daher, daß die extensive Wollschafzucht mit interessierten Schäfern in maßgebenden Kreisen die verdiente Beachtung finden möge.

Es kann dann nicht ausbleiben, daß die Entwickelung des südwestafrikanischen Schutzgebiets in wünschenswerter Weise vor sich geht. Eine größere Zahl unbemittelter Einwanderer wird sich zu Herden- und Grundbesitzern emporarbeiten und die Erzeugnisse der Schafzucht, die in Australien, Argentinien und dem Kaplande zu den wichtigsten Ausfuhrprodukten gehören, werden den wesentlichsten Anteil an der gedeihlichen Entwickelung der vielfach verkannten Kolonie haben. Der einheimischen Wollindustrie erwächst hierdurch der Vorteil, daß sie sich in Zukunft teilweise von dem australischen und argentinischen Markte unabhängig machen kann.

Ebenso wird der Talg der in der Kolonie geschlachteten Tiere als gefragtes Rohprodukt der Industrie des Mutterlandes zu statten kommen.

Eine Überschwemmung des deutschen Fleischmarktes mit südwestafrikanischem Fleische wird dagegen, so lange hierfür in afrikanischen Ländern selbst ein gutes Absatzgebiet vorhanden ist, also auf absehbare Zeit³), nicht zu befürchten sein.

---

¹) Das Gleiche betrifft die Angoraziegen, deren Zucht gleichfalls gute Aussichten bietet.

²) Die günstigere Regenverteilung, die während der letzten Jahrzehnte in Argentinien beobachtet worden ist, wird in der Hauptsache auf den Einfluß der Baumpflanzungen, die auf fast allen Estanzias in größerem oder kleinerem Umfange zu finden sind, zurückzuführen sein.

³) Der landwirtschaftliche Wert und die Besiedelungsfähigkeit Deutsch-Südwestafrikas. Von Dr. Richard Hindorf, S. 40 und 41.

# Der Islam und die europäische Kolonisation.*)

Von Missionsinspektor Dr. Schreiber.

Es ist mir eine rechte Freude, wenn ich hier und da auch einmal, wie heute hier in Minden, vor kolonialen Kreisen sprechen kann. Natürlich muß ich als Missionsmann mir in solchen Fällen mein Thema aus dem Gebiete wählen, wo Mission und Kolonisation sich berühren. Solch ein Thema nun, und zwar meiner Meinung nach ein recht bedeutsames, ist aber mein heutiges: Der Islam und die europäischen Kolonien, für welches ich mir Ihre Aufmerksamkeit für ein Stündchen erbitten möchte.

Machen wir uns zu allererst einmal die Ausdehnung klar, welche der Islam auf dem ganzen Gebiete, welches für die europäische Kolonisation in der Gegenwart in Betracht kommt, erreicht hat. Da steht vorne an Afrika. Bei weitem die bedeutendsten Ausdehnungen und Erwerbungen aller europäischen Mächte im letzten halben Jahrhundert mit Ausnahme derjenigen Rußlands, haben im sogenannten dunklen Erdteile stattgefunden. Wir Deutsche haben ja dort auch die meisten unserer Kolonien gefunden. Aber gerade Afrika wird vom Islam beinahe von allen Seiten umklammert. Ganz Nordafrika gehört ihm schon längst. Auf der Ostküste hat sich der Islam immer weiter nach Süden hin ausgedehnt und ist bis zum Zambesi, ja noch über denselben hinaus gekommen. Auf der Westküste ist er längst nicht so weit gediehen: aber doch ist er auch dort bis zum Äquator hin beinahe überall anzutreffen, sobald man etwas tiefer ins Innere eindringt. In der That, beinahe das ganze Innere des gewaltigen dunklen Erdteils ist von ihm erfaßt und selbst in Südafrika, in der Kapstadt und deren Umgegend hat er seine Bekenner und macht nicht ganz unbedeutende Fortschritte. Somit haben wir nicht nur in Deutsch-Ostafrika, sondern auch in Togo und im Hinterlande von Kamerun mit ihm zu rechnen, und nur Deutsch Südwestafrika ist bisher noch ganz frei von ihm.

Der zweitwichtigste Erdteil für die gegenwärtige Kolonisation, der im nächsten Jahrhundert wohl ohne Zweifel noch viel wichtiger für die Kolonisation werden wird als Afrika, ich meine natürlich Asien, ist freilich nicht in gleichem Maße wie Afrika vom Islam erobert. Aber doch spielt auch hier der Islam eine sehr große Rolle. Nicht nur ganz Vorderasien und Innerasien südlich von Sibirien, wo Rußland in den letzten 50 Jahren solch große Fortschritte gemacht hat, sondern auch Afghanistan und Beludschistan huldigen seit Jahrhunderten dem Islam. Aber auch in Indien zählt er viele Anhänger. In Englisch-Indien giebt es 40 und in Holländisch-Indien etwa 30 Millionen Mohammedaner; selbst in China wird ihre Zahl auf etwa 20—30 Millionen angegeben, läßt sich aber einstweilen nur schwer bestimmen.

Somit befinden sich die 175—200 Millionen Mohammedaner fast alle auf den Gebieten, welche für die Kolonisation der Gegenwart am meisten in Betracht kommen. Nun könnte man mir aber entgegnen, daß es doch noch andere Religionen auf denselben Gebieten giebt, wie z. B. den Buddhismus, die sogar noch mehr Anhänger zählen als der Islam, also auch für die Kolonisation noch größere Bedeutung haben

*) Vortrag gehalten in der Abteilung Minden der Deutschen Kolonialgesellschaft.

müssen. Aber dieser Einwand wird sofort hinfällig, sobald man auf den besonderen Charakter des Islam achtet. Das ist ja eben das Eigentümliche des Islam, das er genau genommen den Namen einer Religion kaum verdient, sondern daß der Islam von Anfang an und bis auf den heutigen Tag eigentlich nichts anders gewesen ist, als ein Weltreich auf religiöser Grundlage und mit einem gewissen religiösen Firnis. Ich glaube ein Jeder, welcher die Geschichte Mohammeds und seines Reiches aufmerksam studiert, muß unbedingt zu dieser Erkenntnis kommen und ebenso zu der Überzeugung, daß sich dieser Charakter des Islams bis auf unsere Zeit nicht geändert hat und auch niemals ändern kann, solange der Islam seinen Grundsätzen treu bleibt. Mohammed ist gerade das Gegenteil oder besser gesagt ein Zerrbild des Herrn Jesu; denn Jesus hat gesagt: Mein Reich ist nicht von dieser Welt. Mohammed dagegen hat von Anfang nichts anderes gewollt und auch ganz offen nichts anders als sein Ziel bezeichnet als dies, ein weltliches Reich über die ganze Menschheit mit Feuer und Schwert auszubreiten. Die Religion spielt dabei eigentlich kaum eine andere Rolle als diese, daß sie seinen Streitern durch die lockenden Verheißungen aller möglichen sinnlichen Genüsse, die sie ihnen im Jenseits in Aussicht stellt, namentlich wenn sie im heiligen Kriege ihr Leben lassen, den nötigen Eifer und Todesverachtung einflößt.

Nun ist aber der Islam seiner ganzen Natur nach an sich entwickelungsunfähig. Er ist, wie er ist, und kann sich nicht ändern, am allerwenigsten in diesem Punkte. Von seinem irdischen Oberherrn, dem Khalifen, d. h. jetzt dem Sultan, werden auch noch genau dieselben Ansprüche gemacht und von seinen bewußten Anhängern auch noch voll und ganz anerkannt und vertreten. Sobald man dies außer Acht läßt, wird man den Islam verkehrt beurteilen und darum auch bei der Frage, wie man den Islam und seine Anhänger in den Kolonien zu behandeln habe, auf verkehrte Wege geraten.

Gerade diese letztere Frage ist es ja aber, mit der wir uns heute Abend hier beschäftigen wollen. Ich darf vielleicht hier einfließen lassen, daß ich vor langer Zeit sieben Jahre lang in einer Kolonie, Sumatra, gelebt habe, wo der Konflikt mit dem Islam seit hundert Jahren so im Vordergrunde steht wie vielleicht in keiner einzigen anderen Kolonie, und wo gerade jetzt der Streit gegen den Islam einerseits in Atjeh mit den Waffen und andererseits auf dem Missionsgebiete mit ganz besonders gutem Erfolge geführt wird. Außerdem habe ich mich nun vorwiegend mit dieser Frage seit mehr als 30 Jahren genauer beschäftigt und gerade im letzten Jahre Gelegenheit gehabt, den gegenwärtigen Stand des eben genannten doppelten Streites gegen den Islam auf Sumatra mit eigenen Augen zu sehen. So meine ich wohl über diese Frage mitreden zu dürfen.

Wie bei allen anderen kolonialen Fragestücken, so ist es auch bei dieser Frage für uns Deutsche, die wir auf kolonialem Gebiete ja doch erst Anfänger sind, sehr klug und heilsam, daß wir von den anderen älteren Kolonialmächten lernen, wie sie es gemacht haben. Gerade hier können wir da vieles lernen, nämlich wie man es nicht machen muß.

Doch zuerst muß ich noch einen Blick auf die eigentümliche Lage des Islam werfen, in welche derselbe dadurch geraten ist, daß allmählich gerade im Laufe des jetzt zu Ende gehenden Jahrhunderts mehr als die Hälfte seiner Bekenner unter die Herrschaft von christlichen Mächten geraten sind. England hat in Indien und Ägypten über 40 Millionen mohammedanische Unterthanen, Holland in Indien 30 Millionen, Rußland in Zentralasien und Frankreich in Nordafrika haben auch ein jedes über 10 Millionen Mohammedaner unter ihrer Herrschaft. Das ist eine Thatsache, die eigentlich sehr schlecht zu dem ganzen Glauben der Mohammedaner stimmt und sie davon überzeugen könnte, daß für ihre Herrschaft und ihre Sache jetzt nicht mehr der zunehmende, sondern der abnehmende Halbmond das richtige Emblem wäre. Aber freilich die Anhänger Mohammeds sind sehr weit davon entfernt, zu solcher Erkenntnis zu kommen; vielmehr wird ihr Eifer für ihre Sache und ihre Verbitterung gegen ihre christliche Obrigkeit nur noch immer mehr gesteigert. Sie können ihrem Glauben gemäß gar nicht anders, sie müssen ihre, wie wir sagen würden, rechtmäßige Obrigkeit nur als eine ihnen gegen Gottes Willen aufgedrungene und also unrechtmäßige betrachten, wohingegen der Sultan ihnen als ihr rechtmäßiger Herrscher gilt, der sie, wie sie hoffen, bald wieder von dem Joche der Ungläubigen befreien wird. Daraus folgt, daß bewußte Mohammedaner niemals treue und zuverlässige Unterthanen einer christlichen, europäischen Macht werden können. Dabei ist auch noch dies sehr zu beachten, daß auf vielen Kolonialgebieten der Islam unter den kleinen Stämmen und Völkerschaften das einigende Band bildet. Gerade nachdem sie mit einander dem verhaßten christlichen Joche unterworfen worden sind, haben sie sich in dem gemeinsamen bittern Hasse erst zusammengeschlossen, während sie vorher vielleicht unter einander Feinde waren.

Wie soll sich nun eine Kolonialregierung ihren mohammedanischen Unterthanen gegenüber stellen? Die nächstliegende Antwort wird lauten: Sie wird am besten thun, gegen alle ihre Unterthanen, also auch gegenüber den Mohammedanern, gleicher Weise strikte Neutralität in Religionssachen zu befolgen. Das entspricht ganz den allgemein in den meisten europäischen Staaten geltenden Grundsätzen. So haben sich denn auch wirklich z. B. England und Holland dem Islam gegenüber in ihren indischen Besitzungen gestellt.

So einfach und leicht die Sache also auf den ersten Blick zu sein scheint, so stellt sie sich doch in der Praxis bald ganz anders und viel schwieriger dar. So viel ist wenigstens gewiß, daß man sowohl in Englisch- als in Holländisch-Indien von jenem Grundsatze aus bald dahin gekommen ist, daß man sogar mit dem Islam liebäugelte, ihm in vielen Dingen aufs freundlichste und mit helfender Hand entgegenkam. In Englisch-Indien hat man bis zu dem großen Aufstande von 1857 den Mohammedanern, besonders den bekannten mohammedanischen Sepoys, geradezu geschmeichelt, und alles aufs ängstlichste vermieden, womit man meinte, ihren Gefühlen zu nahe treten zu können. Ebenso haben es die Holländer bis vor Kurzem wirklich sehr weit in dieser Rücksichtnahme auf die Gefühle und Wünsche ihrer mohammedanischen Unterthanen getrieben. Man dachte sich auf diese Weise deren Gunst und Gutwilligkeit erwerben und sie zu guten und getreuen Unterthanen, dort in Englisch-Indien auch zu zuverlässigen Soldaten machen zu können. England hat diesen seinen Irrtum bei Gelegenheit des eben genannten Aufstandes als solchen erkannt und ist seitdem wohl zu einer etwas anderen Praxis gekommen, aber allerdings noch keineswegs zu der Erkenntnis, meiner Meinung nach, die man betreffs des Islams haben sollte.

In Holländisch-Indien ging man früher soweit, daß man z. B. grundsätzlich nicht erlaubte, daß unter den Mohammedanern christliche Missionäre arbeiten durften. Erst seit 30 Jahren hat man sie auf Java zugelassen. Man half den Mohammedanern ihre Tempel bauen; nach dem Koran wurde und wird auch noch auf ganz Java Recht gesprochen, und die Regierung hat viel gethan, um Schulen zu errichten, in denen de facto nur der Islam gelehrt und dadurch gestärkt wurde.

Ganz bezeichnend in dieser Beziehung ist z. B. auch noch das Verhalten der Holländer im gegenwärtigen atjinesischen Kriege gewesen. Als man den sogenannten Kraton erobert und dabei die große dortige Moschee zerstört hatte, da hielt man es für sehr geraten und weise, dieses mohammedanische Gotteshaus auf Regierungskosten mit vielem Geld wieder aufzubauen. So wenig hatte man eine Ahnung davon, daß ein solches Gotteshaus in den Augen der Mohammedaner ein für allemal entweiht sein werde, also von ihnen niemals angenommen werde könne. So wenig hatte man eine Ahnung davon, daß dieser ganze Krieg in den Augen nicht nur der Atjinesen selbst, sondern sämtlicher Mohammedaner von ganz Sumatra, ja von ganz Indien, eben ein Religionskrieg war und ist.

Aber es ist nicht zu verkennen, daß in den holländischen Regierungskreisen in der Beurteilung des Islams und seiner Bedeutung für den kolonialen Besitzstand eine wesentliche Änderung eingetreten ist. Uns Missionären hat man es vielleicht nicht recht glauben wollen, wenn wir immer und immer wieder den Islam als den unversöhnlichen und bei weitem gefährlichsten Feind des holländischen Regimentes bezeichneten. Aber seitdem die holländische Regierung dann selbst einen für solche Aufgabe sehr geeigneten Herren, den Dr. Snouck Hourgronje, nach Indien gesandt hatte, um die Bedeutung des Islam für den Bestand und die Sicherheit ihrer Kolonien zu studieren, und nachdem dieser Herr auf Grund seiner sehr genauen und eingehenden Studien, die er nicht nur in Indien, sondern vornehmlich auch an der Quelle des Islam, in Mekka, gemacht hatte, zu dem Endresultate gekommen war: Wir sitzen in Indien auf einem Pulverfasse, nämlich auf dieser mohammedanischen Bevölkerung, und es braucht nur der Funke des Fanatismus hinein zu fallen, so fliegt unsere ganze Geschichte in die Luft — seitdem ist man anderer Meinung geworden.

Man legt jetzt der Mission auch in ganz mohammedanischen Gegenden, wie auf Java und anderwärts, keinerlei Hindernisse mehr in den Weg; man ist zurückhaltender geworden in der Unterstützung und Ausbreitung der sogenannten religionslosen Schulen für die Inländer, welche aber in Wirklichkeit alle dem Islam und seiner Verbreitung dienten; man paßt dem Treiben der mohammedanischen Priester genauer auf die Finger, und namentlich der von ihnen ausgehenden, oft geradezu zum Aufruhr aufstachelnden Litteratur; man nimmt mit Vorliebe christliche Inländer als Soldaten in das Heer auf, ja man ist so weit gegangen, was noch vor 15 Jahren ganz unglaublich erscheinen mußte, daß man die Missionsschulen als Regierungsschulen anerkennt, soweit sie den bestimmten Forderungen der Regierung in Erteilung des Elementarunterrichts entsprechen, und ihnen Subsidien zahlt. Man begrüßt überall die Ausdehnung der Missionsarbeit mit Freuden und ermutigt dieselbe. Nur in einem Punkte glaube ich, hat man noch nicht den rechten Weg beschritten, nämlich gegenüber der Wallfahrt nach Mekka.

In dieser Wallfahrt muß man nämlich unbedingt einen der bedeutsamsten Faktoren für den inneren Zusammenhang und die Erstarkung des Islam erblicken. Auch ist sehr zu beachten, daß dieselbe durch die Dampfschiffahrt, in welcher sich die verschiedenen europäischen Nationen Konkurrenz machen, sehr erleichtert worden und dadurch gerade von Indien her sehr viel stärker geworden ist. Es scheint aber bei den holländischen Beamten noch allgemein die Meinung vorzuherrschen, daß es garnicht übel sei, wenn die Zahl der „Hadjis", d. h. derjenigen Leute, welche die Wallfahrt nach Mekka gemacht haben, innerhalb der holländischen Kolonien nur noch immer größer werde. Dadurch werde ihr früher sehr großes Ansehen nur verlieren.

In den Gegenden, wo sie früher noch selten waren, genossen diese Hadjis nämlich ehemals ein sehr großes Ansehen, arbeiteten meistens überhaupt nicht mehr, sondern ließen sich von den anderen Gläubigen einfach unterhalten, so daß eine solche Wallfahrt gar kein übles Geschäft war. Mag nun auch daran etwas wahres sein, daß wirklich durch die gewaltige Zunahme der Zahl dieser Hadjis ihr Ansehen im Einzelnen etwas sinkt, so ist doch andererseits ganz gewiß, daß durch eben diese Leute, sonderlich durch diejenigen unter ihnen, welche zu den geheimen, mystischen, mohammedanischen Sekten gehören, welche alle in Mekka ihre Leitung haben und von einem gefährlichen Fanatismus erfüllt sind, der verborgene Haß gegen das Joch der Ungläubigen sehr bedenklich genährt wird.

In Englisch-Indien hat man ebenfalls, wenigstens seit dem Jahre 1857, der Ausbreitung der evangelischen Mission auch unter den Mohammedanern keinerlei Hindernisse in den Weg gelegt und sucht wirklich den Standpunkt einer völligen Unparteilichkeit in religiösen Fragen zu bewahren. Wesentlich von diesem Standpunkte verschieden ist dagegen derjenige, welchen neuerdings die russische Regierung ihren mohammedanischen Unterthanen sowohl in Zentralasien als im europäischen Rußland gegenüber einnimmt. Wer diese Dinge mit Aufmerksamkeit verfolgt hat, dem mußte sehr auffallen, wie sich Rußland seit seinem letzten Kriege mit der Türkei den Mohammedanern gegenüber offenbar ganz anders gestellt hat. Man mußte sich doch sehr darüber verwundern, daß Rußland, welches sich bis dahin, entsprechend dem sogenannten Testamente Peters des Großen, immer als den Vorkämpfer gegen den Islam hingestellt und jede Gelegenheit, den Machtbereich des Sultans in Europa zu schmälern, wahrgenommen hatte, jetzt durch alle die gräßlichen, so lange fortgesetzten Greuel der Türken gegen die Armenier sich nicht zu irgend welcher Aktion gegen die Türkei bewegen ließ, sondern in völliger Unthätigkeit verharrte.

Dies Rätsel hat uns nun ein geborener Deutschrusse, Paul Rohrbach, in seinen, zuerst in den Preußischen Jahrbüchern erschienenen, höchst interessanten Aufsätzen über die Stellung und die Pläne Rußlands in Zentralasien, wie mir scheint, auf Grund sehr guter Informationen, gelöst. Die neue russische Position dem Islam gegenüber, welche von Herrn Rohrbach als die höchste Weisheit gepriesen wird, besteht nämlich darin, daß Rußland mit dem Islam Hand in Hand gehen will, um mit seiner Hilfe in dem großen Weltstreit gegen England wegen der Oberherrschaft in Asien den Sieg davon zu tragen. Also die Losung in den russischen Kolonien und in der russischen Politik lautet jetzt: Nur ja nicht irgend welche Schritte gegen den Islam! Natürlich keinerlei Verfolgung der Mohammedaner, das ist ja auch ganz gut. Aber man geht noch viel weiter in der Schonung des Islams. Man hat alle und jede Thätigkeit der orthodoxen Missionare unter den Mohammedanern streng untersagt und läßt den Mohammedanern eine ganz unbegreifliche Freiheit in der Verbreitung ihrer Schriften, selbst solcher, in denen ganz offen der heilige Krieg gegen die Ungläubigen gepredigt wird. Wie gesagt, Rohrbach meint, dies sei ein ganz sicherer Weg, um den Engländern das Wasser abzugraben, die in unbegreiflicher Thorheit ihren Missionaren erlauben, in Indien auch unter den Mohammedanern zu missionieren und dadurch, wie er behauptet, den Unwillen der Moslim erregen.

Es war mir in der That höchst interessant, diese Aufklärungen über diese neue Wendung in der Stellungnahme Rußlands gegenüber dem Islam zu erhalten. Aber ich stehe keinen Augenblick an, dieselbe nicht für sehr klug, im Gegenteil für eine gründlich verfehlte Rechnung und gerade für Rußland doppelt gefährlich zu erklären.

Daß die Rechnung wirklich verfehlt ist, das hätten die Russen sehr gut schon aus der früheren Kolonialgeschichte Hollands und Englands entnehmen können. Aber für den, der nur sehen will, hat den Russen schon in dieser kurzen Zeit der Islam selbst die Quittung auf diese Rechnung ausgestellt. Im Sommer des vergangenen Jahres waren diese Aufsätze Rohrbachs erschienen. Aber noch in demselben Jahre brach in Turkestan der erste regelrechte, mohammedanische, religiöse Aufstand gegen die Russen aus. Also all ihr Liebeswerben hatte ihnen nichts genutzt. Sie sind und bleiben eben in den Augen der Moslim die verhaßten und verdammten Giaurs, deren Herrschaft mit allen Mitteln zu bekämpfen jedes Gläubigen heilige unabänderliche Pflicht bleibt. Für alle Mohammedaner ist ein sogenannter religionsloser Standpunkt rein unverständlich, und darum legen sie alle Toleranz oder gar solche Pläne der Verbrüderung ohne Unterschied als die größte Dummheit oder Schwäche auf unserer Seite aus. Und diese Schwäche oder Dummheit wissen sie bestens sich zu nutze zu machen. Die ungestörte Verbreitung sehr gefährlicher mohammedanischer Schriften im europäischen Rußland so gut wie in Zentralasien unter den Augen und mit hoher obrigkeitlicher russischer Bewilligung erwähnte ich schon oben. Noch beachtenswerter ist es, daß in Rußland, wo bekanntlich der Übertritt von der orthodoxen Kirche etwa zur evangelischen Kirche mit Verbannung nach Sibirien bestraft wird, seit Jahren Tausende ungestraft vom Christentum zum Islam übergetreten sind. Wer darüber genauere und zuverlässige Nachrichten finden will, der kann sie bei Dalton in seinem „offenen Briefe an Pobjedonoszcheff“ lesen.

Die Sache ist diese. Unter den mohammedanischen Tartaren an der Wolga hatten in dem ersten Drittel dieses Jahrhunderts evangelische deutsche Missionare eine sehr schöne und erfolgreiche Thätigkeit begonnen. Da wurden diese ebenso wie alle anderen evangelischen Missionare aus dem ganzen russischen Reiche ausgewiesen. Es hieß, die orthodoxe Kirche werde diese Arbeit selbst in die Hand nehmen. Infolgedessen sind diese jungen Christen zu Tausenden wieder zu ihrem alten mohammedanischen Glauben zurückgekehrt sind, und man hat es ihnen nicht gewehrt, hat sie auch nicht deswegen bestraft, wie es der Fall gewesen wäre, wenn sie evangelisch geworden wären. Aber ich bezeichnete oben die Stellungnahme Rußlands dem Islam gegenüber nicht nur als einen Mißgriff, sondern auch als gerade für Rußland doppelt gefährlich, zumal für seine kolonialen Unternehmungen. Derselbe Herr Rohrbach führt uns aus, und gewiß mit vollem Recht, daß die ganze Stellung Rußlands in Zentralasien auf dem ungemessenen Ansehen des Padischah, d. h. des Zaren, beruhe. Ganz anders wie etwa in einer englischen Kolonie, wo noch ganz andere Stützen des Kolonialbestandes durch den ausgebreiteten Handel und zahlreiche Privatunternehmungen vorhanden sind, steht also hier alles auf dieser einen Karte. Nun ist aber bekannt, daß das ganze Ansehen und die Machtstellung des Zaren eine politisch-religiöse ist für das russische Volk. Muß man es da nicht als ein gewagtes Spiel bezeichnen, wenn nun die russische Regierung dem Islam gegenüber eine solche mehr als zweifelhafte Stellung einnimmt und damit den heiligen Krieg, den es früher unter freudiger Zustimmung des ganzen orthodoxen russischen Volkes gegen den Erbfeind, den Türken, führte, völlig aufgegeben hat?

Frankreich hat es ja auch in seinen Kolonien in Afrika überall fast mit dem Islam zu thun. Auch dort ist der Beweis geliefert, daß es nicht möglich ist, trotz der größten Toleranz zu vermeiden, daß nicht immer wieder von Zeit zu Zeit der religiöse Fanatismus Aufstände gegen die Obrigkeit erregt.

Sie werden nun schon aus allem Bisherigen gemerkt haben, wie ich mir die richtige Stellung einer europäischen Regierung, also insbesondere die Stellung unserer Regierung dem Islam gegenüber etwa denke. Ich möchte das aber doch nun noch etwas mehr im einzelnen ausführen. Natürlich stelle ich da vorne an, daß auch den Mohammedanern gegenüber volle religiöse Freiheit gewahrt bleiben muß, d. h. soweit sich dies mit der Sicherheit der Kolonie verträgt. Hier liegt aber gerade die größte Schwierigkeit, weil eben der Glaube der Moslim es mit sich bringt, daß sie nicht die christliche europäische Macht als ihre Obrigkeit anerkennen können, sondern nur den Stellvertreter Gottes auf Erden, den Sultan, als ihren rechtmäßigen Herrn ansehen müssen. Auf diesem Punkte ist es also unmöglich, ihnen die Ausübung ihres religiösen Glaubens und deren Konsequenzen zu gestatten. Eben darum muß man sich auch von vornherein ganz klar machen, daß es rein unmöglich sein wird, die mohammedanischen Unterthanen, soweit sie bewußte Moslim sind, zufrieden zu stellen oder sie gar zu wirklich treuen und zuverlässigen Bürgern zu machen. Aber man wird eben alles thun müssen, einmal, um alles zu vermeiden, wodurch man dies unter der Asche glimmende Feuer des Hasses anfachen könnte, also etwa solche Maßnahmen oder Anordnungen, wodurch man die Leute zwingen wollte, etwas zu thun, was ihnen als Moslim verboten ist. So soll ja der Ausbruch des großen Aufstandes in Englisch-Indien dadurch hervorgerufen sein, daß man die mohammedanischen Soldaten zwingen wollte, nach damaliger Weise die Patronen abzubeißen, während man von mohammedanischer Seite verbreitet hatte, daß diese Patronen mit Schweinefett geklebt seien. Es sollten also die leitenden Männer in der Kolonie immer ganz genau unterrichtet sein über alles, was in den Augen der Moslim unerlaubt ist, und sollten also, selbst in Kleinigkeiten, auf deren Gefühle so weit als möglich Rücksicht nehmen. Man sollte auch in jeder anderen Beziehung die Moslim so gerecht und billig wie nur möglich behandeln, auch alles thun, wodurch der Wohlstand und das Wohlsein derselben befördert werden kann, damit sie gar keinen wirklichen Grund haben, sich über ihre christliche Obrigkeit zu beklagen, sondern dieselbe, wenn sie anders ehrlich sein wollen, als eine Wohlthat anerkennen müssen. Freilich wird man mit alle dem auf keine Dankbarkeit bei ihnen rechnen dürfen, dieselbe auch gar nicht beanspruchen wollen.

Andererseits aber wird man genau darauf zu achten haben, daß man in keiner Weise die Lebenskraft des Islam mehrt und kräftigt. Daher würde es, meiner Meinung nach, eine große Thorheit sein, wenn etwa die Kolonialregierung es für ihre Pflicht hält, nicht nur für Schulen der Kinder der Mohammedaner zu sorgen, sondern auch für mohammedanischen Religionsunterricht in diesen Schulen. Das heißt wirklich und buchstäblich die Schlange am eigenen Busen großziehen: Man mag das Ding nun anstellen wie man will, dieser Religionsunterricht kann gar nicht anders, er muß zur Förderung des Gegensatzes und des Hasses gegen die christliche Obrigkeit dienen; denn der einzige Unterrichtsstoff in mohammedanischen Schulen ist doch der Koran, und der predigt bekanntlich unversöhnlichen Haß gegen alle Andersgläubigen. Ebenso sollte man ja nichts thun, um die Wallfahrt nach Mekka zu fördern oder zu erleichtern. Weil aber hierin für die an den Dampferlinien Beteiligten eine große Versuchung liegt, da nämlich diese Wallfahrt eine sehr ergiebige Einnahmequelle bildet, so sollte man dem gegenüber seine Maßregeln treffen, etwa durch eine hohe Taxe, die man auf die Erlaubnis zur Wallfahrt legt, oder wie sonst. Wird dies klug angefangen, so läßt sich aller Schein, als ob man die Wallfahrt unterdrücken wollte, sehr gut vermeiden. Eben dadurch bekommt man dann auch ganz von selbst eine genaue Kontrolle über die Ausdehnung dieser Wallfahrt selbst. Wenn man nur genau Acht hat, wird man wahrscheinlich auch überall mit der Zeit noch besondere Handhaben finden, um den Eifer für die Wallfahrt sehr abzukühlen, und solche sollte man dann immer auch wahrnehmen und ausnutzen. Es wird nämlich wohl überall einmal wieder passieren, was vor etwa mehr als Jahresfrist in Padang auf Sumatra geschah. Von dort war ein Malaye, wie so viele Tausend andere, nach Mekka gepilgert und war, ebenso wie alle seine Leidensgenossen, von den dortigen „Gläubigen“ aufs Schändlichste ausgesogen und ausgeplündert; denn bekanntlich lebt die ganze heilige Stadt nur von den Pilgern. Aber dieser Mann machte es nicht wie die große Mehrzahl der Pilger, die da denken: „Ich weiß, wie es mir ergangen ist und wie sie mir das Fell abgezogen haben, aber ich will mich wohl hüten, davon zu plaudern, daß die Anderen auch hingehen, damit es ihnen ebenso ergehe“. Nein, dieser Eine, kaum zu Hause angekommen, warf seine Hadji-Mütze weit von sich und sagte, er danke bestens für diese Ehre. Es seien lauter Spitzbuben und Räuber in Mekka, die die Pilger nur dahin lockten, um sie auszuplündern, und dann hat er in einer Reihe von längeren Artikeln in einer dortigen malayischen Zeitung alles haarklein berichtet darüber, wie es den Pilgern in Mekka ergehe. Ich meine, dergleichen wahre Berichte sollte die Regierung unter die Leute bringen. Das würde am besten wirken, die Zahl der Mekkapilger zu verringern, während jetzt gerade von Seiten derjenigen, die in Mekka dabei interessiert sind, die Wallfahrt künstlich unterhalten und die Lust dazu immer wieder angefacht wird. Es scheint übrigens, als ob diese Kunde unter den Gläubigen doch schon weiter verbreitet ist, als man meinen sollte. Es war mir sehr merkwürdig, daß mir auf Nias ein biederer malayischer Häuptling, dem ich die obige Geschichte erzählte, zur Antwort gab, das sei für ihn nichts neues, das wisse er schon längst. Und das war in einer solchen entlegenen Ecke, wo man am ersten denken sollte, daß da noch die naive Unschuld zu finden sei!

Weiter sollte die Regierung überall auf zwei Sachen eine recht genaue Aufsicht üben, einmal auf die reisenden Träger des Islam, die als allerlei Heilige, Bettelmönche u. dergl. durch das Land ziehen, und sodann auf die Flugblätter und kleinen Traktate, die von ihnen und anderen Leuten verbreitet werden. Diese Leute kommen meist direkt von Mekka und sollen namentlich in den Gegenden, wo der Eifer zu erlahmen scheint, denselben neu erwecken. Gerade sie sind es nachweislich, die fast immer dahinter stecken, wenn irgendwo ein Aufstand gegen die verhaßten Kafirs in Scene gesetzt wird. Diese Leute und ebenso angebliche Wunderthäter und Heilkünstler finden an dem allgemein unter den Mohammedanern stark wuchernden Aberglauben eine gefährliche Handhabe. Dazu kommt dann die Hoffnung auf die bald zu erwartende Erscheinung des Mahdi, der endlich alle Moslims von dem Joche der Ungläubigen befreien wird. Dies letztere bildet gewöhnlich den Hauptinhalt solcher kleinen Schriften, wie sie auch meist von Mekka herstammen und bald hier, bald dort unter den Gläubigen große Erregung anrichten.

Dagegen gilt es stets zu wachen, und dann weiter, wo irgend sich solch ein Aufstand zeigt, mit fester Hand dazwischen zu greifen und solche Bewegungen womöglich gleich im Keime zu ersticken, ehe sie größere Dimensionen angenommen haben. Gerade durch den schon oben genannten holländischen Gelehrten ist die Regierung erst dahinter gekommen, was für ein gefährlicher Inhalt, wilde Phantasien inbetreff der nahe bevorstehenden Ankunft des Mahdi und direkte Anreizungen zum Aufstande in derartigen Schriften in Niederländisch-Indien enthalten waren, und man hat dann die entsprechenden Maßregeln dagegen ergreifen können. Die russische Regierung dagegen scheint dafür ganz und gar kein Auge und kein Verständnis zu haben.

Gerade diese Vertrauensseligkeit aber ist meiner Meinung nach das Allergefährlichste gegenüber dem Islam. Immer wieder kann man es hören oder lesen, daß in diesem oder jenem Lande die Mohammedaner gar nicht so schlimm seien: sie wüßten so unsagbar wenig von ihrem eigenen Glauben, sie wären eigentlich Mohammedaner mehr nur dem Namen nach und nur ganz äußerlich. Wer so spricht, weiß erstlich nicht, daß man mit Fug und Recht gerade dasselbe fast von allen mohammedanischen Völkern ohne Unterschied sagen kann, und weiter nicht, daß der Fanatismus immer in geradem Verhältnis zur Unwissenheit der Leute steht: je unwissender, desto leichter sind sie zu fanatisieren, und endlich dies nicht, daß der Islam gerade ist wie ein alter Vulkan. Bekanntlich kann ein solcher lange, vielleicht Jahrhunderte lang ganz still daliegen und nicht das geringste Zeichen von Thätigkeit geben, aber plötzlich über Nacht bricht er aus und verheert alles um sich her.

Also es gilt sich klar zu machen, daß eine europäische Regierung ihren mohammedanischen Unterthanen nie und nimmer recht trauen kann. Das ist ein übles Verhältnis, und natürlich fragt man, ob es denn gar kein Mittel gäbe, dasselbe zu bessern. Ich weiß nur ein einziges: Man muß die Leute eben aus den Banden des Islam befreien, sie zu Christen machen. Der oben genannte Herr Snouck Hourgronje ist freilich anderer Meinung. Er hofft, daß, wenn erst, was ja wohl zu erwarten steht, mit der Zeit alle Moslim Unterthanen christlicher Mächte geworden sind, dann würden die Mohammedaner selbst einsehen, daß es mit ihrem Traume, daß sie bezw. ihr Sultan einmal die ganze Welt beherrschen werden, nichts sei: dann würden sie also den Gedanken an den heiligen Krieg ein für allemal aufgeben, und damit würde der Islam seinen gefährlichen Charakter verlieren, es werde dann eben nur, wie dieser Herr sich ausdrückt, „noch einen Katechismus mehr geben“. Ich halte dafür, daß dies eine ganz thörichte Hoffnung ist. Nein, neben der Pflege der Wollust ist gerade der heilige Krieg der Lebensnerv des ganzen Islams, und dieser Lebensnerv wird nur mit dem Islam selbst absterben.

Aber ich meine, darauf dürfen wir hoffen, daß wenigstens ein großer Teil der Mohammedaner gerade wegen der unauflöslichen engen Verbindung ihres Glaubens mit der äußeren Machtstellung durch den rapiden politischen Niedergang der mohammedanischen Macht zu der Erkenntnis kommen werden, es stimme nicht mit ihrem ganzen Glauben. Mit anderen Worten, ich halte dafür, daß die Zeit kommen werde bezw. schon gekommen sei, wo auch die Bekenner Mohammeds zugänglich werden für die Predigt des Evangeliums. Es ist wahrlich aller Beachtung wert, daß in dieser Beziehung schon ein gewaltiger Umschwung stattgefunden hat. Freilich überall da, wo die Leute noch unter einer mohammedanischen Obrigkeit stehen und wo eben deshalb auf den Abfall vom Islam noch die Todesstrafe steht, da sind die Erfolge der evangelischen Missionen noch ganz geringfügig. Dagegen sowohl in Englisch-Indien als noch mehr in Holländisch-Indien sind die Erfolge schon jetzt so groß, wie man noch vor 10 bis 15 Jahren nicht zu hoffen gewagt hätte. Wir zählen dort auf Java und Sumatra jetzt schon mindestens 15000 evangelische Christen, die aus den Mohammedanern gewonnen sind.

Die holländische Regierung scheint begriffen zu haben, daß sie keine besseren Mitarbeiter hat, um ihre Herrschaft zu befestigen gegenüber den Gefahren, welche derselben von Seiten des Islams drohen, als eben die Missionare und sucht darum, wie schon oben gesagt, unsere Arbeit auf alle Weise zu fördern. Und sie thut ganz gewiß Recht daran. Lassen Sie mich da zur Bestätigung dieser meiner Anschauung noch zum Schluß ein paar kleine Begegnungen von meiner letzten Reise erzählen. Ich lernte in Singapore ein paar indische Familien, aus Ceylon gebürtig, kennen, lauter feine, der englischen Sprache vollkommen mächtige und wirklich gründlich gebildete Leute. Dies waren Christen und ausgesprochene Freunde der Europäer und ihrer englischen Herrscher. Dann machte ich aber etwas später auf dem Dampfer, mit dem ich nach China fuhr, auch die Bekanntschaft eines anderen, ebenfalls fein gebildeten Indiers aus Bombay, der ein Engagement als Ingenieur nach Japan hatte. Auch mit diesem Herrn kam ich wiederholt in nähere Berührung und Bekanntschaft. Ich fand aber bald heraus, daß er ein erbitterter Feind der Engländer war. Das war aber auch kein Christ. Es ist nun aber meine feste Überzeugung, daß das die Regel ist. Solche Dinge sollten von unserer Regierung auch mit in Rechnung gesetzt werden. Dann würde man auch bei uns zu der Erkenntnis kommen, daß das einzigste und sichere Mittel, um die Mohammedaner in unseren Kolonien zu guten, zuverlässigen Unterthanen zu machen, darin besteht, daß man sie zu Christen macht. Gott gebe, daß uns ähnliche üble Erfahrungen, wie sie die Engländer und Holländer in ihren Kolonien mit den Mohammedanern gemacht haben, erspart bleiben, daß wir vielmehr durch ihren Schaden klug werden und also dem Islam gegenüber nicht auch solche Wege versuchen, die sich längst als verkehrte und gefährliche erwiesen haben.

# Zur Frage der Genußscheine.

Von Chr. von Bornhaupt.

Der Veröffentlichung des Statuts der Gesellschaft Süd-Kamerun ist in der Nummer 23 des deutschen Kolonialblatts vom 1. Dezember lfd. Js. die des Statuts der Handelsgesellschaft „Nordwest-Kamerun“ gefolgt.

Während bei der Gesellschaft Süd-Kamerun das Aktienkapital 2 Mill. Mark (5000 Anteile à 400 Mark) beträgt und 15000 „Genußscheine“ zur Ausgabe gelangen, ist bei der Gesellschaft Nordwest-Kamerun das Aktienkapital auf 4 Mill. Mark (10000 „Anteilscheine“, Serie A zu je 400 Mark) normiert, und es werden für jeden Anteilschein Serie A bei der Gründung drei „Anteilscheine“ Serie B ausgegeben, auf welche Einzahlungen nicht zu leisten sind (Art. 6 des Statuts).

Es sei kurz bemerkt, daß durch die Bezeichnung der von der Gesellschaft Nordwest-Kamerun herausgegebenen 30000 Scheine als „Anteilscheine B“ im Wesen der Sache nichts geändert wird. Diese Anteilscheine kommen ihrem Charakter nach den 15000 „Genußscheinen“ der Süd-Kamerungesellschaft durchaus gleich. Zu bemerken wäre vielleicht nur, daß von den Genußscheinen der Süd-Kameruner Gesellschaft 10000 den Herren Dr. J. Scharlach und Sholto Douglas für die Übertragung der von ihnen erworbenen Rechte an die Gesellschaft gewährt worden sind, und daß die restlichen 5000 die Gründer der Gesellschaft, und zwar je einen Genußschein für jeden Anteil erhalten haben.

Das große Interesse, das die kolonialfreundlichen Kreise der Begründung der beiden Kameruner Gesellschaften entgegengebracht haben, ist die Veranlassung, daß im Folgenden der Versuch gemacht werden soll, den rechtlichen Charakter der ausgegebenen „Genußscheine“ bezw. „Anteilscheine B“ festzustellen.

Das in Deutschland zunächst noch in seiner rechtlichen Bildung begriffene Institut der Genußscheine hat bisher eine Eingliederung in das deutsche Rechtssystem nicht erfahren. Hierauf bezügliche Bestimmungen sind im Handelsgesetzbuch vom 10. Mai 1897 nicht vorhanden. Als Thatsache steht andererseits fest, daß bereits seit einer längeren Reihe von Jahren von in Deutschland bestehenden Gesellschaften Genußscheine von rechtlich ganz verschiedenem Charakter ausgegeben werden, daß mit denselben an der Börse Handel getrieben wird, und daß auf Genußscheine bezügliche Bestimmungen in zahlreichen Gesellschaftsstatuten Aufnahme gefunden haben.

Es ist der Versuch gemacht worden, die in Deutschland zur Ausgabe gelangten Genußscheine zu klassifizieren. Klemperer (Die rechtliche Natur der Genußscheine 1898 S. 22) unterscheidet nach den Rechten, mit denen die Genußscheine ausgestattet sind, drei Gruppen:

1. Genußscheine, deren Inhabern mit Ausnahme des Anspruchs auf eine Vorzugsdividende und eine Vorberechtigung bei der Verteilung des Liquidationserlöses gleiche Rechte mit den Inhabern nicht amortisierter Aktien eingeräumt werden, sei es nun, daß einzelne Rechte wie das Stimmrecht in der Generalversammlung besonders aufgeführt sind, sei es, daß dies nicht der Fall ist;

2. Genußscheine, von deren Inhabern ausdrücklich erklärt wird, daß sie nicht Aktionäre der betreffenden Gesellschaft seien; und

3. Genußscheine, die gewisse einzeln aufgeführte Rechte gewähren.

Staub führt in seinem Kommentar zum Handelsgesetzbuch 1899 S. 540 ff. aus, daß die mit Genußscheinen bezeichneten Urkunden ganz verschiedenen juristischen Charakters sind. Er unterscheidet zwei Arten von Genußscheinen, denen gemeinsam ist, daß sie am Gewinn und möglicherweise auch am Liquidationserlöse teilnehmen, die aber dadurch einen durchaus verschiedenen rechtlichen Charakter erhalten, daß sie entweder sich als reine Gläubigerrechte oder als Pertinenzien des Aktienrechts darstellen. „Reine Gläubigerrechte sind die Genußscheine, welche an die Stelle der amortisierten Aktien treten, ferner die den Interessenten gewährten besonderen Vorzugsrechte, wenn dieselben nicht an die Aktien geknüpft waren, ferner Genußscheine, welche ausgegeben werden, um flüssige Gelder zu erlangen ohne Erhöhung des Grundkapitals, und in denen Gewinnanteile und Liquidationserlöse verbrieft werden. Eine andere Art von Genußschein ist Zubehör des Aktienrechts. Prioritätsaktien werden oft in der Weise geschaffen, daß den neuen Aktien besondere Anteile am Gewinn und am Liquidationserlös gewährt werden; und diese besonderen Anteile werden durch Genußschein besonders verbrieft. In neuerer Zeit werden auch bei bestehenden Aktien für einen Teil der Ansprüche auf vermögensrechtliche Bezüge besondere Urkunden erteilt, welche ebenfalls Genußscheine genannt werden."

Dem, der sich mit dem Inhalte der Statuten der beiden Kameruner Gesellschaften bekannt gemacht hat, drängt sich unwillkürlich die Frage auf, zu welcher von den oben aufgeführten, wissenschaftlich bestimmten Gattungen wohl die Genußscheine der beiden Kameruner Gesellschaften gehören; und er wird mit einem gewissen Befremden sich der Erkenntnis nicht verschließen können, daß die Genußscheine der Kameruner Gesellschaften in keine der aufgeführten Kategorieen hineinpassen.

Wenn man sich auf der einen Seite vergegenwärtigt, worin auf Grund wissenschaftlicher Feststellung das Mitgliedschaftsrecht des Aktionärs besteht, und auf der anderen Seite die beiden Statuten daraufhin prüft, welche Rechte sie den Inhabern der Genußscheine bezw. Anteilscheine B einräumen, so kommt man zu dem Schlusse, daß die Statuten die Aktionäre und die Inhaber der Genußscheine bezw. Anteilscheine B gleichstellen.

Am auffallendsten ist die Thatsache, daß beide Statuten die den Aktionär charakterisierenden Rechte, nämlich:

1. das Stimmrecht auf den Generalversammlungen und
2. den Anspruch auf eine Quote aus dem Liquidationserlöse,

sowohl den Aktionären wie den Genuß- bezw. Anteilsinhabern zuerkennen und hierdurch die letzteren förmlich zu Trägern des Aktienrechts machen.

An dieser Thatsache wird dadurch nichts geändert, daß durch das Statut der Süd-Kamerungesellschaft je zwei „Genußscheine" und durch das Statut der Nordwest-Kamerungesellschaft je drei „Anteilscheine B" eine Stimme auf der Generalversammlung gewähren. Ebensowenig verliert der Genußschein bezw. Anteilschein B dadurch seine Bedeutung als Aktie, daß im Falle der Liquidation die Aktionäre beider Gesellschaften vorzugsweise Befriedigung finden, und hernach erst die Inhaber der Genußscheine bezw. Anteilscheine B zur Perception gelangen.

Wollte man den erwähnten beiden Umständen durch die Bezeichnung Rechnung tragen, so hätte es sich empfohlen, die mehrerwähnten Inhaber der Genuß- bezw. Anteilscheine „Aktionäre zweiten Grades" zu nennen; denn unter allen Umständen sind sie Aktionäre, weil ihnen nur Aktionären zustehende Rechte (Stimmrecht, Kapitalsforderung) durch die Statuten erteilt werden. Das Statut der Süd-Kamerungesellschaft gewährt übrigens den Genußscheininhabern noch ein gewichtigeres Recht als den Aktionären selbst. Es ist in dieser Beziehung darauf hinzuweisen, daß, da die Inhaber der 15000 Genußscheine 7500 Stimmen repräsentieren, die Möglichkeit der Majorisierung der Inhaber der 5000 Anteilscheine (Aktien) vorhanden ist.

Ist obige Darlegung richtig, so wirft sich die Frage auf, ob durch die Statuten dem Umstande, daß die von beiden Gesellschaften ausgegebenen Urkunden ihrem Wesen nach Aktien sind, auch Rechnung getragen worden ist. Nach dem Dargelegten kann diese Frage nur verneint werden; und es braucht nur beispielsweise darauf hingewiesen zu werden, daß die Genußscheine bezw. Anteilscheine B, schon weil sie auf keinen bestimmten Betrag gestellt sind (§ 180 des HGB.), weil keine Einzahlung auf das Aktienkapital stattgefunden hat rc. (§ 211 l. c.), den Erfordernissen deutschrechtlicher Aktien in keiner Weise entsprechen.

Faßt man diese Momente ins Auge, so stellen sich die Genußscheine bezw. Anteilscheine B als actions gratuites dar, d. h. als Aktien, bei denen keine Beteiligung am Grundkapital stattgefunden hat. Thatsache ist es aber, daß das deutsche Aktienrecht actions gratuits nicht kennt, und daß insbesondere eine Mitgliedschaft an einer deutschen Aktiengesellschaft ohne Zahlungspflicht mit dem deutschen Aktienrecht unvereinbar ist.

Die Frage, ob und inwieweit die Ausgabe den Aktien gleichwertiger Genußscheine mit dem Grundsatze der Unteilbarkeit der Aktien (§ 179 l. c.) in Übereinstimmung gebracht werden kann, soll hier nicht erörtert werden. Bei dem nur knapp zugemessenen Raume halte ich es für angezeigt, zur weiteren Begründung der obigen Darlegungen auf folgende Schriftsteller Bezug zu nehmen, welche sich zu der hier erörterten Frage geäußert haben.

Makower, Kommentar zum Handelsgesetzbuch, Lief. III 1899 S. 357, sagt: „Keine Aktien sind Genußscheine, in welchen z. B. ein Recht auf Teilnahme am Gewinn und bei Verteilung des Gesellschaftsvermögens nach Auflösung ohne Teilnahme an etwaigem Kapitalverlust und ohne Stimmrecht verbrieft ist. (Entscheidung des Reichsgerichts vom 26. April 1881, Bd. 3 S. 17 der Entscheidungen des Reichsgerichts in Zivilsachen.)“

Klemperer (S. 25) führt aus, daß Ring (S. 388), ohne zu einer prinzipiellen Entscheidung der Frage gelangt zu sein, die Genußscheine dann für Aktien erklärt, wenn ihnen das Stimmrecht in den Generalversammlungen verliehen ist, und daß Genußscheine ohne dieses Stimmrecht für Träger von Gläubigerrechten zu erachten sind. Er bemerkt, daß Hergenhahn und Eisler auf demselben Standpunkt stehen.

Staub sagt in seinem Kommentar 1899 S. 550 ff.: „Nur Aktionäre haben Stimmrecht. Nur durch Majoritätsbeschlüsse der Aktionäre darf die Gesellschaft regiert werden, wie das Reichsgericht (Entscheidungen in Zivilsachen Bd. 3 S. 129) es auch für unzulässig erklärt hat, daß der Vorstand der Aktiengesellschaft, da er deren Willen zum Ausdruck bringen soll, dem Willen einer fremden Person unterworfen werde. Das Stimmrecht kann dem Genußscheininhaber zulässigerweise nicht gewährt werden. Nun ist zwar zuzugeben, daß es auch solche Genußscheine geben kann und giebt, welche wirkliche Aktienrechte darstellen. Es liegt dann eine wirkliche Aktie vor, die nur den irreführenden Namen Genußschein führt.“

Albert Pinner (das deutsche Aktienrecht 1899) steht auf dem gleichen Standpunkt wie Staub: er sagt S. 125: „Die Rechte der Genußscheininhaber sind auf die ihnen zugesicherten Bezüge beschränkt: Mitgliedsrechte haben sie nicht und dürfen ihnen auch nicht gegeben werden, da begriffsmäßig nur Aktionäre diese Rechte haben.“

Die Frage, welche Motive die Gründer der beiden Kameruner Gesellschaften veranlaßt haben, ihren Statuten eine so zweifelhafte rechtliche Grundlage zu geben, lasse ich unerörtert. Ich hatte mir lediglich die Aufgabe gestellt, einen Beitrag zur Beurteilung der beiden Statuten vom handelsrechtlichen Standpunkt zu geben.

• • •

# Die Entwickelung des Kamerun-Schutzgebietes unter der deutschen Schutzherrschaft.

Von R. von Uslar, Landrat.

## III.

An der Spitze der Hauptfaktorei steht als Vertreter der Firma der Agent; unter ihm arbeiten die „jungen Leute", d. h. die kaufmännischen Hülfskräfte, die Materialienverwalter und Aufseher, sowie das schwarze Arbeiterpersonal, unter dem die Kruleute bevorzugt sind. Die Dienstverträge der Europäer lauten in der Regel auf drei Jahre, nach deren Ablauf freie Heimreise gewährt wird. Als Gehalt beziehen die Hülfskräfte neben freier Station 1500—2100 Mark, während der Agent durchschnittlich 5000 Mark und feste, zum Teil erhebliche Anteile am Reingewinn erhält. Die Kruleute mögen der Faktorei alles in allem ungefähr 300 Mark für Mann und Jahr kosten. Die eingeborenen Arbeiter leisten viel weniger als jene, zeichnen sich trotzdem aber oft durch unverschämte Forderungen aus. Vorübergehend ist auch von Eingeborenen der Versuch gemacht worden, größere Warenbestände anzusammeln und unmittelbar zu verfrachten. So z. B. von Manga Bell in Kamerun. Doch ist er so wenig wie andere Unternehmer, die meist Nutzhölzer verfrachteten, dabei auf seine Rechnung gekommen. Sie sind daher gleich ihren Stammesgenossen zum Zwischenhandel zurückgekehrt und vermitteln den Warenaustausch zwischen der Küste und dem Hinterlande.

Dieser Zwischenhandel ist, da es den Eingeborenen an gemünztem Gelde fehlt, seiner Form nach Tauschhandel. Als Wertnormen gelten dabei eigentümliche Wertbezeichnungen, welche ins Geschäftsbuch der Firmen eingetragen und dem Händler auf einen Zettel geschrieben, das Soll und Haben des einzeln regeln. Der Dualla rechnet nach Kru, das = 4 Kegs = 8 Piggen = 20 Bars gilt. Der Wert eines Kru, d. h. die Menge von Waren, welche dasselbe bezeichnet, ist kein ganz feststehender. Wettbewerb der Firmen und andere Umstände führten dazu, zuweilen eine größere Menge europäischer Waren als sonst wohl üblich gleich einem Kru zu rechnen; auch die Abschätzung, wieviel von den herangeschafften Landeserzeugnissen der Eingeborenen als ein Kru zu rechnen habe, war oft streitig. Eine Verfügung des Gouverneurs von Soden setzte für Palmkerne 80 Liter, für Palmöl 100 Liter gleich einem Kru. Die seit 1894 für den Handel von der Regierung eingeführten metrischen Maße und das Markystem, wobei zugleich die Berechnung nach Krus mit Strafe belegt wurde, werden letztere je länger um so vollständiger verdrängen.

Im südlichen Bezirke rechnete man gern nach Dollar, einem Maße, das nicht mit der amerikanischen Münze zu verwechseln ist. Es ist übrigens auch bei den Eingeborenen der Liberiaküste in Gebrauch. — —

Die einzelnen Ausfuhrartikel liefern in erster Linie die Wälder des Gebietes. Ebenso stehen Palmöl und Palmkerne, welche von den besonders landeinwärts stark verbreiteten Ölpalmen gewonnen werden. Ihnen reiht sich an Kautschuk, der aus den Landolphia-Lianen und einzelnen Ficus-Arten gezogen wird. Weniger groß sind die ausgeführten Mengen von Kokosnüssen, Kopra, Kolanüssen, Erdnüssen, Kalabarbohnen, Piassava und Gummikopal. An Nutzhölzern kommen das Ebenholz, daneben auch Rot- und Mahagoniholz in Betracht. In größeren Mengen bringen die entstehenden Plantagen schon Kakao, daneben auch Kaffee und Tabak zur Ausfuhr. Ein wichtiger und wertvoller Artikel ist schließlich das Elfenbein, das die Jagd auf die zahlreichen Elefanten in den Wäldern liefert.

Zur Einfuhr gelangen einmal alle diejenigen Dinge, welcher die Europäer zu ihrem Leben und Beruf bedürfen, sodann die Tauschartikel für den Handel mit den Eingeborenen, Baumwollengewebe und Manufakturwaren, Seife, Parfümerien, Hüte, Mützen, Schirme, Materialwaren, Tabak, Zigarren, Reis, Salz, Spirituosen, Konserven, Bau- und Nutzholz, Zement, Kalk, Teer, Dachpappe, Wellblech und andere Hausbauartikel, Eisen und Eisenwaren, Kurzwaren, Lampen, Laternen, Petroleum, Glas- und Porzellanwaren, Möbel und Haushaltungssachen, Kupfer-Kessel und -Draht, Maschinen, Steinkohlen, Lacke, Ölfarben, Pulver, Feuerwaffen und verschiedene andere Sachen.

Über die Höhe dieser Einfuhr und Ausfuhr liegen mir keine zusammenhängenden Zahlenreihen vor, immerhin dürften die nachstehend aufgeführten Ziffern zur Beurteilung der Verhältnisse genügen.

Nach **Buchner** (Kamerun S. 240) führte **C. Woermann** von 1868–1873: = 930 000 Gallons Palmöl, 2800 Zentner Palmkerne, 22 600 Pfund Elfenbein aus. Die Firma kaufte nämlich:

| | Palmöl | Palmkerne | Elfenbein |
|---|---|---|---|
| 1868: | 57 000 Imp. Gallons | — | — |
| 1869: | 130 000 „ „ | — | 2 500 Pfd. |
| 1870: | 187 000 „ „ | — | 4 500 „ |
| 1871: | 145 000 „ „ | — | 5 000 „ |
| 1872: | 191 000 „ „ | — | 3 000 „ |
| 1873: | 220 000 „ „ | 2800 Ztr. | 7 600 „ |
| | 930 000 Imp. Gallons | 2800 Ztr. | 22 600 Pfd. |

**Jantzen & Thormählen** haben von Mitte Juni 1875 bis Neujahr 1885 einen Warenbetrag im Werte von 2 250 000 Mark eingeführt, dagegen ausgeführt 980 000 Gallons Palmöl, 2600 Tons Palmkerne, 31 700 Pfund Elfenbein. Die amtlichen Denkschriften beziffern die Ausfuhr aus dem Gebiete folgendermaßen:

(Tabelle siehe umseitig.)

# Ausfuhr

| 1. VII. — 30. VI. | Palmöl | | Palmkerne | | Gummi | | Elfenbein | | Ebenholz | | Kakao | |
|---|---|---|---|---|---|---|---|---|---|---|---|---|
| | Menge l | Wert Mk. | Menge kg | Wert Mk. | Menge kg | Wert Mk. | Menge kg | Wert Mk. | Menge kg | Wert Mk. | Menge kg | Wert Mk. |
| 1893/94 . . . . . | 3 600 139 | 1 391 048 | 5 900 399 | 1 296 356 | 448 883 | 1 469 532 | 30 481 | 391 012 | 567 041 | 76 763 | 110 905 | 138 220 |
| 1894/95 . . . . . | 3 302 082 | 1 066 864 | 5 837 608 | 1 128 134 | 313 150 | 1 141 763 | 10 822 | 562 226 | 479 385 | 60 477 | 120 065 | 111 612 |
| 1895/96 . . . . . | 3 290 160 | 681 564 | 6 502 513 | 1 251 319 | 344 518 | 1 090 728 | 10 212 | 512 191 | 449 746 | 100 758 | 133 126 | 126 317 |
| 1896/97 . . . . . | 3 322 013 | 840 071 | 7 408 735 | [illegible] | 304 873 | 829 550 | 43 741 | 582 120 | 150 992 | 47 528 | 160 683 | 162 140 |
| 1897/98 . . . . . | 3 425 508 | 856 331 | 7 002 101 | 1 072 753 | 140 790 | 1 177 715 | 39 105 | 433 410 | 312 375 | 53 761 | 208 585 | 230 805 |
| 1898/99 . . . . . | 3 201 710 | 893 361 | 7 557 297 | 1 365 608 | 603 890 | 1 028 080 | 51 762 | 569 471 | 263 215 | 20 830 | 245 876 | 313 115 |

| 1. VII. — 30. VI. | Kaffee | | Tabak | | Kolanüsse | | Gummikopal | | Mahagoni: Rotholz: | | Verschiedenes | |
|---|---|---|---|---|---|---|---|---|---|---|---|---|
| | Menge kg | Wert Mk. | Menge kg | Wert Mk. | Menge kg | Wert Mk. | Menge kg | Wert Mk. | Menge kg | Wert Mk. | Menge kg | Wert Mk. |
| 1893/94 . . . . . | 58 | 58 | 7 200 | 13 200 | 3 765 | 2 053 | 3 156 | 6 290 | M. } R. } 66 488 | 5 110 | Kal. Bohn. 500<br>Kol. Nüsse 1865 | 103<br>1100 |
| 1894/95 . . . . . | 812 | 1 764 | 5 080 | 24 410 | 2 075 | 2 013 | — | — | M. } R. } 9000 | 600 | Kol. Nüsse 10000 | 2000 |
| 1895/96 . . . . . | 50 | 80 | 2 025 | 17 550 | 26 577 | 23 082 | 501 | 274 | M. 1050<br>R. 2000 | 2 577<br>340 | Kopra 50<br>Kol.-Nüsse 90 | 12<br>16 |
| 1896/97 . . . . . | 1 633 | 1 873 | 2 725 | 16 350 | 30 160 | 15 130 | 9 860 | 1 961 | | .. | | |
| 1897/98 . . . . . | 180 | 180 | 2 460 | 9 600 | 50 272 | 21 532 | 5 468 | 3 213 | M. 27900<br>R. 2570 | 610<br>1 760 | | — |
| 1898/99 . . . . . | 300 | 300 | - | — | 14 314 | 3 207 | 4 790 | 2690 | | | Rinde 1 280 | 300 |

| | Einfuhr in Mk. | Ausfuhr in Mk. | Summe der Ein- und Ausfuhr in Mk. |
|---|---|---|---|
| 1893/94 . . . . . | 4 642 627 | 4 774 154 | 9 416 781 |
| 1894/95 . . . . . | 6 325 208 | 4 081 122 | 10 406 330 |
| 1895/96 . . . . . | 5 543 691 | 4 131 337 | 9 675 028 |
| 1896/97 . . . . . | 5 895 759 | 3 705 955 | 9 601 714 |
| 1897/98 . . . . . | 7 128 153 | 3 920 194 | 11 048 347 |
| 1898/99 . . . . . | 10 638 955 | 5 145 822 | 15 784 777 |

Den Wertberechnungen liegt ein Durchschnittspreis zu Grunde, der sich für die Hauptlerzeugnisse folgendermaßen stellte:

| | Palmöl | Palmkerne | Gummi | Elfenbein |
|---|---|---|---|---|
| 1893/94 . . . | 1 l = Mk. | 1 kg = Mk. | 1 kg = Mk. | 1 kg = Mk. |
| 1894/95 . . . | 1 „ = 0,30 „ | 1 „ = 0,19 „ | 1 „ = 3,20 „ | 1 „ = 11,00 „ |
| 1895/96 . . . | 1 „ = 0,29 „ | 1 „ = 0,19 „ | 1 „ = 3,31 „ | 1 „ = 11,00 „ |
| 1896/97 . . . | 1 „ = 0,22 „ | 1 „ = 0,12 „ | 1 „ = 2,50 „ | 1 „ = 11,00 „ |
| 1897/98 . . . | 1 „ = 0,25 „ | 1 „ = 0,15 „ | 1 „ = 2,67 „ | 1 „ = 11,08 „ |
| 1898/99 . . . | 1 „ = 0,29 „ | 1 „ = 0,18 „ | 1 „ = 3,61 „ | 1 „ = 11,29 „ *) |

Zur rechten Beurteilung dieser Tabellen ist zu beachten, daß bei der Wertberechnung bis 1895/96 einschl. die Preise der europäischen Märkte zu Grunde gelegt wurden, während seit dem 1. Januar 1897 die Einkaufspreise am Platze Kamerun die Grundlage bilden. So ist es zu erklären, daß im Jahre 1896/97 trotz größerer Ausführungen die dafür angesetzten Werte dem Vorjahre gegenüber geringer sind.

Die gegebenen Zahlen bieten an und für sich kein unerfreuliches Bild. Die Einfuhr überwiegt einstweilen die Ausfuhr, was darin seine Ursache haben wird, daß Bauten, Einrichten der Plantagen und der größeren Unternehmungen das Bedürfnis nach einer Menge von Einfuhrartikeln lebhaft sein lassen. Die Höhe des Gesamtumsatzes läßt ein im ganzen stetiges Steigen und ein, wenn auch langsames, Wachsen des Handels erkennen. Zum Vergleiche seien folgende Zahlen über Ostafrika (nach Stuhlmann, Wirtschaftliche Entwickelung Deutsch-Ostafrikas) gegeben:

| | Einfuhr in Mark | Ausfuhr in Mark | Summe der Ein- und Ausfuhr in Mark |
|---|---|---|---|
| 1893 | 7 712 823 | 5 580 793 | 13 293 616 |
| 1894 | 7 167 689 | 4 877 021 | 12 044 710 |
| 1895 | 7 608 469 | 3 257 581 | 10 866 050 |
| 1896 | 9 233 406 | 4 387 197 | 13 620 603 |

Augenscheinlich fällt der Vergleich gegenüber der vom Reich so energisch in Angriff genommenen großen ostafrikanischen Kolonie für das bedeutend kleinere Schutzgebiet von Kamerun nicht ungünstig aus.

Immerhin ist an den Zahlen, welche den Gesamthandelsverkehr desselben darstellen, eines ersichtlich, daß der letztere nicht in dem Maße gewachsen ist, wie man

*) Anmerk. 1898/99 Durchschnittspreis für 1 kg Kakao = 1,29 Mk.

es hätte erwarten sollen. Nach Fitzner (Kol.-Hdbch.) belief sich der Betrag der Einfuhr und Ausfuhr schon im Jahre 1891 auf 8854031 Mark. Bedenkt man nun ferner, daß die meisten Kolonialerzeugnisse im Laufe der Jahre in ihrem Werte zu fallen pflegen, so ist es verständlich, daß die Kaufleute im Gebiet mit ihren Erfolgen nicht immer zufrieden sind, sondern klagen. Es ist ja freilich nicht leicht, derartige Klagen auf ihre Berechtigung oder Nichtberechtigung zu prüfen, immerhin lassen sich in diesem Falle einzelne erklärende Ursachen anführen.

Von vornherein muß dabei die Vermutung zurückgewiesen werden, als lege das Gouvernement durch bureaukratische Verordnungen der Entwickelung des Handelsverkehrs hemmende und lähmende Fesseln an. Im Gegenteil, es fördert denselben, wo und wie es nur kann. Die Eingangszölle und Hafengelder sind nicht hoch, Ausfuhrzölle nicht vorhanden. Die Lizenzsteuer für Spirituosen kommt der Handelswelt wieder zu gut, insofern ihr Ertrag nach der Verfügung des Gouverneurs vom 20. Juli 1887 zur Ablösung sämtlicher unter dem Namen „Kumi" von den europäischen Firmen an die schwarzen Häuptlinge alljährlich entrichteten Abgaben bestimmt ist. Einzelne Verfügungen, wie diejenige über die Einführung des reichsdeutschen Maß- und Münzsystems, über Längenbezeichnung und Faltenweite der Handelsgewebe, über den Schutz gegen Verfälschung der Ausfuhrartikel, über die Sonntagsarbeit können der Entwickelung des Handels keine Schwierigkeiten bereiten; andere wie diejenigen über den Handel an Bord der Schiffe, über die Führung von Registern und statistischen Nachweisungen werden auf die Dauer ihren wohlthätigen regelnden Einfluß geltend machen. Handelsmonopole giebt es im Gebiet nicht, nachdem diese seit dem 1. Januar 1895 aufgehoben sind, allerdings mit einer Ausnahme, da Woermann u. Co., Kamerun-Geschäft, das ausschließliche Recht zur Gewinnung, Verwertung und Ausfuhr von Faserstoffen zu haben scheinen. Die Einfuhr unterliegt ebenfalls keinerlei Beschränkung. Nur bezüglich auf Kriegsmaterial, Gewehre und Pulver, bestehen Verordnungen, wonach sie im Viktoria- und Kamerun-Bezirk nur seewärts eingeführt und in Regierungs-Lagerhäusern hinterlegt werden müssen, denen sie bloß mit Genehmigung und unter Kontrolle des Gouvernements entnommen werden dürfen, während für die Batangaküste und ihr Hinterland die Einfuhr von Hinterladern überhaupt untersagt ist. Die Einschränkung, welche der Handel hierdurch erleidet, wird aber weit aufgehoben durch die vermehrte Sicherheit, welche infolge der dadurch verhinderten Bewaffnung der Eingeborenen mit Präzisionswaffen gewährt wird.

Nicht hierin sind die Gründe dafür, daß die Handelsgewinne nicht größer sind, zu suchen. Die Ursache ist vielmehr die, daß der Kaufmann des Schutzgebietes einmal im ganzen zu teuer einkauft, und daß ihm zweitens ein bedeutender Teil des Kameruner Handels zu Gunsten anderer, fremden Nationen angehörender Händler verloren geht. Beides wird eingehender darzustellen sein.

Schon oben war darauf hingewiesen worden, daß aller Handel im Gebiet Tauschhandel, vermittelt durch Zwischenhandel, ist. Das Küstengebiet allein, so reich es auch ist, liefert nicht die genügenden Ausfuhrmengen. Die Hauptquellen, namentlich des Palmöl- und Palmkern-, aber auch des Elfenbeinhandels, liegen im Hinterlande. Die zwischen der Küste und dem Hinterlande sitzenden Stämme haben nun den Zwischenhandel an sich gebracht und suchen ihn mit großer Zähigkeit zu behaupten. Ein Stamm übernimmt von dem andern die Waren und giebt sie mit Gewinn an den nächsten, bis sie erheblich verteuert zur Küste und so in die Hände der Faktoristen gelangen. Diese unerträglichen Zustände, die ja hauptsächlich den Wunsch nach der Schutzherrschaft des Reiches gezeitigt haben, zu beseitigen, war von vornherein eine der Hauptbestrebungen des Gouvernements, die es in zahlreichen Unternehmungen zu verwirklichen sich bemüht hat. Die Gründung der Jaunde-Station war die erste Etappe zu diesem Werke, der Sieg **Morgens** über die Malimba (1889) öffnete den unteren Sanaga bis nach Edea. **Zintgraff** war unermüdlich thätig, eine begangene Karawanenstraße von Kamerun zum oberen Benue herzustellen, leider nicht mit dem gewünschten Erfolg. Auch Balinga-Station, die ein hervorragender Handelsmittelpunkt zu werden versprach, mußte wieder geräumt werden, wie überhaupt auf diesem Gebiete bei aller Anerkennung des Geleisteten noch viel zu thun übrig bleibt. Allerdings entwickelt sich in Jaunde neuerdings ein lebhafter Handel mit den benachbarten Stämmen, auf der Straße Jaunde—Kribi findet ein steigender unmittelbarer Handelsverkehr statt, und 1897 kam sogar eine große Haussa-Karawane zur Küste; allein es vergeht vorläufig doch noch kein Jahr, in dem man nicht von Handelssperren und Karawanenüberfällen hört. Die Ngolo-Expedition 1897, der Bane-Buli-Zug 1898 richteten sich gegen der Küste verhältnismäßig nahe wohnende Stämme des Nord- und Süd-Gebietes; beide waren durch den Versuch einer Handelssperre veranlaßt. Und bevor der Zwischenhandel der Dualla im Kamerun-Bezirk gebrochen sein wird, wird wohl noch mancher Tropfen Wasser den Wuri und Mungo hinabfließen.

Hand in Hand mit diesen Bemühungen des Gouvernements gingen die Versuche der Handelshäuser, durch Selbsthilfe Besserung zu schaffen. Im Südbezirk wurden Trägerkarawanen ausgerüstet, welche acht- bis vierzehntägige Züge ins Innere unternahmen, um Elfenbein und Gummi unmittelbar einzuhandeln. Doch belaufen sich die Kosten dieser Trägerexpeditionen, zu denen meist liberianische Wey-Leute verwandt werden, so hoch, daß sich die Ankaufspreise an der Küste nicht verbilligt haben. Immerhin tragen auch diese Expeditionen dazu bei, den Zwischenhandel zu erschüttern. Gleichzeitig haben die Firmen ihre Zweigfaktoreien beständig ins Innere vorgeschoben. Hier „im Busch" arbeiten im Südbezirk Gabun-Leute aus den französischen Besitzungen im Dienste der europäischen Handlungen. Sie haben einen festen, in der Regel dreijährigen Arbeitsvertrag und schaffen für festes Gehalt und bestimmte Provision. Ganz anders liegen die Dinge im Kamerunbezirk. Der Duala entnimmt bei der Faktorei Waren auf Borg und tauscht diese gegen Landeserzeugnisse im Innern ein, bezahlt damit seine Schulden, nimmt alsbald neuen Kredit u. s. w. Meist kann oder will er seine Verbindlichkeiten nicht völlig einlösen, sodaß er bald ein bedeutendes Schuldkonto bei der Faktorei hat. Dieses Trust-System ist als eine der Hauptursachen für die unbefriedigenden Handelsverhältnisse im Kamerun-Bezirk anzusehen, zumal da die einzelnen Firmen aus Konkurrenzrücksichten oft bedeutende Werte an Leute trusten, deren Verschuldung und Zahlungsunfähigkeit sie wohl kennen. Es ist ja zuzugeben, daß die Agenten, welche nach Hamburg große Abschlüsse melden und die nötigen Massen abliefern sollen, wollen sie anders den Ruf ihrer Tüchtigkeit sich erhalten, in übler Lage sind; denn trusten sie nicht weiter, so sucht und erhält der schwarze Händler bei der Konkurrenzfirma sicher den gewünschten Trust und handelt dorthin. Andererseits hat das Gouvernement recht, wenn es sagt, daß das System des „Waschens", worunter die Erfüllung der Verbindlichkeiten gegen die Faktoreien verstanden ist, und des Wiedertrustgebens, bevor der erste Vorschuß gezahlt ist, zu einer allgemeinen Verwirrung notwendig führen muß. Die beteiligten Firmen kennen auch den ihrem Geschäft aus diesem Trust-System erwachsenden

Schaden sehr wohl und verkennen durchaus nicht, wie sehr es im Interesse einer soliden Geschäftsführung liegen würde, mit demselben zu brechen. Bisher sind jedoch die Besserungversuche an der Uneinigkeit der beteiligten Firmen gescheitert, da die getroffenen Vereinbarungen hinterher nicht gehalten wurden.

Übrigens ist gerade dieses Trustsystem einer der Gründe, weswegen so oft gegen das Gouvernement die Anklage einer mangelhaften Unterstützung der kaufmännischen Interessen, das Klagen über eine bureaukratische Verwaltung laut wird. In dieser Hinsicht besteht noch heute vollkommen zu Recht, was der Verwaltungsbericht für 1894/1895 schon aussprach, wo es durchaus zutreffend heißt: „Das System des Wachsens und Wiederaustrustgebens, ehe der erste Vorschuß zurückgezahlt ist, das Unterlassen jeglicher Schlußabrechnung und die Ausstellungen für einzelne Posten führen zu einer allgemeinen Verwirrung, sodaß, zumal bei dem häufigen Wechsel des Personals der Firmen und der, wenigstens bei Engländern, recht mangelhaften Buchführung zuletzt weder die Firma noch der Händler weiß, wie groß die Forderung bezw. die Schuld ist. Nimmt dann der Händler bei einer anderen Firma Trust, dann wird auf gut Glück eine beliebige Summe eingeklagt. Daß unter diesen Verhältnissen seitens des Richters bei Trustklagen eine peinliche Prüfung nach allen Richtungen hin eintreten muß, die mehr als einmal die Abweisung ungenügend begründeter Klagen zur Folge hat, liegt auf der Hand.“ — Das aber veranlaßt viele Faktoristen, von dem Grundsatze aus, daß der Weiße dem Neger gegenüber immer, auch ohne Beweise, Recht habe, alsbald über Bureaukratismus und einseitige Bevorzugung der Eingeborenen zu klagen.

Sind die teuren Einkaufspreise die Hauptursache dafür, daß der Kamerun-Handel nicht höhere Gewinne abwirft, so ist als ein wesentlicher Grund für das langsame Wachsen der Gesamtausfuhr die Thatsache anzusehen, daß große Gebiete des Hinterlandes dem deutschen Handel bisher verschlossen waren oder von fremden Nationen, Engländern, Franzosen und Belgiern, ausgebeutet wurden. Es gilt dies hauptsächlich für die gesegneten Landstriche südlich des Benuë, die schon Zintgraff als die Hauptquellen des Kamerunhandels bezeichnete. Grade hierbei aber machen sich die ungünstigen Grenzregulierungen empfindlich bemerkbar, welche Handelsmittelpunkte und die Endpunkte der großen Karawanenstraßen uns vorenthalten. Alle Reisenden haben die Bedeutung dieser Landstriche für den Handel, den Umfang des hier schon bestehenden Handelsverkehrs betont, Deutschland hat bisher an ihm gar keinen Anteil gehabt. Erst in dem verflossenen Jahre (1898) ist man auf Drängen der Deutschen Kolonialgesellschaft an die Ausbeutung dieser Gegenden ernstlich herangetreten. Alte Handelswege in neue Bahnen zu leiten, ist ein schwieriges und zweifelhaftes Unterfangen, und wenn auch die Bemühungen, den Hinterlandshandel immer mehr über Jaunde und den Sannaga direkt zur Küste zu leiten, hoffentlich je länger je mehr von Erfolg sein werden — wofür die durch die Schutztruppe unlängst erzielten militärischen Erfolge sprechen —, so ist es andererseits doch geboten, sich im Hinterlande selbst festzusetzen und von hier aus an dem Handelsverkehr über den Kongo einmal, über den Benuë andererseits unter Ausnutzung der Deutschland durch die Kongo- und Niger-Schiffahrtsakte gesicherten Rechte teilzunehmen. Das Gebiet dieses Handels erstreckt sich vom Benuë aus weit nach Süden und Südosten, und in den sich östlich an das Mwelle Gebiet anschließenden gewaltigen Wäldern ist nach Carnaps Erkundigungen das eigentliche Sammelbecken für den Elfenbeinhandel zu suchen, den die belgischen Faktoreien am Ssanga treiben. Die Haussakarawanen kommen nach seinen

Angaben von Norden über Yola und Ibi, Tibati, Yoko, Wutschaba-Weule, und von Osten her aus Carnot (am Mambere), Gaza, Bertua, Delele, Wutschaba-Wende oder aus Bania, Bajanga, Bertua, Wutschaba. Wie umfangreiche Elfenbeingeschäfte die Belgier hier machen, geht daraus hervor, daß ihre Faktoreien trotz großer Vorräte über Tauschwarenmangel klagten; und wie weite Kreise diese Handelsunternehmungen ziehen, würde daran zu erkennen sein, wenn sich Carnaps Vermutung, daß ihre Tauschartikel bis nach Jaúnde dringen, bestätigen würde. Durch die Bildung der Gesellschaft „Süd-Kamerun“ ist das deutsche Kapital in den Wettbewerb um diesen Handel eingetreten.

Gleichzeitig hat die vom Gouvernement abgesandte Expedition Plehn weitere Erforschungen angestellt und dem deutschen Unternehmen die nötigen Bürgschaften geschaffen.

Wünschenswert wäre es, wenn nun auch die zweite geplante Handelsexpedition zum Benuë bald abginge und durch Errichtung von Stationen uns auch die Schätze des nördlichen Hinterlandgebietes sicherte, sodaß unsere unmittelbaren Interessen nicht mehr wie bisher bloß auf dem Papier, sondern in Wirklichkeit in das Innere Zentralafrika hineinreichten.*)

Daß über diesen neuen Unternehmungen den Handelsverhältnissen des Küstengebietes die weitere, bessernde Aufmerksamkeit nicht zu entziehen ist, dafür fällt als entscheidende Thatsache ins Gewicht, daß auch hier, nämlich in der Umgebung des Rio del Rey, noch eine Menge Waren anstatt nach diesem zum englischen Kalabarflusse gehandelt werden. Der Kanzler Dr. Seitz berichtet (1898), daß durch Errichtung eines Zollpostens in Olobo an der deutsch-englischen Grenze dem Handel der Kalabar-Leute ein schwerer Schlag versetzt sei, dessen Folgen sich schon jetzt am Rio del Rey bemerkbar machten. Er schlägt die Errichtung eines zweiten Zollpostens an den Kroß-Fällen vor, wohin die Kalabar-Leute und auch zahlreiche Rey-Leute ihre Handelswege verlegt haben und einen schwunghaften Handel mit Elfenbein und Gummi über den Alun Jafé und Kroß-River nach Kalabar treiben.**) Daß das aufhören kann und muß, liegt auf der Hand; den Vorteil wird der deutsche Handel hier hauptsächlich die deutsch-westafrikanische Gesellschaft haben. Daß also der Handelsverkehr im Schutzgebiete, die Ausfuhr und die Einfuhr einer weiteren Ausdehnung fähig sind, dürfte klar sein. Es bleibt noch der oft erhobene Einwand zu erörtern, daß es nur eine Frage der Zeit sei, bis die Ausfuhrartikel des Schutzgebietes erschöpft sein würden. Für das östliche, zum Teil noch fast jungfräuliche Hinterland erledigt sich dieser Einwurf nach den oben angeführten Thatsachen von selbst; aber auch in den Gebieten, aus denen bisher die Ausfuhrartikel den an der Küste errichteten Faktoreien zuflossen, kann von einer Erschöpfung der Hülfsmittel und einem Versiegen der bisherigen Quellen für die nächste Zeit nicht die Rede sein. Der erwähnte Bericht des Kanzlers Dr. Seitz hebt wiederholt hervor, daß im Binnenlande des Rio del Rey und dem Hinterlande des Kamerungebirges Kolanüsse in Menge, Kautschuk-Bäume und -Lianen, sowie Palmkerne in beträchtlichen Quantitäten sich vorfinden; lag doch ein großer Teil der Palmkerne verfault neben

*) Anmerk. Durch die inzwischen erfolgte Gründung der „Gesellschaft Nordwest-Kamerun“ ist diese Aufgabe ihrer Verwirklichung nunmehr nahe geführt.

**) Inzwischen sind drei weitere Posten errichtet; an den Kroß-Schnellen wird eine Station gegründet.

den Ölmühlen, ein Beweis, wie gut das Geschäft der Eingeborenen gehen muß. Bezirksamtmann Boeder traf im Gebiet des Kamerungebirges 1898 in Tikingi sehr viele Kokosnußpalmen. Auch Elefanten wurden von beiden sehr zahlreich gespürt. Ebenso steht es nach anderen Berichten, z. B. des Dr. Wissing, im Binnenlande des Kamerunflusses zur Zeit. Auch die in der oben gegebenen Ausfuhrtabelle aufgeführten Zahlen begründen derartige Befürchtungen einstweilen nicht. Gleichwohl wird man schon jetzt mit der Thatsache rechnen müssen, daß in späteren Zeiten der Handel mit einzelnen Artikeln in seinem Umfange zurückgehen wird. Das Gouvernement sucht zwar schon jetzt die vorhandenen Elefantenherden zu schützen, indem sie die Berechtigung zur erwerbsmäßigen Elefantenjagd nur gegen Lösung eines Jagdscheines zum Preise von 2000 bis 5000 Mark gewährt; auch hat sie Schonreviere, z. B. am Mungo, eingerichtet. Aber ob es dadurch gelingen wird, den Elefanten vor der allmäligen Ausrottung zu behüten, muß nach Lage der Dinge doch fraglich erscheinen. Ähnlich steht es mit dem Gummihandel. Die Eingeborenen treiben bei der Gewinnung von Gummi den wüstesten Raubbau, indem sie die Bäume fällen und die ganzen Lianen niederschlagen. In dieser Beziehung kann freilich das Gouvernement eine gewisse Besserung herbeiführen und voraussichtlich auch durch Neupflanzungen Ersatz schaffen; aber ob es imstande sein wird, diese Mißwirtschaft genügend einzudämmen, ist zum mindesten unsicher, sodaß man besser thut, wenn auch nicht für die nähere, so doch für die fernere Zukunft mit einer verminderten Gummigewinnung in den Wäldern zu rechnen.

Dieser künftig etwa eintretende Ausfall aber kann um so weniger zu Besorgnissen Anlaß geben, als durch die im Entstehen begriffene Plantagenwirtschaft des Schutzgebietes dem Handel eine Menge sehr wertvoller und gewinnbringender Kolonialwaren zugeführt wird. Ja, man darf sagen, gerade in dieser Plantagenwirtschaft liegt der größte Wert des Schutzgebietes, die Aussicht auf eine sichere, glänzende Entwickelung seiner wirtschaftlichen Zukunft beschlossen. Professor Wohltmann, der bekannte Fachmann auf dem Gebiete der tropischen Aprikultur, hat auf Grund seiner eingehenden Untersuchungen an Ort und Stelle die Behauptung aufgestellt, daß jede Mark, die am Kamerungebirge richtig in Plantagen angelegt ist, privat- wie volkswirtschaftlich reichen Segen bringen wird. Er betont dabei ausdrücklich, daß seine Urteile nicht etwa diejenigen des flüchtigen Reisenden oder Enthusiasten, sondern die des kritisch prüfenden Fachmannes seien. Sein Urteil kann ich auf Grund eigener Anschauung in seinem ganzen Umfange vollauf bestätigen und bekräftigen.

Money nennt in seinem Buche „Java or how to manage a Colony" (London 1861) folgende Voraussetzungen als die Ursachen für die wirtschaftlichen Erfolge der Plantagenwirtschaft auf Java, dem Eldorado aller Tropenpflanzer: Fruchtbares Land, reichliche Arbeitskraft, europäisches Kapital und europäische Aufsicht, vereinigt unter dem Kredit einer starken Regierung. Inwieweit diese Bedingungen gerade im Kamerungebiet erfüllt sind, wird nunmehr darzustellen sein.

Die Plantagenfähigkeit des Schutzgebietes scheint durch das, was über die natürliche Beschaffenheit des Landes und seine außerordentliche Produktionskraft bereits gesagt ist, von vornherein festzustehen. Und doch zeigen die Mißerfolge, welche mit dem Plantagenbau auch im Kamerungebiet anfangs erlitten sind, daß dem nicht so ist. Nicht jeder tropische Boden, mag er auch an und für sich vortrefflich sein, eignet sich ohne weiteres auch für den lohnenden Anbau der gewinnbringenden tropischen Kulturen, vielmehr muß er besondere physikalische und chemische Bedingungen erfüllen. Der größte Teil Zentralafrikas besteht in seinem Boden bekanntlich hauptsächlich aus

Granit, Gneis und älteren Sandsteinen samt ihren Verwitterungsprodukten. Ist nun auch der Lateritboden, die Verwitterung von Granit und Gneis, als kalihaltiger Lehmboden, kein ungünstiger — die ihn bedeckende Vegetation, das Gedeihen der Ölpalme auf demselben zeigen das ja klar —, so eignet ihm doch nicht diejenige Fruchtbarkeit, welche eine dauernde, rentable Plantagen-Kultur ermöglicht. Auch wird er nach der Abholzung des ihn bedeckenden Waldes infolge der Hitze leicht rissig. Weit übertroffen wird er an Güte von denjenigen Böden, welche als das Verwitterungsprodukt von Diabas und Basalt anzusprechen sind. Überall, wo derartige Böden sich in der nötigen Mächtigkeit finden, da sind die Zentren und Emporien des tropischen Plantagenbaus zu suchen. Die Inseln des malaischen Archipels, vor allem Java, bestätigen das. Solchen Basaltboden besitzt nun aber das Kamerungebiet in ausreichender Ausdehnung. Das Kamerungebirge bildet ein Glied in der Kette jener vulkanischen Erhebungen, welche mit den fruchtbaren Inseln Sao Thomé, Principe, Fernando Poo beginnt und sich in den Bakossi-Bergen landeinwärts fortsetzt. Genaue geologische Untersuchungen und Bodenanalysen haben gezeigt, daß insbesondere das Kamerungebirge eine Beschaffenheit hat, die in ihren physikalischen Vorzügen von sehr wenigen Tropenböden übertroffen wird. Eine eingehende Darstellung dieser Thatsachen hat unter anderem Professor **Wohltmann** im Journal für Landwirtschaft (1896) gegeben: hier sei nur hervorgehoben, daß der Boden des Kamerungebirges hauptsächlich das Verwitterungsprodukt von festem Basalt, basaltischer Lava und vulkanischer Asche sowie vulkanischem Schlamm ist. Dabei ist er außerordentlich mürbe, milde, nährstoffreich und von derartiger Mächtigkeit, daß man ihn nicht besser haben kann. Und diese Böden sind nicht etwa nur hier und da anzutreffen: sie bedecken Gebiete von vielen zehntausend Hektaren, und setzen sich östlich bis an den Mungo und auch mungoaufwärts fort. Ebenso finden sich zwischen Mungo und Buri einzelne Basaltplateaus, und bezüglich Bakossi haben die neueren Untersuchungen das Urteil der Missionare über die außerordentliche Fruchtbarkeit desselben bestätigt, indem sie dies Bergland als ebenfalls basaltisch nachgewiesen haben.

Alle diese Gebiete sind also plantagenfähig; denn daß die klimatischen und meteorologischen Bedingungen erfüllt sind, geht aus den hierüber oben mitgeteilten Verhältnissen hervor. Noch klarer wird dies durch folgende Zahlen. Es haben (nach **Wohltmann**)

| | | Batavia (Java) | St. Anns (Trinidad) |
|---|---|---|---|
| Mittlere Temperatur | des Jahres | 25,8° C | 25,5° C |
| | des kältesten Monats | 25,1° C | 21,4° C |
| | des wärmsten Monats | 26,2° C | 26,3° C |
| Mittlere Regenmenge | im Jahre | 2[illegible] mm | 1692 mm |

Freilich sind am Kamerungebirge nördlich Kap Debundja, wie wir sahen, die Regenmengen erheblich viel größer und allerdings für eine Reihe Kulturen fast zu reichlich; allein mit Recht ist hervorgehoben, daß diese Niederschläge dort einmal im allgemeinen keine Versumpfungen bewirkt haben, andererseits infolge der bei steigender Kultur eintretenden größeren Entwaldung künftig geringer sein werden. Zudem wird hier vornehmlich Kakao gebaut, der dadurch in keiner Weise geschädigt wird, vielmehr sehr große Niederschläge verlangt.

Ist infolge der fruchtbaren, humusreichen Böden und des gleichmäßig warmen, niederschlagsreichen Klimas die erste Vorbedingung für einen rentablen Plantagenbau in selten glücklicher Weise erfüllt, so liegen hinsichtlich der zweiten, „reichliche Arbeitskraft", die Verhältnisse schwieriger.

Zur Urbarmachung und Bepflanzung eines Hektars Urwald sind im allgemeinen zwei Arbeiter im Jahre nötig, später kann man durchschnittlich einen Arbeiter auf den Hektar rechnen; sind die Plantagen mit Feldbahnen u. s. w. versehen, so genügen allenfalls drei Arbeiter für vier Hektar. Hiernach bedürfen die Plantagen, denen natürlich eine rasche Ausdehnung ihrer Kulturen im Interesse der Rentabilität und möglichst schnell zu erzielender Gewinne angelegen sein muß, eines nach Tausenden zählenden schwarzen Arbeiterpersonals, und die Nachfrage nach demselben wird in dem Verhältnis, wie neue Unternehmen entstehen, wachsen. Leider ist nun das Kamerungebirge und sein näheres Hinterland nicht imstande, selbst die nötigen Arbeitskräfte zu stellen. Die Bewohner der Küste genügen an Zahl nicht, die Bakwiri sind zur Zeit im allgemeinen noch keine Freunde der Feldarbeit, die benachbarten faulen Duala und Wuri kommen fast gar nicht in Betracht, sodaß zu den Eingeborenen der Gegend fremde Arbeiter herangezogen werden müssen. Am liebsten verpflichten die Plantagen ebenfalls Kruleute, die auch auf diesem Felde sich allen Mitbewerbern überlegen erwiesen haben. Da sie aber als Arbeiter auf den Dampfschiffen, Faktoreien und Plantagen der ganzen Westküste Zentralafrikas stark begehrt werden, so sind sie nur mit Mühe und für verhältnismäßig hohe Löhne, zuweilen sogar überhaupt nicht, zu haben. Man hat sich daher auch nach anderen Arbeitern, z. B. in Lagos, vornehmlich im Kamerungebiet selbst, umgesehen. Vereinzelt sind Mabea aus dem Südbezirk eingestellt; auch Bali Leute sind durch Zintgraffs und Vornmüllers Bemühungen an die Küste gekommen, jedoch zunächst nur in kleineren Trupps; auch sollen sie sich als unbeständige und wenig zuverlässige Arbeiter gezeigt haben.

Bessere Erfolge zeitigten die Veranstaltungen des Gouvernements, welches einen amtlichen Arbeiterkommissar angestellt hat. Zwar mißglückte der Versuch, Mayumba Leute aus dem französischen Gebiet einzuführen, da dieselben das Kameruner Klima nicht vertrugen, so daß das Gouvernement zu seinen Bemühungen, den Arbeiterbedarf vornehmlich im Lande selbst zu decken, zurückkehrte. Die Ausfuhr von Arbeitern aus der Kolonie ist gänzlich untersagt, die Auswanderung Eingeborener aus derselben von die Genehmigung des Gouvernements abhängig gemacht. Seit 1896 hat dasselbe die als fleißige Ackerbauer bekannten Jaunde Leute vermocht, in größerer Zahl zur Plantagenarbeit an die Küste zu kommen. Mitte 1898 wurden 700 Jaunde Leute auf den Plantagen am Kamerungebirge beschäftigt. Das Gouvernement ist der Zuversicht, den Pflanzungen dauernd die gewünschte Anzahl Arbeiter stellen und ihnen einen regelmäßigen Arbeiterbezug aus dem Schutzgebiet selbst sichern zu können, um so mehr, da es ihm gelungen ist, zahlreiche Bakundu aus dem Nordbezirk, sowie 154 Arbeiter aus dem Togogebiet (1898) anzuwerben. Gleichwohl können die vorhandenen Schwierigkeiten noch nicht als völlig gelöst betrachtet werden.

Denn da sich das Gouvernement bei der Stellung das Recht vorbehält, die gerechte Besoldung und humane Behandlung der Schwarzen seitens der Pflanzer zu kontrollieren, und die Schwarzen nach Ablauf ihrer einjährigen Dienstzeit — länger verdingen sie sich nicht — wieder in ihre Heimat zurückschafft, so können sich die Pflanzer mit dieser Art des Arbeiterbezuges teilweise wenig befreunden; ja es fehlt nicht an Klagen über das Gouvernement, wobei man sich zu Superlativen steigert, als verlange dasselbe nur, „daß die Schwarzen milde behandelt, gut verpflegt, reichlich bezahlt werden", dagegen „davor warne, sie ernstlich arbeiten zu lassen". Allerdings liegt für die Plantagen ein großer Übelstand darin, daß die Jaunde gleich den Kru sich auf höchstens ein Jahr anwerben lassen. Und ebenso wird es gewiß schwierig sein, die Leute in dieser kurzen Zeit zu einer geregelten Arbeit nach europäischen Begriffen zu erziehen. Sie werden allerdings dieselbe nur zu oft als eine drückende Last empfinden, auch ihre Stammesgenossen oft bei der Rückkehr vor der Plantagenarbeit an der Küste warnen. Und diesen Warnungen wird in Jaunde um so eher Gehör gegeben werden, als sich dort durch den aufblühenden Handel die Aussichten auf Gewinn und Erwerb in der Heimat selbst erhöht haben. Thatsächlich meldete Jaunde-Station im Juli 1898, daß daselbst Arbeiter nur noch mit Mühe aufzutreiben sind. Ob die Hoffnungen, die Hauptmann von Kamptz an seine militärischen Erfolge in Tibati für die erleichterte Beschaffung von Arbeitskräften knüpft, sich erfüllen werden, entzieht sich einstweilen noch der Beurteilung. Als wirksame Abhilfe für diese Schwierigkeiten verlangt man in den Kreisen der Pflanzer, daß das Gouvernement bei der Niederwerfung von Aufständen in dem dicht bevölkerten Südbezirk den besiegten Eingeborenen als Strafe eine mindestens fünfjährige Zwangsarbeit auf den Plantagen des Viktoria-Bezirks auferlege, sie also mit Weib und Kind dorthin deportiere, sie hier ansiedele und so zu tüchtigen Arbeitern erziehe. Man verweist dabei auf die Kakaopflanzungen der Insel Sao Thomé, denen das portugiesische Gouvernement Arbeiter auf fünf Jahre stellt, nach deren Ablauf der Vertrag stillschweigend erneuert wird. Thatsächlich ist 1898 dem Kumi Stamme, einem armen Bergvolk, als Strafe aufgegeben worden, dreißig Arbeiter für Viktoria zu stellen. Sollte man damit diesen Wünschen zu entsprechen begonnen haben, so würde das meines Erachtens keine großen Bedenken haben. Was die Arbeiter auf Sao Thomé anbetrifft, so sollen das Sklaven sein, die im Innern Angolas gekauft werden, von den portugiesischen Behörden in Benguella und Dondo zu „freien Männern" ernannt und dann als gente contratada verschifft werden. Sie sind also nichts weiter als regelrechte Sklaven. Will man nun nicht im Gebiete die Sklaverei stillschweigend einführen, was gegen die internationalen Vereinbarungen verstoßen würde, so würden die Plantagen durch derartige fünfjährige Arbeitsverträge nicht zu viel gewinnen; denn die Leute, welche gezwungen, doch sicher noch widerwilliger arbeiten werden, als die freiwillig angezogenen Arbeiter, würden sich zu einer Erneuerung ihrer Verträge doch nur dann verstehen, wenn sie infolge gerechter Löhnung und menschlicher Behandlung sich inzwischen an die Plantagenarbeit gewöhnt hätten, womit man wieder zu den viel weitsichtigeren Grundsätzen des Gouvernements zurückgekehrt sein würde. Zudem unterliegt es doch ernsten Bedenken, eine nach vielen Tausenden zählende, feindlich-gesinnte Bevölkerung inmitten der einen Wert von Millionen darstellenden Anpflanzungen ansiedeln zu wollen.*) Die Verhältnisse liegen denn doch auch in dieser Hinsicht anders als auf Sao Thomé. Welche Findigkeit und Schlauheit aber der Eingeborene beim Entfliehen entwickeln kann, zeigt doch das Beispiel des Manga Akwa, der vom Admiral Knorr gefangen, zweimal entkam und sogar von Togo, wohin er deportiert war, den Rückgang nach Kamerun zu finden wußte. Die Pflanzer werden sich schließlich an den Gedanken gewöhnen müssen, anstatt über das „zu viele Regieren der Beamten" zu klagen, sich durch Eingehen auf die Sitten und Anschauungen der Schwarzen, durch eine richtige Behandlung

*) Anmerk. Die Revolte in Buea und der Überfall der Bulu auf Kribi (1899) sind in dieser Hinsicht lehrreich.

derselben, ihren Zuzug zu sichern. Daß aber auf diese Weise auch ein tüchtiger Arbeiterstamm herangezogen werden kann, das wird jeder bestätigen, der den Neger vorurteilsfrei und genau kennen zu lernen sich bemüht hat. Thatsächlich berichtet die Denkschrift für das Jahr 1895/96, daß zum Beispiel Debundja (siehe unten) 15 bis 20 Leute aus dem wegen seiner Unlust zu allem, was Arbeit heißt, sonst berüchtigten Stamme der Bamboles mit günstigem Erfolge beschäftigt. Auch hat nach der Denkschrift für das Jahr 1897/98 ein großer Teil der heimkehrenden Yaúnde versprochen, nach einiger Zeit zur Küste zurückzukommen. Ebenso verlängern auf der Regierungs-Plantage (Bot. Garten) zu Viktoria die meisten (Wey-) Arbeiter ihre Verträge ohne weiteres, sodaß z. B. im vergangenen Jahre der Garten fast gar keine Reisegelder zur Beförderung von Arbeitern in ihre Heimat zu zahlen gehabt hat. Wie bei allem in Afrika, so hängt es auch in dieser Sache im Grunde ganz von der Persönlichkeit des Leiters ab, ob er Arbeiter hat oder nicht. Ganz ebenso steht es auf den Plantagen in Ostafrika, wo (nach Stuhlmann) der eine Leiter alles, der andere nichts mit den Leuten anfangen kann.

Jedenfalls bedarf es gerade in dieser Frage der ferneren ernstesten Beobachtung des Gouvernements und weiterer Untersuchungen über den Wert der einzelnen Stämme der Kolonie als Arbeiter. Auch das Reich wird im Interesse der Kameruner Plantagenwirtschaft darauf bedacht sein müssen, aus den Zuzug der Kruleute zu billigen Preisen zu sichern, bis das Werk der Erziehungsarbeit an den Eingeborenen des Schutzgebietes über die ersten Anfangsstadien hinaus in sichere Bahnen geleitet sein wird. Es ist dies um so notwendiger, als wir um die durch den 1898 mit Liberia abgeschlossenen Arbeitervertrag gewährleisteten Vorteile seitens der Staatsregierung dieses Landes verkürzt zu sein scheinen.

Mit der Gewährleistung eines ausreichenden, billigen Arbeitermaterials wäre das letzte Bedenken zerstreut, das etwa noch gegen die Zukunft der Plantagenwirtschaft im Kamerun-Schutzgebiet erhoben werden könnte; denn an dem erforderlichen Kapital, an dem nötigen Schutz durch eine starke Regierung fehlt es nicht in Deutschland; und das genügende Pflanzermaterial heranzubilden, kann der Staatsregierung und dem Privatkapital keine ernsten Schwierigkeiten bereiten.

Von einem eigentlichen Plantagenbetriebe im Schutzgebiet kann erst seit etwa 12 bis 13 Jahren die Rede sein. Schon vorher wurde allerdings vereinzelt, z. B. von den Viktorianern, Kakao gebaut; doch waren die Erträge nur gering. Seit der Mitte der achtziger Jahre aber entstanden am Kamerungebirge, namentlich an den längs des Meeres bis zum Bimbia-Flusse sich hinziehenden südwestlichen Abhängen, eine Reihe größerer Unternehmungen. Heute haben daselbst folgende Gesellschaften ihren Betrieb eröffnet:

1. Die „Kamerunland- und Plantagen-Gesellschaft“ mit den Pflanzungen, Kriegsschiffhafen (1885 gegründet) und N'Bamba (1889); Vorstand: A. Woermann, J. F. E. Bohlen, J. Thormählen, W. Jantzen; Grundbesitz 11000 ha. Das Unternehmen ist im Besitz ausgezeichneter technischer Anlagen und Baulichkeiten, hat gutes Trinkwasser, eine Gemüsepflanzung und Ochsenherde. Den Boden der Pflanzung charakterisiert Wohltmann als von ausgezeichneter chemischer und physikalischer Beschaffenheit.

2. Die Pflanzungsgesellschaft „Viktoria“ mit der Viktoria-, Limbe- und Boana-Pflanzung; Teilhaber Zintgraff †, Douglas, Spengler, Bornmüller; Grundbesitz 8000 ha. Die Gesellschaft wurde 1896 gegründet und eröffnete von Anfang an

einen sehr energischen Betrieb. Ihr Gebiet wird von dem Limbe-Flüßchen durchströmt. Für die Güte ihrer Böden spricht außer der Nachbarschaft der blühenden Regierungsplantage und dem guten Wachstum der auf ihr bestehenden Anpflanzungen der Eingeborenen der Umstand, daß unter ihren Teilhabern sich der Pflanzer Spengler befindet, dessen Kakaopflanzungen auf San Thomé zu den besten der Erde gerechnet werden. Die Gesellschaft hat auf einem Vorwerk bei Buëa eine Herde von elf Madeira-Rindern, ferner Schafe, Ziegen und vier Pferde.

3. Die Pflanzung „Debundja"; Besitzer Linnell, von Oertzen, Geiger; Grundbesitz 1000 ha. Sie wurde 1889 gegründet. In der Nähe des Meeres flachgründiger, hat sie gegen das Gebirge hin Humusschichten von kolossaler Mächtigkeit. Das Trinkwasser ist gut.

4. Die „Westafrikanische Pflanzungsgesellschaft Bibundi" mit der Bibundi-, Isongo-, Udje-, Mokundange-Pflanzung. Gesellschafter sind die Tabakbaugesellschaft Kamerun (Jantzen, Thormählen, Dolmann), Jantzen & Thormählen und Dechelhäuser; der Grundbesitz der 1896 gegründeten Gesellschaft umfaßt 8000 ha. In Betrieb sind Bibundi seit 1887, Mokundange und Isongo seit 1890. „Der Bibundi-Boden", sagt Wohltmann, „zeichnet sich bis in große Tiefe hinab von allen Böden am Kamerungebirge als der nährstoffreichste aus und übertrifft sogar noch die vorzüglichsten Lagen von Viktoria und Kriegsschiffhafen. Der Stickstoffgehalt des Bibundi-Bodens ist derart ausgezeichnet, daß er fast als einzig dastehend bezeichnet werden kann. — Auch der Isongo-Boden ist in seiner Zusammensetzung als vorzüglich zu bezeichnen. Der Mokundange-Boden ist mir noch nicht zugänglich gemacht worden; da jedoch Mokundange zwischen Viktoria und Isongo liegt, so stelle ich ihn jenen Nachbarböden ohne weiteres gleich. Das Terrain der Orte Isongo und Mokundange gleicht dem der Viktoria-Pflanzung. Sie liegen nach Südosten zu offen, sodaß ihnen der Vorzug der Morgensonne zu teil wird, was häufig die Qualität der Produkte sehr begünstigt." Die Trinkwasserverhältnisse sind in Bibundi gut, bedürfen aber in Isongo und Mokundange der Besserung.

5. Die Plantage „Soppo", Besitzer Günther und Kanisch, landeinwärts in höherer Lage befindlich, umfaßt ein Gebiet von angeblich 3000 ha und ist dadurch bemerkenswert, daß durch den Anbau von Zwischenkulturen, wie Kartoffeln, Gemüse, Sojabohnen u. s. w. hier der Versuch gemacht ist, einen Teil der Anlagekosten schon vor der Vollentwickelung der Hauptkulturen herauszuwirtschaften.

6. Die Plantage „Douglas", Besitzer Sholto Douglas, 14000 ha umfassend, zwischen den Ländereien der Viktoriagesellschaft, Soppo und Kriegsschiffhafen gelegen, und

7. die „Molive-Pflanzung" bei Dibongo, mit 18000 ha, der Molive-Plantagengesellschaft (Vorstand Sholto Douglas, J. Thormählen, A. Woermann) gehörig, welche im Südosten an die Kamerunland- und Plantagen-Gesellschaft grenzt, werden demnächst in Angriff genommen werden.

Landeinwärts sind zwischen Mundame und Johann Albrechts Höhe zwei weitere Unternehmen, dasjenige von Jantzen & Thormählen und dasjenige des Dr. Scharlach, im Entstehen begriffen.

Das Land längs des Mungo von Koke bis nach Mundame ist noch nicht verkauft (1898), doch soll weiteres Plantagenland am Kamerunberge wegen des zu befürchtenden Arbeitermangels vorläufig nicht vergeben werden.

Kleiner als diese großen Plantagen sind die Farmen der katholischen Mission in Engelberg, der Ambas-Bay-Gesellschaft und die an der Westseite des Gebirges gelegene Farm Bongé am Meme-Flusse. Letztere liefert den augenscheinlichen Beweis, wie sehr es bei der Anlage von Pflanzungen auf die Kenntnis der Bodenverhältnisse ankommt. Von ihren auf Lateritboden angelegten Kulturen geht schon jetzt im dritten bis fünften Jahre ungefähr ein Drittel ein. Dabei sind etwa 3 km nördlich die üppigsten basaltischen Böden vorhanden. Ursprünglich von der Firma Knutson, Valdau und Heilborn in der Mitte der achtziger Jahre gegründet, ist sie jetzt in den Besitz der Deutsch-Westafrikanischen Gesellschaft übergegangen.

Von den genannten Plantagen liegen Bibundi, Debundja, Isongo, Udje, Mokundange, Viktoria, Kriegsschiffhafen, N'Bamba unmittelbar am Meere —, in Kriegsschiffhafen können die größten Schiffe ganz nahe ans Land herankommen —, sodaß sie alle ihre Erzeugnisse leicht und billig verfrachten können. Limbe, Boana, Soppo werden von der durch das Gouvernement erbauten Chaussee Viktoria-Buea durchschnitten, sodaß auch hier die Verkehrsbedingungen verhältnismäßig günstig sind.

Auch in den übrigen Teilen des Schutzgebietes hat man mit dem Anbau tropischer Kulturen begonnen. Die katholische Mission pflanzt in Kribi, Edea, Marienberg (Sannaga) Kakao und Kaffee, ebenso die Baseler in Lobethal (Sannaga) und die Amerikaner in Gr. Batanga. Auch die Faktoreien, wie z. B. Küderling-Kampo, sind zum Teil mit solchen Anpflanzungen umgeben. Die zwei Kakaofarmen in Kampo haben durch ihre Ergebnisse so befriedigt, daß die Firma Küderling sie auszudehnen beabsichtigt. Auch die Kamerun-Hinterland-Gesellschaft will den Plantagenbau am Sannaga versuchen.

Wie auf allen Gebieten, so ist auch auf dem des Plantagenbaues das Gouvernement hervorragend thätig. In Edea wird in größerem Umfange Reis gezogen; hier wie in Jaunde und Buea werden Versuche mit dem Anbau von Tropenpflanzen gemacht. Vor allem aber ist der nach dem Vorbilde des botanischen Gartens in Buitenzorg auf Java angelegten Regierungs-Versuchsgarten in Viktoria für die Entwickelung der tropischen Agrikultur am Kamerungebirge wichtig geworden. Ungefähr in der Mitte des Plantagengebietes an der Ambas-Bucht gelegen, umschließt er ein Areal von 54 ha, von denen einige 35 ha schon in Kultur genommen sind. In erster Linie ist es ein Versuchsgarten und erprobt, welche Pflanzen und Arten sich für das Kamerun-Gebiet am besten eignen und wie sie hier am rationellsten angebaut werden; in zweiter Hinsicht ist er dazu bestimmt, Saat und Pflänzlinge für die einzelnen Plantagen zu ziehen und so zugleich eine schnellere Ausbreitung der tropischen Kulturen zu bewirken. In welchem Umfange er diese Aufgabe erfüllt, mögen folgende Zahlen erläutern. Es wurden im Jahre 1897/98 abgegeben: 12 683 Kakaofrüchte als Saatgut, 18 700 Kakaobäumchen in Töpfchen, 12 000 einjährige Kaffeepflanzen, 1020,5 kg Kaffee als Saatgut, 1000 Pflanzen Kardamom, außerdem zahlreiche Nutz-, Zierpflanzen, Obst- und Alleebäume u. s. w.

Der Garten verursacht jährlich einen Kostenaufwand von etwa 35 000 bis 40 000 Mark (darunter für Arbeiterlöhne etwa 15 000 Mark), denen Einnahmen von etwa 12 000 bis 15 000 Mark gegenüberstehen, welche aus seinen Pflanzschulen und Ernten gewonnen werden.

# Die kulturelle Entwickelung Paraguays und seine jetzige Bedeutung für europäische Kolonisation.

Von E. Plannenschmidt.

## I.

Bei dem beträchtlichen Anwachsen der Bevölkerungsziffer in Deutschland vom Jahre 1871 bis 1895 hat sich die Bevölkerung in Deutschland um 11 221 109 Seelen vermehrt –, welche im Laufe weniger Jahrzehnte zu einer thatsächlichen Übervölkerung führen muß, erscheint es angebracht, die Verhältnisse solcher gegenwärtig noch dünn bevölkerten Gebiete der Erde eingehend zu untersuchen, die sich ihrer Natur und Lage nach zu einer Besiedelung mit Deutschen in größerem Maßstabe eignen.

Zunächst richtet sich dabei unser Blick auf unsere Kolonien in Afrika und in der Südsee; leider beweist aber die Statistik, daß von Seiten europäischer Auswanderer denselben bisher nur wenig Vertrauen entgegengebracht wird. So war beispielsweise Kamerun, das am 14. Juli 1884 annektiert worden ist, im Jahre 1896 erst von 230 Europäern bewohnt, von denen 157 Deutsche, 33 Engländer, 15 Schweden, 97 Amerikaner waren. Von den 157 Deutschen waren ihrem Berufe nach Beamte 36, Schutztruppe 14, Missionare 31, Ingenieure 4, Kaufleute 32, Pflanzer nur 8. Der Rest bestand aus Handwerkern, Arbeitern, Frauen 2c. In Ostafrika, das am 21. November 1884 annektiert wurde, wurden im Jahre 1895 518 Weiße, davon 431 Deutsche gezählt. Ähnliche Verhältnisse finden wir in den übrigen deutschen Kolonien. Nordamerika ist vorzüglich wohl durch die dortigen Kolonisationsgesetze – unzähligen unserer deutschen Brüder eine neue Heimat geworden. Da aber die Einwandernden dortselbst sich gewöhnlich einzeln über das ganze Land verteilten, waren sie gezwungen, sich ganz dem Charakter der einheimischen Bevölkerung anzupassen, wenn sie vorwärts kommen wollten; aber auch dort, wo eine größere Anzahl von Deutschen sich zu einem Gemeinwesen zusammenschloß, mußten sich dieselben in Sprache und Gewohnheiten der Landessitte anpassen, da sie in ein festgefügtes Staatswesen kamen. So gingen sie alsbald dem Vaterlande verloren.

Ganz anders liegen diese Verhältnisse in Südamerika. Argentinien, Brasilien, Paraguay 2c. sind heute noch so dünn bevölkerte Länder, daß den dortigen Regierungen viel daran gelegen ist, Einwanderer in das Land zu ziehen, sodaß denselben reichliche Zugeständnisse gemacht werden, und hier die Gefahr nicht so groß ist, daß die Nationalität der Einwanderer in dem Charakter des neuen Vaterlandes aufzugehen hat; ganz besonders ist dieses der Fall in Paraguay, wo die herrschende, wenn auch nicht die Landessprache, noch heute das Guarani ist, das von Ausländern nur schwer erlernt wird, und daher in größeren Gemeinwesen sich die deutsche Sprache und damit das deutsch-nationale Gefühl am leichtesten dort erhalten könnte. Aus wirtschaftlichen Gründen kann aber Nordamerika heute auch nicht mehr das geeignete Land für deutsche Ansiedelung sein. Deutschlands Industrie hat sich im Laufe der letzten Jahre zu einer bedeutenden Entwicklung emporgeschwungen, und die Produktion eine Ausdehnung gewonnen, daß der inländische Markt als alleiniges Konsumptionsgebiet nicht mehr hinreicht. Nordamerika ist aber auf dem Gebiete der Industrie Deutschland mindestens ebenbürtig und verhindert die Einfuhr deutscher Fabrikate. Es folgt daher, daß die nach Nordamerika Auswandernden unserer Industrie als Abnehmer verloren gehen. In ganz Südamerika aber ist Industrie bis jetzt erst verhältnismäßig wenig vorhanden, und es ist daher zur Deckung seines Bedarfes auf das Ausland angewiesen. Erfreulicherweise kommt gerade Deutschland hierbei nicht unbedeutend in Betracht. Mit dem Anwachsen der deutschen Bevölkerung in den La Plata Staaten würden der deutschen Industrie hier immer weitere Absatzgebiete eröffnet werden.

In allen La Plata-Ländern ist bereits viel mit Europäern kolonisiert worden. Die größten zusammenhängenden Kolonien, speziell germanischer Rasse, sind in Brasilien in den Provinzen Sa. Catharina, Sao Paulo und Rio Grande do Sul. Alle diese Kolonien befinden sich wirtschaftlich in einem sehr guten Zustande, und ist es fleißigen und geschickten Leuten wohl gelungen, sich aus häufig sehr dürftigen Verhältnissen zu einem nicht unbedeutenden Wohlstande emporzuarbeiten.

Diesen eben erwähnten brasilianischen Provinzen in mancher Beziehung, wie Klima, Bodenbeschaffenheit, Witterungsverhältnisse, sehr ähnlich ist Paraguay; und doch ist es bisher nicht gelungen, daselbst auch nur annähernd gleich günstige Erfolge auf kolonisatorischem Gebiete zu erreichen wie in den vorgenannten Teilen Brasiliens. Es dürfte daher nicht uninteressant sein, die Gründe zu untersuchen, aus denen bisher die Besiedelung durch europäische Kolonisten nicht gelungen ist. Da dieselbe teilweise durch die wirtschaftliche Entwicklung des Landes und den Charakter der einheimischen Bevölkerung bedingt ist, wollen wir mit der Geschichte des Landes beginnen, zuvor jedoch einen kurzen Blick auf die geographische Lage werfen.

Paraguay, das sich ungefähr vom 21. bis 28. Grad südlicher Breite erstreckt und im Süden und Südosten durch den Parana gegen Argentinien und Brasilien, im Südwesten durch den Pilcomayo gegen Argentinien begrenzt wird und im Norden Bolivien und Brasilien berührt, ist nur durch die große Wasserstraße des Rio Paraguay, Parana und La Plata mit dem Weltmeere verbunden und dem Weltverkehr ziemlich entrückt. Diese Abgeschlossenheit mußte besonders in die Erscheinung treten zu Zeiten, in denen sich die Schiffahrt noch auf einer niederen Entwicklungsstufe befand, und dadurch der Verkehr mit der Außenwelt erschwert wurde. Als Paraguay von den Spaniern in Besitz genommen wurde, war es von Indianern, die in der Mehrzahl dem Stamme der Guarani angehörten, bewohnt. Etwa um das Jahr 1608 erschienen die Jesuiten im Lande und begründeten daselbst ein Staatswesen, das in seiner Eigenart besondere Beachtung verdient. Der alte Jesuitenstaat ist seiner Lage nach jedoch nicht völlig identisch mit dem heutigen Paraguay, sondern er umfaßte nur den südlichen Teil Paraguays und die heutigen argentinischen Missiones.

Als die Schöpfer desselben werden die Italiener Cataldino und Maceta genannt; jedoch zeigt er eine auffallende Ähnlichkeit mit dem System, das der Dominikaner Thomas Campanella bereits in seinem „Sonnenstaat“ als das Ideal eines Staates mit vollkommenster sozialer Gleichstellung aller Individuen beschreibt*). In einem Punkte jedoch weichen beide Systeme streng von einander

*) Vergl. Dr. E. Gothein. Der christlich-soziale Staat der Jesuiten in Paraguay.

ab: während nämlich in dem Campanellaschen Staate die Obrigkeit und die Priester aus dem Volke selbst hervorgehen, ziehen die Jesuiten eine unüberwindliche Schranke zwischen den Indianern und sich, da sie allein das Amt des Priesters und damit verbunden das der obersten Beamten des Staates bekleiden dürfen. Die Jesuiten verstanden von Anbeginn dem Volke den Glauben an die Wunderkraft des Priesters einzuflößen und die Indianer zu ihnen blind vertrauenden und völlig ergebenen Individuen zu machen.

Abgesehen aber von dieser Sonderstellung der Priester herrschte in dem jesuitischen Paraguay absoluteste Gleichheit der Person. Als das wichtigste Mittel, durch das es den Jesuiten gelungen ist, ihre Ziele in einer erstaunlich kurzen Zeit zu erreichen, wird bezeichnet, daß sie das Land nach außen hin völlig absperrten. Jede Berührung mit den Spaniern oder anderen Europäern wurde den Guaranis dadurch zur Unmöglichkeit gemacht, daß dieselben, wie wir später sehen werden, ständig unter Aufsicht standen und sich nie aus den Niederlassungen entfernen durften. Europäern jedoch wurde es fast unmöglich gemacht, das Land zu betreten. Es wurde ihnen diese Abschließung durch die schwierigen Verkehrsverhältnisse, die durch die Stromschnellen des Rio Parana noch erhöht wurden, sehr erleichtert. Selbst spanischen Gouverneuren ist es nicht gelungen, die Ansiedelungen zu betreten. Wenn dennoch mitgeteilt wird, daß hier und da Europäer die Niederlassungen betreten haben, so wird gleichzeitig auch berichtet, daß diese den Jesuiten völlig ergebene Personen gewesen seien. Einmal im Jahre freilich war die Berührung mit der Außenwelt nicht zu vermeiden; es geschah dieses, wenn die für den Export bestimmten Waren den Fluß hinab nach Buenos Aires und Santa Fé geschafft wurden, woselbst die Jesuiten ihre ständigen Vermittler hatten, die den Handel bewerkstelligten. Es bedarf kaum einer Erwähnung, daß man sich zu solchen Transporten nur der zuverlässigsten Leute bediente, und selbst diese wurden von den Priestern nie aus den Augen gelassen; auch sollen die Jesuiten bei solchen Gelegenheiten nicht verfehlt haben, die Indianer auf die in jenen Zeiten noch sehr ungeordneten Zustände außerhalb der paraguayschen Reduktionen aufmerksam zu machen. In der That bestand Buenos Aires noch aus einem Haufen elender Lehmhütten, als die paraguayschen Missiones sich bereits lange in blühendem Kulturzustande befanden.

Ein Staat, wie der von den Jesuiten geschaffene, mußte dem Charakter seiner Begründer und Beherrscher nach vollkommen auf religiöser Grundlage aufgebaut sein. So sehen wir denn auch, daß die Paraguayer von ihrer frühesten Jugend an zur Frömmigkeit erzogen wurden. Tagtäglich versammelt sich bereits vor Tagesanbruch die ganze Gemeinde zum Gottesdienste, bei dem selbst die kleinsten Kinder nicht fehlen durften, und ständig war die Kontrolle, ob alle erschienen waren. Wenn alsdann nach Beendigung des Gottesdienstes die Gemeinde geschlossen zur Arbeit hinauszog, durften selbst bei dieser die Bilder der Heiligen nicht fehlen. Man nahm sie mit hinaus und bereitete ihnen aus Zweigen und Baumlaub ein provisorisches Schutzdach. — Wie über den Besuch des Gottesdienstes, so war die Kontrolle auch über alle übrigen Arbeiten vorhanden; sie wurde vom Pater selbst oder von seinen Ministranten ausgeführt. Jeden Morgen wurde der Abteilung die Arbeit für den Tag zugemessen. — Das Amt des Ministranten war das einzige, das von Eingeborenen bekleidet werden durfte. Die Ministranten wurden von der Menge selbst gewählt; doch ist es natürlich, daß nur eine dem Pater geeignet scheinende und demselben völlig ergebene Person bei der Wahl in Betracht kommen konnte. Der

Ministrant ist in jeder Beziehung die rechte Hand und der treueste und ergebenste Diener des Paters. Er ist bei den Gerichtsverhandlungen der Beisitzer und bei Vollziehung von Strafen, namentlich bei körperlichen Züchtigungen, die keineswegs ausgeschlossen sind, der Vollstrecker derselben. Er bestimmt die Menge der täglich zu leistenden Arbeit und anderes mehr. Hand in Hand mit der Arbeitsteilung geht der Kommunismus. Nur für die Beschaffung der zur eigenen Nahrung notwendigen Feldfrüchte haben die einzelnen Individuen selbst zu sorgen, wobei auch die Kinder bereits im frühen Lebensalter keine Ausnahme machen dürfen. Es wird von dem Gemeindeland jedem zu diesem Zwecke ein Stück Land überwiesen. Jeden Sonntag wird an die Frauen eine bestimmte Menge Baumwolle verteilt, die sie zu verspinnen haben; ein etwaiger Überschuß ist wieder zurückzuerstatten. Der Maté (ein aus den Blättern von Ilex paraguayensis gewonnener Thee) sowie das Fleisch werden ihnen zugeteilt. Die Schlachtung besorgt der Gemeindefleischer, und die Verteilung geschieht durch den Ministranten. Schmiede und andere Handwerker haben jedem, der ihrer bedarf, Hilfe zu leisten. — Für Ackerarbeit hat der Indianer wenig Neigung, mehr schon eignet er sich infolge des ihm angeborenen Nachahmungstriebes zum Handwerk. So ist denn auch das Handwerk zu einer großen Vollkommenheit ausgebildet, und war der Jesuitenstaat in Paraguay zu jener Zeit der einzige Industriestaat Südamerikas. Aber auch in diesen Erzeugnissen offenbart sich die große Unselbständigkeit der Indianer. Sie sind Meister im Nachbilden von Gegenständen, es fehlt ihnen jedoch jede Fähigkeit, eigene Ideen zu entwickeln. Um das Interesse und die Neigungen des einzelnen Individuums für die verschiedenen Zweige des Handwerks kennen zu lernen, wurden die Kinder häufig durch die bestehenden Werkstätten geführt. Die Jesuiten waren auf allen Gebieten selbst die Lehrmeister. — Wie die Indianer in den Künsten des Friedens gebildet wurden, so wurden sie auch nicht minder gut für den Krieg erzogen; denn die Reduktionen waren häufigen Überfällen durch die Portugiesen ausgesetzt. Daher hatten denn auch die Jesuiten von der spanischen Krone das Recht erlangt, daß die Indianer Feuerwaffen tragen durften. Besonders hervorgehoben wird die große Kaltblütigkeit, mit der der Indianer ins Feld zog. Auch im Felde war der Priester der Anführer.

# Deutsche Post in Übersee.

Von H. Herzog.

Am 20. Dezember ist in Marokko ein deutscher Postdienst ins Leben getreten. Handelt es sich hierbei auch nicht um eine deutsche Besitzung oder um ein unter deutschem Schutze stehendes Gebiet, so sind in Marokko doch so vielfache deutsche Interessen vertreten, daß die Errichtung deutscher Postanstalten daselbst von allen, die für Deutschlands koloniale Entwicklung und für das Blühen und Gedeihen deutschen Handels und Wandels im Auslande überhaupt ein Interesse haben, sicher aufs Freudigste begrüßt werden wird.

Bisher bestanden in Marokko spanische, französische und englische Postanstalten, auf deren Benutzung die zahlreichen dort ansässigen deutschen Reichsangehörigen angewiesen waren. Hinfort werden die Deutschen von den fremden Posteinrichtungen unabhängig sein; sicherlich werden die neuen deutschen Postanstalten den Wettbewerb mit den bereits bestehenden anderen Postanstalten nicht zu scheuen brauchen. Der neue deutsche Postdienst in Marokko wird geleitet von einem in Tanger errichteten, dem Reichs-Postamte in Berlin unmittelbar untergeordneten deutschen Postamte, an dessen Spitze ein deutscher Fachbeamter mit dem Titel eines Postdirektors steht. Deutsche Postagenturen sind außerdem in Casablanca, Larache, Mazagan, Mogador, Rabat und Saffi ins Leben getreten; diese werden von Privatpersonen verwaltet. Für den Briefverkehr der neuen Postanstalten mit Deutschland und anderen Ländern gelten die Taxen des Weltpostvereins. Sämtliche Postanstalten nehmen außer an dem Austausche von Briefsendungen auch am Packet-, Postanweisungs- und Zeitungsdienste teil; der Postanweisungsdienst ist jedoch bei den Postagenturen auf den Verkehr innerhalb Marokkos beschränkt, sodaß Postanweisungen nach oder aus Deutschland und anderen Ländern nur bei dem Postamte in Tanger ein- oder ausgezahlt werden können. Die Postanstalten unter sich sind durch Landpostkurse verbunden. Der Postverkehr mit Deutschland ist in der Weise geregelt, daß geschlossene Briefposten zwischen dem deutschen Postamte in Tanger und deutschen Bahnposten auf dem Wege über Spanien und Frankreich zum Austausch gelangen, und daß außerdem die Postagentur in Casablanca nebst den südlicher gelegenen Postanstalten Briefposten mittels der Schiffe der Woermann-Linie auf Hamburg abfertigt. Die Beförderung der Packete, deren Meistgewicht auf 10 kg festgesetzt worden ist, erfolgt mit Woermann-Dampfern oder mit Schiffen der Oldenburg-Portugiesischen Dampfschiffs-Rhederei.

Der deutsche Postdienst in Marokko wird ohne Zweifel dazu beitragen, die dortigen Handelsinteressen Deutschlands zu fördern und zu beleben. Daß dies wirklich geschehen, daß die deutsche Post auch auf diesem neuen Gebiete ihrer Wirksamkeit ihren alten Ruf bewähren wird, dafür bürgen die Erfolge, die Deutschland bisher aller Orten, wo deutsche Postanstalten errichtet worden sind, zu verwirklichen gewußt hat. Vielleicht ist es angesichts des neuen Arbeitsfeldes, das sich die deutsche Reichspost jetzt erschlossen hat, nicht ohne Interesse, den Entwickelungsgang der deutschen Posteinrichtungen in Übersee kurz zu verfolgen.

In den ersten Jahren der deutschen Reichspost bestand eine deutsche Postanstalt außerhalb der Grenzen Deutschlands — abgesehen von einigen später aufgehobenen deutschen Postanstalten in nahe der Grenze gelegenen fremden Orten, wie Bodenbach, Oldenzaal, Basel u. s. w. — nur in Konstantinopel. Erst 1886 wurden im Zusammenhang mit der Einführung der subventionierten Postdampferlinie nach Ostasien und Australien weitere deutsche Postanstalten, und zwar zunächst in Schanghai, Apia und Tongatabu, später auch in Tientsin und Tschifu, errichtet. Von 1887 ab wurden ferner in rascher Folge deutsche Postanstalten in den unter Deutschlands Schutz gestellten Gebieten Afrikas und Australiens ins Leben gerufen, zu denen 1898 in Asien das deutsche Pachtgebiet von Kiautschou mit einer deutschen Postanstalt in Tsingtau hinzugetreten ist. In demselben Jahre wurde aus Anlaß der Orientreise Seiner Majestät des Deutschen Kaisers ein weiteres deutsches Postamt auf türkischem Gebiete, dasjenige in Jaffa, errichtet. Die deutsche Postanstalt in Tongatabu, die von vornherein nur den Charakter einer Postdampfschiffsagentur des Norddeutschen Lloyd hatte, ist 1893 mit dem Eingehen der regelmäßigen deutschen Postdampfschiffsverbindung nach den Tonga-Inseln aufgehoben worden. Alle anderen vorgenannten Postanstalten bestehen aber noch und unterhalten zum Teil einen recht lebhaften Geschäftsverkehr. Die Postagentur in Apia, deren Aufblühen bisher durch die ungünstigen politischen Verhältnisse auf den Samoa-Inseln erheblich beeinträchtigt worden war, hat jetzt, nachdem Samoa deutsch geworden ist, endlich freie Bahn zu gedeihlicher Entwickelung erhalten.

Von den deutschen Schutzgebieten hat zuerst Kamerun eine deutsche Post erhalten, indem 1887 in dem gleichnamigen Hauptorte des Schutzgebiets eine deutsche Postagentur eingerichtet wurde. Dieser, die seit 1897 die Bezeichnung „Postamt“ führt, sind die später hinzugetretenen Postagenturen in Viktoria, Kribi und Rio del Rey sowie die erst vor Kurzem errichtete Postagentur in Buea unterstellt. Weitere Postanstalten wurden eine Zeit lang in Bibundi und Groß-Batanga unterhalten. Von besonderer Bedeutung für das Schutzgebiet war der im Jahre 1893 durch Kabelverbindung von Bonny (Lagos) aus erfolgte Anschluß Kameruns an das internationale Telegraphennetz. Öffentliche Fernsprech-Einrichtungen sind in Kamerun noch nicht vorhanden.

Im Togo-Gebiete besteht seit 1888 eine deutsche Postagentur in Klein-Popo, seit 1890 ferner eine solche in Lome. Die erstere hat inzwischen (ebenfalls im Jahre 1897) als Hauptpostanstalt des Schutzgebiets die Bezeichnung „Postamt“ erhalten. Telegraphenverkehr wurde bei den Postanstalten des Togo-Gebiets 1894 eingeführt, nachdem eine Landtelegraphen-Verbindung sowohl nach dem französischen Dahomey-Gebiete, wie auch nach der englischen Goldküste hergestellt worden war. Ein öffentlicher Fernsprechbetrieb besteht im Togo-Gebiete — abgesehen von einer Regierungszwecken dienenden besonderen Fernsprechanlage — insofern, als der Telegraph zwischen Klein-Popo und Lome zur Mitbenutzung für den Fernsprechverkehr eingerichtet worden ist.

In Deutsch-Südwestafrika bestand lange nur eine einzige Postanstalt, nämlich die 1888 eingerichtete Postagentur in Otjimbingue, die 1891 nach Windhuk verlegt wurde. Erst nachdem ein Fachbeamter nach dem Schutzgebiete entsandt worden war, wurde daselbst ein förmlicher Postdienst organisiert. Seit 1895 ist in Deutsch-Südwestafrika eine große Zahl von Postanstalten entstanden; regelmäßig verkehrende Botenposten und Karrenposten vermitteln jetzt den Postverkehr von Ort zu Ort.

Gegenwärtig sind im südwestafrikanischen Schutzgebiet außer dem Postamte in Windhuk, dem die übrigen Postanstalten unterstellt sind, 14 Postagenturen und 6 Posthilfsstellen (Postanstalten mit beschränkten Befugnissen) vorhanden; die Errichtung weiterer Postanstalten ist in Aussicht genommen. Der Anschluß Deutsch-Südwestafrikas an das Welttelegraphennetz ist Anfang 1899 in der Weise erfolgt, daß der Hafenort Swakopmund in das Kabel Mossamedes—Kapstadt eingeschaltet worden ist. Die Einrichtung einer Stadtfernsprecheinrichtung in Swakopmund ist zwar schon wiederholt erörtert worden; doch hat sich dieser Plan bisher nicht verwirklichen lassen.

Deutsch-Ostafrika hat Postanstalten erst im Jahre 1890 (Einrichtung deutscher Postagenturen in Dar-es-Salaam und Bagamoyo) erhalten. Vorher bestanden bereits deutsche Postanstalten in Lamu (errichtet 1888) und in Sansibar (errichtet 1890). Beide sind jedoch 1891 infolge der zwischen Deutschland und England wegen Abgrenzung der gegenseitigen Machtsphären getroffenen Vereinbarung wieder aufgehoben worden. Die Leitung des Postdienstes bei den in Ostafrika gelegenen deutschen Postanstalten, die ursprünglich der Postagentur in Sansibar übertragen worden war, ist später auf die Postagentur in Dar-es-Salaam (seit 1892 führt sie die Bezeichnung „Postamt“) übergegangen. Heute besitzt Deutsch-Ostafrika im ganzen 24 Postanstalten, von denen 9 an der Küste und 15 im Innern des Landes liegen, und die, soweit der Postverkehr nicht zur See unterhalten werden kann, durch regelmäßige Postkurse verbunden sind. An das internationale Telegraphennetz ist das Schutzgebiet seit dem Jahre 1890 mittels des Kabels Sansibar—Bagamoyo—Dar-es-Salaam angeschlossen. Von Dar-es-Salaam gehen außerdem Landtelegraphenlinien an der Küste entlang im Norden bis Tanga und im Süden bis Mikindani. Stadtfernsprecheinrichtungen bestehen in Deutsch-Ostafrika noch nicht, wohl aber sind die vorhandenen Landtelegraphen so eingerichtet, daß sie auch für den Sprechverkehr von Ort zu Ort benutzt werden können. Ferngespräche können von Dar-es-Salaam aus nach sämtlichen mit Telegraphenanstalten versehenen Orten des Schutzgebiets geführt werden; außerdem sind Gespräche zugelassen zwischen den an der Linie von Dar-es-Salaam nach Tanga, sowie zwischen den an der Linie von Dar-es-Salaam nach Mikindani gelegenen Orten, nicht aber Gespräche über Dar-es-Salaam hinaus zwischen Orten, von denen der eine nördlich, der andere südlich von dem Hauptorte des Schutzgebiets gelegen ist.

Von den im Jahre 1888 auf Deutsch-Neuguinea und dem Bismarck-Archipel eingerichteten Postagenturen (Finschhafen, Hatzfeldhafen, Kerawara, Konstantinhafen) besteht heute keine mehr. Dagegen werden jetzt Postagenturen unterhalten in Friedrich Wilhelmshafen, der Hauptpostanstalt des Schutzgebiets, sowie in Herbertshöh, Matupi und Stephansort, seit 1898 auch in Berlinhafen. Telegraphenverbindung haben Deutsch-Neuguinea und der Bismarck-Archipel noch nicht. Telegramme dahin müssen daher nach Singapore, Batavia oder Makassar gerichtet werden und erhalten von da mit der Post Weiterbeförderung.

Auf den Marschall-Inseln besteht seit dem Jahre 1889 die Postagentur in Jaluit, deren Geschäftsumfang gering ist. Telegraph ist nicht vorhanden; Telegramme nach den Marschall-Inseln sind daher nach Sydney zu richten, um von da mit Schiff weitergesandt zu werden.

Im Schutzgebiete Kiautschou besteht nur die dem deutschen Postamte in Schanghai unterstellte deutsche Postanstalt in Tsingtau. Außerdem ist daselbst die

Errichtung einer chinesischen Postanstalt gestattet worden; doch dient diese nur zur Vermittelung des Transitverkehrs nach und von den im Hinterlande von Kiautschou belegenen chinesischen Postanstalten und darf sich weder mit der Annahme noch mit der Ausgabe von Sendungen befassen. An das internationale Telegraphennetz ist das Schutzgebiet Kiautschou zwar angeschlossen, doch befindet sich der dortige Telegraphenbetrieb in chinesischen Händen. Dagegen besteht in Kiautschou bereits eine Regierungszwecken dienende Stadtfernsprecheinrichtung. Weiter ist die Errichtung einer auch dem Publikum zugänglichen Fernsprechanlage ins Auge gefaßt.

Endlich sind in neuester Zeit zu den in Übersee bestehenden deutschen Postanstalten solche auf den jüngst in deutschen Besitz übergegangenen Karolinen, Marianen und Palau Inseln hinzugetreten, und zwar sind deutsche Postagenturen in Ponape, Yap und Saipan errichtet worden.

Sämtliche deutschen Schutzgebiete und ebenso die in anderen Ländern bestehenden deutschen Postanstalten gehören dem Weltpostverein an und unterliegen den Bestimmungen, insbesondere auch den Brieftaxen, dieses Vereins. Für den Verkehr zwischen Deutschland und den deutschen Schutzgebieten, ebenso für den Verkehr der deutschen Schutzgebiete unter einander ist seit Anfang Mai vorigen Jahres die dankenswerte Einrichtung getroffen worden, daß für Briefsendungen jeder Art nicht die Weltpostvereinssätze, sondern die erheblich niedrigeren deutschen Inlandsportosätze gelten. Dieselbe Vergünstigung ist letzthin auch den Karolinen, Marianen und Palau-Inseln mit deren Übergang in deutschen Besitz zu teil geworden. Es ist anzunehmen, daß das deutsche Inlandsporto demnächst auch für den Verkehr mit den Samoa-Inseln eingeführt werden wird, und daß ferner — entsprechend der kürzlich vom Reichstage angenommenen Postnovelle — das einfache Briefgewicht auch für den Verkehr mit den Schutzgebieten auf 20 gr (statt jetzt 15 gr) erhöht werden wird.

Die deutschen Schutzgebiete nehmen außer am Briefverkehr sämtlich an der Vermittelung von Zeitungsabonnements sowie, mit Ausnahme der Marshall-Inseln, auch am Postanweisungsdienst und an dem Austausche von Postpacketen bis 5 kg teil. Einzelne Postanstalten, namentlich ein großer Teil der im Innern der Schutzgebiete gelegenen, haben jedoch beschränkte Befugnisse. Die deutschen Postanstalten in anderen Ländern befassen sich ebenfalls mit sämtlichen vorgenannten Dienstzweigen; ausgenommen ist nur die deutsche Postanstalt in Tschifu, deren Thätigkeit auf die Behandlung von Briefsendungen beschränkt ist. Packete bis 10 kg werden ferner — unter ähnlichen Bedingungen wie die Postpackete bis 5 kg — mit den Postanstalten in den Schutzgebieten Kamerun, Togo, Deutsch-Südwestafrika, Deutsch-Ostafrika und Kiautschou sowie mit den deutschen Postanstalten in Schanghai und Tientsin ausgetauscht. Sehr gering entwickelt sind noch die Einrichtungen für die Versendung von Wertgegenständen nach den deutschen Postanstalten in Übersee. Wertbriefe und Kästchen mit Wertangabe sind (bis zu einem Meistbetrage von 8000 Mark) nur im Verkehr mit Kamerun und Kiautschou sowie mit den deutschen Postanstalten in Schanghai und Tientsin zugelassen; Postpackete mit Wertangabe können im Verkehr mit denselben Anstalten (Meistbetrag für Kamerun 8000 Mark; für Kiautschou sowie Schanghai und Tientsin bei der Leitung über Bremen oder Hamburg 10000 Mark, bei der Leitung über Italien 800 Mark) sowie im Verkehr mit dem deutschen Postamte in Konstantinopel (Meistbetrag der Wertangabe 400 Mark) zur Versendung gelangen. Nach allen anderen in Betracht kommenden Gebieten können Wertpackete nur in Form von Postfrachtstücken (Beförderung vom deutschen Ausgangshafen ab durch Privatspediteure) versandt werden. Da diese Art der Versendung gleichzeitig umständlich und kostspielig ist, so wäre eine Änderung der bestehenden Versendungsvorschriften im Sinne erweiterter Zulassung der Wertangabe bei Postpacketen nach und von den deutschen Postanstalten in Übersee nur erwünscht; nicht minder würde eine erweiterte Zulassung von Wertbriefen in den beteiligten Kreisen sicher dankbar begrüßt werden. Nachnahme- und Postauftragsbriefe sind gegenwärtig nur im Verkehr mit dem deutschen Postamte in Konstantinopel zugelassen; Packete können dagegen, und zwar bis zum Gewichte von 10 kg, mit Nachnahme bis zu 800 Mark belastet werden im Verkehr mit Deutsch-Ostafrika und dem Togo-Gebiete, ferner seit dem 1. Januar 1900 auch im Verkehr mit Kiautschou und den deutschen Postanstalten in Schanghai und Tientsin. Auch der Nachnahme- und Postauftragsverkehr der deutschen Postanstalten in Übersee ist somit noch ausdehnungsfähig.

Über den Umfang des Postverkehrs bei den in Betracht kommenden Postanstalten giebt eine in der kürzlich erschienenen „Statistik der Deutschen Reichs-Post und Telegraphenverwaltung für 1898“ zum ersten Male veröffentlichte „Übersicht über den Verkehr bei den deutschen Postanstalten in den deutschen Schutzgebieten sowie in Schanghai, Tientsin und Apia“ ausführliche Auskunft. Selbstverständlich ist der Verkehr bei diesen Postanstalten im Verhältnis zu der in Deutschland selbst beförderten Zahl von Sendungen nur gering. Daß aber die deutsche Post auch in Übersee wichtige Aufgaben zu erfüllen hat, erhellt daraus, daß 1898 bei den in der Übersicht genannten Postanstalten im ganzen zu bearbeiten gewesen sind:

| | | |
|---|---|---|
| | 1 343 700 | Briefsendungen, |
| | 27 637 | Postanweisungen, |
| | 110 | Wertsendungen, |
| | 18 564 | Packete, |
| | 123 880 | Zeitungsnummern |
| zusammen | 1 513 891 | Sendungen. |

Der Gesamtbetrag der ein- und ausgezahlten Postanweisungen hat nahezu 4½ Millionen Mark betragen. Am stärksten ist der Postverkehr in Deutsch-Ostafrika gewesen, auf das 400 900 Briefsendungen, 15 604 Postanweisungen über nahezu 2⅔ Millionen Mark, 5378 Packete und 64 046 Zeitungsnummern, zusammen 485 928 Postsendungen, außerdem 20 279 aufgegebene und 19 394 eingegangene Telegramme entfallen. Es folgen Schanghai und Tientsin (329 277 Sendungen), Deutsch-Südwestafrika (248 233 Sendungen), Kiautschou (208 046 Sendungen). In den anderen Schutzgebieten ist der Verkehr erheblich geringer gewesen; an letzter Stelle stehen die Marschall-Inseln mit 7292 Sendungen. Über den Verkehr der deutschen Postämter in der Türkei sind in der Statistik der Reichs-Postverwaltung Angaben leider nicht enthalten.

## General Gallieni über Kolonialpolitik.

Von Redakteur Rudolf Rabe.

Frankreich hat das Glück gehabt, auf seinem größten Kolonialbesitz Madagaskar, das „Frankreich des Ostens“ genannt, seine Oberherrschaft nunmehr fest begründet zu sehen durch einen Mann, der, noch in der Blüte seiner Manneskraft, nämlich im fünfzigsten Jahre stehend, im Stande ist, seinem Vaterland, dem er bereits große Dienste geleistet für Sicherung seines Kolonialbesitzes, durch Niederlegung der Grundsätze, die ihn als Gouverneur von Madagaskar geleitet, noch weitere Dienste zu leisten. General Gallieni ist seit seiner Jugend im Kolonialdienst thätig gewesen; er kennt Westindien von seiner militärischen Station als junger Offizier auf Martinique; er hatte Theil an der Ausdehnung der französischen Herrschaft im Sudan. Nach Tonkin berufen, vertrieb er die zur starken Landplage gewordenen Seeräuber und verstand auch hier, die Eingeborenen zum Kriegsdienst heranzuziehen und sie zu der Erkenntnis zu bringen, daß ein gemeinsames Vorgehen und dauerndes Einverständnis mit Frankreich ihren Interessen dienlich sei.

Alle diese Erfahrungen hat er mit hohem Erfolg angewandt, als er Ende des Jahres 1896 als Gouverneur nach Madagaskar berufen wurde, sodaß das letzte Amtsjahr mit einem Überschuß von zwei Millionen Francs abschloß, wobei noch zu berücksichtigen ist, daß bei seinem Amtsantritt eine Rebellion die Hova-Königin bedrohte. Er schritt hier, wo es Not war, mit Strenge gegen die Häupter der Empörung ein, schonte aber die Bevölkerung, wie er überall die Milde vorzog, wo es angängig war, und schaffte Ruhe durch eine praktisch organisierte Bezirksverwaltung, deren militärische und zivilrechtliche Leitung in einer Hand lag. Die Königin wurde nach Reunion gebracht, Madagaskar zur französischen Kolonie erklärt. In welcher Weise er die feindlichen Stämme unterwarf, wie er militärische Maßregeln nur sehr vorsichtig als Mittel anwendete und die wirtschaftliche Entwickelung als stetes Ziel derselben ansah, wie seine Verwaltungsmethode wirkte, welche Kolonisierungsweise er befolgt, wie er sich bemühte, die Eingeborenen zum französischen Wesen zu erziehen, darüber wollen wir ihn selbst hören.

General Gallieni ist mit der Herausgabe eines großen Werkes über Kolonialpolitik beschäftigt; er hat inzwischen seine hauptsächlichsten Grundsätze auf deren Ansuchen in einem der „Nouvelle Revue“ überlassenen Artikel niedergelegt. Wenn auch die Verhältnisse in den deutschen Kolonien sich mit denen auf Madagaskar nicht vollkommen decken, so sind doch diese vom General Gallieni für die Kolonisationsmethode aller Kulturvölker bestimmten und geschriebenen Grundsätze wichtig genug, um sie hier in deutscher Übersetzung folgen zu lassen, und wir glauben, treu im Sinne des Verfassers zu handeln, wenn wir auch die kolonialen Kreise Deutschlands mit seinen Erfahrungen bekannt machen. Liegt es doch sehr im Interesse Deutschlands und seiner ostafrikanischen Kolonien, daß die französische Herrschaft auf Madagaskar sich so viel als möglich befestigt; sie ist ein sehr wohlthätiges Gegengewicht gegen den starken Einfluß Englands auf der Ostküste, der sich auf das Kapland, Sansibar, und den immer wichtiger werdenden Hafen Mombassa als Ausgangspunkt der Ugandabahn stützt. Mit lebhafter Eifersucht und Sorge betrachtet England die wachsende Macht Frankreichs auf Madagaskar, da dieser Rival ihm von den befestigten Häfen den Inseln auf Rossi Bé und Mayotte, besonders aber von dem östlich am Nordkap Madagaskars in wunderbar günstig gelegenen und von der Natur durch Felswände gegen Beschießung von der Seeseite her geschützten Kriegshafen Diego Suarez, der von der Republick stark befestigt und gut mit Artillerie bestückt ist, in der Lage ist, die wichtigsten Handelsstraßen Englands, die Seewege vom Suezkanal sowohl als auch die Seestraße um das Kap nach Indien und Ostasien zu stören oder zu unterbinden. Liegt so die Etablierung der französischen Oberhoheit auf Madagaskar im Interesse Deutschostafrikas, da es Frankreich gegen England balanciert und Deutschland als Dritter an der Ostküste Afrikas durch seine Haltung beiden Mächten als Freund oder als neutrale Macht wichtig ist, so gewinnt die kolonisatorische Thätigkeit *Gallienis* für uns verdoppelte Wichtigkeit, abgesehen von den Lehren, die unsere Kolonialverwaltung aus seinen Erfahrungen und Grundsätzen ziehen kann, die jetzt hier folgen:

Die kolonialen Grundsätze des Generals *Gallieni*:

1. Die Verwaltungseinrichtung eines Landes muß vollständig in Beziehung stehen zu der Natur dieses Landes, seiner Einwohner und des Ziels, das man sich gesetzt hat.

2. Jede Verwaltungseinrichtung muß dem Land in seiner natürlichen Entwickelung folgen.

Zufolge dieser beiden Grundsätze, die ganz allgemein gehalten sind, ist eine Methode, die sich in einer Weltgegend bewährt hat, unbrauchbar für eine andere, sodaß Verwaltungsverordnungen, die heute auf Grund der bestehenden Verhältnisse *ausgezeichnet* sind, nach einigen Monaten *zurückgezogen* werden müssen, wenn irgend welche Ereignisse der Lage der Länder, auf die man sie anwendet, verändert haben. Nichts darf biegsamer und elastischer sein als die Verwaltungseinrichtung eines Landes, dessen Einrichtung sich vollzieht unter dem Einfluß energischer Verwaltungsbeamten, die die europäische Zivilisation und Kolonisation ins Amt ruft. Es liegt an dem Verständnis und der Initiative der Bezirksbefehlshaber, die im direkten Verkehr mit diesen Völkerschaften stehen, und die von den vorgesetzten Verwaltungen aufgefordert werden müssen, Nachricht zu senden und sofort die oberste Verwaltungsbehörde aufzuklären über auftauchende Anzeichen von wirtschaftlichen oder politischen Änderungen in den Provinzen, für die sie als Bezirksbefehlshaber zum Schutz und zur Überwachungsbehörde bestellt sind. Auf jede *politische* und *wirtschaftliche* Entwickelung muß eine *Entwickelung der Verwaltung* gleichmäßig eintreten. Das beste Mittel, eine Friedensstiftung zu erreichen, ist bei den beschränkten Hilfsmitteln, wie wir sie im allgemeinen zur Verfügung haben in den Kolonien, ein Vorgehen, das Stärke und Staatsklugheit verbindet. Wir müssen daran denken, daß wir bei Kämpfen in den Kolonien, wie sie uns unglücklicherweise zu oft die Unbotmäßigkeit der Völkerschaften auferlegt, diese nicht bis zum äußersten vernichten dürfen — und selbst in diesem Falle nicht zerstören dürfen, *als um neu zu bauen*.

Immer müssen wir das Land und seine Einwohner nachsichtig behandeln, da das Land bestimmt ist, unsere Unternehmungen zukünftiger Kolonisation aufzunehmen, und daß die Einwohner unsere hauptsächlichsten Kräfte und Mitarbeiter sind, um diese Unternehmungen zum Erfolg zu führen. Jedesmal, wenn die Streitigkeiten des Krieges einen unserer Kolonial-Offiziere zwingen, gegen ein Dorf oder eine bevölkerte Kreisstadt vorzugehen, so darf er nicht aus dem Auge verlieren, daß es seine erste Sorge nach erlangter Unterwerfung der Einwohner sein muß, das Dorf wieder aufzubauen und dort einen Markt mit Tauschhandel einzurichten und eine Schule zu bauen. Er muß also mit der größten Sorgfalt jede unnötige Zerstörung vermeiden.

Das ist die mit Gewalt und Staatsklugheit verbundene Handlungsweise, welche das Ergebnis haben muß, daß das Land beruhigt ist und von vornherein demselben eine vorläufige Verwaltung gegeben wird.

* * *

Das staatskluge Vorgehen. Das staatskluge Vorgehen ist bei weitem das wichtigste, es zieht seine größte Stärke aus der Kenntnis des Landes und seiner Einwohner: das ist das Ziel, auf das sich die ersten Anstrengungen jedes Platzkommandanten richten sollen. Das soll das Studium der Völker sein, die ein Land besetzen, das dann darnach die politische Verwaltung bestimmt, die man dem Lande geben will, und die Maßregeln, die zu einer Friedensstiftung anzuwenden sind. Ein Offizier, dem es gelingt, eine genügend genaue ethnographische Karte seines Bezirkes, dem er vorsteht, zu entwerfen, der hat schon beinahe dadurch eine vollständige Friedensstiftung erreicht, der bald die Verwaltung folgen wird, die ihm als die beste erscheint.

Jedes Zusammenwohnen von Individuen, sei es Rasse, Volk, Stamm oder Familie, stellt eine Summe von gemeinsamen oder entgegengesetzten Interessen dar. Wie es Sitten und Gebräuche giebt, auf die Rücksicht zu nehmen ist, so giebt es auch Feindschaften und Eifersüchteleien, die man zu verstehen, zu entwirren und zu unserem Vorteil zu gebrauchen wissen muß, indem man die einen gegen die anderen aufstellt, um so sich auf die einen stützend desto besser die zweiten zu besiegen.

Es ist nicht minder wichtig, die Gründe aufzusuchen und zu finden, die gewisse Aufstände, ja sogar gewisse Massenerhebungen der Völkerschaften gegen uns hervorriefen.

Es besteht oft ein Mißtrauen gegen unsere Absicht, milde zu verfahren, eine instinktive Weigerung, die Anwesenheit der Europäer als Herren zuzulassen. Dieses Mißtrauen und diese Weigerung werden benutzt durch Aufrührer, die den Ehrgeiz oder persönliche Interessen aufreizen. Jene aufs Haupt schlagen und die durch treulose Ratschläge und verleumderische Aussagen Einzelner irregeleitete Masse wieder beruhigen, das ist das ganze Geheimnis einer Friedensstiftung in diesen beiden Zielen

Alles in allem muß jedes behördliche Eingreifen darin bestehen, die brauchbaren ansässigen Elemente zu unterscheiden, und sich zu Nutzen zu machen, die Unbrauchbaren zu neutralisieren oder unschädlich zu machen.

Das besonders brauchbare Element wird vor allem das Volk, die arbeitsame Masse der Bevölkerung, sein, die sich augenblicklich täuschen und fortreißen läßt, aber die es wissen und bald verstehen wird, daß ihre Interessen an unser Glück gebunden sind, wenn man ihr das nur im mindesten begreiflich macht und es sie zu ihrem Vorteil empfinden läßt.

Das besonders schädliche Element besteht aus den rebellischen Häuptlingen, die man isolieren muß, indem man ihr Ansehen durch alle mögliche Mittel zerstört, seien es behördliche oder militärische, durch wiederholte und unabhängige Angriffe bis zu ihrem Verschwinden oder ihrer gänzlichen Unterwerfung.

Es giebt endlich zwei zweifelhafte Elemente.

Der eingeborene Häuptling ist genau zu überwachen, in allen seinen Handlungen zu beaufsichtigen, die oft von einer unsättlichen Habgier und persönlichen Interessen geleitet werden. Welche Übelstände sich auch bei ihm herausstellen, welche Verlegenheiten er uns zu bereiten vermag — es ist im allgemeinen besser, *diesen Schattenkönig zu behalten*, an den der Eingeborene nun einmal gewöhnt ist, und hinter dem wir bequemer manövrieren können. Ein wenig Aufmerksamkeit bei seiner Wahl, etwas Geschicklichkeit, die Eigenliebe und den Ehrgeiz bei ihm zu wecken können ihn manchmal zu einem nicht zu verachtenden Bundesgenossen machen.

Die ganze Gattung der Leute, die ehemals in der Macht waren, und die unsere Anwesenheit ihres Einflusses beraubt, werden, insofern als es sich um politische Elemente handelt, lange noch unter dem Schein der Unterwürfigkeit und Schmeichelei einen Groll verbergen, zu dessen Befriedigung sie unsere kleinsten Schwächen auskundschaften. Eine geschickte Politik und eine kluge Festigkeit werden sie in Respekt halten.

*Zwangsmaßregeln.* *Jede Truppenbewegung nach vorwärts muß die Gesetzeskraft der wirklichen Inbesitznahme des eroberten Gebiets haben. Dieser Grundsatz ist unumschränkt.*

Die kriegerische Maßregel faßt sich zusammen in zwei Formen: in ein langsames und ein schnelles Vorgehen.

Die erste wird am meisten gelobt und ist sicher die wirksamste: sie besteht darin, von Anfang an durch beständige Besatzungen die politischen Hauptstädte in Besitz zu nehmen, ferner die Orte, von wo unsere Gegner ihre Vorräte beziehen, und endlich die Verbindungsstraßen.

Der Rest des Landes wird durch weitere Fortschritte unterworfen, sei es durch kleine militärische Streifzüge, sei es selbst — und dies gilt ganz besonders — durch die um uns gesammelte Bevölkerung, die mit Waffen versehen, durch unsere Fürsorge unterhalten und mit Munition versehen wird. Man benutzt als Stützpunkte die einstweiligen Militärposten, die nach und nach nach vorn geschoben werden zum Zweck fortschreitender Unterwerfung; man stachelt die Eingeborenen an in ihrem Eifer durch leicht zu findende Mittel, durch Nachlaß auf den Preis von Flinten, durch Belohnungen für ausgeführte Unterwerfungen 2c. Man nennt das die *Methode des Schmierens.* Vorwärtsliegendes Terrain kann nur gewonnen werden, nachdem das dahinterliegende vollständig unter Verwaltung gestellt ist. Es sind die unzufriedenen Eingeborenen von gestern, die uns helfen, die uns dazu dienen, die Unzufriedenen von morgen auf unsere Seite zu bringen. Man geht in Sicherheit vor, und der letzte besetzte Posten wird von vornherein ein Beobachtungspunkt, von wo der Kommandant des Bezirks, des Kreises, des Distrikts, die Lage überschaut und prüft, und suchen muß, mit den unbekannten Elementen, die er vor sich hat, in Beziehung zu treten. Indem er sich derer bedient, die sich unterwerfen, bestimmt er neue Orte zur Besetzung und bereitet, mit einem Wort, einen neuen Fortschritt nach vorwärts vor. Das ist die Methode, die Land und Leute am meisten schont, und welche am besten die Unterwerfung dieser neuen Distrikte unter unseren Einfluß vorbereitet.

Sie fordert von Seiten unserer Offiziere mehr als eine seltene Eigenschaft: entschlossenes Vorgehen, Intelligenz und Thätigkeit, um keine Gelegenheit außer Acht zu lassen, in noch unbekannten und nicht unterworfenen Gegenden Fuß zu fassen, Klugheit, Ruhe und Scharfblick, um jeden falschen Schachzug zu vermeiden, der immer einen beträchtlichen Verlust an unserem Ansehen mit sich bringt, und die Gabe, diejenigen Elemente unter den Feinden zu erkennen, die sie benutzen können, um neue Fortschritte herbeizuführen. Die zum Frieden gebrachten Gegenden erhalten sofort eine behördliche Verwaltung; sie werden anfangs gehalten und überwacht von regulären Truppen, dann, wenn genügend Ruhe herrscht, durch die Miliz oder einfach durch bewaffnete Parteigänger; endlich, nach Verschwinden jeder Gefahr, kann und muß man sich die den Völkerschaften geliehenen Waffen zurückgeben lassen, da diese alsdann nichts mehr damit anzufangen wissen.

Die *schnelle Kriegsführung* ist die Ausnahme; sie bedeutet die Kriegsführung mit militärischer Heeresmacht. Sie darf nicht anders in Bewegung gesetzt werden als gegen ganz bestimmte Hindernisse, wo es ein Kraftstück gilt, wie ja Kraft das Charakteristische der Kolonne ist. Ihre Dauer, ohne daß eine besonders schwierige Aufgabe vorliegt, darf drei Monate nicht überschreiten, da darüber hinaus die Truppen ihre Kraft erschöpfen. Die Zusammenstellung dieser Truppen ist verschieden je nach dem gesteckten Ziel; grundsätzlich soll sie, wie man gesehen hat, eine europäische Kerntruppe, verstärkt durch Streitkräfte der Eingeborenen, umfassen, dann, wo es irgend möglich ist, Truppen von Parteigängern, die zwar kein sehr widerstandsfähiges Element bilden, aber zur Aufklärung und zur Verfolgung brauchbar sind, heranziehen.

Die Truppenkolonnen, ich wiederhole es, dürfen nur ganz ausnahmsweise angewendet werden und nur gegen zahlreiche und gefährliche Aufständische, die sich in Schlupfwinkeln und Wäldern verschanzt haben, von wo sie die Sicherheit der benachbarten Gegenden bedrohen und die Unterwerfung und den Gehorsam der noch unentschiedenen Völkerschaften verhindern, die nur die Vernichtung dieser Banden abwarten, um unsere Oberhoheit anzuerkennen. So habe ich mehrere Male in Tonkin vorgehen müssen, um das Land von großen Banden von Seeräubern zu befreien, die es zerstörten und plünderten.

Staatskluges Vorgehen und gewaltsames Vorgehen sind die beiden hauptsächlichsten Triebfedern der *ersten Periode einer Inbesitznahme* und einer *Eroberung*. Wenn ihre Verbindung gelingt, so eröffnet sich gleich eine zweite *Periode, die Periode der Verwaltung*, die sich stützt auf einen *dritten* Träger, die *wirtschaftliche Entwickelung*.

*Wirtschaftliche Entwickelung, Verwaltung.* Je nach dem Maße, wie die friedliche Lage sich befestigt, das Land der Kultur erschlossen wird, die Märkte sich öffnen, nimmt der Handel zu. Die Rolle des Soldaten rückt auf den zweiten Platz, der Administrator kommt auf den ersten. Er muß einerseits die sozialen Bedürfnisse der unterworfenen Völkerschaften studieren, andererseits die Ausdehnung der Kolonisation begünstigen, die die natürlichen Reichtümer des Bodens verwertet, endlich dem europäischen Handel die Absatzwege öffnen.

Es giebt, scheint's, zwei Hauptbedingungen für die wirtschaftliche Entwickelung einer Kolonie, die sich keineswegs widersprechen. Der Eingeborene hat im allgemeinen nur sehr wenig Bedürfnisse. Er lebt in einem Zustand, der von Armut nicht weit entfernt ist, und den es Menschenpflicht ist, zu bessern zu versuchen; aber die neue Art der Lebensführung, die wir ihn annehmen lassen wollen, wird bei ihm Bedürfnisse erwecken, die er noch nicht kannte, und die ihn zum Suchen von Einnahmen nötigen, die er früher nicht hatte und die er nun anderswo finden muß. Er muß also seine Trägheit überwinden und sich entschließen an die Arbeit machen, sei es, indem er das darniederliegende Handwerk hebt, sei es, daß er seine Ackerwirtschaft vergrößert und für diese eine lohnendere Bebauungsart annimmt, sei es, daß er europäischen Kolonisten seine Arbeitskraft leiht.

Es gehört zur Aufgabe der Landesvorgesetzten jeden Distrikts, Gewerbeschulen einzurichten, wo der Eingeborene sich in seinem Handwerk durch Übung und Anwendung derjenigen Hilfsmittel, die uns Erfahrung und Wissenschaft erworben haben, vervollkommnet, und Musterfarmen einzurichten, wo er das Verfahren der ertragreichen Ackerpflege, wie wir sie anwenden, und die er noch nicht kennt, lernen und berechnen kann. Man muß sie ermutigen, ihre nationalen Kunstfertigkeiten wieder aufzunehmen, ihnen die Einrichtung der ersten Werkstätten, die sich errichten lassen, erleichtern und sie nötigenfalls mit Geldmitteln unterstützen; Märkte müssen eingerichtet werden, anfangs frei von allen Abgaben, die erst später und sehr vorsichtig erhoben werden dürfen 2c.

Es wird sich dann unfehlbar eine Steigerung des Reichtums im Lande einstellen und damit als natürliche Folge das Bedürfnis nach Wohlleben, selbst nach Luxus, wovon der europäische Handel Nutzen zieht. Der Handel wird in den neuen Erzeugnissen der von uns hervorgerufenen Thätigkeit Ausfuhrartikel finden, die ihm heute in unseren Kolonien etwas fehlen, und jenen Absatz im Lande, an dem es noch zu oft fehlt.

Es wäre übertrieben, etwa Aufwandsgesetze in Kraft zu setzen, deren Anwendung eine kitzliche Sache ist und deren Absicht unseren Ideen der Freiheit und Gleichheit widerspricht. Aber es besteht kein Hindernis, die uns unterstellten Häuptlinge aufzufordern, unsere Kleidung und unsere Sitten anzunehmen, und ihren Frauen nahezulegen, sich von ihrem Flitterkram, für den sie oft Vorliebe haben, zu befreien, um sich europäisch in Kleidern französischer Herkunft zu kleiden. Die Eitelkeit und der Nachahmungstrieb der Eingeborenen wird in den meisten Fällen sie dazu vermögen, nachzugeben.

Die Ackerbaukolonisierung wird so glücklich sein, Hilfskräfte und Arbeiter zu haben, die nach unserer Methode ausgebildet sind. Wir werden ihr dazu die Wege ebenen, indem wir im voraus den Umfang der Kolonien bestimmen, sie mit allen uns zu Gebote stehenden Mitteln mit Handarbeitern versehen und durch eine weitherzige und wohlverstandene Anwendung der Arbeitsvorschriften, die jede Kolonie nach den Sitten ihrer Einwohner und den Leistungen, die sie von diesen erwartet, abfassen muß.

Allen wird die Arbeit erleichtert werden durch die Kenntnis unserer Sprache, die die Eingeborenen in unseren Schulen zu erwerben haben. Ein gut geleiteter und gut begriffener Unterricht erzieht aus dem Geschlecht, das dem, das die Unterwerfung erlebt hat, folgt, eine Bevölkerung, die uns vollständig ergeben und allen unseren Ideen zugänglich sein wird.

Außerdem müssen die Bezirkskommandanten ihr Amt in möglichst wenig formalistischer Weise führen. Die Verordnungen, besonders für Kolonien und in wissenschaftlichen Fragen, dürfen nur allgemeine Regeln feststellen, vorgesehen für eine Mehrzahl von Fällen, die aber nicht anwendbar sein dürfen für den einzelnen Fall. Unsere Beamten und Offiziere sollen im Namen des gesunden Menschenverstandes die ihnen anvertrauten Interessen verteidigen und nicht sie im Namen der Verordnungen bekämpfen.

(Diese goldene Regel beweist so recht, wie sehr der General Gallieni die Haupteigenschaft des Kolonialoffiziers und des Kolonialbeamten erkannt hat, die

Fähigkeit, gegebenenfalls nicht nach Regeln zu handeln, sondern energisch und selbständig nach den Bedürfnissen des Augenblicks, — bereit, die Verantwortlichkeit, aber auch den Ruhm des Erfolgs auf sich zu nehmen. Es ist ja hübsch bequem und deckt den Rücken, sich ans Reglement von Oben zu halten: aber der Entschluß im gegebenen Moment nach eigener Einsicht zu handeln, muß über der ohne Kenntnis dieser Lage gegebenen Vorschrift stehen. Anm. d. Übersetzers.)

Die Verwaltungsbehörde sollte immer die höchste Initiative den Beamten der höheren Autorität, z. B. dem Gouverneur, überlassen. Diese haben jede Freiheit in der Wahl der Mittel, die anzuwenden sind, aber übernehmen und wahren auch die ganze Verantwortlichkeit für die erreichten Resultate! Indem man ihren Händen die Zivil-, Militär- und Justizmacht anvertraut, stellt man in ihre Machtbefugnis die jedem energischen und intelligenten Gouverneur unentbehrlichen Grundlagen der Schlagfertigkeit.

In militärisch besetzten Territorien teilt ein behutsam vorgehendes Überwachungskommando die kaum zur Ordnung gebrachten Gegenden in beschränkte Bezirke ein. Der Kreisabschnitt (Sektor) wird die arithmetische Einheit des Kommandos. Seine Aufgabe, die Aufgabe des Kreises und der Territorien, deren leitende Thätigkeit auf denselben Mittelpunkt und dasselbe Ziel wie die Anstrengungen der Kommandanten des Kreisabschnitts zusammenführt, ist fast ausschließlich militärischer Natur. Der Soldat zeigt sich zuerst und vor allem als Soldat, als notwendiges Sinnbild der Stärke, um den noch nicht unterworfenen Völkerschaften Furcht einzuflößen. Ist der Friede gesichert, so legt er die Waffen ab und verwandelt sich in einen Verwaltungsbeamten, ohne auf jeden Fall aus dem Auge zu verlieren, daß er sich inmitten von Völkerschaften befindet, die sich noch nicht offen und ehrlich an uns angeschlossen haben, und daß er die ernste Pflicht hat, sie aufmerksam zu überwachen, indem er zu diesem Zweck das moralische Ansehen benutzt, das ihm der Erfolg und die Eroberung verschafft haben.

Diese behördlichen Funktionen erscheinen auf den ersten Blick hin unverträglich mit der Idee, die man sich in gewissen Kreisen vom Militär macht. Es ist dies aber trotzdem die wahre Aufgabe des Kolonialoffiziers und seiner ergebenen intelligenten Mitarbeiter, der Unteroffiziere und Soldaten, die er kommandiert. Es ist auch die schwierigste Aufgabe, diejenige, welche die meiste Hingabe und Anstrengung heischt, diejenige, wo er seine persönlichen Charaktervorzüge entfalten kann: denn zerstören ist nichts, wiederaufbauen ist schwerer.

Übrigens legen ihm schon die Umstände unabweisbar diese Verpflichtungen auf. Ein Land ist noch nicht erobert und zum Frieden gebracht durch ein militärisches Gefecht, das die Einwohner dezimiert und alle Häupter unter dem Schrecken gebeugt hat, den die Maßregeln einflößen, die man genötigt war, anzuwenden. Hat sich der erste Schreck gelegt, so beginnt in der Masse der Gedanke des Aufstands zu keimen, den der durch die brutale Ausübung der Gewalt angesammelte Haß vermehrt und noch wachsen läßt. Auf jeden Fall bleibt im Herzen des Volkes ein instinktives Mißtrauen zurück, das man auf jeden Fall beseitigen muß. Solange dieses Mißtrauen herrscht, ist die Zivilverwaltung verfrüht: der Eroberer allein ist stark genug, um sich Gnadenakte zu erlauben, die das Volk nicht als Schwäche auffaßt, und die es nicht zum Aufstand gegen uns ermuntert. Die Organisation der Militärbezirke ist allein imstande, tief genug den Boden aufzuwühlen, um darin die Saat des Aufstandes zu vernichten, die darin noch bestehen könnte.

Während dieses Zeitraumes fällt den Truppen nur die Rolle einer Polizei zu, die bald auf Spezialtruppen, Miliz und wirkliche Polizei übergehen kann; aber es ist weise, die unerschöpflichen Eigenschaften des französischen Soldaten an Hingebung und Scharfsinn auszunutzen. Als Überwacher der Arbeiter, als Erzieher und Lehrer, als Kunsthandwerker, als Vorgesetzter einer kleinen Militärbesatzung, überall, wo man seine Thatkraft, seine Eigenliebe anrufen kann, zeigt er sich auf der Höhe seiner Thätigkeit. Man muß nicht glauben, daß jene augenblickliche Nachlässigkeit auf dem Manöverplatz einen Rückschluß erlaubt auf den Geist der Disziplin und das Gefühl für soldatische Pflichttreue. Der Soldat der Kolonialtruppen ist gewöhnlich alt genug, um mehrere Male den Exerzierkursus durchgemacht zu haben, und hat nicht mehr groß zu lernen in den Theorien und Feinheiten, in denen man die Rekruten in Frankreich ausbildet. Der Dienst, den man von ihnen verlangt, erfordert im Gegenteil eine sittliche Handlungsweise und körperliche Anstrengung, die verzehnfacht wird durch das Interesse an der Leistung, die ihm anvertraut und übertragen ist.

Außerdem, daß man so den Soldat an unserer Arbeit im Lande interessiert, muß man damit schließen, daß man ihn für das Land selbst gewinnt. Er beobachtet, er überlegt, er berechnet sich selbst oft im Augenblick seiner Entlassung seinen Nutzen und entscheidet sich, einen Winkel des Bodens in seinen Besitz zu ziehen, der Kolonie den Nutzen seines Gewerbes zukommen zu lassen und ihr, mit einem Wort, seine Hingebung und seinen guten Willen zu widmen. So wird er einer der wichtigsten Träger der kleinen Kolonisation, völlig unentbehrlich der großen. In allen inneren Kolonien wurden in diesem Sinne von Soldaten Anträge eingebracht. Man soll dies begünstigen und ermutigen.

Das sind, kurz zusammengefaßt, die Grundsätze, die mich immer geleitet haben; diese Methode hat ihre Proben bestanden im Sudan, in Tonkin und in Madagaskar. Es ist meiner Ansicht nach diejenige, welche aus jedem seine beste Kraft herausholt und den Stolz des letzten Soldaten entflammt, dem sie eine Aufgabe anvertraut und eine Verantwortung überläßt.

# Die Entwickelung des Kamerun-Schutzgebietes unter der deutschen Schutzherrschaft.

Von A. von Uslar, Landrat.

## IV.

Von allen in Viktoria erprobten Kulturen berechtigt der Kakao zu den größten Erwartungen. Die Erfahrung hat gelehrt, daß gerade für diese Frucht, welche längst nicht in allen tropischen Plantagengebieten gedeiht, hier besonders günstige Entwickelungsbedingungen vorhanden sind. Dabei bleiben die Kakaobestände von Krankheiten fast ganz frei; nur vorübergehend hat ein Wurzelpilz einzelne Pflanzungen geschädigt. Dementsprechend sind die Kakaofelder und -Versuche der Regierungsplantage besonders ausgedehnt. Von den zahlreichen eingeführten afrikanischen, asiatischen und amerikanischen Kakaoarten zeigen die Trinidad-Sorten (Criollo, Forastero) das rascheste Wachstum, Sao Thomé und Venezuela wachsen ebenfalls so üppig, daß z. B. an einem dreijährigen Sao Thomé-Baume schon 338 gut entwickelte Früchte gezählt werden konnten. Ceylon-Kakao hat teilweise schon nach zwei Jahren Frucht getragen; Caracas- und Surinam-Kakao scheinen am laugsamsten zu wachsen. Sämtliche gepflanzten Kakaovarietäten zeigen ausnahmslos ein üppiges und vorzügliches Gedeihen. Insbesondere geben die edlen Sorten (Soconusco, Guayaquil, Criollo, Forastero) schöne Ernten. Schwierig ist es, die einzelnen Arten rein zu erhalten; gerade die letztgenannten Spielarten haben große Neigung, sich mit anderen zu vermischen, während z. B. die in Viktoria seit Jahren gezüchtete Spielart La Guayra, Maracaibo, Caracas al. sehr konstant sind.

Die Kakaoernten des Gartens stiegen von Jahr zu Jahr, sodaß außer den im Gebiet verteilten Mengen zur Verschiffung gelangten:

1895 = 3101 kg.
1896 = 3950 „
1897 = 9140 „

1898 betrug der Erlös des in Hamburg verkauften Kakaos 13610,50 Mark.

Die Versuche, eine schnellwachsende, volltragende, widerstandsfähige Art mit großen Früchten, dünner Fruchtschale und runden vollen Bohnen von gutem Geschmack und Aroma zu erzielen, werden fortgesetzt. Namentlich sollen die Methoden einer sachgemäßen Aufbereitung der Ernten sowie die rechten Gährungs- und Trockeneinrichtungen studiert werden, da diese noch nicht genügend bekannt sind, und diese Umstände es vielleicht verschulden, daß der Kamerun-Kakao einen herben und strengen Geschmack hat, welcher ihn ohne Beimischung von anderem Kakao z. B. zur Bereitung von Kakaopulver ungeeignet macht. Es wäre dringend zu wünschen, daß für diese wichtigen Aufgaben die nötigen Mittel bald bereitgestellt würden. Am schnellsten und befriedigendsten würden sie voraussichtlich gelöst werden, wenn in den ältesten Kakaoländern, in Mittel- und Südamerika, die dort üblichen Gährungs- und Trockenmethoden, die betreffenden Einrichtungen u. s. w. an Ort und Stelle von Fachmännern studiert werden könnten.*)

Außer mit dem Kakao beschäftigen sich die Versuche des Gartens bisher vor allem mit dem Kaffeebau. Der Kaffee kommt in zwei Sorten

*) Anmerk. Inzwischen hat Dr. Preuß diese Studienreise angetreten.

welche einen stark aromatischen Geschmack haben sollen, auf der Ostseite des Gebirges wild vor; er findet also von Natur die Bedingungen seines Wachstums vor. Beide Sorten werden im Garten veredelt. Außerdem werden arabischer und liberischer Kaffee, daneben auch Kaffee von den Blaubergen auf Jamaika und Maragogipe gezogen. Während letzterer zu wenig Früchte trägt, um für den Anbau lohnend zu sein, liefern Jamaika und arabischer Kaffee zwar eine reiche Ernte eines in Geschmack und Aroma sehr guten Produkts, jedoch sind die Bohnen von so ungleicher Größe und Farbe, daß sie nur niedrige Preise erzielen. Als Ursache sieht man die niedere, den Bäumen nicht zusagende Lage an. Der arabische Kaffee leidet zudem hier, wie z. B. auch in Engelberg, außerordentlich unter dem Kaffeekäfer. Da dieser vorzüglich die am wenigsten beschatteten und am trockensten stehenden Kaffeebäume befällt, so will man umfassende Versuche machen, ob sich durch ein reichliches Beschatten der Bäume, das sich anderwärts dem indischen Kaffeebohrer gegenüber bewährt hat, ein wirksamer Schutz gegen diesen Schädling bewirken läßt.

Der Liberia-Kaffee zeitigt reichliche Frucht mit gut aussehenden und schmeckenden Bohnen. Er hat aber hier die Neigung, stark ins Holz zu schießen und taube Früchte zu bringen, leidet auch in der Regenzeit an Schimmelpilzen.

Befriedigen hier die Anbauversuche in Kaffee nicht und lassen die Kultur desselben in den niederen Lagen des Gebirges als nicht lohnend erscheinen, so gedeiht der Kaffee, sobald man ihm tiefgründigeres Terrain in höheren Lagen anweist, sehr gut, sodaß man hier auf ähnliche Verhältnisse wie in Sao Thomé hoffen darf, wo der nahe der Küste gezogene Kaffee ebenfalls wenig befriedigt, während in den höheren Lagen das bekannte weltberühmte Produkt gewonnen wird.*)

Die dritte der großen tropischen Kulturen, der Tabak, wird im botanischen Garten nicht erprobt; die Versuche in Bibundi, wo Surinam- und Havana-Tabak angepflanzt worden sind, haben gelehrt, daß seinem Anbau nichts entgegensteht. Beide Sorten haben gute Ernten gegeben, die im Geschmack an Sumatra-Tabak erinnerten, übrigens ein feines elastisches Blatt mit zarten Rippen hatten. Dennoch ist dem Tabaksbau hier voraussichtlich keine größere Zukunft beschieden, da der Kakaobau lohnender und sicherer ist. Möglicherweise wird er an anderen Orten im Innern seine Stätte finden. Im Viktoriabezirk litt der Tabak teilweise (Kriegsschiffshafen) unter Insektenstichen, sodaß sein Anbau zeitweise aufgegeben werden mußte.

Der Theestrauch, sowohl der Assam- wie der chinesische Thee, wollen im Regierungsgarten des niedrig gelegenen Viktoria nicht gut gedeihen, dagegen zeigen sie in Buea ein derart erfreuliches Wachstum, daß hier alsbald ca. 300 Sträucher versuchsweise angepflanzt sind.

Dagegen gedeiht die Vanille in Viktoria vorzüglich. Seit 1895, wo die ersten Schoten geerntet worden sind, waren die Erträge gleichmäßig befriedigend. 1897 hatten einzelne Ranken 60 bis 80 vollkommen ausgewachsene Schoten. Die von den Firmen Brückner, Lampe & Cie. (Berlin) und Mex & Cie. (Berlin) eingeholten Gutachten stimmen darin überein, daß Farbe, Geruch und äußeres Ansehen dieser Vanille sie als von guter Qualität, ähnlich der Bourbon-Vanille, erscheinen lassen ohne deshalb Anspruch auf besondere Feinheit machen zu können; denn dazu müßten die Schoten fetter, voller und feinhäutiger sein. Nach beiden Richtungen hin werden

*) Im letzten Jahre hat der Wurzelkäfer die meisten Kaffeeanpflanzungen zum Eingehen oder Kränkeln gebracht.

Züchtungsversuche angestellt. Von Schädlingen der Vanille ist eine kleine schwarze Ameisenart beobachtet worden. Noch wichtiger sind die Hoffnungen, welche die bisherigen Resultate für die Einführung des Zimtbaues auf den Plantagen erwecken. Der Ceylon-Zimt, welcher in drei Varietäten gezogen wird, hat ein so gutes Produkt geliefert, daß man hofft, bei weiterer Züchtung eine der Ceylon-Ware nicht nachstehende Qualität zu erzielen. Es wäre das ein um so größerer Erfolg, als Zimt stets stark begehrt und gut bezahlt wird.

Ebenso wurde der nach Europa geschickte Kardamom sehr günstig beurteilt und hoch bewertet, nämlich 800 Mark per 100 kg, doch scheint er nicht genügend reichliche Frucht zu tragen. Lohnender als seine Kultur verspricht die des Malaguetta-Pfeffers zu sein, der sehr reichliche Ernten bringt. Dagegen liefert der schwarze Pfeffer bei vortrefflichem Gedeihen verhältnismäßig nur spärliche Erträge. Ein Gutachten der Firma Bassermann und Herrschel (Mannheim) nennt die Qualität sehr gut und schön.

Der Ingwer, namentlich Jamaika-Ingwer, gedeiht gut und bringt reichliche Erträge, zeigt aber eine starke Neigung zu degenerieren.

Die Versuche mit Muskatnüssen, Gewürznelken u. s. w., die üppiges und gesundes Wachstum zeigen, sind für annähernd begründete Urteile noch nicht genügend weit vorgeschritten.

Es soll hier nun nicht weiter auf die verschiedenen andern Versuche, welche im Garten zum Teil mit großem Erfolge angestellt werden, eingegangen werden. Das Verzeichnis der 1898 im botanischen Garten gezogenen verschiedenen Pflanzen weist 127 Nummern auf. Wichtiger sind von diesen die verschiedenen, gut entwickelten Kautschukpflanzen, namentlich die Kickxia africana, an deren Kultur man große Hoffnungen knüpft, der Edelbambus, die verschiedenen Palmen und andere, namentlich die zahlreichen, durch Vermittelung des Berliner botanischen Gartens bezogenen Medizinalpflanzen. Ein endgiltiges Urteil über die meisten dieser Kulturen wird erst später möglich werden; daß sie zum Teil viel versprechen, wird auch aus diesen Andeutungen hervorgehen. Für Kakao, Kaffee und Tabak ist dies sicher nachgewiesen, da sie seit Jahren in größerem Umfange angebaut werden. Für Vanille und Kardamom werden ebenfalls bald erschöpfende Urteile vorliegen können, da erstere z. B. in Bibundi, letzterer auf Soppo schon angebaut wird.

Im Juni 1898 waren im Viktoriabezirk insgesamt mit Kakao, Kaffee und Tabak bepflanzt 1300 ha; neu bepflanzt wurden seit dem Juni 1897 = 715 ha.

Es waren bestanden mit Kakao Ende

| | 1896 | | | 1897 | | | 1898 | | |
|---|---|---|---|---|---|---|---|---|---|
| | ha | Bäume | Ernte Ztr. | ha | Bäume | Ernte Ztr. | ha | Bäume | Ernte Ztr. |
| Kriegsschiffhafen N'Bamba | 350 | 140 000 | 2 000 | 408 | 173 200 | 2 500 | | | |
| Bibundi | 105 | 72 000 | 390 | 215 | 107 600 | 550 | | | |
| Isonge | 14 | 7 200 | — | 15 | 12 400 | — | | | |
| Mokundange | 12 | 3 600 | | 69 | 26 200 | — | | | |
| Debundscha | 47 | 45 000 | 205 | 59 | 51 000 | 230 | | Ende Juni | |
| Viktoria | ? | | — | ? | | - | 715 | 285 000 | — |

Diese Zahlen werden bald steigen; denn Kriegsschiffhafen sowie N'Bamba gedenkt seine Pflanzungen im Umfange der verflossenen Jahre auszudehnen. Für das Jahr 1898 hatten

| | | | |
|---|---|---|---|
| Bibundi | = 100 ha | Isongo | = 30 ha |
| Mokundange | = 50 „ | Debundja | = 11 „ |

zur weiteren Bepflanzung mit Kakao bestimmt. Auf den Plantagen der Bibundi-Gesellschaft sollen (nach Reuber) bis 1901 (inkl.) 822 000 Bäume stehen, während die Viktoria-Gesellschaft gar 1 500 000 Bäume bis dahin pflanzen will. Erscheinen diese Zahlen auch etwas hoch bemessen, so arbeitet doch die Viktoria-Gesellschaft mit einer solchen Energie, daß sie Mitte vorigen Jahres (1898) bereits in

| | |
|---|---|
| Viktoria | 147 000 |
| Limbe | 111 000 |
| Boana | 27 000 |

in Summa 285 000 Kakaobäume auf 715 ha stehen hatte, von denen ca 11 000, welche von Eingeborenen früher gepflanzt waren, seit 1898 zu tragen beginnen.*)

Von den übrigen Kakaofarmen hat Bongé ca 15 000, Lobethal (Sannaga) 3000 Bäume, welch letztere im Jahre 1898 1,30 Ctr. Kakao lieferten, auch Marienberg (Sannaga) erntet schon ein. Der Kakaogesamtexport des Gebietes betrug (nach der oben gegebenen Tabelle)

| | | | |
|---|---|---|---|
| 1893/94 | = 110 905 kg | = 138 239 | Mk. |
| 1894/95 | = 120 000 „ | = 111 643 | „ |
| 1895/96 | = 133 126 „ | = 126 317 | „ |
| 1896/97 | = 169 083 „ | = 162 160 | „ |
| 1897/98 | = 208 585 „ | = 239 895 | „ |
| 1898/99 | = 245 876 „ | 313 114 | „ |

Nicht in demselben Umfange hat sich der Kaffeebau der Plantagen entwickelt; am Kamerungebirge muß eben hinter dem Kakao einstweilen alles andere zurückstehen. Es gab 1895 in

| | | |
|---|---|---|
| Kriegsschiffhafen | 7 416 | Kaffeebäume |
| N'Bamba | 11 674 | „ |
| Bot. Garten Viktoria | 10 500 | „ |
| Kribi | 2 000 | „ |
| Insgesamt: | 31 590 | „ |

Kriegsschiffhafen N'Bamba haben den Kaffeebau im größeren Maßstabe einstweilen eingestellt. Bibundi und Debundja haben kleinere Bestände angepflanzt. Soppo hatte 1897 = 200 000 Kaffeebäume, auch die Viktoria-Gesellschaft wird auf ihren höher gelegenen Terrains etwas Kaffee bauen, Kribi und Engelberg hatten 1897 je 30 000 Stück Kaffeebäume, doch stellte Engelberg infolge der Schädigungen durch den Kaffeekäfer seine Kaffeepflanzungen ein und baut statt dessen ausschließlich Kakao.

Daß die Kaffeepflanzungen sich in nächster Zeit ausdehnen werden, erscheint fraglich. Abgesehen von den Verheerungen durch den Wurzelkäfer sind die Kaffee-

*) Anmerk. Juni 1899 waren von der Gesamtanbaufläche am Kamerungebirge (= 2500 ha) 2200 ha mit Kakao bepflanzt. Die drei älteren Plantagen verschifften zusammen 1898/99 etwa 1900 Doppelzentner Kakao.

2

preise augenblicklich zu niedrig, als daß Kaffeeplantagen eine gute Rente geben könnten. Liberiakaffee war bei meiner Anwesenheit in Monrovia (Liberia) für Mk. 25 pro Ztr. loco zu haben, während sich die Selbstkosten in Kamerun auf etwa 60 Mk. belaufen. Der beste Kaffee aber nützt den Pflanzern nichts, wenn er sich nicht bezahlt macht.

Der Tabak, das zuerst von allen tropischen Kulturen im Gebiete eingeführte Nutzgewächs, wird heute nur noch in Bibundi angebaut, wo 1897 = 10 ha damit bepflanzt waren, welche 45 Ztr. Ernteertrag geliefert hatten. Von früheren Ernten hatte bei einer Anbaufläche von 18 ha das Jahr 1893/94 = 110 Ztr. Surinam-Tabak, 1894/95 = 60 Ztr. Havana-Tabak gebracht. Augenblicklich wird der Versuch einer großen Tabakanpflanzung, deren Ertrag auf etwa 1000 Zentner veranschlagt ist, unternommen.

Daß die genannten Plantagen mit verschwindenden Ausnahmen unter sehr sachkundiger Leitung stehen, vorzüglich gehalten sind und durch das fröhliche Wachstum ihrer Bestände den Beschauer erfreuen, habe ich schon in meinem Bericht über den Plantagenbau am Kamerungebirge (Deutsche Kolonial-Zeitung 1898 Nr. 29) hervorgehoben. Ich kann nur bestätigen, was frühere Besucher ausgesprochen haben. Wir haben dort im allgemeinen Musterbetriebe tropischer Agrikultur, und die sich trotz ihrer Jugend den besten Kakaoplantagen an die Seite stellen können, die in absehbarer Zeit erhebliche Dividenden abwerfen werden.*) Allerdings werden die Pflanzer darauf sehen müssen, ein tadelloses, konkurrenzfähiges Produkt zu erzielen, was hier nach dem Urteile Sachverständiger wohl zu erreichen ist, wenngleich die Qualität des Kamerun Kakaos derjenigen der Caracassorte zur Zeit noch nicht ebenbürtig ist. Daß insbesondere auch die Gährungs- und Trockenmethoden weiterer Vervollkommnung bedürfen, ist schon oben angedeutet worden.

Im allgemeinen arbeiten die Plantagen unter günstigen wirtschaftlichen Bedingungen. Sie können ihre Ernten infolge ihrer Lage am Meere, wie gesagt, billig verfrachten, und auch diejenigen Plantagen, welche später landeinwärts und in Bakossi gegründet werden sollten, würden in der Wasserverbindung über den Mungo, Wuri und Dibombe günstige Transportverhältnisse finden. Die Frage des Landerwerbs ist ebenfalls sehr glücklich gelöst, indem alles herrenlose Land als Kronland von dem Gouvernement verkauft wird. Dasselbe berechnet das Terrain längs der Küste mit 5 Mark pro 1 ha; landeinwärts wird sich der Preis auf etwa 3 Mark stellen. Bei der Überlassung von Kronland behält sie genügende Landflächen für die Eingeborenen vor, wo diese, falls sie ihre von den Plantagen umschlossenen Besitzungen verkaufen, genügend Land zur Ansiedelung finden. Des weiteren besteht die Bestimmung, daß bei der Kultivierung mindestens ein Drittel der in Angriff genommenen Fläche mit Wald bestanden bleiben muß, um den Pflanzungen den nötigen Windschutz und Regenfall zu sichern.

Rücksichtlich der Größe der zu erwerbenden Besitzungen legt das Gouvernement den Plantagen keine Beschränkungen auf. Die Kolonialgeschichte anderer Länder lehrt, daß auch hier dasselbe wie bei der europäischen Landwirtschaft gilt, daß die Bildung riesiger Latifundien die Entwickelung der Länder nicht fördert, sondern hemmt. Damit soll natürlich nicht ausgeschlossen sein, daß die einzelnen Plantagen

*) Anmerk. Die Kamerun-Land- und Plantagen-Gesellschaft verteilte i. J. 1898/99 eine Dividende von 6 % d. H.

Hand in Hand arbeiten. Vielmehr ist es im Interesse einer gesunden, wirtschaftlichen Entwickelung derselben nur gutzuheißen, daß dieselben von vornherein ein Zusammenarbeiten an Stelle des Konkurrenzkampfes beschlossen haben, was sich unter anderem in der Aufstellung des Arbeitsplanes kundgethan hat, wodurch die Gefahr eines plötzlich entstehenden, drückenden Arbeitermangels und damit eines ungesunden Anwachsens der Arbeitslöhne glücklich vermieden ist. Aus demselben Grunde beabsichtigt das Gouvernement weiteres Plantagenland am Kamerungebirge einstweilen nicht zu verkaufen.

Die Kosten, welche eine Plantage verursacht, sind natürlich je nach der Beschaffenheit des Terrains und der Art der Kultur verschieden. Greift man hoch, so belaufen sich die Kosten für das Hektar folgendermaßen:

Rodung und Bepflanzung (Kakao) . . . . . . . . . . . . . 750 Mk.
Jährliche Bearbeitung des Bodens und Nachpflanzung . . . . 500 „

Die Gesamtkosten bis zur Ertragsfähigkeit belaufen sich für das Hektar auf etwa 2500 Mark. Der Anbau des Kakao ist die kostspieligste unter den drei großen tropischen Kulturen. Daher stellen auch die genannten Plantagen große Kapitalien dar. Die Viktoria-Gesellschaft besitzt ein Grundkapital von 2½ Millionen Mark, die Bibundi-Gesellschaft von 1½ Millionen, die Moliwe-Gesellschaft von 1 Million Mark. Als Mindestkapital zur Schaffung einer rentablen Plantage werden 150000 bis 200000 Mark angesehen; kleinere Kapitalien reichen nicht aus, da sich Kakaokulturen i. a. erst vom fünften Jahre an bezahlt machen. Daß trotz der hohen Unterhaltungskosten sich die Kakaoplantagen rentieren werden, zeigen die Erfahrungen der drei älteren Plantagen, die z. B. 1898/99 je nach dem Alter ihrer Anpflanzungen auf 1 ha tragenden Kakaos 670 bis 1200 kg im Durchschnitt erzielten. Die Gewinne werden sich um so eher vermehren, je mehr es gelingen wird, an Stelle der teuren Kru-Leute, welche mit 250—300 Mark jährlich bezahlt werden, die billigeren Arbeitskräfte der Eingeborenen heranzuziehen, die mit höchstens 200 Mark bezahlt werden.

Als Beispiel, wie der Wert der Pflanzungen bei sachgemäßer Behandlung steigen kann, gebe ich (nach Reuber) folgende Zahlen. Die Pflanzung Monte Café auf der Kamerun benachbarten Insel Sao Thomé, seit 1879 unter der Leitung des oben genannten früheren Konsuls Spengler stehend, wurde 1876 für 350000 Mark angekauft. Unlängst wurden für diese von einem belgischen Konsortium 5000000 Mark geboten. Der Durchschnittsertrag dieser Pflanzung in den letzten zehn Jahren überschritt 500000 Mark. Das Jahr 1895 brachte eine Kakao-, Kaffee- und Chinarinde-Ernte von 800000 Mark Brutto-Ertrag. Dabei ist die 800 Arbeiter beschäftigende Plantage noch in der Entwickelung begriffen, und ihr Gelände noch längst nicht voll ausgenutzt.

Die Insel Sao Thomé, auf welcher 1822 die ersten Pflanzungen angelegt wurden, exportierte im Jahre

| | Kaffee | Kakao | | Werth |
|---|---|---|---|---|
| 1869: | 2081712 kg | 30867 kg | = Sa. | 1000000 Mk. |
| 1895: | 2960651 „ | 5670000 „ | = „ | 13350000 „ |

Von welchem Einfluß aber dieser Plantagenbau für die wirtschaftlichen Verhältnisse der Insel ist, erhellt daraus, daß der Import sich bezifferte im Jahre

1869 = 600 000 Mk.
1895 = 5 050 000 „

Während früher als Norm des Preises für ein Hektar Urwald 60—80 Mark galten, wird dasselbe jetzt mit 180—200 Mark bezahlt.

Die staatlichen Einnahmen der portugiesischen Kolonie São Thomé-Principe betrugen

1894/95 = 291 Contos
1895/96 = 341 „
1896/97 = 348 „ (1 Conto = 3000 Mk.). Für
1898/99 werden sie nach dem Etat geschätzt auf 356 Contos, denen Ausgaben im Betrage von 290 Contos gegenüberstehen.

Erfolge, welche in St. Thomé unter portugiesischer Herrschaft möglich gewesen sind, können auch in der deutschen Kolonie Kamerun erreicht werden, da die natürlichen Voraussetzungen nach dem Urteile der Fachmänner und den Erfahrungen der Praxis dieselben sind.

## Die Erziehung der Eingeborenen.

In einem Erlasse des Reichskanzlers vom 25. März 1895 betreffend das Verhalten der Beamten und Offiziere in den Schutzgebieten heißt es unter anderem: Aufgabe (der Beamten, Offiziere und Untergebenen) ist es, den deutschen und sonstigen Europäern in der Ausübung ihres Berufes und Gewerbes mit Wohlwollen entgegenzukommen und sie zu unterstützen, weil die Förderung der wirtschaftlichen Verhältnisse den vornehmsten Teil jener dienstlichen Thätigkeit bildet. Sodann haben die christlichen Missionsgesellschaften bei ihrer segensreichen und für die kulturelle Entwickelung der Schutzgebiete unentbehrlichen Thätigkeit einen Anspruch auf die weitgehendste amtliche Unterstützung. Endlich darf jeder im Dienst der Kolonie stehende Beamte und Offizier niemals außer Acht lassen, daß auch er zu seinem Teil berufen ist, an der Erziehung der Eingeborenen zu Christentum, Kultur und Arbeit beizutragen.

Neben die wirtschaftliche Arbeit tritt die Kulturarbeit im engeren Sinn, die Erziehung der Eingeborenen zu europäischer Zivilisation.

Am längsten ist an diesem Werke die Mission thätig. Seit 1848 arbeitete die englische Baptist Missionary Society im Gebiete. Unter ihren Missionaren ist Saker der bekannteste geworden. Als das Kamerun-Gebiet deutsch wurde, hatte diese Mission in demselben zehn Stationen, von denen Viktoria und Kamerun mit je einem englischen Prediger besetzt waren. Ihre politischen Intriguen und Machenschaften gegen die deutsche Schutzherrschaft machten ihr Ausscheiden aus der Kolonie wünschenswert, zumal es ihnen an kulturellen Erfolgen fast gänzlich fehlte. Daher wurde ihr Arbeitsgebiet 1886 von der Basler Missionsgesellschaft übernommen, welche Juni 1899 auf 9 Hauptstationen und 129 Außenplätzen mit 21 ordinierten Missionaren und 145 schwarzen Lehrern arbeitete. Diese 9 Hauptstationen sind Bonaku, Bonaberi (Kamerun), Mangamba, Nyasoso, Bombe, Lobethal, Edea, Viktoria, Buea. Leiter der Mission ist H. Bohner. Ihre Gemeinde hatte Juni 1899 2050 Gemeindemitglieder. Außer dem Bekehrungswerk pflegt die Gesellschaft den Jugend unterricht: Juni 1899 belief sich die Zahl ihrer Schüler auf 3278. Die schwarzen Lehrgehilfen werden in den Mittelschulen zu Bonaberi, Lobethal und Buea und darnach im Seminar zu Buea ausgebildet. Die Zahl dieser Zöglinge betrug 1897 158. Außerdem besitzt die Mission eine Tischlerschule und eine Erziehungsanstalt in Bonaku, Farmen in Viktoria, Buea, Nyasoso und Lobethal, auf denen die Knaben arbeiten, eine Handlung in Kamerun und ein Sanatorium in Buea. Die Gesamtkosten des Missionsbetriebes in Kamerun beziffert die Gesellschaft für 1897 auf 171 382 Mark.

Neben ihr arbeitet unter Leitung des Missionars Hofmeister die Baptisten-Mission auf 52 Stationen (1899) mit etwa 700 Mitgliedern. Sie beabsichtigt, den Schwerpunkt ihrer Bekehrungsarbeit hauptsächlich ins Innere zu verlegen. Auch sie beschäftigt sich nachdrücklich mit der Kindererziehung. In den mit jeder Station verbundenen Schulen empfingen (1897) 1275 Kinder Unterricht. In Bonaku haben sie eine achtklassige, (1897) von 295 Schülern und Schülerinnen besuchte deutsche Schule mit sechsjährigem Kursus. In den drei ersten Jahren wird Duala, in den drei nächsten nur deutscher Unterricht erteilt werden. Das nötige Lehrerpersonal wird in der Anstalt für Lehrerzöglinge herangebildet. Letztere, 20 an der Zahl (1897), erhalten freie Station, müssen dafür aber täglich drei Stunden lang Feld- und Erdarbeit thun. Die Mädchen erhalten Handarbeitsunterricht durch eine Diakonissin. Die Gesellschaft hat einen Missionsarzt angestellt, neuerdings auch eine Handlung eröffnet.

Im Südbezirke ist seit 1890 die amerikanische Presbyterianer-Mission mit 6 Pastoren und 4 Ärzten auf den 4 Stationen Batanga, Efulen, Elat und Lolodorf am Werke. Unterstützt von 13 eingeborenen Helfern, hat sie in 3 Gemeinden und 6 Predigtplätzen 748 Mitglieder und 645 Sonntagsschüler gesammelt. In ihren 8 Schulen empfangen etwa 400 Kinder Unterricht. Garten- und Farmarbeit, sowie Nähunterricht werden gepflegt. Die Helfer werden in der theologischen Schule zu Batanga erzogen. Sehr segensreich wirkt diese Missionsgesellschaft durch die Thätigkeit ihrer Ärzte.

Das Prinzip der Arbeit an der Jugend wird auch besonders von der katholischen Mission der Pallottiner angewendet. Unter den (1899) in ihrem Dienste auf den 5 Stationen Engelberg, Edea, Marienberg, Kribi-Buambe und Kamerun thätigen 34 Europäern sind 7 Priester, 15 Missionsschwestern und 18 Laienbrüder; Leiter ist der apostolische Präfekt Vieter. Getauft wurden seit Beginn der Missionsarbeit im Jahre 1890 bis Mitte 1899 etwa 2053 Personen; die Zahl der Schüler beläuft sich auf ca. 2000. Die Mission, welche übrigens in Engelberg ein Sanatorium besitzt, unterrichtet die Kinder auch praktisch in der Tischlerei, Schneiderei, Schusterei, Maurerei, im Kochen und Waschen. Andere werden als Schmiede oder Blecharbeiter oder auf den Farmen beschäftigt.

Eigentümlich ist der katholischen Mission die Einrichtung der Missionskinder. So werden z. Z. in Marienberg 90, in Edea 40, in Kribi gegen 100 Kinder, Knaben und Mädchen auf Kosten der Mission erzogen. Andererseits umgiebt sie jede Station mit einer Reihe von Dorfschulen, die von Eingeborenen geleitet werden. Die Lehrer werden in der dreiklassigen Schule zu Edea herangebildet.

Die Regierungsschulen in Kamerun und Viktoria waren (1899) insgesamt von 197 Kindern besucht. Die Fortbildungsschule besuchten (1896) 6 Schüler. Auch die

Regierungsschüler werden in der schulfreien Zeit möglichst zu Arbeiten auf dem Friedhofe, bei Wegebauten u. s. w. angehalten, wodurch sie sich teilweise ihren Unterhalt verdienen. Über die Erfolge der Unterrichtsarbeit sprechen sich die Missions- und Regierungsschulen befriedigt aus, wenngleich es im einzelnen, namentlich in Kamerun, an Mißerfolgen nicht fehlt. Der Andrang zum Unterricht ist überall groß, der Schulbesuch, namentlich in den Regierungsschulen, ein regelmäßiger. Die Examina befriedigten. Von den Regierungsschülern konnten bereits mehrere als Post-, Telegraphen- und Zoll-Hilfsbeamte, als Schreiber und Dolmetscher angestellt werden. Zwei, Sengu Ano und Richard Dibume, arbeiten als Hilfslehrer an den Regierungsschulen. Auch die Handwerkerschulen sind mit ihren Erfolgen zufrieden; namentlich die Dualla zeigen Veranlagung für das Handwerk. In der Maschinenwerkstätte zu Kamerun arbeiten ihrer mehrere bereits als Handwerker.

Immerhin darf nicht übersehen werden, daß diese Erfolge bisher nur geringe, um nicht zu sagen vereinzelte, sind; aber als Maßstab für die Beurteilung der künftigen Entwickelung sind sie wertvoll und willkommen. Vor allem ist es erfreulich, daß die Missionen, im Gegensatz zu den früher hier arbeitenden englischen Missionaren, den Wert der Erziehung der Eingeborenen zur Arbeit erkannt haben. Die katholische Mission hat unbedingt Recht, wenn sie sagt: „Den Neger zur Arbeit heranzubilden, das wird und muß unser stetes Prinzip der Erziehung auch hier sein; dann erst wird er ein tüchtiger Mensch werden, der getreu die Pflichten eines Christen erfüllt“. Ähnliche Grundsätze spricht die Basler Mission in ihrem Jahresberichte für 1897 aus, wo es heißt: „Die Hauptaufgabe in den nächsten Jahren muß die innere Vertiefung sein, vor allem durch reifliche Unterweisung im Worte Gottes, dann aber durch Hebung des Schulwesens, Heranziehung gründlich gebildeter eingeborener Mitarbeiter, Erziehung auch des weiblichen Geschlechts“. Auch hier wird sich die Wahrheit als die methodisch richtigste beweisen, daß, wer die Jugend hat, auch die Zukunft habe.

Freilich wird das vielfach bestritten, soweit es die Schwarzen betrifft. Man verweist auf die Grausamkeit, Wildheit und Zügellosigkeit der Eingeborenen einerseits, auf die zerfahrenen Zustände der christlichen Negerstaaten in Liberia und Westindien andererseits, um die Unmöglichkeit und Schädlichkeit aller zivilisatorischen Erziehungsarbeit darzuthun. Der Neger ist nicht kulturfähig, das ist ein Urteil, dem man an der Westküste Afrikas immer wieder begegnet. Allein wenn die Bevölkerung jener christlichen Negerstaaten das Bild des Rückschritts und der wachsenden Verkommenheit zeigen, so hat das seinen Grund darin, daß man sie entweder völlig falsch nach denselben Grundsätzen erzogen hat, nach denen man den Europäer erzieht, oder daß man sie zu schnell, d. h. bevor sie sich die europäische Kultur wirklich angeeignet hatten, selbständige staatliche Existenz erlangen ließ oder erlangen lassen mußte. Darauf kommt eben alles an, wie man erzieht, und welches Ziel man erstrebt. In dieser Hinsicht sind auch in Kamerun anfangs Fehler gemacht worden, namentlich was die Erziehung der Kameruner in Europa anlangt. Diese ist fast immer schädigend, weckt die natürliche Eitelkeit und Selbstüberschätzung der Neger und macht sie für eine wirkliche Erziehung meist unbrauchbar, indem sie ihre Fehler übertüncht, aber nicht bricht. Unser Erziehungsziel muß auf lange Zeiten hinaus dasjenige sein, eine ehrliche zuverlässige Arbeiterbevölkerung, fleißige Bauern, Fischer und Handwerker, brauchbare Hilfskräfte für den Handel, den Missions- und Regierungsdienst zu erziehen. Das genügt vollkommen; mehr wäre durchschnittlich vom Übel. Dieses Ziel aber halte ich für sicher erreichbar. Der Eingeborene des Gebiets ist längst nicht so unbildsam, wie man gewöhnlich annimmt. Die Erfolge, die das Gouvernement betreffs der Sklavenfrage im Küstengebiet gehabt hat, wo sich die Eingeborenen überraschend schnell an europäische Begriffe gewöhnt haben, sodaß es eine Sklavenfrage hier im Grunde nicht mehr giebt, das Eindringen deutscher Rechtsbegriffe, das hier und da schon in den Erkenntnissen der Häuptlinge und Schiedsgerichte sich zu zeigen beginnt, die erhöhte Sicherheit, das Zurückgehen der Morde und der Menschenopfer bei Todesfällen unter den Häuptlingen infolge der konsequenten, rigorosen Ahndung derselben durch das Gouvernement, die Durchführung der Wegebesserungspflicht, die Thatsache, daß selbst die faulen Duallas sich zum Wegebau zu bequemen anfangen, alles das spricht für diese Überzeugung. Thatsächlich sind in den letzten Jahren an den Ufern des Mungo z. B. große Feldwirtschaften der Eingeborenen neu angelegt worden, wo vordem Urwald und Wildnis sich befanden. Auch die Disziplin und der Geist, der in der Schutztruppe herrscht, erlaubt, einen günstigen Schluß auf die Eingeborenen zu ziehen. Natürlich werden auch bei diesem Werke Mißerfolge und Rückschläge nicht ausbleiben, ist es doch vielleicht das schwierigste aller dort begonnenen. Vollendet aber muß es werden; denn weder können wir Zustände, wie sie in den spanischen Kolonien, schließlich zum offenbaren Verderb des Mutterlandes, geherrscht haben, im Schutzgebiet zulassen, noch können wir den Engländern ihr System der Behandlung der Eingeborenen in Indien, so gewinnbringend dasselbe sein mag, nachmachen.

Der Weiße steht bei der schwarzen Rasse, zumal auch im Kamerun-Gebiete, in hohem Ansehen. Dasselbe entspringt der Furcht vor seiner kriegerischen Überlegenheit, es entspringt aber nicht minder dem Gefühle der eigenen geistigen und sittlichen Unterlegenheit. Mehr wie alle besonderen Maßnahmen wirkt das persönliche Verhalten des Weißen auf die Neger. Ernst und Strenge, gepaart mit unerschütterlicher strafender und schützender Gerechtigkeit, anständiger Charakter in des Wortes weitester Bedeutung, der nicht um eines Haares Breite vom rechten Wege abweicht, dem der Hohenzollernspruch „suum cuique“ auch dem Neger gegenüber die Richtschnur seines Handelns zieht, das ist es, was erfahrungsgemäß auch bei dem Schwarzen am meisten wirkt und die besten Früchte zeitigt. Eben darum bedarf auch das Schutzgebiet eines tüchtigen und energischen Gouvernements, das, über den Parteien stehend, zwar in erster Linie die wirtschaftlichen Interessen der Europäer vertritt, daneben aber die ebenso wichtige Arbeit, den Neger zu erziehen, nicht versäumt. Der Kaufmann und der Pflanzer allein vermag dies in der Regel nicht.

Hoffentlich werden, wenn auf diese Weise das Erziehungswerk an den Eingeborenen vorschreitet, auch die religiösen Erfolge der Missionen bessere werden. Zur Zeit befriedigen sie, abgesehen vielleicht von einigen Gebieten, wie z. B. dem Abo-Lande, noch nicht. Daß es auch auf diesem Gebiete besser vorangehen möge, ist um so mehr zu wünschen, als von Osten der Muhamedanismus stetig westwärts vordringt. Es erhebt sich darum die Frage, ob es für die Missionsgesellschaften nicht geboten ist, ihrem Bekehrungswerk, das von der Küste aus allmählich vordringt, ein zweites zur Seite zu setzen, das im Innern einen Grenzwall zu errichten versucht, der verhindert, daß der Halbmond die dort wohnenden Stämme sich unterwerfe, bevor das Kreuz unter ihnen hat aufgepflanzt werden können. Ob das möglich ist, muß dahingestellt bleiben. Schwierig ist es jedenfalls; denn gerade das Kapitel der Bekehrungsarbeit gehört, wie gesagt, trotz der opfermutigen Arbeit der Missionen zu den wenigst erfreulichen in der Darstellung der Kameruner Verhältnisse. Die Eingeborenen hören die Predigt gern, stehen auch vielfach den Missionaren freundlich gegenüber; aber im ganzen gilt doch von ihnen allen weniger oder mehr, was einst ein Buka-Mann zu einem Missionar sagte: „Deine Botschaft ist Freude, aber belehren wollen wir uns nicht!“ Ob dieser mangelhafte Erfolg seine Ursache in dem scheinbar vorhandenen Mangel religiöser Bedürfnisse bei den Schwarzen seinen Grund hat, oder ob derselbe anderswo zu suchen ist, vermag ich nicht zu entscheiden. Man braucht jedoch noch nicht die Hoffnung auf schließliche Besserung aufzugeben. Auch in anderen Missionsgebieten hat es bisweilen sehr lange gedauert, bis ein kräftiger Umschwung der Dinge eingetreten ist.

## Schluß.

Die Kolonialpolitik hat sich bei dem Deutschen Volke einer wechselnden Gunst und Beliebtheit erfreut. Auf eine anfängliche allgemeine Begeisterung ist eine Zeit des Rückschlages gefolgt, in der weite Kreise derselben feindlich oder gleichgültig gegenüber standen, vielfach wohl, weil sie erkannten, daß sie sich anfangs ein ganz falsches Bild von der Art der wirtschaftlichen Dinge und Aussichten in der Kolonie gemacht hatten. Neuerdings beginnt das Interesse an denselben wieder zu steigen. Die Kolonialfeindschaft ist, abgesehen von einem kleinen Kreise prinzipieller Gegner jeglicher Kolonialunternehmungen, im wesentlichen geschwunden, und nur noch die Klagen über Bureaukratismus und „Assessorismus“ in der Verwaltung der Kolonieen haben sich in die jetzt angebrochene Epoche hinübergerettet. Weniger Beamtenarbeit mehr Selbstverwaltung lautet die unermüdlich erhobene Forderung. Man klagt darüber daß die Gouverneure, anstatt spürend den Bedürfnissen des Landes und der Leute nachzugehen, mit einem eigenen, aus Europa mitgebrachten wirtschaftlichen System herüberkommen, ohne doch tief genug in die Schwierigkeiten wirtschaftlicher Fragen eingedrungen zu sein. Man verlangt, daß das Mutterland der jungen Kolonie eine Schutztruppe, eine Justiz- und Zoll-Verwaltung stelle, im übrigen aber ein Selfgouvernement nach englischem Muster die Dinge regele.

Daß für das Kamerun-Schutzgebiet diese Klagen höchstens nur in sehr bedingtem Umfange Geltung haben, ist aus der gegebenen, einem objektiven Studium der Verhältnisse entsprungenen Darstellung hoffentlich ersichtlich geworden. Was Kamerun seinem ersten Gouverneur verdankt, darüber kann in dem Urteil der Kolonisten nur eine Stimme der dankbaren Anerkennung sein. Es ist dann allerdings eine Zeit gefolgt, wo die Verhältnisse im Gouvernement nicht den Interessen der Kolonie entsprachen; diese Periode aber ist längst vorüber. Wir sehen seitdem das Gouvernement auf allen Gebieten an der Spitze der wirtschaftlichen und ideellen Unternehmungen thätig. Wenn es trotzdem auch in Kamerun nicht an Klagen gefehlt hat, so waren diese zum Teil, wie ich das an dem Beispiel der Trust-Klagen und der Arbeiter-Frage zu zeigen versucht habe, unbegründet. Mißgriffe kommen überall vor, auch, wie das Beispiel unserer Städte zeigt, auf dem Gebiete der Selbstverwaltung. Allen wird es das Gouvernement zudem nie recht machen können. Der Kaufmann und der Pflanzer werden ihre Politik in der Regel darauf hinauslaufen lassen, thunlichst schnell möglichst große Renten für ihre Betriebe zu bewirken, und das ist auch ganz natürlich. Ob sie dabei stets in der Lage sein werden, die Gesamtinteressen der Kolonie und des Reiches recht vertreten zu können, muß nach den bisherigen Erfahrungen allerdings zweifelhaft erscheinen. Das ist freilich richtig: ein Gouvernement, welches nicht in steter enger Berührung mit den Kaufleuten und Pflanzern ist, sondern nach Theorien und schematischen Systemen regiert, gehört nicht an die Spitze der Kolonie. So liegen aber, wie ich gezeigt zu haben glaube, die Dinge in Kamerun nicht.

Berechtigter erscheinen mir die Wünsche, welche in Bezug auf die Auswahl der Beamten und die Art, wie die Kolonieen von Berlin aus geleitet werden, laut geworden sind. Wir müssen allerdings in den Kolonieen Verwaltungsbeamte haben, welche einmal Erfahrung, Verständnis und Kenntnisse bezüglich der wirtschaftlichen Dinge derselben besitzen, welche andererseits mit Begeisterung und Idealismus an ihre schwere Aufgabe herantreten. Erprobte Regierungs-Assessoren, die sich während der Zeit ihrer Beschäftigung bei den Regierungen, Landratsämtern und Stadtverwaltungen als praktische und umsichtige Arbeiter erwiesen haben, müssen auf die einzelnen Stellen bei dem Gouvernement gebracht und nach mehreren Dienstperioden in die Kolonialabteilung versetzt werden, um von hier aus dann die höheren Posten in den Kolonieen und schließlich wieder im Kolonialamt zu bekleiden. Daß auch Offiziere und bewährte kaufmännische Kräfte, die z. B. im Konsulardienst sich erprobt haben, hierbei in Frage kommen können, scheint mir gewiß und ist im Grunde ja durch die Praxis bewiesen. Auf diese Weise würden wir allmählich eine Kolonialverwaltung erhalten, deren Mitglieder zum größten Teil die Dinge in den Kolonieen aus eigener Erfahrung kennen, was allerdings wünschenswert wäre.

Ebenso wichtig erscheint es mir, daß die Machtbefugnisse des Gouvernements erweitert, demselben der Kolonialabteilung gegenüber größere Selbständigkeit verliehen werde. Wie die Dinge heute liegen, vergeht zum mindesten ein Vierteljahr, in der Regel aber längere Zeit, bevor das Gouvernement auf seine Anträge Antwort von Berlin erhalten kann. Inzwischen haben sich die Dinge oft gänzlich geändert. Eine größere Beweglichkeit, innerhalb des bewilligten Budgets selbständig und planmäßig vorgehen zu dürfen, scheint mir dringend notwendig für die ersprießliche Verwaltung der Kolonie.

Der größte Hemmschuh für eine gleichmäßige Entwickelung der Dinge aber ist unter allen Umständen die Abhängigkeit des Gouvernements von den Etatsbewilligungen des Reichstages. In dieser Hinsicht steht es in England, wo man schon früh die Leitung der Kolonieen dem einheimischen Parteiwesen entzogen hat, viel besser. Bei uns ist das unmöglich.

Um so dringender ist es zu wünschen, daß die Erkenntnis von dem wirtschaftlichen Werte der Kolonie derselben recht viele Freunde gewinnt: denn es wird noch größerer Summen und Aufwendungen bedürfen, um sie zu erschließen. Nach den Siegen der Schutztruppe über Ngilla (1898), durch den siegreichen Adamaua-Feldzug und durch die begonnene Ausnutzung des Hinterlandes für den Handel sind wir mit den großen muhammedanischen Sultanaten in unmittelbare Berührung gekommen und bedürfen einer Streitmacht, die unsere Interessen auch ihnen gegenüber zu schützen, die vor allem auch den dort noch bestehenden Sklavenjagden dauernd ein Ende zu bereiten vermag. Den zwischenhändlerischen Stämmen gegenüber wird auch noch mancher Strauß zu bestehen sein, wie ja die traurigen Vorfälle der jüngsten Zeit zeigen. **Eine Verstärkung der Schutztruppe ist unerläßlich.**

Größere Summen müssen ferner vor allem für den Wegebau aufgewandt werden, vornehmlich im Plantagengebiet des Kamerungebirges, wo der Küstenweg Kriegsschiffhafen- -Viktoria einmal nach Bibundi, sodann aber mit dem Entstehen neuer Plantagen weitergeführt werden muß. Die Handelswege, welche von Rio del Rey,

Kamerun und Kribi ins Innere führen, müssen zu wirklichen Verkehrsstraßen ausgebaut werden, auf denen die Handels- und Militär-Züge unabhängig von dem Wasserstand der Flüsse schnell und bequem vordringen können. Weitere Summen sind für die Versuche auf dem Gebiete der Viehzucht nötig. Neben der Zucht von Fleisch- und Milch-Vieh wird es darauf ankommen, Zug- und Lasttiere zur Einführung zu bringen, welche an die Stelle der teuren Träger treten können, sobald die nötigen Straßen vorhanden sind und die Anbaufähigkeit der nötigen Futterkräuter erwiesen ist.

Ähnlich wie in Ostafrika mit den Zebras wird man hier Versuche mit Stieren und vielleicht auch mit Elefanten anstellen können. Für das Plantagengebiet wäre auch der Maulesel zu erproben: das nötige Futter kann Buea schon jetzt liefern.

Diese Versuche mit Last- und Zugtieren sind um so notwendiger, als der Bau einer Eisenbahn von Kamerun nach Ngaundére, die das reiche Zentralafrika an diesen Hafen ketten würde, wohl noch in weitem Felde liegt und kaum eher ernstlich erwogen werden wird, bevor man mit anderen Eisenbahnen, vornehmlich mit der Kongo-Bahn, die nötigen Erfahrungen gesammelt haben wird.

Nicht unerhebliche Mittel wären ferner nötig für eine eingehende, systematische Untersuchung der Bodenverhältnisse sowie der Klimatologie des gesamten erschlossenen Gebietes in diesem Lande, dessen Zukunft vornehmlich auf dem Plantagenbau beruht.

Diese Forderungen lassen sich leicht vermehren: die angeführten mögen genügen. Sie werden dem, der die Verhältnisse im Plantagengebiet an Ort und Stelle gesehen hat, der die Schilderungen der Reisenden über das Gebiet des oberen Benue kennt, nicht nutzlos scheinen. Selbst ein so skeptischer Urteiler, wie *Buchner*, sagt: „Afrika als Ganzes ist ein hervorragend armes Gebiet. Aber Kamerun bildet in dieser Hinsicht eine erfreuliche Ausnahme. Reichtümer liegen heutzutage nirgends mehr auf der Straße, und das mühelose Sammeln von Schätzen ist von jeher eine Fabel gewesen. Nur ein mäßiger Gewinn durch ehrlichen, harten Fleiß ist noch aus manchem Teil unserer alternden Erde zu holen. Und ein solcher Teil ist entschieden auch Kamerun.“

So urteilte man 1887 über das Kamerungebiet: die seitdem verflossenen zehn Jahre haben dies Urteil im vollsten Umfange bestätigt. *Buchner* hatte durchaus recht, wenn er an einer anderen Stelle behauptete: „Das (Kamerun-) Land selber ist gut und leistungsfähig.“

## Die kulturelle Entwickelung Paraguays und seine jetzige Bedeutung für europäische Kolonisation.

Von E. Pfannenschmidt.

II.

Sehr bedeutend ist der Viehreichtum jener Zeiten in Paraguay. Es wird berichtet, daß einzelne Reduktionen einen Viehstand von 500000 Stück Rindvieh und 300000 Schafen gehabt hätten; auch die Leitung der Viehwirtschaft geschah durch den Pater. — Die einzelnen Niederlassungen wiesen eine große Gleichförmigkeit und Regelmäßigkeit auf und hatten eine Größe von 2500 bis 7000 Bewohnern. Außerhalb solcher Niederlassungen durfte sich niemand ansiedeln, wahrscheinlich, weil die Jesuiten darin eine Lockerung der Disziplin zu erblicken glaubten. — Handel ist innerhalb der Niederlassungen völlig unbekannt, dagegen findet zwischen den einzelnen Reduktionen ein Austausch der Waren statt, der jedoch auch nur von den Priestern gehandhabt wird. Daß eine Ausfuhr von Waren stattgefunden hat, wurde bereits erwähnt; und sollen die Jesuiten recht erhebliche Überschüsse aus ihrem paraguayischen Staate gezogen haben, trotzdem der gänzliche Mangel an Salz, Kalk, Eisen &c. große Ausgaben verursachte. Privateigentum hatte der Einzelne nicht. Pflug, Zugvieh, Axt, selbst das Haus und Tischmesser, das dem Ehepaare bei der Verheiratung übergeben wurde, blieben Gemeingut. Das Tragen fremder, etwa kostbarerer Kleidung war ausgeschlossen. Nur den Frauen wurde Schmuck bis 2 Unzen Gold zugestanden. — Die Eheschließungen fanden zweimal im Jahre statt, und zwar im Alter von 15 resp. 17 Jahren, und sollten nach freiem Willen der Beteiligten geschehen. — Eine eigentliche Justiz existierte nicht; es finden vielmehr die Verurteilungen durch den Pater, eventuell unter Hinzuziehung des Ministranten statt. Die Anklage geschieht in den meisten Fällen durch Selbstanklage in der Form der Beichte. Recht, Sittlichkeit und Religion sind mit einander vermischt. Die Bestrafung erfolgt gewöhnlich durch moralische Strafen, doch sind auch Prügelstrafen nicht ausgeschlossen. Bei Morden werden Freiheitsstrafen, aber nicht über 10 Jahre hinaus, verhängt. Todesstrafe ist ausgeschlossen. Verstockte Sünder werden nach entfernten Reduktionen deportiert. Eifersucht, Eigennutz, Haß und Rache sind fast unbekannt; dafür ist aber auch der Instinkt der Selbstverteidigung nicht vorhanden.

Es würde an dieser Stelle zu weit führen, ausführlicher auf die Einzelheiten des Jesuitenstaates in Paraguay einzugehen. Diese Ausführungen werden genügen, die Thätigkeit der Jesuiten in Paraguay in ihrem Einfluß auf den Volkscharakter zu veranschaulichen. Sie zeigen, daß es den Jesuiten durch ihre rastlose Thätigkeit zwar gelungen ist, Paraguay zeitweilig zu großer Blüte zu bringen, daß ihre Herrschaft aber für das Land sehr schädlich und verhängnisvoll wurde, da das System darauf begründet war, die Indianer zu unselbständigen Individuen zu erziehen. Diese Eigenschaft der Unselbständigkeit ist dem Charakter der Bevölkerung noch Jahrzehnte lang, ja man dürfte wohl sagen, bis auf den heutigen Tag verblieben. Wie wäre es sonst einem Francia gelungen, sein strammes Regiment so leicht durchzuführen? Wie hätte der jüngere Lopez die Macht gewonnen, in seiner bestialischen Grausamkeit sein ganzes Volk, ja seine eigene Familie seinen ehrgeizigen, unheilvollen Plänen hinzuopfern, wenn er nicht in den Paraguayern diese willenlose Geschöpfe gehabt hätte? — Auch in wissenschaftlicher Beziehung hat das Land keinen nachhaltigen Vorteil von der Jesuitenherrschaft gehabt; denn als die Jesuiten durch die spanische Krone gezwungen wurden, das Land zu verlassen, zerfiel das stolze Gebäude mit einem Schlage, da niemand vorhanden war, der das strenge Regiment der Jesuiten fortführen konnte, und die Indianer, sich selbst überlassen, in kurzer Zeit zu dem von früher gewohnten wilden und unthätigen Leben zurückkehrten. Die rohe Habsucht der Spanier, die darauf das Land wieder in Besitz nahmen, führte vollends dazu, diesen Prozeß zu beschleunigen. — Offiziell wurde damals Paraguay zu dem spanischen Vizekönigreiche La Plata hinzugeschlagen.

Nachdem zu Beginn dieses Jahrhunderts die südlichen La Platastaaten sich von der spanischen Herrschaft losgesagt hatten, trachteten sie auch darnach, Paraguay zum Abfalle zu bewegen. Wenngleich die Paraguayer auch keineswegs mit der spanischen Herrschaft zufrieden waren, so setzten sie doch dem Wunsche der südlichen Staaten einen gewissen passiven Widerstand entgegen, sodaß die letzteren sich veranlaßt fühlten, ihren Willen durch Waffengewalt zu erzwingen. In diesem Kampfe offenbarte sich wieder die große soldatische Tüchtigkeit, die den Paraguayer zur Zeit der Jesuiten so sehr ausgezeichnet hatte. Der argentinische General Belgrano wurde am 19. Januar 1811 geschlagen. Dennoch führte dieser Kampf in Asuncion eine Revolution herbei, welche dazu führte, daß eine paraguayische Junta an die Stelle der spanischen Regierung gesetzt wurde. Von dieser wurden alsdann im Jahre 1813 zwei Konsuln gewählt, die bereits im folgenden Jahre durch den Diktator Francia ersetzt wurden. Francia war zunächst nur auf 3 Jahre gewählt worden, wurde jedoch nach Ablauf seiner Amtsperiode auf Lebenszeit eingesetzt. Er vereinigte alle Gewalt des Landes in seiner Hand. Hervorzuheben ist, daß er Paraguay wiederum von jedem Verkehr mit der Außenwelt abschloß, um dadurch in den Guaranis ein selbständiges Volk heranzubilden. Seine Regierung wird als eine strenge, aber gerechte geschildert. Nach seinem im Jahre 1840 erfolgten Tode traten Alonzo und Carlos Antonio Lopez an seine Stelle, von denen der letztere im Jahre 1844 allein auf zehn Jahre gewählt wurde. Im Jahre 1845 öffnete dieser wiederum die Grenzen des Landes dem Verkehr und den Fremden und führte im folgenden Jahre sogar ein vollständiges Freihandelsystem ein. Als er am 10. September 1862 starb, übertrug er die Regentschaft testamentarisch auf seinen Sohn Francisco Solano Lopez. Letzterer wurde auch durch Kongreßbeschluß bestätigt. Auch die Regierung des älteren Lopez war eine fast unumschränkte und sehr segensreich für das Land. Handel und Verkehr belebten sich von neuem und Paraguay befand sich in blühendem Wohlstande. Besondere Sorgfalt hatte er auf die Ausbildung des Heeres auf der Grundlage der allgemeinen Wehrpflicht verwandt, sodaß dasselbe bei seinem Tode eine Stärke von 60000 Mann und 200 Geschützen hatte.

Die günstigen Verhältnisse, unter denen der jüngere Lopez die Regentschaft übernahm, sollten dem Lande jedoch nicht lange beschieden sein. Der neue Diktator hatte bei Lebzeiten seines Vaters einige Zeit in Paris gelebt und sich am Hofe Napoleons III. mit den Sitten des französischen Kaiserreichs vertraut gemacht und war ein eifriger Bewunderer des französischen Despoten geworden. Es ist nun anzunehmen, daß seine ehrgeizigen Pläne darauf hinausgingen, in Süd-Amerika sich eine Herrscherstellung zu schaffen, wie Napoleon sie damals noch in Europa hatte. So benutzte er denn die erste sich ihm bietende Gelegenheit, indem er in die Zwistigkeiten eingriff, die zwischen Brasilien und Uruguay ausgebrochen waren. Da die beteiligten Staaten jedoch bald einsahen, daß Lopez die Intervention nur benutzen wollte, um seine eigene Machtsphäre zu erweitern, und die ihnen drohende Gefahr wohl erkannten, gaben sie die eigenen Feindseligkeiten auf und wandten sich nunmehr gemeinsam gegen Paraguay: Argentinien schloß sich den Gegnern Paraguays an. Der Krieg wurde von 1865—1870 mit wechselndem Erfolge geführt; immer wieder gelang es dem Diktator durch die beispiellose Aufopferung der Guaranis, die durch die unbarmherzigste Strenge und durch zahllose Grausamkeiten entzwungen wurde, seine Stellung zu behaupten, bis fast sämtliche wehrfähigen Männer im Kampfe umgekommen waren, und er selbst, von seinen Feinden umzingelt, sich ins Schwert stürzte.

Nach Beendigung des Krieges war das Land ein Trümmerfeld. Die Bestände an barem Gelde hatte der Krieg verschlungen, die Estancias waren verödet und ihres Viehstandes beraubt, und eine bedeutende Kriegsschuld legte dem Lande weitere Lasten auf. Am verhängnisvollsten für dieses jedoch war es, daß im Verlaufe des Krieges alle wehrfähigen Männer hingeopfert waren. Es wird angenommen, daß unmittelbar nach dem Kriege das Verhältnis der männlichen zur weiblichen Bevölkerung nur 1 : 7 betragen habe. Die Männer, die der grausame Krieg geschont hatte, waren Greise oder Krüppel; selbst Kinder im Alter von 14 Jahren hatte der Despot in den Krieg geführt. Und aus diesen Trümmern sollte sich ein neues, kräftiges Geschlecht entwickeln? — Fast drei Jahrzehnte sind seit dem Friedensschlusse dahingegangen und noch sind die Lücken, die der furchtbare Krieg gerissen, nicht entfernt wieder ausgefüllt: daher finden wir immer wieder die Bemühungen der Regierung, thätige Einwanderer ins Land zu ziehen, denn nur durch diese würde es möglich sein, die natürlichen Schätze, die das Land in reicher Fülle birgt, nutzbar zu machen. — Die Geschichte Paraguays zur Zeit der Jesuiten, des Dr. Francia, der beiden Lopez zeigt uns, daß dasselbe in früheren Zeiten in hoher Kultur gestanden hat. Da aber Klima und Bodenbeschaffenheit sich im Laufe weniger Jahrzehnte nicht so bedeutend ändern können, die Verkehrsverhältnisse etc. aber durch die fortschreitende Technik immermehr verbessert werden, so brauchte Paraguay auch heute nicht das verlorene Land zu sein, das es nach den verschiedenen verfehlten Kolonisationsversuchen zu sein scheint, wenn den natürlichen Verhältnissen in der richtigen Weise Rechnung getragen würde.

Es würde über den Rahmen dieser Arbeit hinausgehen, einzelne Landesteile im Besonderen zu besprechen. Sie wird sich vielmehr nur auf die allgemein giltigen Prinzipien, soweit sie für die Besiedelungsfähigkeit des Landes in Betracht kommen, beschränken müssen. — —

Paraguay, über dessen Lage zu den anderen südamerikanischen Staaten wir weiter oben bereits gesprochen haben, hat einen Flächeninhalt von ungefähr 317 000 qkm und zählt gegenwärtig gegen 500 000 Einwohner — die noch wild lebenden Indianer des Chaco paraguayo nicht inbegriffen —. Auf den Quadratkilometer kommen 1,6 Bewohner, während im deutschen Reiche 92 auf dem gleichen Flächenraum leben. Paraguay wird durch den Paraguayfluß in zwei Hälften, eine westliche, den Chaco paraguayo, der gegenwärtig noch fast nur von Indianern bewohnt wird, und eine östliche, das eigentliche Paraguay, getrennt. Unsere Betrachtungen werden sich im Wesentlichen nur auf das Letztere erstrecken.

Das Klima ist mit sehr vereinzelten Ausnahmen durchaus gesund. Es wird von allen Seiten hervorgehoben, daß etwaige Krankheiten fast ausnahmslos einen sehr leichten Verlauf nehmen. Vielfach wird das Klima sogar als heilkräftig für Lungenleidende geschildert. Starrkrampf, Dissenterie und Sumpffieber, „Chuchu“ genannt, treten wohl vereinzelt auf, sind jedoch nur in seltenen Fällen von ernsten Folgen. Wenngleich die Durchschnittstemperatur des heißesten Monats Januar 27° C. beträgt und zuweilen sogar bis auf 41° C. steigt, so wird die Hitze doch nur selten wirklich lästig, da nach derartig heißen Tagen sich gewöhnlich sehr bald Gewitterregen einzustellen pflegen, die alsbald eine angenehme Abkühlung bewirken. Nach Toeppen*) betragen die mittleren Jahresextreme 6 und 37,4° C.; doch dürfte im Winter auf dem Lande das Thermometer sogar zuweilen bis auf 0° sinken. Ein derartiges Temperaturminimum tritt jedoch nicht überall auf; namentlich die höher gelegenen Stellen sind als völlig frostfrei zu bezeichnen, welcher Umstand für die Kultur empfindlicher Gewächse, beispielsweise des Kaffee, von großer Bedeutung ist. Die Jahresdurchschnittstemperatur wird auf 23° C. angegeben. Daß wirklich lästige Temperaturen gewöhnlich nur kurze Zeit anhalten, trägt viel dazu bei, den Europäer, selbst denjenigen aus nördlichen Gegenden Europas, also die germanische Rasse, ohne Beschädigung seiner Gesundheit die landwirtschaftlichen Arbeiten verrichten zu lassen, besonders, wenn er es vermeidet, in den Sommermonaten sich allzuviel der Mittagshitze auszusetzen. Die täglichen Schwankungen in der Temperatur sind gewöhnlich nur gering; stärkere Unterschiede werden zuweilen durch das plötzliche Umschlagen des Windes bewirkt. Während die von Norden kommenden Winde die heißen Temperaturen der äquatorialen Gegenden mit sich bringen, ist der Südwind der in den argentinischen Steppen sehr gefürchtete Pampero, dem dort alljährlich tausende von Tieren erliegen; bis derselbe Paraguay erreicht, hat er jedoch viel von seiner vernichtenden, alles erstarrenden Kraft eingebüßt; trotzdem aber hat ein heftiger Südwind gewöhnlich eine Temperaturerniedrigung von 10—12,5° C., bei langer Dauer sogar bis 25° C. im Gefolge. Im allgemeinen bringt der Südwind Paraguay mehr Nutzen als Schaden, da er die Temperatur mildert und nur in seltenen Fällen eine dem Pflanzenwachstum schädliche Abkühlung erzeugt. Etwaigen Schädigungen durch den Frost kann der vorsichtige Landmann dadurch vorbeugen, daß er die Reihen in den Pflanzungen sorgfältig von Süden nach Norden anlegt, durch welche Maßregel nur die äußersten Pflanzen den Winden ausgesetzt sind. Verheerende Stürme treten nur äußerst selten auf, Hagel ist ebenfalls nicht häufig, und Schnee ist bisher noch nicht konstatiert worden. Die günstige Gestaltung des Klimas ist in Paraguay besonders auf die reichliche Menge und die günstige Verteilung der Niederschläge zurückzuführen. So sind die Durchschnittsregenmengen aus dem Mittel von 15 Jahren genommen, folgende gewesen:

*) Dr. Hugo Toeppen. Hundert Tage in Paraguay.

| | | |
|---|---|---|
| Januar | 152,3 | mm*) |
| Februar | 151,7 | „ |
| März | 190,0 | „ |
| April | 165,0 | „ |
| Mai | 126,9 | „ |
| Juni | 79,2 | „ |
| Juli | 61,2 | „ |
| August | 56,3 | „ |
| September | 89,8 | „ |
| Oktober | 150,9 | „ |
| November | 137,5 | „ |
| Dezember | 137,0 | „ |
| also in Sa. = | 1599,8 | „ als Jahresdurchschnitt. |

Betrachten wir die einzelnen Monate dieser Tabelle, so fällt besonders günstig auf, daß die Monate mit der heißesten Temperatur, Januar, Februar, März, April, Oktober, November, Dezember, auch die größten Niederschläge aufweisen, ein Umstand, der für das Klima wie für das Pflanzenwachstum äußerst vorteilhaft ist.

Die Erhebung Paraguays über dem Meere ist nicht bedeutend. Man kann im allgemeinen das Land als eine große Ebene bezeichnen, aus der sich jedoch einzelne Gebirgskämme abheben. Die Hauptstadt Asuncion liegt 98 m über dem Meere. Die höchsten Erhebungen werden durch die Cordilleren gebildet, und sollen dieselben bei dem Orte Villa Rica auf etwa 600 m ansteigen.

Eine genaue Klassifikation des paraguayischen Bodens würde für vorliegende Arbeit zu umfangreich werden. Es genügt, denselben nach seiner Verwertung in zwei Kategorien zu unterscheiden, und zwar in:

1. den Waldboden,
2. den Kampboden.

Ersterer findet sich in seiner ganzen Ausdehnung auf der westlichen Seite des Rio Paraguay, dem Chaco Paraguayo und dem östlichen dem Rio Parana zugewandten Teile des Landes, woselbst die wertvollen Jerbabäume, deren Blätter zur Herstellung des Paraguaythees oder Maté verarbeitet werden, sich befinden. Weiter aber ist er in steter Abwechslung mit dem Kampboden über das ganze Land verteilt. Diese letzteren Regionen werden für eine etwaige Kolonisation am meisten in Frage kommen, da sich hier der Vorteil des Waldbodens mit dem des Kampbodens verbindet, indem der gerodete Waldboden als eigentliche Pflanzstätte, der Kampboden dagegen als Viehweide dienen wird. Man kann annehmen, daß in tropischen Regionen ein mit Wald bestandener Boden stets einem Kampboden überlegen sein wird, weil nur im Walde eine hinreichende Humusbildung ermöglicht wird, da eine allzu heftige chemische Zersetzung, wie sie auf den Kampböden durch die direkte Einwirkung der Sommerwärme bewirkt wird, durch die dichte Beschattung verhindert wird. So zeichnet sich denn auch der paraguayische Waldboden durch eine sehr große Fruchtbarkeit aus. Er ist ein Lateritboden von meist roter Farbe, welcher der sehr geschätzten roten Erde Brasiliens sehr ähnlich ist und sich besonders zur Kultur wert-

*) Vergl. Paraguay Rundschau Nr. 2 vom 11. Januar 1899.

vollerer Gewächse eignet; er findet sich gewöhnlich in den höher gelegenen Teilen des Landes; namentlich sind auch die Bergrücken und Anhöhen in der Regel bewaldet.

Die Kampböden pflegen zwar in der Bodenbeschaffenheit hinter den Waldböden zurückzustehen, liefern aber ein Viehfutter von hohem Werte, sobald sie aus niederem Graslande bestehen. Das hohe Grasland bietet ein vorzügliches Material zur Bedachung der Häuser. Durch den Einfluß der Kultur lassen sich die groben Kämpe allmählich verfeinern und alsdann den Zwecken der Viehhaltung nutzbar machen.

Von ausschlaggebender Wichtigkeit für den Wert eines Landes zum Ackerbau in großem Maßstabe ist die Beschaffenheit der Beförderungsmittel und Kommunikationswege. Paraguay ist bisher erst von einer einzigen Eisenbahnlinie in einer Länge von 247 km von Asuncion bis zu dem Pirapo-Flusse durchzogen; seit langer Zeit wünscht die Regierung diese Strecke bis an den Alto Paraná zu verlängern und dadurch eine Verbindung zu Lande mit Argentinien und Brasilien zu schaffen. Die noch fehlende Strecke ist gering im Verhältniß zu der bereits vorhandenen; und doch entschließt sich die englische Gesellschaft, in deren Händen sich die Bahn befindet, nicht zu dem Erweiterungsbau. Durch die Vollendung dieser Bahnstrecke würden weitere zur Kolonisation geeignete Territorien in günstigere Beziehungen zu den Ablatzhäfen gebracht werden.

Von größeren Wasserstraßen kommen für eine regelmäßige Verbindung nur der Rio Paraguay bis Matto Grosso, also in der ganzen Ausdehnung Paraguays von Süden nach Norden, und der Parana bis Encarnacion, dem Endpunkte der projektierten Eisenbahn, für tiefer gehende Schiffe in Betracht. Eine große Anzahl der Nebenflüsse dieser beiden Hauptströme ist für kleinere Schiffe zwar auch befahrbar: in der trockenen Jahreszeit aber pflegt sich der Wasserreichtum der letzteren so stark zu vermindern, daß die Schiffahrt unterbrochen werden muß, sodaß diese kleineren Flüsse nicht als regelmäßige Verkehrsmittel zu zählen sind.

# Zur Frage der Genußscheine.

Bemerkungen zu dem Wortgebrauch in den Statuten der Gesellschaft „Süd-Kamerun“ und der Gesellschaft „Nordwest-Kamerun“.

Von den Herren Geh. Justiz- und Kammergerichtsrat Dr. jur. H. Keyßner-Berlin, Reichsgerichtsrat R. Förtsch-Leipzig, Professor Dr. Karl Lehmann-Rostock, Rechtsanwalt Dr. Scharlach-Hamburg und Chr. von Bornhaupt-Berlin.

(Vgl. den Beitrag von Chr. von Bornhaupt in Heft 9.)

Die Handelsgesellschaften, in Firma „Gesellschaft Süd-Kamerun“ und „Gesellschaft Nordwest-Kamerun“, deren Statuten im Reichsanzeiger 1899 Nr. 26 vom 30. Januar 1899 und Nr. 276 vom 21. November 1899 in Auszügen abgedruckt sind, unterstehen nicht den Bestimmungen des Handelsgesetzbuches als Aktiengesellschaften, sondern haben ihre Verfassung auf Grund des § 8 des Reichsgesetzes vom 15. März 1888 (R. G. Bl. 1888, S. 75) in dem vom Bundesrat kundgegebenen Beschluß erhalten.

Ob die Gesellschaftsverträge mit den Bestimmungen des allgemeinen deutschen Handelsgesetzbuches in Einklang stehen, ist eine etwa für vergleichende Rechtswissenschaft anregende Erörterung, aber ohne jede Bedeutung für den Verkehr und Bestand der Gesellschaften.

Ich befasse mich zunächst mit der Gesellschaft Süd-Kamerun, nach dem im Reichsanzeiger 1899 Nr. 26 veröffentlichten Statutenauszug.

Das Barkapital ist auf 2000000 Mk. bestimmt; hierfür werden 5000 Urkunden ausgegeben, ob auf Namen lautend oder auf Inhaber, ist hier ohne Bedeutung. Daß die Gesellschaft zur Entstehung gelangen konnte, ohne daß die 5000 Anteile gezeichnet waren, daß dieselben etwa allmälig oder in zwei Serien abgegeben werden konnten, mag Abweichungen gegen das deutsche Aktienrecht ergeben, ist aber für die gegenwärtige Betrachtung gleichgiltig. Angenommen, auf die 5000 Zeichnungen sei der Betrag voll eingezahlt und seien darauf 5000 Anteilsscheine ausgegeben. Hiermit ist alsdann das Grundkapital, soweit es bar erlegt werden soll, nachgewiesen. Es nahmen aber nach Art. 3 des Statuts die Herren Dr. J. Scharlach und Bergwerksbesitzer Sholto Douglas eine Einlage auf das Gesellschaftsvermögen „Grundkapital“ in Grundeigentum und erhielten dafür 10000 „Genußscheine“.

Weshalb dieser Ausdruck gewählt ist, ergiebt sich nicht. Offenbar wollte man eine Trennung von den „Anteilen“ klarstellen. Mit der Bezeichnung Genußschein ist weder ein bestimmter Inhalt angegeben noch beansprucht. Die Bedeutung ist lediglich aus dem Statut zu entnehmen.

Auffallen muß, wie in der Gesellschaft die Bilanz aufgestellt werden soll (Art. 35); das Statut sagt darüber nichts.

Aktivseite Barbestand 2000000 Mk. Passivseite 5000 Anteilscheine zu je 400 Mk. = 2000000 Mk.

Wo bleibt die Werteinlage Scharlach-Douglas und dagegen die 10 000 Genußscheine?

Wie ein Vermögensstand nach Art. 25 Abs. 3 gemacht werden soll, ist nicht ersichtlich. Es scheint, man habe nur an Gewinn und Verlustkonto gedacht, wiewohl von „Bilanz“ mehrfach die Rede ist. Erwägt man, daß die 10 000 Genußscheine gegen die Sacheinlage Scharlach-Douglas gewährt sind, so kann von Irrlaktien, oder wie die gleichbedeutenden Werte lauten mögen, keine Rede sein.

Erwägt man, daß die Anteile auf Bareinlagen, die 10 000 Genußscheine auf Sacheinlage gewährt sind, daß auch den Genußscheinen in der Gesellschaft bestimmte Rechte eingeräumt sind, so ergiebt sich, daß die 10 000 Genußscheine eine Abart der Anteile sind.

Es stimmt das zu Art. 7 Abs. 1:

„Die Inhaber der Anteile und der Genußscheine bilden die Gesellschaft.“

Wenn den Anteilen und Genußscheinen verschiedene Rechte in betreff der Teilnahme am Reingewinn und bei der Auflösung zustehen, so widerspricht dies keineswegs einer Gesellschaftseinlage. Es darf an Aktiengesellschaften mit Stamm- und Vorzugsaktien erinnert werden.

Sind die Inhaber der Genußscheine Gesellschafter (Art. 7), so wird es nicht weiter überraschen, daß nach Art. 30 Abs. 1 auch die Genußscheine Stimmrecht in der Generalversammlung haben. Wird das Stimmrecht geändert, so ist dies eine statutarische Festsetzung, die an sich kein Bedenken hat.

Unklar liegen die Verhältnisse mit den 5000 Genußscheinen, welche die ersten Zeichner erhalten sollen. Da jeder Anteilszeichner auf jeden Anteil einen Genußschein erhält, so ist die Sachlage einfach die, daß jeder Anteilszeichner für 400 Mk. einen Anteilschein und einen Genußschein erhält. Für diesen hat er eine Bareinlage nicht zu machen, es steht dafür aber für ihn in Aussicht, eine weitere Beteiligung am Reingewinn Art. 32c, weitere Beteiligung an der Verteilungsmasse Art. 37. Es läßt sich nun eine Rettung für den fehlenden Wertumsatz der Sacheinlage Scharlach-Douglas finden. Bei der Vermögensteilung sollen die Genußscheine in gleicher Weise anteilsberechtigt sein wie die Anteile. Daraus kann man folgern, daß die Genußscheine, welche auf die Sacheinlage Scharlach-Douglas gewährt werden, gleichwertig angenommen sind mit den Anteilscheinen, das ist je 400 Mk. Erhalten Scharlach-Douglas 10 000 Stück, so stellt dies 4 000 000 Mk. dar.

Die Sacheinlage Scharlach-Douglas wäre alsdann mit 4 000 000 Mk. in die Bilanz einzustellen, und auf die Passivseite die 10 000 Genußscheine Scharlach-Douglas mit 4 000 000 Mk.

Wenn diese Sacheinlage in gleichem Wertbetrage in der Bilanz fortgeführt wird, so kann man sich dafür auf den gesetzlichen Bilanzgrundsatz in § 262 Ziffer 3 des Handelsgesetzbuches berufen.

Somit wäre eine Bilanz ermöglicht.

Die weiteren 5000 Genußscheine der Anteilsbesitzer machen für die Bilanz keine Schwierigkeit. Es ist für sie kein Gegenwert nachzuweisen. Sie kommen nur bei Verteilung des Reingewinns und der Vermögensverteilung in betracht.

Das Statut macht eben nicht den Eindruck einer feinen Durcharbeitung, aber es ist doch damit durchzukommen und zunächst zu einer Bilanz zu gelangen.

Auf die wirtschaftliche Bedeutung, welche die 5000 Genußscheine, welche den Anteilszeichnern gegeben werden, für diese haben, und was dabei beabsichtigt ist, gehe ich nicht ein.

Das Statut der Gesellschaft Nordwest-Kamerun steht ebenfalls außerhalb des Aktienrechts und auf dem Boden des § 8 des Reichs-Gesetzes vom 10. März 1888.

Die Verhältnisse liegen wesentlich einfacher wie bei Süd-Kamerun; denn es ist keine Sacheinlage vorhanden. Auf das Grundkapital von 4 000 000 Mk. sind 10 000 Anteilscheine A zu je 400 Mk. gegeben, und jedem Anteilschein A sind drei Anteilscheine B beigefügt, auf die nichts einzuzahlen ist.

Der Einzahler von 400 Mk. erhält also vier Urkunden, von denen die eine mehr Berechtigung giebt als die anderen. Die Urkunden bilden nicht ein untrennbares Ganzes, sondern sind trennbar, selbständig. Die mit Besitz der Urkunden verbundenen Rechte können also von verschiedenen Personen geltend gemacht werden. Grundlegend ist der Vertrag, welcher in dem Statut seinen Ausdruck gefunden hat. Es liegt kein Grund vor, weshalb nicht Abreden sollten getroffen werden können, wie sie sich zur Regelung der Verhältnisse zwischen A und B finden.

Ich schließe damit.

Es ist eine falsche Grundlage, die Statuten nach dem Aktiengesellschaftsrecht zu prüfen.

Sie haben ihren Bestand aus § 8 des Reichs-Gesetzes vom 19. März 1888.

Die Statuten sind nur darnach zu prüfen, ob sie in sich haltbar sind. Wortwendungen sind dabei ohne Bedeutung, namentlich ist die Bezeichnung Genußschein ganz gleichgiltig.

Wenn die Statuten manche Schwierigkeiten aufweisen, so sind sie doch für eine Gesellschaftsgestaltung nicht unmöglich, was auch für die Gesellschaft Süd-Kamerun gilt.

Berlin. Dr. H. Reyßner.

* * *

An die Schriftleitung der Beiträge zur Kolonialpolitik und Kolonialwirtschaft.

Dem Wunsche der Schriftleitung, mich mit Rücksicht auf die Statuten der jüngst gegründeten Kolonialgesellschaften „Nordwest-Kamerun" und „Gesellschaft Süd-Kamerun" zur Frage der Genußscheine zu äußern, bin ich gern bereit, wenn ich mich auch darauf beschränken muß, dies mit kurzen Worten zu thun.

Beiden Gesellschaften, die sich auf Grund der §§ 8—10 des Reichsgesetzes, betreffend die Rechtsverhältnisse der deutschen Schutzgebiete in der Fassung vom 13. März 1888 gebildet haben, ist nach der im Reichsanzeiger geschehenen Veröffentlichung auf grund ihres vom Reichskanzler genehmigten Statuts vom Bundesrat gemäß § 8 die Fähigkeit beigelegt worden, unter ihrem Namen Rechte, insbesondere Eigentum und dingliche Rechte an Grundstücken zu erwerben, Verbindlichkeiten einzugehen, vor Gericht zu klagen und verklagt zu werden.

Keine der Gesellschaften bezeichnet sich als Aktiengesellschaft, vielmehr wird nach Art. 1 eine „Kolonialgesellschaft" errichtet. Beiden liegt aber die sogenannte kollektivistische Gesellschaftsform zu Grunde: für die Verbindlichkeiten der Gesellschaft haftet den Gläubigern nur das Gesellschaftsvermögen. Das Grundkapital wird in „Anteile" zerlegt, über welche Anteilscheine ausgegeben werden; neben den über eine bestimmte Summe lautenden Anteilscheinen, deren Gesamtbetrag dem Grundkapital gleichkommt, giebt Nordwest-Kamerun an die ersten Zeichner noch auf den Inhaber lautende Anteilscheine aus, auf welche Einzahlungen nicht zu leisten sind, und die als Serie B bezeichnet werden; fast das Gleiche thut Süd-Kamerun, nur daß es diese letzteren Anteilscheine als „Genußscheine" bezeichnet. Die Erwerber dieser Anteilscheine B und Genußscheine haben der Gesellschaft gegenüber keine Verpflichtungen: die Inhaber derselben bilden aber mit denen der Serie A, bezw. der eigentlichen Anteilscheine, die Gesellschaft; ihre Berechtigungen bestehen 1. in der Teilnahme an den Generalversammlungen, wenn auch ihr Stimmrecht für einzelne Fälle besonders geregelt ist, 2. in einer bestimmten Beteiligung am Reingewinn und 3. in einem gewissen Anrecht an dem Liquidationserlös im Falle der Auflösung.

Prüft man nun die Rechte, welche diese Genußscheine — der Kürze halber begreifen wir darunter auch die Serie B von Nordwest-Kamerun — ihren Inhabern gewähren, unter dem Gesichtspunkt des deutschen Aktienrechts, so ist jedenfalls die Stimmberechtigung an den Generalversammlungen ein Recht, wie es bei der Aktiengesellschaft nur der Aktionär haben kann; andererseits aber entbehren die Genußscheine eines wesentlichen Merkmals der Aktie, nämlich der Angabe des auf sie fallenden Teilbetrags des Grundkapitals. Derartige Genußscheine würden bei einer Aktiengesellschaft unzulässig sein; die Eintragung einer Aktiengesellschaft, welche solche Genußscheine ausgeben wollte, müßte vom Registerrichter abgelehnt werden, und die Gesellschaft würde trotz erfolgter Eintragung nichtig sein. Allein die genannten Kolonialgesellschaften wollen ja gar nicht Aktiengesellschaften im Sinne des Handelsgesetzbuches sein und nicht die Eintragung in das Handelsregister erlangen. Aus den Vorschriften des deutschen Aktienrechts können also die Unzulässigkeit jener statutarischen Bestimmungen über die Genußscheine und die Ungültigkeit des Gesellschaftsvertrages nur gefolgert werden, wenn ein Rechtssatz bestände, daß Gesellschaften, welche unter Ausschluß persönlicher Haftung ihrer Mitglieder die Rechte der letzteren nach bestimmten Anteilen am Grundkapital regeln, sich gültig nur konstituieren können, wenn sie sich dem deutschen Aktienrecht oder dem hier nicht in Betracht kommenden Rechte der Gesellschaften mit beschränkter Haftung oder der Genossenschaften anbequemen. Ein solcher Rechtssatz ist nun allerdings anzuerkennen (vgl. Behrend, Lehrbuch des Handelsrechts I Abt. 2 S. 699 und 700 Note 23, sowie von Simon in Goldschmidts Zeitschrift für Handelsrecht Bd. 31 S. 118 119); nur gilt er seit dem oben erwähnten Gesetze vom 15. März 1888 *nicht* für Kolonialgesellschaften, die auf Grund der §§ 8–10 dieses Gesetzes gebildet, vom Reichskanzler genehmigt und vom Bundesrat mit Korporationsrechten ausgestattet sind. Es ergiebt sich dies einfach aus der Entstehungsgeschichte dieser Paragraphen, welche auf Vorschlag der Reichstagskommission dem Regierungsentwurfe beigefügt wurden auf Grund der Erfahrung, daß das Aktienrecht des Handelsgesetz-Buches sich als für die Kolonialgesellschaften nicht anwendbar (d. h. unbrauchbar) erwiesen habe, daß es aber auch unthunlich sei, die Gründungslustigen auf das Landesrecht zu verweisen; ohne den Privaten es zu verwehren, ihre Vereinigungen zu kolonialen Zwecken unter das gemeine Recht zu stellen, sollte von Reichswegen die Möglichkeit gegeben werden, den Kolonialgesellschaften Korporationsrechte zu erteilen. Der Kommissionsbericht bemerkt ausdrücklich:

„Bei der zweiten Lesung wurde durch einen Meinungsaustausch zwischen einem Kommissionsmitgliede und einem der Regierungskommissare konstatiert, daß die Bestimmungen über Aktiengesellschaften auf diese Korporationen keine Anwendung fänden, daß aber im übrigen durch die Statuten der Gesellschaft zwar Dispositivbestimmungen des allgemeinen Rechts, nicht aber zwingende Vorschriften geändert werden könnten."

In summa, das Statut der mit Korporationsrechten ausgestatteten Kolonialgesellschaften darf in jeder Beziehung von den (dispositiven) Normen des Handelsgesetz-Buches und des Bürgerlichen Rechts, insbesondere auch von denen des Aktienrechts abweichen: letztere Normen haben für sie nicht die Natur zwingenden Rechts: denn die Gesellschaft will nicht Aktiengesellschaft sein und braucht es nicht zu sein. Die Grenzen der Vertragsfreiheit sind den Gründern nur durch Verbotsgesetze und andere Gesetze der öffentlichen Ordnung gesteckt.

Nach alledem sind die Inhaber der erwähnten Genußscheine wirkliche Mitglieder der Gesellschaften so gut wie die Inhaber der Anteilscheine A und üben als solche ihre Rechte durch die Teilnahme an den Generalversammlungen aus, sowie im Falle der Auflösung durch Geltendmachung ihrer Anrechte auf den Liquidationserlös; ihre Ansprüche auf Auszahlung des ihnen zustehenden Gewinnanteils haben die Natur von Gläubigerrechten nicht mehr und nicht minder als die Ansprüche der Inhaber von Anteilscheinen A. Gegen die Gültigkeit der Gesellschaftsverträge bestehen demnach m. E. keinerlei rechtliche Bedenken, auch vermag ich nicht die Ansicht von Bornhaupts (Beiträge 1899, S. 269) zu teilen, daß den Statuten der genannten Gesellschaften durch die Bestimmungen über die Genußscheine „eine zweifelhafte, rechtliche Grundlage gegeben sei.“ In welchem Sinne bei anderen Gesellschaften das Wort „Genußschein“ zu verstehen ist oder verstanden wird, ist für die rechtliche Lage der hier in Rede stehenden beiden Kolonialgesellschaften ohne alle Bedeutung.

Leipzig. R. Förtsch.

* * *

In den Beiträgen zur Kolonialpolitik und Kolonialwirtschaft 1899 Heft 10 untersucht Herr von Bornhaupt die rechtliche Natur der Genußscheine der Handelsgesellschaft Süd-Kamerun, denen er die „Anteilscheine B“ der Handelsgesellschaft Nordwest-Kamerun gleichstellt. Der kleine Aufsatz referiert die Ansichten einiger Schriftsteller über den rechtlichen Charakter der Genußscheine, sucht dann darzulegen, daß die Genußscheine der beiden Gesellschaften einen ganz eigentümlichen Typus darstellen und gelangt schließlich zur Erhebung der Zweifel, ob die Ausgabe derartiger Genußscheine überhaupt rechtlich statthaft war.

Die Redaktion der „Beiträge“ hat mich aufgefordert, zu der Frage Stellung zu nehmen.

Die Ausführungen des Herrn von Bornhaupt sind meines Erachtens unzutreffend.

Die wirklichen Genußscheine*) (actions de jouissance) bereiten Schwierigkeiten, wo es sich um eigentliche Aktiengesellschaften handelt, weil das deutsche Aktienrecht einmal verbietet, Aktien zu teilen, sodann verlangt, daß jeder Aktionär stimmberechtigt ist, und endlich „actions gratuites“, d. h. Aktien ohne Aktionärpflichten, insbesondere Einzahlung des Aktienbetrages zum Grundkapital, nicht anerkennt. In der That sind dies die Punkte, auf die Herr von Bornhaupt seine Bedenken gegen die rechtliche Zulässigkeit im vorliegenden Falle stützt.

Aber Herr von Bornhaupt übersieht, daß die Gesellschaften „Süd-Kamerun“ und „Nordwest-Kamerun“ gar nicht dem Aktienrecht unterstehen. Es sind vielmehr auf Grund des Reichsgesetzes vom 15. März 1888 gecharterte (oktroyierte) Handelsgesellschaften. Man mag beide Aktiengesellschaften nennen, weil sie ein in übertrag-

*) Über sie bringt viel Material die Abhandlung von Klemperer, Die rechtliche Natur der Genußscheine 1898.

bare Anteile zerlegtes Grundkapital besitzen, weil die Zeichner der Anteile nur bis zum Nennbetrag der Anteile der Gesellschaft verpflichtet sind und weil die Verfassung der Gesellschaft in manchen Beziehungen nach dem Vorbilde der Aktiengesellschaft geformt ist — aber daraus folgt nicht, daß die Bestimmungen über wahre Aktiengesellschaften auf sie Anwendung finden. Vielmehr ist das sie beherrschende Recht in erster Linie das ihnen vom Bundesrath durch das Octroi verliehene Spezialrecht, in zweiter Linie das dahinter stehende bürgerliche Recht, d. h. vor dem 1. Januar 1900 das Recht des Bundesstaates, in dem die Gesellschaft ihren Sitz hat, seit dem 1. Januar 1900 das Bürgerliche Gesetzbuch.

Nach diesen Rechtsquellen besteht kein Bedenken gegen die rechtliche Zulässigkeit dieser Genußscheine. Es ist nicht abzusehen, weshalb es nicht gestattet sein soll neben den gewöhnlichen Anteilsrechten solche Anteilsrechte zu treffen, die in Namen und Sache eine besondere Stellung einnehmen. Wie bei jeder Korporation kann bei den oktroiierten Kolonialgesellschaften es Mitglieder mit und ohne Beitragspflicht, mit größerem und geringerem Stimmrecht, ja sogar ohne Stimmrecht geben.

1. Zweifellos gewähren aber die Genußscheine der Gesellschaft Süd-Kamerun **Mitgliedschaftsrechte**: denn:

a) Nach Art. 7 des Statuts bilden die Inhaber der **Anteile und der Genußscheine** die Gesellschaft. . . . . . Die den Inhabern derselben als Mitgliedern der Gesellschaft zustehenden Rechte an die Gesellschaft werden in der **Generalversammlung** geltend gemacht. Einzelne Mitglieder können nicht auf Teilung klagen.

b) Nach Art. 11 des gleichen Statuts erhalten die **Genußscheine Dividendenscheine**.

c) Nach Art. 30 haben in der Generalversammlung je zwei Genußscheine eine Stimme.

d) Über die Auflösung der Gesellschaft, die Ausgabe weiterer Anteile oder **Genußscheine** und die Änderung des Zweckes kann in einer Generalversammlung nur Beschluß gefaßt werden, wenn wenigstens Dreiviertel aller Anteile und **aller ausgegebenen Genußscheine** in der Versammlung vertreten sind. . . . . . Sofern es sich um Abänderung der Rechte der Anteile **oder der Genußscheine** handelt, ist darüber in besonderen Generalversammlungen, zu welchen nur die Inhaber der Anteile **beziehungsweise die Inhaber der Genußscheine** berufen werden, Beschluß zu fassen.

Abgesehen von diesen Bestimmungen werden die Beschlüsse der Generalversammlung durch einfache Stimmenmehrheit (wobei die auf die Genußscheine entfallenden Stimmen mitgezählt werden) gefaßt (Art. 34).

e) An dem Reingewinn partizipieren auch die **Genußscheine**, doch haben die Anteile eine Prioritätsdividende in Höhe von 5 pCt. der eingezahlten Beiträge (Art. 36).

f) Bei der Auflösung nehmen die Genußscheine an dem Reinvermögen Anteil, jedoch erst, nachdem die auf die Anteile eingezahlten Beiträge nebst 5 pCt. gemäß Art. 36b zurückgezahlt sind (Art. 38).

Darnach kann es keinem Zweifel unterliegen, daß die Genußscheininhaber **Mitglieder** sind und nicht etwa Gläubiger der Gesellschaft. Es sind Mitglieder mit Stimmrecht, Dividendenrecht, Anteil am Vermögen — nur ist das Maß der Rechte ein geringeres als das der Anteilsinhaber. Es sind Mitglieder zweiter Klasse.

2. Die Mitgliedschaft entsteht in folgender Weise:

a) 10000 Genußscheine erhalten die beiden Gründer der Gesellschaft als Äquivalent für die Übertragung der ihnen laut § 3 zustehenden Rechte an die Gesellschaft. Das würde den sogen. Apportsaktien (Aktien für Sacheinlagen) entsprechen. Nur besteht der Unterschied, daß bei der Aktiengesellschaft die Sacheinlagen auf das Grundkapital angerechnet werden, während hier die an die Gesellschaft übertragenen Rechte im Grundkapital nicht zum Ausdruck kommen, überhaupt in Geld nicht geschätzt sind. Während nach dem deutschen Aktienrecht die Schaffung solcher Mitgliedschaften nicht möglich ist, weil die Mitgliedschaft auf der Aktie beruht, die Aktie aber wieder einen Teil des Grundkapitals darstellen muß und die gesamten Aktien das Grundkapital ergeben müssen — steht nach dem Reichsgesetz von 1888 wie nach allgemeinen Grundsätzen nichts entgegen, wie überhaupt nach dem genannten Reichsgesetz für die oktroyierte Gesellschaft ein Grundkapital nicht begriffswesentlich ist.

b) 5000 Genußscheine werden den 5000 Anteilen beigegeben, je ein Genußschein einem Anteil, der Zeichner des Anteils erhält aber dazu einen Genußschein, den er frei veräußern kann, der aber nicht bloße Pertinenz des Anteils ist. Der Anteil gewährt Rechte und legt Pflichten auf, der Genußschein gewährt nur Rechte. Der Genußschein ist aber eine action gratuite, die nach dem deutschen H.G.B. unzulässig wäre, während sie nach dem Reichsgesetz von 1888 zulässig ist.

3. Die Mitgliedschaft sowohl der Anteile wie der Genußscheine ist übertragbar. Während die Anteilscheine nach Wahl ihrer Eigentümer auf Inhaber oder Namen lauten, lauten die Genußscheine sämtlich auf Inhaber (Art. 6). Während die Anteilscheine erst nach Einzahlung des vollen Nennbetrages ausgehändigt werden (Art. 10), sind die Genußscheine dieser Beschränkung nicht unterworfen. — Offenbar sind sie darnach mehr auf Absetzung an das große Publikum berechnet und spielen wirtschaftlich die Rolle von Obligationen. Aber das ändert an ihrem rechtlichen Charakter nichts.

Was für die „Genußscheine" der Gesellschaft Süd-Kamerun gilt, gilt mit wenigen Abweichungen für die Anteilscheine B der Handelsgesellschaft Nordwest-Kamerun. Klüglich hat man hier aber den Namen Genußschein vermieden. In der That haben die Genußscheine der Gesellschaft Süd-Kamerun gar nichts mit den Papieren zu thun, die man bei Aktiengesellschaften als Genußscheine bezeichnet. Es sind von Anfang an geschaffene Urkunden über Mitgliedschaftsrechte, gegen deren Zulässigkeit rechtlich nichts einzuwenden ist.

Rostock. Prof. Dr. Karl Lehmann.

* * *

In dem neunten Hefte der „Beiträge zur Kolonialpolitik und Kolonialwirtschaft" hat Herr Chr. von Bornhaupt eine kurze Abhandlung „Zur Frage der Genußscheine" veröffentlicht. Er verweist auf die Statutenbestimmungen über Genußscheine der „Gesellschaft Süd-Kamerun" und der „Gesellschaft Nordwest-Kamerun" und knüpft daran einige eigene Erörterungen und verschiedene Citate aus anderen Schriftstellern über die rechtliche Natur der Genußscheine.

Erörterungen wie Citate jedoch bewegen sich ausschließlich auf dem Gebiete des Aktienrechts. Die Frage, ob die rechtliche Natur der Kolonialgesellschaft nicht eine abweichende Auffassung erheische, ist unberührt geblieben und von einer Besprechung des wirtschaftlichen Wesens der Genußscheine überhaupt abgesehen worden.

Im Nachfolgenden soll versucht werden, diese beiden Punkte einer kurzen Betrachtung zu unterziehen.

Schon wenige Jahre nach Beginn unserer Kolonialpolitik erkannte man, daß für die Entwickelung der Kolonien mit dem Aktiengesetze nicht auszukommen sei. Die §§ 8 bis 10 des Gesetzes vom 15. März 1888 ermöglichten die Bildung von Kolonialgesellschaften, deren Satzungen den beschränkenden Bestimmungen des Aktiengesetzes nicht unterliegen.

Als besonders wichtig möge Folgendes hervorgehoben werden:

1. Die Summengröße der einzelnen Anteile ist nach unten hin unbeschränkt.

2. Die Wertbestimmung der Einbringungen unterliegt der Vereinbarung der Interessenten bezw. dem Ermessen der Gründer.

3. Das rechtliche Verhältnis verschiedener Gattungen von Anteilscheinen unter einander kann den Erfordernissen der einzelnen Gesellschaften angepaßt werden.

4. Für die Einrichtung der Verwaltung ist die größte Freiheit gewährt, insofern entweder ein Vorstand und ein Aufsichtsrat oder nur ein Verwaltungsrat, welcher gleichzeitig den Vorstand bildet, oder ein Direktorium eingesetzt werden kann, aus dessen Mitte einzelnen Direktoren die Befugnisse des Vorstandes übertragen werden können.

5. Kolonialgesellschaften brauchen nicht zum Firmenregister angemeldet, noch sonst gerichtlich eingetragen zu werden. Die Anteile unterliegen keiner Stempelpflicht.

Diesen Befreiungen vom Aktiengesetze gegenüber dienen als Korrektiv die Bestimmungen des Gesetzes vom 15. März 1888, daß das Statut vom Reichskanzler genehmigt und die Rechtspersönlichkeit der Gesellschaft vom Bundesrath verliehen werden müssen, sowie daß der Geschäftsbetrieb von Kolonialgesellschaften der Aufsicht des Reichskanzlers untersteht, welche durch einen Kommissar ausgeübt wird.

Das eben bezeichnete Gesetz hatte ermöglicht, daß in Deutschland Gesellschaften für koloniale Zwecke unter ähnlichen Voraussetzungen gebildet werden konnten, wie solche in England, Frankreich und Belgien für alle Gesellschaften gegeben sind.

Wie notwendig dieses Gesetz war, ist dadurch erwiesen, daß, als es sich um Errichtung der beiden großen Gesellschaften für Schantung handelte — der Eisenbahn und der Bergbau-Gesellschaft mit zusammen einem Kapitale von 60 000 000 Mk. —, eine Novelle zu dem obigen Gesetze erlassen werden mußte, welche die Anwendbarkeit der diesbezüglichen Bestimmungen für Schantung ermöglichte.

Die praktische Bedeutung der oben angeführten Befreiungen von den Vorschriften des Aktiengesetzes möge durch einige Beispiele dargethan werden.

1. Die Höhe der Anteile beträgt bei fast allen Kolonialgesellschaften unter 1000 Mk. Dieselbe ist in letzter Zeit fast immer auf 200 Mk. festgesetzt und soll bei einer in der Bildung begriffenen sehr großen Gesellschaft auf 100 Mk. normiert werden.

2. Bei der Hanseatischen Land-, Minen- und Handels-Gesellschaft für Deutsch-Südwestafrika sind die Einbringungen der Gründer auf 2 200 000 Mk., bei der Kaoko-Land- und Minen-Gesellschaft auf 7 000 000 Mk. in vollberechtigten Anteilen festgesetzt worden.

Die Gründer der Schantung-Gesellschaften haben sich für ihre Bemühungen um die Bildung der Gesellschaft und die Verpflichtung zur Kapitalbeschaffung auf jede Aktie einen Genußschein vorbehalten, und auch die Gründer der beiden Kamerun-Gesellschaften haben sich als Gegenwert für die ihnen verliehenen und von ihnen in die Gesellschaften eingebrachten Konzessionen sowie die von ihnen getragene Gefahr der Kapitalbeschaffung und die geleistete Arbeit ebenfalls Genußscheine (bei der Gesellschaft Nordwest-Kamerun Anteilscheine Serie B genannt) gewähren lassen.

3. Während es richtig ist, daß jede Aktie ein Stimmrecht haben muß, und richtig sein mag, daß nach dem Aktienrecht Genußscheine (actions gratuites, titres de jouissance, founder shares) kein Stimmrecht haben dürfen, herrscht bei Kolonialgesellschaften in dieser Beziehung vollständige Freiheit. Man kann ebenso gut Kapitalanteile schaffen, welche kein Stimmrecht, wie Genußscheine, welche ein bevorzugtes, und andere, welche gar kein Stimmrecht haben. Letzteres ist bei den Schantung-Gesellschaften der Fall, das Erstere bei den Kamerun-Gesellschaften.

4. Für die Freiheit in bezug auf die Einrichtung der Verwaltung bedarf es keiner besonderen Beispiele. Es giebt Kolonialgesellschaften von jeder der oben angeführten Verwaltungsformen. Bei denselben kann man auch im Gegensatz zum Aktienrechte bestimmten Inhabern von Anteilen den Anspruch auf eine maßgebende Beteiligung an der Verwaltung vertraglich gewähren und dadurch die Freiheit der Wahl der übrigen Anteilsinhaber beschränken, wie dies z. B. bei der Kaoko Land- und Minen-Gesellschaft geschehen ist.

Der Grund für diese den Kolonialgesellschaften in mannigfacher Beziehung gewährte Freiheit ihrer Gestaltung liegt darin, daß gegenüber dem Regelzwange, unter welchem bei uns das Kapital die gebahnten Erwerbswege geht, die möglichste Bewegungsfreiheit da notwendig erscheint, wo dasselbe auf noch ungebahnten Wegen gewissermaßen in eine wirtschaftliche Wildnis vordringen soll.

Leider ist es ein gerade in der letzten Zeit häufig zu beobachtender Mangel kolonialer Erörterungen in der Presse wie in Versammlungen, daß jener Gesichtspunkt nicht genügend gewürdigt wird. Man entnimmt aus Beschreibungen, daß eine Kolonie bequem oder doch sicher zu durchreisen sei, aus wirtschaftlichen Forschungen, daß sie die Voraussetzungen für reiche Entwickelung biete, und folgert daraus, daß nunmehr eine Kolonie schon erschlossen und regelmäßiger Bewirtschaftung offen sei. Ein verhängnisvoller Irrtum, der sich als solcher noch häufig erweisen wird, wenn die weitsichtigere Kolonialregierung nicht trotzdem fortfährt, den Unternehmern, welche sich wirtschaftlich in den Kolonien bethätigen wollen, die gleiche, ja eine erhöhte Unterstützung wie bisher zu gewähren.

Im Vorstehenden ist dargethan worden, daß Anteile und Genußscheine von Kolonialgesellschaften, und zwar einerlei, ob auf Namen oder Inhaber lautend, Wertpapiere einer besonderen Gattung sind, welche dem Aktienrechte nicht unterliegen, sondern eine eigene rechtliche Entwicklung auf Grund des Gesetzes vom 15. März 1888 erfahren und mithin Anspruch auf selbständige wissenschaftliche Behandlung haben.

Fragt man schließlich nach der wirtschaftlichen Bedeutung der Genußscheine, so ist darüber Folgendes zu sagen.

Bei fremden Völkern, den Engländern, Franzosen, Belgiern und Portugiesen hat man seit langem kein Bedenken getragen, energischen und kapitalkräftigen Unternehmern Konzessionen in den Kolonien zu gewähren und ihnen zu gestatten, solche oder Konzessionen in fremden Kolonien in Gesellschaften gegen eine entsprechende Kapitalsbeteiligung einzubringen. Ebenso ist bei uns verfahren worden, seit sich das Interesse für die Kolonien reger zu entwickeln begann.

Je häufiger und größer die Ansprüche von Konzessionsinhabern an das Kapital aber wurden, desto weniger fand sich dieses bereit, die Anteile der ersteren, namentlich in bezug auf den Gewinn, als gleichberechtigt anzuerkennen. Es wurde geltend gemacht, daß man zwar bereit sei, den Einbringern der Konzession eine Beteiligung am Gewinne zu gewähren, sobald solcher überhaupt erzielt werde, daß aber eine übliche Verzinsung des Kapitals nicht als Verdienst betrachtet werden könne und deshalb der Teilung vorausgehen müsse. Davon abgesehen, wurde anerkannt, daß den ursprünglichen Konzessionären eine innere Berechtigung zur Teilnahme an der Verwaltung schon um deswillen zustehe, weil dies meistens auch im Interesse der Gesellschaft liege und deshalb das den Anteilscheinen zu gewährende Stimmrecht nicht beanstandet.

So ist bei den Kolonialgesellschaften — und eine ähnliche Entwicklung hat sich in England und namentlich in Belgien vollzogen — der Genußschein allmählich bei gewissen Transaktionen an die Stelle des Anteilscheines getreten und stellt sich als ein minderwertiger Anteilschein dar (Serie B der Gesellschaft Nordwest-Kamerun).

Wie solcher Genußschein auf dem Geldmarkte, an der Börse den vollen Anteilscheinen gegenüber bewertet wird, hängt von dem Zutrauen zu der Gesellschaft und deren Leitung, sowie von der Schätzung der im Laufe der Zeit zu erwartenden Gewinne ab und ist schließlich wie der Kursstand vieler anderen Wertpapiere fast ebenso sehr eine Frage der Phantasie wie der Berechnung.

Im Interesse des kolonialen Gesellschaftswesens wird man hoffen dürfen, daß die Regierung auch fernerhin der Schaffung von Genußscheinen bei der Gründung von Gesellschaften nicht hemmend entgegentreten werde, da deren Gewährung an Stelle voller Anteile unter den oben geschilderten Umständen durchaus angemessen und empfehlenswert erscheint. Auch für eine Erschwerung des Handels in Genußscheinen liegt kein Grund vor: nur muß die mindere Art ihres Wertes aus den Satzungen der Gesellschaft und aus der Urkunde über die Stücke klar ersichtlich sein.

Hamburg. Dr. Scharlach.

Zu den Darlegungen des Herrn Dr. Scharlach habe ich meinerseits nichts zu bemerken, da die bezüglichen Ausführungen im wesentlichen eine Beleuchtung der Frage von anderen Standpunkten enthalten, dagegen kann ich nicht umhin, Herrn Professor Lehmann zu erwidern, daß mir die Existenz und Bedeutung des Reichsgesetzes vom 15. März 1888 sehr wohl bekannt war, daß es jedoch nicht in meiner Absicht lag, das Verhältnis der Statuten der beiden Kameruner Gesellschaften zu diesem Gesetz zu erörtern. Der Grund hiervon lag darin, daß meines Erachtens dieses Verhältnis ein so klares ist, daß sich über dasselbe etwas Erwähnenswertes kaum sagen läßt. Die Ansicht, daß die Statuten der beiden Kameruner Gesellschaften rechtlich unzulässig oder gar ungiltig seien, habe ich in meinem Artikel nicht ausgesprochen. Es ist doch sehr wohl möglich, daß ein Statut formell unanfechtbares Recht enthalten, und daß man sich doch veranlaßt sehen kann, vom theoretischen Standpunkte gegen einzelne Bestimmungen des Statuts Bedenken zu erheben. Ich hatte mir in gegebenem Anlaß die Aufgabe gestellt, die Genußscheine bezw. Anteilscheine B der beiden Kameruner Gesellschaften auf ihren rechtlichen Charakter zu prüfen, und bin hierbei zu dem Schluß gelangt, daß es bedenklich sei, Aktiengesellschaften (auch wenn sie Kolonialgesellschaften sind) das Recht zu erteilen, Urkunden zu emittieren, deren Bezeichnung (Genußscheine — Anteilscheine) sich nicht mit ihrem wahren

Charakter deckt, und über deren eigenste Bedeutung man erst nach sorgfältiger Prüfung zu der Erkenntnis gelangt, daß es sich hier um Urkunden zwitterhaften Charakters handelt, auf die keine einzige deutschrechtliche Bezeichnung paßt, und die daher notwendigerweise zu irrtümlichen Auffassungen und Zweifeln Anlaß geben müssen. Dies ist das Moment, das ich als zweifelhafte rechtliche Grundlage bezeichnet habe; weiter bin ich nicht gegangen, am allerwenigsten aber habe ich die Behauptung aufgestellt, daß die vom Reichskanzler und Bundesrat erlassenen Statuten rechtlich ungiltig seien.

Hiernach kann ich zwischen den Ausführungen des Herrn Kammergerichtsrats Dr. Keyßner und des Herrn Reichsgerichtsrats Förlsch und meinem Gutachten einen, eine weitere Besprechung notwendig machenden Gegensatz nicht erblicken. Herrn Professor Lehmann, der im übrigen mit meinen Darlegungen übereinstimmt und dann etwas bekämpft, was ich thatsächlich nicht behauptet habe, kann ich nur erwidern, daß so weit von ihm an meinem Artikel Kritik geübt worden ist, ich aus den oben angedeuteten Gründen diese Kritik als zutreffend zu bezeichnen nicht in der Lage bin.

Berlin. Chr. von Bornhaupt.

# Die landwirtschaftliche Regierungs-Station Johann-Albrechts-Höhe.

Von L. Conradt.

(Mit 8 Abbildungen.)

Als ich im August 1895 die Station Lolodorf in Süd-Kamerun leitete, erhielt ich vom Gouverneur den Auftrag, da Lolodorf Militärstation werden sollte, die in Nord-Kamerun am Mungoflusse gelegene alte Station Mundame in Bezug auf ihre Brauchbarkeit zu untersuchen und, sollte dieselbe sich nicht mehr als brauchbar erweisen, eine neue Station anzulegen. Dieselbe sollte nicht weiter als einen Tag vom Mungo ab sein und in einer fruchtbaren Gegend liegen, damit dort Versuche mit Landwirtschaft gemacht werden könnten.

Ich begab mich daher noch im August 1895 auf einem Flußmotor den prächtigen, imposanten Mungo stromauf nach Mundame, woselbst wir in 2½ Tagen ankamen.

Mit mir hatte ich schon gleich 12 Weyarbeiter als Stamm für die Station nebst dem nötigen vorläufigen Handwerkszeug und Instrumenten zum Urwaldroden mitgenommen, die in einem Leichterboote, das dem Motor angehängt war, mitkamen.

In Mundame angekommen, besichtigte ich die alte Regierungsstation, die schon längere Zeit unbewohnt war und fand sie in einem so zerfallenen Zustande, daß sie zum größten Theile hätte neu aufgebaut werden müssen; und da sie auch noch in sandiger, ziemlich unfruchtbarer Umgebung lag, so entschloß ich mich, weiter ab in der Nähe des Elephantensees eine Station anzulegen, woselbst die landwirtschaftlichen Verhältnisse aller Voraussicht nach bedeutend bessere sein mußten.

Zu diesem Zwecke begab ich mich mit meinen Leuten dorthin und fand mich auch nicht enttäuscht. Die Gebiete um den Elephantensee sind so günstige für die Anlage einer landwirtschaftlichen Versuchs- und Nutzungsstation, daß ich beschloß, hierselbst die Station anzulegen.

Die Station selbst, also das Wohnhaus, Vorratshaus, Küche, Geflügelhof und ein kleiner Stall, sollten auf dem Rande eines alten Vulkan erbaut werden, dessen Krater durch den herrlichen, sehr fischreichen Elephantensee, der eine Größe von 5—6 qkm hat und stellenweise über 100 m tief ist, ausgefüllt ist, und dessen Ränder, die etwa 80 m über den See und das Ganze Urwaldgebiet hinausragen, ungefähr 350—400 m über dem Meeresspiegel liegen, so daß eine fast beständige, sehr erfrischende Brise weht, was natürlich sehr wesentlich zur Gesundheit der dort lebenden Europäer beiträgt. Die Arbeiterhäuser, Vorratshäuser und dergleichen sollten am unteren, äußeren Kraterrande auf einer ebenen Fläche angelegt werden, die man vom oberen Kraterrande ganz übersehen konnte, und wohin von oben aus ein Weg in Schlangenwindungen gemacht werden sollte, der zugleich Reit- und Fahrweg werden konnte.

Die Bodenbeschaffenheit war eine selten günstige, da sie zum größten Teil aus Basalt, also vulkanischem Boden, bestand, über dem eine reiche Humusschicht lagerte, die überall eine reiche, sehr üppige Vegetation hervorrief und die auch nach der Ansicht des später auf der Station gewesenen Herrn Professors Dr. Wohltmann sich gut für Kaffeebau eignen sollte, was ich selbst auch gleich annahm, zumal sich auch viel wilder, ziemlich großbohniger Kaffee überall im Urwalde zerstreut vorfand.

Daß aber auch Viehzucht im Großen mit der Zeit gedeihen würde, war daraus zu schließen, daß die ringsum in zahlreichen größeren und kleineren Dörfern wohnenden Eingeborenen sehr schöne Rinder, Schafe, Ziegen und Schweine züchteten, die sich alle in einem sehr guten Futterzustande befanden, obwohl sie ohne jegliche Pflege aufwuchsen.

Auch die Arbeiterverhältnisse waren sehr gute, da die zahlreichen Eingeborenen sich sehr schnell an eine regelmäßigere Arbeit gewöhnten, so daß ich außer den festen 12 Wegearbeitern der Station gleich über 50 Balileute erhielt und sehr bald auch so viele

Treppe vom See zur Station.

Neger aus den umliegenden Dörfern, daß ich nie alle sich meldenden beschäftigen konnte. Der Preis für einen kräftigen Arbeiter betrug während des ersten Monats 6 Mark, im zweiten 7 Mark und vom dritten Monate ab gab ich 8 Mark dem Manne, nachdem er sich denn erst auch ordentlich eingearbeitet hatte, während der Arbeiter pro Woche 5 head Tabak — 1 head ist ein Bündel von 5 Tabaksblättern im Preise von ca 20 Pfg. — erhielt, was für den Monat 4 Mark Verpflegung machte. Die Verpflegung stellte sich jedoch schon nach Ablauf des ersten Jahres bedeutend billiger, da ich neben dem Stationsbau auch gleich daran ging, einige Tausend der nicht süßen Bananen anzupflanzen, die, geröstet oder mit Palmöl gekocht, ein Hauptnahrungsmittel der Arbeiter ausmachen, und konnte ich dann den Arbeitern dafür weniger Tabak geben. Dieses sofortige Anpflanzen von Lebensmitteln hielt ich auch aus dem Grunde für durchaus nötig, um die Station sobald als möglich etwas unabhängiger von den umwohnenden Eingeborenen zu machen, damit nicht solche Zustände eintreten konnten, wie sie auf der früher von mir geleiteten Station Lolodorf in der ersten Zeit eingetreten waren, daß nämlich die Eingeborenen einfach die Stationsarbeiter boykottierten, also durch Trommelschlag ringsum den Ortschaften verboten, an die Station Lebensmittel zu verkaufen, um dadurch für sich möglichst hohe Preise zu erzielen, eine Prozedur, die sie dann später auch noch öfters an durchziehenden Handelskarawanen vornahmen, bis ich ihnen endlich drohte, mit strengen Strafen vorzugehen.

Es wurden dann aber auch sehr bald Bergreis, Mais, Maniok, Erdnüsse und eine Colocasia-Art angepflanzt, die alle herrlich gediehen.

Bei der Anlage der Station war natürlich auch auf gute Wasserverhältnisse zu sehen, was dort überall in schönen klaren Bächen vorhanden war, die selbst zu Ende der Trockenzeit nie versiegten; ja, der größere Bach, der den Ausfluß des Elephantensees bildet, hat einige Wasserfälle, die mit geringer Mühe so zu stauen gehen, daß man dadurch mit Leichtigkeit eine so starke Wasserkraft erhält, um kleinere Mühlen und Sägewerke anlegen zu können.

Endlich ist auch die Verbindung mit der Küste eine so bequeme, daß dadurch die Transportkosten der erzeugten Produkte sich als nur sehr geringe hinstellen werden. Ungefähr 7—8 Monate im Jahre kann man mit Petroleummotoren den Mungofluß stromauf bis zur Handelsfaktorei Mundame fahren, und dauert eine Fahrt stromauf ca 2½ Tag, da der Motor nachts vor Anker liegen muß; stromab dagegen kann man bei forcierter Fahrt in einem Tage schon die Küste erreichen. Von Mundame aus hat man dann ca 5 Stunden bis zur Station auf größtenteils ebenem Wege zu gehen; seit 1899 ist der Weg schon zu Pferde zu passieren und kann mit nicht zu großer Arbeit auch für Fuhrwerk hergestellt werden.

Nachdem ich mich nun überzeugt hatte, daß die Vorbedingungen für das Gedeihen einer landwirtschaftlichen Regierungsstation vorhanden waren, ging ich gleich daran, mit dem Häuserbau zu beginnen.

Nach einem schnell entworfenen Plane für das Wohnhaus, das mit dem Eßzimmer fünf Räume erhalten sollte — das fünfte Zimmer sollte auf frühere Anordnung des Herrn Gouverneurs für ihn erbaut werden, wenn er auf der Station sich aufhalten würde — bestellte ich die nötigen Querbalken, Fußboden- und Verschalungsbretter nebst Wellblech, Fensterrahmen und anderem aus Kamerun, während ich sogleich unter Mithilfe von zwei schwarzen Zimmerleuten geeignetes Holz für die durchgehenden Hauspfeiler und den Pfahlrost schlagen und beschälen ließ, damit dasselbe noch erst etwas austrocknen konnte.

Zum vorläufigen Aufenthalte für mich und als Wohnung für die Stationsarbeiter ließ ich nebenbei gleich zwei Wellblechhäuser errichten, die sicher das Solideste und Praktische in Tropenländern sind, und sollte mein Wellblechhaus späterhin als Küche und Wohngelaß für Koch und Stationsjungen dienen, während ich auch gleich noch ein Haus als Vorratshaus für Instrumente, Vorräte ꝛc. erbaute.

Nach meinen langjährigen Erfahrungen als Landwirt in den Tropen von Mittelamerika, Ostafrika und Togo hielt ich ein Wohnhaus auf Pfahlrost für das gesündeste und praktische, und sollten Dach und Außenwände von Wellblech sein, während die Wohnräume innen mit 3/4" Nutbrettern so verschalt wurden, daß sich ein Zwischenraum von ca 1/2" zwischen Wellblech und Innenverschalung befand, wodurch die Wohnräume sich recht schön frisch und kühl hielten.

Die Längsseiten des Hauses konnten auf dem Kraterrande ziemlich von Norden nach Süden gelegt werden, sodaß man fast beständig eine frische Brise, meistens aus Norden, hatte, und befand sich dann eine 2 m breite überdeckte Veranda rings um das Haus, sodaß auch diese viel benutzt werden konnte. Die fünf Zimmer waren alle neben einander angeordnet und hatten nach Norden und Süden Fenster oder

Thüren, und blickte man von der Front des Hauses über den unendlichen Urwald und sah bei klarem Wetter rechts den imposanten Kamerunberg, nach links zu das herrliche Balossi-Gebirge mit seinem Kupéberge, in der Front dagegen verschiedene Gebirgszüge bis zu den Sanagabergen hin, während man von der hinteren Veranda tief dicht auf den herrlichen See und seine imposanten Kraterränder herabsah, während auch nach dieser Seite sich mehrere Gebirgsketten hinter einander auftürmten, deren eine das große Nambigebirge ist.

Da mir von Kamerun aus nur sehr langsam das Hausmaterial zugeschickt wurde, so ging der Hausbau auch ziemlich langsam vorwärts, was besonders unangenehm wurde, als ich, nachdem das Hausgerippe fertig dastand, nicht die Dachsparren erhielt, und dasselbe durch Regen und Sonnenschein sich zu verziehen anfing, was nur mit großer Mühe wieder so ziemlich zurechtgezogen werden konnte.

Neben dem Hausbau wurden die dabei nicht beschäftigten Arbeiter, besonders die ganz tüchtigen Balileute, zum Klären des Kratersrandes benutzt, und ein ordentlicher

Veranda des Stationshauses.

Weg von 4 m Breite durch das Stationsgebiet bis zum ca ½ Stunde abliegenden größeren Dorfe Kumba durch den Wald gemacht, wo vorher nur ein schmaler, in der Regenzeit stellenweise sehr morastiger Negerpfad in vielen Zickzackwindungen hindurchführte.

Schon im Frühjahr 1896 hatte ich ungefähr 200 kleinere arabische Kaffeepflanzen von Kamerun aus, allerdings in einem sehr elenden Zustande, erhalten, die ich gleich in schon fertiggestellte Saatbeete mit noch einigen Kakao- und Kautschukkernen auspflanzte und längere Zeit noch begießen lassen mußte, nachdem ich sie mit Palmblättern beschattet hatte. Die paar gekeimten Kautschukkerne verpflanzte ich dann später zu beiden Seiten des Weges von der unteren nach der oberen Station, während ich ca 100 angegangener Kaffeebäumchen und vielleicht 50 Kakaobäumchen in der Farm zwischen schon gepflanzte Bananen aussetzte, wo sie durch letztere schön beschattet wurden und sich auch in dem so fruchtbaren Boden sehr gut entwickelten. Schon im Dezember 1898 konnte ich von diesem Kaffee eine kleinere Probe nach Berlin an das Kolonial-Amt einsenden, und befinden sich die ziemlich günstigen Untersuchungsresultate darüber in der Zeitschrift: „Der Tropenpflanzer“ in der Nr. 1 des Jahres 1899 veröffentlicht.

Ich konnte also durch diese Resultate entgegen der Ansicht des Leiters des Kaiserl. Botanischen Gartens zu Viktoria beweisen, daß der arabische Kaffeebau sehr wohl auf der Station gedeihen kann. 1897 wurde auch ein kleiner Versuch mit wildwachsendem Kaffee, der sich öfters dicht bei der Station vorfindet, gemacht: teilweise wurde derselbe als Pflanzen schon herausgenommen und auf der Station zwischen Bananen verpflanzt, wo er 1899 auch schon einige Früchte ansetzte; teilweise wurden reife Früchte in Saatbeete gelegt und 1899 am See verpflanzt. Doch sind die Untersuchungen damit noch nicht abgeschlossen.

Kurz bevor ich im Dezember 1896 in Urlaub ging, erhielt ich auch ca 1000 Kaffeefrüchte zur Aussaat von Viktoria aus zugesandt. Dieselben wurden während meiner Abwesenheit gesät und von mir dann im September 1897 ausgepflanzt. Von diesen sich meistens recht schön entwickelnden Bäumchen hatten die meisten im Frühjahr 1899 sehr schöne und reichliche Früchte angesetzt.

Als ich im Frühjahr 1897 nach Berlin in Urlaub kam, gab mir das Kolonial-Amt den Auftrag, genaue Ausarbeitungen darüber zu machen, wie die von mir angelegte Station auch Einnahmen mit der Zeit erzielen könnte, da, wie man sagte, die nur Kosten verursachenden Stationen mit der Zeit aufgehoben werden müßten.

Ich arbeitete daher einen Prospekt über eine Kaffeepflanzung in Johann-Albrechts-Höhe aus und beantragte demgemäß bei meiner Rückkehr nach der Station im Juli 1897 einen Sack Saatkaffee. Nachdem dieser endlich im Dezember 1897 in einem leider ganz durchnäßten Zustande angekommen war, wurden unter meiner und meines tüchtigen Assistenten persönlicher Aufsicht ca 50 000 Früchte in schon bereitstehende Saatbeete ausgepflanzt und mit ca 20 bis 25 Mann täglich während der ganzen Trockenzeit begossen. Der Saatkaffee hatte jedoch, wie schon ich und mein Assistent gleich befürchteten, die Keimfähigkeit verloren und gingen von allen Früchten nur 17 Stück auf; es waren also alle Mühen und Unkosten umsonst gewesen.

In derselben Zeit des Aussäens hatte ich natürlich auch sofort mit verstärkter Arbeiterzahl Urwald roden lassen, um dann während der Regenzeit ca 10 bis 15 000 Pflanzen auspflanzen zu können, wobei ich als ersten Schutz von Zeit zu Zeit einen Baumriesen als lichten Sonnenschutz hatte stehen lassen, und sollten dann zugleich an den der Sonne sehr ausgesetzten Stellen beim Verpflanzen des Kaffees wieder Bananen als Schutz ausgepflanzt werden, was sich beim erstgepflanzten Kaffee sehr bewährt hatte, zumal ich für die Leuteverpflegung sehr gut noch mehr Bananen brauchen konnte; und hätte ich den Rest der Bananen nebst den schon abgetragenen Bananenstämmen als Viehfutter gebrauchen können. Aber auch diese Arbeit wurde durch den schlechten Saatkaffee eine illusorische, und war der Ertrag der Station an Kaffee wieder auf ein Jahr hinausgeschoben.

Ich habe dann noch im Dezember 1898 etwas Saatkaffee in Pergamenthülsen erhalten, der jedoch auch schon sehr muffig war. Meine Frau und ich haben denselben dann noch selbst ausgelesen, wobei ein Drittel der Bohnen mit den Fingern ganz platt gedrückt werden konnte; derselbe war also taub oder nur notreif gewesen, und befanden sich in diesem Saatkaffee eine ganze Menge von Kohlenstückchen! Den Rest scheinbar besserer Bohnen — ca 13 000 — pflanzte ich wieder in Saatbeete, und waren kurz vor Antritt meines Urlaubs im Mai 1899 gegen 3000 aufgegangen, wozu noch einige Hundert Bohnen in Saatbeeten am See kamen von schon selbst geerntetem Kaffee, den ich zum Versuche ausgepflanzt hatte. Auch für diesen Saatkaffee hatte ich einen größeren Teil Landes am Stationsberge roden und reinigen lassen, worauf dann Bananen dazwischen in Abständen von ca 4 m im Quadrat gepflanzt wurden als spätere Schattenbäume für den Kaffee, der im August 1899 etwa daselbst verpflanzt werden sollte.

Das Roden des meist prachtvollen und dichten Urwaldes ist stets eine recht schwere und langwierige Arbeit; doch zum Glück macht dieselbe den Eingeborenen des Innern selbst auch Spaß, da sie es ja auch selbst thun, um ihre oft ziemlich großen Farmen anlegen zu können.

Im dichten Walde gehen erst die Arbeiter in breiter Linie mit Buschmessern vor und schlagen das dünnere Unterholz und die Schlingpflanzen entzwei, worauf dann dahinter wieder eine Anzahl der kräftigsten und geschicktesten Leute mit Äxten darangehen, die notwendig zu beseitigenden Bäume zu fällen. Sie schlagen oft erst

Ein Baumwollbaum.

mehrere an und fällen dann einen Baumriesen, der durch seinen Sturz wieder mehrere der angeschlagenen mit ordentlichem Donnergepolter mit sich reißt. Sind nun erst eine Menge Bäume und das dazwischenstehende Unterholz gefällt, so gehen dann alle Arbeiter daran, die Kronen der Bäume und das Unterholz zu zerkleinern und auf möglichst große Haufen an den dicken Baumstämmen aufzustauen, worauf das Holz erst mehrere Wochen trocknen muß.

Ist das Holz dann trocken, was in der Trockenzeit schon in mehreren Wochen der Fall ist, so beginnt man mit dem Abbrennen des Holzes, wobei man jedoch sehr Acht geben muß, daß das hochemporlohdernde Feuer nicht zu dicht an stehenbleibensollende Bäume kommt, da sonst dieselben leicht beschädigt werden, worauf sie an der Feuerseite absterben, sich dann Bohrkäfer und andere Insekten hineinbohren und so den Baum beim nächsten starken Tornado zum Sturze bringen. Alle diese Fällarbeiten kann man sehr beschleunigen, wenn man die Arbeiter bei gutem Mute erhält und sie mit guten amerikanischen Äxten, die die einzig richtigen für den Urwald sind, und guten mittelschweren Buschmessern ausrüstet. Leider hatte ich erst nach 18 Monaten den ersten Schleifstein erhalten und bekam erst fast nach 3 Jahren wieder gute Äxte, sodaß die Arbeiter zeitweise lange nicht mit dem Erfolge und der Lust beim Urwaldfällen dabei waren, abgesehen davon, daß sich natürlich die Unkosten des Fällens bedeutend dadurch höherstellten, als es der Fall gewesen wäre, wenn die Station stets ausreichende gute Äxte und Buschmesser erhalten hätte.

Schon beim Betreten meines neuen Bezirks hatte ich gesehen, daß die Eingeborenen überall recht schönes Vieh hatten; und so war es auch natürlich, daß auf meiner Station Vieh gedeihen würde. Doch zuerst mußten hierzu größere Flächen des Urwaldes geklärt werden, damit sich erst Naturgras entwickeln konnte. Ich begann daher auch neben der Erbauung der Station und der Anlage der Farmen allmählich etwas Busch zu Viehweiden zu roden, und im Jahre 1897 ließ ich größere Terrains am See, die sehr günstig lagen, klären, woselbst sich auch das Gras zu zeigen anfing. Leider erhielt ich eine größere Sendung von verschiedenen subtropischen Grassämereien, die ich amtlich hatte bestellen lassen, von Kamerun aus aufgelötet zugesandt, und war infolgedessen die Keimfähigkeit des Samens völlig verloren gegangen. Ich ließ nun von einzelnen Wegen und sonnigen Stellen vom reifen Grase Samen abstreifen und übersäete meine Viehweiden damit, ein Versuch, der mir auch gelang, nur mußten alle paar Monate die Arbeiter über die Weide gehen und das schnell hervorschießende Unkraut und Gestrüpp abschlagen und beseitigen, da sonst das noch spärliche Gras vom Unkraut erdrückt wäre.

Schon früher hatte ich in Berlin beantragt, mir 2000 Mark zum Ankauf von Zuchtvieh zu bewilligen, was auch geschah, und war mir vom Herrn Gouverneur gesagt worden, daß das Geld im etwaigen Gebrauchsfalle stets zu meiner persönlichen Verfügung stände. Als ich dann später das Geld haben wollte, wurde mir beim Gouvernement gesagt, daß das Geld zu anderen Sachen verbraucht wäre.

Im August 1897 erhielt ich infolge eines Fetischpalavers einen Teil Strafvieh für die Station; doch waren dies meistens Kälber. Dieselben waren noch zu jung von ihren Muttertieren weggekommen und ferner so abgetrieben, daß ein Teil derselben einging. Dieser scheinbare Mißerfolg steht aber nicht vereinzelt da: Ortsveränderung und andere Verhältnisse verursachen häufig Krankheiten und Sterbefälle unter dem Vieh; auch von dem aus den Rumbibergen nach der Station Edea gebrachten Vieh sind mehrere Stück eingegangen.

Vier von den mir eingelieferten kräftigeren Rindern hielten durch und haben sich schön entwickelt, und hat die eine Kuh ein schönes Kalb geworfen, und noch zwei Stück waren belegt und sollten im Laufe des Jahres 1899 kalben. Leider war mir auch vom Gouvernement eine kleine Viehapotheke nebst Zubehör als zu kostspielig abgeschlagen worden.

Man muß stets Mittel und Zeit haben, etwas neues anzufangen, ebenso auch mit der Viehzucht, und wenn man sieht, welch schönes Vieh die Eingeborenen ringsum haben, so ist es ja auch natürlich, daß man mit besser ausgelesenem Rindvieh bei guter Pflege und beim Futtern von Kraftfutter, als Mais und Macabo (colocasia sp.), wird mit der Zeit gute Resultate erzielen können, und wäre es von sehr wesentlichem Vorteil für die Gesundheit der in Kamerun lebenden Europäer, stets frisches Fleisch zu haben. Aber nicht nur das Versorgen mit frischem Fleische ist durchaus notwendig, sondern auch auf frische Milch muß das Augenmerk gerichtet werden. Daß das Produzieren von frischer Milch sehr wohl mit der Zeit möglich ist, habe ich sowohl in der Republik Guatemala gesehen, obwohl das Vieh auch fast halb wild herumlief, und wo ich sogar habe buttern lassen, als auch gab mir eine Kuh auf der Station Bismarckburg in Togo täglich etwas Milch; nur muß eben das Rindvieh durch permanentes Milchen durch mehrere Generationen erst daran gewöhnt werden, Milch abzugeben.

Sehr wesentlich trägt auch zur Erhaltung der Europäer in den Tropen eine abwechselnde Küche bei, zumal die oft schon alten und meist nicht schmackhaften Konserven, wie mir auch von anderer erfahrener Seite versichert wurde, auf die Dauer nie gut auf den Magen wirken.

Der Europäer, dem etwas an der Erhaltung seiner Gesundheit liegt, müßte stets wenigstens etwas von der Küche verstehen, wenn er keine Frau hat, die ihm

Blick auf den Elefantensee.

dieselbe abnimmt. In meinem Distrikte gab es zahlreiche schöne Schweine, Schafe und Ziegen, daneben Hühner und große Enten, und hatte der Elephantensee sehr viel Fische, die ganz vorzüglich schmeckten.

Meine Frau, die sich viel mit der Küche beschäftigte, machte außer der gewöhnlichen Zubereitung des Fleisches in Form von Braten auch Sülze, Wurst, Klopse, kochte Fische sauer in Gelee ein und machte sehr schönes geräuchertes Salzfleisch, das sich wochenlang hielt.

Sehr notwendig ist auch ein Gemüsegarten, der richtig angelegt ist. Fast überall kann man Gurken, Bohnen, Petersilie, Radieschen, Rettig, Salat und auch Karotten ziehen; an höher gelegenen Orten gedeihen auch vorzüglich Kohlrüben, Kohlrabi, Majoran, Pfefferkraut, Dill, Eierfrüchte, rote Beeten, Sauerampfer, Weiß-, Wirsing- und Rotkohl. Zwiebeln gedeihen nicht so gut. Das Gartenland muß nun gut durchgearbeitet sein, und ist es stets gut, die noch jungen Pflänzchen gegen die scharfen Sonnenstrahlen zu beschatten und morgens und abends gut zu begießen.

Von den Gurken hatte sich die japanische Klettergurke sehr gut bewährt, die ich an schrägen Spalieren zog, von Bohnen die Stangen-Schlachtschwertbohne; Petersilie, Majoran und Pfefferkraut wucherten stetig weiter, nachdem man das Kraut oben abgeschnitten hatte. Weißkohl konnten wir sehr gut als Sauerkohl einmachen, und hatten wir auch fast stets Senf- und Salzgurken.

Auch verschiedene einheimische Früchte lieferten uns herrliche Fruchtsäfte, Kompots und Gelees. An Stelle der Kartoffel trat eine Colocasia-Art, die ganz vorzüglich schmeckte und die man auch vorzüglich zu Kartoffelpuffern benutzen konnte, während die jungen Blatttriebe derselben einen schönen Spinat lieferten.

In der näheren Umgebung der Station lagen eine ganze Anzahl größerer und kleinerer Ortschaften, die zumeist in einem recht freundschaftlichen Verhältnisse

Brücke der Eingeborenen.

zur Station standen. Das Dorf Kumbe lag ca ½ Stunde von der Station und hatte ca 80 Häuser nebst den Hintergebäuden; hierzu gehörten noch zwei kleinere Sklavendörfer. Die Dörfer Mambanda, etwa 2½ Stunden ab, und das Dorf Illiwindi, 4½ Stunden ab, nebst einigen kleineren Sklavendörfern gehören wie auch Kumba zum Stamme der Basó.

Das Dorf Molonje nebst dem großen Sklavendorfe Malende, das ziemlich auf der Mitte des Weges von Mundeme nach der Station liegt, gehörten dem verstorbenen, sehr einflußreichen Fetischpriester und Häuptling Makia von Molonje, dessen tüchtiger Sohn Ngó jetzt an seiner Stelle ist.

Die Bewohner des Dorfes Balundu ba Kake, das etwa 2 Stunden von der Station abliegt, sollen noch heute im geheimen Menschenfresser sein.

Das Dorf Borrumbi ba mbu, das auf der anderen Seite des Elephantensees der Station gegenüberliegt, ist ein Fischerdorf, und fangen die recht tüchtigen und gutartigen Einwohner in Fischreusen sehr viele Fische, die sie am Ausflusse des

Elephantensees täglich am Morgen an die Stationsleute und die Einwohner der nächsten Dörfer gegen Tabak und Lebensmittel, besonders Bananen, eintauschen; und kosten zwei mittlere Fische etwa ein Blatt Tabak, also etwa 4 Pfennige. Ferner ist jedoch bei den Barombi die Töpferei sehr verbreitet; und auch hiermit treiben sie sehr lebhaft Handel. Leider hatten einzelne Barombi die echten Pocken in das Dorf eingeschleppt, und war ein Drittel der Einwohner daran gestorben. Doch durch die Absperrung der Station nach der Mungoseite zu und durch Impfen meiner Stationsleute konnte sich die so gefährliche Epidemie nicht weiter verbreiten, und fing das Dorf auch bald wieder an, emporzublühen; ich habe fast stets eine Anzahl Eingeborener von dort zur Arbeit gehabt, zeitweise sogar mit ihrem tüchtigen Häuptling Nanjebe, und war ich stets mit ihnen recht zufrieden.

Die Station.

Endlich wäre noch das kleine Dorf Mundame am Mungo zu erwähnen, deren Einwohner jedoch durch vieles Schnapstrinken recht entartet waren, voran ihr vom Schnaps aufgedunsener Häuptling, dem ich den Namen „King Schnapsbottle“ vor Jahren gegeben hatte, da er, wenn ich mal nach Mundame kam, stets mit einer leeren Schnapsflasche zum Füllen zu mir kam.

In weiten Abständen lagen nun noch eine ganze Menge von Dörfern; doch mit deren Einwohnern kam ich schon seltener in Berührung.

Von Zeit zu Zeit besuchte ich nun diese Dörfer, und mußten allmälig die Häuptlinge mit den Eingeborenen darangehen, ordentliche Wege zu machen, die wenigstens in der Trockenzeit gut passierbar waren; auch gewöhnte ich sie mit der Zeit daran, provisorische Brücken über die vielen, mehr oder weniger breiten Bäche zu machen, sodaß man nicht mehr gezwungen war, in der Regenzeit bis an den Leib dieselben zu durchwaten oder sich auf den Schultern seiner Leute hindurchtragen zu lassen.

In all diesen Dörfern konnte ich stets Schafe, Ziegen, Schweine zu 4—8 Mark das Stück je nach Größe kaufen, während sie ihr nicht so zahlreiches Rindvieh sehr ungern verkauften und dann auch 60 Mark und noch mehr für ein Stück verlangten. Hunde und Katzen gab es auch, und werden Hunde von ihnen zahlreich gehalten, die sie häufig mästen und dann mit Vorliebe aufessen. Ebenso gab es häufig Hühner und auch die große sogenannte türkische Ente, die sehr schön schmeckt. Eier konnte man sehr billig kaufen, da die Eingeborenen eine Aversion gegen das Eieressen haben; ein Huhn kostete ca. 10 bis 50 Pfg., eine große Ente 2 bis 3 Mark, und für drei Eier wurden häufig nur 4 bis 5 Pfg. bezahlt.

Der Handel der Eingeborenen ist ein Tauschhandel. Haupthandelsartikel sind das Palmöl von der Ölpalme, ferner die Palmkerne selbst, Kautschuk, Elfenbein, da in meinem Distrikte Elephanten noch recht häufig sind; doch, wenn nicht Schutz denselben gewährt wird, so werden sie in absehbarer Zeit fast ausgerottet sein, da die Eingeborenen auch die junge Kälber töten, um das Fleisch zu essen.

Ebenholz kommt auch vor, und tauschen diese Artikel meistens noch schwarze Händler, die im Lande herumziehen, gegen amerikanischen Tabak, Salz, Zeuge, Feuersteingewehre, Pulver, Singlets — Art gewebter Hemden —, Schnaps, Perlen, Schüsseln, Messer, bunte Blechkoffer ꝛc.; seltener gegen Filz- und Strohhüte, Seife, Pomaden, Harmonikas, alte Kleider und dergl. ein.

In meinem Distrikte befanden sich drei Faktoreien von Weißen in Jiliwindi, Bolo und Mundame, woselbst auch noch zwei recht intelligente Mulatten eine Faktorei hatten.

Die Lebensweise der Eingeborenen ist im allgemeinen eine recht einfache. Hauptnahrungsmittel derselben sind Makabo (colocasia sp.), die knollenartige Kartoffel, die nichtsüßen, unreifen Bananen (Planten), die sie sowohl geröstet als auch gekocht mit Palmöl essen, ferner Mais, Erdnüsse, Bohnen, auch die süße Banane, vereinzelter Maniok und Yams, dann eine Kürbisart, von der sie allerdings nur die Kerne essen.

Etwas Zuckerrohr wird auch angebaut, jedoch nur frisch der Saft ausgekaut. Die Kokospalme findet sich nur vereinzelt, und wird der Saft frisch getrunken und das Fleisch gegessen. Ferner essen sie noch eine Menge von Waldfrüchten, Ananas, die auch vereinzelt vorkommen, die Melonenfrucht Papaya, den kleinen roten Schotenpfeffer, der eine sehr beliebte, scharfe Würze ist, und eine Baumnuß, die sehr angenehm schmeckt.

Auch werden von ihnen verschiedene Kräuter und Pflanzen gekocht und als Gemüse gegessen.

Fleisch jeder Art wird mit großer Vorliebe gegessen, selbst wenn dasselbe nicht mehr frisch ist. Schafe, Ziegen, Hühner, Enten sind gleich beliebt. Hierzu kommt noch Wild verschiedenster Art, besonders Antilopen, Stachelschweine, Schuppentiere, Affen und verschiedene Vögel, die sie teils schießen, teilweise in Schlingen und Fanggruben erbeuten; auch bedienen sie sich großer, langer Fangnetze, die sie bei ihren oft großen Treibjagden anwenden.

Aber auch niedere Tiere verschmähen sie nicht. Schlangen, Eidechsen, Ratten, Mäuse, Krabben werden von ihnen gern gegessen, ebenso große Schnecken, und sah ich mal selbst zu, wie sie die Eier einer dicken Giftschlange gekocht verzehrten. Eine sehr beliebte Fleischnahrung sind auch Fische, die sie über alles lieben und teils kochen oder in der heißen Asche backen.

Klärung der Urwaldterrains

Daß das Gebiß der Neger ein recht kräftiges sein muß, beweist auch, daß er das so sehr zähe Elephantenfleisch vertilgt; und hat er genügend Fleisch, so ißt er so lange, bis er nicht mehr kann.

Hat der Eingeborene genügend Lebensmittel, kann er sich also stets ordentlich satt essen und des Abends tüchtig tanzen und singen, wozu noch eine Pfeife Tabak kommt, so ist er glücklich und zufrieden und arbeitet dann auch; es war daher auch stets meine erste Sorge, daß die Arbeiter immer reichlich zu essen hatten.

Die Form ihrer Wohnhäuser ist eine länglich-viereckige, und fällen sie sich im Urwalde die dazu nötigen Hauspfeiler von Bäumen, die von den Termiten nicht angegriffen werden. Zu den Wänden und den Dachsparren benutzen sie meistens die ganz geraden Rippen von Palmblättern oder von Bambus, der an verschiedenen Stellen vorkommt. Das Dach selbst und die Wände des Hauses werden sehr sauber aus Matten von Palmblättern hergestellt, während sie die Thüren und selbst Fensterluken sauber aus Brettern eines leicht zu bearbeitenden Baumes herstellen. Zum Befestigen der Matten und ebenso für ihre Netze und überhaupt als Bindfaden und Strick werden die Fasern der Bananen benutzt, die sehr sauber und stark sind.

Aus den Fasern einer Art Schlingpflanze (dekoï genannt) machen sie auf einer Art Webrahmen sehr niedliche, dünne Matten, aus denen sie auch niedliche Taschen machen, die durch verschiedene Baumsäfte bunt gefärbt werden.

Bis zu meiner Ankunft hatten die ärmeren Eingeborenen sehr viel durch die geheimen Fetischbünde zu leiden, da jeder, der sich durch teures Einkaufen oder durch ein Ansehen in diesen Bünden befand, durch Vordashinsetzen irgend eines Fetisches den betreffenden Eingeborenen zwingen konnte, ihm das zu geben, was er wollte, sei es nun ein Stück Vieh, seine Frau, Kinder oder anderes, sodaß also eigentlich den nicht in den Geheimbünden befindlichen Eingeborenen alles weggenommen werden konnte; und hat wohl auch nie jemand sich geweigert, das zu bezahlen, was verlangt wurde.

In der ersten Zeit verhielt ich mich noch ruhig dem gegenüber; als ich jedoch sah, wie das Volk ausgesogen wurde, und als die Geheimbündler sogar gegen die Station das Volk aufhetzten und den Leuten verboten, als Arbeiter auf der Station zu arbeiten, und denen, die gearbeitet hatten, sogar ihren Verdienst wegnahmen, war ich gezwungen, energisch dagegen aufzutreten, und gelang es mir auch dann mit der Zeit, die Hauptheter und Fetischpriester gefangen zu nehmen und deportieren zu lassen, worauf sich die anderen sehr bei mir bedankten, und sagten sie mir, daß sie jetzt erst eigentlich wirkliches Eigentum besäßen.

Die Fetischgeräte der Priester und Geheimbündler wurden dann auch von den anderen Eingeborenen auf die Station gebracht und daselbst vieles verbrannt; das Beste dagegen befindet sich jetzt im Museum für Völkerkunde in Berlin.

Muß der Europäer in Afrika mit schwarzen Arbeitern arbeiten und besonders im Innern, woselbst die Negerstämme Gott sei Dank noch nicht so durch den so massenhaft importierten Branntwein entartet sind und ein ziemlich feines Gefühl für Recht und Unrecht haben, so muß er selbst stets mit gutem Beispiel in jeder Beziehung vorangehen.

Er muß sich stets vergegenwärtigen, daß der Neger als großes, noch erst zu erziehendes Kind nur mit einer gerechten Strenge zu behandeln ist, und muß er sich stets davor zu hüten suchen, sich zur Grausamkeit hinreißen zu lassen. Der Schwarze denkt ganz anders als wir und versteht auch bei sehr vielen Sachen die Gründe hierzu nicht; man muß sich also erst an den Gedankengang desselben gewöhnen, und man lernt ihn auch bald verstehen, wenn man nur Lust dazu hat, und diese sollte man stets haben, wenn man nach Afrika hinausgeht; denn wenn man den Neger nur als ein Tier betrachten will, so fühlt man sich selbst sehr bald enttäuscht und wird auch seinen eigenen Zweck, der stets Lebensaufgabe sein sollte, verfehlen. Mit der Zeit wird man dann auch geschultere Arbeiter bekommen, die mit Lust und Verständnis arbeiten. Durch die Verdienste der Arbeiter werden dieselben auch daran gewöhnt, mehr Bedürfnisse zu haben, wodurch wieder der deutsche Handel emporblühen wird. Mit der Zeit wird auch der Neger sehen, daß er durch Selbstpflanzen von Kaffee, Kakao, Zuckerrohr ꝛc seine Einnahmen vergrößern kann; nur muß er

Das Vieh der Station auf der Weide am See.

natürlich vom Europäer darin auch unterwiesen, unterstützt und auch beaufsichtigt werden, und seinen Vorteil wird er sicher schnell einsehen und Achtung vor seinem Wohltäter haben. Einer der Hauptfehler, in die der Europäer verfällt, ist, daß er nicht versucht, seine Lebensgewohnheiten dem Lande anzupassen, und besonders muß er sich vor Bier und alkoholischen Getränken sehr in Acht nehmen, da hieraus und den Folgen davon sehr viele Krankheiten entstehen, die sehr häufig nachher dem Klima in die Schuhe geschoben werden.

Nach meiner Auffassung müssen die Stationen stets Kulturzentren für die ganze umliegende Gegend sein. Es müssen landwirtschaftliche größere Versuche mit den verschiedensten Produkten gemacht werden, und nicht nur kürzere Zeit, sondern so lange, bis man ein abschließendes Urteil über diese Produkte gewinnen kann. Es müssen daher stets erfahrene Leute an die Spitze gestellt werden, deren Lebensaufgabe ist, das Land zu heben, und die auch selbst mit Lust und Liebe an diesem allerdings sehr ernsten und schweren Ziele arbeiten, da das Erziehen von Naturvölkern eine sehr ernste Lebensaufgabe ist, die nicht jeder sogleich, wenn er von Europa herauskommt, lösen kann und will. Wenn man nun diese richtig geleiteten Stationen allmählich immer weiter ins Innere vorgeschoben hat, und Wege gemacht werden, so wird man endlich auch im Hinterlande in Gebiete kommen, die wohl ganz gut werden kolonisiert werden können. Durch die Resultate in der Landwirtschaft werden auch bald Private und Kapitalsgesellschaften sich entschließen, ihre Gelder in unserer so reichen und zukunftsvollen Kolonie anzulegen; der Handel wird Hand in Hand mit der Landwirtschaft emporblühen, und wir werden viele deutsche Arbeitskräfte, die heute noch ins Ausland gehen, unseren Kolonien und dadurch auch unserem Vaterlande erhalten.

Die Zukunft unserer tropischen Kolonien liegt in der Landwirtschaft, und wenn diese blüht, werden der deutschen Industrie und dem Handel stets neue Absatzgebiete erschlossen, und wir werden mit der Zeit bei richtiger Handhabung dahin kommen, viele Hunderte von Millionen von Mark, die heute noch für Tropenprodukte ins lachende Ausland gehen, dem Vaterlande zu erhalten. Wir werden uns aber auch durch diese Resultate mehr und mehr unabhängig vom Auslande machen, was nicht zu unterschätzen ist.

# Die kulturelle Entwickelung Paraguays und seine jetzige Bedeutung für europäische Kolonisation.

Von C. Pfannenschmidt.

## III.

Das gebräuchlichste Beförderungsmittel ist noch immer die landesübliche, mit Ochsen bespannte Karrete; sie dient dazu, die Verbindung mit den Häfen und Eisenbahnstationen zu bewerkstelligen. Eine Verwendung von Pferden als Zugtiere ist gegenwärtig noch vollständig ausgeschlossen, da sich die Wege infolge der häufigen und starken Regengüsse an vielen Stellen in sehr schlechtem Zustande befinden. Weit ausgedehnte Sumpfstrecken, die sich in Thälern ausbreiten, erschweren ebenfalls den Verkehr außerordentlich. Leider wird auf Verbesserung und Instandhaltung der Wege und Brücken von Seiten der Regierung bisher recht wenig Sorgfalt verwandt. Demgegenüber muß es als eine sehr erfreuliche Thatsache betrachtet werden, daß bei der Erhöhung der Emmission des Papiergeldes auf 10 Millionen Pesos am 1. Juli 1897 für Wege- und Brückenbau die Summe von 150000 Pesos ausgeworfen war. Da die Regierung jedoch keine Beamten hat, denen die ständige Aufsicht über die Ausführung solcher Arbeiten anvertraut ist, vielmehr diese durch die Distriktskommissarien angeordnet und geleitet werden, so ist nicht immer mit Sicherheit vorauszusehen, ob von diesen Maßnahmen dem Lande auch der entsprechende Vorteil erwachsen wird. So gering die Summe auch, nach europäischem Maßstabe gemessen, erscheinen mag, so könnte durch dieselbe doch, wenn sie gut angewandt würde, bei der Billigkeit des Holzmaterials und der Arbeitskräfte viel gebessert werden. In den mangelhaften und kostspieligen Verkehrsverhältnissen werden wir denn auch einen der Gründe finden, die einer günstigen Entwicklung der Kolonisationsbestrebungen entgegen gewirkt haben; vielmehr jedenfalls als in der Entfernung Paraguays von dem Weltmeere; denn durch gute Schiffsverbindungen werden die Frachten auf den großen Strömen kaum höher werden, als die Eisenbahnfrachten der im Innern Argentiniens gelegenen Ackerbaumittelpunkte zu den Häfen. Wenn man annimmt, daß durch eine mit 6 Ochsen bespannte Karrete, zu der in der Regel zwei Führer gehören, eine Last von 15 Zentner täglich etwa nur 2 bis 3 deutsche Meilen befördert wird, so bedarf diese Behauptung keines weiteren Kommentars. Die Verbindung Paraguays mit den Häfen von Buenos Aires und Montevideo geschieht zur Zeit durch zwei argentinische und eine brasilianische Dampfschiffgesellschaft.

Der Handel Paraguays hat in den Jahren 1891—1897, über die statistisches Material vorliegt, nicht unbedeutend an Umfang zugenommen, wie aus der folgenden Tabelle ersichtlich ist:

| | Einfuhr | Ausfuhr |
|---|---|---|
| | in 1000 Pesos Papier | |
| 1891 | 9 936 | 6 360 |
| 1892 | 13 360 | 9 270 |
| 1893 | 15 580 | 9 135 |
| 1894 | 13 654 | 11 101 |
| 1895 | 15 006 | 12 729 |
| 1896 | 18 401 | 12 392 |
| 1897 | 15 416 | 14 280 |

Die Ausfuhr erstreckt sich gegenwärtig noch zum größten Teile auf die Nachbarländer Brasilien, Uruguay und besonders Argentinien. Europa kommt dabei gegenwärtig noch nicht sehr in Betracht. — Sehr bedauerlich ist es, daß ein großer Teil der ausgeführten Waren aus Produkten der Okkupation besteht, zu denen die Yerbamaté, Gerberrinde, Holz, Pfosten, Holzkohlen, Quebrachoextrakt, Kokosöl und Wildfelle gehören. Der „landwirtschaftliche Sachverständige für die La Plata-Länder“ *) berechnet, daß die Werte für die genannten Produkte im Jahre 1893 85,7 pCt. und im Jahre 1894 sogar 69,3 pCt. der gesamten Ausfuhr betragen haben. Abgesehen davon, daß die Ausfuhr solcher Produkte zu einer allmählich sich immer mehr steigernden Verarmung des Landes an seinen natürlichen Schätzen führt, wird die fortgesetzte Entwaldung, die zu diesem Zwecke erforderlich ist, auch nicht ohne schwere Folgen für das Klima bleiben, wenn nicht in zweckentsprechender Weise durch Neuanpflanzungen der Schaden wieder ausgeglichen wird.

Die eingeführten Waren werden größtenteils aus Europa bezogen. Sie bestehen hauptsächlich aus Industriewaarn, Maschinen, Drogen, Heilmitteln, Modewaren und feineren Genußmitteln. Erfreulicherweise hat Deutschland bereits einen nicht unerheblichen Anteil an der Versorgung des paraguayischen Marktes.

Als eigentlicher Mittelpunkt des Handels ist nur die Hauptstadt Asuncion zu bezeichnen. Zwar bestehen noch einige für den Handel wichtigere Plätze im Lande; aber auch diese versorgen ihren Bedarf größtenteils durch Asuncion. Mit dem produzierenden Landmanne vollzieht sich der Handel vielfach in Form des Tauschhandels, und dürfte dieses Verfahren für den mit Handelsgeschäften gewöhnlich wenig vertrauten Landmann nicht immer besonders günstig sein.

Industrielle Unternehmungen sind, wenn wir von der Kleinindustrie, die sich auf das Schneider-, Schuster-, Sattlergewerbe sowie die Herstellung von Stickereien erstreckt, absehen, nur wenige vorhanden. Von einiger Bedeutung sind:

„Mühlen zur Verarbeitung der in den Wäldern des östlichen Paraguay gewonnenen Blätter von Ilex paraguayensis zu dem bekannten Paraguaythee oder Maté.“

„Verschiedene Schneidemühlen für den Nutzholzexport.“

„2 Licht- und Zündholzfabriken.“

„1 Getreidemühle.“

„1 Schiffswerft und Sägemühle für Schiffe bis 350 Tonnen.“

„1 Fleischschlachthaus für die Ausfuhr, in dem monatlich 100 bis 150 Stück Rindvieh geschlachtet werden.“

„1 Fabrik zur Herstellung eingemachter Früchte.“

„2 Likör- und Sodawasserfabriken.“

*) Mitteilungen der D. L. G. Jahrgang 1897. Beilage zu Stück 9.

Ferner bestehen eine Anzahl kleinerer und größerer Fabriken zur Verarbeitung des aus dem Zuckerrohre gewonnen Saftes auf Branntwein, von denen einige auch auf die Herstellung reinen Alkohols eingerichtet sind.

Der Anbau landwirtschaftlicher Kulturgewächse ist in der Zeit nach Beendigung des Krieges bedeutend zurückgegangen, und erst allmählich können wir wieder ein gewisses Steigen der Produktion wahrnehmen, wie aus der folgenden Tabelle sich bestätigt. Die Produktion geschieht mit geringen Ausnahmen (Tabak, Früchte) nur für den Bedarf im eigenen Lande und hat sich entsprechend der Abnahme der Bevölkerungsziffer vermindert. Wir finden hierin die Bestätigung unserer früheren Behauptung, daß zur Ausfuhr geeignete landwirtschaftliche Erzeugnisse bisher in zu geringer Menge erzeugt werden. Auf die Gründe, welche die Entwicklung der Landwirtschaft zurückgehalten haben, werden wir im weiteren Verlaufe dieser Arbeit noch zurückzukommen haben.

| | 1863 | | 1886 | | 1896 | |
|---|---|---|---|---|---|---|
| | in 1000 liños*) resp. 1000 Pflanzen | | | | | |
| Mais | 11909 | liños | 3234 | liños | 4767 | liños |
| Mandioca | 5566 | " | 2280 | " | 3900 | " |
| Bohnen | 291 | " | 1227 | " | 1333 | " |
| Tabak | 1414 | " | 813 | " | 783 | " |
| Zuckerrohr | 1254 | " | 788 | " | 922 | " |
| Mani | 546 | " | 346 | " | 569 | " |
| Reis | 248 | " | 166 | " | 282 | " |
| Bataten | 206 | " | 62 | " | 273 | " |
| Zwiebeln | 180 | " | 47 | " | 93 | " |
| Baumwolle | 1510 | Pflanzen | 101 | Pflanzen | 159 | Pflanzen |
| Kaffee | — | " | 26 | " | 121 | " |

Von einigem Interesse ist die Statistik immerhin, weil sie zeigt, daß die zum Ackerbau geeignete Fläche weit ausgedehnter ist, als sie heute dazu Verwendung findet. Auf die Einzelheiten der Statistik glaube ich nur so weit eingehen zu dürfen, als sie die zur Ausfuhr geeigneten Kulturen betreffen.

Bei dem Reisbau nehmen wir nach einem anfänglichen Rückgange sogar im Jahre 1896 ein Steigen des Anbaus gegen das Jahr 1863 wahr. Immerhin aber entspricht der Umfang des Reisbaus noch lange nicht den thatsächlichen Verhältnissen, da sowohl genügend geeignetes Terrain vorhanden und das Klima gewissen Sorten durchaus zuträglich ist, als auch die Produktion gegenwärtig bei weitem nicht hinreicht, um den Verbrauch im eigenen Lande zu decken.

Besonders bemerkenswert ist die Statistik betreffs der Baumwollenproduktion. Während vor dem Kriege noch über 1½ Millionen liños angebaut wurden, sinken die Ziffern in den Vergleichsjahren auf 190 624 bezw. 159 358 liños. Dieser kolossale Rückgang ist im wesentlichen wohl auf die Verminderung der Hausindustrien und die Einfuhr billiger, dafür aber auch sehr schlechter Stoffe aus dem Auslande zurückzuführen. Wenn man jedoch in Betracht zieht, daß die Bekleidung der gesamten einheimischen Bevölkerung, mit Ausnahme der wenigen besser Situierten, die in den Städten leben, ausschließlich aus Baumwollstoffen besteht, so muß es äußerst bedauerlich

*) 1 liño ist eine Reihe von Pflanzen von 100 varas = 87 m Länge. Es ist das auf dem Lande allgemein gebräuchliche Maß für die Angabe der Größe einer Pflanzung.

erscheinen, daß alljährlich ein so beträchtlicher Teil des Nationalvermögens ins Ausland gesandt wird, anstatt durch eigene Industrie dem Lande das Geld zu erhalten und der darniederliegenden Landwirtschaft einen lohnenden Produktionszweig zu erschließen. Im Jahre 1805 soll ein deutscher, in Asuncion angesessener Kaufmann sich mit der Begründung dieser Industrie beschäftigt haben; aus welchem Grunde die Sache nicht zur Ausführung gekommen ist, entzieht sich meiner Beurteilung.

Bezüglich des Tabakbaues zeigt uns die Statistik einen ständigen Rückgang. Der Tabak gehört zu den wenigen landwirtschaftlichen Erzeugnissen, die einen Ausfuhrartikel darstellen; daher charakterisiert sich denn auch gerade in diesem Produktionszweige die wirtschaftliche Unselbständigkeit Paraguays besonders. Wenn auch der Konsum im Lande ein ganz ungewöhnlich großer ist, da nicht nur Männer und Frauen, sondern auch Kinder bereits in ganz jugendlichem Alter dem Genusse des Tabaks huldigen, so übersteigt doch die Produktion bei Weitem die Nachfrage im Lande, und ist man notwendigerweise auf den Export angewiesen. Bis zum Jahre 1892 hatte Paraguay an Argentinien einen ständigen Abnehmer für den Überschuß des produzierten Tabaks, und war es bei der großen Ertragsfähigkeit immerhin möglich, bei dem damaligen Zoll von 10 Cts. Gold mit einigem Vorteil zu exportieren. Als aber der Zoll auf 15 Cts. für Blättertabak und 25 Cts. für geschnittenen Tabak und im folgenden Jahre sogar auf 50 Cts. erhöht wurde, mußte der Export bedeutend nachlassen, da nunmehr nur noch mit Verlust ausgeführt werden konnte. Während die Ausfuhr in den Jahren 1887—1891 zwischen 210 000 und 352 000 Arroben (zu je 11½ kg) betragen hatte, sank sie im Jahre 1893 auf 125 000 und 1894 auf 170 000 Arroben und wäre ohne Zweifel noch geringer gewesen, wenn man nicht gezwungen gewesen wäre, das vorhandene Produkt unter jeder Bedingung zu veräußern. Im Jahre 1895 wurde alsdann der argentinische Zoll wiederum auf 30 Cts. und 1897 auf 12 Cts. ermäßigt. Die paraguayische Landwirtschaft hat durch diese völlig unvorhergesehene Zollerhöhung einen großen Schaden erlitten. — Die Versuche, den paraguayischen Tabak auf den europäischen Markt zu bringen, sind bis jetzt wegen der minderwertigen Qualität völlig fehlgeschlagen. Nach den bisherigen Erfahrungen scheint es jedoch, als ob nicht Boden und Klima die Schuld an der schlechten Beschaffenheit des Tabaks trügen, sondern die Unkenntnis des Anbaus und der ferneren Behandlung, namentlich bei der Ernte und Fermentierung. In neuester Zeit sind denn auch von Seiten der landschaftlichen Bank sachkundige Leute aus Kuba engagiert, die das dortige Verfahren in Paraguay einführen sollen. Es ist nur zu wünschen, daß diese Bestrebungen den gewünschten Erfolg haben mögen, damit Paraguay durch den Tabak einen geeigneten Ausfuhrartikel erhalte.

Besonderes Interesse wendet die Regierung auch der Kultur des Kaffees zu; doch sind die bisher erzielten Erfolge noch sehr gering, und zwar ist die Anzahl der Pflanzen von 26 110 im Jahre 1886 im Jahre 1896 auf 120 056 gestiegen, und existiert erst eine Pflanzung von einigermaßen größerem Umfang (45 000 Bäume). Ob Paraguay infolge der geringen Höhe über dem Meere (300—500 m) und wegen seiner subtropischen Lage überhaupt zur Kultur des Kaffee geeignet ist, müssen wir vorläufig noch als zweifelhaft dahinstellen. Dr. Bertoni*) stellt fest, daß durch eine

*) Clima y terrenos para el Café por el Dr. M. Bertoni. Revista Mensual Agosto 15, de 1897. Asuncion.

mittlere Jahrestemperatur von 20–23° C. das für das Wachstum des Kaffees notwendige Temperaturminimum geschaffen wäre, berücksichtigt dabei aber in keiner Weise die Jahresextreme, die nach Toeppen (vergl. S. 17) für Paraguay zwischen 6° und 37,4° C. liegen sollen. Aus eigener Erfahrung kann ich sogar feststellen, daß die Temperatur im Winter vorübergehend sogar den Gefrierpunkt erreicht hat. Thatsächlich tritt auch im Winter eine geringe Stockung der Vegetation, wenn auch nur auf ganz kurze Zeit, ein. Da aber der Kaffee eine Pflanze der Höhenlagen des engeren Tropengürtels ist, und er als solche eine Wachstumsunterbrechung nicht gut verträgt, so halte ich die Möglichkeit der Kultur des Kaffees noch nicht für erwiesen, wenngleich auch vereinzelte Kulturen mit großen Kosten und vieler Mühe bereits bestehen.

Der Anbau von Mais und Zuckerrohr kommt für den Export nicht in Betracht, da, wie wir bereits gesehen haben, die schwierigen Verkehrsverhältnisse den Transport voluminöser Stoffe nicht mehr lohnend erscheinen lassen. Die übrigen in der Statistik erwähnten landwirtschaftlichen Erzeugnisse dienen auch nur zum Konsum im eigenen Lande. Über den Anbau von Früchten: „Bananen, Tomaten, Ananas, Apfelsinen rc.“ läßt sich leider kein statistisches Material auffinden, doch sind gerade diese es, die bereits jetzt ein wichtiges Ausfuhrprodukt bilden, und deren Anbau noch sehr mit Vorteil zu verstärken ist. Sie geben ein glänzendes Zeugnis von der Fruchtbarkeit der roten Erde Paraguays.

Die Technik des paraguayischen Ackerbaus ist gegenwärtig noch sehr primitiv. Von einer Düngung nach europäischen Begriffen wird noch gar kein Gebrauch gemacht. Da zum Ackerbau mit Vorliebe der mit Wald bestandene Boden verwandt wird, so muß derselbe zunächst gerodet und für die Kultur vorbereitet werden, und dann solange bebaut werden, als seine Fruchtbarkeit ausreicht. Da die Arbeit des Rodens mit der Hand geschieht und die vielen zurückbleibenden Baumstümpfe die weitere Bestellung des Feldes auch nur durch Handarbeit ermöglichen, so sind die Produktionskosten sehr bedeutend. Der bereits erwähnte Bericht des landwirtschaftlichen Sachverständigen*) sagt, daß, wenngleich auch der Erwerbspreis für Land ein billiger (in Staatskolonien z. B. ein bis zwei Pesos pro Quadrat), die Kosten für Urbarmachung des Landes sich auf 120—160 Pesos parag. = 60—80 Pesos argent. belaufen, und daß man für diese Summe in der argentinischen Weizenregion mindestens das Doppelte an Land erwerben könne. Die Richtigkeit dieser Ausführungen wird nicht bestritten; nicht in Rechnung gezogen scheint mir jedoch die aus dem Klima resultierende, außerordentliche Fruchtbarkeit, die den Anbau verschiedener sehr lohnender Gewächse des warmen Klimas erlaubt, und ferner die um die Hälfte geringeren Löhne. Auch erwachsen dem Kolonisten an passend gewählten Orten, die für die Ansiedelung nur in Betracht kommen sollten, durch den Verkauf von Nutzholz oder Holzkohlen, die in Asuncion und Argentinien stets einen Markt finden, Einnahmen, die in vielen Fällen sogar den Aufwand für die Urbarmachung des Landes überstiegen haben.

Über die Größe der Viehbestände in der Zeit vor dem Kriege ist es leider nicht möglich gewesen, statistisches Material zu erlangen. Wir haben jedoch bereits bei Besprechung Paraguays zur Zeit der Jesuiten des großen Viehreichtums erwähnt. Ferner sagt Toeppen, gestützt auf Angaben von Wappäus: „Zu der Zeit vor dem Kriege war Paraguay ein an Rindviehherden reiches Land rc.“ Durch den Krieg

*) Mitteilungen der D. G. G. 1897. Beilage zu Stück 9.

sind alsdann die Herden ganz außerordentlich reduziert worden. In der Statistik von 1887 und 1895 können wir jedoch bereits wieder eine sehr freudige Entwicklung in allen Zweigen der Viehhaltung feststellen:

| | 1887 | | 1895 | |
|---|---|---|---|---|
| Rindvieh | 912 245 | Stück | 2 102 680 | Stück |
| Pferde | 88 100 | „ | 214 910 | „ |
| Maultiere | 2 763 | „ | 14 841 | „ |
| Schafe | 42 490 | „ | 130 362 | „ |
| Schweine | 13 975 | „ | 39 513 | „ |
| Ziegen | 15 542 | „ | 33 514 | „ |
| Esel | 2 463 | „ | 10 813 | „ |

Nur ein Teil der zur Viehwirtschaft geeigneten Kämpe ist gegenwärtig mit Vieh besetzt, und ließe sich daher die Viehhaltung noch bedeutend vermehren. Zwei Umstände lassen einen bedeutenden Vorteil gegenüber der Viehhaltung in Argentinien erkennen. Die niedrigen Landpreise, die den Anfang mit geringerem Kapital gestatten und die billigen Löhne für die Kamppeons, wogegen die Preise für Schlachtvieh kaum geringer als in Argentinien sind. Der Verbrauch des Viehes findet vollständig im Lande statt, und übersteigt gegenwärtig der Konsum noch die Produktion, sodaß ein Import aus Argentinien stattfinden muß. Am meisten eignet sich das Land zur Haltung von Rindvieh, und sehen wir ja auch aus der Statistik, daß dieselbe bei Weitem den größten Raum einnimmt. — Schweinezucht ist auch dort in den Händen kleinerer Wirte. Die jungen Tiere sind auf eingezäunten Kämpen größtenteils sich selbst überlassen und darauf angewiesen, sich ihr Futter zu suchen. Zur Mast findet sich alsdann in den üppig gedeihenden Bataten, Kürbissen, Mais, Bohnen rc. reichliche Nahrung. Die Tiere werden in kleineren Schlächtereien auf Wurst und Schmalz verarbeitet. — Pferdezucht kann wegen einer häufig auftretenden, seuchenartigen Krankheit, der „Mal de cadera Rückenlähme“ nur in vereinzelten Gegenden des Landes betrieben werden; man ist daher zur Deckung des Bedarfes an Pferden noch zum großen Teile auf Argentinien angewiesen. Esel und Maultiere spielen als Lasttiere eine wichtige Rolle, müssen aber ebenfalls importiert werden. — Wenn einzelne Berichterstatter behauptet haben, daß die Schafhaltung des Klimas wegen nicht möglich sei, so verweise ich dagegen auf den ehemaligen Jesuitenstaat, in dem die Schafhaltung bedeutende Ausdehnung hatte; allerdings handelte es sich dort um die südlicheren Teile des Landes. Auch die neuere Statistik zeigt eine Vermehrung um das Dreifache.

---

## Berichtigung.

In dem Artikel von H. Herzog „Deutsche Post in Übersee“ in Heft 10 dieser Zeitschrift ist auf S. 292 Zeile 21 von unten hinter „Marschall-Inseln“ einzuschalten: „sowie der Karolinen, Marianen und Palau-Inseln.“

# Das französische Kolonialbudget für 1900.

Von Privatdozent Dr. G. K. Anton in Jena.

Das französische Kolonialbudget für das Etatsjahr 1900, dessen Beratung die französischen Kammern im Dezember des vergangenen Jahres begonnen haben, erstreckt sich nicht auf Tunesien und Algerien, weil diese beiden Länder nicht dem Kolonialministerium des Mutterlandes unterstellt sind. Tunesien steht unter dem Ministerium des Auswärtigen, Algerien wird administrativ wie ein Departement des Mutterlandes betrachtet und ressortiert demzufolge von sämtlichen Ministerien. Ich bitte daher die Leser, bei meinen folgenden Ausführungen sich gegenwärtig zu halten, daß die französischen Kolonien mit Ausschluß von Tunesien und Algerien gemeint sind. Es kommen mithin in Betracht: Die Antillen Martinique und Guadeloupe; Guayana; die bei Neufundland gelegenen Inseln Saint-Pierre und Miquelon; Réunion, Madagaskar, Mayotte, Nossi-Bé, die Comoren; auf dem afrikanischen Festlande: Gabon-Congo; Dahomey, Guinea, Côte d'Ivoire, Senegal, Sudan, Obock und Somaliküste: in der Südsee Tahiti nebst Dependenzen, Neu-Caledonien; in Asien die kleinen französischen Gebiete in Vorderindien und Indochina, zerfallend in Cochinchina, Anam, Tonkin und Cambodja.

Der eingehende Bericht, den der Deputierte Gaston Doumergue im Namen der zur Prüfung des französischen Budgets für 1900 eingesetzten Kommission über das Kolonialbudget erstattet hat, bildet die Unterlage meiner Darstellung. Er läßt leider nur die Ausgaben erkennen, die das Mutterland im Jahre 1900 für seine Kolonien zu machen beabsichtigt. Um die genaue Summe der Lasten zu ermitteln, die der Besitz der Kolonien Frankreich verursacht, müßte man alle in Betracht kommenden Ausgaben zusammenzählen, und hiervon die aus den Kolonien fließenden Einnahmen abziehen, die in der mir vorliegenden Zusammenstellung im Einzelnen nicht aufgeführt sind. Da die französischen Kolonien weder Zölle noch Steuern an ihr Mutterland zahlen, so würde es sich nur um wenige Kontingente und andere Posten handeln, die beispielsweise im Jahre 1894 auf zusammen 7½ Millionen Francs berechnet wurden.

Die Summe der Ausgaben für koloniale Zwecke, die das Kolonialbudget für das Jahr 1900 auf 86 591 762 Francs veranschlagt, darf nicht verwechselt werden mit der Summe der Ausgaben, die in diesem Zeitraum den französischen Kolonien überhaupt zu gute kommen. Um diese letztere Summe zu ermitteln, müßten wir zu der eben genannten, die, wie ich sagte, lediglich eine Ausgabe des Mutterlandes darstellt, vor allem noch die Ausgaben hinzuzählen, die die Kolonien aus eigenen Mitteln für sich selbst verwenden. Diese Ausgaben der lokalen Einzelbudgets der Kolonien finden indessen im Berichte Doumergues nur teilweise und nebensächliche Erwähnung.

Wenn wir mit der erwähnten Summe von 86 591 762 Francs, welche die Budgetkommission auf 84 642 586 Francs zu ermäßigen vorschlägt, den für das vergangene

Etatsjahr von der Kammer bewilligten Kredit von insgesamt 87 618 262 Francs vergleichen, so scheint für das neue Etatsjahr eine Ersparnis von etwas mehr als einer Million Francs, gegenüber der nach dem Vorschlag der Kommission ermäßigten Summe sogar eine solche von fast drei Millionen sich zu ergeben. Dieser Schluß würde richtig sein, wenn die angegebenen Zahlen den thatsächlichen Ausgaben des Mutterlandes für seine Kolonien entsprächen. Das ist jedoch nicht der Fall, da die für 1899 bewilligten Kredite in Wirklichkeit nicht ausgereicht haben und in gleicher Weise anzunehmen ist, daß auch die für 1900 geforderten nicht ausreichen werden. Hinsichtlich des vergangenen Etatsjahres wurde es bereits nötig, dem Kolonialminister einen Nachtragskredit von 4 260 500 Francs zu bewilligen, und es ist außerdem noch ein zweiter Nachtragskredit von 7 603 466 Francs erforderlich, um das im Kolonialbudget des abgelaufenen Jahres entstandene Defizit zu beseitigen. Zu diesen beiden Summen tritt ferner eine solche von 15 073 700 Francs hinzu, die von der Kammer während des Jahres 1899 dem Marineminister bewilligt wurde, die aber thatsächlich für Ausgaben diente, die der Kolonialminister zu vollziehen hatte. Infolgedessen haben die französischen Kolonien 1899 dem Mutterlande in Wirklichkeit insgesamt 117 732 428 Francs gekostet, mit anderen Worten 30 114 166 Francs mehr, als die Kammer ursprünglich bewilligt hatte. Diese Überschreibung der bewilligten Kredite findet ihre lehrreiche Erklärung in dem politischen Verhältnis Frankreichs zu England, auf das der Faschodakonflikt ein so grelles Licht geworfen hat. Die im Frühjahr 1899 von Frankreich ergriffenen Maßnahmen zum Schutz seiner Kolonien haben die Mehrkosten verursacht.

Wenn nun auch zu erwarten steht, daß ein Teil dieser Ausgaben, so die Ausgabe für Anschaffung von Kriegsmaterial und Befestigungsarbeiten, sich im Jahre 1900 nicht wiederholen wird, so ist doch vorauszusehen, daß die Ausgaben für die Besoldung und Unterhaltung der Truppen, um welche Frankreich in jener Periode politischer Spannung seine Effektivbestände in den Kolonien vermehrte, zweifellos wiederkehren werden. Die Budgetkommission glaubt sie für 1900 auf wenigsten 10 Millionen Francs beziffern zu sollen, sodaß hierdurch die wirklichen Ausgaben des Kolonialbudgets im Jahre 1900 auf 95 000 000 Francs anwachsen würden. —

Wenn wir nun die von der Budgetkommission für 1900 vorgeschlagenen Kredite von 84 642 580 uns näher betrachten, so finden wir, daß von dieser Summe weitaus der größte Teil militärischen Zwecken dient. Zunächst müssen wir von ihr 9 046 400 Francs abziehen, die für Deportationszwecke bestimmt sind und sich offenbar nicht als Kosten der Kolonien auffassen lassen; denn, wenn Frankreich gewisse Kolonien hierfür nicht benutzte, so würde ihm dennoch diese Ausgabe erwachsen, da es dann für die Sträflinge im Mutterland Unterkunft schaffen müßte. Es bleibt mithin als Summe der Ausgaben, die lediglich kolonialen Zwecken dienen, übrig 75 596 180 Francs. Von dieser Summe sind aber nicht weniger als 63 985 012 für militärische Zwecke bestimmt.

Vergleichen wir diese Zahlen mit den entsprechenden Zahlen früherer Jahre, so ergiebt sich eine Steigerung der militärischen Ausgaben von Jahr zu Jahr und umgekehrt eine fortgesetzte Verringerung der Ausgaben der Zivilverwaltung, indem die an sich wachsenden Kosten dieser Verwaltungszweige immer mehr zu Lasten der Kolonien selber fallen und demgemäß in ihren eigenen lokalen Budgets erscheinen, dagegen aus dem Kolonialbudget des Mutterlandes verschwinden.

Das Anwachsen der militärischen Ausgaben, das bisher in den mannigfachen Expeditionen und Aufwendungen zur Ausdehnung des französischen Kolonialbesitzes, zur Unterwerfung der Eingeborenen und zur Aufrechterhaltung des Friedens in den Kolonien seine Erklärung findet, sollte heute, wo Frankreich im allgemeinen die Periode seiner kolonialen Expansion für abgeschlossen betrachtet und sich ernsthaft der wirtschaftlichen Erschließung seines ungeheuren Kolonialbesitzes widmen will, von einer Periode sich verringernder Ausgaben für diese Zwecke abgelöst werden. Das ist jedoch nicht der Fall. Es steht im Gegenteil zu erwarten, daß sie konstant bleiben oder gar in Zukunft sich noch erhöhen werden, weil mit der Ausdehnung des französischen Kolonialreiches die Menge der Reibungspunkte mit anderen Kolonialmächten ebenso vermehrt worden ist wie die Anzahl der verwundbaren Stellen Frankreichs. —

Von 1885—98 einschließlich hat die Summe der ordentlichen und außerordentlichen Kredite, die das Parlament der französischen Regierung für die Ausdehnung des Kolonialbesitzes, seine Organisation und Erhaltung bewilligte, in runder Ziffer 1 230 000 000 Francs betragen. Die in derselben Zeit dem Mutterlande aus den Kolonien zugegangenen Einnahmen flossen mit zusammen 75 574 700 Francs fast ganz aus Cochinchina und der indischen Rente. Näheres über diese beiden Haupteinnahmequellen erfahren wir nicht aus dem vorliegen Bericht, der diese Einnahmen überhaupt nur in der ihm angefügten vergleichenden Tabelle der bisherigen Ausgaben Frankreichs für seine Kolonien erkennen läßt. Offenbar handelt es sich um das Kontingent, das Cochinchina in Gemäßheit eines Dekretes vom 8. Februar 1880 dem Mutterlande zu entrichten hat, wie auch immer die finanzielle Lage der Kolonie beschaffen sei. Während so das Kontingent Cochinchinas gleichsam den Charakter eines Tributes trägt, wird die indische Rente nicht von den indischen Kolonien Frankreichs, sondern von England an Frankreich gezahlt in Höhe von jährlich 4 lacs de roupies siccas, etwa ¾ Millionen Francs nach dem heutigen Silberwerte. Diese Zahlung bildet die Gegenleistung dafür, daß Frankreich 1815 England das Handelsmonopol mit dem in den französisch-indischen Besitzungen produzierten Salz überließ und 1818 in die gänzliche Einstellung der dortigen Salzproduktion einwilligte. Ziehen wir nun die genannte Summe von der Gesamtsumme der Ausgaben ab, so ergiebt sich, daß die französischen Kolonien ihrem Mutterlande in den Jahren 1885—98 1 181 277 044 Francs gekostet haben.

Der Berichterstatter erhebt nun die Frage: ob diese gewaltigen Ausgaben durch die Gewinne kompensiert werden, die Frankreichs Handel und Industrie aus ihren geschäftlichen Beziehungen mit den französischen Kolonien erwachsen. Er verneint sie, ohne im übrigen zu verkennen, daß der Handel des Mutterlandes mit seinen Kolonien größer ist, als man gewöhnlich annimmt, und sich von Jahr zu Jahr vermehrt.

Der Gesamthandel der französischen Kolonien hat nämlich in den zwölf Jahren von 1880—97 dem Werte nach 5 379 000 000 Francs betragen. Hiervon entfallen aber nur 2 242 000 000 auf den Handel Frankreichs mit seinen Kolonien gegen 3 000 000 000, die der Handel der Kolonien mit dem Auslande betrug, während der Rest sich auf den Handel der französischen Kolonien unter einander verteilt.

Nimmt man nun an, daß 20 % des Wertes der Handelsbewegung den Gewinn der französischen Händler und Industriellen darstellen, so haben diese in den genannten Jahren aus ihren geschäftlichen Beziehungen mit den Kolonien 450 Millionen Francs profitiert, mit anderen Worten noch nicht die Hälfte der Milliarde, die in derselben Zeit die Kolonien dem Mutterlande ungefähr gekostet haben.

Die vorstehende, rein privatwirtschaftliche Rechnung des Berichterstatters ist offenbar von falschen Gesichtspunkten getragen, weil sie nicht in Anschlag bringt, daß jener einen Milliarde Ausgaben der Besitz des französischen Weltreiches gegenüber steht, dessen Erwerbungskosten zu einem großen Teil in jener Milliarde enthalten sind.

Wenn nun auch Frankreichs Handel mit seinen Kolonien noch um ½ Milliarden hinter ihrem Handel mit dem Auslande zurücksteht, so wird dieses ungünstige Verhältnis doch dadurch gemildert, daß der Handel der Kolonien und mit ihm ihre eigenen Einnahmen von Jahr zu Jahr sich vermehren. In dieser Hinsicht kommen namentlich die westafrikanischen Kolonien, mit Ausnahme des Kongogebietes, in Betracht. Sie sind bereits dahin gelangt, daß ihre eigenen Einnahmen ausreichen, um die Ausgaben ihrer Zivilverwaltung völlig zu bestreiten. Sie fallen in dieser Beziehung dem Mutterlande gar nicht mehr zur Last.

Beispielsweise hat sich die Handelsbewegung der Kolonie Senegal von 1897 zu 1898 um 12 Millionen Francs, von 50 000 000 auf 62 000 000 Francs, vermehrt. Ebenso ist sie in Dahomey und in Guinea vorgeschritten, in letzterer Kolonie in solchem Maße, daß sie aus ihren eigenen Einnahmen eine Anleihe von acht Millionen garantieren konnte, die sie für einen Eisenbahnbau unter sehr vorteilhaften Bedingungen bei der Alterspensionskasse des Mutterlandes unter Vermittelung der caisse des dépôts et consignations aufgenommen hat.

Diejenige dieser westafrikanischen Kolonien, die bisher als Schauplatz unaufhörlicher militärischer Expeditionen, die oft genug ohne Wissen der Regierung wie der Kammer unternommen wurden, dem Mutterlande die meisten Kosten verursachte, der französische Sudan, wird nach der inzwischen bewirkten definitiven Unterwerfung Samorys in Zukunft umso weniger vom Mutterlande fordern, als am 18. Oktober 1899 der Kolonialminister an die Stelle ihrer militärischen Verwaltung die zivile setzte; hierdurch erscheint die Wiederkehr mißbräuchlicher militärischer Vorgänge und ihrer entsprechenden Inanspruchnahme der Finanzen des Mutterlandes ausgeschlossen. Außerdem hat der Minister das Territorium dieser Kolonie, das keinen Zugang zum Meere hatte, bis auf den unter der nunmehrigen Zivilverwaltung stehenden Rest unter die verschiedenen an sie angrenzenden Kolonien der westafrikanischen Küste verteilt. Die infolge der früheren geographischen Gestaltung des französischen Sudans ungünstigen Bedingungen seiner kommerziellen Entwickelung sind hierdurch auf das günstigste abgeändert, und die Küstenkolonien, deren lokale Budgets durch ihre territoriale Vergrößerung eine gewisse Steigerung in den Ausgaben erfahren, werden hierfür den angemessenen Ausgleich in rationeller Bewirtschaftung der ihnen zugewachsenen Gebiete finden.

Der Bericht erwartet von dieser Verwaltungsreform so gute Resultate, daß möglicherweise in absehbarer Zeit diese westafrikanischen Kolonien nur noch „pour mémoire" im Budget des Mutterlandes aufgeführt werden. Erscheinen sie doch hier bereits heute, wie ich schon hervorhob, kaum noch unter den zivilen Ausgaben; denn in dieser Hinsicht handelt es sich eigentlich nur noch um die Ausgaben, die aus der Subventionierung der Eisenbahn von Dakar nach St. Louis sich ergeben und von der Budgetkommission auf 600 000 Francs ermäßigt wurden, sowie um die Ausgaben für die Sudaneisenbahn in Höhe von 668 000 Francs. Dagegen beziffern sich die militärischen Ausgaben allerdings noch auf 9 200 000 Francs.

Ähnliche günstige Resultate, wie sie in Zukunft für diese afrikanischen Kolonien sich erwarten lassen, erhofft der Berichterstatter auch in Ansehung der großen Kolonie

Indochina im fernen Ostasien. Auch ihre Handelsbewegung steigt fortwährend, allerdings mit Ausnahme von Anam, dessen Handel stationär bleibt. So ist für Tonkin die Handelsbewegung von 51 531 314 Francs im Jahre 1897 auf 60 133 421 im Jahre 1898 gewachsen, für Cochinchina und Cambodja zusammengenommen von 146 614 371 Francs auf 162 974 544 Francs, mithin für ganz Indochina um 25 Millionen Francs innerhalb eines einzigen Jahres.

Wie der Handel dieser Kolonie so befinden sich auch ihre eigenen Einnahmen in aufsteigender Richtung, ein Umstand, der es ermöglicht hat, das Kolonialbudget des Mutterlandes für das laufende Jahr um 800 000 Francs zu erniedrigen. Beispielsweise haben während der ersten sechs Monate des vergangenen Etatsjahres die eigenen Einnahmen des lokalen Gesamtbudgets für ganz Indochina den Voranschlag um 1 941 309 Francs überschritten, während die Einnahmen der lokalen Einzelbudgets derjenigen Kolonien, aus denen sich Indochina zusammensetzt, bis zum 31. Mai 1899 ihren Voranschlag ebenfalls um 495 811 Francs hinter sich ließen. Sowohl diese Zahlen wie die der aufsteigenden Handelsbewegung und der für das Budget des Mutterlandes entstandenen Ersparnis lassen erkennen, daß der Periode tastender Versuche und Defizite die Epoche methodischer Bewirtschaftung und beginnender Überschüsse gefolgt ist. Nur in scheinbarem Widerspruch hiermit steht das Mißlingen der im Juli 1899 versuchten öffentlichen Vergebung der Arbeiten für den Unterbau der projektierten Eisenbahnen von Hanoi nach Vitri, von Hanoi nach Haiphong und von Hanoi nach Ninh-Binh. Der Generalgouverneur hat sie später unter der Hand vergeben an Unternehmer, die ihm einen Rabatt von 5% auf die Preise der Submission vom Juli 1899 bewilligten.

Weniger günstig liegen die Verhältnisse in den übrigen Teilen des französischen Kolonialreiches.

Was zunächst die alten französischen Kolonien anlangt, die Frankreich nicht erst in diesem Jahrhundert erworben hat, so weisen die Zuckerinseln Martinique und Guadeloupe in Westindien, Réunion im stillen Ozean nicht nur im allgemeinen eine stationäre, sondern teilweise sogar eine zurückgehende Handelsbewegung auf. So ist beispielsweise der Handel Réunions von 40 144 241 Francs im Jahre 1897 auf 38 793 125 Francs im Jahre 1898 gefallen. Die Lasten, die diese Kolonien dem Mutterlande verursachen, haben im Ganzen nicht ab- sondern zugenommen; im einzelnen zeigt sich nur für Guadeloupe eine gewisse Abnahme. Die Ursachen dieser ungünstigen Ziffern liegen vor allem in der Zuckerkrisis, die durch den Mangel an Arbeitern und die schlechte Kreditorganisation noch erschwert wurde. Auch die Verwaltungsorganisation dieser Kolonien, die teils auf ihrer administrativen Autonomie, teils auf ihrer direkten Verwaltung von Paris aus beruht, mußte nachteilig einwirken auf ihre wirtschaftliche Entwickelung.

Ähnlich liegen die Dinge in Guayana, dessen wirtschaftliches Gedeihen durch die Deportation viel mehr aufgehalten als unterstützt wurde. Der neue Entschluß der Strafverwaltung, für die Deportation gewisse gut abgegrenzte Bezirke zu reservieren, wird zweifellos der wirtschaftlichen Entwickelung dieser Kolonie vorteilhaft sein, zumal dann, wenn gleichzeitig eine zweckmäßigere Organisation ihrer Verwaltung der Kolonie größere Initiative bei der Ausbeute ihrer natürlichen Reichtümer läßt. Wie abträglich die Deportation dem wirtschaftlichen Gedeihen ist, lehrt ein Blick auf Neu-Caledonien, das bisher ebenfalls eine französische Strafkolonie war. Die Einstellung der Deportation nach dieser Insel hat bewirkt, daß in den acht ersten Monaten des vergangenen

Jahres die Zahl der Auswanderer, Männer, Frauen und Kinder, nach dieser Besitzung sich auf 171 gehoben hat, die zusammen 308 500 Francs Kapital mitgenommen haben.

Am ungünstigsten für die Finanzen des Mutterlandes zeigt sich Madagaskar. Die Eroberung dieser herrlichen Insel und die endgültige Unterwerfung ihrer Bewohner unter die französische Herrschaft ist noch zu neu, als daß schon fühlbare Resultate einen Schluß auf die zukünftige Entwickelung ermöglichen könnten.

Die Regierung verlangt für die Zivilverwaltung Madagaskars allerdings nur 1 800 000 Francs, aber für die Ausgaben der Militärverwaltung 23 381 000 Francs.

Von der Forderung für die zivilen Verwaltungszweige hat die Budgetkommission 100 000 Francs abgestrichen, in der Erwartung, daß mit der fortschreitenden Beruhigung der Insel, die aus den offiziellen Berichten erhellt, die Einnahmen des madagassischen Lokalbudgets sich rasch erhöhen werden. Allerdings gelte dies nicht von den Einnahmen aus den Zöllen. Die Zolleinnahme ist zurückgegangen, seitdem ein Dekret vom Mai 1898 auf ausländische Gewebe einen hohen Schutzzoll legte. Um ihren Rückgang auszugleichen, hat der Generalgouverneur Madagaskars die Ermächtigung erbeten, eine Taxe von 5 Francs pro 100 Kilo Salz einzuführen und die Besteuerung des Alkohols von 120 auf 200 Francs zu erhöhen.

Infolge der hohen Schutzzölle hat die französische Einfuhr ebenso zugenommen, wie die statistisch erfaßbare ausländische und insbesondere die aus England abgenommen hat. Der Wert der Einfuhr ist von 18 358 918 Francs im Jahre 1897 auf 21 027 817 Francs im Jahre 1898 gestiegen, und diese Steigerung um 3 268 899 Francs entfällt fast ausschließlich auf die Einfuhr französischen Ursprungs. Diese bezifferte sich nämlich 1897 auf 9 583 230, Ende 1898 hingegen auf 17 029 655 Francs, sodaß sie in diesem einen Jahre um 7 446 425 Francs wuchs, wogegen gleichzeitig die Einfuhr aus England von 4 481 748 Francs auf 1 047 712 Francs fiel, mithin um 3 434 036 Francs sich verringerte.

Außer der Einfuhr des Mutterlandes ist nur noch die Einfuhr aus Schweden-Norwegen und aus Amerika gestiegen: aus Schweden-Norwegen von 48 060 Francs im Jahre 1897 auf 336 793 Francs im Jahre 1898 und aus Amerika von 163 799 Francs auf 345 000 Francs. Dieser steigenden Einfuhr steht gleichwohl eine Verringerung der Einnahmen aus den Zöllen gegenüber, die für 1899 auf 850 000 Francs veranschlagt sind, eine Summe, die schwerlich erreicht werden dürfte. Da die Zollverwaltung Madagaskars 848 650 Francs kostet, so würden in diesem Fall die Zolleinnahmen nicht einmal genügen, um die Ausgaben der Zollverwaltung zu decken. Inwieweit an diesen geringen Einnahmen der Schmuggel Schuld ist, zu dem die hohen Schutzzölle Veranlassung geben, läßt sich nicht ersehen; jedenfalls reicht die vorhandene Organisation des Zolldienstes nicht aus, um den Schmuggel wirksam zu verhindern.

Was nun die hohen militärischen Ausgaben betrifft, die dieselbe Höhe wie für 1899 aufweisen, so werden sie dadurch veranlaßt, daß die Verhältnisse eine Verringerung des Effektivbestandes auf der Insel noch nicht gestatten. Sehr beklagenswert ist das gesundheitliche Befinden der Besatzungstruppe. Bei einem durchschnittlichen Effektivbestande von 3855 weißen Soldaten wurden in das Lazareth aufgenommen 116,3 %, von 6900 eingeborenen Soldaten 30,5 %, vom Juni 1898 bis Ende Mai 1899. Es wurden im Lazareth behandelt von der in der angegebenen Weise zusammengesetzten Truppe von insgesamt 10 750 Personen 550 %, oder 1084 % der Europäer.

266 % der Eingeborenen. Es starben innerhalb der Zeit vom 1. Juli 1898 bis 1. Juli 1899 205 Europäer und 312 Eingeborene.

Von den übrigen Budgetposten ist wohl der interessanteste derjenige, der sich auf die französische Kongokolonie bezieht, zunächst deshalb, weil er zu Erörterungen über die Expedition Marchand Anlaß giebt. Die Subvention, die das Mutterland der Kolonie für 1899 gewährte, betrug 2 428 000 Francs, wozu 1 406 000 Francs eigene Einnahmen traten, von denen 1 165 000 Francs aus den Zöllen flossen. Von dieser Gesamteinnahme von 3 834 000 Francs wurde 1 000 000 verwendet für die Zahlung der Ausgaben des Ubanghi-Distrikts. Eine ebensolche Summe wird 1900 nötig, um die Ausgaben zu begleichen, die aus der Räumung der von Frankreich im Bar-el-Ghasal geschaffenen Posten und aus der allmählichen Rückbeförderung von drei Kompagnien senegalesischer Schützen nach dem Senegal erwachsen; man will nur Miliz in jener Gegend lassen.

Als die Kammer 1899 die Subvention von 2 428 000 Francs bewilligte, an welcher Summe übrigens die Regierung infolge der vorzeitigen Zurückberufung der Expedition Marchands 200 000 hat sparen können, war sie durchaus der Meinung gewesen, daß dieser Kredit vollständig für Verwaltungszwecke der Kolonie bestimmt sein sollte, während er thatsächlich zu einem großen Teil für die Expedition Marchand verwendet worden ist. Der Berichterstatter hofft, daß die Regierung in Zukunft nicht wieder solchen Mißbrauch mit bewilligten Geldern treibe, dem er es zuschreibt, daß die Organisation der Kolonie noch immer eine embryonenhafte ist, und daß die unumgänglichsten Arbeiten kaum in Angriff genommen sind.

Es wird deutsche Leser, die sich an die in unserem Kamerunschutzgebiet erteilten Riesenkonzessionen erinnern, gewiß die Mitteilung interessieren, daß zur wirtschaftlichen Erschließung der Kamerun benachbarten französischen Kongokolonie im Juli 1899 nicht weniger als 34 Konzessionen erteilt worden waren; die ihnen überwiesene Landfläche beträgt 400 000 qkm, das Kapital, das die Konzessionäre zusammenzubringen sich verpflichteten, 38 150 000 Francs. Nach der neuesten Pariser Meldung sind es bereits 40 Gesellschaften, die ein Kapital von 50 Millionen repräsentieren und als Thätigkeitsfeld eine Landfläche von 761 240 qkm haben, mit anderen Worten eine Fläche so groß wie Frankreich, England und Schottland zusammen genommen. Nummer 6 der deutschen Kolonialzeitung vom 8. Februar d. J. brachte auf Seite 61 das lehrreiche Kartenbild der Verteilung dieser Landkonzessionen über die ganze Fläche der Kongokolonie. Nach dem Berichte Doumergues bestehen die Pflichten jener 34 Konzessionäre dem Staate gegenüber abgesehen von ein Kautionsstellung von insgesamt 871 000 Francs in einer jährlichen Abgabe an die Regierung, die während der ersten fünf Jahre auf 1 060 500 Francs sich beziffert, vom sechsten bis zehnten Wirtschaftsjahre 1 584 000 Francs und während des Restes der auf dreißig Jahre bemessenen Konzessionsdauer 8 718 000 Francs beträgt, mithin für alle dreißig Jahre zusammen 11 362 500 Francs. Sie haben außerdem für die Zollstationen einen Beitrag von insgesamt 773 500 Francs aufzubringen, und die meisten von ihnen eine gewisse Anzahl kleinerer und größerer Schiffe auf den Wasserstraßen des Kongogebiets zu unterhalten, insgesamt 14 größere und 33—42 kleinere.

Es ist jedenfalls ein sehr interessanter Versuch kolonialwirtschaftlicher Erschließung, den hier unsere Nachbarn anstellen. Die nächsten Budgetberichte werden uns vielleicht erzählen, ob die erhofften Erfolge erzielt worden sind, oder ob die Zersplitterung des Kapitals statt fördernd hemmend auf die wirtschaftliche Entwickelung wirkte.

Ich muß es mir versagen, auf die übrigen Kapitel des Budgetberichtes einzugehen. Sehr dankenswert ist die seinem Schlusse angehängte Übersicht über die Entwickelung des Kolonialbudgets seit dem Jahre 1885 mit allen Nachtragskrediten. Einige wenige Zahlen aus ihr habe ich zur Illustrierung meiner vorhergehenden Ausführungen benutzt. Zu bedauern aber bleibt es, daß die Lokalbudgets der einzelnen Kolonien auch nicht einmal in tabellarischer Form vorgeführt werden, sodaß ein Überblick über die gesamten zu Gunsten der Kolonien aufgewendeten Kosten aus dem mir vorliegenden Material keineswegs gewonnen werden kann.

Ebensowenig ist aus ihm ersichtlich, in wie erheblichem Maße die französische Marineverwaltung bei ihrem sehr ausgedehnten Stationsdienste direkt oder indirekt an dem Aufwande beteiligt ist, den das Mutterland für seine Kolonien zu machen hat. Zwar hat der Berichterstatter aus Anlaß der Rückwirkung Faschodas die Frage der Landesverteidigung gestreift und die Fürsorge hierfür als zwischen Mutterland und Kolonien zu teilende bezeichnet, im übrigen aber ebensowenig eine augenblickliche Klarstellung dieser Verhältnisse versucht, wie die Rückwirkung der beschlossenen Organisation einer Kolonialarmee in finanzieller und anderer Beziehung genügend aufgehellt.

# Stand der Eisenbahnbauten in den deutschen Schutzgebieten Afrikas.

Von Postrat C. Twerdien.

Dem größten unserer Schutzgebiete, Deutsch-Ostafrika, hat es an großen Eisenbahnprojekten, welche bis zum Jahre 1887 zurückreichen, nicht gefehlt. Zur Verwirklichung derselben ist aber bis heutigen Tages wenig geschehen.

Die einzige fertiggestellte und im Betrieb befindliche Eisenbahn Deutsch-Ostafrikas ist noch immer ein Bruchstück der Usambara-Bahn Tanga--Muhesa.

Die Usambara-Bahn, an deren Ausführung sich eine Eisenbahngesellschaft mit einem Kapital von zwei Millionen Mark auf Grund der ihr vom Reich erteilten Konzessionsurkunde vom 22. November 1891 herangewagt hatte, sollte von Tanga zunächst bis Korogwe (90 km) gebaut werden. Doch die Voranschläge für diese Strecke erwiesen sich unter den gänzlich neuen Verhältnissen als viel zu niedrig; die für die ganze Bahn vorgesehenen Mittel reichten nur gerade hin, um die Teilstrecke bis Muhesa (42 km) herzustellen und in Betrieb zu setzen.

Der Verkehr auf derselben wird gegenwärtig je nach Bedarf durch vier bis sechs Fahrten wöchentlich aufrecht erhalten. Er ist nur gering und wird erst dann zur Entwickelung kommen, wenn der ursprünglichen Absicht gemäß die Linie bis Korogwe und weiter in das immer mehr sich ausdehnende Plantagengebiet von Usambara hinein eröffnet sein wird.

Im vorigen Jahre ist denn auch seitens des Reichs die Weiterführung der Bahn und zugleich der Ankauf der fertigen Strecke beschlossen worden. Im Etat für das Rechnungsjahr 1899 wurden 1 300 000 Mk. zum Ankauf und 450 000 Mk. zur Instandsetzung der Strecke Tanga—Muhesa, sowie 250 000 Mk. als erste Baurate für die Strecke Muhesa—Korogwe bestimmt. Der Etat für 1900 enthält als zweite und letzte Baurate dieser Strecke 2 237 000 Mk. und zu Vorarbeiten für die Weiterführung der Bahnlinie, zunächst bis Mombo, 72 000 Mk.

Die Arbeiten für den Bahnneubau sind seit Juli vorigen Jahres im Gange und werden von 400 bis 450 schwarzen Arbeitern ausgeführt. In den Monaten, wo die Felder den Eingeborenen vollauf Lebensmittel geben, ist es wohl vorgekommen, daß die Arbeiter in Scharen bis zu 80 Mann zugleich weggelaufen sind und Ersatz von weiter her, bis von Pangani und Bagamoyo, hat beschafft werden müssen; immerhin hat über Arbeitermangel noch nicht geklagt werden können. Die alte Trace war völlig unkenntlich geworden und mußte von neuem festgelegt werden. Die Spurweite der neuen wie der alten Anlage beträgt 1 m.

Um für die Stations-Hochbauten und, wenn möglich, auch für die Brücken und gemauerten Durchlässe nicht auf das teure Bruchsteinmauerwerk angewiesen zu sein, ist neuerdings dicht an der Station Muhesa eine Ziegelei mit einem Flammofen erbaut worden, in welchem monatlich bis 90 000 Ziegelsteine gebrannt werden können.

Nach der letzten Denkschrift über die Entwickelung von Deutsch-Ostafrika ist der Stand der Arbeiten an der Bahn im allgemeinen erfreulich: es möchte somit der Fertigstellung der Schienenstraße bis Korogwe noch in diesem Jahre entgegenzusehen sein.

So wichtig die Usambara-Bahn nach ihrer Verlängerung für das Aufblühen der Plantagen Usambaras und die ganze Entwickelung des Nordens Deutsch-Ostafrikas sein wird, noch wichtiger erscheint eine andere Bahnlinie, zu deren Ausführung das Reich jetzt die ersten Schritte gethan hat. Es ist dies eine in die Mitte der Kolonie hineinführende Eisenbahn von Dar-es-Salâm nach Mrogoro.

Die dem Haushalts-Etat für die Schutzgebiete auf das Rechnungsjahr 1900 beigegebene Denkschrift über die Bedeutung dieser Bahn besagt, daß der Bau derselben sich schon seit langer Zeit als ein dringendes Bedürfnis herausgestellt hat, um das Ulugurn-Gebirgsland mit den Vorlandschaften Ukami und Usaramo dem Handel und der Kultivierung zu erschließen. Die Eisenbahn wird ein im allgemeinen fruchtbares, wohlbebautes und dichtbevölkertes Land durchqueren, das nach seiner Bodenbeschaffenheit und Vegetation überall den Vorbedingungen für erfolgreiche Bodenkultur entspricht, und woselbst auch in den trockenen Monaten ein fühlbarer Wassermangel nicht zu befürchten sein wird.

Ein von der Eisenbahn auf alle Fälle zu berührender Punkt ist Makiki im Thale des Flusses Kingani, des bedeutendsten Wasserlaufs der Gegend. Bei Makiki treten die Thalböschungen so nahe an den Fluß, daß das sehr ausgedehnte Überschwemmungsgebiet desselben auf einige Hundert Meter eingeengt wird und eine günstige Stelle für die Überbrückung des Stromes sich darbietet.

Die Entfernung des Endpunktes der Bahn, Mrogoros, beträgt von der Küste 240 km; sie ist groß genug, um dem Karawanenverkehr die Benutzung der Eisenbahn wünschenswert zu machen.

Eine besondere Bedeutung gewinnt die geplante Bahnlinie noch dadurch, daß Mrogoro für eine spätere Fortsetzung derselben nach den großen Binnenseen in allen drei Richtungen dahin passend gelegen ist.

Für den Eisenbahnbau Dar-es-Salâm – Mrogoro ist übrigens schon im Jahre 1898 auf Veranlassung des damals für den Bau einer deutsch-ostafrikanischen Zentralbahn unter Mitwirkung der Kolonialverwaltung thätigen Komitees*) ein Projekt ausgearbeitet und ein mit 11 850 000 Mk. abschließender Kostenüberschlag aufgestellt worden. Während nach dem damaligen Projekt jedoch zunächst Dar-es-Salâm mit Bagamoyo durch eine Bahn verbunden und dann von der Mitte dieser Linie die Bahn weiter über Makiki nach Mrogoro geleitet werden sollte, gedenkt man jetzt, unter Abkürzung des Weges um 30 bis 40 km die Eisenbahn direkt nach Makiki zu führen und gegebenenfalls Bagamoyo durch eine Nebenbahn an Dar-es-Salâm anzuschließen. Eine fernere Abweichung von der im Projekte von 1898 angenommenen

*) Der Vorsitzende dieses Komitees, Geh. Kommerzienrat Dr. Oechelhaeuser, hat die „Deutsch-Ostafrikanische Zentralbahn" zum Gegenstande eines besonderen Druckwerks gemacht.

Bahnlinie wird sich aller Wahrscheinlichkeit nach zwischen Mafiti und Kwa-Majudi ergeben, da das linke Ufer des Ngerengere für den Bahnbau sich besser eignen soll als das rechte.

Für die Ergänzung der früheren Vorarbeiten sind in den Etat für kommendes Rechnungsjahr 100000 Mk. eingestellt, aus denen zugleich die dringendsten sonstigen Vorbereitungen für die Inangriffnahme der neuen Verkehrsstraße bestritten werden sollen.

Die Spurweite derselben ist, wie auch bei dem früheren Plane angenommen war, auf 0,75 m festgesetzt worden.

Weiter als in Deutsch-Ostafrika ist es mit dem Bahnbau in Deutsch-Südwestafrika gekommen. Zu einem solchen wurde ohne Verzug seitens des Reichs geschritten, als die vor einigen Jahren im Schutzgebiet herrschende Rinderpest befürchten ließ, daß ein Mangel an Zugochsen zu den nötigen Zufuhren ins Landesinnere eintreten könnte.

Die Bahnlinie erstreckt sich von Swakopmund bis Windhoek, 380 km; bis Jakalswater, 98 km, ist die Bahn im Betrieb, der Geleisebau reichte schon im August vorigen Jahres bis 120 km. Die Stationen zwischen Swakopmund und Jakalswater heißen Nonidas (10 km), Richthofen (20 km), Rössing (40 km) und Khanrivier (57 km). Bei Rössing, wo die Straßen von Omaruru, Outjo und Franzfontein, Otjimbingwe einmünden, ist ein größeres Bahnhofsgebäude mit Restaurationsräumen errichtet.

Von Jakalswater führt die Bahnlinie zwischen dem Swakop und den Chuos-bergen nach Dorstrivier (130 km). Von da sollte sie zufolge der Anlage zu dem Etat für das südwestafrikanische Schutzgebiet auf das Rechnungsjahr 1900 den Weg über Okongava nehmen. Neuere Untersuchungen haben aber dazu geführt, die Bahn von Dorstrivier aus nicht über Okongava, sondern mehr nördlich über Karibib (180 km) zu leiten. Für die Wahl dieser nördlichen Strecke ist, wie es in einem Artikel „Die Eisenbahn von Swakopmund nach Windhoek“ in Nummer 10 der Deutschen Kolonialzeitung heißt, entscheidend gewesen, daß sie geringere Geländeschwierigkeiten darbietet, die Wasserbeschaffung mehr begünstigt, den in der Nähe von Ubib vorhandenen Lagerstätten von Marmor näher kommt und auch die wirtschaftliche Erschließung der nördlichen Teile des Schutzgebiets mehr erleichtert.

Bis Karibib, wo sich mehrere Straßen kreuzen, wird der Bahnbau voraussichtlich noch in diesem Frühjahr eröffnet werden können. Die weitere Trace führt über Okahandja (303 km).

Anfangs wurde die fertige Strecke mit Maultieren betrieben, weil der South West Afrika Company 1892 das alleinige Recht zum Betrieb von Lokomotivbahnen in Deutsch-Südwestafrika auf 10 Jahre zugestanden worden war. Ein neuerer mit der Gesellschaft abgeschlossener Vertrag hat dieses Hindernis jedoch beseitigt. Jetzt werden die Züge von kleinen Lokomotiven fortbewegt. Die Zuggeschwindigkeit beträgt 12 bis 15 km in der Stunde, kann aber bis 25 km gesteigert werden. Fahrplanmäßig verkehren zwei Züge täglich in jeder Richtung, mit denen monatlich 875 bis 1000 Tons Frachtgüter Beförderung erhalten. Wie der gesamte Güterverkehr sich schon heute der Bahn zuwendet, so durchquert auch niemand mehr die Wüste zu Pferde, seitdem er die Bahn bis Jakalswater benutzen kann.

Je 50 kg Fracht nach dem Innern kosten auf der Bahn zur Zeit 2,5 Pf. für das Kilometer, in umgekehrter Richtung nur 1 Pf. Die Fracht nach Windhoek beläuft sich dagegen auf dem Landwege für dasselbe Gewicht auf 25 Mk.; bei der Beförderung auf der Bahn soll sie später auf 3,20 Mk. festgesetzt werden.

Als Spurweite der Bahn sind 0,60 m gewählt. Dieses geringe Maß ist für Südwestafrika ganz besonders geeignet, indem dasselbe die zahlreichen verlorenen Steigungen und sonstigen Schwierigkeiten des Geländes ohne zu umfangreiche Erdarbeiten und ohne kostspielige Kunstbauten überwinden läßt. Von einer breiteren Spurweite hat für Deutsch-Südwestafrika vorläufig auch überhaupt abgesehen werden müssen, da es nicht möglich ist, die für eine solche erforderlichen schwereren und größeren Lokomotiven und Wagen unter den gegenwärtigen Landungsverhältnissen in Swakopmund auszuschiffen.

Die Kosten des ganzen Bahnbaues sind auf 11½ bis 12 Millionen Mark veranschlagt worden. Auf das Kilometer davon würde sonach der für afrikanische Verhältnisse äußerst geringe Satz von rund 30000 Mark entfallen.

In den anderen afrikanischen Schutzgebieten ist es zur Inangriffnahme von Eisenbahnbauten bisher nicht gekommen. Es besteht jedoch die Absicht in der Kolonie Kamerun eine elektrische Kleinbahn zwischen Viktoria und Edea mit Zweiglinien nach den benachbarten Plantagen herzustellen und im Togogebiet, sobald daselbst erst die Anlage einer Landungsbrücke in Lome vollendet ist, eine Schmalspurbahn von Lome nach Klein-Popo zu erbauen. Die Vorarbeiten für die letztere Bahn haben an Ort und Stelle bereits stattgefunden.

# Kiautschou.

Vortrag, gehalten in der Feldartillerie-Offiziers-Messe.

Von Fritz von Bülow, Leutnant im Großh. Mecklenburg. Feld-Artillerie-Regiment No. 60.

## I.

Kiautschou bildet ein in der letzten Zeit so oft beschriebenes und besprochenes Thema, daß ich mein Recht eines kurzen Vortrages darüber nur aus meinen in dieser deutschen Kolonie kürzlich gemachten persönlichen Wahrnehmungen herzuleiten vermag.

Nur als Einleitung möchte ich einige allgemein bekannte Thatsachen in Erinnerung bringen.

Der chinesisch-japanische Krieg hatte gezeigt, daß man es in Ostasien neben China auch in Japan mit einer aufsteigenden Macht zu thun hatte. Daraus ergab sich, daß die europäischen Mächte energisch zugreifen mußten, um ihre in China bestehenden Interessen zu erhalten oder neue zu erwerben.

Deutschland hatte wohl ein Geschwader in den ostasiatischen Gewässern; doch fehlte demselben ein Stützpunkt, wie ihn die anderen Mächte schon besaßen, ein Platz, an dem die deutschen Schiffe in den taifunreichen Monaten Juli bis Oktober Zuflucht suchen, an dem sie Kohlen nehmen und gedockt werden können.

Daß man dabei wesentlich an eine Förderung der handelspolitischen Interessen Deutschlands dachte, ist selbstverständlich.

Es war für Deutschland nicht leicht, einen geeigneten Platz ausfindig zu machen. Die chinesische Küste bietet in ihrem südlichen und mittleren Teil wenig Plätze, und die daselbst vorhandenen waren bereits mit Beschlag belegt. Der Blick wandte sich daher auf den nördlichen Teil des Riesenreiches.

Die eigenartige Gebirgsformation hat hier eine buchtenreiche Küste geschaffen, an der sich ein geeigneter Hafen finden lassen mußte.

Wie überall die großen Ströme die ersten Wege zur Erschließung des Inneren waren und die Hauptverkehrsstraßen bilden, so ist auch China noch heute im Verkehrswesen in Ermangelung von Eisenbahnen auf seine Wasserstraßen angewiesen.

Im Süden trägt der große Sikiangstrom die Waren des Hinterlandes der englischen Kolonie der vorgelagerten Insel Hongkong zu. An seinen Ufern liegt die Handelsstadt Kanton und die portugiesische Niederlassung Makau. Im mittleren China fließt der bedeutende Yangtsekiang; an seiner Mündung liegt Schanghai und im Binnenlande die großen Handelsplätze Nanking und Hankau. Im Norden liegt die Hauptstadt des Reiches, Peking, am Peiho mit der Hafenstadt Tientsin.

Unsere neue Kolonie liegt nun an keinem größeren Strome, der den Verkehr mit dem Hinterlande vermitteln könnte; aber schon vor 30 Jahren hielt der bekannte Chinaforscher Professor Dr. Freiherr von Richthofen diesen Platz doch für sehr geeignet, indem er auf eine Verbindung durch Eisenbahnen und auf eine Ausbeutung der im Inneren der Halbinsel Schantung befindlichen großen Kohlenlager hinwies.

Der als Vertragshafen für europäischen Verkehr freigegebene Hafen Tschifu im Norden der Provinz Schantung hatte bisher allen Handel der Provinz an sich gezogen. Man mußte sich sagen, daß nach Eröffnung eines geeigneten Hafens in Kiautschou die Schiffe den Weg um das gefährliche Vorgebirge von Schantung, an dem auch S. M. S. „Iltis" seiner Zeit im Dienste des Vaterlandes seinen Untergang fand, sparen und dafür in der großen Bucht von Kiautschou einen geschützten und sicheren Ankerplatz finden würden.

Die ersten Bahnlinien mußten der Erschließung der Kohlenbergwerke dienen, um ein Kohlendepot in Tsingtau für die Schiffe des Kreuzergeschwaders und die Handelsdampfer gründen zu können.

Auch in Bezug auf seine geographische Lage sprach viel für die Bucht von Kiautschou. Dieselbe liegt ungefähr auf der Höhe Siziliens und hat anerkanntermaßen das beste Klima von ganz China.

Im Winter treten leichte Fröste ein, die jedoch nicht so stark sind, um das Wasser der Bucht gefrieren zu lassen; Schneefall ist nur gering und selten. Die Berge halten die nördlichen und südlichen Winde ab, und nur die nordwestlichen Winde sind teilweise kalt und unangenehm. Diese haben aber wieder den großen Vorteil, daß sie im Sommer in den heißen Monaten stets eine frische Brise bringen und dadurch die Hitze weniger fühlbar machen.

Die Gestaltung der Bucht gestattet vorzügliche Vertheidigungsanlagen, die denen der Kieler Föhrde fast gleichkommen können. Die umliegenden Höhen beherrschen den nur etwa 4—5 km breiten Eingang in die Bucht, und letzterer selbst ist im Ernstfalle durch leicht anzulegende Minensperren fast uneinnehmbar zu machen.

Alle diese Punkte haben wohl die deutsche Regierung veranlaßt, die Bucht von Kiautschou für die Besitznahme ins Auge zu fassen, und es bedurfte nur eines Anlasses, um den Entschluß zur That werden zu lassen. Dieser Anlaß war bald gegeben durch die Ermordung zweier Missionare, und am 14. November 1897 wurde der Ort durch die Mannschaften des Kreuzergeschwaders besetzt und die deutsche Flagge gehißt. In aller Ruhe, ohne Blutvergießen, räumte der erstaunte chinesische General mit seinen Truppen den Platz.

Durch den Vertrag vom 6. März 1898 wurde das Gebiet zunächst auf 99 Jahre an das Deutsche Reich verpachtet.

Dieses Pachtgebiet umfaßt die gesamte Bucht von Kiautschou bis zur Hochwassergrenze, die Halbinseln Lauschan im Norden, Huanglau im Süden bis zu deren Begrenzung durch das Lauschan- bezw. Tamoschan-Gebirge sowie die der Bucht vorgelagerten Inseln Tolosan und Tschalientau. Innerhalb der Bucht liegen die Inseln Tschipotan und Potato; erstere hat einen Flächeninhalt von 8, letztere von 30 qkm.

Der Flächeninhalt des ganzen Gebietes beträgt 920 qkm, wovon 550 qkm auf die Wasserfläche fallen. Das deutsche Pachtgebiet ist also etwa 11 mal größer als die britische Insel Hongkong.

Um dieses eben beschriebene Gebiet herum zieht sich im Umkreise von 50 km die neutrale Zone, in der China nichts ohne deutsche Zustimmung unternehmen darf. Diese Zone einbegriffen hat das ganze Gebiet einen Flächeninhalt von 7100 qkm.

Die Bucht ist etwa 33 km lang und 26 km breit. Der Unterschied zwischen Ebbe und Flut ist nicht stärker als der an unserer Nordseeküste, also etwa 3—4 m. Wie schon vorher erwähnt, ist die Bucht nur den Nordwestwinden ausgesetzt, welche allerdings häufig ziemlich hohen Seegang verursachen.

Während die Bucht an der Küste vielfach wattenartige Bildungen zeigt, so besitzt sie doch eine genügend große Ankerfläche mit durchschnittlich 20 m Tiefe für eine große Anzahl von Schiffen. Diese Wattenbildung hat ihren Ursprung in den vielen sehr breiten, aber flachen Flüssen, welche im Sommer gänzlich austrocknen und in der Regenzeit in den Monaten Juli und August neben ihren Wassermassen auch unendlich viel Sand in die Bucht hineintragen.

Was die Bevölkerung anbetrifft, so machen die Schantung-Chinesen durchweg einen besseren Eindruck als ihre Landsleute in den südlicheren Teilen des Reiches. Die Leute sind kräftig gebaut, muskelstark und besitzen einen gutmütigen Charakter. Auffallend ist, daß sie eine fast braune Hautfarbe und weniger schief gestellte Augen haben als ihre gelben Landsleute, z. B. in Kanton.

Schantung ist eine der volkreichsten Provinzen des Landes und rühmt sich besonders, die Heimat und auch Grabstätte des berühmten Reformators Confucius zu sein. Vielleicht hängt es mit dem Einfluß der Lehren dieses Weisen zusammen, daß fast alle Chinesen in Schantung lesen und schreiben können, was bei der Schwierigkeit der chinesischen Sprache ganz besonders anerkannt werden muß. Erstaunlich ist auch, daß schon eine ganze Anzahl chinesischer Kaufleute durch den Umgang mit unseren Soldaten die deutsche Sprache erlernt haben, während die Chinesen in Hongkong und Schanghai nur das sogenannte Pidgen english sprechen, ein Gemisch von Chinesisch, Englisch und Portugiesisch.

Was die Benennung des deutsch-chinesischen Gebietes anbetrifft, so wird dasselbe, wie bekannt, allgemein das Kiautschou-Gebiet genannt, obgleich nicht Kiautschou, sondern Tsingtau der in deutschem Besitz befindliche Platz ist. Kiautschou liegt allerdings in der deutschen Interessensphäre, etwa 80 km auf dem Landwege von Tsingtau entfernt und soll früher unmittelbar am Strande der Bucht gelegen haben, die daher auch den Namen Kiautschou-Bucht erhalten hat.

Jetzt liegt die Stadt Kiautschou etwa eine deutsche Meile von der an dieser Stelle allmählich versandeten Bucht entfernt.

Über den Ursprung des Namens Kiautschou ist man sich nicht recht einig. Nach Dr. Kurt Hassert soll Kiau gleichbedeutend mit dem deutschen Worte „Leim" sein, während tschou auf deutsch „Kreisstadt" heißt. Hier hatte der Kreis-Mandarin seinen Sitz. Man müßte also Kiautschou mit „Leimstadt" übersetzen.

Ich gehe nun dazu über, meinen Aufenthalt in unserem Deutsch-China näher zu beschreiben.

Man erreicht Tsingtau auf einem der drei zwischen Schanghai, Tsingtau, Tschifu und Tientsin verkehrenden Dampfer, welche Eigentum einer Apenrader Firma*) sind und laut Kontrakt mit dem Deutschen Reich die Beförderung der Post nach Tsingtau übernommen haben und daher auch die deutsche Postflagge führen. Es sind kleine Küstendampfer von durchschnittlich 500 Register-Tons Deplacement. „Tsingtau" ist der größere und bessere Dampfer, während „Knivsberg" und „Mathilde" weniger komfortabel eingerichtet und bei einer großen Anzahl von Passagieren vielleicht manchmal unbequem sind. Jedenfalls genügen die Dampfer fürs erste den an sie gestellten Anforderungen. Ob dieselben aber imstande sein werden, einem der in den Monaten Juli bis Oktober dort so häufigen und gefährlichen Taifune Trotz zu bieten, möchte ich fachmännischer Erörterung anheimstellen.

---

*) Diederichsen, Jebsen & Co.

Nach einer sehr schönen 38stündigen Fahrt erreichte die „Mathilde“, auf der ich mich in Schanghai eingeschifft hatte, am 19. Mai abends gegen 7 Uhr die Reede von Tsingtau. Die Einfahrt bei der herrlichen Abendbeleuchtung war wunderbar schön. Sie erinnert lebhaft an Hongkong. Rings erblickt man die originellen Zackengebirge, den Prinz Heinrich-Berg, Bismarck-Berg, Iltis-Berg, den Signal-Berg, auf dessen Gipfel die deutsche Flagge weht, und im Hintergrunde das gewaltige Lauschan-Gebirge mit seinen imposanten Höhen und Schluchten.

Im Hafen lagen sechs stattliche deutsche Kriegsschiffe: S. M. S. „Deutschland“ mit dem Chef der Kreuzer-Division, S. K. H. Prinz Heinrich, an Bord, S. M. S. „Kaiser“ mit dem zweiten Admiral der Division Kontre-Admiral Fritze an Bord sowie S. M. S. S. „Gefion“, „Kaiserin Augusta“, „Irene“ und „Iltis“. Man kam sich vor wie in der Heimat; denn überall wehte die deutsche Flagge.

Leider war es schon ziemlich dunkel; ich ging natürlich trotzdem an Land, da ich die Zeit nicht erwarten konnte, endlich meinen Fuß wieder einmal auf deutschen Boden setzen zu können.

Die Verkehrsmittel von den Schiffen zum Lande sind hier noch sehr primitiver Art. Die Chinesen bauen kleine Boote, welche sampan genannt und mittels einem einzigen hinten angebrachten Ruder ziemlich schnell fortbewegt werden. Sitzgelegenheit in diesen sampans fehlt: man muß entweder stehen, oder sich auf den Rand des Bootes setzen.

Ein solcher sampan wurde nun herbeigerufen, und ein sehr alter Chinese ruderte mich unter Ausstoßen von Zischlauten an Land. Durch diese Zischlaute will er sich selbst anspornen, nicht im Rudern nachzulassen. In manchen sampans wird das Ruder von zwei Mann bedient, die sich dann abwechselnd anzischen und dadurch zum Rudern anfeuern.

Erst eine Landungsbrücke ist zur Zeit fertiggestellt, welche aber hauptsächlich Marinezwecken dient, jedoch auch sonst öffentlich benutzt werden darf. Diese noch aus der Chinesenzeit stammende Brücke liegt aber etwa 20 Minuten von dem eigentlichen Ort Tsingtau entfernt.

Da es schon dunkel geworden war, und ich mir schnell ein Unterkommen suchen mußte, ließ ich mich direkt an den Strand von Tsingtau rudern. Es war Ebbe, und das Boot konnte deshalb nicht bis an den Strand laufen, sodaß ich noch einige Schritte durch das Wasser waten mußte. Der alte Chinese bot mir allerdings freundlich grinsend seinen Rücken an, was ich aber schon in Anbetracht seiner Unsauberkeit dankend ablehnte.

Am Strande bezw. auf den Strand hinaufgezogen lag eine große Anzahl von Tschunken und Fischerbooten. Jedes Boot hat vorn an jeder Seite ein großes gemaltes Auge, damit das Boot auch sehen und seinen Weg über das Wasser finden kann.

# Die kulturelle Entwickelung Paraguays und seine jetzige Bedeutung für europäische Kolonisation.

Von C. Pfannenschmidt.

## IV.

Die Rassen des Viehes sind durchgängig sehr primitiv zu nennen, und erscheint eine Veredelung des Landschlages auch nur soweit angezeigt, als sich eine verfeinerte Konstitution dem Klima anpassen könnte. Entsprechend der Primitivität der Rasse ist die Technik des Estanciabetriebes („Viehwirtschaft in größerem Maßstabe) auch außerordentlich einfach. Es beschränkt sich die Thätigkeit des Estancieros darauf, dafür zu sorgen, daß die Weiden in rationeller Weise ausgenützt, die Tiere zur rechten Zeit zur Tränke getrieben und von Zeit zu Zeit auf ihren Gesundheitszustand untersucht werden. Haben sich in Wunden Maden eingenistet, so müssen dieselben sofort entfernt und die Tiere in Behandlung genommen werden. Von einer sorgfältigen Beobachtung in dieser Hinsicht ist der Erfolg der paraguayischen Viehzucht besonders bedingt, da namentlich die neugeborenen Tiere sehr viel von diesen Parasiten befallen werden.

Die Viehzucht stellt auch in Paraguay einen viel sichereren Erwerbszweig dar als der Ackerbau. Sie erfordert jedoch, wenn sie lohnend betrieben werden soll, ein bedeutend höheres Anlagekapital als der Ackerbau im Kleinen. Rentabilitätszahlen für die Viehhaltung festzustellen, erscheint mir nicht nützlich, da die Erträge je nach der Geschicklichkeit des Leiters, der Örtlichkeit und der Gunst oder Ungunst der Jahre bedeutenden Schwankungen unterworfen sind. Beim Rindvieh, das wir als wichtigsten Repräsentanten der paraguayischen Landwirtschaft bezeichnen mußten, wird die jährliche Vermehrung auf 22 bis 25 pCt. geschätzt. Für den Kolonisten und Kleinkapitalisten wird eine Kombination von Ackerbau und Viehzucht wünschenswert erscheinen.

Wenn wir vorhin gesehen haben, daß Klima, Bodenfruchtbarkeit, Niederschläge, kurz die natürlichen Bedingungen des Landes recht günstige sind, und wir dagegen bei Besprechung der landwirtschaftlichen Kulturgewächse zu wenig erfreulichen Resultaten gekommen sind, so werden wir die Erklärung dafür in den wirtschaftlichen Verhältnissen suchen müssen. Der verheerende Krieg vom Jahre 1865—70 hatte, wie bereits erwähnt, die gesamte arbeitsfähige männliche und einen großen Teil der weiblichen Bevölkerung dahingerafft und dadurch dem Lande alle Lebenskraft entzogen; dazu kam, daß er dem Staate eine sehr erhebliche Kriegsentschädigung auferlegte, die bei der gänzlichen Erschöpfung aller Erwerbsquellen und der sehr schlechten Finanzwirtschaft zu einer bedeutenden Valutaentwertung führen mußte. Damit Hand in Hand geht ein ungewöhnlich hoher Zinsfuß, der 1—3 pCt. pro Monat beträgt. Weder Landwirtschaft noch Industrie werden aber Gewinne abwerfen, welche so hohe Zinsen zu decken imstande sind. Dem Kolonisten kommt die Valutaentwertung nur insofern zu Statten, als die Arbeitslöhne dadurch geringer werden. Dieser Vorteil dürfte jedoch nur dann von Werth sein, wenn Paraguay eine nennenswerte Ausfuhr und dadurch einen

Zufluß von höher bewertetem fremdem Gelde hätte. Gegenwärtig ist der Zwangskurs auch für den Landwirt nur als ein Unglück zu betrachten, da die Ausfuhr landwirtschaftlicher Produkte nur gering ist, die zur Arbeit notwendigen Werkzeuge sowie Kleidungsstücke und einige Lebensbedürfnisse aber aus dem Auslande bezogen und in Gold bezahlt werden müssen. — Erwähnt sei noch, daß in der neuesten Zeit sich vielfach Bestrebungen geltend gemacht haben, von Argentinien, Brasilien und Uruguay eine völlige Annullierung der alten Kriegsschuld, die im Laufe der Jahre zu der beträchtlichen Summe von 298 Millionen Pesos angewachsen ist und die jetzt für die beteiligten Staaten nach Lage der paraguayischen Finanzen wohl nur noch eine imaginäre Forderung darstellt, zu erwirken. Es haben zu diesem Zwecke bereits einige Meetings in Asuncion stattgefunden, welche jedoch zu keinem Resultate geführt haben. Es wäre für die Entwickelung des Landes nur zu wünschen, daß eine verständige Einigung erzielt würde; denn nur dann könnte Paraguay einer besseren Zukunft entgegensehen.

Eine große Erschwerung der Erwerbsbedingungen erwächst dem Landmanne durch die Anspruchslosigkeit und Nachahmungsfähigkeit des Paraguayers. Die Anspruchslosigkeit, die dem Paraguayer in alter Zeit anerzogen worden war, und die sich in den schlechten Zeiten während und nach dem Kriege eingebürgert hat, bietet im Lande selbst nur einen geringen Markt für die Erzeugnisse; durch die Nachahmungsfähigkeit entsteht einer von Europäern neu eingeführten Kultur sehr bald Konkurrenz, die dadurch umso schwerer wird, als der Paraguayer imstande ist, viel billiger zu produzieren als der Europäer. Wir können diesen Abschnitt nicht beenden, ohne der beiden Institutionen zu gedenken, die von der Regierung geschaffen sind, um die Interessen der Landwirtschaft zu fördern. Es sind: die „Landwirtschaftliche Schule" in Rulcleta bei Asuncion und die „Landwirtschaftliche Bank" in Asuncion. Erstere bezweckt die Ausbildung junger Leute in praktischer und theoretischer Landwirtschaft. Sie ist etwa unseren deutschen Landwirtschaftsschulen zu vergleichen, dient aber auch gleichzeitig zur Anstellung von Versuchen; die „Landwirtschaftliche Bank" gewährt Landwirten Kredite zu verhältnismäßig billigem Zinsfuße (8—10 pCt. pro Jahr) und unterstützt sie durch unentgeltliche Verleihung von Maschinen, Ausgabe von Saatgut und andere Benefizien.

Es erscheint mir nunmehr angezeigt, einen kurzen Blick auf die Kolonisationsgesetze und die Erfolge, die die Kolonisation bis jetzt erzielt hat, zu werfen. Das Kolonisationsgesetz besagt:

Das Haupteinwanderungsamt ist unmittelbar dem Ministerium des Innern unterstellt. Sein Personal setzt sich aus einem Generalkommissar, einem Sekretär und den erforderlichen Hilfsbeamten zusammen.

Die Regierung erteilt die Erlaubnis, landwirtschaftliche Kolonien an verschiedenen Stellen der Republik zu gründen und geeignete Territorien in der Nähe von Flüssen oder der Eisenbahn auszuwählen. Die Kolonien können auf öffentlichem oder privatem Terrain, das noch unbebaut ist, angelegt werden. Private Terrains werden von der Regierung entweder gegen andere eingetauscht oder angekauft, ... können sie auch expropriiert werden. Es ist diese Bestimmung insofern ... damit gesagt ist, daß ausländischen Kolonisatoren, sofern sie sich bereit ... vorgeschriebenen Bedingungen zu erfüllen, die von ihnen selbst ... als möglich zur Verfügung gestellt werden, gleichgültig, ... les Eigentum sind.

Nachdem die Vermessung stattgefunden hat, wird das Terrain in Lose von 1200 resp. 600 ar geteilt.

An günstig gelegener Stelle, möglichst im Mittelpunkte der Kolonie, wird ein passender Ort zur Anlage des Koloniestädtchens mit dem Marktplatze, dem Platze für die Kirche, die Schule, die Administrationsgebäude ausgewählt. Das herumliegende Land wird nur in kleineren Stücken verkauft und der Erlös des Verkaufes für die Unterhaltung der Schule verwandt.

Nahe der Kolonie wird ein Kamp reserviert, der zur Weide des den Kolonisten gehörigen Viehes dienen soll. Diese Kämpe sind Gemeindegut und dürfen nicht veräußert werden.

Die Regierung ermächtigt das Einwanderungsamt, Ackerbau treibende Familien aus dem Auslande zur Ansiedelung in den Kolonien kommen zu lassen. Jede Kolonistenfamilie soll aus 3 Erwachsenen oder 5 Personen, einschließlich Kinder, bestehen, die gute Führung, Arbeitsamkeit und Kenntnis des Ackerbaues nachzuweisen haben.

Familien, die die vorgeschriebenen Bedingungen erfüllen, erhalten von der Regierung folgende Vergünstigungen:

1. Freie Fahrt von den Häfen Buenos Aires resp. Montevideo bis zu dem Bestimmungsorte. — In früheren Jahren sogar von den europäischen Häfen aus.

2. Unterstützungsgelder für die ersten 6 Monate und in außerordentlichen Fällen noch für weitere 6 Monate, ferner Wohnung, Werkzeug, Saatgut und Zugtiere. Das Gesetz vom 8. September 1885 läßt diese letzteren Vergünstigungen offiziell in Fortfall kommen, nichtsdestoweniger werden dieselben jedoch gewöhnlich weiter gewährt.

3. Unentgeltlich ein Los von 16 □ Cuadras = 12 ha oder ca. 50 preußische Morgen. Nach dem Gesetz vom 21. April 1896 erhält der Kolonist die definitiven Besitztitel über das Land, nachdem er es 2 Jahre ununterbrochen bebaut hat.

4. Unverheiratete Leute genießen dieselben Vorteile wie die Familie; jedoch erhalten sie nur die Hälfte des einer Familie zugeteilten Landes.

5. Jeder Kolonist hat das Recht, außer seinem Lose weitere 4 Lose zu 16 □ Cuadras zu einem Preise von 2 Pesos pro Cuadra zu erwerben. Die Kaufsumme ist in 10 Jahresraten zu zahlen. Bei großer Nachfrage können diese Lose jedoch meistbietend versteigert werden. Hierbei ist alsdann das aufgewandte Geld als Grundlage für die Bietung anzusetzen.

Jeder Inhaber von Kolonielosen hat die Verpflichtung, dieselben 5 Jahre lang ohne größere Unterbrechung als 6 Monate dauernd in Kultur zu halten, und darf sein Eigentumsrecht innerhalb des gleichen Zeitraumes nach seiner Einsetzung nicht auf andere Personen übertragen. Das verkaufte Land wird für die zu zahlenden Jahresraten hypotheziert.

Ein Kolonist kann wegen schlechter Führung, Unfähigkeit oder Untüchtigkeit aus der Kolonie ausgewiesen werden. In diesem Falle hat er alle durch seine Ansiedelung der Regierung entstandenen Kosten zurückzuvergüten.

Stirbt ein Kolonist vor Ablauf der beiden Jahre, so geht das Recht der Erwerbung der Besitztitel auf seine rechtmäßigen Erben über, vorausgesetzt, daß einer derselben sich verpflichtet, die vorgeschriebenen Bedingungen zu erfüllen.

Die Regierung ernennt in jeder Kolonie einen Intendanten, der die Landessprache und die Sprache der Kolonisten sprechen muß, und der folgende Verpflichtungen hat:

a) Jeden Kolonisten in das ihm zukommende Los einzusetzen.

b) Über die Sicherheit der Kolonie zu wachen.

c) Für Instandhaltung und Reinhaltung der Wege und Straßen zu sorgen.

d) Den Zensus und statistische Daten über die Kolonie aufzustellen und über den Stand der Kulturen zu berichten.

e) Den Kolonisten alle gewünschten Auskünfte zu geben und sie durch Ratschläge zu unterstützen.

Sobald 50 Kolonisten angesessen sind, haben sie aus ihrer Mitte 3 Männer zu dem Amte des Friedensrichters vorzuschlagen, von denen die Regierung den Geeignetsten auswählt.

Innerhalb der ersten 10 Jahre nach Einsetzung des Intendanten sind die Kolonien frei von jeder direkten Steuer. Handwerkszeug, Saatgut, Möbel, Waffen rc., die die Kolonisten zum eigenen Gebrauche mitbringen, dürfen zollfrei in das Land eingeführt werden.

Die Regierung ist ermächtigt, Gesellschaften oder Privatpersonen Land in einer Ausdehnung von 12 □ Leguas zum Zwecke der Kolonisation unentgeltlich zu geben, und zwar unter folgenden Bedingungen. Der Unternehmer verpflichtet sich:

a) Wenigstens 140 ackerbautreibende Familien in einem Zeitraume von 2 Jahren in der Kolonie anzusiedeln.

b) An jede Familie ein Terrain von 50 □ Cuadras oder 37,5 ha unentgeltlich zu überlassen oder zu verkaufen.

c) An die Kolonisten Wohnung, Werkzeuge, Arbeits- und Milchtiere, Saatgut und Nahrungsmittel für mindestens 1 Jahr vorschußweise zu verabreichen und mit dem Selbstkostenpreise zuzüglich 20 pCt. zu berechnen. — Die Vorschüsse sind mit 10 pCt. jährlich zu verzinsen.

d) Die Rückzahlungen von den Kolonisten nur in entsprechenden Jahresraten, und zwar frühestens mit dem dritten Jahre beginnend, zu verlangen.

e) Dem Einwanderungsamte das Recht der Intervention bei Kontrakten, die mit den Kolonisten geschlossen werden, zu deren Schutze zu überlassen.

f) Die Summe von 2000 Pesos fuertes zu deponieren und für dieselbe eine Sicherheit zu stellen, die als Garantie für Innehaltung der übernommenen Verpflichtungen gilt.

Die Unternehmer haben das Recht, den kostenfreien Transport der Ansiedler von Montevideo resp. Buenos Aires nach dem Bestimmungsorte zu verlangen.

Wenn wir die paraguayischen Kolonisationsgesetze mit denen der nordamerikanischen Union vergleichen*), so müssen wir zugeben, daß die paraguayischen bei weitem günstiger für den Einwanderer sind. In der That hat die paraguayische Regierung bereits sehr bedeutende Opfer gebracht, um die Einwanderung zu heben; und dennoch sind die erzielten Erfolge ganz außerordentlich gering, wie wir bei der Besprechung der einzelnen Kolonien ersehen werden. Auf die besonderen Mängel der Kolonisationsgesetzgebung habe ich im Verlaufe des Schlußkapitels zurückzukommen und will deshalb an dieser Stelle nicht weiter darauf eingehen.

Die älteste Kolonie des Landes ist San Bernardino, die im Jahre 1881 durch die Regierung gegründet wurde und seit dieser Zeit fast ausschließlich von Deutschen und Schweizern bewohnt wird. Sie weist nur noch wenige Kolonisten auf, die von

*) Vergl. Max Sering, Die landwirtschaftl. Konkurrenz Nordamerikas. Leipzig 1887.

dem Ertrage des Ackerbaues leben. Der Schwerpunkt des Erwerbes liegt darin, daß San Bernardino im Laufe der Jahre durch seine romantische Lage am Ufer des Sees Ypacaraí ein von den Bewohnern Asuncions sowie von Argentiniern und Uruguayern viel besuchter Luftkurort geworden. Außer den Personen, die sich durch den Fremdenverkehr ernähren, giebt es noch eine Anzahl Handwerker, Branntweinbrenner und Händler, die mit den Produkten der Viehzucht, Butter, Käse, Wurst, Schinken ꝛc. den Markt von Asuncion versorgen. Bemerkenswert ist die einzige größere Kaffeeplantage des Landes, welche 45 000 Pflanzen zählt und von einem Österreicher unter Aufwendung erheblicher Mittel unterhalten wird.

Neu-Germania, im Jahre 1887 von Dr. Förster gegründet, ist, wie die vorgenannte, auch eine deutsche Kolonie. Die Hoffnungen, die der Begründer s. Z. auf dieselbe gesetzt hat, haben sich in keiner Weise erfüllt. Die jetzigen Bewohner fristen nur in kümmerlicher Weise ihr Leben. Von den ersten durch Dr. Förster dorthingebrachten Kolonisten dürften nur noch sehr wenige auf der Kolonie anzutreffen sein. Es ist jedoch nicht zu verkennen, daß die Kolonie an völlig ungeeigneter Stelle, ohne genügende Verbindung mit dem Verkehrszentrum und mit viel zu geringem Kapital begründet worden ist.

Villa Hayes, im Chaco Paraguayo, liegt nur wenige Meilen oberhalb Asuncions am Ufer des Paraguayflusses. Trotz der günstigen Lage ist der wirtschaftliche Aufschwung der Kolonie nur gering.

Ebenfalls sehr günstig ist die Lage der „Kolonie Elisa“, die trotz ihres geringen Flächenraumes eine günstige Zukunft zu haben scheint. Sie ist nur 3 Meilen von Asuncion entfernt und liegt am Ufer des Paraguay. Es hat sich hier der Anbau von Luzernen, Bananen, Ananas, Tomaten ꝛc. kräftig entwickelt, und sind mit diesen Kulturen recht gute Erfolge erzielt worden.'

Im Innern des Landes, teils direkt an der Bahn, teils in nicht unbedeutender Entfernung von der Station, liegen:

Die Staatskolonie „Colonia Nacional“,
„Nueva Australia“,
„25 de Noviembre“,
„Cosme“,
„Guillermo Tell“.

Es würde zu weit führen, auf jede dieser Kolonien besonders einzugehen; wir bemerken nur, daß keine derselben sich einer guten Prosperität erfreut.

Über die Frage, ob Paraguay sich zur Besiedelung durch Europäer eignet, ist viel geschrieben und diskutiert worden. Eifrige Berichter haben nicht verfehlt, die unzähligen Vorteile hervorzuheben, die Land und Regierung dem Ankömmlinge gewähren, und viele Hunderte von Personen haben diesen Worten Glauben geschenkt in der Hoffnung, dort das ersehnte Glück und Freiheit und Unabhängigkeit zu finden. Sind diese Hoffnungen in Erfüllung gegangen? Ich brauche nur auf die Resultate, die die Kolonisation bisher geliefert hat, zu verweisen, und die Frage beantwortet sich von selbst; und dennoch würden wir zu einem völlig falschen Schlusse kommen, wenn wir Paraguay nur nach dem bisher Erreichten beurteilen wollten. Wir haben bereits klar zu legen gesucht, daß die natürlichen Verhältnisse Paraguays durchaus nicht ungünstige sind, daß sowohl die Existenzbedingungen für Vieh und Pflanzen gut sind, als auch das Klima dem Europäer durchaus zuträglich ist und ihm bei Beachtung einiger Vorsicht wohl erlaubt, die Landarbeit selbst auszuführen. Wir wiesen ferner darauf hin, daß die wirtschaftlichen Verhältnisse es waren, welche ein Aufblühen des Landes so sehr erschwerten. Wenn wir gerecht sein wollen, können wir uns aber auch nicht verhehlen, daß bei Inangriffnahme der Kolonisation sehr schwerwiegende Fehler gemacht worden sind. So sind mit wenigen Ausnahmen die Kolonien an Stellen angelegt, an denen keine oder nur sehr ungünstige Verbindungen mit den Häfen vorhanden sind. Neu-Germania liegt völlig abseits allen Verkehrs und ist erst durch eine Reise von mehreren Tagen von Asuncion aus zu erreichen. San Bernardino ist durch den See Ypacarai von der Eisenbahnstation getrennt. Durch den Transport auf der Karrete, durch die Schiffsfracht und endlich durch den Eisenbahntransport verteuert sich aber die Beförderung zu dem Konsumtionsorte derart, daß bei den billigen Preisen kaum mehr ein Reingewinn verbleiben kann. — Die Kolonie Nueva Australia ist 12 Leguas von der Bahnstation entfernt. Wenn aber andere Kolonien auch näher zur Bahn liegen, so befinden sie sich bereits sehr tief im Innern des Landes. Da aber die Frachten der paraguayischen Eisenbahn sehr hoch sind, und die Beförderung völlig unzureichend ist, so wird der Vorteil der Nähe zur Bahnstation illusorisch. Paraguay eignet sich wegen seines Klimas vorzüglich zum Anbau von Früchten wie Ananas, Bananen, Apfelsinen, Tomaten, deren Kultur sehr lohnend ist, die aber einem schnellen Verderben ausgesetzt sind, und findet für diese an Argentinien einen guten Abnehmer. Sollen diese Erzeugnisse aber durch die Bahn befördert werden, so bedürfen sie eines schnellen Transportes. Da klingt es einem an die Grundsätze des schnellen Verkehrs gewöhnten Europäer lächerlich, daß die 247 km lange Strecke in der Zeit von 12 Stunden, zu der gewöhnlich noch mehrere Stunden Verspätung hinzukommen, zurückgelegt werden soll. Der Bahnverwaltung liegt nicht daran, die Interessen des Landes zu fördern, sondern nur, hohe Dividenden zu erzielen. Solange aber derartige Zustände von der Regierung gebilligt werden, oder sie nicht die Macht hat, ihnen energisch entgegen zu treten, so lange ist auch an einen wirklichen Erfolg der Kolonisation nicht zu denken.

Schweren Schaden hat die Kolonisation auch dadurch erlitten, daß einerseits nicht genügende Mittel zur Verfügung standen, um die im großen Stile angelegten Arbeiten zu Ende zu führen, und andererseits bei der Auswahl der Kolonisten nicht vorsichtig genug zu Werke gegangen ist. Namentlich der Passus aus den Kolonisationsgesetzen, daß jeder Ansiedler ein gutes Renommé, Arbeitsamkeit und Kenntnis landwirtschaftlicher Arbeiten nachzuweisen hat, ist in unendlich vielen Fällen außer Acht gelassen worden. So ist es denn geschehen, daß unter dem Titel „Kolonist“ eine Anzahl von Individuen sich in den Kolonien niedergelassen hat und dort so lange verblieben ist, als von der Regierung oder dem Kolonisator Subsidiengelder verteilt wurden; es soll vorgekommen sein, daß solche „Koloniejäger“ von einer Kolonie zur andern ziehend, Jahre lang ein beschauliches Leben geführt haben, ohne dem Staat oder dem Unternehmer durch ihre Arbeit ein entsprechendes Äquivalent zu leisten. Abgesehen von diesen arbeitsscheuen Elementen ist aber auch eine große Anzahl solcher Leute zur Auswanderung und zur Ansiedlung in den neuen Kolonien veranlaßt worden, die zwar den besten Willen hatten, tüchtiges in ihrem neuen Wirkungskreise zu leisten, die aber durch ihre frühere Thätigkeit in keiner Weise vorbereitet waren und daher ebenfalls nicht den an Kolonisten zu machenden Ansprüchen genügen konnten. Eine Besiedelung der neuen Kolonien mit Leuten dieser beiden Kategorien mußte aber deshalb umso störender auf die Entwickelung des Unternehmens wirken, weil nicht nur die vorerwähnten Leute nicht vorwärts kommen konnten, sondern auch die eigentlichen Kolonisten durch das schlechte Beispiel verdorben wurden. — Sehr verhängnisvoll wirkt in dieser Beziehung gewöhnlich der Artikel 201 der Kolonisationsgesetze, nach welchem Einzelpersonen oder Gesellschaften 12 Leguas Land zum Zwecke der Kolonisation angewiesen werden, unter der Verpflichtung, daß wenigens 140 Ackerbau treibende Familien in einem Zeitraum von zwei Jahren angesiedelt werden müssen. Da es in den meisten Fällen schwer halten wird, eine genügende Menge tüchtiger Leute in der vorgeschriebenen Zeit für das Unternehmen zu gewinnen, so muß der Kolonisator zu einer umfangreichen Reklame greifen und kann bei der Auswahl der Kolonisten nicht die Vorsicht walten lassen, die unbedingt notwendig wäre.

Von nicht minder großer Bedeutung ist ferner der Umstand, daß die Kolonien in Paraguay ausnahmslos mit viel zu geringem Kapital begründet sind. Bei den schwierigen Verhältnissen, mit denen der Kolonist im paraguayischen Urwalde zu kämpfen hat, wo er jedes Stückchen Erde erst der Kultur zu gewinnen hat, und wo durch die außergewöhnliche Fruchtbarkeit auch das Wachstum der Unkräuter so stark gefördert wird, daß es kaum zu vernichten ist, kann es nicht genügen, wenn dem Manne grade soviel Mittel zur Verfügung stehen, als er knapp zum Fristen seines Lebens für ½ oder 1 Jahr gebraucht. Es muß daher in den meisten Fällen als ein entschiedener Fehler bezeichnet werden, wenn gänzlich mittellose Leute zur Auswanderung resp. zur Ansiedlung veranlaßt werden; oder es muß das der Kolonieverwaltung zu Gebote stehende Kapital so groß sein, daß sie die Ansiedler auf längere Zeit in wirksamer Weise unterstützen kann. Wirtschaftliche Rückschläge werden sich in der ersten Zeit auch schon aus dem Grunde nicht völlig vermeiden lassen, als die aus europäischen Ländern kommenden Kolonisten sich zunächst in die neuen Verhältnisse einarbeiten müssen.

Wenn wir die Mittel, die auf die einzelnen Kolonien in Paraguay verwandt worden sind, mit denen vergleichen, die in Argentinien, Brasilien und Uruguay für die gleichen Zwecke angelegt worden sind, so erscheinen sie sehr gering. Viele Kolonien in den letztgenannten Staaten, die heute in großer Blüte stehen, haben schwere Krisen durchlebt und sind nur durch die kräftige Unterstützung hochgehalten worden; daher beweist uns ein bisheriges Scheitern des Kolonisationsplanes in Paraguay noch lange nicht die Unmöglichkeiten des Gelingens, wohl aber werden zuvor noch verschiedene Bedingungen zu erfüllen sein, ohne die das Werk nie Aussicht auf Erfolg haben kann.

Zunächst käme dabei die Gesundung der finanziellen Verhältnisse, zu der die Annullierung der alten Kriegsschuld wesentlich beitragen würde, nicht minder aber auch das in Betracht, daß die verschiedenen Mängel, die nach althergebrachter Weise mehr oder weniger in der Verwaltung der südamerikanischen Staaten bestehen, beseitigt werden. Sehr wichtig wäre es aber auch, daß es zwischen Argentinien und Paraguay zu einer endgiltigen, festen Regelung der Zollverhältnisse auf eine längere Reihe von Jahren käme; denn das kleine, im Hinterlande gelegene Paraguay ist für seinen Absatz so sehr auf Argentinien angewiesen, daß die bestehenden schwankenden Verhältnisse Paraguay nie zur Entwickelung kommen lassen können. Schon oft ist von einsichtigen Männern der Gedanke angeregt worden, daß Paraguay vollständig in Argentinien übergehen, daß es gewissermaßen eine argentinische Provinz werden solle. So unmöglich jedem Kenner des stark entwickelten Nationalitätsgefühles der Paraguayer auch die Verwirklichung dieses Planes erscheinen muß, so wäre es in wirtschaftlicher Beziehung doch das einzig Wünschenswerte. Eine zollpolitische Einigung im beiderseitigen Interesse müßte sich jedoch erzielen lassen.

Gute Handelsbeziehungen zu den europäischen Ländern dürften die Stellung Paraguays ebenfalls befestigen. Nun haben wir aber vorhin gesehen, daß die Ausfuhr bisher zum überwiegenden Teile aus Produkten der Eltuvation besteht; es müssen daher die Bestrebungen der Regierung darauf hinausgehen, zur Ausfuhr geeignete Landeserzeugnisse zu schaffen, und ist gerade die paraguayische Landwirtschaft durch die natürlichen Bedingungen, die eine Vielseitigkeit der Kulturen begünstigen, hervorragend dazu geeignet.

Besonders reformierend hätte die Regierung einzugreifen in Bezug auf die Sicherheit des Besitzes erworbenen Landes, da es häufig vorkommt, daß, wenn jemand Land gekauft und dasselbe in Bearbeitung genommen hat, sich nach Verlauf einiger Zeit eine dritte Person meldet, die ältere Rechte auf das betreffende Terrain nachweist. Gewöhnlich stammen solche Ansprüche aus der Zeit vor dem Kriege (1865—1870). Es sind aus derartigen Ansprüchen häufig Prozesse entstanden, die den Käufer um den Besitz des Landes und des auf die Kultur desselben verwandten Geldes gebracht haben. Es ist daher die Sicherung der Besitztitel von großem Werte und die Forderung der Regelung dieser Verhältnisse durchaus geboten.

Nochmals hervorheben wollen wir ferner die absolute Notwendigkeit, für die Verbesserung der Kommunikationen Sorge zu tragen. In allen dünn bevölkerten Ländern, in Nordamerika, Argentinien 2c., sind es die Bahnen gewesen, die der Kultur die Wege gewiesen haben. Wenn wir erfahren, daß von Paris aus dem Staate Paraguay eine Anleihe von 10 Millionen Francs angeboten ist, so sollte, vorausgesetzt, daß die Nachricht auf Wahrheit beruht, die Regierung nicht zögern, die Gelegenheit wahrzunehmen und die Kapitalien zur Erschließung der großen Landstrecken des Nordens und des Südens zu benutzen, und nicht warten, bis ausländische Unternehmer die Privilegien ausnützen, die dem Staate zustehen. Vor allem sollten aber Maßnahmen getroffen werden, daß die für Wege und Brückenbau ausgeworfenen Gelder in zweckentsprechender Weise verwandt werden.

Wenn wir nunmehr das Resultat unserer Betrachtungen kurz zusammenfassen wollen, so kommen wir zu dem Schlusse, daß Paraguay zur Besiedelung mit Europäern nicht ungeeignet erscheint, daß aber als Vorbedingung für die Kolonisation die Abstellung der geschilderten Mängel und die Vermeidung der bisher gemachten Fehler nicht dringend genug gefordert werden muß, da bei Außerachtlassung dieser Faktoren das Resultat jedenfalls ebenso negativ ausfallen würde wie bisher.

# Die Terrainlehre Kleinasiens in ihren allgemeinen Beziehungen zur Bodenkultur des Landes.

Bearbeitet von Dr. C. A. Kosbissian aus Kleinasien, Professor an der landwirtschaftlichen Schule von Saloniki.

## I.

### Einleitung.

Die allgemeine Terrainlehre des Kulturtechnikers umfaßt Klimatologie, Orographie, Hydrographie und Topographie kleiner Gelände und größerer Landstriche.*)

Diese Wissenszweige werden den Gegenstand der folgenden Darstellung bilden, und es soll in dieser der Versuch gemacht werden zu zeigen, inwieweit die Bodenkultur von Kleinasien durch diese Momente beeinflußt wird.

Die Bedeutung der Terrainlehre für die Kultur eines Landes und deren Verbesserung ergiebt sich aus folgender Betrachtung und aus der Abhängigkeit der organischen Welt von kosmischen und tellurischen Einflüssen.

I.

Die Kenntnis der Klimatologie eines Landes ist für einen vorteilhaften Betrieb der Landwirtschaft eine der wichtigsten Bedingungen, erstens weil das Klima auf die Art der Bodennutzung und die Höhe der Bodenerträge, und zweitens, weil es auf die Sicherheit der Erträge und die Wirtschaftskosten in ausgesprochener Weise einwirkt.

II.

Das Studium der Klimatologie kann ohne die Kenntnis der Orographie nicht erfolgen, weil jene von dieser bis zu einem gewissen Grade beeinflußt wird; ebenso verhält es sich auch mit der Orographie eines Landes, die erstens von den Verhältnissen (Konturen) desselben handelt, welche dem Terrain in den Augen des Beschauers einen so außerordentlichen Wechsel des Charakters darbieten und der kulturtechnischen Ausnutzung hinderlich oder förderlich sein können, und die zweitens die Substanz des Landes und die daraus sich ergebenden Bodenarten behandelt.

III.

Die Hydrographie behandelt die Entstehung und Verteilung des im Boden ruhenden und in Rinnen sich bewegenden oder fließenden Wassers auf der Erdoberfläche, mithin den Haushalt des Wassers in der Natur mit Beziehung auf die feste Erdrinde.

IV.

Die Kenntnis der Topographie eines Landes ist ebenso wichtig wie die vorhererwähnten Momente; denn sie hat in ihrer Anwendung auf den Landbau den dermaligen Kulturzustand an der Hand landwirtschaftlicher und technischer, nationalökonomischer und statistischer Merkmale nach Vorzügen und Mängeln zu schildern und dadurch die Grundlage für Beurteilung der Notwendigkeit und des Nutzens irgend welcher Meliorationen zu erbringen.

---

*) Dünkelberg: Kulturtechnik.

# I.

## Klimatologie.

### 1. Die geographische Lage Kleinasiens.

Da das Klima mehr oder weniger von der geographischen Lage eines Landes abhängig ist, so wird sie im folgenden kurz skizziert.

Türkisch wird Kleinasien Assiai Sugra (= Kleinasien) oder Anatoli Schibih Djeziressi (= kleinasiatische Halbinsel) genannt.

Naumann drückt sich über die Grenzbestimmung der Halbinsel folgendermaßen aus:

„Kulturell — besonders durch seine Lage für Handel und Verkehr — gehört Kleinasien zu Europa."

„Meer und Luft", sagt Curtius, „verbindet die Küsten des Archipels zu einem Ganzen. Zwischen Asien und Europa ist kaum ein Punkt, wo der Schiffer sich einsam fühle zwischen Himmel und Wasser; das Auge reicht von Insel zu Insel, bequeme Tagfahrten führen von Bucht zu Bucht. Darum haben auch zu allen Zeiten dieselben Völker an beiden Meeresufern gesessen, und seit den Tagen des Priamus haben diesseits und jenseits dieselben Sitten geherrscht."

Der Naturbeschaffenheit nach gehört die Halbinsel zu Asien. Die Verwachsung mit dem Kontinent ist eine so innige, daß es schwer hält, ihre Grenzen zu bestimmen. Man zieht dieselben gewöhnlich vom Golf von Iskanderun, der Wasserscheide zwischen Djihan (Pyramus) und Euphrat folgend, hinauf bis zu den nördlichen Ausläufern des Antitaurus und dann quer über die Längsthäler und Bergrücken bis zum Vorgebirge von Hassan (Hassan Burun).

Die natürliche Grenzlinie läuft den Unterlauf des Djihan entlang und weiter über Sis durch das Längsthal des Gicksu; sie hält sich dann an die Longitudinalrinnen des Balykli-tchai und des Kuru-tchai, folgt von Pingan bis Erzingian dem westlichen Euphrat und wird von Quelle bis zur Mündung des Tcheruk durch dessen Lauf bezeichnet."

Im ersten Falle würde die Halbinsel etwa zwischen 36° und 42° n. B. und zwischen 24° und 34° ö. L. von Paris, im zweiten Falle zwischen denselben Graden nördlicher Breite und zwischen 23° und 38° ö. L. von Paris sich befinden.

### 2. Temperaturverhältnisse.

Nach dieser geographischen Lage würde man glauben, daß die Temperaturverhältnisse ungefähr dieselben wären wie in den unter denselben gemäßigten Breiten liegenden Ländern.

In keinem anderen Lande aber drückt die geographische Lage so wenig die wirkliche Beschaffenheit des Klimas aus wie in Kleinasien; das physische oder tellurische Klima spielt dort eine große Rolle. Kleinasien liegt, wie bekannt, unter denselben gemäßigten Breiten wie Spanien; aber nicht nur die klimatischen Unterschiede zwischen beiden Ländern sind sehr groß, sondern die klimatischen Gegensätze der einzelnen Striche der Halbinsel in verschiedenen Jahreszeiten sind sehr auffallend verschieden, und selbst an einem und demselben Tage sind diese Abnormitäten bemerkbar. Die Ziffern können in dieser Hinsicht besser sprechen.

Wir geben im Folgenden eine Tabelle der an den kleinasiatischen, spanischen und portugiesischen Küsten beobachteten Temperaturen wieder.

Temperatur: Celsius (Hann, Klimatologie).

| Ort | nördliche Breite Grad | Länge von Paris Grad | Seehöhe m | Januar Grad | April Grad | Juli Grad | Oktober Grad | Jahr Grad | Bemerkungen |
|---|---|---|---|---|---|---|---|---|---|
| Trapezunt | 41,01 | 37,23 ö. | 23 | 6,8 | 12,2 | 24,5 | 15,5 | 18,5 | am Ufer d. schwarz. Meeres |
| Konstantinopel | 41,00 | 27,38 ö. | ... | 5,8 | 16,6 | 23,5 | 14,1 | 16,3 | am Bosporus |
| Smyrna | 38,26 | 24,50 ö. | ... | 8,2 | 14,6 | 26,7 | 16,9 | 18,7 | am Ägäischen Meere |
| Barcelona | 41,22 | 0,93 ö. | 15 | 8,9 | 14,1 | 26,0 | 18,1 | 16,0 | am Mittell. Meere |
| Lissabon | 38,43 | 11,50 w. | 102 | 10,3 | 14,8 | 21,7 | 16,9 | 15,6 | |

Trapezunt liegt unter derselben Breite wie Konstantinopel, indessen ist die erstere Stadt im Winter 1° wärmer als die letztere; im Frühjahr ist die erstere 4,4° kälter, im Herbst 1,4° und im Jahresdurchschnitt 2,2° wärmer als die letztere.

Smyrna liegt unter 38,26° n. B., hat aber einen 2° kälteren Frühling als Konstantinopel und denselben Jahresdurchschnitt wie die Stadt Trapezunt, die unter 41,01° n. B. liegt.

Barcelona liegt andererseits unter 41,22° n. B., hat einen 2° bezw. 3° wärmeren Winter als Trapezunt und Konstantinopel, einen 2,1° wärmeren Frühling als Trapezunt und 2,5° kälteren Frühling als Konstantinopel, einen 1,5° wärmeren Sommer als Trapezunt und 2,5° wärmeren Sommer als Konstantinopel, einen 2,6° wärmeren Herbst als Trapezunt und einen 4° wärmeren als Konstantinopel; endlich hat es ungefähr denselben Jahresdurchschnitt wie Konstantinopel.

Smyrna und Lissabon liegen ungefähr unter derselben nördlichen Breite, indessen sind die Temperaturunterschiede im Winter und Sommer ziemlich beträchtlich.

Die pontischen und mediterranen Randgebirge üben einen großen Einfluß auf das Klima aus: sie schließen das Innere der Halbinsel vom Seeklima aus. Im westlichen Teile Kleinasiens, wo sich die Mulden und Ausbuchtungen weitgestreckt bis zu dem Hochlande fortsetzen, macht sich das Seeklima fühlbar. In Bithynien und Paphlagonien kreuzen sich das See- und das Kontinentalklima. Naumann giebt für diese Thatsache das folgende Beispiel:

Smyrna liegt unter 38,26° n. B.; dieser Ort hat mit Neapel ungefähr die gleiche mittlere Jahrestemperatur (18,7°). Auch Januar- und Juli Isothermen, erstere zu 8,2°, letztere zu 26,7°, sind nach dem Hannschen Atlas für beide Punkte die gleichen. Konstantinopel liegt unter 41° n. B., und seine Jahrestemperatur ist ungefähr dieselbe wie die von Triest. Trapezunt hat, wie schon angedeutet, verhältnismäßig wärmeres Klima als Konstantinopel, obwohl beide unter derselben nördlichen Breite liegen.

Tchihatchef unterscheidet mit Recht im pontischen Gestade zwei Klimate: eine westliche Hälfte, das byzantinische Klima, und eine wärmere östliche Hälfte.

Es war Abich vorbehalten zu erkennen, daß der Kaukasus einen schützenden Einfluß auf die östliche Hälfte der Halbinsel ausübe.

Tchihatchef sagt, daß er nach seinen Beobachtungen in den Städten Kutahia, Konia, Angora, Karaman, Afiun Karahissar, Sivas, Alaschehr und Tokat die mittlere

Jahrestemperatur als gleich der Pariser mittleren Temperatur (10,6°) annehmen könne, vorausgesetzt daß die Sommer auf der Halbinsel wärmer und die Winter kälter sind; die atmosphärische Feuchtigkeit ist sehr gering.

Naumann giebt als höchste Wärme 36° an und fügt hinzu, dieselbe käme selten vor.

Die folgende, durch Naumann zusammengestellte Tabelle zeigt uns, wie groß und auffallend die Temperaturunterschiede von einem Tage zum anderen, von einer Stunde zur anderen sind:

| Ort | Tag | Zeit h | Temperatur Grad | Bemerkungen |
|---|---|---|---|---|
| Ismid (Bithynien) | 6. Mai<br>7. " | 11.30 A.M.<br>7.10 A.M. | 21,00<br>16,2 | am Meere |
| Baghtaros Obaköi (Mysien) | 18. Juni | 6.20 A.M.<br>1.55 P.M. | 7,5<br>20,6 | Übergangslandschaft |
| Aynil (Mysien) | 20. Juni | 7.30 A.M.<br>2.25 P.M. | 14,00<br>25,00 | Übergangslandschaft |
| Kargyly bei Tschardi | 23. Juni | 7.10 A.M.<br>12.00 M. | 17,8<br>32,00 | im Thale |
| Trenköi bei Bozuk | 12. Juli | 7.30 A.M.<br>12.50 P.M. | 17,4<br>22,4 | auf dem Plateau |
| Karadschül Tolad (Phrygien) | 19. Juli | 5.45 A.M.<br>12.45 P.M. | 17,1<br>27,4 | auf dem Plateau |
| Alviran, Halysterrasse bei Köprüköi | 3. August | 5.50 A.M.<br>1.00 P.M. | 13,00<br>33,00 | Zentral-Plateau |
| Denek Maden Balischa hamam Halys (Galatien) | 5. August | 3.10 A.M.<br>1.15 P.M. | 10,00<br>31,00 | Zentral-Plateau |
| Angora, Tschakalköi (Galatien) | 17. August | 7.00 A.M.<br>2.00 P.M. | 18,4<br>21,00 | Zentral-Plateau |
| Karakaja Sojular | 19. August | 5.50 A.M.<br>1.45 P.M. | 17,00<br>30,00 | Zentral-Plateau |
| Kömürkhan | 6. Septbr. | 8.00 P.M. | 32,00 | am Euphrat |

Wir sehen in der obigen Tabelle ganz deutlich, daß auf dem Hochlande die Nächte sehr kühl sind; die Differenz zwischen Maximal- und Minimaltemperatur beträgt bis zu 20° C.

Hamilton hat vom 20. zum 21. September 1835 beobachtet, daß in Alekian (südwestlich von Sivrihissar) 4½ Uhr nachmittags die Temperatur 27,7° betrug; das Thermometer sank dann bis 8½ Uhr abends auf 12,2° und bis 10 Uhr P.M. auf 9°; früh 6 Uhr war die Temperatur 16° und 2 Uhr nachmittags stand sie wieder auf über 27°.

Der oben erwähnte Gelehrte hat zu Adranos im Süden des Olymp 15° C. beobachtet. Staudiger berichtet, daß das Thermometer in Amasia manchmal bis — 19° C. sank. De Chalet hat Ende Dezember 1890 auf seiner Reise von Angora bis nach Kaisaria Temperaturen von — 16° bis — 17° C. verzeichnet.

Tschihatschef giebt für Kaisaria ein Minimum von — 18° und ein Maximum von + 29°. Im Jahre 1836 hat derselbe Forscher für Kaisaria und Erzerum die folgenden Monatsmittel angegeben:

| Ort | Jan. | Febr. | März | April | Mai | Juni | Juli | August | Septbr. | Oktbr. | Novbr. | Dezbr. |
|---|---|---|---|---|---|---|---|---|---|---|---|---|
| | Grad | Grad | Grad | Grad | Grad | Grad | Grad | Grad | Grad | Grad | Grad | Grad |
| Kaisaria | 1,38 | 3,06 | 8,68 | 14,88 | 17,30 | 21,30 | 21,1 | 10,84 | 10,94 | 10,7 | 8,19 | 2,02 |
| Erzerum | — 10,0 | — 5,9 | — 4,6 | + 7,3 | 10,2 | 17,5 | 21,1 | 22,8 | 13,7 | 11,2 | 2,5 | — 7,2 |

Es muß noch hinzugefügt werden, daß man in Erzerum am 11. März ein Jahresminimum von — 18,33° C. und am 25. Juli ein Jahresmaximum von 31,11° beobachtet hat.

Erzerum liegt unter 39,55° n. B. und 38,58° ö. L. von Paris und Kaisaria 38,42° n. B. und 31,10° ö. L., indessen sind die Unterschiede verhältnismäßig sehr groß; die beiden Temperaturen gleichen sich im Juli aus, was uns einen weiteren Beweis der Unbeständigkeit der Temperaturen in Kleinasien giebt.

### 3. Luftdruck, Feuchtigkeitsverhältnisse und Niederschläge, Nebel, Regen und Schnee.

In Konstantinopel ist das Barometer häufigen entgegengesetzten atmosphärischen Strömungen ausgesetzt; es hat einen verhältnismäßig nördlicheren Charakter als die unter derselben Breite liegenden europäischen Städte; das Hygrometer zeigt aber ziemlich gleiche Verhältnisse während eines großen Teiles des Jahres. Bordeaux hat dieselben Feuchtigkeitsverhältnisse wie Konstantinopel, wo während des ganzen Jahres die Niederschläge nicht fehlen, wie übrigens in jeder am Meeresufer liegenden Stadt, während es im Innern außerordentlich trocken ist.

Naumann sagt: „. . . Man sollte meinen, daß sich über der heißen, so außerordentlich trockenen, dünnen, durchsichtigen Atmosphäre ein tiefblauer Himmel wölbe. Aber der Himmel des Hochlandes erscheint auffallend blaß. Er zeigt ein so mattes schwaches Blau, daß ich mich immer und immer wieder veranlaßt sah, Beobachtungen darüber anzustellen. Ich habe keine andere Erklärung als die Annahme fein verteilten Staubes in der Atmosphäre". In der Provinz Trapezunt geboren und als öfterer Augenzeuge dieser Thatsache bin ich derselben Ansicht; man nennt das dort Zis. Es ist noch zu erwähnen, daß ein ähnlicher Zustand durch die Verdunstung hervorgerufen wird, und es wird manchmal so kühl, daß man im Sommeranzug nicht ausgehen kann. Hoffentlich werden die zukünftigen hygrometrischen Beobachtungen darüber Klarheit bringen.

In der Lycaonischen Senke kommen während der Tageszeit Luftspiegelungen vor. Hamilton sah in Konia hoch in der Luft die umgekehrten Bilder von Bäumen und Minarets; er sah über dem Horizont die schwankenden Bilder der Häuser und Dörfer; er glaubte ferner Wasserflächen zu erblicken, wo kein Wasser zu finden war.

Die Anhäufung von Elektrizität auf dem Hochlande in geeigneten Gegenständen ist bemerkenswert. Ein knisterndes starkes Geräusch wird hörbar, wenn man mit der Hand über das Haar der Felle der Tiere streicht.

Hann hat ganz recht, wenn er das Innere Kleinasiens als der Zone angehörend betrachtet, die im Frühsommer Regen hat und ausgezeichnet ist durch heiteren Nachsommer und trüben Winter. Dagegen in der Provinz Trapezunt ist es im Frühling sehr nebelig, von Mitte April bis Ende Juli sehr heiter und trocken, und im August regnet es viel; deshalb wird in manchen Gegenden Kleinasiens dieser Monat der faule Monat genannt. Der Regen erreicht im Sommer das Maximum; im Winter regnet es häufig und der Schnee fehlt auch nicht; selbst im Sommer sind die Spitzen der Gebirge weiß.

Nach Naumann soll die jährliche Regenmenge für Trapezunt 1,100 mm, für Samsun 600 mm und für Konstantinopel 717,5 mm betragen.

Auf den hohen Gebirgen häuft sich der Schnee 3–5 m hoch und darüber. Wilson sagt: „Der Aufbruch des Winters wird durch die Ankunft eines starken Südsturmes bezeichnet und hat eigentümliche Erscheinungen im Gefolge. Der Südwind ist außerordentlich trocken und erzeugt schnelle Verdunstung; er thaut den Schnee in kurzer Zeit und bringt ein so starkes Gefühl der Kälte hervor, daß sich das anatolische Sprichwort „der Südwind ist Feuer dem Schnee und Eis dem Menschen" begreifen läßt. Als ich im Frühjahr 1880 reiste, konnte ich das Verschwinden des Schnees beobachten. Die Morgen waren durchaus klar. Als dann der Tag zur Neige ging, sammelten sich die Wolken; ungefähr zwei Stunden vor Sonnenuntergang begann Regen zu fallen; dieser verwandelte sich, als die Luft abgekühlt war, und nachdem die Sonne untergegangen, wieder in Schnee. Ungefähr 10 Uhr P.M. wurde der Himmel vollständig klar, und ein scharfer Frost trat ein bis zum folgenden Morgen. Dies dauerte 4–5 Tage, und diese Zeit genügte, den Schnee vollständig zu vertilgen".

Die Trockenheit auf dem Plateau, die Sümpfe in den Tiefen und an den Küsten verursachen das Fieber; deshalb gehen die akklimatisierten Einwohner und diejenigen, welche sich mit der Viehzucht beschäftigen, in das Alpenland, das man Jaila nennt. Auf diesen Höhen fehlt der Thau niemals; wenn man morgens das Gras ansieht, so glaubt man, daß es nachts geregnet hat. Der Nebel ist gar nicht selten und so dicht, daß man am Tage fünf Meter weit die Gegenstände nicht unterscheiden kann.

## i. Winde.

Nach Kotschy sollen im Cilicischen Taurus während der drei Sommermonate NNE.-Winde vorherrschend sein; meist wehen dieselben mit Sturmesstärke und entfalten eine so furchtbare Gewalt, daß sie das Reisen gefährlich machen. Im Taurus wehen im Sommer nur SW. und SE., November und Dezember NE., Januar SE.; im Frühling sind die Windbewegungen wechselnd. In Trapezunt herrschen im Winter Süd-, Südwest- und Südostbewegungen, im Sommer Winde aus E., nur im Juli NW.; in diesem Teile Kleinasiens weht der Föhn, der durch seine Wärme und Trockenheit den Schnee außerordentlich schnell schmilzt, im Frühjahr große Feuersbrünste entstehen und die Bäume rasch ausschlagen läßt; im Herbst werden die Blätter in kurzer Zeit dürr; er übt auf manche Früchte, besonders auf Feigen und Weintrauben eine gute Wirkung aus, sie werden süß, wie man aus dem Volksmunde hört. Er wirkt aber auf das animalische Leben sehr nachteilig; der

Mensch wird matt und müde, er kann nicht arbeiten. Die verschiedenen Krankheiten, besonders das Fieber, werden durch ihn hervorgerufen: diese Krankheit kommt um so häufiger, je unvorsichtiger die Einwohner, um frische Luft zu atmen, auf den Dächern schlafen. Das Tier fühlt sich auch nicht wohl. Man nennt ihn Sam. Da er südöstlich weht, so ist es höchstwahrscheinlich, daß er aus der Wüste von Arabien kommt. In Erzerum wehen die West- und Nordwestwinde im Winter und Frühling, Nord- und Ostwinde im Hochsommer.

### 5. Das Gefrieren des Bosporus und des Schwarzen Meeres.

In den historischen Zeiten ist es vorgekommen, daß das Schwarze Meer in Eis verwandelt wurde, namentlich im Jahre 762, worüber der Patriarch von Konstantinopel, Nicephorius, berichtet, da man trockenen Fußes von Europa nach Asien wandern konnte. Im Pontus Euxinus und im Bosporus wiederholten sich solche meteorologische Erscheinungen in folgenden Jahren: 800, 924, 934, 993, 1011, 1068, 1232, 1620, 1669, 1775, 1823, 1849, und den 6. und 7. Februar 1893.

Diese Daten zeigen keine Regelmäßigkeit in ihren Zwischenräumen.

Im Jahre 1234 hat das Zufrieren des Adriatischen Meeres auf das Schwarze Meer keinen Einfluß ausgeübt. Es ist noch bemerkenswert, daß das Schwarze Meer von den Eisperioden zwischen den Jahren 1768 und 1816 vollständig unberührt blieb: das bedeutet, daß Kleinasien keineswegs von den meteorologischen Ereignissen des Westens, sondern von denen des Ostens und des Nordens beeinflußt wird.

### 6. Die klimatischen Zonen.

Werfen wir jetzt einen Blick auf die klimatischen Zonen der kleinasiatischen Halbinsel, so finden wir, daß sie im allgemeinen in sieben Regionen einzuteilen ist:

1. Trapezunt, Lasistan, Djanik und ein Teil von Amasia-Tokad und Sinope zählen zur ersten Region. Es wäre auch richtig, diese Region die eigentliche Pontus-region zu nennen. Beinahe überall genießt sie des Seeklimas. Der Winter ist im Osten milder als im Westen; in Djanik hat man hie und da gesehen, daß der Schnee einen ganzen Monat lang liegen blieb. Zwischen Terme und Trapezunt giebt es manchmal Schneefälle; indessen hält sich der Schnee nicht lange. In der Umgegend von Rise, nicht weit von Trapezunt, läßt man im Winter die Apfelsinen- und Zitronenbäume im Freien. In den Gebirgen von Ligana, Kasikli, Konlad und Kumbet regnet und schneit es öfter.

2. Die zweite Region umfaßt Kastamuni und Ismid. In dieser Region sind das See- und Landklima vertreten. Es ist merkwürdig, daß das zwischen Sinop und Konstantinopel liegende Land, obwohl am Schwarzen Meere, einen ziemlich rauhen Winter hat; die Ursache davon wäre vielleicht darin zu suchen, daß die Gebirge sich bis zum Seeufer hinziehen und ihren Einfluß geltend machen. Im Sommer ist es daselbst sehr warm; der Frühling ist gleichmäßig mild und ohne Stürme; im Herbst schlechtes Wetter eine Seltenheit.

3. Die dritte Region ist Konia, neben Brussa, Kutahia, Balikesser, ein Teil von Ismid, Bigha, Angora. Der Winter ist in dieser Region im allgemeinen milder als der von Konstantinopel, besonders da, wo Seeklima herrscht; im Süden und Osten aber, wo das Seeklima sich geltend macht, ist es im Winter rauh und kalt. In Egrigos und Balat schneit es sehr viel, und der Schnee hält lange Zeit; die Spitzen der Gebirge Keschisch, Dumanlis und Murad sind fast das ganze Jahr hindurch weiß.

4. Die vierte Region liegt am Ägäischen Meere; sie umfaßt Smyrna, die Ägäischen Inseln Saruchan, Denisli, Menteſche ꝛc. Das Klima ist hier wärmer als in den vorhergenannten Regionen, weil es ein Meerklima hat und, was das wichtigste ist, den heißen und schwülen Winden aus Afrika ausgesetzt ist. Dennoch ist der Winter auf den Gebirgen sehr streng.

5. Die fünfte Region besteht aus Afion-Karahissar, Isparta, aus einem Teile von Konia und Angora ꝛc. Im Sommer ist es sehr warm, im Herbst dauernd schönes Wetter. Im Winter schneit es öfter; die Ebenen leiden im Sommer von Trockenheit.

6. Die sechste Region ist die von Kisil-Irmak. Sie umfaßt Kaisaria, Siwas, Josgod, Kirschehr, einen Teil von Angora, Amasia, Tokat, Schabinkarahissar ꝛc. Im Sommer ist es in dieser Region außerordentlich heiß, dagegen ist der Winter hier sehr streng; im Frühling regnet es öfter. Der Temperaturwechsel ist ein sehr großer, sodaß man im Monat August während des Südwindes in demselben Orte + 50° C und im Winter — 15° C. beobachtet hat.

7. Als siebente Region ist Erzerum zu bezeichnen. Sie trägt an sich das Gepräge von Landklima oder vielmehr Hochplateauklima; im Sommer ist es dort sehr heiß und im Winter sehr kalt.

# Zur Geschichte der deutschen Colonial-Gesellschaft für Südwest-Afrika.

(Von der Deutschen Colonial-Gesellschaft für Südwest-Afrika eingesandt.)

In der Presse ist bei Besprechung des Projekts einer südafrikanischen Querbahn von der portugiesischen Tigerbai nach Rhodesia und Transvaal die bisherige Thätigkeit der deutschen Gesellschaften in Südwestafrika in sehr abfälliger Weise beurteilt. „Die älteste Kolonialgesellschaft" — so heißt es in einem Organe — „die deutsche Colonial-Gesellschaft für Südwest-Afrika, von der man eine besondere Thätigkeit erhofft hatte, erwies sich als unfruchtbar. Die Kolonie kam in allgemeinen Mißkredit. Da begannen die Engländer Geld in die deutsche Kolonie zu stecken, und alsbald begann ein regeres Leben. Es ist traurig, aber wahr: der englische Geldmann hat uns die Augen für den Wert unserer Kolonie geöffnet, und wenn nun englisches Kapital in hervorragender Weise dort arbeitet, so soll man nicht über das englische Kapital schelten, das doch wenigstens wirtschaftliches Leben in unser Schutzgebiet gebracht hat, sondern den mangelnden Patriotismus der deutschen Kolonialgesellschaften bedauern, die sich nicht die Mühe gaben, ihre umfangreichen Privilegien selbst auszubeuten."

Diese Sätze beruhen auf einer vollkommenen Verkennung der wirklichen Sachlage. Insbesondere sind die der Deutschen Colonial-Gesellschaft für Südwest-Afrika gemachten Vorwürfe unbegründet, wie die nachfolgenden kurzen Bemerkungen darthun werden.

Die genannte Gesellschaft wurde bekanntlich im Jahre 1885 auf den Wunsch des Fürsten Bismarck zu dem Zwecke gegründet, um die von dem Bremer Kaufmann F. A. E. Lüderitz durch Verträge mit eingeborenen Häuptlingen erworbenen Ländereien und Rechte in Südwestafrika käuflich zu übernehmen. Fürst Bismarck hatte sich für die Ausführung der Lüderitzischen Pläne von Anfang an lebhaft interessiert und jene Erwerbungen unter den Schutz des Reichs gestellt. Lüderitz brachte sein Vermögen zum Opfer, und nun lag die Gefahr nahe, daß sein Besitz in ausländische Hände gelange. Um diese Gefahr zu beseitigen, wandte sich Fürst Bismarck an einige, ihm nahestehende Männer, von denen er erwarten durfte, daß sie imstande und bereit sein würden, diejenigen Mittel aufzubringen, welche zur Rettung der ersten deutschen Kolonie nötig waren. Um ein gewinnversprechendes Geschäft handelte es sich dabei nicht; denn durch die von Lüderitz ausgesandten Expeditionen war festgestellt, daß der größte Teil des von ihm erworbenen Landes aus dem öden Küstenstreifen bestand, welcher das Innere Südwestafrikas von dem Meere abschließt. In absehbarer Zeit war ein Ertrag von diesen Ländereien nicht zu erwarten. Auch war es durch das Statut der Gesellschaft ausgeschlossen, die Anteilscheine, wie dies wohl anderwärts geschieht, auf den öffentlichen Markt zu bringen und durch deren spekulative Verwertung Geld zu verdienen. Die Anteilscheine der Deutschen Colonial-Gesellschaft für Südwest-Afrika lauten auf Namen, und nur Deutsche können Inhaber sein. Jede Übertragung bedarf zu ihrer Gültigkeit der Prüfung und Anerkennung durch den Verwaltungsrat. Die Gesellschaft wurde mit einem Kapital von 800 000 Mark gegründet, wovon 600 000 Mark den Preis für die Lüderitzischen Besitzungen bildeten. Um die letzteren noch eingehender erforschen und durch andere Erwerbungen von Ländereien und Rechten erweitern zu können, wurde das Grundkapital der Gesellschaft nach und nach auf rund 1½ Millionen Mark erhöht. Nach einem neuerdings gefaßten Beschlusse beträgt das Kapital jetzt 2 Millionen Mark.

Wenn von „umfangreichen Privilegien" die Rede ist, deren Ausbeutung seitens der deutschen Kolonialgesellschaften aus Mangel an Patriotismus unterlassen worden sei, so trifft diese Bemerkung auf die Deutsche Colonial-Gesellschaft für Südwest-Afrika in keiner Weise zu. Dieselbe hat *keinerlei Konzession* von der Regierung erhalten. Alles, was die deutsche Kolonialgesellschaft an Land und dinglichen Rechten besitzt, hat sie durch Privatverträge teils von Lüderitz, teils von anderen deutschen Unternehmern oder von eingeborenen Häuptlingen unter lästigem Titel erworben. *Das Einzige*, was ihr regierungsseitig verliehen wurde, war — abgesehen von der lediglich vorübergehenden und für die Gesellschaft nur mit beträchtlichen Kosten verknüpften Einräumung eines beschränkten Bergregals — *das Recht der juristischen Persönlichkeit*. Daß die Gesellschaft von diesem „Privileg", wenn man die Verleihung so nennen will, keinen Gebrauch gemacht habe, wird wohl niemand behaupten wollen. Die Colonial-Gesellschaft that, was sie konnte, um ihren Besitz auszunutzen und zu erweitern. Aber sie stieß dabei auf große Schwierigkeiten, die hauptsächlich dadurch entstanden, daß im Anfang für den Schutz der deutschen Interessen in Südwestafrika nicht genügend gesorgt war. Allerdings standen die Lüderitzischen Erwerbungen, wie schon erwähnt, unter dem Schutze des Reiches, aber die ganze Macht, über welche das Reich zu diesem Zwecke anfänglich verfügen konnte, war in dem Herrn Reichskommissar und zwei demselben beigegebenen Zivilbeamten verkörpert. Dabei herrschte im Lande keineswegs Frieden, sondern ein beständiger Kampf zwischen Hottentotten und Hereros, und gerade derjenige Teil der ehemals Lüderitzischen Besitzungen, welcher sich einigermaßen zur wirtschaftlichen Ausnützung eignete, nämlich das früher Jan Jonkersche Gebiet zwischen dem Swakop- und dem Kuisib-Flusse, bildete den Kampfplatz. Ein auf Kosten der Gesellschaft von dem Reichskommissar unternommener Versuch, eine Schutztruppe aus Eingeborenen zu bilden, scheiterte kläglich an der Unmöglichkeit, den Eingeborenen die nötige Disziplin beizubringen. Als der Engländer Lewis im Herbst 1888 die Hereros zum Aufstande gegen die deutsche Herrschaft verleitete, mußten der Vertreter des Reichs und die Beamten der Gesellschaft nach der Walfischbai fliehen. Erst, nachdem Hauptmann von François mit einer, anfangs nur 50 Mann starken, deutschen Schutztruppe in Südwestafrika erschienen war, änderte sich der Zustand einigermaßen. Aber auch diese Schutztruppe war anfangs zu schwach, um eine gedeihliche Entwickelung der wirtschaftlichen Verhältnisse zu sichern. Wurde doch noch im Jahre 1893 die von der Colonial-Gesellschaft mit Hilfe des Reichs gegründete landwirtschaftliche Station Kubub, wo insbesondere mit Einführung der Wollschafzucht in die Kolonie ein vielversprechender Anfang gemacht war, durch die Leute Hendrik Witbois von grund aus zerstört, obwohl die Gesellschaft rechtzeitig auf die drohende Gefahr aufmerksam gemacht und um Schutz gebeten hatte.

Wenn die Kolonialgesellschaft trotz all' dieser Hindernisse und Schwierigkeiten den Mut nicht verloren, sondern unverdrossen weitergearbeitet hat, so ist es in der That schwer begreiflich, wie Jemand auf den Gedanken kommen kann, hier von „mangelnden Patriotismus" zu sprechen! Und in welcher Weise die Gesellschaft sei jenen Unglücksfällen weiter thätig gewesen ist, dafür liegen die Beweise für jeden, der sehen will, offen zu Tage.

An die Stelle der zerstörten Anstalt in Kubub ist eine neue landwirtschaftliche Station in Spitzkoppje getreten. Dort wurde durch Bohrung von Brunnen die Möglichkeit einer dauernden Niederlassung und einer ausgiebigen Viehzucht geschaffen. Bei der Inventur am 31. März 1899 belief sich der Bestand in Spitzkoppje und den von dort aus geleiteten Nebenstationen an Pferden auf 104 Stück, Rindvieh 323, Angoraziegen 87, Ziegen 874, Schafen 839, Schlacht-Kleinvieh 350, Schweine 43, Hühner, Enten pp. 176, Maulesel 8, im Ganzen 2704 Stück mit einem Gesamtwerte von 100 714 Mark. Als im Jahre 1897 die Rinderpest ausbrach, hat der in Spitzkoppje von der Gesellschaft als Inspektor angestellte Herr Schlettwein durch Vornahme rechtzeitiger Impfung auch bei den Herden der Eingeborenen sich große Verdienste um die Bekämpfung der Seuche erworben. In Swakopmund betreibt die Gesellschaft außer dem Warenhandel ein Baugeschäft, welches schon eine verhältnismäßig bedeutende Zahl von Häusern daselbst errichtet und neuerdings statt des feuergefährlichen Holzbaues den Betonbau eingeführt hat; ferner eine Buchhandlung und Buchdruckerei, die sich guten Absatzes erfreuen. An der Spitze aller dieser Unternehmungen steht der Generalbevollmächtigte der Gesellschaft, Herr Dr. Max Rhode, dessen Energie und Tüchtigkeit in den maßgebenden Kreisen der Kolonie allgemein anerkannt wird. Derselbe hat sich insbesondere auch um das Landungsgeschäft in Swakopmund dadurch sehr verdient gemacht, daß er dort ständig eine größere Anzahl Kru-Neger unterhält, welche die Landungsbote durch die Brandung rudern. Es wird dadurch auch den Schiffen, welche keine Kru-Jungen an Bord haben, möglich gemacht, ihre Ladung mit sehr verringerter Gefahr zu löschen. Aber die Thätigkeit der Gesellschaft hat sich nicht auf die vorstehend genannten Punkte beschränkt; sie hat sich auch auf das südlicher gelegene Lüderitzbucht erstreckt und dort mit großen Kosten sehr wesentliche Verbesserungen der Verhältnisse, insbesondere hinsichtlich der Landungseinrichtungen herbeigeführt. Eine Landungsbrücke nebst Dampfkrahn sind hergerichtet; die Gesellschaft besorgt die Entlöschung der ankommenden Schiffe vermittelst Dampfpinasse und Leichtern und sie hat dem früher sehr empfindlichen Wassermangel in Lüderitzbucht durch Aufstellung eines Dampfkondensators abgeholfen. Die Colonial-Gesellschaft beschäftigt in ihren sämtlichen afrikanischen Betrieben regelmäßig ungefähr 40 weiße Angestellte und 130 eingeborene Arbeiter, welche Zahlen von keiner anderen in Südwestafrika thätigen Gesellschaft auch nur annähernd erreicht werden. Unerwähnt mag endlich nicht bleiben, daß die Colonial-Gesellschaft ihre Bergwerksgerechtsame dem allgemeinen Wettbewerb zugänglich gemacht hat, indem sie unter billigen Bedingungen die Schürferlaubnis jedem Bewerber verleiht. — Die meisten der vorstehend mitgeteilten Thatsachen sind in den Denkschriften, welche dem Reichstag alljährlich über die Entwickelung der deutschen Schutzgebiete vorgelegt werden, lobend hervorgehoben und es muß um so mehr auffallen, daß die Urheber der Preßangriffe nichts davon zu wissen scheinen.

Wenn weiter behauptet wird, erst das Vorgehen des englischen Geldmanns habe dem deutschen Kapital den Mut gegeben, sich nach Südwestafrika zu wenden, so entspricht auch dies nicht den Thatsachen. Richtig könnte die Behauptung doch nur sein, wenn das englische Kapital bereits den Beweis geliefert hätte, daß man mit Geldanlagen in Südwestafrika gute Geschäfte machen könne, oder mit anderen Worten, wenn das englische Kapital dort selbst schon mit Nutzen gearbeitet hätte.

Aber dies ist bis jetzt noch keineswegs der Fall. Die South West Africa Co. insbesondere, die das englische Kapital hauptsächlich vertritt, hat, soviel bekannt, in den sieben Jahren ihres Bestehens noch keinen Gewinn verteilt. Für Expeditionen hat sie laut Angaben in der Presse 1½ Millionen Mark verausgabt; aber ein lebensfähiges, wirtschaftliches Unternehmen hat sie bis jetzt nicht geschaffen. Wenn gleichwohl ihre Anteilscheine (Pfund-Shares) auf dem Londoner Markt zeitweise über pari gestanden haben, so beruht dies nicht etwa auf Erträgnissen, welche die Company bereits aus ihren Kapitalanlagen gezogen hätte oder in absehbarer Zeit ziehen könnte, sondern es beruht auf der Art, wie mit den Pfund-Shares an der Londoner Börse Handel getrieben wird. Daß dieser Handel dem deutschen Kapital den Mut gegeben hätte, sich an südwestafrikanischen Unternehmungen zu beteiligen, ist um so weniger zu glauben, als in Deutschland die Pfund-Shares keine marktgängige Ware sind.

In Wirklichkeit liegt die Sache denn auch ganz anders. Wenn dem deutschen Kapitalisten Südwestafrika heute in einem günstigeren Lichte erscheint als früher, so ist dies nicht der Einmischung des englischen Kapitals zuzuschreiben, sondern das Verdienst gebührt der deutschen Regierung, welche eine starke Schutztruppe nach Südwestafrika entsandt und mit Hilfe derselben den Frieden hergestellt hat, der deutschen Regierung, welche seitdem Ruhe und Ordnung im Lande mit starker Hand aufrecht erhält und sich die wirtschaftliche Entwickelung des Schutzgebiets mit aller Sorgfalt angelegen sein läßt, der deutschen Regierung, welche mit dem Bau der Eisenbahn sowie der Mole in Swakopmund begonnen hat und die Besiedelung des Landes durch Deutsche und deren wirtschaftliche Unternehmungen in jeder möglichen Weise fördert.

Dieses Verdienst der Regierung sollte man anerkennen, anstatt sich in Lobeserhebungen für das englische Kapital zu ergehen und den deutschen Gesellschaften, die auch in schwerer Zeit in dem Schutzgebiete thätig waren, den ungerechten Vorwurf der Unfruchtbarkeit und der mangelnden Vaterlandsliebe zu machen.

# Die Entdeckung des Bismarckarchipels vor 200 Jahren durch William Dampier.

Von Dr. Paul Verbeek.

Es sind jetzt gerade 200 Jahre her, seit William Dampier auf kühner Fahrt unsere Kolonien im Bismarckarchipel durch seine Umschiffung derselben von Neuguinea und damit von dem ganzen dunklen Südlande lostrennte und als selbständiges Inselland nachwies. Heute, wo die Geschicke unserer überseeischen Besitzungen im Vordergrund des Interesses stehen, wo man ihre Entwickelung mit Spannung und Hoffnung verfolgt, heute wird man gern den Blick zurücklenken auf die Zeit ihrer Geburt zum Lichte der geographischen Erkenntnis, auf die Wehen, welche dieselbe begleiteten, die Mühen und Gefahren, die mit derselben verknüpft waren. Lange Jahrhunderte hat dieser Prozeß gedauert, oft von vielen Dezennien vollständiger Ruhe unterbrochen. Schon im 16. Jahrhundert war der Bismarckarchipel von einzelnen Seefahrern gesehen worden, und 1616 hatten Le Maire und Schouten eine Strecke seiner Küsten verfolgt, in der Meinung, Neuguinea vor sich zu haben. Auch Abel Tasman hatte 1643 ihn berührt, war aber von derselben irrigen Ansicht befangen. Erst William Dampier machte plötzlich einen scharfen Riß in den bis dahin viel zu weiten und ganz verschwommenen Begriff Neuguinea; dadurch, daß er die nach ihm benannte Straße zwischen Neupommern und Neuguinea durchschiffte und so den Bismarckarchipel zu selbständigem Leben erhob, erwarb er sich den Ruhm des Entdeckers.

Zunächst verlohnt es sich, einen Blick auf das abenteuerreiche Leben dieses merkwürdigen Mannes zu werfen. Geboren im Jahre 1652 zu East Coker in Somersetshire, verbrachte er seine Jugendjahre in der Heimat. Seine Studien auf einer Lateinschule in der Umgegend wurden früh durch den Verlust seiner beiden Eltern unterbrochen; das Leben nahm ihn in seine Zucht, und er ging, von unwiderstehlicher Neigung getrieben, auf die See. Als einundzwanzigjähriger Jüngling konnte er sich rühmen, alle damals bekannten Erdteile gesehen zu haben. Im Jahre 1673 nahm er am holländisch-englischen Seekriege teil; nach Beendigung desselben ging er als Plantagenverwalter nach Jamaika, von wo er zwei Reisen nach der Kampechebai machte, die er später ausführlich beschrieben hat. Hier traf er mit einem Ableger des Flibustiertums, das damals an den Küsten des spanischen Amerika blühte, mit einer Gesellschaft Farbholzhauer zusammen, in deren Charakter Verwegenheit, Rohheit und Habsucht sich paarten; hier bestieg er zum erstenmal ein Raubschiff und lernte das zügellose Leben der Freibeuter kennen, von dem er sich später nicht mehr losmachen konnte. Nach vierjähriger Abwesenheit kehrte er im Jahre 1678 wieder nach England zurück, wo er kurze Zeit die Freuden einer jungen Ehe genoß; aber schon früh im Jahre 1679 finden wir ihn wieder auf dem Wege nach Jamaika, wo er sich nach einjährigem Aufenthalt einer Freibeuterbande anschloß. Zwölf Jahre lang irrte er nun unstät in der Welt umher; als Heimat hatte er das Schiff, als Familie eine Rotte wüster Gesellen, als Beruf Raub und Mord. Dazwischen aber arbeitete er emsig an seinem Tagebuche, in das er alles, was ihm geographisch

Merkwürdiges begegnete, gewissenhaft eintrug. Nach vielen Kreuzungen im karibischen Meer kam er nach Virginien; von da ging es auf langer, östlich bis Afrika ausholender Meerfahrt um Kap Hoorn herum in die Südsee, wo er mehrere Jahre die spanischen Küsten plündern half. Dann durchquerte er den Stillen Ozean und bereiste den malayischen Archipel die Kreuz und Quer; auf einer dieser Fahrten kam er auch nach Australien (am Dampierland), welcher Erdteil mit seiner schauerlichen Öde, seinen seltsamen Menschen, seinen fremden Tieren und Pflanzen einen so tiefen Eindruck in ihm hervorbrachte, daß er, als mehrere Jahre nach seiner Rückkehr nach England ihm die Admiralität ein Schiff zu einer Entdeckungsreise zur Verfügung stellte, sich wieder dahin zu wenden beschloß. Im Jahre 1699 trat er die Fahrt an, deren Hauptresultat die Umschiffung Neubritanniens gewesen ist. Noch größere Erfolge verhinderten beständige Streitigkeiten mit seinen Offizieren, die anfangs das Gelingen der ganzen Expedition in Frage stellten; nach der Rückkehr wurde Dampier deswegen vor ein Kriegsgericht gestellt und, obgleich die Schuld sicher nicht an ihm allein lag, für unwürdig erklärt, je wieder ein königliches Schiff zu kommandieren. Eine unter seiner Führung 1704—7 in die Südsee unternommene Kaperexpedition endete mit einem völligen Mißerfolg; Pamphlete, die gegen ihn erschienen, arbeiteten daran, seinen Ruf gänzlich zu untergraben. Erst auf einer neuen, von ihm veranlaßten Kaperfahrt in dieselben Gegenden unter dem Kommando von Woodes Rogers kam er wieder etwas empor (1708—11). Vier Jahre nach seiner Heimkehr starb er in London einsam und vergessen, wie die allerdings kaum begründete Sage geht, in bitterster Not.

In seinem Charakter vereinigte er die seltsamsten Widersprüche. Seine sittlichen Eigenschaften stehen keineswegs mit seiner geistigen Begabung im Einklang; er hat dem Freibeuterleben seinen Tribut abgetragen, ja, er hat Thaten begangen, auf die er in Stunden der Lebensgefahr mit Abscheu und Entsetzen zurücksah. Und dennoch zeigen sich in seinem Leben viele Züge schöner Menschlichkeit, die ihm, wenn auch wider Willen, gerade die Schriften seiner Feinde bezeugen; es war weniger der Habsuchtsteufel, der ihn zu seinen Irrfahrten antrieb, als eine romantische Abenteuersucht und der Drang nach geographischer Erkenntnis. Auch hier macht sich wieder der Widerspruch in seinem Leben geltend; die Abenteuerlust sticht seltsam ab gegen die vorwiegend mathematische Begabung seines Geistes, gegen seine unbestechlich klare Beobachtungsgabe und die Fähigkeit zu schneller und richtiger Auffassung. Diese Eigenschaften machten es ihm möglich, zu einer Zeit, wo von einer systematischen Erforschung der physischen Erdkunde noch nicht die Rede war, wo die elementarsten Grundlagen zu einer Erklärung ihrer Erscheinungen fehlten, ein Werk über die Winde, Stürme, Meeresfluten und Meeresströmungen zu schreiben, das Bewunderung verdient und noch heute mit Nutzen gelesen werden kann*).

Diese Orientierung über die Persönlichkeit Dampiers wird dem Leser wohl willkommen sein, da dadurch die Reise, zu der wir uns jetzt wenden wollen, an Leben und Interesse gewinnt. Sie fand, wie schon erwähnt, in den Jahren 1699 bis 1701 im Auftrage der englischen Admiralität statt, teils in der Absicht, nähere

*) Anmerkung. Eine eingehende Schilderung des Lebens und der Werke William Dampiers findet sich in der Abhandlung des Verfassers: „William Dampiers Leben und Werke", erschienen in den „Deutschen Geographischen Blättern". (Bremen 1899, Bd. XXII 4 und 1900, Bd. XXIII.)

Aufschlüsse über das Wesen Neuhollands zu gewinnen, teils um womöglich Länder aufzufinden, die an Produktenreichtum mit den holländischen Gewürzinseln wetteifern könnten, um einen Konkurrenzhandel gegen dieselben zu eröffnen. Keines dieser Ziele hat Dampier vollkommen erreicht; doch hat er in der Richtung dahin jedenfalls einen tüchtigen Schritt vorwärts gemacht.

Am 14. Januar (alten Stiles) 1699 verließ er die Dünen der Themsemündung, als Kommandant seiner Majestät Schiff „The Roebuck", mit 50 Mann Besatzung und einer Armierung von 12 Kanonen. Über Teneriffa und die Kapverdischen Inseln segelte er zunächst zu längerem Aufenthalt nach Bahia, von hier in fast dreimonatlicher, ununterbrochener, stürmischer Fahrt um das Kap herum nach Westaustralien. Hier entdeckte und benannte er die Sharksbai (Haifischbucht), verfolgte darauf die Küste weiter nach Norden und verbesserte Abel Tasmans Karte durch Eintragung des später nach ihm benannten Dampierarchipels. Bei einer seiner Landungen sah und erlegte er einige Kängurus; er giebt davon die wahrscheinlich erste existierende Beschreibung, welche lautet: „Die Landtiere, die wir hier fanden, waren nur eine Art Waschbären, aber verschieden von denen in Westindien, hauptsächlich was ihre Gliedmaßen anbelangt; denn die Vorderbeine derselben sind sehr kurz. Aber sie bewegen sich springend fort wie die andern und haben gleich ihnen sehr gutes Fleisch." Da die ganze Küste sonst aber gar nichts, besonders kein Wasser, bot, so schwenkte er unter annähernd 18° Süd bei der heute nach seinem Schiffe benannten Roebuckbucht, der südlichen Abschnürung der Halbinsel Dampierland, nach Timor ab. Von hier wandte er sich direkt nach Neuguinea, dessen Berge am Neujahrstag 1700 zum ersten Male sichtbar wurden. Es war die Südwestküste von Onin. Anstatt sich nun direkt nach Südosten zu wenden, wohin ihn Abel Tasmans Karte wies, ging er in entgegengesetzter Richtung nordwestlich um Neuguinea herum, und fand die Straße zwischen Waigëu einerseits und Batanta und Neuguinea selbst andererseits, eine Durchfahrt, die noch heute seinen Namen trägt. Dann ging er ostwärts an der Küste entlang bis nahe an die Schouteninseln, hielt sich dann in weitem Bogen nordwärts ausgreifend eine Zeitlang nördlich vom Äquator, bis er am 24. Februar südlich von demselben eine Insel erblickte. Er hatte holländische Karten an Bord, in denen er, wenn auch höchst unbestimmt, die Ergebnisse von Le Maires und Schoutens Reise eingezeichnet fand, die im Jahre 1616 von Peru kommend auf die dem östlichen Punkte Neumecklenburgs vorgelagerte Insel St. John gestoßen waren, dann die Küste der größeren Insel westwärts verfolgt und einzelne Punkte festzulegen versucht hatten. Nach diesen Karten hielt er das Eiland zuerst für die Wishartsinsel (verderbt aus Vischerinsel); aber bald erkannte er seinen Irrtum und nannte sie nach dem Fest des Tages Matthiasinsel. Er fand sie gebirgig und bewaldet, aber mit vielen Wiesen dazwischen; auch glaubte er künstliche Rodungen zu bemerken. Als er hier vor Anker gehen wollte, sah er fern im Osten eine andere Insel auftauchen, die er sogleich anzulaufen beschloß: sie war kleiner als die vorige, niedrig und eben, mit prächtigem Urwald bedeckt; aber das Meer rings umher war klippenreich und von häufigen, äußerst heftigen Windstößen aufgewühlt, sodaß er die Insel Sturminsel (Squally Island) nannte und sofort ihre gefährliche Umgebung verließ, um das Festland von Neuguinea zu erreichen. In der Ferne glaubte er Kap Salomaswer (verderbt aus Salomo Sweert) zu sehen; aber erst weit östlicher erreichte er die Küste, wie er glaubte, in der Nähe der Vischerinsel. Aus seiner Karte aber geht hervor, daß er dieselbe mit der benachbarten größeren und landnäheren Gardenerinsel verwechselte. Der Anblick des Festlandes war überaus anziehend; waldbedeckte Gebirge stiegen auf demselben empor; an der Küste wiegten sich Palmen und blühende Bäume, dazwischen zeigten sich gerodete Lichtungen und Pflanzungen. Sein Schiff war bald von einer großen Menge Boote der Eingeborenen umschwärmt; er folgte denselben in eine Bucht, deren Ufer er rings von einer hundertköpfigen Menschenmenge besetzt fand. Ein Hagel von aus den Booten mit Maschinen geschleuderten Steinen, dessen er sich durch scharfe Kanonenschüsse erwehren mußte, zeigte ihm bald den gefährlichen und kriegerischen Charakter dieser Leute; er verließ daher die Bai und nannte sie Schleuderbucht (Slingersbai). Ihre Lage hat er nicht bestimmt; wahrscheinlich liegt sie der landnächsten Spitze der Gardenerinsel ungefähr gegenüber. Beim weiteren Verfolg der Küste fand er die Garret Dennisinsel wieder (verderbter Name: Sileser nennt sie Gerrit Denys-Insel, Andree dagegen Gerard de Nys); er beschreibt sie als hoch, bergig und waldig mit vielen in das Meer vorspringenden Kaps und dazwischen liegenden sandigen Buchten, deren Ufer mit Kokospalmen gesäumt sind. Sie ist sehr bevölkert; die Eingeborenen sind schwarz, stark und gut gegliedert. Ihr Haar ist kraus, ihre Köpfe sind dick und rund, die Gesichter breit, die Nasen dick; doch wären sie nicht gerade häßlich, wenn sie sich nicht durch allerhand Kunstmittel wie Haar- und Hautfärben, Durchlöchern und Verzerren der Ohren und Nase durch mannsdaumendicke Pflöcke entstellten. Sie sind äußerst geschickt; ihre Boote sind schön und praktisch gearbeitet, obgleich sie noch in der Steinzeit leben, und sie regieren sie mit großer Gewandtheit; doch scheinen sie treulos und heimtückisch zu sein. Ähnliche Verhältnisse fand er auf der hohen Kanesinsel und den benachbarten Eilanden (gemeint sind die Caensinseln). Weiter südöstlich fand er auf seinen Karten nur noch die St. Johnsinsel verzeichnet; da er, nachdem er dieselbe passiert hatte, keine weitere mehr erblickte, hielt er sich von da ab näher an der vermeintlich neuguineischen Küste. Bald darauf lief diese in ein Vorgebirge aus und nach Westen trat das Land völlig zurück. Das Kap und ein Inselchen, das etwa 3 Seemeilen nordwärts der Küste vorgelagert war, benannte er nach dem heiligen Georg; die Breite des ersteren bestimmte er etwas zu südlich auf 5° 2' Süd. Seine Längenbestimmungen sind zu willkürlich und zu unzuverlässig, um hier erwähnt zu werden. Die Küstenformation beschreibt er ähnlich wie die der Gerard de Nys-Insel; sie sei reich an Vorsprüngen, zwischen denen liebliche Buchten sich ausstäten. Nach der Umschiffung des Kaps bemerkte er in der Ferne nach Westen und Südwesten, hie und da durch Wolkenschleier verborgen, hohes Land; in der Meinung, sich in einer weiten Bucht zu befinden, nannte er dieselbe St. Georgsbucht. Erst 67 Jahre später stellte Carteret ihre wahre Natur als Meeresstraße fest; er behielt aber den Namen, den Dampier ihr gegeben, pietätvoll bei. Das südlich die Bucht abschließende Vorgebirge erhielt seine Benennung nach dem Grafen Orford, dem damaligen Marineminister, Dampiers hohem Vorgesetzten. Die Breite dieses Kaps wurde auf 5° 24' Süd bestimmt. Über die innerste Westecke der Bucht hinweg wurde ein hoher, kegelförmiger, Rauch ausspeiender Vulkan sichtbar; es war jedenfalls der noch heute thätige Vater.

Der Proviant war unterdes ziemlich zur Neige gegangen, und besonders bedurfte der Wasservorrat dringend der Erneuerung. Dampier beschloß daher zu versuchen, ob nicht die Eingeborenen zu einem freundschaftlichen Tauschhandel zu bewegen seien. Er lief unter 6° 10' in eine von kleinen Inseln belebte Bucht ein, deren Ufer dicht bewohnt waren; aber alle Versuche, sich ihnen freundschaftlich zu nähern, scheiterten an ihrem mißtrauischen und heimtückischen Charakter. Schließlich mußte er sich unter dem Schutze seiner Kanonen das Nötige — Wasser, zahme Schweine, Kokosnüsse, Yams — mit Gewalt holen. Die Bucht benannte er nach seinem Gönner Montague, dem späteren Grafen Halifax, der längere Zeit der Mittelpunkt des Londoner litterarischen Lebens, ihn seiner Schriften wegen dem Grafen Orford empfohlen hatte. Er ist des Lobes voll über das umliegende Land: es sei gebirgig, mit stellenweise gelichtetem Wald bedeckt, von klaren Bächen durchflossen; der Humusboden in den Thälern sei tief und von gelblicher Farbe, der weniger tiefe an den Hügelabhängen aber intensiv braun; die Pflanzenwelt zeige viele unbekannte, nutzbringende Arten (von bekannten erwähnt er außer den schon genannten noch den Ingwer); von Säugetieren sah er noch Hunde, von Vögeln Tauben, Papageien, Kakadus und Krähen gleich denen in England.

Bei der Weiterfahrt stiegen fern im Südwesten die hohen Berge Neuguineas empor, ohnedaß er zunächst wußte, was er daraus machen sollte. Nach Nordwesten blieb das Meer frei, abgesehen von einigen Inseln, deren eine, unter 5° 33' Süd, sich als einen direkt aus dem Meere emporsteigenden Vulkan darstellte, der in voller Thätigkeit begriffen Rauch und Feuer gen Himmel schleuderte, während die Lava langsam an seinen Seiten zum Meere hinunterfloß. Ein aus den im Südwesten sichtbaren Bergen in das Meer vorspringendes Kap nannte er nach seinem König Wilhelm, zwei an der von ihm bis jetzt verfolgten Küste, die sich nach Nordwesten und dann nach Norden umwandte, taufte er Kap Anna und Kap Gloster. Zwischen diesen beiden sah er eine anziehende Gegend sich ausbreiten; der Grundzug derselben war, wie überhaupt der der ganzen umfahrenen Küste, Wald mit untermischten Wiesen: „Keine Wiese in England erscheint im Frühling grüner als diese waren“. Unterdes wich das Land zu beiden Seiten immer mehr zurück; daran erkannte Dampier, daß es ihm gelungen war, von dem großen Südlande, das man sich noch mit Neuguinea zusammenhängend dachte, ein beträchtliches Stück abzutrennen. Er bahnte damit der späteren Wiederauffindung der Torresstraße die Wege, da seine Entdeckung auf Analogien geradezu hinwies. Voll berechtigten Stolzes nannte er das umschiffte Land Nova Britannia, ein Name, der heute einem nicht weniger stolzen hat weichen müssen. Die Nachwelt aber heftete seinen eigenen Namen an die Straße, die seine Fahrt erschlossen hat. Eine Karte, die er von der nach Osten gebogenen Küste Neubritanniens entwarf, ist von auffallender Richtigkeit, wenn man die Kürze seines Aufenthaltes und die Dürftigkeit seiner Messungen bedenkt; von der tiefen westlichen Einbuchtung, welche dem Bismarckarchipel die Gestalt eines lang gestreckten schmalen Bogens verleiht, konnte er natürlich keine Ahnung haben; er füllte sie auf seiner Karte daher mit Land aus. Er läßt dasselbe sich durch vier Breitengrade erstrecken, von 2° 30' bis 6° 30' Süd, und durch 5° 18' Länge. Er rühmt die Fruchtbarkeit desselben und glaubt, an Produktenreichtum könne es sich mit jedem Lande der Welt messen. Weniger gefallen ihm seine schwarzen, starken und gutgegliederten Bewohner, die er kühn und wagemutig, aber auch verräterisch nennt. Von der scheußlichen Sitte der Menschenfresserei hat er nichts bei ihnen bemerkt; in einem seiner früheren Werke hatte er es sogar versucht, die Menschheit von dem Makel des Kannibalismus reinzuwaschen, indem er dessen Existenz überhaupt bestritt.

Das Meer in der neuentdeckten Straße und westlich von derselben war reich an Inseln; eine größere von diesen südlich von der Vulkaninsel nannte er nach dem Admiral Sir George Rook, eine andere nach ihrer Gestalt Lange Insel, wieder eine andere nach der zackigen Formation ihrer Berge Kroneninsel. Die beiden letzten boten einen lieblichen Anblick: auch sie zeigten Waldbedeckung mit grasigen Lichtungen wie Nova Britannia selbst: ebenso waren sie bewohnt. Weiter im Westen zeigten sich neue Eilande von ähnlichem Charakter; das nächste nannte er wahrscheinlich nach dem früheren Marineminister, dem Grafen von Warwick (1587—1658), Sir Robert Rich's Island. Eine größere runde, zu einem hohen rauchenden Kegel aufsteigende Insel, die er sah und in vorstehender Weise beschrieb, trägt heute keinen eigenen Namen. Eine Menge anderer, die er auf seiner Karte eingezeichnet hat, sind nicht von ihm benannt worden; er machte überhaupt von dem Vorrecht des Entdeckers, Namen zu geben, einen sparsamen Gebrauch, sodaß alle, die er im Bismarckarchipel an Landgebiete und Meeresteile geheftet hat, hier erwähnt sind.

Allmählig führte ihn die Weiterfahrt wieder in bekanntere Gebiete; er erreichte ohne nennenswerte Zwischenfälle Batavia, dann das Kap, bis, am 22. Februar 1701, im Angesichte von Ascension, sein Schiff auf mysteriöse Weise ein Leck erhielt, wie er behauptet, wegen vollständigen Alters, und sank. Doch konnten seine wertvollen Sammlungen gerettet werden. Ein englisches Kriegsschiff nahm die Schiffbrüchigen von der Insel, wohin sie sich gerettet hatten, auf und brachte sie nach England.

So fand die mit so großen Hoffnungen und Zielen unternommene Fahrt ein trübes Ende. Einen praktischen Gewinn hat sie nicht gebracht, weder Dampier selbst noch dem Lande, das ihn ausgesandt hatte. Dampier wurde, wie schon erwähnt, vom Kriegsgerichte der Prozeß gemacht, ob mit Recht oder Unrecht, ist schwer zu entscheiden; neben seinem Verlust der Kapitänswürde in der Marine wurde er noch zu einer herben Geldstrafe verurteilt. Doch empfing ihn später die Königin Anna bei Hofe. Seinem Vaterlande brachte die Reise keinen Vorteil; denn es schien den Engländern doch zu gewagt, an ein so unsicheres Geschäft wie eine Handelseröffnung mit so entlegenen Gebieten viel Geld zu legen; außerdem behielt der von Dampier mit Schonung beschriebene Menschenschlag noch genug Unheimliches, um von einem Besuche abzuschrecken. Von dem großen und unbestreitbaren Erfolge aber, den die Reise der Wissenschaft gebracht hatte, wurden die Augen zum Teil abgelenkt durch die unerquicklichen Vorgänge, die mit derselben verknüpft waren, zum Teil auch durch ein Gefühl der Unbefriedigtheit und Enttäuschung, da sie keineswegs die großen Rätsel des südlichen Stillen Ozeans gelöst hatte. Dampier hatte nur einen Zipfel des Schleiers gelüftet, den er, wie man von ihm erwartete, ganz hätte wegreißen sollen. Die Nachwelt aber urteilt gerechter über seine Verdienste und gesellt ihn den anderen großen Entdeckern in der Südsee, mit Ausnahme von Tasman und Cook, ebenbürtig zu; besonders aber der Deutsche hat Grund, in diesem Jahre sich eines Mannes dankbar zu erinnern, der, wenn auch unbewußt, vor 200 Jahren den Forschern, die sein Vaterland heute aussendet, mit Kühnheit, Scharfsinn und Treue vorgearbeitet hat.

# Kiautschou.

Vortrag, gehalten in der Feldartillerie-Offiziers-Messe.

Von Fritz von Bülow, Leutnant im Großh. Mecklenburg. Feld-Artillerie-Regiment No. 60.

## II.

Durch den tiefen Strandsand watend, kam ich nun in eine Straße, in der gleich vornan die Agentur der Dampferlinie sich befand. Der Hauptstraße nach rechts folgend gelangte ich in eine grüne Weidenallee. Der Erste, der mir hier entgegenkam, war der Hauptmann Freiher Treusch von Buttlar-Brandenfels, Kompagniechef im III. Seebataillon, welchen ich von Altona her kannte. Derselbe war natürlich sehr erstaunt, mich zu sehen, und nahm sich in liebenswürdigster Weise meiner an. Er machte mich gleich darauf aufmerksam, daß unter den Chinesen, besonders in dem benachbarten Dorfe Tapautau, der Flecktyphus ausgebrochen sei, ich also eine Berührung mit Chinesen möglichst vermeiden und vor allem kein Wasser trinken dürfe.

Nun wurde die Unterkommensfrage erörtert. Es gab schon einige Hotels, d. h. man nennt sie Hotels. In Wirklichkeit sind es aber nur provisorisch hergerichtete Logierhäuser*), die aber fast alle überfüllt waren, da noch ein großer Teil der Kaufleute und Beamten daselbst wohnt. Glücklicherweise fand ich jedoch im „Hotel Aegir“ ein Unterkommen für die Nacht. Jeder wird es mir nachfühlen können, mit welchem, ich möchte sagen, stolzen Gefühle ich mich Tausende von Meilen vom deutschen Vaterlande entfernt und doch auf deutschem Boden zur Ruhe legte.

Am anderen Morgen begab ich mich auf Entdeckungsreisen.

Leider hatte das Geschwader, mit Ausnahme S. M. S. „Iltis“, den Hafen verlassen und war nach Tschifu gedampft, um der Typhusgefahr aus dem Wege zu gehen. Die Schiffe hatten natürlich unter strengster Quarantäne gelegen, d. h. es durfte niemand an Land gehen weder von Offizieren noch Mannschaften, der nicht unbedingt dienstlich dort zu thun hatte.

Da es für die Besatzung nicht sehr angenehm sein konnte, das Pfingstfest im Angesicht des Landes an Bord verbringen zu müssen, so suchte das Geschwader sich einen anderen Platz, an dem die Leute sich an Land belustigen konnten. Die Besatzung des als Wachtschiff zurückgebliebenen „Iltis“ feierte später das Pfingstfest auf der Insel Tschiposan mit allen möglichen Spielen und sonstigen Belustigungen.

Ich folgte der Hauptstraße in der Richtung auf einen großen Neubau, den ich von ferne sah.

Es war das im Bau befindliche Hotel Buschendorf, dessen Fertigstellung allgemein sehnsüchtig erwartet wurde.

Die Straße ist für eine chinesische Stadt verhältnismäßig breit. Rechts und links kleine einstöckige Häuser mit vielen freundlichen Läden und Schaufenstern. In

*) Inzwischen besitzt Tsingtau im „Prinzen Heinrich“ seit September 1899 ein Hotel ersten Ranges. Anm. der Schriftleitung.

denen alles Mögliche, sogar Postkarten mit Ansichten ausgestellt waren. Auf der Straße herrschte ein bedeutender Verkehr, überall Thätigkeit und Arbeit.

Besonders fielen mir hier die einrädrigen Karren auf, die sich von den unsrigen dadurch unterscheiden, daß das Rad in der Mitte sitzt und die Lasten rechts und links von demselben verteilt werden. Hauptsächlich wurden Ziegel für die Neubauten von der Ziegelei dorthin gefahren.

Bei besonders schweren Lasten zog ein Mann an einem Strick, während der andere schob. Beide Leute spornen sich fortwährend durch Zurufe an. Wie ich später hörte, lauten diese Zurufe: „Oh, was bist du für ein starker Mann", worauf der andere entgegnet: „Ja, aber ohne dich könnte ich die Last doch nicht allein fortbewegen, deine Arme sind noch stärker als meine".

Erstaunlich sind die Fortschritte, welche in den 1½ Jahren seit der Besitzergreifung im Straßenbau und in der Kanalisation gemacht sind. Hunderte von Chinesen arbeiten daran; verschiedene schöne breite Straßen sind schon fertiggestellt, desgleichen große Tunnels und Röhrenlager für die Kanalisation. Diese ist besonders wichtig während der Regenzeit, in der das in großen Massen herabkommende Wasser alles überschwemmen soll.

Eine vorzügliche Ordnung herrschte auf den Straßen. Die Polizei besteht aus Unteroffizieren des Seebataillons, welche unter sich als Schutzleute Chinesen haben. Diese tragen als Erkennungszeichen einen schwarz-weiß-roten Streifen Tuch auf dem linken Ärmel. Die Polizeiwache, kenntlich durch ein Schild mit dem deutschen Reichsadler, befindet sich inmitten des Ortes.

In einem Laden überraschte mich das gute Deutsch, in dem die Chinesen mit mir sprachen.

Allerdings reden sie jeden mit „Du" an, was anfänglich sehr komisch wirkt.

Erwähnen möchte ich, daß der Chinese meine ihm angegebene Adresse notierte und die gekauften Gegenstände nach Deutschland expedierte, wo dieselben auch unversehrt angekommen sind.

Die Chinesen sind außerordentlich fähig im Erlernen fremder Sprachen, und besonders diese Schantung-Chinesen.

Mittlerweile war es Zeit geworden, meinen Besuch bei dem Gouverneur, Herrn Kapitän z. S. Jäschke, zu machen und meine für ihn bestimmten Briefe abzuliefern. Ich begab mich also zu dem Yamen, schon von weitem kenntlich durch die wehende Flagge.

Der Yamen ist die alte Wohnung des früheren chinesischen Generals, des Kommandanten von Tsingtau.

Quer vor dem Eingang zum Yamen befindet sich eine große Mauer mit einem Riesendrachengemälde darauf.

Ähnliche Mauern sieht man vor vielen Häusern; sie haben den Zweck, die bösen Geister vom Eingang fern zu halten. Aus dem gleichen Aberglauben erklären sich die vielen Nischen und Winkel an den chinesischen Häusern, in welchen sich die bösen Geister fangen sollen.

Durch eine Art Eingangshalle, in der sich rechts und links Beamtenwohnungen befinden, kam ich in einen Vorhof mit hübsch angelegten Blumenbeeten.

Dann ging es durch ein zweites, für Geschäftszimmer bestimmtes Haus und durch einen zweiten Vorhof, ebenfalls mit hübschen Gartenanlagen, zu der eigentlichen Wohnung des Herrn Gouverneurs. Da derselbe dienstlich beschäftigt war, gab ich meine Karte und Briefe ab und ging zum sogenannten Ost-Lager, um Herrn Hauptmann von Buttlar, wie am Abend vorher verabredet, zu besuchen.

Hier möchte ich einige Bemerkungen über die Garnison Tsingtaus einflechten.

Außer dem Kreuzergeschwader befinden sich hier an Truppen das kriegsstarke III. Seebataillon und ein Matrosen-Artillerie-Detachement einschließlich einer Feldbatterie.

Die vier Kompagnien und das Artillerie-Detachement sind auf fünf alte Chinesenlager verteilt, während für die Feldbatterie bereits eine Kaserne mit allen modernen Einrichtungen fertiggestellt ist.

Diese Lager haben jedes ihre besondere Bezeichnung. Die vier Kompagnien liegen im Yamen-Lager, dem Höhen-, Ost- und Strand-Lager, während das Artillerie-Detachement das Artillerie-Lager bezogen hat.

Solch ein Lager bildet ein kleines, von hohen Erdwällen umgebenes Dorf für sich. In der Mitte ein größeres Gehöft für den betreffenden Kommandanten, und rings herum die kleinen Häuser der Soldaten. Alle Häuser sind einstöckig und ohne Fundament direkt auf dem Erdboden aufgebaut, oder, besser gesagt, mit Lehm zusammengeklebt. Die Häuser und besonders die Dächer waren so schlecht, daß sie in der Regenzeit nicht dicht hielten und daher das Wohnen in denselben höchst ungesund war. Aus diesem Grunde werden alle Häuser umgebaut, die Dachziegel abgerissen und die Dächer mit Hülfe von Dachpappe und besseren Dachziegeln wieder aufgebaut. Die meisten Häuser waren schon fertiggestellt, sodaß man der diesjährigen Regenzeit mit Ruhe entgegensehen konnte.

In jedem Lager befindet sich eine Offiziers-Messe, in der die Offiziere zusammen essen. In der im Yamen-Lager befindlichen Messe essen außerdem die im Offiziersrang stehenden Militär- und Zivil-Beamten.

Der Weg vom Yamen zum Ost-Lager war seitens der Kompagnie des Herrn von Buttlar neu angelegt, eine tadellose, breite Chaussee. Hauptmann von Buttlar empfing mich sehr liebenswürdig und zeigte mir das ganze Ost-Lager. Die Leute waren gerade noch beschäftigt, die Dachrinnen an den Häusern anzubringen. Alles machen die Soldaten selbst, sogar das Umbauen der Häuser. In der Offiziers-Messe wurde ein neuer Fußboden gelegt.

Der auf einer Inspizierungsreise abwesende Kommandeur des Bataillons, Herr Major Dürr, hatte infolgedessen seine Räume den Offizieren zu ihren Mahlzeiten überlassen. Seine Wohnung befindet sich nämlich auch im Ost-Lager, da es dort zwei größere Gehöfte giebt.

Herr von Buttlar führte mich auch in die Küche. Dieselbe ist ganz so eingerichtet wie bei uns. Es gab gerade Bohnen und Speck, wir kosteten davon und fanden, daß es vorzüglich war. Die Verpflegung der Leute ist hervorragend gut. Sie erhalten mittags und abends Fleisch, abends warmes Abendessen. Die Verpflegung ist aber auch viel billiger als in Deutschland. Ein Huhn kostet 25 bis 35 Pfennig, eine Ente 40 und eine Gans 70—90 Pfennig.

Nachdem ich das ganze Ost-Lager in allen Teilen angesehen hatte, ging ich in mein „Hotel Aegir" zurück. Hier erwartete mich bereits liebenswürdiger Weise Herr Hauptmann von Liliencron, einer der Adjutanten des Gouverneurs, um mich im Namen des letzteren aufzufordern, bei ihm im Yamen mein Quartier aufzuschlagen. Natürlich nahm ich mit Dank dieses liebenswürdige Anerbieten an und siedelte in den Yamen über. Hier wurde ich außerordentlich freundlich seitens des Herrn

Gouvernements aufgenommen und hervorragend untergebracht. Abends war beim Gouverneur ein Diner, an dem unter anderen auch der Kommandant S. M. S. „Iltis“, Korvettenkapitän Lans, teilnahm. Das Eßzimmer im Yamen ist sehr hübsch eingerichtet und mit Geschenken Sr. Königl. Hoheit des Prinzen Heinrich von Preußen prächtig ausgeschmückt.

Am anderen Tage stand ich früh auf, um mir die Garnison auf dem Exerzierplatz anzusehen. Da derselbe an der Nordseite liegt, mußte ich wieder den ganzen Ort passieren.

Alles war schon wieder in reger Thätigkeit; namentlich fiel mir auf, wie energisch an den Bauten gearbeitet wurde.

Hier möchte ich erwähnen, was mir später ein deutscher Kaufmann erzählte und auch von fachmännischer Seite bestätigt wurde. Die bei den Bauten zur Verwendung gelangenden Ziegel werden an Ort und Stelle gebrannt. Das Material ist aber leider sehr schlecht, bröckelig und nicht standhaft gegen Feuchtigkeit.

Viele Firmen haben daher ihre Lagerhäuser vorerst nur provisorisch aufgeführt. Man hoffte, bald aus dem Inneren ein besseres Ziegelmaterial erhalten zu können und will dann erst die eigentlichen Lagerhäuser bauen, was inzwischen bereits eingetroffen sein soll.

In etwa 20 Minuten gelangt man vom Yamen zu dem schön am Strande gelegenen Exerzierplatz. Das Bataillon übte gerade Parademarsch, die Feldbatterie hatte Bespannterexzieren.

Sehr praktisch und kleidsam ist die Uniform der Seesoldaten. Dieselbe besteht aus braunem Cockydrell, Rock und Hose nach unserem Litewka-Muster geschnitten. Dazu tragen die Leute einen weißen Tropenhelm ohne Spitze mit einem deutschen Reichsadler aus Aluminium.

Sehr interessant ist die Feldbatterie.

Dieselbe setzt sich zusammen aus Leuten der Matrosen-Artillerie-Abteilung, welche als Fahrer und Feldkanoniere ausgebildet sind. Nur ein kleiner Stamm von Feldartilleristen, darunter zwei Unteroffiziere, befindet sich bei der Batterie. Die Batterie wird geführt durch den Hauptmann von Kries, dem nur ein Offizier, der Oberleutnant Frhr. von Bodman, beigegeben ist. Ersterer stammt aus dem 25. Regiment in Darmstadt, letzterer aus einem bayrischen Regiment.

Die Bespannung besteht aus Maultieren, die Chargen reiten Pferde. Diese Maultiere sind vorzüglich geschult, ziehen ausgezeichnet und bewähren sich besonders auf dem oft steinigen und harten Boden in den Bergen.

Die wenigen Reitpferde sind die allgemeinen üblichen chinesischen Pferde kleinen Schlages, welche sehr ausdauernd sind und im Klettern auf den Bergen hervorragendes leisten.

Der Oberleutnant Frhr. von Bodman war nicht in Tsingtau anwesend, sondern befand sich auf einer Remontierungsreise nach der Mongolei, um die besseren mongolischen Remonten anzukaufen. Ein solches Pferd kostet nach der dortigen Münze durchschnittlich 70—80 mexikanische Dollars, also etwa 140—160 Mark.

Die Mannschaften dieser Feldbatterie sind mit der Matrosen-Uniform bekleidet. Eigentümlich sehen die Fahrer in dieser Uniform mit Reithosen und hohen Stiefeln aus. Die Offiziere tragen die Uniform des Seebataillons.

Wie mir gesagt wurde, wird die Batterie erst vom Frühjahr 1900 offiziell als solche geführt und dann auch mit einer besonderen Uniform versehen werden.

Jetzt gehört sie noch als Unter-Abteilung zum Matrosen-Artillerie-Detachement, dessen Kommandeur gewissermaßen der Abteilungs-Kommandeur des Batterieführers ist. Die Batterie ist ausgerüstet mit sechs Geschützen C/73/91 und den dazu gehörigen Munitionswagen.

Nach dem Exerzieren wurde mir die neuerbaute Kaserne gezeigt. Dieselbe liegt wunderschön auf einer Anhöhe am Strande mit herrlichem Blick auf die Bucht. Sie besteht aus dem zweistöckigen Wohnhaus für die Leute, dem Stall mit Krankenstall, einer bedeckten Reitbahn, Wagenhaus bezw. Geschützschuppen, Küche mit Kantine und einem ebenfalls zweistöckigen Wohnhaus für die Offiziere und Beamten. Die Mannschaftszimmer sind groß und luftig. Die Belegung derselben, wie überhaupt die Anlage der ganzen Kaserne, ist vollständig nach preußischem Muster ausgeführt.

Nach dieser Kasernenbesichtigung stellte mir Herr von Kries eines seiner Pferde zur Verfügung, und wir machten einen etwa zweistündigen Ritt in die Berge. Die kleinen Gäule kletterten ausgezeichnet. Wir hatten von den Höhen manchen schönen Blick auf den Ort Tsingtau und die Bucht.

Die Berge werden unter Leitung deutscher Forstbeamten aufgeforstet, und sind schon bedeutende Strecken mit, wenn auch noch kleinen Bäumen, meistens Kiefern bewachsen. Die Berge sollen alle früher gut bewaldet gewesen sein. Die Chinesen haben aber im Laufe der Zeit alles abgeholzt und als Brennmaterial verwandt.

Durch die Liebenswürdigkeit des Herrn von Kries, welcher mir seine Pferde jederzeit zur Verfügung stellte, war ich in Stand gesetzt, einige Reittouren in das Innere zu machen.

An der nördlichen Grenze des Pachtgebietes liegen die Stationen Tsan-Kou, Litsun, Tschangtsun und Schatselau. In jedem dieser Orte ist ein geeignetes Gehöft zur Unterkunft für je 1 Offizier und 30 Mann eingerichtet, welche die Ordnung an der Grenze durch Patrouillen aufrecht erhalten müssen. Die Stationen sind sämtlich untereinander sowie mit dem Gouvernement in Tsingtau telephonisch verbunden.

Am nächsten Tage, morgens 8 Uhr, ritten wir, zwei andere Herren und ich, nach Litsun, woselbst großer Markttag war. Herr von Kries hatte uns bei dem Detachementsführer in Litsun, dem Leutnant von Brauchitsch, telephonisch angesagt.

Es war ein herrlicher Sommertag, fast etwas zu heiß. Es hatte seit Februar nicht geregnet.

Trotz der dadurch herrschenden Dürre mußten wir die Fruchtbarkeit der Felder bewundern. Diese hatte ihren Grund darin, daß in der Nacht reichlich genug Tau fällt, um den Früchten des Feldes genügend Feuchtigkeit zuzuführen. Die Fruchtbarkeit ist so groß, daß zwei- bis dreimal im Jahre geerntet werden kann. Alle Getreidearten standen in vollster Pracht und begannen schon zu reifen. Man pflanzte an vielen Stellen die sogenannte süße Kartoffel, eine der unserigen ähnliche, aber größere Knollenfrucht, welche roh wie Obst gegessen wird und neben Reis und Mais ein Hauptnahrungsmittel der Bevölkerung bildet. Diese Kartoffeln werden nicht in die Erde gelegt wie bei uns, sondern werden erst in großen Massenbeeten zu kleinen Pflänzchen gezogen, welche dann auf die Felder versetzt werden. Gerade an diesen kleinen frischen Pflänzchen, welche trotz der Hitze absolut nicht welk waren, konnte man die genügende Feuchtigkeit im Boden wahrnehmen.

Wir ritten durch viele starkbevölkerte Dörfer. Auf den Straßen spielten nackte Kinder, und Schweine, Hühner, Enten, Gänse sowie eine Anzahl häßlicher, ewig kläffender Köter bevölkerten dieselben.

Bei jedem Dorfe befanden sich große Obstplantagen, welche reiche Ernten zu versprechen schienen." Jedes Dorf hat seinen kleinen Tempel oder einen Confucius-Altar sowie einen Kirchhof.

Bekanntlich steht der Ahnenkultus bei den Chinesen in hoher Blüte und die Gräber aus den ältesten Zeiten werden noch immer gepflegt und geschmückt. Wenn jemand in einer Familie gestorben ist, so wird die Leiche in einem fest verschlossenen Sarge, dessen Material je nach der Vermögenslage des Betreffenden aus Metallen, edlen Holzarten oder einfachem Holz besteht, aufgebahrt, bis der Priester nach Rücksprache mit den Göttern Zeit und Ort bestimmt hat, an dem die Leiche der Erde übergeben werden soll.

Täglich werden auf den Sarg brennende Opferstäbchen aus Sandelholz sowie Reis und eine Tasse Thee gestellt. Goldpapier wird am Sarge verbrannt als Symbol, den Verstorbenen auf seiner Reise ins Jenseits mit Geldmitteln versehen zu wollen.

Über jedem Grabe erhebt sich ein spitzer Erdhügel, auf welchem Steine, häufig mit Inschriften versehen, liegen.

Nach etwa 3stündigem Ritt über Berge, durch ausgetrocknete Flüsse und üppige Felder kamen wir in Litsun an, wo uns der Detachementsführer schon erwartete. Über seinem Häuschen wehte die deutsche Marineflagge. Litsun ist eines der größeren Dörfer, an einem etwa 200 m breiten, sehr flachen Flusse gelegen, der vollständig ausgetrocknet war. Die Station liegt wie ein kleiner Gutshof mitten im Grünen. Die mit Maien geschmückten Häuser des Detachementsführers und der Mannschaft erinnerten uns daran, daß heute der erste Pfingsttag war.

Die Chinesen kennen kein Pfingstfest und auch keinen Sonntag; sie haben nur zwei freie Tage im Monat, das ist der 1. und der 15. An diesen Tagen schreiben die Kaufleute ihre Rechnungen, und die Arbeiter feiern wie bei uns am Sonntag. Dafür haben sie aber sehr häufig Festtage, die irgend einem ihrer vielen Götter geweiht sind, und an denen große Prozessionen stattfinden.

Wir gingen zunächst auf den Markt, welcher in dem sandigen Bett des soeben erwähnten Flusses abgehalten wurde. Es sollen hier manchmal bis zu 14000 Chinesen zusammenkommen, um ihr Geschäft oder ein kleines Jeu zu machen.

Gemüse, Fleisch, Fische, Esel, Schweine, Stoffe, Pfeifen u. s. w. wurden überall in kleinen Buden feilgeboten. Dazwischen befanden sich eine Anzahl Spielbuden, in denen die Chinesen teils mit ihren Elfenbeinkarten, teils auf andere mir unverständlich gebliebene Art spielten.

Die übliche Münze ist hier der cash, von denen 1000 Stück auf einen mexikanischen Dollar gehen, also nach deutschem Gelde 500 cash auf eine Mark. Ein großer Umsatz an Geld kann also hier kaum gemacht werden. Diese cash sind dünne, in der Mitte durchlochte Kupfermünzen, die auf Schnüre gezogen werden. Ein wohlhabender Chinese bedient sich eines Packesels, auf den er alle seine cash-Schnüre aufpackt.

Wir wurden bei unserer Wanderung durch dieses Gewirr von den Chinesen wie Wundertiere angestarrt. Manche hatten vielleicht noch gar keinen Europäer gesehen, und die dreisteren fragten uns durch entsprechende Gebärden um Erlaubnis, uns bezw. unser Zeug oder unsere Stiefel anfassen zu dürfen. Als wir gar unsere kleinen Einkäufe mit dem selten oder nie gesehenen Silbergeld bezahlten, waren sie vor Vergnügen ganz aus dem Häuschen.

Ich hätte mir gern einen der kleinen niedlichen Esel gekauft, wenn ich ihn hätte mitnehmen können; solch ein Tierchen kostete 700—1000 cash.

Der Markttag findet alle Woche einmal statt, und die Bevölkerung aus der ganzen Umgegend strömt dann nach Litsun zusammen.

Als wir nach der Station zurückkamen, wurden wir daselbst außerordentlich liebenswürdig bewirtet. Das Frühstück — hier Tiffin genannt —, welches aus mehreren warmen Gängen bestand, hatte der chinesische Koch sehr gut zubereitet.

Gegen 3 Uhr bestiegen wir unsere kleinen Pferde, um die nächste Station Tsan-Kou zu besuchen. Der Ritt führte uns wieder durch verschiedene Dörfer und reiche Felder. Man sieht kaum ein Stückchen Erde, welches nicht von den Chinesen bebaut oder auf irgend eine Weise nutzbar gemacht worden ist. An den übrigens ziemlich schlechten Wegen sahen wir hin und wieder große mit chinesischen Lettern versehene Gedenksteine.

Tsan-Kou war nach etwa 1½ stündigem Ritt erreicht. Es liegt unmittelbar am Strande auf einer Anhöhe. Von den Fenstern des Stationsgebäudes aus hat man einen herrlichen Blick auf die Bucht von Kiautschou.

Tsan-Kou ist im wesentlichen ähnlich eingerichtet wie Litsun. Wir hielten uns daher dort nicht lange auf und setzten unseren Heimweg nach Tsingtau fort. Derselbe führte uns zunächst am Strande der Klara-Bucht entlang bis an den Fuß des Gauschan, eines quer vorgelagerten Höhenzuges. Unsere Pferde kletterten munter die steinigen, ziemlich steilen Wege hinauf und herunter. Auch hier geschieht das Möglichste zur Aufforstung.

Von der Höhe des Gauschan aus genießt man eine sehr schöne Aussicht auf Tsingtau und die Bucht mit ihren Inseln.

Unsere Pferde hatten vorzüglich durchgehalten und waren so frisch, daß man ihnen die Tagestour kaum anmerkte.

Am nächsten Tage, dem zweiten Pfingsttage, war ich vom Herrn Gouverneur zu einer Pfingstparthie nach Schatsekau eingeladen, an der sich mehrere Damen und Herren beteiligten. Schatsekau ist die östlichste der Grenzstationen und wird wegen seiner wunderschönen Lage und des gleichmäßig warmen gesunden Klimas von den Tsingtau Bewohnern als Sonntags-Ausflugsort geschätzt und viel besucht. Man geht sogar damit um, auf einer Höhe des Lauschan-Gebirges, der sogen. Prinz Heinrich-Baude, ein Sanatorium zu errichten. Um ½11 Uhr schiffte sich die Gesellschaft auf der reichlich verproviantierten Stations-Dampfpinasse ein. Gegen 1 Uhr landeten wir nach einer ziemlich bewegten Fahrt bei Schatsekau.

Der Ort liegt an der Lauschan-Bucht, vollkommen geschützt gegen rauhe Winde durch die umliegenden Berge, die kleine Station selbst völlig im Grün versteckt auf einer mäßigen Anhöhe, ein selten romantisches, ideales Plätzchen.

Ein herrliches Panorama eröffnete sich bei Ankunft auf der kleinen Höhe unseren Blicken.

Im Vordergrunde liegt die im Gegensatz zu der gelben Bucht von Kiautschou tiefblaue Lauschan-Bai mit den weißsandigen Ufern. Weiter ins Land hinein erblickt man das Lauschan-Thal, übersät mit herrlich blühenden Kamelliensträuchern, durch welches der Tilly-Fluß — jetzt allerdings ausgetrocknet — in der Regenzeit ganz bedeutende Wassermassen dem Meere zuwälzt. Im Hintergrunde wird das Panorama abgeschlossen durch das braune, originell gezackte, imposante Lauschan-Gebirge und den Kaiserstuhl.

Auf der Veranda des Stationsgebäudes wurden wir von dem Detachementsführer in liebenswürdigster Weise bewirtet und machten darauf eine Promenade in die Umgebung der Station.

Um wegen der vielen Klippen noch vor Dunkelheit in Tsingtau zu sein, mußten wir bald wieder an Bord unserer Pinasse gehen.

Abends genossen wir noch an Bord S. M. S. „Iltis" die Gastfreundschaft des liebenswürdigen Kommandanten.

Das kleine Kanonenboot „Iltis" ist ein wahres Schmuckkästchen und erregt jedermanns Bewunderung. Sogar in einer englischen Zeitung in Schanghai stand ein langer Artikel voll des Lobes für das Schiff sowie sein Offizierkorps und die Mannschaft.

Selbstverständlich — dennoch aber möchte ich es am Schlusse noch erwähnen — bildet fast den Mittelpunkt des Interesses der Kolonie und mithin auch der Unterhaltung der Bau der Eisenbahn. Hofft man doch von der durch sie geschaffenen Verbindung mit dem Hinterlande nicht nur die reichliche Herbeischaffung der Kohle und die Zufuhr mannigfachster Handelswaaren, sondern daneben auch in notwendiger Wechselwirkung die Ausdehnung und Befestigung des deutschen Einflusses durch die ganze Provinz und indirekt in China selbst; denn, wenn auch niemand daran denken mag, daß wir anders oder gar eher als die großen mitbewerbenden Völker zu einer politischen Besitzergreifung oder Annektion übergehen werden, so kann sich doch auch andererseits niemand der Einsicht verschließen, daß die größte Bedeutung der Erwerbung von Kiautschou und — man darf sagen — Gründung von Tsingtau darin liegt, daß diese Orte unseren Stützpunkt für die wirtschaftliche Herrschaft über das Hinterland bilden müssen.

Im ganzen war ich 8 Tage in Kiautschou. Meine Reisedispositionen gestatteten mir keinen längeren Aufenthalt. Durch das freundliche Entgegenkommen aller Herren wurde es mir jedoch ermöglicht, alles Sehenswerte kennen zu lernen.

Wenn mir zum Schluß ein zusammenfassendes Urteil gestattet sein soll, so bin ich stolz darauf, sagen zu dürfen, daß nach meiner Überzeugung deutscher Fleiß und deutsche Energie in verhältnismäßig kurzer Zeit höchst bemerkenswerte Resultate gezeitigt haben. Es wäre kurzsichtig und ungerecht, wenn man, von Hongkong und Schanghai kommend, Tsingtau mit vergleichendem Blicke messen wollte. Dort haben sich in einigen Jahrzehnten aus öden, sumpfigen und ungesunden Gegenden gesunde Städte entwickelt, welche europäischen Großstädten ebenbürtig zur Seite stehen und mächtige Stellungen im Welthandel einnehmen. Wir sind berechtigt, zu hoffen, daß Kiautschou, welches den Vorzug einer ursprünglich gesunden Lage hat und dessen Bewohner die geeignetsten Helfer zu europäischer Arbeit im ganzen chinesischen Reiche sind, jenen beiden südlicheren Städten in verhältnismäßig kurzer Zeit getrost zur Seite gestellt werden darf, zumal das weitschauende Interesse Sr. Majestät unseres Kaisers und die Unternehmungslust unseres Volkes dieser Kolonie für immer gesichert sind.

# Die Terrainlehre Kleinasiens in ihren allgemeinen Beziehungen zur Bodenkultur des Landes.

Bearbeitet von Dr. O. A. Noddissian aus Kleinasien, Professor an der landwirtschaftlichen Schule von Salonik.

## II.

## Pflanzenwelt.

### A. Allgemeine Betrachtungen.

Der Boden mag so fruchtbar sein, wie es für den Landwirt wünschenswert ist: wenn die klimatischen Verhältnisse für das Gedeihen der Pflanzen ungünstig sind, so ist die Fruchtbarkeit des Bodens ein nutzloses Gut, und umgekehrt, wenn der Boden schlecht und das Klima für das Pflanzenwesen günstig ist, so ist immerhin durch künstliche Mittel und Meliorationen eine vorteilhafte Wirtschaft möglich. Es sei denn gestattet, die Flora des Landes in vorstehender Abhandlung als ein direktes Produkt der klimatischen Verhältnisse zu betrachten und sie hier in Kürze zu erwähnen.

#### a) Pflanzenregionen.

Die klimatischen Gegensätze zeigen ihre Wirkungen auf die Vegetation sehr deutlich. In manchen Gegenden sind drei Pflanzenregionen vorhanden: eine immergrüne Region, eine Waldregion und ein alpine Region. Bei Trapezunt entspricht die immergrüne Region der Höhenstufe von 0—300 m, die Waldregion reicht bis 1700 m, die alpine Region von 1800—3000 m. In der tiefsten, immergrünen Region zeichnen sich die purpurblütige pontische Alpenrose, die gelbblühende Azalea pontica, Prunus lauro-cerasus, Vaccinium, Arctostaphylos etc. aus. Im Niederwalde finden wir Quercus pubescens; Azalea und Rhododendron reichen bis zur Waldregion hinauf. Äpfel, Birnen und Kirschen gedeihen bis auf 1200 m Höhe. Nadelholz tritt in der Regel erst in einer Höhe von 1500 m auf. Im Hochlande treffen wir die herrlichsten Rotbuchen, Eichen, auch Weißbuchen. Bis 1500—2000 m werden die Rotbuchen von den immergrünen Sträuchern begleitet; auf dieser Höhe treten dann die Fichten hinzu. Über 1800 m wächst die kaukasische Alpenrose in größerer Ausdehnung, dann das Gestrüpp eines Seidelbastes, Schwarzdorn, Rosensträuche, Wachholder 2c. Auf der Südseite des pontischen Gebirges haben die Kraut- und Holzvegetation einen ganz südlichen Charakter.

Grisebach giebt die folgenden Pflanzenregionen für die Westseite:

Immergrüne Region: Ebene von Brussa 0—290 m; Waldregion 290—1380 m; Kastanie bis 760 m; Nadelhölzer (Pinus picea und laricio) und Buche bis 1380 m; alpine Region 1380 m bis zum Gipfel.

Durch Forbes und Kotschy kennen wir die Pflanzenregionen der Südseite.

Nach Forbes sind die Regionen des lycischen Taurus folgende:

Immergrüne Küstenregion mit Inbegriff der Thaleinschnitte 0—450 m. Untere Waldregion (Quercus und Pinus) 450—900 m. Region der Hochebenen 900—1800 m. Obere Waldregion (Juniperus foetidissima) 1800—2400 m. Alpine Region 2400—3000 m.

| Alpine Region fast ohne Sträucher, größtenteils mit rasenförmigen Stauden zerstreut bewachsen. | Üppiges Weideland 1800—2400 m.<br>Hochland 2400—3300 m. |
|---|---|

Nach Kotschy lassen sich am cilicischen Taurus folgende Regionen verfolgen:

Am Südabhange:

Immergrüne Region: Küstenland (Kulturebene) samt Thalmünden 0—300 m. Kreidig weißes Hügelland mit dornigen Sträuchern 300—600 m. Untere Waldregion mit Pinus und Quercus bis 1140 m. Obere Waldregion (Pinus laricio) vorherrschend bis 1500 m. Cedernwald bis 1800 m.

Am Nordabhange:

Obere Waldregion: Hügelland über dem Karamanischen Hochlande 1200—1440 m. Cedernwald-Region 1440—2100 m. Üppig bewachsene Felsenabhänge bis 2520 m. Hochalpenplateau 2520—2900 m. Steilwände und ihre Felsentrümmer 2900 bis 3300 m.

Dinglers macht noch über die Pflanzenregionen des westlichen Kleinasien die folgenden Bemerkungen: 1. Die immergrüne Region steigt in den Thälern bis zur Höhenstufe von 600 m empor, und die immergrünen Eichen spielen in dieser Region die hervorragende Rolle. 2. Auf dem Plateau entwickelt sich, mit vereinzelten Hochwaldflecken von Pinus laricio, eine aus sommergrünen Elementen zusammengesetzte Maquisformation.

Was nun den Osten anbetrifft, so bezeichnet Radde vom Kaukasus bis zum Osten Kleinasiens die folgenden Pflanzenregionen:

Von 0—150 m: Steppenform, gute Grassteppe, ergiebiger Ackerboden; stellenweise Reiskultur.

Von 150—300 m: reicher Weinbau, Gartenbau, Cerealienkultur, Mais, italienische Hirse, Baumwolle. An der Nordseite vorwiegend noch Grassteppe.

Von 300—600 m: Laubholzwald, Weißbuche, Steineiche, Acer.

Von 600—1200 m: wichtige Kulturzone. Wo genügend Wasser, Kultur aller südlichen Cerealien und Ölpflanzen. Weinstock nicht über 1200 m. Coniferen, Abies orientalis und Pinus Silvestris, Nußbäume, süße Kastanie, Rotbuche, Weißbuche, Zitterpappel.

Von 1200—1800 m: geschlossene Buchenwälder; sehr ausgedehnter Gartenbau von 1800—2400 m. Baumgrenze: entweder durch Fagus silvatica oder durch die weiße Birke, viel seltener durch Pinus Silvestris gebildet. Kein Knieholz (Pinus Mughus).

Von 2400—3000 m: das Gebiet der subalpinen Wiese und niederliegenden Rhododendron-Gebüsche.

Von 3000—3600 m: Hochalpine Zone.

Fassen wir kurz zusammen, was wir über die verschiedenen Regionen gesagt haben, und vergleichen wir sie:

An der nördlichen Seite reicht die immergrüne Region bis 300 m; an der Westseite bis 270 m; an der Südseite im lycischen Taurus bis 450 m; im cilicischen Taurus, am Südabhange, bis 300 m.

An der nördlichen Seite reicht die Waldregion bis 1700 m; an der Westseite bis 1390 m; an der Südseite, im lycischen Taurus, bis 900 m; die Region der Hochebene bis 1600 m und die obere Waldregion bis 2400 m; im cilicischen Taurus, am Südabhange, reicht die untere Waldregion bis 1140 m, die obere bis 1500 m und die Region des Cedernwaldes bis 1800 m; am Nordabhange: die obere Waldregion von 1200—1440 m, die Cedernwaldregion von 1440—2100 m und die üppig bewachsenen Felsenabhänge bis 2520 m.

An der Nordseite reicht die alpine Region von 1800—3000 m; an der Westseite bis 1380 m und darüber; an der Südseite, am lycischen Taurus, von 2400—3000 m.

Wie ersichtlich, weichen die Höhenverhältnisse der entsprechenden Regionen mehr oder weniger von einander ab; diese Abweichungen haben ihre Ursachen mehr in der Gestaltung der Oberfläche und in den klimatischen Bedingungen der Halbinsel, als in den Breitengraden.

Was die Ostseite anbetrifft, so finden wir ungefähr dieselben abweichenden Verhältnisse.

### b) Die Zahl der Spezies.

Der Rahmen dieser Arbeit erlaubt nicht die systematische Darstellung der kleinasiatischen Flora und deren Erörterung. Wir begnügen uns zu erwähnen, daß man im Jahre 1866 mehr als 6500 Spezies zu verzeichnen hatte, von denen etwa 2000 ausschließlich der orientalischen Flora angehören.

Wenn wir berücksichtigen, daß Nyman die Zahl der in Europa wild wachsenden Pflanzen nur auf 9738 Spezies anschlägt, so ist die oben erwähnte Zahl für Kleinasien recht bedeutend.

## B.

Betrachten wir jetzt die Vegetation der Halbinsel unter den drei folgenden Gesichtspunkten, die für unseren Zweck sehr wichtig sind:

a) Verteilung der Pflanzen in vertikaler Richtung.

b) Kultur der Nahrungs- und industriellen Pflanzen.

c) Entwicklung spontaner, dem Menschen nutzbarer Pflanzen, namentlich der Wälder.

d) Verteilung der Pflanzen in vertikaler Richtung.

Kein Gebirge Europas oder Amerikas kann im gleichen Grade die Lokalisation gewisser Spezies aufweisen wie die kleinasiatischen Gebirge. Auf jedem dieser Gebirge haben die Pflanzen in kurzer Entfernung von einander eine ganz andere botanische Individualität. Wie wir in der Orographie sehen werden, hat der Berg von Angora 1800, der Bulgar-dagh (Cilicien) 3500 und Argäus (Cappadocien) 4000 m Höhe. Aus etwa 1500 auf diesen drei Gebirgsgruppen sich vorfindenden Spezies giebt es sehr wenige, die allen drei gemeinsam sind. Die Höhen- und Breitenunterschiede, von denen das Maximum der ersteren 2200 m und das der letzteren rund 3° betragen, reichen keineswegs hin, um die Erscheinung einer solchen

Pflanzenlokalisation zu erklären. Besonders auffallend ist die Erscheinung, die auf dem Bulgar-dagh hervortritt: unter den auf diesem Berge befindlichen Arten besteht ein Drittel aus einheimischen, kleinasiatischen Spezies, und zwei Drittel gehören dem Berge. Die Vegetation des Argäus weicht wesentlich vom Bulgar-dagh ab; indessen ist die Entfernung zwischen Bulgar-dagh und Argäus etwa 130 km; der Breitenunterschied (Bulgar-dagh 37,5° und Argäus 38,5° n. Br.) = 1° und Höhenunterschied (4000—3500) = 500 m. Es wird vermutet, daß die Ursache solcher Vegetationsabweichung in der geologischen Geschichte des Landes zu suchen sei, und daß die meisten der Gebirge lange Zeit hindurch unabhängige, einzeln aus dem Meere emporgestiegene Inseln seien; dieses Verhältnis hätte demnach die Lokalisation der Pflanzen begünstigt. Wie wir in der Orographie und Hydrographie sehen werden, hat diese Voraussetzung eine große Wahrscheinlichkeit für sich. Übrigens zeigen die Pflanzenregionen, die wir kennen gelernt haben, das Gepräge der Vegetationsindividualität ganz deutlich.

Nach der Behauptung der Geologen hat die Halbinsel keine Eisperiode erlebt. Es ist merkwürdig, zu bemerken, daß die alpinen Arten, die dort fehlen, massenhaft in den Ländern auftreten, wo die Eiszeit ihre Spuren hinterlassen hat, z. B. die Gletscher-Ranunkel (Ranunculus Glacialis), die stengellose Silene (Silene acaulus), der Erigon uniflorus zc., die als Vertreter oder Überreste der Eisperioden betrachtet werden müssen und in Lappland, Skandinavien, Grönland, Deutschland, Schweiz und Frankreich vorkommen, aber in Kleinasien fehlen.

Wenn wir die obere Grenze der Baum- und Strauchvegetation betrachten, so sehen wir wieder ähnliche Gegensätze zwischen Europa und Kleinasien. Unter anderen fehlen in der Halbinsel die Lärche und die Birke, wie z. B. Rottanne (Abies excelsa) kommen sehr selten vor; dagegen treten eine ungeheure Anzahl orientalischer Spezies auf, wie Egilops-Eiche, Libanon-Eiche, Kastanienblättrige Eiche (Quercus Castaneifolia), Trojaner-Eiche (Q. Trojana), Ceder, Kotschys Tanne, Steinfrucht tragender Wachholder, (Juniperus drupacea), orientalische Fichte (Pinus orientalis) zc.

Während uns hinreichende meteorologische Beobachtungen fehlen, liefern uns das Fehlen und die Seltenheit gewisser Pflanzen wichtige natürliche Dokumente zur Beurteilung der klimatischen Verhältnisse. In der That, die Birke kann dort nicht gedeihen, wo es große Trockenheit*) und wenig Schnee giebt. Ebenso die Rottanne, die sehr selten in Kleinasien vorkommt; ferner weist die beträchtliche Höhe von 2000 m, zu welcher die Buche in der pontischen Bergkette hinaufsteigt, darauf hin, daß auf diesen Gebirgen die Wintertemperatur verhältnismäßig mild ist, weil sie nach de Condolle im Januar eine Mitteltemperatur erfordert, die nicht 4° oder 5° unter Null sinken darf. Nach Sendtner bedarf dieser Baum 7—8 Monate lang einer Temperatur von über Null; Grisebach ist der Meinung, daß er wenigstens 5 Monate lang 10 haben muß, um seine Vegetations-Periode vollenden zu können. Das pontische Gebirge erfüllt alle diese Bedingungen. Es wären hier die Wiesenkräuter wie Minzen, Butterblumen, Gänseblümchen, Kerbel, wilde Cichorien, Glockenblumen, Winden, Wicken und Kleearten zu erwähnen.

b) Kultur der Nahrungs- und industriellen Pflanzen.

Die angebauten Pflanzen geben ebenfalls zu sehr interessanten klimatischen Folgerungen Anlaß. Die Weinrebe reift in Kleinasien noch auf den Höhen von

*) Alphonse de Condolle.

1400 und 1800 m in der Gegend von Kisilbagh (südöstlicher Abhang des Madagh); sie wird jedoch, ohne Wein zu liefern, in Seidelarpallassi (Lycien) auf einer Höhe von 1258 m angebaut; der erstere Ort liegt etwa unter 40,5° n. Br. und 39° ö. L. von Paris; der letztere unter 36,5° n. Br. und 27° ö. L. von Paris. In Andalusien liegt die Weinrebenstation 1369 m hoch. Diese Örtlichkeit liegt etwa unter 38° n. Br. und 8° w. L. von Paris. Wir können daraus schließen, daß die Mitteltemperatur Kleinasiens auf dem Plateau und den meisten Gebirgen im Monat April nicht unter 10° fällt, ferner daß in den Monaten Juni, Juli und August große Hitze und wenig Regen eintreten und der Anfang des Herbstes ebenfalls warm und ziemlich trocken ist*); was die Temperaturabnormitäten des Kisil-dagh und Seidelar-pallassi anbetrifft, so sind diese dadurch zu erklären, daß die erstere Örtlichkeit von allen Seiten abgeschlossen und gegen Süden abgeneigt ist, während die letztere nach Norden geneigt ist.

Wir wissen, daß die Orangenkultur dort keine gute Ernte liefern kann, wo die Gegensätze der Wärme und Kälte sehr beträchtlich sind, und in der That ist diese Kultur in Kleinasien im Vergleich mit den unter denselben Breitengraden liegenden europäischen Ländern sehr wenig verbreitet. Die Zwerg- und Dattelpalmen kommen ebenfalls spärlich vor; diese Bäume können erfahrungsgemäß nicht dort gedeihen, wo die Luft feucht ist; man könnte einwenden, daß wir unseren Auseinandersetzungen über die Klimatologie widersprechen, indem wir betont haben, daß das Klima in Kleinasien trocken sei; im Innern und auf dem Hochplateau ist das zwar der Fall; wir haben aber ferner gesehen, daß es an der Küste verhältnismäßig feucht ist, wie in Tarsus; sonst besitzt diese Örtlichkeit alle günstigen Bedingungen für das Gedeihen der letztgenannten Pflanzen: 12° Wintermittel, das Nichtfallen des Thermometers unter Null ꝛc.

Auf der zwischen Konstantinopel und Samsun gelegenen Küste ist die Olivenkultur durch klimatische Verhältnisse ausgeschlossen; sie wird aber vorteilhaft auf dem sich zwischen Samsun und Trapezunt erstreckenden Küstenlande betrieben.

Dieselben Entwickelungsverhältnisse bietet die Baumwollenstaude, die in kleinem Maßstabe angebaut wird.

Es ist hier am Platze, die übrigen wichtigen Nahrungs- und industriellen Pflanzen im allgemeinen zu erwähnen, die in Kleinasien kultiviert werden. Es ist bekannt, daß der aus deaggregierten, eruptiven Felsenarten wie Trachyt, Dolerit, Basalt ꝛc. bestehende Boden für die Entwickelung der Cerealien die günstigen Mineralsubstanzen besitzt. Wie wir in der Orographie sehen werden, fehlen diese Gesteinarten in der Halbinsel nicht, und die Cerealien spielen dort die größte Rolle.

Getreide: Weizen, Roggen, Mais, Gerste, Hafer, Reis und Hirse.

Knollen und Wurzelgewächse: Kartoffel, Rübe, Karotte, Steckrübe ꝛc.

Ölfrüchte: Raps, Rübsen, Mohn und Sesam.

Gespinstpflanzen: Lein, Hanf und Baumwolle.

Farbenpflanzen: Krapp, Alisari, Safran, Latwurz und Heliotrop.

Industriepflanzen: Tabak, Hopfen (kommt wild vor), Senf, und Weinrebe.

Mehlige Gemüsepflanzen: Bohne, Erbse, Kichererbse, Pferdebohne, Linse ꝛc.

Knollige Gemüsepflanzen: Verschiedene Sorten von Rüben, Radieschen, Lauch, Knoblauch, Sellerie, weiße und rote Zwiebel ꝛc.

---

*) A. de Condolle, Bedingungen für das Gedeihen der Weinrebe.

**Blättrige und blumige Gemüsepflanzen:** Kohl, Artischoke, Bamia (eßbarer Hibiscus), Petersilie, Portulak, Fenchel, Anis, Tomaten, Eierfrucht, roter Pfeffer.

**Verschiedene Früchte:** Melone, Wassermelone, Riesenkürbiß, weißer Kürbiß, schwarzer Kürbiß und verschiedene Sorten von anderen Kürbissen, Erdbeere, Himbeere, Stachelbeer- und Johannisbeersträucher.

**Obstbäume:** Apfel-, Birnen-, Quitten-, Pfirsich-, Pflaumen-, Kirschenbaum, Aprikose, Weichselkirsche, Mandel, Citrone, Orange, Granatbäume, Feigenbäume, Kastanienbäume, Nußbäume, Haselstaude, Olivenbäume, Pistazien-, Maulbeer- und Johannisbrotbäume, Haselnußstaude ꝛc.

c) Entwickelung spontaner, dem Menschen nutzbarer Pflanzen, namentlich der Wälder.

Wie schon erwähnt, fehlen manche in den europäischen Wäldern vorkommenden Waldbäume in Kleinasien und umgekehrt: die Ceder z. B., die in Kleinasien eine große Rolle spielt, fehlt in Europa. Höchstwahrscheinlich hat Europa die Platane, auch mehre Fruchtbäume, unter anderen den Nußbaum, den Kirschbaum, die Kastanie, den Johannisbrotbaum ꝛc. aus Kleinasien bezogen.

In den Wäldern der Halbinsel finden sich Eiche, Weißbuche, Rotbuche, Tanne, Fichte, Kiefer, Kastanie, Ulme, Esche, wilder Olivenbaum, Pappel, Erle, Weide, Platane, Weißbaum (türkisch Akdje genannt), Linde, Akazie, Cypresse, Ahorn und Buchsbaum.

## II.

## Orographie.

### 1. Im Allgemeinen.

Kleinasien gehört zu den Ländern, die durch Wirkung mächtiger Naturkräfte in Bau und Gestaltung am meisten verändert wurden; vielleicht ist es hierin einzig in seiner Art. In der That bietet die plastische Beschaffenheit der Oberfläche Kleinasiens eine solche Mannigfaltigkeit, wie sie nirgends in der Welt in gleicher Weise zu finden ist. Es ist kaum möglich, die Gebirgsmassen, die das Land durchziehen, unter gewisse Hauptabteilungen zusammenzufassen. Dies geht nur insoweit an, daß man die längsten und höchsten Bergrücken in Betracht zieht. Zwei Richtungen würden dann vorwalten: von Nordwest nach Südost und von Nordost nach Südwest. Der Raum, den das coupierte Terrain von Kleinasien einnimmt, ist nach Tschihatscheff etwa 22 mal so groß wie das flache oder deprimierte Land.

### 2. Flächeninhalt.

Die Halbinsel hat nach seiner Grenzbestimmung 470 000 qkm*); die Gesamtheit der wagerechten Oberfläche sowie der Thäler und Einsenkungen beträgt nur 20 865 qkm, sodaß, wenn wir diese Ziffer von der ersten abziehen, wir auf die von den Gebirgen eingenommene Fläche 459 135 qkm bekommen.

### 3. Die Unebenheit des Landes.

Wenn wir die Bahnlinie Ismid-Angora betrachten, so können wir uns überzeugen, welche große Unebenheit in Kleinasien herrscht, und welche große Naturhindernisse der Mensch zu überwinden hat:

*) Das geog. Handbuch von Andrees Handatlas giebt 515 100 qkm an.

| Lage nach Kilometern | Station | Seehöhe m | Steigung auf einen Kilometer m |
|---|---|---|---|
| 0.00 | Ismid | + 1.90 | 1.93 |
| 18.35 | Büyük Derbend | + 37.40 | 0.10 |
| 32.30 | Sabandja | + 30.00 | 0.05 |
| 40.40 | Adabazar | + 30.40 | 1.15 |
| 63.55 | Geve | + 70.00 | 0.77 |
| 75.20 | Akhissar | + 78.95 | 0.46 |
| 88.85 | Mekedje | + 85.20 | 1.02 |
| 103.85 | Lefke | + 102.40 | 1.99 |
| 127.00 | Bezirkhan | + 148.50 | 8.18 |
| 144.85 | Biledjik | + 294.50 | 19.25 |
| 162.15 | Karaköi | + 627.25 | 7.07 |
| 176.80 | Boz-öjük | + 740.25 | 5.20 |
| 195.25 | In-önü | + 835.20 | 1.66 |
| 209.55 | Tschukurhissar | + 812.50 | 1.04 |
| 228.40 | Eski Schehir | + 792.10 | 0.76 |
| 251.70 | Alpunar | + 774.45 | 0.59 |
| 268.35 | Alpi-köi | + 764.60 | 0.30 |
| 290.60 | Beylik Akhur | + 756.50 | 0.63 |
| 322.95 | Sari-köi | + 730.00 | 1.03 |
| 350.25 | Bitcher | + 708.00 | 1.03 |
| 370.65 | Saylar | + 687.00 | 0.08 |
| 389.45 | Beylik-köprü | + 688.50 | 9.87 |
| 407.45 | Polatly | + 876.00 | 3.86 |
| 442.70 | Maliköi | + 740.00 | 1.62 |
| 472.35 | Syntschanköi | + 788.00 | 2.38 |
| 497.75 | Angora | + 848.55 | |
| 190.80 | Wasserscheide von In-önü | 862.91 | |
| 413.00 | Wasserscheide von Polatly | 926.25 | |

Wie man aus dieser Tabelle sieht, steigt die Linie vom Meeresufer bis Bezirkhan auf einer Strecke von 127 km Länge um nur 148.50 m; mit den nächsten 17.85 km steigt sie um das Doppelte, und in den folgenden 18 km macht sie einen Sprung von über 300 m.

### 4. Höhenverhältnisse.

Es ist nicht unsere Absicht, die große Reihe von Messungen, die Tchichatcheff und andere ausgeführt haben, hier wiederzugeben; wir möchten nur die wichtigsten Angaben erwähnen.

Die mittlere Höhe von Kleinasien würde die von Mont Dore (1886 m) und fast das Doppelte der Höhe von Innsbruck und München betragen. Allein die Elemente dieser

Zahl sind sehr verschiedenartig verteilt, da mehrere Lokalitäten Kleinasiens in Hinsicht ihrer mittleren Höhe sehr von einander abweichen; die mittlere Höhe von Jonien wäre z. B. 147, die von Troas 284 und von Pamphylien 370 m, während Galatien, Isaurien und Lycien jedes über 1000 und Kappadocien sogar 2000 m zählen. Kurz gesagt, Kleinasien stellt sich in Hinsicht der Verteilung seiner plastischen Bestandteile als ein kompliziertes Gebirgsland dar; der zentrale Teil ist in Gestalt eines Plateaus deprimiert und hat eine mittlere Höhe von etwa 800—900 m; obwohl die Oberfläche dieses Plateaus vielfachen Abweichungen ausgesetzt ist, behält es doch auf einer großen Ausdehnung den ihm eigentümlichen Charakter bei und bildet einen langen Streifen, der von Nordwest nach Südost läuft. Die Halbinsel zeigt eine andere Physiognomie: die höchsten Bergketten konzentrieren sich in ihrem südlichen Teile wie im Taurus und Argäus, die längs der südlichen Küste sich erstrecken. Die Gebirgsgruppen schließen sich aber durch eine große Anzahl von Pässen und Thälern an die flachen, deprimierten Oberflächen, daß daraus ein harmonisches Ganzes entsteht, und die fremdartigen Elemente dieses Ganzen sich durch Übergänge in einander verschmelzen.

Die wichtigsten Pässe, die man auf dem Wege von Trapezunt nach Diarbekir trifft, und ihre Seehöhen sind:

| | |
|---|---|
| Zigana-Paß | 2070 m |
| Deniz-Dagh | 1910 „ |
| Kop-Dagh | 2470 „ |
| Karakaya | 2520 „ |
| Turnagöl | 2500 „ |
| Gunlar-Kaya | 2100 „ |
| Nord-Taurus | 2300 „ |

Die höchsten Gipfel von Kleinasien sind die folgenden:

| | |
|---|---|
| Alagöz | 4100 m |
| Argäus | 4000 „ |
| Barichemek | 3700 „ |
| Bulgar-Dagh | 3500 „ |
| Kössé (Agri-Dagh) | 3130 „ |
| Bingöl | 3200 „ |
| Antitaurus | 3000 „ |
| Nord-Taurus bei Malatia | 3000 „ |
| Cilicischer Taurus | 3000 „ |
| Ak-Dagh (Lycien) | 3000 „ |
| Sipan-Dagh | 2800 „ |
| Ak-Dagh (westlich von Siwas) | 2700 „ |
| Ala-Dagh (Bithynien) | 2500 „ |
| Keschisch-Dagh (Olymp) | 2500 „ |
| Hassan-Dagh | 2400 „ |
| Berg bei Angora | 1800 „ |

Naumann sagt: „Im allgemeinen findet von Ost gegen West ein allmähliches Abschwellen der Massen statt. Nur in den westlichen Randgebieten liegen breitere Landteile unter 900 m. Im Norden und Süden bleiben sie in der Stufe zwischen dem Meeresspiegel und dem 900 m hohen Niveau mit Ausnahme der Ebene von Adana, einer lediglich schmalen Zone“.

5. Die Struktur der Thäler.

Die Strukturen der Thäler sind nicht minder interessant; sie haben ursprünglich entweder eine parallele oder eine senkrechte Richtung zur Küste; sie verändern aber öfter ihre Richtung, und zur Küste parallele Thäler werden senkrecht und umgekehrt.

6. Schönheit des Landes.

Was die Schönheit dieses Gebirgslandes anbetrifft, so läßt sie nichts im Vergleich mit anderen malerischen Ländern zu wünschen übrig. Diesen Vergleich macht Tchihatchef folgendermaßen:

„Der Taurus bildet eine Gebirgsmasse, die häufig den erhabensten alpinen Gemälden der Schweiz, Tyrols, der Apenninen, Pyrenäen, der Sierra Nevada rc. keineswegs nachstehen: die Thäler des Kalykadnus, des Mäander, der Iris und so manche andere haben um nichts die lachenden Thäler Siziliens, Kalabriens, Spaniens rc. zu beneiden; die Gestade Paphlagoniens, des Pontus und besonders Ciliciens, Pamphyliens und Lyciens sind häufig noch malerischer als die schönsten Küsten des adriatischen Meeres und Griechenlands und wetteifern sogar mit dem prachtvollen Meerbusen von Genua und seinen reizenden Cornischen. Die Ebenen von Brussa, von Afium-Karahissar, von Denizli, von Isparta rc. können um die Palme mit der berühmten Vegadi Grenada oder den anmutigen Ebenen Lombardiens kämpfen; endlich die zahllosen Ausbiegungen, gezackten Vertiefungen und mannigfaltigen Verzweigungen der westlichen Küste der Halbinsel besitzen Buchten, die wie jene von Smyrna der Bucht Neapels fast gleichgestellt werden können, ohne der Meerengen des Bosporus und der Dardanellen oder der unvergleichbaren Lage Konstantinopels zu erwähnen, die nicht blos die malerischen Seestädte Europas wie Neapel und Lissabon übertrifft, sondern unstreitig in dieser Hinsicht den ersten Platz in der Welt behauptet; denn trotz der Pracht ihrer tropischen Vegetation vermag auch Rio de Janeiro, diese Königin der neuen Welt, nicht den Sieg davon zu tragen und beugt sich ehrfurchtsvoll vor der alten Stadt der Cäsaren."

7. Die geologischen Formationen

Kleinasiens werden in folgende geologische Ordnung gruppiert:

A. Die archäische Gruppe, auch altkristallinische Gesteine genannt.

Diese Gruppe zerfällt, wie bekannt, in:

a) Glimmerschiefer, Kalk und Chloritschiefer, welche Gesteine sich im westlichen Teile Kleinasiens finden, der von den drei Flüssen Hermus (Sarabat oder Gediz Tchai), Mäander (Menderes) und Kaysteos (Kutchük-Menderez) bewässert wird.

b) Gneis, findet sich in Karien.

c) Granulit, wird in Troas beobachtet.

d) Granit, wird im bithynischen Olympus getroffen; in Balikesser (Mysien) tritt der Granit sehr beschränkt auf; in Bosak, Alischehr, Yosgat (Galatien) ist er ziemlich ausgedehnt.

e) Syenit. Dieses Gestein kommt in Troas und in Galatien vor; es dehnt sich in Schabinkarahissar und Gümüschhane aus und erstreckt sich ferner die Bergkette von Kodja-Dagh und Saributal entlang bis an das Ufer des großen Salzsees (Tuz-tschöllü) in Lycaonien.

B. Die paläozoische Gruppe.

In dieser Gruppe haben wir zu erwähnen:

a) Die devonische Formation; sie wird auf mehreren Punkten des Bosporus und hauptsächlich an der nördlichen Mündung desselben beobachtet; die Hauptgesteine sind Thonschiefer, in beschränktem Maße auch Glimmerschiefer, Kalkstein, Sandstein, Mergel. Man findet daselbst isoliert von anderen Gesteinen Quarz. Dann dehnt sich dieselbe Formation im Antitaurus aus; ferner trifft man die Devongebilde auf der Küste Ciliciens.

b) Die Steinkohlenformation. Diese Formation ist bei Eregli, Ineboli und Amasseri vorhanden; im Antitaurus ist auch die Steinkohlenformation vertreten.

Die anderen Glieder der paläozoischen Gruppe, Silur- und Dyasformation, sind spärlich gefunden worden.

C. Die mesozoische Gruppe:

a) Die Juraformation ist in unbeträchtlichen Fetzen auf der Küste Paphlagoniens, der Umgegend von Amassera in Bithynien, südlich von der Stadt Boli und in Galatien, südwestlich von Angora aufgedeckt worden. Die Juragebiete bestehen im großen und ganzen aus Kalkstein und Mergel.

b) Die Kreideformation tritt in Iplola, südöstlich von Tokat auf, ferner zwischen Nissar und Al-Gagni, wo die Eruptiv- und Sedimentärgesteine in abwechselnder Folge vertreten sind; die Tuff-Kreideformation kommt bei Eregli vor.

D. Die känozoische Gruppe.

Unter dieser Hauptgruppe unterscheiden wir noch zwei Untergruppen oder Formationen:

D 1. Die Tertiärformation. Aus dieser sind drei Gebilde in Kleinasien beobachtet worden:

a) Eocän. Dieses erstreckt sich längs Zafranboli, Merdjimek-Dagh (Linsenberg), Samsun und in der Umgegend von Kutahia; in diesem Gebilde kommen mehr oder weniger kieselige oder mergelige Kalke, besonders in den petrefaktenführenden Schichten vor. Die petrefaktenlosen bestehen hauptsächlich aus Sandsteinen, Konglomeraten und Gyps. Im Dorfe Kadi bei Samsun, 3 km weit vom Meere und 40—50 m über seinem Niveau, hatte Tchihatcheff auf einem Hügel eine Anzahl von Conchylien gefunden, was ihn hinzuzufügen veranlaßte, daß dieses Littoral zur Zeit des Menschengeschlechtes unter dem Wasser lag.

b) Miocän findet sich in Kleinasien zerstückelt und zerstreut vor. Seine Gebirgsarten bestehen aus Kalkstein, Sandstein, Mergeln, Conglomeraten und Gypsen; sie sind weiß oder gelb, kristallinisch oder amorph, mehr oder weniger kieselhaltig. In Cilicien, besonders im Thale von Ermenek und in der Umgegend von Tarsus, sind die Miocänablagerungen durch zahlreiche organische Reste ausgezeichnet. Man vermutet, daß die zahlreichen Salzlager der Halbinsel von miocänem Alter seien.

c) Pliocän. Die Sedimente, die diese Versteinerungen enthalten, zerfallen in zwei Gruppen; die eine Gruppe ist durch Meer- oder Brakischwasser-Fossilien, die andere durch mehr oder minder lakustrische Organismen gekennzeichnet. Die erste Gruppe tritt in isolierten Fetzen in Konstantinopel auf, an den Küsten der Dardanellen, in der Umgegend von Sinop und in einem Teile des Mäander-Thales. Die Gebirgsarten bestehen hauptsächlich aus kieseligem Kalk, Mergel, Konglomeraten, Sandstein und Sand; mit einigen Ausnahmen ist die Schichtung horizontal.

Die zweite Gruppe, d. h. die pliocänen Süßwasser-Sedimente, nehmen fast ein Drittel der Halbinsel ein und bilden häufig ununterbrochene, ausgedehnte Flächen. Die waldlose lykaonische Fläche ist die beträchtlichste.

Während die Trias, der Jura und die Kreide nur wenig von glutflüssigen Massen aus dem Erdinnern durchbrochen wurden, wie dies in der älteren paläozoischen

Zeit und während der Thas durch Diabase, Porphyre und Melaphyre geschah, traten in der Tertiärzeit fast überall auf der Erde Vulkane und eine ganze Reihe eruptiver Bildungen von Trachyten und Basalten hervor.

Diese vulkanischen Bildungen haben in Kleinasien ihre Spuren vorwiegend zurückgelassen; fast überall begegnet man ihren kolossalen Massen, so u. a. in Ordu, in der Provinz Trapezunt; nämlich, wenn man von dieser am Schwarzen Meere gelegenen kleinen Stadt zu Fuß fünf Stunden nach Westen geht, so sieht man hochinteressante Steinmassen. Zwei davon verdienen eine besondere Erwähnung. Sie erheben sich an den beiden Ufern eines kleinen Flusses, Tschiwil genannt; man nennt sie Kale-(Schoß) und erzählt, daß sie den Derebeyis-(Thalfürsten) als Streitort gedient haben, und in der That sieht man auf der am rechten Ufer gelegenen Gebirgsmasse Sitzplätze und Treppen im Stein selbst ausgearbeitet; sie erhebt sich direkt vom Ufer, ist mit buschartigem Gehölz bedeckt. Die am linken Ufer des Flusses gelegene Masse ist noch merkwürdiger; von Osten sieht sie oval und von Westen kegelförmig aus, sie ruht wieder auf einer langen Reihe von Steinmassen; man könnte annehmen, daß sie der Mensch absichtlich aufgebaut hätte.

Die Trachyte, Dolerite, Diorite, Pyroxen-Porphyr, Basalt, Eurit und Serpentin verraten in Kleinasien ihre eruptive Natur. Überall zerstreut giebt es bedeutende Trachytgebiete; die Afion-Karahissar (Phrygien) liegt am Fuße einer riesenhaften Trachyt-Pyramide; es ist noch das trachytische Gebiet des Argäus (Kappadocien) zu erwähnen. An den Schlünden derselben liegen häufig Dörfer und Städte, deren Dächer aus weißem Tuff, und deren Wände aus schwarzem Trachyt hergestellt sind.

Ihre Mineralien sind Feldspath und Oligoclas; letzteres waltet jedoch vor.

Bemerkenswert ist es, daß die zahlreichen Trachytgebiete Kleinasiens sich entweder in der Nähe der Küsten befinden oder gewöhnlich mit Salzseen vergesellschaftet sind.

Die Dolerite sind in Erzerum, Kaisaria und Erkelek zu treffen. Der von der Höhe der Stadt Kaisaria (Cäsarea) in der Richtung nach Erkelek erscheinende Dolerit ist weiß und gelblich. Die Gesteine bestehen hauptsächlich aus Labrador und Pyroxen.

Diorite sind in Kleinasien verhältnismäßig wenig vertreten. Man bemerkt einige isolierte Ausbrüche an dem Bosporus und in der Umgegend der Stadt Kheral. Diese Felsart besteht aus Oligoclas, Amphibol und Glimmer.

Pyroxen-Porphyr ist reichlich im Pontus vertreten, tritt hier häufig mit Granit und Syenit auf.

Die in Kleinasien, besonders am Argäus und in Lydien, auftretenden Basalte sind häufig Übergänge in Trachyt.

Die Eurite sind mit den Trachyten und Basalten innig vermischt.

Die Serpentine Kleinasiens treten in der Umgegend von Amassia, in Lydien, Lycien, auf dem Bulgar-dagh und im Antitaurus auf. Sie enthalten fast immer mehr oder weniger Diallage, Pikrolith, Bronzit.

D 2. Die quartäre Formation.

Unter dieser Formation gruppieren sich die diluvialen und alluvialen Ablagerungen. In Kleinasien scheint die diluviale Periode weniger Spuren hinterlassen zu haben als in Europa und Amerika. Man behauptet, daß die anatolische Halbinsel den Wirkungen der großen Eisperiode entrückt gewesen zu sein scheint; in dieser

Periode sind die organischen Reste selten und einförmig. In betreff der alluvialen Periode drückt sich Tschichatscheff folgenderweise aus:

„Die Alluvial- und Jüngstgebilde bieten das Merkwürdige, daß wegen der zahlreichen Erinnerungen, die sich an dieses klassische Land knüpfen, das Alter dieser Epoche durch geschichtliche Zeugnisse häufiger und sicherer als irgend wo anders bestimmt werden kann. Somit wird es möglich, mit Hilfe solcher Dokumente die successive Bildung der ausgedehnten Deltas mehrerer Flüsse chronologisch anzugeben, wie unter anderem Halys (Kisil-Irmak), Iris (Jeschil-Irmak), Mäander (Menderes) u. s. w., oder die Geographen und Historiker des Altertums und sogar des Mittelalters in der Hand die Verschüttung der jetzt in Binnenseen verwandelten Meerbusen von Latmus und Caunus, die Vereinigung vieler Inseln mit dem jetzigen Kontinent, die häufige Veränderung der Flußbette, wie es mit dem Pyramus (Dschihan Tschai) und Sarus (Sihun Tschai) der Fall war, die nicht weniger als sechsmal ihre Bette änderten, ferner die ungeheure Entwickelung der Moräste, eine notwendige Folge der Veränderungen der Flüsse, Bäche und Seen."

## 8. Die Erdbeben in Kleinasien.

Man schreibt die erste Rolle bei den zahlreichen Erdbeben in Kleinasien der vulkanischen Thätigkeit zu. Es ist sicher, daß die Vulkane durch die Gewalt ihrer Gase unmittelbar und durch die Hohlräume, die gebildet werden durch das Austreten der kolossalen Massen, mittelbar das Erdbeben hervorrufen. Die Vulkane sind aber seit langer Zeit erloschen, und das Land ist doch häufigen Erdbeben ausgesetzt. Obwohl man im Altertum und selbst bis zu den neuesten Zeiten glaubte, daß auf dem Gipfel des Argäus ein vulkanisches Feuer brenne, wissen wir jetzt dank der Tietzeschen Untersuchung, daß es Kohlenwasserstoffe sind, die hier wie an anderen Punkten der Erde brennen, wahrscheinlich hervorgerufen, wie Naumann sagt, aus der Zersetzung der im Flyschsandstein enthaltenen und für diesen charakteristischen pflanzlichen Reste.

Wie verschiedenartig die unteren Schichten des kleinasiatischen Bodens sind, zeigt die Thatsache, daß öfter neben einer warmen Quelle eine kalte hervortritt. Was die zahlreichen Thermen anbetrifft, so ist vielleicht der Grund der Erwärmung darin zu suchen, daß die Wasseradern der Thermen bis tief in die heißen Schichten der Erde hineinreichen. Aus diesem Grunde führen die Thermen gewöhnlich viele aufgelöste mineralische Bestandteile, die in der Hydrographie zu besprechen sind. Jedoch ein Land wie Kleinasien, das von Meeren umspült ist, und in welchem die die Flüsse das Gebirgsland zerreißen, Quellen und Sickwasser außerordentliche Massen von löslichen Bestandteilen fortführen und so durch ihre Auswaschungen Räume und Spaltungen bilden, würde selbstverständlich nicht von den Erdbeben frei bleiben. Endlich, wenn man bedenkt, daß Kleinasien ein Gebirgsland ist und daß die Gebirge im Grunde fortwährend in einer wenn auch äußerst langsamen Bewegung sind, daß bei solchen Bewegungen Risse und Spalten entstehen, welche zum Auseinanderschieben und nachherigem Zusammenstürzen größerer Erdschollen im Erdinnern führen können*), so hat man ein ferneres Moment zur Erklärung der häufigen Erdbeben.

Man hat wohl gemeint, daß eine Zeit kommen wird, wo man ungeheuer tiefe Schächte abteufen wird, um die erdinnere Wärme an die Erdoberfläche zu befördern und die Brennmaterialien zu ersetzen.

*) Thiele's Hand. Konversations Lexikon.

9. Die Fruchtbarkeit des Bodens.

Es verdienen die zuerst von Naerger aus Kleinasien mitgebrachten und Berjü in Berlin analysierten Erdproben erwähnt zu werden.

Der Boden des Porsukthales in der Nähe des Flusses Sakaria (Sangarius) enthält die folgenden Pflanzennährstoffe:

| | | | |
|---|---|---|---|
| 1. | Kalk ($CaO$) | 8,71 | pCt. |
| | Kali ($K_2O$) | 0,61 | „ |
| | Stickstoff ($N$) | 0,14 | „ |
| | Phosphorsäure ($P_2O_5$) | 0,13 | „ |

Der rote Boden auf der Hochfläche zwischen Eskischehr und Kutahia enthält:

| | | | |
|---|---|---|---|
| 2. | Kalk ($CaO$) | 5,64 | pCt. |
| | Kali ($K_2O$) | 0,22 | „ |
| | Stickstoff ($N$) | 0,15 | „ |
| | Phosphorsäure ($P_2O_5$) | 0,041 | „ |

Von demselben Boden aus dem Untergrund in einer Tiefe von etwa einem Meter wies eine Probe die folgende Zusammensetzung auf:

| | | | |
|---|---|---|---|
| 3. | Kalk ($CaO$) | 4,95 | pCt. |
| | Kali ($K_2O$) | 0,20 | „ |
| | Stickstoff ($N$) | 0,077 | „ |
| | Phosphorsäure ($P_2O_5$) | 0,034 | „ |

Eine auf derselben Hochfläche aufgenommene Probe eines grau gefärbten Bodens zeigt die folgende Zusammensetzung

| | | | |
|---|---|---|---|
| 4. | Kalk ($CaO$) | 1,68 | pCt. |
| | Stickstoff ($N$) | 0,21 | „ |
| | Phosphorsäure ($P_2O_5$) | 0,047 | „ |

Wenn der volkstümliche Ausspruch „Kalkland reiches Land“ richtig ist, so hat die Halbinsel das Recht, als reiches Land betrachtet zu werden; in der That

die erste Probe enthält 8,71 pCt.
„ zweite „ „ 5,64 „
„ dritte „ „ 4,94 „
und „ vierte „ „ 1,68 „

Der Stickstoffgehalt ist recht beträchtlich; sehr wenig Böden weisen 0,14, 0,15 und 0,21 pCt. Stickstoff auf.

In der Analyse (3) sehen wir, daß der Untergrund etwa in einer Tiefe von einem Meter weniger Stickstoff enthält als die Ackererde; es ist dies ein glänzender Beleg für die Thatsache, daß der Boden die den Pflanzen unentbehrlichen Nährstoffe festhält, die Jahr für Jahr sich im Boden anhäufen und nicht durch das bewegende Wasser weg- oder in den Untergrund geführt werden.

Was die Phosphorsäure anbetrifft, so ist sie mehr als genügend vorhanden, was leicht begreiflich ist, da der kleinasiatische Boden meistenteils einen vulkanischen Ursprung hat und in der Regel solche Böden reich an diesem Pflanzennährstoff sind.

In den westlichen und zentralen Gegenden der Halbinsel kann man von einem gar nicht gedüngten Boden zehn- bis zwanzigmal mehr als das gesäete Korn ernten.*) In Angora z. B. liefert 1 Korn 14 Körner, in Siwas, wo das Klima dem Wein- und Tabakbau wenig günstig ist, erhält man, wenn das Feld gedüngt, gewöhnlich

*) Tchihatcheff, Asie-Mineure.

das 15—20fache der Aussaat, und in der Umgegend von Tokat das 10—15fache. Im Mäander-Thal giebt der Winterweizen 15—20 Körner für 1, auf der Ebene von Tschukur-Ova in Cilicien liefert ein Korn ohne Dünger 30—60 Körner. In Djanik, Provinz Trapezunt, liefert ein drei Kolben tragender Stengel von Mais 600—800 Körner.

Karl Kaerger macht die folgenden wichtigen Angaben über die Fruchtbarkeit des Bodens:

Weizen: Die gesamten Produktionskosten eines Kile*) Weizen würden sich (demgemäß) auf etwa 8 Piaster**) belaufen. Der Verkaufspreis eines solchen, der vor Eröffnung der Eisenbahn nur 12—13 Piaster betrug, steht gegenwärtig in Eskischehir auf 20 Piaster, was einen Mehrwert von 12 Piaster pro Kile beträgt. Nach deutschem Gelde berechnet würde das einen Reingewinn von 7,4 pCt. pro Kilozentner bedeuten, also:

1 Kile = 37½ Liter = für Weizen 30 Kilo angenommen, demnach:

Wenn 30 Kilo 2,22 Mk. Reinertrag liefern

100 „ x „ „ „

$$x = \frac{2{,}22 \times 100}{30} = 7{,}40 \text{ Mk.}$$

# Die Rechtsverhältnisse der deutschen Kolonialgesellschaften.

Von Professor Dr. Freiherr Karl von Stengel.

Als nach Erwerbung der ersten Schutzgebiete vor etwa fünfzehn Jahren sich Kolonialgesellschaften bildeten, d. h. Gesellschaften, die sich die Aufgabe setzten, sog. koloniale Unternehmungen zu betreiben und zu fördern, ergab sich die eigentümliche Schwierigkeit, daß die Gründer dieser Gesellschaften im Zweifel waren, welche Rechtsform sie ihnen geben sollten. Auf den ersten Blick hätte man meinen sollen, daß die Wahl der Verfassung der Aktiengesellschaft als das Natürlichste sich empfohlen hätte; denn diese Gesellschaftsform bietet die Möglichkeit, große Kapitalien für den Gesellschaftszweck zusammenzubringen, ohne daß die Gesellschafter für die Verbindlichkeiten der Gesellschaft eine über den Betrag ihrer Aktien hinausgehende Haftung zu übernehmen verpflichtet sind. Nach beiden Richtungen scheint die Aktiengesellschaft für koloniale Unternehmungen, welche der Natur der Sache nach einerseits beträchtliche Mittel verlangen, andererseits im Erfolge zweifelhaft und schwer zu übersehen sind, in hohem Grade passend zu sein. In der That ist denn auch die Form der Aktiengesellschaft, wenn sie nicht überhaupt ihre Entstehung den Bedürfnissen der kolonialen Unternehmungen verdankt, in erster Linie bei Kolonialgesellschaften zur Anwendung gekommen. Verschiedene der sich bildenden deutschen Kolonialgesellschaften haben denn auch die Form der Aktiengesellschaft angenommen. Andererseits war aber nicht zu verkennen, daß das deutsche Aktienrecht, insbesondere, wie es durch das Gesetz vom 18. Juni 1884 ausgestaltet war, verschiedene Bestimmungen enthält, wie z. B. die Vorschriften über die Gründung der Aktiengesellschaft, die Haftung der Gründer und der Verwaltungsorgane u. s. w., welche die Bildung von Kolonialgesellschaften in der Form des Aktienvereins wirklich erschwerten oder doch diejenigen Personen, die die ersten großen Kolonialgesellschaften gründeten, veranlaßten, eine andere Rechtsform zu wählen. Dazu kommt noch, daß die Verfassung der Aktiengesellschaften für die Bedürfnisse der Kolonialgesellschaften doch nicht immer ganz ausreicht. Die Verfassung der Aktiengesellschaft setzt nämlich ein bestimmtes in Aktien zerlegtes Gesellschaftskapital voraus, dessen Erhöhung oder Herabsetzung zwar zulässig, aber mit gewissen Schwierigkeiten verbunden ist. Bei kolonialen Unternehmungen wird es aber häufig schwer sein, die Höhe des erforderlichen Betriebskapitals von vorne herein richtig zu bestimmen; namentlich wird es häufig vorkommen, daß die Durchführung der Zwecke der Gesellschaft mehr Mittel verlangt, als anfänglich in Aussicht genommen war. Für solche Fälle ist die Verfassung der Aktiengesellschaft nicht biegsam genug: denn die Erhöhung des ursprünglichen Kapitals wird nicht immer leicht auszuführen, die Inanspruchnahme des Kredits aber ebenfalls unter Umständen schwierig oder sogar bedenklich sein. Diese Erwägungen bestimmten seiner Zeit gerade die bedeutenderen Kolonialgesellschaften, wie die Colonial-Gesellschaft für Südwest-Afrika, die Neu-Guinea-

Kompagnie, die Deutsch-Ostafrikanische Gesellschaft und die Witugesellschaft, die Verfassung der Korporation nach Maßgabe der Vorschriften des allgemeinen preußischen Landrechts anzunehmen.

Daß dies nur ein Notbehelf war, ergiebt sich schon daraus, daß die Verfassung der landrechtlichen Korporation nur solche Kolonialgesellschaften wählen konnten, die ihren Sitz im Gebiete des preußischen Landrechts hatten. Die Verfassung der genannten Gesellschaften zeigt aber ferner, daß, wenn dieselben auch in die Form der Korporation gekleidet wurden, die ihrem Begriffe nach auf der persönlichen Mitgliedschaft der Gesellschafter beruht, sie doch als Kapitalsgesellschaften nach dem Vorbilde der Aktiengesellschaft gedacht waren. Dafür sprach vor allem der Umstand, daß das Gesellschaftsvermögen in eine Anzahl gleich großer Anteile zerlegt, die Mitgliedschaft vom Besitze eines Anteils abhängig gemacht und der Umfang der Berechtigung hinsichtlich des Stimmrechts in der Generalversammlung wie die Beteiligung am Gewinne und Verluste nach der Zahl der Anteile bemessen wurde.

Im Übrigen lehnten sich die Statuten der Colonial-Gesellschaft für Südwest-Afrika und der Witugesellschaft mehr an die Grundsätze der Aktiengesellschaft an, während die Neu-Guinea-Kompagnie hinsichtlich der Haftung der Mitglieder der bergrechtlichen Gewerkschaft nachgebildet wurde, und die Deutsch-Ostafrikanische Gesellschaft einen Mittelweg einschlug. Bezüglich der Gesellschaftsorgane und ihrer Befugnisse schlossen sich die genannten Gesellschaften im Wesentlichen den Vorschriften des Aktienrechts an.

Den Schwierigkeiten, die in dieser Beziehung vorhanden waren, suchte die Novelle vom 13. März 1888 zum Gesetze über die Rechtsverhältnisse der Schutzgebiete durch Einfügung der §§ 8—10 abzuhelfen. Diese Paragraphen lauteten in der ursprünglichen Fassung:

§ 8. „Deutschen Kolonialgesellschaften, welche die Kolonisation der deutschen Schutzgebiete, insbesondere den Erwerb und die Verwertung von Grundbesitz, den Betrieb von Land- und Plantagenwirtschaft, den Betrieb von Bergbau, gewerblichen Unternehmungen und Handelsgeschäften in denselben zum ausschließlichen Gegenstand ihres Unternehmens und ihren Sitz entweder im Reichsgebiet oder in den deutschen Schutzgebieten haben, oder denen durch Kaiserliche Schutzbriefe die Ausübung von Hoheitsrechten in den deutschen Schutzgebieten übertragen ist, kann auf Grund eines vom Reichskanzler genehmigten Gesellschaftsvertrags (Statuts) durch Beschluß des Bundesrats die Fähigkeit beigelegt werden, unter ihrem Namen Rechte, insbesondere Eigentum und andere dingliche Rechte an Grundstücken zu erwerben, Verbindlichkeiten einzugehen, vor Gericht zu klagen und verklagt zu werden. In solchem Falle haftet den Gläubigern für alle Verbindlichkeiten der Kolonialgesellschaft nur das Vermögen derselben. Der Beschluß des Bundesrats und ein Auszug des Gesellschaftsvertrags sind durch den Reichsanzeiger zu veröffentlichen."

§ 9. „Der Gesellschaftsvertrag hat insbesondere Bestimmungen zu enthalten: 1. über den Erwerb und den Verlust der Mitgliedschaft; 2. über die Vertretung der Gesellschaft dritten gegenüber; 3. über die Befugnisse der die Gesellschaft leitenden und der die Leitung beaufsichtigenden Organe derselben; 4. über die Rechte und Pflichten der einzelnen Mitglieder; 5. über die Jahresrechnung und Verteilung des Gewinns; 6. über die Auflösung der Gesellschaft und die nach derselben eintretende Vermögensverteilung."

§ 10. „Deutsche Kolonialgesellschaften, welche die im § 8 erwähnte Fähigkeit durch Beschluß des Bundesrats erhalten haben, unterstehen der Aufsicht des Reichskanzlers. Die einzelnen Befugnisse derselben sind in den Gesellschaftsvertrag aufzunehmen." [1])

Durch Gesetz vom 2. Juli 1899 betreffend Abänderung und Ergänzung des Gesetzes über die Rechtsverhältnisse der deutschen Schutzgebiete wurde Absatz 1 des § 8 dahin abgeändert bezw. ergänzt, daß die Worte „oder in deutschen Schutzgebieten" in „oder in einem Schutzgebiete" umgeändert und nach denselben der Zusatz „oder in einem Konsulargerichtsbezirk" eingefügt wurde.

Außerdem wurde vor den Worten: „der Beschluß des Bundesrats u. s. w." ein Absatz 2 eingeschoben: „Das gleiche gilt für deutsche Gesellschaften, welche den Betrieb eines Unternehmens der im Absatz 1 bezeichneten Art in dem Hinterland eines deutschen Schutzgebiets oder in sonstigen dem Schutzgebiete benachbarten Bezirken zum Gegenstande und ihren Sitz entweder im Reichsgebiete oder in einem Schutzgebiete oder in einem Konsulargerichtsbezirk haben." Endlich wurden noch in § 10 die Eingangsworte: „Deutsche Kolonialgesellschaften" umgeändert in „die Gesellschaften" [2]).

Was die Tragweite dieser Bestimmungen anlangt, so war gelegentlich der Verhandlungen über den Gesetzentwurf vom Jahre 1888 in der Reichstagskommission darauf hingewiesen, daß die Bestimmungen in den §§ 8—10 nur eine einzelne Möglichkeit der Gründung von Kolonialgesellschaften gewähren sollen, und daß es daher nicht ausgeschlossen sei, daß sich auch fernerhin Kolonialgesellschaften nach Maßgabe der Vorschriften des Handelsgesetzbuchs oder sonstiger Reichs- oder Landesgesetze bilden. Derartige Gesellschaften unterliegen selbstverständlich nicht den Bestimmungen der §§ 8—10. Namentlich gilt dies auch von der Beaufsichtigung, inbezug auf welche dieselben nur insoweit und nur in der Weise in ihrer Bewegung eingeengt sind, als dies durch die betreffenden reichs- oder landesgesetzlichen Vorschriften ausdrücklich angeordnet ist. Inbezug auf den zulässigen Inhalt der nach den §§ 8—10 zu bildenden Kolonialgesellschaften wurde in der Reichstagskommission festgestellt, daß durch die Vorschrift des § 8, wonach dritten Personen lediglich das Vermögen der Gesellschaft haftet, die Annahme des Gewerkschaftsprinzips nicht ausgeschlossen und daher den Gesellschaften gestattet sei, durch ihre Statuten den Mitgliedern die Verpflichtung zu Zuschüssen aufzuerlegen und an die Nichtzahlung dieser Zuschüsse die Reduzierung ihrer Anteile zu knüpfen. Ebenso wurde festgestellt, daß die Bestimmungen über Aktiengesellschaften auf diese Kolonialgesellschaften keine Anwendung finden, daß aber im übrigen durch die Statuten derselben zwar Dispositivbestimmungen des gemeinen Rechts, nicht aber zwingende Vorschriften desselben geändert werden können.

---

[1]) In dem Gesetze vom 15. März 1888 (Reichsgesetzblatt Nr. 11. S. 74 u. 79) lautet der zweite Satz des § 10: „Die einzelnen Befugnisse desselben (nicht „derselben") sind in den Gesellschaftsvertrag aufzunehmen." Wenn in Art. II des Gesetzes vom 2. Juli 1899 (Reichsgesetzblatt Nr. 29) an der betreffenden Stelle das Wort „derselben" steht, so beruht dies zweifellos auf einem Druckfehler, der sich freilich auch schon in der Reichstagsdrucksache Nr. 371 von 1899 vorfand, welche den Entwurf zu dem Gesetze vom 2. Juli 1899 enthielt. Daß es sich hier nur um einen Druckfehler handeln kann, ergiebt sich ganz klar auch aus der Vergleichung des § 10 mit § 9 des Gesetzes von 1888. Die Schriftleitung.

[2]) Über die Gründe, die zum Erlasse des Gesetzes vom 2. Juni 1899 Veranlassung gaben, vgl. die Abhandlung von Gareis: „Abänderung des Schutzgebietsgesetzes" Kolonial-Zeitung 1899, S. 225 ff.

Anlangend sodann die Gesellschaften, auf welche die Bestimmungen der §§ 8—10 anwendbar sind, so müssen sich dieselben mit kolonialen Unternehmungen befassen. Zu den kolonialen Unternehmungen sind aber zu rechnen: 1. die Anlegung von Kolonien in überseeischen Ländern, einschließlich der darauf abzielenden vorbereitenden Thätigkeit, wie Ankauf von Ländereien und Wiederveräußerung an Kolonisten, Erforschung einer Gegend behufs Gründung einer Kolonie, Veranlassung der Ansiedelung deutscher Reichsangehöriger in überseeischen Ländern zum Zweck der Anlage einer Kolonie und dergl., während der bloße Betrieb von Auswanderungsgeschäften nicht unter den Begriff der „kolonialen Unternehmungen" fällt; 2. der Betrieb und die Förderung von wirtschaftlichen Unternehmungen jeder Art in den Kolonien, einschließlich des Handels mit den Kolonien; 3. die Ausübung von Hoheitsrechten und die Teilnahme an der Regierung und Verwaltung der deutschen Schutzgebiete auf Grund ausdrücklicher Verleihung, insbesondere in der Form Kaiserl. Schutzbriefe.

Dagegen ist die Thätigkeit derjenigen Vereine und Gesellschaften, welche lediglich den Zweck haben, das Interesse für koloniale Bestrebungen zu erregen und wach zu halten, nicht zu den kolonialen Unternehmungen zu rechnen, da derartige Vereinigungen lediglich die ideale Förderung des Kolonialwesens bezwecken, sich aber nicht mit kolonialen Unternehmungen in wirtschaftlich-politischem Sinne beschäftigen. In § 8 heißt es nun, daß die betreffenden Gesellschaften die Kolonisation deutscher Schutzgebiete, insbesondere den Erwerb und die Verwertung von Grundbesitz u. s. w. zum Gegenstand ihres Unternehmens haben müssen, oder daß ihnen durch Kaiserl. Schutzbriefe die Ausübung von Hoheitsrechten in den deutschen Schutzgebieten übertragen sein muß; und daß auch diejenigen Gesellschaften hierher zu rechnen sind, welche ein Unternehmen der in Absatz 1 bezeichneten Art in dem Hinterland eines deutschen Schutzgebiets oder in sonstigen den Schutzgebieten benachbarten Bezirken betreiben.

Es wird danach anzunehmen sein, daß alle Gesellschaften zu den Kolonialgesellschaften gehören, welche eine der oben angeführten „kolonialen Unternehmungen" als Zweck verfolgen. Namentlich gehört nach der durch die Novelle vom 2. Juni 1899 dem § 8 gegebenen Fassung auch die oben unter Nummer 1 erwähnte vorbereitende Thätigkeit zweifellos zu den kolonialen Unternehmungen im Sinne der erwähnten gesetzlichen Bestimmung. Gesellschaften fallen ferner als Kolonialgesellschaften nur unter der Voraussetzung unter die Bestimmungen der §§ 8—10, wenn sie die daselbst erwähnten kolonialen Unternehmungen zum ausschließlichen Gegenstande ihrer Thätigkeit machen. Durch diese Bestimmung sollte offenbar verhütet werden, daß nicht Gesellschaften zur Umgehung des Gesetzes, um z. B. den beschränkenden Vorschriften des Aktienrechts zu entgehen, neben anderen Unternehmungen ein geringfügiges koloniales Unternehmen als Gegenstand ihrer Wirksamkeit bezeichnen. Eine derartige Bestimmung war aber auch deshalb veranlaßt, weil Kolonialgesellschaften, die auf Grund des § 8 durch Beschluß des Bundesrats Korporationsrechte erlangt haben, unter Aufsicht des Reichskanzler stehen, die sich nur auf die fraglichen kolonialen Unternehmungen bezieht, auf andere Unternehmungen sich aber nicht erstrecken kann.

Endlich sind selbstverständlicherweise die §§ 8—10 nur auf deutsche Kolonialgesellschaften anwendbar, da nur diese unter den Vorschriften des deutschen Rechts stehen. Als deutsche Kolonialgesellschaften sind aber nach § 8 zu beachten diejenigen, die ihren Sitz im Reichsgebiete oder in einem Schutzgebiete oder in einem Konsulargerichtsbezirke haben. Bezüglich derjenigen Gesellschaften, denen durch Kaiserl. Schutzbriefe die Ausübung von Hoheitsrechten in einem Schutzbrief übertragen ist,

ist dies nicht ausdrücklich vorgeschrieben, wohl deshalb, weil es als selbstverständlich vorausgesetzt wurde, daß der Kaiser fremden Gesellschaften keinen Schutzbrief erteilen werde.

Es ist nun die Frage aufgeworfen worden, ob und inwieweit etwa sich die Stellung der auf Grund der §§ 8—10 a. a. O. gebildeten Kolonialgesellschaften durch die Einführung des bürgerlichen Gesetzbuchs und des Handelsgesetzbuchs vom 10. Mai 1897 geändert hat, und ob dieselben eventuell verpflichtet sind, Statutenänderungen vorzunehmen. Im Zusammenhang damit steht die weitere Frage, ob sich auch in Zukunft Kolonialgesellschaften auf Grund der §§ 8—10 bilden können. Um diese Frage nach jeder Richtung erschöpfend beantworten zu können, ist vor allem darauf hinzuweisen, daß das BGB. und das HGB. am 1. Januar 1900 ohne weiteres auch in den Konsulargerichtsbezirken wie in den Schutzgebieten in Kraft getreten sind. Für die Konsulargerichtsbezirke ergiebt sich dies aus § 3 des Konsulargerichtsbarkeitsgesetzes vom 10. Juli 1879, wonach in den Konsulargerichtsbezirken die Reichsgesetze zivilrechtlichen Inhalts, wozu namentlich auch das Handelsgesetzbuch zu rechnen ist, in Geltung sind, und außerdem das allgemeine preußische Landrecht zur Anwendung zu kommen hatte. Diese Bestimmung war in dem Sinne aufzufassen, daß das preußische Landrecht nur so lange in den Konsulargerichtsbezirken in Kraft sein sollte, als ein allgemeines deutsches Zivilgesetzbuch nicht vorhanden war, und daß alle Reichsgesetze, ohne daß sie für die Konsulargerichtsbezirke besonders verkündigt zu werden brauchen, von selbst in diesen Bezirken in Kraft zu treten haben[1]). Es hat denn auch die Begründung des Entwurfs des neuen Konsulargerichtsbarkeitsgesetzes anerkannt, daß das BGB. und das HGB. vom 10. Mai 1897 in den Konsulargerichtsbezirken von selbst am 1. Januar 1900 Gesetzeskraft erlangt haben. Für die Schutzgebiete folgt aber der erwähnte Grundsatz aus § 2 des Gesetzes vom 17. April 1886 über die Rechtsverhältnisse der Schutzgebiete, weil daselbst vorgeschrieben ist, daß sich das bürgerliche Recht für die Schutzgebiete nach den Vorschriften des Konsulargerichtsbarkeitsgesetzes bestimmt.

Das Inkrafttreten des BGB. und des HGB. vom 10. Mai 1897 hat zur Folge, daß Kolonialgesellschaften, die sich nicht den §§ 8—10 a. a. O. unterwerfen, sondern in einer Rechtsform des gemeinen Rechts bilden wollen, selbstverständlich nur eine Gesellschaftsform wählen können, die nach den erwähnten beiden Gesetzbüchern, bezw. den neben denselben in Kraft gebliebenen Gesetzen, wie z. B. dem Gesetz vom 20. April 1892 über die Gesellschaften mit beschränkter Haftung zulässig erscheint. Nur nebenbei mag bemerkt werden, daß die Kolonialgesellschaften keineswegs grundsätzlich als Handelsgesellschaften zu betrachten sind, sondern nur dann, wenn sie gewerbsmäßige Handelsgeschäfte betreiben, oder wenn sie eine Gesellschaftsform angenommen haben, die zur Folge hat, daß die Gesellschaft, gleichgültig ob sie Handelsgeschäfte betreibt oder nicht, unter allen Umständen als Handelsgesellschaft zu betrachten ist, wie dies z. B. bezüglich der Aktiengesellschaften und der Gesellschaften mit beschränkter Haftung vorgeschrieben ist.

Wo eine dieser Voraussetzungen nicht zutrifft, unterliegt die betreffende Kolonialgesellschaft nicht den Bestimmungen des Handelsrechts, sondern denjenigen des bürgerlichen Rechts.

Zu den gesetzlichen Bestimmungen, die neben dem BGB. und HGB. in Kraft geblieben sind, gehören namentlich auch die §§ 8—10 des Gesetzes vom 17. April 1886

[1]) Vergl. meinen Aufsatz „Das Bürgerl. Gesetzbuch und die deutschen Schutzgebiete“ in der Kolonial-Zeitung 1898, S. 370 ff.

bezw. 15. März 1888 über die Rechtsverhältnisse der deutschen Schutzgebiete. Es ergiebt sich dies schon aus dem allgemeinen Grundsatze, daß durch ein neueres allgemeines Gesetz ein älteres Spezialgesetz nicht aufgehoben wird, folgt aber auch aus der Vorschrift des § 22 BGB., wonach ein Verein, dessen Zweck auf einen wirtschaftlichen Geschäftsbetrieb gerichtet ist, in Ermangelung besonderer reichsgesetzlicher Vorschriften Rechtsfähigkeit durch staatliche Verleihung erlangt; denn der Sinn dieser Bestimmung ist offenbar der, daß alle besonderen Reichsgesetze aufrecht erhalten bleiben, welche die Bildung juristischer Personen zum Gegenstande haben.

Es ist also die Entstehung von Kolonialgesellschaften nach Maßgabe der §§ 8—10 a. a. O. in Zukunft zweifellos zulässig. Wäre dies nicht der Fall, so wäre wohl kaum noch im vorigen Jahre die Novelle vom 2. Juni 1899 zu diesem Teile des Schutzgebietsgesetzes erlassen worden.

Für die Frage, welche Gesellschaften nach Maßgabe der §§ 8—10 gebildet werden können, sind die obigen Ausführungen maßgebend.

Anlangend sodann die Frage, ob das Inkrafttreten des BGB. und des HGB. am 1. Januar d. J. eine Änderung in der rechtlichen Stellung und Verfassung der Kolonialgesellschaften zur Folge gehabt hat und diese Gesellschaften daher verpflichtet sind, Statutenänderungen vorzunehmen, so ist diese Frage grundsätzlich zu verneinen. Es kommt hier der Rechtssatz zur Anwendung, daß Gesetze nur für die Zukunft, nicht aber für die Vergangenheit wirken und daher Thatbestände, die vor dem Inkrafttreten eines Gesetzes liegen, nach dem alten Rechte zu beurteilen sind, wenn das neue Gesetz nicht ausdrücklich das Gegenteil bestimmt hat.

Solche älteren Kolonialgesellschaften können übrigens entstanden sein nach Maßgabe der §§ 8—10 a. a. O., die auch in Zukunft unverändert in Kraft bleiben. Es liegt auf der Hand, daß die Rechtsverhältnisse dieser Gesellschaften durch die Vorschriften des BGB. und HGB. nicht berührt werden; für sie bleiben nachwievor maßgebend die §§ 8—10 bezw. die auf Grund derselben festgestellten Satzungen. Nur in dem wohl kaum zutreffenden Falle, daß die Statuten einer solchen Gesellschaft Vorschriften enthalten sollten, die nach dem BGB. bezw. HGB. unzulässig sind, wären dieselben als aufgehoben zu betrachten. Im übrigen ist nur darauf aufmerksam zu machen, daß, insoweit diese Satzungen auf Vorschriften des gemeinen Rechts (Zivilrechts oder Handelsrechts) Bezug nehmen und dieselben subsidiär für anwendbar erklären, an die Stelle der älteren Vorschriften die Bestimmungen der seit dem 1. Januar d. Js. geltenden Gesetze getreten sind.

Viele der vor dem 1. Januar 1900 entstandenen Kolonialgesellschaften sind aber nicht nach Maßgabe der §§ 8—10 a. a. O. gebildet worden, sondern haben eine im gemeinen Reichs- oder Landesrechte zulässige Rechtsform angenommen. Es wird hier zu unterscheiden sein: Ist die Kolonialgesellschaft auf Grund von gesetzlichen Vorschriften entstanden, die auch jetzt noch, wenn auch in veränderter Fassung, gelten, wie z. B. die Bestimmungen des Handelsgesetzbuchs über die Handelsgesellschaften oder das Gesetz über die Gesellschaften mit beschränkter Haftung, so bleiben die früher festgestellten Satzungen in Kraft[1]) mit der selbstverständlich

[1]) Vgl. z. B. Art. 23, des Einführungsgesetzes zum HGB. vom 10. Mai 1897, welcher bestimmt, daß auf die Errichtung einer Aktiengesellschaft oder Kommandit-Aktiengesellschaft, die vor dem Inkrafttreten des HGB. zur Eintragung in das Handelsregister angemeldet ist, die bisherigen Vorschriften Anwendung finden, sofern vor diesem Zeitpunkte die Voraussetzungen erfüllt sind, an deren Nachweis die bisherigen Vorschriften die Eintragung knüpfen.

auch hier zur Anwendung kommenden Einschränkung, daß diejenigen Bestimmungen der Satzungen außer Kraft treten, die nach dem neueren Rechte unzulässig sind. Außerdem kommt es darauf an, ob das neuere Recht Bestimmungen enthält, die auch auf ältere Gesellschaften Anwendung zu finden haben. So sagt z. B. Art. 22 Absatz 2 E. G. zum HGB. vom 10. Mai 1897, daß die Vorschriften des § 20 HGB. über die in der Firma der Aktiengesellschaften und der Kommanditgesellschaften auf Aktien aufzunehmenden Bezeichnungen auf die bei dem Inkrafttreten des HGB. für eine solche Gesellschaft in das Handelsregister eingetragene Firma Anwendung findet, wenn die Firma aus Personennamen zusammengesetzt ist und nicht erkennen läßt, daß eine Aktiengesellschaft oder Kommanditgesellschaft Inhaberin ist. Ferner bestimmt Art. 24 Absatz 2 a. a. O., daß wenn das Aktienkapital einer bestehenden Aktiengesellschaft oder Kommandit-Aktiengesellschaft erhöht wird, die Vorschriften des § 180 Abs. HGB auch auf die neuen Aktien Anwendung findet.

Manche der älteren Kolonialgesellschaften haben sich aber auf Grund von gesetzlichen Bestimmungen gebildet, die am 1. Januar 1900 außer Kraft getreten sind. Es gilt dies insbesondere von denjenigen, die als landrechtliche Korporationen nach Maßgabe der einschlägigen Vorschriften des preuß. Landrechts geschaffen wurden. Auch bezüglich dieser Gesellschaften muß grundsätzlich angenommen werden, daß ihre Rechtslage ungeändert geblieben ist. Daß das Gesetz, das auf sie zur Anwendung zu kommen hat, nicht mehr in Kraft steht, ist gleichgültig. Dagegen kommt es darauf an, ob nicht bezüglich solcher Gesellschaften in den Ausführungsgesetzen zum BGB. der betreffenden Einzelstaaten Übergangsbestimmungen getroffen sind.

Im preuß. Ausführungsgesetze vom 20. August 1899 ist dies nicht der Fall; im Gegenteil ergiebt sich aus Art. 89 lit. c desselben, daß die Vorschriften des allgemeinen Landrechts für die Vereine, die vor dem Inkrafttreten des BGB. Rechtsfähigkeit erlangt haben, auch fernerhin anwendbar sind.

Daraus folgt, daß auch bei denjenigen Kolonialgesellschaften, die s. Z. als landrechtliche Korporationen gegründet worden sind, eine Veränderung ihrer Verfassung an und für sich nicht geboten ist.

# Die Kolonialgesellschaften und ihre Eintragung in das Handelsregister.

Von Dr. R. Leist, Regierungsassessor.

Während die Aktiengesellschaft und die Gesellschaft mit beschränkter Haftung, um Rechtswirksamkeit nach außen zu erlangen, der Eintragung in das Handelsregister bedarf, ist dies bei den auf Grundlage des Gesetzes über die Rechtsverhältnisse der Deutschen Schutzgebiete vom 15. März 1888 errichteten Kolonialgesellschaften nicht der Fall. Denselben werden, nachdem ihr Statut vom Reichskanzler genehmigt ist, die Rechte einer juristischen Person durch den Bundesrat verliehen; hiermit haben sie also Rechtsfähigkeit erlangt.

Trotzdem steht auch für Kolonialgesellschaften die Eintragung in das Handelsregister nicht außer Frage. Schon unter dem bisherigen Rechtszustande drängten die Registerrichter auf die Eintragung der Kolonialgesellschaften, soweit dieselben Handelsgeschäfte betrieben, da jeder Vollkaufmann als eintragungspflichtig zu betrachten ist. Die Eintragung ist denn auch in vielen Fällen erfolgt, und zwar geschah dies in Preußen merkwürdigerweise im Register für Einzelkaufleute (Firmen-Register), da das Gesellschaftsregister nur für Aktien- und Aktien-Kommanditgesellschaften, Gesellschaften m. b. H., offene Handelsgesellschaften und Kommanditgesellschaften bestimmt war und darnach für Kolonialgesellschaften keinen Raum bot. Die gleiche Behandlung erfahren übrigens die öffentlichrechtlichen Korporationen, namentlich der Fiskus, bezüglich ihrer für eintragungspflichtig erachteten Betriebe.

Das mit dem 1. Januar d. J. in Kraft getretene neue Handelsgesetzbuch trifft in § 33 Bestimmungen über die Eintragung derjenigen juristischen Personen, welche mit Rücksicht auf den Gegenstand oder die Art und den Umfang ihres gewerblichen Betriebes eintragungspflichtig sind, welche also entweder Handelsgeschäfte gemäß § 1 des Handels-Gesetzbuches betreiben, oder aber ein anderweitiges gewerbliches Unternehmen bilden, welches nach Art und Umfang einen in kaufmännischer Weise eingerichteten Geschäftsbetrieb erfordert. Diese Merkmale dürften bei den Deutschen Kolonialgesellschaften wohl fast allgemein zutreffen, und hiernach sind dieselben, mit Ausnahme derjenigen, welche lediglich Landwirtschaft betreiben und daher nach § 3 des Handels-Gesetzbuches eine Sonderstellung einnehmen, als eintragungspflichtig anzusehen. Die Eintragung erfolgt, nachdem nunmehr eine rationellere Gliederung des Handelsregisters eingetreten ist, im Register B. Der Eintragung muß eine Anmeldung vorhergehen, welche von sämtlichen Mitgliedern des Vorstandes mit notarieller oder gerichtlicher Beglaubigung zu unterzeichnen ist. Die Anmeldung wird insbesondere Firma und Sitz der

Gesellschaft, den Gegenstand des Unternehmens und die Namen der Vorstandsmitglieder anzugeben haben. Beizufügen sind der Anmeldung, und zwar in beglaubigter Form, die Statuten und die Urkunde über die Bestellung des Vorstandes; ferner die Beweisstücke aus denen der Charakter der Kolonialgesellschaft als juristische Person hervorgeht (Verleihungsurkunde).

Zum Schlusse soll noch auf eine mißverständliche Auffassung hingewiesen werden, welche die Eintragungspflicht der Kolonialgesellschaften vielfach findet. Wenn neu gegründete Kolonialgesellschaften der Postbehörde gegenüber behufs Legitimation zur Empfangnahme von Postsendungen den Nachweis ihres Korporationscharakters und der Vertretungsberechtigung ihrer Vorstandsmitglieder durch Vorlegung der bezüglichen Beweisurkunden erbracht haben, so hat dies der Postbehörde selbstverständlich zu genügen, da ihr nur die Prüfung darüber obliegt, ob die Gesellschaft als Korporation besteht, und wer die gesetzlichen Organe derselben sind. Trotzdem kommt es häufig vor, daß die Postbehörde, nachdem ihr beim Amtsgericht auf Anfrage die Auskunft geworden ist, die Kolonialgesellschaften seien eintragungspflichtig, den Bescheid erteilen, sie könnte die Aushändigung von Postsachen nur vornehmen, wenn der Nachweis der erfolgten Eintragung durch Vorlegung eines Registerauszuges erbracht werde. Diese irrtümliche Auffassung der Postbehörde beruht auf einer Verkennung des Gesichtspunktes, daß für die Kolonialgesellschaften im Gegensatz zu den Aktien-Gesellschaften und Gesellschaften mit beschränkter Haftung die Registereintragung keine Vorbedingung der Entstehung des Korporationscharakters ist.

# Militärische Maßnahmen Frankreichs im Hinterlande von Algier.

Von Oberstleutnant z. D. Hübner.

## I.

Nur wenig beachtet in einer Zeit, da das allgemeine politische Interesse durch den heldenmütigen Widerstand des kleinen Burenvolkes gegen einen übermächtigen Feind voll in Anspruch genommen war, hat Frankreich einen bedeutenden Schritt vorwärts gethan, um seinen großen Kolonialbesitz im Norden Afrikas zu konsolidieren und um seine mittelafrikanischen Kolonien zu dem ersteren in engere Beziehung zu bringen. Nur kurz nahmen die meisten Zeitungen Notiz von den Kämpfen, durch welche sich Ende des Jahres 1899 das der Mission Flamand beigegebene Begleitkommando des Hauptmanns Pein in den Besitz der Oasengruppe Insalah setzte, und ebenso kurz ist die Meldung von den französischen Truppenansammlungen bei Ain Sefra und Djenien bou Rezg im Süden der Provinz Oran zu einem Vormarsch über Igli gegen den Tuat vermerkt worden. Und doch liegt hier eine Handlung der französischen Regierung vor, welche, wenn sie zu anderen Zeiten eingeleitet worden wäre, sicher zu diplomatischen Reklamationen geführt haben würde, in deren Folge dieselbe unter Umständen wohl überhaupt nicht über das Stadium der Einleitung hinausgekommen sein würde. Frankreich hat den Augenblick, um haltlosen Zuständen ein Ende zu bereiten, klug gewählt; trotz der ihm durch Verträge zustehenden Rechte auf das Hinterland von Algier würde ihm der weitere Ausbau seiner Kolonialherrschaft in diesen Gegenden durch englische Beeinflussung der marokkanischen Regierung von dieser Seite aus unmöglich gemacht worden sein.

Die Grenze zwischen Marokko und Algier ist in ihrem südlichen Teil nicht genügend festgelegt, an einzelnen Stellen durchschneidet sie sogar die Besitzungen derselben Stämme, deren einzelnen Angehörigen es leicht machend, sie zu wechseln, wenn sie sich durch Vergehungen der Verfolgung seitens der politischen Behörden ausgesetzt haben. Man behauptet französischerseits, daß es aus diesem Grunde so schwer sei, der häufigen kleinen Revolten Herr zu werden, und beklagt sich seit langem, daß die Aufständischen auf marokkanischem Gebiete Schutz fänden. — Thatsächlich entbehrt die Grenze, wie sie durch Vertrag des Jahres 1845 zwischen Marokko und Frankreich vereinbart worden ist, der Anlehnung an die geographische Gestaltung des Landes: sie geht von einem etwa 15 km östlich der Mündung des Moulouya gelegenen Punkt aus und verläuft in fast genau südlicher Richtung über den Sattel des Teniet es-Sassi, die Oasengruppen Figuig und Ich bei Marokko belassend. Der Artikel 4 des Vertrages sagt dann: „Südlich von Teniet es-Sassi die Grenze noch weiter festzulegen, ist nicht notwendig, da hier das Land nicht mehr zu bearbeiten ist". Daß aus solchem Vertrag Unzuträglichkeiten hervorgehen mußten, ist klar; Gerhard Rohlfs, einer der wenigen Reisenden, welchen es vergönnt war, in den Tuat vorzudringen, sagt zu diesem Punkte: „Man weiß nicht, ob man sich mehr über die kindliche Unerfahrenheit der französischen Diplomatie oder über den Witz des marokkanischen Gesandten Si Ahmed-ben-Ali, mit dem dieser die Frage behandelt hat, verwundern soll".

Diese Grenzlinie wünscht man nun in Frankreich abgeändert zu sehen — und dies offenbar mit Recht. Eine andere Frage ist es allerdings, ob man mit demselben Rechte den Flußlauf des Moulouya als Grenzlinie verlangen darf — eine solche Grenzregulierung würde mit einer bedeutenden Verminderung des marokkanischen Reiches gleichbedeutend sein, würde aber auch Frankreich nicht zu bezweifelndes Recht auf Igli einräumen, welchen Ort man jetzt — als in der durch den Londoner Vertrag vom 5. August 1890 festgelegten Interessensphäre liegend (la zone d'influence au sud des possessions méditerranéennes jusqu'à une ligne de Say sur le Niger, à Barrua sur le lac Tschad) — so wie so einzunehmen im Begriffe steht. Igli ist für Frankreich nicht durch die Zahl seiner Einwohner oder durch den Wert seiner Umgegend wichtig; denn es zählt kaum 4000 Angesessene und gestattet lediglich die Kultur von Palmen — aber es beherrscht eine der wichtigsten Straßen von Marokko nach dem Tuat, jener Oasengruppe des Tidikelt, deren Bevölkerung der französischen Regierung von jeher den größten Widerstand entgegengesetzt, und die zu allen Zeiten die Sahara durch weitausgreifende Raubzüge unsicher gemacht hat, dieselbe Straße, auf der übrigens Gerhard Rohlfs im Jahre 1864 vorging. Igli passieren alle Karawanen, die zwischen Marokko und den Oasen des Tidikelt, Gurara, Tuat und Insalah wechseln, von hier aus dem Flußlauf des oued Guir folgend. Man sagt sich in Frankreich, daß mit der Einnahme von Igli eine absolute Sicherheit in diesen sonst ewig unruhigen Gegenden hergestellt werden kann, daß man den Widerstand der Tuat um so eher wird brechen können, wenn man in Igli die Verbindung derselben mit Marokko zu überwachen imstande ist. Diese Erwägungen haben schon zu wiederholten Versuchen geführt, Igli zu nehmen — teils sind diese aber an den Schwierigkeiten gescheitert, mit denen die aus dem Süden der Provinz Oran vordringenden Kolonnen in den zu durchschreitenden, vollkommen wasserlosen Wüsten zu kämpfen hatten, teils fürchtete man englische Einsprache. Man hat sich deshalb begnügt, seinen Besitz in Richtung auf Igli möglichst zu sichern und vor allen Dingen in Richtung auf diesen Ort eine Eisenbahnlinie vorzutreiben. Dieselbe läuft von Arzew (zwischen Oran und Mostaganem an der Küste gelegen) aus, schneidet bei Perregaux die Bahn des algerischen Tell, berührt dann Mascara, die Garnison des 1. und 2. fremden Regimentes, Mecheria und endete bis vor wenigen Wochen in Ain Sefra; ihre im Jahre 1893 im Bau begonnene Verlängerung ist aber ganz vor kurzem bis Djenien bou-Rezg dem Verkehr übergeben worden, und bereits hat man den Bau bis Zoubia, jetzt nach dem Forscher Duveyrier benannt, in Angriff genommen. Nach Zoubia hat man zwei Kompagnien der Subdivision von Mascara geschickt, um diesen Ort zu befestigen.

Eine Expedition aus dem Süden Orans nach Igli und von hier — früher oder später — gegen den Tuat war jedenfalls längst beschlossen. General Philibert, einer der hervorragendsten Kenner der algerischen Verhältnisse, behauptet, daß sich die Notwendigkeit, Igli zu besetzen, bereits im Jahre 1858 herausgestellt, und daß sie zu dieser Zeit bereits vom General Margueritte gefordert worden sei. Aber 42 Jahre sind erforderlich gewesen, um von der Anregung zur Ausführung zu gelangen.

Den unmittelbaren Anstoß zu einer Beschleunigung des gegen Igli gerichteten Unternehmens hat die Besitzergreifung Insalahs durch die Mission Flamand gegeben. Dieser letztere, der Professor der Geologie an der école des sciences in Algier ist, wurde von der Regierung Ende des letzten Jahres nach dem Süden geschickt, um die Hochebenen des Tadmaït, des Mouldir und die Niederung des oued Mia sowie des Tidikelt zu studieren. Die Hochebene des Tadmaït ist südlich von El Golea gelegen und wird im Westen und Nordwesten gegen die Sahara von dem Wasserlauf oder vielmehr richtiger dem wasserlosen Bett der Mia begrenzt. In demselben findet man fast zu jeder Jahreszeit in der Tiefe von einigen Metern Wasser; dasselbe ist besonders für Truppenzüge in diesen Gegenden geeignet. Noch weiter südlich, von dem Tadmaït durch die Niederung des Tidikelt, die hier nach Osten verläuft, getrennt, erstreckt sich das Plateau des Mouldir. Das Tidikelt umfaßt mehrere Oasengruppen, deren östlichste Insalah ist. Westlich liegt die Gruppe des Tuat, nördlich von diesem die von Gurara. Vom Tuat verläuft nach Nordwesten bis Igli der oued Saura, ein dem oued Mia ähnliches Flußbett, welches seine Fortsetzung in dem bereits weiter oben genannten oued Guir findet. Diese nach ihrem wissenschaftlichen Führer „Mission Flamand“ benannte Expedition ist als Ergänzung der Mission Foureau-Lamy anzusehen, welche von Ouargla über Timassinin in Richtung auf den Tschad-See ausgeschickt worden ist, und die augenblicklich bei Zinder am Niger angekommen sein soll. Jener Mission Flamand, der unter Kommando des capitaine Pein, des Sohnes eines gleich dem General Philibert als hervorragenden Afrikakenners bekannten Generals, stellte sich nun der von den Franzosen als Chef d'Insalah bezeichnete Stammeshäuptling mit etwa 1200 Eingeborenen entgegen, doch wurde derselbe von dem genannten Hauptmann am 27. Dezember vollständig geschlagen. Der Mission Flamand gelang es, den Hauptort der Oasengruppe, den Ksar el Kebir, zu besetzen; sie hat sich in diesem bis jetzt auch behauptet. „J'y suis, j'y reste“ läßt France militaire die Regierung sagen; thatsächlich ist der Einnahme der Oase auch bereits die Nachsendung weiterer Truppen unter Kommando des Majors Baumgarten, der commandant supérieur du cercle d'El-Goléa ist, gefolgt. Mit dieser Verstärkung mag die jetzige Besatzung Insalahs etwa 400 bis 450 Mann, meist algerische Schützen und Spahis nebst einigen Meharisten (Dromedarreitern), betragen. Das kleine Detachement hat seit seiner Besitzergreifung bereits mehrere Gefechte mit der kriegerischen Bevölkerung zu bestehen gehabt. Von der Heftigkeit derselben zeugt die verhältnismäßig hohe Anzahl der Verwundeten. Dieselbe soll einige 50 betragen. Nebenbei sei bemerkt, daß die Mission Flamand ohne Arzt ausgerückt war, und daß ein solcher erst mit der nachgeschickten Verstärkung eingetroffen ist, sodaß die ersten Verwundeten mehrere Tage ohne Behandlung bleiben mußten. Um die Bedürfnisse des Detachements in diesen Gegenden, in denen es außer Gerste und Datteln höchstens noch Hammelfleisch geben soll, sicher zu stellen, ist am 9. Februar von El Golea aus eine Kolonne nachgeschickt worden, deren Eintreffen am 26. Februar erwartet wurde. — Man darf sich von Insalah trotz der großen Wichtigkeit, die seinem Besitz für Frankreich beizumessen ist, kein großartiges Bild machen. Obwohl es bisher nur sehr wenigen Reisenden gelungen ist, hier einzudringen — France militaire sagt, bisher habe an der Oase wie an dem Jagdgebiet eines Großbesitzers die Inschrift „On n'entre pas ici" gestanden —, so weiß man doch, daß ganz Insalah nur etwa 6 kleine Ortschaften zählt, die um eine salzige Lagune gelagert sind, und daß es höchstens 4000 Einwohner hat. Die gesamten Stämme des Tidikelt mögen etwa 25 000 Menschen zählen und imstande sein, etwa 4000 mit Gewehren bewaffnete Leute zu stellen.

Um nun die durch die Einnahme der Oase Insalah erreichten Vorteile vollständig sicher zu stellen, hat man sich entschlossen, das Vorgehen von Ain Sefra im Süden Orans über Igli gegen den Tuat zu beschleunigen — man hofft so, diesen zwischen zwei Feuer bringen und um so eher bezwingen zu können.

Wie bereits gesagt, ist die Bahn von Ain Sefra bis Djenien bou Rezg vor kurzem dem Verkehr übergeben worden. Ihrer Eröffnung wohnte der Generalgouverneur von Algier, Laferrière, bei, desgleichen mehrere Deputierte und Senatoren. Für die Weiterführung der Bahn bis Zoubia sind die nötigen Vorkehrungen getroffen worden: zwei Kompagnien eines Fremden-Bataillons mit dem Bataillonsstab sind nach Zoubia geschickt worden, eine weitere Kompagnie desselben Bataillons hält Djenien bou Rezg besetzt, eine vierte Kompagnie, die beritten gemacht worden ist, hat man nach Hadjerat M'Guil detachiert. Ferner sind bereit gestellt ein zweites Fremdenbataillon, eine Eskadron Spahis und eine Eskadron Chasseurs d'Afrique. Eine Sektion Artillerie, ein Sanitätsdetachement, die nötigen Kolonnen und Mannschaften der eingeborenen Polizei sind ebenfalls bei Djenien bou Rezg in der Versammlung begriffen. — Man scheint den Vormarsch in zwei Staffeln antreten zu wollen — wenigstens schreibt der progrès militaire, daß man den Abstieg zur Sahara (Djenien bou Rezg liegt auf dem Plateau des Schott) derart zu bewirken gedenke, daß zwei Kolonnen sich gegenseitig unterstützen sollen.

Es unterliegt keinem Zweifel, daß solchergestalt der Tuat „entre les deux branches d'un étau" kommen wird, der um so wirksamer sich anziehen läßt, wenn man, wie beabsichtigt, auch eine jetzt sich in El Golea sammelnde Kolonne in der Stärke von 500 Mann Infanterie, einer Sektion Artillerie und einem Peloton Genie zur weiteren Verstärkung noch nach Insalah schickt.

Aber man muß sich auch vergegenwärtigen, daß man sehr große Strecken zurückzulegen hat, ehe man das angestrebte Ziel erreichen wird; die Entfernung El Golea—Insalah ergiebt sich aus der oben angeführten Zeit, welche der Marsch der nachgeschickten Kolonne erfordert. Von Djenien bou Rezg bis Igli sind aber etwa 300, von dort bis zum Tuat 400 km zu marschieren! Und zwar in wasserloser Wüste.

Inzwischen ist in Tanger die Nachricht von der Einnahme Insalahs durch französische Truppen bekannt geworden. Die marokkanische Regierung ist sich der Unmöglichkeit, durch Waffengewalt die Hoheitsrechte auf diese von ihr beanspruchten Gebiete zu verteidigen, wohl bewußt; aber man bereitet einen Protest vor. Daß derselbe, der der englischen Unterstützung wird entbehren müssen, überhaupt nur die leiseste Beachtung finden wird, ist nicht anzunehmen. Igli wird von den Franzosen genommen, befestigt und zum Endpunkt der jetzt nur bis Djenien bou Rezg führenden Bahn gemacht werden. Aber auch Tuat wird man besetzen, ebenso wie man Insalah schon nahm. Und damit fällt Gurara von selbst. Daran ist gar nicht zu zweifeln; man sagt: „le Touât, le Gourara sont dans notre hinterland et n'ont jamais fait partie de l'empire marocain".

Frankreich wird aber durch diesen Handstreich nicht nur eine vollkommene Beruhigung der Grenzdistrikte im Westen, sondern hierdurch vor allem die Möglichkeit erreichen, an den Bau der längst in Aussicht genommenen Transsahara-Bahn von Algier nach dem Tschadsee herantreten zu können. Die Verbindung von Ain Sefra nach Timbuktu, die man ehemals anstrebte, hat man fallen lassen, da man sich sehr richtig sagte, daß durch solche Bahn der ganze Senegalhandel bedroht werden würde. Auf den Bau der Transsahara-Bahn nach dem Tschadsee legt man aber augenblicklich um so größeren Wert, hofft man doch von dem genannten See als Verkehrsmittelpunkt aus weiter die Strecken nach Oubanghi, dem Kongo, Dahome erschließen zu können.

Und das ist ein Plan, der einer großen Macht, die sich ihrer kolonialen Aufgaben bewußt ist, auch würdig ist. Deshalb kann man dem Vorgehen Frankreichs in der Sahara nur Erfolg wünschen.

Im allgemeinen sieht man in Frankreich den Operationen gegen Insalah und Tuat sehr freudig gegenüber; es darf aber auch nicht versäumt werden, zu berichten, daß absprechende Urteile auch unterlaufen. So schließt ein Artikel der France militaire mit den Worten: „Parce que, de même que Bismarck a dit que les Principautés Danubiennes ne valaient pas les os d'un grenadier poméranien; de même, le Sahara ne vaut pas une pinte de notre sang, ni un sac de notre or". — Solche Ansichten sind aber nur sehr vereinzelt zu finden.

# Die Handelsabteilung, insbesondere die Kolonialausstellung des Städtischen Museums in Bremen.

Von Dr. A. Beyer (Bremen).

Das neue Städtische Museum für Natur-, Völker- und Handelskunde in Bremen ist eine noch sehr junge Anstalt. Es wurde anfangs 1896 eröffnet, hat aber seit dieser Zeit mehrere hunderttausend Besucher aufzuweisen gehabt. Die Reichhaltigkeit der Sammlungen und die Eigenartigkeit ihrer Aufstellung haben die ungeteilte Bewunderung von Fachleuten und Laien erregt, sodaß das Bremer Museum unter den zahlreichen ähnlichen Anstalten Deutschlands eine der ersten Stellen einnimmt. Erst im Oktober 1899 haben ihre Majestäten der König und die Königin von Sachsen das Museum eingehend besichtigt und dabei ihrer hohen Befriedigung über das Gesehene Ausdruck gegeben. An diesem großen Erfolge des Bremer Museums ist die Abteilung für Handelskunde mit in erster Linie beteiligt. Abweichend von den meisten Handelsmuseen des Auslandes und der ähnlichen deutschen Institute, wie sie z. B. in Frankfurt a. M. und Stuttgart bestehen, ist in Bremen das Hauptgewicht in erster Linie auf die Belehrung des Publikums gelegt, nicht aber auf kaufmännische Auskunftserteilung in Handelssachen, wie dies z. B. bei den Handelsmuseen von Brüssel, Antwerpen, Lille, Mailand u. a. der Fall ist. Die Aufstellung der Sammlungen ist nach doppelten Gesichtspunkten erfolgt, nach geographischen und systematischen. Entsprechend der Bedeutung Bremens als zweitgrößtem Importplatz Deutschlands, das mit einer großen Zahl überseeischer Länder in unmittelbarer Verbindung steht, wurden zunächst die wichtigsten europäischen und außereuropäischen Länder zu besonderen Gruppen vereinigt, in denen möglichst alles, was die betreffenden Länder produzieren, übersichtlich zusammengestellt ist, um auf diese Weise ein Bild von der Leistungsfähigkeit der einzelnen Länder auf dem Gebiete des Handels und der Industrie darzubieten. Hierbei kam es vor allem darauf an, die verschiedenen Rohprodukte und Fabrikate der einzelnen Länder, welche für den überseeischen Handel in Betracht kommen, möglichst vollzählig vorzuführen, sei es zur Aufklärung von Interessenten, deren Zahl ja in einer Handelsstadt wie Bremen besonders groß ist, sei es zu gründlicher Belehrung des sich erfahrungsmäßig für Handelsprodukte gern interessierenden großen Publikum. So sind, um nur einige anzuführen, zu besonderen Gruppen vereinigt: die nordischen Länder (Rußland, Skandinavien), die Mittelmeerländer (Portugal, Spanien, Italien), der Orient (Egypten, Türkei, Westasien), Ostindien, Ceylon, Südafrika, Australien, Neuseeland, Sundainseln, Japan, China, Argentinien, Brasilien, Mexiko, Kuba und Portorico, Trinidad, Jamaika, Westküste von Südamerika. Alles, was in diesen

Ländern, mit denen Bremen in mehr oder weniger bedeutendem Handelsverkehr steht, erzeugt und ausgeführt wird, ist hier in einer das wärmste Interesse des Besuchers fesselnden Weise zur Ausstellung gelangt; dabei ist stets durch zahlreiche Abbildungen, Modelle u. dergl. der ästhetische Gesichtspunkt berücksichtigt worden. In den meisten Gruppen ist neben den Erzeugnissen des betreffenden Landes durch lebensgroße, naturgetreue, bildliche und plastische Darstellungen auch die Eigenart des einzelnen Landes und seiner Bewohner zur Darstellung gebracht worden. Dies ist z. B. der Fall bei den Abteilungen Mexiko, Ceylon und der Kolonialabteilung. Auch die ethnographische Abteilung weist eine große Zahl lebensgroßer Völkertypen in ihrer charakteristischen Lebensweise auf, wie die Gruppe der Sibirier, Eskimos, Lappen, Maschukulumbe, Batak u. a. Außer den nach geographischen Gesichtspunkten geordneten Erzeugnissen der einzelnen Länder umfaßt die Handelsabteilung noch zahlreiche (über 60) systematische Warengruppen. Die Bedeutung, welche Bremen als erster Handelsplatz in einer Anzahl wichtiger Stapelartikel einnimmt, hat es als selbstverständlich erscheinen lassen, diese vorzugsweise aus den Vereinigten Staaten importierten Artikel in hervorragender Weise auszustellen. Zahlreiche hiesige Kaufleute sowie viele in- und ausländische Firmen, vor allem die Bremer Baumwollbörse, die Tabakbörse, die vereinigten Getreidehändler, haben das Museum in den Stand gesetzt, große Kollektivausstellungen von Tabak, Baumwolle, Reis, Getreide, Kaffee u. s. w. vorzuführen, die inbezug auf Reichhaltigkeit nichts zu wünschen übrig lassen. So sehen wir z. B. in der Abteilung „Baumwolle" prächtige malerische und plastische Darstellungen der Gewinnung, Verschiffung und Verarbeitung des für Bremen wichtigsten Handelsartikels. Die Ernte in einem amerikanischen Baumwollfeld wird uns in getreuer Nachbildung vorgeführt; Ansichten von New-Orleans und dem Bremer Freihafen veranschaulichen die wichtigsten Häfen für die Ein- und Ausfuhr der Baumwolle; zahlreiche, übersichtlich geordnete Proben zeigen die verschiedenen Sorten und ihre fabrikmäßige Verarbeitung bis zum feinsten Garn; ein naturgetreues großes Modell stellt uns einen Markt in der ostindischen Stadt Agra dar. Die Gewinnung verschiedener anderer wichtiger Handelsartikel, wie Salpeter, Indigo, Jute, Schellack, Kork, wird in vorzüglich gearbeiteten Modellen vorgeführt. Neben diesen Haupthandelsartikeln enthält der obere Stock des Museums eine sehr große Zahl von Warengruppen, so z. B. Genuß- und Nahrungsmittel, Getreide, Hülsenfrüchte, Drogen, Gummi und Harze, ölliefernde Stoffe und Oele, Kautschuk und Guttapercha, Chinarinde, Farbstoffe, Dungstoffe, Gespinnststoffe und viele andere.

Bei der zunehmenden Wichtigkeit und immer gesteigerten Ausdehnung unserer Kolonien war es nur selbstverständlich, daß auch die kolonialwirtschaftlichen Interessen in erhöhtem Maße in unserem Museum berücksichtigt wurden. Wenn auch die Handelsbeziehungen Bremens mit unseren überseeischen Besitzungen verhältnismäßig nur gering sind — eine genaue Statistik des Bremischen Handels mit unseren Kolonien ist leider nicht vorhanden, da der afrikanische Import aus Mangel einer direkten Bremischen Dampferverbindung nach Afrika meist über Hamburg geht —, so ist doch das Interesse für unsere Kolonien immerhin ein recht bedeutendes. Dies zeigte sich z. B. auch in der 1898 erfolgten Gründung eines Zweigvereins Bremen der Deutschen Kolonialgesellschaft. Der Wunsch, in der Handelsabteilung des Städtischen Museums eine besondere Abteilung für die deutschen Kolonien zu errichten, konnte bei dem Entgegenkommen der verschiedenen in Betracht kommenden Gesellschaften und Firmen ziemlich rasch erfüllt werden. Bereitwillig überließen die Deutsche Kolonialgesellschaft in Berlin, die Deutsch-Ostafrikanische Gesellschaft in Berlin, das Deutsche Kolonialhaus (B. Antelmann) in Berlin, die Jaluit-Gesellschaft in Hamburg sowie eine Reihe erster Kolonialfirmen, wie Jantzen & Thormählen (Hamburg), J. H. Vietor (Bremen), H. W. Burmester (Hamburg) und verschiedene andere, eine reiche Auswahl von Erzeugnissen aus unseren Schutzgebieten. Sie werden in Glasschränken dem Publikum in übersichtlicher Weise vorgeführt.

Ein großer Schrank enthält z. B. nur die Produkte von Deutsch-Ostafrika: zahlreiche Proben von Kaffee, Gummi, Hülsenfrüchten, eingemachte Früchte wie Ananas, Bataten, Bananen, Proben von Farbstoffen und Gespinnstfasern (Kokosfaser, Sisalhanf, Ananasfasern), Kopale, Nutzhölzer, Früchte des Affenbrotbaums u. s. w.; ein anderer umfaßt die Erzeugnisse von Kamerun, Togo- und Deutsch-Südwestafrika (Palmkerne und Palmöle, Kakao, Kautschuk, Tabak, Calabarbohnen, Ebenholz u. a.), ein dritter diejenigen der Südsee: Neuguinea (Baumwolle, Tabak, Nutzhölzer), Bismarck-Archipel, Marschall-Inseln, Karolinen (Steinnüsse, Kopra, Burgosmuscheln), Samoa (Kopra, Kaffee, Kakao, Anatto). Zwischen beiden afrikanischen Schränken befindet sich zur Veranschaulichung unseres ostafrikanischen Schutzgebietes eine in Lebensgröße gehaltene, charakteristische Gruppe. Durch die offene Rückseite einer mit Binsen und Matten bekleideten Hütte fällt der Blick auf eine Landschaft am Kilima-Ndscharo mit der Station Moschi. Mannschaften der Schutztruppe sind vor der Station marschfertig aufgestellt. In der Hütte befinden sich zwei Personen. Ein Soldat der Schutztruppe (Sudanese) in feldmarschmäßiger Rüstung, die Flinte in der Hand, verabschiedet sich von einem Negermädchen, das die Tracht der Küstenbevölkerung trägt. Eine große Kalebasse, in der sie Wasser holen will, steht neben ihr.

Die Mitte der Kolonial-Ausstellung nimmt ein großer, mit Glas überdeckter Tisch ein, auf welchem die von dem Deutschen Kolonialhause in Berlin (B. Antelmann) übersandten Erzeugnisse aus den verschiedenen Schutzgebieten vorgeführt werden. Durch die Nebeneinanderstellung von Rohprodukten und der aus ihnen hergestellten Fabrikate ist dem Publikum die beste Gelegenheit geboten, selbst zu sehen und zu beurteilen, was unsere Kolonien praktisch leisten. So finden wir neben einander Tabakproben aus Neuguinea und Kamerun nebst daraus gefertigten Zigarren, Palmkerne und Palmöl aus Westafrika nebst den daraus hergestellten Kerzen und Seifen, Erdnüsse aus Ostafrika und Erdnußöl, Massoirinde aus Neuguinea bezw. Kolanüsse aus Westafrika nebst den daraus gewonnenen, sehr wohlschmeckenden Likören. Eine solche praktische Vorführung dessen, was unsere überseeischen Besitzungen erzeugen, kann sicher dazu beitragen, gewissen Artikeln, z. B. Kaffee aus Ostafrika, Tabak aus Neuguinea u. a., ein größeres Absatzgebiet zu verschaffen. Wenn die kaufmännischen Kreise allmählich die Überzeugung gewinnen, daß dieselben Waren, die sie bisher vom Auslande teuer beziehen mußten, in der gleichen Qualität und zu billigerem Preise aus den Kolonien bezogen werden können, daß sie durch Förderung unseres kolonialen Handels nicht bloß ein national-patriotisches Werk thun, sondern auch in ihrem eigenen finanziellen Interesse handeln, dann ist der Nutzen einer solchen Kolonial-Ausstellung offenbar. Freilich: gut Ding will Weile haben. Es ist nicht leicht, einen Handelsartikel, der seit alters her aus den gewohnten Produktionsgebieten in guter Qualität bezogen wird, wie z. B. Kaffee, Kakao u. s. w., in neue Bahnen zu lenken, selbst wenn die neuen Gebiete dasselbe Produkt auf billigere

Weise herstellen können. Immerhin steht zu hoffen, daß es den Anstrengungen unserer Pflanzer und der in den Kolonien arbeitenden Gesellschaften gelingen wird, die Ausfuhr unserer Kolonien zu heben und sie dem Mutterlande immer nutzbringender zu machen. Außer Kamerun versprechen auch die neuerworbenen Gebiete in der Südsee durch deutschen Fleiß und deutsches Kapital noch einen wesentlich gesteigerten Export. Die Bremer Kolonial-Ausstellung wird gern bereit sein, das Interesse und damit unsere Handelsbeziehungen zu unseren Kolonien nach Kräften zu fördern.*) Jeder, der sich über unsere Schutzgebiete näher unterrichten will, wird schon jetzt im Bremer Museum reichliche Gelegenheit dazu finden. Ein den Museumsbesuchern unentgeltlich zur Verfügung stehendes Lesezimmer enthält außer einer großen Zahl von geographischen und naturgeschichtlichen Büchern und Zeitschriften auch die hervorragendsten Werke über unsere Kolonien. Von kolonialen Zeitschriften liegen aus: „Deutsche Kolonialzeitung", „Beiträge zur Kolonialpolitik und Kolonialwirtschaft", „Deutsches Kolonialblatt", „Der Tropenpflanzer", „Mitteilungen aus den deutschen Schutzgebieten", „Nachrichten aus Kaiser-Wilhelmsland". Allen Freunden unserer Kolonialpolitik sei die Kolonial-Ausstellung des Städtischen Museums warm empfohlen!

*) Koloniale Erzeugnisse (Rohprodukte und Fabrikate aller Art) werden, falls uns solche zugesandt werden, bereitwilligst Aufnahme finden.

# Deutschtum in Südbrasilien.

Von H. Faulhaber, Pastor, (Blumenau).

Seit dem Anfange des nun zu Rüste gehenden Jahrhunderts ist deutsche Kulturarbeit in Südbrasilien unermüdlich thätig gewesen, hat ein Stück nach dem anderen dem Urwalde abgerungen und in blühende Auen und Gefilde verwandelt, sodaß heute Rio Grande do Sul, Santa Catharina und Parana in wirtschaftlicher Lage und kultureller Entwickelung blühende Staaten sind. Diese Thatsache findet seit einigen Jahren auch im deutschen Volke immer mehr ihre Anerkennung und Würdigung, und alle diejenigen, welche diese Gebiete mit Muße bereist haben oder mitten in denselben oder für dieselben wirken, sind mit vollem Rechte des Lobes voll davon, wie seit 75 Jahren in Rio Grande do Sul und seit 50 Jahren in Santa Catharina durch deutsche Axt und Pflug bei deutschem Wort und deutschem Sang eine Heimstätte deutschen Sinnes, germanischer Rüstigkeit und Thätigkeit gegründet und damit gleichzeitig die Grundlage und Vorbedingung zu einer Kulturentwickelung für Südbrasilien und Südamerika gelegt worden ist, die heute in ihren Folgen noch unabsehbar ist. So groß auch die Aufgabe sein mag — da die begonnene Arbeit günstige und lohnende Ergebnisse in Aussicht stellt, so darf im wirtschaftlichen Interesse sowohl des eingewanderten wie des einwohnenden Elementes mit dem Fortbau und Ausbau nicht gezögert werden. Von den drei Südstaaten umfaßt Rio Grande do Sul 236 553 qkm, Parana 221 310 und Santa Catharina 74 156 qkm. Davon ist heute ungefähr der zwölfte Teil in Kultur; denn von einer Kultur kann man wohl noch nicht gut reden bei jenen unübersehbaren Flächen, auf denen Herden von Rindern und Rossen sich tummeln, deren Zahl kaum ein einziger Fazendeiro selbst nach Hunderten genau anzugeben imstande sein dürfte. Soll das ganze Gebiet der Kultur erschlossen werden, so ist hier noch eine Aufgabe von ungeheurem Umfange zu lösen. Die Vorbedingungen für eine Kolonisation in großem Maßstabe sind die denkbar günstigsten; gehört doch das ganze Gebiet zu einem der gesegnetsten Länder der Erde. Von Norden nach Süden findet das Klima eine wohlthuende Abstufung vom tropischen durch das subtropische zum gemäßigten. Ein überaus reiches Flußnetz ist über das Gebiet verbreitet. An der Ostküste bildet der bald schmälere, bald breitere Streifen zwischen der Serra Geral und der Küste eine angenehme Abwechselung in Flußthälern und Bergrücken, von welchen die letzteren zum größten Teil auch in den bebauten Gegenden noch von dichtem Walde bestanden sind. Westlich der Serra Geral liegen weit ausgedehnte Hochebenen mit Grasflächen, die direkt zum Anbau deutschen Getreides einladen. Wie statistische Tabellen beweisen, haben ansteckende Krankheiten, selbst wenn sie einmal eingeschleppt worden waren, sich nicht halten können und sind nach kurzer Zeit wieder spurlos verschwunden.

Die Küstenentwickelung, welche zwischen neun Breitengraden eine Länge von nahezu 1000 km aufweist, ist eine sehr reiche, hat aber nur einen einzigen Hafen, der auch den größten Handels- und Kriegsschiffen jederzeit freie Einfahrt gestattet, und unmittelbar am Ufer noch so viel Wasser hat, daß die Schiffe direkt an der

Landungsbrücke vor Anker gehen können. Dies ist der Hafen von Sao Francisko im Staate Santa Catharina. Als 1540 der spanische Kapitän Nunez Cabeça de Vacca infolge von Stürmen an der Küste von Rio Grande do Sul auf seinen Reisen nach dem Silberlande im mittleren Flußgebiete des La Plata Schiffbruch gelitten hatte, da ist er im Hafen von Sao Francisko vor Anker gegangen und hat eine Expedition direkt nach Westen bis Asuncion unternommen. Zwölf Jahre lang hat dann eine Verkehrsstraße zwischen Asuncion und Sao Francisco bestanden, auf der jährlich 12—15 000 Cargas (eine Carga ist die Ladung eines Maultieres, ca 90 kg) befördert wurden, bis 1553 den Spaniern der Verkehr auf dieser Straße von Thomé de Souza, dem ersten königlichen General-Governador in Bahia, untersagt wurde, weil die Straße in ihrem größten Teile auf portugiesischem Gebiete lag. Diese Verkehrsstraße aus damaliger Zeit ist ein Fingerzeig für die heut zu eröffnenden Verkehrsadern. Das Westende dieser Straße würde in dem Gebiete der einst so blühenden spanischen Jesuiten-Missionen liegen, die seit der Vertreibung derselben durch die Paulistaner Sklavenjäger vollständig in Verfall geraten sind und nur des Augenblickes harren, wo sie dem Weltverkehr angegliedert werden, um dann für immer mit der Fülle ihrer Erzeugnisse zum Wohle der Menschheit beizutragen. Zudem würde das ganze große Flußgebiet des Paraguay, an dessen Ufer Asuncion liegt, auf leichtem und sicherem Wege dem Weltverkehr angeschlossen und die Erzeugnisse von Matto Grosso, Goyaz und Bolivien der Küste auf direktem Wege zugeführt werden, während sie jetzt den langen und langsamen Weg über die La Plata-Mündung nehmen müssen. Die Kulturaufgabe, die es zu erfüllen gilt, ist also keineswegs in die engen Grenzen Südbrasiliens eingeschlossen; sie umfaßt ein gut Teil des südlichen Südamerikas. Sie wird und muß früher oder später gelöst werden: und da deutsche Kolonisten durch eigene Kraft und Beharrlichkeit den ersten schwungvollen Anstoß gegeben haben, so ist es nur ein Akt der Billigkeit, wenn wir dem Wunsche Raum geben, daß auch durch deutschen Mut und deutsche Thatkraft die Fortführung und Ausführung erfolge, damit einerseits das blühende Deutschtum in diesen Gebieten nicht etwa durch fremden Einfluß leide und andererseits deutsche Industrie und deutsches Kapital den Beweis liefern, daß sie zum Segen der Stammesangehörigen mit anderen in Wettbewerb zu treten wohl im Stande und willens sind.

Bei diesen Gedanken hat man dem Deutschtum in Südbrasilien und insonderheit den herzhaften Vorkämpfern desselben inmitten des allgemeinen wirtschaftlichen Niederganges in Brasilien vorgeworfen, politische Unabhängigkeitspläne zu nähren und die Aufrichtung eines Neu-Germaniens in Südbrasilien mit irgend welchen politischen Verbindungen zum deutschen Stammlande anzustreben. Das ist Bosheit oder Dummheit. Daß man in gewissen Kreisen scheelen Auges auf das kräftig und sicher aufblühende Deutschtum in Südbrasilien herabsieht, ist Thatsache; daß man die Deutschen mit all ihrer Zähigkeit und Thatkraft manchmal dahin wünschen möchte, wo der Pfeffer wächst, ist begreiflich; daß man durch Verdächtigungen aller Art ihnen ihre Lage, wenn auch nicht gerade verleiden, so doch erschweren möchte, hat man oft genug bewiesen. Aber was in aller Welt können wir denn dafür, wenn unsere Rasse thatkräftiger in allen Unternehmungen, widerstandsfähiger gegenüber allen Schwierigkeiten und glücklicher an Erfolgen ist, und so anderen Rassen gegenüber zum mindesten ihre Gleichberechtigung beweist! Wenn man einen Vergleich zieht zwischen den Zuständen in Brasilien und denen in Deutschland, so muß derselbe allemal zu Gunsten des letzteren ausfallen; und wohl für jeden Deutschen mag es ein frommer Wunsch sein, den bequemen und leichten Verkehr, die vollständige Rechtssicherheit, die unnahbare Ehrlichkeit der Justiz, die Zuverlässigkeit und Gediegenheit des großen Verwaltungsapparates dort nach Brasilien verpflanzt zu sehen. Trotz alledem aber will der Deutschbrasilianer, ohne gerade begeisterter Republikaner zu sein, nichts von seiner schrankenlosen Beweglichkeit wissen, die ihn zu einem ergebenen und treuen Bürger seiner neu erwählten Heimat gemacht hat, für deren Sicherheit und Verteidigung er jederzeit mit deutschem Mute eingetreten ist, wie der Paraguay-Krieg in der zweiten Hälfte des siebenten Jahrzehnts und die letzte Revolution von 1893—94 beweisen. Wo die eigene Kraft und Fähigkeit sich als unzulänglich erweisen, Kulturaufgaben von obenbezeichnetem Umfange zu lösen, und wo infolgedessen fremde Hülfe einspringen muß, da haben wir ein Recht, dem Wunsche Ausdruck zu geben, daß durch deutsche Verwaltung dem ganzen Unternehmen eine sichere Grundlage und Entwickelung gegeben werde, ohne dabei auch nur im entferntesten an ein Neu-Germanien in politischer Beziehung zu denken.

Die Weltgeschichte ist eine ehrwürdige und zuverlässige Lehrerin, deren Lehren auch auf dem speziellen Gebiete der Kulturgeschichte wohl zu beachten sind; und diese Lehren reden eine deutliche Sprache. Wohl ist Südamerika seiner Zeit auf grund seiner Entdeckungsgeschichte den Spaniern und Portugiesen zugefallen; wohl haben dieselben als die einstmaligen Pioniere des Handels und der Kultur des christlichen Europa in Ost, Süd und West ihre Macht zu einer ungeheuren Entfaltung gebracht; aber sie haben nach und nach ihre Machtstellung an die Holländer und Engländer abtreten müssen, wenn ihnen auch Südamerika nach schweren Kämpfen mit den ersteren unbestritten geblieben ist. Wohl schien es am Anfange des neunzehnten Jahrhunderts, als werde demselben mit eiserner Gewalt der romanische Stempel aufgedrückt werden; aber die Hoffnungen und Bestrebungen des Korsen, den Engländern ihre Vorherrschaft zur See streitig zu machen, wurden in schweren Kämpfen vernichtet. Am letzten ist seit drei Jahrzehnten die germanische Rasse mit großem Erfolge eingetreten in den Wettbewerb auf dem großen Arbeitsfelde der Kultur; und wenn nicht alle Zeichen trügen, so wird das neunzehnte Jahrhundert schließen mit der Thatsache, daß auf dem Gebiete der Kolonisation und Kulturarbeit die germanische Rasse den anderen zum mindesten gleichbedeutend zur Seite steht. „Die Kulturarbeit der germanischen Rasse ist die am tiefsten greifende und am meisten befruchtende. Während die romanische Propaganda ihre Kolonisationserwerbungen mit riesigem Kostenaufwande, ohne sichtlichen kulturellen Fortschritt kümmerlich fortschleppt, wenn nicht gar aufzugeben gezwungen ist, breitet sich die germanische Kolonisationsarbeit mit Riesenschritten auf allen Gebieten der Kultur über den ganzen Erdball aus, indem ihre Bevölkerung in steigendem Verhältnis zunimmt und sich, einer unermeßlichen Welle gleich, über die ganze Erdoberfläche dahinwälzt."

Wenn eine Pflanze aus dem gemäßigten in das tropische oder subtropische Klima versetzt wird, so ist sie verschiedenen Wandelungen unter den neuen Verhältnissen unterworfen, und es bildet sich in einigen Generationen ein vollständig neuer Typus heraus. Wer das Deutschtum im Auslande kennt, speziell in Südbrasilien, der wird gewisse Veränderungen, die dasselbe erfahren hat, nimmer in Abrede stellen. Aber so groß dieselben im allgemeinen auch sein mögen — es dürfte kaum auf dem ganzen Erdenrund ein größeres Gebiet germanischer Besiedelung geben, wo das Deutschtum sich reiner erhalten hat, als in Südbrasilien, ohnedaß je von einer Verdrängung oder Vernichtung der Eingeborenen die Rede sein kann. Wie kaum einer anderen Rasse, ist der germanischen eine Assimilationsfähigkeit eigen, die überall, wo sie mit romanischen in Berührung gekommen ist, alle guten und edlen Eigenschaften derselben in sich aufnehmend, aufbessernd und befruchtend auf dieselbe eingewirkt hat, und schon darum dürfte ihr in allen den Gebieten, die ihre zukünftige Entwickelung durch Masseneinwanderung zu erreichen suchen, vor allen anderen der Vorzug zu geben sein. Da ein Amalgamierungsprozeß verschiedenartiger Nationalitäten zu einem neuen und lebenskräftigen Volke sich nur sehr langsam und stetig vollziehen wird und darf, und da das Produkt stets eine Resultante der den beiden beteiligten Rassen innewohnenden Kräfte sein wird, die stets zwischen ihnen liegt, so liegt darin eine sehr ernste Mahnung für alle Länder, welche der Kolonisation bedürfen, sich in der Wahl der einzuführenden Assimilierungselemente an die auf der Stufenleiter der Kultur am höchsten stehenden Nationen zu wenden, um so einen geistigen und wirtschaftlichen Fortschritt für das Land zu erzielen. Dem letzteren bleibt dann die heilige Pflicht, dem eingewanderten Elemente seine spezifische Eigenart in Sprache, Sitten, Gebräuchen und Bildung nicht nur zu belassen, sondern diese auch zu fördern; denn nur darin liegt die Bürgschaft für die Hebung und Förderung des eigenen Landes. Wo der Deutsche im Auslande seine Sprache und Sitte aufgiebt, da entartet er und sinkt auf das Niveau des eingesessenen Elementes herab. Die Hauptfaktoren für die Erhaltung des Deutschtums sind Kirche, Schule und Presse. Bei den großen Schwierigkeiten, welche sich diesen drei Faktoren immer wieder entgegenstellen, bleibt dem Mutterlande die heilige Pflicht, helfend und fördernd einzugreifen, soweit dies irgend möglich ist, ohne etwa dadurch oben erwähnte Verdächtigungen zu nähren. Neben den hochherzigen Unterstützungen, welche Se. Majestät der Kaiser einzelnen Schulen zukommen läßt, ist die Thätigkeit mehrerer Vereine freudig zu begrüßen. Kolonialvereine, Alldeutscher Verband, Allgemeiner deutscher Schulverein zur Erhaltung des Deutschtums im Auslande u. s. w., sollten den deutschen Schulen Südbrasiliens ein weitgehendes Entgegenkommen zu teil werden lassen, damit dieser mächtige Träger deutscher Kultur auch auf weitere Kreise segenbringend einwirken könne. Ebenso sollte der hiesigen Presse durch eine viel weitergehende Unterstützung seitens der Presse des Heimatlandes das schwierige Dasein erleichtert werden. Damit ist keineswegs gesagt, daß wir uns der Landessprache verschließen wollen. Nein! Soll das hiesige Deutschtum seine Aufgabe ganz erfüllen, so ist es dringend geboten, daß die gebildeten Klassen neben ihrer Muttersprache auch die Landessprache vollkommen beherrschen, damit aus ihrer Mitte tüchtige Männer für die Volksvertretung und die amtlichen Stellungen hervorgehen, welche die politische Führung ihrer Stammesgenossen übernehmen und das Deutschtum würdig vertreten können. Je sicherer die Führer des Deutschtums die Landessprache in Wort und Schrift beherrschen, desto eher und nachhaltiger werden sie imstande sein, gegen gewisse Übergriffe aufzutreten und ihre Stammesgenossen zu vertreten.

---

## Ein Vorschlag zur Hebung der Jagd in Deutsch-Südwestafrika.

Von Dr. Rud. Endlich.

Der frühere Wildreichtum unserer südwestafrikanischen Kolonie hat nach den übereinstimmenden Berichten der verschiedenen Reisenden im Laufe der Zeit einen derartigen Rückgang erfahren, daß von den gewaltigen Herden von Antilopen und den zahllosen Rudeln sonstigen Großwildes sich nur noch Reste erhalten haben.

Gut bewaffnete Eingeborene, umherziehende Händler, wandernde Buren, emigrierte und gewerbsmäßige Jäger haben bekanntlich im wesentlichen dazu beigetragen, den Wildstand jener weiten Steppengebiete bedenklich zu lichten.

Wenn die bereits im Jahre 1892 erlassenen Jagdgesetze nicht vermocht haben, einer weiteren planlosen Vernichtung der nützlichen Wildarten Einhalt zu thun, so lassen vielleicht strengere Verordnungen, trotz ihrer schwierigen Kontrolle, bessere Erfolge erwarten. Allerdings werden auch sie nicht allzuviel zur Wiederbevölkerung der wildarm gewordenen Gegenden mit jagdbaren Tieren beitragen helfen. Ebenso wird durch Schonung und waidgerechte Ausübung der Jagd allein kaum ein guter Bestand an Hochwild wieder zu schaffen sein.

Man wird es sich daher hauptsächlich angelegen lassen sein müssen, den noch vorhandenen Wildstand nach Möglichkeit zu erhalten zu suchen.

Antilopen und anderes Steppenwild werden überdies das Bestreben zeigen, sich vor der immer weitere Ausbreitung erlangenden Kultur nach Regionen der Wildnis zurückzuziehen, während eine Verbreitung europäischen Hochwildes durch Anlage von Gehegen u. dergl. nicht unbedeutende Geldopfer erfordern dürfte.

Ohne besondere Mühe und Kosten wird sich dagegen, namentlich in den Kulturdistrikten, die Hebung der Niederjagd bewerkstelligen lassen, und zwar durch Einführung unseres Feldhasen*). Derselbe würde bei seiner kolossalen Vermehrungsfähigkeit ein außerordentlich dankbares Wild sein, ohne daß man zu befürchten hätte, durch ihn ungünstigenfalls der Kolonie eine neue Landplage zuzuführen, wie beispielsweise das Kaninchen in Australien zu einer solchen geworden ist.

Vermag doch das Kaninchen bei seiner vorwiegend unterirdischen Lebensweise und seiner großen Gewandtheit einmal allen Nachstellungen weit besser zu entgehen, als der Hase. Sodann schützt dieses der Aufenthalt in Erdhöhlen viel mehr vor Entbehrungen (Wurzelnahrung) und begünstigt schließlich seine Vermehrung ganz außerordentlich. Ähnlicher Existenzerleichterungen muß der Hase entbehren, weshalb er kaum irgendwo derartig wird überhandnehmen können wie das Kaninchen.

Die enorme Verbreitung, welche die europäischen Hasen im Laufe eines Jahrzehnts in Argentinien gefunden haben, läßt auch deren Einführung in Deutsch-Südwestafrika als ratsam erscheinen. Es dürfte daher namentlich für die Freunde dieses Schutzgebietes von Interesse sein, zu erfahren, wie die Einführung und Verbreitung dieses besonders bei der deutschen Bevölkerung beliebten Wildes in Argentinien vor sich gegangen ist.

Das Verdienst, den Hasen nach dem unteren La Plata-Gebiete gebracht zu haben, gebührt dem deutschen Konsul in Rosario de Santa Fé, Herrn Tietjen.**)

---

*) Der südafrikanische Hase, Lepus capensis L., ist kleiner als der gemeine Feldhase, Lepus timidus L., und anscheinend auch nicht einer solchen Vermehrung fähig wie letzterer.

**) Die Angaben über die Einführung der Hasen in Argentinien und deren gegenwärtige Verbreitung verdanke ich Herrn Konsul Tietjen.

Auf seine Veranlassung wurden in den Jahren 1886 und 1887 je 4 bis 6 Stück aus Deutschland importiert und auf der Estanzia „La Hansa“ im Norden von Canada de Gomez (Provinz Santa Fé) ausgesetzt.

Obwohl diese beiden ersten Versuche resultatlos verliefen, ließ sich Herr Tietjen doch nicht abhalten, seinen Plan weiter zu verfolgen. Ein dritter Akklimatisationsversuch mit einem Satze von 16 Hasen, den er im November 1889 selbst aus Hamburg mitgebracht und auf seiner Estanzia ausgesetzt hatte, wurde mit einem überraschenden Erfolge gelohnt. Schon im Frühjahr 1890 fand sich dort eine Anzahl junger Hasen vor.

Die Nachkommenschaft dieses kleinen Stammes hat sich nun binnen 10 Jahren derartig vermehrt, daß ihre gegenwärtige Verbreitung sich fast über die ganze Provinz Santa Fé und einen Teil der Provinzen Buenos Aires und Córdoba erstreckt.

Einen ungefähren Anhalt für den Hasenbestand jener Reviere bieten uns die verschiedenen Jagdergebnisse; so wurden z. B. im Juli des letzten Jahres auf der Böthlingkschen Estanzia „Las Rosas“ binnen zwei Tagen über 400 Hasen zur Strecke gebracht. Ähnliche Resultate hatten die Estanzias von Benitz und Dickenson zu verzeichnen. Auch auf der „La Hansa“ wurden im Laufe vergangenen Jahres 3—400 Stück erlegt u. a. m. Dementsprechend wird in neuerer Zeit der Markt von Buenos Aires jährlich mit mehreren Tausend Hasen versorgt.

In den ersten Jahren nach Bekanntwerden des Gelingens dieses Akklimatisationsversuches entstand eine rege Nachfrage nach Hasen, sodaß dieselben anfangs sehr teuer, bisweilen sogar bis zu 20 Mk. für das Stück, bezahlt wurden. Die mit der Steigerung des Angebotes gegenwärtig auf 1 bis 2 Mk. für das Stück zurückgegangenen Preise entsprechen immer noch, im Verhältnis zu den übrigen Fleischarten, ungefähr denen in Deutschland.

Die Befürchtung des Herrn Tietjen, daß durch eine in gleichem Maße fortschreitende Vermehrung der Hasen jenen Gegenden Argentiniens möglicherweise noch eine Landplage erwachsen könnte, erscheint mir inbezug auf Deutsch-Südwestafrika schon deshalb ausgeschlossen, weil dort zunächst das noch in größerem Umfange vorhandene Raubzeug einer übermäßigen Vermehrung der Hasen vorbeugen wird. Noch weniger aber wird es, wenn auch die Jagdschädlinge einmal auf dem Aussterbeetat stehen sollten, die Geschmacksrichtung der deutschen Bevölkerung zu einem Überhandnehmen des Hasenwildes kommen lassen.

Ganz anders liegen die Verhältnisse in Argentinien. Hier sind es in der Hauptsache zwei Momente, die den einheimischen Landbewohner davon abhalten, sein Wild und besonders seine Hasen von Zeit zu Zeit abzuschießen; das eine ist die ausgesprochenste Abneigung des Argentiniers gegen die bei der Hasenjagd erforderlichen Fußmärsche, das andere sein einseitiger Geschmack.

Bezeichnend für ersteres Moment ist die Handhabung der Rebhühnerjagd seitens der Einheimischen. Der mit einem langen Bambusstocke und einer Umhängetasche ausgerüstete argentinische Knabe begiebt sich zu Pferde in den Kamp und verfolgt dort aufmerksam die einzeln vor ihm hochgehenden Rebhühner*).

*) Eine wesentliche Erleichterung verschafft man sich bei der Hühnersuche sehr häufig dadurch, daß man einen größeren Pferdetrupp durch den Kamp treibt und so die Verstecke der Rebhühner, die in Südamerika bekanntlich einzeln, also nicht in Völkern leben wie bei uns, ausfindig macht.

Dem neuen Verstecke eines Huhnes nähert er sich nun in der Weise, daß er in immer kleiner werdenden Kreisen so lange um das letztere herumreitet, bis er es mit dem Stocke erreichen kann. Da das Rebhuhn im allgemeinen vor einem Weidetiere nur dann hochzugehen pflegt, wenn dieses in seine unmittelbare Nähe kommt, so sind die Chancen für den Knaben, seinem Opfer vom Pferde aus einen tödlichen Schlag mit dem Stocke zu versetzen, so günstig, daß er nur ausnahmsweise sein Ziel verfehlt.

Um nun zur Erlangung seiner Beute nicht erst absitzen zu müssen, hat der argentinische Hühnerjäger am oberen Ende seines Bambusrohres entweder eine Schlinge aus Roßhaar oder einen gabelförmigen Einschnitt angebracht, wodurch es ihm ermöglicht wird, das Huhn vom Pferde aus am Kopfe zu fassen und in seine Umhängetasche zu befördern.

Ähnlich verfährt man bei der Jagd auf die fasanenartige martineta.

Der in dieser Weise die Hühnerjagd ausübende Knabe hat meist bessere Ergebnisse aufzuweisen als der waidgerechte Jäger.

Nur ausnahmsweise findet eine derartige Jagdbeute unter der argentinischen Landbevölkerung ihre Konsumenten. Es erklärt sich dies dadurch, daß der Argentinier von Jugend auf an den ausschließlichen Genuß von Rind- und Hammel- (bezw. Schaf-) Fleisch gewöhnt ist. Aus letzteren Fleischarten, die auf dem Kampe jederzeit in größeren Quantitäten vorhanden sind, lassen sich die landesüblichen Gerichte, asado und puchero, auf die denkbar einfachste Art herstellen, wogegen eine schmackhafte Zubereitung des Wildes, die dem Kampmanne als etwas Ungewohntes nicht einmal zusagen würde, verhältnismäßig mühsam ist.

Wenn nun der Argentinier die ohne besondere Anstrengung erbeuteten Hühner nicht selbst konsumiert, um wie viel weniger wird es ihm in den Sinn kommen, seine Küche mit solchem Wild zu versorgen, dessen Erlangung nach dortigen Begriffen große Mühe erfordert.

Hiernach erscheint es allerdings nicht ausgeschlossen, daß die Bewältigung der etwa überhandnehmenden Hasen den in Argentinien wohnenden Ausländern, in deren Händen die Ausübung der Jagd zum größten Teile liegt, in Zukunft vielleicht einige Schwierigkeiten bereiten möchte.

Von einer fühlbaren Schädigung durch die Hasen könnte im allgemeinen aber nur in den Gegenden die Rede sein, in denen Ackerbau betrieben wird. Hier ist es wiederum der verhältnismäßig geringe Umfang der einzelnen Grundstücke, der es dem Ackerbau treibenden Kolonisten ermöglicht, die Hasen nicht überhandnehmen zu lassen.

* * *

Obgleich keine Aussicht vorhanden ist, daß die Hasen jemals eine bedeutende Rolle für die Volkswirtschaft Deutsch-Südwestafrikas, d. h. als Volksnahrungsmittel, spielen werden, so wird es der dortige Deutsche, sei er Kolonist oder Kaufmann, Offizier oder Beamter, doch mit Freuden begrüßen, wenn sich ihm auch in der Kulturzone Gelegenheit zur Ausnutzung seiner freien Zeit mit der gesunden Beschäftigung des Waidwerks bietet und wenn ihm ein schmackhafter Hasenbraten eine angenehme Abwechselung in seine oft eintönige Speisenfolge bringt.

———

# Die Terrainlehre Kleinasiens in ihren allgemeinen Beziehungen zur Bodenkultur des Landes.

Bearbeitet von Dr. C. A. Nordislian aus Kleinasien, Professor an der landwirtschaftlichen Schule von Salonik.

## III.

Die folgenden Ausführungen des oben erwähnten Gelehrten geben einen weiteren Beweis für die Ergiebigkeit des Bodens:

„Als Durchschnittsertrag werden übereinstimmend 8—10 Kile von Tönüm*) als Ertrag auf gedüngtem und gut bearbeitetem Lande, bei günstigem Wetter 15—25 Kile, im Durchschnitt also 20 Kile von Tönüm angegeben. Auf bewässertem Boden steigen die Erträge erheblich. Von zwei Seiten wurde mir als das in der Gegend von Eskischehir dabei zu erzielende Maximum 50 Kile vom Tönüm angegeben. In ganz schlechten Jahren, d. h. solchen von außergewöhnlicher Trockenheit, sinkt der Ertrag bis auf 3 und 4 Kile, doch sollen solche Mißernten jedes Jahrzehnt nur einmal eintreten. Auf bewässertem Terrain kommen Mißernten überhaupt nicht vor, da ihnen die größte Dürre nichts schaden kann.

„Wollen wir nun diese Angaben auf die uns geläufigen Maße zurückführen und zunächst von der Fiktion ausgehen, daß der Tönüm, wie er in den Berechnungen der Bauern figuriert, thatsächlich ¹/₁₁ Hektar ist, so halten wir unter der Annahme, daß 1 Kile (= 37½ Liter) Weizen 30 Kilo schwer ist, folgende Erträge in Hundner (100 Kilo) vom Hektar zu verzeichnen:

| | |
|---|---|
| Mißernte . . . . . . . . . . . . . . | 9,90—13,20 |
| Durchschnitt . . . . . . . . . . . . . | 26,40—33 |
| Auf gut gedüngtem und bewässertem Land | 66 |
| Auf bewässertem Land (Maximum) . . . | 165 |

„Diese Zahlen allein zeigen, daß hier ein Irrtum in Bezug auf den wirklichen Umfang eines Tönüms vorliegen muß. 33 Hundner (Kilozentner) vom Hektar werden in den intensiv bewirtschafteten Rübengütern als ein immerhin hoher Ertrag angesehen, in Wirtschaften mit weniger intensiver Kultur und geringerem Boden aber kaum erreicht, 6 Hundner vom Hektar ist aber wohl das Äußerste, was einmal als Ausnahme auf einer besonders auserwählten Parzelle erzielt worden ist. Daß es aber Erträge von 165 Hundner vom Hektar geben sollte, erscheint wohl einfach physisch unmöglich.

Das Eine aber läßt sich immerhin aus diesen Angaben folgern, daß der dortige Boden ungemein dankbar ist für eine gute Behandlung, und daß er bei einer solchen dem Landmann mit Erträgen lohnt, wie sie unter deutschem Himmel unbekannt sind."

---

*) 1 Tönüm = ¹/₁₁ ha, genau 919,30 qm.

Kaerger hat ganz recht, die Angabe, daß der Dönum einem $^{1}/_{11}$ Hektar entspreche, anzuzweifeln. In Kleinasien hat beinahe jedes Dorf seinen Dönüm; die Breite bleibt immer dieselbe, während die Länge wechselt, sodaß in einem flachen Lande die letztere zwei- bis dreimal länger ist als in einem unebenen; in diesem Falle aber ist auch die obige Angabe zu beachten.

Gerste: Die Kultur der Gerste hätte nach derselben Quelle keine große Verbreitung gefunden und brächte ungefähr die gleichen Erträge wie der Weizen, auf den Dönüm berechnet; sie würde ferner ausschließlich als Viehfutter benutzt. Es muß hinzugefügt werden, daß das Wort ausschließlich nicht an seinem Platze ist: die Gerste dient wohl den armen Bauern als gutes Nahrungsmittel; sei es allein, sei es mit Weizen-, Roggen- oder Maismehl gemischt, liefert sie kein zu unterschätzendes Brot. Die Bauern verkaufen den Weizen und den Roggen und behalten die Gerste für sich selbst.

Mais: Auf einem Dönüm werden, nach Kaerger, 1—1$^{1}/_{2}$ Oka*) Körner unter die Bohnen oder Melonen gepflanzt, und diese sollen nach einer Angabe aus Eskischehir einen Ertrag von 40 Kile liefern, wovon jedes 20—22 Oka enthält. Wenn diese Angabe richtig ist, was man fast bezweifeln möchte, so würde das einen etwa 600fachen Ertrag bedeuten, und wenn man nur den vierten Teil als wahr gelten läßt, so ist das schon ein ungemein günstiges Verhältnis von Aussaat und Ernte.

Alle diese Angaben sind wichtige Dokumente für die Fruchtbarkeit des Landes, obwohl sie etwas übertrieben sind.

Was die Methode der Aussaat anbetrifft, so scheint es, daß sie von einer Örtlichkeit nach der anderen wechselt; nach Kaerger z. B. werden Löcher gehackt und in diese einige Maiskörner geworfen. In der Provinz Trapezunt wird dieses Verfahren nicht angewendet: alle Getreidearten werden dort breitwürfig mit der Hand ausgesäet.

Es muß noch hinzugefügt werden, daß die europäischen Reisenden durch ihre Unkenntnis der türkischen Sprache manche Ungenauigkeit geschrieben haben; doch es liegt dem Zwecke dieser Schrift fern, solche Dinge in die Erörterung zu ziehen.

## III.

## Hydrographie.

### 1. Allgemeine Betrachtungen.

Nach der orographischen Gestaltung des Landes wird es nicht auffallend erscheinen, wenn die Flüsse, die an und für sich nicht zahlreich sind, sich nicht vereinigen und dadurch große Ströme bilden können. Die Wasserführung der Halbinsel, die ungefähr dieselbe Ausdehnung hat wie Frankreich, wird zu 2900 Kubikmeter pro Sekunde geschätzt, während die von Frankreich auf 6000 Kubikmeter pro Sekunde veranschlagt wird.

Über die Natur der Flußgebiete und Wasseradern sagt Ritter: „Die Flüsse, die aus den vielfach verzweigten Gebirgssystemen anfangs nahe beisammen entquellen und strömen, dann sich weiter auseinander begeben, eine Strecke hin mit einander in parallelem Laufe, doch bald mehr und konvergierend in der Normaldirektion gegen SO. fließen, vereinigen sich". Sie vereinigen sich öfter aber nicht. Die

*) 1 Oka = 1,284 Kilo.

Beobachtung ist dem Laufe des Euphrat und Tigris entlehnt; sie giebt indessen in großen Zügen einen Anhaltspunkt auch für das Wassersystem Kleinasiens.

Naumann sagt: „Die das Plateau höher überragenden Bergmassen sind von der Erosion tief und vielfach zersägt, sodaß das Gewirr der stark verzweigten Schluchten und Gerinnsel nicht selten ein geradezu überraschendes Bild darbietet. Überraschungen eigener Art bieten auch gewisse Flußläufe der Randgebiete, indem sie plötzlich im Gebirge verschwinden und dann nach einer Strecke unterirdischen Laufes plötzlich wieder hervorbrechen".

Man könnte sich fragen, ob die tiefen Thäler und Hohlräume durch die Wasserkraft entstanden, oder ob die Wasserscheidelinien sekundäre, den primären Erhebungen erst nachfolgende, lokale Entwickelungen sind. Das zweite Moment hat jedenfalls die größte Rolle gespielt. Die Stromgebiete größerer wie kleinerer Ausdehnung sind stets von der Gestaltung des Ganzen abhängige Formen. Wir haben in der Orographie erwähnt, wie große Unebenheiten die Erdbeben hervorgerufen haben; wir haben noch hinzugefügt, daß höchstwahrscheinlich die Flüsse durch Auswaschungen in kalkreichen Gegenden zu manchen Erdbeben Veranlassung gegeben haben. Es ergiebt sich daraus, daß die Wasserkraft die Formen mancher Flächen verändert hat. Immerhin waren die ersten Bedingungen zu solchen Veränderungen vorhanden.

In Kleinasien giebt es keinen schiffbaren Fluß. Es ist zweifelhaft, ob die Flüsse der Halbinsel in früheren Zeiten schiffbar gewesen sind. Nach manchen früheren Historikern waren sie es; aber welche Größe die damaligen Flußschiffe hatten, ist unbekannt. Der schiffbare Fluß der Alten (amnis navigabilis), der, wie Herodot erzählt, die 241 400 Soldaten[1]) enthaltende Flotte von Xerxes trug, war jedenfalls bedeutend größer als heute.

Wir sind gezwungen anzunehmen, daß die Flüsse Kleinasiens im Laufe der Zeit an Breite wie an Tiefe eingebüßt haben. Wie kann man eine solche große Veränderung erklären? Erstens durch die Thätigkeit des fließenden Wassers selbst, die große Versandungen hervorruft und öfters den Lauf des Flusses verändert; und dann glaubt Hoff[2]), daß diese Aufhäufung von Sand, Schutt u. s. w. die westkleinasiatische Küste entlang durch die Konvergenz der doppelten Strömungen begünstigt werde, deren eine von der syrischen Küste und die andere vom Schwarzen Meere herüber läuft, und von denen jede eine Menge von Schuttanhäufungen zurückläßt.

Wenn man bedenkt, daß die alten Historiker eine Menge von Inseln erwähnen, welche heute durch Angliederung an die Halbinsel verschwunden sind, besonders die von Herodot erwähnte Insel Lade[3]), deren Lage wahrscheinlich vor dem Delta des Mäander zu suchen ist, so ist man genötigt, an die Nachricht von den schiffbaren Flüssen der Alten in Kleinasien zu glauben, nicht aber dies alles für eine phantastische Übertreibung anzusehen.

Die Flüsse Kleinasiens fließen entweder in das Meer, oder sie gehen in dem abflußlosen Lande verloren; sie bilden dann entweder Sümpfe oder lassen sich vom Tuffstein wie ein Schwamm aufsaugen; manche verschwinden und lassen keine Spur zurück; sie haben unterirdische Läufe oder bilden große unterirdische Lachen. Wir erinnern nur an die sumpfigen Gegenden von Lycaonien und Cappadocien, sowie an das trachytische Plateau von Argäus.

---

[1]) Herod. I, 84.

[2]) B. Zeit. 4. p. 250.

[3]) Herod. I. 6, 7 und 11.

2. **Die Richtung der wichtigsten Gewässer Kleinasiens und ihre Benennung.**

Die Gewässer, die nach Norden fließen und sich in das Schwarze Meer ergießen, sind folgende:

**Yeschil Irmak** (Iris), von der Farbe des Wassers entnommen, der türkische Name = Grüner Fluß. Er ist sehr kalkhaltig; seine Länge beträgt ca. 232 km, seine Breite durchschnittlich 16—18 m, und seine Tiefe steigt nirgendwo über ein Meter.

**Kisil-Irmak** (Halys), türkisch nach seiner roten Farbe so genannt (Kisil = rot, Irmak = Fluß) und griechisch Saline (apo ton alon). Auf seinem Wege durchschneidet er ein Steinsalzlager in rotem Mergelthon. Von letzterem erhält sein Wasser die rote Farbe und von ersterem den salzigen Geschmack. Seine Breite schwankt zwischen 30—60—80—100 m. Seine Tiefe weist ebenfalls große Verschiedenheiten auf und steigt stellenweise bis zu einer Seichtigkeit herab, die ihn durchwaten läßt. Seine Länge beträgt ca. 912 km.

**Sakaria** (Sangarius); seine Gewässer enthalten eine große Menge von Schlick und Schuttmassen, sodaß er auf einer großen Strecke seines Laufes trübe ist; er hat eine Länge von 584 km. Der Sakaria ist im Vergleich zu den anderen Flüssen ziemlich tief, aber nicht tief genug, um für mittelgroße Dampfschiffe schiffbar zu sein. Seine Breite schwankt zwischen 30—40—50 m.

Der einzige Fluß, der überhaupt diese Benennung verdient und sich in das Marmara-Meer ergießt, ist der **Susurlu-Tchai** oder **Simaw-Tchai** (Macestus); er bildet mit dem **Abermas-Tchai** den **Muhalidji-Tchai** und behält diesen Namen bis zu der Mündung. Er hat eine Länge von 172 m.

Die Flüsse, die sich in das Ägäische Meer ergießen, sind folgende:

**Gediz-Tchai** (Hermus); in der Trockenzeit werden seine Gewässer lauwarm, sind aber in jeder Jahreszeit sehr schlammhaltig; der im Altertum berühmte, goldführende Pactolus ist ein Nebenfluß des Gediz-Tchai. Er hat eine Länge von 272 km. Sein Lauf führt über Moorböden und trachytisches Gebiet. In der Regenzeit hat er eine Tiefe von ungefähr 5—6 m. Seine Breite schwankt zwischen 20—30—35 bis 40—45—52 m und seine Tiefe zwischen 0,8—0,9—1 m.

**Kütchük Menderes** (Kaystrus); obwohl er kein bedeutender Fluß ist, so führen doch seine Gewässer große Mengen von Schlamm; an seiner Mündung erscheint er wie ein stagnierendes Gewässer. Seine Überschwemmungen unterhalten die Sümpfe der Umgegend. Die Länge beträgt ca. 88 km. Seine Breite sowie seine Tiefe nehmen gegen die Mündung zu. Die Breite, anfangs 10—12 m, steigt auf 40—50 m.

**Büjük Menderez** (Mäander); seine Hauptquelle ist der See Heolran; seine Gewässer verschwinden zweimal, um wiederaufzutauchen; er bildet in seinem Laufe mehrere Sümpfe und macht die Umgegend sehr ungesund. Seine Länge beträgt 380 km. Er ist sehr schlammig; seine Farbe ist gelb. Die Ufer sind mit den in den Sümpfen vorkommenden Gewächsen bedeckt. Seine Tiefe beträgt 1—1½—2 m und seine Breite bis 50 m.

Die bedeutenden Flüsse, die sich in das Mittelländische Meer ergießen, sind folgende:

**Dalaman-Tchai**, merkwürdig wegen des Bogens, den er in seinem Laufe beschreibt.

**Ak-Su**, hat eine Länge von 132 km. Man bemerkt in seinem Laufe große Versandungen; wenn man diese in Betracht zieht, so ergiebt sich eine große

Wahrscheinlichkeit für die frühere Schiffbarkeit des Kestros der Alten, der nach Strabos Bericht auf einer Strecke von 20 km schiffbar war.

Ermenek-Su oder Gök-Su, im Altertum Kalykadnus genannt und als schiffbar bezeichnet, hat eine Länge von 148 km und durchschnittlich 25—35 m Breite, eine Tiefe von 0,5—1 m.

Tarsus-Tchai (Kydnus) hat nur ein historisches Interesse insofern, als er schiffbar gewesen sein muß, da Plutarch berichtet, daß die Königin Kleopatra mit ihrer Flotte über seine Gewässer gefahren sei.

Seihun Tchai (Sarus), einer der bedeutenden Flüsse Kleinasiens, hat eine Länge von 300 km. Seine Tiefe ist ca 1—1½ m, seine Breite erreicht bis 55—65 m. Seine Gewässer haben eine ziemlich hohe Temperatur. Russegger beobachtete am 5. August 2 Uhr nachmittags 22,3° R. (28° C.); die Temperatur der Luft war 32° R. (40° C.).

Djihan-Tchai (Pyramus), hat eine Länge von 304 km. Ainsworth meint, dieser Fluß müsse auf einer ziemlich großen Strecke für kleine Dampfschiffe schiffbar sein.

### 3. Die Zahl der Flüsse Kleinasiens.

Die Zahl der von Tchihatcheff beschriebenen Flüsse ist ziemlich groß; es ist aber in diesem Aufsatz nicht möglich, sie alle mit näheren Angaben zu erwähnen; ca 45 davon (Haupt- und Nebenflüsse) fließen dem Schwarzen Meere zu, 20 dem Marmara- und dem Ägäischen Meere und 36 dem Mittelländischen Meere. Obwohl der oben erwähnte Forscher die hypsometrischen Messungen angegeben hat, wird in neuerer Zeit deren Genauigkeit angezweifelt.

### 4. Der Niveauunterschied der Flüsse.

Der Niveauunterschied zwischen den Quellen und den Mündungen ist sehr groß. Nach Tchihatcheff kommen 2000 m Unterschied zwischen den erwähnten Punkten öfter vor, während in Europa diese Unterschiede etwas Ungewöhnliches sind. Ein Gefälle von 30—45 m auf ca. 4 km ist das Gewöhnliche.

### 5. Die Krümmungen der Flüsse.

Um zu zeigen, welche großen Krümmungen sie machen, indem sie in ihrem Laufe ungefähr bis [illegible] Kreise bilden, sind in der folgenden Tabelle die wirklichen Längen einiger Flüsse und die gradlinige Entfernung von den Quellen bis zu den Mündungen zusammengestellt:

| Namen der Flüsse | Wirkliche Längen in km | Geradlinige Entfernung von den Quellen bis zu den Mündungen in km |
|---|---|---|
| Kisil-Irmak (Halys) . . | 912 | 208 |
| Sakaria (Sangarius) . . | 584 | 212 |
| Gediz-Tchai (Hermus) . . | 272 | 200 |
| Menderez (Mäander) . . | 380 | 240 |
| Taloman (Indus) . . . . | 160 | 48 |

Tschihatscheff bemerkt dazu: „Der Vergleich der Flüsse Kleinasiens mit denen von England zeigt die entgegengesetzte Erscheinung, die sich aus dem der Süßwasserseen ergiebt; die von Schottland und Cumberland bilden bloß schmale Streifen, die von der üppigen Entwickelung der meisten Seen Kleinasiens grell abstechen; es scheint fast, als ob die Natur sich ein besonderes Vergnügen daraus gemacht hätte, in Kleinasien das Flußwasser in schmalen Streifen auszudehnen und es in England in breiten und tiefen, ihrer Länge nicht entsprechenden Betten zu konzentrieren."

### 6. Die heißen Quellen.

Die Zahl der bis jetzt bekannten heißen und Mineral-Quellen der Halbinsel beträgt 25; nur die wichtigsten davon werden hier erwähnt:

Die Reihe von Thermal-Quellen von Brussa bei Olympus ist höchst interessant; sie waren schon im Altertum unter dem Namen Pithya bekannt und im Mittelalter am byzantinischen Hofe geschätzt. Jetzt werden sie technisch betrieben und liefern sehr gute Erträge. Die Temperatur schwankt zwischen 44 und 92° C. Nach den chemischen Untersuchungen von Rigler reagieren alle diese Quellen alkalisch.

Die Quellen von Jalowa haben nach Rigler eine Temperatur von 61—65° C. Sie sind insofern merkwürdig, als sie nach H. L. Smith 97% Stickstoff und bloß 3% Sauerstoff besitzen, während die Quellen von Aachen, welche als stickstoffreichste Quellen Europas gelten, nach Bunsen 81,68% Stickstoff enthalten.

Die heißen Quellen von Kidja, in Troas, haben eine Temperatur von 38—47,5° C.

Die Quellen von Tuzla; Temperatur 78—90°. In der Nähe von Tuzla giebt es zahllose kleine Strahlen, die einen siedend heißen Bach bilden. Tschihatscheff sagt, daß sein Thermometer platzte, wenn er es in die heißen Quellen von Tuzla tauchte.

Die heißen Quellen in der Umgegend von Nitri (Erytreus) und Lazala; die ersteren mit 21—21° C. und die letzteren mit bis 70° C. Sie haben eine große inkrustierende Kraft, sodaß der von ihnen gebildete Bach durch diese Inkrustation ganz verschüttet wird und öfter seinen Lauf ändert.

In der schönen, an die Ostküste der Bucht Elghadjil grenzenden Ebene sieht man am Fuße der Kalkfelsen eine Menge von kleinen, runden Öffnungen, welche siedenden Quellen Ausgänge bieten; diese Quellen werden, weil sie sich zwischen Gümüldü und Ipsili befinden, die Heißquellen von Ipsili genannt. Die mittlere Temperatur beträgt 71° C. Tschihatscheff macht in betreff dieser Quellen die folgende Bemerkung: „Es wird eine Zeit kommen, wo man die Heißquellen von Ipsili in Marmorwasserbehältern ansammeln und sie wie die Badeorte Europas mit prachtvollen Gebäuden umgeben wird, und dann, wenn man einmal die den schönen ionischen Himmel wiederstrahlende Aussicht des Meeres sowie die der Konturen der bezaubernden Inseln des Ägäischen Meeres genießt, wird man die lachenden Badeorte von Kissingen, Gastein, Bagnères de Bigorre und Luchon und die anderen wirklich berühmten Orte blaß, farblos und steif finden."

Die Quellen von Pambukkalessi sind, wie die von Nitri und Lazala, ebenfalls durch ihre große Inkrustationskraft sehr berühmt; sie bilden eine ungeheuere Masse von Kalkabsätzen, durch welche eine Anzahl von prachtvollen Wasserfällen entstehen.

Es sind ferner zu nennen: die heißen Quellen von Afiun-Karahissar und die zwei siedenden, natürlichen, kreisförmigen Bassins von Kisilr-Hissar (Tyana der Alten, in der Nähe von Argäus) welche eine große Menge von Kohlensäure enthalten; die inkrustierenden heißen Quellen von Eregli, die Mineralwasserquellen von Siwas, die salzhaltigen Quellen von Tokat 2c.

Die heißen Quellen der pontischen Küste, besonders in Djanik, verdienen eine besondere Erwähnung; meines Wissens hat kein Reisender sie beschrieben.

### 7. Die Binnenseen Kleinasiens.

Was die Binnenseen Kleinasiens betrifft, so nehmen sie einen großen Raum ein. In mehreren Teilen der Halbinsel finden die Flüsse, wie schon erwähnt, keinen Abfluß: infolgedessen sammelt sich das Wasser an den tiefsten Stellen und bildet bergumrandete, salzdurchtränkte Becken oder große, seichte Lachen; sie werden in der Nähe der westlichen Küste und im Zentrum der Halbinsel gefunden.

### 8. Der Flächeninhalt und die Benennung der bedeutenden Seen.

Tchihatcheff giebt als Flächeninhalt der von ihm besuchten 26 Seen 940 qkm an; Naumann erklärt diese Angabe für falsch.

Nach seinen Messungen beträgt der gesamte Flächeninhalt der 10 Seen 3625 Quadratkilometer, und im einzelnen, wie folgt:

| | |
|---|---|
| Sabandja-Göl | 23 qkm |
| Isnik-Göl | 252 „ |
| Abullonia-Göl | 160 „ |
| Manias-Göl | 200 „ |
| Basi-Tenisi | 70 „ |
| Adji-Tus-Göl | 100 „ |
| Burdur-Göl | 130 „ |
| Egerdir-Göl | 440 „ |
| Kirili-Göl | 550 „ |
| Der lycaonische Salzsee Tus-Tchöllü | 1700 „ |
| Zusammen | 3625 qkm |

Fraglich ist, in welcher Jahreszeit und bei welcher Witterung beide Gelehrten ihre Messungen durchgeführt haben, ferner, ob etwa in 50 Jahre auseinanderliegenden Zeiten (Tchihatcheff hatte mehrere Reisen in Kleinasien unternommen; im Jahre 1849 berichtete er über den Tus-Tchöllü, daß er sich im Juli mit einer stellenweise bis 2 m dicken Salzkruste bedeckt habe; dieses Datum wird eben hier ins Auge gefaßt) die Flächen der Seen sich vergrößert haben.

### 9. Der Salzgehalt der Seen.

Manche von den oben erwähnten Seen geben große Erträge an Chlornatrium. Nach Phillipps hat das Wasser des Tus-Tchöllü einen Salzgehalt von 32,2 pCt., während das an Salzgehalt berühmte Tote Meer 21,7 pCt. und die Salzpfanne des Kaspischen Busens Karabughas 28,5 pCt. hat. Tchihatcheff sagt, daß die weiße Salzkrustendecke des Tus-Tchöllü, welche von den grünen Hügeln des Kodja-Dagh grell abstach, stark genug war, um die Last eines Pferdes zu tragen; an mehreren Stellen konnte der See trockenen Fußes überschritten werden. Nach seiner Angabe belief sich hier der jährliche Ertrag in den Salinen mit Ausnahme der Seite von Tchirchjik auf ca. 20 Millionen Kilogramm.

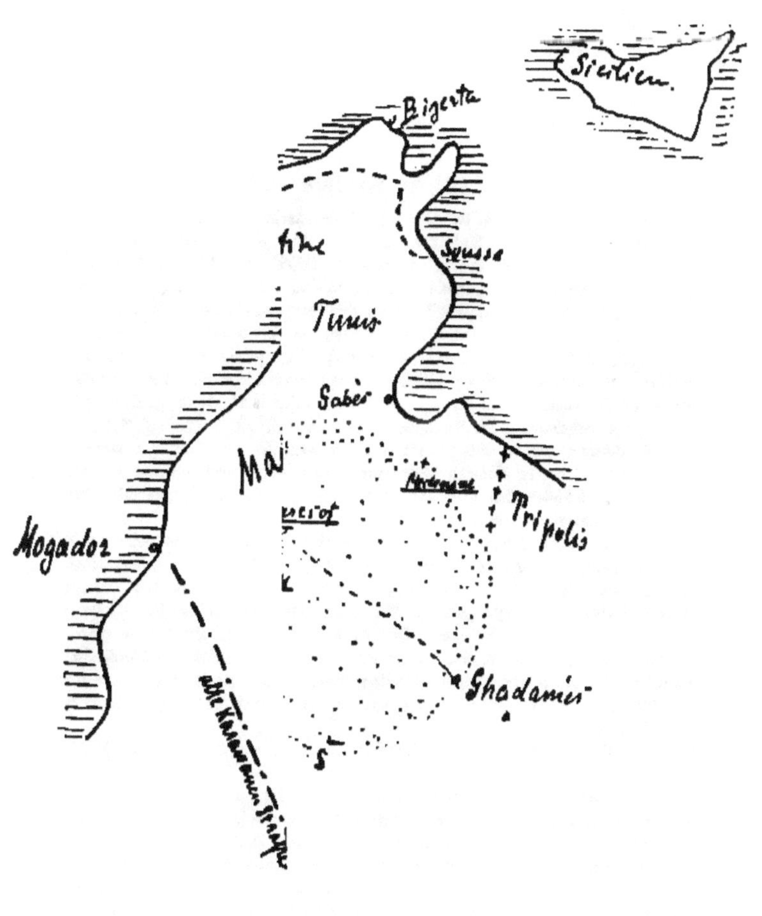

Sicilien.
Bigerta
Sousse
Tunis
Sabès
Tripolis
Mogador
Ghadames

## Das britische Konsularwesen.

Seit alter Zeit genießt das englische Konsularwesen Ansehen und Vertrauen im britischen Reiche wie im Auslande. Der energische und nie versagende Schutz britischer Interessen, selbst in den entlegensten Teilen der Welt, die beispiellose, gewaltige Ausdehnung des Handels Englands werden nicht zum wenigsten auch der Pflichttreue und der Zähigkeit des britischen Konsularkorps als Verdienst angerechnet. Die Berichte der englischen Konsuln, welche nicht in schwerfälligen Sammelwerken oder Amtsblättern vergraben, sondern gleich nach Eingang als einzelne Hefte dem Publikum für wenige Groschen zugänglich gemacht werden, genießen bei Geschäftsleuten wie Nationalökonomen der ganzen Welt als reiche und zuverlässige Auskunftsquelle große Beliebtheit. Die Annahme liegt nahe, daß dieses günstige Ergebnis einer Einrichtung, die in anderen Staaten sich nicht überall gleich gut bewährt hat, auf die Art der in England getroffenen Organisation zurückzuführen ist. Es soll daher im Nachstehenden untersucht werden, welcher Art die Organisation des britischen Konsularwesens ist.

Um ins besoldete englische Konsularkorps einzutreten, bedarf es gegenwärtig nicht des Besitzes bestimmter Zeugnisse von gewissen Schulen oder Universitäten. Die Zulassung wird vielmehr nach der bestehenden Gesetzgebung von dem Erfolge eigener Prüfungen abhängig gemacht. Die Angehörigen des britischen Konsularkorps sind daher aus den verschiedensten Berufen hervorgegangen. Verschiedene waren anfänglich Mediziner, andere Kaufleute, wieder andere Journalisten. Zahlreich sind ehemalige Offiziere vertreten, noch zahlreicher solche, die ihre Laufbahn als Schreiber bei einem Konsulat oder einer Mission begonnen und später das Konsulatsexamen abgelegt haben.

Die Bedingungen für die Aufnahme sind verschieden, je nachdem der Anwärter die Absicht hegt, sich dem ostasiatischen, dem orientalischen oder dem Konsulardienst in anderen Ländern zu widmen. Zum Examen für den Konsulardienst im Orient und Ostasien werden nur gesunde und unverheiratete Engländer im Alter von 18—24 Jahren zugelassen. Für den Orient (d. h. Türkisches Reich, Persien, Griechenland und Marokko) wird beim Zulassungsexamen vor der betreffenden Kommission des Civil Service der Nachweis folgender Kenntnisse gefordert: Handschrift, Orthographie, Arithmetik, englischer Aufsatz, Lateinisch, Französisch, französische Korrespondenz. Außerdem wird nach Wahl der Bewerber in Griechisch, Italienisch, Deutsch oder Spanisch geprüft. — Zum Bestehen des Examens für den Dienst in China, Japan und Siam sind folgende Kenntnisse vorgeschrieben: Handschrift, Orthographie, Arithmetik, englischer Aufsatz. Der Kandidat muß ferner in Geographie, Sprachen (Lateinisch, Französisch, Deutsch) sowie in den Grundzügen des Straf-, Handels- und Seerechts bewandert sein. — Zum Examen für den Konsulardienst in den anderen Ländern können sich Leute im Alter von 25—30 Jahren melden. Sie müssen nicht nur englisch und französisch fließend sprechen und schreiben, sondern auch noch eine dritte europäische Sprache vollkommen beherrschen. Es wird in dieser Hinsicht für Nordeuropa Deutsch, für Spanien, Portugal, Marokko, Süd- und Zentralamerika

Spanisch oder Portugiesisch, für Italien, Griechenland, Türkei, Egypten, Schwarzes- und Mittelmeer Italienisch verlangt. Außerdem muß der Anwärter im See- und Handelsrecht sowie in der Mathematik Bescheid wissen.

Daß diese Prüfungen nicht nur zum Schein abgehalten werden, und daß es dabei sehr ernst genommen wird, beweist der Inhalt der den Kandidaten gestellten Aufgaben. 1894 wurden beispielsweise nach den Veröffentlichungen der Civil Service Kommission den Kandidaten für den allgemeinen Konsulardienst folgende Aufgaben gestellt:

Englischer Aufsatz (Zeit 2 Stunden): „Die Portugiesen und ihr Platz im modernen Europa" oder „In der Politik ist das Unerwartete die Regel."

Diktat (englisch).

Französisch (3 Stunden). Übersetzung ins Englische und umgekehrt sowie Diktat.

Italienisch (desgl.) oder portugiesisch, oder spanisch, russisch, türkisch.

Arithmetik 2½ Stunden) 26 Aufgaben.

Handelsrecht (3 Stunden) 10 Fragen, darunter z. B. Pflichten und Vollmachten eines Schiffsführers — Verbindlichkeiten des Reeders bei Verlust oder Beschädigung von Gütern oder Passagieren — Was ist in einem bestimmten Fall zu thun, wenn die Ansprüche an ein Schiff nach längerer Reise seinen Wert übersteigen? —

Nach bestandenem Examen wird der Anwärter für den ostasiatischen Dienst sogleich nach China, Japan oder Siam gesandt, um dort sich zunächst mit der Sprache des betreffenden Landes und den Obliegenheiten des Konsulardienstes bekannt zu machen. Er erhält den Titel Student Interpreter, ein Jahreseinkommen von 4000 Mark sowie freie Reise. Scheidet er innerhalb von 5 Jahren aus eigenem Willen oder gezwungen wieder aus dem Dienst, so hat er dem Staat 3000 Mark zu vergüten. Je nach Fähigkeiten und Eifer steigt der Student Interpreter im Laufe der Jahre fast immer in dem Lande, das er als Wirkungskreis gewählt hat, zum dritten, zweiten, ersten Assistenten auf, dann wird er Vizekonsul, Konsul und nicht selten Legationssekretär oder Generalkonsul. Er ist während dieser Laufbahn vertretungsweise und in fester Stellung bald in dieser, bald in jener Stadt des betreffenden Landes thätig.

Der Anwärter für den Dienst im Orient hat nach bestandener Prüfung sich als Student Interpreter sogleich nach einer ihm vom Staatssekretär bezeichneten Universität zu begeben, dort zwei Jahre lang orientalische Sprachen zu studieren und die vorgeschriebenen Examina zu machen. Während dieser Zeit erhält der Studierende jährlich 4000 Mark Gehalt. Im Falle des Ausscheidens aus dem Dienst innerhalb von 5 Jahren hat der Kandidat dem Staat 10 000 Mark zu vergüten. Nach erfolgreichem Besuch der Universität wird der Interpreter als Assistent mit jährlich 6000 Mark Anfangsgehalt einem Konsulat oder einer Mission im Orient beigegeben. In dieser Stellung hat er dann ein zweites Examen in türkischem und Völkerrecht und inbezug auf Sprache, Geschichte und Verwaltung des Landes seiner Thätigkeit sowie der Türkei im allgemeinen zu bestehen. Von da an steht ihm der Weg zum Legationssekretär, Generalkonsul, gelegentlich auch zum Ministerresidenten oder Gesandten offen.

Die beim Examen erfolgreichen Anwärter für den Konsulardienst in anderen Ländern werden, soweit es irgend möglich ist, zunächst einige Zeit im Londoner Auswärtigen Amte beschäftigt, um mit der Technik des dortigen Dienstes vertraut zu werden. Alsdann erhalten sie probeweise einen Posten als Vizekonsul und steigen nach zweijähriger Probe allmählich zum Konsul, Generalkonsul und mehr auf. Die Beamten dieses Dienstes werden, im Gegensatz zu denen im Orient und Ostasien, nicht selten von einem Land ins andere versetzt. Doch ergiebt eine Durchsicht der betreffenden Listen, daß die Versetzungen gewöhnlich nur nach Ländern erfolgen, in denen entweder dieselbe Sprache herrscht, oder die in näheren wirtschaftlichen Beziehungen mit einander stehen. Der Ausgleich zwischen ungesunden oder sonst unangenehmen und besseren Posten wird durch raschere Beförderung der Inhaber der ersteren, sowie häufigere Beauftragung mit Vertretungen und dadurch erreicht, daß in einer Reihe von Ländern zwei Dienstjahre bei der Pensionierung als drei gerechnet werden.

Die Beförderung der Konsularbeamten soll nach einem Gesetz vom 6. Mai 1896 streng nach Verdienst und nur, wenn eine Vakanz vorhanden ist, welche auszufüllen der in Aussicht genommene Beamte fähig erscheint, erfolgen.

Die Altersgrenze für den aktiven Konsulardienst beträgt jetzt 65 Jahre, früher 70. Wer dieses Alter erreicht, wird, wenn nicht der Staatssekretär das weitere Verbleiben des Beamten im Dienst verlangt, ohne weiteres pensioniert.

Eine Übernahme von Konsularbeamten in den inneren Dienst des Auswärtigen Amtes gehört in England zu den großen Seltenheiten. Die Posten in der genannten Behörde werden fast ausschließlich mit Männern besetzt, welche im Alter von 19—25 Jahren, nach sorgsamer Auswahl, zu demselben Examen zugelassen werden, das für den Eintritt in den diplomatischen Dienst verlangt wird. Bei dieser Prüfung werden außer den elementaren Kenntnissen und solchen in allgemeiner Bildung noch vollständige Beherrschung des Französischen und Deutschen, sowie Beschlagenheit in Geographie und neuerer Geschichte verlangt. Die Anwärter, welche dieses nach Ausweis der veröffentlichten Fragen und Aufgaben recht schwierige Examen bestehen, treten als Clerks in das Foreign Office ein und rücken dort mit der Zeit, falls sie tüchtig sind und vom Glück begünstigt werden, zu Junior Clerks I. class, Assistant Clerks, Senior Clerks, Chief Clerks vor. Gelegentlich treten aus ihren Reihen Beamte in den Konsular- oder diplomatischen Dienst über. Doch sind solche Fälle auch nur vereinzelt. Dagegen ist es nicht selten, daß Beamte des Konsulardienstes höhere Posten in den Kolonien erhalten, oder Kolonialbeamte in den Konsulardienst übernommen werden.

Es erklärt sich diese Einrichtung anscheinend daraus, daß das Bestreben der britischen Verwaltung durchweg darauf gerichtet ist, den Konsulardienst möglichst zu vervollkommnen und seine Angehörigen für die ihnen gestellten Aufgaben in jeder Hinsicht auszubilden. Der Konsularbeamte soll sich in seinen Amtsbezirk völlig einleben. Er soll Sprache, Einrichtungen &c. dort so genau studieren, daß er, wie es in seiner Instruktion heißt, jede Aufgabe erfüllen, jede Auskunft zu geben vermag. Dazu bedarf es langen Verharrens im Dienst und ungeteilter Aufmerksamkeit dafür. — Daher ist man auch mit Erteilung von Urlaub sparsam. Der Konsul hat im Jahre der Regel nach nur einen Monat Urlaub zu verlangen; will er länger fortbleiben, so verliert er für diese Zeit die Hälfte seiner Bezüge. Nur in ungesunden Plätzen werden zwei Monat Urlaub mit voller Besoldung im Jahr gewährt.

Wer in den englischen Konsulardienst eintritt, muß sich seiner Aufgabe mit voller Seele widmen. Er muß entschlossen sein, sein Leben ganz in den Dienst der übernommenen Aufgabe zu stellen und damit rechnen, bis zum Greisenalter wahrscheinlich in demselben Lande zu wirken. Als Lohn winkt ihm die Aussicht auf ein allmähliches Aufsteigen in Rang und Würden, eine verhältnismäßig hohe

Bezahlung und die Aussicht auf eine ausgiebige Versorgung für sein Alter. Nach 20 Dienstjahren hat er auf die Hälfte, nach 45 Jahren auf elf Zwölftel seines Einkommens als Pension Anspruch!

Nach dem englischen Staatshandbuch beläuft sich die Zahl der englischen Konsularbeamten verschiedener Art auf 930. Hiervon beziehen 329 feste Gehälter, 601 sind unbesoldet oder erhalten nur eine Vergütung für Bureaukosten. — Der größte Stab von konsularischen Beamten wird von England in China unterhalten. Ihre Zahl beläuft sich hier auf nicht weniger als 76. Unbesoldete Konsuln werden englischerseits dort überhaupt nicht verwendet. — Im türkischen Reich verfügt England neben 63 besoldeten Konsularbeamten noch über 32 unbesoldete. Es folgen die Vereinigten Staaten, wo 26 besoldete und 49 unbesoldete englische Konsularbeamte wirken; Frankreich und seine Kolonien, wo 25 der ersteren, 40 der anderen Art thätig sind. In Japan liegt die Vertretung der englischen Handelsinteressen in den Händen von 21, in Siam von 18 besoldeten Konsularbeamten. In Rußland und im portugiesischen Reich beläuft sich ihre Zahl auf je 11. Daneben sind dort 33, hier 28 kaufmännische Konsuln vorhanden. Auch in Egypten wirken 11 englische Berufskonsuln, in Italien 10, in Persien 9. Auf Brasilien entfallen 7, auf Marokko, Spanien und Rumänien je 6, auf Deutschland und Kolonien nur 5. Hier überall sind daneben noch zahlreiche unbesoldete Konsuln vorhanden. In den hier nicht besonders aufgeführten Staaten befinden sich meist 1—3 besoldete englische Konsuln.

48 der Berufsbeamten haben den Rang als Generalkonsul. Von den unbesoldeten Konsuln führen nur 4 den Titel Generalkonsul.

Eine Durchsicht der regelmäßigen Veröffentlichungen der Foreign Office List über die amtliche Laufbahn der Beamten des auswärtigen englischen Dienstes ergiebt, daß die oben kurz erwähnten gesetzlichen Vorschriften von der Verwaltung im allgemeinen streng beobachtet werden. Von den englischen Konsuln in China hat fast jeder eine Dienstzeit von 15, 20 und mehr Jahren in jenem Lande hinter sich. Nur in ganz vereinzelten Fällen stößt man auf Männer, die anderweitig ihre Sporen verdient haben. Ebenso selten sind die Angehörigen des Konsulardienstes in China später in europäische Länder versetzt werden. Selbst eine zeitweilige Verwendung in Japan ist selten. Ihre Laufbahn spielt sich meistens in den verschiedenen chinesischen Häfen und höchstens noch in Korea und Formosa ab. Gelegentlich treten einzelne der Beamten in den chinesischen Zolldienst über, wie Sir Robert Hart, oder bilden sich zu Richtern für die englischen Konsulargerichte aus. Der Regel nach sind diese Konsularbeamten nicht lange auf einem Fleck. Sie werden zu Vertretungen oder in besonderen Aufträgen oft von einem Punkte des chinesischen Reichs zum andern gesandt, und lernen es so meist nach jeder Richtung hin kennen. — Bei den Angehörigen des englischen Konsulardienstes in Japan und Siam macht man dieselbe Beobachtung. Nur ausnahmsweise wird einer von ihnen nach längerem Dienste im Lande anderweitig verwendet. Von Japan aus finden Versetzungen gelegentlich nur nach Korea, Formosa und der Südsee; von Siam nach Sumatra oder Nord-Borneo statt.

Die Laufbahn der Beamten des englischen Konsulardienstes im Orient spielt sich dagegen häufig nicht allein in der Türkei, sondern auch in den Staaten an der unteren Donau, in Persien, Egypten, den griechischen Inseln, Tripolis, Tunis und gelegentlich Sansibar und Algier ab. Versetzungen und zeitweise Sendungen von einem dieser Länder zum anderen sind nicht selten. Dagegen gehören Fälle, wo einer dieser Beamten später in anderen Teilen der Welt beschäftigt wurde, zu den Ausnahmen.

Die meisten der Beamten dieses Dienstes haben auch eine lange Laufbahn im Orient hinter sich. — Auch von den in Rußland für England thätigen Berufskonsuln haben fast alle ihre Laufbahn ausschließlich dort oder in benachbarten Ländern, wie Bulgarien, Türkei und Persien gemacht. Doch kommt es gelegentlich vor, daß Konsuln von Rußland nach anderen Staaten versetzt werden.

Die in den Vereinigten Staaten beschäftigten Berufskonsuln sind dagegen nur ausnahmsweise dort von Anfang an thätig gewesen. Unter ihnen befinden sich mehrere, die ihre Laufbahn in Europa, im Orient und besonders in Süd- und Mittelamerika begonnen haben. — Eine ähnliche Beobachtung ist hinsichtlich der in Spanien, Portugal, ihren Kolonien, sowie Süd- und Mittelamerika thätigen Berufskonsuln Englands zu machen. Sie sind häufig aus dem Dienst in anderen Ländern übernommen und werden bald von einem Hafenplatz dieser weiten Gebiete nach dem anderen versetzt. — Seltener ist das bei den in Ost- und Westafrika vorhandenen englischen Konsularbeamten der Fall. Sie werden meist recht lange an demselben Fleck beschäftigt oder nur von einer afrikanischen Kolonie in die andere versetzt. Sir John Kirk war beispielsweise 21 Jahre in Sansibar thätig! Auch Sir H. Johnston schaut auf eine lange, ununterbrochene afrikanische Dienstzeit zurück. Nicht selten treten diese Beamten in den Dienst der britischen Kolonialverwaltung oder gehen aus ihm hervor.

Am regellosesten geht die Besetzung der englischen Konsularposten im mittleren und westlichen Europa vor sich. Unter den hier wirkenden Beamten finden sich einzelne, die ihre Laufbahn in Europa gemacht haben, neben vielen, die in der ganzen Welt herumgekommen sind. Doch haben, wie sich bei näherem Zusehen ergiebt, auch letztere meist eine ansehnliche Zeit an demselben Platz und in demselben Lande zugebracht. Das überall in der Organisation des britischen Konsularwesens fühlbare Bestreben, den Beamten in jeder Weise fähig zu machen, seinen Platz voll auszufüllen und seine Aufgaben möglichst gut zu lösen, ist auch hier nicht zu verkennen.

* * *

# Die Beförderungsbedingungen für die französischen Konsuln.

Von Dr. Pierre Decharme.

Die gewaltige Entwickelung des internationalen Handels in den letzten 20. Jahren, die ständig wachsende Zahl neuer Absatzwege und -Mittel auf dem Weltmarkte haben dazu beigetragen, den Konsuln eine von Tag zu Tag bedeutendere Stellung zu verleihen. In der That beschränkt man sich nicht mehr darauf, von ihnen eine würdige Vertretung ihres Landes und eine gewissenhafte Ausübung ihres Berufes als bürgerliche Staatsbeamte zu verlangen; ihre Aufgabe erstreckt sich heute viel weiter. Die gegenwärtige Lage des Handels beansprucht zur Zeit von den Konsuln eine gründliche und auf persönlicher Anschauung beruhende Kenntnis der von ihnen bewohnten Gegend, ihrer Bedarfsgegenstände, ihrer Gebräuche, ihrer Kreditverhältnisse und ihrer Handelsgesetzgebung; er wünscht in jedem Lande Agenten vorzufinden, welche Erfahrung besitzen, bekannt sind, Achtung genießen und mit sicheren und praktischen Informationen versehen sind, und sein Wunsch geht ferner dahin, daß diese Agenten ihre Kenntnisse und ihren Einfluß zur Förderung der Interessen ihres Vaterlandes anwenden. Der Konsul darf seine Kenntnis von der Physiognomie und den Eigenschaften des Landes, in das man ihn entsandt hat, nicht aus Büchern schöpfen noch seine Berichte auf Grund von Zeitungsartikeln verfassen. Im Gegenteil muß er sich — immer unter Beobachtung der Rücksichten, welche seine Stellung ihm auferlegt — an dem thätigen Leben des Landes beteiligen, um dadurch im Laufe weniger Jahre eine wirkliche Kenntnis von Menschen, Dingen und Vorgängen zu erwerben. Nur dann sieht man in seinen amtlichen Berichten den Spiegel der Wirklichkeit und nicht mehr Aktenstücke voller Ziffern, die mühselig aus den örtlichen Statistiken abgeschrieben sind; nur dann kann er denen, welche in seinem Aufenthaltslande Handel treiben wollen, nützliche Angaben machen und dadurch gleichzeitig seinem Vaterlande nutzbringende Dienste leisten. Es liegt auf der Hand, daß man, um dieses Ergebnis erreichen zu können, vor allem versuchen muß, die Konsuln stabiler zu machen, indem man ihnen ermöglicht, an ihrem Amtssitze Beförderung zu erhalten, ohne die Welt von einem Ende zum anderen durchmessen zu müssen.

In Frankreich hat man sich seit einigen Jahren viel mit dieser Frage beschäftigt; sie ist gleichzeitig mit derjenigen der Beförderung der Präfekten und der Gouverneure der Kolonien an ihrem Amtssitze aufgetaucht, die durch die Aufstellung des Grundsatzes der „classes personnelles“ ihre Lösung gefunden hat; betreffs der Konsuln ist sie noch nicht völlig abgeschlossen, wenn auch ein beträchtlicher Fortschritt geschehen ist; bevor sie ihre gegenwärtige Form erhalten, hat sie mehrere Wandlungen durchgemacht, die zunächst kurz untersucht seien.

Bis zum Jahre 1891 war die Besoldung der Konsular-Agenten in einer einzelnen Gehaltsstufe vereinigt, ohne irgend welche Unterscheidung nach Graden oder Klassen; durch das Dekret vom 12. November 1891 glaubte man dann eine notwendige

Reform in diesem Stande der Dinge vornehmen zu müssen; die Begründung seitens des damaligen Ministers der auswärtigen Angelegenheiten, M. Ribot, gipfelt in folgendem Satze:

„Der Ersatz der Agenten, deren Aufgabe es ist, in den verschiedenen Graden der Beamten-Hierarchie den Konsulardienst wahrzunehmen, muß der Gegenstand besonderer Sorgfalt sein, zumal in einer Epoche, wo die wirtschaftlichen und handelspolitischen Fragen einen so weiten Raum in den internationalen Beziehungen beanspruchen“.

Die Artikel 8, 13 und 16 des oben erwähnten Dekrets betreffend die Organisation und den Ersatz des Konsularkorps billigen den Beamten des Konsulatsdienstes, der Registratoren und des Dragomanats persönliche Besoldungen in Verbindung mit Aufenthaltsentschädigungen zu. Diese lange geplante Maßregel hatte zum Zweck, den Agenten, welcher an seinem Amtssitze Beförderung und Gehaltserhöhung erreichen kann, zum dauernden Verbleiben auf demselben Posten zu ermutigen. Die Besoldungen der Beamten des Konsulardienstes sind folgendermaßen festgesetzt: Generalkonsul 18 000 Francs, Konsul I. Klasse 14 000 Francs, Konsul II. Klasse 10 000 Francs, Vizekonsul 7000 Francs, und Konsular-Anwärter 4000 Francs.

Außerdem können den Generalkonsuln, Konsuln, Vizekonsuln und Konsular-Anwärtern von dem Präsidenten der Republik feste Zulagen zugebilligt werden, deren Höhe von der Dauer des Aufenthalts an ihrem Amtssitze abhängt.

Dieses System hatte ein doppeltes Ziel: Es sicherte einerseits jedem Range eine Mindestbesoldung, während andererseits, da die feste Zulage sich auch dann nicht änderte, wenn die Besoldung bei Eintreten einer Beförderung sich erhöhte, das Gesamteinkommen bei jeder Beförderung des Agenten steigen und immer seinem Range entsprechend bleiben mußte. Man hoffte, auf diese Weise die Agenten zu längerem Ausharren auf ihren Posten zu ermutigen.

Aber man scheint sich darin getäuscht zu haben: denn am 23. Mai 1895 unterbreitete M. Develle dem Präsidenten ein neues Dekret zur Unterschrift, welches gänzlich wieder zu dem seit 1881 in Geltung gewesenen System zurückführte. Der neue Besoldungsmodus hatte, sagte man, nicht die Ergebnisse gezeitigt, auf welche man rechnete. Man hatte im Gegenteil erkannt, daß er zahlreiche Unzuträglichkeiten mit sich brachte, besonders, daß die Ruhegehälter sich unverhältnismäßig vermindert hatten, und daß die Stellungen in Europa auf Kosten der entfernteren und ungünstigeren Posten begünstigt worden waren.

Man kehrte daher zu den früheren Zuständen zurück, und zwar bis zum Jahre 1890. Damals nahm das Parlament, in dem Wunsche, in dem Personal unserer konsularischen Vertretung eine möglichst große Stabilität herzustellen, auf den Vorschlag der Budget-Kommission, welche sich dabei im Einvernehmen mit der Regierung befand, in das Spezial-Budget der Auswärtigen Angelegenheiten ein neues Kapitel mit dem Titel „Aufenthalts-Prämien“ auf. Diese Prämien sind dazu bestimmt, durch Bewilligung besonderer Entschädigungen den Agenten des Konsularkorps Geldvorteile zu sichern, welche am längsten auf ihren Posten bleiben, und dadurch den häufigen Personalwechsel einzuschränken.

Die wesentlichen Bestimmungen des am 8. Februar 1896 auf den Vorschlag M. Berthelots unterzeichneten Dekrets sind folgende:

„Artikel 1. Die ältesten Inhaber der General-Konsulate, Konsulate und Registraturen haben gemäß ihrer Anciennität Anspruch auf Aufenthaltsprämien, deren Zahl und Höhe nach der untenstehenden Tabelle festgesetzt ist:

| | | | | | |
|---|---|---|---|---|---|
| Generalkonsuln | 5 | Prämien | zu je | 2000 | Francs |
| Konsuln I. Kl. | 10 | „ | „ „ | 2000 | „ |
| Konsuln II. Kl. | 10 | „ | „ „ | 1000 | „ |
| Vizekonsuln | 5 | „ | „ „ | 1500 | „ |
| | 10 | „ | „ „ | 1000 | „ |
| | 5 | „ | „ „ | 600 | „ |
| Registratoren | 5 | „ | „ „ | 1500 | „ |
| | 10 | „ | „ „ | 1000 | „ |
| | 15 | „ | „ „ | 500 | „ |

Artikel 2. Das für die Erwerbung der Aufenthaltsprämie erforderliche Dienstalter ist unabhängig von dem persönlichen Range des Agenten. Es datiert von dem Tage seines Dienstantritts auf den ihm zugewiesenen Posten, gleichgiltig, ob als Titular, ob als Agent. Indessen muß er mindestens 3 aufeinanderfolgende Jahre hindurch auf demselben Posten gewesen sein.

Artikel 3. Falls ein Konsulat oder ein Vizekonsulat, dessen Inhaber den Anspruch auf die Prämie besaß, zu einem Generalkonsulat oder Konsulat erhoben werden sollte, soll der Agent das Recht auf die Prämie unter den früheren Bedingungen behalten."

Das ist der augenblickliche Stand der französischen Gesetzgebung über die so wichtige Frage der Beförderung der Konsuln. Sicherlich ist die Lösung noch keine vollkommene; denn wenn auch für einen Konsul ein Ortswechsel nicht nötig ist, um von der zweiten Klasse in die erste befördert zu werden, so muß er doch thatsächlich fast immer seinen Amtssitz ändern, um Generalkonsul werden zu können. Es ist richtig, daß es auch hierfür ein Heilmittel geben würde; dies würde in der Schaffung einer Art von Konsularkreisen bestehen, welche den Konsuln die Möglichkeit bieten würden, ihre ganze Laufbahn, wenn auch nicht auf demselben Posten, so doch im selben Lande zu verbringen. Es giebt also noch einen Schritt, der zu thun ist.

Gleichwohl, trotz ihrer unvermeidlichen Lücken, möge diese kurze Ausführung nützliche Dienste erweisen der Deutschen Kolonialgesellschaft, welche mir die große Ehre erwiesen hat, mich darum zu ersuchen.

# Deutsche Kolonisation in Südamerika.*)

Von M. H. Klössel, Dresden.

Aus Villa Encarnacion, Paraguay, schreibt man der Dresdner Auskunftsstelle für Auswanderer:

Seit längerer Zeit schon plant man die Errichtung einer deutschen Kolonie im Süden von Paraguay, und zwar hatte man die Absicht, einen anderen, als den bei der Kolonisation im hiesigen Lande bisher gewählten Weg einzuschlagen. Es wird vielleicht bekannt sein, daß in Paraguay, mit einer einzigen Ausnahme (Kolonie San Bernardino), sämtliche Siedelungsunternehmen gescheitert sind, obgleich alle günstigen Vorbedingungen zu einer gedeihlichen Entwickelung der Ansiedelungen vorhanden waren.

Den Grund für diese Erscheinung haben wir teils in der Leitung der Unternehmungen, teils in der Lage der zur Besiedelung ausgewählten Ländereien, hauptsächlich aber in der Zusammensetzung des Kolonistenmaterials zu suchen.

Den besten Beweis für diese Annahme liefert uns die vor sieben Monaten gegründete italienische Kolonie Trinacria, die der paraguayischen Regierung bis heute annähernd eine halbe Million Pesos (285 000 Mark) gekostet hat. Die Regierung hatte sich in diesem Falle verpflichtet, dem Unternehmen kostenlos 50 Leguas Land und den Kolonisten freie Reise von Montevideo aus zur Verfügung zu stellen. Dr. Paterno, der Leiter der Gesellschaft, hatte dagegen versprochen, diesen Landkomplex in ein paar Jahren mit 1750 Kolonistenfamilien zu bevölkern.

Im Oktober 1898 kam denn auch die erste 250 Köpfe starke und im Januar dieses Jahres die zweite 100 Köpfe starke Kolonisten-Expedition an. Diese Süditaliener besaßen manche gute Eigenschaften, nur nicht die für den Kolonisten unbedingt erforderlichen.

Von den 350 eingewanderten Personen befinden sich heute nur noch etwa 39 Familien in der Kolonie, die mit ihrem Schicksal sehr unzufrieden sind.

Das beste Mittel, allen Unzuträglichkeiten aus dem Wege zu gehen, erblicken wir darin, vor der Hand einen soliden Grundstock erfahrener, mit dem Klima, den Sitten, der Pflanzermethode vertrauter, arbeitsamer Kolonisten zu bilden, bevor an europäische Einwanderung gedacht werden kann. Diese Bedingungen erfüllt einzig und allein und im vollen Maße der Deutsch-Brasilianer.

Die deutsche Kolonie in Villa Encarnacion ist zur Zeit 64 Köpfe stark. In der jetzt neu gegründeten deutschen Kolonie, zu der die paraguayische Regierung 295 qkm Land zur Verfügung gestellt hat, befinden sich heute 38 Personen. Im kommenden Monat erwartet man etwa 20 Familien, die teils auf dem Landwege, teils über Porto Alegre—Montevideo—Corrientes zu Wasser reisen werden.

---

*) Vgl. auch: „Die kulturelle Entwickelung Paraguays" von Pfannenschmidt im Heft 9—12 dieser Zeitschrift Seite 285—288, 315—320, 347—352, 369—376.

Die zu besiedelnden Landstrecken befinden sich in sehr günstiger Lage, unmittelbar an dem 2—3000 m breiten, jederzeit schiffbaren Alto-Paraná, 34 km oberhalb der Städte Villa Encarnacion mit 3000 und Posadas mit 5000 Einwohnern, sowie gegenüber der argentinischen Kolonie Korpus, die aus etwa 40—50 Familien besteht.

Schwarze wie auch rote humusreiche Erde bedeckt in beträchtlicher Tiefe die Oberfläche und giebt reiche Ernten. Etwa 3/4 des Kolonielandes ist mit reichem Urwalde bestanden, der noch nicht ausgebeutet ist; die übrigen 1/4 des Landkomplexes sind gute Weidegründe; außerdem kann der Kamp (Grasland) auch mit gutem Erfolg unter den Pflug gebracht werden. Das Land ist reich an Flüßchen und Bächen, die sich zum Betriebe von Mühlen, Sägewerken u. s. w. eignen.

Die Regierung garantiert unserer Kolonie freie Einfuhr der nötigen Lebensmittel, Möbel, Handwerkszeug, Maschinen, für die Dauer eines Jahres; ferner Befreiung von den Grundsteuern auf die Dauer von 15 Jahren und von allen direkten Steuern für den Zeitraum von 10 Jahren; endlich Unabhängigkeit bei den Gemeindewahlen und bei der Wahl des Richters.

Die Kolonie besitzt mehrere gute Häfen am Paraná, die es Dampfern von 60—80 Tonnen gestatten, unmittelbar am Ufer anzulegen. Ferner können Dampfer, die nach Corrientes und Buenos Aires fahren, in den Koloniehäfen bequem ankern, sodaß der Export nach dem Weltmarkte auf keine Schwierigkeiten stößt. Von Villa Encarnacion fahren zehnmal im Monat regelmäßig 60-Tonnen-Dampfer nach Corrientes, und zweimal direkt nach Buenos Aires; außerdem existieren noch 10—14 kleinere Dampfer von 6—20 Tonnen, die je nach Bedürfnis Reisen nach Corrientes &c. unternehmen.

Der Deutsche ist in Paraguay wegen seiner Intelligenz, Arbeitsamkeit und Energie mehr geachtet als der Angehörige irgend einer anderen Nation; dies wurde jüngst bei dem Empfang des Kaiserl. deutschen Ministerresidenten, Baron von Treskow, selbst von offizieller Seite bekundet. Andererseits ist zu berücksichtigen, daß die paraguayische Nation an Bevölkerungszahl schwach ist und sich noch lange nicht von den physischen und moralischen Folgen des großen Krieges erholt hat. Paraguay sieht sich daher gezwungen, durch starke Einwanderung von der immer größer werdenden Abhängigkeit von Argentinien frei zu werden. Das mächtig aufblühende deutsche Reich, die Entfaltung seiner Macht, Industrie, Schiffahrt und seines Handels flößt dem Paraguayer Bewunderung ein!

# Militärische Maßnahmen Frankreichs im Hinterland von Algier.

Von Oberstleutnant Hübner.

II.

Im Süden des Atlas und etwa gleichlaufend zu diesem Gebirgssystem erstreckt sich von der kleinen Syrte oder Golf von Gabès bis zu dem oued (Wasserlauf) des Messaura die Sahara in der ungefähren Länge von 1000 bis 1100 km und in einer Breite von etwa 300 km. Dieses große Gebiet ist aber nicht eine einzige, einförmige Sandmasse, wie sie von älteren Geographen geschildert worden ist, sondern es sind in demselben auch ganz leidlich bevölkerte Gegenden zu finden; von der Natur begünstigte Strecken schieben sich zwischen wüste und öde Teile ein, Berge folgen auf Ebenen, Berge bis zu 500 m Höhe aus Sand getürmt und kahle Hochebenen, Salzlager, deren Ausbeutung Lohn verspricht und Oasengruppen, deren Insassen Handel mit Datteln treiben.

Die Wüste ist von mehreren Einschnitten durchzogen, in denen sich zeitweise das von den höheren Stellen herabfließende Wasser sammelt, und in denen man meist in der Tiefe einige Meter Wasser findet — oueds, Wadis —; ihnen entlang findet man mehr oder weniger zahlreiche Quellen (ain) und Brunnen (hassi, puits): die Karawanenstraßen. Das von den Eingebornen Erg genannte Gebiet ist durch den oued Mya in zwei Teile geschieden; im Osten das Erg von Ghadamès mit dem oued Ighaghar, im Westen das Erg von Tin-Erkouk und das von Gourara zwischen El Goleà und Igli. Das östliche Erg ist für Frankreich wichtig, als die Gegend, durch welche später die Transsaharien, die Bahn von Algier nach dem dem Tschadsee geführt werden soll; das westliche Erg hat für jenes Land Bedeutung, weil in ihm das sogenannte Tidikelt mit den Oasengruppen von Gourara, von Tuat und von Insalah liegt und weil hier die Karawanenstraße von Timbuktu nach El Goleà und von Timbuktu nach Igli führt.

Dieses gewaltige Gebiet sich zu sichern und in ihm geordnete Verhältnisse herbeizuführen, hat sich Frankreich in den letzten Jahren keine Mühe und Kosten scheuen lassen, und man hat, um in diesem Hinterland von Algier, welches zur Zeit die nordafrikanischen Besitzungen noch vom Niger und Kongo scheidet, in Zukunft aber bestimmt ist, jene Kolonien zu verbinden, festen Fuß zu fassen, eine ganze Reihe von kleinen Befestigungen, sogenannten Forts, geschaffen. Von diesen aus übt man teils mit regulären Truppen, teils mit Eingebornen Polizeidienst aus und ist neuerdings gewillt, zu ihrer Besetzung eine eigene Saharatruppe zu schaffen, deren Namen in den Spahis sahariens schon vorhanden ist.

Von der Grenze gegen Tripolis bis zum oued Ighaghar hat man in den Jahren 1892—1893 vier Forts errichtet. Das östliche derselben ist Medenine, am Rand der Wüste. Ihm folgt in westlicher Richtung, die Karawanenstraße El Oued-

Ghadames beherrschend, Bir-Berresof. Zwischen diesem und dem, das Flußbett des Igharghar schützenden Fort Lallemand liegt Hassi-Mey mitten im Erg. Die von Ouargla nach Süden am Fort Lallemand vorbeiführende Karawanenstraße gabelt sich bei Amguid nach dem Tschadsee und Timbuktu. In der Nähe dieses Punktes ist im letzten Jahre ein weiteres, bedeutend nach Süden vorgeschobenes Fort durch den Kapitän Pein, den Sieger von Insalah, erbaut worden. Dasselbe führt den Namen Timassinin.

Zu dieser, das östliche Erg beherrschenden Gruppe von Befestigungen hat man im Jahre 1891 drei weitere Werke südlich von El Golea gefügt; südöstlich Fort Inifel, südlich Fort Miribel und südwestlich Fort Mac Mahon. — Miribel findet sich auf manchen Karten auch als Hassi-Chebaba, Mac Mahon auch als Hassi el-Homeur. In den letzten Monaten ist das Fort Mac Mahon mit El Golea telegraphisch verbunden worden, wohl schon in Voraussicht des Unternehmens gegen Insalah. Es beherrscht die nach dieser Oase führende Straße vollständig, und man hat von ihm auch die ersten Verstärkungen für die Mission Flamand herangezogen. Es ist nun höchst wahrscheinlich, daß man, um den Besitz von Insalah zu sichern, hier ein weiteres Fort anlegen wird — etwa in derselben südlichen Lage wie das oben erwähnte Fort Timassinin. Dieses wird umsomehr Bedeutung haben, als von El Golea über Mac Mahon an ihm vorüber die Karawanenstraße nach Taoudeni führt, einem Punkte an der alten Handelsstraße von Timbuktu nach Mogador am Großen Ozean. Außer diesen Befestigungen, die sich wie ein Gürtel durch den größten Teil der Sahara ziehen, hat man an deren Nordrand noch mehrere Punkte zur Verteidigung eingerichtet, so vor allen Dingen sämtliche Stationen der neu eröffneten Bahnlinie von Ain Sefra nach Djenien bou-Rezg. Den demnächstigen Endpunkt Zoubia (Duveyrier) befestigt man zur Zeit, und für Igli ist ein größeres Werk in Aussicht genommen, welches angelegt werden soll, wenn man sich in den Besitz dieser Ortschaft gesetzt haben wird. Es bleibt nur noch im Norden von Gourara zwischen Mac Mahon und Igli eine große Lücke, die erst am Nordrand des Ergs durch die oben genannten Stationen gedeckt wird. Um diese zu sichern, hat man „mobile Kolonnen" vorgeschlagen, Kolonnen in der Stärke von etwa 1000 bis 1200 Mann, zusammengesetzt aus mehreren Kompagnien, von denen jede 240 Infanteristen, 40 Reiter und 1—2 Geschütze stark sein soll. Diese Kolonnen sollen Unterkunft in befestigten Lagern finden, Plätzen, die nur so leicht anzulegen sind, daß man sie ohne Schaden jederzeit aufzugeben imstande sein wird. Von dieser mobilen Verteidigung verspricht man sich noch größeren Nutzen, als von den Forts, da man die Ansicht gewonnen zu haben scheint, daß der die Wüste bewohnende Araber einen Feind hinter dem „Wall" nicht schätzt, nicht fürchtet und da es allerdings gewiß ist, daß die Forts die Gegend nur in kleinem Umkreise decken. Diese Kolonnen werden einen Teil der zukünftigen Kolonialarmee bilden und eine wichtige Schule für deren kriegsmäßige Ausbildung sein. Vor allem wird aber gefordert, daß die Reiter dieser Kolonnen auf Dromedaren beritten gemacht werden; die Mehavisten, die Napoléon unter Kleber in Ägypten verwendete, sollten wieder aufleben. „In den Augen der Hoggars — so sagt Kapitän Frisch, ein vorzüglicher Kenner der einschlagenden Verhältnisse — gelten 50 Mehavisten mehr, als 500 algerische Soldaten, und wären dies selbst Spahis." Die angestrebte Truppe würde dann nichts anderes als eine gut und den Verhältnissen entsprechend „berittene Infanterie" sein; denn vom Dromedar aus kann dessen Reiter nicht fechten.

Aus der vorstehenden Schilderung ist zu ersehen, daß Frankreich durch die Erwerbung des Insalah und des Tuat nur den letzten Schritt, und zwar den wichtigsten that, um eine Verbindung zwischen den nordafrikanischen Besitzungen und den mittelafrikanischen Kolonien über Land herzustellen, um diese Kolonien auch für den Fall eines Krieges mit einem zur See überlegenen Feind genügend unterstützen zu können. Die geplante Transsaharabahn wird es ermöglichen, in 6—8 Tagen Truppen vom Mutterland bis zum Tschadsee zu führen; von hier aus können aber die übrigen Kolonien in gleich guter Weise erreicht werden. Die Mission Foureau-Lamy, deren Ausrüstung durch eine Spende von 300 000 Franken an die Société de géographie de Paris ermöglicht worden ist, hat wohl den Auftrag gehabt, jene Gegenden, durch welche die Transsaharabahn führen wird, zu studieren; der Niger wird immer mehr erschlossen, erfolgreich haben hier Crave, Delbor, Klobb gewirkt; der Kongo wurde in neuester Zeit durch Gentil bereist, der den Dampfer Léon Blot auf dem Tschadsee in Verkehr stellte.

Man kann Frankreich zu der Lösung der Aufgabe, an die es so mutig herangetreten, nur den besten Erfolg wünschen!

## Die Terrainlehre Kleinasiens in ihren allgemeinen Beziehungen zur Bodenkultur des Landes.

Bearbeitet von Dr. C. A. Avédissian aus Kleinasien, Professor an der landwirtschaftlichen Schule von Salvail.

### IV.

#### 10. Die Meere Kleinasiens.

Während der Halbinsel große Ströme fehlen, so erfreut sie sich doch des Vorhandenseins des Schwarzen, Marmara-, Ägäischen und Mittelländischen Meeres.

Das Schwarze Meer. Die Fläche des Schwarzen Meeres beträgt ohne das Asowsche Meer 423093,5 qkm, die größte Länge von Westen gegen Osten 1154 km, die größte Breite 610 km, das Minimum 229 km, die Tiefe 70—1440—1900 m; das geographische Handbuch zu Andrees Handatlas giebt sogar eine Tiefe von 2620 m in der Mitte zwischen Jalta und Ineboli an.

Die mittlere Jahrestemperatur beträgt 13,7° C., während die des Mittelländischen Meeres 19,6° C. ist.

Das Schwarze Meer macht seinen alten Namen, Pontus Euxinus, öfter geltend, im umgekehrten Sinne selbstverständlich; selbst in der Nähe des Ufers kommen manche Unglücksfälle vor. Im Dezember 1879 war es ein heller Tag, das Meer war aber unruhig. Einige geladene Boote versuchten an das mit weinenden Kindern und Frauen überfüllte Ufer zu gelangen; die übermenschlichen Anstrengungen der Schiffer waren vergeblich, in wenigen Minuten gingen alle unter; manche Hausväter, auf welche Kinder und Mütter ungeduldig warteten, fanden in den schäumenden Fluten des „gastlichen" Meeres ihren Tod.

Der türkische Name Kara-Denis, überhaupt alle neuen Benennungen für das Schwarze Meer sind viel zutreffender als Pontus Euxinus*), weil mit dem Worte Kara = schwarz im bildlichen Sinne man etwas Böses, Schlechtes bezeichnet, z. B. böse, schlechte Nachricht = Kara Chaber.

Der Bosporus verläuft in vielen Krümmungen, bis er das Schwarze mit dem Marmara-Meer verbindet. Seine größte Breite zwischen der Bucht von Bojük-Dere und der entgegengesetzten Küste ist 3 km, und die engste Stelle zwischen Anadoli- und Rumeli-Hissar ist kaum 500 m. Seine mittlere Breite mag etwa 1 km betragen. Was die Tiefe anbetrifft, so teilt er sich in drei Zonen: eine mittlere Zone, deren Tiefe zwischen 45 und 119 m schwankt. Die Tiefe der beiden seitlichen Zonen, die längs der europäischen und asiatischen Küste laufen, hat ein Minimum von 2 m und ein Maximum von 70 m.

---

*) Nach Anschauung der deutschen Archäologen ist dem Pontus die Bezeichnung Euxinus seitens der Hellenen auf Grund religiöser Vorstellung verliehen, um den tückischen, göttlichen Beherrscher des sturmreichen Meeres dadurch günstiger zu stimmen.

Anm. der Schriftleitung.

Der Hafen vom Goldenen Horn hat eine Länge von 3 km und eine Breite von 500 m; das Maximum der Tiefe, welches in der Mitte liegt, beträgt 34 m. Das nordwestliche Ende hat 3 m Tiefe, an den übrigen Stellen schwankt sie zwischen 14, 18 und 24 m. Die Bewegung der Gewässer folgt ebenfalls den drei Zonen: die mittlere Zone führt das Wasser vom Schwarzen zum Marmara-Meere. Die zwei lateralen Zonen haben entgegengesetzte Richtungen; in der Nähe von Anatoli- und Rumeli-Hissar vereinigen sich wegen der Verengung des Bosporus die drei Zonen und erschweren die Fahrt der kleinen Boote.

**Das Marmara-Meer** hat an den Eingängen beider Meerengen 50 m Tiefe, in der Mitte und im Golfe von Ismid 1000 m, eine Länge von 200 km und eine Breite von 75 km.

**Die Dardanellen** verbinden, wie bekannt, das Marmara- mit dem Ägäischen Meere und haben eine Länge von über 65 km bei einer mittleren Breite von 5—8 km. Obwohl die Küsten und die Mitte dieselbe mittlere Tiefe zu haben scheinen wie bezüglich des Bosporus, hat man doch ein Maximum von 129,8 m gefunden. Sie haben wie der Bosporus doppelte Strömungen: eine obere vom Marmara- und eine untere vom Ägäischen Meer.

**Das Ägäische Meer**, türkisch Akdenis (= weißes Meer) genannt, hat eine Länge von 670 km, eine durchschnittliche Breite von 300 km, eine Fläche von 169 350 qkm.

Der nördliche und mittlere Teil des Ägäischen Meeres ist ein unterirdisches Plateau von geringer Tiefe, auf dem sich die zahlreichen Inseln erheben; im Süden und Westen der Cykladen aber stürzt der Boden plötzlich zu bedeutender Tiefe ab. Im Piräus bei Athen giebt es eine Tiefe von nur 8,5—17 m, unterhalb des Berges Teletrion auf Euböa schon bei 950 m von der Küste über 400 m, etwa 500 m vom den Steilabhängen des Athos 150—180 m. Bei den Inseln in der Nähe der Küste ist gewöhnlich mit 230—270 m noch kein Grund zu finden. Die Strömungen gehen an den Küsten entlang. Im Sommer, namentlich im Juli und August, wehen fast beständige Nord- und Nordost-Winde; sie sind trocken und gesund. Im Winter herrschen bald Südwest-, bald Südost- und bald Nord-Winde.

**Das Mittelländische Meer.** Von der Konvergenz der doppelten Strömungen des Mittelländischen Meeres ist schon die Rede gewesen. Es hat eine Fläche von 2 885 522 qkm. Von Westen nach Osten sind die tiefsten Stellen 3148, 3731, 4067 und 3347 m; die mittlere Tiefe beträgt nur 1300 m. Dieses Meer hat einen ziemlich starken Salzgehalt, weil die Salzgewässer Kleinasiens meistenteils in das Mittelländische Meer fließen. Dieser Gehalt an Salz beträgt 3,7—3,9 pCt. Im Sommer steigt die Temperatur bis auf 22° C.

## Die Bodenbildung.

### 1. Im Allgemeinen.

Überall ist der Ursprung des Bodens derselbe, sowohl unter den Tropen wie auch unter den gemäßigten und kalten Breitegraden. Er besteht aus zwölf Hauptelementen: Kieselerde, Thonerde, Kalkerde, Bittererde, Kalium, Natrium, Eisen, Mangan, Kohlenstoff, Sauerstoff, Wasserstoff und Titan; zu diesen gesellen sich noch Schwefel, Phosphor, Arsen, Stickstoff, Chlor und Fluor.

Die durch diese chemisch verschiedenen Elemente gebildeten Gesteine und Mineralien haben auch verschiedenartiges physikalisches Verhalten gegen das Wasser und die atmosphärische Luft, gegen die wechselnde Wärme, den Magnetismus u. s. w. Demnach ist der Kulturboden nichts anderes als ein durch die Einwirkung der Atmosphärilien auf Gesteine und Mineralien entstandenes Produkt. Die inneren physikalischen und chemischen sowie die mechanisch wirkenden Kräfte des Wassers, das als Tropfen den Felsen höhlt, und des Windes, der die staubförmige Erde und, wenn stark, selbst die gröberen Erdteile, besonders in den heißen Klimaten, von einem Orte nach dem anderen entführt, beschleunigen den Verwitterungsprozeß. Endlich kommen hinzu die Tag und Nacht ununterbrochen arbeitenden winzigen Bakterien, die keine Arbeitseinstellung kennen; sie vollenden, sozusagen, das Werk des Todes und bereiten neue Stätten für die Auferstehung des ewigen Lebens in Form höher organisierter Pflanzen vor.

### 2. Einflüsse des Temperaturwechsels auf die Bodenbildung und die gegenseitigen Wirkungen der im Boden vorkommenden und chemisch und physikalisch von einander verschiedenen Körper.

In dem bergigen und hügeligen Lande der kleinasiatischen Halbinsel sind die Kolluvialböden reichlicher vertreten als die Alluvialböden; man bemerkt aber zwischen diesen beiden Bodenklassen unzählige Übergänge, insofern viele der älteren Alluvialböden durch Erhebung des Landes, Senkung des Thalweges zu Hoch- und Hügelland geworden sind. Man sieht auf jeden Schritt und Tritt, wie tief der Boden von Kleinasien durch die Naturkräfte verschieden abgeändert ist: denn der Temperaturwechsel ist ein sehr großer: Hitze wie Kälte sind extrem; durch die hohe Hitze werden die Gesteinmassen in verschiedenem Grade ausgedehnt und durch die Kälte zusammengezogen. Die Elastizität wird nach und nach geschwächt. Infolgedessen werden die dem Wasser, der Luft und den feinen Wurzelfasern Zutritt gestattenden Risse gebildet. Dieser Verwitterungsprozeß muß notwendigerweise um so rascher vor sich gehen, je größer die schroffen Gegensätze der Temperatur sind. Die mannigfaltige Flora Kleinasiens ist dafür ein Beleg.

Wir haben gesehen, daß das Schwarze Meer 2 pCt. Chlornatrium enthält und das Mittelländische Meer 3,7—3,9 pCt.; das Meerwasser enthält noch, wie bekannt, Chlorkalium, Chlormagnesium, Brommagnesium, Magnesiumsulfat, Calciumsulfat; alle diese Körper werden auf der Erdoberfläche gebildet und durch das fließende Wasser ins Meer geführt. Wenn das Land an Trockenheit leidet, werden sich selbstverständlich an der Oberfläche Salzkrusten bilden. Lycaonien, Isaurien und ein Teil von Phrygien, die Albert von Aix und Wilhelm von Tyrus während des Kreuzzuges als Axilon und Terra deserta bezeichnen, bieten in dieser Hinsicht ein auffallendes Beispiel.

Es ist festgestellt, daß in einem feuchten Klima aus Feldspatgesteinen sehr leicht Thonerde gebildet und in einem trockenen Klima diese Bildung verzögert wird. Als Beispiel führt Hilgard den Obelisken „Kleopatras Nadel“ an, der Jahrtausende in Ägypten dem Zahn der Zeit widerstanden hat und, seit etwa zehn Jahren im „Zentral-Park“ in New-York aufgestellt, in dringender Gefahr steht, durch den Einfluß des feuchten Klimas gänzlich zerstört zu werden. Diese Thatsachen weisen auf die Thonbildung der Küstenländer, welche sich unter einem feuchten Klima vollzieht und sich der Wahrnehmung jedes Reisenden sehr deutlich aufdrängt, besonders im Alluvialland, am Ufer des Schwarzen Meeres, in der Provinz Trapezunt, Balikesser, Aidin und Adana, während im ariden Lande von Konia (Lykaonien) der Wind die ungeheuren Staubwollen wegjagt. Diese Staubwollen weisen eben darauf hin, daß in dem letztgenannten Orte der Thonboden fehlt. Sonst würde der Boden ja von einer mehr oder weniger festen Kruste bedeckt werden und könnte dem Winde widerstehen. In den Kolluvialböden der Abhänge findet man nicht selten mächtige Thonlager, die aus den älteren geologischen Perioden herstammen. Im Laufe der Zeit sind die Thonbestandteile durch das Regenwasser in die Thäler geführt worden; die Berichte der Reisenden über die außerordentliche Fruchtbarkeit dieser Thäler fehlen nicht.

Oft nimmt man auf den Abhängen einen schwarzen Boden wahr; diese Farbe rührt ohne Zweifel von den Pflanzenresten her, die unter dem Einfluß ganz langsamer Verwesung sich nach und nach zersetzen. Auf solchen humosen Böden wird in der Regel, wenn das Klima es gestattet, Tabak gebaut.

Die Humusbildung ist in den trockenen Klimaten sehr selten; die Reisenden berichten, daß die oberste Bodenschicht sogar weniger Humussubstanz enthält, als die tiefer liegende, weil der hohe Grad der Hitze die Humusbildung in der Nähe der Oberfläche verhindert; die Pflanzenreste werden vertrocknet, verkohlt, und nur die Pflanzenwurzeln der unteren Bodenschicht, die immerhin mehr oder weniger Feuchtigkeit besitzt, verwandelt sich in Humus. Es ist bekannt, daß die regenlosen Gegenden reich an Kalkkarbonat sind; diese Thatsache wird von jedem Reisenden in den regenarmen Ländern Kleinasiens beobachtet; in den trockenen Gegenden ist, wie gesagt, die Humusbildung und als Folge die Kohlensäureentwicklung gehemmt, und wir wissen, daß die Kohlensäure insofern für die Bodenbildung wichtig ist, als sie unter der Mitwirkung des Wassers stark auflösend auf das Kalkkarbonat wirkt.

Es ist interessant, zu bemerken, daß in den kalkreichen Regionen Kleinasiens, wo es zu gleicher Zeit ziemlich feucht ist, an den Küsten die schwarzen Humusböden reichlich vertreten sind. Dieser Zustand ist leicht erklärlich; denn wenn man organische Stoffe, wie die Torfböden, mit Ätzkalk behandelt, so wird kohlschwarze Humussubstanz gebildet.

Ganz besonders ist hervorzuheben, daß rote Erde, sogen. Laterit, in Kleinasien sehr häufig vorkommt; und aus dieser Thatsache ist zu schließen, daß der Oxydationsprozeß dort ein sehr lebhafter ist.

In den Granit-, Diorit- und Trachytgebieten von Bithynien, Mysien und Galatien herrscht der Thonboden vor.

Wir haben schon gesehen, daß die Thäler Kleinasiens sehr fruchtbar sind; diese Fruchtbarkeit beruht darin, daß

1. das Regenwasser Nährstoffe der Höhen in die Tiefen führt und

2. und das ist das Wichtigste, die außerordentliche Hitze des Tages und der starke Thau der Nacht dahin wirken, Lateritböden zu bilden, die bekanntlich aus großer, lebhafter Verwitterung hervorgehen.

Jeder weiß, daß die Nitratbildung in den wärmeren Erdstrichen sehr bedeutend ist. Die Bedingungen dieser Nitratbildung wären nach Hilgard die folgenden:

Eine Temperatur von am besten 24° C., ein mäßiger Grad von Feuchtigkeit, der den Zutritt der Luft erlaubt, die Begünstigung der Gährung, das Vorhandensein des Kalkes und Magnesiumkarbonats und die Mikroorganismen, die allein die Nitratsubstanzen festhalten; sie können jedoch nur in den Orten ihr Werk fortsetzen, wo keine oder sehr geringe Mengen Alkalisubstanzen vorhanden sind; aber wo es Pflanzenreste giebt, sind auch Alkalien und die Gährung hemmende Säuren vorhanden. Es giebt nur ein bekanntes Mittel, um dieses Hindernis aufzuheben: das Kalken. Der Kalk neutralisiert die Säure, und das Ferment tritt in Thätigkeit.

Wir können jetzt die Frage beantworten, warum in den abflußlosen Gegenden Kleinasiens die Pflanzen verkümmern und von jeher vegetationslose Gebiete bestehen: denn die Alkalikarbonate und die Gährung hemmende Säuren sind dort reichlich vorhanden und wirken auf die Mikroorganismen tötlich.

Obwohl große Mengen von Kalisalzen auf die Pflanzen schädlich wirken, sind sie doch ein unentbehrlicher Nährstoff und in den meisten Fällen für den Pflanzenbedarf genügend vorhanden: nur in den sehr kalkreichen Torfböden und in den mit den Kunstdüngern, wie z. B. schwefelsaures Ammoniak, Chilisalpeter, Superphosphat, gedüngten Feldern geben sie sehr gute Resultate.

Der Stalldünger bleibt in gemäßigten Klimaten die Basis des landwirtschaftlichen Betriebes. Wir kennen aber dank den Entdeckungen Hellriegels und Wilfarths ein sehr billiges Mittel, um den Boden mit Stickstoff zu bereichern: die an den Wurzeln der Leguminosen lebenden Bakterien fixieren den atmosphärischen Stickstoff. Kleinasien ist ein Land, wo die verschiedenen Sorten Leguminosen üppig gedeihen, ein Land, das der Viehzucht außerordentlich günstige Bedingungen bietet.

Dank der Untersuchungen von Schloesing, Münz, Berthelot und anderen wissen wir, daß in jedem Boden, soweit er nicht, wie erwähnt, mit Alkalien und der Fermentation schädlicher Säuren geschwängert ist, unaufhörlich die Bakterien arbeiten. Es ist die Aufgabe der Kultur, die Thätigkeit dieser winzigen Wesen anzuregen, den Boden gut zu bearbeiten, ihn zu lockern und der Luft Zutritt zu verschaffen. Durch dieses Verfahren werden die stickstoffhaltigen Humussubstanzen der Pflanzenreste von Fermenten angegriffen und in Kohlensäure-Wasser und lösliche und assimilierbare Nitrate verwandelt.

Es kann in diesem Aufsatz die außerordentlich wichtige und schwer zu lösende Frage nicht erörtert werden, wie der Boden Kleinasiens durch mechanische Hilfsmittel, Geräte und Maschinen einer verbesserten Kultur zu unterwerfen ist. Es soll nur hinzugefügt werden, daß der Maschinenbauer an Ort und Stelle die zeitlichen und örtlichen Verhältnisse studieren und darnach die technischen Mittel konstruieren muß, um eine rationelle Wirtschaft durchführen zu können.

Manche in Europa angewandten technische und wirtschaftliche Einrichtungen passen in Kleinasien nicht. Der europäische Kapitalist muß deshalb mit den nötigen Mitteln sich bewaffnen, um ein lohnendes Geschäft machen zu können.

### 3. Einflüsse des Wassers auf die Bodenbildung.

Wenn man das Bett der kleinasiatischen Flüsse betrachtet, so ist man erstaunt, wie ungeheuer die Erosionsgebilde sind; und wenn man bedenkt, daß seit der historischen Zeit manche Flüsse öfter ihren Lauf geändert haben, so begreift man die große Menge Absätze, die überall zum Vorschein kommen. Die fließenden Gewässer bringen manchmal ungeheure Höhlungen zu Stande; man kann z. B. im Bette des Flusses Sakaria Tiefen von 200 m finden.

In den Ebenen fließen sie langsam mit launigen Krümmungen, als ob sie ihr Verschwinden im Meere aufschieben wollten; sie sind durch ihre Deltabildung ausgezeichnet. Die Fläche des Deltas des Kisil-Irmak ist ungefähr 470 qkm; vor 250 Jahren lag die Stadt Bafra am Meeresufer; gegenwärtig liegt sie 30 km weit vom Meere.

Während das fließende Wasser einerseits durch eine physikalisch mechanisch wirkende Kraft Zerstörungen verursacht, so bildet es anderseits in der Nähe seiner Mündung fruchtbare Alluvialböden.

Die durch die Flut des Meeres an das Ufer beförderte ungeheure Menge von Pflanzenresten verdient eine besondere Erwähnung: den Tag nach einem Sturme sieht man das Ufer mit schwarzen, humusartigen Substanzen, Pflanzen und allerlei organischen Resten bedeckt, die Seepflanzenreste sind am meisten vertreten; die bedürftigen Leute machen daraus Polster, Kissen u. s. w.

Es ist jedem bekannt, daß das Wasser sich sowohl mit Basen und Säuren als auch mit Salzen oder Doppelsalzen zu verbinden vermag; ferner, daß es, wenn es mit den Metallen der Alkalien in Berührung kommt, bei gewöhnlicher Temperatur sich zersetzt, ebenso mit den alkalischen Erden. Nur wenig Elemente sind ja im Wasser unlöslich und manche sogar im höchsten Grade löslich. Wir wissen, daß 1000 l Wasser 18 l Stickstoff, 37 l Sauerstoff, 0,419 l Amoniak und 1512 l Kohlensäure auflösen können. Alle diese Momente vereinigen sich zur Bildung des Bodens aus Gesteinen. Das Regenwasser ist demnach ein außerordentlich wichtiges Agens für die Bodenbildung. Es ist aber andererseits undenkbar, daß nur das Regenwasser soviele Quellen speisen kann, besonders in Kleinasien, wo die Trockenheit lange dauert; und das Regenwasser läuft ja auch meistenteils an der Oberfläche weg. Es muß notwendigerweise ein anderes Agens hinzutreten: die Absorptionskraft des Bodens. Die atmosphärische Luft besitzt immer mehr oder weniger Wasserdampf; dieser Wasserdampf wird durch den Boden absorbiert und dort in Wasser verwandelt: also im Boden regnet es. Von dieser Thatsache kann man sich leicht überzeugen, wenn man um 1 m tief gräbt; da findet man reichlich Wasser: es spielt immerhin auf die eine oder andere Art eine Rolle.

### 4. Die Wirkung des Windes auf die Bodenbildung.

Wer in Konstantinopel einige Zeit verweilt hat, wird sich des starken Windes erinnern, der in jeder Jahreszeit eintritt; wie schon darauf hingedeutet wurde, fehlen solche heftigen Winde auf der ganzen Halbinsel nicht. Feine Erdteilchen werden von einem Orte nach dem anderen getragen; es bilden sich für kurze Zeit Sandhügelchen und verschwinden wieder; es kommt nicht selten vor, daß große, mächtige Bäume ausgerissen werden. Ein solcher Zustand hat selbstverständlich für den Boden und die Kultur seine Bedeutung, und zwar mehr eine ungünstige als günstige; der Wind wirkt günstig insofern, als verwitterte Gesteintrümmer dem Kulturland zugeführt, auch schon gebildete Böden in andere, oft weit entfernte Gegenden getragen und dort abgesetzt werden. Er wirkt ungünstig, indem er große Feuerbrünste hervorruft, die Blüte der Obstbäume und andere Kulturpflanzen zerstört, das Getreide lagert und im Herbst ganze Kornfelder verwüstet.

## IV.

## Topographie.

### 1. Verwaltungsform.

Kleinasien wird in zwölf Provinzen, und jede Provinz in Regierungsbezirke, in Distrikte und in Kreise eingeteilt.

Türkisch bedeutet Vilayet Provinz, Sandjak Regierungsbezirk, Kasa Distrikt und Nahie Kreis. Diese Angaben sind umsomehr notwendig, als in der letzten Ausgabe des Brockhausschen Konversationslexikons für die Provinz von Aidin 39 Sandjaks, für Kastamuni 23 ꝛc. gelesen werden: als Kasas wären diese Ziffern, wie wir sehen werden, vielleicht richtiger, aber nicht als Sandjaks.

Die Kreise können der Knappheit des Raumes wegen nicht angegeben werden.

2. Die zwölf Provinzen Kleinasiens sind:

1. Provinz von Konstantinopel.
2. " " Karassi.
3. " " Aidin (Smyrna).
4. " der Ägäischen Inseln.
5. " von Chodavendigiar.
6. " " Konia.
7. " " Adana.
8. " " Angora.
9. " " Kastamuni.
10. " " Sivas.
11. " " Trapezunt.
12. " " Erzerum.

3. (1.) Provinz von Konstantinopel.

Der europäische Teil der Provinz von Konstantinopel umfaßt deren größten Teil. Der asiatische Teil besteht nur aus dem asiatischen Bosporusufer und hat ein Areal von ca 1000 qkm, 100000 Einwohner und 100 Einwohner pro Quadratkilometer.

4. (2.) Provinz von Karassi.

| Name der Provinz | Hauptort der Provinz | Regierungsbezirke | Distrikte |
|---|---|---|---|
| Karassi | Balikesser | Karassi | Balikesser |
| | | | Gönan |
| | | | Bandirma |
| | | | Erdek |
| | | | Mighaditch |
| | | | Edremid |
| | | | Kemer |
| | | | Kivalik |
| | | Bigha | Tchanakkale |
| | | | Lapseki |
| | | | Bigha |
| | | | Esine (Kas Dagh Basan) |
| | | | Aidjik (Kisildja tousla) |

Lage und Grenze. Die Provinz von Karassi befindet sich im Westen der Halbinsel: sie grenzt gegen Norden und Westen an das Marmara-Meer, an die Dardanellen und das Ägäische Meer, gegen Süden an die Provinz Aidin und im Osten an die Provinz Chadavendigiar.

Die Oberfläche und Einwohnerzahl. Nach den türkischen Quellen ca 20000 qkm; Einwohnerzahl = 382000, Durchschnittszahl pro Quadratkilometer = 19,1.

### 5. (3.) Provinzen von Aidin (Smyrna).

| Name der Provinz | Hauptort der Provinz | Regierungsbezirke | Distrikte |
|---|---|---|---|
| Aidin oder Ismir (Smyrna) | Ismir (Smyrna) | Ismir (Smyrna) | Ismir (Smyrna) |
| | | | Kusch ada |
| | | | Giuzel hissar |
| | | | Tscheschme |
| | | | Urla |
| | | | Menemen |
| | | | Fudjtela |
| | | | Bergama |
| | | | Bayndir |
| | | | Tire |
| | | | Ödemisch |
| | | Saruchan (der Regierungsbezirk befindet sich in Magnissa) | Magnissa |
| | | | Kassaba |
| | | | Sali hli |
| | | | Ala Schehr |
| | | | Timurdji |
| | | | Kula |
| | | | Aschme |
| | | | Gördus |
| | | | Ak hissar |
| | | | Soma |
| | | | Kirkagadj |
| | | Aidin | Aidin |
| | | | Bosdoghan |
| | | | Tschine |
| | | | Naselli |
| | | | Söke |
| | | Denisli | Denisli |
| | | | Tawassi |
| | | | Serai |
| | | | Boldan |
| | | | Tschal |
| | | Mentescha (Regierungsbezirk in Mughla) | Mughla |
| | | | Milas |
| | | | Bodrum |
| | | | Marmaris |
| | | | Kodjegiz |
| | | | Mekri |

Lage und Grenze. Die Provinz von Aidin liegt im westlichen Teile Kleinasiens; sie grenzt im Norden an die Provinz Karassi, gegen Westen und Süden an das Ägäische Meer und an die Ägäischen Inseln, im Osten an die Provinz Konia, und gegen Nordwesten an die Provinz Chodavendigiar.

Oberfläche und Einwohnerzahl.

Nach den türkischen Quellen: Areal = 54 000 qkm, Bevölkerung = 1 500 000 Seelen, Einwohnerzahl pro Quadratkilometer = 28 Seelen.

Nach Wagner: Areal = 54 000 qkm, Bevölkerung = 1 350 000 Seelen, Einwohnerzahl pro Quadratkilometer = 25 Seelen.

Nach Cuinet: Areal = 45 000 qkm, Bevölkerung = 1 390 793 Seelen, Einwohnerzahl pro Quadratkilometer = 31 Seelen.

6. (4.) Die Provinz der Ägäischen Inseln wird von dieser Abhandlung ausgeschlossen.

### 7. (5.) Provinz von Chodavendigiar.

| Name der Provinz | Hauptort der Provinz | Regierungsbezirke | Distrikte |
|---|---|---|---|
| Chodavendigiar | Brussa | Brussa | Brussa |
| | | | Mudania |
| | | | Michalidj |
| | | | Gemlik |
| | | | Kermasti |
| | | | Adranos |
| | | Ertogul (Regierungsbezirk Biledjik) | Biledjik |
| | | | Söjüd |
| | | | In egöl |
| | | | Jenischehr |
| | | Kutahia | Kutahia |
| | | | Eski Schehir |
| | | | Uschak |
| | | | Sema |
| | | | Gedus oder Gedis |
| | | Karahissar Sahib | Karahissar Sahib |
| | | | Sandukli |
| | | | Bulwadin |
| | | | Azizie |
| | | Ismid | Ismid |
| | | | Ada basar |
| | | | Kandere |
| | | | Kara mürsel |
| | | | Geiwe |

Lage und Grenze. Die Provinz von Chodavendigiar liegt im Nordwesten Kleinasiens; sie grenzt im Norden an das Marmara-Meer, im Westen an die Provinz Karassi, im Süden an die Provinzen Konia und Aidin und im Osten an die Provinz Kastamuni.

Oberfläche und Einwohnerzahl.

Nach den türkischen Quellen: Areal = 60 000 qkm, Bevölkerung = 925 000 Seelen Einwohnerzahl pro Quadratkilometer = 15,4.

Nach Wagner: Areal = 85 000 qkm, Bevölkerung = 1 640 000 Seelen, Einwohnerzahl pro Quadratkilometer = 19,3.

Nach Cuinet: Areal = 79 130 qkm, Bevölkerung = 1 546 000 Seelen, Einwohnerzahl pro Quadratkilometer = 19,5.

## 8. (G.) Provinz von Konia.

| Name der Provinz | Hauptort der Provinz | Regierungsbezirke | Distrikte |
|---|---|---|---|
| Konia | Konia | Konia | Konia |
| | | | Karaman |
| | | | Eregli |
| | | | Karapunar |
| | | | Chaulim |
| | | | Boskir |
| | | | Seydi Schehri |
| | | | Beyschehri |
| | | | Ak schehri |
| | | | Ilghin |
| | | | Jörekschan |
| | | Hamid | Hamid |
| | | | Yelwadj |
| | | | Kara aghadj |
| | | | Egerdir |
| | | | Uluburla |
| | | Burdur | Burdur |
| | | | Aghli Kara aghadj |
| | | | Tefni |
| | | Nigde | Nigde |
| | | | Bor |
| | | | Ak serai |
| | | | New Schihir |
| | | | Urgüb |
| | | | Arbessan |
| | | | Bereketli |
| | | Teke (Regierungsbezirk Adalia) | Adalia |
| | | | Aleschli |
| | | | Alaje |
| | | | Elmali |
| | | | Kasch |

**Lage und Grenze.** Die Provinz von Konia befindet sich im Süden der Halbinsel; sie grenzt im Norden an die Provinzen Angora und Chodavendiglar, im Westen an die Provinz Aidin, im Süden an den Golf von Adalia und im Osten an die Provinz Adana.

Oberfläche und Einwohnerzahl.

Nach den türkischen Quellen: Areal = 87 000 qkm, Bevölkerung = 885 000 Seelen, Einwohnerzahl pro Quadratkilometer = 10.

Nach Wagner: Areal = 102 000 qkm, Bevölkerung = 810 000 Seelen, Einwohnerzahl pro Quadratkilometer = 8.

Nach Cuinet: Areal = 91 610 qkm, Bevölkerung = 1 088 100 Seelen, Einwohnerzahl pro Quadratkilometer = 10.

D. (7.) Provinz von Adana.

| Name der Provinz | Hauptort der Provinz | Regierungsbezirke | Distrikte |
|---|---|---|---|
| Adana | Adana | Adana | Adana<br>Tarsus<br>Mersin<br>Kara Issali |
| | | Kosan (Regierungsbezirk Sis) | Sis<br>Kars<br>Beylan Köi<br>Hadschin |
| | | Djebel bereket (Regierungsbezirk Pias) | Pias<br>Hasse<br>Osmanie<br>Bulanik<br>Islahie |
| | | Itschil (Regierungsbezirk Ermenek) | Ermenek<br>Mut<br>Karatasch<br>Selefke<br>Gülnar<br>Anamur |

Lage und Grenze. Die Provinz von Adana liegt im Südosten Kleinasiens; sie grenzt gegen Norden an die Provinz Siwas, gegen Westen an die Provinz Konia, gegen Süden an das Mittelländische Meer und an den Golf Iskanderun, gegen Osten an die Provinz von Alep.

Oberfläche und Einwohnerzahl.

Nach den türkischen Quellen: Areal = 33 000 qkm, Bevölkerung = 349 000 Seelen. Einwohnerzahl pro Quadratkilometer = 10.

Nach Wagner: Areal = 37 200 qkm, Bevölkerung = 400 000 Seelen, Einwohnerzahl pro Quadratkilometer = 11.

Nach Cuinet: Areal = 37 550 qkm, Bevölkerung = 402 439 Seelen, Einwohnerzahl pro Quadratkilometer = 11.

## 10. (B.) Provinz von Siwas.

| Name der Provinz | Hauptort der Provinz | Regierungsbezirke | Distrikte |
| --- | --- | --- | --- |
| Siwas | Siwas | Siwas | Siwas |
| | | | Hafik |
| | | | Jildisili |
| | | | Koichgirli |
| | | | Diwrigi |
| | | | Tenuß |
| | | | Aßie |
| | | | Gürün |
| | | | Darende |
| | | Amassia | Amassia |
| | | | Merssifan |
| | | | Medjidößi |
| | | | Gümüschmaden |
| | | | Ladik |
| | | | Hawse |
| | | | Köpri |
| | | | Osmandjik |
| | | Tokad | Tokad |
| | | | Niksar |
| | | | Erbaa |
| | | | Sille |
| | | Karahissar Scharki | Karahissar Scharki |
| | | | Alodjre |
| | | | Su Schehri |
| | | | Hamidie |
| | | | Koilhissar |

Lage der Grenze. Die Provinz von Siwas liegt im östlichen Teile Kleinasiens: sie grenzt gegen Norden an die Provinz von Trapezunt, im Westen an die Provinzen Angora und Kastamuni, gegen Süden an die Provinz von Adana, gegen Südosten an die Provinz von Alep und gegen Osten an die Provinz von Erzerum und Mamuret-ül-asis.

### Oberfläche und Einwohnerzahl.

Nach den türkischen Quellen: Areal = 60 000 qkm, Bevölkerung = 894 000 Seelen, Einwohnerzahl pro Quadratkilometer = 15.

Nach Wagner: Areal = 62 800 qkm, Bevölkerung = 740 000 Seelen, Einwohnerzahl pro Quadratkilometer = 12.

Nach Cuinet: Areal = 63 700 qkm, Bevölkerung = 996 120 Seelen, Einwohnerzahl pro Quadratkilometer = 12.

11. (9.) Provinz von Angora.

| Name der Provinz | Hauptort der Provinz | Regierungsbezirke | Distrikte |
|---|---|---|---|
| Angora | Angora | Angora (Engürü) | Angora<br>Djibibabad<br>Ayasch<br>Beybasar<br>Kalli<br>Michalitschik<br>Siwrihissar<br>Balachlar<br>Himane<br>Yabanabad |
| | | Yosghad | Yosghad<br>Tschorum<br>Sangurli<br>Karamaghara<br>Boghaslayan<br>Ak daghmaden |
| | | Kaisaria | Kaisaria<br>Dewili<br>Indje Su |
| | | Kirschehir | Kir Schehir<br>Keskin<br>Medjie |

Lage und Grenze. Die Provinz von Angora liegt im Zentrum der Halbinsel; sie grenzt gegen Norden an die Provinz von Kastamuni, gegen Westen an die Provinz von Chodavendiglar, gegen Süden an die Provinz von Konia und Adana, gegen Osten an die Provinz von Siwas.

Oberfläche und Einwohnerzahl.

Nach den türkischen Quellen: Areal = 68 000 qkm, Bevölkerung = 688 000 Seelen, Einwohnerzahl pro Quadratkilometer = 10.

Nach Wagner: Areal = 67 500 qkm, Bevölkerung = 775 000 Seelen, Einwohnerzahl pro Quadratkilometer = 12.

Nach Cuinet: Areal = 83 780 qkm, Bevölkerung = 892 901 Seelen, Einwohnerzahl pro Quadratkilometer = 11.

12. (10.) Provinz von Kastamuni. Tabelle umseitig.

Lage und Grenze. Die Provinz von Kastamuni liegt im nördlichen Teile der Halbinsel; sie grenzt gegen Norden an das Schwarze Meer, gegen Westen an die Provinz von Chodavendiglar, gegen Süden an die Provinz von Angora, im Osten an die Provinzen von Siwas und Trapezunt.

Oberfläche und Einwohnerzahl.

Nach den türkischen Quellen: Areal = 48 000 qkm, Bevölkerung = 922 000 Seelen, Einwohnerzahl pro qkm = 19.

Nach Wagner: Areal = 49 700 qkm, Bevölkerung = 1 120 000 Seelen, Einwohnerzahl pro qkm = 24.

Nach Cuinet: Areal = 50 000 qkm. Bevölkerung = 1 009 460 Seelen, Einwohnerzahl pro qkm = 20.

12. (10.) Provinz von Kastamuni.

| Name der Provinz | Hauptort der Provinz | Regierungsbezirke | Distrikte |
|---|---|---|---|
| Kastamuni | Kastamuni | Kastamuni | Kastamuni |
| | | | Aradj |
| | | | Üsküläb |
| | | | Ineboli |
| | | | Djide |
| | | | Saghfranboli |
| | | | Tatai |
| | | | Taschköprü |
| | | | Tussie |
| | | Boli | Boli |
| | | | Eregli |
| | | | Bartin |
| | | | Hamidie |
| | | | Düsdje |
| | | | Gherede |
| | | | Medreni |
| | | | Gönik oder Torbali |
| | | Sinob | Sinob |
| | | | Istifan |
| | | | Boiabad |
| | | Kengheri | Kengeri |
| | | | Tscherkes |
| | | | Kaledjik |

13. (11.) Provinz von Trapezunt.

| Name der Provinz | Hauptort der Provinz | Regierungsbezirke | Distrikte |
|---|---|---|---|
| Trapezunt | Trapezunt | Trapezunt | Trapezunt |
| | | | Surmene |
| | | | Wakf |
| | | | Görele |
| | | | Tireboli |
| | | | Giressun |
| | | | Ordu |
| | | Djanik (Regierungsbezirk Samsun) | Samsun |
| | | | Bafra |
| | | | Tschiharschembi |
| | | | Terme |
| | | | Unie |
| | | | Fatsa |
| | | Lasistan (Regierungsbezirk Rise) | Rise |
| | | | Atina |
| | | | Chappa |
| | | | Of |
| | | Gumuschchane | Gumuschchane |
| | | | Torul |

**Lage und Grenze.** Die Provinz von Trapezunt befindet sich im Nordosten Kleinasiens; sie grenzt gegen Norden an das Schwarze Meer, gegen Westen an die Provinz von Kastamuni, gegen Süden an die Provinz von Siwas und Erzerum, gegen Osten an die russischen Besitzungen.

**Oberfläche und Einwohnerzahl.**

Nach den türkischen Quellen: Areal = 32000 qkm, Bevölkerung = 1330000 Seelen, Einwohnerzahl pro qkm = 42.

Nach **Wagner**: Areal = 30 790 qkm, Bevölkerung = 900 000 Seelen Einwohnerzahl pro qkm = 29.

Nach **Cuinet**: Areal = 31 360 qkm, Bevölkerung = 1 047 700 Seelen, Einwohnerzahl pro qkm = 34.

## 14. (12.) Provinz von Erzerum.

**Bemerkung.** Die Provinz von Erzerum gehört eigentlich nicht zu Kleinasien; da aber ein Teil davon sich in der früher gegebenen Grenze Kleinasiens befindet, wie der Regierungsbezirk von Ersindjan, so wird hier die ganze Provinz behandelt.

| Name der Provinz | Hauptort der Provinz | Regierungsbezirke | Distrikte |
|---|---|---|---|
| Erzerum | Erzerum | Erzerum | Erzerum |
| | | | Terdum |
| | | | Keskim |
| | | | Passinler |
| | | | Ova |
| | | | Terdjan |
| | | | Kighi |
| | | | Chenuß |
| | | Bayburd | Bayburd |
| | | | Kelkit |
| | | | Schiran |
| | | | Töbert |
| | | Ersindjan | Ersindjan |
| | | | Kemah |
| | | | Kuritschai |
| | | | Refahie |
| | | Bayesid | Bayesid |
| | | | Diadin |
| | | | Antab |
| | | | Karakilisse |
| | | | Alaschgerd |

**Lage und Grenze.** Die Provinz von Erzerum liegt im östlichen Teile Kleinasiens und grenzt gegen Norden an die Provinz von Trapezunt, im Westen an die Provinz Siwas, im Süden an die Provinzen Wan, Bitlis, Dersim, Mamuret-ül-asis, im Osten und Nordosten an Persien und an die russischen Besitzungen.

Oberfläche und Einwohnerzahl.

Nach den türkischen Quellen: Areal = 43000 qkm, Bevölkerung = 582000 Seelen, Einwohnerzahl pro qkm = 14.

Nach Wagner: Areal = 51 000 qkm, Bevölkerung = 520 000 Seelen, Einwohnerzahl pro qkm = 10.

Nach Cuinet: Areal = 76 720 qkm, Bevölkerung = 645 702 Seelen, Einwohnerzahl pro qkm = 9.

15. Kurze Wiederholung des Areals und der Bevölkerung von Kleinasien, das asiatische Bosporusufer nicht einbegriffen.

| Namen der Provinzen | Zahl d. Reg.-Bez. (Sandjaks) | Zahl der Distrikte (Kazas) | Areal nach türkisch. Quellen | Areal nach Wagner | Areal nach Cuinet | Bevölkerung nach türkischen Quellen | Bevölkerung nach Wagner | Bevölkerung nach Cuinet | Durchschnitt pro qkm nach türk. Quellen | nach Wagner | nach Cuinet |
|---|---|---|---|---|---|---|---|---|---|---|---|
| | | | *) | *) | *) | | *) | *) | | *) | *) |
| Karassi . . . | 2 | 13 | 20 000 | 20 000 | 20 000 | 382 000 | 382 000 | 382 000 | 19 | 19 | 19 |
| Aidin . . . | 5 | 38 | 54 000 | 54 000 | 45 000 | 1 500 000 | 1 350 000 | 1 390 783 | 28 | 25 | 31 |
| Chodavendiglar | 5 | 24 | 66 000 | 85 000 | 70 130 | 925 000 | 1 640 000 | 1 546 000 | 14 | 19 | 19 |
| Konia . . . | 5 | 31 | 87 000 | 102 000 | 91 040 | 885 000 | 840 000 | 1 088 100 | 10 | 8 | 10 |
| Adana . . . | 4 | 19 | 33 000 | 37 200 | 37 550 | 340 000 | 400 000 | 402 439 | 10 | 11 | 11 |
| Siwas . . . | 4 | 20 | 60 000 | 62 800 | 83 700 | 894 000 | 740 000 | 996 120 | 15 | 12 | 12 |
| Angora . . . | 4 | 22 | 68 000 | 67 500 | 83 780 | 688 000 | 775 000 | 892 901 | 11 | 12 | 10 |
| Kastamuni . . | 4 | 2[illegible] | 48 000 | 49 700 | 50 [illegible] | 922 000 | 1 120 000 | 1 009 460 | 19 | 24 | 20 |
| Trapezunt . . | 4 | 19 | 32 000 | 30 700 | 31 310 | 1 330 000 | 600 000 | 1 047 700 | 42 | 20 | 34 |
| Erzerum . . | 4 | 21 | 43 000 | 51 000 | 76 720 | 582 000 | 520 000 | 645 702 | 14 | 10 | 10 |
| Zusammen und Durchschnitt | 41 | 230 | 505 000 | 559 900 | 598 830 | 8 457 000 | 8 667 000 | 9 401 205 | 17 | 16 | 17 |

Die obigen Ziffern weichen mehr oder weniger von einander ab; es ist aber eine Thatsache, welche ins Auge fällt, zu bemerken, daß die Küstenländer, wo der Verkehr am regsten ist, wie Trapezunt, Aidin, Kastamuni und Karassi, am dichtesten bevölkert sind. Adana macht eine Ausnahme; die Ursache davon ist in der Ungesundheit der Küsten zu suchen.

16. Industrien und Handelsbewegung.

Die hauptsächlichsten Industrien Kleinasiens sind die folgenden:

Teppiche, Schawal; seidene, wollene, baumwollene und leinene Waren; Saffian, Zimmerausmöblierung. Die Stoffe werden in den Webestühlen bearbeitet. Die wollenen Strümpfe verdienen eine besondere Erwähnung; Sammet, Silberwaren, Thonwaren, Seifenfabrikate &c.

Die folgende Tabelle giebt uns einen Anhaltspunkt über die ganze Industrie und Handelsbewegung Kleinasiens und der Türkei:

*) Nach türkischen Quellen angegeben.

## Übersicht über die in dem Finanzjahre 13. März 1891/92 in die Türkei eingeführten und aus der Türkei ausgeführten Waaren mit Ausnahme des türkischen Tabaks.

(Nach der Zusammenstellung der türkischen obersten Zollbehörde.)

| Waren | Ausfuhr<br>Wert in türkischen Pfund | Einfuhr<br>Wert in türkischen Pfund |
|---|---|---|
| Florettseide und Fesstroddeln | 9 575,05 | 25 634,53 |
| Buchsbaum- und Ebenholz | 417 0[illegible]7,00 | 1 948,85 |
| Drogen und Chemikalien | 200 353,08 | 234 107,78 |
| Arabische Baumnüsse | 2 724,85 | 12 141,35 |
| Reis | 4 190,15 | 716 054,91 |
| Pferde und Maulesel | 38 212,88 | 25 415,69 |
| Spiritus | 6 333,00 | 223 190,93 |
| Waffen | 544,59 | 20 198,19 |
| Obst- und sonstige Bäumchen | 283,38 | 84,98 |
| Sattelwaren | 5 550,88 | 2 104,14 |
| Verschiedenes | 84 161,46 | 36 027,08 |
| Holzwaren | 12 301,50 | 11 760,57 |
| Abschlania-Kefé | 5 710,06 | 14 694,09 |
| Opium | 938 4[illegible],47 | 1 263,53 |
| Nadeln und Angelhaken | 0,0[illegible] | 13 154,28 |
| Feilen | — | 8 718,74 |
| Werkzeuge | 1 554,46 | 11 578,72 |
| Alaga-Stoff | 94 912,20 | 45 931,31 |
| Fertige Kleider | 12 913,19 | 127 359,36 |
| Mandeln | 27 234,00 | 1 143,47 |
| Gips, Kalk und sonstige Erden | 691,01 | 30 910,85 |
| Goldwaren | 81,16 | 2 466,52 |
| Federmesser, Rasiermesser, Scheren | 204,02 | 60 527,65 |
| Handschuhe und Strümpfe | 2 898,09 | 64 653,80 |
| Toile americaine | 1 711,49 | 1 755 608,79 |
| Schnupftabak | — | 110,44 |
| Feigen | 420 083,80 | — |
| Weintrauben, Rosinen | 773 902,51 | 10 660,15 |
| Heu und Stroh | 123 115,25 | 1 194,84 |
| Decken | 7 432,00 | 44 522,55 |
| Ochsen und Kühe | 7 108,11 | 73 097,18 |
| Spielwaren | 0,83 | 15 680,00 |
| Spiegel und Taschenspiegel | 14,72 | 14 687,21 |
| Bajaine-Gewebe | — | 11 400,20 |
| Därme und Saiten | 6 482,77 | 925,41 |
| Gesalzene Fische und Kaviar | 71 982,00 | 72 677,01 |
| Netze und Messinahaken | 66,53 | 1 010,17 |
| Kartoffeln | 2 602,73 | 37 055,58 |
| Lumpen | 39 273,17 | — |
| Messingwaren | 6 198,16 | 10 894,34 |
| zu übertragen | 3 351 201,00 | 3 748 494,82 |

| Waren | Ausfuhr<br>Wert in türkischen Pfund | Einfuhr<br>Wert in türkischen Pfund |
|---|---|---|
| Übertrag | 3 331 201,60 | 3 748 494,82 |
| Petmes-Gefäße, Traubengelee | 4 910,00 | 1 650,54 |
| Ballonen | 489 416,72 | 148,88 |
| Beschtimal, Futa, Hawlu, Handtücher | 2 599,49 | 29 339,39 |
| Krystallwaren | — | 96 760,00 |
| Käse aller Art | 45 298,96 | 111 670,48 |
| Rohe Baumwolle und Watte | 350 416,64 | 16 614,70 |
| Wicken | 1 028,93 | — |
| Porzellanwaren | 42,21 | 25 397,13 |
| Falsche Perlen | 203,90 | 18 302,83 |
| Shawls | 1 716,29 | 103 770,06 |
| Ölfarben, Farbenerden, Farbenhölzer ꝛc. | 70 211,60 | 67 704,82 |
| Hörner | 3 877,88 | 176,87 |
| Gewürze | 8 883,16 | 73 340,80 |
| Piqué | — | 11 967,55 |
| Platten, Blechwaren im allgemeinen | 94,13 | 12 406,28 |
| Sämereien | 106 445,03 | 1 960,96 |
| Kantare und andere Wagen | 127,16 | 2 404,35 |
| Rosenkränze aller Art | 4 417,60 | 682,05 |
| Tiftik und Wolle | 800 004,74 | 11 680,38 |
| Draht | 0,50 | 20 152,82 |
| Gemälde und Zeichnungen | 358,44 | 1 756,44 |
| Tumbeki | 883,69 | 74 307,33 |
| Weißblech | 626,53 | 50 150,19 |
| Zink- und Blechwaren | 213,16 | 15 776,04 |
| Telatin, Leder, russische Leder | — | 3 559,06 |
| Leim | 342,22 | 1 637,67 |
| Eisenwaren | 3 345,17 | 77 277,81 |
| Roheisen | — | 63 970,96 |
| Eisen in Bunden, Stäben, Schienen | — | 234 067,08 |
| Seife | 118,75 | 217,61 |
| Eisenabfälle | 2 098,03 | 1 011,25 |
| Musikinstrumente | 63,09 | 10 813,47 |
| Handtaschen und Portefeuilles | 1,63 | 4 472,49 |
| Fensterglas | 31,25 | 27 184,56 |
| Thee | 39,00 | 50 185,63 |
| Gabeln, Messer und Löffel | 1 492,44 | 12 830,86 |
| Schusterleinen | 2 008,00 | 383,02 |
| Ochsen- und Büffelfelle | 40 904,65 | 102 671,86 |
| Ziegen- und Schaffelle, Schweinehäute | 268 745,36 | 4 046,00 |
| Datteln | 124 125,93 | 3 058,84 |
| Hirse | 86 700,05 | 51 730,50 |
| Spitzen und Schnüre | 1,50 | 47 781,42 |
| Damast und Rips | — | 11 027,23 |
| Mehl und Gries | 6 988,84 | 406 049,56 |
| Knöpfe, Haken ꝛc. | 61,30 | 31 796,77 |
| zu übertragen | 5 781 222,31 | 5 660 272,75 |

| Waren | Ausfuhr<br>Wert in türkischen Pfund | Einfuhr<br>Wert in türkischen Pfund |
|---|---|---|
| Übertrag | 5 784 222,31 | 5 060 272,75 |
| Dock, Revendock und Perdelik | — | 28 377,31 |
| Dimi- und Dimkoton-Gewebe | — | 88 440,13 |
| Musselin, Tüll, Savaspoorgaze und Bürümdek | 35 386,73 | 363 916,39 |
| Bronzierte und nicht bronzierte Goldleisten | 2,22 | 10 407,18 |
| Tierhäute | 43 760,20 | 1 080,25 |
| Baumwollsamen, Kürbiskerne rc. | 54 263,72 | 1 880,92 |
| Stahl | 354,03 | 23 431,41 |
| Wilde Schweine und Jagdhunde | 6 132,68 | 278,37 |
| Tuch | 51,31 | 538 053,92 |
| Indiennes | 375,54 | 1 009 599,33 |
| Säcke | 3 443,28 | 98 845,64 |
| Indigo | 195,06 | 141 059,08 |
| Nüsse und Indigo-Nüsse | 8 215,06 | 2 770,62 |
| Korn | 110 596,30 | 192,78 |
| Künstliche Blumen | — | 8 777,39 |
| Kreuzbeeren | 57 416,09 | 60,53 |
| Wäsche | 490,23 | 85 406,91 |
| Rohseide und Seidenzucht | 888 418,20 | 240 027,50 |
| Teppiche (Hali, Killimefilz, Gebetsteppiche) | 102 377,43 | 173 251,27 |
| Seidene Kleiderstoffe | 412,80 | 227 241,74 |
| Johannisbrot | 40 074,07 | 578,90 |
| Feine Mercerien und Quincaillerien | 2 862,04 | 119 011,75 |
| Matten rc. | 2 450,65 | 2 473,21 |
| Konserven | 430,02 | 15 025,04 |
| Schuhwerk | 18 317,49 | 31 184,01 |
| Helva (aus Honig, Zucker, Sesamöl und Mehl oder Gries) | 20 110,01 | 250,08 |
| Tauwerk und Bindfaden | 8 570,54 | 33 994,25 |
| Wein | 113 036,20 | 38 113,67 |
| Weizen | 886 856,02 | 777 377,54 |
| Baumwollenzwirn und Makram | 1 217,02 | 115 071,53 |
| Baumwollengarn | 215,28 | 1 147 628,40 |
| Wollengarn | 18,30 | 21 333,44 |
| Leinengarn | 783,83 | 30 049,35 |
| Baumöl | 566 257,43 | 60 905,12 |
| Butter und sibirische Butter | 97 925,03 | 81 625,28 |
| Schwanz- und Hammelfett | 15 307,85 | 60 020,53 |
| Sesamöl | 3 601,48 | 2 014,40 |
| Fischöl (Lebertran) | 4 501,65 | 3 307,80 |
| Leinöl | 147,20 | 29 241,04 |
| Terpentinöl | 47,08 | 5 309,46 |
| Petroleum | 4,02 | 541 170,38 |
| Rosenöl, ätherische Öle | 38 125,09 | 6 905,68 |
| Schweinefett | 60,07 | 1 385,68 |
| Rizinusöl | 12,22 | 1 675,13 |
| Fichtenharz (Kolophonium) | 39,20 | 1 720,01 |
| zu übertragen | 8 960 127,82 | 10 936 723,10 |

| Ware | Ausfuhr<br>Wert in türkischen Pfund | Einfuhr<br>Wert in türkischen Pfund |
|---|---|---|
| Übertrag | 8 060 127,82 | 10 938 723,10 |
| Glaswaren | 230,05 | 70 692,60 |
| Pech und Teer | 1 676,60 | 1 071,40 |
| Feilen | 5,55 | 2 164,07 |
| Schmirgelstein, Schmirgelpapier | 20 282,21 | 150,99 |
| Oliven | 40 387,00 | 7 815,88 |
| Silbergeschirr | 4 583,42 | 4 199,83 |
| Uhren | 82,35 | 21 217,52 |
| Gummi, Mastix | 30 109,56 | 1 267,77 |
| Bleischrot | — | 19 887,56 |
| Schwämme | 41 951,66 | 25,16 |
| Essig | 202,52 | 2 604,93 |
| Gefettetes und ungefettetes Leder | 1 759,24 | 134 083,30 |
| Körbe und Kufen | 1 418,74 | 2 505,36 |
| Blutegel | 3 005,81 | 62,70 |
| Sesam | 139 379,97 | 5 797,18 |
| Gemüse | 30 351,40 | 8 837,41 |
| Zigarren | — | 1 256,61 |
| Spießglanz (Antimon), Bartfarbe | 412,62 | 654,79 |
| Zucker in Broten und pulverisiert | — | 1 167 863,03 |
| Zuckerwaren | 10 254,83 | 18 064,36 |
| Bänder und Litzen | 4 952,16 | 46 468,53 |
| Shawls, Foulards aus Seide und Wolle, Gürtel | 7 502,76 | 70 701,74 |
| Gerste | 232 192,17 | 57 701,92 |
| Macaroni und Nudeln | 1 097,64 | 20 417,47 |
| Wachs und Wachslichte | 28 711,98 | 9 344,72 |
| Stearinkerzen | 21,72 | 66 728,10 |
| Schirme | 2 064,02 | 15 185,66 |
| Printaniers | — | 57 457,69 |
| Öfen und Herde | 41,05 | 3 395,82 |
| Wohlriechende und sonstige Seifen | 192 832,10 | 28 522,15 |
| Würste und Rauchfleisch | 1 921,35 | 6 457,66 |
| Chinin-Sulfat | — | 14 218,02 |
| Boote und Kaiks | 968,88 | 2 838,60 |
| Stühle und Kanapees | 635,51 | 13 591,14 |
| Kisten aller Art | 8 567,72 | 1 995,22 |
| Irdene Waren | 67 011,06 | 55 550,53 |
| Steine, Malteser Steine, Marmor u. dergl. | 45 521,60 | 30 880,40 |
| Ziegel und Dachziegel | 1 756,37 | 25 645,43 |
| Spritzen | 40,69 | 1 146,26 |
| Kämme | 554,45 | 6 340,47 |
| Sensen | — | 6 229,85 |
| Tassenhalter | 14,96 | 1 600,38 |
| Aloe- und Sandelholz | — | 4 268,33 |
| Wagen und Phaëtons | 616,23 | 4 742,02 |
| Karneols, Türkise u. dergl. | — | 1 155,53 |
| zu übertragen | 9 002 316,75 | 12 969 491,78 |

| Waren | Ausfuhr<br>Wert in türkischen Pfund | Einfuhr<br>Wert in türkischen Pfund |
|---|---|---|
| Übertrag | 9 902 316,75 | 12 069 491,78 |
| Hafer . . . . . . . . . . . . . . . . . . . . . | 47 219,25 | 177,78 |
| Abas-Schajak-Gewebe . . . . . . . . . . . . . . | 24 273,26 | 75 620,80 |
| Arak . . . . . . . . . . . . . . . . . . . . . | 7 949,90 | 23 385,96 |
| Dochte und Nachtlichte . . . . . . . . . . . . | — | 3 842,51 |
| Flanelle aller Art . . . . . . . . . . . . . . | — | 58 856,00 |
| Pistazien . . . . . . . . . . . . . . . . . . | 6 738,97 | 8 615,79 |
| Fes, Külah und Hüte . . . . . . . . . . . . . | 1 015,56 | 190 634,79 |
| Kartuschen und Zündhütchen . . . . . . . . . . | — | 5 043,33 |
| Bohnen . . . . . . . . . . . . . . . . . . . | 117 840,74 | 49 743,52 |
| Hufeisnägel . . . . . . . . . . . . . . . . . | 100 888,83 | 174,58 |
| Bürsten und Besen . . . . . . . . . . . . . . | 1 952,08 | 7 724,66 |
| Fässer und Tonnen . . . . . . . . . . . . . . | 20 093,68 | 4 265,99 |
| Elephantenzähne, Perlmutterknochen . . . . . . | 34 295,14 | 3 393,61 |
| Kaschmir und Kastor . . . . . . . . . . . . . | — | 240 579,22 |
| Große und kleine Siebe . . . . . . . . . . . . | 105,75 | 1 053,04 |
| Kakros- und Kamrei-Gewebe . . . . . . . . . . | — | 65 302,37 |
| Schwamm und Zündhölzchen . . . . . . . . . . . | 158,75 | 44 100,48 |
| Künstl. Blumen . . . . . . . . . . . . . . . . | 8 910,85 | 434,34 |
| Kermes-Farbstoff, Cochenille . . . . . . . . . | — | 118 455,83 |
| Sammet . . . . . . . . . . . . . . . . . . . | 3,33 | 48 862,36 |
| Kalemkiarchemeni-Gewebe . . . . . . . . . . . | 16 258,11 | 219 607,75 |
| Blei in Tafeln und Röhren . . . . . . . . . . | 150,02 | 10 708,93 |
| Stahl- und Bleifedern . . . . . . . . . . . . | 0,50 | 4 763,10 |
| Wohlriechendes Wasser . . . . . . . . . . . . | 827,39 | 16 972,95 |
| Kanariensamen . . . . . . . . . . . . . . . . | 38 781,80 | 354,57 |
| Mais . . . . . . . . . . . . . . . . . . . . | 203 753,50 | 31 776,52 |
| Büchsen aller Art, leere Schachteln . . . . . | 882,00 | 10 505,96 |
| Vögel und Hühner . . . . . . . . . . . . . . | 3 784,71 | 6 879,07 |
| Stärke . . . . . . . . . . . . . . . . . . . | 672,28 | 14 475,93 |
| Bettgestelle . . . . . . . . . . . . . . . . | 10,52 | 16 385,13 |
| Schafe, Lämmer, Ziegen, Kälber . . . . . . . . | 48 089,44 | 76 408,12 |
| Sackleinwand . . . . . . . . . . . . . . . . | — | 64 820,29 |
| Zinn und Borax . . . . . . . . . . . . . . . | 273,33 | 75 226,06 |
| Kaffee und Kaffeesurrogate . . . . . . . . . . | 403 452,76 | 701 804,00 |
| Kaptan-Gespinnste, echte Gespinnste . . . . . . | 195,31 | 7 134,43 |
| „ „ , unechte „ . . . . . . . . . . . . . | 385,55 | 42 137,49 |
| Haare und Haargeflechte . . . . . . . . . . . | 102 805,61 | 6 337,44 |
| Papier aller Art . . . . . . . . . . . . . . | 1 017,07 | 225 150,69 |
| Notenpapier, Druckpapier, Tapeten . . . . . . | 50,55 | 19 346,82 |
| Bücher, Hefte, Karte . . . . . . . . . . . . | 2 563,40 | 17 150,87 |
| Brillen, Operngläser u. dergl. . . . . . . . . | — | 2 123,00 |
| Felle zu Pelzen in Tulums und Stücken . . . . | 612,44 | 18 529,04 |
| Schaufeln aus Holz und Eisen . . . . . . . . . | 428,89 | 2 098,42 |
| Biscuit und Hartbrot . . . . . . . . . . . . | 560,50 | 7 040,28 |
| Flachs, Leinen, Hanf, Werg . . . . . . . . . . | 4 480,96 | 2 217,80 |
| zu übertragen | 1 104 647,24 | 15 620 979,42 |

| Waren | Ausfuhr<br>Wert in türkischen Pfund | Einfuhr<br>Wert in türkischen Pfund |
|---|---|---|
| Übertrag | 11 104 647,24 | 15 620 979,42 |
| Bretter und Blöcke aus Nußbaum | 121 301,73 | 129 443,24 |
| Sohlleder | 65,27 | 332 167,51 |
| Gummi | 39 402,06 | 17 166,71 |
| Schlösser allerlei Art | 81,11 | 21 485,59 |
| Kleie | 14 768,33 | 312,36 |
| Gewebe aus Tuch, Leinen und Baumwolle | 6 664,69 | 324 669,77 |
| Roher Bernstein | 2,22 | 8 823,06 |
| Holzkohlen, Brennholz | 12 161,79 | 2 321,14 |
| Lampen, Kronleuchter und Laternen | 109,60 | 16 861,80 |
| Elastiques für Schuhe | 155,29 | 23 260,46 |
| Orangen und Zitronen | 90 562,31 | 29 272,49 |
| Fleisch | 72,64 | 2 322,40 |
| Spirituosen, mit Ausnahme von Arak, Wein und Spiritus | 15,57 | 169 733,29 |
| Kleine und große Nägel | 773,58 | 117 640,87 |
| Mineralwasser | 2,02 | 4 969,53 |
| Erze | 77 011,12 | 545,70 |
| Steinkohlen | — | 328 713,77 |
| Metallwaren | 260,66 | 6 065,71 |
| Schleifen, Perlen, Korallen u. dergl. | 108,46 | 2 475,58 |
| Madapolam | — | 526 667,39 |
| Moschus und Ambra, Moschusschwänze und -ratten | — | 616,27 |
| Wachstuch | 244,06 | 20 525,54 |
| Tische, Konsolen, Schubkasten | 639,31 | 5 220,02 |
| Maschinen aller Art | 177,53 | 40 215,03 |
| Galläpfel | 61 422,29 | 643,90 |
| Seidene und baumwollene Taschentücher | 3 717,14 | 68 106,09 |
| Frische und trockene Früchte | 82 046,76 | 10 531,69 |
| Korkholz, -stöpsel und -stücke | 63,34 | 1 850,30 |
| Kupferne Schalen, kupferne Geschirre | 41 503,64 | 13 067,30 |
| Kupfer in Barren und Röhren | 4 083,35 | 189 615,70 |
| Decken und Bajardeks, (Art Decken), Überzüge | 2 207,22 | 14 727,00 |
| Blätter (Folia) | 053,78 | 141,50 |
| Eier | 3 700,19 | 14 601,41 |
| Segeltuch | 500,81 | 2 699,40 |
| Wollene Stoffe aller Art zu Frauenkleidern | 1 533,65 | 421 419,30 |
| | 11 670 577,78 | 18 517 835,78 |

## Tierreich.

Die Besprechung des Tierreiches scheint uns hier um so mehr geeignet, als wir manche Örtlichkeiten, die wir schon kennen gelernt haben, erwähnen werden.

### Im Allgemeinen.

„Der Mensch (und das Tier) ist körperlich wie eine Pflanze; er ist wie sie allen äußeren Einflüssen unterworfen; ändert er das Milieu, wo er lebt, so werden nach einigen Generationen seine physische Konstitution, seine Sitten und auch manche seiner Ideen eine Änderung und Umwandlung erfahren" *).

Die bunte Farbe tritt überall auf. Das Klima der Halbinsel hat dem Menschen wie dem Tiere seinen Einfluß aufgeprägt. Man hat öfter Gelegenheit, zu beobachten, daß die Söhne derselben Eltern verschiedene Farben haben: der eine ist blond, der andere braun.

Es ist höchst interessant, eine Herde von Geflügel zu sehen, weil da alle möglichen Farbenmischungen zum Vorschein kommen. Wenn man einen Bauer fragt, welches Mittel er anwendet, um eine solche bunte Herde von Geflügel zu bekommen, so erhält man die Antwort: „Die Witterung besorgt alles". Ob diese Vermutung richtig ist oder nicht, kann dahingestellt bleiben, das Eine ist aber bemerkenswert: dem Versehen wird in bäuerlichen Kreisen ein großer Einfluß beigelegt.

*) Victor Duruy, Histoire générale de France.

# Ein Vorkämpfer deutscher Überseepolitik.

Von Dr. Alfred Zimmermann.

(Mit Bildnis.)

Der Name Johann Jacob Sturz', der am 4. Dezember 1877 die müden Augen für immer in Friedenau bei Berlin geschlossen hat, ist heute beim größeren Publikum so gut wie vergessen. Seine originelle, stets geschäftige, unaufhörlich fürs Wohl der Unterdrückten und Armen sich abmühende Persönlichkeit ist ebenso verschollen, wie seine umfangreiche litterarische Thätigkeit. Doch diese Vergessenheit dürfte nur eine zeitweilige sein. Die aufregenden Ereignisse des letzten Vierteljahrhunderts, der große Umschwung, der sich auf so vielen Gebieten des Lebens vorbereitet oder vollzieht, lassen der heutigen Generation keine Zeit zur Erinnerung an die aus ihrem Kreise Scheidenden. Auch der größte Mann verliert heute schon kurze Zeit nach seinem Tode das Interesse der Menge, die nur für den Tag und seine Fragen Sinn hat. Wenn aber erst wieder ruhigere Zeiten beginnen, die Gemüter Muße zur Sammlung und zum Nachdenken finden werden, dann dürfte auch das Wirken J. J. Sturz' die verdiente Anerkennung finden und sein Name den gebührenden Platz in der Reihe der Vorkämpfer deutscher Kolonialpolitik erhalten. Das Leben des eigenartigen Mannes im vollen Umfange zu schildern, wäre eine höchst dankbare Aufgabe. Sie hat seiner Zeit Gustav Freytag gereizt, und es kann nicht genug bedauert werden, daß der Biograph Mathys, der klassische Schilderer deutscher Bürgertüchtigkeit, seine Absicht nicht ausgeführt hat. — An dieser Stelle kann es sich nur darum handeln, in kurzen Zügen die Thätigkeit Sturz' in kolonialpolitischer Hinsicht zu würdigen.

Johann Jacob Sturz war am 7. Dezember 1800 zu Frankfurt a./M. als Sproß einer angesehenen Beamtenfamilie geboren. In jungen Jahren widmete er sich dem Berufe des Kaufmanns und fand als solcher Gelegenheit, verschiedene Aufträge in Mexiko mit Erfolg auszuführen. Nach seiner Heimkehr wandte er sich nach England, wo er sich mit Bergbau und Maschinenwesen vertraut machte, wohl in der Absicht, diese Kenntnisse in den spanisch-amerikanischen Kolonien, die damals eben ihre Freiheit errungen hatten, und auf deren Mineralschätze die Welt größte Erwartungen setzte, zu verwerten.

Verbindungen, die er in England fand, führten ihn aber schon 1825 nach Brasilien. Er trat in ein dortiges Bergwerksunternehmen ein und wurde 1830 Chef-Ingenieur desselben. Diese ruhige Thätigkeit befriedigte ihn auf die Länge nicht. Er geriet mit dem Direktor der Gesellschaft in Streit, da er gegen die grausame Behandlung der in den Bergwerken beschäftigten Negersklaven einschritt; dazu drängte es ihn, für Hebung des so reichen und dabei in seiner Entwickelung so zurückgebliebenen brasilianischen Reichs zu wirken. So gab er bald seine gute Stellung auf und begann zunächst Dampferunternehmungen für die Küsten und die wichtigsten Flüsse Brasiliens ins Leben zu rufen. Nach seiner Angabe gelang es ihm, die Dampfergesellschaften von Richterot, von Bahia und für die Küste zustande zu bringen. 1833 gründete er eine weitere für den Rio Doce und versuchte europäische Ansiedler nach diesem Gebiete, in dem der Gesellschaft ansehnlicher Landbesitz zugeteilt war, zu ziehen. Dank dem Einfluß, den der hochbegabte und unermüdliche Mann in Rio de Janeiro gewonnen hatte, erhielt er Ende der dreißiger Jahre das Privileg der Dampfschiffahrt auf dem Amazonenstrome für vierzig Jahre und gleichzeitig den Besitz von 80 Quadratleguas Land in dem Gebiete des Flusses. Die brasilianische Deputiertenkammer genehmigte 1840 dieses Privileg einstimmig, und Sturz begab sich, um kapitalfähige Unternehmer zu seiner Ausnützung zu finden, persönlich nach England. — Die Bildung einer Dampfschiffahrts-Gesellschaft für das große und reiche Stromgebiet war verhältnismäßig leicht zu bewerkstelligen. Um so schwieriger erwies es sich, den Landbesitz zu verwerten. Von Sklavenarbeit wollte Sturz nichts wissen. Sein Wunsch war, europäische, insbesondere deutsche Ansiedler dafür zu gewinnen. Zu diesem Zwecke wandte er sich 1841 an den preußischen Gesandten in London, Baron Bülow. Er entwarf ihm ein lockendes Bild der Aussichten, welche deutschen Auswanderern sich am Amazonas böten und der Vorteile, die für Deutschlands Handel und Schiffahrt daraus folgen würden¹). Der Schritt blieb indessen nutzlos. Baron Bülow hielt mit Recht den Zollverein in seiner damaligen Verfassung für unfähig, derartige Pläne zu verfolgen; überdies meinte er, daß von näheren Beziehungen zu Brasilien erst die Rede sein könne, wenn es sich in Tarif- und Handelsfragen entgegenkommender gegen Deutschland zeige. In Berlin war man derselben Ansicht.

Während Sturz, der schon 1837 in London eine Broschüre²) über die wirtschaftlichen Aussichten Brasiliens und die Vorteile der Auswanderung von europäischen Arbeitern und Bauern dahin veröffentlicht hatte, sich noch für Verwertung seines Privilegs abmühte, wurde dasselbe vom Senat in Rio de Janeiro nicht bestätigt³). Der Schlag war wohl für den Augenblick recht empfindlich. Doch bezeichnete Sturz 1868 selbst das Ereignis als ein Glück. „Denn wie leicht hätte auch mich falscher Ehrgeiz und Habsucht, als Besitzer jenes Privilegiums, blind gemacht gegen die seitdem durch nicht geringe Menschenopfer erwiesene Unmöglichkeit, an jenen Landstrecken Europäer anzusiedeln und mich so zum Verursacher des Unglücks anderer gemacht!" Im übrigen verlor die brasilianische Regierung, in der Sturz so manchen einflußreichen Freund zählte, ihn nicht aus den Augen. Schon wiederholt hatte er für sie Missionen in England, Mexiko und Nordamerika ausgeführt und bei jeder Gelegenheit sein Geschick und seinen Eifer bekundet. Auch von England aus entwickelte er eine überaus rege Thätigkeit als Berichterstatter und Sachwalter der Interessen Brasiliens. So war es jedenfalls eine richtige Wahl, wenn der Kaiser Dom Pedro im Jahre 1842 Sturz zu seinem Generalkonsul für Preußen ernannte.

Es kam zu jener Zeit Brasilien darauf an, sich von Englands übermächtigem Einfluß zu befreien. England hatte bis 1842 Zollvorteile vor allen anderen Staaten in

¹) Vgl. meine Geschichte der preußisch-deutschen Handelspolitik 1892, S. 308.

²) A Review financial, statistical and commercial of Brazil. London 1837.

³) So berichtet Sturz selbst in „Die deutsche Auswanderung", Berlin, S. XCIV. In seiner Schrift „Die Krisis der deutschen Auswanderung", Berlin 1862, S. 103, erzählt er dagegen, daß er selbst dem Projekt entsagt habe.

Brasilien genossen. Die brasilianische Regierung, welche finanziell völlig von den Briten abhängig war, hoffte England entgegenkommender zu machen, wenn sie Verhandlungen über Handelsverträge mit anderen Staaten einleitete. Es kam ihr ferner darauf an, möglichst viel deutsche Auswanderer nach Brasilien zu ziehen, da dort infolge der Unterdrückung des Negersklavenhandels der Mangel an Arbeitern immer fühlbarer wurde. Sturz sollte in beiden Hinsichten für Brasilien wirken; und er war gern dazu bereit, aber nur unter der Voraussetzung, daß Deutschland dabei ebenso seinen Nutzen finde wie sein Adoptivvaterland. Ihm war es nicht darum zu thun, die Verhandlungen mit England durch Scheinmaßregeln in Deutschland zu erleichtern. Sein Ziel war vielmehr Herbeiführung einer engen wirtschaftlichen Verbindung des Zollvereins mit dem großen südamerikanischen Kaiserstaat, wie sie auch Friedrich List erstrebte. Brasilien sollte Deutschland den Mangel eigener Kolonien ersetzen und durch Anlehnung an Deutschland Veranlassung und Kraft zu energischer und gesunder Wirtschaftspolitik erhalten. Ebenso wollte er von Beförderung der deutschen Auswanderung dahin nur unter der Voraussetzung wissen, daß die Deutschen gutes Gedeihen und Fortkommen fänden. Als erste Bedingung dazu sah er Gewährung voller Religionsfreiheit, Verbesserung und Umgestaltung der Rechtspflege sowie Änderung der Landgesetzgebung Brasiliens an. Solange in diesen Punkten nicht ein völliger Umschwung herbeigeführt, deutschen Auswanderern die Möglichkeit gegeben war, in Brasilien Grund zu erwerben und volle Gleichberechtigung mit den Portugiesen zu genießen, mochte er von Verpflanzung deutscher Bauern nach Brasilien nichts wissen. Er verlangte ferner Aufhebung der gebräuchlichen Parceriverträge. Es wurde darnach den Auswanderern freie Überfahrt und ein Stück Land zugesagt unter der Bedingung, daß sie diese Kosten durch Arbeit abverdienten. Diese Verträge wurden aber so gehandhabt, daß die unglücklichen Auswanderer niemals ihre Schulden abarbeiten konnten und in schlimmere Knechtschaft als Sklaven gerieten.

Sturz, welcher in der Einführung der für das Gedeihen der Einwanderer nötigen Reformen rc. auch das wahre Wohl Brasiliens erblickte, setzte von Anfang an alle Kräfte ein, um seine Absichten durchzusetzen. Sein Einfluß hat wesentlich mit dazu beigetragen, daß Brasilien 1844 ernstliche Verhandlungen wegen eines Handelsvertrags mit Preußen anknüpfte und 1845 zum ersten Male einen Gesandten nach Berlin schickte. Er bewirkte auch, daß in Brasilien die Frage der inneren Reformen zur Beförderung der Einwanderung wieder auf die Tagesordnung kam. Ja, er wußte den Gesandten d'Abrantes so für seine Gesichtspunkte einzunehmen, daß dieser selbst lebhaft in Wort und Schrift für die Sache der Reformen eintrat.

Nur leider waren die Kreise der großen Landbesitzer in Rio de Janeiro mächtiger als Sturz, seine Freunde und selbst der Kaiser. Nachdem sie die Dinge längere Zeit hingeschleppt hatten, brachten sie es zum Abbruch der Vertragsverhandlungen und zum Einschlafen der Reformbewegung. Sie zogen es vor, durch gut bezahlte Agenten allenthalben leichtgläubige Leute heimlich zu werben und mit Parceriverträgen nach Brasilien zu schaffen. Sturz war zu solchen Geschäften natürlich nicht zu haben, er setzte vielmehr alles daran, das Treiben der Auswanderungsagenten zu hintertreiben und scheute nicht davor zurück, gegen die Machthaber in Rio de Janeiro und ihre Werkzeuge selbst zu Felde zu ziehen.

Auf die Länge war ein solches Verhältnis nicht haltbar. Sturz geriet mit dem offiziellen Vertreter Brasiliens zu Hamburg in offenen Streit und wurde bald von seinen Gegnern in Rio als der reine Verräter geschildert. Die brasilianische Regierung versuchte den unbequemen Beamten aus Deutschland zu entfernen, indem sie ihn 1854 nach Genua versetzte und daran dachte, ihm das Generalkonsulat in New-York zu übertragen. Als Sturz sich sträubte, diesen Posten anzunehmen, versuchte der brasilianische Gesandte in Hamburg ihn zu zwingen, seinen Sitz in Stettin zu nehmen. Da auch das nichts half, wurde er nach Rio de Janeiro beordert. Dorthin zu reisen, lehnte Sturz ab, da er Gewaltakte von Seiten seiner Feinde fürchtete. Diese Weigerung gab der brasilianischen Regierung den Anlaß, ihn 1858 seines Postens zu entheben.

Sturz, der sein Vermögen während seiner amtlichen Wirksamkeit aufgebraucht hatte, geriet durch seine Entlassung in Not. Aber in seinen Ansichten und in seinem Wirken trat keine Änderung ein. Nach wie vor gehörte Brasilien seine Zuneigung, und nach wie vor strebte er darnach, die Einführung der von ihm und allen Menschenfreunden für nötig erachteten Reformen der Gesetzgebung in Brasilien durchzusetzen. Als alles umsonst war, drängte er darauf, daß die europäischen Staaten durch zeitweiliges Verbot der Auswanderung nach Brasilien dieses zu Reformen zwingen möchten. Er begrüßte es daher als einen Fortschritt, daß Preußen 1859 durch das von der Heydtsche Reskript die Konzessionierung von Auswanderungsagenturen für Brasilien untersagte und die bestehenden Konzessionen aufhob. Ja, er zog allmählig auch gegen die Leute zu Felde, welche bemüht waren, den bereits blühenden deutschen Ansiedelungen in Südbrasilien, wo die im Norden herrschenden Übelstände sich weniger fühlbar machten, Nachschub zuzuführen. Seiner Überzeugung nach konnte aus diesen Niederlassungen ohne genügende Sicherung des materiellen und geistigen Wohls der Kolonisten nichts werden. Aussichtsreicher erschienen ihm daher Ansiedelungen im Gebiete des La Plata. Für sie begann er besonders lebhaft zu Anfang der sechziger Jahre zu wirken¹). Die Regierung von Uruguay übertrug ihm damals ihr Generalkonsulat für Preußen. Doch verlor er diesen Posten schon nach zwei Jahren wieder infolge von Schritten der brasilianischen Machthaber in Montevideo. Dieser neue Schlag hinderte ihn nicht, für die Auswanderung nach dem La Plata weiter zu wirken. Er faßte damals auch die bessere Organisation der deutschen Auswanderung nach Süd- wie Nordamerika, Südafrika und Brasilien ins Auge.

Die Mängel des damaligen Zustandes, bei dem der deutsche Auswanderer ohne zuverlässigen Ratgeber und ohne Schutz sich ganz in die Hände der oft unzuverlässigen Agenten geben mußte, beschäftigten ihn seit langem. Daß bei den deutschen Regierungen für diese Fragen kein Interesse zu erwecken war, daß man dort am liebsten alle Auswanderung verboten hätte und jeden Schritt im Interesse der Auswanderer als verderblich ansah, da er die Bewegung vergrößern konnte, wußte er. Von dieser Seite war nichts zu hoffen. Aber die Auswanderung bestand doch nun einmal. Hunderttausende suchten überm Meer eine neue Heimat. Sollten sie hilflos fremden Blutsaugern preisgegeben werden, sollte man sie ruhig dem Vaterland verloren gehen lassen? Sturz fand einen solchen Zustand unerträglich. Er sann nach, wie

---

¹) Kann und soll ein Neu-Deutschland geschaffen werden und auf welche Weise? 1862.
Die Krisis der deutschen Auswanderung und ihre Benutzung. 1862.
Schafzucht und Wollproduktion in Uruguay als Grundlage für deutsche Ansiedelungen. 1864.
Die deutsche Auswanderung und die Verschleppung deutscher Auswanderer. 1868.

er sich ohne Hülfe der Regierung ändern lasse. So kam er auf den Plan, in Berlin ein Auskunftsbureau für Auswanderer zu errichten. Zur Deckung der Kosten sollte eine jede Kolonie, welche mit dem Bureau in Beziehung trat, einen jährlichen Beitrag zahlen. Der Gedanke, der übrigens nicht zur Ausführung gekommen ist, ist Sturz von verschiedenen Personen sehr verdacht worden. Seine ganze Persönlichkeit war indessen so über jeden Zweifel erhaben, daß das Bureau sicherlich unter Sturz' Leitung für alle Auswanderer vom größten Segen gewesen sein würde. Der Mann, der sein gut bezahltes Generalkonsulat opferte, da er seinen Ansichten nicht untreu werden wollte, würde jedenfalls als Leiter des Auskunftsbureaus erst recht jeder lügenhaften Reklame entgegengetreten sein und das Interesse der Auswanderer obenan gestellt haben.

Nicht minder lebhaft, als die Auswanderung, beschäftigten Sturz alle anderen Fragen deutscher Überseepolitik. 1859 veröffentlichte er eine Denkschrift, betreffend den von Deutschland einzuleitenden Verkehr mit dem neu eröffneten Weltmarkt in China und Japan, nebenbei mit Siam und Singapore. Schon zu Anfang der vierziger Jahre, als England den ersten Aufsehen erregenden Sieg über China errungen und es zur Öffnung einiger Häfen gezwungen hatte, wandten sich die Blicke einiger weitschauender Kaufleute Deutschlands auf Ostasien, und die preußische Regierung hatte damals einige schüchterne Schritte zu Gunsten des deutschen Handels in jenem Teile der Welt gethan. Doch bei dem Mangel jeglicher Seemacht und der geringen Zahl unternehmungslustiger Großkapitalisten in Preußen war wenig aus der Sache geworden. In den fünfziger Jahren zwang nun England die Chinesen zu neuen Konzessionen. Gleichzeitig wurde durch die Vereinigten Staaten und England die Eröffnung Japans durchgesetzt, und Rußland entfaltete bei der Ausdehnung seiner Herrschaft im nördlichen Asien eine solche Energie, daß die Gefahr auftauchte, das ganze Ostasien für deutschen Unternehmungsgeist zu verlieren. Die Masse des gebildeten Publikums verstand die Bedeutung Ostasiens und der dortigen Vorgänge sehr wenig und widmete ihnen kaum einige Aufmerksamkeit. Sturz aber sah klar, wie wichtig es für Deutschland sei, den Augenblick nicht zu versäumen und sich sogleich einen Anteil am chinesischen Verkehr zu sichern. Er schlug daher schleunige Bildung einer Handelsgesellschaft für Ostasien und Sendung von Mustern deutscher Erzeugnisse dahin vor. Nicht mit Unrecht rechnete er darauf, daß China und Japan, schon um sich der Übermacht Englands und Rußlands zu erwehren, Deutschland besonders freundlich entgegenkommen würden.

Die Vorschläge Sturz' fielen bei der Handelswelt ins Wasser. Es ist indessen sehr wahrscheinlich, daß sie auf die Absendung der offiziellen Mission, welche namens der preußischen Regierung zu Anfang der sechziger Jahre Ostasien bereiste und dort Handelsverträge abschloß, nicht ohne Einfluß geblieben ist.

Einen nicht minder richtigen Blick hat Sturz in den Fragen der deutschen Schiffahrt und Marine bewiesen. Als weitgereister, welterfahrener und politisch gebildeter Mann empfand er von jeher die Ohnmacht Deutschlands zur See, den Rückgang seiner Schiffahrt als das größte Hindernis seiner Entwickelung. Daß ein Gebiet mit langen Küstengebieten an verschiedenen Meeren Jahrhunderte hindurch jede Maßnahme zum Schutz seiner Fischerei und Schiffahrt vernachlässigte, daß es ruhig duldete, wie Seeräuber seinen Handelsschiffen das Mittelmeer sperrten und sie bis vor die Elbmündung verfolgten, erschien ihm mit Recht als ein unerhörter Vorgang. Doch Anklang fanden solche Gedanken im Publikum erst, als 1848 das kleine

Dänemark binnen wenigen Tagen zahlreiche deutsche Schiffe wegzunehmen und alle deutschen Häfen zu sperren imstande war. Damals nahm sich, wie bekannt, der Frankfurter Reichstag der Angelegenheit an und that Schritte zur Schöpfung einer Flotte[1]). Nun sah Sturz die Gelegenheit zum Eingreifen gekommen. Unter dem durchsichtigen Pseudonym Germano-Brasilicus veröffentlichte er eine Flugschrift „Soll und kann Deutschland eine Dampfflotte haben und wie?“ Er empfahl darin besonders Herstellung regelmäßiger Dampferverbindungen mit Brasilien. Gleichzeitig regte er zur Hebung und Stärkung der Handelsbeziehungen zwischen beiden Ländern, Ermäßigung der deutschen Kaffee- und Zuckerzölle und Aufhebung des Salzzolls an. In überzeugender Weise that er den Nutzen der von ihm befürworteten Maßnahmen für Deutschlands Handel und Schiffahrt dar und trat den pessimistischen Stimmen entgegen, welche vor jeder Anstrengung warnten, da Deutschland nun doch einmal den Vorsprung der seemächtigen Staaten nicht mehr einholen könne. Er stellte auch dem Parlament seine Erfahrungen und Kenntnisse für Bildung und Bemannung der deutschen Flotte zur Verfügung.

1862 kam er wieder auf die Flottenpläne zurück. Aus Anlaß der Entdeckung einer angeblich überaus fischreichen Bank im Norden Schottlands empfahl er in der Broschüre: „Der Fischfang auf hoher See“ regere Förderung der deutschen Seefischerei und wies den Einfluß rationell betriebenen Fischfangs auf Volkswohlstand und Seegeltung nach. Zur Erreichung seines Ziels schlug er Prämien sowie Organisation regelmäßigen und billigen Absatzes der Fische im Binnenlande vor. Wer möchte ihm heut nicht Recht geben, wenn er es als schmachvoll bezeichnete, daß die Deutschen den Fischfang auf der Nordsee ganz Fremden überließen und von ihnen die Fische kauften, wenn er darüber klagt, daß die Deutschen, die den fünften Teil der Bevölkerung in der Welt ausmachten, noch keine Spur von einem Anteil der übrigen Welt besäßen? Die Schrift hat dazu beigetragen, daß Preußen Maßnahmen gegen die englischen und holländischen Fischer in seinen Küstengewässern ergriff und zur Hebung der Fisch- und Austernzucht Schritte that. Vom gleichen patriotischen Gedankengang war eine gelegentlich der Eroberung Schleswig-Holsteins geschriebene Broschüre: „Der Nord- und Ostsee-Kanal durch Holstein, Deutschlands Doppelpforte, zu seinen Meeren und zum Weltmeere“ beseelt. Sturz wies darin die politische und wirtschaftliche Notwendigkeit der baldigen Erbauung des Kanals von der Ostsee nach der Elbmündung nach und schlug die Wahl der Linie: Lübisches Fahrwasser-Stöhrmündung bei Büttel vor. Wie zutreffend seine Ausführungen in ersterer Hinsicht waren, ist heut, wo der Kanal vollendet ist, niemand mehr zweifelhaft. Damals aber fanden seine Ausführungen wenig Anklang.

Daß Sturz auch den Fragen der Neger- und Kulisklaverei[2]) lebhafte Beachtung schenkte und gegen sie zu Felde zog, kann nach der Haltung, die er in der Frage der Auswanderung nach Brasilien einnahm, nicht verwundern. Schon als er Anfang der vierziger Jahre in London war, hat er die Bestrebungen der englischen Regierung zur Ausrottung des Negerhandels durch Erteilung von Auskunft und Rat unterstützt. Als König Leopold von Belgien die internationale afrikanische Gesellschaft ins Leben rief, welche unter anderem auch der Bekämpfung der Sklaverei dienen sollte, brachte

[1]) Vgl. Meine Geschichte der preußisch-deutschen Handelspolitik. S. 632 ff.

[2]) Die Beseitigung der Sklaverei in Nordamerika. 1843.

Die deutsche und die chinesische Aus- und Rückwanderung. 1876.

er ihr seine wärmste Sympathie entgegen und unterstützte ihre angeblichen Absichten in jeder Weise. Gegen den grausamen Handel mit chinesischen Kulis wußte er durch seine Preßthätigkeit solche Entrüstung zu erregen, daß die europäischen Regierungen ernste Maßnahmen gegen das Unwesen ergriffen. Der chinesische Gesandte hat beim Ableben Sturz' seiner Witwe in einem offiziellen Schreiben die Verdienste des Verewigten in dieser Frage anerkannt und gerühmt!

Die Beschäftigung mit der Sklavenfrage lenkte Sturz' Aufmerksamkeit auf Afrika und seine Kolonisierung. Er widmete ihr im Jahre 1876 eine Schrift: „Der wiedergewonnene Erdteil, ein neues gemeinsames Indien", die rasch mehrere Auflagen erlebt hat. Angeregt durch die Entdeckungen der Engländer im Gebiete der Nilquellen sowie durch die Reisen von der Deckens und Brenners in Ostafrika empfahl er darin Deutschlands Festsetzung in diesen Gebieten. Der erste Schritt sollte Sendung eines Berufskonsuls nach Sansibar, der zweite Erforschung des ostafrikanischen Seengebiets durch eine sachverständige Kommission sein. Um störende politische Einflüsse zu vermeiden, schlug er Einleitung von Verhandlungen mit England und Frankreich zum Zwecke der Neutralerklärung Ostafrikas und der dortigen Flüsse, Häfen und Straßen vor! Er faßte endlich schon damals eine deutsche Dampferlinie nach Ostafrika sowie Erbauung einer Bahn von der Küste zum Seengebiet ins Auge!

Kaum acht Jahre später hat Deutschland Schritte im Sinne und Geiste der Sturzschen Vorschläge gethan und dem Unternehmungsgeist seiner Bürger ein ansehnliches Stück von Ostafrika gesichert. Zur Zeit der Abfassung der Schrift aber regte sich keine Hand zur Verwirklichung der darin gemachten Vorschläge, und Sturz hatte damit ebenso wenig materiellen Erfolg, wie mit seiner andern Thätigkeit.

Überhaupt ist ihm das Glück wenig hold gewesen. Bis in sein spätes Alter hat er ums tägliche Brod sich abmühen müssen. Der reichbegabte, stets für andere sorgende Mann hat niemals sich selbst vor der Sorge des Tages sicher zu stellen vermocht. Ohne eine öffentliche Sammlung, die Freunde für ihn in den sechziger Jahren ins Werk setzten, und ein kleines Gnadengehalt, daß ihm Fürst Bismarck zuteil werden ließ, hätte Sturz direkt Not leiden müssen! — Der Tod ereilte ihn, als er ungeachtet seiner hohen Jahre daran dachte, eine Reise nach Ostafrika anzutreten und dort für Deutschland Besitz zu erwerben.

# Die forstlichen Verhältnisse im Nordosten Deutsch-Südwestafrikas bis zum Okavango.

Von Forstkandidat E. Düttmann.

(Hierzu eine Karte.)

Ende September v. J. reiste ich mit Leutnant Eggers von Grootfontein dem Nordosten zu, um die forstlichen Verhältnisse in diesem Landesteile kennen zu lernen. Wir nahmen die Route über Otjituo-Karakubis, welches wir am 12. Oktober erreichten. Von Otjituo nach Karakubis läuft ein sich teilweise sehr breit ausdehnender Omuramba (trockener Flußlauf); die Strecke ist zur Trockenzeit wasserlos, nur ca. 50 km von Otjituo ist eine kleine Pfütze im Revier, die meist bis zum Beginn des ersten Regens Wasser hält. Im Omuramba selbst trifft man vorherrschend große Bestände der Acacia giraffae mit dem dichten Gebüsch der Acacia detinens wechselnd; die westliche Seite weist vielfach lichten Hochwald aus der Familie Leguminosae auf, während die östliche von einer dichten Baum- und Busch-Savanne bedeckt ist. Von Karakubis ab wird die Vegetation bedeutend üppiger, man trifft mächtigen Hochwald, in dem Leguminosen- und Copaifera-Arten vorherrschen, ebenso ist es in den westlicher gelegenen Gebieten, welche wir auf dem Rückweg passierten. Die Gegend ist sehr wildreich, hauptsächlich trifft man viel Säbel- und Elen-Antilopen sowie das Gnu. Von Karakubis aus verfolgten wir ein sich nördlich hinziehendes Revier mit fünf Wasserstellen, erreichten am 18. Oktober Numkaub und am 21. Blockfontein am Fontein-Omuramba. Noch am selben Tage reisten wir weiter und schlugen am folgenden Morgen bei Grootfontein (Fontein Omuramba) unser Lager auf, wo wir wegen Konservierung von Fleisch rc. drei Ruhetage machten. Der Fontein-Omuramba ähnelt den übrigen unseres Schutzgebietes sehr wenig; er bildet einen breiten nach dem Okavango hinauslaufenden Sumpfstreifen, der nur an ein paar Stellen für Wagen in der Trockenzeit passierbar ist. In kurzen Entfernungen tritt das Wasser, große Teiche bildend, zu Tage; von beiden Seiten wird dieser Sumpf von mächtigem Urwald eingefaßt. Die Gegend soll sehr regenreich sein, und es würden sich dort sicher viele tropische Gewächse, die wegen Trockenheit in den übrigen Teilen Südwestafrikas nicht gedeihen, mit Erfolg kultivieren lassen, so z. B. glaube ich, daß hier auch einige Kautschuk-Sorten angebaut werden könnten; Wurzel-Kautschuk würde sicher im ganzen nordöstlichen Teile gedeihen. Die Eingeborenen am Okavango sowie andere Leute, die jene Gegenden kennen, (Jäger Eriksons) erzählten mir, daß es am Tschobe sowie im nördlichen Otjimpolo-Veld einen Baum und eine niedrige Pflanze mit sehr langer Wurzel gäbe, von denen man Kautschuk hole; derselbe würde nach der portugiesischen Kolonie gebracht und dort gut bezahlt. Ich selbst fand in der Nähe von Numkaub Wurzeln, deren Milchsaft kautschukhaltig war; ich hatte von der Milch Proben mitgenommen, die aber leider auf der Reise verdarben. Dieses ist für unsere Kolonie von großer Bedeutung; denn wir haben am ganzen Okavango und Fontein-Omuramba Stellen, die sich zur Kautschukkultur eignen. Am letztgenannten Revier fand ich auch den Baobab (Adansonia digitata), der wegen seines Reichtums an weichem Holz anfängt, in der Papierfabrikation eine Rolle zu spielen. Auch mächtige Copaïvera-Arten, unter ihnen C. cyclosperma und andere sowie den Pterocarpus und himmelanstrebende Cassien, umschlungen von den Zweigen der kräftigen Jodea und des Strophantus, sind in diesen ausgedehnten Wäldern zu finden. Den Hauptbestand bilden verschiedene Spezies aus der Familie der Leguminosen, den Zwischenbestand Copaifera-Arten, Anacardiaceen, Ebenaceen und Combretaceen; am Okavango findet man noch Eugenia- und Sterculia-Bäume sowie die Phoenix reclinata.

Am 25. Oktober verfolgten wir den Fontain-Omuramba erst weiter nördlich, drehten dann östlich ab und gelangten am 27. Morgens nach Bamagandu am Okavango. Herrlich war der Anblick! Wie ein echter norddeutscher Fluß geht der Okavango ruhig zu Thal, zu beiden Seiten von Wiesen eingefaßt; erst einige hundert Meter, an einigen Stellen sogar tausende Meter abseits erheben sich dicht bewaldete Hügel. Die zu beiden Seiten sich befindenden Wiesen liegen teilweise unter dem Spiegel des Flusses und werden in der Regenzeit überschwemmt; in der Trockenzeit können dieselben leicht und ohne große Kosten bewässert werden. Der Grund besteht aus sandigem Lehmboden mit kleinen Beimengungen von Kalk und ist sehr fruchtbar. Der Grund in dem Gebiete zwischen Otjituo Karakubis bis zum Okavango ist vorherrschend Sandboden mit einer Beimischung von Lehm und Thon, aber dennoch fruchtbar, was an der üppigen Vegetation zu erkennen ist. Am Okavango ließen sich auch in landwirtschaftlicher Hinsicht ganz andere Resultate erzielen; sicherlich benötigt es nicht eines großen Kapitals, wie in den übrigen Teilen des Schutzgebietes, sondern ein fleißiger Mensch könnte es auch bei geringem Kapital weit bringen. Nach den Aussagen der Eingeborenen kann man vom Okavango mit einem Kanu nach dem Tschobe fahren; es ist dies die schon von Dr. Aurel Schulz erwähnte Bifurkation. Vom Tschobe kommt man bekanntlich zum Sambesi und zur Ostküste. Wenn die nördlicheren Länder erst in Besitz genommen sind, werden wir hierdurch einen bequemen Transportweg zur Ostküste auf dem Wasser haben. Der Okavango ist hinreichend tief genug, um große Holzflöße treiben zu können; bei Bamagandu ist er 48 m breit und hat eine durchschnittliche Tiefe von 3 m. Er ist an einigen Stellen bedeutend breiter, jedoch nur 1 bis 1½ m tief; es würde aber geradezu eine Kleinigkeit sein, ihn überall schiffbar zu machen. Auch würde man später am Okavango ausgezeichnet eine Schneidemühle mit Wasserbetrieb einrichten können, und so die Hölzer gleich geschnitten versenden. Dieser Fluß hat für die hiesige Kolonie überhaupt einen unschätzbaren Wert und ist für den nördlichen Teil von der größten Bedeutung; dabei ist er eigentlich lächerlich nahe, man kann ihn von Grootfontein mit einer Ochsenkarre ohne Anstrengung in 10 Tagen und mit einem Wagen in 14 Tagen erreichen.

Es sei mir erlaubt, noch einiges über die Eingeborenen selbst zu sagen. Die sämtlichen Ovambo-Stämme senden alljährlich große Geschenke nach dem Kapitain von Andara, damit er Regen mache, sie glauben sehr fest, daß er diese Kraft besitzt, und daß sie, wenn sie ihm keine guten Geschenke senden, alle verhungern müssen; wir haben sie oft damit geneckt, ich sagte ihnen, sie sollten doch mitten in der Trockenzeit Geschenke nach Andara senden, damit es dann auch regnete; darauf thaten sie blos einen Blick zum Himmel und sagten leise: Andara! Andara! Die Werften (Dörfer) sind mit hohen Pallisaden umgeben, die Hütten sind aus Riet und Maisstengeln, teilweise auch einfach aus Bastmatten. Als Waffen sind zu erwähnen: Speere, langer, einfacher Holzschaft mit Eisenspitze; Messer, mit Holzgriff und Holzscheide; Bogen und Pfeile, letztere mit dem Safte einer Apocynacee vergiftet; jetzt sind hier auch schon sehr viel Feuerwaffen eingeführt. Die hiesigen Stämme leben ausnahmslos von den Erträgen ihrer Felder, einigen Feldkostarten (Samen der Copaivera coelosp. ꝛc.) und dem Fischfang, weniger von der Jagd. Die Weiber tragen in den Haaren lange, aus der Faser der Sansiviera gedrehte Bindfäden eingeflochten; sie bestellen hauptsächlich die Felder, machen die tägliche Kost zurecht und fertigen nebenbei Flechtwerk (Körbe, Matten ꝛc.) an.

Am 1. November verließen wir Bamagandu und verfolgten den Okavango in westlicher Richtung. Des Abends lagerten wir bei Dango, einer auf deutschem Gebiete liegenden Werft und am folgenden Abend bei einem kleinen, eine Viertelstunde vom Okavango entfernten See; eine wirklich idyllische Gegend. Gegenüber lag eine Werft, auf der die ganze Nacht getanzt und die dicke Trommel geschlagen wurde, sodaß einem das Schlafen schwer fiel. Am 3. November gelangten wir an die Einmündung des Fontein-Omuramba in den Okavango; wir verließen dann letzteren und traten die Heimreise an, fast möchte ich sagen mit schwerem Herzen; denn bis jetzt habe ich in Südwestafrika noch nie ein solches Land gesehen wie jenes. Wir nahmen nachher unseren alten Weg wieder auf und gelangten am 6. November nachmittags nach Namlaub, von wo aus wir abbogen und westlich reisten. Hinter letztgenannter Wasserstelle trafen wir noch eine, nämlich Katzawas; dann war es mit dem Wasser zu Ende. Leutnant Eggers war von hier am 7. November vorausgeritten, um möglichst schnell nach Grootfontein zu kommen, da eilige Sachen ihn zwangen. Wir verließen Katzawas am 9. November, hatten bis zum 12. noch kein Wasser und noch nicht den halben Weg, da die Gegend fast vollständig mit mächtigem Wald bedeckt ist, und die Wagen, weil fortwährend gekappt werden mußte, nur langsam vorwärts kamen. Ich entschloß mich deshalb, weil die Ochsen bereits vom Durst zu schlapp waren, um die Wagen noch weiter zu bringen, dieselben durch Eingeborene vortreiben zu lassen und selbst zu Fuß mitzugehen. Ein Gefreiter blieb, mit einem kleinen Wasservorrat versehen, bei den Fuhrwerken zurück; er hatte ein halbes Blechkin voll des edlen Nasses, das wir bis dort aufgehoben hatten. Wir marschierten noch zwei Tage und fast zwei Nächte ohne einen Tropfen Wasser, vier Ochsen erlagen dem Durst und es hätte nicht mehr lange gedauert, dann wären auch Menschen diesem elenden Tode zum Opfer gefallen; die von uns ausgestandenen Durstqualen lassen sich nicht beschreiben, im Munde hatte ich kein Gefühl mehr, die Zunge war mir infolge der Trockenheit rissig geworden, als wenn man spröde Lippen hat. In der zweiten Nacht erreichten wir die Wasserstelle Gitzas, ich habe dort bemerkt, daß ein vollständig ausgedursteter Mensch einen großen Zinkeimer voll Wasser in ca. 5 Minuten austrinken kann; wer dieses Kunststück fertig brachte, will ich nicht sagen. Glücklicherweise bekamen wir gleich frische Ochsen, sodaß die Wagen sofort geholt werden konnten.

Die Vegetation bleibt von Gitzas bis zum Okavango ungefähr dieselbe. Nur die Fächerpalme (Hyphaene ventricosa), welche man bei Gitzas und Otjituo in großen Beständen findet, fehlt auf der ganzen Strecke und macht sich erst am Okavango wieder bemerkbar. Merkwürdig ist manchmal der schnelle Wechsel in der Flora: sind in einem Gebiete kleine Einsenkungen, so sind diese meistens von der Acacia giraffae und dem lästigen Gebüsch der Acacia detinens bewachsen, während der ganze umliegende Bestand bis an den Rand der Einsenkung aus mächtigen, dornenlosen Laubbäumen besteht. Nach meiner an mehreren Stellen vorgenommenen Abschätzung beläuft sich der Bestand an Nutzholz in dem Gebiete von Etjos-Neissas-Karakubis bis zum Okavango auf 6 500 000 Fm (Kubikmeter) d. h. an reiner Nutzholzmasse, das Astholz, Brennholz u. s. w. ist nicht mit in Betracht gezogen: eine annähernde Wertangabe läßt sich noch nicht machen, da die Hölzer von Jahr zu Jahr im Preise steigen werden, und es werden hier noch bedeutend höhere Preise für Holz erzielt, als wie in Deutschland, auch übertreffen die hiesigen Holzarten die deutschen an Qualität bei weitem; immerhin werden jene Wälder einen Wert von 2 bis 3 Hundert Millionen haben. In Swakopmund werden jetzt für Hölzer ganz unglaubliche Preise gefordert, so kaufte ein Ansiedler dort Latten und Planken zu Bauzwecken. Er bezahlte für eine Latte von 5×8 cm Dicke und 6,40 Länge 4,25 Mk., für eine Planke von 8×22 cm Dicke und 1 m Länge 2,30 Mk.; das machte für den Festmeter einen Durchschnittswert von 175 Mk. für gewöhnliches Fichtenholz! Zählt man die Frachtkosten hinzu, so kann man sich ungefähr den Wert des gewöhnlichen deutschen Bauholzes im Innern denken. Allein schon hier in den großen Waldungen ist das Kapital geborgen, was bis jetzt für die hiesige Kolonie aufgewendet werden mußte, und wenn erst bessere Verkehrswege geschaffen sind, wird sicher die Forstverwaltung diejenige sein, welche hohe Überschüsse erzielen kann: denn schon in absehbarer Zeit könnte meiner Ansicht nach eine etwa eingerichtete Forstbehörde die Kosten ihrer Verwaltung durch die eigenen Einnahmen decken. Man würde dieses schon durch die Bewirtschaftung der ca. 2 Tage mit dem Wagen von hier entfernt liegenden größeren Waldungen bewirken. Da verschiedene Bergwerksgesellschaften nun endlich mit dem Abbau ihrer Minen beginnen wollen, so würden dieselben wahrscheinlich auch nicht abgeneigt sein, da sie in ihren eigenen Gebieten derartige Gruben- und Bauholzarten nicht haben, wie sie der Nordosten aufweist, die etwa dort auszuforstenden Hölzer für ihre Zwecke aufzukaufen, weil sie dadurch hohe Frachtsätze sparen. Ich sah in jenen Wäldern viel starke alte Bäume, deren Zuwachs lange seinen Kulminationspunkt erreicht hat, und die sehr verdämmend auf den Unterwuchs einwirken; es würde daher von großem Vorteil für die dortigen Bestände sein, wenn eine Durchforstung ausgeführt und etwa vorhandene Blößen aufgeforstet würden. Es ist hier noch so manches Stück Land, das mit größtem Erfolg bewirtschaftet werden könnte, aber alles konzentriert sich auf das mittlere und südliche Schutzgebiet; nicht in dem klippenreichen und vegetationsarmen Namalande, nein, hier liegt die Zukunft der Kolonie! Leider hält aber die Furcht vor ein wenig Fieber ꝛc. die meisten Leute zurück: es wird einem ja schon in Windhuk von einigen gesagt, wenn man sich nach hier begiebt, solle man gleich vier Bretter zum Sarge mitnehmen; dabei war der Gesundheitszustand unserer Expedition ein ganz ausgezeichneter, ich habe mich in Windhuk nie so wohl gefühlt wie hier. Wenn manches Geld, das im Namalande verbraucht wird, hier aufgewendet würde, so würden wahrscheinlich schon andere Resultate erzielt sein. Bei Einrichtung von Forstbehörden muß man unbedingt zuerst den Nordbezirk ins Auge fassen: will man aber schnell zu Resultaten kommen, so genügt ein Beamter nicht, es müssen mehrere tüchtige Beamte angestellt und eine Anzahl gelernter Jäger von den Bataillonen hergesandt werden, die einesteils den Forstbeamten zur Unterstützung beigegeben, anderenteils zur selbständigen Ausübung des Forstschutzes auf einzelne Stationen verteilt werden.

Der von mir in Grootfontein angelegte Forstgarten weist augenblicklich folgende Arten auf:

a) einheimische:

Cassia fistula, Cassia allata, Selerocarya, Schweinfurthiana, cloracee sp? Erythrina eneelta, Terminalia prunoides, Combretum primigenium und hereroense, Copaifera evelospermа, Pterocarpus erinaceus, Strychnos sp? Acacia giraffae. Acacia albida, Zizyphus mucronatus, Strychnos spinosa, verschiedene mir unbekannte Leguminosen und eine Ficus-Art. Außerdem setzte ich 200 Stecklinge von verschiedenen Bäumen, die fast ausnahmslos angegangen sind;

b) ausländische:

Eucalyptus globulus, Eucalyptus robusta, Eucalyptus resinifera, Eucalyptus marginata, Indigofera tinctoria, Cedrela Fooaa, Acacia nerifolia und calamifolia, Acacia Nema und Julibrissin, Ficus religiosa, Sterculia diversifolia, Casuarina torulosa, Quillaja saponaria, Edwardia und einige andere Arten.

Es würde sich sehr empfehlen, die hiesigen, nach dem Okavango hin wachsenden Hölzer ebenfalls im südlichen Damara-Land zu kultivieren; dieselben werden auf etwas sandigem Boden sicher gedeihen, außerdem haben wir bei sämtlichen einheimischen Arten die Garantie, daß sie die Trockenzeit überstehen.

Zum Schlusse erlaube ich mir noch einige Mitteilungen über die jagdlichen Verhältnisse zu machen. Es sind hier im nordöstlichen Teile folgende Wildarten vertreten:

Die Giraffe, die Elen-, Säbel-, Gnama- und Oryx-Antilope, das Gnu, das Quagga sowie Strauße, ferner am Okavango der Wasser-, Riet- und Buschbock und eine Abart der hiesigen Gnama-Antilope, außerdem steht zwischen Blockfontein und dem Okavango ein Rudel von ca. 70 Elefanten, im Flusse selbst sind noch einige Flußpferde und in der Umgegend wieder vom Tschobe aus vorgedrungene Büffel. Sodann trifft man den Duiker, den Steinbock und verschiedenes Federwild, an Raubtieren begegnet man dem Leoparden und sodann dem Löwen, welcher nach dem Okavango zu noch stark vertreten ist. Es würde sehr empfehlenswert sein, wenn für die großen Antilopen eine Schonzeit eingeführt würde. Die Setzzeit des Hochwildes fällt nach meinen Beobachtungen hier allgemein in die Monate Oktober—November, und so wäre es ratsam, die Schonzeit etwa vom 1. September bis Ende Dezember anzusetzen, die Jagdgesetze im Allgemeinen zu verschärfen und die Jagdsteuer zu erhöhen. Auch ließen sich hier ebenso gut wie in Ostafrika eigene Schonreviere anlegen, so z. B. zwischen Neisfas und dem Okavango, wo noch alle Wildarten vertreten sind; es würde dadurch wenigstens dem vollständigen Aussterben einiger Arten vorgebeugt.

Für die auf der Reise gemachten geographischen Aufnahmen hatte ich von Leutnant Eggers verschiedene, gut arbeitende Instrumente erhalten; außerdem führte ich noch einige eigene mit und konnte so sehr genaue Resultate erzielen. An fünf Plätzen Grootfontein, Otjituo, Karakubis, Bamagandu und Sitzas nahm ich eine astronomische Ortsbestimmung vor; die Berechnungen führte ich mit Hilfe des nautischen Jahrbuches aus. An denselben Plätzen sowie in Numkaub machte ich auch Höhenmessungen. Im Übrigen beruht die Konstruktion der Karte auf 5 Minuten-Peilungen, in schwierigem Gelände 2 Minuten; wo angängig wurden größere Horizontalwinkel mit dem Theodolit gemessen. Zur Streckenmessung hatte ich am Wagen einen sehr gut arbeitenden Apparat befestigt, der aber leider auf der Reise durch Bäume und Büsche zerschlagen wurde; ich habe sodann nach Ausmessung der Räder die Fahrgeschwindigkeit des Wagens beobachtet und dadurch auch hinreichend genaue Resultate erzielt.

Augenblicklich kann ein Laie an den hiesigen Verhältnissen schon deutlich genug merken, welch große Bedeutung der Wald für ein Land hat; wir wollen daher hoffen, daß auch hier im nächsten Jahre eine Forstbehörde ihre Thätigkeit entwickeln kann, zum Segen für die junge Kolonie und zum Nutzen für die Nachkommen, das walte Gott!

# Die Terrainlehre Kleinasiens in ihren allgemeinen Beziehungen zur Bodenkultur des Landes.

Bearbeitet von Dr. O. A. Avédissian aus Kleinasien, Professor an der landwirtschaftlichen Schule von Salonik.

## V.

Was die Art der Tiere anbetrifft, so bieten sie uns eine reiche Kollektion; Dansfords giebt 40 Arten von Säugetieren an (die niedrigsten Arten sind von seiner Liste ausgeschlossen), dann 168 Vogelarten; Staudinger giebt 1974 Schmetterlingsarten an, Max Korb führt eine große Anzahl von Käfern auf.

A. Die folgenden wichtigsten Arten von Tieren verdienen eine besondere Erwähnung:

a) Wilde Tiere:

Leoparden, in den südlichen und südwestlichen Küstengebieten, obwohl selten; Wildkatze, Felis Catus, F. lynx, F. pardina und Felis Caracal; gestreifte Hyäne, bei Smyrna und in den südlichen Gebirgen; Herpestes ichneumon; Wolf; Schakal; Fuchs; Dachs; Marder, Mustela vulgaris und sarmatica; Fischotter (Lutra); Ursus arctos und Syracus; Wildschwein; Damhirsch, Edelhirsch und Reh sind in den Wäldern der Randzone und im Antitaurus zu finden. Gazella Dorcas; Capra agaprus; Ovis Gmelini; Sciurus Syriacus; Spermophilus xanthroprymnus; der Biber soll bei Kaisaria noch vorkommen, doch ist dies sehr zweifelhaft; im Euphrat und bei Alef ist er anzutreffen; der Hase ist nicht selten.

b) Vögel.

Die Nachtigall und zahlreiche andere Singvögel lassen sich überall hören; die Hühnervögel tummeln sich auf dem Plateau. Es wären die folgenden Raubvögel zu erwähnen:

Lämmergeier; 6 Arten von Falken; Goldadler; Aquila Mogilinik; Königsadler; Schreiadler; Aquila pennata; große Anzahl von Bussarden; Milane; Milanses Migrans; Habichte; Weihen und Eulen.

Andere Vogelarten:

Specht; Kuckuck; Mandelkrähe; verschiedene Schwalbenarten; Muscicapa Grisola; Lanius Minor und Collurio; Sitta Krueperi; Nußhacker; Drossel; Amsel; Rotschwänzchen; Rotkehlchen; Steinschwätzer; Bachstelzen; Piper; zahlreiche Lerchen sind zu finden, so z. B. Alauda Calandra, A. bimaculata, A. Cristata, A. arvensis, Calandrella minor.

Sandhühner; Silberreiher; Purpurreiher; Nachtreiher.

Ferner:

Goldammer und verwandte; Dompfaff; Karmingimpel; Regenpfeifer; Kiebitze; Schnepfen; Wasserläufer; Dohlen; Elstern und Krähen; Staare und Sperlinge; Kraniche; Störche; Gänse und Enten; Pastor roseus, der als Vertilger der Heuschrecke der Kultur große Dienste leistet. Die Gallinaceen sind auf dem Plateau sehr verbreitet. - Megaloperdix Caspia, Riesen- oder Königshühner, sind von Interesse; das letztere steigt zu außerordentlichen Höhen empor.

Berthold, Bedriaga und Samage haben über die kleinasiatischen Reptilien, Amphibien und Fische Untersuchungen angestellt, die nur ein annähernd richtiges Bild über die Verbreitung der betreffenden Tierklassen liefern.

B. Haustiere.[1])

Was die Haustiere anbetrifft, so sind die folgenden zu nennen:

a) Pferde. Die Pferdezucht hat in der letzten Zeit eine ansehnliche Ausdehnung gewonnen. Es existierten schon manche Gestüte für Luxuspferde, besonders arabische. Seit ca. 15 Jahren werden solche Gestüte für Militärzwecke errichtet, die sehr gute Ergebnisse geliefert haben.

Die in der europäischen und asiatischen Türkei gezüchteten Pferderassen sind unter den folgenden Namen bekannt:

In der europäischen Türkei: Bosnische Rasse, bulgarische Rasse.

In der asiatischen Türkei: Anatoli-Rasse, Tschukur-ova-Rasse, Kurdistan-Rasse, Arabistan-Rasse, Nedjed- oder Kehilan-Rasse.

Außer diesen giebt es noch viele andere, untergeordnete Rassen.

b) Esel, leistet große Dienste in Kleinasien. Die Esel von Berriet-Üschscham und Irak sind wegen ihrer Größe sehr berühmt. Es werden in Berriet-Üschscham drei Rassen von Eseln gezüchtet:

Beledi, sehr groß und stark, wird als Lasttier benutzt.

Beni Salib, die Farbe ist weiß, die Beine und der Körper sind verhältnismäßig lang; das ist ein vorzügliches Reittier für die Nomaden.

Der gewöhnliche Esel, wird für leichte Lasten benutzt.

Die Esel von Marsivan (Merzifon) und Kaisaria verdienen eine besondere Erwähnung.

Es sind noch in Bagdad, Diarbekir und Mussul wilde Esel anzutreffen.

c) Das Maultier ist in der ganzen Türkei verbreitet; es ist ein unentbehrliches Lasttier für das unebene Land von Kleinasien. Der Maulesel ist kaum zu sehen.

d) Das Kameel, das Schiff der Wüste, wird in der Halbinsel und in der ganzen Türkei dem Menschen so lange nützlich sein, bis es im Kampfe ums Dasein mit der sich 20 mal schneller bewegenden Kraft des Dampfes unterliegt; wenn es aber vom Felde der Transportkonkurrenz verschwindet, so wird es immerhin, wenigstens in den Wüsten, wo die anderen Tiere das Klima nicht vertragen können, als Arbeitstier wie seiner Haare und seines Fleisches wegen seine wirtschaftliche Bedeutung haben und gezüchtet werden.

e) Rindvieh. Das in der europäischen Türkei gezüchtete weiße Rindvieh ist bemerkenswert insofern, weil es ein gutes Zugvieh ist. Das in der asiatischen Türkei, namentlich Karassi, Adana, Alep, Syrie, gehaltene Rindvieh ähnelt dem

---

[1]) Es wird hier über die in der ganzen Türkei gezüchteten Haustiere ein allgemeiner Blick geworfen.

holländischen schweren Rindvieh. Das Vieh von Angora, Siwas, Kaisaria, Erzerum ꝛc. ist meistenteils schwarz, klein und sehr muskulös.

Der Ochs wird als Mast-, Last- und Zugtier benutzt.

Die Kühe von Adana, Bagdad und Alep sind ihrer Milchergiebigkeit wegen sehr berühmt; diejenigen der Provinz Trapezunt liefern eine gelbfarbige und wohlriechende Butter, der Milchertrag ist kaum 5 Liter pro Tag, dagegen ist die Milch sehr fettreich. Eine Rindkuh kostet etwa 65—75 Mk.

f) Büffel, leistet durch seine starke Konstitution dort große Dienste, wo das stagnierende Wasser nicht fehlt. Die Bearbeitung des schweren Thonbodens geschieht durch dieses Zugtier.

Die Milchergiebigkeit der Büffelkuh ist verhältnismäßig groß; sie giebt anfangs 7—10 Liter pro Tag, später 4—5 Liter; der Fettgehalt der Milch ist auch groß. Der jährliche Butterertrag einer Büffelkuh ist auf 70—80 Kilo zu schätzen. Eine Büffelkuh kostet ungefähr 120—150 Mk. 1 Kilo Butter kostet 1—1,50 Mk.

Das Rind- und Büffelvieh wird im Winter im Stalle mit Getreidestroh und Maisstengeln gefüttert. Dem Milchvieh giebt man außerdem Kuchen von Gerste, Wicken, Kleie, Kürbisse, Mohn, Pappel-, Apfel- und Birnmistel (Viscum album).

Im Sommer wird das Vieh in die Weiden (Yaila[1]) geführt, wo es 3 bis 5 Monate bleibt, und nicht, wie manche behauptet haben, selbst im Sommer im Stalle mit Getreidestroh gefüttert.

g) Schafe werden in der Halbinsel und überhaupt in der ganzen Türkei in ausgedehntem Maßstabe gehalten; in einem Lande, wo man extensive Wirtschaft treibt wie in Kleinasien, ist die Schafzucht sehr lohnend, und außerdem, es giebt ja dort Ländereien, welche sich zu Ackerbau und zur Zucht anderer Haustiere nicht eignen, wo sich aber durch Schafzucht gute Ergebnisse erzielen lassen. Ungefähr die ganze Zeit, in den meisten Örtlichkeiten, werden sie im Freien genährt; nur während des starken Winters, wo das Land mit Schnee bedeckt ist, werden sie in den Stall gebracht und dort mit Getreide- und Bohnenstroh sowie mit immergrünen Pflanzenblättern gefüttert.

In Deutschland werden die Schafe für die Marktprodukte: Fleisch, Wolle, Zuzucht und Felle gezüchtet, während in der Türkei noch die Milch dazu kommt. Ein Mutterschaf giebt 0,4—1 Liter Milch pro Tag, die einen schmackhaften Käse liefert. Die Preise sind sehr verschieden, je nach der Rasse. Ein Muttertier von Kiwirdjik (kleine Rasse) kostet 10—15 Mk. und ein Bock von derselben Rasse 20—25 Mk., die Fettschwanzschafe 15—20 bezw. 25—30 Mk. Sie werden zweimal im Jahre geschoren; die erste Schur giebt etwa 1 Kilo Wolle, die zu 1 Mk. verkauft wird; die zweite liefert nur 0,5 Kilo, dagegen wird 1 Kilo Wolle dieser zweiten Schur zu 2 Mk. verkauft.

Es giebt in Kleinasien noch ein wild lebendes Schaf, das man dort Gebirgsschaf oder kleinasiatisches Schaf nennt.

h) Ziegen verwerten die trockenen, gebirgigen, felsigen und steilen Gegenden und Abhänge noch besser als das Schaf, ihr Fleisch ist aber nicht so schmackhaft als das des Schafes, dagegen ist ihre Milch entschieden besser als die des Schafes: es giebt selbst ein türkisches Sprüchwort: Koyunun eti, getchinin südi (= das Fleisch des

[1]) Richtig Yailak = Weide.

Schafes, die Milch der Ziege. Eine Ziege giebt pro Tag 2—4 Liter Milch; man macht daraus einen vorzüglichen Käse.

Die Ziege wird im Jahre nur einmal geschoren und liefert 0,5—1 Kilo Haare; ein Kilo Haare der gewöhnlichen Ziegen werden höchstens mit 1 Mark, dagegen das der Angoraziegen, der weltbekannte Tiftik, bis 2 Mark 50 Pfg. bezahlt.

i) Katzen. Die Angora- und Wankatzen, mit Haaren wie die der Angoraziegen sind, sind ein Luxustier, welches sich nur der reiche Mann des Vergnügens wegen verschaffen kann.

j) Vom Federvieh sind zu nennen: Hühner aller Art, Truthennen, Gänse, Enten, Tauben &c.

Ein genährter Hahn, bezw. ein Huhn kostet von 0,50—1 Mark.

In den kleinen Städten der Provinz Trapezunt hat man Gelegenheit, vier Stück Hühnereier zu 1 Pfg. verkaufen zu sehen.

k) Die Bienenzucht ist in der Halbinsel ziemlich verbreitet. Der Betrieb ist ganz primitiv. Der an den Küsten des Schwarzen Meeres gewonnene Honig hat während der Ernte eine braun-gelbliche Farbe; später wird er weiß. Wenn man davon viel genießt, wird man betäubt. Im Innern giebt es Gegenden (Siwas, Angora), wo der Honig selbst während der Ernte weiß ist und nicht betäubend wirkt.

l) Nun noch ein Wort über die von Kaerger geschilderte Buttergewinnung in Kleinasien. Er sagt darüber folgendes:

„Im höchsten Grade eigentümlich ist das Verfahren der Buttergewinnung. Die Milch wird im frischen Zustande und ohne vorherige Absonderung des Rahms gekocht, vom Feuer abgenommen und stehen gelassen, bis sie lauwarm geworden ist. Sodann wird etwas saure Milch hineingethan, die innerhalb 24 Stunden das Gerinnen der ganzen Milch bewirkt. Bis hierhin ist dieses dasselbe Verfahren, das jedem sich mit der Landwirtschaft beschäftigenden Manne in Kleinasien bekannt ist. Dann heißt es weiter: Man salzt darauf die Masse und schüttet sie in einen Sack aus Ziegenhaaren, aus dem die Molken 2—3 Tage lang in einen Trog abtröpfeln. Ist die Masse ganz fest, so wird sie in Wirtschaften, in denen besonders sorgsam verfahren wird, stückweise herausgenommen, in Leintücher gewickelt und 2 Tage lang in wenig Wasser zwecks allmählicher Aufweichung liegen gelassen. Dann erst wird sie in einen großen Trog gebracht und mit vielem, und zwar kaltem, Wasser vermischt, eine Prozedur, die in anderen Haushaltungen sofort nach der Herausnahme aus dem Sack vorgenommen wird. Ist die Masse nun nicht groß, so wird sie mit den Händen ausgeknetet; größere Mengen dagegen werden — man höre und schaudere — mit den blanken Füßen bearbeitet."

Das Bearbeiten mit den blanken Füßen, vor dem Kaerger schaudert, ist doch nicht so schauderhaft, wenn die Füße proper sind. Wie jedem bekannt ist, bearbeitete man vor 10—15 Jahren in Deutschland den Brotteig, und bearbeitet vielleicht bis zum heutigen Tage, in Italien und in manchen Örtlichkeiten von Frankreich die Weintrauben, um den Most zu gewinnen, mit den blanken Füßen; andererseits kann man mit dem oben geschilderten Verfahren überhaupt keine Butter, sondern nur eine Art Käse gewinnen.

Die Butter wird in Kleinasien in folgender Weise gewonnen, und es giebt zwei Einrichtungen:

1. Das Butterfaß A (türkisch Jayik genannt) besteht aus einem Stück

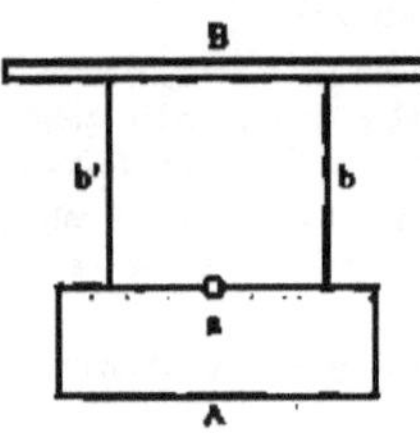


(gewöhnlich ein ausgeholter Linden-Stamm). Es hat etwa eine Länge von 1,25 m und einen Durchmesser von 14 cm. Die Dicke der Wand ist etwa ½ cm; bei a giebt es ein rundes Loch von kleiner Dimension, durch welches man die gegohrene Masse hineinschüttet. Das Faß wird an den Seiten mit den Seilen b b' an einem festen Holz B aufgehängt und hin und her bewegt, bis die Fettkügelchen auf der Oberfläche sich ansammeln; dann wird das Ganze in einen Trog gegossen, die Fettkügelchen mit einem Holzlöffel weggenommen, und wenn es eine kleine Menge, wieder mit Holzlöffel, und wenn es eine große Menge, mit einem kegelförmigen Holzstück geknetet und gesalzen.

2. Das Faß C ist etwas kunstvoller; es ist aus feinen Brettern errichtet,

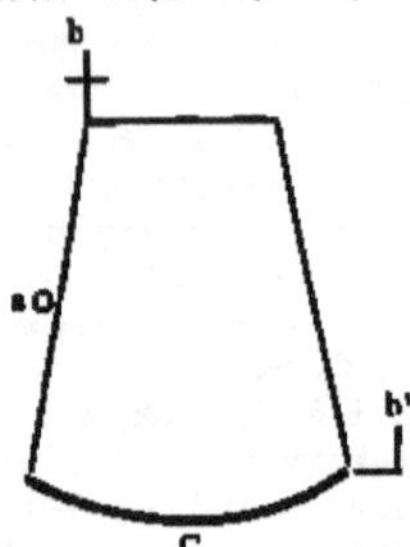


welche durch Reifen zusammengepreßt werden; das obere Ende ist schmäler als das untere. Bei dem Loch a gießt man die gegohrene Masse hinein; nachdem das Faß bei b vertikal aufgehängt worden ist, wird man es bei b' hin und her bewegen; das übrige Verfahren ist dasselbe, wie oben angedeutet.

## Verkehrswesen.

Als die ältesten natürlichen Straßen der Halbinsel sind die Flüsse Menderes (Mäander), Gedis-Tchai (Hermus) und Sakaria (Sangarius) zu bezeichnen, in deren Thälern von früh her der Strom der Völker, ihre Kunst und Zivilisation sich bewegt haben. Die Küstenstrecken haben in den verschiedenen Zeiten durch politische Beweggründe auf den Verkehrslinien andere Einflüsse ausgeübt. Es ist historisch nachgewiesen worden, daß der Hafen von Sinop der älteste von allen gewesen ist. Die Assyrier brachten hierhin ihre Waren, um sie nach den Absatzgebieten zu verschiffen;

die Ursache dieser Anhäufung der Erzeugnisse und Früchte der menschlichen Thätigkeit ist ohne Zweifel die günstige Naturlage[1]) für Schiffahrt und Verteidigung des Hafens; sonst ist die Terraingestaltung vom Inneren bis Sinop zum Transport durchaus nicht geeignet. Pteria hat eine nicht minder große Rolle gespielt. Umgeben vom kreisförmigen Laufe des Halys, der ihm einen Schutzwall bietet, und im Zentrum des Verkehrs gelegen, erfreute es sich eines doppelten Vorteils; Pteria war sozusagen der Hauptknotenpunkt der Hethitischen Zeit; die Perser haben besonders für Militärpostdienst die von ihnen geebnete Straße benutzt; sie haben aber mehr und mehr die Kürze und die günstige Naturlage der südlichen Route kennen gelernt und in der Zeit um 500 v. Chr. davon Gebrauch gemacht.

Susa (in der Nähe der heutigen Stadt Schuschter am Karun, in der Provinz Chusistan) war mit Sardes (am Gedis-Thal, in der Provinz Aidin) verbunden. Für den inneren Verkehr Kleinasiens ist Milet (an der Mündung des Mäanders) der Ausgangspunkt gewesen. Die Hauptlinie führte von Ephesus (in der Provinz von Aidin) das Mäanderthal hinauf, dann den Lykos entlang über Apameia Celaenae, hielt sich an den Südrand des Plateaus, den Nordfuß der Taurusberge und fand dann schließlich einen Ausweg durch die cilicischen Pforten.

Der Wirkungskreis der römischen Politik lag in Bithynien (Chodavendigiar und Kastamuni) und der ökonomische Verkehrspunkt in Malatia. Dem Scharfsinne der Römer konnte aber die schon vorhandene Straßenlinie nicht entgehen, und ihr sehr ausgebildetes Straßensystem entwickelte sich auf dieser Linie; während der griechisch-römischen Herrschaft waren die Häfen am Schwarzen Meere in die Vergessenheit geraten, und dieser Zustand dauerte so lange, bis Nicomedia (Ismid) im Jahre 292 n. Chr. zur Hauptstadt erhoben wurde. Die Häfen am Schwarzen Meer gewannen wieder ihre alte Bedeutung; der Bosporus, der sehr früh für seinen Fischreichtum ein Hauptstelldichein der Fischer gewesen war, wurde seiner außerordentlich günstigen Lage wegen für die Schiffahrt das Zentrum des Handels und Wandels.

Andererseits entwickelte sich eine große, durch eine Kette von Standlagern ausgezeichnete Heerstraße; sie gabelt sich östlich vom Halys, einen Zweig nach Cäsarea und einen anderen nach Sebasteia (Sivas) zu entsenden.

Später kamen die Seldjuken und eroberten einen großen Teil von Kleinasien; sie lehnten sich an den Taurus; die südlichen Häfen wurden wieder ins Leben gerufen. Die Venetianer, um von dieser Strömung der Völker Nutzen zu ziehen, gründeten, wie Wilson sagt, viele Handelsplätze am Mittelmeere; die Genuesen machten aber den letzteren durch die Gründung des trapezuntischen Kaisertums eine rege Konkurrenz. Die Wiederherstellung der Griechenherrschaft in Konstantinopel wurde für die Genuesen sehr vorteilhaft; besonders nach der Zerstörung von Bagdad gingen die Spezereien Indiens, die Seiden Chinas nicht mehr über Bagdad nach dem Mittelmeer, sondern fast ausschließlich über Taurus nach dem von hier aus viel näheren Pontus, nach Trapezunt. Der durch die Kreuzzüge gegebene Impuls hat auf das nachhaltigste gewirkt. Als die Türken einen großen Teil der Halbinsel eroberten und Brussa zur Hauptstadt erhoben, kamen die Karawanen aus dem fernen Südosten bis zur neuen Hauptstadt. Nach der Eroberung von Konstantinopel und Trapezunt wird das Schwarze Meer der großen persischen Karawanenstraße angeschlossen.

---

[1]) Nein — der Hafen ist künstlich — wie alle Häfen an der Nordküste — gewesen.
Anmerkung der Schriftleitung.

Die Portugiesen entdeckten einen neuen Seeweg nach Ostindien; durch dieses Ereignis wird der nördliche und südliche Verkehr ganz gelähmt, bis er ohnmächtig zusammensinkt.

Der innere Verkehr des osmanischen Reiches bewegte sich auf den von den Byzantinern ausgetretenen Pfaden. Die Dampfschiffahrt eröffnete eine neue Aera für das Emporblühen der nördlichen und südlichen Hafenplätze; im Jahre 1831 wurde die persische Karawanenstraße wiedereröffnet, und die pontischen Häfen profitieren am meisten von dem neuen Umschwung.

Also jedes politische Ereignis in Kleinasien hat seine Nachwirkung auf den Verkehr gehabt. Jede Stadt oder Örtlichkeit hat ihre Blütezeit gehabt. Von ihnen sind die wichtigsten, die der Reihe nach den ersten Rang eingenommen haben, an oder in der Nähe der Küste gelegen:

Sinop, Sardes, Milet, Ephesus, Smyrna, Konstantinopel, Adalia Trapezunt, Brussa, Konstantinopel; im Innern: Pteria, Apamela, Cälänä und Mazaka, Cäsarea, Angora, Cäsarea und Melitene; Nigde, Karaman und Konia, Cäsarea, Konia, Sivas, Angora, Amassia und Tokad.

In dieser Reihenfolge hat Cäsarea öfter den ersten Rang okkupiert. Da Cäsarea im Herzen der Verkehrsthätigkeit liegt, so konnte das nicht anders sein; es konnte weder von den Bewegungen nach Norden, noch von denen nach Süden unberührt bleiben; außerdem hat Cäsarea eine außerordentlich günstige Stellung in dem Abschlußsystem des Halys und des Taurischen Bogens als Stelldichein der Handelsbewegung. Ein moralischer Einfluß auf die Einwohner konnte aus diesem Zusammenkommen der Völker nicht ausbleiben; jedes Land hat seine moralische Geographie, und in der That ist die Schlauheit der Cäsareoten in Kleinasien sprichwörtlich.

Cäsarea wird nie seine wirtschaftliche Bedeutung verlieren, und selbst auch dann nicht, wenn der Mensch jemals wagen würde, den Golf von Alexandretta durch einen Querkanal mit dem Schwarzen Meer zu verbinden.

Die Trennung Afrikas von Asien durch einen Einschnitt von 160 km Länge und 75 m Breite würde dem Verkehr in der Türkei eher Schaden als Nutzen bringen; der größte Teil der für Europa bestimmten persischen Ware hat sich vom Jahre 1869 an auf dem südlichen Wege bewegt; die Türkei hat nur während der Ausgrabung des Suezkanals profitiert, indem sie für ihr Schlachtvieh von Kleinasien, ihren Weizen von Syrien und ihr Obst von Palästina für die Ernährung der täglich bis zu 26 000 beschäftigten Arbeiter ein Absatzgebiet gefunden hat.

Nur die Eisenbahnen könnten dem Zustande das Heil bringen, der wirtschaftlichen Entwickelung als Hebel dienen; sie allein könnten die Zivilisation und die Kultur fördern und verbreiten und das Versäumte einholen.

Die folgenden Angaben von Kaerger sprechen dafür, wie rasch die Eisenbahnen eine belebende Wirkung auf die Landwirtschaft ausgeübt haben:

In der Station Adabasar stieg die Anzahl der mit Weizen beladenen Eisenbahnwagen von 300 im ersten Jahre auf 700 im zweiten Jahre. Früher war der Preis eines Kilé in Adabasar 19 Piaster und in Eskischehr 12—13; nach Eröffnung der Eisenbahn hat im ersteren Orte ein Kilé 32 und im letzteren 20 Piaster gekostet. Die anderen Erzeugnisse der Landwirtschaft haben, je nach ihrer Bedeutung für den Welthandel, an Quantität wie an Preis gewonnen.

Die wichtigste der Eisenbahnlinien in Kleinasien ist diejenige von Haidar-pascha nach Angora, und von Eskischehir nach Konia; was ihre Länge anbetrifft, so gebe ich mit Dank die mir gemachte Mitteilung des Herrn Generaldirektors der anatolischen Eisenbahn von Kühlmann wieder:

Den 18. Dezember 1894.

„Auf Ihre Anfrage vom 12. d. Mts. teilen wir Ihnen mit, daß unser anatolisches Bahnnetz aus zwei Linien sich zusammensetzt, wovon die erste, von Haidar-pascha nach Angora, 578 km lang, seit dem 31. Dezember 1892 im Betriebe steht, und die zweite, von Eskischehr nach Konia, 440 km[1]), im Bau begriffen ist. Von dieser letzteren Linie, welche Ende 1896 fertiggestellt werden wird[2]), wird noch vor Ende dieses Monats die erste Sektion dem Betriebe übergeben werden."

Der Herr Direktor der Eisenbahn der Provinz von Aidin (Smyrna) macht die folgende Mitteilung:

„Longueur des lignes de Chemin de fer en exploitation dans le vilayet d'Aidin:

Ligne d'Aidin $243\frac{1}{4}$ milles anglais<br>
" de Cassaba $165\frac{3}{4}$ " "<br>
409 " "

La Compagnie d'Aidin exploite en outre 75 milles anglais du vilayet de Brousse."

(Die Länge der im Betriebe stehenden Eisenbahnlinien in der Provinz von Aidin:

Aidin-Linie $243\frac{1}{4}$ englische Meile[3])<br>
Cassaba- " $165\frac{3}{4}$ " "<br>
409 " "

Außerdem verwaltet die Aidin Gesellschaft $76\frac{1}{2}$ englische Meile in der Provinz von Brussa.)

Es sind noch zu erwähnen:

Die Bahn von Mudania nach Brussa = 42 km<br>
" " " Mersina " Adana = 67 "

Chausseen:

„Im ganzen sind jetzt in den Provinzen Sivas, Angora, Adana, Brussa, Malatia, Diarbekir, Kastamuni, Sandjak, Djanik (Samsun), Konia und in Ismid 6000 km Chausseen gebaut. Wenn man bedenkt, daß diese Arbeiten erst vor verhältnismäßig kurzer Zeit in Angriff genommen wurden, so darf gewiß nicht verkannt werden, daß es sich um eine ganz hervorragende Leistung handelt[4])."

## Schluß.

Es ist gar keinem Zweifel unterworfen, daß Kleinasien wenigstens fünf mal so viel Einwohner pro Quadratkilometer ernähren kann; um das Land aber in solchem Zustande zu verwandeln, bedarf man einer Summe von Gesamtwirkungen: der Entwickelung des Verkehrswesens, der Meliorationen im weitesten Sinne, in

---

[1]) Genau 444 km. Anmerkung der Schriftleitung.

[2]) Diese Linie befindet sich bereits seit dem 20. Juli 1896 ganz im Betriebe. Anmerkung der Schriftleitung.

[3]) 1 englische Meile = 1,61 km.

[4]) Naumann, Vom Goldenen Horn zu den Quellen des Euphrat.

technischen Beziehungen wie Entwässerungen, Bewässerungen, Bewaldungen, der Einführung des rationellen Betriebes. Der Bau der Thalbahnen ist vielleicht in keinem anderem Lande so notwendig wie in Kleinasien. Die extensive Wirtschaft wird durch die Vermehrung des Eisenbahnnetzes, der Chausseen (die schiffbaren Flüsse und Kanäle sind ausgeschlossen) mehr und mehr zurück treten und die intensive Wirtschaft die Oberhand gewinnen; die Nachfrage wird den Landmann moralisch zwingen, seine Arbeitskraft anzuspannen; seine Arbeit wird sich nicht mehr in leicht verderblichen Produkten in den Speichern anhäufen, sondern sie wird krystallisieren und jeden Augenblick in leichter und bequemer Form den Bedürfnissen des Handels entsprechen.

Es ist aber nicht zu vergessen, daß es in Kleinasien Gegenden giebt, wo notwendigerweise extensive Wirtschaft betrieben werden muß, wie in den tiefsten Einsenkungen der Thäler und auf den Höhen, wo der Getreidebau garnicht lohnend ist, oder überhaupt nicht gedeiht.

Davis meint, der vierte Teil der Oberfläche von Anatolien und vielmehr im Zentrum könne nie ausgenützt werden, während sich Naumann in dieser Hinsicht folgendermaßen ausspricht: „Wenn nun das Areal der brach liegenden Ländereien, der unwirtlichen Gebirge und Öden auf 46 % des ganzen Landes bemessen wird, so glaube ich doch, daß diese Ziffer den thatsächlichen Verhältnissen nicht entspricht. Nach meinen Beobachtungen würden die unbenützten Regionen einen viel, viel größeren Umfang haben. Man berücksichtige nur, wie dünn dieses ganze Land mit Ortschaften übersät ist, und wie ausgedehnt die vollständig unkultivierten Stellen sind, welche der Reisende zu durchmessen hat. Ständen 54 % unter Kultur, so würde dieses Verhältnis einen im hohen Grade günstigen Kulturzustand bedeuten, wie z. B. ein Vergleich mit Deutschland darthut, wo 49 % auf bebautes Land, 11 % auf Wiesen und 26 % auf Wald entfallen. Ich möchte die außer Kultur stehenden Ländergebiete der Halbinsel, abgesehen davon, daß sie fast insgesamt der Viehzucht dienen, auf über 60 % veranschlagen und nur einen kleinen Teil hiervon (die lykaonische Salzwüste, die sterilen-, Serpentin- und Tuffgebiete, die verkarsteten Regionen und die Wildnis der höchsten Gebirge, im ganzen 15—20 %) als durchaus kulturunfähig ansehen."

Obwohl diese Angaben nur auf Schätzung beruhen, nähern sie sich doch der Wahrheit, und dies umsomehr, wenn man berücksichtigt, daß die Durchschnittszahl der Bevölkerung pro Quadratkilometer sich auf 16—17 beläuft.

Es braucht kaum wiederholt zu werden, daß Kleinasien auf jeden Schritt und Tritt die den verschiedenen Zweigen der landwirtschaftlichen Industrie ökonomisch bestimmten Stellen in Hülle und Fülle bietet: Die ebenen und ansteigenden trockenen Thalgebiete für den Getreidebau, die Lehnen für den Obst- und Weinbau und die Einsenkungen der Thäler für die Wiese und Weide, wo die Landwirtschaft ihre Fortschritte auf die Viehzucht gründen muß.

Aus allen bisher erwähnten Thatsachen geht hervor, daß in der Halbinsel besonders dem Obstbau und der Viehzucht eine große Zukunft vorbehalten ist. Nach Rohnstock widmen sich von den 81 % mit dem Ackerbau beschäftigter Bevölkerung nur 5 % ausschließlich der Viehzucht, was im Vergleich mit der günstigen Lage des Landes für diese Industrie einen sehr ungleichen Zustand darstellt.

# Litteratur.


**Abich, H.** Geologische Forschungen in den kaukasischen Ländern.

**Ainsworth, W. F.** Notes on a Journey from Kaisariyah by Malatiyah to Bir or Biredjik in May and June 1839: Journ. Roy. Geogr. Soc. 1841.

— Travels in Asia Minor, Mesopotamia etc. London 1842.

— Travels in the Track of the ten thousand Greeks being a Geographical and Descriptive account of the Expedition of Cyrus and of the retreat of the ten thousand Greeks as related by Xenophon. London 1844.

**Alte Schriftsteller.** Xenophon, Anabasis. Zug von Sardes—Celaenae—Synnada—Iconium Tyana—Tarsus—Cunaxa—Trapezus (401 v. Chr.).

Arrian, Anabasis. Bericht über den Marsch Alexanders des Großen durch Mysien, Lydien, Carien, Pamphylien, Pisidien und Phrygien über Gordium und Ancyra durch Cappadocien und die Pylae Ciliciae nach Tarsus (333 v. Chr.).

— Livius über den Marsch des Cnaeus Manlius (189 v. Chr.) durch Carien, Phrygien, Pisidien, dann über Synnada, Pessinus nach Ancyra. Strabos Erdbeschreibung. Ptolemäus, Geographie. C. Plinius Major, Naturgeschichte. C. Caec. Plinius Minor, Briefe. Ammianus Marcellinus, Rerum sub Impp. Constantio, Juliano etc. gestarum historia (352—78 n. Chr.), übersetzt von Troß und Büchele.

— Anna Comnena (geb. 1038). „Alexias" (bes. das 15. Buch über ihres Vaters Alexius Feldzug gegen die Türken. Nicaea, Nicomedien, Dorylaion, Iconium) Vergl. auch Homer (900 v. Chr.?) und Herodot (geb. 484 v. Chr.).

**Andreossy.** Constantinople et le Bosphore 1828.

**Andrusoff, N.** Physical Exploration of the Black Sea: Geogr. journ. R. G. S. London 1893.

**Arundell, F. V. J.** Discoveries in Asia Minor. London 1834.

**Aucher-Eloy.** Relation de voyages en Orient de 1830—38. Paris 1843.

**Balansa, M. B.** Catalogue des Graminées du Lazistan: Bull. de la Soc. botan. de France 20, 21. Paris 1873 und 74.

**Barbey, W.** Lydie, Lycie, Carie. Etudes Botaniques. Lausanne 1890.

**Barth.** Reise von Trapezunt nach Scutari: Petermanns Mitteil. 1858. Ergänzungsband

— Über türkische Ortsnamen in Kleinasien: Petermanns Mitteil. 1862.

**Beaufort, Fr.** Karamania. London 1818.

— Karamanien oder Beschreibung der Südküste von Kleinasien. A. d. Engl. Weimar 1821.

**Bedriaga, J. v.** Verzeichnis der Amphibien und Reptilien Vorderasiens: Bull. de Moscou 1879.

Benndorf, O. u. G. Niemann. Reisen in Lykien und Karien, ausgef. im Auftrage d. K. K. Minist. f. Kultus und Unterricht. Wien 1884. I. Band des Werkes. Reisen im südwestlichen Kleinasien.
— Das Heroon von Gjölbaschi-Trysa. Wien 1889—1891.
Bent, J. Th. Discoveries in Asia-Minor: British Association 1888.
— Explorations in Cilicia Tracheia: Proc. Roy. Geogr. Soc. London 1890.
Bittner, A. Triaspetrefacten von Balia in Kleinasien: Jahrb. d. K. K. geol. Reichsanstalt. Wien 1891.
Blau, O. Über die Rechtschreibung und Deutung türkischer Ortsnamen, namentlich in Kleinasien: Peterm. Mitteil. 1862. Vgl. Barth.
Bodenstedt. Tausend und ein Tag im Orient. Berlin 1865.
Böttger, O. Verzeichnis der von Herrn E. von Oertzen aus Griechenland und Kleinasien mitgebrachten Batrachier und Reptilien: Sitzungsber. d. K. preuß. Ak. d. Wissenschaften. Berlin 1888.
Brauns, A. Beobachtungen in Sinop, mit einer geologischen Karte der Halbinsel: Zeitschr. f. allgem. Erdkunde. N. F. 1857.
Brentano. Troja und Neu-Ilion. Heilbron 1882.
Browski, L. C. Ein Ausflug mit der anatolischen Eisenbahn von Konstantinopel bis Biledjik und Angora. Konstantinopel 1892.
Bukowski, G. v. Reiseberichte aus Kleinasien: Anzeiger d. K. K. Akad. d. Wissenschaften Wien 1890.
— Kurzer Vorbericht über die Ergebnisse der in den Jahren 1890 und 1891 im südwestlichen Kleinasien durchgeführten geologischen Untersuchungen: Sitzungsber. d. K. K. Akad. der Wissenschaften in Wien 1891.
— Die geologischen Verhältnisse der Umgebung von Balia Maden im nordwestlichen Kleinasien (Mysien): Sitzungsber. d. K. K. Akad. d. Wissenschaften in Wien 1892
— Geologische Forschungen im westlichen Kleinasien: Verh. d. K. K. geol. Reichsanstalt 1892.
Bürchner. Die Besiedelung der Küsten des Pontus Euxinus durch die Milesier. Kempten 1885.
Callier u. Stamatz. Voyage en Asie Mineure, la Syrie, la Palestine et l'Arabie Pétrée: Rapport 15 Avril 1836 in Bull. de la soc. Géogr. Paris. 2 Sér. Tome V. 1836.
Christ. Topographie der trojanischen Ebene und die homerische Frage. München 1874.
Climatologie de Constantinople. Konstantinopel 1888.
Cochran, W. Pen and pencil in Asia Minor or Notes from the Levant. London 1887.
Coquand, M. H. Notes géologiques sur les environs de Panderma (Asie Mineure): Bull. soc. Géol. Paris 1878.
Corancez. Itinéraire d'une partie peu connue de l'Asie Mineure 1812. Paris 1816.
Cortambert. Guillaume Lejean et ses voyages. Paris 1872.
Cotard, Ch. L'inauguration de la section Lefke-Biledjik: (The Levant Herald and Eastern Express 1891.
Cramer. Description of Asia Minor. Oxford 1832.
Cuinet, Vital. La Turquie d'Asie, Géographie administrative, descriptive et raisonnée de chaque province de l'Asie Mineure. Paris 1891.
Curtius, Ernst. Beiträge zur Geschichte und Topographie Kleinasiens. Ephesos, Smyrna, Pergamon, Sardes, Philadelphia: Abh. d. K. Ak. d. Wissensch. Berlin 1873.
Danford, C. G. A Contribution to the Ornithology of Asia Minor: Ibis 1877 and 78
— A Further Contribution to the Ornithology of Asia Minor: Ibis 1880.
Danford, C. G. and Alston, E. R. On the Mammals of Asia Minor: Proc. Zool. Soc. London 1877 and 80.
Davis, Rev. E. Anatolica or the journal of a visit to some of the ancient ruined cities of Caria, Phrygia, Lycia and Pisidia. London 1874.

Davis, Mrs. E. Life in Asiatic Turkey, a journal of travel in Cilicia, Isauria and parts of Lycaonia and Cappadocia. London 1879.

Dekert, F. Asiatische Eisenbahnen: Globus. 53. Band. Braunschweig 1888.

Dehn, Paul. Deutschland und die Orientbahnen. München 1883.

— Deutschland und der Orient in ihren wirtschaftspolitischen Beziehungen. München 1884.

De Laborde, L. Voyage en Orient: Asie Mineure et Syrie. Paris 1837—62.

Dernburg, F. Auf deutscher Bahn in Kleinasien. Berlin 1892.

Dethier. Der Bosphor und Konstantinopel. Wien 1873.

Diest, W. v. Von Pergamon über den Dindymos zum Pontus: Peterm. Mitteilungen. Ergbd. XX. 1888—89.

Diehl, Ch. Souvenir d'un voyage en Asie Mineure. Bull. soc. Geogr. de l'Est. 1886.

Drude, O. Berichte über die Fortschritte in der Geographie der Pflanzen in Wagners Jahrbuch.

— Handbuch der Pflanzengeographie. Stuttgart 1890.

Dünkelberg, Fr. Encyklopädie der Kulturtechnik. I. Band. 1883.

Evliya Effendi. Reisen in Kleinasien (türkisch).

Fallmerayer, J. Ph. Geschichte des Kaisertums Trapezunt. 1827.

— Originalfragmente, Chroniken, Inschriften und anderen Materialien zur Geschichte des Kaisertums Trapezunt. 1843—44. München, 2 Abteilungen.

Favre C. u. B. Mandrot. Voyage en Cilicie, 1874: Bull. Soc. de Géogr. de Paris 1878.

Fischer. Karte von den Nordabhängen des Bulgar (Taurus) und Allah Dagh (Antitaurus) 1845, Berlin.

— Das nördliche und mittlere Kleinasien, Karamanien, der Taurus und Ich-ili. H. Kiepert, Memoir etc.

Fontanier, V. Voyage en Orient. 1827.

— Deuxième voyage en Anatolie.

Forbes, Edw. and T. A. B. Spratt. Travels in Lycia, Milyas and the Cibyratis London 1847.

Foullon, H. B. v. Ueber krystallinische Gesteine aus dem Baba-Dagh im nordöstlichen Karien in Kleinasien. Verh. d. geol. Reichsanstalt 1890.

Fritsch, K. v. Acht Tage in Kleinasien: Hallesche Zeitschrift für Erdkunde 1882.

Georgiades, Demetrius. Smyrne et l'Asie Mineure au point de vue économique et commerciale. Paris 1885.

Gerson, F. v. Die Eisenbahnen Kleinasiens: Zeitschr. für Eisenbahn und Dampfschiffahrt der österr.-ungar. Monarchie 1891.

Göbel, Rudolf. Ueber den pontischen Handelsweg und die Verhältnisse des europäischen Verkehrs. Wien 1849.

Goltz, C. v. d. Ein Spazierritt längs der anatolischen Bahn: Allg. Ztg. 1890 Nr. 217 u. 218, Beil.

— Durch den Golf von Ismid nach der Akova: „ „ 1891 „ 51 u. 52 „

— Zur Eröffnung der Eisenbahn von Konstantinopel nach Biledjik: . . . . . . . . . . . . . . „ „ 1891 „ 151 „

— Ein Ausflug nach dem alten Nicäa: . . . . „ „ 1891 „ 225, 228, 229 „

— Ein Ausflug ins [illegible]: . . . . . . . „ „ 1892 „ 83, 84, 86, 87

— Der erste Eisenbahnzug in Angora: . . . . „ „ 1893 „ 12 u. 13 „

Groven, D. Die Stadt Brussa in Kleinasien: Deutsche Rundschau für Geog. und Statistik. Wien, Pest, Leipzig 1888.

Günther, A. Description of a new Species of Lizard from Asia Minor Zootoca Danford: Proc. Zool. Soc. London 1876.

Hamilton, W. J. Reisen in Kleinasien, Pontus etc. (Deutsch von Ott. Schomburgk. Leipzig 1843).

Hamilton and Strickland: Geological Map of Catacecaumene. Mem. on the Geology of the Western Part of Asia Minor: Geolog. Transact. IV 1840.

Hann. Klimatologie.
Hehn, Victor. Kulturpflanzen und Haustiere in ihrem Übergange von Asien nach Europa. Berlin 1883.
Herrmann. Bericht des Gartenbau-Inspektors Herr Herrmann aus Frankfurt a. M. über den Stand des Gemüse- und Obstbaues in Anatolien. Konstantinopel 1893.
Hilgard, E. W. Über den Einfluß auf die Bildung und Zusammensetzung des Bodens.
Hochstetter, v. Asien, seine Zukunftsbahnen und seine Kohlenschätze. Wien 1876.
Journal de la chambre de Commerce de Constantinople. Daselbst.
Kaerger, K. Kleinasien, ein deutsches Kolonisationsfeld. Berlin 1891.
Kannenberg. Ein Forschungsritt durch das Stromgebiet des unteren Kisil Irmak (Halys). Globus, März 1894. Bd. LXV. No. 12.
Kiepert, H. Verschiedene Karten.
Konstantinopel. Neue Volkswirtschaftl. Studien über Konstantinopel und das anliegende Gebiet, herausgegeben vom Oriental. Museum. Wien 1882.
Kotschy. Reise im cilicischen Taurus. Gotha 1858.
— Reisen in Anatolien, Cypern etc. 1840—1862.
— Verteilung der Pflanzen auf dem Bulgar Dagh.
— Abbildungen und Beschreibungen neuer und seltener Tiere und Pflanzen, in Syrien und im westlichen Taurus gesammelt. Stuttgart 1843.
Leake, W. M. Col. Journey through some Provinces of Asia Minor in the year 1800. R. Walpole.
— Journal of a Tour in Asia-Minor. London 1824.
Le Bas, Ph. und Waddington, W. H. Voyage Archéologique en Grèce et en Asie Mineure. Paris 1847—1850. Tome III Asie Mineure.
Le Bas, Ph. Asie Mineure depuis les temps les plus anciens jusqu'à la bataille d'Ancyre 1402. Terminé par M. Cheron. Paris 1863: L'univers. Histoire et Description de tous les peuples.
Lucas, Paul. Voyage (Deuxième) dans la Grèce, l'Asie Mineure etc. par Fourmont Paris 1712. (Deutsche Ausgaben Hamburg 1708, 1715, 1721).
Lullies, H. Berichte über geogr. Forschungen in Kleinasien rc., in Wagners geogr. Jahrbuch.
Luschan, Fel. v. und Eugen Petersen. Reisen im südwestlichen Kleinasien. Wien 1889.
Menz, A. Deutsche Arbeit in Kleinasien. Berlin 1893.
Moltke, H. v. Das nördliche Vorland und das Hochland von Kleinasien, der Taurus, Euphrat und Tigris.
Morgan, C. Dreißig Jahre in Kleinasien. Wien.
Mostras, C. Dictionnaire géographique de l'Empire Ottoman. Petersbourg 1873.
Naumann. Vom Goldenen Horn zu den Quellen des Euphrat.
Neale, J. Mason. Eight years in Syria, Palestine and Asia Minor. London 1852.
Neumayr. Trias und Kohlenkalk im vorderen Kleinasien: Anzeiger der Wiener Akad. 1887.
Österr. Monatsschrift für den Orient.
Partsch, J. Geologie und Mythologie in Kleinasien: Philol. Abh. Breslau 1888.
Perrot. Souvenir d'un voyage en Asie Mineure. Paris 1867.
Poujoulat, B. Voyage dans l'Asie Mineure etc. Paris 1840—44.
Preller, L. Über die Bedeutung des Schwarzen Meeres für Handel und Verkehr der Alten Welt. Rede. Dorpat 1842.
Pressel, W. Das anatol. Eisenbahnnetz: Zeitschr. für Eisenbahnen und Dampfschiffahrt d. österr. ungar. Monarchie 1888, 6. Heft.
Prittwitz und Gaffron, E. v. Ein Forschungsritt durch das Stromgebiet des unteren Kisil Irmak (Halys) Globus, Februar 1894. Bd. LXV., No. 8.
Radde, G. Der Bin-göl-dagh, der Tausendseen.
— Flora und Fauna des südwestl. Kaspigebietes.

Ramsay. On the early Historical Relations between Phrygia and Cappadocia: Journ. Roy. As. Soc. London 1883.
— The historical Geography of Asia Minor: Supplementary Papers of the Roy. Geogr. Soc. Vol. IV. London 1890.
— Phrygia: Encyklopaedia Britannica. London 1883.

Rapport adressé à S. A. le premier Ministre par son Exc. le Min. des trav. pub. sur les travaux publics à exécuter dans la Turquie d'Asie. Constantinople 1880.

Rau. Geschichte des Pfluges. Heidelberg 1845.

Ritter, C. Die Erdkunde von Asien: Allgem. Erdkunde. Teil X u. XI. Das Wassersystem des Euphrat und Tigris. Berlin 1843 und 44.
— Die Erdkunde von Asien: Allgem. Erdkunde. Teil XVIII und XIX. Kleinasien Bd. 1 u. 2. Berlin 1858 und 59.

Roß, L. Kleinasien und Deutschland. Reisebriefe und Aufsätze mit Bezugnahme auf die Möglichkeit deutscher Niederlassungen in Kleinasien. Halle 1850.

Rougon, F. Smyrne, situation commerciale et économique des pays compris dans la circonscription du consulat général de France. Paris 1892.

Ruge, W. Beiträge zur Geographie von Kleinasien: Peterm. Mitt. 1892.

Scherzer, Karl v. Smyrna. Mit besonderer Rücksicht auf die Verhältnisse von Vorderkleinasien. Wien 1873.

Schlehan. Versuch einer geognost. Beschreibung der Gegend zwischen Amasry und Tschia-aly an der Nordostküste von Kleinasien: Zeitschrift der deutschen geolog. Gesellschaft. Berlin 1852.

Schwegel, J. v. Volkswirtschaftliche Studien über Konstantinopel. Daselbst 1873.

Schweiger-Lerchenfeld, A. v. Die großen internationalen Transit-Schienenwege nach Vorder- und Zentralasien. Wien 1875.
— Kulturkarte Kleinasiens: Mitteil. d. K. K. geogr. Gesellsch. in Wien 1878.

Scott-Stevenson, Mrs. Our ride through Asia Minor. London 1881.

Sieger, R. Neue Reisen und Forschungen in Vorderasien: Ausland 1891.

Stapf, O. Beiträge zur Flora von Lycien, Carien und Mesopotamien: Denkschr. der K. Akad. der Wissensch. Wien. Math.-Naturw. Kl. I. Bd. 1885.

Staudinger. Lepidopteren-Fauna Kleinasiens: Separatabdruck aus den Horae entomologicae rossicae Bd. XIV. Petersburg 1879.

Stebnitzki, J. Orographische Karte der asiatischen Türkei. P. M. 1882.
— Ueber den pontischen Gebirgskamm: Kauk. geogr. Gesellsch. Tiflis. Globus 1882.

Stöckel, J. M. Die Verkehrseinrichtungen der Provinz Aidin. Daselbst 1883.

Strehlen. Die Straßenanlagen in der asiatischen Türkei: Zeitschr. Gesellsch. für Erdkunde. Berlin 1880.

Strecker, W. Die Ebene von Erzerum.
— Von Erzerum auf den Bin-göl-Dagh.

Strzygowski. Eine trapezuntische Bilderhandschrift vom Jahre 1346. Repert. f. Kunstwissenschaft. 1890.

Suter, H. Notes on a Journey from Erzerum to Trebizond, by way of Shebb-Khanah: Kara-Hissar, Sivas, Tokat and Samsun in Oct. 1838: J. R. G. S. 1841.

Tavernier, Jean Bapt. Les six voyages en Turquie etc. A la Haye 1718.

Tchihatcheff, P. de. Memoire sur les depôts sédimentaires de l'Asie-Mineure. Bull. de la Soc. géol. de France. 2. Sér. VII 1850.
— Mem. sur les terrains jurassique, crétacé et nummulitique de la Bithynie, Galatie et Paphlagonie: Bull. de la Soc. géol. de France 1851.
— Asie Mineure. Description physique, statistique et archéologique de cette contrée. I. Géographie physique comparée. II. Climatologie et Zoologie.

III. Botanique. IV. Paléontologie par A. d'Archiac, P. Fischer et E. de Verneuil. V. Zoologie 1—3. Paris 1853—69.

Tchihatcheff, P. de. Reisen in Kleinasien rc. 1847—63.

— Kleinasien. Prag u. Leipzig 1887.

Texier, Ch. Asie Mineure. Description géogr. histor. et archéol. Paris 1882.

Thiel. Hand. Conv.-Lexikon.

Tietze, E. Beiträge zur Geologie von Lykien. Wien 1885: Jahrb. d. k. k. geol. Reichsanst.

Tomaschek, W. Zur historischen Topographie von Kleinasien im Mittelalter. I. Die Kulturgebiete und die Wege der Kreuzfahrer: Sitzungsberichte d. Ak. d. W. Wien 1891.

Tscharikowski, P. W. Höhenmessungen im Vilayet Trapezunt: Iswest. d. kauk. Sektion d. k. russ. geogr. Gesellsch. VII u. Zeitschr. d. Gesellsch. für Erdk. 1884.

Vincke, v. Das nördliche Kleinasien bis Angora. H. Kiepert, Memoir rc.

Vivien de Saint Martin, L. Description historique et géographique de l'Asie Mineure. Paris 1852.

Weiß, E. Ueber Bergbaubetrieb und Mineralvorkommnisse in der Türkei. Bern 1880.

Weismantel, O. Die Erdbeben des vordern Kleinasien in geschichtlicher Zeit. I.-Diss. Marburg 1891.

Wettstein. Beitrag zur Flora des Orients. Bearbeitung der von Dr. A. Heider im Jahre 1885 in Pisidien und Pamphylien gesammelten Pflanzen. Sitzungsber. d. k. Ak. d. Wiss. Wien. Math.-Naturw. Kl. Bd. XCVIII 1889.

Zenker, J. Th. Ein Ausflug nach Kleinasien und Entdeckungen in Lycien von Ch. Fellows. Leipzig 1853. Uebersetzung.

# Register.

## III. Hydrographie. 445



### Bodenbildung. 463



## IV. Topographie. 467

# Das deutsche Kolonialheer nach dem Etat 1900 1901.

Von Major Gallus.

Der gegenwärtige Krieg in Südafrika zeigt auf das deutlichste die Schwierigkeiten eines überseeischen Feldzuges, denen selbst die in allen Klimaten kriegsgewohnten Engländer einige Zeit lang nicht gewachsen schienen.

Dies weist aufs neue darauf hin, der Organisation unserer Kolonialtruppen für überseeische Unternehmungen eine besondere Aufmerksamkeit zuzuwenden, und nicht, wie es nicht selten vorgekommen ist, sich erst durch die Ereignisse belehren zu lassen.

Ohne auf die Fragen der Kriegführung und die taktischen Erfahrungen einzugehen, tritt doch die eine Lehre auf das Schärfste hervor, daß Kriegsvorbereitung im weitesten Sinne und Organisation der Kriegsmittel gerade in den Feldzügen übersee eine besonders hervorragende Rolle spielen, und daß Versäumnisse sich hier auf das Schwerste zu rächen pflegen.

Wir brauchen aber durchaus nicht unsere Blicke so weit schweifen zu lassen, um diese Erfahrung bestätigt zu finden; denn auch in unseren kolonialen Kriegserfahrungen sind von Zeit zu Zeit Ereignisse eingetreten, welche teils auf gewisse Mängel der Organisation und auf einen der schwersten Fehler, auf Unterschätzung der gegnerischen Kräfte, schließen lassen. Letzthin haben dieselben sich in den Niederlagen mehrerer Expeditionen in Kamerun (von Queis, Conrau, Plehn) gezeigt. Eine Wiederholung solcher Unfälle aber würde verhängnisvoll werden, wenn sie bei dem beabsichtigten Vordringen gegen die Sultane des Innern eintreten würde.

Nachdem in Heft VII dieser Zeitschrift die Notwendigkeit eines geschulten Kolonialheeres begründet worden und einige Andeutungen über dessen künftige Organisation gegeben sind, soll im Nachstehenden der augenblickliche Stand unserer überseeischen Streitkräfte betrachtet werden. Neben manchem der schnellen Weiterentwickelung Bedürftigen, werden wir auch vieles Erfreuliche finden, was zu der Hoffnung berechtigt, daß die Schlagfertigkeit unserer überseeischen Kräfte sich auf dem Wege gedeihlicher Fortentwickelung befindet.

Dennoch drängt sich bei der Betrachtung unserer kolonialen Streitkräfte die Frage auf, ob dieselben im großen und ganzen den Anforderungen der Jetztzeit und der nächsten Zukunft genügen? Ziehen wir die Möglichkeit in Betracht, daß wir zu einer größeren überseeischen Machtentfaltung, sei es in China oder in Afrika, gezwungen werden könnten, so muß diese Frage auf das Entschiedenste verneint werden. Keine noch so vorsichtige Politik wird uns aber vor dem Zusammenstoß mit feindseligen Nebenbuhlern schützen können, seitdem wir das Gebiet der Weltpolitik betreten haben; auf diesem aber gilt mindestens ebenso sehr, wie in der europäischen Staatskunst, das ewig wahre Wort: „Dem Mächtigsten gehört die Welt!“ Ebenso wie an maßgebender Stelle die Bedeutung einer starken Flotte für die Behauptung unserer Weltstellung erkannt ist, wird die Ausgestaltung unserer überseeischen Streitkräfte noch zu rechter Zeit in die Wege geleitet werden. Um hierfür auch weitere Kreise zu interessieren, soll eine Betrachtung über das deutsche Kolonialheer in folgendem gegeben werden.

Von einer gleichartigen Organisation der Kolonialtruppen kann weder zur Zeit, noch auch in Zukunft die Rede sein, weil die in Betracht kommenden allgemeinen Verhältnisse durchaus verschieden sind. Da die verschiedenen Schutztruppen aus den vielseitigsten Bedürfnissen emporgewachsen sind, so sehen wir fast in jedem Schutzgebiete eine andere Zusammensetzung und Gliederung der Kräfte, welche in erster Linie dazu bestimmt sind, die Ruhe und Ordnung in der Kolonie zu gewährleisten. Nur für die Besatzung von Kiautschou besteht in der Heimat ein Ersatztruppenteil, wie auch in anderen Kolonialländern; nur er ist als der winzige Keim einer zukünftigen, heimatlichen Kolonialreserve zu betrachten [1].)

Zur Zeit giebt es in Ostafrika, Kamerun und Südwestafrika „Schutztruppen", für Kiautschou „eine Besatzung nebst europäischen Stammtruppen". Für Togo, Neuguinea und die Südsee-Gebiete haben wir nur „Polizeitruppen". Außerdem ist in Ostafrika „eine Flotille", in Kamerun sind einige Regierungsfahrzeuge, in Kiautschou besorgt die Marine den Stationsdienst, für Neuguinea und die Südsee ist eine Anzahl Regierungsdampfer für den Verwaltungs- und Polizeidienst eingestellt.

In den tropischen Kolonien finden wir im allgemeinen nur farbige Mannschaften, welche jedoch auch zu Unteroffizieren, und, wie in Ostafrika die Sudanesen, zu Offizieren ernannt werden und bis zum Hauptmann aufsteigen können. Daneben stehen in derselben Truppe weiße Offiziere, Unteroffiziere und Beamte, ohnedaß zwischen den letzteren und den farbigen Offizieren ein Subordinations-Verhältnis bestände. Für einige wichtige Arbeitszweige sind bei dem bisherigen Mangel an einheimischen Handwerkern Deutsche herangezogen. Man ist jedoch, besonders in Ostafrika, durch Handwerkerschulen, in Kamerun und Togo durch Entsendung nach Deutschland bemüht, sich mit der Zeit ein brauchbares, einheimisches Handwerkerpersonal zu schaffen [2].

Ganz anders ist die Organisation in Südwestafrika und Kiautschou. Hier sind vollständig aus Europäern bestehende Truppenteile gebildet, aus welchen die einzelnen Jahrgänge nach Ableistung ihrer freiwilligen Dienstzeit abgelöst werden. Aber auch hier ist man mit Erfolg bemüht, einheimische Kräfte, in Südwestafrika Bastards und in Kiautschou Chinesen sowohl für den Polizei- wie auch für den militärischen Dienst heranzubilden, um die gewaltigen Kosten, welche die Unterhaltung und Ablösung des europäischen Personals kostet, zu verringern. Wie weit man in dieser Richtung gehen darf, wird die Zukunft lehren. Selbst die Engländer haben bei Gelegenheit des Aufstandes in Ostindien in den Jahren 1857—59 zu ihrem Schaden einsehen müssen, daß ein allzu großes Vertrauen in dieser Richtung die bedenklichsten Zustände heraufbeschwören kann. Dennoch greifen dieselben immer aufs neue in allen tropischen Kolonien auf die Mitwirkung der Eingeborenen für den Kriegsdienst zurück und haben aller Orten und neuerdings auch in Indien damit gute Erfolge erreicht. Vor einigen Jahren ist von den Engländern für Ostasien, und zwar in Weihaiwei, ein Regiment Chinesen angeworben ([illegible] Mann), auch in Tongking haben die Franzosen mit den eingeborenen Regimentern gute Erfolge gehabt. Dieselben sollen sich ausgezeichnet tapfer und zuverlässig gezeigt haben, und zwar soll der

[1]) Die Stammkompanien sind durch AKO. vom 17. August 18[illegible] den beiden Seebataillonen, die des Matrosen-Artillerie-Detachements einer der vier Matrosen-Artillerie-Abteilungen zugeteilt. Außerdem ist neuerdings noch eine Stamm-Feldbatterie gebildet. Das Kommando zur Besatzung von Kiautschou dauert in der Regel zwei Jahre und soll in jedem Jahre thunlichst die Hälfte der Besatzung abgelöst werden.

[2]) D. K. Bl. 18[illegible]. S. 208 u. 730. Handwerkerschulen.

Mann leicht auszubilden und zu disziplinieren sein. (Bericht des Ostasiatischen Lloyd.) Ihrem Beispiele folgen wir durch Aufstellung einer Chinesentruppe in Litsun. Immerhin ist überall, besonders vielleicht auch bei den Chinesen, eine gewisse Vorsicht geboten. Starke europäische Stämme und sorgfältige Auswahl der Vorgesetzten wie der Geworbenen kann der Gefahr des Abfalls vorbeugen.

Schon durch A.K.O. vom 27. Februar 1896 dürfen Übungen von Offizieren und Mannschaften des Beurlaubtenstandes bei den Schutztruppen abgeleistet und dieselben Personen im Bedarfsfalle ebendaselbst eingezogen werden. Neuerdings sind die Verhältnisse durch das Gesetz betreffend die Kaiserlichen Schutztruppen in den afrikanischen Schutzgebieten und der Wehrpflicht daselbst vom 7. Juli 1896, sowie durch die Verordnung vom 30. März 1897 betreffend die Erfüllung der Wehrpflicht bei der Schutztruppe in Südwestafrika geregelt. Eine andere A.K.O. vom 25. Mai 1896 gestattet die Ableistung der Wehrpflicht bei den Schutztruppen in weiterem Umfange. Beide Ordres werden in dem südafrikanischen und ostasiatischen Schutzgebiete von gewisser Bedeutung werden. Die Zahl der dort übenden Reservisten und ihrer Dienstpflicht Genügenden wird allmählig immer größer werden und vielen in fremden Weltteilen lebenden Deutschen die Möglichkeit gewähren, ihrem deutschen Volkstum durch eine bequemere Erfüllung ihrer Dienstpflicht, als es bisher möglich war, Genüge zu leisten. Die gesamten Dienstverhältnisse regelt die Schutztruppen-Ordnung vom 25. Juli 1898.

Zur Zeit sind in Tit. 10 des Etats für Kiautschou für Übungen des Beurlaubtenstandes 3000 M. eingestellt. Eine weitere Mehrung und Stärkung des deutschen Elementes in der Fremde würde dadurch zu erhoffen sein, daß es in überseeischen Ländern wohnenden Deutschen gestattet würde, ihrer Dienstpflicht auf bestimmten Stationsschiffen zu genügen. Von dieser Erlaubnis würde gewiß ein sehr großer Teil Deutscher Gebrauch machen und so dem Volkstum erhalten bleiben, während sie jetzt zur Lösung ihrer Militärpflicht meist den deutschen Unterthanenverband verlassen oder nach Deutschland zurückkehren müssen.

Die Schutztruppe für Südwestafrika, welche dem Reichskanzler und dem Oberkommando der Schutztruppen untersteht, wird durch freiwillige Meldung von Mannschaften des zweiten Jahrganges oder durch Kapitulation aus dem Heere mit dreijähriger Dienstverpflichtung ergänzt, nach welcher eine erneute, wiederum dreijährige Dienstverpflichtung eingegangen werden kann. Die Unteroffiziere müssen drei Jahre gedient haben und mindestens ein Jahr Unteroffizier sein. Die Ergänzungsmannschaften gehen im Bedarfsfalle, meist aber im Frühjahr, nachdem sie eingekleidet und ausgerüstet sind, unter Führung von Offizieren ohne weiteres nach Swakopmund ab, wo sie in die Truppe eingereiht werden und im allgemeinen zunächst bei den in Windhuk stehenden Truppenteilen Verwendung finden. Für diese Truppe werden bei der Aufforderung zur freiwilligen Meldung stets die verschiedenen Gattungen von Handwerkern berücksichtigt, welche man dort am nötigsten für die Arbeiten im Schutzgebiete braucht. (Änderungen der Wehrordnung s. D. K. Bl. S. 391. § 33, 42, 100, 106, 111.)

Die Besatzung von Kiautschou wird durch freiwilligen Eintritt mit mindestens dreijähriger Dienstverpflichtung in die europäischen Stammtruppenteile, im Notfalle aber durch Kommandierte aus den Seebataillonen ergänzt. Nach halbjähriger Ausbildung gehen dieselben meist im März nach Ostasien. Die Besatzung von Kiautschou untersteht dem Reichs-Marine-Amt und dem dortigen Gouverneur.

Wir sehen somit, wie von einer einheitlichen Organisation der Schutztruppen noch keine Rede ist, und daß dieser Umstand ein Zusammenwirken bei zukünftigen, größeren, gemeinsamen Aufgaben sehr nachteilig beeinflussen muß.

## Ostafrika.

Betrachten wir zunächst die militärische Organisation in unserer größesten ostafrikanischen Kolonie. (Stärke siehe Anlage.) Die Streitkräfte zerfallen in die Landtruppen und die Flotille. Erstere bestehen zunächst aus der den Lokalverwaltungen unterstellten staatlichen Polizeitruppe, eine Kaiserliche Schutzmannschaft darstellend, zu welcher 20 Unteroffiziere der Schutztruppe abkommandiert sind. Die Gesamtstärke dieser Polizeitruppe beläuft sich auf:

40 Unteroffiziere, 480 Mann und 50 sogenannte Irreguläre in Langenburg, hierzu treten 142 im Polizei-, Zoll- und Sicherheitsdienst verwendete Hülfskräfte wie Arbeiter, Bootsleute u. a. Außerdem finden zur Aufrechterhaltung der Ordnung in den einzelnen Gemeinden und Bezirken eine Anzahl von Soldaten der Walis sowie die Hülfskräfte Verwendung, welcher sich die Akidas und Jumben der Dorfschaften bedienen, ein Personal, welches etwa unserer kommunalen Ortspolizei vergleichbar ist. Diese wird mit der Ausdehnung der geordneten Verwaltung immer zahlreicher und entlastet die Kaiserliche Schutz- und Polizeitruppe immer mehr von den lokalen Aufgaben. Das System der Verwaltung der Ortsvorstände wird immer mehr ausgedehnt und seit einiger Zeit sind stets wachsende Geldmittel zur Unterstützung der Gemeindeverwaltungen vom Reich in bar sowie prozentuale Zuschüsse aus den Steuererträgen bewilligt worden.

In der eigentlichen Schutztruppe verschwindet das außerordentlich brauchbare, aber auch teure Soldatenmaterial der Sudanesen immer mehr. Allem Anscheine nach gelingt es jedoch, aus einigen Eingeborenenstämmen ein brauchbares Soldatenmaterial zu formen. Immerhin bilden die noch jetzt vorhandenen 600 Sudanesen mit ihrem trefflichen Offizier- und Unteroffizierkorps einen tüchtigen Stamm, dessen die junge Truppe bei dem häufigen Wechsel, den vielfachen Erkrankungen und Beurlaubungen des deutschen Personals besonders bedarf[1]).

Die Truppe, welche in 12 Kompanien gegliedert ist, wird hauptsächlich zur Besetzung der Stationen im Innern, an den Seen und den Hauptkarawanenwegen sowie der wichtigsten Küstenplätze (13) benutzt, während die Polizeitruppe auf weitere 15 Stationen verteilt ist[2]).

[1]) Denkschrift 1899, S. 311, IX., sagt: „Der mangelnde Ersatz für diese geborenen Soldaten — die Sudanesen — macht sich doch in mancher Beziehung recht fühlbar. Besonders ist es das Ausbildungspersonal, die Chargen, welche wir am besten aus Sudanesen ergänzen. Der Sudanesenkrieger steht in Ostafrika über allen Partei- und Stammesfehden der Bewohner, und wenn auch die eingeborenen Chargen bei steter Kontrolle imstande sind, Gutes zu leisten, so werden sie doch nicht den Schneid erreichen, welchen der Sudanesenunteroffizier durch die natürliche Begabung für alles, was Soldatenwesen in sich schließt, schon mitbringt, und der bei ihm durch die stramme deutsche Zucht, die ihm zusagt, zu einer gewissen Vollkommenheit ausgebildet worden ist.

Schließlich ist die Gefahr der Desertion, welche bei den Eingeborenen so häufig vorkommt, bei dem sudanesischen Fremdling fast ausgeschlossen.

Siehe auch: M. W. Bl. 1898 Beiheft IX.

[2]) Denkschrift 1897/98, S. 117–121. Verteilung der Schutztruppe. 1. Komp. Moschi (1*), Marangu (1). 2. Iringa (3). 3. Kalinga (1). 4. Mpapua (1), Kilimatinde (2). 5. Dar-es-Salâm. 6. Twangire-Ubehe (1). 7. Pangani (2). 8. Songea (1). 9. Ujiji (2.

Die Stärke der Besatzung auf den einzelnen Stationen ist sehr verschieden und wechselt von kleinen Detachements bis zur Stärke einer oder mehrerer Kompanien oder Kommandos. Durch Zusammenziehung mehrerer der letzteren aus Stationen deren Besatzung vermindert oder der Polizeitruppe überlassen werden kann, werden Expeditionskorps für bestimmte Zwecke gebildet. Auch die Ablösungskommandos verfolgen den Zweck, die verschiedenen Häuptlinge aufzusuchen, sie zur Botmäßigkeit, zur Ausführung der gegebenen Verwaltungsverordnungen, besonders zur Instandhaltung der Wege und Rasthäuser anzuhalten oder die Eintreibung von Steuern oder Strafen auszuführen. Immerhin bedeutet die Erhaltung einer ruhigen und verhältnismäßig ordnungsgemäßen Entwickelung des Schutzgebietes mit den geringen Kräften von 2500—2600 Mann eine anerkennenswerte Leistung der Truppe, und spricht für das Geschick und die Umsicht der leitenden Persönlichkeiten.

Das Offizierskorps besteht aus 42 Offizieren, 19 Ärzten, 20 Oberbeamten, hierzu treten 80 Unteroffiziere, zusammen 170 Weiße, von denen meist ein Teil beurlaubt und 20 Unteroffiziere zur Polizei abkommandiert sind, so daß auf dem Rest eine gewaltige Arbeitslast ruht.

Die Farbigen: 12 Offiziere, 126 Unteroffiziere, 1440 ausgebildete und pro Kompanie 10—12 unausgebildete Leute bilden den Hauptbestandteil, zeigen aber durch Tod, Krankheit sowie Desertion große Abgänge[1]). Die Unterhaltung der Schutztruppe, welche auf das Notwendigste beschränkt ist, kostet fast soviel, wie die Gesamteinnahme des Schutzgebietes beträgt, etwa 3 Millionen Mark. Es ist daher mit Freude zu begrüßen, daß die Eingeborenen sich mehr und mehr als Soldaten anwerben lassen und sich im Kriegsdienste als brauchbar erweisen[2]), wodurch nicht allein die Transportkosten sowie auch die der Unterhaltung bedeutend verringert werden, da die Sudanesen einen höheren Sold erhalten. Die Ersparnisse bei letzteren betragen für 600 Mann allein 112000 Mark. Weitere Ersparnisse sollen durch Herstellung der Bekleidung und Ausrüstung sowie durch Ausführung anderer Ausbesserungs-Arbeiten durch einheimische Handwerker zu erwarten sein. So ist die Summe von 2500 Mark für die Heranbildung von 15—20 jugendlichen Eingeborenen zu Schneidern bezw. Schuhmachern angesetzt. Nach fachmännischer und militärischer Ausbildung sollen dieselben, wie dies auch in Deutschland der Fall ist, auf die einzelnen Kompagnien und Detachements als Handwerker verteilt werden. Die zu erwartenden Ersparnisse werden durch eine sachgemäßere Ausbesserung der getragenen Kleidungs- und Ausrüstungsstücke erwachsen und sind nach den Erfahrungen in Europa nicht unbeträchtlich. (ca. 20000 Mark jährlich für ein Regiment). Bisher mußten die der Ausbesserung

10. Tabora (3). 11. Bukoba (3). Mwanza. 12. Kilossa. Außerdem ein Wachtkommando und Grenzregulierungs-Kommando. Verteilung der Polizeitruppe. Tanga (4), Wilhelmsthal, Masinde, Kisuani, Pangani, Saadani (2). Bagamoyo (3). Dar-es-Salâm (5). Kisaki, Kilwa (3). Dande, Lindi (1). Mikindani (1). Langenburg (2).

*) Die eingeklammerten Zahlen bezeichnen die Zahl der Geschütze. Die Zahlen vor dem Namen die Nummer der Kompagnie. Die Stärke der einzelnen Kompagnien ist verschieden.

[1] Das größte Kontingent über 50%, der Angeworbenen stellten die Wanyamwesi (315), die Manyema (208), die Wasuaheli (227) und die Wasukuma (160).

[2]

| | | | | |
|---|---|---|---|---|
| 1894/95 | 87 Mann Abgang von den | 900 | Sudanesen | = ca. 10%, |
| 1897/98 | 126 „ „ „ „ | 762 | „ | = ca. 17%, |
| | 185 „ „ „ „ | 1316 | Bantus | = ca. 14%, |
| | 15 Europäer von | 230 | | = ca. 7%. |

bedürftigen Sachen vielfach außer Gebrauch gesetzt werden, da niemand die sachgemäße Wiederherstellung verstand. (D. K. Bl. S. 288 u. 730.)

250 000 Mark sind für Expeditionen ausgesetzt. Diese sind nicht nur zur Erhaltung der Ruhe und Ordnung im Schutzgebiete, zur Ablösung, zur Überwachung der Häuptlinge und für die Beaufsichtigung des sich immer mehr entwickelnden Wegenetzes, sondern auch zur Erhaltung des militärischen Geistes der Truppe durchaus nötig, sie sind unseren Manövern vergleichbar. Schon die Denkschrift des Admirals Diederichs vom Jahre 1898 über die Aufgaben und die Thätigkeit der Besatzung von Kiautschou wies darauf hin, daß nichts mehr den militärischen Geist und die Tüchtigkeit einer Truppe beeinträchtige, als das einförmige und einschläfernde Leben auf einer Stelle.

Die Pflege des offensiven Geistes der Schutztruppen durch Expeditionen ist das beste Mittel, neben einer geregelten Arbeitsthätigkeit im Interesse der Kulturentwickelung, insbesondere im Wege- und Stationsbau, den richtigen Geist in der Truppe wach und rege zu halten, der Sorglosigkeit und Erschlaffung vorzubeugen, der eine Truppe nur zu leicht verfällt, welche dauernd an den Ort gefesselt, hier nur eine Art von polizeilicher Wirksamkeit ausübt, mit der Bevölkerung leicht auf vertraulichem Fuß lebt und sich des Gedankens an Kampf und Gefahr entwöhnt. Diese für europäische Verhältnisse und zwar für Etappentruppen im Kriege bestimmten Worte haben für unsere Schutztruppen die gleiche wichtige Bedeutung. Steter Wechsel, neue erfrischende Aufgaben werden Körper und Geist vor den erschlaffenden Wirkungen des steten Einerlei im Stationsleben bewahren¹).

Erfreulich ist denn auch, daß diese Grundsätze in Ostafrika vollste Anerkennung gefunden haben. Die Truppe ist dauernd im Wegebau und bei anderen kulturellen Aufgaben beschäftigt. Der Beschaffung, Ausbildung und Erhaltung von Reit- und Zugtieren wird eine große Aufmerksamkeit zugewendet, sodaß die Operationsfähigkeit der Truppe selbst durch die Mitführung der nötigsten Bedürfnisse bei vergrößerter Unabhängigkeit von den Stationen und Magazinen erheblich gewachsen ist²).

Die Flotille besorgt den Dienst an der Küste und auf den Binnenseen mit 6 Schiffen³). Dieselben sind teils zum Truppentransport zwischen den Küstenstationen, zu Verwaltungszwecken und zu Revisionen bestimmt. Zur Instandhaltung

¹) Kolonial-Zeitung 1899 Nr. 23 enthält aus der Feder des Oberleutnant Fonck eine anziehende Schilderung des Lebens auf der Station Mpapua während des Jahres 1893/94. Denkschrift 1897/98 giebt einen Überblick über die Thätigkeit der Schutztruppe.

Maercker, „Unsere Schutztruppe in Ostafrika (1893)“ giebt auf S. 3, 19—21, 23, 26—37, 57—80, 125—133 u. 180 sehr interessante Mitteilungen.

²) D. K. Bl. 1897 S. 650 schildert die Versuche zur Verbesserung der Verkehrsverhältnisse in Ostafrika teils durch Anlage von Wegen, teils durch Anwendung von Maultieren, welche zur Bespannung von Leiterwagen, als Reit- und Packtiere gebraucht werden. Auf diese Weise ist es gelungen, den 300 km weiten Weg von Kilossa nach Dar-es-Salaam, zu dessen Zurücklegung man früher 12—14 Tage brauchte, ohne besondere Anstrengung in 9 Tagen zu beendigen. Seit einiger Zeit muß jede Schutztruppenkarawane einen Teil ihrer Lasten mit Tragtieren oder Wagen befördern.

³) Kingani, Wami, Ulanga, Rovuma, Wißmann, Kaiser Wilhelm II.; (D. K. Bl. 1897, S. 472.) Über den „Wißmann“ schreibt Loebells Jahresbericht 1894, daß derselbe 8—9 Knoten laufe, 400 Mann transportieren könne, 2 Geschütze und 1 Maxim-Geschütz führe. Seine zwei Jollen können auf einmal 60 Mann an Land setzen. Station Langenburg hat 3 Segelboote.

dieser Schiffe und um auch größeren Kriegs- und Handelsschiffen Gelegenheit zur Ausbesserung zu geben, welche sie bisher nur in Kapstadt fanden, ist die Erweiterung der bisherigen Reparaturstätte und die Einrichtung eines größeren Schwimmdocks in Dar-es-Salaam in der Ausführung begriffen. Dieses wird sich in Zukunft immer mehr als wichtige Kohlen-[1]) und Flottenstation für unsere Kriegs- und Handelsschiffe entwickeln, insbesondere, wenn die Hoffnung auf die Erschließung von Kohlenlagern in nicht zu großer Entfernung von der Küste sich erfüllen sollte.

Die Gesamtstärke der Schutztruppe beträgt 1804 Köpfe, davon [illegible] = 8,5 pCt. Weiße, der Polizeitruppe 727 Köpfe, zusammen rund 2600 Köpfe, hierzu kommen noch 270 Leute der Flottille, sodaß die Gesamtsumme rund 2900 Köpfe mit 43 Geschützen beträgt.

Wenn auch ihre Stärke die Truppe zur Zeit noch den Anforderungen gerecht werden läßt, so wird sich eine stetige Vermehrung derselben mit der fortschreitenden Entwickelung des Schutzgebietes nicht umgehen lassen. Ebenso wie die allmähliche Einführung der Hüttensteuer geglückt ist, dürfte es nicht ausgeschlossen sein, späterhin einmal die Wehrpflicht wenigstens auf einzelne kriegerische Stämme zu übertragen und somit ein billiges und zahlreiches Soldaten-Material für die Behauptung der Kolonie auch in größeren Kriegen, ähnlich, wie es den Engländern in Indien geglückt ist, zu gewinnen. Vorläufig ist der größte Mißstand, die Desertion, der wesentlichste Grund, weshalb man bisher die in Ostafrika fremden Sudanesen vorzieht.

### Kamerun.

Kamerun ist zur Zeit diejenige tropische Kolonie, welche die besten Aussichten auf eine günstige wirtschaftliche Entwickelung hat. Trotzdem ist für die Besitznahme des Hinterlandes noch wenig geschehen; alle Kräfte wurden bisher den wirtschaftlichen Aufgaben in den Pflanzungen an der Küste zugewandt. Die Erschließung des Hinterlandes aber darf nicht aus den Augen gelassen werden, weil eine Beherrschung des Handels von dorther für die Zukunft von aller größter Wichtigkeit ist. Allerdings begegnen diese Absichten großen Schwierigkeiten, da die Unterwerfung der dortigen Sultane, welche größere wohlorganisierte Staatswesen beherrschen und über beträchtliche Heere mit größeren Reiterscharen gebieten, auf starken Widerstand stoßen wird. (Hayatus Heer zählt 8—10000 Mann, das des Rabbeh ist noch größer.) Ohne Zweifel bedarf die Schutztruppe, falls ihr die Lösung dieser wichtigen Aufgaben zufallen sollte, einer beträchtlichen Verstärkung. Die Aufstände in Südkamerun, die Niederlage der Expeditionen von von Queis, Conrau, Plehn und von Besser, beweisen auf das Deutlichste, daß die augenblicklichen Kräfte mit den gestellten Aufgaben nicht im Einklang stehen. Wenn dennoch die Unterwerfung des Hinterlandes in Angriff genommen worden ist, so müßte dieselbe nicht in einzelnen Vorstößen, sondern durch Vorschieben von Stationen zur Basierung weiterer Unternehmungen und durch eine entsprechende Vermehrung der Schutztruppe angebahnt werden.[2])

Der dem Reichstage vorliegende Etatsentwurf für 1900/1901 begründet die Vermehrung der Schutztruppe um 100 Mann wie folgt: „Die Vermehrung ist eine

---

[1]) 3000 t ständiger Vorrat, 600 t für den Stationskreuzer und die Flottille als Jahresbedarf.

[2]) Deutsche Kolonial-Zeitung 1899 Nr. 47—49 S. 476 und 496. Zur Zeit ist ein Nachtragsetat von 865 300 Mk. dem Reichstage vorgelegt zur Vermehrung der Schutztruppe auf 750 Mann (+ 150 Mann), nach anderen Nachrichten auf 1000 Mann, formiert in 6 verwendungsfähigen, 1 Ersatz-Kompanie und 1 Artilleriedetachement.

Folge der in letzter Zeit errungenen Erfolge — der Niederwerfung des Häuptlings der Wute und des Sultans von Tibati. Es ist dadurch, abgesehen von der Unterdrückung des Sklavenhandels in jenen Gebieten, der Handelsweg nach dem reichen Adamaua eröffnet worden. Zur Sicherung des Erreichten ist indes noch weiterhin eine angemessene militärische Machtentfaltung auf dem Schauplatze der jüngsten Kämpfe und die Errichtung fester Stützpunkte an den wichtigsten Plätzen der fraglichen, immerhin noch unruhigen Bezirke erforderlich".

Es ist zweifellos und nach den neuesten Ereignissen erwiesen, daß die Vermehrung um nur 100 Mann den wirtschaftlichen Unternehmungen, wie sie für die nächste Zeit im Hinterlande geplant sind, nicht die wünschenswerte gesicherte Grundlage zu geben vermag. Es wird sich nicht umgehen lassen, wie dies bereits auch durch eine Eingabe der Deutschen Kolonialgesellschaft an den Grafen von Bülow begründet ist, die Schutztruppe erheblich zu vermehren.[1])

Wenn nun bereits von sachverständiger Seite vorgeschlagen wurde, die Stärke der Expeditionen gegen die Fulbe-Staaten zur Erreichung dauernder Erfolge allein auf 800 Mann anzusetzen, so würde hiernach eine ansehnliche Erhöhung der Gesamtstärke notwendig werden.

Nun aber soll die Schutztruppe nach dem Etat nur aus 2 Kompagnien mit 600 Köpfen, darunter 38 Weiße = 6,3 pCt., die Polizei aus 4 Weißen und 150 Farbigen bestehen. Hierzu kommen allerdings noch 250 Arbeiter und Mannschaften der Regierungsfahrzeuge (Bootsleute, Handwerker, Werftarbeiter der Reparaturwerkstätte), sodaß allerdings die Gesamtzahl der von der Regierung Besoldeten sich auf 1000 Köpfe beläuft. Die Flotte besteht aus den Dampfern Nachtigal, Soden und Mungo sowie einigen Stationsjachten.

Mit den 600 Mann der Schutztruppe ist aber weder eine dauernde Besetzung und Behauptung der sieben Stationen[2]) und noch viel weniger die Ausdehnung des deutschen Einflusses in das Innere möglich. Eine vorläufige Vermehrung auf etwa 1500 Mann dürfte bei Beschränkung der nächsten Aufgaben bis zur Besetzung von Garua genügen. Die Zuteilung von Schnellfeuergeschützen und die Bildung einer Reitertruppe wird sich im Kampfe gegen die Reitermassen der Sultane nicht umgehen lassen.

Ohne diese vorgeschlagene Vermehrung der Schutztruppe wird aber auch der nördliche Teil unseres Gebietes von der englischen Niger-Kompagnie, der südliche im Flußgebiet des Sanga und Ngoko liegende aber von französischen und niederländischen Handelshäusern ausgebeutet werden.[3]) Nun sind für eine Expedition behufs weiterer Erschließung des Hinterlandes nach dem Tschad-See und zur Sicherung der Erfolge der Adamaua-Expedition 100 000 Mk., für die Instandhaltung und Ergänzung der Ausrüstung 19 000 Mk. ausgesetzt. Soll das eben angedeutete Ausbeutungssystem des Hinterlandes aufhören, so sind energische Vorkehrungen für die thatsächliche Besitzergreifung des Innern zu treffen. Dieselben werden sich, wie man sicher hoffen darf, durch steigende Einnahmen aus Zöllen bezahlt machen. Würde man sich, so sagt ein Kenner der Verhältnisse, entschlossen haben, die Truppe auf 1500 Mann zu

[1]) Deutsche Kolonial-Zeitung 1899 Nr. 17 S. 143/144, ebenda 1900, Nr. 1 und 15.
[2]) Johann Albrechts Höhe, Rio del Rey, Buea, Kampo, Lolodorf, Jaunde, Sanga Ngoko.
[3]) Deutsche Kolonial Zeitung 1899 Nr. 9 S. 69—72.

vermehren, so könnte im Laufe des Jahres 1900 Kamerun bis zum Benue deutsch sein. Diesem Ziel scheint der neu eingebrachte Nachtragsetat zuzusteuern.

## Togo.

Erfreulicherweise liegen die politischen Verhältnisse sehr viel günstiger in Togo. Diese gestatteten sogar, die Umwandlung der Polizei- in eine Schutztruppe noch weiter zu vertagen, und zwar bis nach vollständiger Durchführung der Grenzregulierung die für die Organisation erforderlichen Grundlagen gegeben sein werden. Auch von der Ermächtigung, die Polizeitruppe zu verstärken, hat der Gouverneur angesichts der andauernd friedlichen Verhältnisse keinen Gebrauch gemacht und glaubt auch für absehbare Zeit der Notwendigkeit überhoben zu sein, diese Verstärkung eintreten zu lassen.

Die Polizeitruppe besteht aus 2 Offizieren, 4 Unteroffizieren, 1 Unterbüchsenmacher, 2 Polizeimeistern, 150 Farbigen, zusammen aus 157 Köpfen. Eine Flottille existiert nicht, selbst Arbeiter für den Verkehr auf der Reede sind nicht vorgesehen. Togo tritt in seiner wirtschaftlichen Bedeutung erheblich hinter Kamerun zurück. Die Beschränkung auf seine jetzigen Grenzen scheint die Entwickelung zwar friedlich, aber auch in bescheidenster Weise vorzuzeichnen.

## Neuguinea, Bismarck-Archipel und Südsee.

Die Verhältnisse in Neuguinea und auf den Südsee-Inseln sind noch so wenig entwickelt, man steht hier einer wenig zahlreichen und staatlich nicht organisierten Bevölkerung gegenüber, jedoch es zum Schutze der wenigen Niederlassungen nur einer Anzahl von Polizeisoldaten, einiger Matrosen und Arbeiter für die Schiffe der Regierung bedarf. In Neuguinea sind angestellt 2 Hafen- und Polizeimeister, 6—10 andere Weiße, 100 farbige Landsoldaten und 40—50 Mann als Besatzung der Regierungsfahrzeuge sowie 50 Arbeiter.

Auf den Karolinen u. s. w. sind 3 Polizeimeister, 6—10 Mann Schiffsbesatzung, 2—300 Polizeisoldaten und Matrosen im Dienst, auf Samoa 30 farbige Polizeisoldaten.

Auf den Marschall-Inseln ist nur eine unbedeutende Polizeimacht.

## Südwestafrika.[1]

Ganz andere Verhältnisse wie die tropischen Schutzgebiete zeigt uns die Organisation der Schutztruppen in Südwestafrika und Kiautschou. Betrachten wir zunächst die der ersteren. Hier ist eine im wesentlichen aus Europäern bestehende und den Landesverhältnissen entsprechend berittene Infanterie- und Artillerie-Truppe eingestellt worden. Diese ist in 4 Feldkompagnien, 1 Feldbatterie, 8 Detachements, und 1 Handwerker-Abteilung gegliedert. Die 1. und 2. Feldkompagnie, die Feldbatterie und die Handwerker-Abteilung stehen in Windhuk, die 3. Feldkompagnie im Süden in Keetmanshoop, die 4. im Norden in Outjo. Kleinere Detachements sind im Norden in Franzfontein, Grootfontein im Damara Land, Omaruru, Okahandja, Otjimbingue, ferner in Swakopmund, Rehoboth, Gobabis, im Süden in Gibeon, Bethanien und Warmbad, Unteroffiziersposten in Otavifontein, Cap Croß, Okombahe, Gr. Barmen, Haigamkhab, Ururas, Grootfontein im Namaland, Koes, Lüderitzbucht, Ubabis, Ukamis, Marienthal, Khabus und Hasenur.

---

[1] Näheres siehe Schutztruppen-Ordnung (Sch. O.) v. 25. Juli 1898, sowie Denkschrift über die Organisation der Schutztruppen. Über die sonstigen Verhältnisse siehe M. W. Bl. 1899. Heft 1. Kämpfe 1894—96 v. Major Leutwein, Kriegführung in Südafrika von Major v. François, und die Kaiserliche Schutztruppe in Südwestafrika von Richard Gatow.

Die Truppe selbst zählt 33 Offiziere, 8 Ärzte, 9 Zahlmeister-Aspiranten, 1 Oberfeuerwerker, 1 Oberbüchsenmacher, 16 Feldwebel, 126 Unteroffiziere und Sanitäts-Unteroffiziere, 178 Gefreite und 390 Mann. Dazu kommt eine ständige Truppe von farbigen Arbeitern und Wagenleuten etwa 50 Mann, eingeborene Polizisten 25, eingeborene Soldaten etwa 50 Mann, zusammen 704 Europäer, 125 Eingeborene, also 890 Köpfe einschließlich eines Matrosensignalgasten in Swakopmund.

Das Pferdedepot unter einem Vorstande enthält den großen Bedarf an Transport- und Reittieren. Um sich eine Vorstellung von dem Bedarf an Transportmitteln zu machen, giebt von François in seiner Schrift „Kriegführung in Südafrika" folgende Angaben: Eine 100 Mann starke Feldtruppe hat für einen Zug von 100 Tagen 5 Verpflegungs-, 2 Gepäck-, 1 Munitions- und 1 Wasserwagen nötig, während man in Europa mit einem zweispännigen Wagen reichen würde. Jedes dieser Fahrzeuge ist mit 20 Ochsen bespannt. Hierzu kommt noch, da man in Südafrika mindestens ein Drittel der Mannschaft beritten machen muß, eine Anzahl von 30—40 Pferden.

Die erste Ausrüstung des englischen Heeres im Zulu-Kriege 1879, welches 5800 Engländer, 300 Buren, 5300 Eingeborene stark war, betrug 615 Wagen, 111 Karren, fast 5000 Ochsen, 185 Pferde und 190 Maultiere. Es kam somit auf je zwei Menschen ein Tier, und das war ungerechnet die Transportmittel zur Verbindung mit den Magazinen. Drei Viertel aller Kriegskosten entfielen damals auf das Transportwesen. Hieraus geht hervor, welche große Bedeutung die zweckentsprechende Organisation des Fuhrwesens in südafrikanischen Feldzügen hat. Diesen Erfahrungen hat natürlich auch unsere Schutztruppe Rechnung tragen müssen. Dieselbe besitzt einen starken eigenen Fuhrenpark und eine große Anzahl in einem Pferdedepot in der Nähe von Windhuk vereinigter Pferde und Zugtiere. Dasselbe wird von einem sachverständigen Vorstand verwaltet, dem zwei Roßärzte beigegeben sind.

Das Depot und Gestüt in Nauchas enthält 1162 Pferde, von denen 7 v. H. der „Sterbe" erliegen, 220 Fohlen, 350 Maulesel für die Artillerie, 1050 Reit- und Zugochsen, zusammen rund 2800 Tiere.

Da die Pferde vom Januar bis Mai wegen der dann herrschenden Pferdesterbe für einen Feldzug nicht verwendbar sind, weil sie wegen des ihnen schädlichen Morgentaues nicht im Freien bleiben dürfen, so müssen um diese Zeit Maulesel und Ochsen ausschließlich verwendet werden. Erstere sind aus Argentinien eingeführt und haben sich in Südwestafrika bisher gut bewährt; die Erfahrungen der Engländer in Natal und bei dem Untergange der Expedition von Zelewski am 17. August 1891 aber geben doch zu denken und müssen jedenfalls dahin führen, die Maulesel und ihre Führer gründlich für ihren Dienst auszubilden, sollen sich nicht ähnliche Katastrophen auch bei uns wiederholen. Wir haben gesehen, wie die eigentümlichen Geländeverhältnisse und die ungeheure Größe des Schutzgebietes dazu führten, zur Erhöhung der Schlagfertigkeit der Truppe auf jeden Mann derselben 2—3 Transporttiere zu halten und daß diese Zahl für nötig erachtet wird, die Truppe zu allen Zeiten operationsfähig zu erhalten, obgleich von François in seiner bereits erwähnten Schrift der Ansicht ist, daß der Kampf in Südwestafrika vorwiegend ein Infanteriekampf sein wird. (Siehe III S. 32—37).

Ganz erhebliche Kosten, 390 000 Mk., verursacht die Instandhaltung und Ergänzung der Ausrüstung und Bekleidung. Zur Beschaffung von 750 Reitausrüstungen sind als 1. Rate 70 000 Mk. gefordert. Erheblicher ist die Forderung für Schaffung eines eisernen Bestandes an Proviant und für Ausrüstung eines Fahrenparkes, auf dessen Bedeutung für die südwestafrikanischen Verhältnisse eingehend hingewiesen worden (250 000 Mk.).

So groß aber auch die Kosten für die Schutztruppe erscheinen mögen, dieselben werden nicht umsonst ausgegeben. Abgesehen davon, daß die Truppe für Erhaltung der Ruhe und Ordnung sorgt und an den verschiedensten Kulturwerken zur Erschließung der Kolonie mitarbeitet, so bildet sie außerdem noch bis jetzt unbestritten ein unersetzliches Reservoir für Ansiedler. Allein im Jahre 1898 sind 115 Leute der Schutztruppe im Lande verblieben, und es muß das ernsteste Bestreben der Regierung und aller die Entwickelung des Schutzgebietes fördernden Faktoren sein, die ausgedienten Leute im Lande zu erhalten. Da die Ansiedlung zur Zeit nur von sehr wohlhabenden Leuten, welche ein Kapital von 10—30 000 Mk.[1]) besitzen, durchzuführen ist, diese aber im allgemeinen nicht geneigt sein dürften, das entbehrungsvolle Leben eines Ansiedlers zu führen, so unterstütze man ohne Rücksicht auf Kosten Unteroffiziere und Leute der Schutztruppe durch unentgeltliche Überlassung von Grund und Boden, Geldvorschüsse, Lieferung von Vieh, Saatgut und andere notwendige Dinge. Ob die augenblicklich hierfür ausgeworfene Summe den Bedürfnissen entspricht, vermögen wir nicht zu entscheiden. Wünschenswert ist es jedenfalls, so viele Ansiedler, wie unterzubringen und zu erhalten sind, heranzuziehen. Zur Zeit erhalten dieselben die 600 Mk., welche ihre Rückreise kosten würde, und Beihilfen von einigen Tausend Mark (3—5000 Mk.). Bei den hohen Kosten, welche die Schutztruppe verursacht, dürfte es sich schon zur Verminderung dieser Kosten empfehlen, so viel als möglich noch wehrpflichtige Deutsche unter den günstigsten Bedingungen anzusiedeln. Je mehr deutsche Soldaten sich mit ihren Familien ansiedeln, um so weniger stark kann die Truppe sein, und wenn man für den Zuzug von Frauen und den kinderreicher Familien sorgt, so dürfte in einigen Jahrzehnten sich die Schutztruppe schon zum Teil aus dem eigenen Nachwuchs decken können. Ist erst die Eisenbahn[2]) fertig und wird mit der Eröffnung des Bergbaues begonnen, so wird sich die Erschließung des Landes und der Zuzug dorthin beschleunigen.

Die Vorschläge des Generals Gallieni[3]), eines sehr erfahrenen Kolonial-Offiziers, in Heft X dieser Zeitschrift, die Abhandlung des Oberleutnants Helmes

[1]) Deutscher Kolonial-Kalender XVIII S. 254. Aussichten für Auswanderer und Stellungsuchende in den Kolonien.

[2]) Am Eisenbahnbau sind thätig: 2 Offiziere, 1 Rechnungsbeamter, 14 Unteroffiziere, 240 Weiße und 230 farbige Arbeiter; außerdem werden 10 Pferde und 70 Maulesel verwendet. Im Januar 1900 betrug die Stärke des Feldbahnkommandos: 3 Offiziere, 5 Beamte, 376 Weiße, 500 Eingeborene (letztere Zahl schwankt sehr).

[3]) General Gallieni, der Generalgouverneur von Madagaskar, hat dieser Tage in Paris vor einem Kreise von Volkswirten einen Vortrag gehalten über ein neues Kolonisationssystem, das seit kurzem unter seiner Verwaltung auf Madagaskar angewendet wird. Dasselbe besteht darin, daß die Soldaten der Besatzungs-Armee in Kolonisten verwandelt werden. In ihrem letzten Dienstjahre bekommen die Soldaten, die von Haus aus Landarbeiter sind oder sonst sich dazu eignen, ein Grundstück von 100 ha zu provisorischem Gebrauch. Die Militärverwaltung liefert ihnen nach wie vor Nahrung und Kleidung, streckt ihnen auch etwas Kapital vor; doch ist dies nicht häufig, da die Soldaten bei gutem Sold und in Ermangelung jeder Gelegenheit zum Geldausgeben sich in der Regel so viel erspart haben, um eine eigene Wirtschaft beginnen zu können. Der General schilderte an mehreren Beispielen den glänzenden

über „Römische Militär-Kolonisation" in Heft X (1898) des „Militär-Wochenblattes", auch ein Artikel in der „Deutschen Warte": „Milizansiedlungen in den deutschen Kolonien" beschäftigen sich mit dem Gegenstande. Die Autorität des obengenannten französischen Offiziers, das Beispiel des römischen Volkes, welches mit seinen Militär-Kolonien einen großen Teil der damaligen Welt kultiviert und römischem Einfluß unterworfen hat, dürfte genügen, um uns über den Wert eines solches Verfahrens aufzuklären. Es gilt aber, den Gedanken schnell und zweckmäßig in die That umzusetzen. Die Verwaltung ist durch die bedeutenden Ausgaben für die Truppe sehr kostspielig, sodaß man bemüht sein muß, die jetzt etwa 3½ Mill. Mk. betragende Summe zu verringern und für Kulturzwecke verwendbar zu machen. Eine einmalige Ablösung der gesamten Truppe kostet allein ¾ Millionen. Zwei Fünftel der auf die Kolonie verwandten Summe wird von der Schutztruppe verbraucht (von 8,2 etwa 3,5 Mill. Mk. bei einer Einnahme von nur 1 Mill. Mk.). Ein solches Verhältnis in der Verwendung der Gelder muß man im Interesse der Kolonie zu ändern bestrebt sein. Dies kann einerseits durch längeres Verbleiben der Leute in der Kolonie selbst, durch Ansiedelung derselben mit gewissen allmählig sich mindernden Dienstverpflichtungen und durch Heranziehung des brauchbarsten Eingeborenen-Elementes der Bastards zum Kriegs- und Polizeidienste geschehen[1]. Thatsächlich hat man denn auch letztere militärisch ausgebildet und zum Teil als Soldaten und als Polizisten (125 Mann) angestellt. Mit der Zeit wird sich die Zahl der verwendbaren Eingeborenen wahrscheinlich vermehren, der europäische Nachschub und besonders der nach der Heimat zurückkehrende Teil allmählig verringern, damit die bisher verhältnismäßig unproduktiven Ausgaben für die Schutztruppe immer mehr und mehr den Aufgaben der Besiedelung und Landeskultur zugewandt werden können. Ganz besonders würde von Einfluß sein, wenn sich mehr und mehr auch gebildete Elemente, Offiziere, Beamte, Geistliche, zur dauernden Ansiedelung entschlössen und dadurch den übrigen ein gutes und nachahmenswertes Beispiel geben würden. Eine Verringerung der Schutztruppe scheint vor der Hand deshalb nicht möglich, weil die Ausdehnung der Herrschaft auf das Ovambo-Land noch aussteht und diese bei dem selbständigen und kriegerischen Charakter seiner Bewohner die Kräfte noch voll und ganz in Anspruch nehmen wird. Man wird aber auch hier zur thatsächlichen Besitzergreifung schreiten müssen, weil das Ovambo-Land besonders fruchtbar ist und seine Erschließung einen sehr wichtigen Fortschritt in der Gesamtentwickelung des Schutzgebietes bedeuten dürfte; auch die kriegerischen Ereignisse in Südafrika drängen zur Ver-

---

Erfolg dieses Systems, während die anderen Kolonisten, die von auswärts kommen und weder das Land kennen, noch an das Klima gewöhnt sind, regelmäßig zu Grunde gehen. Diesem Versuche wird große Beachtung geschenkt! General Gallieni wird dabei namentlich durch den Obersten Lyautey unterstützt, der die Grundidee des Systems schon vor drei oder vier Jahren in einem anonymen Artikel „Die soziale Aufgabe des Offiziers" in der „Revue des Deux Mondes" auseinandergesetzt hat. Der Artikel hat auch die Aufmerksamkeit Kaiser Wilhelms erregt, der sich danach erkundigte, ob es sich nur um Ideen handle, oder ob irgendwo schon mit der Ausführung begonnen sei. Gallieni stellt jetzt den praktischen Versuch und zugleich dessen Erfolg fest. Bekanntlich haben schon die Römer ihre Soldaten als Kolonisten verwendet, und zwar mit durchschlagendem Erfolg.

[1] D. K. Bl. 1897 S. 168/169 Abschluß eines Wehrvertrages am 26. September 1895 mit den Bastards von Grootfontein und dem Kaiserlichen Bezirkshauptmann v. Burgsdorf und mit den Witbois S. 267.

mehrung, jedenfalls aber zur Zeit noch auf die Erhaltung der augenblicklichen Stärke der Schutztruppe.

## Kiautschou.

Während, wie wir sahen, die südwestafrikanische Schutztruppe eine sehr hohe Bedeutung für die kulturelle Entwickelung und Besiedelung der Kolonie hat, spielt dies für die Besatzung von Kiautschou durchaus nicht die gleiche Rolle. Eine Besiedelung durch Deutsche ist bei der außerordentlich dichten Bevölkerung (103 Einwohner auf 1 ☐km) und der Ausnutzung aller bebaubaren Flächen durch die Chinesen selbst ausgeschlossen. Die Besatzung ist lediglich zur Behauptung des in Besitz genommenen Gebietes bestimmt, welches als Ausgangspunkt weiterer Handels- und gewerblicher Unternehmungen dient. Wenn auch die einzelnen Teile der Besatzung für Herstellung und Erhaltung der polizeilichen und gesundheitlichen Ordnung, für Wege- und Brückenbau, bei Erforschung[1]) und Geländeaufnahme, sowie bei den meisten ersten Hafen- und sonstigen Einrichtungen sehr Vieles geleistet haben und zur Zeit noch leisten, so wird bei der fortschreitenden Entwickelung der Kolonie je länger um so mehr diese Thätigkeit der Besatzung hinter der der bürgerlichen Bevölkerung zurücktreten. Stets aber wird die Anwesenheit der deutschen Besatzung als Stützpunkt des Handels und der Missionen seine Bedeutung behalten.

Sehr umfangreich und ausgiebig gestaltete sich gleich von Anfang an die Entfaltung der militärischen Kräfte in Kiautschou. Während man sich in den anderen Kolonien erst allmählig zu größeren Kraftaufwendungen entschloß, entfaltete man hier sofort ausreichende Kräfte mit dem Erfolge, daß die den Chinesen durchaus nicht so besonders angenehme Besitzergreifung ohne jeden Zwischenfall vor sich ging. Die Chinesen räumten vor dem Landungskorps des ostasiatischen Geschwaders die befestigten Lager von Tsingtau, welche nun von diesem besetzt wurden. Demnächst erschien eine eiligst zusammengestellte Abteilung der Seebataillone, der Matrosen-Artillerie und eine aus Freiwilligen des Heeres zusammengesetzte Feldbatterie, um das neuerworbene Land zu besetzen. Allmählig wurde das Landungskorps auf die Schiffe zurückgeschickt und diese somit ihrer eigentlichen Bestimmung, dem Stationsdienste an der ostasiatischen Küste, zurückgegeben. Die Besatzung, nun auf ihre eigenen Kräfte angewiesen, schuf sich in emsiger Arbeit allmählig bessere Unterkunfts- und günstigere sanitäre Verhältnisse, sorgte für die Unterbringung des zahlreichen Kriegsmaterials und für die Erhaltung sowie die weitere Ausgestaltung der Befestigungen. Noch befindet sich die militärische Organisation hier wie überhaupt in den Kolonien in einem Entwickelungs- und Übergangsstadium, und erst in einigen Jahren wird die Nutzbarmachung aller Erfahrungen die Verhältnisse stabiler gemacht haben.

Die Kosten für die Besatzung von Kiautschou und die gesamten militärischen Aufwendungen sind in der That sehr beträchtliche. Um so erfreulicher ist es, daß auch hier der Versuch gemacht werden konnte, wie er von den Engländern bereits in größerem Umfange durch Errichtung eines 3000 Mann starken Chinesen-Regimentes gemacht ist, auch unsererseits eine kleine chinesische Truppe, vorläufig eine gemischte Kompagnie mit einem Europäer-Kadre von 2 Offizieren, 10 Unteroffizieren und

---

[1]) „Das deutsche Kiautschou-Gebiet und seine Bevölkerung", entworfen und zusammengestellt von Offizieren des Gouvernements, ist ein glänzender Beweis für diese aufopfernde und mühsame Thätigkeit.

100 chinesischen Fußsoldaten, 20 Reitern, 8 Dolmetschern nebst 30 Pferden in Litsun aufzustellen.

Die Versuche sollen, wie im ganzen auch bei den Engländern, nicht ungünstig verlaufen. Aber wenn irgendwo, so ist in China Vorsicht mit dem eingeborenen Element zu empfehlen. Die Unzuverlässigkeit der Chinesen wird wohl dauernd der Vergrößerung dieser Truppe eine Beschränkung auferlegen. Die richtige Bemessung und Auswahl des europäischen Kadres ist für die Brauchbarkeit und Zuverlässigkeit gerade dieser Truppe von grundlegender Bedeutung. In mancher Beziehung können die des Landes und seiner Sprache kundigen Chinesen unschätzbare Dienste leisten. Ob sie sich aber zum Melde- und Aufklärungsdienst, zu dem sie, wie es den Anschein hat, verwendet werden sollen, eignen, wird die Zukunft lehren, ebenso, ob sie im Grenz- und Patrouillendienst genügend zuverlässig sind.

Die Besatzung selbst liegt zum größten Teile in Tsingtau, dem zukünftigen Hafenorte, Detachements in Scha tsy k'ou, Litsun (Chinesen-Kompagnie) Tsang k'ou, etwa 1½—2½ Meilen von Tsingtau entfernt[1]), hier den Abschnitt des Litsun-Flusses bis zum Lauschan-Hafen an den Hauptstraßen in das Innere besetzt haltend.

Neben dem militärisch organisierten Stabe des Gouvernements sind in Tsingtau eine Anzahl von Militärbehörden: das Verpflegungsamt, die Lazarett- und Krankenpflege, Verwaltung, das Gouvernements-, Rechnungs- und Kassenwesen, für die Unterhaltung des Artillerie- und Waffenmaterials, für die Befestigungen und eine Garnison-Verwaltung.

Sehr wichtig und bei der Art der Aufstellung der Truppe durch freiwilligen Eintritt unausgebildeter Mannschaften aus der Bevölkerung auch unumgänglich nötig ist die Aufstellung von zwei sogen. Stammkompagnien, einer Feldbatterie und eines Matrosen-Artillerie-Detachements als Ersatztruppenteile in der Heimat. Wir begegnen hiermit den ersten Anfängen kolonialer heimatlicher Truppen, wie wir dieselben in unserer Betrachtung in Heft VII wünschten.

Der Gouvernementsstab besteht aus 2 Adjutanten und neuerdings einem Generalstabs-Offizier der Armee, einem Ingenieur-Offizier, einem Intendanten, einem Sekretär des Gouvernements. Die Besatzung (III. Seebataillon) hat einen Kommandör, 17 Offiziere, 1110 Mann, in 4 Kompagnien zu mehr als Kriegsstärke eingeteilt; zu ihm gehört die Feldbatterie in der Stärke von 3 Offizieren, 1 Unterroßarzt, 107 Mann, [illegible] Pferden, 78 Maultieren, welche 6 Geschütze und 4 Munitionswagen bespannen können. Zur Besetzung der Geschütze in den Befestigungen dient ein Matrosen-Artillerie-Detachement aus 4 Offizieren (2 Deckoffizieren), 28 Unteroffizieren und 171 Mann bestehend. Aus dem Personal der Marine sind für den Hafen- und Wachtdienst 1 Deckoffizier, 25 Köpfe den Matrosen-, 1 Deckoffizier, 20 Köpfe den Werftdivisionen entnommen.

Das Artillerie-Depot hat 7 Offiziere, Feuerwerker und Beamte, die Lazarett-Verwaltung und Krankenpflege 7 Sanitäts-Offiziere, 1 Lazarett-Inspektor, 23 Sanitäts-Unteroffiziere und Krankenwärter.

Im Kassendienste sind 11 Zahlmeister und Aspiranten angestellt.

[1]) Die Entfernung von Tsingtau bis zur nördlichen Grenze beträgt etwa 4 Meilen, die Entfernung von der Mündung des Pai schaho bis zum Lau'schan-Hafen 9 Meilen.

Die Stärke der heimatlichen Stammtruppen ist auf 1/5 der Besatzung an Offizieren und auf 1/2 der Mannschaftszahl, also auf etwa 10 Offiziere und 738 Mann festgesetzt.

Auch in Kiautschou wird es sich empfehlen, um die Kosten für die Ablösung, die sich zu verschiedenen Zeiten auf 570 000, 230 000—800 000 Mk. beliefen, zu sparen, die Dienstverpflichtung vielleicht unter Zubilligung von Zulagen für Offiziere, Unteroffiziere und Mannschaften zu verlängern. Je mehr sich ein Teil des Personals mit den dortigen Verhältnissen vertraut macht und eingewöhnt, um so mehr wird man in der Lage sein, mit Chinesen als Beamten und Soldaten wirtschaften zu können. Dies wird später um so mehr dadurch möglich werden, als sich in der Kolonie immer mehr Europäer und besonders Deutsche niederlassen werden, welche dann einen wünschenswerten Rückhalt gegen das chinesische Element gewähren und in Kriegszeiten eine Verstärkung der Truppe sein werden.[1]) Ende 1898 belief sich die Zahl der Europäer in Kiautschou auf 110, ein Jahr später war dieselbe schon auf 300—350 angewachsen. Es ist zu hoffen, daß bei den günstigen klimatischen Verhältnissen sich allmählich eine starke europäische Bevölkerung hier einfinden wird, die sich schätzungsweise immerhin auf einige etwa 2—3000 Menschen belaufen kann. Erst nach Eröffnung der Eisenbahn und Inbetriebnahme der Kohlenbergwerke bei Weihsien und Poschan wird die Entwickelung des Ortes zu einer Kohlen- und Handelsstation ersten Ranges beginnen.

Während in den anderen Kolonien noch auf lange Zeit hin den Offizieren und Mannschaften eine Menge von wirtschaftlichen Arbeiten aller Art zufallen wird, und während der Dienst dort durch Kriegszüge ins weite Innere eine gewisse Abwechselung bietet, beschränkt die geringe räumliche Ausdehnung (520 qkm, das Doppelte des Bremer Stadtgebietes) mit einer Längenausdehnung von wenig über 30 km die Möglichkeit einer militärischen Thätigkeit auf das Gebiet selbst. Immerhin wird dieselbe aber schon durch den Schutz der kirchlichen Missionen sowie der Eisenbahnbauten außerhalb der Grenzen noch Raum für eine gewisse Thätigkeit finden.

Die Denkschrift 1899 sagt im Kap. 9 S. 32 hierüber folgendes:

„Im November und Dezember 1898 wurde auf Ansuchen der Kaiserlichen Gesandtschaft in Peking je ein Detachement (1 Offz. 33 Mann) nach Peking und Tientsin zum Schutze der dort lebenden Deutschen entsendet. Beide Detachements kehrten nach Erfüllung ihrer Aufgabe im Juni 1899 zurück."

„Ende März 1899 wurde eine Kompagnie nach Jitschau, einer etwa 180 km südwestlich von Kiautschou gelegenen Stadt gelegt, um einen Druck auf die chinesische Regierung und die Behörden im Süden der Provinz Schantung auszuüben, damit dieselbe zu energischerem Vorgehen gegenüber den die Wirksamkeit der katholischen Missionare bedrohenden Unruhen veranlaßt würden. Die Kompagnie traf im Mai 1899 wieder in Tsingtau ein."

---

[1]) Sowohl in den englischen wie auch in den holländischen Kolonien haben sich die Europäer zu Freiwilligen Korps zusammengeschlossen. Für die in Kiautschou lebenden deutschen Mannschaften des Beurlaubtenstandes ist der Eintritt in die Truppe im Bedarfsfalle anzuordnen. Andere noch wehrfähige Elemente können aber, wie in anderen Hafenorten Ostasiens, sich in eine Freiwilligen Truppe zusammenschließen.

„Im Juni wurden zwei Kompanien, 4 Feldgeschütze, 2 Maschinengewehre und 15 Reiter nach Kaumi entsandt (50 km entfernt), um nach den vorgekommenen Angriffen auf die deutschen Eisenbahnbauarbeiter die Ruhe wieder herzustellen. Das Dorf Tai tung, welches beim Vormarsche Widerstand zeigte, wurde erstürmt, bei Lin so tschwang fand ein kurzes Gefecht statt. Verluste waren auf deutscher Seite nicht vorhanden. Im Juli 1899 kehrten die Truppen zurück, nur eine Reiterpatrouille blieb noch bis Ende August 1899 in Kiautschou.“

Auch im Polizeidienste findet die Truppe sowie einige Kommandierte hin und wieder selbst zu größeren Razzien gegen über die Grenze gelaufene Verbrecher Verwendung. So berichtet die Denkschrift 1899, „daß die Thätigkeit der Polizei, die sich aus Kommandierten des III. Seebataillons und 8 chinesischen Schutzleuten in Tsingtau, einem Grenzwachtmeister und 20 chinesischen Schutzleuten in Litsun zusammensetzte, eine vielseitige gewesen sei. Außer dem Revierdienste sind die Polizisten hauptsächlich zur Ausübung der Bau- und Gesundheits-Polizei verwendet worden. Eine sehr anstrengende Thätigkeit begann für sie mit dem Ausbruche des Flecktyphus, dessen Eindämmung und Überwachung zum nicht geringen Teile auf das opferfreudige Eingreifen der Polizei-Unteroffiziere und Mannschaften zurückzuführen ist.“

Im neuen Etat ist die Polizei von der Truppe abgetrennt und unter einem Polizei-Offizier auf 3 deutsche Polizei-Wachtmeister und 50 chinesische Polizisten vermehrt.

Auffallend ist bei der Kleinheit des Schutzgebietes der Aufwand für Berittenmachung der Offiziere und Beamten, deren Thätigkeit doch zumeist an die Stadt gebunden erscheint. Der gebirgige Charakter eines großen Landteiles, welcher sich im Lauschan auf mehr als 1100 m erhebt, also der Höhe unserer mittleren deutschen Gebirge Schlesiens und des Harzes gleichkommt, benötigt insbesondere bei der mangelhaften Wegsamkeit, die Unterhaltung dieser ponnyartigen Gebirgspferde, welche für die Offiziere, einschl. der Sanitäts-Offiziere, und einen Teil der Offiziere auf die Zahl von 47 angesetzt sind. Außerdem finden noch 6 Pferde und 14 Maultiere in dem schwierigen Garnison- und Grenzrevisionsdienste Verwendung.

Im ganzen zählt die Besatzung von Kiautschou:

33 Offiziere (2 Deckoffiziere), 7 Ärzte, 11 Zahlmeister rc., 3 andere Beamte, 1501 Köpfe. 48 Offiziere rc. und Personen im Offizierrange, 1500 Köpfe im Unteroffizier- und Mannschaftsrange sowie 208 Pferde und Maultiere.

Das deutsche Kolonialheer umfaßt jetzt einschließlich der in der Heimat befindlichen Stammtruppen u. s. w. ungefähr 7700 Köpfe, darunter etwa 3400 Weiße. Unzweifelhaft wird sich die Zahl der Truppen stetig vermehren[1]. Umsomehr wird die Notwendigkeit einer einheitlichen militärischen Organisation empfunden werden, wie sie die Kolonialheere anderer Mächte bereits besitzen.

Mögen diese Mitteilungen dazu beitragen, das Interesse für die Entwickelung und Ausgestaltung unserer überseeischen Streitkräfte in immer weitere Kreise zu tragen.

(Erläuternde Tabelle siehe umseitig.)

---

[1] Für Samoa um 35, für Kamerun um 500 Farbige und etwa 60 Weiße, also zusammen gegen 600 Köpfe, sodaß wir jetzt bereits über 8300 Mann Kolonialtruppen zählen.

## Das deutsche Kolonialheer nach dem Etat 1900/1901.

| | Offiziere: Stab | Hauptleute | Oberltn. | Unterltn. | San. Offiz.: Ober-Stabs | Stabs | Ober | Ass.-Ärzte | Zahlmeister und Aspiranten | Roßärzte und Unterroßärzte | Ober- u. Unter-Waffenmeister | Ober-Feuerwerker und Feuerwerker | Weiße: Unteroffiziere | Mann | Arbeiter |
|---|---|---|---|---|---|---|---|---|---|---|---|---|---|---|---|
| Ostafrika | 1 | 12 | 15 | 14 | 1 | 8 | 7 | 3 | 1<br>16 | | 1<br>2 | 1<br>2 | 86¹) | | — |
| Kamerun | 1 | 2 | 3 | 6 | — | 1 | 1 | — | 1 | | 1 | — | 22 | — | — |
| Togo | — | 1 | — | 1 | — | | — | | | — | 1 | — | 4 | | |
| Südwest-Afrika | 1 | 5 | 12 | 15 | 1 | 2 | 3 | 2 | 9 | 1 | 1 | 1 | 142 | 568 | — |
| Neuguinea | — | — | — | — | — | — | — | — | — | — | — | | | | |
| Karol., Palau, Marianen | — | — | — | — | — | — | | | | — | — | | — | — | — |
| Samoa | | — | — | — | — | — | — | — | | — | — | — | — | | |
| Kiautschou | 2 | 13¹) | 17²) | 12<br>u. 5³) | 1 | 2 | 4⁴) | — | 3<br>8⁵) | 1 | 1<br>4 | 2 | 264 | 1975 | — |
| | 5 | 33 | 47 | 53 | 2 | 13 | 15 | 5 | 38 | 3 | 11 | 6 | 318 | 2543 | - |
| | 138 Offiziere | | | | 35 San.-Offiziere | | | | 58 Beamte u. Unteroffiziere in besonderen Stellungen | | | | 3061 Unteroffiziere und Mann | | |

| | Farbige: Offiziere | Unteroffiziere | Mannschaften | Arbeiter | Polizei, Weiße: Offiziere | Unteroffiziere | Mann | Polizei, Farbige: Unteroff. | Mann | Arbeiter | Flottillen, Weiße: Offiziere Unteroff. Mann | Arbeiter | Flottillen, Farbige: Mann | Arbeiter | Bemerkungen. |
|---|---|---|---|---|---|---|---|---|---|---|---|---|---|---|---|
| Ostafrika | 12 | 120 | 1440<br>120²) | — | — | 20³) | — | 40 | 480<br>50³) | 142⁴) | 44 | 20-30<br>4-5⁵) | 163 | 40-50 | ¹) Zur Polizeitruppe abkommandiert. ²) Rekruten. ³) Irreguläre für [illegible]. ⁴) Bootsleute, Arbeiter, [illegible] Zoll-Soldaten u. s. w. ⁵) Ohne Handw., außerd. nach Angeb. [illegible] |
| Kamerun | | 60 | 508 | — | | 4 | — | - | 150 | — | — | — | - | 250 | Durch Nachtr.-Etat mehr ca. 200 Mann u. 60 Weiße (?) |
| Togo | — | | | | — | 2 | — | — | 150 | — | — | — | — | | |
| Südwest-Afrika | | — | 50 | 50⁶) | | | | | 25 | | — | 1⁷) | — | — | ⁶) Ständige Truppe von Arbeitern und [illegible]. ⁷) [illegible] in Swakopmund. (1162 Pferde, 230 [illegible], 850 Maultiere, [illegible] = 5702 Tiere). |
| Neuguinea | | | | — | | | — | — | 100 | 30 | 2¹) | 10 | 50 | — | ¹) 2 Hafen- und Polizeimeister. |
| Karol., Palau, Marianen | | | | — | | — | 9 | — | — | — | — | | 260 | — | |
| Samoa | | | | — | | — | — | — | — | — | — | | — | — | 36 Polizeisoldaten. |
| Kiautschou | | | 128 | | 1 | 3 | — | — | 60 | — | — | | | — | ¹) Ein Intendant. ²) Ein Gouvernementssekretär u. ein Feuerwerksleutnant. ³) 5 Oberdeck- und Deckoffiziere. ⁴) Dazu ein Lazarettinspektor. ⁵) Dabei 2 Marinezahlmeister. [illegible] |
| | 12 | 180 | 2246 | 30 | 1 | 12 | — | 40 | 685 | 192 | [illegible] | 92 | 453 | 65 | 7630 Köpfe<br>3400 Weiße<br>4230 Farbige |
| | 2468 Farb. Unteroffiziere Mannschaften | | | | 13 Polizei-Off. Unteroff. | | | 1217 Farbige Unteroff., Mannschaften u. Arbeiter | | | 30 | | 518 | | |

# Englands Herrschaft in Indien.

Von Dr. E. Jung.

Indien ist ein Problem. Dem Ethnologen ist es ein Rätsel, dessen Lösung oft gesucht, aber noch nicht erreicht ist, vielleicht nie erreicht werden wird. Schicht auf Schicht haben sich die Völkerströme, die sich über das Land ergossen, aufeinandergelegt, ohne ganz miteinander zu verschmelzen, aber doch nicht ohne einander stark zu beeinflussen. Animisten, Buddhisten, Hindu, Mohammedaner, Sikh, Dschaina, Christen, Parsi zc. wohnen hier neben- und untereinander. Doch mehr als die nationalen und religiösen sind es die wirtschaftlichen Verhältnisse, die zu denken geben.

Die Frage, wie das Gedeihen des Volkes zu fördern sei, ist eine brennende geworden und wird es mit jedem Jahr mehr. Englische und indische Schriftsteller haben sich mit ihr wiederholt beschäftigt: die Antwort ist sehr verschieden ausgefallen. Es hat Engländer gegeben, und es giebt noch heute solche, die in den jetzigen Zuständen, wenn nicht das denkbar Beste, so doch das allein Erreichbare sehen, und solche, die die schwersten Anklagen erheben gegen die Regierung wegen ihres Mangels an Verständnis für die Bedürfnisse des Volkes, solche, die mit Wärme einer Heranziehung der einheimischen Bevölkerung zur Verwaltung des Landes das Wort reden, und solche, die einer derartigen Maßregel heftig widerstreben, weil sie die englische Herrschaft untergrabe. Auf indischer Seite sind die Meinungen nicht weniger geteilt. Die Heißsporne verlangen stürmisch, daß Indien frei werde, daß England sich zurückziehe; die Gemäßigten behaupten, daß wenn alle Engländer sich heut einschifften, schon in Aden ein Telegramm sie wieder zurückrufen werde. Wenn man auch die alte Herrschaft, selbst die der Mogulkaiser, zurückersehnen könne, zu einer Selbstregierung sei das indische Volk noch nicht reif.*)

Es ist schwer, zwischen diesen einander heftig bekämpfenden Anschauungen zu entscheiden. Auf beiden Seiten stehen englische wie indische Autoritäten. Sind die Anklagen der englischen nicht ebenso leidenschaftlich wie die ihrer indischen Eideshelfer, so sind sie doch nicht minder nachdrücklich. Wer aber, selbst als flüchtiger Tourist, auch nur einen flüchtigen Blick geworfen hat in dies ameisenartige Getriebe eines in bitterer Not um das buchstäblich nackte Leben ringenden Volks, der wird sich der Überzeugung nicht verschließen können, daß die Beseitigung dieser Zustände eine Forderung ist, die nicht nur das indische Volk, nein, die ganze zivilisierte Welt stellen muß an die Macht, die nun einmal die Geschicke des Landes leitet. Aber nicht nur die wirtschaftlichen Verhältnisse fordern dringend eine beschleunigte Hebung, das indische Volk hat auch ein Recht auf einen sozialen Ausgleich, auf eine Teilnahme an der Verwaltung, auf die Abmessung der Lasten, die es zu tragen vermag.

In seinem geistvollen Reisewerk über Indien kommt der gelehrte Italiener Mantegazza zu dem Schluß, daß hier seit den ältesten Zeiten Hunderte, vielleicht Tausende von Rassen gelebt haben, die aus eigener Kraft des Fortschritts und durch große, von außen gekommene Eroberungen nach und nach sich einander ge-

*) Malabari: The Indian problem und Routledge, English rule and native opinion.

nähert und zum Teil miteinander verschmolzen haben. In einem langen Laufe von Jahrhunderten bildeten sie schließlich eine in großen Zügen homogene Masse, aus der hier und da infolge des Atavismus die alten Typen hervorragen.

Wie eine Flutwelle von Einwanderern nach der andern über das Land hinbrauste, trieb sie die vorgefundenen Volkselemente zurück, zerschmetterte sie auch in kleine Bruchstücke, die sich vor dem Ansturm in entlegene sichere Zufluchtsorte retteten, wo sie heut wie Inseln aus dem sie umschließenden Volksozean emportauchen. Welch ein Kontrast zwischen den feingebildeten Brahmanen und dem Paria von Orissa, dessen ganze Bekleidung ein dürftiger Blätterschurz ist, dem Kandh, der erst 1835 unter englischem Zwang von seinen Menschenopfern abließ, für die er sich immer einen Vorrat hielt, oder dem Aghori, dem jede Nahrung, selbst die menschlicher Leichen, noch heute recht ist! Seit Jahrtausenden umgeben von einem Kulturvolk, das diese niederen Menschenrassen freilich tief verabscheute, sind sie geblieben, was sie in grauer Vorzeit waren, und wie sie auch Herodot uns schildert.

Aber eine Wandlung nach anderer Richtung hat sich vollzogen. Als die hellfarbigen arischen Völker die dunklen Dravida mit den schon von jenen zurückgedrängten, zerschmetterten und zersplitterten Urbewohnern aus den fruchtbaren Ebenen Nordindiens in die Hochebene des südlichen Dreiecks trieben, kannte man, wie bei den anderen indo-germanischen Völkern, keine Kaste, und das Weib stand dem Manne gleich. Das eheliche Band galt als heilig, aber die Witwenverbrennung auf dem Scheiterhaufen des toten Gatten war unbekannt.

Wie die Arier weiter nach Osten zogen, das Gangesthal hinunter, änderte sich mit ihrer Lebensweise ihre soziale Gliederung. In ihrer alten Heimat, auf den Hochebenen Zentralasiens, waren sie Hirten gewesen, wie es die Natur des Landes gebot, sie waren Nomaden. In den fruchtbaren Thälern des Ganges und seiner Zuflüsse wurden sie seßhaft.

Und mit dem Seßhaftwerden der Völker bildete sich nun auch in Indien, wie in Ägypten und anderen Ländern, eine Teilung der menschlichen Gesellschaft in bestimmte abgegrenzte Klassen, die Kasten, heraus, die streng geschlossen in sich, ebenso streng abgeschlossen gegeneinander, mehr neben- als miteinander durch die Welt gingen. Zog auch die Religion ein gemeinsames Band um die drei ersten, die Kasten der Priester, Krieger und Ackerbauer, so schied eine weite und tiefe, unüberbrückbare Kluft diese Arier von der vierten Klasse, den zur Knechtschaft verurteilten Überbleibseln der besiegten einheimischen Rassen, deren Leben von den Eroberern geschont worden war.

Mit der Zeit haben sich diese vier großen Gruppen wieder in zahlreiche Unterabteilungen gespalten. Und damit hat auch ihre Beschäftigung gewechselt. So sind die Brahmanen längst nicht mehr eine geschlossene Gemeinschaft, sie zerfallen vielmehr in mehrere Hundert Kasten, die weder Ehen miteinander schließen können, noch Speisen essen dürfen, die nicht von Angehörigen ihrer eigenen Kaste zubereitet sind. „Selbst in den Gefängnissen“, schreibt Hunter, „würden die brahmanischen Sträflinge eher den Hungertod sterben, als Speisen berühren, die ein Brahmane zubereitet hat, der nicht der gleichen Kaste angehört“. Sie füllen die verschiedensten Berufsarten, von den Pandits Behars in ihren fleckenlosen weißen Gewändern und den hochmütigen Priestern von Benares bis zu den armen halbnackten Bauern von Orissa, die ihre Körbe voll Kartoffeln und Yams zu Markte tragen, oder den Last trägern, Schäfern, Schiffern und Töpfern, die in anderen Provinzen in solcher Weise ihren Lebensunterhalt verdienen.

Die Kriegerkaste, jetzt Radschputen genannt, zählt nicht weniger als 590 Abteilungen in verschiedenen Teilen Indiens. Aber in außenliegenden Distrikten kam und kommt es auch vor, daß nichtarische Häuptlinge und kriegerische Stämme sich in arische Radschputen umwandeln. Selbst unter die Brahmanen sind in früheren Zeiten große Körperschaften von Fremden aufgenommen worden. Die Beschäftigung ist kein unterscheidendes Merkmal mehr für die Kaste.

Daß auch Brahmanen Ackerbauer sind, ist schon gesagt. Aber die eigentliche Kaste der Ackerbauer, die Waisya, graben, säen und ernten nicht mehr, wie in alten Zeiten. Sie haben diese Beschäftigung vertauscht mit denen der Kaufleute und Bankiers. Damit hat sich auch ihr Äußeres vollständig verändert. Ihre helle Gesichtsfarbe, ihr feiner Körperbau, ihre Intelligenz und ihr höfliches Benehmen lassen nicht ahnen, daß ihre Vorfahren einst in harter Arbeit dem Boden seine Früchte abzugewinnen suchten. Die Beispiele sind nicht selten, daß ganze Klassen, welche derselben Beschäftigung folgten, das Recht für sich in Anspruch nahmen, einer höheren Klasse als bisher anzugehören und ihre Ansprüche durchsetzten.

Aber das in letzter Instanz Entscheidende für die Gliederung der 300 Millionen des indischen Volkes ist nicht die Rasse, sondern die Religion. Nach der vor neun Jahren angestellten Zählung bekannten sich an 208 Millionen Menschen in den verschiedenen Teilen Indiens als Hindu. Zu ihnen gehören nicht nur Hindu mit arischem Typus, Abkömmlinge von Ariern und Autochthonen, sondern auch die Hindu mit malayenähnlichem Typus mit schwarzer oder sehr dunkler Haut an der Malabarküste oder im Süden Indiens, und die Hindu mit semitischem Typus im nördlichen Indien und in den Nilgiribergen im äußersten Süden.

Eine staatliche Einheit brachte aber die Gemeinsamkeit der Religion in dieses Völkergemisch keineswegs. Indien zerfiel immer in eine Menge größerer und kleinerer Reiche, die ohne allen Zusammenhang miteinander nicht die Kraft besaßen, fremden Eroberern erfolgreich zu widerstehen. Oft genug auch haben sie sich diesen angeschlossen, um einem verhaßten Erbfeind die lang ersehnte Niederlage zu bereiten. Ganz wie ihre germanischen Brüder!

Der Perserkönig **Darius** und der große Mazedonier, Indoskythen aus Zentralasien und Araber aus Persien, Afghanen und Tataren haben den Norden Indiens erobert und zum Teil die Spuren ihrer Herrschaft in leuchtenden Denkmälern zurückgelassen, in Denkmälern, die in ihrer reinen Schönheit zu den größten Wundern der Welt zählen.

Welchem Volksstamme sind die indischen Mahammedaner zuzurechnen? Die Antwort ist schwer zu geben, denn anthropologisch lassen sich diese Indier kaum von den Hindu trennen, mit denen sie sich durch ihre Polygamie vielfach gekreuzt haben. Wenn man nach Spuren iranischen Bluts sucht, so dürfte man dieselben verhältnismäßig am deutlichsten in den Städten Lucknow und Agra finden. Im Ganges-Thal unterscheidet sich noch heute der Muselmann ethnisch ebenso sehr vom Afghanen wie der Hindu der niederen Kasten desselben Deltas vom Brahmanen.

Die brahmanische Religion zu vernichten, war für den Islam unmöglich. Selbst in den Zeiten seines gewaltthätigsten Despotismus bestanden mitten in dem von ihm beherrschten Reiche mächtige Vasallen, die mit ihren Unterthanen an dem alten Glauben festhielten. Heute bekennen sich noch nicht 57½ Millionen Indier zum

Islam, während nahezu viermal so viele als Hindu aufgeführt werden. Dabei hat niemals hier eine Gegenreformation stattgefunden. Die muhammedanischen Eroberer haben es trotz ihres Fanatismus nicht vermocht, in langandauernder Herrschaft die brahmanische Religion mit ihren Dogmen und Zeremonien zu überwinden.

Neben diesen beiden großen Religionskörpern, die zusammen 91 Prozent der ganzen indischen Gesamtbevölkerung ausmachen, treten die 7 Millionen Buddhisten, 2 Millionen Sikh, 1½ Millionen Dschaina, die auch in sich geschlossene, an bestimmten Orten konzentrierte Volksklassen bilden, völlig zurück, während die 2½ Millionen Christen über ganz Indien verstreut leben, wenn sie auch vornehmlich im Süden wohnen. Ein entschiedenes Gewicht können sie alle nicht in die Wagschale werfen, indem die englische Regierung es mit peinlicher Sorge vermeidet, die religiösen Gefühle irgend eines ihrer indischen Unterthanen auch nur in der oberflächlichsten Weise zu verletzen. Die Ausübung einer Religion in allen ihren Formen ist frei, solange sie sich innerhalb des Rahmens der bürgerlichen Gesetze hält, selbstverständlich nicht der englischen Gesetze, sondern der im Lande üblichen. Nur in solchen Kardinalfragen, wie Mädchenmord und Witwenverbrennung, ist die englische Regierung energisch eingeschritten, aber erst in neuester Zeit, als sie ihre Herrschaft fest gesichert wußte. Freilich zögerte sie auch nie, das Interesse Indiens dem des eigenen Landes zu opfern und dem zwar an Menschen so reichen, aber an Kapitalien so armen Lande Lasten aufzubürden, die es auf die eigenen kräftigeren Schultern hätte nehmen sollen.

Indien ist ein Land des Ackerbaus; nicht weniger als 171 735 390 Menschen lebten nach dem letzten Zensus von 1891 allein davon. Dazu kamen noch 25 408 017 Menschen, die indirekt teils ganz, teils zum großen Teil von den Erträgen des Landes abhängig waren. Das sind also rund 197 Millionen Seelen, deren Wohl und Wehe davon abhängt, wieviel die Erde als Lohn für die verwendete Arbeit zurückgiebt. Ist es möglich, daß eine so zahlreiche Bevölkerung ihren Lebensunterhalt dem Boden abgewinnen kann? Die Dichte auf den Quadratkilometer beträgt für die beiden am stärksten bevölkerten Provinzen Indiens: Bengalen und die Nordwestprovinzen nebst Audh 182 und 178, in England (ohne Schottland und Irland) aber 192, in Belgien 224, im Königreich Sachsen 253, wobei die Dichte in einigen Teilen dieser Staaten noch weit über die genannten Ziffern hinausgeht. Aber hier haben wir es mit Industriestaaten zu thun, die außerdem eine starke städtische Bevölkerung aufweisen.

In England und Wales lebt mehr als die Hälfte der Bevölkerung in Städten, die über 20 000 Einwohner zählen, in Indien sind es nur 4½ v. H., etwas mehr als ein Zwanzigstel der Bevölkerung, die in solchen Städten wohnen. Dabei sind viele der sogenannten Städte nichts anderes als Gruppen von Dörfern, zwischen denen das Vieh zur Weide getrieben wird und Pflug und Egge ihre Arbeit verrichten. Das indische Volk ist vor allem ein Landvolk.

Nirgends außer in dem von Menschen wimmelnden China ist der Boden so zerstückelt wie in Indien. In der großen Provinz Bengalen sind sechs Millionen der Bauerngüter, zwei Drittel aller, durchschnittlich nur 0,8 bis 1,2 Hektar groß. Nehmen wir nun an, daß eine Familie von nur vier Personen von jedem Grundstück ihren Unterhalt zu bestreiten hat, so ergiebt das eine Bevölkerung von 24 Millionen Seelen, die sich abmüht, von der Ernte von 6 Millionen Hektar zu leben, sodaß also auf jede Person ¼ Hektar kommt. Unter solchen Verhältnissen wird der Kampf ums Dasein von grausamer Härte. Eine gute Ernte genügt gerade, das Leben zu fristen, und jährlich hängen Tausende von Menschenleben ab von wenigen Zentimetern des Regenfalls. Die Regierung kann wohl zu Zeiten von Mißernten die hungernde Bevölkerung vom Tode erretten; aber sie ist außerstande, den Jahr für Jahr sich wiederholenden Verheerungen Einhalt zu thun, die Krankheit und Tod unter einer stets ungenügend ernährten Bevölkerung verrichten.

Trotzdem das Unzulängliche seines Besitzes dem indischen Ackerbauer so schmerzlich fühlbar gemacht wird, konnte er sich doch lange Zeit nur schwer entschließen, Provinzen aufzusuchen, die ihm bessere Gelegenheiten für sein Fortkommen boten. Dieses Hängen des Volkes an seinen alten Dörfern trotz härtester Arbeit und Hungersnot bildet noch heut eines der am schwierigsten zu lösenden Probleme für die indische Regierung. Und doch wäre die Lösung leicht genug, wenn der indische Bauer, nachdem sein kleines Pachtgut nicht mehr imstande ist, die wachsende Familie zu ernähren, sich losreißen wollte von der alten Heimstätte, um sie mit Strichen zu vertauschen, wo ihm unbebautes Land noch in Fülle winkt.

Das Land ist heute, wie schon seit den ältesten Zeiten, die Hauptquelle der Einnahme des britisch-indischen Reiches. Von den 964 420 640 Millionen Rupien, die im Rechnungsjahr 1897/98 vereinnahmt wurden, entfielen 256 836 420 Rupien, also weit über ein Viertel, auf die Grundsteuer. Ein solches Verhältnis ist natürlich; es erklärt sich aus der bestehenden Volkswirtschaft, und es ist immer so gewesen, seitdem die nomadischen Arier hier zu seßhaften Ackerbauern wurden.

In den alten Hindudörfern gehörte das Land, ganz so wie wir es bis in die jüngste Zeit bei anderen arischen Völkern Europas gesehen haben, nicht dem Einzelnen, sondern der Gemeinde, unter deren Gliedern durch den erwählten Vorsteher der Acker wie die Ernte verteilt wurde, nachdem von letzterer ein bestimmter Teil für den König ausgeschieden war. Diese einfache und billige, in der Praxis leicht durchführbare Besteuerungsart besteht noch heute in manchen Teilen Indiens, sowohl in den unmittelbar unter englischer Herrschaft stehenden, wie in den Tributärstaaten vor der mohammedanischen Eroberung des Landes war sie fast die einzige Einnahmequelle des Staates.

Unter der Herrschaft Akbars des Großen wurde die Abgabe der Ackerbauer an den Staat auf ein Drittel des Rohertrages festgesetzt, und die Erhebung dieser Abgabe besonderen Beamten übertragen, den Zemindar, deren Name noch heute fortlebt. Es waren das ursprünglich bloß Steuereinnehmer, auch wohl Steuerpächter, die sich verpflichteten, bestimmte Summen dem Staatsschatz zuzuführen. Auch hervorragende Hindu wurden mit diesem Posten betraut; unter der englischen Herrschaft bekam der Stand der Zemindar nicht nur einen amtlichen, sondern auch einen erblichen Charakter.

In seinem großen Werk: A history of Hindu civilisation under British rule führt der indische Schriftsteller Bose, gestützt auf das Zeugnis spanischer, portugiesischer, norwegischer und chinesischer Reisender, aus, daß zur vorbritischen Zeit der Glanz und Reichtum der indischen Höfe alle Beschauer in das größte Staunen versetzt habe. Der Franzose Bernier erklärt Versailles und seinen großen König für armselig (mesquin), gleichsam barbarisch, gegenüber der Pracht von Delhi und seinem prunkliebenden Herrscher.

Und nicht nur waren die Fürsten reich, auch das Volk lebte behaglich. Das Handwerk blühte, gestützt auf die Bedürfnisse wohlhabender Schichten, bei geringeren Kosten des täglichen Lebens. So konnten die Abgaben eine Höhe erreichen, die der heutigen nahezu gleichkam, obschon Indien damals nicht die Hälfte der jetzigen Einwohner zählte. Und dabei blieb alles Geld im Lande.

Mit der Ankunft der Engländer auf der Halbinsel änderte sich alles. Ich folge nun den Ausführungen zweier Engländer: Sir Alfred Lyall, Rise of the British dominion in India, und Sir Robert Steele, The colonial expansion of England, Werken, deren Verfasser Indien als Beamte lange und gründlich kennen gelernt hatten.

Die Verwaltung von Lord Clive und Warren Hastings ist bekannt wegen ihres Raubsystems. Aber ihre auch in England scharf verurteilten Erpressungen trafen doch nur die Großen. Die sich an ihre Fersen heftende Schar von Abenteurern lastete dagegen auf dem indischen Volke, wenn nicht so grausam, doch ebenso beutegierig wie die Spanier auf dem Reich der Inka.

Mit der Übernahme der Verwaltung durch Lord Cornwallis hörte dies schamlose Raubsystem auf, aber das änderte wenig an der Ausbeutung des unterworfenen Landes, sodaß noch Hyndman, The bankruptcy of India Montgomery Martin 1838 erklären konnte, daß bis 1838 mehr als 700 Mill. Pfd. Sterl., einschließlich der Zinsen, aus Indien nach England abgeflossen seien.

Die Erhebung der Abgaben von Grund und Boden wurde drückender als zuvor; die 1709 von den Direktoren der Ostindischen Kompanie in London erlassenen Vorschriften wurden von den Beamten in Indien nicht beachtet. Die alten Großgrundbesitzer sahen sich, namentlich durch die Erpressungen von Warren Hastings, ruiniert, und die Spekulanten, die ihren großen Besitz zu hohen Preisen erworben hatten, erpreßten den Kaufpreis aus den unglücklichen Pächtern. Das Ergebnis war das traurigste. „Ich kann versichern", schreibt Lord Cornwallis nach seiner Besichtigung Indiens nach London, „daß ein Drittel des Territoriums der Kompanie in Hindostan jetzt mit Dschungelwald bedeckt ist, und daß, wo früher betriebsame Menschen wohnten, jetzt wilde Tiere hausen."

Lord Cornwallis setzte es durch, daß der Pachtzins 1793 für die Provinzen Bengalen (Bengal proper), Behar und Orissa der damaligen Präsidentschaft Bengalen für immer festgelegt wurde. Es ist dies das sogen. Permanent Settlement. Dieses Abkommen wurde mit den Eigentümern des Landes, den Zemindar, getroffen. In den Präsidentschaften Madras und Bombay aber wurde der Pachtvertrag mit den Bebauern des Landes selber abgeschlossen, und zwar nicht für immer, sondern nur auf eine längere Reihe von Jahren. Das ist das Rayatwari Settlement. In den Nordwestprovinzen fand man die Einrichtung der Dorfgemeinden noch stärker entwickelt als in Bengalen; man beschloß daher, die Grundsteuer diesem Verhältnis anzupassen und das Dorf (Mahal) als Einheit für die Erhebung zu nehmen. Dieses System führt demzufolge den Namen Mahalwari Settlement. Da man von einem Permanent Settlement weder in England noch in Indien jetzt etwas wissen wollte, so wurde die Dauer der Pachtzeit auf 30 Jahre festgesetzt. In den Zentralprovinzen wurde der vornehmste Mann jedes Dorfes, der den Pachtzins von den Dorfbewohnern einforderte und an die Regierung ablieferte, als Grundbesitzer, Malguzar, angesehen und dieses Steuersystem als Malguzari Settlement bezeichnet. In Audh, wo, wenn nicht gleiche, doch ganz ähnliche Besitzverhältnisse herrschen, besteht seit der Angliederung dieser Provinz an das indische Kaiserreich das Talukdari Settlement, so benannt nach dem Namen (Talukdar), den dort die Landeigentümer trugen. Für diese beiden Provinzen ist die Pachtzeit auf 20—25 Jahre festgesetzt.

Während so dem Pächter eine Sicherheit des Besitzes für längere Zeit, in dem größeren Teil von Bengalen für immer garantiert wurde, blieb doch der Pachtzins ein unverhältnismäßig hoher: ja derselbe wurde infolge solcher Abmachungen fast in allen Fällen gewaltig gesteigert. In einigen Teilen Indiens ist derselbe allerdings später herabgesetzt worden. Immer aber blieb er noch hoch genug, um den Pächter in die Hände des Wucherers zu treiben, sobald die Ernte weniger günstig ausfiel, und solches Unglück wiederholte sich leider nur allzu häufig.

So lange die britische Herrschaft noch nicht auf fester gesicherter Basis ruhte, hütete sich der englische Bankier, sein Geld in größeren Beträgen der Gefahr des Verlustes auszusetzen. Der Frieden, der nun folgte, brachte den Bauern zwar größeren Kredit, aber eine noch größere Gefahr. Früher war es ihm leicht gewesen, falls der Gläubiger die Hand auf sein verschuldetes Land legte, eine neue Heimstätte zu gründen; denn unbebautes Land lag noch im Überfluß in seiner Nachbarschaft. Unter der englischen Regierung hat sich das zum Nachteil der Bauern geändert. Die Nachfrage nach Land ist gewaltig gestiegen, der indische Bankier ist bereit, größere Darlehen herzugeben, aber er ist nicht weniger bereit, den verschuldeten Bauern von Haus und Hof zu vertreiben, sobald sich ihm ein zahlungsfähiger Käufer bietet. So gerieten die Bauern bald in ein Elend, das sie unter den alten Herrscherhäusern nie gekannt hatten. Erst 1879 schritt die vorher ohnmächtige Gesetzgebung ein und sicherte das indische Landvolk vor der allzu harten Ausbeutung durch ihre gewissenlosen Peiniger. Leider hat man sich nicht entschlossen, Kassen zu gründen, um den Pächtern mit kleinen Summen über die Not hinwegzuhelfen. In Ägypten hat diese Einrichtung sehr segensreich für die verarmten Fellachen gewirkt.

Zu gleicher Zeit wurde neues Land der Kultur gewonnen, längst benutztes in seiner Ertragsfähigkeit in beträchtlichem Maße gesteigert. Das geschah durch die künstliche Bewässerung, ohne die, wie in Ägypten, Kalifornien u. a., weite Striche in völliger Unfruchtbarkeit verharren. Und wenn auch der große Wüstenstrich, der von den Bergen Radschputanas bis zu den Ufern des Indus reicht, nie durch Bewässerung befruchtet werden kann, so ist es doch gerade der Wasserreichtum dieses Stromes gewesen, der die Kultivierung der Provinz Sind und eines großen Teiles des Pandschab möglich gemacht hat. Ein großer Teil der Nordwestprovinzen, von Audh und Bengalen, von Bombay, Madras und den Zentralprovinzen, selbst von Birma ist auf künstliche Bewässerung, sei es durch Kanäle, Teiche oder Brunnen angewiesen. Das gesamte, auf die eine oder die andere Weise, allein in den unmittelbar unter britischer Herrschaft stehenden Teilen des Reiches bewässerte Areal wird auf 12 522 000 ha berechnet.

Von dieser Summe kommen 4 650 000 ha auf die von der Regierung angelegten Kanäle im Pandschab, in Sind, Madras, den Nordwestprovinzen, Bombay u. a. Durch private Thätigkeit sind, namentlich im Pandschab, eine Reihe von Kanälen geschaffen worden, die 559 370 ha bewässern. Mit Teichen sind am ausgiebigsten Madras, die Nordwestprovinzen, Audh, Bombay und Sind versorgt, mit Brunnen die Nordwestprovinzen und Audh, das Pandschab, Madras und Bombay nebst Sind. Das durch Brunnen bewässerte Land steht dem durch Kanäle bewässerten nicht viel nach; es hat eine Ausdehnung von 4 531 330 ha.

Wo der Regenfall am spärlichsten ist, da macht sich naturgemäß das Bedürfnis nach künstlicher Bewässerung am dringendsten geltend. In Sind hängt der Ackerbau fast gänzlich davon ab: über vier Fünftel des gesamten Kulturbodens müssen bewässert werden. In Nordindien nötigen der mangelhafte Regenfall das Pandschab und die hochliegenden Ebenen zwischen den Zuflüssen des Indus, die Doabs, gleichfalls zu künstlicher Wasserzufuhr. Hier beträgt das bewässerte Land ein Viertel bis ein Drittel der Anbaufläche. In Madras fällt es unter ein Viertel, in Mysore, wo 320 000 ha bewässert werden, unter ein Sechstel, in den Zentralprovinzen beträgt es nur ein Zwölftel. Selten ist es der reichere Regenfall, der künstliche Bewässerung unnötig macht; weit häufiger ist es die Unmöglichkeit, dieselbe einzurichten, welche die Anlage verhindert. Die trockenen hochliegenden Landstriche von Bombay und Berar, wo nur etwa der sechzigste Teil allen Kulturlandes bewässert wird, bedürfen zwar ausgiebigerer Wasserversorgung; doch ist die Beschaffung schwierig. Glücklicherweise hält dort der schwarze Boden die Feuchtigkeit so gut, daß die Notwendigkeit künstlicher Bewässerung bedeutend herabgesetzt wird. In Bengalen, wo das bewässerte Areal nur 1,8 pZt. der Gesamtbodenfläche beträgt, machen reichlicher Regen und die Überschwemmungen des Ganges, Brahmaputra und Mahanadi sowie der diesen Strömen zugehenden Flüsse künstliche Bewässerung weniger nötig. Hier dienen die angelegten Kanäle vorzugsweise der Schiffahrt.

Nach dem für das Finanzjahr 1897/98 vorliegenden Rechenschaftsbericht der Regierung waren damals bebaut 89 207 426 ha, und davon nicht weniger als 75 308 084 ha, also 84 pZt. mit Nahrungspflanzen, wobei Zuckerrohr, Kaffee und Thee, die man freilich auch als Genußmittel bezeichnen könnte, die auch im Haushalt des indischen Volkes eine sehr untergeordnete Rolle spielen, nicht gerechnet sind. Indien scheint daher einen sehr beträchtlichen Teil seines Bodens für die Erzeugung der nötigen Nahrungspflanzen zu verwenden, was freilich durchaus nötig ist, da animalische Nahrung in dem Haushalt seiner Bewohner keine nennenswerte Rolle spielt. Und doch tritt Hungersnot so häufig ein! Die Erklärung ist unschwer zu finden.

Die Einfuhrartikel Indiens sind mit wenigen Ausnahmen durchweg Industrieprodukte, die der Ausfuhr dagegen ebenso Erzeugnisse des Ackerbaus und der Viehzucht; denn die indische Industrie ist heute von der allergeringsten Bedeutung, die englische befriedigt fast alle Bedürfnisse des Landes. Insonderheit liefert sie den gesamten großen Bedarf an Baumwollgeweben im jährlichen Betrage von 264 bis 268 Millionen Rupien, nahezu die Hälfte des ganzen Betrages der englischen Ausfuhr in diesem Artikel. Man wird sich fragen, wie es kommt, daß ein Land, das als die Heimat der Baumwolle bezeichnet werden darf, seine Gewebe aus England beziehen muß, wo das Rohmaterial aus klimatischen Gründen nicht gedeihen kann? Sind die so fleißigen und geschickten Bewohner Indiens nicht fähig, was die Natur ihnen in so reicher Fülle und höchster Vollkommenheit bot, auch gewerblich auszugestalten?

Wie Indien die Heimat der Baumwolle war, so ist es auch das Land, in dem diese Gespinnstpflanze zuerst und in bis jetzt unübertroffener Feinheit verarbeitet wurde. Die orientalischen Dichter preisen die zarten indischen Musseline als „gewebten Wind". Von Indien verbreitete sich die Kenntnis der Baumwolle und ihrer Verarbeitung nach Osten wie nach Westen. Aber die eigenartige Schönheit der indischen Erzeugnisse vermochten jene nicht zu erreichen, wenn auch die coae vestes von der griechischen Insel Kos in ihrer die Sinne reizenden Transparenz dem indischen Vorbild nahe genug kamen. Unter den Schätzen, die der englische Kaufmann oder Eroberer in sein Heimatland zurückbrachte, gehörten indische Baumwollgewebe zu den köstlichsten. Noch in den ersten Zeiten der Herrschaft der Ostindischen Kompanie versorgten die indischen Weberdörfer ganz Westeuropa mit ihren in Dauerhaftigkeit, Zartheit und Farbenschönheit unerreichten Erzeugnissen. Millionen indischer Weber lebten im Wohlstand von der gut bezahlten Arbeit ihrer Hände.

Aber Indien stand jetzt unter englischer Herrschaft. Und in England war nach der Übersiedelung holländischer Weber auf seinen Boden eine Baumwollenindustrie entstanden, die des Schutzes bedurfte. Der einzige gefährliche Konkurrent auf diesem Gebiet war Indien; er mußte vernichtet werden. Noch bis zum Jahre 1813 konnten indische Baumwollwaren in England zu Preisen verkauft werden, die 50 bis 60 pZt. niedriger waren als die der englischen Fabrikate. So berichtet eine parlamentarische Untersuchungskommission aus jener Zeit. Daher belegte man die indische Ware mit einem Eingangszoll von 70—80 pZt., und so konnten die Fabriken von Paisley und Manchester bestehen. Damit war Indien seines besten Marktes beraubt: die nachfolgenden Erfindungen auf dem Gebiete des Maschinenwesens thaten das Übrige. Die Handweberei Indiens vermochte nicht den Wettbewerb mit der Fabrikindustrie Englands zu ertragen, und bald wurde auch die alte Heimat der Baumwollweberei mit den englischen Waren überflutet, gegen die das unterworfene Land sich nicht zu schützen vermochte. Indien wurde geopfert, auf daß England gedeihe.

„Wäre Indien unabhängig gewesen, so hätte es Vergeltung geübt und die englischen Baumwollwaren mit Zöllen belegt, die einen Wettbewerb auf dem eigenen Boden ausschlossen und die eigene Industrie vor der Vernichtung schützten. Aber diese Selbsthilfe war ihm nicht gestattet; es war der Gnade des Fremden bedingungslos preisgegeben. Englische Waren wurden ihm aufgezwungen, die keinen Zoll zu zahlen brauchten, und der fremde Fabrikant bediente sich des Armes politischer Ungerechtigkeit, um einen Konkurrenten niederzuhalten und schließlich zu erwürgen, mit dem er bei gleichen Bedingungen für Beide nicht hätte in Wettbewerb treten können. Höre auf zu arbeiten, liefere uns das Rohmaterial und ich will für dich spinnen und weben, das war es, was England dem zu seinen Füßen liegenden Indien zurief, und dies Gebot wurde mit allen seinen grausamen Konsequenzen erbarmungslos durchgeführt.“ *)

Die Weberdörfer, die sich in allen Teilen der Halbinsel eines glücklichen Wohlstandes erfreuten, wurden verlassen. Und wie jene Pächterdörfer, so bedeckte auch bald ihre Stelle der trostlose Dschungelwald und überwucherte die verfallenen Häuser und stattlichen Pagoden, und wo einst menschliche Betriebsamkeit reges Leben schuf, da herrscht heut die Stille des Todes.

Was von der Baumwollindustrie gesagt ist, gilt auch für die Seidenindustrie. Sie war nicht ursprünglich in Indien heimisch; erst die Ostindische Kompanie schuf ihr hier eine Stätte, und sie gedieh vortrefflich. Auch sie fiel, und so waren aus Millionen fleißiger Hände des einzigen Erwerbsmittels beraubt. Den guten Rat ihrer englischen Konkurrenten, den Rohstoff für sie zu erzeugen, waren sie ebensowenig fähig als jene gleich unglücklichen schlesischen Leinweber, denen man den freundlichen Rat gab, den Webstuhl mit dem Pflug zu vertauschen. Dazu hatte sie, wie jene, nicht nur die Generationen hindurch befolgte Beschäftigung, auch das über sie hereingebrochene Elend völlig untauglich gemacht. Sie schwellten das Heer der kleinsten Beamten, Diener und Arbeiter in den bescheidensten Stellungen, die große Zahl

*) Mill and Wilson, History of British India, Bd. 7.

derer, die in Indien im uneingeschränktesten Sinne von der Hand in den Mund leben.

Denn nach offiziellen Angaben haben ein Fünftel der gesamten indischen Landbevölkerung, also rund 40—50 Millionen Menschen, selbst in guten Erntejahren, keine genügende Nahrung. Die verbleibenden vier Fünftel leben in leidlichen Verhältnissen, solange der Regenfall zur rechten Zeit eintritt. Bleibt derselbe aber einmal aus und mißrät die Ernte, so stehen sie völlig hilflos da und müssen ihre Zuflucht zu dem Reisverleiher, ihrem Grundherrn oder zum Staat nehmen. Diese allgemeine Armut, chronische Verschuldung und Hilflosigkeit der großen Masse des indischen Volkes bietet der indischen Regierung ein Problem, dessen Lösung fast unmöglich erscheint, und das doch gelöst werden muß.

Seit mehr als vierzig Jahren hat vollkommener Frieden in Indien geherrscht, die Ausdehnung des Ackerbaus hat gleichen Schritt gehalten mit dem Wachsen der Bevölkerung, der Verkehr auf Eisenbahnen und Dampferlinien ist entsprechend gewachsen, alle Faktoren, die in anderen Ländern die Wohlfahrt eines Volkes fördern, sind auch hier thätig gewesen. Und doch befindet sich das indische Volk nur in einem Bruchteil des großen Reichs in einer wirtschaftlichen Lage, die nicht als hoffnungslose Armut zu bezeichnen ist, und jede schlechte Ernte bringt Mangel oder Hungersnot.

„Aber“, ruft der indische Gelehrte Malabari aus, „die Hungersnot ist in Wirklichkeit nicht bedingt durch den Mangel an Lebensmitteln, sondern durch den Mangel an Geld, die Lebensmittel zu kaufen; tausende von Verhungerten starben in Gegenden, die Millionen von Tonnen von Korn ausführten. In den ersten achtzig Jahren dieses Jahrhunderts starben 18 Millionen menschlicher Wesen vor Erschöpfung; in den Jahren 1860 und 1866 waren die Verluste furchtbar, 1875 berechnete man die Todesziffer auf 10 Millionen und für 1897 auf 80 Millionen.“*) Denn auch die Verluste durch die Pest und andre Krankheiten muß man zum Teil hierher rechnen, da die geschwächten Körper ihren Angriffen keinen Widerstand entgegenzusetzen vermochten. „Die Hungersnot tritt zu Zeiten schärfer auf, aber sie ist chronisch, endemisch, sie verschwindet niemals.“

Die mit englischem Gelde erbauten Eisenbahnen bringen zwar in erster Linie England großen Nutzen, aber sie wirken doch auch für Indien wohlthätig in verschiedener Weise und nicht am wenigsten durch Erschließung neuer Märkte für den Überschuß der Ernten, die durch die Vervollkommnung der Verkehrsmittel in höherem Maße verwertet werden konnten. Allein auch hier zieht der Staat den Vorteil, nicht aber der Bauer, dessen Pachtzins überall gesteigert wird, wo neue Bahnlinien den Absatz erleichtern; denn in Erwartung einer solchen Verkehrsverbesserung werden die Kontrakte nur auf kurze Zeiträume geschlossen.

Mit Stolz weist man darauf hin, daß England sich jetzt vom chinesischen Markt fast ganz freigemacht habe und seinen Thee zumeist aus Indien beziehe. In der That ist das Aufblühen dieser Kultur in der Provinz Assam bewundernswert. Aber es ist englisches Kapital, das diese Unternehmungen ins Leben gerufen hat, und der Gewinn einer jährlich 83 Millionen Rupien betragenden Ausfuhr fällt England fast allein zu; denn auch die Vorteile lohnender Beschäftigung für die ärmere Bevölkerung Indiens, die aus anderen Provinzen herbeigezogen werden muß,

*) Malabari, India in 1897, und Ramji, A tragedy of famine.

schwinden leider bei näherer Betrachtung. Auch von nichtinteressierter englischer Seite ist die Anwerbung dieser Arbeiter als verkappter Sklavenhandel bezeichnet worden.

Es wurde nachgewiesen, daß Frauen und Kinder mit List oder Gewalt den Theepflanzungen zugeführt, und daß Männer verleitet worden waren, Kontrakte einzugehen, die sie nicht verstehen konnten, und daß, wenn sie vor Ablauf ihrer auf Jahre sie bindenden Verpflichtungen versuchten, in ihre Heimat zurückzukehren, ihre Herren, ja selbst die Gerichte dieses angebliche Vergehen durch schwere Strafen ahndeten.

Aber die schwerste Klage, welche die indischen Pächter und mit ihnen eine wachsende Partei in England gegen die britische Verwaltung erheben, bleibt immer die Unsicherheit des Pächters inbezug auf den zu zahlenden Pachtzins. An Versprechungen, daß derselbe festgelegt werden solle, hat es nicht gefehlt. Daran erinnert ein Artikel vom 27. April 1897 in der englischen Zeitung „The Times". Es wird da ausgeführt, daß England versprochen habe, nach Erfüllung gewisser Bedingungen, die für Bengalen geltende Festlegung des Pachtzinses auch auf die übrigen Provinzen auszudehnen. Die Bedingungen seien längst erfüllt; doch das Versprechen bleibe uneingelöst. Es wird darauf aufmerksam gemacht, daß die Regierung das Versprechen seinerzeit gegeben habe, um die Ruhe des Landes zu sichern, und daß, auf diese Verheißung hin, das indische Volk sich stets in friedlichen Bahnen bewegt habe, daß aber trotz aller Bitten und daraufhin erfolgter Wiederholungen des Versprechens dieses selber nach einer langen Reihe von Jahren noch immer der Erfüllung harre. Und in diesem Stadium befindet sich diese Angelegenheit noch heute. Das Versprechen kann nicht erfüllt werden, weil die steigenden Ausgaben der Regierung eine Erhöhung der Einnahmen fordern, und eine solche nur von der Grundrente zu erwarten ist.

In den letzten zehn Jahren stiegen die Ausgaben der indischen Zentralregierung von 816,6 Millionen auf 1018 Millionen Rupien, die Einnahmen dagegen von einer fast gleichen Ziffer (817 Millionen) auf rund 964 Millionen Rupien. In diesem Dezennium haben sechs Jahre mit Überschüssen abgeschlossen, vier mit Fehlbeträgen, aber mit erheblich größeren, sodaß für den ganzen Zeitraum immer noch ein Ausfall von 4,127,780 Rupien verblieb.

Nun muß man zugeben, daß während der letzten Jahre eine ganze Reihe von Arbeiten durchgeführt worden ist, die erst nach und nach Einnahmeüberschüsse geben konnten. Dahin gehören vor allem die großartigen Bewässerungsanlagen, durch die, wie oben nachgewiesen wurde, so große, bisher unfruchtbare Striche der Kultur gewonnen sind. Die Regierung hat für solche Zwecke während der letzten zehn Jahre die ansehnliche Summe von fast 291 Millionen Rupien ausgegeben, dagegen nur etwas über 244 Millionen Rupien eingenommen; das bedeutet also einen Ausfall von 47 Millionen. Aber diese Bewässerung hat sich als eine für die Regierung sehr gewinnbringende Anlage erwiesen — einige der älteren Kanäle verzinsen sich mit 22 bis 23 pZt. —, und der letzte Jahresausweis ergiebt bereits trotz vieler neuen Bauten bei 35,7 Millionen Einnahmen und 31,4 Millionen Ausgaben einen Überschuß von 4,3 Millionen Rupien. Das bedeutet demnach eine glänzende Verzinsung des angelegten Kapitals.

Da diese Bewässerungsanlagen der Landwirtschaft zugute kommen, so durfte man auf größere Erträge hoffen, und dieselben sind denn auch überall eingetreten, wo nicht besonders ungünstige Umstände wie anhaltende Dürre die Ernten schädigten, ja sogar vernichteten. In einigen der letzten Jahre ist das leider wiederholt eingetreten:

aber die Erhebung der Grundsteuer ist darum nicht weniger energisch fortgesetzt worden. In den letzten zehn Jahren ist dieselbe um fast 27 Millionen Rupien gestiegen, von 230 auf 256,8 Millionen. Allerdings war 1897 infolge der Mißernte ein Ausfall von 23 Millionen gegen das Vorjahr nicht abzuwenden trotz alles Anziehens der Steuerschraube; dieselbe erfolgte aber um so wirksamer im nächsten Jahre. In dem vergangenen Dezennium hat die Grundsteuer dem indischen Staatsschatz nicht weniger als 2408 Millionen Rupien zugeführt.

Wie die Grundsteuer so lastet auch die Salzsteuer überwiegend auf der armen indischen Bevölkerung. In England wurde diese Steuer schon 1826 abgeschafft. Ist auch das Salz ein unentbehrliches Genußmittel, so kann es immerhin bei mäßiger Belastung eine geeignete Handhabe bilden, um Steuerkräfte zu treffen, die anderweitig nicht zur Besteuerung herangezogen werden. In Indien war diese Besteuerung in den einzelnen Distrikten sehr abweichend von einander, bis 1878 Sir John Strachey eine gleichmäßige Abgabe einführte, die vielen schreienden Ungerechtigkeiten ein Ende setzte. Aber sie beträgt immer noch nahe an 80 Millionen Rupien jährlich; und so bleibt leider die überaus traurige Thatsache bestehen, daß jährlich fast 343 Millionen Rupien, also weit über ein Drittel der Gesamteinnahme, von den Ärmsten der Armen aufgebracht werden müssen.

Und dies, trotzdem alle übrigen Einnahmequellen, wie Stempelsteuer, Zölle, Einnahmen von Post und Telegraphen, Bewässerungsanlagen ꝛc. beständig gestiegen sind; denn, wie die oben angeführten Zahlen zeigen, sind die Ausgaben in noch stärkerem Maße gewachsen. Dabei hat vollkommener Friede innerhalb der alten Grenzen seit vielen Jahren geherrscht. Allerdings hat das Auftreten der Hungersnot, namentlich in den letzten Jahren gewaltige Ausgaben erfordert, 1897 rund 21,3 und 1898 sogar 53,6 Millionen Rupien, im ganzen im letzten Dezennium nahe an 134,7 Millionen. Daß durch eine weitherzigere Behandlung der Landfrage eine solche Ausgabe mindestens teilweise unnötig gewesen wäre, weil es den vom schwersten Druck befreiten Pächter in den Stand gesetzt hätte, für die Zeit der Not zu sorgen, ist unbestreitbar. Und wenn die Regierung diese großen Summen nicht in ausschließlichen Almosen an die Hungerdistrikte verteilen wollte, sondern die notleidenden Männer zu Eisenbahn- und Kanalarbeiten heranzog, so beging sie hiermit einen Fehler, der an Grausamkeit grenzte.

Denn man zog die Männer erst dann an die oft von ihren Dörfern weit abseits liegende Arbeitsstelle, als ihre ohnehin schon geringe Kraft durch furchtbare Leiden erschöpft war. So konnten sie in der ersten Zeit nichts, später sehr wenig leisten. Viele fanden ihr Grab fern von ihren Familien, für die nur höchst unzulänglich gesorgt wurde. Die Ausgaben waren groß, die Leistungen gering, der Verlust an Menschenleben furchtbar.

Auf einen Posten der Ausgaben muß besonders eingegangen werden, weil er den Beweis liefert, daß in Indien bei den aus England stammenden und den indischen Beamten mit zweierlei Maß gemessen wird. Ich stütze mich dabei auf das Zeugnis eines hochgestellten englischen Beamten, der lange Jahre im indischen Dienst stand und zuletzt die wichtige Stellung eines Commissioners, eines Regierungspräsidenten der Provinz Orissa und der zu ihr gehörigen einheimischen Staaten bekleidete.*) Ich folge den Ausführungen des für Englands Machtstellung be-

*) Dutt, England and India. London 1897.

geisterten Mannes, ohne Bedenken, weil mir seine Worte nicht dem Gefühl nörgelnden Fehlerfindens, sondern der warmen Teilnahme für ein leicht, aber ungeschickt regiertes Volk entsprungen schienen.

Herr Romesh C. Dutt weist darauf hin, daß in den beiden letzten Jahren die Zivilverwaltung um eine Mehrausgabe von 40 Millionen Rupien gestiegen sei, weil sich die Kosten der Nahrungsmittel bedeutend erhöht haben, in den letzten 40 Jahren um mehr als 50 Prozent. Das ist vornehmlich dem bedeutenden Fallen der Silberrupie dem Gold gegenüber in der jüngst verflossenen Zeit beizumessen. Aber dieser Akt der Gerechtigkeit kommt nur den englischen Beamten zugute; selbst die auf Grund ihrer in London zum Indian civil service zugelassenen Inder haben keinen Teil daran, von den unteren Beamten, die als Schreiber, Boten ꝛc. die bescheidensten Stellungen für einen Lohn von einem Schilling pro Tag ausfüllen, gänzlich zu schweigen. Wenn eine solche Ungerechtigkeit begangen wird — und an der Richtigkeit der Angaben kann man bei der Stellung des Verfassers nicht zweifeln — und zwar auf Kosten der indischen Steuerzahler gegen die eigenen Landsleute, so darf man sich über die kaum verhaltene Mißstimmung nicht wundern.

Diese wachsende Mißstimmung wird noch erhöht durch das anmaßende Benehmen der Engländer. Sehr charakteristisch ist, was Professor Richard Garbe in seinen „Indischen Reiseskizzen" erzählt. Er stritt sich mit einem Engländer, einem Privatmann, auf der Plattform eines Eisenbahnzuges über den Plural eines indischen Wortes. Um das zu entscheiden, rief der Engländer einen einheimischen Postsekretär herbei, der in großer Geschäftigkeit auf dem Bahnsteig die Post sortierte und dabei eiligst Hunderte von Briefen und Poststücken an eine Anzahl von Unterbeamten verteilte. Diese traten sofort beiseite, das ganze dringliche Geschäft wurde unterbrochen und erst wieder aufgenommen, nachdem der Sekretär die betreffende Frage und noch eine Reihe anderer recht müßiger ehrerbietig erledigt hatte.

Diese Unterwürfigkeit eines Beamten einem beliebigen Europäer gegenüber ist überraschend, aber sie ist verletzend und sie schwindet mehr und mehr; denn wenn auch noch heute bei dem Nahen eines Europäers alle Eingeborenen von einem Post- und Eisenbahnschalter zurückweichen, wenn auch, zum mindesten im Innern noch viele Eingeborene respektvoll grüßen, indem sie unter tiefer Verneigung die Stirn mit den Händen berühren, wenn auch die Sepoys vor jedem anständig aussehenden Europäer grüßen, und die Wache unter das Gewehr tritt, so sind doch die Zeiten vorbei, in denen es ein Eingeborener nicht gewagt haben würde, an einem Europäer vorbeizureiten, statt abzusteigen und ihm seinen Salam zu machen.

Aber trotzdem besteht fast unvermittelt eine tiefe Kluft zwischen Europäern und Indiern, über welche die Klassenvorurteile der letzteren noch immer keine feste Brücke zu schlagen gestatten, und diese Kluft wird auch nicht ausgeglichen durch die Mischlinge von Europäern und Indierinnen, die Eurasier; denn einesteils ist ihre Zahl nur klein, etwa 120000, andernteils sind das Produkt meist schlaffe, unproportionierte Menschenkinder, für die auf dieser Erde kein rechter Platz ist. Aber selbst bei hervorragend tüchtigen Menschen verhält sich die englische Gesellschaft in Indien entschieden ablehnend. Ein junger, hübscher und vermögender Militärarzt in Benares verlobte sich mit einer Eurasierin. Ihre Erscheinung war durchaus europäisch, sie hatte fast ihr ganzes Leben in England zugebracht und dort eine gute Erziehung genossen, aber „die Gesellschaft" in Indien wollte sie nicht in ihre Kreise zulassen und schloß das Paar unter dem Ausdruck tiefsten Bedauerns über die unglückliche Verirrung des Mannes von ihren Kreisen aus.

Die Eurasier entsprechend zu verwenden, bietet für die Regierung nicht geringe Schwierigkeiten. Man giebt ihnen Plätze als Eisenbahnschaffner, Lehrer an Mittelschulen, Unterbeamte; doch zu verantwortlichen Stellungen kann man sie nicht zulassen. Jedoch auch die Indier der besten Klassen mit der besten Vorbildung werden sehr stiefmütterlich behandelt. Nach einer amtlichen Zusammenstellung vom Jahre 1897 befanden sich in den Provinzen Bengalen, Nordwestprovinzen, Pandschab, Madras und Bombay, die zusammen 194 Millionen Einwohner zählen, unter 45 Richtern an den höheren Gerichtshöfen 0 Indier, unter 109 Richtern zweiter Instanz 8, unter 34 obersten Verwaltungsbeamten keiner, unter 179 der obersten Distriktsbeamten 7, unter 250 Ingenieuren und Wasserbaumeistern 18, unter 104 höheren Beamten des Schulwesens 15, unter 227 höheren Polizeibeamten nur 3, unter 204 Regierungsärzten 10, unter 30 Gefängnisbeamten keiner und unter 98 Forstbeamten nur 3 Indier. Das Verhältnis der eingeborenen Indier in den höheren Stellungen bei den Post- und Telegraphenämtern und im Opium-Departement ist noch ungünstiger; in den übrigen oben nicht aufgeführten Provinzen ist ihre Zahl verschwindend klein.

Es ist klar, daß ein solches Verhältnis ein ungesundes ist, und daß, was Lord Bentinck vor mehr als 60 Jahren für die Eröffnung der Subalternstellen bei den Gerichten that, auch für die höheren Ämter in größerem Maße geschehen müßte. Bisher glaubten die Engländer den Verwaltungsdienst der indischen Konkurrenz durch das Gesetz zu verschließen, nach welchem die vorgeschriebenen Prüfungen in England vor dem zwanzigsten Lebensjahr zu bestehen sind. Diejenigen, die ihre Söhne in den einflußreichen Stellen des Civil Service zu sehen wünschen, schaffen dieselben daher im zartesten Alter nach England, damit sie dort erzogen werden. Das ist natürlich, abgesehen von den bestehenden Vorurteilen, nur verhältnismäßig wenigen Bemittelten möglich. Die indische Eingeborenenpresse verlangt daher stürmisch eine Abänderung des Gesetzes, sodaß die Prüfungen in Indien stattfinden können, und das gesetzliche Alter auf 23 Jahre normiert werde. Bei dem Streben und der Intelligenz der indischen Jugend würde eine solche Konzession schließlich den Eingeborenen die Verwaltung sichern, und die englische Macht sich allein auf ihr Heer stützen. Vorläufig freilich wird die englische Verwaltung noch durch zwei wichtige Faktoren gesichert; durch die Sklavennatur der Hindu und durch die hochgradige Abneigung, welche die einzelnen indischen Rassen gegeneinander empfinden, und durch welche die Entwickelung eines allgemein indischen Nationalgefühls noch für lange Zeit verhindert werden wird.

Wenn behauptet worden ist, daß unter der Einwirkung politischer Ereignisse und dem Bewußtsein, von Fremden regiert zu werden, sich eine Erkenntnis von der Solidarität der Interessen aller Indier Bahn bricht, wodurch der Tamile dem Bengalen, der Mahratte dem Bewohner des Fünfstromlandes näher gerückt wird, so scheint mir doch ein solcher all-indischer Patriotismus noch in weiter Ferne zu liegen. Gegenwärtig sind die Gegensätze zwischen den Mohammedanern und den Hindu und unter diesen wieder zwischen den einzelnen Kasten noch allzuseite und hohe Schranken.

Ich sprach in London mit einem vornehmen, sehr intelligenten Hindu über diesen Gegenstand. Es war im Zoologischen Garten, und wir standen vor dem Raubtierhaus. Er wies auf einen Löwen und einen Königstiger, deren Köpfe durch eine Holzwand getrennt waren. „Sieh hier,“ sagte er und zeigte auf die Tiere, „das ist der Hindu, das der Mohammedaner, die Holzwand ist England. Nimm sie hinweg, und die Bestien werden einander zerfleischen.“

Allerdings fängt die Schule an, manche Vorurteile hinwegzuräumen und die Gegensätze auszugleichen, wo es nicht das gemeinsame Interesse gegen die Fremdherrschaft thut. Noch sind die Schulen freilich recht schwach besucht und der Unterricht, den die 3,884,337 Schüler und 400,700 Schülerinnen in den verschiedensten Arten von Schulen empfangen, ist mit wenigen rühmenswerten Ausnahmen ein recht dürftiger. Die sogenannten Universitäten zu Kalkutta, Allahabad, Lahore, Madras und Bombay sind keine Lehranstalten, sondern Prüfungsbehörden, die akademische Grade, gleichwertig mit denen von Oxford, Cambridge, London rc. verleihen dürfen. Aber die große Masse des indischen Volkes genießt gar keinen Unterricht; von 287,223,431 Personen waren 1894 nicht weniger als 118,819,408 männliche und 127,726,768 weibliche Personen weder des Lesens noch des Schreibens kundig. Mit den bei der Aufnahme nicht berücksichtigten 25,394,505 Personen in Kaschmir, Radschputana und Zentralindien steht es jedenfalls noch schlechter.

Den leitenden Kreisen in Indien ist das aber ganz recht; denn sie sind ganz derselben Überzeugung, die man früher in gewissen Kreisen unseres eigenen Vaterlandes inbezug auf die untern Klassen hatte, der nämlich, daß eine bessere Erziehung der Eingeborenen staatsgefährlich wirke. Jedenfalls können die vielen Analphabeten die zahlreichen indischen Zeitungen nicht lesen, die in den verschiedenen Provinzen in Hindustani, Marathi, Tamil oder Telugu, für die Mohammedaner in Urdu, für die Parsi in Gudscharati erscheinen. Sie zeigen durchweg eine den Engländern feindliche Haltung, wie sie denn jetzt mit unverhohlener Schadenfreude jede Niederlage der englischen Armee auf dem afrikanischen Kriegsschauplatz registrieren und bittere Klage darüber erheben, daß wiederum indische Truppen dazu verwandt werden, um Englands Kriege außerhalb Indiens auszufechten.

Denn es ist das nicht das erste Mal. Indische Truppen sind zugleich mit englischen in allen Kriegen verwandt worden, die England zur Wahrung seiner Interessen in neuerer Zeit führte. Nicht nur fochten sie in den Grenzländern Afghanistan und Birma, sie wurden auch wiederholt übers Meer geschickt. Als 1868 England dem Negus Theodoros von Abessinien den Krieg erklärte, ging ein britisch-indisches Heer nach Afrika, und als 1878 ein Krieg mit Rußland auszubrechen drohte, wurden 6000 Mann indischer Truppen von Bombay nach Malta gebracht. Ins Gefecht kamen sie freilich nicht, und die 10 000 Mann, die 1882 nach Ägypten beordert wurden, um den rebellischen Arabi Pascha niederzuwerfen, erfochten einen leichten Sieg. Jetzt hat England indische Soldaten nach Natal geführt, um gegen die Buren zu kämpfen.

Und nicht genug, daß Indien diese Blutopfer bringen mußte, es hatte auch die Kosten zu zahlen. War es schon hart, daß dem armen Lande die Ausgaben für die Kriege in Afghanistan und Birma aufgebürdet wurden, man forderte sie auch für die Expeditionen nach Malta und Ägypten. Für den ägyptischen Feldzug allein hatte Indien 1 142 000 Pfd. Sterl. zu zahlen. Die weitere Folge dieser Feldzüge für das indische Volk und die drückendste war aber die, daß die Steuern beträchtlich erhöht wurden.

Wenn man nun behauptet hat, daß Indien als Teil des britischen Reiches auch mit seiner Wehrkraft und seinem Geldbeutel für dieses eintreten müsse, so sollte

England doch diesen Grundsatz auch auf seine übrigen Kolonien ausdehnen, wie Kanada, die Kapkolonie und die sieben australischen Kolonien, die doch von ihrem Überfluß sehr wohl etwas für das Greater Britain abzugeben vermöchten. Aber ein solcher Versuch ist aus sehr triftigen Gründen niemals gemacht worden; denn wiewohl die australischen Kolonien bereits früher und auch jetzt im Verein mit Kanada eine kleine Truppe England angeboten haben, eine Aufforderung, einen Teil der Kriegskosten für Englands Unternehmungen irgendwo in der Welt zu übernehmen, wäre unzweifelhaft einer entschiedenen Ablehnung begegnet. Aber diese Kolonien haben ihr eigenes Selbstbestimmungsrecht, Indien liegt gefesselt zu Englands Füßen.

Eine der schwersten Lasten, wohl die schwerste von allen, die Indien für England zu tragen hat, ist die der anglo-indischen Armee. Zieht man die Erhebungskosten von den Einnahmen des Staates ab, so bleibt ein Rest, von dem fast die Hälfte für das Heer beansprucht wird. In England kommen auf Heer und Flotte noch nicht ein Fünftel aller Staatsausgaben und dabei ist England reich, Indien arm. Es muß daran immer und immer wieder erinnert werden.

Die anglo-indische Armee zählt gegenwärtig 219 563 Mann, geteilt in vier Armeekorps, die in Bengalen, im Pandschab, in Madras und Bombay stationiert sind. Als den Landesgrenzen am nächsten sind die Truppenkörper in Bengalen und im Pandschab am stärksten. Die englischen Truppen sind 76 370, die einheimischen Truppen 143 190 Mann, also fast doppelt so stark. Dabei werden die obersten Stellen bei der einheimischen Armee durchweg mit europäischen Offizieren besetzt. Die Artillerie ist fast ganz englisch. Um eine Meuterei, wie die von 1857/58, zu verhindern, werden in jedem Regiment die verschiedensten Nationalitäten kompanieweise zusammen gestellt. So kann ein Regiment (1000 Mann) 4 Kompanien Sikh, 2 Afghanen- und 2 Mohammedaner-Kompanien des Pandschab haben, ein anderes 1 Kompanie Brahmanen, 2 Dogras (aus dem Himalaya), 4 Purbiah (aus Audh) und 1 Sikh-Kompanie u. s. w.

Eine so starke Armee ist natürlich eine große Last für das arme Land, und nach einem kürzlich abgegebenen amtlichen Gutachten des Generals Sir Henry Brackenbury, des militärischen Beirates des Vizekönigs von Indien, ist die Haltung einer solchen Armee gegenüber allen Eventualitäten seitens Rußlands vielleicht wünschenswert, aber so sehr im Interesse Englands, daß es ihm billig erscheint, wenn dieses mindestens die Hälfte der Kosten übernähme. Er weist darauf hin, wieviel höher das arme indische Volk besteuert sei als das reiche englische, und wie dieses sehr bald sich für die Ersparnisse in Indien interessieren würde, wenn es selbst zu den Ausgaben beizutragen hätte. Die Notwendigkeit einer starken Armee wird nur bedingt durch die unausgesetzte Vorschiebung der Landesgrenzen. Einer solchen aggressiven Politik spricht General Brackenbury jede Berechtigung ab, wie dies auch mehrere der besten Vizekönige Indiens gethan haben, und er gelangt zu dem Schluß, daß eine aus 20 000 englischen und 50 000 indischen Soldaten bestehende Armee, also ein Drittel der jetzigen, vollauf genüge, um Indien selbst zu beherrschen und zu schützen. Die Haltung einer Armee in den an Indien angegliederten Provinzen und Distrikten könne nicht die Aufgabe Indiens, müsse vielmehr die Englands sein.

Eine Herabsetzung der Ausgaben Indiens in der einen oder der anderen Weise würde dem Lande zum größten Segen gereichen. Wenn wir an dem Vergleich mit England festhalten, so finden wir, daß die jährlichen Staatseinnahmen Englands durchschnittlich von 1851 bis 1860 rund 68 Millionen betrugen, daß sie 1881 bis 1890 auf 88 und seitdem auf 106 Mill. Pfd. Sterl. stiegen. Die Einnahmen sind also allmählig und ganz im Verhältnis zum Wachstum der Bevölkerung in die Höhe gegangen. Blicken wir nun auf Indien! Dort betrugen die Einnahmen 1857 rund 320, aber 1898 weit über 942 Millionen Rupien, die Einnahmen haben sich also in derselben Zeit nahezu verdreifacht, selbstverständlich und, wie schon oben gezeigt, unter dem stärkeren Anziehen der Steuerschraube.

Noch unerfreulicher wird das Bild für Indien, wenn wir uns mit der Schuld der beiden Staaten beschäftigen. Englands Schuld hatte 1860 die Höhe von 820 Mill. Pfd. Sterl. erreicht, bis 1. März 1898 war sie auf 634 Millionen, also um 192 Mill. Pfd. Sterl. gesunken. Die indische Schuld betrug dagegen 51 Mill. Pfd. Sterl. im Jahre 1857, nach dem Sepoy-Aufstand stieg sie 1862 auf 97 Mill., heute ist sie auf der Höhe von 238 Mill. Pfd. Sterl. angelangt. Die indische Schuld ist also während eines 30jährigen Zeitraumes, in dem überall innerhalb der eigentlichen Landesgrenzen der vollkommenste Frieden gewaltet hatte, um die ungeheure Summe von 141 Mill. Pfd. Sterl. gestiegen, während die englische in derselben Zeit um 192 Millionen herunterging! Ganz treffend sagt ein englischer Geschichtsschreiber, daß so etwas niemals hätte geschehen können, wenn die Indier bei der Feststellung ihrer Budgets ein Wort mitreden dürften. Jetzt müssen jährlich 6 Mill. Pfd. Sterl. als Zinsen für Eisenbahnschulden nach England geschickt werden, eine gleiche Summe für Heeresausgaben und nahezu ebensoviel für Pensionen, Schuldzinsen &c.

„Wenn ein Land“, sagte schon 1853 das bekannte Parlamentsmitglied John Bright, „das im Besitz eines sehr fruchtbaren Bodens, der die verschiedensten Produkte zu erzeugen fähig ist, trotzdem sich in größter Armut und Not befindet, so kann man sicher sein, daß die Regierung dieses Landes einen Kardinalfehler begeht“. Dieser Fehler wurde sehr richtig herausgefunden durch Gladstone, der 1893 die Ausgaben Indiens, vor allem die militärischen, als „in höchstem Grade beunruhigend“ bezeichnete.

„Wir schröpfen Indien bis zur Verblutung“ rief Lord Salisbury, als er Minister für Indien war, aber es geschah nichts, um die Lage zu bessern. Und Lord William Bentinck verglich die Verwaltung Englands mit der Spaniens in Kuba, mit der der Türkei in Armenien, und scheute sich nicht, es auszusprechen, daß Indien heute nur allzu viel Grund habe, die mohammedanische Herrschaft zurückzuwünschen.

In neuester Zeit hat man dem indischen Volke einige Konzessionen gemacht; man wünscht seine Stimme zu hören. Der in Indien sehr beliebte, in England viel geschmähte Lord Ripon gab den Bezirken und Distrikten das Recht, beratende Versammlungen zu wählen, in denen das indische Element immer stärker zunimmt. Seit einigen Jahren tagt auch alljährlich für einige Tage des Dezember ein indischer Kongreß der Reihe nach in den größten Städten des Landes. Die Zahl der Delegierten hat bisher 600 bis 1200 betragen. Alle Religionen und alle Kasten sind in ihm vertreten. Sir William Hunter, der ausgezeichnetste Kenner Indiens, sieht darin das Erwachen Indiens und den Beginn nationalen Lebens, der nicht minder bedeutende Hindu Malabari meint, daß die Stunde des Regierens zwar noch nicht gekommen sei, wohl aber die der Kontrolle.

In neuester Zeit ist am Zentralsitz der indischen Regierung, in Kalkutta, ein sogen. Gesetzgebender Rat geschaffen worden, dem unter dreizehn Mitgliedern sechs indische Notabeln angehören. Aber selbst diese schwache Mitwirkung der Indier an der Gesetzgebung ihres eigenen Landes wird fast vollständig illusorisch gemacht durch die Bestimmung, daß diesem Rat Gesetzentwürfe nur unter Zustimmung des ganz aus englischen Beamten bestehenden Ausführenden Rats unterbreitet werden dürfen und daß der Vizekönig die Vorlage von Gesetzen, welche Finanzen, Religionsübung, Militärwesen und auswärtige Angelegenheiten betreffen, auch ohne die Ansicht des Rats einzuholen, verbieten kann. Endlich ist auch der Staatssekretär für Indien in London befugt, jeden Beschluß der Regierung in Indien, selbst wenn derselbe die Genehmigung des Vizekönigs erlangt hat, ohne weiteres aufzuheben. Also die rücksichtsloseste Bevormundung.

Man sieht, daß heute nach mehr als hundert Jahren Indien immer noch wie ein erobertes Land behandelt wird. Dem ruhigen, die Gesetze unbedingt achtenden Volke ist es nicht gestattet, selbst in noch so bescheidenem Maße über die Ordnung seiner eigenen Angelegenheiten zu bestimmen. Und doch lehrt die Geschichte, daß eine solche Regierungsweise einem denkenden Volke gegenüber nicht dauern kann. Noch ist die Zahl der Denkenden klein, aber sie ist im schnellen Wachsen, geweckt durch die heimische Presse, deren Blätter, wenn sie nicht gekauft werden können, von Hand zu Hand gehen. Die große Masse aber fühlt den schmerzhaften Druck und schreit nach Erlösung. Diese hunderte von Millionen geplagter Menschen werden jedem Führer folgen, der ihnen den Weg zeigt. Die gemeinsame Not gebiert den gemeinsamen Haß, und dieser Haß kann auch, um in dem Bilde meines Hindufreundes zu sprechen, den Löwen und den Tiger zu gemeinsamem Angriff auf den gemeinsamen Feind vereinigen. Es bedarf dazu vielleicht eines Anstoßes von außen, aber den fürchtet man in England ja schon lange.

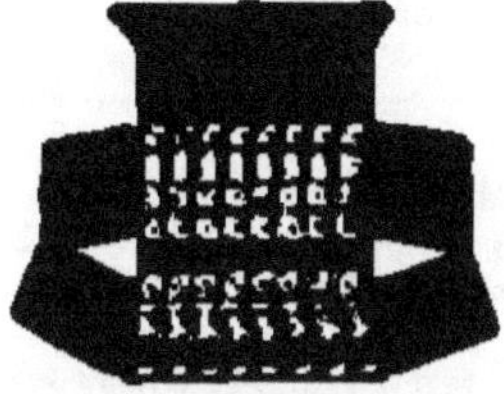

Schutz- ‚Tabloid' Marke.

# Hand- und Taschenapotheken

mit comprimirten ‚Tabloid'-Medicamenten ausgeruestet, sind die compacteste und bestmoeglichste medicinische Ausruestung fuer den Arzt. Wir halten eine grosse Auswahl von solchen ‚Tabloid'-Apotheken auf Lager und koennen dieselben nach Belieben ausgestattet werden. ‚Tabloid'-Apotheken wurden in den Feldzuegen von Chitral, Aschanti, Soudan und waehrend des tuerkisch-griechischen Krieges benutzt. Stanley, Nansen, Jackson und die kuerzlich stattgehabten hauptsaechlichsten Expeditionen wurden mit denselben ausgeruestet. Es wurde gefunden, dass die ‚Tabloid'-Medicamente noch nach dreijaehrigem Reisen in den tropischen Zonen ihre therapeutische Wirkung beibehalten hatten. Die oben illustrirte Hand-Apotheke (Modell G) ist vollstaendig ausgeruestet mit ‚Tabloid'-Medicamenten

Von Mk. 30 an.

BURROUGHS WELLCOME & CO., London.

Fuer fernere Auskunft, Illustrationen etc. wende man sich gefaelligst an

LINKENHEIL & CO., Berlin W., Genthinerstr. 19.

# Streifzüge in die Tierwelt Nordkameruns.

Von Hauptmann Hutter.

Mein zweijähriger Aufenthalt in Urwald und Savanne Nordkameruns hat mir manchen Einblick in die Tierwelt dortselbst gewährt.

Sportmäßig die Jagd zu betreiben, verträgt sich nicht mit den ernsteren Aufgaben einer Forschungsexpedition; wissenschaftliche Beobachtung der Tierwelt verlangt spezielle Vorbildung einerseits, systematisches Arbeiten draußen andererseits, und zu letzterem gehören ruhigere Zeiten und Verhältnisse, als sie der Zintgraffschen Expedition in den Jahren 1891/93 beschieden waren: so soll das Folgende nur schlicht und wahr einiges von dem schildern, was mir auf dem Marsche und auf der Station vors Auge, vor die Büchse kam.

„Es gehört viel Passion oder Willenskraft dazu, in Afrika Jäger zu sein: denn die Jagd ist hier mit sehr viel größeren Entbehrungen, Anstrengungen und Gefahren verbunden als daheim, und häufig trägt sie noch obenein, wenn sie durch Sumpf und hohes Gras geführt hat, ein Fieber ein.

Das Poetische, das daheim unserer Jagd einen besonderen Reiz verleiht, fehlt in Afrika. Dafür hat man allerdings andererseits das Gefühl des ungebundenen freien Jägers, den kein Jagdgesetz, keine Grenze einschränkt. Das Bewußtsein, unumschränkter Herr der Schöpfung zu sein, verleiht der afrikanischen Jagd den höchsten Reiz. Die Aufregung ist eine größere; denn man kann mit Rivalen im Jagdgebiete zusammentreffen, die wehrhaft sind, ja, die sich den Jäger selbst zur Beute ausersehen haben, aus dem Jäger kann das Wild werden; man weiß, daß selbst das eigene Leben von einem guten Auge und einer sicheren Hand abhängen kann.“

So charakterisiert Wißmann die afrikanische Jagd.

Man kann daraus auch ersehen, daß man gemeinhin die Gefahren der Wildnis da sucht, wo sie nicht sind, überhaupt sie meist zu überschätzen pflegt. Die Wildnis erscheint dem, der jahrelang in ihr umherstreift, heimisch wie dem Alpenjäger die Bergwelt. Freilich, wer nie viel in der freien Natur sich bewegt hat, wer nicht vertraut ist mit dem Leben in Wald und Flur der Heimat, wird auch nie vertraut mit der Wildnis.

Besonders von der Tierwelt da draußen herrschen zu Hause falsche, übertriebene Vorstellungen. Ihre Vertreter, und gerade die als die „wildesten“ verschrieenen, fliehen, wenn nicht angeschossen oder überrascht und in die Enge getrieben — und auch im ersteren Fall noch vielfach —, vor dem Menschen und verbergen sich: sie bleiben unerreichbar in den Dickungen, in den Wipfeln der gewaltigen Bäume, und verschwinden, selbst zu Tode getroffen, nur zu häufig spurlos in dem Pflanzengewirr.

Nicht der Elefant, der Leopard, das Flußpferd, die Schlange sind Gegenstände des Entsetzens für den Reisenden und Jäger in den Tropen — wenigstens der westafrikanischen —, sondern die Vertreter der niederen und niedersten Jagd: Ratten, Fliegen, Sandflöhe, Ameisen — das ist ein gefürchtetes Quartett.

„Der Herr der Ratten und der Mäuse,
der Fliegen, Frösche, Wanzen, Läuse . . .“

möchte man mit Mephisto sein, mit einem Machtwort das ganze Ungezieferheer zu bannen! So ist man leider da draußen nicht ihr Herr, sondern ihr wehrloser Sklave! —

Was Jagdausrüstung anlangt, so genügt an Schußwaffen — wenigstens für den, der die Jagd nur nebenher betreibt — ein Kugel- und ein Schrotgewehr, schon wegen der namentlich in der Regenzeit große Sorgfalt und viel Zeitaufwand erfordernden Instandhaltung derselben. Für den Kugelschuß halte ich als unerreichbar beste Waffe das Militärgewehr 88 oder noch besser, weil leichter und kürzer, den Karabiner 88. Einmal wegen seiner ganz außerordentlichen Durchschlagskraft (die mächtigen Knochen eines Elefantenschädels durchschlägt es glatt), dann wegen seines geringen Gewichtes, wegen der Möglichkeit, rasch nacheinander mehrere Schüsse zur Verfügung zu haben und — last not least — weil es mir gestattet, bei dem rauchschwachen Pulver durchs Feuer zu sehen, ein Moment, das gerade bei der großen Nähe, auf die man im Busch meist schießt, wahrlich nicht zu unterschätzen ist. Der einzige Nachteil ist das sehr kleine Kaliber, das z. B. beim Blattschuß ein geringes Schweißen verursacht. Dem kann ein Geschoß mit ¾ Stahlmantel abhelfen, das sich im Körper des Wildes staucht und dann große Ausschußwunden reißt. Für das Schrotgewehr beachte man ja, daß man in den Tropen keine Papierhülsen, stets Metallhülsen (und zwar Messinghülsen) verwenden darf, weil ein Naßwerden der Munition fast unvermeidlich ist bei Flußübergängen und in der Regenzeit und wegen des außerordentlichen Feuchtigkeitsgehaltes der Luft überhaupt. Ich habe aber auch wie in so vielem mein Lehrgeld bezahlt: die erstmitgebrachten Schrotpatronen quollen bald auf und ließen sich schwer, meist gar nicht mehr einführen. Überhaupt der Munition ist bei Beschaffung in der Heimat und draußen die peinlichste Sorgfalt zuzuwenden. Ich sollte einen Fall erleben, in dem Minderwertigkeit der Munition 88 mich in eine sehr unangenehme Situation brachte.

Weiter führt man zweckmäßig noch ein festes Jagdmesser und ein kleines Jagdbeil mit sich. Bei Angabe der anderweitigen Ausrüstung kann ich mich kurz fassen: es ist eben die Marschausrüstung (darüber habe ich mich ausführlicher ausgesprochen in meinem Aufsatz „Westafrikanisches Reiseleben“, Deutsche Kol. Ztg. 1898 No. 31 u. ff.) entsprechend der voraussichtlichen Dauer des Jagdausfluges. Auf ein paar Tage muß man sich immer gefaßt machen: man denke nur an die Verfolgung einer Antilope, eines Elefanten, wobei biwakiert und Wasserläufe durchschwommen werden müssen. In der Gegend beliebte Tauschwaren führe man auch stets mit sich; es ist ja das das Geld.

Und nun hinein in die von der Tropenfauna bevölkerten Gebiete Nordkameruns.

Mühsam sucht sich das Boot durch das Gewirr von Kreeks, die sich dem eigentlichen Flußlauf des Mungo vorlagern, seinen Lauf. Einförmig ist das Vegetationsbild: nichts als die gewaltigen Mangroven, die auf ihren hohen Wurzeln wie auf Stelzen dastehen und von Ästen und Zweigen dünne lange Fangarme in die trübe Flut herabsenken. Spärlich ist die Tierwelt. Vierfüßler haben hier keine

Existenzmöglichkeit. Es verirrt sich nur herein der in den Buschniederungen häufig vorkommende olivengrüne Bülbül (Andropadus virens), mit seiner Farbe schwer unterscheidbar von den gleichfalls graugrünen Blättern der Rhizophoren. Endlich biegt das Fahrzeug in die eigentliche Wasserrinne des Stromes ein. Seine Ufer deckt der echte afrikanische Urwald. In dieser undurchdringlichen Uferwildnis schreien Affenherden, und in Scharen, laut lärmend, ziehen hoch oben Grau-Papageien. Ab und zu hört man einen mächtig rauschenden langsamen Flügelschlag, man schaut auf, und über einen weg geht ein Nashornvogel (zur Familie der Bucerotidae gehörig) mit mißtönendem Geschrei. Ein von mir erlegtes Exemplar hatte die Größe unseres Bussards, schwarzes Gefieder mit Stahlglanz, die äußeren Schwanzfedern weiß. Das Merkwürdige an dem Vogel ist der Hornauswuchs an seinem Schnabel, da, wo letzterer am Kopf ansetzt, ein hornartiger stumpfer Vorsprung, unter einem Winkel von etwa 45° in die Höhe ragend. Dieser Schmuck hat ihm auch seinen Namen eingetragen.

Von Bäumen, die ich nicht kannte, hingen schöne, große, farbenprächtige Blüten herab, am selben Stamm weiter oben auch schon die Frucht; frisches und welkes Laub am gleichen Baume; das ist es, was in den Tropen jeden Unterschied der Jahreszeiten in unserem Sinne aufhebt. Nie findet man ganz entblätterten Wald, nie solchen in jungem, frischem Grün prangen. Werden und Vergehen verbinden sich innig in dem gewaltigen, sich selbst überlassenen Naturhaushalt der Tropen. Ab und zu ist in die dichte, grüne Ufermauer ein Loch gerissen, das Unterholz geknickt und eine tiefe Furche in die Lehmsteilwand eingegraben. Da ist ein Elefant durchgebrochen, der seinen mächtigen Körper in den Fluten erfrischt hat. Ich habe auf meinen öfteren Flußfahrten nicht selten derartige Spuren dieses Dickhäuters am Ufer getroffen; ihn selbst habe ich nur einmal bei seinem Bade erwischt. Es war auf dem Mungo, meine letzte und kürzeste Elefantenjagd; nach einer halben Stunde war ich im Besitze der afrikanischen Trophäe einer erfolgreichen Jagd, des borstigen Schwanzendes. Auf der gleichen Fahrt habe ich von einem anderen Wassertier wenigstens die Eier erbeutet. Ich hatte mein Lager nachts auf einer kleinen sandigen Insel aufgeschlagen, und als ich bei Tagesgrauen von meinem Feldbett mich erhob, sah ich wenige Schritte vor mir gerade noch Rücken und Schwanz eines Alligators ins Wasser gleiten. Die nachgeschickte Kugel — die Erlegung einer jeden dieser scheußlichen Echsen ist stets ein gutes Werk — kam zu spät. Seine Anwesenheit auf der Sandbank in der Nacht konnte nur durch Brutgeschäft erklärt werden, und nach kurzem Suchen fanden meine Jungen auch ein Nest Eier, lose mit Sand überschüttet. Sie haben die Größe von Enteneiern, graugrüne Farbe mit dunklen Tupfen. Ich kochte mir ein paar zur Bereicherung meines Frühstückstisches; sie schmeckten fast wie Hühnereier, nur ist der Dotter zäher und zieht lange Fäden.

Nach 14tägiger Kanufahrt betreten wir die Jagdgründe des 200 km breiten Urwaldgürtels, des sogen. Waldlandes.

Hier unter diesem feuchten, dumpfen, halbdunklen Blättergewölbe herrscht eine fast gleichmäßige Temperatur Tag und Nacht, die eines Treibhauses! Wenn der Himmel bewölkt ist, erreicht das Dunkel oft einen solchen Grad, daß man kaum Uhr und Kompaß ablesen kann. Gleichförmig, eintönig ist der Urwald wie der Ozean, wenn kein Windhauch ihn bewegt. Nicht die Frische, die Farbenschöne eines deutschen Laubwaldes, nicht der majestätische Ernst des deutschen Nadelwaldes. Wenn Scheffel singt:

. . . . Denn das ist deutschen Waldes Kraft,
Daß er kein Siechtum leidet,
Und alles, was gebrestenhaft,
Aus Leib und Seele scheidet . . .",

so ist es hier gerade umgekehrt. Der Urwald ist der Kampfplatz, auf dem des tropischen Klimas furchtbarste Tochter, das Fieber, den Europäer anfällt und — nur allzu oft — als Siegerin hervorgeht!

Ein Sonnenstrahl dringt im afrikanischen Urwald fast nie auf den Weg; kein Glitzern und Spielen der goldenen Lichter auf grünem Gezweig. Durch das Chaos von Stämmen, Gestrüpp, Unterholz, das Gewirr der Lianen, die riesige Baumleichen in ihren würgenden Armen halten und zwingen, hinaufzustarren in die Lüfte wie gebleichte Skelette, das Heer von Blatt- und Schlingpflanzen windet sich der schmale, höchstens fußbreite Pfad, wenn anders man ihn nicht erst mit dem Buschmesser sich hauen muß. Bald über feinkörnigen Sand oder lehmigen Boden gehts weg, bald durch zähen schwarzerdigen Morast, der zuweilen stundenweit vom Wasser überdeckt ist, hier über Riesenwurzeln und Wurzelpfeiler und regellos umherliegende morsche und schlüpfrige Stämme, dort überhaupt gleich in einem Bach.

Zu beiden Seiten des Pfades finden sich zahlreiche, aus Erde zusammengefügte Ameisenbauten, oft von zierlichster Form, freistehend oder an Baumstämme angeklebt, die einzigen Spuren tierischen Lebens, welche das Auge anfangs zu entdecken vermag. Daneben aber gellen einem die Ohren von dem andauernden, schrillen Gezirp der Cikaden, welche bei der herrschenden Dämmerung den ganzen Tag über ihre nichts weniger als angenehme Musik ertönen lassen. Allmählig tauchen die Bewohner auf: hier finden wir die abenteuerlich geformten Gespensterheuschrecken, welche bald einen dürren Zweig täuschend nachahmen, bald einem Blatt ähnlich sehen. Nahe einem Wasserlauf, namentlich wenn der Wald zugleich etwas lichter wird, umschwärmen uns prächtig rotgefärbte oder blauschillernde Libellen sowie Schmetterlinge, schlicht kardinalrote, gelb und schwarz gezeichnete und weithin leuchtende riesige Exemplare. Die Zahl der Ameisen ist Legion. Und wehe dem Wanderer, den sie überfallen. Ich habe mich einmal vor ihren schmerzhaften Bissen nur retten können, indem ich Hals über Kopf mit meinen langen Buschstiefeln in den Mango sprang. Im Biwak, in der Hütte, in der man nächtigt, trifft man die raffiniertesten Vorkehrungen zur Abwehr eines nächtlichen Besuches dieser gefürchteten kleinen Bestien. Daß man die Füße des Feldbettes in mit Wasser gefüllte Schalen stellt, gehört zu den einfachsten Vorsichtsmaßregeln. Ein taktförmiges Pochen in einem Haufen dürren Laubes läßt uns bei näherem Nachforschen zahlreiche Termiten finden. Die Agamas, prachtvoll gezeichnete Eidechsen und von ganz respektabler Größe, kündigen die Nähe von menschlichen Wohnungen an. Ein lautes Rauschen in der Luft läßt uns aufblicken, und durch eine Lücke im Blätterdach sehen wir langsamen Fluges einen mächtigen Nashornvogel vorüberziehen. Meiner ornithologischen Vorliebe mag der Leser es zu Gute halten, wenn ich hier gleich die wesentlichsten Vertreter dieser „Kinder der Luft", wie Brehm sie nennt, anführe, soweit ich sie im Waldland Nordkamerun zu Gesicht und vor den Büchsenlauf bekommen habe. Des olivengrünen Bülbüls, der die Niederungen belebt, habe ich bereits Erwähnung gethan.

Wir haben unser Lager an einem Flusse aufgeschlagen; der Tag neigt sich zu Ende, und nun wird, wie in der Heimat, die Tierwelt und nicht zum letzten ihre gefiederten Vertreter lebendig. Gerade an dem gewählten Lagerplatz, dem Ufer eines Wasserlaufes, fallen Vogelansiedelungen ins Auge, die charakteristisch für West- und Innerafrika sind und den Bäumen, die sie mit Vorliebe bevölkern, nämlich solchen, die mit einem Teil der Krone über das Wasser herabhängen, ein ganz absonderliches Gepräge verleihen. Diese sind oft ganz mit den eigenartigen Nestern der reizenden kleinen Webervögel (Ploceï) bedeckt. Die Tierchen sind mittelgroße Finken mit dunkelgefärbtem Kopf, grünlichem oder rötlich-gelbem Rücken und gelbem oder weißlichem Bauche. Ihre Nester, die zu 30 und 40, manchmal auch zu Hunderten an einem Baum über dem Wasserspiegel schwebend hängen, sind wahre Kunstbauten aus Reisern, Wurzeln und biegsamen Grashalmen. Die Form ist bekannt: etwa wie ein umgekehrt aufgehängter Reitstiefel. Diese Bauart und der über das Wasser hinaushängende schwanke Zweig, an dem die Tierchen das Nest flechten, sichert sie und die junge Brut so ziemlich vor ihren Feinden: den Falkenarten und den räuberischen Pfoten ihrer gefährlichsten Verfolger, der nesterplündernden Meerkatzen. Aus der Beobachtung dieser zierlichen Gesellschaftstierchen wecken nicht gerade melodisch klingende andere Vogelstimmen, die materielle Gefühle wachrufen. In Scharen streifen durch die Baumkronen Graupapageien (Psittacus erithacus) und machen sich mit ihrem durchdringenden knarzenden Gekreisch weithin bemerklich; doch sind sie schlaue Vögel, klug und vorsichtig und darum nicht leicht zu schießen. Wenn ich mich zur Beobachtung oder zur Gewinnung eines dieser rotschwänzigen Gesellen für unseren Kochtopf — an ihn ließen die durch das Geschrei erweckten realistischen Empfindungen denken — heranpürschte, mußte ich bei ihrem Gebahren stets an unsere heimischen Nußhäher denken. Man weiß, daß auf einem Baum eine ganze Bande dieser Rotschwänze sitzt, hat man sie doch dort einfallen sehen; aber zu Gesicht bekommt man keinen. Alle, soeben noch in der lautesten Unterhaltung begriffen, schweigen sofort still, ziehen sich in die dichte Baumkrone zurück und gewinnen lautlos kletternd die dem Jäger entgegengesetzte Seite des Baumes, streichen ab, und nun in sicherer Entfernung geht ein Geschrei und Geschimpf und Gespött an ob des überlisteten Jägers. Anders, wenn ein Schuß in das Gelichter hineinfährt, dann stiebt alles mit lautem Gekreisch auseinander. Gebraten habe ich ihnen keinen besonderen Geschmack abgewinnen können, aber als Bestandteil der Buschsuppe und zur Bereitung kräftiger Fleischbrühe haben wir sie sehr hoch geschätzt. Gleicher Eigenschaft erfreut sich ein anderer Vogel, der ebenfalls mit Vorliebe abends und morgens seine Stimme im Laubdach des Urwaldes ertönen läßt, der Familie der Helmvögel zugehörig, der Turako (Corythaeola cristata). Er hat etwa die Größe eines Raben, ist aber prachtvoll grün und türkisblau, gelb und zimmtbraun gefiedert.

Wenn man die Papageien nennt, muß man auch von den Affen sprechen, den vierfüßigen Komikern im Busch, die ihre zweibeinigen geschnäbelten Kollegen an Possierlichkeit und Beweglichkeit noch um ein gut Teil übertreffen. Brehms treffendes Wort, daß „der Papagei der gefiederte Affe ist“, ist auch umgekehrt richtig. Wo man in Afrika Papageien findet, sind auch die Meerkatzen nicht weit. Sie leiten uns von der Vogelfauna, die ich hiermit — wenigstens in den mir zu Gesicht gekommenen Vertretern — aufgeführt habe, zu den Säugetieren über, die den tropischen Urwald Deutsch-Westafrikas bevölkern.

Ich habe im Waldland nur die Sippe der Meerkatzen (Cercopithecus) beobachtet. Vom Vorkommen des Gorilla, dessen Heimat ja Guinea ist, habe ich nie etwas gehört, auch nicht Knochen und Schädel von ihm zu Gesicht bekommen. Unfreilig gehören die Affen und unter ihnen wieder in erster Linie die Meerkatzen zu den lebendigsten, beweglichsten Säugetieren. Und die Meerkatzen sind außerdem, wenn auch manchmal so recht Lausbuben im Busch, doch die gemütlichsten und anständigsten der ganzen Affensippschaft. Ihren Namen erhielten sie schon im 16. Jahrhundert, jedenfalls weil sie übers Meer aus Afrika (und zwar Westafrika) zu uns kamen und entfernt an die Gestalt einer Katze erinnern.

Zum Dank für manch herzliches Lachen, das sie mir entlockt, aus Dank für manch guten Braten, manch gute Suppe, die sie geliefert, ein paar Worte über sie. Unübertroffen ist ihr Leben und Treiben von dem großen Beobachter im Tierreich geschildert, von Brehm. Man findet die Meerkatzen stets in ziemlichen Banden, und eine wahre Lust ist es, ihnen im Walde zu begegnen. „Da kann man ein Leben, ein Schreien und Kämpfen, ein sich Zürnen und Versöhnen, zärtlichste Liebesbezeugungen und Ohrfeigen, ein Klettern und Laufen, ein Rauben und Plündern und Stehlen, Gesichterschneiden und Gliederverrenken sehen! Das Rauschen der Zweige und Brechen der Äste, auch Töne des Wohlbehagens, oft unterbrochen von Gezänk, verraten im Urwald die Annäherung einer Affenschar. Das befähigste und stärkste Mitglied einer Bande wird Leitaffe. Er sitzt abseits der Schar zuhöchst auf dem Baum, auf dem das Gesindel sich tummelt, und hält scharfen Ausguck, lockt, ruft, warnt durch verschiedene Töne.“ Erst abends kommt Ruhe in die bewegliche Sippschaft, und ich habe oft und gern die lustigen Springer beobachtet, wie sie, ehe sie zum Schlaf ganz nah zusammenrücken, auf den äußersten Zweigen eines Waldriesen, von den Strahlen der untergehenden Sonne beleuchtet, sich mit einer auf Gegenseitigkeit beruhenden Reinigung des Pelzes beschäftigten oder von ihrem erhabenen Sitze mit beneidenswerter Beschaulichkeit auf die Welt unter sich herabblickten. Nur mit dem Gewimmel eines aufgestörten Ameisenhaufens läßt sich das Schauspiel vergleichen, welches sich bietet, wenn in diese Gesellschaft ein Schuß kracht. Ich hatte mich einmal an eine von ihnen besetzte, in einer Rodung alleinstehende Adansonia heranzupürschen versucht, mußte aber, um sie nicht zu verscheuchen, am nächsten Waldrand halten. Für einen Schrotschuß war es zu weit, so sandte ich nach einem deutlich sichtbaren, allein sitzenden Affen, wahrscheinlich das Leittier, eine Kugel hinüber. Der Schuß krachte und das Tier kam, sich überschlagend, am Boden an. Für einen Moment war die ganze Gesellschaft starr vor Schrecken, dann ging ein unglaubliches Getümmel an. Pfeifend und zeternd sprangen die entsetzten Kletterer durcheinander und rasten an den Ästen, am Stamm auf und nieder. Ein zweiter und dritter Schuß steigerte die Verwirrung zum besinnungslosen Entsetzen. In verzweifelten Sprüngen machten sie den Versuch, zum nächstgelegenen Baum des Waldrandes zu gelangen, und manche sah ich in höchster Not glatt ausgestreckt, den Schweif wagerecht steifgestellt, auf gut Glück aus größter Höhe hinab in das Buschwerk der Lichtung sich werfen.

Ein junger Affe ist ein leckerer Braten. Wenn es die Entfernung erlaubte, habe ich stets mit grobem Schrot geschossen, denn der Affe braucht schon einen tüchtigen Schuß auf seinen Pelz. Ich möchte da ein Moment berühren, das ich öfter und sogar auch von Brehm gegen die Affenjagd und -Verspeisung angeführt las. Der tote Affe, insbesondere wenn die Decke abgestreift ist, soll einem toten Kinde täuschend ähnlich sehen, sodaß einem der Appetit vergehe, auch soll er nach einem nicht gleich tötlichen Schuß so menschlich rührende Bewegungen machen, daß man sich fast als Mörder eines geistbeseelten Geschöpfes vorkomme. Ich habe weder das eine noch das andere finden können. Mit großer Phantasie kann ich mir schließlich auch aus einem abgezogenen Hasen ein kleines Kind zusammenkonstruieren, und was das letztere anlangt, so habe ich mich viel eher zu Hause als roher Mörder gefühlt, wenn ein todwundes Reh sein brechendes Auge noch einmal zum Jäger aufschlägt, der, um ihm den Genickfang zu geben, zu ihm sich herabbeugt, als wenn ein angeschossener Affe verzerrten Gesichtes zu seinem Überwinder hinausblinzelt.

Noch eine, allerdings mit Vorstehendem in keinem Zusammenhang befindliche ballistische Beobachtung möchte ich hier einschalten, ich weiß sie sonst nirgends wo recht einzufügen. Nach einigen Monaten im Busch machte ich die unliebsame Beobachtung, daß nicht selten, wenn ich auch noch so gut abgekommen war, der Affe munter weiter sprang, der Papagei schimpfend abstrich. Wie kam das? Gewehr und Munition waren gut, ich hatte gut gezielt und ruhig gehalten. Endlich kam ich darauf, als ich zufällig mal einen gestürzten Baumriesen abschritt, seine Länge zu messen. Er hatte sich, als er noch stand, 80 Schritte hoch in die Luft gestreckt und war mit dieser Länge noch keiner der größten. Nun wurden mir die rätselhaften Mißerfolge klar. Man verliert unter solchen Riesen das Maß für Entfernungen, und so habe ich mit Schrot auf 80 und 100 Schritt geschossen. Meine Schützenehre war wieder gerettet.

So arge und freche Nesträuber unsere Affen sind, so unverschämt sie freihängende oder Baumnester plündern, so ängstlich verfahren sie beim Ausnehmen der Nester von Höhlen- (Baum- oder Felsen-)brütern, wie sie auch Steine rc., unter denen die von ihnen gern gefressenen Spinnen und andere Kerbtiere liegen, nur äußerst vorsichtig aufheben. Grund in beiden Fällen: die außerordentliche große Furcht vor Schlangen, die an beiden genannten Plätzen gerne sich aufhalten. Die kleinste Schlange bringt das größte Entsetzen in eine Affenbande. Sie müssen offenbar sehr schlimme Erfahrungen mit diesen Tieren gemacht haben. Schlimmere als die Eingeborenen; diese, wenigstens die des Graslandes, fürchten die „gefürchteten" Reptile nicht sonderlich. Denn auch sie weichen dem Menschen aus; nur gereizt oder überrascht werden sie aggressiv. Im Waldland habe ich einige braune Schlangen zu Gesicht bekommen, ob giftig oder nicht, weiß ich nicht. Einmal auf Mirmbistation entstand nachts in dem Raum, wo unsere Jungen schliefen, ein großes Geschrei: „massa, massa one big snake wont chop me, he be big too much!" Wir, d. h. Dr. Zintgraff und ich, eilten hinunter und sahen auch wirklich beim Schein eines rasch mitgenommenen Holzbrandes gerade noch den Schwanz eines Reptils durch die leichte Palmblätterwand aus der Hütte gleiten. Ein Schlag lähmte sie, und bald war sie unschädlich gemacht. Sie hatte gelben Bauch, schwarzen Rücken und war etwas über vier Fuß lang. Ob sie giftig, weiß ich nicht. Nun aber war die Besorgnis unserer Träger ob der Tötung noch größer als die Angst. „Die Schlange sei die Mutter der Ameisen und wenn man sie töte, kämen alle Ameisen und bissen die Mörder tot!" Verschiedene Schlangensagen habe ich bei den Waldlandnegern gefunden und eine davon hat mich heimatlich angemutet: „Es giebt einen Schlangenkönig, der trägt einen schönen glänzenden Stein auf dem Kopfe. Wenn er nun ins Wasser geht, sich zu baden, breitet man ein Bananenblatt ans Ufer, sich selbst hält man versteckt in der Nähe. Der Schlangenkönig legt seine Krone darauf und badet, und nun nimmt man schleunigst Blatt und Stein und läuft davon, was man laufen kann. Aber wehe, wenn er es sieht, dann pfeift er und alle Schlangen kommen und fallen über den

Räuber her. Der Stein aber ist ein mächtiger Fetisch gegen verschiedene Krankheiten und namentlich gegen Schlangenbiß."

Außer dieser und noch einigen anderen Schlangensagen habe ich über kein anderes Tier welche in Erfahrung gebracht, höchstens die allgemeine Scheu der Waldlandneger, Vögel zu töten, könnte noch angeführt werden, indem sie behaupten, „die Vögel wären verstorbene Menschen."

Wir werden den Schlangen oben im Grasland wieder begegnen. Auch auf einen weiteren Affenfeind, den Leoparden, näher einzugehen, verspare ich mir auf das Betreten dieser Hochlandjagdgebiete, weil ich dort oben, wo ich mich 1½ Jahre fast aufgehalten habe, diesem prächtigen Raubtier öfters begegnet bin als im Waldland, das ich nur auf meinen verschiedenen Durchmärschen kennen gelernt habe. Daß dieser gelbpelzige Räuber auch unten im Urwald häufig genug vorkommt, beweisen die zahlreichen Fährten, hat er uns selbst bewiesen, indem er uns auf Miyimbi-Station unseren ganzen Ziegenstall schlug, ohnedaß es uns gelang, des Burschen habhaft zu werden.

Dem Hochwild Westafrikas wenden wir uns nunmehr zu. Drei gewaltige Kolosse sind seine Vertreter: im Waldland der Elefant und das Flußpferd, im Grasland der Büffel und gleichfalls der Elefant; doch soll es auch hier oben, nach Aussage der Eingeborenen, in einem großen Flusse im Osten von Bali (Mbam?) Flußpferde geben. Die Bali behaupten: „nchen, ninguatt, nyati lantu itei abutii", d. h. der Elefant, das Flußpferd und der Büffel sind drei schlimme Brüder!

Ich habe nur Gelegenheit gehabt, einen dieser Trias genauer zu beobachten und zu jagen, den edelsten: den Elefanten, im Grasland und im Waldland. Flußpferde sah ich nur einmal in der Nähe bei einer Bootfahrt den Wuri hinauf, an der Einmündung des Dibombe in ersteren. Ich habe auch darauf geschossen, aber ohne Erfolg; denn von einem Flußpferdschädel gleitet sogar das Stahlmantelgeschoß ab, wenn es unter einem nur ein bischen zu spitzen Winkel auftrifft. Das war auch das Los meiner drei Schüsse, und dann hatte uns die Strömung abgetrieben, sodaß an einen wirkungsvollen Schuß auf das im Wasser befindliche Tier schon gar nicht mehr zu denken war: denn man sieht von einem im Wasser sich tummelnden Flußpferd nur den ungeschlachten Kopf mit der viereckigen Schnauze auf der Oberfläche liegen, eine formlose rote oder bräunlich-rote Masse, auf welcher man zwei Spitzen, die Ohren und vier Hügel, die Augen und Nasenlöcher unterscheiden kann. Das ist alles, was ich vom Flußpferd aus eigner Anschauung zu berichten weiß. Es ist überhaupt nach Aussage erfahrener Flußpferdjäger ziemlich aussichtslos, ein Flußpferd im tiefen Wasser zu schießen: denn es sinkt, wenn tötlich getroffen — nur bei Gehirnschuß —, treibt ab und kommt erst nach 2—3 Stunden wieder an die Oberfläche. Dem Neger sind sie verhaßt und eine große Plage für seine Pflanzungen, der er fast gänzlich wehrlos mit seinen primitiven Waffen gegenüber steht. Das Fleisch soll nicht unschmackhaft sein, an Schweinefleisch erinnern und namentlich eine fette, kräftige Brühe liefern.

Auf Büffel bin ich überhaupt nicht zum Schuß gekommen, ich sah nur einige-mal in weiter Entfernung oben im Grasland Trupps davon ziehen.

Den Elefanten aber, den König der Wildnis, Nordkameruns häufigstes Wild (bis vor wenig Jahren wenigstens noch), wollen wir oben im Grasland beobachten und jagen. — In Vorstehendem habe ich alle Vertreter der Tierwelt im nördlichen Waldrand unserer Kolonie aufgeführt, soweit sie mir vors Auge und die Büchse kamen. Ich will eben nur Selbstbeobachtetes und Selbsterlebtes schildern.

Nun denn, den Bergstock zur Hand und hinauf an den Steilhängen des Hochplateaus, das sich in einer Entfernung von 350 km von der Küste zu einer Meereshöhe von 1500 m erhebt, um langsam wieder gegen Norden sich zu senken. Wie ein mächtiger Riegel lagern sich in Reihen hintereinander immer höher ansteigende Hügelketten, bedeckt, soweit das Auge reicht, mit Ölpalmenwäldern. Scharf geht es hoch, lange Strecken derart steil, daß der über den Steinschutt im ausgewaschenen Wildbachbett mühsam Hinanklimmende, wenn er zur Höhe schaut, nichts sieht, als die nach einem festen Halt vorsichtig tastende Fußsohle seines Vordermannes. Ist man oben angelangt, so bieten sich dem Blick zwei verschiedene Welten: hinter uns tief unten das Waldgebiet mit seinen Urwäldern, am fernsten, südlichen Horizont ragt verschwimmend der Kamerun-Pik in die Wolken: vor uns nach N, W und O auf ungemessene Weiten sich ausdehnend, Hügelwelle an Hügelwelle, bedeckt mit 2—3 m hohen, wogenden Halmen: die Savanne, das Grasland. Anders ist Fauna und Flora hier oben, als unten in den weichen, warmen Niederungen des Tropenurwaldes: einfacher, ärmer, aber auch härter und fester und kerniger — Bergland und Flachland in der Heimat. Namentlich die Flora hat hier oben auf den nebelumwallten Höhen, in dem wind- und regengepeitschten Grasmeere fast ganz den tropischen Charakter verloren.

Auch die Tierwelt unterscheidet sich, wenn auch nicht so wesentlich wie die Vegetation, von der des Waldlandes. Hier oben herrscht mehr die schmucklosere Gebirgsfauna; die farbenprächtigen Vögel der Tropen, Meerkatzen, die schönen und verschiedenfarbigen Agamas, die lebhaft gezeichneten Schlangen fehlen.

Ganz eigenartig ist der Anblick dieser neubetretenen Jagdgründe. Man darf, wenn man von Grasland spricht, sich ja nicht den Rasenteppich unserer heimatlichen Wiesen vorstellen. Harte und steife, 1—3 m hohe Halmgräser sind es, welche büschelförmig aus erhabenen Wurzelstöcken auf dem harten, rotgelben Laterit aufschießen. Oben scheinbar lückenlos und dichter, Halm an Halm, als bei unseren üppigsten Weizenfeldern, strahlen sie am Boden stockweise aus und lassen ein wirres Netzwerk spannenbreiter glatter Pfade offen. Das sind dann die Wege durch diese Gramineen und Panaceen, deren über dem Kopf zusammenschlagenden Halme dem Gesicht und den teilenden Händen bald schmerzhafte Schnittwunden mit ihren scharfen Schilfblättern zufügen. Die Flächen unterbricht kein Baum, höchstens da und dort streckt eine zwerghafte Anona senegalensis ihre verkrüppelten Äste etwas über das Halmenmeer empor. Nur in den zahlreichen Thälern und Mulden, in denen quellfrische Bergwasser rieseln oder in Fällen zu Thal stürzen, finden wir Waldpartien (Galleriewälder) und langausgedehnte Raphiahaine. Blütenschmuck ist der Savanne fremd; nur ab und zu mattrot und gelbblühende Indigostauden. Dagegen ruht, namentlich gegen Ende der Trockenzeit, wenn die braungebrannte Steppe anfängt, sich wieder mit jungem Grün zu schmücken, ein wunderbar duftiges Kolorit von den verschiedensten Abtönungen des Grüns über den ungemessenen Flächen. Ein großartig schönes Bild bietet die Steppe zu Mitte der Trockenzeit, also Anfang Dezember, wenn die Grasbrände sich aus N und O heranwälzen. Tagelang geht ihnen feiner Aschenregen, vom Wind gejagt, voraus. Und ein prächtiges Schauspiel entfalten namentlich zur Nachtzeit die Flammenmeere, wie sie bald in riesiger Breite sich heranwälzen, bald in lange Linien sich auflösen und hinankriechen wie Riesenschlangen mit feurigen Leibern an den Hängen der Hügel und hinunter in die Thäler. Doch darf man sich ja nicht vorstellen, als ob die züngelnde Lohe mit rasender Eile sich weithin ausbreite und die Vegetation von Grund aus zerstöre. Man versteht, wenn man afrikanische Savannenbrände gesehen, die furchtbaren Schilderungen von den amerikanischen Präriebränden einfach nicht. Natürlich verzieht sich das Wild, und werden die Brände zu großen Treibjagden verwendet, aber sogar der Mensch kann auch bei großer Nähe der Flammen leicht sich denselben entziehen.

Unter der Tierwelt der Savanne finden wir manche Bekannte aus dem Urwald; wen wir vermissen, habe ich bereits aufgeführt; einige wenige neue treten hinzu. Um mit dem Kleinzeug zu beginnen: *Fledermäuse* und *Cikaden*, *Ameisen*, *Fliegen*, *Sandflöhe* und *Ratten* treiben hier ihr Unwesen wie dort: an Stelle der farbenprächtigen Agama finden wir hier den schlichtbraunen *Gecko*. *Chamaeleons* sind häufig. Ein Paar hat wochenlang in meiner Hütte auf der Station Baliburg sich einquartiert. Ich kann mir eine Beschreibung dieser netten Tierchen mit ihren ungeheuer bedächtigen Bewegungen, ihrer Fähigkeit, die Hautfarbe der jeweiligen Umgebung anzupassen, und ihrer cholerischen Anlage ersparen, sind sie doch sehr bekannt bei uns. Von *Schlangen* sah ich hier oben zwei Arten. Häufig war eine verhältnismäßig kleine, höchstens 1 m lange, graugrünliche, dicke Schlange, die namentlich zur Zeit der Grasbrände sich zeigte, wo sie vor dem Feuer weichend, freie Plätze, so auch den der Station, aufsuchte. Wir ertappten sie nicht selten in den Häusern, einmal fand ich ein Exemplar sogar in meinem mit trockenen Bananenblättern aufgefüllten „Strohsack“. Giftig mußte sie offenbar sein: denn diese Tiere haben uns zwei Ziegen und unseren ganzen Entenreichtum, den wir mühsam zur Einführung dieser Wasservögel im Grasland mit hinausgeschleppt hatten, in ein paar Wochen totgebissen. Und zwar war der Biß in kürzester Zeit tödlich. Die Ente, soeben noch ganz munter, watschelte ins Gras; ein Angstgequak und taumelnd kam sie wieder heraus, dann noch ein paar Schritte, und unter Lähmungserscheinungen trat der Tod ein. Am Körper sah man keine andere Verletzung, als zwei kleine blutunterlaufene, nadelstichgroße Pünktchen. Die andere Art, die ich aber nur einmal zu Gesicht bekam, war eine sogenannte Rhinocerosschlange, ein äußerst giftiges Reptil. Sie gleicht der Puffotter an Gestalt und Größe, besitzt auch dieselbe hartschuppige Haut, ist jedoch bei weitem hübscher gezeichnet, mit vornehm gedämpften Farben. Zum Glück ist die furchtbare Schönheit auch furchtbar träge. Ich hatte sie auf einem Stein an einem Bach überrascht, wo sie sich sonnte. Sie züngelte nur mit dem Kopf gegen mich, der ich respektvollst auf Speerlänge Halt gemacht, und auch als ich sie mit dem Speer anstieß, blies sie nur ihren Hals auf und schoß mit dem Kopf und weitaufgesperrtem Maule vor und zurück. Ein Hieb mit dem breiten Blatt erlegte sie. Ein Tier verdient hier noch genannt zu werden, das zwar nicht durch seine Größe imponiert, aber durch die Massen, in denen es auftritt: die afrikanische *Wanderheuschrecke*. In zwei Trockenzeiten sah ich ihre ungeheuren Schwärme über die Grassteppen Westafrikas ziehen: ein großartiges Naturschauspiel, von dem nur der sich einen Begriff machen kann, der es gesehen. „Gegen 2 Uhr nachmittags“ — so schreibe ich in meinem Tagebuch vom 1. Februar 1892 — „kamen vereinzelte Tiere aus O gewissermaßen als Eclaireurs voran, und nun auf einmal, 10 Minuten nach 2, quollen zwischen zwei Hügeln, in einer Breite von mehreren Kilometern die dichtesten Wolken, so dicht und breit, daß ein Durchsehen unmöglich war und buchstäblich Dämmerung eintrat. Das Geräusch dieser Tausende von

Milliarden glich dem entfernten Rauschen eines mächtigen Wasserfalles. Im Augenblick war alles besetzt, Hütten, Wege, Geräte, Bäume, Boden, alles so dicht, daß auch nicht das Geringste des bedeckten Gegenstandes mehr sichtbar war .... Und als der Schwarm nach N und NW weiterzog und die Sonne von rückwärts in die Massen hineinschien, glaubte man das dichteste Schneegestöber zu erblicken, hervorgerufen durch das Glitzern der von den Sonnenstrahlen beschienenen weißen Flügel der Tierchen." Der Neger ißt sie mit Leidenschaft roh, gebraten in Palmöl und gedörrt — und sie schmeckten auch uns gar nicht so übel! Das Tier gleicht an Größe und Gestalt vollkommen unserer großen, grünen Heuschrecke, nur die Farbe ist verschieden: die Wanderheuschrecke ist braun.

Und nun zum edelsten und gewaltigsten Bewohner der Savanne wie des Urwaldes, dem Elefanten: zum häufigsten zugleich, wenigstens im Grasland, durfte man 1892 noch sagen. Auch im Waldland war dieser mächtige Dickhäuter stellenweise geradezu eine Landplage, zerstörte ganze Pflanzungen der Neger und zwang sie, ihre Dörfer und Farmen zu verlegen. Amulette, Fetische an Bastschnüren aufgehängt und im Winde flatternd, schreckten ihn nicht sonderlich ab. Er entwickelt also einen entschieden minder religiösen Sinn als sein Verwandter am weißen und blauen Nil, wo ein Scheich Brehm einst versicherte, es genüge, wenn er zur Zeit der Ernte an Stangen Schutzbriefe und Koransprüche aufhänge. „Diese genügen", sagte er, „den gerechten Tieren; denn sie achten das Wort des Propheten und fürchten die Strafe der Gotteslästerer!" Da ist der Westafrikaner bereits bedeutend aufgeklärter.

Von den in der Heimat in zoologischen Gärten rc. gesehenen darf man keinen Rückschluß auf das Tier in der Freiheit machen, wenigstens nicht auf den afrikanischen Elefanten. Der indische Elefant — denn dieser ist es vorerst nur, den wir zu Hause zu sehen bekommen — sieht gutmütiger aus als sein afrikanischer Vetter, dazu hat er weit kleinere Ohren und Zähne. Anders der Afrikaner: 10 bis 12 Fuß hoch, niedrige, flache Stirn, seitwärts davon ungeheuere Ohren, die die Schulterblätter fast verdecken, mächtige Stoßzähne, entweder geschwungen wie ein Sarazenensäbel oder fast gerade neben dem Rüssel weit vorragend: so präsentiert er sich in der Wildnis, in der Freiheit. Es war mir stets ein überwältigender Anblick, einem solchen Koloß gegenüber zu stehen, und wenn ich das Gewehr zum Anschlag hob, kam ich mir mit der winzigen Schlüsselbüchse vor wie ein Zwerg gegen einen ungeschlachten Riesen. Schon wie er so dasteht, breit und behaglich im Urwald oder in einem seiner Lieblingsaufenthalte, einer Raphianiederung im Grasland, mit dem Schweif sich die Fliegen abwehrend, die großen Ohren auf- und zuklappend, hin und wieder eines der säulenartigen Beine hebend, während sich der tastende Rüssel bald nach links, bald nach rechts in die Höhe reckt, Äste, Zweige, junge Bäume, die frisches Laub oder wohlschmeckende Früchte tragen, scheinbar ohne jede Kraftanstrengung fassend, biegend, brechend und das Grünzeug mit dem Finger des Rüssels in das unersättliche Maul verschwinden lassend: tritt einem die richtige Verkörperung sich selbst nicht bewußter afrikanischer Urkraft entgegen. Beliebte Aufenthaltsplätze sind auch morastige Gründe, und truppweise suchen sie solche auf, um dort Schlamm- und Wasserbäder zu nehmen und mit Behagen sich zu wälzen und zu vergnügen. Auch den Betätigungen zarter Regungen sind diese Plätze geweiht, und mir fällt dabei eine gelungene Äußerung eines Trägers ein. Zwischen Ikiliwindi und Kumba, zwei Waldlanddörfern in der Nähe des Elefantensees, ist eine

Waldlichtung, sumpfig und von einem Bach durchflossen; ein Lieblingstummelplatz zahlreicher Elefanten. Weit und breit ist der Boden zerstampft und durchwühlt und die Losung liegt in gewaltigen Haufen umher. „This place use the elephants for dance and marry himself" übersetzte der Vai die diesbezügliche Mitteilung eines Eingeborenen! Truppweise, herdenweise leben die Tiere auch sonst häufig zusammen. Natürlich sind sie nicht so dicht zu treffen wie ein Rudel Rehe oder Schafe; auf einige Quadratkilometer verstreut treiben sich Herden von 20—30 und noch mehr herum. Doch giebt es auch von ihnen ausgestoßene, alte, unverträgliche, bösartige Gesellen, die allein hausen — nur diese sind gefährlich. Sonst ist der Elefant im allgemeinen gutmütig. Wo er noch nicht viel durch Feuerwaffen belästigt ist, kümmert er sich nicht sonderlich um den Menschen und läßt ihn ruhig sich nähern. Nur bei lautem Lärm verzieht er sich; denn er sichert sehr scharf, äugt aber äußerst schwach. Auch angeschossen ist es immer der seltenere Fall, daß er den Jäger annimmt, und selbst da begnügt er sich meist mit dem Verjagen seines Feindes, ohne energisch zu verfolgen. Freilich kann auch ein nur kurzer Vorstoß dem Jäger gefährlich werden wegen der großen Nähe, auf der man das Tier schießen muß, da man es früher nicht zu Gesicht bekommt. Weiter als auf 20 Schritt habe ich keinen meiner 9 Elefanten geschossen. Solche Einsiedler aber sowie auch Elefantenweibchen mit Jungen, sind unberechenbar und gefährlich: sie attakieren nicht selten, sogar unangegriffen. Ich habe es selbst erlebt, und die Situation war eine um so unangenehmere, als mir zu allem Überfluß die Waffe auch noch versagt hat.

Eines Tages verweigerten Träger, die wir von der Station Baliburg nach Mijimbi, der nächstgelegenen (5 Tagemärsche südlich im Waldland), mit Post abschicken wollten, den Abmarsch, weil an einer Stelle des Weges, die nicht umgangen werden konnte, (eine Furt durch ausgedehnte Sumpfniederung) sich ein Elefantenweibchen mit einem Jungen herumtriebe und sie bereits das letzte Mal angegriffen hätte. Eingeborene bestätigten dies und baten zugleich, der tuon nakang (d. h. „Herr des Gewehres", wie mich die Bali nannten) möchte ihn schießen gehen. Diesen Gegner der schwarzen Jünger Stephans wollte ich mir ansehen. Ein gut Stück vor der von den Leuten bezeichneten Stelle ward mit aller Vorsicht der Weitermarsch fortgesetzt. Voran ging ein Führer, dann folgte ich, hinter mir mein Junge und dann noch weitere sechs meiner Soldaten. Schon hatten wir die kritische Stelle passiert, und ich wollte gerade meine Leute ob ihres Aufschneidens necken, als der voranschreitende Neger mich packte und auf die Seite riß: „massa one elephant before, me smoke him" (der Elefant hat eine penetrante Witterung und der Neger eine sehr feine „Nase" dafür). Und schon krachte und prasselte es vorn im Busch, und ein mächtiges Tier brach durch. Einen Moment blieb es stehen; dieser genügte aber auf der kurzen Entfernung von 5—6 m, ihm einen Schuß zwischen Auge und Ohr beizubringen und rasch noch einen. Nun aber kam ihm die schlechte Munition, die wir unverantwortlicher Weise für die damals neueingeführten Gewehre 88 geschickt erhalten hatten, in für mich unangenehmster Weise zu Hilfe. Beim Vorstoßen des zurückgeführten Schlosses klemmte die neue Patrone oder fiel das Geschoß und damit Pulverblättchen heraus oder was weiß ich — kurz ich hatte die schönste Ladehemmung! Wütend warf ich unwillkürlich die nutzlose Waffe dem Elefanten entgegen und sprang hinter einen Baum. Das Tier, momentan durch die zwei gutsitzenden Schüsse betäubt, brach nun mit einem brüllenden Ton blindlings vor. Aber schon knatterte von allen Seiten das Schützenfeuer meiner gleichfalls hinter Bäumen gedeckten Soldaten; allerdings waren sie nur mit Jägerbüchsen 71 bewaffnet. Weit kam das Tier nicht, die Verwundungen durch die zwei Stahlmantelgeschosse waren zu schwere. Es taumelte und schwankte, und nun bot sich ein großartiges Bild unbändigen Wut- und Schmerzensausbruches des tödlich getroffenen Urwaldriesen. Es faßte das Gewehr mit dem Rüssel, zerbiß den Kolben und im Bogen flog es in die Büsche. Dann wühlte es mit dem einen langen Zahn, den es besaß — es war eine afrikanische Abnormität: ein Zahn war ca. 1 m lang, der andere nur ein ganz kurzer Stumpen — den Boden auf; bald faßte der krampfhaft sich windende Rüssel Äste und Zweige, bald stampften die Beine das abgerissene Zeug in den Boden; dazwischen hinein krachte unaufhörlich das Gewehrfeuer meiner Leute. Aus allen Körperteilen sickerte Blut. Ich hatte Mitleid und hätte gern den Qualen ein Ende gemacht, hätte ich nur eine Waffe besessen. Endlich brach er zusammen, doch war er noch nicht tot: ein paar Schüsse mußten in den Rüssel und das Maul getroffen haben, auch mochten innerliche Verwundungen Blut aus Luft- und Speiseröhre in den Rachen ergießen; mächtige Blutklumpen holte er mit dem Rüssel daraus hervor und spie und spritzte sie in die Luft: eine blutige Fontäne! Allmählig wurden die Bewegungen matter, und nach einem letzten krampfhaften Ruck lag der mächtige Körper tot. Nun stürzte auch schon alles auf das Tier, und im Nu ist das untere Ende des Schwanzes mit seinen langen borstigen Haaren abgehauen: die Jagdtrophäe für den glücklichen Schützen wird mir überbracht. Es ist dieser Wedel dem westafrikanischen Elefantenjäger, was dem deutschen Waidmann das Geweih des Bockes, die Spielhahnfeder ist. Noch schaut diese Trophäe auf mich von der Wand herunter, als wüßte sie, daß ich von dem tragischen Ende ihres Besitzers schreibe!

Der zweite Teil einer erfolgreichen Elefantenjagd ist auch ein Schauspiel, das man gesehen haben muß, will man sich davon einen Begriff machen. Dem Neger ist Elefantenfleisch eine Delikatesse. Es hat auch thatsächlich gar keinen schlechten Geschmack, etwa wie Kuhfleisch, nur ist es für europäische Zähne viel zu hart und zähfaserig. Aber eine sehr schmackhafte kräftige Brühe giebt es, und mit Elefantenfett haben wir sehr gern gebraten.

Die Kunde, daß ein Elefant erlegt ist, verbreitet sich sehr rasch, und bald sind am Hallalplatz hunderte von Eingeborenen versammelt, denen die Habgier aus den Augen leuchtet. Betäubendes Geschrei; geschwungene Messer, Beile, alle möglichen und unmöglichen Zerlegungsinstrumente blitzen in den schwarzen Pfoten der wimmelnden, drängenden, stoßenden Menschenmenge. Lange dauert's, bis diese vielhundertköpfige Masse endlich etwas zur Ruhe gekommen ist. Der Schädel ist bereits mit Beilhieben auseinander geschlagen, um die Stoßzähne zu gewinnen; nun wird der Rüssel noch abgehauen. Dann werden von ein paar Vertrauensmännern die Vorderbeine, sodann die gewaltigen Hinterkeulen abgelöst und der Leib aufgeschnitten. Die Anderen hocken da mit lüsternen Augen. Und jetzt geht das Raufen an. Jeder will seinen Teil haben. Fetzen Fleisch fliegen zwischen den ausgespreizten Beinen der Schneidenden hindurch und werden von anderen gierig aufgegriffen. Die Eingeweide werden dahin und dorthin gezerrt, einige Leute sitzen schon, über und über mit Blut besudelt, in der leeren Höhlung des mächtigen Rumpfes, um die Rippen besser auslösen zu können. Zahlreiche Fliegen umsummen den Schauplatz dieses echt afrikanischen Volksfestes, wobei die Beteiligten mehr blutbespritzten Teufeln als Menschen gleichen, und dabei herrscht eine Atmosphäre, zusammengebraut aus den

Ausdünstungen des sumpfigen Bodens und rohen Fleisches, aus Blutgeruch und Negerschweiß — brrr! Allenthalben schleppen schwerbepackte Weiber, ja selbst kleine, unter gewaltigen Fleischstücken keuchende Kinder die mühsam erkämpfte Beute nach Hause. Ist dann endlich der Elefant bis auf die Knochen abgeschabt, so geht im ganzen Dorf ein tagelanges Kochen und Braten los, wenn man das Dörren des in Würfel oder Streifen geschnittenen Fleisches so nennen will. Auf dem Marsche war ich hinterher nie sehr erbaut, wenn ich mich zu einer erfolgreichen Elefantenjagd habe überreden lassen. Einmal gehen damit immer ein paar Tage verloren und dann muß eine europäische Nase unter den Nachwehen tage- und wochenlang leiden durch den Hautgoût oder gut deutsch den niederträchtigen Gestank, den das von den Trägern möglichst lange mitgeführte und nur sehr mangelhaft gedörrte Fleisch verbreitet.

Des Elfenbeins und auch des Fleisches willen stellt der Neger diesem wertvollsten Hochwild fleißig nach. Er fängt die Tiere in Gruben, die äußerst geschickt angelegt und künstlich überdeckt sind, daß man sie nicht gewahr wird. Sie sind 4—5 m tief, entsprechend breit, auf der Sohle mit angespitzten Pfählen besetzt. Unnatürliche Erdaufwürfe höchstens verraten sie, doch heißt es auf Pürschpfaden stets vorsichtig sein. Er schießt ihn mit vergifteten Pfeilen oder fängt ihn — wenn es gelungen ist, einen Wechsel auszumachen — in einer Art Falle, indem er zwischen zwei Bäumen einen Speer mit vergifteter steinbeschwerter Spitze derart befestigt, daß die Fallevorrichtung beim Passieren dieser Stelle sich durch den Tritt des Elefanten auslöst und die vergiftete Waffe sich von oben in Nacken oder Rücken bohrt. Gefangen und gezähmt wird er von den Negern Westafrikas nicht. Daß letzteres auch beim afrikanischen Elefanten ganz gut möglich ist, dafür liegen — auch in Westafrika — Beweise vor. Es sollte diesem Moment weit höhere Bedeutung beigelegt werden als es z. Zt. geschieht: eine Arbeits- und Trägerkraft ersten Ranges würde dadurch geschaffen.

Als Feuerwaffe ist die idealste das Gewehr 88. Seine verschiedenen gewichtigen Vorteile habe ich eingangs bei Besprechung der Ausrüstung bereits aufgeführt.

Den Kopfschuß halte ich unbedingt für den besten Schuß auf den Elefanten, und die Anfangsgeschwindigkeit des Stahlmantelgeschosses garantiert ein Durchschlagen der Kopfknochen auch trotz der schiefen Stirn des afrikanischen Elefantenschädels. Und zwar sitzt der Schuß am besten entweder zwischen den beiden Augen da, wo der Rüssel ansetzt, oder im Auge oder zwischen Auge und Ohr. Bei einem gutsitzenden Kopfschuß ist die Verwundung meist eine so schwere, daß das Tier nicht mehr abgeht und so am ersten Renkontreplatz mit noch ein paar weiteren Schüssen zur Strecke gebracht werden kann. Nach dem Kopfschuß kommt der Blattschuß, und zwar links. Dieser wirft den Elefanten nie, er geht stets daraufhin ab, wenn er nicht — wie gesagt der weit seltenere Fall — den Schützen annimmt. Bei der Verfolgung heißt es geschwind sein: denn das Tier schafft mit seiner galoppartigen Bewegung gewaltig Raum. Es heißt aber auch vorsichtig sein; denn leicht gerät man im Eifer der Jagd in feindliches Gebiet, und aus dem Jäger kann das Wild werden! Viele Stunden, manchmal einen ganzen Tag und noch mehr dauert solche Verfolgung; Wasserläufe sind zu durchschwimmen, in Busch oder Gras wird biwakiert. Und dann folgt stets wieder der weite Rückweg!

Noch ein paar zoologische Notizen aus Brehm über den mächtigen Dickhäuter: „Die Größe d. h. Höhe des afrikanischen Elefanten überschreitet wohl nie 10—12 Fuß, am Widerrist gemessen; es ist das schon eine ganz respektable Höhe. Die Leibeslänge schwankt zwischen 10—15 Fuß, der Rüssel wird 6—8 Fuß lang. Das Gewicht eines erwachsenen Elefanten darf man auf 0—10 000 Pfund schätzen. Gewaltige Dimensionen nehmen die Stoßzähne an. Bei ausgewachsenen Exemplaren beträgt die Länge eines Zahnes wohl selten unter 1,5 m bei einem Gewicht von 30—35 kg." Die längsten Zähne, die ich sah, hatte ein von Dr. Zintgraff im Grasland erlegter Elefant, da maß jeder Zahn 2,10 m und hatte ein Gewicht von 53 kg.

Als im Grasland nach dem gewaltigen Dickhäuter nächsthäufigstes Wild sind zwei Antilopenarten zu bezeichnen. Die eine gehört der Familie der Zwergantilopen (Cephalophus) an und ist wohl die zierlichste und reizendste Vertreterin derselben. In zoologischen Gärten zu Hause wird man sie selten zu sehen bekommen; denn diese „zarten Kinder des Sonnenlandes" tötet unser rauhes Klima gar bald. Die Tierchen haben die Größe eines ganz jungen Rehkitzes, schwarze, zarte, zierliche Läufe; die Decke erscheint fuchsig oder graubläulich. Über und unter dem Auge ein weißer Streifen, Gehörn und Huf schwarz. Das schmucke Geschöpf ist äußerst flüchtig und scheu, liefert aber einen delikaten Braten. Die andere Art dürfte zu den Spießantilopen (Oryx) gehören, wenigstens dem Gehörn und der Größe nach. Die Neger nennen sie ngap. Das Tier erreicht die Größe eines Hirsches, hat rötlich braune Decke mit kurzen straffen Haaren und in flachem Bogen von der Stirn aus nach rückwärts sich verjüngendes Gehörn. Eine Länge von ¾ m ist keine Seltenheit. Auch sie äugt und sichert äußerst scharf; ihr Fleisch gleicht im Geschmack dem Rehfleisch.

Einen kleinen und gänzlich unbekannten Vierfüßler brachten manchmal die Bali. Sie nannten ihn saisissi und behaupten, er hause in Erdlöchern. Er hat in Farbe, Größe und Gestalt etwas Ähnlichkeit mit unserem Hasen, aber dessen Hauptmerkmal, die langen Löffel, fehlten nicht nur, sondern das Tier hatte an deren Stelle nur behaarte Ohröffnungen. Vielleicht eine Hamsterart?

Ein Tier hat uns seine Existenz im Grasland nur durch den Geruch zu erkennen gegeben, aber in nicht unangenehmer Weise: häufig roch man auf dem Marsch oder in den Farmen plötzlich Zibet. Die Fährte eines Zibettieres (Viverra Civetta) aus der Familie der Schleichkatzen hatte den Weg gekreuzt gehabt. Sogar in meinem Hause auf der Station Baliburg mußte sich eine solche aufhalten oder wenigstens Besuche abstatten: ich roch ein paar Wochen lang dieses unsichtbare lebendige Parfum! In dieser Nähe und bei längerer Dauer war der äußerst intensive Geruch allerdings ein zweifelhafter Genuß! Zu Gesicht bekam ich nie welche.

Damit sind wir bei den katzenartigen Vierfüßlern angekommen. Unsere Hauskatze gab es in den Graslandgegenden nicht, wir erst haben sie dort eingeführt, und die Tiere haben sich sehr gut fortgepflanzt. Bald waren sie als Geschenke äußerst begehrt, und ein junges Kätzchen als dash war ein großes Freundschaftszeichen unsererseits gegen befreundete Häuptlinge! Komisch waren die Bilder, die sich boten, wenn wir dicht neben einen solchen so ein kleines Tierchen setzten: halb Verlegenheit, halb Scheu, halb Verwunderung ob des noch nie gesehenen Vierfüßlers prägte sich in Gesicht und Gebärden des Beschenkten aus. Dann aber ward der Schatz sorgfältig eingepackt, und hochvergnügt zog er damit ab.

Ein stattlicheres Exemplar der Katzenarten trat uns in der Savanne entgegen in Gestalt des häufig vorkommenden Leoparden (Leopardus antiquorum).

Als erste Notiz über ihn — wohl zu vielfacher Enttäuschung — muß ich bemerken, daß dieses Raubtier von den Negern, wenigstens dieser Gebiete, nicht gefürchtet wird, ich auch nie Fälle hörte, daß Menschen von ihm angegriffen worden seien. Verhaßt ist er ihnen jedoch in die Seele hinein als frecher, mordlustiger Räuber ihrer Ziegen und Schafe und Hühner. Mit Gruben, Schlingen und Schleuderwaffen stellen sie ihm eifrig nach. Die schöne Decke, namentlich von jungen Tieren, wird zusammengenäht als Sack verwendet und schmückt insbesondere den Arm der zum Tanze wandernden braunen Schönen, die darin Essen, Pfeife, Tabak und alles Mögliche verwahren. Die Klauen und Zähne, dazu die zierlichen Hufe der vorerwähnten Zwergantilopen werden von den Männern als Amulette um den Hals getragen oder in den langen Schopf am Kopfwirbel eingeflochten. Eine nähere Beschreibung dieses schönen Raubtieres ist wohl überflüssig, da es in zoologischen Gärten und Menagerien ziemlich häufig ist. „Ebenso schön als gewandt, ebenso kräftig als behend, ebenso klug als listig, ebenso kühn als verschlagen“ schildert Brehm diese prächtige Katze; ich unterschreibe jedes Wort, nur — nach meinen Erfahrungen und den Erzählungen der Neger der von mir durchwanderten Gebiete Westafrikas — muß noch hinzugefügt werden: „ebenso mordlustig gegen Tiere wie feig gegen den Menschen“. Ich habe auf mehrere geschossen, die flüchtig vor mir abgingen, zur Strecke habe ich nur einen gebracht. Wie alle Katzen hat er ein außerordentlich zähes Leben. Ich habe einmal dem Fang eines Prachtexemplars in einer der erwähnten Fallgruben mit angesehen: Speer auf Speer schleuderten die Bali hinunter, wo das Tier bereits schwerverletzt auf einem der spitzen Pfähle hing; aus zahlreichen tiefen Wunden floß das Blut und immer noch krümmte sich der schlanke geschmeidige Leib, peitschte der Schweif die Wände der Grube, fuhr zornfunkelnden Auges der Kopf mit aufgesperrtem Rachen bald an diesen, bald an jenen Speerschaft, und krachend splitterte das Holz unter dem Gebiß.

Für Tiere ist der Leopard ein furchtbarer Feind wegen seiner Mordlust; denn er schlägt weit mehr, als er fortschleppen oder fressen kann. Haustiere raubt er bei hellem Tage mit beispielloser Frechheit. Wie schlimm uns im Urwald so ein Räuber mitgespielt, habe ich bereits erzählt, und oben auf Baliburg entstand eines schönen Tages am hellen Mittag im Hühnerstall dicht neben meinem Haus ein entsetzliches Angstgegacker und bald darauf Geschrei der Leute: massa come quick for outside, one lapard catch all the fowls. Als ich aus dem Hause stürzte, sah ich gerade noch den gelbpelzigen frechen Eindringling im hohen Gras verschwinden; auf dem freien Platz vor der Station lagen zwei zerfleischte Hühner. Die Fenz, die der Leopard überspringen mußte, war über 2 m hoch!

Überrascht und schlecht angeschossen oder in die Enge getrieben mag er wohl sich auch gegen Menschen zur Wehr setzen und wird dann zweifelsohne furchtbar mit seinen messerscharfen Krallen und spitzen Zähnen.

Am gefürchtetsten ist er von unseren alten Bekannten aus dem Waldland, denen wir auch hier oben in der felsigen Savanne begegnen. Nur sind es hier ungemütlichere Vertreter dieser Sippe, und da ist es recht gut, daß ihnen der Leopard so fest auf dem Nacken sitzt. Schimpansen (Troglodytes niger) sind die nicht seltenen Bewohner der felsigen Partien des Graslandes. Zum erstenmal sah resp. hörte ich diese Tiere gelegentlich einer in nordöstlicher Richtung von Baliburg unternommenen

Exkursion im Bwal. Kurz nach Eintritt der Dunkelheit vernahm ich ein mir zunächst unerklärbares Geschrei, welches ich anfangs nahenden, in Streit begriffenen Eingeborenen zuschrieb. Es begann wie mit dem Quieken eines Schweines und ging dann in Gelächter über, das mit grunzenden Lauten untermischt war, um schließlich mit einem lang andauernden, dumpfen Trommeln zu enden. Die Bali erklärten das als Geschrei von großen Affen, die fast so hoch wie ein Mensch seien und sogar bis in die Farmen der Dörfer kämen. Beim Weitermarsch am nächsten Tag durch ziemlich felsiges Terrain sah ich dann auch auf etwa 2—300 m Entfernung eine ganze Bande solcher Tiere auf den Felsblöcken sitzen, lachend und lärmend, dabei uns aber mit den Blicken aufmerksam verfolgend. Ich hatte keine Zeit, mich heranzupürschen; es wäre auch in dem offenen Gelände aussichtslos gewesen. Später einmal brachten mir die Bali einen solchen in einer Farm erlegten Affen. Es war ein Schimpanse, fast so hoch wie ein kleiner untersetzter Mann, nur bedeutend breitschulteriger. Die Beinlänge betrug 67 cm, die Rumpflänge 81; ebenso lang waren auch die äußerst kräftigen Arme. Das Gesicht ist schwarz und unbehaart, der Körper mit dichtem schwärzlichem Pelz bedeckt.

Ein noch wesentlicherer Unterschied zwischen Urwald und Savanne, was die Tierwelt anlangt, tritt in der Vogelwelt zu Tage. Der Graupapagei, der Nashornvogel, die farbenprächtigen Turakos fehlen ganz. An buntgefiederten Vögeln finden wir hier oben nur die grüne Papageitaube und die Vidua. Letztere belebt in zahlreichen Scharen, hübsch gelb und schwarz gefiedert, die Landschaft, ein lustiges, ewig bewegliches Völkchen: der afrikanische Staar. Erstere (Phalacroteron abyssinica) besitzt prachtvoll gefärbtes Gefieder, blaßolivengrün und rötlich angehaucht, und bevölkert in Flügen bis zu 10 und 15 Stück hochgewachsene, einzeln stehende Bäume in den Thälern des Hochlandes, am liebsten solche in der Nähe eines Wasserlaufes. An den gleichen Plätzen hörte ich oft ganz genau unseren heimischen Kuckucksruf ertönen, konnte aber den Vogel selbst nie zu Gesicht bekommen, sodaß ich seine Art nicht genauer zu bezeichnen vermag. An jagdlichem Federwild ist aufzuführen das Savannenhuhn (Francolinus), ähnlich unseren Rebhühnern, nur mit etwas längerem Schnabel und dichterem Gefieder. In starken Ketten plündert es die Farmen und flattert gerade so schwirrend in die Höhe wie ein Rebhuhnvolk auf den heimatlichen Feldern. Im Geschmack gleicht es ebenfalls ganz und gar unseren Rebhühnern. Dann zahlreiche Tauben, unseren Wildtauben ähnlich, nur ist bei den afrikanischen Brust und Bauch zartrosa angehaucht. Welche Art der Familie der Gyratores in ihnen vertreten ist, vermag ich bei meinen laienhaften ornithologischen Kenntnissen nicht zu entscheiden. Vom materialistischen Standpunkt aus waren sie uns stets sehr begehrte Kochtopfobjekte! Hier führe ich gleich noch einen Vogel an, den ich ebenfalls wissenschaftlich nicht näher unterzubringen weiß, als daß ich konstatieren konnte, er gehöre zur Familie der Eulen (Striginae). Ein paar Mal brachten uns die Bali sehr hübsch gezeichnete Käuzchen. Rücken und Flügel gelb und schwarz gestreift, Bauch weißgelb; der Kopf war dicht besetzt mit ganz weichen wollartigen Federn von hellgelber Farbe mit dunklen Punkten. Ohrbüschel hatte das Tier keine, dagegen den ausgeprägten Augenkranz unserer Kauzarten. Die Flügelspannweite betrug 75 cm. Häufig kreisen auch hoch in den Lüften Raubvögel (Falconidae), unserem Bussard an Größe und Zeichnung etwa gleichkommend. Namentlich zur Zeit der Grasbrände sieht man sie in ganzen Scharen über den brennenden Flächen schweben und bald den einen, bald den anderen herunterschießen in das Rauchmeer hinein, um sich von der aufgestörten niederen Tierwelt ein Opfer zu holen, einen Vogel, eine Ratte, eine Schlange, und sich schnell damit wieder in die reinen Lüfte hinaufzuschwingen.

Eine Überraschung ward uns im November 1891 zu teil: ein Gruß aus der Heimat in Gestalt der Schwalben, die eines Tages plötzlich ganz vergnügt und in ziemlicher Zahl ihr blitzschnelles Spiel durch die Luft trieben über Afrikas grünen Savannen am Äquator wie im Norden über Feld und Flur der Heimat. — —

Und ihnen, die in nicht zu ferner Zeit sich wieder sammeln, hinunterzuziehen nach dem Süden, vielleicht in das mir lieb und unvergeßlich gewordene Grasland im Nordgebiet unserer schönen westafrikanischen Kolonie, gebe ich dann meine Grüße dorthin mit, wo ich mich frei und glücklich gefühlt habe, und rufe ihnen zu: Vielleicht auf Wiedersehen am Benue!

# Die Italiener im Benadir-Gebiet.*)

Von Karl von Bruchhausen, Hauptmann a. D.

Die letzten Vorgänge an der ostafrikanischen Küste nördlich der Dschuba-Mündung dürfen ein besonderes Interesse beanspruchen, weniger, weil die Italiener dort in den sechs Jahren ihrer Festsetzung etwas Auffallendes geleistet hätten, sondern weil sie inbezug auf jene Kolonie den entgegengesetzten Weg eingeschlagen haben, wie am Roten Meere. Erythraea wurde von vornherein als Kronkolonie gegründet, das Benadir-Gebiet dagegen einer Gesellschaft überantwortet. Es spricht sich in dieser Thatsache aus, wie unzufrieden man schon im Anfang der 90er Jahre mit dem Gang der Dinge in Erythraea war, sodaß man es nun einmal mit einem anderen System versuchen wollte. Andererseits darf aber auch nicht übersehen werden, daß ein gleiches Verfahren in Erythraea nicht möglich gewesen wäre. Dort mußte man auf einen Zusammenstoß mit zwei militärisch leistungsfähigen, organisierten großen Reichen rechnen, mit denen die Polizeitruppen einer Gesellschaft nicht fertig geworden wären. An der Benadir-Küste ist es, besonders im nächsten Hinterlande, gleichfalls zu Feindseligkeiten mit der eingeborenen Bevölkerung gekommen, aber es handelt sich dort um zusammenhanglose Stämme, zu deren Züchtigung ein paar — von Massaua gesandte — Askari-Kompagnien noch immer genügt haben.

Was ist nun unter Benadir-Gebiet zu verstehen? In italienischen Veröffentlichungen herrscht darüber eine arge Verwirrung. Die Ausgaben für diesen am Indischen Ozean gelegenen Küstenstrich werden im Haushalt von Erythraea verrechnet, obgleich diese beiden Kolonien nichts miteinander zu thun haben; in privaten Schriften wird vielfach das Benadir-Gebiet mit Italienisch-Somaliland als gleichbedeutend aufgefaßt, obgleich ersteres doch nur ein Teil des letzteren ist. Nördlich schließt sich an das eigentliche Land Benadir das durch Vertrag vom 8. Februar 1889

*) Benadir = „Küste der Häfen", vom arabischen bandar, bender (Hafen). Daraus hat sich der Begriff „das Land Benadir" ergeben. Benadirküste ist also ein Pleonasmus.

Benutzte Quellen:

1. Giorgio Mataranga: L'Italia coloniale. Casa editrice italiana.
2. Bollettino Società Africana d'Italia. Napoli. Verschiedene Nummern.
3. Grünbuch vom 25. Juli 1895. Somalia Italiana 1885—95. Roma. Tipografia della Camera dei Deputati 1895. Die wichtigste Quelle; 281 Seiten in Großquart.
4. Maggiore Mocchi: La Somalia Italiana (Benadir) ed il suo avvenire. Napoli. Michele d'Anzio. 1896.
5. La Somalia Italiana e l'eccidio di Lafole. Roma. Rivista Marittima. 1897.
6. Augusto Torresin: L'Italia al Benadir. Nuova Antologia vom 1. Nov. 1899.
7. Mitteilungen der italienischen Tagespresse.

erworbene Sultanat Apia und dann das Land der Mirgurtiner (Ras Alula) an, Namen, an die sich schmerzliche Erinnerungen für uns Deutsche knüpfen. Die Grenze zwischen Italienisch-Somaliland und dem englischen Somaliküsten-Schutzgebiet (Zeila—Berber) wurde durch den italienisch-englischen Vertrag vom 5. Mai 1894 gezogen.

Nach dem erwähnten Vertrage mit dem Sultan von Apia trifft die Südgrenze seines Gebietes 2° 30' n. Br. auf das Meer. Diese Grenzlinie ist aber doch nicht, wie man annehmen sollte, zugleich die Nordgrenze des Benadir-Gebietes, da die von den Italienern angelegte Station Itala (el Athale) unter 2° 45' n. Br. liegt. Man darf also das an Häfen reiche Benadir von hier bis zur Dschuba-Mündung rechnen. Die Besitzverhältnisse an dieser Küstenstrecke sind sehr verschiedenartige. Zum italienischen Einflußbereich gehört sie auf Grund des — von keiner fremden Macht angefochtenen — italienisch-englischen Vertrages vom 24. März 1891. Hiernach bildet zunächst der Thalweg des Dschuba die Grenze zwischen den Einflußbereichen der beiden Länder, sodaß der auf der rechten Seite des Flusses, aber reichlich 10 km von der Mündung landeinwärts gelegene Hauptort Kismayu zu England gehört. Der Schlußartikel des Vertrages bestimmt indes, „daß in der Station und dem Gebiete von Kismayu für Unterthanen und Schutzbefohlene der beiden Länder, sowohl inbezug auf ihre Person und Habe, als auch inbetreff der Ausübung aller Art von Handel und Industrie, völlig gleiche Behandlung bestehen soll“.

Trotzdem haben die Italiener, wenn sie auch zeitweilig einen Residenten in Kismayu hielten, es vorgezogen, auf der linken Seite des Flusses hart an der Mündung eine Station mit dem Namen Dschumbo anzulegen.

Die Haupthäfen der Küste — Brawa, Merka, Mogadischo und Warschek — sind vom Sultan von Sansibar erpachtet; das Zwischenland war herrenlos. Itala ist, wie schon bemerkt, eine italienische Gründung (14. März 1891).

Der Vertrag mit Sansibar verdient besonderer Erwähnung.

Schon seit Anfang 1885 hatte Italien ein Auge auf die Somaliküste vom Kap Guardafui bis zur Dschuba-Mündung geworfen. Einen ersten Erfolg nach dieser Richtung hin bedeutete ein sehr günstiger, noch heute gültiger Handelsvertrag mit Sansibar vom 28. Mai 1885, dessen Zustandekommen hauptsächlich der Rührigkeit des Afrikaforschers Kapitän Cecchi zu verdanken ist. Nach der Vereinbarung mit England und nachdem das Benadir-Gebiet vielfach durch italienische Kriegsschiffe besucht war, welche mit den zwischen den genannten Häfen sitzenden Stämmen Verträge abschlossen, wurde ein weiterer Schritt gethan. Vom 12. August 1892 datiert der Vertrag, durch welchen die vier genannten Hafenplätze mit dem angrenzenden Gebiet, soweit es unter der Souveränetät von Sansibar steht, und zwar bei Brawa, Merka, Mogadischo mit einem Umkreis von 10, bei Warschek mit einem Umkreis von 5 Seemeilen landeinwärts, für eine einmalige Anfangsvergütung von 40 000 Rupien und für einen Jahresbetrag von 160 000 Rupien mit allen Hoheitsrechten an Italien verpachtet wurden. Bezeichnender Weise ist der Vertrag für Sansibar von Sir G. Portal, dem damaligen Vertreter Englands dort, unterzeichnet: Italien sorgt mit für den Unterhalt des thatsächlich depossedierten Fürsten.

Der Vertrag — ein umfangreiches Aktenstück — gestattet der italienischen Regierung die Übertragung aller Hoheitsrechte an eine Privatgesellschaft, welche im Namen des Sultans und unter der Verantwortlichkeit Italiens regiert, Zölle erhebt und Recht spricht. Die Pachtzeit ist auf 25 Jahre bemessen, nach deren Ablauf sie durch eine einfache Erklärung Italiens um weitere 25 Jahre verlängert werden kann. Findet nach 25 oder 50 Jahren eine Rückgabe statt, so gehen alle Anlagen zu öffentlichen Zwecken, wie Bauten, Eisenbahnen u. s. w., in den Besitz des Sultans von Sansibar über, der jedoch deren Wert nach dem Spruch eines von beiden Parteien ernannten Abschätzungsausschusses zu ersetzen hat.

Ein Nachtragsvertrag vom 15. Mai 1893 setzte dann noch fest, daß vom 16. Juli 1893 ab zunächst ein dreijähriges Provisorium einzutreten habe. Gebe Italien innerhalb dieser Frist die vier sansibarischen Häfen auf, so gelte der Vertrag vom 12. August 1892 als nicht geschlossen. Die weiteren Bestimmungen des Zusatzvertrages übergehen wir hier, da Italien auch nach dem 15. Juli 1896 im Benadir-Gebiet verblieben ist. Der wichtigste Punkt des Zusatzvertrages ist der, daß er den Beginn der 25 bezw. 50jährigen Pachtzeit auf den 16. Juli 1896 verlegt.

Für die drei Versuchsjahre wurde die Benadir-Küste einschließlich der Station Itala an eine vom Kapitän V. Filonardi gebildete Gesellschaft übertragen. Seit acht Jahren war der genannte Kapitän an der Somaliküste bereits im italienischen Interesse thätig gewesen und kannte Land und Leute auf das Genaueste. Die Regierung zahlte der Gesellschaft Filonardi, die alsbald von der Küste Besitz ergriff, eine Jahresunterstützung von 300 000 Lire, wofür sie die wirtschaftliche Hebung des Gebietes und die Zahlung des Pachtgeldes an den Sultan von Sansibar übernahm. Ihre Hauptthätigkeit bestand aber zunächst darin, die Küste zwischen den Vertragshäfen durch friedliche Abmachungen mit den Stammeshäuptern unter italienische Oberhoheit zu bringen. Unterstützt durch den italienischen Generalkonsul in Sansibar, Cecchi, gelang das in den drei Jahren zu einem gewissen Teile. Im übrigen hat von der Gesellschaft Filonardi wenig verlautet. Auch ist nicht klar ausgesprochen, weshalb die italienische Regierung den Vertrag nach Ablauf der drei Jahre nicht verlängert hat. Eine neue, in Mailand gegründete Gesellschaft hatte sich erboten, das Benadir-Gebiet zu übernehmen, und die Regierung ging auf das Angebot ein. Anfänglich hieß es, daß man eine kapitalkräftigere Gesellschaft als die Filonardis gebrauche; dann stellte sich aber heraus, daß die Mailänder „Benadir-Gesellschaft" (Tag der endgiltigen Gründung ist der 25. Juni 1896, Vorsitzender der Kommandatore Crespi) nur mit 1 Million Lire arbeitet, während man die Verlängerung des Vertrages mit Filonardi an den Nachweis eines Kapitals von 20 Millionen geknüpft haben soll. Der neuen Gesellschaft wurden auch, wie wir sehen werden, günstigere Bedingungen gestellt als ihrer Vorgängerin.

Übrigens vollzog sich der Wechsel mit erheblichen Hindernissen. Zunächst waren die Geschäfte der Gesellschaft Filonardi abzuwickeln. Hiermit, wie mit der Verwaltung des Benadir bis zur Billigung des mit der Mailänder Gesellschaft abgeschlossenen Vertrages durch das Parlament, beauftragte die Regierung den Generalkonsul Cecchi. Dieser wurde in der Nacht vom 25. zum 26. November 1896 bei Lafole, einen Tagemarsch landeinwärts von Mogadischo, überfallen und niedergemacht. Sein Schicksal teilten 9 Offiziere und Beamte, 2 Unteroffiziere und 1 Bursche von zwei gerade bei Mogadischo anwesenden Kriegsschiffen sowie der Zolldirektor des Ortes. Alle hatten, eskortiert von 50 Askaris, Cecchi auf der anscheinend ganz ungefährlichen Reise zum Sultan von Gheledi, mit welchem Abmachungen zu treffen waren, begleitet. Ein paar gegen italienische Offiziere gerichtete Blutthaten, das Werk vereinzelter Fanatiker, waren bereits vordem an der Küste zu beklagen; zu einem Massenangriff gegen Europäer war es indes nie gekommen. Daher hielt die italienische Regierung ein hartes Strafgericht für angezeigt und dieses wurde durch zwei von Massaua hingeschaffte Eingeborenen-Kompagnien gründlich abgehalten.

Gleich nach der Ermordung Cecchis wurde der Fregatten-Kapitän Sorrentino, ein volks- und ortskundiger Offizier, zum zeitweiligen Gouverneur des Benadir ernannt, und ihm folgte, als er nach einer so ersprießlichen Thätigkeit, wie sie in der kurzen Zeit überhaupt möglich war, im Dezember 1897 heimkehrte, der Königliche Kommissar Dr. Dulio, nebenbei ein Vertreter der genannten Mailänder Gesellschaft. Der Vertrag mit dieser hatte infolge der parlamentarischen Zwischenfälle immer noch nicht Abgeordnetenhaus und Senat passiert.

Der erste, 1896 mit der Gesellschaft vereinbarte Vertrag war von der Regierung inzwischen zurückgezogen und ein neuer vom 28. Januar 1898 vorgelegt. Dieser brachte es wenigstens bis zur Verabschiedung im Kammerausschuß (31. März 1898). Dort hielt man kleine Änderungen für angezeigt, und ihnen entsprechend wurde der Kammer am 1. Juli 1898 ein neuer Text vorgelegt, der vom 1. Mai desselben Jahres rückwärts datiert war. Der Ausschuß empfahl die Annahme, aber dann ließen politische Ereignisse das ganze Gesetz in der Versenkung verschwinden.

Inzwischen lief die mit der Gesellschaft vereinbarte Frist zur Übergabe der Küste ab, und die Regierung wußte sich nicht anders zu helfen, als indem sie in den ersten Tagen des Januar 1899 ihren Konsul in Sansibar anwies, auf Grund des Vertrags-Entwurfes vom 1. Mai 1898 das Gebiet der Gesellschaft zu übergeben. Der dann von der Regierung unternommene Versuch, nachträglich die Genehmigung der Volksvertretung herbeizuführen, scheiterte zunächst an dem durch maßlose Ausschreitungen einzelner Abgeordneten unvermeidlich gewordenen Schluß der Session anfangs Juli 1899. Wahrlich ein Armutszeugnis für den Parlamentarismus! Am 28. November 1899 genehmigte die Kammer dann den Vertrag; der Senat folgte bald, und unter dem 31. Dezember 1899 erhielt er endlich Gesetzeskraft.

Der Vertrag vom 1. Mai 1898 ist nun ein umfangreiches, nicht besonders übersichtlich geordnetes Aktenstück. Sein wesentlichster Inhalt ist:

Vom Tage des Datums an wird die Benadir-Handelsgesellschaft (Società anonima commerciale italiana del Benadir, Somalia Italiana) zur Verwaltung der Städte und des Gebietes von Benadir sowie des zugehörigen Hinterlandes zugelassen. Die Regierung hat das Recht, ihre Thätigkeit zu überwachen, und zahlt ihr vom 1. Mai 1898 bis zum 30. April 1910 jährlich 400 000 Lire und vom 1. Mai 1910 bis zum 16. Juli 1946 jährlich 350 000 Lire an Unterstützung. Alle Minengerechtigkeiten werden der Gesellschaft ohne Entgelt verliehen; sie darf dieselben bis zum Ablauf des Pachtvertrages an dritte Personen weitergeben, doch ist, wenn hierbei Ausländer in Frage kommen, vorher die Genehmigung der Regierung einzuholen. Ebenso ist die Gesellschaft zur Inbesitznahme aller domanialen Grundstücke befugt und darf dieselben an Italiener oder Eingeborene verpachten, an Ausländer nur nach Genehmigung seitens der Regierung. Zollerhebung wie Steuerausschreibung ist Sache der Gesellschaft. Die Wareneinfuhr vom Benadir nach Italien unterliegt denselben Bestimmungen, wie die Einfuhr von Erythrea her. Die Regierung hat ein Kriegsschiff an der Benadir-Küste bezw. in den Gewässern von Sansibar zu stationieren.

Die Verpflichtungen der Gesellschaft sind dagegen die folgenden: Hissung der italienischen Flagge an allen Orten, an denen sie zu thun hat; Förderung des

Gedeihens der Kolonie nach jeder Richtung hin, insbesondere aber inbezug auf die wirtschaftliche Entwickelung (die Regierung hat dabei ein ziemlich weitgehendes Überwachungsrecht); Zahlung der jährlichen Abgaben von 120 000 Rupien[1]) (annähernd 200 000 Lire) an den Sultan von Sansibar und von zusammen 3600 Thalern an die Sultane von Apia und Alula; Erhaltung der übernommenen Anlagen und Baulichkeiten bei gutem Zustande; Aufstellung und Erhaltung einer Schutztruppe von mindestens 600 Köpfen, für welche Gewehre und Munition zum Selbstkostenpreise aus den staatlichen Depots — vorzugsweise von Massaua — bezogen werden können (jeglicher Waffenhandel ist der Gesellschaft untersagt); genaue Beachtung der Berliner und Brüsseler Akte (vom 26. Februar 1885 und 2. Juli 1890); Übernahme des Postdienstes in Gemäßheit der Satzungen des Weltpostvereins u. s. w.

Der Vertrag läuft bis zum 16. Juli 1946, doch ist die Gesellschaft befugt, ihn nach 12 Jahren, der Staat nach 25 Jahren (zum 16. Juli 1921 nach 2 Jahre zuvor erfolgter Kündigung) zu lösen, falls er dann die Kolonie in eigene Verwaltung nehmen oder den Vertrag mit Sansibar nicht um 25 Jahre verlängern will. Im Falle der Lösung des Vertrages aus solchen Gründen ersetzt die Regierung der Gesellschaft den Wert der von ihr hergestellten öffentlichen Anlagen, Baulichkeiten u. s. w. Im Falle, daß der Vertrag infolge von Verschuldung seitens der Gesellschaft aufgehoben wird, findet eine solche Vergütung nicht statt.

Dieser Vertragsentwurf hat in der italienischen Presse allerlei Anfechtungen erfahren. Man bezeichnet ihn — namentlich auch inbezug auf die erteilten Minengerechtigkeiten — als zu günstig für die Gesellschaft, zu ungünstig für die Regierung. In der That kann es befremden, daß die Regierung sich bis 1946 zur Zahlung der Unterstützung verpflichtet, während es doch billig erscheint, daß die Gesellschaft, sofern sie gute Geschäfte macht, zum wenigsten die Jahresabgabe an den Sultan von Sansibar aus eigenen Mitteln bezahlt. Jedes Staatswesen muß dahin streben, daß seine Kolonien allmählig auf eigenen Füßen zu stehen lernen und in weiterer Entwickelung dem Mutterlande — direkt oder indirekt — Vorteil bringen, sodaß sich die auf die Entwickelung der Kolonie vom Staate verwandten Summen schließlich rentieren. Dieser Gesichtspunkt scheint, wenn es sich auch im vorliegenden Falle um eine verhältnismäßig geringe Summe handelt, außer Acht gelassen zu sein. Bei Beurteilung der Höhe der Unterstützung muß freilich in Rechnung gezogen werden, daß die italienische Benadir-Gesellschaft sich zur jährlichen Zahlung von 60 000 Lire an die deutsch-ostafrikanische Dampferlinie verpflichtet hat, wofür diese einmal monatlich auf der Fahrt von Neapel nach Sansibar (und zurück) an einem Hafen Benadirs anlegt. Hiermit ist am 1. Februar 1899 begonnen.[2])

Auch sei der Staat — so behauptete man — durch den Vertrag keineswegs vor Mehrkosten gesichert; denn wenn die Gesellschaft in Konflikte mit den Landeseinwohnern gerate, in denen die 600 Askaris nicht ausreichten, müsse das Mutterland doch helfend einspringen.

---

[1]) Es war Filonardi mit Unterstützung Cecchis gelungen, durch direkte Vorstellungen in Sansibar für die erste Zeit die jährliche Pachtsumme von 160 000 Rupien um 40 000 herabzudrücken. Anscheinend ist es dann bei dem Satze von 120 000 Rupien geblieben.

[2]) Nach einer uns zu Gesicht gekommenen Notiz wäre das Anlegen inzwischen wieder eingestellt worden, doch fehlen uns über diesen Punkt zuverlässige Angaben.

Ferner hat man die geringe Höhe des Kapitals, mit welchem die Gesellschaft arbeitet, bemängelt. Über die „eine Million“, hieß es, lachten sogar die Somali.

Endlich vermißte man jede Angabe über die Abgrenzung des der Gesellschaft zu übergebenden Gebietes, und zwar weder an der Küste (vergl. das oben darüber Gesagte),[1] noch inbezug auf das Hinterland. In dem ersten, 1896 entstandenen Vertragsentwurf war das ganze weite Gebiet landeinwärts auf Grund des englisch-italienischen Vertrages vom 24. März 1891 als das „Hinterland“ der Benadir-Küste bezeichnet. Inzwischen aber ist die Lage durch den unglücklichen Krieg mit Abessinien 1895/96 gründlich verschoben. Im Frieden von Adis Abeba (26. Oktober 1896) wurde die Grenzregulierung offen gelassen. Nachher beanspruchte der Negus Negesti im Somalilande als Ostgrenze seines Reiches eine Linie, welche, etwa vom Schnittpunkt des 8° n. Br. mit dem 48° ö. Länge von Greenwich ausgehend, auf ungefähr 180 Meilen (es sind wohl englische = 290 km gemeint) parallel zur Küste bis zum Dschuba läuft. Hiernach würde Lugh, wo Bottego im Dezember 1895 eine Station errichtete, an Abessinien fallen; indes hat Menelik sich ausdrücklich verpflichtet, daß diese Handelsstation in keiner Weise belästigt werden solle.[2] Italien hat dann die von Menelik gewünschte Grenzlinie im Prinzip zugestanden; ein vertragsmäßiger Abschluß steht aber immer noch aus, da Italien an der Nordgrenze von Tigré von Meneliks Vorschlägen abweichende Wünsche hat und jener die Entscheidung immer hinausschiebt. Nach Versicherung des Regierungsvertreters im italienischen Kammerausschuß 1898 sollen die Grenzen des Benadir-Gebietes in einem Zusatzvertrage genau festgelegt werden, sobald Italien mit Menelik im klaren ist.

Wenn nun auch, wie zu erwarten steht, das Hinterland der italienischen Somali-Küste durch die vorgeschriebene abessinische Grenze beschränkt wird, so bleibt doch noch genug übrig, um bei geschicktem Anfassen seitens der Benadir-Gesellschaft glänzende Erfolge erzielen zu können, und zwar durch Handel sowohl wie auch durch Plantagen-Betrieb.

Sehen wir uns das Land näher an.

Daß es einer hohen Blüte fähig ist, hat es unter der Herrschaft der Portugiesen gezeigt, die vom Ende des 15. bis zum Ende des 17. Jahrhunderts dauerte. Dann fiel es in die Hände der Araber zurück und gehörte lange Zeit zum Sultanat Maskat; als von diesem im Jahre 1856 das Sultanat Sansibar abgezweigt wurde, fiel das Benadir an dieses. Mit dem Verschwinden der Portugiesen begann der wirtschaftliche Niedergang der Küste, und er dauerte bis zu dem Tage, an dem die Italiener dort erschienen. Sie hatten und haben alles neu aufzubauen.

Das Klima des Benadirs ist im ganzen als zuträglich zu bezeichnen. Der Marinearzt Dr. Aerusio berichtete darüber nach längerem Aufenthalt 1897, „daß Europäer von starker Konstitution dort ohne Gefahr, von ernsten Krankheiten ergriffen zu werden, dauernd wohnen können, wenn sie nur den Vorschriften persönlicher Hygiene, wie sie bei dauerndem Aufenthalt in heißen Klimaten geboten sind, mit peinlicher Genauigkeit nachleben“.

---

[1] Es scheint, daß die Sultanate Obbia und Alula mit in das der Gesellschaft zur Verwaltung und Ausbeutung überwiesene Gebiet einbegriffen sind, da nach Art. 4 des Vertrages die Zahlung der regierungsseitig an die beiden Sultane zu entrichtenden Jahresunterstützung (zusammen 3600 Thaler) durch die Gesellschaft vermittelt wird.

[2] Schon im Herbst 1895 hatten abessinische Horden Lugh bedrängt.

Fieber ist an der Küste nicht selten, aber es tritt im allgemeinen nicht bösartig auf; Cholera ist noch nie dort ausgebrochen. Gutes Wasser kann mit geringer Mühe beschafft werden. Die Temperatur zeigt keine Extreme; sie hält sich an der Küste zwischen 24 und 31° C.; in dem Winkel zwischen dem Webi Schebehli und dem Dschuba sinkt sie des Nachts ab bis auf 15° C; starke Regengüsse, die im Innern häufiger auftreten als an der Küste, fallen in den Monaten November und Mai. Die Bewohner — hauptsächlich Somali — sind im allgemeinen stolz, anmaßend, wortbrüchig und — stets bewaffnet — zu Gewaltthätigkeiten geneigt; an der Küste, wo sie stärker mit arabischem Blute durchsetzt sind, zeigen sie sich gutartiger und arbeitswilliger als landeinwärts. Sie bekennen sich zum muhammedanischen Glauben.

Der vor Jahrhunderten blühende Handel beschränkt sich auf die vier Häfen Brawa, Merka, Mogadischo und Warscheik. Tschumbo hat vorläufig eine geringe händlerische Bedeutung und Itala noch weniger. In Brawa, Merka und Mogadischo haben Banianen aus Sansibar den Handel gleichsam monopolisiert. Die Landung bereitet der Brandung wegen in allen Häfen einige Schwierigkeit.

Im einzelnen sei bemerkt Tschumbo (Gobuen), an der linken Seite der Dschuba-Mündung, war trotz des ganz klaren Wortlautes des englisch-italienischen Vertrages vom 24. März 1891, der den Thalweg des Dschuba als Grenze des beiderseitigen Einflußbereiches festsetzte, von der englisch-ostafrikanischen Gesellschaft besetzt worden! Auf die Vorstellung der italienischen Regierung hin befahl England am 4. März 1894 die Räumung.

Brawa (reichliches Trinkwasser, 4000 — durchweg friedliche — Einwohner) hat einen etwas schwierigen, aber verhältnismäßig leicht zu verbessernden Ankerplatz. In Merka (hohe Lage auf Felsen, unbändige Bevölkerung[1]), viele Häuser in Mauerwerk aufweisend, ist der Hafen nicht ganz sicher, aber sonst bequemer. Mogadischo (im 9. Jahrhundert durch Araber gegründet, 6000 Einwohner, auf einem Sandhügel gelegen und viele Häuser in Mauerwerk aufweisend) war in früheren Zeiten und ist noch heute trotz allen Verfalls der Hauptort für den Handel des Benadir-Gebietes und zugleich Sitz der Regierung. Der Hafen ist gut. Die Italiener haben dort ein Fort errichtet, welches eine ständige Besatzung von 50 Suaheli's unter einem italienischen Offizier hat und mit vier 25 mm Geschützen sowie vier Gardner-Mitrailleusen bestückt ist.

Warscheik (an einer kleinen Bucht mit bequemer Einfahrt gelegen) hat guten, zu jeder Zeit die Landung gestattenden Ankerplatz.

Itala kann in seinem Hafen, der wohl beim Ost-Nord-Ost-Monsum, nicht aber während des Süd-West-Monsums zugänglich ist, nur Schiffe von geringerem Tiefgang aufnehmen.

Eine Anzahl kleinerer Zwischenstationen, an denen auch Zölle erhoben werden, bedarf nicht der Aufzählung. Dagegen bleibt die weit ins Innere vorgeschobene Station Lugh am Dschuba zu erwähnen, ein Handelsmittelpunkt erster Ordnung. Der Sultan von Lugh hat sich 1895 unter italienischen Schutz gestellt. Als Bottego auf seiner so unglücklich abgeschlossenen Erforschungsreise Ende 1895 nach Errichtung eines Forts weiterzog, ließ er Ugo Ferrandi, einen Forscher im Kleinen, der fast sein ganzes Leben an der Somali-Küste zugebracht hat, dort zurück. Ein paar Jahre später kam Ferrandi mit Urlaub nach Italien; ob er dann auf seinen Posten zurückgekehrt ist, wissen wir nicht. Von altersher liegt nun der Handel von Lugh

[1]) 1893 wegen Ermordung eines italienischen Offiziers bombardiert.

nicht dem Dschuba abwärts, sondern geht über Land nach Mogadischo, Merka und Brawa; die erstgenannte Karawanenstraße — es werden nur Kamele, an denen das Benadir reich ist, und auch wohl kleine Esel benutzt; die Fortschaffung von Lasten durch Träger ist unbekannt — ist die am meisten benutzte, trotzdem sie die längste ist; auf ihr braucht man bei täglich 18 stündigem Marsch 15 Tage; auf den beiden anderen 14 bezw. 12 Tage. Als das händlerische Hinterland des Benadir sind die ganzen zum Teil recht ausfuhrfähigen Galla-Länder bis zum Rudolf-See zu betrachten (Bottego traf eine Handelskarawane von Lugh in Burgi und dann westlich des Stefanie-Sees; er stellt dem Handelstalent und der Unternehmungslust der Somali-Kaufleute ein glänzendes Zeugnis aus); dann aber auch das nordwestlich gelegene Ogaden[1], „die Perle des Somali-Landes". Der Handel mit diesen Gebieten verspricht glänzende Erträge, sobald — was wohl erreichbar erscheint — der Feindseligkeit der im unmittelbaren Hinterlande der Küste sitzenden Stämme (Rahanuin) ein Ende gemacht ist, und sofern — dies ist ein noch wichtigerer Punkt — die sich auf der ganzen Linie bis zum Rudolf-See vorschiebenden Abessinier[2]) nicht störend eingreifen. Das Beute- und Plünderungssystem der weit umherstreifenden abessinischen Horden giebt zu denken, doch vermag Meneliks Befehl viel. Ohne gutes Einvernehmen mit ihm dürfen die Italiener nicht hoffen, durch Handel denjenigen Vorteil aus dem Benadir zu ziehen, den es seiner geographischen Lage und den ganzen Verhältnissen gemäß verspricht.

Bislang ist der Handel der italienischen Somali-Küste noch bescheiden. Ausfuhrprodukte sind: Mutadi (eine Art türkischen Weizens), Durra, Sesam, roter Pfeffer, Gewürznelken, Weihrauch, Myrrhen, Wachs, Gummi, Lackmus, graue Ambra (in geringer Menge), Korallen, Kamele, Rindvieh, Esel, Schafe, Ziegen, Butter, Fett, Felle von Rindvieh, Ziegen und wilden Tieren, Rhinozeros-Hörner, Zähne von Flußpferden und Wildschweinen, Elfenbein, Straußenfedern u. s. w.; Einfuhr-Produkte dagegen: englische, amerikanische und türkische Baumwollenzeuge und -Garne, Reis, Kaffee, Datteln, Zucker, Honig, Petroleum, Seife, Streichhölzer u. s. w. Ausfuhr und Einfuhr halten sich, wie das angesichts der fast ganz unbedeutenden Industrie des Landes nicht anders sein kann, so ziemlich das Gleichgewicht.

Im Jahre 1895 bezifferte sich der Wert der Einfuhr auf 305076, der Ausfuhr auf 300442 Thaler. Unter der geschickten Verwaltung Sorrentinos war 1896—97 die Einfuhr bereits auf 458032 Thaler (1371096 Lire), die Ausfuhr auf 458495 Thaler (1375487 Lire) gestiegen. Für die Einfuhr sind darunter die Hauptposten in Thalern: Baumwollzeug (290530), Kaffee und Rinder (37889), Tabak (30279), Petroleum (15063), Melasse (13107), Zucker (8568), Baumwollgarn (7037), Reis (6759) u. s. w.; für die Ausfuhr: Durra (125512), getrocknete Felle (82012), Butter (81901), Elfenbein (32517), Sesam-Samen (22376), Ochsen (20501), Gummi (20369), Ziegen (19170), Kamelfell (7550), Myrrhe (4675), Sesam-Öl (3946) u. s. w. Von der Gesellschaft Filonardi wurden — mit Genehmigung der italienischen Regierung — die folgenden Zölle festgesetzt: (14. März 1895) Einfuhrzölle: 5% des Warenwertes mit Ausnahme der Spirituosen, welche 20—25% zu tragen haben.

---

[1]) Der Waren-Zufluß von hier dürfte durch die Bahn Dschibuti-Harrar, wenn fertig, erheblich benachteiligt werden.

[2]) Sie zeigen, Dank ihrer Feuerwaffen, eine erstaunliche Ausdehnungskraft; man lese das kürzlich erschienene Buch L'Omo, welches über Bottegos zweite Expedition Bericht erstattet.

Ausfuhrzölle: Elfenbein, Kopal und Kautschuk 15% des Wertes, Sesam und Erdnüsse 12%, Felle, Rhinozeros-Hörner, Flußpferdzähne, Schildkröten, Muscheln, Butter, Ambra, Baumrinden 10%, für alle anderen Waren 5%. Auszuführende Tiere tragen einen Kopfzoll. Durchgangswaren werden nicht zum zweiten Male besteuert. Die vorstehenden Zollsätze erscheinen reichlich hoch bemessen.

Die Industrie des Landes vermag den Handel nicht wesentlich zu fördern. Sie steht auf sehr niedriger Stufe, da der Somali von reinem Blute jegliche Handarbeit verachtet und den untersten, mischblütigen Volksklassen überläßt. Es sind allenfalls zu verzeichnen:

Herstellung der eigenen Waffen (Lanzen, Messer und mit Fell überzogene Schilde), Sandalen, Wasser- und Milchbehälter (aus Pflanzenfaser geflochten und mit einem wasserdichten Lack überzogen, dann auch aus Thon gebrannt); Auspressen von Öl aus dem Sesam-Samen (vermittelst sehr ursprünglicher, von einem Kamel getriebener Mühlen); Anfertigung von Benadir-Geweben, die einst in hohem Ansehen standen und in großer Menge produziert wurden; heute sind hierbei in Mogadischo etwa 1000, in Merka 500 und in den kleineren Orten eine geringe Anzahl Sklaven beschäftigt.

Um so bessere Aussichten verspricht die Bodenbebauung, wenn sie richtig angefaßt wird. Die Somali sind zu gleichgültig und träge, als daß sie die Fruchtbarkeit großer Flächen, welche infolge der zwei Regenzeiten (November und Mai) selbst bei geringer Pflege zwei Ernten (Februar und September) geben, ausnutzten, oder die Wassermengen ständig fließender großer Flüsse wie Dschuba und Webi Schebehli durch künstliche Bewässerung des angrenzenden Landes auf weitere Entfernungen nutzbar machten. Ein kleiner Anfang dazu findet sich freilich am Webi Schebehli. Dieser Fluß (Webi), der an den verschiedenen Stellen wechselnde Namen führt und am Südabhange des abessinischen Hochlandes entspringend auf 50—20 km parallel zur Küste läuft, bildet den eigentlichen Reichtum derselben. Baumwolle, Tabak, Zuckerrohr, Indigo, Sesam, Sorghum, Dura gedeihen im Schebehli-Thale vorzüglich, an einzelnen Stellen auch Kaffee. Mit Baumwolle hat ein Teilhaber der Benadir-Gesellschaft, der Mailänder Georg Mylius, vor Abschluß des Vertrages mit der Regierung so glänzende Erfolge erzielt (sie soll mindestens ebenso gut sein wie die amerikanische, und viel billiger), daß — nach italienischen Quellen — ihre Einführung auf den Markt ein Ereignis für den Welthandel bilden würde. Zunächst ist aber das Thal des Schebehli, des Hauptfeldes für den Baumwollenbau, nur der bewaffneten Macht, nicht aber dem Forscher oder Zivilisator zugänglich. Die Italiener gehen trotzdem mit dem Gedanken um, Bewässerungskanäle vom Schebehli zum Meere zu führen.

Aber auch näher an der Küste, in der nächsten Umgebung der Ortschaften, ist der Boden z. T. ergiebig und lohnt den Anbau von Muindi, Dura u. s. w. vorzüglich. Der Zentner Dura kostet selten über 6 Lire, und oft sinkt der Preis bis auf 4 Lire. Für europäische Besiedelung, d. h. für Körperarbeit von Europäern, ist das Land nicht geeignet, wohl aber — und zwar vorzüglich — für Plantagenbau mit eingeborenen Arbeitern. Nur bietet die Beschaffung derselben einige Schwierigkeit. Die echten Somali sind, wie schon gesagt, zu faul und stolz und übertragen die Bestellung der Felder ihren Sklaven (meist Suaheli); die Benadir-Gesellschaft muß also auf Einfuhr von eingeborenen Arbeitern Bedacht nehmen. Sie kann auf Erträge aus Bodenbebauung — wenn auch vorläufig ohne Ausnutzung des Schebehli-Thales — nicht verzichten.

Daneben läßt sich trefflich Viehzucht betreiben, die auch in den Händen der Eingeborenen zur Zeit nicht so darniederliegt wie der Ackerbau. In den Thälern der großen Flüsse gedeiht Vieh jeder Art so vorzüglich, daß z. B. in Mogadischo ein Kamel für 15 Lire zu haben ist (in Massaua 200 Lire), und daß Ochsenfleisch dort 15 Centesimi das Kilogramm kostet. Fleischkonservenfabriken würden im Benadir mit Erfolg arbeiten können.

Wie ausgeführt, ist die Benadirkolonie in reichem Maße entwickelungsfähig. Es bleibt abzuwarten, ob die Mailänder-Gesellschaft zweckmäßige Wege — Anlage von festen Posten an den Karawanenstraßen, Flußregulierungen und Bewässerungsvorrichtungen, Erleichterung der Landung, regelmäßiger Handelsdampferverkehr mit Europa — einschlägt und genügende Unternehmungslust besitzt.

Der Staat hat die Verhältnisse für geraume Zeit festgelegt. Gedeiht die Kolonie nach Wunsch, so dürfte er 1921 den Vertrag lösen und aus dem Benadir eine Kron-Kolonie machen. So pflegt der Gang kolonialer Entwickelung zu sein.

# Der Strike der Schafscherer am unteren Darling-Fluß.

Ein Erlebnis aus dem australischen Busch von Dr. med. Franz Kronecker aus Berlin.
(Mit 2 Bildern.)

Die Erde ist rund und dreht sich. Was auf einer Seite passiert, das wiederholt sich mit geringen Abweichungen auf der anderen. Diese Erfahrung muß ein jeder machen, der mit offenen Augen und Ohren die Welt durchwandert. Hier wie dort erbitterte Kämpfe zwischen Arbeitgeber und Arbeitnehmer, hier wie dort monatelanger Stillstand ausgedehnter Industrien aus Mangel an Arbeitskräften, hier wie dort Zusammenrottungen großer Arbeitermassen, um mit roher Gewalt die Anstellung fremder, ihrer Vereinigung nicht angehöriger Kräfte zu hindern, und wenn Verschiedenheiten zwischen Europa und Amerika einerseits und Australien andererseits existieren, so ist das eben nur, weil die Industriezweige sowie die Arbeitsbedingungen beider Landkomplexe teilweise wesentlich von einander abweichen.

Eine Erscheinung, welche ein Charakteristikum Australiens bildet, ist der Strike und der Aufstand der Schafscherer. Nirgends sonst wird man dergleichen wiederfinden, einfach aus dem Grunde, weil kein anderes Land der Erde so ausgedehnte Schafzüchtereien besitzt. Die Kampfesweise ist genau die gleiche wie in anderen Industrien. Auch hier Bildung einer großen Vereinigung von Arbeitern, welche sich verpflichten, nur unter bestimmten Bedingungen zu schaffen, Niederlegung resp. Nichtaufnahme der Arbeit, sobald der Arbeitgeber sich jenen Bedingungen nicht fügt, gewaltsame Auflehnung gegen fremde, ihrer Union nicht zugehörige Leute, Drohungen, ja selbst Zerstörungen von Werkstätten und Magazinen. Indessen ist das Schergeschäft an eine ganz bestimmte Zeit gebunden, welche nur wenige Monate umfaßt; die Leute, welche dasselbe besorgen, sind zu diesem Behufe angezogen, sie sind auf den betreffenden Farmen nicht dauernd angestellt. Den Schauplatz ihrer Thätigkeit bildet eine entlegene Station im Busch, nur selten telegraphisch oder telephonisch mit der nächsten Ortschaft verbunden, sodaß im Falle von Mißhelligkeiten polizeiliche Hilfe nur langsam und ungenügend zu erlangen ist. Alle diese Faktoren bedingen Abweichungen in der Art und Weise des Kampfes, welche für den Fremden, nicht direkt Beteiligten von hohem Interesse sind, und ich war meinem Schicksal dankbar, welches mich bei meinem verhältnismäßig kurzen Aufenthalte im Innern Australiens einen Einblick in jene Zustände thun ließ. Eine kurze Skizzierung der Beobachtungen und Erlebnisse, welche ich bei meiner Fahrt den „Darling River“ hinauf machte, mag daher für den Leser dieser Zeitschrift nicht ohne Interesse sein. Unsere Geschäftsleute und Fabrikanten aber, welche unter den erbitterten Lohnkämpfen hier zu Lande so viel leiden müssen, mögen in dem Bewußtsein ihren Trost finden, daß auch auf der anderen Seite der Erdkugel, auf den teilweise noch jungfräulichen Fluren Australiens, schon die gleiche Misere herrscht wie im lieben Vaterlande, wenn auch in etwas veränderter Gestalt.

Am Sonnabend, den 11. August 1894, verließ ich Mildura, jene Irrigations-Kolonie am linken Ufer des Murray-Flusses, welche sich in kaum 6 Jahren aus einer Buschwildnis zum anmutigsten Fruchtgarten entwickelt hat. Ich hatte als Hospitant dem Delegiertentage der Fruchtgärtner beigewohnt und in einer Reihe instruktiver formvollendeter Vorträge viel des Interessanten und Belehrenden in mich aufgenommen. Wahrhaft entzückt hatte mich die kleine, reizend und graziös arrangierte Ausstellung, in welcher der Besucher eine reiche Auswahl der herrlichsten Früchte, eine Fülle duftiger farbenprächtiger Blumen und eine lange Reihe dem Gartenbau dienender Werkzeuge und Apparate, kurz alles, was die blutjunge, aber schnell und lebensfrisch erblühende Kolonie produziert, mit Staunen und Anerkennung bewundern durfte.

Welch ein Kontrast, dieses Bild tiefsten Friedens und gedeihlicher, fröhlich fortstrebender Arbeit gegen das, was ich wenige Tage später am Darling-Fluß sehen sollte!

Gegen 10 Uhr abends setzte sich der kleine, leidlich komfortable Flußdampfer, welcher mich nach Menindie, einer kleinen Station am oberen Darling-Fluß bringen sollte, in Bewegung. Leider waren wir genötigt, Schleppdampfer zu spielen;

Dampfer auf dem Darling-Fluß.

ein umfangreicher, mit Fruchtkästen, Mehlsäcken und Bierfässern schwer beladener Kahn folgte uns an einem langen Seile, ein Umstand, welcher zur Beschleunigung der ohnehin recht trägen Fahrt nicht gerade beitrug. Ich war vorläufig der einzige Passagier, doch erschienen in Wentworth, einem Dörfchen, welches an der Einmündung des Darling- in den Murrayfluß liegt, noch einige andere, unter ihnen ein Mr. M., „Wool-Classer" (Wollsortierer), mit Frau und Kind, sowie vier Arbeiter als Deckpassagiere, welche alle eine thätige resp. leidende Rolle in dem nun folgenden Drama zu übernehmen bestimmt waren.

Die Ufer des Darling gleichen denen des Murray durchaus. Eukalyptus-Wald unterbrochen von weiten Wiesenflächen, wieder Eukalyptus-Wald und wieder Wiesenflächen. Die Szenerie ist nicht ohne Reiz, aber überaus monoton, und wenn dies vier Tage so fort geht, so wird man des Sehens bald müde, man vertieft sich in spannende Lektüre oder widmet die träge dahinschleichenden Stunden dem Tagebuche und dem Briefschreiben. So waren gar friedlich der 12. und 13. August mit Essen und Trinken, Lesen und Schreiben verstrichen, als am Abend des letzteren Tages plötzlich eine ziemlich unerwartete Wendung eintrat. Ruhig schreibend saß ich im Salon des

Dampfers, als gegen 9 Uhr abends, nachdem das Boot an dem kleinen Platz „Bunberry" angelegt hatte, ein gewaltiger Lärm mich aufschreckte. Als ich auf Deck hinaustrat, wäre ich beinahe niedergerannt worden. Mehr als 20 Männer kamen auf das Schiff gestürmt. Geschrei: „Are you a Black Leg?" (Black Leg verächtlicher Ausdruck für einen außerhalb der Vereinigung arbeitenden Schafscherer, am passendsten wohl mit „Rauhbein" zu übersetzen). „How many Black Legs have you on board?" gellte mir um die Ohren, Rufe, deren Sinn mir natürlich im Anfang absolut dunkel blieb, bis mir durch die Erklärung der Stewardeß allmählich ein Licht aufging. Inzwischen mochten die Eindringlinge wohl auch zu der Überzeugung gelangt sein, daß ich weder Schafscherer noch der Kapitän des Schiffes sei, und ließen von mir ab.

Ich glaubte natürlich, es sei auf Plünderung abgesehen, eilte auf das Oberdeck, wo meine Kabine sich befand, und faßte Posto vor meinen Reiseeffekten.

Unterdessen waren mehr als 50 Unionisten — denn um solche handelte es sich natürlich — auf dem Dampfer aufgetaucht, während sich eine ungefähr gleiche Zahl am Ufer zusammengerottet hatte. Widerstand erschien nutzlos und mit Geduld mußten wir, Kapitän, Mannschaft und Passagiere, uns in das Unvermeidliche fügen. Der Mond, welcher freundlich an dem klaren Nachthimmel erglänzte, beleuchtete eine recht wilde Scene. In allen Winkeln wurde das Schiff nach „Black Legs" durchstöbert; Warenballen wurden herausgerissen und durcheinander geworfen, und nur dem glücklichen Umstande, daß sich unter der großen Zahl wüster Gesellen auch besonnene und anständige Elemente befanden, hatten wir es zu danken, daß wenig zerstört und, abgesehen von einem Paar alter Stiefel, nichts gestohlen wurde.

Die beiden nicht der Union angehörigen Scherer, welche wir an Bord hatten, waren bald gefunden. „Locht sie ein in den Wollschuppen, thut ihnen aber nichts zu Leide", das war ungefähr der Sinn der Worte, mit welchen die armen Teufel ans Land komplimentiert wurden.

Mit dieser geringen Ausbeute zeigten sich die Herren Unionisten freilich keineswegs zufrieden. Sie glaubten steif und fest, wir müßten noch mehr als 20 „Black legs" mit uns führen, und außer dem Dampfer wurde nun auch die Barke, welche er am Schlepptau führte, einer genauen Visitation unterzogen. Indessen blieben alle weiteren Bemühungen der Herren Vereinler ohne Resultat. Wir hatten thatsächlich, abgesehen von den beiden Arretierten, keine Scherer mehr an Bord. Zwei junge Burschen, ihres Zeichens Schlächtergesellen, welche jeder Uneingeweihte aber für Schafscherer ansehen konnte, hielt Mr. M., der Wollsortierer, in seiner Kabine versteckt, und es gelang ihm thatsächlich, ihre Entdeckung zu verhindern, indem er die Tumultuanten bat, von der Durchsuchung dieser seiner Kabine abzusehen, weil darin sein Baby schlummere. Wirklich besaßen die Leute auch so viel Zartgefühl, um des schlafenden Kindchens willen jenen Raum unberührt zu lassen.

Die Unionisten wollten sich aber noch immer nicht zufrieden geben; Drohungen wie „We blow you up" (Wir sprengen euch in die Luft) und ähnliche liebenswürdige Versprechungen wurden laut. Man kündete uns an, daß weiter oben Drähte quer über den Fluß gespannt seien, damit unserem Dampfer das Oberdeck heruntergerissen würde, und ließ es auch sonst an gehässigen Worten nicht fehlen. Ich selbst und meine Effekten blieben unbehelligt, man begnügte sich damit, einen Blick in meine Kabine zu werfen, und war völlig befriedigt, in derselben kein einziges „Rauhbein" zu entdecken. Einer der gemäßigteren Unionsmänner ließ sich mit mir in ein Gespräch ein. Als ich den Gewaltakt seiner Genossenschaft scharf tadelte, meinte er zu ihrer Entschuldigung.

in Europa, woher ich käme, sehe es augenblicklich doch noch viel wilder aus. Ich müsse zugeben, daß seine Berufsgenossen nur ihr gutes Recht wahrten, wenn sie nicht dulden wollten, daß sich fremde, nicht angelernte Elemente in das Schergeschäft drängten. Auch ich als Doktor — er hatte erfahren, daß ich Arzt sei — sähe es nicht gern, wenn „Herbalists“ (Kräutermänner) und „Quacks“ (Quacksalber) mir ins Handwerk pfuschten. Ich erwiderte ihm darauf, daß weder mir noch meinen Kollegen dergleichen Elemente sonderlich sympathisch seien, daß wir thatsächlich auch „Unionen“ gebildet, um uns jener Eindringlinge zu erwehren, daß wir uns indessen stets auf die gesetzlichen Mittel zur Abwehr beschränkten und beispielsweise noch keine Ärzte-Vereinigung der Welt daran gedacht habe, der Quacksalber sich mit Gewalt zu bemächtigen, um sie etwa während der Dauer einer Epidemie kalt zu stellen und auf diese Weise an der Ausübung des Pfuscherhandwerks im entscheidenden Momente zu hindern.

Inzwischen war es 10 Uhr geworden; immer noch hielten große Trupps der Unionisten das Schiff besetzt. Auf Anraten der Gemäßigteren hatte man die arretierten Freischerer entlassen; dieselben waren auf das Schiff zurückgekehrt. Doch sollten sie sich der goldenen Freiheit nicht lange erfreuen. Rufe: „Wieder an Land bringen!“ „Zurück mit ihnen in den Wollschuppen!“ erschallten, und nolens volens mußten die armen Teufel ihr wenig behagliches Quartier im Schuppen von neuem beziehen.

Ein derartig brutales Vorhaben empörte die Schiffsmannschaft; stürmisch verlangte sie nach unseren Jagdgewehren, um von den Unionisten die Räumung des Schiffes und die Freilassung der Gefangenen zu erzwingen. Doch zogen wir vor, ihrem Drängen nicht nachzugeben; denn in Anbetracht der gewaltigen Übermacht schien ein solcher Versuch nicht allein nutzlos, sondern sogar gefährlich.

Endlichen gegen 10½ Uhr abends räumten die Aufständischen unser Boot, und wir durften nach einem unfreiwilligen Aufenthalt von mehr als 1½ Stunden unsere Reise flußaufwärts fortsetzen, freilich ohne unsere beiden „Black legs“, welche im Wollschuppen einer wenig behaglichen Nacht entgegengingen.

Die Nacht vom 13. zum 14. und der 14. August verflogen ohne erhebliche Zwischenfälle. Gegen Mittag passierten wir eine größere Schafstation. Eine lange Reihe von der Vereinigung angehörigen Scherern hatten sich am Ufer aufgepflanzt und fragten uns in ziemlich drohendem Tone nach „Free Laborers“. Wir würdigten sie keiner Antwort, während wir mit Volldampf weiterfuhren. Indes war unser Spiel hiermit bei weitem noch nicht gewonnen. Im Gegenteil wurde unter unseren Reisegefährten die Ansicht laut, daß der Tanz jetzt erst eigentlich beginnen würde, da wir uns dem Zentrum der ganzen Bewegung, der Station „Tilarno“ näherten. Um 8 Uhr abends legten wir bei „Hallera“ an. Der Platz galt als ruhig, da dort lediglich Unionisten Anstellung gefunden hatten. Das konnte indessen nicht hindern, daß wieder zwei Kerle an Bord kamen und mit offenen Lichtern (!) im Laderaum nach „Black legs“ herumschnüffelten, ein Verfahren, welches mir als Augenzeuge wenig behagte. Wir hatten auf alle Fälle unsere beiden Fleischergesellen, welche man leicht mit Schafscherern verwechseln konnte, wieder bei dem Baby des Wollsortierers in einer der Kabinen des Oberdecks untergebracht. Doch kamen die beiden wißbegierigen Arbeiter diesmal gar nicht bis hinauf.

Während jener Vorgänge hielt unser Kapitän mit Mr. M., der Wollsortierer, am Ufer Kriegsrat mit einem befreundeten Stationsbeamten. Es war durchgesickert, daß die Unionisten von der Anwesenheit des Mr. M. auf unserem Dampfer wohl unterrichtet seien, und da sie besagtem Herrn mit ihrem grimmigsten Hasse beehrten, weil er wenige Tage zuvor eine große Zahl von Freischerern nach dem Strikegebiet beordert hatte, so wurde beschlossen, daß er das Schiff verließ, um zu Pferde die noch 7½ deutsche Meile entfernte Station Tillarno, seinen Bestimmungsort, zu erreichen. Frau und Kind blieben an Bord unter der Obhut des braven, unerschrockenen Kapitäns.

Mr. M. war wohl bewaffnet, und auch ich zog es vor, meinen kleinen sechsläufigen Freund aus dem Reisekoffer herauszubeordern, um ihn dem Schiffspatron anzuvertrauen, während mir selbst meine gute dreiläufige Jagdflinte hinreichenden Schutz versprach.

Die Nacht vom 14. zum 15. August gehörte zu den aufregendsten, welche ich erlebt; an Schlaf war kaum zu denken. Alle Augenblicke wurde der Dampfer vom rechten oder linken Ufer aus angerufen: „Free laborers on board?“ „Black legs on board?“ „Mr. M. on board?“ Dann wieder die Stimme des Kapitäns: I refuse every information!“

Der große australische Königsfischer: Laughing Jackam (Lachender Hans).

Gegen Mitternacht stoppte die Maschine plötzlich. Eilig fuhr ich in die Kleider und begab mich hinaus an Deck. Ich sah unseren Kapitän am Ufer im Gespräch mit einem Manne zu Pferde; es war ein von dem Verwalter der Station „Tillarno“ ausgesandter Bote, der uns warnen sollte, nicht bei Dunkelheit in dem bedrohten Distrikt einzupassieren. Die Aufständischen hätten nahezu 300 Mann stark ein Lager in der Nähe der Station bezogen; andere „Camps“ zögen sich weiter flußabwärts hin, große Feuer seien angezündet, um jedes vorbeifahrende Schiff genau beobachten zu können und dergleichen hocherbauliche Dinge mehr.

Natürlich hielt es der Kapitän nach solchen Verhältnissen für geraten, beizudrehen und die Nacht am sicheren Platze abzuwarten. Freilich war und blieb die Situation eine wenig gemütliche. Meine Gedanken, dazu das laute Gekreisch und Gezeter der die Eucalyptus-Bäume am Ufer bevölkernden Kakadus, welchen der Schein der zahlreichen Lagerfeuer der Unionisten die Nachtruhe geraubt, ließen mich zu keinem erquickenden Schlummer kommen.

Heiter und prächtig bricht der Morgen des 15. August an. Friedlich zieht der Fluß seine Bahn zwischen stillen, schweigsamen Eucalyptus-Hainen, aus welchen nur hier und da der Ruf eines „Miner Birds“ und das fröhliche Lachen des „Laughing Jackass“, (lachender Hans, der große Königsfischer, ein als Schlangenvertilger in Australien sehr geschätzter und durch behördliche Verordnung geschützter Vogel), hervorschallt. Hell scheint die Morgensonne vom blauen Himmelsdom auf das Land, als mokierte sie sich über das Pygmäen-Gesindel da unten, welches sich durch Zank und Streit das schöne Leben verbittert.

Noch ist nichts vom Feinde zu sehen. Da werde ich gegen 11 Uhr vormittags durch lautes Gejohle aus meiner Lektüre aufgeschreckt. Ein stattliches Zeltlager präsentiert sich am linken Flußufer. Es ist das Hauptquartier der Unionisten. In langer Reihe stehen die Truppen, mehr als 250 Mann, längs dem Ufer aufmarschiert und begrüßen unseren schnell vorbeiströmenden Dampfer mit 3×3 Cheers! Behelligt werden wir nicht im geringsten, kein Stab, kein Stein wird gegen das Schiff geschleudert, wie man es uns von befreundeter Seite prophezeit, ja nicht einmal ein drohendes Wort fällt.

Das ist unser Lohn dafür, daß wir „Black Legs“ nicht mehr an Bord haben, wovon die Herren offenbar durch die beiden Leute unterrichtet worden sind, welche am Abend vorher unseren Laderaum durchschnüffelt hatten. Kaum 1 km weiter befinden wir uns in Freundes Land und legen an der großen Schafstation „Tillarnoan“ an, wo viel Ladung zu löschen ist. Die Farm trägt ein kriegerisches Gepräge. Freilich sind bislang nur 3 Polizisten dort stationiert, aber alle Beamten der Station, auch Mr. M., befindet sich unter ihnen, nachdem er am frühen Morgen wohlbehalten zu Pferde angelangt ist, haben sich rechtzeitig mit Waffen versehen, und gern trete ich meinen sechsläufigen Revolver, da es an Waffen fehlt, dem tapferen, gentilen Verwalter der bedrohten Station ab.

Trotz alledem ist die Lage der braven Besatzung bei der großen Übermacht, über welche die Union verfügt, prekär genug. Schon in der letztvergangenen Nacht war ein Vorstoß gewagt worden. Einer der Polizisten hatte gedroht, den ersten niederzuschießen, welcher es wagen würde, über den die Farm umgebenden Drahtzaun zu klettern. „Schieße nur“ hatte einer aus der Rotte gerufen und war übergestiegen, hatte sich indessen wohlweislich wieder rückwärts konzentriert. Zum Kampfe war es noch nicht gekommen. Auch 30 Unionisten sind mit Feuerwaffen versehen; sie haben gedroht, falls auch nur ein Schuß fällt, die Station zu stürmen, alles niederzumachen und die Gebäude in Brand zu stecken. Zum Glück ist erhebliche Verstärkung der Polizeimacht im Anzuge. Die Beamten sind entschlossen, nicht nachzugeben und die Schafschur mit „freien Arbeitern“ zu beginnen. Schon mehr als 30 derselben sind angeworben und innerhalb der Station versammelt. Sie machen keinen besonders günstigen Eindruck und sehen recht reduziert aus. Indessen was soll man machen. In der Not begnügt sich sogar der Teufel mit Fliegen.

Die Belagerung der Station wird seitens der Unionsmänner in bester Form eingeleitet. Noch steht die Hauptmacht, wie oben angeführt, circa 1 km weit flußabwärts, aber starke Abteilungen patrouillieren vor der Einfriedigung in der Absicht, den Zuzug von Arbeitern genau zu kontrollieren, wenn möglich, zu hindern.

Als ich auf dem Rückwege von einem kurzen Jagdausfluge ins Feld das Gehege passiere, werde ich von zweien der Leute im Flüsterton angesprochen und gefragt, zu welchem Lager ich gehöre. „Zu keinem“ antwortete ich und deutete dabei auf meine Stimme, ein Wink, welchen die Posten zu verstehen schienen und mich durchließen.

Nach zweistündigem Aufenthalte in Tilcarno setzten wir unsere Reise stromaufwärts fort. Während wir abzufahren uns bestreben und einen erbitterten Kampf mit zwei starken Baumzweigen, in welche der von uns nachgezogene Kahn sich verheddert hat, ausfechten, sehen wir die Hauptmacht der Unionisten heranmarschieren, in 10fachem Gliede, mit festem Tritt und strammer, soldatischer Haltung unter Absingung der „John Brown-Hymne“. Sie lagern sich darauf am Zaune der Station.

Das ganze pomphaft ausgeführte Manöver scheint indessen auf die Verteidiger wenig Eindruck zu machen. Ruhig patrouillieren die drei Polizisten weiter auf dem Hof auf und ab, während die Beamten ihren Geschäften nachgehen. Was nun weiter geschehen, ist mir nicht bekannt. Indessen scheint es in Tilcarno, Gott sei Dank, zu blutigem Kampfe nicht gekommen zu sein. Wir selbst setzten unsere Fahrt ohne jede weitere Störung fort und erreichten am frühen Morgen des 16. August wohlbehalten „Menindie“, wo ich den Steamer verließ, um per Post weiter nach Broken Hill, der berühmtesten Silbermine Australiens, zu fahren. Übrigens muß ich bemerken, daß in Menindie eine den Unionisten durchaus freundliche Stimmung herrschte. Sowohl von den Inhabern der Magazine als von den Wirten der Gasthöfe des kleinen Platzes wurden die Lager der streikenden Scherer mit Proviant aller Art reichlich versehen.

Ich konnte von Glück sagen; ich war um ein interessantes Erlebnis reicher, hatte tiefe Einblicke in das Leben und Treiben im australischen Busch und in die eigenartigen Schwierigkeiten, mit welchen der Ansiedler dort zu kämpfen hat, thun dürfen, ohne auch nur den geringsten Schaden an Gesundheit oder Eigentum zu erleiden. Auf meine eingehenden Erkundigungen, welcher Art die Differenzen seien, die zu den alle Jahre zur Zeit der Schafschur von neuem ausbrechenden Lohnkämpfen Veranlassung gäben, konnte man mir nirgends eine so recht befriedigende Auskunft geben. Es war eben dort im Busch wie bei uns in hochkultivierten, dichtbevölkerten Fabrikdistrikten. Gewisse Punkte in den Kontrakten, nach welchen die Schafscherer auf den Farmen zu arbeiten hatten, gaben immer von neuem Veranlassung zu Reibereien. Weniger die Lohnsätze als die Fragen betreffend die Unterkunft und Beköstigung auf den Stationen waren es, über welche man sich nie vollständig zu einigen vermochte. Das Kampfgeschrei aber, welches überall ertönte, war das nasse Schaf. Der Arbeiter weigerte sich das Schaf zu scheren, bevor es nach der zur Reinigung der Wolle vorgenommenen Wäsche völlig trocken wäre; und mit Recht: denn das Herumarbeiten in der nassen Wolle hat für die Gesundheit des Scherers oft üble Folgen, es erzeugt vor allem hartnäckige rheumatische Leiden. Wie gut Schiff und Passagiere bei unserer Reise davongekommen, das wurde mir erst klar, als ich 14 Tage später, gegen Ende August, im behaglichen Hotel zu Adelaide die Zeitung zur Hand nahm und aus ihr ersah, welch böse Früchte der Ausstand der Wollscherer im Gebiete des Darling-Flusses noch gezeitigt hatte. Eine förmliche Rebellion war ausgebrochen, und der größte und schönste Dampfer der Darling-Flotille war ihr zum Opfer gefallen.

Obwohl vorher eindringlich gewarnt, hatte der Kapitän jenes Steamers dennoch auf seiner Reise flußaufwärts in „Bunberry“ angelegt, eben jenem Platz, wo auch wir das erste Mal belästigt worden waren und unsere beiden Freischerer hatten hergeben müssen. Der Dampfer wollte Holz einnehmen, welches hier noch ausschließlich zum Heizen der Schiffsmaschine dient. Als sich verdächtige Gestalten näherten, gab der Kapitän einem seiner Leute schleunigst Befehl, die Stricke zu lösen, mit welchen der Dampfer am Ufer befestigt war. Zu spät! Unter Drohungen und Flüchen wurde der Mann am Befolgen des Befehls gehindert und auf das Schiff zurückgejagt. In hellem Haufen drangen nun die Unionisten auf den Dampfer, bemächtigten sich des Fahrzeugs und trieben Bemannung und Passagiere in den Schleppkahn, dessen Verbindung mit dem Dampfer sie sofort lösten. Hilflos trieb Kapitän und Mannschaft auf der plumpen Barke stromabwärts, während die Tumultanten den Dampfer unter lautem Triumph-Geheul ausplünderten. Nachdem alles, was nicht niet- und nagelfest, herausgerissen und ans Ufer geschleppt war, wurde Feuer angelegt. In wenigen Minuten war das schöne Fahrzeug bis zum Wasserspiegel heruntergebrannt; der Rest versank in den Fluten.

Augenzeugen jener wilden Scene haben später berichtet: „Als die Barke mit der Mannschaft des unglücklichen Schiffes hilflos den Strom hinabtrieb und die Flammen aus dem Rumpfe des Dampfers hervorbrachen, brachten die am Ufer in Reih und Glied aufmarschierten Unholde dem Kapitän und dem Fahrzeug, welches sie dem Verderben preisgegeben hatten, laut brüllend drei Hurrahrufe, und als die gelben Wogen des Darling über dem brennenden Wrack zusammenschlugen, spielte ein Individuum auf gestohlener Ziehharmonika die der Situation ohne Zweifel recht angemessene Weise: „After the ball is over!“

# Australische Rindvieh-Züchtereien.

Von G. von Reiche.

(Mit 4 Bildern.)

Bei dem großen Interesse, welches alle Welt an dem südafrikanischen Kriege nimmt, dürfte die Frage wohl am Platze sein: Wie werden alle diese Truppenmassen, welche England ins Feld stellt, dort verpflegt?

Bekanntlich liebt es John Bull, sein roast beef oder mutton auf seiner Tafel zu sehen, und so gern er in seinen Kolonien sich der Industrie hingiebt, das Fleisch in Zinnbüchsen zu verpacken und den Weltmarkt damit zu beglücken, so wenig macht er sich selbst aus dem Genusse solchen Büchsenfleisches und zieht frisches Fleisch, solange dies nur irgendwie erreichbar, unbedingt vor.

Indessen ist es leichter gesagt als gethan, eine große Truppenmasse, besonders zu Kriegszeiten, stets mit frischem Fleisch zu versorgen. So muß denn Tommy Atkins (allgemeiner Spitzname für den englischen Soldaten) sich dort unten im schwarzen Erdteil wohl auch des öfteren mit Büchsenfleisch begnügen. Aber die Kap-Kolonie allein ist nicht imstande, den durch den Krieg hervorgerufenen Bedarf an frischem, sowie an Büchsenfleisch zu decken, und folglich muß Hülfe von außerhalb kommen.

Diesen Umstand machen sich die australischen Kolonien zu Nutzen, die sowohl durch ihren Reichtum an Vieh, sowie durch ihre, zum Kriegsschauplatz günstige, geographische Lage dazu berufen erscheinen, der Helfer in der Not zu sein.

Australien, dessen Bestand an Vieh so ungeheuer weit über seinen Bedarf hinausgeht, ist schon seit langer Zeit gezwungen gewesen, sich einen Auslaß sowie eine Verwertung des überflüssigen Materials zu verschaffen. So entstanden die zahlreichen Büchsenfleisch-Faktoreien und in neueren Jahren die Gefrierwerke, in denen ganze Schaf- oder Ochsen-Rümpfe eingefroren werden, um in gefrorenem Zustande über See, über tausende von Meilen exportiert zu werden.

Bei der Wichtigkeit, welche diese großartige Bezugsquelle von Fleischnahrung nicht allein für den jetzigen, sondern auch für künftige Kriege hat, die in Ländern geführt werden, die nicht imstande sind, große Truppenmassen auf die Dauer zu ernähren, dürfte es vielleicht von allgemeinem Interesse sein, einen Blick auf jene Ställe zu thun, von denen die Millionen von Vieh kommen, und so bitte ich den Leser mich in Gedanken nach den cattle stations von Queensland zu begleiten.

In Australien steht Queensland inbezug auf seine Rindviehherden an erster Stelle. Man schätzt den Bestand des in dieser Kolonie weidenden Viehs auf etwa rund 14 Millionen Stück. Diese Zahl mag dem Nicht-Australier sehr groß erscheinen; indessen muß man in Betracht ziehen, daß diese 14 Millionen sich auf einen Raum verteilen, der etwa dreimal so groß ist, als Deutschland, und daß die Vieh-Züchtereien sich mit ihren enorm großen Weidegründen bis an die westliche Grenze der Kolonie und von der New South-Wales-Grenze im Süden bis an das Meer im Norden ausdehnen.

Das Land im Innern der Kolonie ist in den Händen weniger, und die Stationen (stations) sind oft von einer Größe, wie sie der Deutsche sich nur schwer vorstellen kann. Stationen, deren Land eine Ausdehnung von 1000—1500 englischen

Quadratmeilen hat — oder in einem Flächenmaß ausgedrückt, das dem Deutschen schneller eine richtige Idee von den dortigen Größenverhältnissen giebt: 1 Million bis 1 500 000 Morgen —, gehören durchaus nicht zu den Seltenheiten. Wie stark das Land einer Station mit Vieh besetzt ist, hängt ganz von der Güte der Weide ab, die natürlich fast ausnahmslos natürliche Weide ist. Man findet Stationen mit 10 000 Stück, aber auch solche mit 60—80 000 Stück Vieh. Da Queensland wie auch die anderen Kolonien besonders im Innern, unter zeitweisen Dürren zu leiden hat, so liegt für den Ansiedler immer eine große Gefahr darin, sein Land mit einem zu großen Viehbestand zu versehen.

Der Leser gestatte mir, ihn im Geiste auf eine typische Station im fernen Westen der Kolonie zu führen, ihm die Anlagen derselben zu zeigen und das Leben und Treiben auf derselben zu beschreiben.

Wir befinden uns auf dem Wege dahin, wenn von einem solchen überhaupt die Rede sein kann; meistens ist es nur eine Spur oder ein Pfad, den frühere Gefährte oder Reiter mehr oder weniger scharf dem Gelände eingedrückt haben. Das Mittel der Fortbewegung ist entweder ein von zwei oder vier Pferden gezogenes, leichtes amerikanisches Buggy, oder wir sind beritten. Von der Station, von der wir am frühen Morgen aufgebrochen sind, und wo wir aufrichtige Gastfreundschaft genossen haben, haben wir etwa 45 englische Meilen bis zu unserem Bestimmungsorte zurückzulegen. Rings um uns dehnt sich die Ebene aus, soweit das Auge reicht. Hier und dort sieht man einzelne Bäume oder Baumgruppen, mitunter auch kleinere Waldparzellen von lose zusammenstehenden Bäumen verschiedener Art, doch vorwiegend Eukalypten; dann wieder ausgedehntere Gruppen von Salzbusch oder Baumwollbusch, die etwa halbe Mannshöhe erreichen, und sowohl vom Rindvieh wie Pferden gern gefressen werden. Gras sieht man fast überall, hier niedrig, dort bis zu halber Mannshöhe, nicht wie bei uns als grüner Rasenteppich erscheinend, sondern in einzelnen losen Büscheln, von gelblich-brauner Farbe, von unansehnlichem, wenig einladendem Äußeren, aber außerordentlich nahrhaft. Glühend brennt die Sonne auf uns herab, die heiße Luft flimmert über dem Erdboden und am Horizont läßt die Luftspiegelung unserem getäuschten Auge einen See mit solcher Deutlichkeit erscheinen, daß wir die Ufer mit den Bäumen sich im Wasser wiederspiegeln sehen und dieses selbst sich in kleinen, kurzen Wellen unruhig zu bewegen scheint. Ein Ritt von 15 Minuten muß uns an diesen vermeintlichen See bringen. Kommen wir näher heran, so verschwindet plötzlich alles wie durch Zauberwort und die weite, grasbewachsene Ebene dehnt sich wieder ununterbrochen vor unserem Auge aus.

Um die Mittagszeit kommen wir in etwas hügeliges Terrain, und schon aus der Ferne deuten uns die unmittelbar sich an den Ufern hinziehenden Bäume und Büsche das Vorhandensein eines Wasserlaufes (creek) oder Sees an. Hier wird Rast gemacht. Schnell wird etwas trockenes Holz gesammelt, ein Feuer gemacht, der Zinnkessel aus dem creek mit Wasser gefüllt und an das Feuer gestellt. Die Pferde werden ausgespannt oder ihnen Sattel und Zaumzeug abgenommen, die Vorderbeine mittelst zweier ledernen Riemen und einer diese verbindenden etwa sechs Zoll langen Kette gefesselt, worauf man sie ruhig der Beschäftigung des Grasens nachgehen läßt. Dann wird der Proviant aus dem Buggy oder den Packtaschen vom Sattel des Packpferdes hervorgeholt, mit dem inzwischen kochenden Wasser der in Australien unvermeidliche, aber auch sehr willkommene und mit Recht beliebte Thee gebraut, Zucker in den Kessel geschüttet, eine Büchse kondensierter Milch geöffnet und voilà, die Mahlzeit ist bereit, und sie schmeckt unter diesen Umständen immer vorzüglich, und sei sie auch noch so einfach. Meist besteht sie aus einem Stück kalten, gekochten, gesalzenen Rind- oder Hammelfleisches und dem damper, einem in der Asche des Lagerfeuers gebackenem Brote. Sind wir gourmands, so haben wir vielleicht noch eine Büchse Jam (Fruchtmus) oder Marmelade, um einen Nachtisch zu genießen. Nachdem wir den Pferden etwa eine Stunde Zeit für ihre Mahlzeit gelassen, werden sie eingefangen, was infolge der Beinfesseln (hobbles) nicht schwer fällt; wir legen ihnen die Zäume an und führen sie zum Wasser. Dann wird alles eingepackt, die Pferde gesattelt oder eingespannt, eine Pfeife angezündet und die Reise geht weiter. Außer dem hier und da in der Ferne sichtbaren, weidenden Vieh sieht man kaum ein lebendes Wesen, ein Umstand, der den Nicht-Australier wunderbar berühren würde.

Verlagsrecht von Kerry & Co., Sydney.

Einfangen eines Pferdes mittelst des Lasso.

Als die Sonne schon zur Neige geht, sehen wir endlich in der Ferne einige wenige, zerstreut liegende Gebäude, über denen eine ganze Schar von Bussarden kreist. Wir sind am Ziel, es ist die Haupt-Station (head station), sogenannt zum Unterschiede von den auf entfernteren Teilen des Besitztums gelegenen Außen-Stationen. Da ist zunächst das Wohnhaus, einstöckig aber geräumig, meist aus Holz gebaut mit Dach aus Wellblech; hier und da findet man aber auch Stein- oder Lehmwände. An zwei Ecken des Gebäudes stehen große eiserne tanks (Wasserreservoirs), um bei dem so selten kommenden Regen das kostbare Naß vom Dache aufzusammeln. Nur wer Australien kennt, wird den Wert dieses aufgefangenen Regenwassers zu würdigen wissen. An anderen Gebäuden finden wir noch die in einem besonderen Hause angebrachte Küche, wo auch genügend Platz ist, um die auf der Station angestellten Leute zu speisen, eine Schmiede, ein Wohnhaus für die Leute, ein Fleischhaus, den store, d. i. Warenmagazin und einige kleinere Schuppen und Stallungen. Jede

Station hat ihren eigenen store, in dem alles, was zum Lebensunterhalt nötig ist, außer dem Fleisch, gehalten wird, und wo die Leute auch ihre Kleidung, sowie Tabak, Seife, Taschenmesser, Pfeifen und andere Gebrauchs- und Luxusartikel kaufen können. Dies ist schon deshalb notwendig, weil die nächste kleine Stadt mitunter hunderte von Meilen entfernt ist, und niemand doch, um sich ein paar Stiefel zu kaufen, daran denken könnte, eine derartige Reise zu unternehmen. Einen großen Profit macht der Stationsbesitzer aus dem Verkauf dieser Waren nicht: etwa 10% werden zum Selbstkostenpreis zugeschlagen. Was uns aber am meisten ins Auge fällt und was wir auf der Schafstation nicht in solchem Maßstab sehen, das ist der große Hof für das Vieh: the yard. Dieser Hof spielt eine sehr gewichtige Rolle auf einer Viehstation. Er ist von recht ansehnlicher Größe, außerordentlich solide gebaut und durch Querzäune und wieder Querzäune in eine Menge Unterabteilungen von verschiedener Größe eingeteilt, die untereinander durch starke Gitterthüren oder herauszunehmende Querstangen Verbindung haben. Die Zäune bestehen aus mannsdicken Pfosten von mehr als Mannshöhe, die etwa 10—12 Fuß von einander entfernt 4 Fuß tief in die Erde eingelassen und untereinander durch 6—8 armdicke Querstangen verbunden sind. Die größte Abteilung ist der sogenannte Empfangshof, an dessen Eingang außerhalb ein niedriger, bogenförmiger Flügel von etwa 50 Schritt Länge in stumpfen Winkel zum äußeren Zaun angegliedert ist, um das Eintreiben des Viehs in den Hof zu erleichtern.

Eine andere Eigentümlichkeit, die nur den Stationen im Westen der Kolonie eigen ist, ist das große Lager der Schwarzen, welches, nur wenige hundert Schritte von den Gebäuden der Station gelegen, dem Fremden auffallen muß. Da finden wir mitunter 40—50 Eingeborene zusammen, deren Männer bei der Arbeit mit dem Vieh helfen, während einige der Frauen, gins genannt, in Küche und Haus beschäftigt werden. Dafür erhalten sie dann tucker, d. h. Futter, ferner Kleider, bunte Taschentücher, Schuhe für die boys — die gins gehen immer barfuß —, und last but not least Pfeifen und Tabak, der mit gleicher Freude und Verständnis von den boys wie den gins gewürdigt wird. Ja, die letzteren leisten im Qualmen entschieden das meiste denn bei ihnen ist den ganzen Tag über die Pfeife selten kalt, vorausgesetzt natürlich, daß der ihnen zugemessene Vorrat an Tabak zu solchem Luxus reicht. Im allgemeinen sind die Eingeborenen Australiens zu dauernder, regelmäßiger Arbeit schwer zu erziehen, und auch dort auf den Stationen halten sie es selten länger als 3—4 Monate aus; dann ergreift sie das Wanderfieber. Kleider und Schuhe werden weggeworfen, seine wenigen Habseligkeiten ladet der boy seiner gin auf, er selbst trägt nur einige Speere oder Bumerangs, und dann ziehen sie hinaus in den Busch, um dem einen oder anderen Nachbarstamme einen Besuch abzustatten. Nach zwei oder drei Monaten kehren sie dann zu der Station zurück, die sie als ihre Heimat betrachten, um zur Abwechselung mal wieder die Arbeit aufzunehmen, von der sie aber zu jeder Zeit nur eine sehr laxe Auffassung haben.

Charakteristisch für australische Verhältnisse ist die Art der Ausspannung oder Absattelung nach unserer Ankunft auf der Station. Irgendwo in der Nähe des Wohnhauses machen wir Halt mit unserem Buggy, sind wir beritten, so reiten wir gleich zu dem kleinen Häuschen, welches zum Aufbewahren des Sattel- und Zaumzeuges dient; dort hängen wir Sattel und Zaum auf, die Geschirre der Wagenpferde werden auf das Buggy gelegt. Dann läßt man die Pferde einfach laufen.

Unmittelbar neben oder um das homestead (welcher Name etwa unserem Gutshof entspricht) liegt der sogenannte horse paddock, welcher etwa 4—8 englische Quadratmeilen groß und rings mit einem Drahtzaun umgeben ist. In ihm weiden lediglich die zum täglichen Gebrauch bestimmten Pferde, während der Rest draußen mit dem Vieh zusammen weidet. Dieser paddock muß natürlich Zugang zum Wasser haben, und selbstverständlich ist das homestead einer Station immer an irgend einem größeren Wasser angelegt, sei es nun ein Fluß, die freilich im Innern Australiens rar sind, oder ein See oder ein creek, der nur in der Überschwemmungszeit bewässert wird und dann das Wasser zurückhält. Auch die meisten Flüsse im Innern Australiens liegen den größten Teil des Jahres über trocken. In ihnen strömt das Wasser nur nach starkem, anhaltendem Regen mehrere Tage abwärts, dann natürlich die angrenzenden Uferländer meilenbreit überschwemmend. Hört der Regen auf, so verläuft sich das Wasser in ein oder zwei Wochen, und das Flußbett, oder richtiger gesagt die Flußbetten — denn diese Flüsse sind noch nicht, wie bei uns, reguliert und haben immer unregelmäßig viele Arme — liegen wieder trocken, mit Ausnahme hier und da zurückgebliebener Wasserlöcher in den tieferen Stellen des Flußbettes, die aber mitunter recht ansehnliche Ausdehnungen haben und das Wasser für längere Zeit halten. Auf solche Wasserlöcher sind viele der Stationen im Westen Queenslands für ihr Wasser für Mensch und Vieh angewiesen. Neuerdings hat man vielfach nach artesischem Wasser gebohrt, und zwar mit teilweise außerordentlichem Erfolge. Es giebt dort heute einzelne Bohrbrunnen, die bei einer Bohrtiefe von 2—3000 Fuß täglich 1—3 Millionen Gallonen (die englische Gallone = 4½ Liter) Wasser liefern.

Doch kehren wir zurück zu unserer Station. Sind wir Fremde, so suchen wir den Besitzer oder manager auf und stellen uns ihm vor, worauf wir ins Haus gebeten und mit liebenswürdigster Gastfreundschaft empfangen werden. Wer sich nicht vorstellt, wird in die Hütte der Leute verwiesen, wo er auch bis zum nächsten Tage als Gast der Station behandelt wird. Das ist eine altherkömmliche Sitte, die überall in Australien gebräuchlich ist.

Am nächsten Morgen soll zum „muster" aufgebrochen werden, wozu wir gebeten werden, uns anzuschließen. Dies ist ein so spezifisch australischer Ausdruck, daß er, mit einem Wort ins Deutsche übersetzt, uns noch keinen Begriff geben würde, was damit gemeint ist. Wir werden uns also der mustering party anschließen und selbst sehen.

Es sind schon von zwei der benachbarten Stationen mehrere Leute hier, die an dem muster sich beteiligen und hilfreiche Hand leisten, und die solche Stück Vieh, die von ihrer Station sich nach dieser verzogen haben, sogenannte stragglers, zusammenbringen und sie nach Beendigung des muster nach ihrer Station zurücknehmen. Die Grenzen zweier aneinanderstoßender Stationen sind nur auf der Karte markiert, und, im Gegensatz zu den Schafstationen, ist das zu einer Rindvieh-Station zugehörige Land selten eingezäunt und in paddocks geteilt. Das Land selbst ist meistens von der Regierung gepachtet; nur hier und da sind einzelne Teile desselben Eigentum des Besitzers.

Außer dem manager und dem storekeeper, der auch die Bücher zu führen hat, sind gewöhnlich noch, je nach der Größe der Station, 6 bis 10 oder auch mehr Leute angestellt, die man in Australien stockmen nennt. Außerdem ist meistens noch ein Schmied, ein Zimmermann und ein Sattler angestellt. Der letztere arbeitet aber in den meisten Fällen auf eigene Rechnung und zieht mit Wagen und Pferden von einer Station zur andern in einem gewissen Kreise, sich immer auf einer Station so lange aufhaltend, als Reparaturarbeiten auszuführen sind. Von den Schwarzen nehmen so viele an der Arbeit teil, als brauchbar und zu haben sind.

Schon früh am Tage, vor Sonnenaufgang, reitet einer der Schwarzen in den horse paddock, um die Pferde in den Hof zu treiben. Zu diesem Zweck werden immer 1 oder 2 Pferde während der Nacht in einer der schuppenartigen Stallungen zurückbehalten. Im horse paddock sind vielleicht 30 oder 40 Pferde, die für mehrere Wochen oder mitunter auch für ein paar Monate arbeiten müssen. Sollen diese abgelöst werden, so reiten alle Leute der Station aus zum Pferde-muster. Sämtliche Pferde, deren man habhaft werden kann — und eine etwas größere Station hat doch mindestens ihre 2—300 Pferde, oft sehr viel mehr —, werden nach dem Hofe hereingetrieben. Hiervon werden 30 oder 40 andere ausgewählt und in den horse paddock gelassen. Dann läßt man die anderen, mit Ausnahme der etwa vorhandenen Fohlen, die gebrandmarkt, und der heranwachsenden 2- und 3jährigen, die eingebrochen werden sollen, zusammen mit denen, die vorher zur Arbeit drangewesen waren, wieder los auf die Weide.

Nachdem die Pferde in den Hof gebracht sind und wir im Hause sowohl als die Leute in der Küche ihr Frühstück eingenommen haben, nimmt sich jeder ein Zaumzeug und geht in den Hof, um sich ein Pferd einzufangen. Dies gelingt nach einiger Mühe auch bald, jeder geht mit seinem Pferd zum Sattelhäuschen, sattelt es und bindet es irgendwo in der Nähe an. Dann werden die Packpferde aus dem Hofe geholt und gesattelt, und ein jeder bringt seinen Pack, damit derselbe quer über dem Sattel des Packpferdes festgeschnürt wird. Dieser Pack besteht aus Decken für die Nacht — denn wir werden draußen kampieren — und einem kleinen Kochkessel mit Becher für den Thee, sowie Teller, Messer und Gabel für den, der ohne diese Instrumente der Zivilisation nicht auskommen zu können meint. Schließlich gehen wir noch in den store, um in kleinen Leinwandsäcken Thee und Zucker mitzunehmen, und in die Küche, um uns von dort Brot und das übliche gekochte gesalzene Rindfleisch zu holen. Alles dies wird in die weiten Packtaschen der Packpferde gesteckt. Wird der muster sich über mehrere Tage ausdehnen, so wird auch oft statt Brot und gekochtem Fleisch Mehl und rohes Fleisch mitgenommen. Letzteres wird draußen in einem großen Kessel gekocht und von dem Mehl wird in der Asche des Feuers damper gebacken.

Endlich, nachdem alle Vorbereitungen beendigt, brechen wir auf. Es ist ein langer Weg, den wir vor uns haben, aber es ist herrlich, so durch die weiten Ebenen zu reiten, uneingeschränkt durch irgend welche Hindernisse, ohne etwaige Flurschäden in Betracht ziehen zu brauchen, kurz, frei in des Wortes weitester Bedeutung.

Es soll diesmal der östliche Grenzteil des „run“ gemustert werden (mit run wird das ganze zu einer Station gehörige Land bezeichnet), und nach dieser Grenze führt uns auf Umwegen unser Weg. Schon am Abend teilt sich unsere Partei; jeder Abteilung wird ein bestimmter Distrikt zugewiesen, und dort müssen die zu dieser Abteilung gehörigen Leute auch kampieren, um am anderen Morgen zeitig in ihrem Revier zu sein. Der manager bezeichnet das cattle camp (dies ist immer ein großer freier Platz, deren es in den verschiedenen Teilen des run mehrere giebt, und die mit der Zeit auch dem Vieh wohlbekannt werden), zu dem das Vieh morgen getrieben werden soll, und so trennen wir uns in etwa 3 oder 4 Häuflein, suchen einen passenden Lagerplatz an irgend einem bekannten Wasserloch auf und machen alle die nötigen Vorbereitungen, um hier während der Nacht zu kampieren. Bald ist auch der Thee gekocht, die Abendmahlzeit erledigt, die Pfeifen werden angezündet und beim Scheine des lustig flackernden Lagerfeuers werden die üblichen, zum Teil schon recht alten Geschichten erzählt. Allmählich zieht sich einer nach dem anderen zurück — denn wir müssen früh heraus am nächsten Morgen —, rollt seinen Pack auf, sich selbst in die Decken ein, und den Sattel als Kopfkissen, den sternbedeckten Himmel als Zelt, sucht jeder zu schlafen, so gut er kann.

Die Nächte sind warm, und es schläft sich prächtig draußen, Niederschläge sind selten. Tiefe Stille lagert über allem, nur leise klingt hier und da eine der Glocken, die den Pferden umgebunden sind, und in der Ferne heulen ein paar Dingos (australische Wölfe).

Es ist noch dunkel, da wird es schon lebendig im Lager. Einer, den es besonders früh hochgetrieben, hat schon alle Kessel mit Wasser gefüllt und an das wieder frisch angefachte Feuer gestellt. Einer der Schwarzen wird ausgeschickt, um die Pferde heranzubringen, deren Glocken man weithin hört. Bis diese zur Stelle und zum Wasser geführt sind, haben wir unser Frühstück beendigt. Schon zeigt uns eine fahle Helle am Horizont, daß Sonnenaufgang nicht mehr fern ist: denn eine Dämmerung wie bei uns kennt man in den dortigen Breiten nicht. Jetzt werden von dem Führer unserer Partei die Instruktionen kurz erteilt, jeder bekommt einen Abschnitt zugewiesen und nach den verschiedenen Richtungen sprengen wir auseinander. Bald kommt uns auch Vieh zu Gesicht, wir nehmen die lange Viehpeitsche mit dem kurzen Stiel fester zur Hand und galoppieren auf das Vieh zu und bringen es auch bald in der gewünschten Richtung, auf das cattle camp zu, in Bewegung. Aber weiter heißt es; wir müssen noch viel Gelände absuchen. Mehr und mehr Vieh treffen wir, und alles wird in Bewegung gesetzt. Allmählich nähern wir uns dem camp, schon kommt Vieh von anderen Seiten herbei und schließt sich unserem an, und gemeinschaftlich gehen, traben und galoppieren sie dem camp-Platz zu. Den älteren Viehstücken sind diese muster sehr wohl bekannt, ebenso kennen sie auch den camp-Platz, und sobald sie daher mit der Peitsche von ihren Weidegründen nach jener Richtung hin zusammengetrieben werden, setzen sie sich sofort in lebhafter Gangart dorthin in Bewegung, die jüngeren und mehr unwissenden dadurch mit sich ziehend. Man braucht daher nur einen Trupp Vieh in der gewünschten Richtung in Bewegung zu setzen, und man kann sie sich selbst überlassen und auf die Suche nach weiterem Vieh eilen. Wenn man auf dem camp-Platz ankommt, findet man sie alle dort.

Es ist doch fast Mittag geworden, als die letzten Nachzügler auf dem camp-Platz eintreffen, wo wir wohl etwa 3—4000 Stück zusammen haben. Die in Australien für Fleischzwecke gezogene Rasse ist ausschließlich die der shorthorns. Es wird beschlossen, erst Mittagspause zu machen und abzukochen. Vier oder fünf der Leute müssen als Wache zurückbleiben und durch Einkreisen das Vieh auf dem Platze halten, während wir anderen beim nahen Wasserloch das Mittagessen zurechtmachen. Nachdem die Wache abgelöst und ihr Mittagessen beendigt hat, geht es wieder an die Arbeit.

Jetzt reiten der manager und zwei oder drei der stockmen in die Herde hinein, um diejenigen Stücke, welche abgesondert werden sollen, aus dem Haufen heraus und abseits zu bringen. Da sind Kühe, die junge oder noch nicht gebrandmarkte Kälber bei Fuß haben, Stücke, die eine andere als die der Station eigene

Brandmarke haben, also fremde, die nicht hergehören, Kälber, die schon zu groß sind und, da sie immer noch mit der Mutter laufen, von dieser entwöhnt werden müssen, Stücke, die zu Markt geschafft werden sollen u. s. w., um was es sich immer bei dem zur Zeit vorgenommenen muster handelt, die werden ausgesondert; Kühe mit ungebrandmarkten Kälbern, die sich in der Herde vorfinden, werden bei jedem muster mit nach Hause genommen.

Dieses Absondern geschieht nun derart, daß die Leute, die in die Herde hineingeritten sind (cutter out), das betreffende Stück mit Hilfe der energisch sprechenden Kuhpeitsche (stock whip) langsam herausdrängen, wobei der betreffende Mann seine Augen stets nach allen Seiten offen haben muß; denn es passiert mitunter, daß das eine oder andere Stück in einem Anfall schlechter Laune von seinen Hörnern einen unangenehmen Gebrauch macht, was freilich begreiflich erscheint, wenn man bedenkt, daß manches Stück Vieh vielleicht bloß ein- oder zweimal in seinem Leben Menschen gesehen hat. Außerdem trägt der Umstand, daß sie in ihrer Morgenmahlzeit gestört wurden und schon einige Meilen haben laufen müssen, auch nicht gerade zur Verbesserung ihrer Laune bei.

Ist das betreffende Stück bis an den Rand der Herde gelangt, so nimmt es einer der Leute, die stets rings um die Herde reiten, um sie zusammen zu halten, in Empfang und hat es nun seinerseits von der Herde mindestens 2 bis 300 Schritt fortzubringen, wo wieder ein paar andere Leute die herübergebrachten zusammenhalten. Dieses Absondern ist nicht so leicht, als es vielleicht dem Uneingeweihten erscheinen möchte; denn das Vieh klebt aneinander, noch schlimmer als bei uns die sprichwörtlich gewordenen Schwabenrossgäule. Rechts herum und links herum versucht der Ochse zurückzubrechen, und großartig anzusehen ist es, wie die Pferde, die die Leute bei dieser Gelegenheit reiten, darauf eingeschult sind. Man kann die Zügel ganz lose hängen lassen, das Pferd folgt mit den Augen jeder Bewegung des Viehs und springt sofort von selbst nach der Seite, nach welcher der Ochse zurückbrechen will. Da heißt es denn: fest im Sattel sitzen. Während dessen macht der Reiter den ausgiebigsten Gebrauch von seiner Peitsche, die in ihrer Länge von 20 Fuß unvermeidlicherweise dem Pferde um die Ohren saust, ohne daß dieses sich dadurch im geringsten aus seiner Ruhe bringen läßt. Unbarmherzig saust die Peitsche auf den Rücken des Viehs herab oder quer über die Schnauze, wenn es zurück will. Der erfahrene stockman ist ein wahrer Künstler im Gebrauch der schwer zu handhabenden Peitsche, und der Neuling bedarf einer geraumen Lehrzeit, bevor er gelernt hat, seine eigenen Ohren zu schonen.

Je mehr Abgesonderte sich auf dem Platze abseits zusammenfinden, desto leichter wird es für die sie beaufsichtigenden Leute, dieselben zusammenzuhalten; denn sie kleben dann wieder aneinander. Nur die ersten versuchen es mitunter, im Chorus zurückzubrechen, und manchmal mit Erfolg. Dann aber entladet sich von Seiten des managers ein Ungewitter über den Häuptern jener Leute; denn die ganze Arbeit ist umsonst gewesen und muß wieder von vorn angefangen werden.

Mit der Zeit, daß alle Stücke ausgesondert sind, die mitgenommen werden sollen, ist es beinah Abend geworden, und somit können wir heute die Station nicht mehr erreichen. Es werden also Vorbereitungen zum Kampieren gemacht. Unser mitzunehmendes Vieh beträgt wohl, einschließlich der Kälber, mindestens 500 Stück. Sie werden zum Platz, den wir als Lagerplatz wählen, und der nicht sehr weit entfernt ist, getrieben. Der Rest wird sich selbst überlassen und zögert auch nicht, sich

Führen der Pferde an die Tränke.

nach den verschiedensten Richtungen hin zu zerstreuen. Unsere Herde bringen wir zunächst zu einem creek, um ihnen Wasser zu geben, und dann werden sie zusammengedrängt und von den zeitweilig Wache haltenden Leuten eingekreist, während wir anderen etwas abseits das Lagerfeuer entzünden und unser einfaches Biwak herrichten. Nachdem wir unsere Abendmahlzeit hinter uns haben, die Wache abgelöst ist und ebenfalls gegessen hat, legt jeder sich früh in seine Decken gerollt nieder; denn bald heißt es: Auf und Wache ablösen. Das Vieh beruhigt sich allmählich und thut sich ebenfalls nieder, und sind nicht einige wilde Bestien unter ihnen, so verleben wir eine verhältnismäßig ruhige Nacht.

Früh auf, heißt es wieder am nächsten Morgen, und dann geht es heim zur Station. Die Reise geht natürlich nur sehr langsam; denn das Vieh darf nicht scharf getrieben werden und muß unterwegs weiden. So wird es fast wieder Abend, bevor wir bei der Station anlangen.

Nun kommt die schwierige Arbeit, das Vieh in den Hof zu kriegen. Es ist ja auch bei uns in Deutschland bekannt, daß die Kuh und das neue Thor sich nicht befreunden können, wieviel schwerer ist es nun erst, Vieh, das draußen in der Prärie geboren und aufgewachsen ist, dazu zu bewegen, durch ein verhältnismäßig enges Thor durchzugehen. Aber die Überredungskunst der Peitschen und das gellende Geschrei, was von sämtlichen Leuten mit äußerster Anstrengung der Lungen erhoben wird, bringen auch dies schließlich zu Stande. Wohl brechen hier und da einzelne Stücke durch unsere Reihen zurück, aber sie werden bald wieder herumgebracht, wobei mitunter die Hunde der Station gute Dienste leisten, und endlich haben wir sie alle im großen Empfangshof, und die Querstangen (slip rails) werden im Eingangsthor aufgemacht und mit Keilen versichert. Damit ist die Arbeit dieses Tages und das muster vollendet. Morgen beginnt die Arbeit im Hofe. Die Pferde werden abgesattelt, und ich glaube, sie sind ebenso froh wie wir, zur Ruhe zu kommen und eine ordentliche Mahlzeit zu erhalten.

Auf einer Viehstation heißt es immer früh heraus, wenn Arbeit zu verrichten ist, und so sieht uns die aufgehende Sonne auch am nächsten Morgen schon im Hofe. Wer an das Leben auf einer Station nicht gewöhnt ist, wird in dieser Nacht wenig geschlafen haben; denn das Gebrüll des Viehs hält die ganze Nacht hindurch an, ohne Unterbrechung. Die Arbeit im Hof geschieht natürlich zu Fuß. Jeder bewaffnet sich mit einem derben Stock, etwa 3—4 Fuß lang, mit dem man schnell einem Stück, das unfreundliche Absichten haben sollte, über die Schnauze hauen kann, und so gehen wir unter das Vieh. Das Thor zu einem kleineren, dem Empfangshof zunächst liegenden Hof wird geöffnet, etwa hundert Stück hineingetrieben und das Thor wieder geschlossen. Es handelt sich jetzt darum, die Stücke für die verschiedenen Zwecke in verschiedene Höfe zu bringen, und zu diesem Zwecke müssen sie alle den Sortierhof passieren, der etwa nur 10 oder 15 Schritt im Quadrat groß ist und von dem mehrere kleinere Thore in verschiedene andere Abteilungen führen. Etwa 10—20 Stück werden in den an den Sortierhof angrenzenden Vorhof getrieben, in dem ein oder zwei Mann sich befinden, während ein anderer die zum Sortierhof führende Thür hantiert. Dieser Mann darf immer nur ein Stück zur Zeit in den Sortierhof lassen. Hier steht der manager und ruft aus, in welche Abteilung das betreffende Stück soll. An jeder zu solcher Abteilung führenden Thür steht wiederum ein Mann, und der, dessen Abteilung aufgerufen wurde, öffnet seine Thür, während ein anderer das Stück mit Hilfe des Knüppels dort hineintreibt. So ruft der manager z. B. aus: Kälber (die gebrandmarkt werden sollen), Ochsen, Fremde, stock (was wieder zurück auf die Weide soll, wie z. B. Mütter der Kälber), weaners (große schon gebrandmarkte Kälber, die von ihren Müttern getrennt werden sollen) und so weiter, und sofort muß sich die betreffende Thür öffnen, da jeder, auch die Schwarzen, die überall mit dabei sind, vorher instruiert ist, was er in seiner Abteilung zu empfangen hat.

Diese Arbeit im Hof ist durchaus nicht ungefährlich; denn je mehr das Vieh darin umhergetrieben wird, desto wilder wird es. Der schwerste Posten ist der im Vorhof vor dem Sortierhof, da die Leute sich hier immer mitten zwischen 10 bis 20 Stück in einem engen Raum umherbewegen müssen. Sie müssen stets ein Auge auf den Zaun gerichtet haben, auf den sich schnell hinaufzuschwingen sie oft genug Gelegenheit erhalten.

Nun ist das Sortieren zu Ende, und die Kälber sollen gebrandmarkt und die Bullen unter ihnen kastriert werden. Die Abteilung des Hofes, in welcher dies geschieht, ist verhältnismäßig klein, etwa 12—15 m im Quadrat, und ist auf der Seite, wo die Arbeit stattfindet, mit einem Buschdach überdacht, um Schutz vor den Strahlen der Sommersonne zu geben; denn diese Arbeit ist anstrengend und von längerer Dauer.

Diese Abteilung muß an einer der Seiten des Hofes angebracht sein. Man hat verschiedene Methoden, um die Kälber heranzubringen und zu legen. Ich will die am meisten gebräuchliche beschreiben.

Etwa 20 Kälber werden zur Zeit aus dem benachbarten Abteil in diesen gelassen. Einer der Leute hat ein etwa zolldickes Tau, an dessen Ende sich eine Schlinge befindet, wie einen Lasso einem der Kälber über den Kopf zu werfen. Das Tau geht durch den äußeren Zaun hindurch, wo am anderen Ende desselben ein Pferd angeschirrt wird. Sobald ein Kalb die Schlinge überm Kopfe hat, ruft der den Lasso handhabende Mann dem Führer des Pferdes draußen zu, und das Pferd zieht das Kalb bis an den äußeren Zaun heran, meist sehr gegen den Willen des Kalbes, das sich mit aller Kraft seiner vier Beine hiergegen zu stemmen sucht. Sind, was ja vorkommt, schon recht große Kälber darunter, so hat der Gaul gehörig zu ziehen. Hier stehen nun wieder zwei Mann, die das Kalb in Empfang nehmen. Sie haben jeder einen fingerdicken Strick mit Schlinge am Ende in der Hand, deren anderes Ende in der Hand je eines Schwarzen ist, die außerhalb des Zaunes auf der Erde sitzen. Die beiden Leute im Hof bringen das jeweilige äußere Vorder- und Hinterbein in ihre Schlinge, nehmen, sobald dies geschehen, das Lasso-Tau dem Kalbe ab und rufen den beiden Schwarzen draußen zu, worauf diese ihre Stricke anziehen und um einen vor ihnen in die Erde gerammten Pflock schlingen, und das Kalb, durch das Anziehen seiner äußeren, dem Zaun abgewandten Beine seines Gleichgewichts beraubt, fällt auf die Seite. Hierauf ziehen die beiden Schwarzen ihre Stricke noch fester an, sodaß das Kalb sich nicht vom Fleck bewegen kann. Die Leute im Hof erfassen jeder das andere resp. Vorder- und Hinterbein, ziehen dasselbe zurück und das Kalb ist für die Operation fertig. Ist es ein junger Bulle, so wird er mit einigen wenigen Schnitten kastriert, wobei die Stationshunde ein üppiges Mahl finden. Dann kommt das Brandmarken. In der Ecke des Hofes oder mitunter auch außerhalb desselben ist ein Ofen gebaut, in dem ein lebhaftes Feuer unterhalten wird; hier werden die Eisen, deren immer mehrere im Feuer sein müssen, damit wegen ungenügender Erhitzung derselben keine Stockung eintritt, glühend gemacht. Der manager ruft „brand“, ein Schwarzer reicht ihm zwei glühende Eisen, eines die Marke der Station, das andere das Jahr angebend, welche jener an der gewünschten Stelle dem Kalbe in die Haut einbrennt, und das Opfer selbst, wenn es vielleicht die Operation des Kastrierens auch noch mit Gleichmut und Schweigen ertragen hatte, stößt aber jetzt ein mörderliches Gebrüll aus. Die Marke selbst wird auf einer Stelle eingebrannt, wo man sie später draußen vom Pferde aus leicht erkennen kann. Früher brannte man meist auf die Mitte der Rippen; doch ist dieser Gebrauch jetzt abgekommen, da er die Häute zu sehr entwertete, und man bringt die Marke jetzt meist entweder am Halse oder häufiger noch auf einer der Keulen an der Kruppe an. Jede Station einer Kolonie hat ihre eigene bestimmte Marke, die bei der Regierung registriert wird, und die von keinem anderen Viehbesitzer gebraucht werden darf. Hat ein Stationsbesitzer einmal auf den großen Viehmärkten Australiens einen guten Ruf für sein Vieh bekommen, so wird seine Marke bald bei allen Käufern des Viehs bekannt, und welcher Vorteil darin liegt, brauche ich wohl nicht zu erwähnen.

Ist das Einbrennen geschehen, so werden die Stricke von den Beinen entfernt, das Kalb springt auf und begiebt sich mit der Miene der gekränkten und mißhandelten Unschuld in den Haufen seiner Kameraden zurück. Aber nicht alle lassen diese rauhe Behandlung so ruhig über sich ergehen. Während sie gefesselt auf der Erde liegen, sind sie ja machtlos; aber wenn es schon größere, mehrere Monate alte Kälber sind, so gehen sie mitunter, nachdem sie aufgesprungen sind, auf den ersten der Leute, den sie erblicken, los. Es sind die jungen Bullen, mit denen man hierbei rechnen muß. Ich habe junge, etwa ½ oder ¾jährige Bullen gesehen, die nach vollendeter Operation und Brennen in ihrer Wut einen nach dem andern der Leute im Hof attackierten. Da heißt es dann, schnell auf den Zaun und dem Kerl mit dem Strick eins über die Augen hauen, während die Leute außerhalb des Hofes ein wieherndes Gelächter anstimmen.

Ist das Kalb aufgesprungen, so muß auch schon der Lasso wieder um den Hals des nächsten sein. Alles geht mit äußerster Fixigkeit, viel schneller, als sich das beschreiben läßt. Wird flott gearbeitet, so müssen 60 Kälber in der Stunde abgefertigt werden: time is money.

Sind alle Arbeiten im Hof vollendet, so wird das Vieh an seinen jeweiligen Bestimmungsort geschafft. Die weaners werden, wenn sie von Osten kamen, mehrere Meilen weit nach dem Westen des run gebracht, und auch dort noch für ein oder zwei Tage von einem der Leute beobachtet, damit sie sich nicht wieder auf die Beine dorthin zurück machen, wo sie hergekommen waren. Die anderen Leute kehren wieder zum Hof zurück und bringen nun das andere Vieh, nachdem die alten Kühe wieder mit ihren schmerzlich vermißten Kälbern vereinigt sind, dorthin auf den Weg, woher sie kamen, geben ihnen noch einige Meilen weit das Geleit und lassen sie dann laufen.

Schließlich nehmen die von den Nachbarstationen zur Hülfe herübergekommenen Leute solche Stücke ihres Viehs, die sie unter dem hiesigen gefunden haben, mit sich nach Hause.

Am nächsten Morgen rückt vielleicht alles schon wieder aus zu frischem muster. Während des Winters giebt es wenig Ruhetage für die Leute auf einer Vieh-Station, selbst auf den Sonntag wird keine besondere Rücksicht genommen; im Sommer aber ist es leichter, und die Leute sind dann zuweilen mehrere Tage hintereinander zu Hause.

Alljährlich wird eine gewisse Quantität der an der Reihe befindlichen Jahrgänge zu Markte geschickt, und aus dem Verkauf dieser wird der Gewinn (oder Verlust?) des Jahres erzielt. Soll Vieh zu Markte geschickt werden, so finden eine ganze Reihe von muster über das Vieh statt, und mit größter Sorgfalt werden die zu verkaufenden Stücke ausgesondert. Ist es eine besonders gute Saison inbetreff von Regen und Gras gewesen, so werden auch wohl fette ausgemustert und zu Markte geschickt, die natürlicherweise einen besseren Preis erzielen. Die australischen Gräser sind so nahrhaft, daß in guten Saisons das Vieh leicht sich von selbst, ohne Fütterung wie bei uns, auf das Prädikat „fett“ bringt.

Sind einige hundert fette oder tausend gewöhnliche zum Verkauf ausgemustert, so werden sie einem Manne (drover) übergeben, der hierfür kontraktlich engagiert wird, und der für sie die Verantwortung übernimmt. Er engagiert sich einige wenige

Verlagsrecht von Kerry & Co., Sydney.

Brandmarken von Pferden.

Leute zur Hilfe, die er, wie auch sich selbst, mit Pferden aus eigenen Mitteln zu versehen hat. Die meisten so engagierten Leute haben aber ihre eigenen Pferde und bekommen alsdann in Anrechnung dieses Umstandes etwas höheren Lohn.

Die Reise vom Westen Queenslands nach den Märkten von Melbourne, Sydney und Adelaide, wohin das meiste Vieh geschickt wird, dauert mehrere Monate, da das Vieh getrieben wird (droving) und, um nicht an Kondition zu verlieren, täglich nicht mehr als 8—10 englische Meilen zurücklegen darf. Der drover ist dafür verantwortlich, das Vieh in demselben Zustande am Markte an den Agenten abzuliefern, in dem er es auf der Station empfangen hat. Ein geringer Prozentsatz wird ihm für eventuelle unverschuldete Verluste erlaubt. Schlachtet er unterwegs ein Stück für Fleischbedarf, so wird ihm dies zu billigem Preise berechnet. Es führen sogenannte stock routes for travelling cattle, d. i. Vieh-Routen für reisendes Vieh, durch das Land nach den Marktplätzen. Diese Routen sind von ansehnlicher Breite, vielleicht

1—2 Meilen breit, deren Land die Regierung reserviert hat, und die nur von reisendem Vieh abgegrast werden dürfen. Manche der drovers treiben aber auch ihr Vieh über das Land anderer Stationen, wogegen aus Rücksichten der Gegenseitigkeit nichts eingewendet wird. Der drover ist hier aber verpflichtet, an den Besitzer oder manager der Station, über deren Land er zu treiben wünscht, einen Boten mit der notwendigen Meldung vorauszuschicken. Auch hat er sich diesen Herren gegenüber mit seinem Vieh zu legitimieren, wofür er von der Station, deren Vieh er kontraktlich für die Reise übernommen hat, die nötigen Papiere erhält, die aussagen, daß der pp. so und so soviel Stück Vieh mit der und der Marke von der Station X nach Sydney zu treiben überliefert bekommen hat 2c.

Die Arbeit auf einer Station ruht das ganze Jahr hindurch niemals. Ist beim Vieh gerade mal eine Pause in der Arbeit eingetreten, so wendet sich diese den Pferden zu. Die Fohlen müssen gebrandmarkt und gelegt werden, die jungen Pferde dressiert, eingeritten und eingefahren werden (break in). Zu letzterer Arbeit wird auch häufig, namentlich wenn unter den permanenten Leuten der Station keine hierzu geeignete Kraft vorhanden — denn das Einreiten erfordert eine ganz besondere Geschicklichkeit und Erfahrung — ein besonderer Mann engagiert, falls sich ein solcher anbietet, was oft geschieht. Diese Leute bekommen dann eine ganze Zahl junger Pferde (youngsters) angewiesen, für die sie meist 1 Pfund Sterling bis 30 Schilling (20 bis 30 Mk.) pro Stück Lohn erhalten. Das Bändigen und Einreiten der jungen Pferde nimmt in Australien nicht viel Zeit in Anspruch; in 3—4 Tagen muß dasselbe soweit sein, daß es geritten werden kann, wenigstens von jedem, der imstande ist, einen eventuellen buck jumper (Bocker) zu reiten. Der Rest wird dem Pferd im Laufe der Zeit bei der Arbeit beigebracht.

Der Fleischbedarf auf einer Station ist leicht und billig gedeckt. Wie oft geschlachtet werden muß, hängt von der Zahl der zu speisenden Leute ab; 2 mal wöchentlich ist wohl auf den meisten Stationen der Durchschnitt. Die hierfür nötigen Arrangements sind folgende: Im horse paddock, also dicht bei der Hauptstation, sind etwa 10—20 Stück Vieh, die geschlachtet zu werden bestimmt sind. Verringert sich diese Zahl auf einige wenige, so werden beim nächsten muster etwa 10 frische Stück mitgebracht und in den horse paddock eingelassen. Auf weniger als vier läßt man die Zahl im paddock nicht gern herabsinken, weil, je mehr es sind, sie sich desto leichter in den Hof treiben lassen. Soll geschlachtet werden, so reitet der store keeper, in dessen Ressort das Schlachten fällt, des morgens in den paddock, wobei er sich gewöhnlich noch einen der Leute oder der Schwarzen, wenn diese zu haben sind, zur Hilfe mitnimmt, und das Vieh, sobald es aufgefunden ist, wird in den Hof getrieben. Hier wird ein Stück abgesondert, und der Rest wird wieder in den paddock gelassen. Etwa 1—2 Stunden vor Sonnenuntergang wird das zu schlachtende Stück in einen kleinen Hof getrieben, von dem ein schmaler Gang fortführt, der am anderen Ende durch Eisenstäbe quer abgeschlossen ist. In diesem Gang wird das Stück Vieh hineingedrängt und, sobald es am Ende anlangt, hinter ihm, gerade vor den nächsten zwei Pfosten, eine Stange quer durchgeschoben, sodaß es auch nicht wieder zurück kann. Dann geht der storekeeper vor das Ende des Ganges und schießt mit der Büchse dem Vieh eine Kugel durch den Kopf.

Am Ende des Ganges, dort, wo das Vieh nach dem Schuß zusammengesunken ist, wird die eine Seite zwischen dem letzten und vorletzten Pfosten durch eine Lattenthür gebildet, die nun geöffnet und zurückgeschlagen wird, sodaß das getötete

Stück Vieh mit Hülfe von Stricken heraus und unter das hier unmittelbar daneben befindliche Galgengerüst gezogen werden kann. Dann wird es geblutet, abgehäutet, ausgenommen und schließlich mit Hülfe des Querholzes, welches durch die beiden

Getödtetes Rind am Galgengerüst.

Hinterschenkel gesteckt wird, und das durch Ketten mit der obern drehbaren Querwelle des Galgengerüstes verbunden ist, in die Höhe gewunden. Nachdem der Rumpf gespalten und der Kopf abgeschnitten ist, wird mit Hülfe von Armen, die seitwärts an der oberen Querwelle des Gerüstes befestigt sind, und an denen wieder Stricke zur Handhabung angebracht sind, der Rumpf soweit hochgezogen, daß die Hunde und etwaige sich während der Nacht einstellende Dingos nicht darankommen können. Am nächsten Morgen vor Sonnenaufgang wird das Fleisch ausgeschnitten und ins Fleischhaus transportiert. Hier wird alles Fleisch, mit Ausnahme des Quantums, das je nach der Jahreszeit frisch bleiben kann — im Sommer hält sich frisches Fleisch kaum einen Tag; denn Eis giebt es dort nicht —, eingesalzen. Die Knochen und Abfälle, soweit die Schwarzen sie nicht mit Beschlag belegen, werden auf einen Haufen geworfen und verbrannt. Für das Verschwinden dessen, was darnach noch übrig bleibt, sorgen die zahlreichen Bussarde und Krähen, die diese Gelegenheit sehr wohl kennen und stets in der Nähe zu finden sind. Die Häute werden ausgespannt, getrocknet und aufbewahrt. Aus ihnen machen die Leute, wenn Zeit dazu vorhanden ist, hobbles für die Pferde, Stricke und andere Sachen, die sich nützlich und notwendig erweisen.

So wird im Kreislauf des Jahres auf einer Vieh-Station dafür gesorgt, daß nie die Langeweile Einzug halte, und wer ein freies, ungebundenes Leben liebt, Sinn für Gottes schöne Natur und zur selben Zeit auch Lust zu schöner, gesunder Arbeit hat und gern, mit dem Bewußtsein eines guten Pferdes unter sich, sich von früh bis spät im Freien umhertummelt, einen fast ewig blauen Himmel über sich, dem rate ich einmal eine Saison auf einer Vieh-Station Queenslands zuzubringen.

# Eine Wanderung nach dem Omatako (2680 m) in Deutsch-Südwestafrika.

Von Kurt Dinter-Windhoek.

Meine mehrjährigen Kreuz- und Querzüge durch das deutsche Schutzgebiet zum Zwecke botanischer Erforschung der Flora führten mich auch nach dem Norden bis zur Etosapfanne. Hatte mich schon auf der Hinreise aus der Ferne der Omatako begrüßt, so war auf der Rückreise nach Windhoek der Entschluß in mir gereift, diesen höchsten Punkt des deutschen Schutzgebietes zu besuchen, zumal seine Pflanzenwelt noch unerforscht und seine Besteigung bis jetzt nur vom Ingenieur Anderson ausgeführt worden war. Von Windhoek führte mich der Weg über Okahandja. Hier wurde ich auf der Station von Leutnant Streitwolf, der jetzt daselbst Distriktschef ist, gut aufgenommen. Derselbe beabsichtigt, zwecks genauerer Messung später gleichfalls den Omatako zu besteigen. In Okahandja wohnte ich in der aus Backsteinen erbauten Kirche einer fünffachen Trauung von Herero bei. Statt des Myrthenkranzes in den Haaren, den wohl auch keine der Bräute mit gutem Gewissen hätte tragen können, trugen sie weiße Kopftücher. So lächerliche Scenen, wie ich sie gelegentlich einer Hottentottentrauung in Bethanien gesehen habe, wo der Bräutigam sich ganz ungeniert vor dem Altare seine Nase mit der Hand reinigte, konnte ich hier nicht beobachten. Auf dem Weitermarsche lernte ich unterwegs einen Hutpilz kennen, der unserem Champignon sehr nahe verwandt und merkwürdigerweise nur an den Wänden der harten Termitenbauten zu finden war. Ich sah, wie Frachtfahrer und ihre Weiber (die Herero nehmen fast immer ihre Weiber mit, wenn sie ihre Werft für einige Zeit verlassen) die Pilze schälten und roh aßen; ich machte natürlich auch einen Versuch und fand sie in diesem Zustande außerordentlich schmackhaft. In Okanatjikuma, einer Wasserstelle mit großer Werft, konnte ich zum ersten Male die beiden Spitzen des Omatako sehen. Auf einer Granitkuppe fand ich die prächtige kaktusartige Asclepiadee, Decabelone Barklyi, sowie einen mir noch unbekannten Diospyros. Die Bewohner der Werft hatten an beiden Rändern des Riviers kleine Felder und Gärten mit Mais, Tabak und Kürbissen angelegt. Etwas anderes wird man nie in Hererogärten finden, etwa Feigen oder Wein, obwohl die Missionare jedem, der darum bittet, Stecklingsholz in Menge schenken würden. Es dauert aber den faulen Schwarzen zu lange, ehe sie einen Gewinn davon hätten; darum sieht man in ihren unakkuraten, ärmlichen Gärtchen nur solche Sachen, die sie nach drei bis vier Monaten, vom Pflanztage ab gerechnet, schon verzehren können. Den Gartenbau lassen die Herero ausschließlich von ihren Weibern und Sklaven betreiben, während sie selbst gruppenweise zusammenkauern und den ganzen lieben Tag bis in die späte Nacht von ihren Ochsen schwatzen. — In Otombusomasse im heftigsten Regen angekommen, wurde mir augenblicklich ein großer, sauberer und wasserdichter Pontok eingeräumt. In diesem suchten ich und mein Begleiter, ein Hottentott, namens Karl, uns so wohnlich als möglich einzurichten, Feuer zu machen und Kleider und Gepäck zu trocknen. Auf dieser Werft wurde mir zum ersten Male Butter offeriert, die ich, da sie ganz leidlich appetitlich aussah, auch annahm, zumal ich sie als „Präsent“ zu betrachten hatte. Selbstverständlich erfordert ein solches „Präsent“ sofort die Herausgabe eines womöglich höherwertigen Gegenpräsents, sodaß die ganze Geschichte stets auf einen Tauschhandel hinausläuft, bei dem natürlich der Eingeborene meist glaubt, daß er dem Fremden gegenüber im Vorteil sei. Ist ein Reisender im Verkehr mit Eingeborenen unerfahren, so wird dies auch meist der Fall sein. Hauptsache ist, daß der Weiße stets seine Würde als Omuhona (Herr) bewahrt, ohne diese indes durch ungeschickte Nachgiebigkeit zu erkaufen. Festigkeit im Auftreten, verbunden mit einem gewissen Takt, sind unerläßliche Eigenschaften für den auf den Verkehr mit Eingeborenen Angewiesenen. — Gegen Mittag des folgenden Tages sahen wir uns in der Höhe des Keijo, der links von uns steil aus der Ebene etwa 500 m heraustieg. Der Weg, auf dem ich mich befand, schien der auf der L a n g h a n s'schen Karte mit Galtons Weg bezeichnete zu sein. Auf und neben dem Wege blühten zu Millionen betäubend duftende Crinum und braungefleckte, blättrige Dogmia. Wieder brach ein heftiges Gewitter los, das wir ohne jeglichen Schutz in der freien Ebene über uns ergehen lassen mußten. Bis kurz vor Sonnenuntergang wateten wir fußtief in dahinströmendem Wasser und waren schließlich genötigt, die Nacht unter einem Omutendereti (Boscia puberula, Capparidee), in dessen Nähe viel totes, jetzt jedoch ganz nasses Holz stand, zuzubringen. Nur mit Hülfe einer Salbe aus meinem Medikamentenkästchen gelang es meinem Karl durch Preßpapier ein Feuer anzufachen und dann die Dutzende nasser Gegenstände, mit denen wir die Zweige des Baumes behängt hatten, wieder zu trocknen. Der eben erwähnte Omutendereti ist der „Witgat“ der Buren; er liefert ihnen in seinen dicken, fleischigen Wurzeln im gerösteten Zustande ein stark süßes Kaffeesurrogat. — Der folgende Morgen war herrlich, all unsere gestrige wässerige Trübsal wie weggeblasen, und die beiden steilen Gipfel des Omatako ragten, mit einem weißen, scharf abgegrenzten Wolkenring um ihre Mitte, aus der tischglatten Ebene heraus, nur etwa 12 km noch von uns entfernt. Der Omatako hat seinen schönklingenden Namen mit Unrecht von seiner Gestalt erhalten; seine beiden ganz gleichen Gipfel sind viel zu spitz, als daß jemand außer den Hereros eine Ähnlichkeit mit einem Podex (= Omatako) herauszufinden vermöchte. Er ist von seinem ersten Ersteiger A n d e r s o n 2080 m hoch gefunden worden, welche Angabe, die sich auf der L a n g h a n s'schen Karte findet, aber nicht gut korrekt sein kann; denn ich schätze die beiden sich über der Ebene erhebenden Gipfel auf höchstens 550 m, somit müßte die Ebene 2110 m hoch liegen, was aber nimmermehr der Fall sein kann. Nach meiner Schätzung liegt sie nicht höher als etwa 1600 m. Die ganze Ebene um den Berg herum, den wir zur Hälfte zu umgehen hatten, war durch den gestrigen wolkenbruchartigen Regen ein Morast, sodaß wir barfuß gehen mußten und in Okahandja na matako erst am Nachmittag ankamen, obwohl der Schrittzähler nur 14 000 Schritte anzeigte. Nachdem ich den Omuhona (Werftkapitän) begrüßt hatte, dachte ich an meine Bequemlichkeit, hing meine Hängematte zwischen einem Wagen und einem Hakjesdorn auf und machte sans gêne meine Toilette, während Karl anfing, Feuer zu machen, um den obligaten Reis mit Erbswurst und Kaffee zu kochen. Es ist meine alte bewährte Reisepraxis, in einer Werft, in welcher ich eben ankomme, mich nicht anders zu benehmen, als wenn ich im freien Felde Mittags- oder Nachtrast mache. Die gaffenden Eingeborenen existieren für mich nicht, bis ich gegessen, mich in die Hängematte gelegt und die

Pfeife angebrannt habe. Bequemlichkeit bis zur Rücksichtslosigkeit gegen alle, außer gegen die eigenen Leute, die körperlich dasselbe zu leisten haben, wie ich und deshalb dieselbe prompte Bedienung nötig haben wie ich selbst. Karl war, während ich mich schon in der Hängematte dehnte, noch mit Aufräumen beschäftigt und wies brav die neugierigen Fragen der Männer, die auf kleinen Klappstühlchen um ihn und mich herum hockten, mit kurzem burru-burru (verstehe euch nicht) ab. Es ist manchmal sehr angenehm, wenn der Junge die Sprache der Eingeborenen, unter denen man gerade reist, nicht versteht; öfter habe ich freilich auch das Gegenteil gewünscht. Als ich den Leuten deutlich gemacht hatte, was freilich geraume Zeit in Anspruch nahm, daß ich am nächsten Morgen den Omatako besteigen wolle und daß ich dazu außer meinem Jungen noch einen der ihrigen nötig hätte, waren sie fast starr vor Erstaunen, und nachdem sie sich davon erholt, begann ein Lärmen und Diskutieren unter einander, daß sie einer Rotte Tollhäusler nicht unähnlich waren. Natürlich hielten die meisten die Besteigung für unmöglich, oder sie thaten nur so, um möglichst viel „shillinga" für die Begleitung zu erpressen. Da ich genau wußte, daß man in 6—7 Stunden bequem hinauf und herunter kam, bot ich 5 Mark bar Geld, wodurch ich einen Entrüstungssturm entfesselte. „Ten shillinga, pond, twe ponde, ten ponde", so schrie es durcheinander. Ohne mit der Wimper zu zucken und mich in meiner bequemen Lage durch diesen Unsinn stören zu lassen, bot ich, als es wieder ruhiger war, wieder 5 Mark. Nach langer Beratung brachte mir endlich der Kapitän einen jungen Kerl, der mich für fife shillinga an präsent begleiten wollte. Unterdessen war die Sonne zur Rüste gegangen, es wurde mir ein Pontok angewiesen, und als ich eingerichtet war, schickte ich dem Kapitän durch meinen Jungen als Präsent 4 m gute, weiße, englische Leinwand. Die Rinder- und Kleinviehherde wurde eingetrieben und in den verschiedenen Kraals untergebracht, und die Weiber der Werft kamen mit ihren großen, ovalen, hölzernen Milchtöpfen aus den Hütten, um sich ans Melken zu begeben. Als dies Geschäft beendet war, sah ich durch den niedrigen Eingang meines Pontoks den Kapitän mit einem jungen Ziegenbock auf mich zukommen, sein Gegenpräsent. Ich bat ihn jedoch, den Bock zurückzunehmen und bis zum folgenden Nachmittage aufzuheben; ich würde ihn dann schlachten, jetzt sei ich viel zu müde. Der folgende Morgen fand uns früh auf den Beinen. Nachdem Feldflasche und Wassersack mit Wasser und die Kochtöpfe mit Curryreis gefüllt waren, verabschiedete ich mich vom Kapitän mit der Bitte, mir alle die Sachen, die ich natürlich nicht mitschleppen wollte, wie Wäsche, Proviant, Papier rc. bis zu meiner Rückkehr aufzubewahren. Die Bitte schlug fehl, er war nicht imstande, mir für die Sicherheit der Sachen garantieren zu können! Infolgedessen blieb mir nichts anderes übrig, als alles bis an den Fuß des Berges mitzunehmen und dort möglichst gut zu verstecken. Glücklicherweise fanden wir bald ein gutes Versteck, und dann ging's in möglichst grader Linie der Spitze zu. Zuerst stiegen wir über kantiges, sehr grobes Geröll, bedeckt mit 2' hohen, dicht wachsenden Acanthaceen, die bei jedem Schritt mit ihren nadelscharfen Blattdornen schmerzhaft in die Beine stachen. Auf diese Weise stiegen wir 3000 Schritte und standen somit an dem senkrechten, etwa 10—15 m hohen „Krans", in dem wir jedoch bald eine Stelle entdeckten, an welcher man ohne besondere Gefahr hinanklimmen konnte. Dicht unten am Krans standen buschige Acacien, Terminalia, Boscia foetida und ein spitzblättriger Feigenbaum, der senkrechte Felswände mit seinen dicken Wurzeln netzartig überzog. Oberhalb des „Krans" wurde der Anstieg dadurch etwas leichter, daß die dornigen Akazienarten durch einen nur 2—3' hohen gelb und rot violett blühenden Dicrostachys abgelöst wurden, und daß die fürchterliche Amarantacee hier oben nicht mehr vorkam. Das Geröll war dasselbe wie unten, doch lag es loser und rutschte leicht unter dem Tritte. Sonne hatten wir glücklicherweise nicht, da wir den Aufstieg vom Westen her machten; sie hätte die verdächtigen Kunstpausen, die jeder von uns nach 30 Schritten machte, noch bedeutend vermehrt. Die Steigung erforderte so schon die ganze Kraft. Endlich hatten wir die letzten Sträucher hinter uns und sahen vor uns nur noch die aus mächtigen braunroten Felsblöcken bestehende lose Kuppe, in welcher einige wunderschöne alte Olivenbäume den Stürmen trotzten. Der Hererojunge von unten hob einen Stein auf und warf ihn hinauf in das Trümmerchaos. Der getroffene Felsblock klang wie ein mit leichtem Hammer geschlagener Amboß. Also mußte der Junge schon einmal oben gewesen sein oder die klingende Eigenschaft des Minerals von anderen erfahren haben. Von Block zu Block springend erreichten wir die Spitze noch lange vor Mittag. Der Schrittzähler zeigte vom eigentlichen Fuße ab 6700 Schritte. — Ich hatte mich während des letzten Teiles nicht mehr umgeschaut, um einen möglichst ungeschwächten Eindruck eines kolossalen Panoramas von der Spitze aus zu erhalten. Die Aussicht ist auch wirklich, ohne überwältigend zu sein, großartig. Da liegt uns zunächst, genau so hoch, wie wir uns befinden, die andere Spitze des Omatako, nordwestlich das mächtige, ganz horizontale Sandsteinplateau des charakteristischen der Hererolandtafelberge, des Etjo; nordnordöstlich das Südwestende des Omuverumue oder Waterbergs, der Ombotosu, Kejo, Omboroko und hundert andere, die teils namenlos sind, teils sich wegen der großen Entfernung nicht genau identifizieren lassen. Und unten zu unseren Füßen breitet sich die baumarme Ebene mit Vleys und Wassertümpeln besät aus, durch die sich der Omuramba ua matako bis über Osire hin sichtbar schlängelt, eingefaßt auf seiner ganzen Länge von einem breiten Dornbaumgürtel. Und in der Ebene im Kreise liegen, nicht so groß wie Maulwurfshügel erscheinend, die 12 Hütten von Okahandja und nur etwa 3 km entfernt eine ebenso große Werft, von deren Existenz ich gar nichts wußte. Nachdem wir die herrliche Aussicht einigermaßen genossen — auch mein sonst für Naturschönheiten ganz unzugänglicher Junge hatte ein wenig mitgeschwelgt —, mußte auch an leibliche Stärkung gedacht werden. Ich schickte deshalb die beiden unter die knorrigen alten Olivenbäume, um Feuer zu machen, den Reis aufzuwärmen und Kaffee zu kochen, während ich die spärliche Vegetation, die sich zwischen den rötlich-braunen Steinblöcken angesiedelt hatte, untersuchte. Viel war's freilich nicht, aber das Wenige kam mir hier unerwartet, besonders ein Melianthus, ein kleiner Farn, eine weißblühende Clematis, Brunswigia, und nicht zuletzt die wundervollen alten, flechtenbedeckten Ölbäume, die gerade mit reifen erbsengroßen Beeren behangen waren und unserer europäischen Olive in allen Teilen so ähnlich waren, daß ich nicht den geringsten Unterschied zwischen beiden entdecken konnte. — An Steinblöcken sah ich die ganz frische Wirkung des Blitzschlages. Ich möchte hier oben von keinem Gewitter überrascht werden. Bevor ich zu den Eingeborenen, die unter der Olive schon schmausten, hinabging, schrieb ich noch eine Postkarte für Leutnant Streitwolf in Okahandja, welcher etwa 3 Wochen nach mir den Berg besteigen und genau messen wollte. Die Karte wurde unter dem Schlußstein einer kleinen aus Blöcken aufgeführten Säule deponiert. Nach einer Stunde Ruhe gönnte ich mir im Schatten des Baumes, dessen Zweige bis auf die Steine niederhingen, und dann ging es wieder auf derselben Spur zurück. Meine Sachen lagen alle noch unberührt in ihrem Versteck. Der Schrittzähler zeigte diesmal

60 Schritte mehr an, als wir unten ankamen. In den Augen der Bewohner hatte ich eine That vollbracht, von der sie noch lange reden werden; ich selbst war hoch befriedigt, teils von dem Genuß, den ich da oben empfunden hatte, teils von dem Gedanken, etwas geleistet zu haben, was seit Anderson kein Weißer mehr unternommen hatte. Da ich die Absicht hatte, am folgenden Morgen nach Omburo (60 km) abzumarschieren, so bat ich den Kapitän, mir einen Träger bis dorthin mitzugeben. Da er jedoch Schwierigkeiten machen wollte, wahrscheinlich, um einen möglichst hohen Preis von mir herauszupressen, brach ich kurz nach Beginn der Verhandlung dieselbe ab. Ich ließ von meinem Jungen den Bock schlachten, zerteilen und die fleischreichen Stücke im Pontok aufhängen, während das übrige sogleich verzehrt wurde. Natürlich ließ ich den Kapitän, dem das Wasser dabei im Munde zusammenlief, zusehen. Er dachte immer noch, ich würde ihm doch noch etwas übrig lassen; aber als er sah, wie ich meine heutigen Begleiter aufforderte, weiter zu essen, wenn sie Miene machten, aufzuhören, gingen er und seine Leute leise schimpfend in ihre Hütte zurück. Es gelang mir leider nicht, den Begleiter vom Morgen zu bestimmen, mit nach Omburo zu gehen, trotzdem ich ihm prompt seinen Lohn ausgezahlt hatte. Der Kapitän müßte erst seine Erlaubnis dazu geben. Da ich denselben aber zu sehr durch mein schroffes Abbrechen der Verhandlung verletzt hatte, so war ich entschlossen, die Tour nach Omburo mit meinem Hottentotten Karl allein anzutreten und uns selbst mit dem nicht leichten Gepäck zu belasten, hatte doch jeder 20 kg auf seine Schultern zu nehmen. Ich gab mich der Hoffnung hin, unterwegs doch noch einen Träger zu finden; sie erwies sich aber als trügerisch, und so blieb uns nichts übrig, als selbst die Träger bis Omburo zu sein.

## Kiautschou in französischer Beleuchtung.

Der „Pariser Matin“ veröffentlicht einen vom April datierten längeren Artikel, der ihm aus Tsingtau von seinem Mitarbeiter zugegangen ist. Der Bericht äußert sich im höchsten Grade anerkennend über das von deutscher Seite in dieser jungen Kolonie Geleistete. Hervorgehoben wird zunächst die wichtige Lage Tsingtaus an dem Seewege von Schanghai nach dem Gelben Meer. Trotz der ungastlichen Küste sei das Innere Schantungs fruchtbar und an Bodenschätzen reich. Man ernte dort nicht nur allerhand Früchte, sondern auf einer besonderen Eichenart würden Seidenwürmer gezüchtet. Die Kohlen seien nicht von hervorragender Beschaffenheit, aber reichlich vorhanden. Endlich finde man dort auch Gold und Eisen. Es wird auch auf die Zukunft Tsingtaus als Seebadeort für die europäische Kolonie in Schanghai hingewiesen und besonders die Aufforstung des Geländes hervorgehoben. Wenn man jene kleinen Berge abwandle, könne man sich einen Begriff von der ungeheuren und geduldigen Arbeit machen, die darin verborgen liege, und die ein bedeutender, auf wissenschaftlichen Grundlagen beruhender, methodisch ausgeführter Bewaldungsplan hervorhebe. Die geringsten Bodenfalten seien genau durchstudiert, die kleinsten Einschnitte in Entfernungen von 5 m durch kleine Steinmauern geschützt, die Rinnen von ausgemauerten Wegen durchschnitten, und wahre Teiche umwallten die Thalschluchten. Alles sei im gesamten und im einzelnen genau durchforscht worden, um auf dem terrassenförmig ansteigenden Boden die geringste Regenmenge zurückzuhalten. Fichten begönnen auf dem scharfen Kalk emporzusprießen, und die bereits in Angriff genommene Herleitung der 15 km entfernten Quelle werde das Gesamtbild mit einem Schlage verändern. „Auf der Höhe des Prinz Heinrichberges“, führt der französische Journalist schließlich aus, „biete sich ein seltenes Schauspiel, das einer im Werden begriffenen Stadt, die sich abzeichnet, ausgräbt, gegen das Meer verteidigt oder ihm ihr Steinarme entgegenstreckt.“

Pr.

# Sollen wir Buren in Südwestafrika zur Ansiedelung zulassen oder nicht?

Von Marinestabsarzt a. D. Dr. Sander.

## Einleitung.[1] [2]

Obwohl die Frage besteht, so lange Südwestafrika uns gehört, so ist sie gerade jetzt durch die kriegerischen Ereignisse in Südafrika aufs Neue aufgerollt, und es wird ihr sogar heute eine größere Wichtigkeit beigelegt als in früheren Zeiten. Und doch ist sie eigentlich schon vor Ausbruch des Burenkrieges politisch zu Gunsten der Buren erledigt gewesen, wenn dies auch hier in der Heimat unbekannt war und noch immer lebhaft darüber gestritten wurde, ob man Buren überhaupt zulassen solle. Jetzt werden die Buren wieder einmal nach dem alten von Livingstone und Philips herrührenden Rezept schwarz in schwarz geschildert, und das, obwohl die in Südwestafrika bisher angesessen gewesenen fast Mann für Mann dem Rufe ihrer um ihre Freiheit kämpfenden Brüder gefolgt sind und ihre aufblühenden Höfe in unserem von keinem Kriege berührten Gebiete verlassen haben und ihr Leben nun für das ideale Gut der Freiheit ihres Volksstammes in die Schanze schlagen! Eben

---

[1]) Wir meinen, der verehrte Herr Verfasser rennt mit den Ausführungen in der Einleitung offene Thüren ein; denn unsere Regierung ist nach allen Anzeichen gewillt, den Buren, die sich in Deutsch-Südwestafrika niederlassen wollen, soweit wie möglich entgegenzukommen. Die Regierung zu drängen, Buren in großen Massen und geschlossenen Gruppen anzusiedeln, sodaß sie lästig werden könnten, die Absicht hat gewiß Niemand, auch der Herr Verfasser nicht. Ebenso wenig wird Jemand leugnen wollen, daß es vor allem Aufgabe unserer Regierung sein muß, deutsche Bauern seßhaft zu machen. Die Schutztruppe wollen wir nicht um das Doppelte vermehrt sehen, um den Buren den Eintritt zu wehren, sondern um unsere Machtstellung in Südafrika zu stärken. Auch stehen wir auf dem Standpunkte daß die ausgedienten Mannschaften der Schutztruppe vorzügliches Ansiedlermaterial liefern, und daß wir unsere eigenen Landsleute nicht so gering zu bewerten haben, um nicht auch ohne Buren Südwestafrika bevölkern zu können. Jedenfalls sollen wir das eine thun und das andere nicht lassen; denn wir haben Südwestafrika nicht für die Buren unter unserm Schutz genommen.

Welches Gewicht den politischen Ausführungen des Herrn Verfassers beigelegt werden kann, überlassen wir dem Urteil der Leser; — fügen indessen hinzu, daß dieselben seitens der Leitung der Kolonialgesellschaft nicht geteilt werden. Die Schriftleitung.

[2]) Ist im März d. J. niedergeschrieben. Der Verfasser.

noch haben wir den Erfolgen des heldenmütig ringenden Volkes zugejubelt und zugejauchzt, ihre Niederlagen und Mißerfolge fast wie eigene empfunden, und nun sollen wir uns auf einmal wieder dieser Leute wie schädlicher wilder Tiere mit allen Mitteln erwehren, die Schutztruppe auf mehr als das Doppelte vermehren und ihnen gewaltsam den Eingang in unser Gebiet verlegen? Und was haben wir denn davon, wenn wir auch wirklich zum Vorteile Englands dem gehetzten Volke den Eintritt wehren? Glauben wir denn damit wirklich die großafrikanische Idee, das „Afrika für die Afrikander", deren Träger die Niederdeutschen, die Burenbevölkerung in Südafrika, sind, losmachen zu können? Das wird nicht einmal, auch bei völliger Niederwerfung der Freistaaten, den Engländern gelingen; wir aber haben damit die Führung der Niederdeutschen in Afrika und vielleicht auch in Europa verscherzt, die zu gewinnen wir auf dem besten Wege waren und die allein uns vor der „Verafrikaandering" Südwestafrikas (und auch des südlichen Ostafrika) auf die Dauer schützen kann.

Gesetzt aber, die nach den Mißerfolgen der Buren jetzt aufgekommene Ansicht, England werde die Burenstaaten völlig vernichten, den niederdeutschen Volksstamm in Südafrika als solchen völlig auslöschen und in sich aufgehen machen, bestehe zu Recht und weise die Geschehnisse der Zukunft, sind wir dann in Südwestafrika besser daran als jetzt? Jetzt sorgen wir, der kleine in der Kultur zurückgebliebene, wenig mächtige Volksstamm werde unser Volkstum in der Kolonie gefährden, wenn wir einigen seiner Angehörigen erlauben, sich bei uns niederzulassen. Ja, was soll denn da geschehen, wenn ganz Südafrika englisch ist, wenn Engländer die Niederlassung bei uns verlangen und entsprechend den internationalen Verträgen unblutig auf diplomatischem Wege durchsetzen werden? Sind wir denn dann besser daran, wird unser dort unten eben erst in der Entwickelung begriffenes Volkstum dem Einfluß der Angehörigen des „paramount power" Südafrikas besser widerstehen als dem der Angehörigen eines Stammes, dem wir an Macht und Wissen überlegen sind, der uns nahe stammverwandt ist und bisher bewiesen hat, daß er bereit ist, sich unserer Führung zu fügen? Das, worauf es uns jetzt gerade vor allen Dingen ankommen muß, ist doch, daß wir in Südwestafrika so schnell als möglich eine kräftige weiße Bevölkerung ansiedeln, die mit uns gegen die Engländer zusammensteht. Daß unser Gebiet nicht verbart, das können wir garnicht von Afrika aus verhindern, dazu müssen wir hier in Europa Maßnahmen treffen.

Wie die Verhältnisse in Südwestafrika nun einmal liegen, ist aber garnicht daran zu denken, daß wir ohne Buren zu einer schnellen Besiedelung kommen. Eine Vermehrung der Schutztruppe, wenn sie auch aus anderen Gründen erwünscht sein und vielleicht notwendig werden kann, wäre aber das Allerungeeignetste, um eine kräftige landsässige Bevölkerung schnell sich bilden zu lassen. Und nur eine landsässige Bevölkerung, die mit dem Boden, auf dem sie sich niedergelassen hat, verwächst, kann doch für das Volkstum Gewähr leisten, nicht aber eine kaufmännische oder Minenbevölkerung, die mit dem Bestreben in die Kolonie geht, sich in kürzerer Zeit, als dies in der Heimat möglich wäre, ein gewisses Vermögen zu sammeln, um mit diesem wieder nach Haus zurückzukehren und hier ihr Leben zu beschließen.

* * *

In der bisherigen Erörterung der „Burenfrage für Südwestafrika" ist meines Erachtens viel zu wenig betont worden, daß die Verhältnisse des Schutzgebietes gebieterisch zunächst eine Bevölkerung vom Schlage der Buren verlangen, soll das Land vorwärts kommen. Das Hauptgewicht ist immer auf die Charaktereigenschaften des Buren gelegt worden. Nun, so wie der Bur geworden ist und heutzutage sich darstellt, ist er nicht von Anbeginn gewesen, sondern die ganzen wirtschaftlichen und Lebensverhältnisse Südafrikas haben ihn zu dem gemacht, was er ist. In Südwestafrika aber sind diese nicht anders, jedenfalls aber nicht besser, sondern eher schlechter als im übrigen Südafrika. So dürfen wir wohl erwarten, daß gleiche Verhältnisse aus nahezu gleichem Material — unsere landsässige Bevölkerung ist ja der der Buren in den meisten Beziehungen gleich — auch einen gleichen Volkscharakter schaffen werden, d. h. daß deutsche Bauern, die wir dort ansiedeln, wohl oder übel zu den Sitten und Gewohnheiten der Buren gelangen werden. Das ist ein Herabsteigen, das wir da von unseren Bauern verlangen und um so schwieriger, als die Eingeborenenfrage heute doch nicht mehr im Sinne Jan van Riebeeks und seiner ersten Nachfolger gelöst werden kann. Ob die Verkehrsverbesserungen unseres Zeitalters diesen Nachteil zu Gunsten der deutschen Ansiedler ausgleichen werden, ist mir mehr als zweifelhaft.

Südwestafrika ist wie der größte Teil Südafrikas ein menschenarmes Land. Hier wie da ist die Ursache die gleiche: die geringe jährliche Niederschlagsmenge, noch dazu in ungünstiger Verteilung über das Jahr, und die daraus entspringende Wasserarmut. Es braucht also jeder einzelne ein erheblich größeres Gebiet als in feuchteren Ländern, um von dessen Erzeugnissen leben zu können; denn Dichtigkeit des Pflanzenwuchses und damit auch die Menge der auf einer gegebenen Fläche lebenden Tiere hängt doch in allererster Linie von der Regenhöhe ab.

Aus diesen Verhältnissen aber ergiebt sich mit zwingender Notwendigkeit, daß der Ackerbau gegen die Viehzucht zurücktreten muß. Verlangen ja doch die Kulturgewächse eine erhebliche Menge Wasser zu ihrem Gedeihen, und das läßt sich im trockenen Lande selbst mit allen Hilfsmitteln der Neuzeit wie Dammbauten, artesischen Tiefbrunnen und dergleichen mehr nur für Ausschnitte des Landes beschaffen.

Da eine gegebene Fläche in einer trockenen Gegend aber dünner bestanden ist als in einer feuchten, so braucht ein jedes Stück Vieh hier auch eine weitaus größere Fläche zu seiner Ernährung. Diese muß noch größer bemessen werden, als nach dem durchschnittlichen Regenfall anzunehmen ist, weil gerade in trockenen Gegenden die Niederschläge in den einzelnen Jahren für ein und dieselbe Gegend außerordentlich wechselnd sind. So kann es selbst in verhältnismäßig gut beregneten Strichen trockener Gegenden vorkommen, daß ein und dieselbe Strecke mehrere Jahre hindurch gar keine Niederschläge bekommt; die Regen fallen eben meist als Strichregen. Dies bedingt aber wieder, daß Jahre kommen können, in denen ein großer Teil des Viehstandes durch Mangel an Futter und Wasser zu Grunde geht, und das zwingt wieder den Einzelnen, für seinen Unterhalt eine größere Menge Vieh zu halten, als in feuchteren Gegenden für ihn ausreichte. Hieraus folgt abermals eine erhebliche Vergrößerung des für den Einzelnen notwendigen Gebietes.

Es wird also auch bei Besiedelung durch Deutsche sich nicht vermeiden lassen, daß die Bevölkerung dünn bleibt, daß der einzelne Landwirtschafttreibende, also der Ansiedler, meilenweite Gebiete für sich braucht, also meilenweit von seinem Nachbar entfernt bleibt.

Zwingen so schon die klimatischen Verhältnisse dazu, vorwiegend die Viehzucht und diese auf ausgedehnten Flächen zu betreiben, so wird dieser Zwang durch wirtschaftliche Verhältnisse noch vermehrt. Und zwar sind es hier hauptsächlich die Frage nach dem „Markt“, d. h. die nach der Absatzgelegenheit, und die „Arbeiterfrage“.

Betrachten wir zunächst die erste: Ackerbau außer zum eigenen Verbrauch erfordert stets einen aufnahmefähigen Markt in nicht allzu großer Entfernung vom Herstellungsgebiet. Eine zu große Entfernung würde durch die Frachtkosten den Anbau nicht mehr lohnend gestalten, und außerdem ist auf größere Entfernungen auch nur noch ein Teil der sonst zum Anbau geeigneten Gewächse zu verwenden. Manche Feldfrüchte würden anders im verdorbenen Zustande ankommen. Außerdem aber verlangen Feldfrüchte Vorrichtungen zum Aufbewahren, da sie nicht auf einmal selbst auf einen sonst gut aufnahmefähigen Markt geworfen werden können, ohne die Preise zu drücken. Das macht abermals Kosten, beschränkt also weiter den Ertrag und ist in Afrika mit seinen vielen Schädlingen, Mäusen, Termiten, Kornwürmern u. s. w. nur mit großen Einbußen möglich.

Günstiger als für den reinen Ackerbau liegen die Verhältnisse für die Viehzucht. Ihre Erzeugnisse vertragen ohne großen Schaden eine größere Entfernung vom Markt; denn Schlacht- und Zugvieh läßt sich ohne erhebliche Unkosten große Strecken weit auf eigenen Beinen treiben. Freilich trifft dies nur für die primitive Art der Viehzucht zu; gerade diese verlangt aber wieder große Flächen für ihren Betrieb.

Nun ist aber in einem dünn bevölkerten Lande ein großer aufnahmefähiger Markt an und für sich nie vorhanden, wenn nicht besondere Umstände einen solchen schaffen. Für die Buren am Kap war es Kapstadt, wo vor den Zeiten des Suez-Kanals alle Ostindienfahrer anliefen, um ihren Proviant zu ergänzen. Später kamen die Minenstädte und die Ausfuhrhäfen für Wolle und Mohair (Port Elizabeth, Durban) dazu. Ich habe Kapstadt zu einer Zeit gesehen, wo die Bahn nach Kimberley noch nicht entstanden, der Suez-Kanal aber schon vor Jahren eröffnet war: es war eine tote Stadt und sein ganzes Hinterland in tiefer Bedrängnis.

In Südwestafrika nun haben wir in dieser Beziehung außerordentlich ungünstige Verhältnisse: Minen haben wir noch nicht im Lande; das produktionsfähige Gebiet liegt so weit von der Küste ab, daß die gewöhnlichen Erzeugnisse der Landwirtschaft durch den bloßen Landtransport so verteuert werden, daß sie selbst in den Hafenplätzen nicht mit den über See zugeführten in Wettbewerb treten können. Allein das Schlachtvieh ist imstande, einen die Gestehungskosten übersteigenden Preis zu erzielen, also die Landwirtschaft zu lohnen.

Im Innern aber bildet die Schutztruppe eigentlich den einzigen „Markt“, und ohne sie würde auch Swakopmund als „Stadt“ nicht bestehen. Die Angehörigen der Schutztruppe sind, von einigen wenigen der Zahl nach nicht ins Gewicht fallenden Angestellten von Gesellschaften und Privaten abgesehen, in Wirklichkeit die einzigen Abnehmer; denn heutzutage bestehen auch die Kaufleute im Grunde nur durch die Schutztruppe. Früher war das ja anders, als noch Wild und Straußenfedern in Menge vorhanden waren, und als die viehzüchtenden Eingeborenen noch große Herden besaßen; schonungslose Jagd und Rinderpest mit ihren Folgen haben hierin ungünstigen Wandel geschaffen.

Wäre die ganze Schutztruppe auf einem Platz vereinigt, so würde das im Verein mit den von ihr lebenden Gewerbetreibenden einen für die Anzahl der weißen Bevölkerung immerhin nicht unerheblichen Markt darstellen; denn es wären dann etwa 1000 Verbraucher auf einem Flecke gegen 800 Erzeuger im Lande. So aber ist sie natürlich über das Land verteilt und bietet in jeder einzelnen Station nur einen kleinen Markt, dessen Bedürfnisse schnell gedeckt sind. Naturgemäß stellt sich bei dieser Verteilung aus gerechtfertigten wirtschaftlichen Rücksichten die Truppe einen viel größeren Teil des Bedarfs an landwirtschaftlichen Erzeugnissen selbst her, als es bei der Zusammendrängung auf einen einzigen Platz der Fall wäre. Ebenso naturgemäß ist es, daß sie Erzeugnisse der Landwirtschaft nicht teurer bezahlen kann, wenn sie sie aus dem Lande bezieht, als sich ihre Unkosten stellen, wenn sie sie über See einführt und die Kosten für die See- und Landfracht hinzurechnet. Nur sind leider heute die landwirtschaftlichen Erzeugnisse mit Ausnahme des Fleisches in wenigen Fällen so billig herzustellen, daß sie der Farmer zu dem Preise der eingeführten Nahrungsmittel abgeben kann.

Das hat zum größten Teil seinen Grund in dem Mangel an Arbeitern. Es sind nur wenige vorhanden, und diese wenigen sind noch dazu kaum für einen anderen Zweig der Landwirtschaft ausgebildet als für die Viehzucht, ja sie sind für Arbeiten des Landbaues zum guten Teil zu schwach, fast durchweg aber nicht geneigt, solche Anstrengungen auf sich zu nehmen. In unserem ganzen Schutzgebiet ist eigentlich nur ein einziger Stamm zu schwererer Arbeit tauglich, die Bergdamara. Die Hottentotten sind körperlich zu schwach; für sie ist nur der leichtere Dienst, der mehr Gelenkigkeit als rohe Kraft erfordert. Die Herero wären wohl körperlich zu jeder Arbeit im Stande, sind aber bis heute noch, von einigen rühmlichen Ausnahmen abgesehen, zu anderer Arbeit als zu der mit ihren geliebten Rindern zu stolz. Die Ovambo kommen leider noch nicht in Betracht, vor allem nicht für Farmer.

Daß der Arbeiter so wenige sind, liegt natürlich in erster Linie an der Natur des Landes, die eben nur eine dünne Besiedelung zuläßt. Von Einfluß sind weiter die vielen Fehden der Eingeborenen unter einander gewesen, die erst in den allerletzten Jahren als solche aufgehört haben, obwohl Niedermetzelung von Einzelnen noch hin und wieder vorkommt. In letzter Zeit hat auch Malaria und „Swakopmundfieber“[1]) viele dahingerafft. Ganze Werften (etwa = Gehöfte) sind 1897 und 1898 ausgestorben. Ehe aber unter dem durch die deutsche Besitzergreifung gewährten Schutz und den jetzigen geordneten Verhältnissen die naturgemäße Bevölkerungszunahme bei den Eingeborenen eingetreten ist, werden noch viele Jahre vergehen.

Nicht ohne Belang ist auch die Schutztruppe mit ihrem Anhang von Gewerbetreibenden. Es ist üblich, wenn auch oftmals offiziell Front dagegen gemacht wird, daß sich jeder Reiter einen schwarzen Jungen zur Bedienung hält; die Kaufhäuser brauchen entsprechend mehr farbiges Personal. Natürlich ist solcher Dienst viel leichter und angenehmer als die abwechslungslose harte Arbeit auf der Farm und daher sehr begehrt. Nun ist es üblich, daß mit dem (übrigens meist recht erwachsenen) Jungen seine ganzen Angehörigen mit in die „Stadt“ ziehen. Es fällt immer etwas für sie ab, und es bietet sich erklärlicherweise auch mancherlei Gelegenheit zum Erwerb

[1]) Eine dem Unterleibstyphus ähnlich verlaufende, in vielen Fällen tödliche Krankheit. Ihre Natur steht noch nicht sicher fest; die englischen Ärzte der Kapkolonie fassen sie als humanisierte Rinderpest auf, und ich bin geneigt, mich dem anzuschließen.

für die anderen Familienmitglieder. Die naturgemäße Folge aber ist, daß der „Zug nach der Stadt“ das platte Land entvölkert, und meistens auch die, daß die einmal in solchem Dienst gewesenen auf dem Lande nicht mehr zur Arbeit zu brauchen sind, ganz wie bei uns.

Erschwert wird die Arbeiterhaltung durch die unglücklichen Grundsätze in der Eingeborenenbehandlung, die wir uns von den Engländern haben einreden lassen.[1]

Da führen wir unsere Dienstbotengesetzgebung ein mit Vertrag und 14tägiger Kündigung und heben das Strafrecht des Dienstherren auf. Der Eingeborne aber erkennt seinem Gedankenkreise entsprechend nur den als Herren, als „baas“, an, der ihn züchtigen darf. Nach seiner Anschauung hat dieser selbst das Recht, ihn zu strafen, wenn er, der Diener, eine grobe Nachlässigkeit begangen hat; ihn von einem anderen, z. B. der Polizei, strafen zu lassen, gilt ihm für beide Teile, Arbeitgeber und Arbeitnehmer, als entehrend. Und die 14tägige Kündigung! Der Eingeborene hat im Durchschnitt gar keinen Begriff von Zeit und bestimmten Zeiträumen, ebensowenig von einem Vertrage. Infolgedessen hält er sich garnicht für gebunden, sondern läuft weg, wenn er nach seiner Ansicht genug erübrigt hat, um ohne die ihm verhaßte Arbeit eine Zeit lang leben zu können. Gebunden ist also nur der weiße Dienstherr; denn einen weggelaufenen Eingeborenen wieder zu bekommen ist meist aussichtslos, wenn er nicht von allein nach den selbstgewählten Ferien, wie häufig, wiederkommt. Selbsthilfe, d. h. Selbstnachreiten, Aufsuchen und Zurückbringen, ist untersagt. Die weiße Polizei kann erst nach Ablauf einer gewissen Zeit benachrichtigt werden und ist dann in 99 von 100 Fällen nicht imstande, den Entlaufenen zu finden. Der ändert einfach seinen Namen, veräußert die erworbenen Kleidungsstücke und europäischen Dinge und ist dann in „Feldtracht“ meist so unkenntlich, daß es schon vorgekommen ist, daß ein solcher bei der Polizei selbst Dienste genommen hat, ohne erkannt zu werden.

Für den Farmer aber hat dies Entlaufen den Nachteil, daß er immer wieder mit frischen, ungeübten Leuten sein Werk angreifen muß. Das trägt auch viel dazu bei, daß er sich auf intensiveren Betrieb nicht einlassen kann. Die Buren hatten es einfacher, als sie anfingen, Kapland zu besiedeln. Da bestand noch die Sklaverei, da sie noch für England vorteilhaft war. Aber auch in späteren Zeiten haben es die Buren durch den vielgeschmähten Paßzwang[2]) erreicht, ständig Arbeiter zu haben.

[1]) Es ist hier nicht der Ort, näher auf diese Frage einzugehen, ich muß mich vielmehr darauf beschränken, anzudeuten, daß diese Behandlung für unsere Verhältnisse so unglücklich ist, weil wir ja unserer ganzen Veranlagung nach garnicht imstande sind, wie es die Engländer ohne Bedenken thun, die letzten Konsequenzen zu ziehen; wir behandeln und werden auch immer die widerhaarigsten, treulosesten und aufständischen Eingeborenen menschlich behandeln, der Engländer vernichtet sie mit allen Mitteln, vom Dum-Dum-Geschoß bis zum Vor-die-Kanone-binden. Warum entschließen wir uns nicht lieber, die holländische Eingeborenenbehandlung anzunehmen, die unserer ganzen Veranlagung ja viel näher liegt als die englische und die Eingeborenen zu nützlichen Gliedern der Gemeinschaft erzieht, wenn sie auch die heutzutage so verpönte „Klassengesetzgebung“ bedeutet! Da sagt man immer, die Eingeborenen sind Kinder. Ja, wer giebt denn Kindern dieselben Rechte wie Erwachsenen? Jeder Erzieher würde die Hände über dem Kopf zusammenschlagen, stellte man ihm diese Zumutung, und wir wollen doch die „Neger zur Arbeit erziehen“.

[2]) Der Paßzwang bedeutet, daß sich kein Eingeborener beschäftigungslos im Lande umhertreiben darf; er kann seinen Vertrag lösen oder nach Ablauf dessen einen anderen Dienst sich suchen, wo er will; er muß aber immer den Nachweis bei sich führen, daß er im

Ziehen wir die Schlußfolgerungen aus diesen gegebenen Verhältnissen: Ackerbau überhaupt, über den eigenen Verbrauch hinaus, ist nur an verhältnismäßig wenig Stellen möglich, in intensiverer Form nur in der unmittelbaren Nähe größerer, von zahlreicheren Weißen bewohnten oder besuchten Ortschaften. An diesen Stellen kann auch die Viehzucht intensiver betrieben werden, indem hier auch für Milch, Butter u. s. w. Absatz ist. Bis jetzt sind diese Orte weder sehr zahlreich noch sehr groß, also auch ihre Aufnahmefähigkeit beschränkt. An Ausfuhr kann unter den jetzigen Verhältnissen (wenige und ungeübte Arbeiter, hohe Transportspesen bei weiten Transportwege und geringe Erfahrung und geringes Alter der Ansiedelung) füglich nur in Ausnahmefällen gedacht werden. Es bleiben also nur eine ganz beschränkte Anzahl von Stellen übrig, auf denen ein landwirtschaftlicher Betrieb nach europäischen Begriffen seinen Mann nähren kann. Weitaus der größte Teil des Landes, soweit er sich überhaupt zur Besiedelung eignet, ist zur Zeit nur für Viehzucht, und zwar, um so zu sprechen, extensive, d. h. halbwilde Viehzucht, zu verwenden, die auf Schlacht- und Zugvieh züchtet und allenfalls noch die Häute verwendet.

Der erste, geringere Teil des Landes wird schon auf kleinerer Fläche seinem Besitzer das Fortkommen ermöglichen, oder um ein vielgenanntes Schlagwort zu gebrauchen, für Kleinsiedelung geeignet sein. Doch wird die für einen solchen „Kleinbetrieb" nötige Fläche nach europäischen Begriffen immer noch groß sein. Eine absolute Größe anzugeben, ist bei den wechselnden Verhältnissen nicht möglich; keinesfalls aber reicht die eines größeren Bauerngutes zu, weil auch hier immer noch Viehzucht in Weidewirtschaft nicht entbehrt werden kann. Der andere weitaus größere Teil des Landes aber ist nur in ganz großen Flächen, deren Ausmaß unter sonst gleichen Verhältnissen (inbezug auf Wasser und Weide) mit der Entfernung vom Markt wachsen muß, durch Viehzucht auszunutzen. Das von Joachim Graf Pfeil aufgestellte Maß von 10 000 kapschen Morgen, d. h. etwa 8500 ha, dürfte das mittlere Maß darstellen.

Was stellen nun diese verschiedenartigen Betriebe für Anforderungen an ihre Besitzer?

Für die sogenannte Kleinsiedelung wird ein Landwirt mit tüchtiger Kenntnis der neueren Betriebsarten durchaus geeignet sein. Die Nähe der Station sichert ihm Schutz seines Lebens und Eigentums, sie gewährt ihm ferner die Möglichkeit eines häufigeren Verkehrs mit anderen Weißen und die leichtere Erreichbarkeit von europäischen Erzeugnissen und Bequemlichkeiten. Das alles sind Verhältnisse, in denen ein deutscher Landmann, sobald er erst für Afrika umgelernt hat, vorwärtskommen und sich wohl fühlen kann. Hier also könnten Deutsche in erster Linie als Ansiedler in Betracht kommen.

Wie steht es nun aber bei den weit von den Verkehrsmittelpunkten abgelegenen Viehfarmen?

Die Ansprüche, die hier der Betrieb an seinen Leiter stellt, sind ganz anderer Art. Zunächst ist es klar, daß auf ihnen die Gestellungskosten so niedrig wie möglich sein müssen, um einigermaßen die hohen Transportunkosten zum Markte auszugleichen, und daß überhaupt keine schnell verderblichen oder besonders hohe Erzeugungs- und

---

Dienst eines Weißen oder auf der Suche nach einem solchen ist. Wird er ohne Paß betroffen, so wird er zwangsweise zur Arbeit angehalten. Bei uns hätte ja der Paßzwang allerdings noch seine Schwierigkeit.

Transportkosten beanspruchenden Erzeugnisse in Frage kommen können. Es kann sich also nur um extensive Wirtschaft und unter augenblicklich und noch für längere Zeit herrschenden Verhältnissen bloß um Viehzucht handeln. Und selbst diese Viehzucht kann sich nur auf die ursprünglichsten Erzeugnisse: Schlacht-, Zug- und allenfalls noch Zuchttiere erstrecken und darf nur mit billigsten Aufzuchtsmethoden arbeiten, d. h. sie muß „halbwild" betrieben werden. Der Anbau von Feldfrüchten wird im wesentlichen nur zum eigenen Gebrauch und höchstens noch zur gelegentlichen Beifracht möglich sein, und muß deshalb natürlich erst recht auf die am wenigsten Kosten verursachende, d. h. die primitivste Weise geschehen.

Der landwirtschaftliche Betrieb als solcher auf so abgelegenen Viehfarmen wird also an die Intelligenz des Farmers nur verhältnismäßig geringe Anforderungen stellen; unsere deutschen Landwirte, auch die, denen man hier zu Hause vorwirft, sie seien arg zurückgeblieben, sind im allgemeinen aber nur auf einen mehr oder minder hochentwickelten intensiveren Betrieb eingelernt und kennen von der ganz extensiven Wirtschaft nur in den seltensten Fällen etwas.

Nun stellt aber ein solcher Betrieb auf endlosen, fern von dem Verkehr, sagen wir ruhig in der Wildnis, gelegenen Plätzen in anderer Beziehung hohe Anforderungen an den Mann, denen nur der gerecht werden kann, der von Jugend auf in engster Berührung mit dieser wilden Natur aufgewachsen ist. Die Naturbeobachtung und die Sinne müssen viel schärfer ausgebildet und entwickelt sein, als es im Durchschnitt bei unseren Landleuten der Fall sein wird. Die großen Flächen in einem Lande, das einen im allgemeinen so eintönigen und gleichmäßigen Charakter hat, in dem die werld so banje overeen ist, verlangen zunächst die Fähigkeit, sich nach Stand der Sonne, kleinen Merkmalen im Pflanzenwuchs u. s. w. orientieren zu können. Das Vieh weidet große Strecken in großen Herden unter nur einem Hirten ab, und leicht kommt es vor, daß ein oder mehrere Stück zurückbleiben oder abgesprengt werden. Da heißt es dann „Spuren lesen" können, auch auf Gelände, wo das Europäerauge nichts sieht, und die Fährte des einzelnen Tieres auch da noch verfolgen können, wo sie die Spur anderer, selbst einer ganzen Herde, kreuzt. Das Spurenlesen ist auch zur Kontrolle des eingeborenen Personals notwendig, dem man wohl oder übel für den ganzen Tag die Herde anvertrauen muß, oft genug stundenweit von dem Gehöft, der Werft, entfernt.

Sodann muß ein solcher Farmer mit den Gewohnheiten des Raubwildes vertraut sein, um seine Herden vor ihnen schützen zu können. Und er muß es auch aufzufinden und ihm im Kampfe, der oftmals durchaus nicht ungefährlich ist, entgegen zu treten wissen, also Mut und Entschlossenheit und Übung im Gebrauche der Waffen besitzen.

Letztere Eigenschaften braucht er nun aber nicht allein dem Raubzeug, vom Löwen herab bis zur wilden Katze, sondern auch feindlichen Eingeborenen gegenüber. Noch sind unsere Eingeborenen ja keineswegs vollkommen friedlich, wie die erst kürzlich geschehene Ermordung der Farmer Claaßen und Dürr beweist. Alle Eingeborenen sind noch bewaffnet, Herero und Hottentotten zum guten Teil mit vorzüglichen Gewehren neuester Modelle, und an eine Entwaffnung ist, seit die wenigen bisherigen günstigen Gelegenheiten dazu, z. B. die Niederwerfung der Herero 1896, versäumt worden sind, auch nicht ohne neuere Unruhen und kriegerische Verwickelungen zu denken. Außerdem aber streifen in den abgelegenen Gebieten, um die es sich hier handelt, überall noch Buschmanns- und Bergdamarahorden herum, die von der Jagd — und das Herdenvieh ist ihnen gleichbedeutend mit Wild — leben und ihre vergifteten Pfeile auch unbedenklich gegen den Farmer gebrauchen, der sein Eigentum schützen will.

Die große Abgelegenheit vom Verkehr aber bringt es naturgemäß mit sich, daß ein solcher Farmer monatelang nur auf sich, seine Familie und seine Diener angewiesen ist, und daß er allein oder im Verein mit diesen Verrichtungen aller Art selbst besorgen muß, die in der Nähe größerer Orte eigens ausgebildeten Ständen zufallen, d. h. er muß ebensowohl sein eigener Arzt und Tierarzt sein wie sein eigener Brunnenmacher, Baumeister, Ziegelstreicher, Schmied, Zimmermann, Schneider und Schuster und dergleichen mehr.

Mit der Abgelegenheit vom Verkehr ist aber auch der Mangel jeder geistigen Anregung und geselligen Zerstreuung untrennbar verbunden, und wer gezwungen ist, ständig im Buche der Natur zu lesen, um deren Gefahren begegnen zu können, der hat bald keine Zeit und auch keine Neigung mehr, sich mit gedruckten Büchern zu befassen.

Alles zusammengenommen erfordert also das Leben als Viehfarmer einen in sich selbst geschlossenen Menschen, dem die Natur aufs innigste vertraut ist, der aber auf die Genüsse der Zivilisation und höheren Kultur mehr oder weniger verzichten muß, d. h. mit anderen Worten: ein deutscher Bauer, auch der aus den kulturentlegendsten Gegenden Deutschlands stammende, muß einen ganz erheblichen Schritt abwärts von seiner Kulturstufe thun, um einem solchen Leben gerecht zu werden, um seinen Platz als Viehbur auszufüllen.

Verschärft wird das noch dadurch, daß nicht er allein diesen Schritt abwärts thun und sich dafür eine Fülle neuer Kenntnisse ganz anderer Art erwerben muß, sondern seine ganze Familie mit ihm, wenn er eine solche mitbringt. Und das ist doch schließlich das Wünschenswerte, ja sogar Notwendige, wenn er anders wirklich landsässig werden soll in einem Gebiete, in dem er eine gleichgestellte Lebensgefährtin noch auf Jahre hinaus nicht gewinnen kann, weil heiratsfähige Mädchen eben nur in verschwindender Anzahl vorhanden sind.

Wie die Sachen nun einmal liegen, ist also kaum vorauszusetzen, daß der deutsche Landwirt besonders gut zum Viehfarmer passen wird; es wird vielmehr nur ein kleiner Bruchteil der deutschen Ansiedler sein, der sich bei solchem Leben glücklich fühlt und vorwärts kommt.

Wie steht nun aber die Sache mit dem Buren?

Sehen wir uns erst einmal an, welches seine hervorstechendsten Eigenschaften in Lebens-, Denk- und Wirtschaftsweise sind. Um ganz unparteiisch vorzugehen, will ich zunächst von meinen eigenen Erfahrungen in dieser Hinsicht absehen und zunächst die Urteile anderer bekannter Männer, die lange unter den Buren gelebt und amtlich oder privatim viel mit ihnen zu thun gehabt haben, voranstellen.

Hören wir zuerst Livingstone[1]), dem man irgend welche Voreingenommenheit für die „Boers" wirklich nicht zuschreiben kann:

„Die Gehöfte der Boers bestehen gewöhnlich in einem kleinen Fleck angebauten Landes inmitten eines Weidegrundes von mehreren englischen Meilen. Sie sind also auf diese Weise weniger ein Ackerbau- als ein Viehzucht treibendes Volk. Jedes Gehöft muß seine Quelle haben, und wo diese fehlt, da wird die Regierung die

---

[1]) Livingstone, Missionsreisen. I. Bd., S. 42.

Ländereien auch nicht los. So ist ein einziger Acre Land in England im allgemeinen mehr wert, als eine ganze Quadratmeile in Afrika. Allein das Land ist gesegnet und großer Verbesserung fähig. Der Fleiß der Boers stellt für die künftige Herstellung von Dämmen und Teichen und für die hieraus ohne Zweifel entstehende größere Fruchtbarkeit die schönsten Hoffnungen in Aussicht".

Und an anderer Stelle (Livingstone, Missionsreisen, I. Bd., S. 128/29):

„Sie leben inmitten einer eingeborenen Bevölkerung, welche ihnen an Kopfzahl weit überlegen ist, und wohnen an Quellen, welche viele Meilen weit von einander entfernt liegen; daher fühlen sie sich gewissermaßen in derselben unsicheren Lage, wie die Amerikaner in den südlichen Staaten. Die erste Frage, welche sie dem Fremden vorlegen, betrifft den Frieden."

Dies Gleichnis mit den amerikanischen Hinterwäldlern führt E. von Weber[1] noch weiter aus, der auch die Sitten und Gewohnheiten der Buren ausführlicher beschreibt: Die Boers sind durchweg einfache, ehrliche, phlegmatische Leute, die einen ganz originellen Menschenschlag repräsentieren. Physisch sehr den Backwoodsmen Nordamerikas ähnlich, meistens 6 Fuß bis 6 Fuß 4 Zoll hoch und dabei sehr kräftig und breitschulterig gebaut, sind sie freilich im Temperament sehr verschieden von jenen, indem sie in aller Treue den phlegmatischen, ausdauernden, ruhigen und soliden Charakter ihrer holländischen Vorfahren bewahrt haben .... In ihrer Lebensweise und ihren schlichten patriarchalischen Sitten sind sie vollständig ihren ehrwürdigen Vorvätern gleich geblieben. Auf dem großen runden Tische im Hauptwohnzimmer liegt unabänderlich die dicke, alte Familienbibel, woraus jeden Abend nach geschlossenem Tagewerk vom Hausvater einige Kapitel der Familie vorgelesen werden. Diese und ein holländisches Gesangbuch bilden in der Regel die einzige Lektüre des Hauses (Zeitungen sind in den meisten Boershäuschen ein niemals zu findender Artikel). Jeden Morgen wird das Tagewerk mit dem ernsten und langsamen Gesange einer Hymne begonnen und vor wie nach Tische stets ein kurzes Gebet gesprochen. .... Vor ihren reformierten Predigern haben sie einen gewaltigen Respekt und eine hohe Achtung und Verehrung; wenn daher ein Reisender so glücklich ist, mit dem Empfehlungsschreiben eines bekannten Geistlichen versehen zu sein, so darf er sich versichert halten, daß er überall auf allen Farmhäuschen wie ein geliebter, alter Familienfreund aufgenommen wird. ... Die Männer sind im Durchschnitt hübsche und imposante Leute. Es fehlt eben weiter nichts, als die Gelegenheit zu einer guten Erziehung und zum Ansammeln von Kenntnissen, die ja auf ihren gänzlich isolierten und von Städten fernen Wohnplätzen so schwer zu beschaffen sind, um aus diesen kernigen und soliden Menschen und ihren guten natürlichen Anlagen etwas Tüchtiges zu machen. Bei der fortwährenden Einsamkeit, worin sie leben, und der gewöhnlich so großen Entfernung bis zum nächsten Nachbarn sind sie genötigt, sich in allen schwierigen Lagen des Lebens selbst zu helfen. Daher kommt es, daß jeder Boer in der Regel außer Feldbauer, Gärtner und Viehzüchter auch noch sein eigener Zimmermann, Wagenbauer, Grobschmied, Sattler, Schneider, Schuster, Architekt und Arzt ist; er gleicht in dieser Beziehung ganz dem amerikanischen Backwoodsman, dem er auch in wohlgeübter Führung der Kugelbüchse vollständig ebenbürtig ist."

„Einen viel weniger gefälligen Eindruck als die Männer machten die Frauen und Mädchen auf mich. Schönheit und weibliche Grazie scheinen nur in spärlichem

---

[1]) E. von Weber. Vier Jahre in Afrika. II. Bd., S. 9—14.

Ausnahmen diesem mehr maskulinen, fast im Übermaße massiv gebauten und kräftig organisierten Frauengeschlechte zugeteilt zu sein, und zur Entwickelung eines lebhaften und aufgeweckten Geistes sind ihm ein' lebenslang so eintöniges und isoliertes Dasein und der vollständige Mangel an weltlicher Lektüre und anregender gebildeter Geselligkeit ja auch nicht förderlich. Aber thätige und treue Hausfrauen und Mütter sind sie" ...

„Für Essen und Trinken, das der Boer dem um Nachtquartier bittenden Reisenden liefert, darf dieser ihm ja keine Geldvergütung anbieten; denn das würde dem Hausherrn beleidigen. Wohl aber ist es üblich, das Futter, das seinen Reit- oder Zugtieren verabreicht wird, nach den landesüblichen Preisen zu bezahlen."

„Festlichkeiten, Bälle und dergleichen poetische Episoden kommen im einförmigen und prosaischen Dasein eines Boers kaum jemals vor. Die einzigen Zerstreuungen sind gegenseitige Besuche der selten weniger als vier bis fünf Reitstunden von einander entfernt wohnenden Nachbarn, wobei dann Tabakspfeifen und von Zeit zu Zeit ein Gläschen Genever oder Kapbranntwein die ernste und bedächtige Konversation über Witterung, Schafkrankheiten, Vieh- oder Wollpreise u. s. w. beleben."

„Nur zwei- oder dreimal im Jahre kommt der Boer — und darauf hält er strikt — in zahlreiche Gesellschaft von seines gleichen, das ist zum Nachtmahle[1]) in dem ihm nächsten Dorfe oder vielmehr Städtchen ... Freilich hat der Boer oft sehr, sehr weit bis zu seinem nächsten Kirchdorfe, und da es sich nicht verlohnen würde, solch eine weite Reise im Ochsenwagen mit seiner ganzen Familie für einen kurzen Kirchenbesuch zu machen, so bleibt er in der Regel eine ganze Woche dort. Die hundert von aus allen Richtungen herbeigekommenen Ochsenwagen bilden dann ... ein großes ... Camp. Kaufleute und Händler aller Art kommen aus den fern liegenden größeren Städten herbei, um Waren zu hohen Preisen feilzubieten. Geschäfte aller Art, Käufe von Vieh, von Wagen, von Farmen werden abgeschlossen. Die junge Welt kauft von einer nie fehlenden Modistin ihre nächstjährige Toilette ein[2]) ... Es ist daher eine erklärliche Sache, daß unter den bei Gelegenheit eines „Nachtmahles" gemachten Geschäften auch das Abschließen von Verlobungen und Ehebündnissen an der Tagesordnung ist. Bietet ja doch das Nachtmahl fast die einzige Gelegenheit für die heiratsfähige Jugend, sich gegenseitig zu sehen und kennen zu lernen" ...

„Das Leben eines Boers ist übrigens nicht immer nur eine so stetige Fortsetzung ruhigen und zufriedenen, phlegmatisch-begnügten Dahinvegetierens. Der Sonnenschein seines friedlichen Alltagslebens wird zuweilen durch gar böse Gewitter grell unterbrochen. Heuschrecken, Hagelschlag, Viehepidemien, Viehdiebstahl durch im Lande herumvagabundierender Hottentotten- und Kaffernstrolche, plötzliches Weglaufen seiner spärlichen schwarzen und gelben Dienstboten, und das vielleicht gerade zu einer Zeit, wo für die Einerntung der Feldfrüchte deren Hülfe ganz unentbehrlich war, Viehvergiftung als sehr gebräuchliche Rache gescholtener oder weggejagter eingeborener Dienstboten oder endlich eine dürre Saison, vollständiger Regenmangel während sechs bis acht Monaten, infolge dessen sein Wasserdamm und seine Brunnen vertrocknen und seine Schafe und anderes Vieh zu Tausenden dahinsterben — das sind die bösen Feinde, die dann und wann den Boer heimsuchen ..."

---

[1]) Heiliges Abendmahl.

[2]) Wie man sieht ganz wie der „Jahrmarkt" in unseren kleinen Städten für das platte Land mit schlechten Verkehrsverhältnissen. Natürlich werden sich ähnliche Verhältnisse auch für Deutsch-Südwestafrika herausbilden.

Die Farm schildert Weber[1]) an anderer Stelle folgendermaßen: „Erst später denkt er daran, aus Backsteinen, die er sich aus dem Lehmboden aussticht und mit Wasser gemengt und geformt dann in der Sonne trocknet, ein Häuschen sich aufzubauen, das er mit einem Grasdache deckt. Dasselbe hat selten mehr als zwei oder drei Zimmer und gewöhnlich nur ein Schlafzimmer für die ganze Familie. Nur Papa und Mama haben in der Regel Bettstellen für sich; die Kinder schlafen meist auf dem Boden auf Fellen und Karossen, wie die Kaffern und Hottentotten.

Das Acker- und Gartenland neben dem Farmhäuschen ist stets entweder von einer Mauer oder von lebendigen Hecken, gewöhnlich von dichtstehenden Feigenbäumen, umgeben und enthält einige kleine Felder von Mais, Gerste, Hafer, Weizen und Roggen, Küchengewächsen und einen Garten mit Weinstöcken und Pfirsichbäumen, letztere oft in sehr großer Anzahl. Zur Zeit der Blüte müssen diese Pfirsichwäldchen einen herrlichen Anblick gewähren. Diese kleinen, künstlich bewässerten Oasen mit ihrem Baumgrün, ihrem Quellengemurmel und Vogelsang, durchzogen von kleinen, künstlichen Wasserkanälen machen auf den durch diese öde Steppe ziehenden Wanderer immer einen sehr lieblichen Eindruck, der noch viel schöner sein könnte, wenn die phlegmatischen Boers sich mehr auf Baumpflanzungen und Blumenzucht legen wollten.“

Wie sehr die Eigenheiten der Buren von ihrem Lande abhängen, betont Hendrik P. Muller[2]); ich gebe ihn nachstehend im Auszuge wieder:

„Auf dem Wege von Newcastle in Natal nach Transvaal hin kann er nirgends am Horizont eine Wohnstätte entdecken, selbst keinen Baum oder Strauch, der höher wäre wie ein Kind, nur Gras, Gras und wieder Gras; kein Rauchwölkchen eines Schornsteins, selbst keine grasenden Viehherden unterbrechen diese Eintönigkeit, sodaß er in den Ruf ausbricht: „Wie ist es möglich, daß hier Menschen leben können!“ und es sehr erklärlich findet, daß die Buren ein so seltsamer Menschenschlag geworden sind.“

Der Grund für diesen auffälligen Mangel an Bäumen in dem sonst seiner Fruchtbarkeit wegen berühmten Natal — ein Mangel, der sich erst später eingestellt habe — sei die Wirtschaftsweise der Buren, die vorwiegende Viehzucht, und sie habe im Freistaat und Transvaal denselben Erfolg gehabt[3]). Ackerbau würde nur soweit betrieben, als seine Erzeugnisse für den eigenen Gebrauch nötig seien; Futterenbau für Rinder und Schafe aber gäbe es noch nicht. Die Veranlassung für diese übermäßige Bevorzugung der Viehzucht sei allerdings in erster Linie der Arbeitermangel; einen Teil der Schuld trage aber unzweifelhaft auch das Klima, das, trotzdem es so schön, doch zu warm zum Arbeiten sei und den Buren alle möglichen guten Eigenschaften, nur nicht die große Rührigkeit und Betriebsamkeit, gegeben habe. So laufe denn das Vieh auf ausgedehnten Flächen, um sich selbst Futter zu suchen, und der Bur habe höchstens dafür zu sorgen, daß das Gras gut sei (durch jährliches Abbrennen).

[1]) a. a. O. I. Bd., S. 107/08.

[2]) H. P. Muller, Zuid-Afrika. Reisherinneringen, S. 81—86.

[3]) Muller geht hierin etwas zu weit; schon die älteren Beschreibungen schildern diese Gegenden als baumarme Grassteppe. Wenn er weiterhin vom Klima spricht, so ist dessen Einfluß ganz unbestreitbar in der Richtung vorhanden, wie er angiebt, nur dürfte weniger dessen Wärme und großer Fruchtbarkeit die Schuld an dem Mangel an Betriebsamkeit bei den Buren beizumessen sein als dem vielfachen Auftreten von schwerer Dürre, den gewaltigen Wolkenbrüchen, alles vernichtenden Heuschreckenschwärmen und dergleichen, wogegen alle Hilfsmittel, die den Buren zur Verfügung standen, machtlos waren.

Wegen dieser Gewohnheiten der Buren inbezug auf ihr Vieh wohnten sie auch so weit auseinander. Weil das Vieh nur auf das Gras angewiesen sei (und bei den niedrigen Viehpreisen auch bleiben muß, um eine Rente abzuwerfen. D. Verf.) müsse er eine große Weidefläche haben, um nicht zu verhungern. Zugleich erklärten diese Gewohnheiten auch den Charakter der Buren: eigensinnig und selbständig geworden durch die Einsamkeit, in vieler Beziehung zurückgeblieben durch ihre Unbekanntheit mit anderen Leuten, voll Vertrauen auf sich selbst und ihren Glauben, den sie vor Jahrhunderten aus ihrem Vaterland mitgenommen haben und den die Ungläubigen der jüngsten Zeit ihnen nicht hätten erschüttern können.

Die vorstehende Auswahl möge genügen; zeigt sie doch, daß dem Buren gerade die Eigenschaften innewohnen, die für den Betrieb einer weit entlegenen Viehfarm notwendig sind. Er hat sie in Jahrhunderte langem Kampfe mit einer wilden Natur und wilden Eingeborenen erworben und in sich so gefestigt, daß wir für unsere deutschen Ansiedler keinen besseren Lehrmeister finden können, um diesen den langen mühe- und und verlustreichen Weg, selbst solche Erfahrungen zu sammeln, zu erleichtern und abzunehmen. Das erkennen alle an, die Gelegenheit gehabt haben, ihn in seinem Treiben eingehend zu beobachten und auf die Frage hin zu prüfen, ob er geeignet wäre, unser südwestafrikanisches Schutzgebiet schnell mit weißen Ansiedlern zu besiedeln und auf eine gewisse Kulturstufe zu bringen. Es seien deshalb nur wenige Zeugnisse aus der Litteratur dafür beigebracht.

Eins der wertvollsten zu sein, darf das des ersten Landeshauptmanns von Südwestafrika, Major C. von François, beanspruchen. Er schreibt 1892 im amtlichen Kolonialblatt[1]: „Am geeignetsten zur Besiedelung der Gebietsteile südlich von 26° s. Br. sind meines Erachtens die Buren. Dieselben werden schneller als jeder andere die Schwierigkeiten überwinden, die sich dem Ansiedler im südlichen Namalande entgegenstellen. Ihre Kenntnis von Land und Leuten und ihre sonstigen Erfahrungen kommen ihnen sehr zu statten." Und: „Ich habe die meisten Buren des Schutzgebietes kennen gelernt und mich gefreut über ihren Fleiß, ihre Ausdauer, Genügsamkeit, ihr Familienleben und ihr bescheidenes Wesen. Ich teile die Ansicht vieler uninteressierter Leute, daß keiner so geeignet zur schnellen Nutzbarmachung des Namalandes ist als der Bur."

Ferner ein Urteil von allerdings interessierter Seite, aus der „Südafrikanischen Zeitung"[2]. „Im allgemeinen kann der typische Boer als Vorbild auf kolonialem Gebiete, sofern dasselbe die kolonialen, landwirtschaftlichen Verhältnisse befaßt, angesehen werden; seine praktische Seite überragt bei weitem die Theorien der mit den Verhältnissen jener Regionen weniger vertrauten europäischen Elemente, und dies sichert ihm den Erfolg seiner Unternehmungen, vorausgesetzt daß nicht unvorhergesehene tellurische Einflüsse verderbenbringend darauf einwirken. Der Boer ist kein Kohlgärtner, wenn er sich bewußt ist, daß er als alleiniger Konsument seiner Gemüse figuriert . . . Die einzige Aussicht zu einem schnellen Aufschwung aller, die Entwickelung einer Kolonie fördernden Zweige: Minen, Handel, Landwirtschaft, Industrie — ist Ackerbau und Viehzucht in großem Maßstabe; nur diese verleihen den funktionierenden Nerven Lebensfähigkeit. Den gesamten Beobachtungen zufolge dürfte die deutsche Kolonie alles dazu erforderliche besitzen und in dieser Hinsicht

[1] D. K. Bl. 1892, S. 144—46.

[2] Mitgeteilt im „Export" 1893, S. 336/37. „Graf von Caprivi und der Boer".

Großes leisten. Und geradezu einzig steht der Boer da, wenn es gilt, eine den Bodenverhältnissen angepaßte Wirtschaft ins Leben zu rufen. Inbezug auf die Wahl des benötigten Materials besitzt er einen Scharfblick, der bewundernswert ist, und von dem der Europäer hier zu Lande trotz seiner mitgebrachten Bildung viel profitieren kann."

Woher kommt es nun aber, daß die gleichen Männer, die anerkennen, daß der Bur wie kein anderer Ansiedler durch seine Erfahrungen als südwestafrikanischer Farmer für Südwestafrika geeignet wäre, doch — wenigstens zum Teil — sich gegen seine Zulassung in Südwestafrika erklären?

Ihre Haupteinwände sind folgende:

1. Der Bur sei wegen seiner „niederen Kulturstufe" nur geeignet für den Augenblick die Besiedelung unseres Schutzgebietes zu fördern; im weiteren Verlauf der Entwickelung würde er, weil unfähig mit fortzuschreiten, sich als kulturhemmendes Element erweisen.
2. Er sei ein arger Baumverwüster, und aus diesem Grunde von unserem ohnehin an Baummangel und Dürre leidenden Südwestafrika fernzuhalten.
3. Er behandele die Eingeborenen so schlecht, daß neue Aufstände zu befürchten seien.
4. Er sei ein ganz unbotmäßiger Charakter, unfähig, unter geordneten gesetzlichen Zuständen zu leben; er wolle sein eigenes Recht, sei gewohnt, sich selbst Recht zu schaffen, wo es ihm nach seiner Meinung von der Behörde nicht zu Teil werde, und würde immer danach streben, einen Staat im Staate zu bilden; ja, es drohe sogar die Gefahr, daß er sich mit den Eingeborenen gegen uns verbünde, wenn wir ihn zur Anerkennung unserer Gesetze zwingen wollten.
5. Er würde den deutschen Ansiedlern die besten Plätze vorwegnehmen.
6. Es liege die Gefahr vor, daß seine starke nationale Eigenart die ganze Kolonie durchdringe, daß Südwestafrika ein Burenstaat werde, und das umsomehr, als die Buren bewiesen hätten, daß sie ebensowenig bei uns Deutsch lernen wollten wie im englischen Südafrika englisch.

Gehen wir die einzelne Einwände durch:

1. Der Bur stehe auf einer niederen Kulturstufe, insbesondere sei seine Kenntnis der Bodenbewirtschaftung gering, die Art seiner Viehaufzucht und Viehhaltung sei höchst mangelhaft und seine allgemeine „Bildung" lasse mehr als viel zu wünschen übrig[1]). Es läßt sich nicht leugnen, daß die Form der Bodenbewirtschaftung, die Art der Viehhaltung bei den Buren, noch auf einer sehr tiefen Stufe stehen; aber wie ich schon oben ausgeführt habe: unter den äußeren Bedingungen, unter denen der Bur arbeitet, ist nur die extensivste Wirtschaft möglich, soll sie nutzbringend sein; auch der beste Landwirt wird mehr oder weniger zu den Methoden der Buren zurückkehren müssen, solange nicht Produktionsabsatz und Verkehrsverhältnisse bessere sind. Daß die Buren aber in dieser Beziehung fortbildungsfähig und fortbildungslustig sind, kann ich aus eigener Erfahrung erhärten. Nur verlangen sie freilich, daß ihnen der Erfolg praktisch vorgeführt wird und ihnen die Belehrung nicht im Ton der unendlichen Überlegenheit von Neulingen im Lande oder flüchtig

[1]) Major C. von François. Burenauswanderungen nach Deutsch-Südwestafrika. „Die Woche" Nr. 14, S. 587/88.

durchreisenden Stubengelehrten zu Teil wird. Aber ist das etwa bei uns anders? Ich möchte den deutschen Bauern noch kennen lernen, der sich durch einen gelehrten von Weisheit und Wissenschaft triefenden noch so gediegenen Vortrag eines „Stadtprofessors“ überzeugen läßt![1])

Daß die Schulweisheit der Buren nicht allzu groß ist, muß ebenso zugegeben werden. Aber die Ursachen liegen auf der Hand und sind in dem schon mitgeteilten Auszuge aus E. von Webers Buch so einleuchtend geschildert[2]).

Daß die Buren auch in dieser Beziehung durchaus nicht jedem Fortschritt abgeneigt sind und den Forderungen neuer Verhältnisse sich anzupassen vermögen, beweist schon die Mitteilung Wangemanns[3]): „Es ist doch ein Umschwung in den Anschauungen der Bauern zu erkennen. Vor 20 Jahren hätte kein Bauer sein Kind mit den Kindern der Kleurlinge (= Bastards) zusammen in die Schule gegeben. Heute sprechen sie: die Kleurlinge (die inzwischen an den Missionsschulen teilnahmen) werden klüger als unsere Kinder, darum müssen wir unsere Kinder unterrichten lassen.“ Ich kann meinerseits von den Buren, die ich in unserem Schutzgebiet kennen lernte, bestätigen, daß sie sehr besorgt darum waren, daß ihre Kinder auch Gelegenheit zum Schulunterricht bekamen.

Was nun den Vorwurf anbelangt, daß der Bur als kulturell minderwertig überhaupt nicht in unserer Kolonie zur Ansiedelung zugelassen werden dürfte, so verweise ich nur auf das, was Joachim Graf Pfeil in seinem sehr lesenswerten Aufsatze[4]): „Die Boerenfrage in Südwestafrika“, darüber sagt. Er weist mit Recht

---

[1]) Ein sehr hübscher Fall dieser Art ist bei Keith Johnston (Afrika) nach Noble zitiert, den dieser natürlich als Beweis für die geistige Apathie und den Mangel an Unternehmungsgeist der Buren deutet: „Seit langer Zeit war so gut wie kein Tropfen Regen gefallen, sodaß der Fluß seit mehr als einem Jahre nicht mehr seine Ufer überflutet hatte. Gras und Gemüse sahen recht kläglich aus. Der Farmer jammerte sehr über die langanhaltende Dürre. Schließlich erlaubte ich mir ihm auseinanderzusetzen, wie leicht er sich durch Ableitung des Flusses oder Anbringung einer Pumpe mit Windmotor unabhängig von jedem Wetter reichlichst mit Wasser versorgen könne. Er schien mit einigem Interesse zuzuhören, wie ich ihm den Plan entwickelte, und schon hoffte ich, daß er zu dem Entschluß gekommen wäre, irgend etwas Derartiges zu unternehmen, um seiner schwierigen Lage abzuhelfen. Aber plötzlich drehte er sich herum, prüfte aufmerksam den ganzen Horizont in der Richtung stromaufwärts so, als ob er ausschaute, ob sich nicht die Wetteraussichten günstiger anließen, gähnte dann gewaltig und bemerkte bloß: „Ach was! es wird schon mal regnen!“ Wie mag der Bauer wohl noch nachträglich über den superklugen Stadtmenschen gelacht haben! Ich könnte aus Deutschland eine ganze Reihe ähnlicher Fälle anführen.

[2]) Es ist deshalb nicht recht verständlich, wenn Major von François ihnen daraus einen so schweren Vorwurf macht, umsomehr, als sein Vergleich der burischen Lese- und Schreibekunst mit der der Bastards in Deutsch-Südwestafrika sehr arg verfehlt ist. Die Bastards sitzen nämlich durchweg an größeren Missionsstationen, namentlich in Rehoboth und Rooibank, und haben an den trefflichen Missionaren Heidmann und Böhm vorzügliche Lehrer und vorzügliche Gelegenheit zum Unterricht; die Buren aber sitzen auf weitzerstreuten Farmen.

[3]) Wangemann, Missionssuperintendent. Ein Reisejahr in Südafrika. S. 75.

[4]) Joachim Graf Pfeil. Die Boerenfrage in Südwestafrika. Kol. Jahrbuch 1895, S. 139—41. Ebenso unbegreiflich ist es, wie man der Ansicht sein kann, deutsches Schutzgebiet dürfe nicht mit so minderwertigen Elementen, wie Boeren, besiedelt werden: unsere ersten Ansiedelungen müßten aus Kreisen stammen, welche den Besitz eines höheren Grades

darauf hin, daß nur dieses sogenannte „minderwertige" Element die Fähigkeit besitze, sich den rohen Verhältnissen jungfräulicher Länder genügend anpassen zu können, um wirklich Liebe zu der Scholle zu gewinnen, um wirklich landsässig zu werden, und so das einzige sei, durch das „eine wirklich gedeihliche Entwickelung der Besiedelung des Schutzgebietes sich vollziehen kann." Von anderer — und gewiß ganz unverdächtiger Seite — ist das auch schon längst praktisch anerkannt worden: Als Cecil Rhodes Maschonaland besiedeln wollte, da versuchte er in allererster Linie Buren zur Einwanderung zu bewegen[1]).

Der zweite Einwurf ist, daß der Bur ein arger Baumverwüster und deshalb gerade für unser ohnehin dürres Südwestafrika als Ansiedler zu fürchten ist.

Graf Pfeil[2]) glaubt die Buren hier in Schutz nehmen zu müssen, indem er

innerer Kultur gewährleisten. Solche Anschauungen beweisen nach zwei Seiten hin die Mangelhaftigkeit der Information. Erstens dürfen wir uns der Thatsache nicht verschließen, daß bisher Kolonien noch immer der Ansiedelung des sogenannten minderwertigen Elementes ihre Entstehung verdanken; ferner wollen wir diese Minderwertigkeit untersuchen und prüfen, in wie weit der Ausdruck in seinem landläufigen Sinne auf erste Ansiedler oder hier auf Boeren angewendet werden darf.

Die Besiedelung eines zur Kolonisation geeigneten Landes wird dann auf den raschesten Fortgang und dauerndes Bestehen am sichersten rechnen dürfen, wenn die sich niederlassenden Individuen rasch den Verhältnissen sich anpassen und sie zu ihrem Vorteil verwenden lernen. Nun darf man wohl fast ausnahmslos die Verhältnisse in jungfräulichen Ländern als rohe, unbeholfene bezeichnen, welche durch eine Kombination physischer Kraft mit praktischem Blick eher als durch geschulte Logik und Fachwissen bemeistert werden können. Wiederum dürften die sogenannten besseren Elemente, die durch den Besitz letzterer Eigenschaften auf den höheren Grad der Kultur Anspruch erheben können, diejenigen sein, welche auf Grund ihrer mit der höheren Kultur auch erhöhten Ansprüche und Lebensbedürfnisse am seltensten wahre Befriedigung in der durch die urwüchsigen Landesverhältnisse bedingten Lebensweise finden würden. Diese Elemente werden daher stets trachten, einen nur zeitweiligen Aufenthalt in der Kolonie möglichst einträglich zu gestalten, um die Früchte ihres Schaffens im Heimatlande genießen zu können. Nur das minderwertige Element wird in der Kolonie seinen dauernden Wohnsitz aufschlagen, weil es den Kontrast zwischen der Urwüchsigkeit der neuen Heimat und der Kultur der alten weniger empfindet resp. sich leichter dareinfindet und deshalb auch in der Kolonie die Zufriedenheit zu erreichen vermag, welche das bessere Element, mit Ausnahmen, nur in der Heimat finden zu können glaubt. Wir glauben hiermit bewiesen zu haben, daß nicht die Träger eines höheren Grades von Kultur die einzigen sind, durch welche eine gedeihliche Entwickelung der Besiedelung des Schutzgebietes sich vollziehen kann.

Betrachten wir indessen nun das sogenannte minderwertige Element. Wer sind die Leute, welche in völlig unkultivierten Ländern, und zu solchen müssen wir unser Schutzgebiet rechnen, am besten vorwärts gekommen sind, wer hat durch das Resultat des eigenen Schaffens den weitesten Unterschied zwischen die Verhältnisse, aus denen er hervorgegangen, und seiner zeitweiligen Lage gebracht? Fast ohne Ausnahme der kleine Bauer, der Tagelöhner oder Handwerker. Zum Beweis sehe man sich in den englischen Kolonien Südafrikas um. Welchen Schlages waren die Bewohner der „Cape flats" bei Kapstadt, die Bewohner von King Williamstown bei Port Elizabeth, Pinetown bei D'Urban, Neu-Hannover bei Maritzburg, Hermannsburg bei Greytown, Lüneburg in Transvaal? Fast ohne Ausnahme entstammen die Bewohner dieser Orte aus den Kreisen der kleinsten Leute Deutschlands. Viele von ihnen brachten kaum eine dürftige Schulbildung mit in ihre neue Heimat, vielleicht kaum einer unter ihnen

[1]) Südafrikanische Zeitung; nach Export 1893, S. 132/33. Boeren in den deutschen Schutzgebieten.

[2]) a. a. O.

sagt, der Bur selber räume eigentlich nicht so arg mit dem Baumwerk oder Buschwerk auf; aber er hindere seine Eingeborenen nicht daran. Hendrik P. Muller ist, wie schon zitiert, anderer Ansicht, und ich kann nach meiner eigenen Erfahrung dem nur beipflichten. Erklärlich genug ist ja diese Art des Verhaltens beim Buren gegen Busch- und Baumwerk. Man muß sich nur immer vor Augen halten, daß gerade in den trockenen Steppengegenden Südafrikas die Bäume als Werkholz nur wenig wert sind, weil sie sehr langsam wachsen, daher eisenhartes und schweres Holz haben, das zumeist auch noch schraubenförmig gewachsen ist und sich deshalb beim Trockenwerden sehr schnell wirft und reißt. Schon manches Dach und manche Zimmerdecke ist wegen dieser Eigentümlichkeit der südwestafrikanischen Hölzer innerhalb weniger Jahre nach dem Bau eingefallen! Außerdem bilden die meist einzeln oder in kleineren Gruppen zusammenstehenden Bäume und Büsche den Standort einer ganzen Menge von Schädlingen, so der „Buschläuse" (Holzböcke, Zecken, von denen eine Art auch das Redwater- oder Texasfieber überträgt), vieler Fliegen (darunter der Tsetse), Hornissen, Wespen und dergl.; und auch Giftschlangen halten sich gern an solchen geschützteren Stellen auf. Das Buschwerk ist zudem fast durchweg mit Dornen und Stacheln schlimmster Art besetzt und verdirbt so Fell und Wolle, und andererseits wachsen in seinem Schatten meist nur Unkrautgräser mit klettenartigen Rispen, die die Wolle unrettbar verfilzen. Brauchbar ist das Holz meist nur zu Brennholz und zur „Einkraalung", d. h. der Herstellung eines dichten Walles von Dornzweigen, der das Umschlossene vor dem Zugang größerer Vierfüßler schützt. Da der Bur nun in erster Linie Viehzüchter ist und der Natur der Sache nach sein muß, sind ihm alle die angeführten Eigenschaften des südafrikanischen Baum- und Buschwuchses natürlich ebensoviel Anreize zur Ausrottung des lästigen und schädlichen, von der guten Weide den Raum wegnehmenden Holzes.

Nun liegt die Sache für Südwestafrika aber so: ob nun ein Bur oder ein Deutscher die extensive Viehzucht treibt, beide gehen annähernd gleich gegen den Holzbestand vor, wie die bisherigen Erfahrungen gelehrt haben. Diese haben denn auch das Gouvernement zu einer Verfügung über den „Schutz des Holzbestandes" veranlaßt, die an Strenge nichts zu wünschen übrig läßt, soweit sich sich als durchführbar erweisen wird. Es wäre also diesen Neigungen der Buren schon gesetzlich vorgebeugt, und das weitere muß und wird eine praktische Unterweisung und Anleitung zur Anpflanzung wirtschaftlich wertvollerer Hölzer thun.

---

hatte auch nur den kleinsten Sparpfennig, die meisten waren für ihren Lebensunterhalt auf ihrer Hände Arbeit angewiesen. Kommt man heute in jene Orte, so findet man eine seßhafte, zufriedene, oft sogar wohlhabende Bevölkerung, die jedenfalls ein größeres Interesse an dem Entwickelungsgang der Kolonie hat, als der kapitalkräftigere Einwanderer, der nach 20 Jahren mit oder ohne Reichtümer wieder in die Heimat zurückkehrt. Sind wir nun berechtigt, die Leute, deren Fähigkeit, sich die Verhältnisse zum materiellen Vorteile dienstbar zu machen, sich täglich beweist, als minderwertig zu bezeichnen, nur weil es ihnen an Schul- und Fachbildung fehlt, die noch dazu meist in vorgerückten Jahren sich einen äußeren Schliff aneignen, den sie im Heimatland nie hätten erwerben können? Ich glaube im Gegenteil, daß wir diese Menschen als höchst vollwertige betrachten müssen, zumal, da wir tagtäglich sehen können, daß wirklich minderwertige Subjekte, an denen ja die weiter entwickelten Kolonien keinen Mangel leiden, dort ebenso vorkommen, wie im alten Lande, ja oft unter den Standpunkt des farbigen Eingeborenen herabsinken.

Fast noch wirksamer als dieses absichtliche Zerstören des Baumwuchses seitens der Buren ist das unabsichtliche durch die alljährlichen Grasbrände. Das Gras in Südafrika wird ja — auf den ausgedehnten entlegenen Viehfarmen stets, auf den den Zentren näher gelegenen, intensiver bewirtschafteten Gütern meist — nicht abgemäht, sondern bleibt als Weide stehen und vertrocknet auf dem Halme. Sobald sich unter der steigenden Temperatur des September und Oktober die Triebkraft in den Wurzeln regt, beginnt es aber sehr viel minderwertiger zu werden, als es im Winter war, und die weidenden Tiere fallen sehr ab; dem hilft nun der Bur in der von den Eingeborenen übernommenen Weise dadurch ab, daß er das „veld" abbrennt. Schnell sprießt dann auch ohne Regen frisches Gras hervor. Natürlich werden aber bei diesen Grasbränden die meisten jungausgekeimten Bäumchen und Sträucher vernichtet, die älteren schwer geschädigt[1]. In Südafrika haben wir aber mit Recht schon Verordnungen, die diese unverständige Art des Abbrennens mit schwerer Strafe belegen, sodaß also auch in dieser Beziehung vorgebeugt wäre.

Die dritte Frage bezieht sich auf die Stellung der Buren zu den Eingeborenen. Gerade in diesem Punkte spielt die namentlich von Livingstone aufgebrachte spezifisch englische Auffassung des „Boers" am meisten mit. In aller Harmlosigkeit und echt englischem Pharisäertum beklagt er, nachdem er eben erst geschildert hat, wie gefährdet durch Eingeborene der einsam auf seiner abgelegenen Farm lebende Bauer sei, sich bitter darüber, daß die „Boers" es als rechtskräftigen Grund für einen regelrechten Kriegszug gegen ein Eingeborenendorf betrachten, wenn ein englischer Händler diesem „ein paar Flinten" verkauft habe!

Diese Anschauung ihres Amtsbruders übernahmen naturgemäß auch die Missionare anderer Konfessionen und Nationen, und um so eher, als die Buren trotz ihrer großen innerlichen und wahren Frömmigkeit der Missionstätigkeit bei den Farbigen durchaus feindlich gegenüberstanden. Die Buren handelten aus einer zwingenden wirtschaftlichen Notwendigkeit heraus, und aus eben derselben Notwendigkeit erklärt sich auch ihre wirtschaftliche und gesellschaftliche Stellungnahme gegenüber den Eingeborenen: Als Südafrika besiedelt wurde, in der ganzen Zeit der holländischen und der ersten Zeit der englischen Herrschaft, bestand noch die Sklaverei, und der ganze wirtschaftliche Betrieb der Buren war auf dieser begründet. Der Eingeborene stand damals in allgemeiner Anschauung weit unter dem Weißen; nur der Weiße war „Mensch", der Eingeborne nur ein „Geschöpf"; solange er friedlich und dem Weißen dienstbar war, von diesem einem wertvollen Haustier gleichgeachtet und als solches gehalten; wo er feindlich auftrat, dem Raubtier gleichgeachtet und wie dieses mit allen zu Gebote stehenden Mitteln bis zur Vernichtung verfolgt. Nun kam die Bewegung gegen diese Art von Weltanschauung, ausgehend von geistlichen und gelehrten Kreisen, die schließlich zur Aufhebung der Sklaverei führte. Den Buren wurde damit die Grundlage ihrer Existenz entzogen, und während sie schwer unter der so von den Engländern für sie geschaffenen Notlage litten, sahen sie die von

[1] Es ist nicht unwahrscheinlich, daß damit auch zugleich der Vermehrung der Wanderheuschrecken, die reine Steppentiere sind, in gewisser Beziehung Vorschub geleistet wird. Übrigens finden sich diese großen Grasbrände aus ganz denselben ursprünglichen Gründen: Anlocken des Wildes in der ärmsten Zeit des Jahres auf bestimmte Futterplätze, auch in den großen Prairien Amerikas; und in gleicher Weise wie in Südafrika die Buren übernehmen auch die Farmer Nordamerikas diese Methode, um für ihr Vieh in karger Zeit frisches Futter zu schaffen.

ihnen verachteten Farbigen von diesen verhätschelt. Als nun noch Bedrückungen anderer Art hinzukamen, verließen sie ihre verfallenden Wohnstätten und zogen hinaus in die Wildnis, wo sie, einer gegen hunderte, für sich und die Ihrigen von treulosen grausamen Wilden, die in ihrem einmal geweckten Blutdurst thatsächlich weit unter dem Tier standen, sich neue Wohnsitze erkämpften. Bei ihrer geringen Anzahl konnten sie sich und ihren Stamm in dieser Wildnis nur erhalten, wenn sie die Eingeborenen in dienende und untergeordnete Stellung verwiesen. Kaum aber waren sie zu einiger Sicherheit des Besitzes gelangt, da kam die Mission nachgezogen, um den Eingeborenen die christliche Lehre zu bringen, von denen diese zumeist nur das eine verstanden, daß sie ebenso gut seien wie der Weiße. Der Missionar predigte ihnen freilich zunächst nur, daß beide Rassen vor Gott gleich seien. Der ganz hervorragend praktisch veranlagte Neger aber übersetzte sofort dieses „Gleichsein" ins praktische Leben. Unterstützt wurde diese seine praktisch-wirtschaftliche Auffassung von den Lehren der christlichen Religion durch den bedauerlichen — jetzt auch von den Missionen selbst als solchen erkannten —, Mißgriff, daß sich viele Missionare eingeborene Weiber zur Frau nahmen. Der Bur mußte um seines Lebens und Bestehens willen diese Auffassung bekämpfen und zu unterdrücken suchen und sich damit ganz selbstverständlich in Gegensatz zu der Missionsthätigkeit stellen. Das trug ihm aber eben wieder so selbstverständlich die Gegnerschaft der Missionare ein, die sich natürlich in erster Linie auf die gegenseitige Stellung zur Eingeborenenbehandlung bezog. Was in die Welt drang aus den Wildnissen, in denen die Buren sich eine neue Heimat gegründet hatten, das stammte fast ausschließlich aus den Berichten der Missionare und der bei ihnen aufgenommenen Reisenden. Was Wunder, daß da die Stellung der Buren zu den Eingeborenen in falscher, für die Buren zu ungünstiger Beleuchtung vor die Augen Europas trat! Mit dem größeren Verkehr nach den Burenstaaten und dem Zuwandern weniger voreingenommener Elemente, als die Missionare sein mußten, kamen denn auch sehr bald andere Urteile, zum Teil solche voller Bewunderung für die glückliche Lösung der so schwierigen Frage nach der Behandlung der Eingeborenen, die die Buren gefunden hatten, z. B. E. v. Weber, Hendrik P. Muller, Graf Pfeil und andere. Auch von Seiten der Missionare tritt jetzt eine günstigere Beurteilung der Buren in dieser Beziehung ein, wie z. B. Wangemann beweist, der sich ganz direkt unter Anführung von Burenaussprüchen im Urtext gegen die bis dahin herrschende Ansicht wendet, als ob die Buren etwa der Sklavenhaltung zugethan wären. Was nun übrig bleibt, ist die Ansicht, daß der Bur dem Eingeborenen als ein sehr strenger, im ganzen aber gerechter Herr entgegentritt. Daß diese Strenge vom Eingeborenen aber gar nicht als solche empfunden wird, im Gegenteil das ganze Verhalten des Buren als Dienstherr ihm gegenüber als richtig und gerecht erscheint, das geht allein schon aus der einen Thatsache hervor, daß die meisten farbigen Dienstboten nicht blos für sich ihr ganzes Leben lang bei ihrem Burenbaas bleiben, ihm überallhin, selbst in ferne Gegenden, folgen und mit ihrem eigenen Leben für das seinige eintreten, wo es sein muß, sondern daß Generation auf Generation von Dienstboten und Dienstherren bei einander bleiben.

Ist nun darnach der Vorwurf unberechtigt, daß der Bur die Farbigen, die als Dienstboten ihm unterworfen sind, zu hart behandele, so steht der andere, daß er gegen freie Eingeborene zu scharf vorgehe, auf nicht viel stärkeren Füßen. Freilich, wer will und kann es leugnen, daß in den langen Jahren der Kämpfe um ihren jetzigen Besitz die Buren manche That begangen haben, die unserer heutigen „humanen" Weltanschauung als ein Greuel erscheinen muß! Aber welche Nation ist frei davon? Die englische etwa? Da dürfte im wesentlichen nur der Unterschied herrschen, daß der Bur in seiner Hinterwäldleranschauung es garnicht für nötig hielt, dem Geschehenen ein Mäntelchen umzuhängen, während die „zivilisierten Nationen", England an der Spitze, dies trefflich verstanden und ausgeführt haben. Ich glaube, es giebt wohl keinen besseren Beweis dafür, daß das Verhalten der Buren gegenüber den freien Eingeborenen nach deren eigener Anschauung — und die ist doch schließlich praktisch und für die Frage nach Erregung von Aufständen die maßgebende — durchaus nicht hart und ungerecht gewesen ist, daß bis jetzt in dem Kampfe zwischen Buren und Engländern, trotz unzweifelhafter und mehrfacher Anreizung von Seiten der Engländer und trotz der schon seit längerer Zeit ungünstigen Lage der Buren, noch nichts bekannt geworden ist von einer Parteinahme der Basuto oder Zulukaffern oder Swazis zu Gunsten der angeblich die Eingeborenen so milde behandelnden Engländer gegenüber ihren angeblichen rohen Peinigern, den Buren.

Trotzdem halte ich es nicht für ausgeschlossen, daß es noch zu Eingeborenenaufständen in Südwestafrika kommt, nachdem Buren zur Ansiedelung zugelassen worden sind. Aber nicht weil, sondern eher, trotzdem Buren bei uns sich niedergelassen haben werden. Der Grund liegt nicht an den Buren, sondern an der Nachgiebigkeit und Milde, die wir den Eingeborenen (als Stämme) angedeihen lassen. Es ist nun einmal so und läßt sich nicht von heute zu morgen ändern; den Nichtgebrauch einer Gewalt und Macht, die jemand ihm gegenüber besitzt, deutet der Neger (Hottentotten verhalten sich eine Kleinigkeit anders) immer und immer nicht als Milde, sondern als Schwäche, die er wie jeder unerzogene Mensch und jeder unzivilisierte Stamm auszunutzen sucht, sobald er die Gelegenheit günstig glaubt. Und wenn es zu solchen Aufständen kommt, dann sollen wir auch gerecht sein und nicht den Buren, die etwa bei uns angesiedelt sind, die Schuld zuschieben, sondern unseren eigenen Fehlern in der Behandlung der Eingeborenen, vor allem dem Unterlassen der Entwaffnung[1]). Ja, ich glaube, die Anwesenheit von Buren im Lande könnte uns bei solcher Gelegenheit nur dienlich sein und dazu beitragen, Aufstände zu verhüten. 1896 hatten die Herero eine ganz gewaltige Angst vor der kleinen Burenansiedelung in Grootfontein, und ich halte es nach dem, was ich an Ort und Stelle im nördlichen Hererolande von Weißen und Eingeborenen gehört habe, für sehr wahrscheinlich, daß das Zusammentreten dieser Buren zu einem „Kommando" viel dazu beigetragen hat, diesen Teil des Hererolandes von der Teilnahme am Aufstande fern zu halten.

Viertens soll der Bur ein unbotmäßiger Charakter sein, unfähig, sich irgend einem Gesetz zu fügen oder es unter gesetzlich geordneten Verhältnissen auszuhalten.

Auf welche Beobachtungen gründet sich diese Behauptung? Nun, in allererster Linie wieder auf sehr interessierte englische. Als Beweis für diese Behauptung wird nämlich angeführt, daß der Auszug — der groote Trek — der Buren aus der Kapkolonie und das wiederholte Weitertrekken, sobald England mit seiner „flag of independence and liberty" in die von den Buren den Eingeborenen abgerungenen

---

[1]) Aus diesem Grunde erscheint auch eine Verstärkung der Schutztruppe für wünschenswert; denn es ist sehr zu besorgen, daß der südafrikanische Krieg, der beiden kriegführenden Mächten so schwere Verluste bringt, den Eingeborenen als gute Gelegenheit für einen allgemeinen Aufstand erscheinen könnte.

Gebiete nachrückte, nur geschehen seien, „weil die Buren der gesetzlichen Beschränkung ihrer bis dahin zügellosen persönlichen Freiheit nicht hätten fügen wollen, weil ihnen jeder gesetzliche Zustand, sogar der der so überaus milden englischen Kolonialgesetze, unerträglich gewesen sei“. Entkleiden wir diese Behauptung aber ihres zivilisierten englischen Mäntelchens, so heißt das: Wenn der Bur Farbige unterwirft, um sich in deren Gebiet niederzulassen, so begeht er damit eine unverzeihliche Rohheit und Barbarei; wenn aber England den Buren das Gleiche anthut, so geschieht es nur, um die Zivilisation weiter zu tragen und die armen geknechteten Schwarzen von dem unerträglich drückenden Joch der Buren zu befreien. Es war eine außerordentlich bequeme und dabei so schön human zu Gesicht stehende Begründung, mit der die englischen Kolonialpolitiker des greater Britain auch vor Chamberlain ihre den Buren angethane Vergewaltigung verhüllen konnten. Einzelne unbequeme Stimmen wie die Mc Theal's wurden wie heute Stead einfach totgeschwiegen. Mc Theal, selbst ein Engländer, aber ein wahrheitsgetreuer Geschichtsschreiber, kommt in seiner History of the South African Republic and Native Territories zu dem Schluß, daß die Buren nicht deshalb trekkten, um sich gesetzlichen Zuständen, sondern um sich der ungesetzlichen Bedrückung seitens der Engländer zu entziehen. Graf Pfeil drückt diese Sachlage sehr treffend so aus, daß er sagt: „In Wahrheit aber ist das unweigerliche hartnäckige Verlangen nach Ordnung, nach dem ihnen verweigerten Recht und der Gesetzmäßigkeit die Ursache für die Voortrekkers gewesen“.

Nun wird aber nicht blos den Buren als Volk, sondern auch dem einzelnen Buren der Vorwurf gemacht, daß er sich den bestehenden gesetzlichen Bestimmungen zu fügen nicht fähig und gewillt sei. „Der Bur“, schreibt Heilmann[1]), „ist gewohnt, sich selbst zu helfen. Wenn er einige Male die Hülfe der Regierung vergebens angerufen hat oder sich in seinen Interessen benachteiligt glaubt, so wird er selbst zu den Waffen greifen und sein Recht suchen, so gut es geht. Die daraus entstehenden Verwickelungen (z. mit den Eingeborenen) können unabsehbar werden und uns dem Buren ebenso verhaßt machen, wie es ihnen der Engländer ist.“

Der wahre Kern des Vorwurfs ist der, daß der Bur in der That ein zu selbständigem Handeln geneigter, auf sich und seine eigene Kraft vertrauender, in sich geschlossener, selbstbewußter Charakter ist. Aber gerade solche Leute brauchen wir ja für die „Außenfarmen“; nur solche können da gedeihen.[2]) Was sollen wir auf so einsam gelegenen Wohnstätten mit Menschen, die keinen Schritt thun können, ohne die behördliche Genehmigung dazu eingeholt zu haben oder nach der Polizei zu schreien? In solchen Einöden verhallt der Ruf ungehört! Da heißt es: hilf dir selbst und zeige, daß du ein Mann bist! Die Regierung ist ja nicht in der Lage, kann es gar nicht sein, in jedem solchen Einzelfalle polizeilichen Schutz zu gewähren. Und so klagen denn heute schon die wenigen deutschen Ansiedler, die sich bis jetzt in Südwestafrika auf Farmen niedergelassen haben, daß man ihnen die Hände binde und jede Selbsthilfe verbiete, während gar keine Hilfe seitens der Polizeigewalt, ja scheinbar nicht einmal der Wille zu solcher vorhanden sei. Kommen solche Beschwerden schon von den deutschen, doch wahrlich nicht an Selbständigkeit und Selbsthilfe

---

[1]) G. Heilmann. Zur Burenauswanderung in Südwestafrika. D. K.-Z. 1898. S. 99, 100.

[2]) Ich empfehle, in dieser Beziehung die kleine Zuschrift Georg Hoberkers aus Florencio in Argentinien in der D. K.-Z. von 1896 S. 212 „Zur Besiedelung von Südwestafrika“ durchzulesen; der Mann spricht aus eigener Erfahrung.

gewöhnten Ansiedlern, so müssen eben die Verhältnisse größere Selbständigkeit erfordern, und Abhilfe läßt sich wohl nur dadurch schaffen, daß wir den Ansiedlern und Farmern in gewissen vernünftigen Grenzen Selbsthilfe gesetzlich zugestehen, statt ihnen noch nicht einmal die polizeilichen Rechte zu gewähren, wie sie in Deutschland jeder Gutsvorstand besitzt. Daß es bisher nicht geschehen ist, liegt wohl zum guten Teil an der richtigen Einsicht, daß unsere an Selbsthilfe nicht gewöhnten deutschen Ansiedler zunächst starke Übergriffe begehen würden, sobald man sie ihnen gesetzlich zugestände. Von den Buren aber wären solche Übergriffe sicher nicht zu erwarten; denn sie kennen von Jugend auf die Grenze, bis zu der Selbsthilfe gehen darf, ohne die Allgemeinheit und den sie Ausübenden selber zu schädigen. Es ist dieselbe Erscheinung wie bei Studenten: die, die als Schüler schon eine gewisse Freiheit und Selbständigkeit genossen, ertragen die goldene Freiheit des Studententums ohne Schaden und Mißbrauch; die, die als Schüler keinen Schritt aus sich heraustun durften, kennen nun kein Maß mehr und schlagen am ärgsten über die Stränge. Natürlich gilt das hier wie dort nur als allgemeine Regel, nicht für jeden Einzelnen.

Noch weniger begründet ist aber die andere Besorgnis, daß gerade diese Eigenschaft der großen Selbständigkeit und der großen Geneigtheit zur Selbsthilfe in Verbindung mit ihrer Neigung zu allgemeiner Ungesetzlichkeit die Buren dazu bringen sollte, einen „Staat im Staate" zu gründen; denn dazu gehörte doch vor allem die Neigung, sich anderen, seien es auch selbstgewählte Führer, unterzuordnen und den von diesen oder in Verbindung mit der Gemeinschaft gegebenen Gesetzen zu fügen. Wären die Buren wirklich so allen Gesetzen abhold, als sie von interessierter Seite und sogenannten Kennern geschildert werden, so bestände diese Gefahr sicher nicht. Es handelt sich ja doch um landsässige Leute und nicht um besitzloses, vagabundierendes, ohnehin zum Räuberleben geneigtes Gesindel. Aber gerade, weil die Buren so ganz bestimmte und unerschütterliche Anschauungen von Recht und Unrecht haben, so würde ich selber mich der Besorgnis nicht ganz entschlagen können, daß ein solcher Vorgang gegenüber unseren „Papiergesetzen" sich einmal ereignen könnte, stände dem nicht eben die große Selbständigkeit des einzelnen Buren gegenüber und die unverbrüchliche Treue, mit der er an den von ihm und namentlich den von seiner Gemeinschaft gegebenen Versprechungen festhält. Außerdem aber kommt mir die persönlich in Südwestafrika gewonnene Erfahrung zu Hilfe, um solche Besorgnis doch nicht aufkommen zu lassen. Ebenso wie es Leutnant Schwabe[1]) erging, so erging es auch mir: wo ich mit Buren zusammenkam und das Gespräch sich um die Verhältnisse des Schutzgebietes drehte, da war eine ihrer ersten Erkundigungen immer die nach den Bestimmungen des „deutschen Gesetzes", gewöhnlich mit dem Hinzufügen, ich sollte es ihnen erklären, da sie allein es nicht verständen, aber nicht gern dagegen handeln würden.[2]) Vielleicht habe ich sogar noch mehr Gelegenheit gehabt als Schwabe, hierin Erfahrungen zu sammeln, und mit geringerer

---

[1]) K. Schwabe. Mit Schwert und Pflug in Deutsch-Südwestafrika.

[2]) Die Art der Veröffentlichung war damals eine recht ungünstige. Die neuen Verordnungen wurden in den größeren Ortschaften für 14 Tage ans schwarze Brett geschlagen und traten gewöhnlich mit dem Tage ihrer Verkündigung in Kraft. Nach den 14 Tagen wurden sie wieder abgenommen und waren dem Ansiedler so gut wie unzugänglich. Das schwarze Brett befand sich natürlich an einem Regierungsgebäude, wo der Durchschnittsbürger nicht allzu häufig hinkam; heute werden sie im „Windhoeker Anzeiger" veröffentlicht.

Gefahr, daß mir nur nach dem Munde geredet wurde; denn ich war in nichtoffizieller Stellung drüben und jedermann im Lande wußte, daß ich als Vertreter einer damals nicht gern gesehenen Gesellschaft vielfach in Gegensatz zu der Regierung kommen mußte. So wäre es nur natürlich gewesen, wenn ein oder der andere Bur geglaubt hätte, mir sein Herz ausschütten zu dürfen, hätte er wirklich die Absicht gehabt, die Gesetze zu mißachten. Aber nie habe ich etwas Ähnliches zu hören bekommen, sondern stets nur die Äußerung: Wir wollen uns ja gern dem deutschen Gesetz fügen; denn wir sind in deutschem Lande und haben versprochen, es zu thun, aber wir verstehen das Gesetz nicht!

In gleichem Sinne spricht sich v. François[1]) nach der von ihm gewonnenen Erfahrung aus: „Ich bin überzeugt, daß der Boer unter geregelten Verhältnissen und wenn er nicht bedrückt wird, durchaus kein schwieriger Unterthan ist. Er ist friedliebend, fügt sich den bestehenden Gesetzen und ist zuverlässig im Bezahlen seiner Steuern. Für die Beamten ist er viel bequemer als andere europäische Ansiedler. Der Boer ist kein Mann, welcher an die Zeitungen schreibt oder sich schnell dazu versteht, die Hilfe der Behörde in Anspruch zu nehmen. Er kommt nicht mit kleinlichen Klagen und ist gewöhnt, sich selbst zu helfen. Der Widerstand der Boeren gegen die Engländer in der Kapkolonie ist ein passiver gewesen. Die Boeren haben es sich gefallen lassen, daß die Engländer sie allmählich aus allen besseren Gegenden verdrängt haben."

Der Nachfolger Majors v. François hat amtlich anerkannt, daß diese Vorwürfe gegen die Buren völlig unbegründet seien; in dem Vertrag zwischen dem jetzigen Gouverneur Oberstleutnant Leutwein (damals Landeshauptmann und Major) und dem Kommandanten Lombard der Buren in Grootfontein sagt der Artikel VI des Protokolls vom 4. September 1894[2]): Nachdem die Burenfamilien in den letzten drei Jahren unter dem Kommandanten und im letzten Jahre auch unter dem Bevollmächtigten der Kompagnie durch ihr Verhalten bewiesen haben, daß sie leicht und ohne Schwierigkeit regiert werden können, sollen u. s. w.

Ganz unverständlich ist mir aber, wie man von den Buren glauben kann, sie wären imstande, sich mit den Eingeborenen gegen uns zusammenzuthun, und das mit demselben Atemzuge, mit dem man sie deswegen anklagt, daß sie in den Eingeborenen keine Menschen, sondern nur „schepsels" (Geschöpfe) sehen! Es liegt ein solcher Widerspruch in diesen beiden Vorwürfen, daß es schwer zu verstehen ist, wie ein und derselbe Mensch sie gleichzeitig erheben kann. Wir können über diesen Vorwurf um so eher und schneller hinweggehen, als gerade der jetzige Krieg in Südafrika bewiesen hat, daß die Buren durch dieses ihnen als Mangel ausgelegte Gefühl der solidarischen Zusammengehörigkeit der weißen Rasse gegenüber den Farbigen vor dem Zusammengehen mit Eingeborenenstämmen gegen die Engländer bewahrt geblieben sind trotz der ihnen nach englischer Berichterstattung gemachten Angebote seitens der Zulukaffern, und trotzdem sie wahrlich nicht Überfluß an Streitern haben[3]).

---

[1]) C. v. François. Deutsch-Südwestafrika. Berlin. 1899. Dietrich Reimer. S. 133.

[2]) D. K.-Z. 1896.

[3]) Die Engländer freilich sind wohl kaum so reinen Gewissens; wenigstens scheinen im Basuto- und Betschuanaland gewaltige Anstrengungen gemacht worden zu sein, diese Stämme gegen die Buren ins Feld zu führen. Ein Beweis mehr, wieviel sittlich höher die Buren-

Fünftens wird befürchtet, daß bei Zulassung von Buren zur Ansiedelung diese den Deutschen die besten Plätze vorwegnehmen würden. An dieser Besorgnis ist scheinbar viel wahres daran; denn selbstverständlich wählen sich die zuerst kommenden die Plätze, auf denen Wasser- und Weideverhältnisse die besten sind. Aber wohlverstanden nur die besten für afrikanisch-burischen Betrieb der Landwirtschaft. Und das ergiebt nach dem, was ich zu Anfang über die Bedingungen für landwirtschaftliche Betriebe in Südwestafrika ausgeführt habe, daß es sich zumeist um Plätze handeln wird, die ein Deutscher überhaupt nicht wählen würde! Mit dem Anwachsen der Bevölkerung (namentlich auch der farbigen Arbeiter), mit dem Entstehen von Ortschaften und industriellen Betrieben aber werden diese guten Plätze zur Aufteilung kommen, und der Deutsche wird sie dann erstehen können. Er wird dann allerdings höhere Preise zahlen müssen, aber dafür auch höherwertiges Land erhalten und weit bessere Aussicht haben als jetzt, mit seinen vorgeschrittenen Betriebsmethoden Erfolg und damit für sich Wohlhabenheit und Zufriedenheit zu erzielen. Ein Punkt aber ist hier zu beachten, den eine Zuwanderung Deutscher wohl nicht erfüllen könnte: Der Bur kommt meist in reiferen Jahren mit großer Familie und bringt so einen großen Teil der notwendigen aber im Lande fehlenden Arbeitskräfte in seinen eigenen Kindern mit. Der deutsche Zuwanderer wird meist in jüngeren Jahren stehen. Und ist einer ausnahmsweise einmal älter und besitzt schon größere Familie, so können ihm doch die Kinder nicht viel bei der Arbeit helfen; denn sie sind ebenso unkundig der eigenartigen südafrikanischen Verhältnisse wie ihre Eltern. Nun ist aber ohne ausreichende der Landesverhältnisse kundige Arbeiter an eine Entwickelung der Farm zu einer Wertstufe, die sie für europäische, deutsche Arbeit eigentlich erst wertvoll und brauchbar macht, nicht zu denken. Das können wir in größerem Maßstabe, wie die Verhältnisse nun einmal liegen, nur mit Buren erreichen.

Der letzte, der sechste Einwand, daß des Buren nationale Eigenart so stark sei, daß sie unsere ganze Kolonie durchdringen und Südafrika zum Burenstaat machen werde, ist meines Erachtens der schwerwiegendste und in gewisser Beziehung der begründetste. Freilich nicht, weil der Bur bewiesen habe, daß er bei uns ebensowenig Deutsch lernen wolle, wie im englischen Südafrika englisch; denn meiner eigenen Erfahrung nach hat er bisher das Gegenteil bewiesen, wenigstens da, wo er mehr mit Deutschen in Berührung gekommen ist, also namentlich um Windhuk herum und längs des Baiweges. Dagegen liegt eine solche Gefahr, daß Südwestafrika verburt wird — besser verafrikaandert wird — allerdings vor. Aber nicht von den Buren aus, die wir etwa zur Ansiedelung zulassen, sondern von denen, die im älterbesiedelten Südafrika sitzen. Die ersteren werden sich, wenn richtig behandelt, völlig dem Deutschtum einfügen[1]). Aber ob wir Buren in der Kolonie haben oder nicht, der Geist des Afrikaandertums wird auch bei uns Einzug halten oder hat ihn vielmehr schon längst gehalten. Und genau so, wie sich im englischen Südafrika nicht blos die Nachkommen der Buren, sondern auch in der weitaus überwiegenden Mehrzahl die der landansässigen englischen, deutschen u. s. w. Eltern in erster Linie als „Afrikaander"

anschauung steht, und wieviel mehr sie den eigenen Interessen der weißen Rasse entspricht, der nach vielleicht nicht allzu langer Zeit ein schwerer Kampf um ihre Existenz in Südafrika mit den Eingeborenen (Negern) bevorsteht.

[1]) C. v. François („Deutsch-Südwestafrika"), ist freilich anderer Meinung. Aber der bisherige Verlauf der Burenniederlassung in Südafrika hat meines Erachtens seine Befürchtungen widerlegt.

und nicht als Engländer, Deutsche u. s. w. fühlen, so wird es auch bei uns geschehen, gleichgültig, welchem Volke die Eltern angehören. Afrika und vor allem Südafrika, der einzige für wirkliche Ansiedelung der Weißen geeignete Teil Afrikas, hat eine so große Anziehungskraft, daß das Bewußtsein des angestammten Volkstums mehr oder weniger ausgelöscht wird. Ferner sind die Lebensbedingungen ganz Südafrikas derartig gleichartige, daß über die ganze Südspitze des großen Kontinents hin das Gefühl der wirtschaftlichen Zusammengehörigkeit, gewissermaßen ein neues Stammesgefühl herrscht. Abhülfe für Südwestafrika hätte nur eine rasche Besiedelung mit rein deutschen Elementen zu einer Zeit schaffen können, wo der wirtschaftliche Zusammenhang der einzelnen europäischen Kolonien noch nicht bestand, also lange, lange, bevor das Deutsche Reich errichtet wurde. Was England trotz viel günstigerer Angriffspunkte durch große Städte, gewerbliche Zentren u. s. w. in einem vollen Jahrhundert nicht gelang, nämlich das Afrikandertum auszulöschen, das im Gegenteil von Jahr zu Jahr an Ausdehnung und Zielbewußtsein gewonnen hat, das wird uns, den Spätgekommenen, die bereits eine in sich gefestete, ihrer Stärke und Ziele bewußte geistige Bewegung von solcher Kraft vorgefunden haben, sicher nicht dadurch glücken, daß wir die paar hundert Burenfamilien, um die es sich für das nächste Jahrzehnt handeln kann, nicht zur Ansiedelung zulassen.

Wohl aber haben wir eine andere Möglichkeit, diese Bewegung — zwar nicht tot zu machen — aber zu unseren Gunsten zu lenken. Wir müssen uns an die Spitze stellen! Und das ist leichter, als es vielleicht den Anschein hat. Erstens sind die Buren, die in erster Linie die Träger dieser Bewegung sind, Niederdeutsche und sich dieser ihrer Abstammung noch bewußt. Das angebrochene Jahrhundert wird zunächst erfüllt sein von dem Kampfe der deutschen und angelsächsischen Rasse um die Weltherrschaft. Gelingt es uns, die abgesprengten Teile deutscher Rasse in Europa durch geeignete Politik wieder um uns zu scharen, — und ein recht wichtiger Bestandteil dieser sind die Niederdeutschen — so kann es kaum zweifelhaft sein, wem der Sieg zufällt. Wir werden dann eine Macht bedeuten, der sich die südafrikanischen Niederdeutschen gern in dem gemeinsamen Kampfe gegen England anschließen werden.[1])

Zweitens aber müssen wir in Afrika eine vernünftige Eingeborenenpolitik treiben; denn die üblen Folgen für den einzelnen und die große Gefahr für die Gesamtheit aller Weißen in Südafrika, die die „humane" englische Eingeborenenpolitik gezeitigt hat, ist ja gerade der vornehmlichste Grund für die Entstehung der Afrikanderbewegung. Und das sollten wir um so eher, als die angeblich „humane" englische Art der Eingeborenenbehandlung für die Eingeborenen selbst wirklich kein Segen ist. Sie drängt in letzter Linie zu einem Vernichtungskampf, wollen wir Weißen nicht selbst vernichtet werden. Warum die Eingeborenen nicht so lange, als sie noch unerzogen und unfähig sind, das volle Maß der europäischen Kultur zu vertragen, als Kinder behandeln, die zu erziehen sind und ihnen die volle Gleichstellung erst dann gewähren, wenn sie zu der vollen Einsicht der Erwachsenen unter unserer Leitung herangewachsen sind?

Es könnte nach dem Vorhergesagten so scheinen, als sei ich für eine b e d i n g u n g s l o s e und u n b e s c h r ä n k t e Einwanderung und Niederlassung von Buren in Südwestafrika. Aber gerade das Gegenteil ist der Fall. Nur weil ich mit

---

[1]) Einen guten Schrittmacher zu diesem Ziele dürfte uns die inzwischen erfolgte Annahme der Flottenvorlage bringen.

eigenen Augen gesehen habe, daß uns die bisherige ablehnende Haltung gar nichts genützt hat, daß vielmehr schon im Jahre 1898 die Buren den weitaus größten Teil der landsässigen Bevölkerung des Schutzgebietes[1]) darstellten, und daß dies im wesentlichen ohne die gefürchteten Folgen abging, trotzdem eigentlich gar keine Sicherheitsmaßregeln getroffen waren, hielt ich es für angezeigt, einmal auszuführen, auf wie schwachen Füßen eigentlich die ganze gegen die Burenzuwanderung gerichtete Bewegung steht.

Ich möchte es aber nicht unterlassen, einige Gesichtspunkte hinzuzufügen, die meines Erachtens beachtet werden müssen, sollen nicht doch üble Folgen und größere oder geringere Schwierigkeiten sich ergeben, wenn wir nun auch offiziell und nicht blos thatsächlich die Niederlassung von Buren gestatten. Zweierlei stelle ich in den Vordergrund: Die Ansiedelung der Buren muß

1. von der Regierung in ganz bestimmte Normen gebracht werden;
2. die oberste dieser Normen muß sein: Die Buren nicht in größeren, ununterbrochenen Gemeinschaften anzusiedeln, sondern nur so, daß eine genügende Anzahl Deutscher — seien es nun Ansiedler oder Militär- oder Polizeiposten — zwischen ihnen sitzen, und zwar sind vorwiegend Außenplätze mit Buren zu besiedeln.

Als Normen, unter denen Buren zuzulassen sind, verstehe ich, daß bestimmte Vorschriften darüber erlassen werden, und daß die Buren, nicht wie meist bisher, sich irgendwo dauernd oder vorübergehend niederlassen ohne entsprechende Verträge mit der Regierung — auch auf Privatbesitz einzelner oder dem von Gesellschaften. In zutreffender Weise schildert die in dieser Hinsicht doch gewiß sachverständige „Südafrikanische Zeitung"[2]) die in Betracht kommende Sachlage. Sie betont, daß Vorbedingung sei, die Buren nicht in unser Gebiet hereinzunötigen; denn nur dann würden sie nicht mehr beanspruchen, als ihr Recht sei. Der Bur sei ein großer Plagegeist inbezug auf Klagen, Schutzfragen, Erinnerung an gemachte Versprechungen, Unzufriedenheit bei mißglückten Unternehmungen[3]). Nun, das haben wir ja bisher nicht gethan, und in dieser Hinsicht kann man also der ablehnenden Haltung der Regierung nur zustimmen und sie für vorteilhaft erklären.

Der Boer, fährt die „Südafrikanische Zeitung" fort, müsse selbst anklopfen und ihm dann seine Verpflichtungen bündig klar gemacht, dagegen nicht zuviel versprochen werden; gefällt's ihm nicht, mag er wieder gehen, vorausgesetzt, daß er vorher seinen Verpflichtungen nachkommt.

Graf Pfeil[4]) urteilt in ähnlicher Weise, nachdem er ausgeführt hat, daß eine Burenbesiedelung Südwestafrikas, ob sich die Regierung dagegen sträubt oder

[1]) Vergl. Paul Langhans: Buren in Deutsch-Südwestafrika. Mit Karte. Petermanns geographische Mitteilungen. Heft 1. 1900. Übrigens dürfte der größte Teil der Transvaal- und Oranjeburen jetzt unser Gebiet wieder verlassen haben, um dem Rufe ihres Heerführers zu folgen.

[2]) Nach Export 1893, S. 432/33. Boeren in den deutschen Schutzgebieten. Ich möchte nicht unterlassen darauf aufmerksam zu machen, daß in den letzten Jahren ein Anfang mit dem Erlaß solcher Bestimmungen gemacht worden ist.

[3]) Nach C. v. François aber, wie schon angeführt, nicht so schlimm als der deutsche Ansiedler.

[4]) Graf Joachim Pfeil. Zur Bureneinwanderung in Südwestafrika. Deutsche Kolonial-Zeitung 1898. S. 58.

nicht — und die Ereignisse haben ihm bisher Recht gegeben — doch stattfinden wird, in dem nämlich die englischen Landgesellschaften (das [frühere] Karaskhoma-Syndikat, die South West Africa Company) ihre Farmen an Buren verkaufen, weil sie deutsche Käufer nicht finden. Er sagt: „Man scheint ganz unbeachtet zu lassen, daß durch eine derartige Stellungnahme die Buren, wenn sie erst in unserem Gebiet Fuß gefaßt haben, zur Hervorkehrung ihrer weniger angenehmen Charakterseiten geradezu herausgefordert werden. Es gehört wenig politischer Scharfblick dazu, zu erkennen, daß man dem auf seine Bitten zugelassenen Fremdling einen schärferen politischen Zügel anlegen kann als dem zwar gegen unseren Wunsch, aber doch auf rechtmäßigem Wege ins Land gekommenen Ansiedler. Der von uns ins Land geführte Trekbur wird sich willig unserer Oberhoheit fügen; der Bur, der seine Farm von den englischen Gesellschaften gekauft hat, wird bald sein bescheiden Verlangen nach Berücksichtigung seiner nationalen Landesstellung zu erkennen geben."

Ein für die meisten Gesichtspunkte zutreffendes Schema scheint mir der von dem jetzigen Gouverneur mit dem Kommandanten Lombard in Grootfontein geschlossene Vertrag darzustellen. Nur finde ich den Passus in Artikel 2 über Vorkehrungen um ein Vermengen der Buren mit nachfolgenden deutschen Kolonisten zu verhüten, nicht glücklich. Wir brauchen meines Erachtens bei der Heirat eines Deutschen mit einem Burenmädchen nicht zu befürchten, daß der Deutsche Bur wird. Dazu ist der Deutsche denn doch im allgemeinen in unserer Kolonie dem Buren zu sehr Vorbild in Lebenshaltung und allgemeinen Kenntnissen. Ich lasse den Vertrag hierunter folgen

Grootfontein im August 1895.

Zwischen Major Leutwein, dem Kaiserlichen Landeshauptmann für Deutsch-Südwestafrika, als Bevollmächtigten Sr. Majestät des deutschen Kaisers, und dem Kommandanten Lombard für sich und seine Leute, welche zur Zeit in Grootfontein und dessen Umgebung eingezogen sind, ist unter heutigem Datum das folgende Abkommen getroffen worden:

Artikel 1. Major Leutwein gestattet im Namen der Kaiserlich deutschen Regierung zu Berlin, daß Kommandant Lombard mit seinen Leuten bis zu 40 Familien sich in diesem Schutzgebiet unter den in nachfolgenden Artikeln festgesetzten Bedingungen niederlassen darf.

Artikel 2. Die Niederlassung der unter Artikel 1 erwähnten Buren soll im Konzessionsgebiet der Südwestafrikanischen Company Limited unter besonderen zwischen den Unterzeichnern zu vereinbarenden Bedingungen erfolgen. Major Leutwein behält sich das Recht vor, zu bestimmen, daß die Buren feste Wohnplätze wählen müssen und nicht mehr „trekken" dürfen. Ebenso ist demselben belassen, wenn nötig, Vorkehrungen zu treffen, daß die Buren sich nicht mit den später einwandernden deutschen Kolonisten vermengen. Diesbezüglich wird auf Artikel 10 des Kontraktanhanges vom 14. November 1895[1]) verwiesen.

Artikel 3. Hiergegen verpflichtet sich der Kommandant Lombard für sich und seine Leute, getreue Unterthanen zu sein, die deutschen Gesetze zu befolgen sowie auch je nach Umständen ihre Kinder deutsch erziehen zu lassen[2]). Der Vertreter der Südwestafrikanischen Company Limited verpflichtet sich für Kirche und Schule zu sorgen.

---

[1]) Nicht mitgeteilt in der Deutschen Kolonial-Zeitung.

[2]) Diesen Passus möchte ich besonders hervorheben und empfehlen.

Artikel 4. Kommandant Lombard und seine Leute verpflichten sich, im Kriegsfalle auf Ansuchen[1]) der deutschen Regierung ohne Weigerung Waffendienst zu leisten und auch die mit der Zeit in Kraft tretenden Militärgesetze betreffend Dienstleistung, denen auch die deutschen Kolonisten unterstellt sind, Folge zu leisten. Damit soll gemeint sein, daß die Buren nur im deutsch-südwestafrikanischen Schutzgebiete zum Militärdienst herangezogen werden sollen.

Artikel 5. Dieser Vertrag tritt in Kraft, wenn er von der Kaiserlich Deutschen Regierung und der Südwestafrikanischen Company Limited sanktioniert worden ist.

gez. Leutwein. Dr. Hartmann. J. M. Lombard.

(Drei Zeugen der Buren.)

Den zweiten Punkt, daß die Buren nicht in Gemeinden, die in sich geschlossen sind, angesiedelt werden sollen, betone ich deshalb, weil diese Form der Ansiedelung am ehesten das Gefühl der nationalen Zusammengehörigkeit und den ausschließlichen Gebrauch der Burensprache und das treue Festhalten an Burensitten begünstigen würde, also geeignet wäre, gerade politische Sonderbestrebungen zu fördern.

Außerdem würde uns auf diese Weise der Vorteil entgehen, daß die großartige Erfahrung der Buren inbezug auf Ausnutzung und Benutzung der natürlichen Bedingungen südafrikanischen Bodens und Klimas unsere deutschen Ansiedlern zum Vorbild dienen könnte, weil eine eingehende Beobachtung für diese wegen der weiten Entfernungen zu schwierig wäre.

„Außenfarmen" möchte ich für Buren gewählt wissen, weil sie mir nach meinen Ausführungen gerade für diese dem Deutschen überlegen erscheinen, während für Farmen näher den Verkehrsmittelpunkten der Deutsche verhältnismäßig gute Aussichten zum Fortkommen hätte.

---

[1]) Der Ausdruck ist wohl zu milde und bringt das Hoheitsverhältnis der deutschen Regierung nicht genügend zum Ausdruck. Im folgenden Satze wäre wohl auch vorzusehen, daß die Buren bei einem südafrikanischen Kriege auch über die Grenzen des eigentlichen Schutzgebietes hinaus Heeresfolge zu leisten haben.